A Síntese do Ioga

Sri Aurobindo

A Síntese do Ioga

Os Princípios do Ioga Integral para a
Plenitude e Unidade do Ser e da Existência

Tradutora
Aryamani (Auroville — Índia)

Tradução das notas sobre o texto
Barbara Kreuzig

Editora
Pensamento
SÃO PAULO

Título do original: *The Synthesis of Yoga*.
Copyright © 1948, 1999 Sri Aurobindo Ashram Trust.
Copyright da edição brasileira © 2021 Editora Pensamento-Cultrix Ltda.
1ª edição 2021.

Todos os direitos reservados. Nenhuma parte deste livro pode ser reproduzida ou usada de qualquer forma ou por qualquer meio, eletrônico ou mecânico, inclusive fotocópias, gravações ou sistema de armazenamento em banco de dados, sem permissão por escrito, exceto nos casos de trechos curtos citados em resenhas críticas ou artigos de revista.

Editor: Adilson Silva Ramachandra
Gerente editorial: Roseli de S. Ferraz
Gerente de produção editorial: Indiara Faria Kayo
Primeira Revisão: Neusa Vendramin e Maria do Carmo Lopes da Silva
Revisão final: Jivatman (Auroville), Barbara Kreuzig e Luciane Gomide
Acentuação e revisão das palavras sânscritas: Umberto Cesaroli
Preparação de originais: Alessandra Miranda de Sá
Editoração eletrônica: Mauricio Pareja da Silva

Dados Internacionais de Catalogação na Publicação (CIP)
(Câmara Brasileira do Livro, SP, Brasil)

Ghose, Aurobindo, 1872-1950.
   A síntese do ioga: Os princípios do ioga integral para a plenitude e unidade do ser e da existência / Sri Aurobindo ; tradutora Aryamani (Auroville – Índia); tradução das notas sobre o texto Barbara Kreuzig. – São Paulo : Pensamento, 2021.

   Título original: The synthesis of yoga.
   ISBN 978-85-315-2150-8
   1. Ioga I. Kreuzig, Barbara. II. Título.

21-75225   CDD-181.4

Índices para catálogo sistemático:
1. Ioga : Filosofia indiana 181.4
Cibele Maria Dias – Bibliotecária – CRB-8/9427

Direitos de tradução para a língua portuguesa adquiridos com exclusividade pela
EDITORA PENSAMENTO-CULTRIX LTDA., que se reserva a
propriedade literária desta tradução.
Rua Dr. Mário Vicente, 368 — 04270-000 — São Paulo — SP — Fone: (11) 2066-9000
http://www.editorapensamento.com.br
E-mail: atendimento@editorapensamento.com.br
Foi feito o depósito legal.

SUMÁRIO

Nota sobre a Tradução de *A Síntese do Ioga* 9
Prefácio 11
Introdução — As Condições da Síntese 15
Capítulo I — A Vida e o Ioga 17
Capítulo II — As Três Etapas da Natureza 21
Capítulo III — A Vida Tripla 31
Capítulo IV — Os Sistemas de Ioga 41
Capítulo V — A Síntese dos Sistemas 50

Parte I — O Ioga das Obras Divinas 59

Capítulo I — As Quatro Ajudas 61
Capítulo II — A Autoconsagração 75
Capítulo III — O Dom de Si nas Obras — O Caminho da Gītā 92
Capítulo IV — O Sacrifício, a Via Tripla e o Senhor do Sacrifício 107
Capítulo V — A Ascensão do Sacrifício — 1 As Obras do Conhecimento —
o Ser Psíquico 131
Capítulo VI — A Ascensão do Sacrifício — 2 As Obras de Amor — As Obras
da Vida 151
Capítulo VII — Normas de Conduta e Liberdade Espiritual 178
Capítulo VIII — A Vontade Suprema 195
Capítulo IX — A Igualdade e a Aniquilação do Ego 206
Capítulo X — Os Três Modos da Natureza 216
Capítulo XI — O Mestre das Obras 226
Capítulo XII — A Obra Divina 245
Capítulo XIII — A Supramente e o Ioga das Obras 256

Parte II — O Ioga do Conhecimento Integral 263

Capítulo I — O Objeto do Conhecimento 265
Capítulo II — O Estado de Conhecimento 276
Capítulo III — A Compreensão Purificada 283

Capítulo IV — Concentração	291
Capítulo V — Renúncia	299
Capítulo VI — A Síntese das Disciplinas do Conhecimento	307
Capítulo VII — A Liberação da Sujeição ao Corpo	314
Capítulo VIII — A Liberação da Sujeição ao Coração e à Mente	320
Capítulo IX — A Liberação da Sujeição ao Ego	325
Capítulo X — A Realização do Self Cósmico	335
Capítulo XI — Os Modos do Self	340
Capítulo XII — A Realização de Sachchidananda	348
Capítulo XIII — As Dificuldades do Ser Mental	355
Capítulo XIV — O Brahman Passivo e o Brahman Ativo	363
Capítulo XV — A Consciência Cósmica	370
Capítulo XVI — Unidade	378
Capítulo XVII — A Alma e a Natureza	384
Capítulo XVIII — A Alma e sua Liberação	392
Capítulo XIX — Os Planos de Nossa Existência	401
Capítulo XX — O Triplo Purusha Inferior	411
Capítulo XXI — A Escada da Autotranscendência	418
Capítulo XXII — Vijnana ou Gnose	427
Capítulo XXIII — As Condições para Alcançar a Gnose	438
Capítulo XXIV — Gnose e Ananda	446
Capítulo XXV — O Conhecimento Superior e o Conhecimento Inferior	457
Capítulo XXVI — Samádi	464
Capítulo XXVII — Hatha-Ioga	471
Capítulo XXVIII — Raja-Ioga	478

Parte III — O Ioga do Amor Divino 485

Capítulo I — O Amor e a Via Tripla	487
Capítulo II — Os Motivos da Devoção	493
Capítulo III — As Emoções Voltadas para o Divino	501
Capítulo IV — A Via da Devoção	509
Capítulo V — A Personalidade Divina	515
Capítulo VI — O Deleite do Divino	524
Capítulo VII — O Brahman de Ananda	529
Capítulo VIII — O Mistério do Amor	535

Parte IV — O Ioga da Perfeição de Si 541

Capítulo I — O Princípio do Ioga Integral	543
Capítulo II — A Perfeição Integral	549
Capítulo III — A Psicologia da Autoperfeição	556
Capítulo IV — A Perfeição do Ser Mental	564
Capítulo V — Os Instrumentos do Espírito	573
Capítulo VI — Purificação — A Mentalidade Inferior	583

Capítulo VII — Purificação — A Inteligência e a Vontade 590
Capítulo VIII — A Liberação do Espírito.. 599
Capítulo IX — A Liberação da Natureza 606
Capítulo X — Os Elementos da Perfeição 614
Capítulo XI — A Perfeição da Igualdade 620
Capítulo XII — A Via da Igualdade 629
Capítulo XIII — A Ação da Igualdade 639
Capítulo XIV — O Poder dos Instrumentos 646
Capítulo XV — A Força da Alma e a Personalidade Quádrupla......................... 656
Capítulo XVI — A Shakti Divina 667
Capítulo XVII — A Ação da Shakti Divina... 675
Capítulo XVIII — Fé e Shakti.. 682
Capítulo XIX — A Natureza da Supramente 692
Capítulo XX — A Mente Intuitiva 705
Capítulo XXI — As Gradações da Supramente 715
Capítulo XXII — O Pensamento e o Conhecimento Supramentais................... 727
Capítulo XXIII — Os Instrumentos da Supramente — O Processo do Pensamento. 740
Capítulo XXIV — Os Sentidos Supramentais 758
Capítulo XXV — Em Direção à Visão Supramental do Tempo 778
Capítulo XXVI — A Consciência Supramental do Tempo 795

Nota sobre o Texto 799

NOTA SOBRE A TRADUÇÃO DE
A SÍNTESE DO IOGA

Um dos maiores desafios encontrados durante a tradução de *A Síntese do Ioga* foi o grande número de palavras e expressões em sânscrito. Para enfrentar esse desafio, alguns critérios específicos foram adotados. Em primeiro lugar, aceitei a grafia de várias palavras já integradas em nossa língua: Ioga, Maia, darma, samádi, carma, ássana, chacras e algumas outras foram deixadas com a grafia portuguesa, segundo o dicionário Houaiss. As palavras e expressões menos conhecidas foram deixadas em itálico, e aquelas que são conhecidas mas não foram ainda integradas à língua portuguesa, foram deixadas na mesma fonte do texto. Por exemplo: Pranayama, Prana, sadhaka e algumas outras.

Em sânscrito há três gêneros, o feminino, o masculino e o neutro. Em inglês há o neutro "it", mas em português não temos essa opção. Para traduzir certas palavras buscamos então certa orientação na tradução francesa, que também possui dois gêneros. São traduções publicadas pelo Ashram de Sri Aurobindo, e baseiam-se em um conhecimento do sânscrito que nos assegura da validade de suas decisões.

Em sânscrito não há maiúsculas, por isso a palavra inicial das notas de rodapé, caso seja uma palavra sânscrita, foi deixada em inicial minúscula.

A língua sânscrita também não possui a letra *W*, e isso pode confundir algumas vezes, visto que em geral na transcrição para o inglês usa-se o *W*. A palavra Ishvara, por exemplo, e outras, decidimos deixar sempre com V, visto que em português o *W* também não é usado, ou só em casos especiais.

Conhecedores de sânscrito foram consultados em alguns casos, como em *A Bhagavad Gītā*, antes de decidirmos deixar a expressão no feminino, como é no original. E adotei a expressão curta, apenas *Gītā*, como Sri Aurobindo usa e como é mais comumente usada na Índia.

Os adjetivos que qualificam certas expressões sânscritas não existem em português. Para facilitar a compreensão "criei" vários, como tamásico, rajásico, sátvico, prânico, e mesmo um substantivo, "fisicalidade", para definir o estado daquilo que é físico (do mesmo modo como existem as palavras mentalidade e vitalidade) e também um verbo, "intuitivizar", para ser fiel ao pensamento que Sri Aurobindo expõe.

Uma outra opção foi o uso da palavra "guiança" em lugar de orientação ou guia. Não se encontra no dicionário Houaiss, mas é reconhecida em outros dicionários.

Ainda para ajudar a compreensão, tomei a liberdade de introduzir o adjetivo "ióguico", em lugar de "iogue": segundo os dicionários a palavra "iogue" pode ser usada seja como substantivo, seja como adjetivo, porém, na minha opinião, esse uso pode confundir o leitor, visto que em *A Síntese do Ioga* encontra-se essa expressão em diferentes situações, o que pode provocar dúvidas sobre o sentido geral, ou mesmo interpretações errôneas.

Sobre as notas de rodapé, além das originais de Sri Aurobindo, para a presente tradução foi necessário preparar várias outras. A maioria das que foram criadas por mim têm suas fontes no *Glossary of Terms in Sri Aurobindo's Writings* [Glossário de Termos nos Escritos de Sri Aurobindo] e no índice e glossário da *Coleção Centenário* da obra de Sri Aurobindo. Introduzi várias notas de rodapé da tradução francesa (última edição, 2017), por considerá-las relevantes para uma melhor compreensão de certas passagens de *A Síntese do Ioga*.

É com grande alegria que apresentamos mais uma obra de Sri Aurobindo ao público de língua portuguesa.

— Aryamani
Auroville, maio
2021

PREFÁCIO

Por que uma síntese do Ioga? Como nos diz Sri Aurobindo, se a questão é alcançar uma unidade de consciência com o todo, escapar do círculo das encarnações, desfrutar de um paraíso interior deixando a existência material — a Natureza — como ela está, então a solução seria encontrar o caminho mais curto. Mas, se além disso, devemos nos voltar para a vida e elevá-la a um nível divino de perfeição, então uma síntese é necessária. É isso que o Ioga Integral de Sri Aurobindo propõe. Além da união da consciência individual com a consciência divina, também a unidade de consciência com toda a existência e sua elevação e aperfeiçoamento, uma transformação do indivíduo em todas as dimensões de sua natureza em termos de uma vida divina na matéria.

"A vida toda é Ioga" é, possivelmente, a afirmação mais conhecida de Sri Aurobindo. Neste Ioga não há um método fixo nem uma sucessão estabelecida de práticas, mas cada aspirante deve encontrar seu próprio método e práticas, sem, no entanto, perder de vista que no Ioga Integral o que é proposto é uma realização do ser em todos os seus aspectos e dimensões.

Nesta obra, Sri Aurobindo propõe a busca de um contato direto da consciência encarnada com a consciência-força do Divino, para que essa força oriente e conduza todo o trabalho de transformação da natureza humana. Ele parte das três grandes vias tradicionais do Ioga na Índia: Bhakti-Ioga, Carma-Ioga e Jnana-Ioga (devoção, obras e conhecimento), que ele analisa detalhadamente nas Partes I, II e III. Nos 25 capítulos da Parte IV, ele amplia e detalha os princípios para o aperfeiçoamento da natureza, iniciando pela purificação da Vontade Inteligente — aspecto muitas vezes negligenciado por algumas escolas de Ioga, mas fundamental para um progresso equilibrado no caminho de desenvolvimento da consciência. O objetivo final é uma vida divina sobre a terra, o desenvolvimento de seres aperfeiçoados que atuarão para a manifestação de uma coletividade espiritualizada, o que torna este um Ioga evolutivo da natureza buscando manifestar o princípio divino contido nela. Um salto evolucionário configurado pela transformação da consciência humana em algo inteiramente novo — a consciência supramental.

Como um alerta para a dificuldade de se tentar descrever a natureza supramental, Sri Aurobindo diz que

> Para descrever com a mente a natureza supramental seria necessário recorrer a frases que são demasiado abstratas ou a imagens mentais que poderiam fazer dela uma coisa completamente diferente daquilo que é na realidade. Portanto, pareceria não ser possível para a mente antecipar ou indicar o que será um ser supramental ou como agirá; as ideias e formulações mentais nada podem decidir nesse caso, nem podem chegar a alguma definição ou determinação precisas, porque não são bastante próximas da lei e visão próprias da Natureza supramental.[1]

E Sri Aurobindo nos diz ainda que,

> Ao mesmo tempo, certas deduções podem ser feitas, pelo próprio fato dessa diferença de natureza, que poderiam ser válidas ao menos para uma descrição geral da passagem da Sobremente à Supramente, para nos dar uma vaga ideia do primeiro estágio evolutivo da existência supramental.[2]

Assim, a uma característica dessa mudança é uma reversão completa, uma reviravolta, poder-se-ia quase dizer, de todas as atividades da mente.

A natureza-base dessa supramente é que todo o seu conhecimento é, na origem, um conhecimento por identidade e unidade, e mesmo quando, em aparência, ela cria em si mesma inumeráveis divisões e modificações diferenciadoras, todo o conhecimento que rege suas operações, mesmo nessas divisões, é baseado nesse conhecimento perfeito por identidade e unidade e sustentado, aclarado e guiado por ele. O Espírito é um em todo lugar e sabe que todas as coisas estão nele e são ele mesmo; ele as vê sempre dessa maneira e, portanto, as conhece de maneira íntima e completa, em sua realidade e em sua aparência, em sua verdade, em sua lei — conhece inteiramente o espírito, o sentido e a forma da natureza delas e de suas operações. Mesmo quando vê algo enquanto objeto de conhecimento, o vê como ele mesmo e nele mesmo, e não como "outra" coisa que não é ele ou que está separada dele, da qual ignoraria antes de tudo a natureza, a constituição e o modo de funcionar e que deveria aprender a conhecer, assim como a mente no

---

1. *A Vida Divina*, Segunda Parte, Capítulo XXVII — O Ser Gnóstico, p. 859.
2. Idem.

início ignora seu objeto e deve aprender a conhecê-lo, pois está separada dele e o vê, sente, encontra como algo distinto dela mesma e externo a seu ser.[3]

E então,

A criação de um ser supramental, de uma natureza e vida supramentais na terra, não será o único resultado dessa evolução; ela trará consigo também a realização das etapas que conduziram até ela: essa evolução confirmará a sobremente, a intuição e os outros graus de força espiritual de nossa natureza em posse do nascimento terrestre e estabelecerá uma espécie de seres gnósticos, uma hierarquia, uma escada brilhante com seus degraus ascendentes e as formações sucessivas que constituem a luz e o poder gnósticos na natureza terrestre.[4]

— Henrique Gabarra
Casa Sri Aurobindo

---

3. *A Síntese do Ioga*, Parte IV, Capítulo XIX — A Natureza da Supramente.
4. *A Vida Divina*, Segunda Parte, Capítulo XXVII — O Ser Gnóstico, p. 861.

INTRODUÇÃO

AS CONDIÇÕES DA SÍNTESE

CAPÍTULO I

A VIDA E O IOGA

As operações da Natureza obedecem a duas necessidades que parecem sempre intervir nas formas superiores da atividade humana, quer elas pertençam a nosso campo de ação habitual, quer toquem as esferas e realizações excepcionais que nos parecem elevadas e divinas. Cada forma de atividade tende a uma complexidade e a uma totalidade harmoniosas, e isso mais uma vez se separa para formar correntes diversas de tendências e esforços específicos, mas para reunir-se de novo em uma síntese mais ampla e poderosa. Ademais, toda manifestação verdadeira tem uma necessidade imperativa de formas para desenvolver-se; contudo, todas as verdades e práticas formuladas de modo demasiado estrito envelhecem e perdem a maior parte de sua virtude, se não toda; elas devem ser constantemente renovadas nas águas frescas do espírito, que vivifica o veículo morto ou moribundo e muda-o, se ele tiver que adquirir uma vida nova. Renascer perpetuamente, essa é a condição da imortalidade material. Estamos em uma época cheia das dores do parto, em que todas as formas de pensamento e atividade que possuam algum forte poder de utilidade ou alguma virtude secreta de persistência enfrentam uma prova suprema, e têm a oportunidade de renascer. O mundo de hoje se apresenta como um enorme caldeirão de Medeia, no qual todas as coisas são lançadas, despedaçadas, experimentadas, combinadas e recombinadas, seja para perecer e servir de material esparso para formas novas, seja para emergir rejuvenescidas e mudadas, prontas para um novo termo de existência. O Ioga indiano, que em sua essência é a operação e formulação particulares de certos grandes poderes da Natureza, ele mesmo especializado, subdividido e formulado de maneira variada, é potencialmente um dos elementos dinâmicos da vida futura da humanidade. Fruto de idades imemoriais, preservado até nossos dias por sua vitalidade e verdade, ele emerge agora das escolas secretas e abrigos ascéticos onde se refugiou e busca seu lugar nos futuros poderes e atividades dos seres humanos. Porém, primeiro ele precisa redescobrir-se, trazer à superfície sua razão de ser mais profunda em relação à verdade geral e ao objetivo constante da Natureza que ele representa e, em virtude desse novo autoconhecimento ou dessa autoavaliação, reencontrar sua própria síntese mais ampla. Ao reorganizar-se, ele poderá participar de modo mais fácil e poderoso na vida reorganizada da espécie que ele pretende poder conduzir, por seus métodos, até os santuários mais secretos dentro e, no alto, até as altitudes mais elevadas da existência e personalidade humanas.

Se examinarmos corretamente a vida e o Ioga, perceberemos que toda vida, de modo consciente ou subconsciente, é um Ioga. Pois o que entendemos com esse termo é um esforço metódico para alcançar a autoperfeição mediante o desenvolvimento dos potenciais secretos e latentes de nosso ser e — a mais alta condição de vitória nesse esforço — a união do indivíduo humano com a Existência universal e transcendente que vemos se expressar de modo parcial no ser humano e no Cosmos. Se olharmos por trás das aparências, a vida inteira é um imenso Ioga da Natureza; é a Natureza que busca realizar sua perfeição pelo desenvolvimento cada vez maior de seus potenciais ainda não realizados e unir-se à sua própria realidade divina. No ser humano, seu pensador, ela inventou, pela primeira vez na Terra, meios conscientes e combinações de atividades voluntárias para poder realizar, de modo mais rápido e poderoso, esse grande propósito. O Ioga, como diz Swami Vivekananda, pode ser considerado um meio de comprimir nossa evolução em uma única vida, ou em alguns anos, ou mesmo em alguns meses de vida corporal. Um dado sistema de Ioga, então, não faz mais que selecionar ou comprimir em formas de intensidade mais estreitas, mas mais energéticas, os métodos gerais que a grande Mãe já utiliza em seu imenso labor de ascensão, mas em grande escala, sem ordem, em um movimento sem pressa, que desperdiça em profusão, ao menos em aparência, os materiais e as energias, mas com uma variedade de combinações mais completa. Apenas essa concepção do Ioga pode fornecer a base de uma síntese racional e segura dos métodos ióguicos. Pois então o Ioga deixa de parecer uma coisa mística e anormal, sem relação alguma com os processos normais da Energia cósmica e sem ligação com o propósito que ela tem em vista em seus dois grandes movimentos, subjetivo e objetivo, de autorrealização, e revela-se, ao contrário, como uma utilização intensa e excepcional dos poderes que a Energia cósmica já manifestou, ou que organiza de maneira progressiva em suas operações menos elevadas, mas mais gerais.

A relação entre os métodos ióguicos e o modo de funcionar psicológico habitual do ser humano é, mais ou menos, a mesma que há entre a manipulação científica das forças naturais, como a eletricidade ou o vapor, e suas operações normais na Natureza. Os métodosióguicos, à semelhança dos procedimentos científicos, também se baseiam em um conhecimento verificado e confirmado por experiências exatas, análises práticas e resultados constantes. Todo o Raja-Ioga, por exemplo, repousa na percepção e experiência de que é possível separar ou dissolver nossos elementos interiores e nossas combinações, nossas funções, nossas forças internas; que é possível recombiná-los por certos processos internos determinados para aplicá-los a operações novas, impossíveis antes, ou transformá-los e dissolvê-los em uma nova síntese geral. O Hatha-Ioga, de maneira similar, repousa na percepção e experiência de que as forças e funções vitais, às quais nossa vida é em geral sujeita e cujas operações habituais parecem estabelecidas e indispensáveis, podem ser controladas e suas operações mudadas ou suspensas, com resultados que seriam impossíveis de outro modo e pareceriam miraculosos àqueles que não percebessem a base lógica de seu processo. E, se o caráter racional do Ioga é menos aparente em certas outras formas de disciplina, por estas serem mais intuitivas e menos mecânicas, mais próximas de um êxtase superno, como o Ioga da Devoção, ou de uma suprema infinitude de ser e de consciência, como o Ioga do Conhecimento, todavia elas também partem da utilização de alguma faculdade principal em nós, por vias e para fins que não estão previstos em seu modo de funcionar quotidiano espontâneo. Todos os métodos agrupados sob o nome comum "Ioga" são processos psicológicos especiais, fundamentados em uma verdade estabelecida da Natureza e que fazem aparecer, a partir de funções normais, poderes e resultados que estavam sempre aí, latentes, mas que os movimentos comuns da Natureza não manifestam facilmente ou com frequência.

Porém, do mesmo modo que em física a multiplicação dos processos científicos tem suas desvantagens, porque tende, por exemplo, a desenvolver uma artificialidade triunfante que esmaga nossa vida humana natural sob o peso da maquinaria, e a comprar certas formas de liberdade e de controle ao preço de uma servidão maior, o esforço absorvente exigido pelos processosióguicos e seus resultados excepcionais podem também ter suas desvantagens e perdas. O iogue tem tendência a retirar-se da existência em comum e a perder seu contato com ela. Ele tende a pagar as riquezas do espírito com o empobrecimento de suas atividades humanas, a liberdade interior com uma morte exterior. Se ele ganha Deus, perde a vida, ou se dirige seus esforços para o exterior, para conquistar a vida, ele corre o perigo de perder Deus. Por conseguinte, vemos na Índia uma incompatibilidade aguda entre a vida no mundo e o crescimento e a perfeição espirituais, e, embora exista ainda a tradição e o ideal de uma harmonia vitoriosa entre a atração interior e as exigências exteriores, os exemplos disso são raros ou imperfeitos. De fato, quando o indivíduo dirige seu olhar e energia para o interior e entra no caminho do Ioga, em geral acredita-se que esteja perdido inevitavelmente para a grande corrente de nossa existência coletiva e para a humanidade e as obras do mundo. Essa ideia prevaleceu de modo tão forte, foi tão enfatizada pelas filosofias e religiões reinantes, que o escape da vida é em geral considerado, ainda hoje, não apenas a condição necessária do Ioga, mas seu objetivo geral. Nenhuma síntese do Ioga será satisfatória se seu objetivo não reunir Deus e Natureza em uma vida humana liberada e perfeita, ou se seus métodos não só permitirem, mas favorecerem uma harmonia entre nossas atividades e experiências interiores e exteriores, na plenitude divina de ambas. Pois o ser humano é, precisamente, a expressão e o símbolo de uma existência superior que desceu no mundo material, onde o inferior tem a possibilidade de transfigurar-se ao assumir a natureza do superior, e o superior de revelar-se nas formas do inferior. Evitar a vida que nos é dada para realizar essa possibilidade transfiguradora, não pode, em nenhum caso, ser a condição indispensável ou o objetivo completo e último de nosso esforço supremo, nem o meio mais poderoso para nossa autorrealização. Isso pode ser apenas uma necessidade temporária sob certas condições, ou um esforço extremo, especializado, imposto a certos indivíduos, a fim de preparar a espécie para uma probabilidade coletiva maior. A utilidade verdadeira do Ioga, seu objetivo completo, só poderão ser alcançados quando o Ioga consciente no ser humano, assim como o Ioga subconsciente na Natureza, coincidirem exteriormente com a vida, e que, uma vez mais, olhando ao mesmo tempo o caminho e a realização, possamos dizer de maneira mais perfeita e mais luminosa: "A vida toda é Ioga".

CAPÍTULO II

AS TRÊS ETAPAS DA NATUREZA

Observamos então, nos desenvolvimentos passados do Ioga, uma tendência à especialização e à separação — tendência que tinha sua justificativa e sua imperiosa utilidade, como todas as coisas na Natureza — e buscamos uma síntese dos métodos e objetivos especializados, que, assim, apareceram. Mas para que nosso esforço seja guiado sabiamente, deveremos conhecer, primeiro, o princípio geral e o propósito subjacente desse impulso separador e, depois, determinar as utilidades particulares que fundamentam cada escola de Ioga. Para o princípio geral interrogaremos a própria Natureza e seu modo de funcionar universal, reconhecendo que ela não é apenas a operação capciosa e ilusória de uma Maia deformante[1], mas é a energia e as operações cósmicas de Deus Ele-mesmo em seu Ser universal, inspiradas por uma Sabedoria vasta, infinita e, no entanto, minuciosamente seletiva, à qual Ele dá formas — *prajñā prasṛtā purāṇī* do Upanishad — Sabedoria emanada do Eterno desde os começos. Para as utilidades particulares, deveremos examinar com um olhar penetrante os diferentes métodos de Ioga e distinguir, entre a massa dos seus detalhes, a ideia diretriz que os governa, bem como a força inicial que deu origem e energia aos seus processos de realização. Depois disso, poderemos descobrir com mais facilidade o princípio e o poder comuns de onde todos esses métodos derivam

---

1. Em seu significado original, *maya* é uma Consciência abrangedora e inclusiva capaz de abranger, avaliar e limitar e é, portanto, formativa; ela esboça, delimita, modela formas no sem-forma; psicologiza e parece tornar conhecível o Incognoscível, geometriza e parece tornar mensurável o ilimitado. Mais tarde, a palavra perdeu seu significado original de conhecimento, habilidade, inteligência e adquiriu o sentido pejorativo de astúcia, fraude ou ilusão, e é como uma imagem de encantação ou ilusão que é utilizada pelos sistemas filosóficos". (*Glossary of Terms in Sri Aurobindos's Writings*). (N. da T.)

sua existência e sua tendência, aos quais se dirigem subconscientemente e nos quais todos, portanto, podem conscientemente unir-se.

A manifestação progressiva da Natureza no ser humano — isso que na linguagem moderna chamamos sua evolução — depende necessariamente de três elementos sucessivos: aquilo que já apareceu na evolução; aquilo que, ainda imperfeito, ainda parcialmente fluido, prossegue sua evolução consciente; e aquilo que deve aparecer na evolução e pode, talvez, já se mostrar, se não de maneira constante, então de maneira ocasional, ou com certa ocorrência regular, em formações primárias ou em outras mais desenvolvidas e, talvez, mesmo em algumas bastante raras, que se aproximam da realização mais alta possível para nossa humanidade atual. Pois o progresso da Natureza não tem a regularidade mecânica de uma marcha militar. Ela se ultrapassa constantemente, mesmo às custas de subsequentes retiradas deploráveis. Ela faz investidas; tem erupções esplêndidas e formidáveis e realizações imensas. Algumas vezes se lança apaixonadamente, como uma tempestade, na esperança de tomar o reino dos céus pela violência. E seus excessos revelam o que há de mais divino nela, ou de mais diabólico, mas, nos dois casos, o que for mais poderoso para conduzi-la com rapidez a seu objetivo.

Aquilo que a Natureza já nos trouxe pela evolução e fundou solidamente é a vida corporal. Ela efetuou certa combinação e harmonia dos dois elementos inferiores, mas fundamentalmente necessários, que governam nossa ação e progresso na Terra: a Matéria, que, apesar do desprezo que o espiritualista demasiado etéreo possa sentir por ela, é a fundação e a condição primeira de todas as nossas energias e realizações; e a Energia de Vida, que é o alimento de nossa existência em um corpo material e mesmo a base de nossas atividades mentais e espirituais. A Natureza alcançou com sucesso certa estabilidade em seu movimento material incessante, que é, ao mesmo tempo, bastante sólido e durável, mas bastante flexível e maleável para fornecer uma morada e um instrumento conveniente para o deus que se manifesta de modo progressivo na humanidade. Esse é o sentido da fábula do *Aitareya Upanishad*, onde é dito que os deuses recusaram sucessivamente as formas animais que lhes foram oferecidas pelo Self divino, e foi apenas quando o ser humano foi criado que eles exclamaram: "Isso, na verdade, é feito de maneira perfeita!". E consentiram em entrar nele. A Natureza efetuou também uma espécie de acordo prático entre a inércia da Matéria e a Vida ativa que vive nela e se nutre dela; assim, a Matéria não apenas sustenta a existência vital, mas torna possíveis os desenvolvimentos mais completos da mentalidade. Esse equilíbrio constitui o estado básico da Natureza no ser humano, o que na linguagem ióguica se chama "o corpo grosseiro", que se compõe do invólucro material, ou de alimento, e do sistema nervoso, ou veículo vital[2].

Então, se esse equilíbrio inferior é a base e o primeiro instrumento dos movimentos superiores que o Poder universal tenciona manifestar e se constitui o veículo em que o Divino busca revelar-se aqui, se é verdade, como assegura a sabedoria da Índia, que o corpo é o instrumento previsto para cumprir a lei verdadeira de nossa natureza, então toda aversão definitiva à vida física há que ser uma aversão à totalidade da Sabedoria divina e a renúncia ao objetivo que ela persegue na manifestação terrestre[3]. Essa renúncia é, talvez, a atitude justa para certos indivíduos devido a alguma lei secreta de seu desenvolvimento, mas nunca foi o objetivo previsto para a humanidade. Portanto, um ioga que ignore o corpo, ou faça de sua anulação ou rejeição a condição indispensável para uma espiritualidade perfeita, não pode ser um Ioga Integral. Ao contrário, um aperfeiçoamento do corpo também deverá ser o triunfo final do Espírito, e tornar divina a vida corporal também será a marca final de Deus em Seu trabalho no universo. O obstáculo que o físico representa para o espiritual não é argumento para a rejeição do físico; pois na providência invisível das coisas nossas maiores dificuldades são nossas melhores oportunidades. Uma dificuldade suprema é o sinal que a Natureza nos dá de uma vitória suprema a conquistar e de um problema último a resolver; não é o aviso de uma cilada inextricável a ser evitada ou de um inimigo demasiado forte para nós, de quem devemos fugir.

Do mesmo modo, as energias vitais e nervosas em nós são de grande utilidade; elas também demandam a realização divina de suas possibilidades em nossa realização última. O papel maior designado a esse elemento no plano universal é poderosamente enfatizado pela sabedoria liberal dos Upanishads: "Como os raios de uma roda em sua engrenagem, tudo está estabelecido na Energia de Vida: o conhecimento triplo e o Sacrifício, e o poder do forte e a pureza do sábio. Sob o controle da Energia de Vida está tudo isso que vive no céu triplo"[4]. Portanto, um Ioga que destrói as energias vitais ou as obriga a uma quietude apática ou as extirpa como a fonte de atividades nocivas, não é um Ioga Integral. É preciso purificá-las, não destruí-las — transformá-las, controlá-las e utilizá-las, esse é o objetivo para o qual foram criadas e desenvolvidas em nós.

---

2. *annakoṣa* e *prāṇakoṣa*.
3. Na linguagem de Sri Aurobindo é raramente questão de "criação" terrestre, como se o Divino fosse exterior ao mundo, mas de "manifestação", pois a terra é o lugar onde o Divino se manifesta de modo progressivo pela evolução. (Nota da tradução francesa)
4. *Prashna Upanishad*, II. 6 e 13.

Se a vida corporal é a base e o primeiro instrumento que a Natureza estabeleceu solidamente para nós na evolução, nossa vida mental é o objetivo seguinte e o instrumento superior que ela prepara logo depois. Em suas exaltações habituais é nisso que ela pensa, essa é sua preocupação mais alta; exceto em seus períodos de exaustão e de retiro em uma obscuridade repousante e reparadora, essa é sua busca constante cada vez que ela pode se liberar do fardo de suas primeiras realizações vitais e físicas. Pois aqui, no ser humano, temos uma distinção que é de suma importância. Sua mentalidade não é simples, mas dupla, e mesmo tripla: a mente material e nervosa[5], a mente intelectual pura que se liberta das ilusões do corpo e dos sentidos e uma mente divina acima do intelecto que, por sua vez, se libera dos modos imperfeitos da razão crítica, lógica e imaginativa. A mente no ser humano está, primeiro, enredada na vida do corpo, enquanto na planta ela está de todo involuída e no animal está sempre aprisionada. Ela aceita essa vida, não apenas como a única condição primeira, mas como a única condição de suas atividades, e serve às necessidades dela como se essas fossem o único objetivo da existência. Mas a vida corporal do ser humano é uma base, não um objetivo, sua primeira condição, não sua causa determinante e final. Os anciãos diziam com razão que o homem é, em essência, o pensador, *Manu*, o ser mental que dirige a vida e o corpo, não o animal que é dirigido por eles[6]. A existência humana verdadeira, portanto, só começa quando a mentalidade intelectual emerge da mentalidade material e começamos a viver na mente, cada vez mais independentes da obsessão nervosa e física e cada vez mais capazes, à medida que essa liberdade cresce, de aceitar corretamente a vida do corpo e de nos servir dela corretamente. Porque a liberdade, e não uma submissão hábil, é o meio verdadeiro para alcançar a mestria. Aceitar de maneira livre, e não por obrigação, as condições de nosso ser físico — ampliadas e sublimadas — é o alto ideal humano. Porém, mais além dessa mentalidade intelectual está o Divino.

De fato, a vida mental em evolução no ser humano não é apanágio de todos. Na aparência real, pode parecer que ela tenha sido desenvolvida plenamente apenas em alguns indivíduos, e em um grande número, até mesmo na maioria, ela seria uma pequena parte mal organizada de sua natureza normal, ou uma parte que não se desenvolveu de nenhum modo ou permanece latente e difícil de ativar. Sem dúvida, a vida mental não completou sua evolução na Natureza; não estabeleceu ainda bases

---

5. A mente material é uma mente microscópica, repetitiva, cheia de medos e automatismos, que registra as menores sensações e os menores fatos da vida material e os rumina indefinidamente. É nela que se enraízam os hábitos da vida. É o primeiro emergir ou fixação da Mente na Matéria. (Nota da tradução francesa).
6. *manomayaḥ prāṇaśarīranetā* (Mundaka Upanishad II. 2. 8).

sólidas no animal humano. O sinal disso é que o equilíbrio puro e completo entre a vitalidade e a matéria, o corpo humano robusto e sadio dotado de longevidade, em geral é encontrado nos povos e nas sociedades que rejeitam o esforço do pensamento e suas perturbações e tensões, ou que pensam apenas com a mente material. O ser humano civilizado não encontrou ainda o equilíbrio entre uma mente plenamente ativa e o corpo; ele não possui ainda esse equilíbrio de modo normal. Ao contrário, o esforço crescente em direção a uma vida mental mais intensa parece criar, com frequência, um desequilíbrio dos elementos humanos, de tal modo que sábios eminentes chegaram a declarar que a genialidade era uma forma de loucura, o efeito de degeneração, um estado patológico mórbido da Natureza. Os fenômenos usados para justificar esse exagero, se tomados não em separado, mas em conexão com todos os outros dados, indicam uma verdade diferente. O gênio é uma tentativa da Energia universal para acelerar e intensificar nossos poderes intelectuais a fim de prepará-los para faculdades mais potentes, diretas e rápidas que constituem o modo de funcionar da mente supraintelectual ou divina. Não é então uma anomalia, um fenômeno inexplicável, mas a etapa seguinte, perfeitamente natural e na linha normal da evolução. A Energia universal harmonizou a vida corporal com a mente material, e a está harmonizando com o modo de funcionar da mentalidade intelectual; e mesmo se essa adaptação tende a diminuir o pleno vigor animal e vital, ela não produz perturbações ativas. Mas a Energia universal visa ainda mais longe, ela busca alcançar um nível ainda mais elevado. Tampouco as perturbações criadas por seus processos são tão grandes quanto são muitas vezes representadas. Algumas são o início ainda grosseiro de manifestações novas; outras são movimentos de desintegração fáceis de corrigir e muitas vezes fecundos em atividades novas, e isso é pagar pouco para os resultados de longo alcance que ela tem em vista.

Poderemos, talvez, se considerarmos todas as circunstâncias, concluir que a vida mental, longe de ser um aparecimento recente no ser humano, é a rápida repetição em nós de uma realização anterior, depois da qual a Energia na espécie sofreu um de seus deploráveis recuos. O selvagem talvez não seja o primeiro antepassado do homem civilizado, mas o descendente decaído de uma civilização precedente. Pois se a mestria intelectual está distribuída de modo desigual, a capacidade está espalhada em todo lugar. Foi observado em certos casos individuais que mesmo o tipo racial considerado como o mais baixo, o habitante da África Central apenas saído da barbárie milenar, era capaz — sem mistura de sangue e sem esperar pelas futuras gerações — da cultura intelectual do dominador europeu, se não ainda de seus feitos intelectuais. Mesmo na massa, se as circunstâncias forem favoráveis, os humanos parecem necessitar apenas de algumas gerações para percorrer um caminho que, aparentemente, deveria medir-se em termos de milênios. Então, quer o ser humano, por seu privilégio de ser mental, está isento do peso completo das leis vagarosas da evolução, quer já representa um alto nível de aptidão material para as atividades da vida intelectual e tem sempre o poder de manifestá-las, se as condições forem favoráveis e a atmosfera for estimulante. Não é a incapacidade mental que cria o selvagem, mas o isolamento, ou porque por muito tempo ele rejeitou a ocasião e afastou-se do impulso que poderia despertá-lo. A barbárie é um sono intermediário, não uma obscuridade original.

Ademais, toda a tendência do pensamento moderno e todos os seus esforços revelam-se ao olho observador como um esforço vasto, consciente, da Natureza no ser humano a fim de criar um nível geral de instrumentação intelectual e de capacidades intelectuais, ou alguma nova possibilidade pela universalização das facilidades que a civilização moderna oferece à vida mental. Mesmo a absorção do intelecto europeu — protagonista dessa tendência — pela Natureza material e as exterioridades da existência são uma parte necessária desse esforço. Elas tentam preparar uma base suficiente no ser físico do ser humano e em suas energias vitais, no seu meio ambiente, a fim de que ele possa desenvolver por completo suas possibilidades mentais. Pela difusão da educação, pelo desenvolvimento dos povos menos evoluídos, pelo melhoramento das classes desfavorecidas, pela multiplicação das máquinas para economizar a mão de obra, pela busca de condições sociais e econômicas ideais, pelos esforços da ciência para melhorar a saúde, prolongar a vida e criar um físico sadio em uma humanidade civilizada, o sentido e a direção desse vasto movimento se traduz em sinais facilmente inteligíveis. Pode ser que os meios verdadeiros não sejam sempre empregados, ao menos aqueles que se imporão no final, mas seu objetivo é o justo objetivo preliminar: um corpo individual e social bem equilibrado, a satisfação das necessidades e exigências legítimas da mente material, bem-estar suficiente, lazer, oportunidades iguais para todos, de modo que o todo da humanidade, e não mais uma espécie, uma classe ou um indivíduo, possa desenvolver livremente seu ser emocional e intelectual ao máximo de suas capacidades. No momento atual o objetivo econômico e material pode predominar, mas sempre, por trás, o impulso maior e mais alto trabalha e espera a hora.

Mas quando essas condições preliminares forem satisfeitas, quando a grande tarefa tiver encontrado sua base, qual será a natureza dessa possibilidade nova à qual as atividades da vida intelectual deverão servir? Se, de fato, a Mente for o termo mais alto da Natureza, então o desenvolvimento completo do intelecto racional e imaginativo e a satisfação harmoniosa das emoções e sensibilidades serão, em si, suficientes. Mas se, ao contrário, o ser humano for mais do que um animal emocional e racional, se além disso que está evoluindo houver algo que deva ainda evoluir, então poderia muito bem ser que a plenitude da vida mental, a maleabilidade e as vastas capacidades do intelecto, a riqueza disciplinada das emoções e da sensibilidade sejam apenas uma passagem em direção a uma vida superior e ao desenvolvimento de faculdades mais poderosas ainda não manifestadas, e que tomarão posse do instrumento inferior, assim como a própria mente tomou posse do corpo e fez do ser físico um instrumento que não vive mais apenas para sua própria satisfação, mas provê a base e os materiais para uma atividade superior.

Toda a filosofia indiana baseia-se na afirmação de que há uma vida mais elevada que a vida mental; adquirir e organizar essa vida superior é o objetivo verdadeiro dos métodos do Ioga. A Mente não é o último termo da evolução, nem seu objetivo último, mas, assim como o corpo, é um instrumento. E é desse modo que ela é designada na linguagem do Ioga: o instrumento interior[7]. E a tradição indiana afirma que aquilo que deve se manifestar não é um termo novo na experiência humana, mas foi desenvolvido antes e mesmo governou a humanidade em certos períodos de sua evolução. Em todo caso, para que se fale disso é preciso que o fato tenha-se produzido em um dado momento, ao menos em parte. E se, desde então, a Natureza desceu novamente de sua alta realização, devemos buscar o motivo, sempre, em alguma harmonia não alcançada ou em alguma insuficiência da base intelectual e material, à qual ela agora retorna, ou em alguma alta especialização da existência superior, em detrimento da inferior.

Mas, então, em que consiste essa existência superior, ou existência suprema, para a qual tende nossa evolução? Para responder a essa pergunta devemos lidar com certa categoria de experiências supremas e concepções inusitadas difíceis de representar com exatidão em qualquer outra língua que não o sânscrito antigo, a única que as sistematizou até certo ponto. Na língua inglesa[8], os únicos termos aproximativos têm outras associações e servir-se deles pode levar a inexatidões numerosas e mesmo graves. Além do estado de nosso ser físico e vital, chamado "corpo grosseiro" e duplamente composto do invólucro de alimento e do veículo vital, além do estado de nosso ser mental, chamado "corpo sutil" e composto simplesmente do invólucro mental ou veículo mental[9], a terminologia do Ioga reconhece um terceiro estado, supremo e divino: o ser supramental, chamado "corpo causal" e composto de um quarto e quinto veículos que são descritos como aqueles de conhecimento e de bea-

---
7. *antaḥkaraṇa*.
8. O mesmo pode ser dito sobre a língua portuguesa e outras línguas ocidentais. (N. da T.)
9. *manaḥ-koṣa*.

titude¹⁰. Mas esse conhecimento não é o resultado sistemático de questionamentos mentais e raciocínios, nem um arranjo temporário de conclusões e opiniões em termos da probabilidade mais alta: essa é uma Verdade pura autoexistente e autoluminosa. E essa beatitude não é um prazer supremo do coração e das sensações que tem como pano de fundo a experiência da dor e da tristeza, mas é um deleite também autoexistente e independente de objetos e de experiências particulares, um autodeleite que é a própria natureza, a própria substância por assim dizer, de uma existência transcendente e infinita.

Essas concepções psicológicas corresponderiam a algo de concreto e possível? Todo Ioga afirma que elas são sua experiência última e objetivo supremo. Elas constituem o princípio diretor de nosso estado de consciência mais alto e formam nossa extensão de existência mais vasta. Há, dizemos, uma harmonia de faculdades supremas — que correspondem mais ou menos às faculdades psicológicas de revelação, inspiração e intuição, se bem que não ajam na razão intuitiva nem na mente divina, mas em um plano ainda mais elevado — que veem a Verdade diretamente, face a face, ou, antes, vivem na verdade das coisas, uma verdade ao mesmo tempo universal e transcendente de que elas são a expressão e atividade luminosas. Essas faculdades são a luz de uma existência consciente que toma o lugar da existência egoística, uma existência ao mesmo tempo cósmica e transcendente, cuja natureza é a Beatitude. Essas faculdades são obviamente divinas, e, para o ser humano tal como é aparentemente constituído agora, elas são supra-humanas. Uma trindade de Existência, Consciência e Deleite¹¹ transcendentes é, de fato, a descrição metafísica do Atman¹² supremo, a autoformulação, para nosso conhecimento desperto, do Incognoscível, quer o concebamos como uma Impessoalidade pura, quer como uma Personalidade cósmica que manifesta o universo. Mas no Ioga esses três termos são vistos também em seus aspectos psicológicos, como estados de uma existência subjetiva para a qual nossa consciência desperta é agora estrangeira, mas que existe em nós em um plano supraconsciente e para a qual, portanto, podemos sempre ascender.

Pois, como seu nome indica, o corpo causal (kāraṇa), por oposição aos dois outros que são instrumentos (karaṇa), essa manifestação suprema é, também, a fonte e o poder realizador de tudo aquilo que a precedeu na evolução atual. Nossas atividades mentais são, de fato, um derivado, uma seleção, e enquanto estiverem separadas da verdade que secretamente é sua fonte serão uma deformação do conhecimento

---

10. *vijñānakoṣa* e *ānandakoṣa*.
11. *saccidānanda*.
12. Aquele que tem sua morada no Sonho, está consciente no interior e encontra sua felicidade nas abstrações, o Brilhante (Mandukya Upanishad 4). (N. da T.)

divino. Nossas sensações e emoções têm a mesma relação com a Beatitude, nossas forças e ações vitais têm a mesma relação com o aspecto de Vontade ou de Força que a consciência divina assume, e nosso ser físico tem a mesma relação com a essência pura dessa Beatitude e dessa Consciência. A evolução, que observamos e da qual somos o cume terrestre, pode ser considerada, em certo sentido, como uma manifestação inversa pela qual os Poderes supremos em sua unidade e diversidade utilizam, desenvolvem e aperfeiçoam a substância e as atividades imperfeitas da Matéria, da Vida e da Mente — os modos inferiores — para que possam expressar cada vez mais, em uma relatividade mutável, a harmonia dos estados divinos e eternos dos quais nasceram. Se essa for a verdade do universo, então o objetivo da evolução é também sua causa; aquilo que é imanente em seus elementos e aos poucos se libera. Mas a liberação é, sem dúvida, imperfeita, se for apenas uma evasão e não houver retorno à substância contentora e a atividades para exaltá-la e transformá-la. A própria imanência não teria razão de ser plausível se não finalizasse nessa transfiguração. Mas se a mente humana tornar-se capaz das glórias da Luz divina, se as emoções e a sensibilidade puderem ser transformadas no molde da Beatitude suprema e assumir sua medida e seu movimento, se o homem puder sentir que sua ação não apenas representa, mas é o movimento de uma Força não egoística e divina, e se a substância física de nosso ser puder participar o suficiente da pureza da Essência superna, unir suficientemente a plasticidade à constância durável para poder sustentar e prolongar essas experiências e atividades superiores, então o longo labor da Natureza se concluirá em um coroamento que justificará seus esforços, e suas evoluções revelarão seu significado profundo.

Tão deslumbrante é a visão dessa existência suprema, mesmo se apenas um vislumbre, e tão absorvente sua atração que, uma vez que foi vista, nos sentimos perfeitamente justificados em negligenciar tudo o mais para persegui-la. E mesmo, por um exagero inverso daquele que vê todas as coisas na Mente e a vida mental como um ideal exclusivo, poderemos chegar a considerar a Mente como uma deformação sem valor e um supremo obstáculo, a fonte de um universo ilusório, uma negação da Verdade: ela mesma deverá ser rejeitada e todas as suas obras e seus resultados anulados, se quisermos a liberação final. Mas isso é uma meia-verdade, que erra porque considera apenas as limitações atuais da Mente e ignora sua destinação divina. O conhecimento último é aquele que percebe e aceita Deus no universo assim como além do universo; o Ioga Integral é aquele que, ao encontrar o Transcendente, pode retornar ao universo e possuí-lo, mantendo o poder de descer e ascender a grande escada da existência à vontade. Pois se a Sabedoria eterna existe de fato, a faculdade da Mente também deve ter algum uso e destino superiores. Esse uso dependerá de seu lugar na ascensão e no retorno, e esse destino deverá ser uma plenitude e transfiguração, não uma extirpação ou uma anulação.

Percebemos então três etapas na Natureza: uma vida corporal que é a base de nossa existência aqui no mundo material; uma vida mental à qual emergimos e pela qual elevamos a vida corporal a um uso mais alto e a ampliamos, tornando-a mais completa; e uma existência divina, que é ao mesmo tempo o objetivo das outras duas e retorna a elas para liberá-las e abri-las às suas próprias possibilidades mais elevadas. Ao considerar que nenhuma dessas etapas está fora de nosso alcance ou abaixo de nossa natureza e nenhuma deverá ser destruída para alcançar a consecução final, admitimos que essa liberação e essa plenitude ao menos fazem parte, e uma parte ampla e importante, do Ioga e seus objetivos.

CAPÍTULO III

A VIDA TRIPLA

A Natureza é, então, a evolução ou a automanifestação progressiva de uma existência eterna e secreta com três formas sucessivas que constituem as três etapas de sua ascensão. Portanto, todas as nossas atividades são condicionadas por essas três possibilidades mutuamente dependentes: a vida corporal, a existência mental e o ser espiritual velado que, na involução[1], é a causa dos outros dois e, na evolução, o resultado. Ao preservar e aperfeiçoar o físico, ao completar o mental, o objetivo da Natureza — e deveria ser o nosso — é desvelar em um corpo e mente aperfeiçoados as atividades transcendentes do Espírito. Assim como a vida mental não ab-roga a vida corporal, mas trabalha para sua elevação e melhor utilização, também a vida espiritual não deveria ab-rogar, mas transfigurar, nossas atividades intelectuais, emotivas, estéticas e vitais.

Pois no ser humano, líder da Natureza terrestre e única estrutura terrena em que pode cumprir-se plenamente a evolução da Natureza, é onde acontece um nascimento triplo. Ele recebeu uma estrutura viva, um corpo que é o receptáculo de uma manifestação divina e uma vida que é o meio dinâmico dessa manifestação. Sua atividade está centrada em torno de uma mente progressiva que tende não apenas a aperfeiçoar-se, mas a aperfeiçoar a casa onde vive e o meio de vida de que se serve, e é capaz, por meio de uma autorrealização progressiva, de despertar para sua natureza verdadeira enquanto forma do Espírito. Ele alcança seu ponto culminante quando

---

1. Segundo Sri Aurobindo, o Espírito que se manifesta aqui em um corpo está involuído, desde o começo, no todo da matéria e em cada núcleo, formação ou partícula de matéria; vida, mente e tudo que está acima da mente são, necessariamente, poderes ativos latentes, inativos ou encobertos em todas as operações da energia material. (N. da T.)

se torna aquilo que, na verdade, sempre foi — o espírito iluminado e beatífico que tem como destino iluminar a vida e a mente com seus esplendores agora escondidos.

Visto que esse é o plano da Energia divina na humanidade, todo o método e objetivo de nossa existência dependerão da interação desses três elementos de nosso ser. E, visto que esses elementos formulam-se em separado na Natureza, o ser humano tem diante de si a escolha entre três gêneros de vida: a existência material comum, a vida de atividade e progresso mentais, e a beatitude espiritual imutável. Mas à medida que progride, ele pode combinar essas três formas, resolver seus desacordos em um ritmo harmonioso e, assim, criar em si mesmo a divindade completa, o Ser Humano perfeito.

Na natureza comum cada uma dessas três formas é governada por um impulso característico.

A Energia característica da Vida corporal não está tanto no progresso quanto na persistência, não tanto na ampliação do indivíduo quanto na sua repetição. Na verdade, há na natureza física um progresso de um tipo a um outro tipo — do vegetal ao animal, do animal ao ser humano —, pois mesmo na Matéria inanimada a Mente está agindo. Mas uma vez que um tipo é fisicamente delimitado, a preocupação principal e imediata da Mãe terrestre parece ser perpetuá-lo por meio de uma reprodução constante. Pois a Vida sempre busca imortalidade; mas, porque a forma individual é impermanente e só a ideia da forma é permanente na consciência que cria o universo — pois lá ela não perece —, essa reprodução constante é a única imortalidade material possível. Autoconservação, autorrepetição, automultiplicação são, então, necessariamente, os instintos predominantes em toda a existência material. A vida material parece mover-se para sempre em um círculo fixo.

A energia característica da Mente pura é mudança, e quanto mais nossa mentalidade se eleva e se organiza, mais a lei da Mente assume o aspecto de uma ampliação e melhoramento contínuos, de uma organização melhor de seus ganhos e, assim, de uma passagem contínua de uma perfeição menor e mais simples a uma perfeição maior e mais complexa. Pois a Mente, ao contrário da vida corporal, é infinita em seu campo, elástica em sua expansão, facilmente variável em suas formações. Mudança então, ampliar-se e melhorar-se são seus instintos próprios. A Mente também se move em ciclos, mas são espirais que se alargam sempre, sem cessar. Sua fé é o aperfeiçoamento, sua divisa é o progresso.

A lei característica do Espírito é a perfeição autoexistente e a infinitude imutável. Ele possui sempre, por direito próprio, a imortalidade, que é o propósito da Vida, e a perfeição, que é o objetivo da Mente. Alcançar o Eterno e realizar aquilo que é igual em todas as coisas e além de todas as coisas, igualmente beatífico no universo e fora do universo, não tocado pelas imperfeições e limitações das formas ou das atividades nas quais habita, é a glória da vida espiritual.

Em cada uma dessas formas de vida a Natureza age, ao mesmo tempo, de maneira individual e coletiva; pois o Eterno afirma-se de modo igual na forma isolada e na existência do grupo — família, clã, nação — ou nos grupos que dependem de princípios menos físicos, ou no grupo supremo entre todos: nossa humanidade coletiva. O ser humano também pode buscar seu bem individual em qualquer uma dessas esferas de atividades ou em todas elas, ou identificar-se, por meio delas, à coletividade e viver para ela ou, elevando-se a uma percepção mais verdadeira desse universo complexo, harmonizar a realização individual e o objetivo coletivo. Pois assim como a verdadeira relação da alma com o Supremo, enquanto ela estiver no universo, não é afirmar de maneira egoísta sua existência separada nem apagar-se no Indefinível, mas realizar sua unidade com o Divino e com o mundo e uni-los no indivíduo; do mesmo modo, a verdadeira relação do indivíduo com a coletividade não é procurar de maneira egoística seu próprio progresso material e mental ou sua salvação espiritual sem preocupar-se com seus semelhantes, nem sacrificar ou mutilar seu próprio desenvolvimento no altar da comunidade, mas englobar em si mesmo as possibilidades melhores e mais completas da comunidade e distribuí-las em abundância em torno de si pelo pensamento, pela ação ou por qualquer outro meio, a fim de que a espécie inteira possa chegar perto das realizações de suas personalidades supremas.

Em consequência, o objetivo da vida material deve ser, antes de qualquer coisa, realizar o propósito vital da Natureza. O único objetivo do homem material é viver, passar do nascimento à morte com o tanto de conforto e diversão que possa encontrar em seu caminho, mas, seja como for, viver. Ele pode subordinar esse objetivo, mas só o subordinará aos outros instintos da Natureza física: à reprodução do indivíduo e à conservação do tipo na família, na classe ou na comunidade. O ego, a vida doméstica, a ordem costumeira da sociedade e da nação são os componentes da existência material. Sua importância imensa na economia da Natureza é evidente e em proporção com o tipo humano que a representa. Ele garante à Natureza a segurança da estrutura que ela construiu, uma boa continuação e a conservação de seus ganhos passados.

Porém, devido a essa própria utilidade, os seres humanos desse tipo e a vida que conduzem são condenados a serem limitados, conservadores de maneira irracional e terra a terra. A rotina e as instituições costumeiras, as formas de pensamento, herdadas ou habituais, são todo o ar que respiram. Eles aceitam e defendem com zelo as mudanças impostas pelas inteligências progressistas do passado, mas combatem com o mesmo zelo as mudanças que essas mesmas inteligências querem introduzir no presente. Pois para o homem material o pensador progressista, enquanto vivo, é um ideólogo, um sonhador ou um louco. Os antigos semitas que apedrejavam seus profetas quando estavam vivos, e adoravam sua memória quando mortos, são a própria encarnação desse princípio, instintivo e ininteligente, da Natureza. Na Índia antiga, onde se diferenciava "aquele que nasceu uma vez" e o "nascido duas vezes", é ao homem material que a primeira descrição podia aplicar-se. Ele cumpre os trabalhos inferiores da Natureza e assegura a base para suas atividades superiores, mas as glórias do segundo nascimento não se abrem facilmente para ele.

Contudo, ele admite a espiritualidade, ou ao menos o que as grandes irrupções religiosas do passado puderam fazer entrar à força em suas ideias costumeiras, e ele cria um lugar em sua organização da sociedade — um lugar venerável, mas nem sempre efetivo — para o padre e o teólogo sábio, em quem pode confiar para lhe fornecer um alimento espiritual normal e sem perigo. Mas para o homem que quer afirmar para si mesmo a liberdade da experiência espiritual e da vida espiritual, ele designa, caso o reconheça, não o hábito do padre, mas a roupa do *sannyāsin*[2]: que ele exerça sua liberdade perigosa fora da sociedade, assim, ele pode mesmo servir de para-raios humano para a eletricidade do Espírito e desviá-la do edifício social.

No entanto, é possível tornar o homem material e sua vida moderadamente progressistas, implantando na mente material o costume do progresso, o hábito da mudança consciente, a ideia de avançar sempre, como lei da vida. Assim, foram criadas na Europa as sociedades progressistas e isso foi um dos maiores triunfos da Mente sobre a Matéria. Mas a Natureza física se vinga: pois o progresso realizado por esses meios tende a ser do tipo grosseiro e exteriorizado, suas tentativas de passar a um movimento mais elevado ou mais rápido trazem grandes fadigas, cansaço rápido, recuos surpreendentes.

É também possível dar ao homem material e à sua vida uma espiritualidade moderada e fazê-lo habituar-se a ver com um espírito religioso todas as instituições da vida e suas atividades habituais. Assim, foram criadas no Oriente as comunidades espirituais, e isso foi um dos maiores triunfos do Espírito sobre a Matéria. Contudo, aqui também há um defeito; pois muitas vezes as sociedades espiritualizadas dessa maneira tendem apenas a criar um temperamento religioso, forma mais exterior da espiritualidade. Suas manifestações superiores, mesmo as mais esplêndidas e poderosas, apenas aumentam o número de almas atraídas para fora da vida social, o que a empobrece, ou perturbam a sociedade por um momento, mediante uma elevação passageira. Na verdade, nem o esforço mental nem o impulso espiritual, separados

---

2. Aquele que pratica *sannyāsa* (renúncia); um asceta. (N. da T.)

um do outro, são suficientes para ultrapassar a resistência imensa da Natureza material. Ela requer uma aliança entre ambos em um esforço completo, antes de consentir na mudança completa na humanidade. Mas, em geral, esses dois grandes agentes não estão dispostos a fazer um ao outro as concessões necessárias.

A vida mental concentra-se nas atividades estéticas, éticas e intelectuais. Em essência, a Mente é idealista e busca perfeição. O self sutil, o Atman brilhante[3], é um eterno sonhador. Um sonho de beleza perfeita, conduta perfeita, Verdade perfeita, quer na busca de novas formas do Eterno, quer pela revitalização das formas antigas, essa é a própria alma da mentalidade pura. Mas ela não sabe como lidar com a resistência da Matéria. Aí, ela é dificultada e ineficaz, age por meio de experiências confusas e deve retirar-se da luta ou submeter-se à cinzenta realidade. Ou então, pelo estudo da vida material e aceitação das condições do combate, pode ser que consiga, mas somente impondo de modo temporário algum sistema artificial que a Natureza infinita rompe e rejeita ou desfigura de tal modo que ele se torna irreconhecível — ou então ela retira sua permissão e o abandona como o cadáver de um ideal defunto. Raras e dispersas são as realizações do sonhador no Homem que foram bem acolhidas pelo mundo, ou que o mundo gosta de recordar ou busca cultivar em sua vida.

Quando o abismo entre a vida real e o temperamento do pensador é muito grande, a Mente se retira da vida de algum modo, a fim de agir com maior liberdade em sua própria esfera. O poeta que vive em suas visões brilhantes, o artista absorvido em sua arte, o filósofo voltado para os problemas do intelecto em seu retiro solitário, o cientista e o erudito preocupados apenas com seus estudos e experiências, no passado, eram com frequência, e são muitas vezes ainda hoje, os *sannyāsins* do intelecto. De todo o trabalho que fizeram para a humanidade, todo o passado é testemunha.

Mas essa reclusão se justifica apenas para certas atividades especiais. A mente só encontra plenamente sua força e sua ação quando se lança na vida e aceita, do mesmo modo, suas dificuldades e resistências como meios para uma autoperfeição maior. Na luta contra as dificuldades do mundo material, o desenvolvimento ético do indivíduo forma-se de maneira sólida, e as grandes escolas de conduta são elaboradas; pelo contato com os fatos da vida, a arte adquire vitalidade, o pensamento consolida suas abstrações, as generalizações do filósofo tomam como base o alicerce sólido da ciência e da experiência.

Essa mistura com a vida pode, no entanto, ser buscada em benefício da mente individual e com uma indiferença completa pelas formas da existência material ou

---

3. Aquele que habita no Sonho, que é consciente em seu interior e encontra sua alegria nas abstrações, o Brilhante (Mandukya Upanishad 4).

a elevação da espécie. Essa indiferença aparece em seu grau mais alto na disciplina epicurista e não está de todo ausente nos estoicos, e mesmo o altruísmo, na maioria das vezes, faz suas obras de compaixão mais para seu próprio bem que para o bem do mundo que ele quer ajudar. Mas essa também é uma realização limitada. A mente progressiva revela sua nobreza mais alta quando se esforça para elevar toda a humanidade ao seu próprio nível, quer pela semeadura, em todas as direções, da imagem de seu próprio pensamento e realização, quer pela mudança da vida material da espécie, ao dar-lhe formas novas — religiosas, intelectuais, sociais ou políticas — que busquem representar de maneira mais fiel esse ideal de verdade, beleza, justiça, retidão, pelas quais a própria alma do ser humano é iluminada. Nesse domínio, falhar importa pouco; pois o fato mesmo de tentar é dinâmico e criador. O esforço da Mente para elevar a vida é a promessa e a condição da conquista da vida por algo que é superior à própria Mente.

Esse algo superior, a existência espiritual, ocupa-se do que é eterno, porém, não está de todo distante do transitório. Para o indivíduo espiritual, a beleza perfeita que a mente sonha cumpre-se em um amor, uma beleza e felicidade eternos, que de nada dependem e são equânimes por trás de todas as aparências objetivas. Seu sonho da Verdade perfeita cumpre-se na Verdade suprema e eterna, autoexistente, autoevidente e que nunca varia, mas explica todas as variações, pois essa Verdade é o segredo delas e o objetivo de todos os progressos; seu sonho de ação perfeita cumpre-se na Lei todo-poderosa que é para sempre inerente em todas as coisas e se traduz aqui como o ritmo dos mundos. As visões fugitivas ou os esforços de criação constantes do Self brilhante são uma Realidade que existe eternamente no Self que sabe e que é o Senhor[4].

Porém, se muitas vezes é difícil para a vida mental adaptar-se a essa atividade material espessa e resistente, quanto mais difícil ainda deve ser para a existência espiritual manter-se em um mundo que parece cheio, não da Verdade, mas de todas as mentiras e ilusões, não de Amor e Beleza, mas de uma discórdia e feiura generalizadas, não da Lei da Verdade, mas de um egoísmo e pecado vitoriosos? Essa é a razão pela qual a vida espiritual no santo e no *sannyāsin* tende a retirar-se da existência material e a rejeitá-la total e fisicamente, ou em espírito. Ela vê esse mundo como o reino do mal ou da ignorância, e vê o divino eterno em um céu distante ou além do mundo, lá onde não há nem mundo nem vida. Ela se separa interiormente, se

---

4. O Unificado, em quem o pensamento consciente é concentrado, que é o todo deleite e o possuidor do deleite, o Sábio. [...] Ele é o Senhor de tudo, o Onisciente, o Guia interior (Mandukya Upanishad 5, 6).

não também fisicamente, das impurezas do mundo; ela afirma a realidade espiritual em um isolamento sem manchas. Esse retiro presta um serviço inestimável à própria vida material ao obrigá-la a dar atenção, e mesmo a curvar-se, em sinal de respeito, a algo que é a negação direta de seus ideais mesquinhos, de suas preocupações sórdidas e de sua autossatisfação egoísta.

Mas um poder supremo como a força espiritual não pode limitar assim seu trabalho no mundo. A vida espiritual pode também voltar-se para a vida material e usá-la como um meio para uma plenitude espiritual maior. Recusando-se a ser cegada pelas dualidades e as aparências, ela pode buscar em todas as aparências, quaisquer que sejam, a visão do mesmo Senhor, da mesma Verdade, Beleza, Amor e Deleite eternos. A fórmula vedântica: "O Self está em todas as coisas, todas as coisas estão no Self e todas as coisas são devires do Self", é a chave para esse Ioga mais rico e inteiramente abrangente.

Mas a vida espiritual, assim como a vida mental, pode utilizar a existência exterior em benefício do indivíduo e em uma perfeita indiferença pela elevação coletiva desse mundo meramente simbólico de que se serve. Visto que para ela o Eterno é para sempre o mesmo em todas as coisas e todas as coisas são iguais para o Eterno, visto que o modo exato de ação e o resultado não têm importância alguma em relação à preparação interior para a única, grande Realização, essa indiferença espiritual aceita qualquer ambiente, qualquer ação, sem preferência, pronta para retirar-se no momento em que alcançou seu fim supremo. É assim que muitos compreenderam o ideal da Gītā. Ou então é possível que a beatitude e o amor interiores se derramem no mundo sob forma de boas ações, serviços, compaixão, e a Verdade interior se expresse sob forma de ensinamento, mas, no entanto, sem tentar transformar um mundo que deve permanecer, por sua natureza inalienável, um campo de batalha das dualidades, pecado e virtude, verdade e erro, alegria e sofrimento.

Porém, se Progresso também for um dos termos essenciais da existência no mundo e se a manifestação progressiva do Divino for o sentido verdadeiro da Natureza, essa limitação tampouco é válida. A vida espiritual no mundo — e essa é sua missão real — pode transformar a vida material em sua própria imagem, que é a imagem do Divino. Portanto, além dos grandes solitários que buscaram e alcançaram sua própria liberação, temos os grandes mestres espirituais que também liberaram outros, e, supremas em meio a todas, as grandes almas dinâmicas, que, se sentindo mais fortes pelo poder do Espírito do que todas as forças da vida material reunidas, lançaram-se no mundo, lutaram com ele corpo a corpo em uma luta de amor para forçá-lo a consentir na sua própria transfiguração. Em geral, o esforço concentra-se na mudança mental e moral da humanidade, mas também pode estender-se e modificar as formas de nossa vida e suas instituições, a fim de que elas também possam tornar-se um molde melhor para os influxos do Espírito. Essas tentativas são os sinais supremos do desenvolvimento progressivo dos ideais humanos e da preparação divina da espécie. Cada uma delas, quaisquer que tenham sido os resultados externos, deixaram a Terra mais capaz do Céu, e aceleraram o movimento vagaroso do Ioga evolutivo da Natureza.

Na Índia, nos últimos mil anos, mesmo mais, a vida espiritual e a vida material viveram lado a lado com a exclusão da mente progressiva. A espiritualidade entrou em acordo com a Matéria, ao renunciar à tentativa de um progresso geral. Ela obteve da sociedade o direito ao desenvolvimento espiritual livre para todos aqueles que assumissem um símbolo distintivo, como a veste do *sannyāsin*, e que a vida espiritual fosse reconhecida como o objetivo do ser humano, e aqueles que a vivessem como dignos de um respeito absoluto; ela obteve que a própria sociedade fosse moldada em um modelo religioso, de modo tal, que mesmo os seus atos mais habituais deveriam acompanhar-se de um cerimonial que lembrasse o simbolismo espiritual da vida e sua destinação última. Por outro lado, foi concedido à sociedade o direito à inércia e a uma imobilidade preservadora. Essa concessão destruiu grande parte do valor do acordo. Uma vez que o modelo religioso foi fixado, as cerimônias, em lugar de evocar, tenderam a transformar-se em rotina e perderam seu sentido vivo. Os esforços constantes das seitas e religiões novas para mudar o modelo só levaram a uma nova rotina ou à livre modificação da velha; pois o elemento salvador, que é a mente ativa, havia sido exilado. A vida material, deixada à Ignorância, à dualidade sem propósito e sem fim, tornou-se um jugo de chumbo doloroso: escapar disso era a única solução.

As escolas indianas de Ioga prestaram-se ao acordo. A perfeição ou a liberação individual tornaram-se o objetivo; uma reclusão qualquer, longe das atividades normais, era a condição; a renúncia à vida, a culminação. O mestre transmitia seus conhecimentos apenas a um círculo pequeno de discípulos. Ou, se algum movimento mais vasto buscava nascer, o objetivo ainda era a liberação da alma individual. O pacto com uma sociedade imóvel ainda era, na maior parte, observado.

A utilidade desse acordo no estado do mundo naquela época não pode ser posta em dúvida. Na Índia, esse acordo assegurou uma sociedade que se prestou à preservação e ao culto da espiritualidade, nesse país à parte, onde, como em uma fortaleza, o ideal espiritual mais elevado pôde manter-se em sua pureza mais absoluta sem sucumbir aos assaltos das forças circundantes. Mas foi um acordo, não uma vitória absoluta. A vida material perdeu o impulso divino que a fazia crescer; a vida espiritual preservava pelo isolamento sua altura e sua pureza, mas sacrificava seu poder pleno e perdia sua utilidade para o mundo. Em consequência, na Providência divina, o país dos iogues e *sannyāsins* viu-se forçado a um contato estrito e imperioso com o próprio elemento que havia rejeitado, o elemento da Mente progressiva, a fim de que pudesse recuperar aquilo que agora lhe faltava.

Devemos reconhecer uma vez mais que o indivíduo não existe sozinho, por si mesmo, mas na coletividade, e que a perfeição e a liberação do indivíduo não são a única intenção de Deus no mundo. O uso livre de nossa liberdade também inclui a liberação de outros e da humanidade; a utilidade perfeita de nossa perfeição quando realizamos em nós mesmos o símbolo divino é reproduzi-lo, multiplicá-lo e, no final, universalizá-lo em outros.

Portanto, do ponto de vista concreto da vida humana com sua potencialidade tripla, chegamos à mesma conclusão a que chegamos pela observação do modo de funcionar geral da Natureza com as três etapas de sua evolução. E começamos a perceber o objetivo completo de nossa síntese do Ioga.

O Espírito é a coroa da existência universal; a Matéria é sua base; a Mente é o elo entre os dois. O Espírito é aquilo que é eterno; a Mente e a Matéria são suas operações. O Espírito é aquilo que está escondido e deve ser revelado; a mente e o corpo são os meios pelos quais ele busca revelar-se. O Espírito é a imagem do Senhor do Ioga; mente e corpo são os meios que ele forneceu para reproduzir essa imagem na existência fenomênica. A Natureza inteira é uma tentativa de revelação progressiva da Verdade escondida, uma reprodução cada vez melhor da imagem divina.

Mas aquilo que a Natureza busca para a massa em uma evolução lenta, o Ioga efetua para o indivíduo por uma revolução rápida. Ele procede por uma aceleração de todas as energias da Natureza, uma sublimação de todas as suas faculdades. A Natureza desenvolve com dificuldade a vida espiritual e deve constantemente voltar atrás no interesse de suas realizações inferiores, enquanto a força sublimada, o método concentrado do Ioga, pode ir de maneira direta ao objetivo e incluir a perfeição da mente, e mesmo, se quiser, a perfeição do corpo. A Natureza busca o Divino por meio de seus próprios símbolos: o Ioga vai mais além da Natureza, até o Senhor da Natureza, mais além do universo, até o Transcendente, e pode retornar com a luz e o poder transcendentes, com o *fiat* do Onipotente.

Porém, no final, seu objetivo é o mesmo. A generalização do Ioga na humanidade será a última vitória da Natureza sobre seus próprios atrasos e seus próprios disfarces. Assim como agora, mediante a mente progressiva na ciência, ela busca preparar toda a humanidade para o pleno desenvolvimento da vida mental, pelo Ioga ela busca preparar, inevitavelmente, toda a humanidade para a evolução superior, o segundo nascimento, a existência espiritual. E, assim como a vida mental utiliza e aperfeiçoa a vida material, a vida espiritual utilizará e aperfeiçoará a existência material e mental a fim de fazer delas os instrumentos de uma expressão divina. A idade dessa consumação é a *Satya Yuga* ou *Krita Yuga*[5] legendária, a idade da Verdade manifestada no símbolo da grande Obra concluída, quando a Natureza na humanidade, iluminada, satisfeita e em beatitude, repousará na culminância de seu empenho.

É próprio do ser humano poder conhecer as intenções da Mãe universal, não mais compreendê-la mal, desprezá-la ou usá-la mal; é próprio dele, servindo-se dos poderosos meios que ela possui, aspirar sempre ao seu mais alto ideal.

---

5. *Satya* significa Verdade; *krita*, efetuado ou completado. "Na linguagem moderna, *satya yuga* é um período do mundo em que a harmonia, estável e suficiente, é criada, e o homem realiza por algum tempo, sob certas condições e limitações, a perfeição de seu ser. A harmonia existe em sua natureza, pela força de uma pureza estabelecida; mas depois ela começa a se romper e o homem a sustenta, na *tretā yuga*, pela força da vontade, individual e coletiva; ela se rompe ainda mais e ele tenta sustentá-la, na *dvāpara yuga*, pelas regulações intelectuais e o consentimento e as regras comuns; por fim em *kali yuga* a harmonia desmorona e é destruída. Mas a *kali yuga* não é meramente ruim; nela, as condições necessárias são aos poucos construídas para uma nova *satya yuga*, outra harmonia, uma perfeição mais avançada" (Sri Aurobindo, vol. 16 da Edição Centenário, p. 412).

CAPÍTULO IV

OS SISTEMAS DE IOGA

As relações entre as diferentes divisões psicológicas do ser humano e as várias utilidades ou objetos do esforço que se apoiam nelas, tais como havíamos visto em nossa análise da evolução natural, encontramos repetidas nos princípios fundamentais e nos métodos das diferentes escolas de Ioga. E se buscarmos combinar e harmonizar as práticas centrais e os objetivos predominantes dessas escolas, perceberemos que a base fornecida pela Natureza é ainda nossa base natural e a condição da síntese que elas buscam.

Em um aspecto, o Ioga excede as operações normais da Natureza cósmica e eleva-se além. Pois o objetivo da Mãe Universal é abarcar o Divino no meio de seu próprio jogo e em suas próprias criações; é aí que ela quer realizá-lo. Mas nos voos mais altos do Ioga ela se ultrapassa e realiza o Divino em si, para além do universo e mesmo fora do jogo cósmico. Por isso, alguns supõem que esse é não apenas o objetivo mais elevado do Ioga, mas o único verdadeiro, ou aquele que deve ser escolhido exclusivamente.

Portanto, é sempre por meio de algo que ela formou em sua evolução que a Natureza ultrapassa sua própria evolução. É o coração individual que sublima suas emoções mais altas e puras e alcança a Beatitude transcendente ou o Nirvana inefável; é a mente individual que converte seu modo normal de funcionar em um conhecimento mais além de toda mentalidade, que conhece sua unidade com o Inefável e funde sua existência separada nessa unidade transcendente. E é sempre o indivíduo — o Self, cuja experiência é condicionada pela Natureza e age por meio das formações da Natureza — que alcança o Self incondicionado, livre e transcendente.

Na prática, três concepções são necessárias para que o Ioga tenha a possibilidade de existir; é preciso, por assim dizer, três partes que consintam no esforço: Deus, a

Natureza e a alma humana, ou, em termos mais abstratos, o Transcendente, o Universal e o Individual. Se o indivíduo e a Natureza forem deixados a si mesmos, um fica amarrado ao outro e o indivíduo é incapaz de ultrapassar de modo mensurável a marcha vagarosa da Natureza. Algo transcendente é necessário, livre da Natureza e maior do que ela, que agirá em nós e nela, e nos atrairá para Ele e para o alto, e obterá dela, de bom grado ou à força, sua aceitação da ascensão do indivíduo.

É essa verdade que torna necessário para cada filosofia de Ioga o conceito de *iśvara* (Ishvara), Senhor, Alma suprema ou Self supremo, a quem o esforço é dirigido e que dá o toque iluminador e a força para realizar. Também verdadeira é a ideia complementar, tantas vezes afirmada pelo Ioga da Devoção: assim como o Transcendente é necessário ao indivíduo e o indivíduo o procura, do mesmo modo o indivíduo é necessário, em certo sentido, ao Transcendente e é procurado por Ele. Se o *Bhakta* procura ardentemente o *Bhagavān*, o *Bhagavān* também procura ardentemente o *Bhakta*[1]. Não pode haver Ioga do Conhecimento sem um buscador humano do conhecimento, um objeto supremo do conhecimento e um indivíduo que utilize de maneira divina as faculdades universais do conhecimento; não há Ioga da Devoção sem um amante humano de Deus, um supremo objeto de amor e deleite e um indivíduo que utilize de maneira divina as faculdades universais de felicidade espiritual, emocional e estética; não há Ioga do trabalho sem o trabalhador humano, uma Vontade suprema Mestra de todas as obras e de todos os sacrifícios, e um indivíduo que utilize de maneira divina as faculdades universais de poder e ação. Por mais monista que seja nossa concepção intelectual da verdade superior das coisas, na prática somos obrigados a admitir essa Trindade onipresente.

Pois o contato da consciência humana individual com o Divino é a própria essência do Ioga. Ioga é a união daquilo que foi separado, no jogo do universo, do self verdadeiro, que é sua origem e universalidade. O contato pode acontecer em qualquer ponto dessa consciência complexa e intrincadamente organizada que chamamos de nossa personalidade. Pode efetuar-se no físico, por meio do corpo; no vital, mediante a ação das funções que determinam o estado e as experiências de nosso ser nervoso; na mente, por intermédio das emoções do coração ou pela vontade ativa, pela compreensão ou, de modo mais amplo, pela conversão geral da consciência mental em todas as suas atividades. Pode também cumprir-se pelo despertar direto à Verdade e Beatitude universais ou transcendentes, quando o ego central na mente

---

1. *Bhakta*, o adorador ou amante de Deus; *Bhagavān*, Deus, o Senhor do Amor e do Deleite. O terceiro termo da trindade é *Bhāgavata*, a revelação divina do Amor.

se converte. E, conforme o ponto de contato que escolhermos, praticaremos esse ou aquele tipo de Ioga.

Pois se deixarmos de lado as complexidades dos processos particulares, e fixarmos nosso olhar no princípio central das principais escolas de Ioga que ainda predominam na Índia, observaremos que elas se organizam em uma ordem ascendente, que começa pelo degrau mais baixo da escala, o corpo, e se eleva até o contato direto da alma individual com o Self transcendente e universal. O Hatha-Ioga escolhe o corpo e os modos de funcionar vitais como seus instrumentos de perfeição e realização; sua atenção é dirigida ao "corpo grosseiro". O Raja-Ioga escolhe como alavanca o ser mental e suas diferentes partes: concentra-se no "corpo sutil". A Via Tripla das Obras, do Amor e do Conhecimento tem como ponto de partida uma das partes do ser mental — a vontade, o coração ou o intelecto — e busca, pela sua conversão, alcançar a Verdade liberadora, a Beatitude e a Infinitude, que são a natureza mesma da vida espiritual. Seu método consiste em estabelecer um contato direto entre o *puruṣa*[2] humano no corpo individual e o Purusha divino que habita em cada corpo e, no entanto, transcende todas as formas e todos os nomes.

O Hatha-Ioga tem por objetivo a conquista da vida e do corpo, que se combinam no "invólucro de alimento" e no "veículo vital" para formar, como vimos, o corpo grosseiro, cujo equilíbrio serve de alicerce a todas as operações da Natureza no ser humano. O equilíbrio estabelecido pela Natureza é suficiente para a vida normal egoística; é insuficiente para o propósito do hatha-iogue. Pois esse equilíbrio é calculado a partir da quantidade de força vital ou dinâmica necessária para conduzir a máquina física durante a duração normal da vida humana e cumprir, de maneira mais ou menos adequada, os diversos trabalhos exigidos pela vida individual que habita essa estrutura e pelo ambiente que a condiciona. O Hatha-Ioga, portanto, busca retificar a Natureza e estabelecer um outro equilíbrio pelo qual a estrutura física será capaz de sustentar o influxo crescente da força vital e dinâmica do *prāṇa*[3], que existe em quantidade e intensidade indefinidas, quase infinitas. Na Natureza, o equilíbrio baseia-se na individualização de uma quantidade e força limitadas de Prana; mais do que isso o indivíduo, por hábito pessoal e hereditário, é incapaz de suportar, utilizar ou controlar. O equilíbrio do Hatha-Ioga abre a porta à universalização da vitalida-

---

2. *puruṣa* (Purusha) — o ser essencial que sustenta o jogo da Prakriti; o Ser Consciente, Purusha, é o Self enquanto originador, testemunha, sustento; o senhor das formas e operações da Natureza e aquele que frui delas. Há um Purusha, ou um representante, em cada plano da existência individual ou cósmica. (N. da T.)
3. *prāṇa* (Prana) — a energia de vida. (N. da T.)

de individual e permite receber no corpo, conter, utilizar e controlar uma corrente de energia universal muito menos fixa e limitada.

Os processos principais do Hatha-Ioga são āsana e *prāṇāyāma*. Por suas numerosas āsanas (ássanas), ou posturas fixas, ele começa por curar o corpo daquela inquietação que é o sinal de sua incapacidade de conter, sem utilizá-las na ação e no movimento, as forças vitais derramadas nele pelo Oceano-de-Vida universal; o Hatha-Ioga dá ao corpo uma saúde, força, flexibilidade extraordinárias e busca liberá-lo dos hábitos que o submetem à Natureza física normal e o retêm nos limites estreitos de suas operações usuais. A antiga tradição do Hatha-Ioga sempre pretendeu que essa conquista podia ser levada tão longe que mesmo a força da gravidade, em grande medida, poderia ser vencida. Mediante diversos processos subsidiários, mas minuciosos, o hatha-iogue em seguida consegue manter o corpo livre de todas as impurezas e desobstruir o sistema nervoso, a fim de proceder aos exercícios respiratórios, seu instrumento mais importante. Isso é o *prāṇāyāma* (Pranayama), o controle da respiração ou o poder vital, pois a respiração é o funcionamento físico principal das forças vitais. Pranayama, para o hatha-iogue, serve a um propósito duplo. Primeiro, completa a perfeição do corpo. A vitalidade é liberada de um grande número de necessidades normais da Natureza física; uma saúde vigorosa, juventude prolongada — muitas vezes mesmo uma longevidade extraordinária — são alcançadas. Em seguida, o pranayama desperta a serpente do dinamismo prânico que estava enrolada no invólucro vital e abre para o iogue campos de consciência, zonas de experiência e faculdades supranormais inacessíveis à vida humana comum, ao mesmo tempo que intensifica de maneira poderosa as faculdades e poderes normais que ele já possui. Essas vantagens podem ser mais asseguradas, enfatizadas e levadas mais longe por outros processos subsidiários abertos ao hatha-iogue.

Os resultados do Hatha-Ioga são, então, impressionantes para os olhos, e se impõem com facilidade à mente comum, ou mente física. No entanto, no final nos perguntamos o que foi ganho depois de todo esse enorme labor. O objetivo da natureza física, a conservação da vida puramente física, sua perfeição mais elevada, e mesmo, em certo sentido, a capacidade de fruir de modo mais amplo da existência física foram levados a uma escala anormal. Mas o ponto fraco do Hatha-Ioga é que seus processos laboriosos e difíceis exigem tanto tempo e energia, impõem uma ruptura tão completa com a vida comum dos seres humanos, que a utilização de seus resultados para a vida no mundo torna-se impraticável ou é extraordinariamente restrita. Se, para compensar essa perda, ganharmos uma outra vida em um outro mundo interior — o mundo mental, o mundo dinâmico ou vital —, esses resultados poderiam ter sido obtidos por outros sistemas, como o Raja-Ioga ou o Tantra, por métodos muito menos laboriosos e mantidos em condições muito menos exigentes. Por outro lado, os resultados físicos — aumento de vitalidade, prolongamento da juventude, saúde, longevidade — têm pouca importância, se tivermos que guardá-los em nós mesmos como avaros, separados da vida em comum e pelo prazer de guardá-los, sem utilizá-los, sem lançá-los na soma comum das atividades do mundo. O Hatha-Ioga alcança resultados consideráveis, mas por um preço exorbitante e um propósito muito pequeno.

O Raja-Ioga tem um voo mais alto. Busca a liberação e a perfeição do ser mental, não a do ser corporal, o controle da vida emocional e sensorial e a mestria de todo o aparelho do pensamento e da consciência. Fixa seu olhar em *citta*[44], a substância da consciência mental de onde surgem todas essas atividades, e, como o Hatha-Ioga com seu material físico, o Raja-Ioga busca primeiro purificar e tranquilizar. O estado normal do ser humano é um estado de agitação e desordem, um reino em guerra consigo mesmo ou mal governado; pois o Senhor, o Purusha, é sujeito a seus ministros — as faculdades — e mesmo sujeito aos súditos deles — os instrumentos de sensação, emoção, ação e prazer. *Svārājya*, um governo do self, deve substituir essa sujeição. Portanto, é preciso, primeiro, ajudar os poderes da ordem a vencer os poderes da desordem. O movimento preliminar do Raja-Ioga começa por uma autodisciplina minuciosa, que substitui com bons hábitos mentais os movimentos anárquicos em que o ser nervoso inferior se satisfaz. Pela prática da verdade, pela renúncia a todas as formas de busca egoística, abstendo-se de fazer mal ao outro; pela pureza, pela meditação constante e voltando-se para o Purusha divino, que é o senhor verdadeiro do reino mental, um estado de pureza, felicidade e clareza se estabelece na mente e no coração.

Esse é apenas o primeiro passo. Em seguida, as atividades normais da mente e dos sentidos devem ser inteiramente aquietadas, de modo que a alma possa ascender a estados de consciência superiores e estabelecer a base para uma liberdade e autodomínio perfeitos. Mas o Raja-Ioga não esquece que as incapacidades da mente comum vêm em grande parte de sua sujeição às reações do sistema nervoso e do corpo. Ele adota, portanto, do sistema hatha-ióguico seus métodos, ássana e pranayama, mas, em cada caso, reduz suas formas numerosas e elaboradas a um único processo, o mais simples e mais diretamente eficaz, suficiente para seu próprio objetivo imediato. Assim, ele evita a complexidade atravancadora do Hatha-Ioga, e se serve ao mesmo tempo da eficácia rápida e poderosa de seus métodos para dominar o corpo

---

4. *Citta* (*chitta*) — a consciência básica, que inclui a mente, o vital e o físico; a substância geral da consciência mental; a memória passiva; *cit* (*chit*) — consciência. (N. da T.)

e as funções vitais e despertar o dinamismo interno, cheio de um poder supranormal latente, simbolizado na terminologiaióguica como *kuṇḍalinī*, a serpente da Energia interior, enrolada e adormecida. Isso feito, o Raja-Ioga conduz à tranquilização perfeita da mente agitada e à sua elevação, pela concentração da força mental, a um plano superior por etapas sucessivas que conduzem a uma extrema concentração interior, ou um estado de consciência em que todo o ser se reúne, que é chamado *samādhi*[5].

Pelo samádi — que dá à mente a capacidade de retirar-se de suas atividades de vigília limitadas e entrar em estados de consciência mais elevados e mais livres — o Raja-Ioga alcança um propósito duplo. Alcança uma ação mental purificada, liberada das confusões da consciência externa e, de lá, passa aos planos superiores, supramentais, onde a alma individual entra em sua existência espiritual verdadeira. Mas também nos dá a capacidade de transformar à vontade a consciência em energia concentrada em seu objeto, que segundo nossa filosofia constitui a energia cósmica primordial e o método da ação divina no mundo. Por esse poder, o iogue, que já possui em estado de transe o conhecimento e experiências supracósmicas mais elevadas, é capaz, em estado desperto, de obter de modo direto todos os conhecimentos e exercer todos os controles úteis ou necessários à sua atividade no mundo objetivo. Pois o antigo sistema do Raja-Ioga buscava não apenas *svārājya*, a autogovernança ou o império subjetivo e o controle total de todos os estados e de todas as atividades de seu próprio domínio pela consciência subjetiva, mas incluía também *sāmrājya*, o império externo e o controle, pela consciência subjetiva, de suas atividades exteriores e de seu meio.

Percebemos que, assim como o Hatha-Ioga, que lida com a vida e o corpo, visa uma perfeição supranormal da vida física e de suas capacidades, vai mais além e entra no domínio da vida mental, do mesmo modo, o Raja-Ioga, que lida com a mente, visa uma perfeição supranormal da vida mental e uma ampliação de suas capacidades, vai mais além, e entra no domínio da existência espiritual. Mas o ponto fraco desse sistema é que depende demasiado dos estados anormais de transe. Primeiro, essa limitação conduz a certo abandono da vida física, que é nossa base e a esfera em que devem confluir nossas aquisições mentais e espirituais. E, sobretudo, a vida espiritual nesse sistema é muito associada ao estado de samádi. Nosso objetivo é tornar a vida espiritual e suas experiências plenamente ativas e plenamente utili-

---

5. *samādhi* (samádi) — transe ióguico, em que a mente adquire a capacidade de retirar-se de suas limitadas atividades no estado de vigília para alcançar estados de consciência superiores e mais livres. (N. da T.)

záveis no estado desperto e mesmo no uso normal de nossas funções. Mas no Raja-Ioga a experiência espiritual tende a retirar-se em um plano subliminar, por trás de nossas experiências normais, em lugar de descer em nossa existência e possuí-la em sua totalidade.

O caminho triplo da devoção, conhecimento e obras tenta desenvolver a província que o Raja-Ioga deixa desocupada. Difere do Raja-Ioga porque não se ocupa com o treino elaborado de todo o sistema mental como condição para a perfeição, mas toma certos princípios centrais — o intelecto, o coração, a vontade — e busca converter suas operações normais fazendo-as abandonar suas preocupações e atividades comuns e exteriorizadas para concentrar-se no Divino. Difere também nisso (e, do ponto de vista de um Ioga Integral, parece haver aqui um defeito): ele é indiferente à perfeição mental e corporal e visa apenas a pureza como condição para a realização divina. O segundo defeito é que na prática, de fato, ele escolhe um dos três caminhos paralelos com exclusividade e quase em antagonismo com os outros, em lugar de efetuar uma síntese harmoniosa entre o intelecto, o coração e a vontade, em uma realização divina integral.

O Caminho do Conhecimento[6] tem como objetivo a realização do Self supremo e único. Procede pelo método da reflexão intelectual, *vicāra*, e alcança o discernimento justo, *viveka*. Observa e distingue os diferentes elementos de nosso ser aparente e fenomênico e, recusando-se a identificar-se com eles, consegue excluí-los e separá-los sob o termo comum "os constituintes de Prakriti"[7], a Natureza fenomênica, e "as criações de Maia", a consciência fenomênica. Assim, consegue chegar à sua identificação justa com o Self puro e único, que não é mutável nem perecível, nem determinável por fenômeno algum ou combinação alguma de fenômenos. A partir desse ponto esse caminho, como em geral é seguido, rejeita da consciência os mundos fenomênicos como uma ilusão e conduz à imersão, final e sem retorno, da alma individual no Supremo.

Mas essa consumação exclusiva não é o resultado único e inevitável do Caminho do Conhecimento. Pois, seguido de maneira mais ampla e com um objetivo menos individual, o método do Conhecimento pode conduzir, seja a uma conquista ativa da existência cósmica para o Divino, seja a uma transcendência. O ponto onde começa essa divergência é a realização do Self supremo não apenas em nosso ser, mas em todos os seres e, por fim, quando percebemos que mesmo os aspectos fe-

---

6. *jñāna yoga* (Jnana-Ioga) — pronunciar "Gnana-Ioga". (N. da T.)
7. *prakṛti* — o poder da Natureza, o Poder executivo; ela é a energia separada da Consciência; pois Consciência pertence ao Purusha, Prakriti sem Purusha é inerte, mecânica, inconsciente (*Glossary of terms in Sri Aurobindo's writings*). (N. da T.)

nomênicos do mundo são um jogo da consciência divina e não algo de todo alheio à sua natureza verdadeira. Mas a partir da base dessa realização uma outra ampliação é ainda possível: a conversão de todas as formas de conhecimento, por mais mundanas que sejam, em atividades da consciência divina utilizáveis para perceber o Objeto de conhecimento uno e único, não apenas nele mesmo, mas através do jogo de suas formas e de seus símbolos. Esse método poderia muito bem conduzir a uma elevação de todo o domínio do intelecto humano e de suas percepções ao nível divino, à sua espiritualização e a justificar assim o labor cósmico do conhecimento na humanidade.

O Caminho da Devoção[8] busca a alegria do Amor e da Beatitude supremas, e em geral concebe o Senhor supremo em Sua Personalidade como o Amante divino que possui a alegria universal. O mundo é então percebido como um jogo do Senhor, com nossa vida humana como cena final, que continua através das diferentes fases de auto-ocultação e autorrevelação. O princípio da Bhakti-Ioga é utilizar todas as relações habituais da vida humana em que as emoções participam e aplicá-las não às relações mundanas transientes, mas à alegria d'Aquele que é Todo-Amor, Todo-Beleza e Todo-Beatitude. Veneração e meditação são usadas apenas para preparar e aumentar a intensidade da relação divina. Esse Ioga é eclético no uso das relações emocionais, porque utiliza todas, até mesmo a oposição e a hostilidade a Deus (consideradas uma forma intensa, impaciente, distorcida, do Amor) como um meio possível de realização e salvação. Esse caminho também, tal como é praticado, conduz a um distanciamento da existência no mundo e a uma absorção, diferente daquela do monismo, no Transcendente e Supracósmico.

Todavia, aqui também, esse resultado exclusivo não é inevitável. O próprio Ioga fornece um primeiro corretivo, ao não limitar o jogo do amor divino à relação entre a Alma suprema e a alma individual, mas expandindo-o a um mesmo sentimento e à mesma adoração mística entre os próprios bhaktas, unidos em uma mesma realização do Amor e da Beleza supremos. Fornece um corretivo ainda mais geral pela realização do objeto divino do Amor em todos os seres, não só humanos, mas animais, e facilmente extensivo a todas as formas, quaisquer que sejam. Podemos ver como essa aplicação mais ampla do Ioga da Devoção pode conduzir a uma elevação ao nível divino de toda a variedade das emoções, sensações e percepções estéticas humanas, à sua espiritualização, e justificar assim o labor cósmico em direção ao amor e à alegria em nossa humanidade.

---

8. *bhakti yoga* (Bhakti-Ioga). (N. da T.)

O Caminho das Obras[9] visa à consagração de todas as atividades humanas à Vontade suprema. Começa pela renúncia a todo objetivo egoístico em nossas obras, a toda ação realizada com um objetivo interesseiro ou que busca um resultado mundano. Essa renúncia purifica a mente e a vontade e nos torna facilmente conscientes que uma grande Energia universal é a autora verdadeira de todos os nossos atos, e que o Senhor dessa Energia é o soberano desses atos e os dirige, e o indivíduo é apenas uma máscara, um pretexto, um instrumento ou, de modo mais positivo, um centro consciente de ação e de relação fenomênica. A escolha e a direção do ato são deixadas, de maneira cada vez mais consciente, a essa Vontade suprema e a essa Energia universal. A Isto nós abandonamos, no final, nossas obras e os resultados de nossas obras. O objetivo é liberar a alma de sua escravidão às aparências e às reações das atividades fenomênicas. Como os outros caminhos, o Carma-Ioga é usado para conduzir à liberação da existência fenomênica e para retirar-se no Supremo. Porém, aqui também, o resultado exclusivo não é inevitável. Esse caminho pode, de igual modo, conduzir a uma percepção do Divino em todas as energias, todos os eventos, todas as atividades, e a uma participação livre da alma à ação cósmica, sem egoísmo. Praticada assim, ela pode conduzir à elevação de toda a vontade e atividade humanas ao nível divino, à sua espiritualização, e justificar assim o labor cósmico em direção à liberdade, ao poder e à perfeição no ser humano.

Vemos também que na visão integral das coisas esses três caminhos são um só. O Amor divino, em geral, deve conduzir ao conhecimento perfeito do Amado pela intimidade perfeita, e torna-se assim um Caminho do Conhecimento; e porque conduz ao serviço divino, o Amor se torna de igual modo um Caminho das Obras. Do mesmo modo, o Conhecimento perfeito deve conduzir ao Amor e à Alegria perfeitos e à aceitação completa das obras d'Aquele que é conhecido. Da mesma maneira, as obras consagradas devem conduzir ao amor completo do Mestre do Sacrifício e ao conhecimento mais profundo de Seus caminhos e de Seu ser. É por esse caminho triplo que chegamos sem dificuldade ao conhecimento, ao amor e ao serviço absolutos do Um em todos os seres e na inteira manifestação cósmica.

---

9. *karma yoga* (Carma-Ioga). (N. da T.)

CAPÍTULO V

A SÍNTESE DOS SISTEMAS

Pela própria natureza das escolas principais de Ioga, cada uma delas, com seu modo de ação particular, cobre uma parte da totalidade humana complexa e tenta obter dela suas possibilidades mais elevadas; pareceria, então, que uma síntese de todas essas escolas, concebida e aplicada de modo muito amplo, poderia muito bem resultar em um Ioga Integral. Mas suas tendências tão diferentes, suas formas tão altamente especializadas e elaboradas foram mantidas por tanto tempo em uma oposição mútua entre ideias e métodos, que não é fácil encontrar um modo de chegar à sua verdadeira união.

Uma combinação em bloco, sem distinção, não seria uma síntese, mas uma confusão. E praticar cada uma em sucessão alternada não seria fácil na duração curta de nossa vida humana, com nossas energias limitadas, sem falar do desperdício de labor que um processo tão árduo implicaria. Na verdade, algumas vezes Hatha-Ioga e Raja-Ioga são praticados sucessivamente. Na vida de Ramakrishna Paramhansa vemos um exemplo único, recente, de uma capacidade espiritual colossal que primeiro se precipita direto na realização divina e toma à força, por assim dizer, o reino dos céus e, em seguida, se apodera dos métodos ióguicos um depois do outro e extrai sua substância com uma incrível rapidez, sempre para voltar ao coração, ao essencial: à realização e à posse de Deus pelo poder do Amor, pela extensão de uma espiritualidade inata, em experiências variadas e pelo jogo espontâneo de um conhecimento intuitivo. Tal exemplo não pode ser generalizado. Seu objetivo também era especial e temporário, para demonstrar, pela experiência notável e decisiva de uma alma-mestra, a verdade — muito necessária agora à humanidade e em direção à qual este mundo, dividido por tanto tempo em seitas e escolas discordantes, encaminha-se com dificuldade —, a saber, que todas as seitas são formas e fragmentos de uma verdade integral, única, e todas as disciplinas tendem, por vias diferentes, à mesma experiência suprema. Conhecer, ser e possuir o Divino é a única coisa necessária, e isso conduz a tudo o mais ou o inclui; em direção a esse bem único devemos nos dirigir e, alcançado isso, tudo o mais, tudo que a Vontade divina escolher para nós, todas as formas e todas as manifestações necessárias, virão por acréscimo.

Assim, a síntese que propomos não pode ser efetuada por uma combinação em massa nem por meio de práticas sucessivas. Portanto, para que se efetue, é preciso abandonar as formas e exterioridades das disciplinas ióguicas e, antes, apreender algum princípio central comum a todas, que coloque seus princípios particulares em seu lugar correto e os utilize em justa proporção; em seguida, identificar alguma força dinâmica central, que será o segredo comum de seus métodos divergentes e, portanto, nos permitirá organizar uma seleção natural de suas energias variadas e combinar suas utilidades diversas. Esse foi o objetivo a que nos propusemos no início, ao começar nosso estudo comparativo dos métodos da Natureza e dos métodos do Ioga; voltamos a isso agora, com a possibilidade de expor uma solução precisa.

Observamos, primeiro, que ainda há na Índia um sistema ióguico notável, sintético por natureza, que parte de um grande princípio central da Natureza, de uma grande força dinâmica da Natureza. Mas esse é um Ioga à parte, não uma síntese de outras escolas. Esse sistema é a Via do Tantra. Devido a certos desenvolvimentos, o Tantra caiu em descrédito entre aqueles que não são tântricos, sobretudo depois do desenvolvimento de seu "caminho da mão esquerda", o Vama Marga, que, não satisfeito em ultrapassar a dualidade de virtude e pecado e em lugar de substituí-la por uma retidão espontânea na ação, algumas vezes parece ter feito da permissividade um método, um método de imoralidade social sem limites. No entanto, em sua origem, o Tantra era um sistema grande e poderoso, baseado em ideias que, ao menos em parte, eram verdadeiras. Mesmo sua divisão dupla em caminho da mão direita e caminho da mão esquerda, Dakshina Marga e Vama Marga, partiu de certa percepção profunda. No sentido simbólico antigo, as palavras Dakshina e Vama serviam para distinguir entre a via do Conhecimento e a via de Ananda[1]: a Natureza no ser humano pode alcançar a liberação, seja por meio de um discernimento justo, seja pela aceitação feliz do poder e do uso de suas próprias energias, elementos e potenciais. Mas em ambos os caminhos houve, no final, um obscurecimento dos princípios, uma deformação dos símbolos e uma queda.

---

1. *ānanda* (Ananda) — a alegria divina, a beatitude. Na linguagem da experiência espiritual indiana, é o deleite essencial que o Infinito sente em si mesmo e em sua criação. Pela Ananda do Self infinito tudo existe, para a Ananda do Self tudo foi criado. (N. da T.)

Contudo, se aqui também deixarmos de lado os métodos tais como são praticados e buscarmos o ponto central, veremos que, primeiro, o Tantra se diferencia expressamente dos métodos védicos de Ioga. Em um sentido, todas as escolas que examinamos até agora são vedânticas em seu princípio; sua força está no conhecimento e seu método é o conhecimento, embora este não seja sempre um discernimento pelo intelecto, mas, talvez, um conhecimento do coração expresso pelo amor e pela fé, ou um conhecimento na vontade, expresso pela ação. Em todas essas escolas o Senhor do Ioga é o Purusha, a Alma Consciente que sabe, observa, nos atrai, governa. Mas no Tantra, ao contrário, é a Prakriti, a Alma da Natureza, a Energia, a Vontade, que tem o Poder, a executora universal. Foi pelo aprendizado e aplicação dos segredos íntimos dessa Vontade Poderosa e seus métodos, seu "*tantra*", que o iogue tântrico perseguiu os objetivos de sua disciplina: mestria, perfeição, liberação, beatitude. Em lugar de retirar-se da Natureza manifestada e de suas dificuldades, ele a enfrentou, tomou posse e conquistou. Mas, no final, como são em geral as tendências da Prakriti, o Ioga Tântrico perdeu largamente seu princípio em seu mecanismo e tornou-se uma coisa de fórmulas e técnicas ocultas, ainda poderosas quando utilizadas corretamente, mas decaídas de sua clareza e intenção originais.

Temos nessa concepção central do Tantra um lado da verdade: o culto da Energia, Shakti, como o único poder para toda realização. No outro extremo, a concepção vedântica considera a Shakti como um poder da Ilusão e se põe em busca do Purusha silencioso e inativo como um meio de liberar-se dos enganos criados pela Energia ativa. Mas, para uma concepção integral, a Alma Consciente é o Senhor, e a Alma da Natureza é Sua energia executiva. A natureza do Purusha é *sat*, a autoexistência consciente, pura e infinita; Shakti ou Prakriti é da natureza de *chit*, o poder puro e infinito da existência autoconsciente do Purusha. A relação dos dois situa-se entre os dois polos, repouso e ação. Quando a Energia está absorvida na beatitude da autoexistência consciente há repouso; quando o Purusha se projeta na ação de sua energia, há ação, criação, alegria ou Ananda do vir a ser. Mas se Ananda é a criadora e a origem de todo vir a ser, seu método é Tapas, ou força de consciência do Purusha concentrada em sua própria potencialidade infinita de existência e que tira dela verdades conceptivas ou Ideias Reais, *vijñāna* (vijnana); e porque estas procedem de uma autoexistência onisciente e onipotente, efetuam-se com segurança e contêm em si mesmas a natureza e a lei de seu próprio devenir nas formas da mente, da vida e da matéria. Tapas, a Energia, torna-se por fim onipotente e a Ideia se cumpre de maneira infalível: esses são os próprios alicerces de todo Ioga. No indivíduo, esses termos (*tapas* e *vijñāna*) se traduzem como Vontade e Fé — uma vontade que, por fim, acaba por cumprir-se porque sua substância é feita de Conhecimento, e uma fé que é o reflexo, na consciência inferior, de uma Verdade ou Ideia real, mas ainda irrealizada na manifestação. É essa certeza íntima da Ideia que a Gītā afirma quando diz: *yo yac-chraddhaḥ sa eva saḥ*, "Qualquer que seja a fé de uma pessoa ou a ideia inabalável que possua, isso ela se tornará".

Vemos, então, de um ponto de vista psicológico — e Ioga não é outra coisa senão uma psicologia prática —, de qual concepção da Natureza devemos começar: a autorrealização do Purusha por meio de sua Energia. Mas o movimento da Natureza é duplo, superior e inferior, ou, se preferirmos chamá-lo assim, divino e não divino. Na verdade, a distinção existe apenas por razões práticas, pois nada existe que não seja divino e, de um ponto de vista mais amplo, essa distinção é tão sem sentido verbalmente quanto a distinção entre natural e sobrenatural, pois tudo que é, é natural. Todas as coisas estão na Natureza e todas as coisas estão em Deus. Mas, para fins práticos, a distinção é real. A Natureza inferior, aquela que conhecemos e em que estamos, e onde deveremos permanecer enquanto em nós a fé não mudar, age por limitação e divisão; ela é a Ignorância por natureza e a vida do ego é sua culminância; mas a Natureza superior, aquela a que aspiramos, age por unificação e pela superação de limites; ela é da natureza do Conhecimento e a vida divina é sua culminância. A passagem da Natureza inferior à Natureza superior é o objetivo do Ioga; essa passagem pode efetuar-se pela rejeição do inferior e a evasão no superior — esse é o ponto de vista comum — ou pela transformação da natureza inferior e sua elevação à Natureza superior. Esse deve ser o objetivo de um Ioga Integral.

Mas quer em um caso, quer no outro, é sempre por meio de algum elemento da existência inferior que nos elevamos à existência superior; e cada escola de Ioga seleciona seu próprio ponto de partida ou sua própria porta de saída. Cada uma especializa certas atividades da Prakriti inferior e as fazem voltar-se para o Divino. Mas a ação normal da Natureza em nós é um movimento integral em que toda a complexidade de nossos elementos é afetada por tudo o que nos circunda e afeta tudo o que nos circunda. A totalidade da vida é o Ioga da Natureza. O Ioga que buscamos deve ser também uma ação integral da Natureza; toda a diferença entre o iogue e o homem natural vem do fato de que o iogue busca substituir a ação integral da Natureza inferior — que trabalha no, e para, o ego e por divisão — pela ação integral da Natureza superior — que trabalha em, e para, Deus e pela unidade. Na verdade, se nosso objetivo for apenas escapar do mundo para alcançar Deus, uma síntese não será necessária e seria uma perda de tempo; pois nesse caso nosso objetivo único e prático deveria ser descobrir um caminho em meio aos milhares que conduzem a Deus, o mais curto possível em meio a todos os atalhos, e não nos atrasar a explorar diferentes caminhos que conduzissem ao mesmo objetivo. Mas se nosso objetivo for uma transformação integral de nosso ser nos termos de uma existência divina, então uma síntese torna-se necessária.

O método que devemos seguir consiste, então, em pôr todo o nosso ser consciente em relação e contato com o Divino e chamá-lo em nós para que transforme nosso ser inteiro no Seu. Assim, em certo sentido, Deus Ele mesmo, a Pessoa real em nós, torna-se o sadhaka da sadhana², o Mestre do Ioga, que utiliza a personalidade inferior como centro de uma transfiguração divina e instrumento de sua própria perfeição. Com efeito, a pressão de Tapas, a força de consciência em nós, estabelecida na Ideia da Natureza divina e concentrada no que somos em nossa totalidade, provoca sua própria realização. Aquilo que é divino e conhece tudo, realiza tudo, desce no que é limitado e obscuro, ilumina e energiza de maneira progressiva toda a natureza inferior e substitui por sua própria ação os diferentes modos da luz humana inferior e as atividades mortais.

Em termos psicológicos, esse método se traduz por uma entrega progressiva do ego e de todo seu domínio e todo seu mecanismo ao Além-do-ego e às suas operações imensas e incalculáveis, mas sempre inevitáveis. Sem dúvida, esse não é um atalho ou uma sadhana fácil. Necessita uma fé colossal, coragem absoluta e, acima de tudo, uma paciência a toda prova. Pois esse Ioga se compõe de três etapas, das quais só a última pode ser inteiramente beatífica ou rápida: primeiro, o esforço do ego para entrar em contato com o Divino; depois, uma vasta preparação — completa e, portanto, laboriosa — de toda a Natureza inferior pela ação divina, a fim de receber e tornar-se a Natureza superior; por fim, a transformação. Porém, de fato, a Força divina, na maioria das vezes despercebida e por trás do véu, substitui-se à nossa fraqueza e nos sustenta durante todas as fraquezas de nossa fé, falta de coragem e de paciência. Ela faz "o cego ver e o aleijado transpor as montanhas". O intelecto torna-se consciente de uma Lei que se impõe beneficamente e de uma Ajuda que sustenta; o coração fala de um Mestre de todas as coisas e de um Amigo do homem, ou de uma Mãe universal que nos sustenta em todos os tropeços. Portanto, esse caminho é, ao mesmo tempo, o mais difícil que se possa imaginar e, contudo, em comparação à magnitude de seu esforço e de seu objetivo, o mais fácil e seguro de todos.

Três particularidades notáveis caracterizam a ação da Natureza superior quando ela trabalha integralmente na Natureza inferior. Em primeiro lugar, ela não age conforme um sistema fixo e uma ordem invariável como fazem os métodos de Ioga especializados; mas sua ação é livre, espalhada, de certo modo e, no entanto, cada

---

2. Sadhana (*sādhanā*) — a prática pela qual a perfeição, *siddhi*, é alcançada; Sadhaka (*sādhaka*) — aquele que, por essa prática, busca obter a *siddhi*.

vez mais intensiva e intencional, determinada pelo temperamento do indivíduo em que opera, os materiais favoráveis que sua natureza oferece e os obstáculos que ela apresenta para serem purificados e aperfeiçoados. Em certo sentido, portanto, cada ser humano nesse caminho tem seu próprio método de Ioga. No entanto, certas grandes linhas de trabalho são comuns a todos os caminhos e nos permitem construir, com certeza não um sistema rotineiro, mas um tipo de *śāstra*[3] ou um método científico de Ioga sintético.

Em segundo lugar, visto que o processo é integral, esse Ioga aceita nossa natureza tal como nossa evolução passada a organizou e, sem rejeitar nada de essencial, obriga-a, em sua totalidade, a passar por uma mudança, a divinizar-se. Tudo em nós é tomado pelas mãos de um Artífice poderoso e transformado na imagem clara daquilo que nossa natureza atual busca confusamente representar. Nessa experiência de progresso sem fim, começamos a perceber como essa manifestação inferior é constituída e descobrimos que tudo nela, por mais desfigurado, mesquinho e vil que seja em aparência, é a imagem mais ou menos distorcida ou imperfeita de algum elemento ou de alguma atividade na harmonia da Natureza divina. Começamos a entender o que queriam dizer os Rishis Védicos, quando falavam dos ancestrais humanos que modelavam os deuses como o ferreiro modela a matéria bruta em sua forja.

Em terceiro lugar, o Poder divino em nós utiliza toda a vida como meio para esse Ioga Integral. Toda experiência, todo contato exterior com o mundo circundante, por mais insignificante e desastroso que seja, é utilizado para o trabalho, e toda experiência interior, mesmo o sofrimento mais repugnante ou a queda mais humilhante, tornam-se etapas no Caminho da Perfeição. Então, com olhos abertos, reconhecemos em nós o método de Deus no mundo: trazer a luz na obscuridade, o poder na fraqueza e na queda, a felicidade na dor e na miséria. Vemos que o método divino é o mesmo na obra inferior e na superior; só que em uma ele prossegue de modo obscuro e sem pressa, através do subconsciente na Natureza, e na outra, torna-se rápido e consciente e o instrumento admite a mão do Mestre. Toda a vida é um Ioga da Natureza que busca manifestar Deus em seu interior. O Ioga marca a etapa em que esse espaço pode se tornar capaz de autopercepção e, portanto, de alcançar sua completude justa no indivíduo. É uma reunião e concentração dos movimentos dispersos e combinados de maneira desconexa na evolução inferior.

---

3. *śāstra* (Shastra) — todo ensinamento ou ciência sistematizado; código social e moral; a ciência e a arte do conhecimento, trabalhos, existência justos. No Ioga: o conhecimento das verdades, dos princípios, poderes e processos que governam a realização. (N. da T.)

Um método integral conduz a um resultado integral. Primeiro, uma realização integral do Ser Divino: não apenas uma realização do Um em sua unidade indistinguível, mas também do Um em sua multiplicidade de aspectos, que são também necessários ao conhecimento completo do Um pela consciência relativa; não apenas uma realização da unidade no Self, mas da unidade na diversidade infinita de atividades, de mundos e de criaturas.

Portanto, conduz também a uma liberação integral. Não apenas a liberdade que nasce do contato ininterrupto e da identificação do ser individual e de todas as suas partes com o Divino, *sāyujya-mukti*, e o torna livre[4] mesmo em sua separação, mesmo na dualidade; não apenas a liberdade de *sālokya-mukti*, pela qual toda a nossa existência consciente permanece no mesmo estado de ser que o Divino, no estado de Sachchidananda[5]; mas também a aquisição da natureza divina pela transformação desse ser inferior na imagem humana do Divino, *sādharmya-mukti*, e a liberação completa e final: a liberação da consciência do molde transitório do ego e sua unificação com o Ser Único, universal no mundo e no indivíduo e transcendentalmente no universo e mais além de todo universo.

Por meio dessa realização e liberação integrais vem a harmonia perfeita dos resultados do Conhecimento, do Amor e das Obras, pois a liberação completa do ego é alcançada, assim como a identificação de nosso ser com o Um em tudo e mais além de tudo. Mas, visto que a consciência realizadora não está limitada por aquilo que realizou, nós ganhamos também a unidade na Beatitude e a diversidade harmoniosa no Amor, assim, todas as relações do jogo cósmico permanecem possíveis para nós, ao mesmo tempo que mantemos, nas alturas de nosso ser, a unidade eterna com o Bem-Amado. E como somos capazes, em espírito, de uma liberdade que abarca a vida e não necessita retirar-se da vida, podemos, por essa mesma ampliação, sem egoísmo, servidão e reação pessoal, nos tornar, em nossas mentes e nossos corpos, os canais de uma ação divina que se irradia livremente no mundo.

A natureza da existência divina não é apenas liberdade, mas também pureza, beatitude e perfeição. Uma pureza integral que, de um lado, permite a reflexão perfeita, em nós, do Ser divino e, do outro, o fluxo perfeito de sua Verdade e de sua Lei em nós, nas condições da vida e pelo modo de funcionar justo do instrumento complexo que somos em nossas partes exteriores — essa é a condição de uma liberdade integral. Seu resultado é uma beatitude integral, na qual se torna possível possuir

---

[4]. Como o *jīvanmukta*, que é inteiramente livre mesmo sem dissolução da vida corporal em um samádi final.

[5]. *sat-chit-ānanda* — Existência-Consciência-Beatitude. (N. da T.)

ao mesmo tempo a Ananda de tudo o que está no mundo, pois tudo é visto como um símbolo do Divino, e a Ananda do que não está no mundo. Essa pureza integral prepara a perfeição integral de nossa humanidade em um tipo divino, nas condições da manifestação humana: uma perfeição baseada em uma livre universalidade no ser, no amor e na alegria, em um jogo universal de conhecimento e em um jogo da vontade no poder e da vontade na ação sem egoísmo. Essa integralidade também pode ser alcançada pelo Ioga Integral.

A perfeição inclui a perfeição da mente e do corpo, de modo que os resultados mais altos do Raja-Ioga e do Hatha-Ioga serão também contidos na vasta fórmula da síntese que a humanidade deve, no final, efetuar. Em todo caso, um desenvolvimento completo das faculdades e experiências mentais e físicas gerais que a humanidade pode alcançar pelo Ioga, deve ser incluído no escopo do método integral. Aliás, essas experiências e faculdades não teriam *raison d'être*[6], se não estivessem a serviço de uma vida mental e física integral. Uma tal vida mental e física será, em sua natureza, uma tradução da existência espiritual em valores mentais e físicos verdadeiros. Assim, chegaríamos a uma síntese dos três graus da Natureza e dos três modos da existência humana que ela desenvolveu ou está desenvolvendo em sua evolução. Incluímos no escopo de nosso ser liberado e de seus modos de atividade aperfeiçoados, a vida material, nossa base, e a vida mental, nosso instrumento intermediário.

Porém, a integralidade à qual aspiramos tampouco seria real ou mesmo possível, se fosse restringida ao indivíduo. Visto que nossa perfeição divina abarca a realização de nosso ser no existente, na vida e no amor mediante outros assim como mediante nós mesmos, estender a outros nossa liberdade e seus frutos seria a consequência inevitável e a utilidade maior de nossa liberação e perfeição. E o esforço constante e inerente dessa extensão seria para aumentá-la e, por fim, generalizá-la na humanidade inteira.

A divinização da vida material comum do ser humano e de seu imenso esforço para alcançar neste mundo uma cultura mental e moral no indivíduo e na coletividade humana — divinização tornada possível pela integralização de uma existência espiritual que teria alcançado uma vasta perfeição — será, então, a coroação de nosso esforço individual e coletivo. Essa consumação nada mais é do que o "o reino dos céus interior", que se tornará o reino dos céus exterior, e será também a verdadeira realização do grande sonho acalentado sob diferentes termos pelas religiões do mundo.

---

6. Razão de ser. Em francês no original. (N. da T.)

Alcançar a mais ampla síntese de perfeição possível ao pensamento é o único esforço verdadeiramente digno daqueles cuja visão consagrada percebe que Deus habita secretamente na humanidade.

PARTE I

O IOGA DAS OBRAS DIVINAS

CAPÍTULO I

AS QUATRO AJUDAS

Yoga-siddhi, a perfeição a que se chega pela prática do Ioga, pode ser alcançada da melhor maneira pela ação combinada de quatro grandes instrumentos. Primeiro, o conhecimento de verdades, princípios, poderes e processos — *śāstra* — que governam a realização. Em seguida, um trabalho paciente e persistente que segue as linhas traçadas por esse conhecimento: a força de nosso esforço pessoal — *utsāha*. Em terceiro lugar, para elevar nosso conhecimento e nosso esforço e fazê-los entrar no domínio da experiência espiritual, intervêm a sugestão direta, o exemplo e a influência do Instrutor — *guru*. Por fim, a instrumentalidade do Tempo — *kāla*; pois para todas as coisas há um ciclo de ação e um período no movimento divino.

*
* *

O Shastra supremo do Ioga Integral é o Veda eterno, secreto no coração de todo ser vivo e pensante. O lótus do conhecimento eterno e da perfeição eterna é um botão fechado e dobrado dentro de nós. Ele se abre de maneira rápida ou gradual, pétala por pétala, por realizações sucessivas, do instante em que a inteligência do ser humano começa a voltar-se para o Eterno, e seu coração, não mais compresso e confinado pelo apego às aparências finitas, enamora-se, em qualquer grau que seja, do Infinito. Toda a vida, todo pensamento, toda energização das faculdades, todas as experiências, passivas ou ativas, tornam-se, daí em diante, os muitos choques que desintegram os tegumentos da alma e removem os obstáculos à sua inevitável eflorescência. Aquele que escolhe o Infinito foi escolhido pelo Infinito. Ele recebeu o toque divino sem o qual não há despertar, não há abertura do espírito; mas, uma vez recebido, a consecução é certa, seja por uma conquista rápida no curso de uma única vida humana, seja buscada com paciência através de numerosos estados do ciclo da existência no universo manifestado.

Nada pode ser ensinado à mente que já não esteja secretamente encoberto como conhecimento potencial na alma que desabrocha. Do mesmo modo, toda perfeição de que o homem exterior é capaz é apenas a realização da perfeição eterna do Espírito em seu interior. Conhecemos o Divino e tornamo-nos o Divino porque já somos Ele em nossa natureza secreta. Todo ensinamento é uma revelação, todo devir é um desvelar. A autodescoberta é o segredo; o autoconhecimento e uma consciência cada vez mais ampla são os meios e o processo.

O intermediário habitual dessa relação é o Verbo, a palavra ouvida — *śruta*. O Verbo pode vir a nós de dentro; pode vir também de fora. Mas nos dois casos ele serve apenas para tornar ativo o conhecimento escondido. A Palavra interior pode ser aquela da alma profunda em nós, sempre aberta ao Divino; ou pode ser a do Instrutor universal que se aloja secretamente no coração de todos. Há casos excepcionais em que ninguém mais é necessário, pois tudo no Ioga é um desdobramento sob essa direção e por esse contato constante: o lótus do conhecimento abre-se no interior pelo poder da irradiação resplandecente d'Aquele que habita no lótus do coração. Eles são grandes na verdade, mas poucos, aqueles para quem o conhecimento interior é suficiente e não precisam submeter-se à influência diretriz de um livro escrito ou de um instrutor vivo.

O Verbo de fora, enquanto representativo do Divino é, em geral, uma ajuda necessária ao trabalho de autodesenvolvimento; pode ser uma palavra que vem do passado ou a palavra mais poderosa do guru vivo. Em alguns casos, o verbo representativo é apenas um pretexto para que o poder interior desperte e se manifeste; é uma concessão, por assim dizer, do Divino onipotente e onisciente à lei geral que governa a Natureza. Assim, é dito nos Upanishads que Krishna, filho de Devaki, recebeu a palavra do Rishi Ghora e adquiriu o conhecimento. Também Ramakrishna, ao alcançar a iluminação central por seu esforço interior, aceitou vários instrutores nos diferentes caminhos do Ioga; mas sempre mostrou, pela maneira e rapidez de sua realização, que essa aceitação era uma concessão à regra geral, segundo a qual todo conhecimento efetivo deve ser recebido de um guru, pelo discípulo.

Mas, em geral, a influência do Verbo representativo ocupa um lugar bem maior na vida do sadhaka. Se o Ioga for guiado por um shastra escrito — alguma Palavra do passado que encarna a experiência dos antigos iogues — ele pode ser praticado pelo esforço pessoal apenas, ou com a ajuda de um guru. O conhecimento espiritual é então obtido pela meditação sobre as verdades ensinadas e torna-se vivo e consciente quando essas verdades se realizam na experiência pessoal; o Ioga segue os resultados dos métodos prescritos e ensinados pela Escritura ou pela tradição, reforçados e iluminados pelas instruções do Mestre. Essa é uma prática mais estreita, porém segura e efetiva dentro de seus limites, pois segue uma via bem conhecida para um objetivo que há muito tempo é familiar.

O sadhaka do Ioga Integral deve lembrar-se de que nenhum Shastra escrito, por maior que seja sua autoridade, por mais amplo que seja seu espírito, não pode ser mais do que uma expressão parcial do Conhecimento eterno. Ele utilizará a Escritura, mas não se deixará jamais depender dela, mesmo pela maior dentre elas. Na medida em que for profunda, vasta, universal, ela poderá influenciá-lo para um bem maior e de importância incalculável. Ela poderá contribuir para seu despertar às verdades supremas, à sua realização das experiências mais elevadas. Seu Ioga poderá ser governado durante muito tempo por uma ou várias Escrituras, sucessivamente — a Gītā, por exemplo, os Upanishads, o Veda, se sua via for a da grande tradição hindu. Pode ser também que boa parte de seu desenvolvimento utilize como material a experiência variada das verdades de muitas Escrituras e enriqueça assim o futuro com tudo o que o passado teve de melhor. Porém, no final, deve assumir sua posição, ou mesmo desde o início se conseguir, e sempre é em sua alma que ele deve posicionar-se e viver, mais além das limitações da Palavra que usa. A própria Gītā declara que o iogue em seu processo deve ir além da Verdade escrita — *śabdabrahmātivartate* — além de tudo o que ouviu e de tudo o que deve ainda ouvir — *śrotavyasya śrutasya ca*. Pois ele não é o sadhaka de um livro ou de muitos livros; ele é um sadhaka do Infinito.

Há um outro tipo de Shastra, que não é uma Escritura mas uma exposição da ciência e dos métodos, ou dos princípios efetivos e das modalidades do Caminho de Ioga que o sadhaka escolhe para seguir. Cada caminho tem seu Shastra, escrito ou tradicional, que passa oralmente através de uma longa linhagem de Instrutores. Na Índia, uma grande autoridade, e mesmo uma alta veneração, acompanham em geral o ensinamento escrito ou tradicional. Todas as linhas de Ioga são consideradas como fixas e o Instrutor, que recebeu o Shastra da maneira tradicional e o realizou na prática, guia o discípulo ao longo de sendas imemoriais. Muitas vezes até se ouve a seguinte objeção às práticas novas, aos ensinamentos ióguicos novos ou à adoção de alguma fórmula nova: "isso não está de acordo com o Shastra". Mas, na realidade, nem no fato nem nas práticas normais dos iogues se encontra toda essa rigidez, essa oposição ferrenha, fechada a toda verdade e revelação novas, contra toda ampliação da experiência. O ensino escrito ou tradicional expressa o conhecimento e as experiências acumulados ao longo de muitos séculos, sistematizados, organizados e tornados acessíveis ao iniciante. Sua importância e utilidade são, portanto, imensas. Mas uma grande liberdade de variação e desenvolvimento é sempre possível. Mesmo um sistema tão altamente científico como o Raja-Ioga pode ser praticado em outras linhas que não sejam o método organizado de Patanjali[1]. Cada uma das três vias do *trimārga*[2] divide-se em muitos caminhos laterais que se encontram de novo no objetivo final. O conhecimento geral em que o Ioga se apoia é fixo, mas é preciso que a ordem, a sucessão, os dispositivos e as formas possam variar, pois os impulsos e as necessidades particulares de cada natureza individual devem ser satisfeitos, mesmo se as verdades gerais permanecem firmes e constantes.

Um Ioga Integral e sintético exige sobretudo não estar ligado por nenhum Shastra, escrito ou tradicional, pois enquanto abarca o conhecimento recebido do passado, esse Ioga busca organizá-lo de maneira nova, para o presente e para o futuro. Uma liberdade absoluta de experiência e formulação do conhecimento em termos novos e combinações novas é a condição de sua formação. Ao esforçar-se para abarcar toda a vida, sua posição não é a de um peregrino que segue a estrada principal para sua destinação, mas, ao menos nesse ponto, a de um pioneiro que talha seu caminho através da floresta virgem. Pois há muito tempo o Ioga distanciou-se da vida, e os sistemas antigos que tentaram incluir a vida, como aqueles de nossos ancestrais védicos, estão muito distantes de nós, expressos em termos que não são mais acessíveis, confinados em formas que não são mais aplicáveis. Desde então, a humanidade caminhou para a frente, na corrente do Tempo eterno, e o mesmo problema deve ser abordado de um ponto de partida novo.

Por meio desse Ioga buscamos não só o Infinito, mas chamamos o Infinito para que se revele na vida humana. Portanto, o Shastra de nosso Ioga deve prover uma liberdade infinita à alma humana receptiva. A condição correta para uma vida espiritual completa no ser humano é permitir ao indivíduo adaptar livremente o tipo e a maneira de aceitação em si mesmo do Universal e do Transcendente. Vivekananda, ao salientar que a unidade das religiões deve necessariamente expressar-se por uma riqueza e variedade de formas, certa vez disse que o estado perfeito dessa unidade essencial viria quando cada ser humano tivesse sua própria religião, e, não preso por nenhuma seita ou forma tradicional, seguisse livremente a autoadaptação de sua natureza em suas relações com o Supremo. Do mesmo modo, podemos dizer que a perfeição do Ioga Integral virá quando cada indivíduo for capaz de seguir seu próprio caminho de Ioga e perseguir o desenvolvimento de sua natureza em sua

---

1. Patanjali (século II a.C.) é o autor dos *Ioga-Sutras*, que formam a base do Raja-Ioga. (N. da T.)
2. O Caminho Triplo do Conhecimento, da Devoção e das Obras.

elevação em direção àquilo que transcende a natureza. Pois liberdade é a lei final e a consumação última.

Nesse meio-tempo, certas linhas gerais devem ser traçadas, que poderão ajudar a guiar o pensamento e a prática do sadhaka. Contudo, elas devem, tanto quanto possível, tomar a forma de verdades gerais, de declarações gerais de princípios, de direções poderosas mas muito vastas, que orientem o esforço e o desenvolvimento, em vez de um sistema fixo que deva ser seguido como uma rotina. Todo Shastra é o produto da experiência passada e uma ajuda para a experiência futura. É uma ajuda e também um guia parcial. Coloca sinalizações, dá o nome das estradas principais e das regiões já exploradas, a fim de que o viajante saiba para onde vai e quais caminhos está seguindo.

O resto depende da experiência e do esforço pessoais e do poder do Guia.

*
* *

O desenvolvimento da experiência, em sua rapidez, amplidão, intensidade e poder de seus resultados dependem, sobretudo, no início do caminho e por muito tempo, da aspiração e do esforço pessoais do sadhaka. O processo do Ioga consiste em fazer a alma humana sair de seu estado de consciência egoístico, absorvido pelas aparências externas e pelas atrações das coisas e voltá-la em direção a um estado superior onde o Transcendente e o Universal podem verter-se no molde individual e transformá-lo. Portanto, o primeiro elemento determinante da *siddhi* é a intensidade da mudança de orientação, a força que faz a alma voltar-se para dentro. O poder de aspiração do coração, a força da vontade, a concentração da mente, a perseverança e determinação da energia aplicada dão a medida dessa intensidade. O sadhaka ideal deve poder dizer, à maneira bíblica: "O ardor pelo Senhor me devora". É esse ardor pelo Senhor, *utsāha* — o ardor da natureza inteira por seu resultado divino e *vyākulatā*, o fervor do coração para alcançar o Divino — que devora o ego, rompe as limitações de seu molde mesquinho e estreito, e o torna apto para a recepção ampla e plena daquilo que busca; pois aquilo que ele busca é universal e transcendente, e ultrapassa a natureza e o self individuais, mesmo os mais vastos e elevados.

Mas esse é apenas um aspecto da força que trabalha para a perfeição. O processo do Ioga Integral tem três etapas que, na verdade, não são nitidamente distintas nem separadas, mas, em certa medida, são sucessivas. Primeiro, é preciso um esforço para, ao menos, um início de autotranscendência que permita o contato com o Divino; em seguida, receber em nós Aquilo que nos transcende, Aquilo com que obtivemos a comunhão, a fim de transformar a totalidade de nosso ser consciente; por fim, utilizar nossa humanidade transformada como um centro divino no mundo. Enquanto o contato com o Divino não for estabelecido em um grau considerável, enquanto não houver certa identidade constante, *sāyujya*, em geral o elemento de esforço pessoal deve predominar. Porém, à medida que o contato se estabelece, o sadhaka deve se tornar cônscio de uma força que não é a sua e que age nele, uma força que transcende seu esforço e sua capacidade egoísticos, e a esse Poder ele aprende progressivamente a submeter-se e a entregar-lhe a custódia de seu Ioga. Por fim, sua força e vontade próprias tornam-se unas com o Poder superior; ele as imerge na Vontade divina e em sua Força transcendente e universal. Ele descobre que, daí em diante, é ela que preside à transformação necessária de seu ser mental, vital e físico, com uma sabedoria imparcial e uma efetividade providencial de que o ego, ávido e interesseiro, não é capaz. Quando essa identificação, essa fusão de si estão completas, o centro divino no mundo está pronto. Purificado, liberado, plástico, iluminado, ele pode começar a tornar-se um meio de ação direta do Poder supremo em um Ioga mais vasto, o Ioga da humanidade ou da supra-humanidade, o Ioga do progresso espiritual da Terra ou de sua transformação.

Na verdade, é sempre o Poder superior que age. Nossa sensação de que é uma aspiração e um esforço pessoais vem de nossa mente egoísta, que busca de modo falso e imperfeito identificar-se às operações da Força divina. Ela persiste em aplicar às experiências supranormais os termos mentais comuns que ela aplica às suas experiências normais do mundo. No mundo, agimos com o senso do egoísmo: pretendemos que as forças universais que operam em nós são nossas; reivindicamos como um efeito de nossa vontade e sabedoria, de nossa força, de nossa virtude pessoal a escolha, a formação e o progresso realizados pelo Transcendente na estrutura de nossa mente, de nossa vida e de nosso corpo. A iluminação nos traz o conhecimento de que o ego é apenas uma ferramenta; começamos a perceber e sentir que essas coisas são nossas no sentido de que pertencem a nosso Self supremo e integral, uno com o Transcendente, e não a nosso ego instrumental. Nossas limitações e distorções são nossa contribuição ao trabalho; o verdadeiro poder nele é o Poder do Divino. Quando o ego humano reconhece que sua vontade é uma ferramenta, sua sabedoria uma ignorância e infantilidade, seu poder o tatear de uma criança, sua virtude uma pretensiosa impureza, e ele aprende a confiar-se a Isto que o transcende, essa é sua salvação. A aparente liberdade e autoafirmação de nosso ser pessoal, ao qual somos apegados de maneira tão profunda, escondem a sujeição mais deplorável aos milhares de sugestões, impulsos, forças que tornamos alheios à nossa pequena pessoa. Nosso ego, que se vangloria de liberdade, é, a cada momento, o escravo, o brinquedo e a marionete de inumeráveis seres, poderes, forças, influências da Natureza universal. Ao abdicar-se e unir-se ao Divino, o ego se realiza; sua submissão àquilo que o transcende é sua liberação das cadeias e dos limites, e sua liberdade perfeita.

Porém, ainda assim, no desenvolvimento prático, cada uma das três etapas tem sua necessidade e utilidade, e é preciso dar a cada uma seu tempo e seu lugar. Não seria bom, nem seguro, nem eficaz, começar apenas pela última e mais elevada. Tampouco seria o modo justo saltar prematuramente de uma à outra, pois mesmo se reconhecermos, desde o começo, o Supremo em nossa mente e em nosso coração, haverá elementos em nossa natureza que, por muito tempo, impedirão esse reconhecimento de tornar-se uma realização. E sem realização nossa crença mental não poderá se tornar uma realidade dinâmica; ela será apenas uma forma de conhecimento, não uma verdade viva; uma ideia, não ainda um poder. E mesmo que haja um início de realização, pode ser perigoso imaginar ou supor cedo demais que estamos inteiramente nas mãos do Supremo ou que agimos como instrumentos d'Ele. Essa presunção pode introduzir uma falsidade funesta, produzir uma inércia incoerente ou, ao exaltar os movimentos do ego sob o Nome Divino, distorcer e arruinar de maneira desastrosa a inteira marcha do Ioga. Há um período, mais ou menos prolongado, de esforço interior e de luta em que a vontade individual deve rejeitar a obscuridade e as distorções da natureza inferior e colocar-se resoluta e veementemente do lado da Luz divina. As energias mentais, as emoções do coração, os desejos vitais e mesmo o ser físico devem ser impelidos a tomar a atitude justa ou treinados para admitir as influências justas e responder a elas. Só então, quando esse trabalho for verdadeiramente feito, a submissão do inferior ao superior poderá efetuar-se, pois só então o sacrifício se tornará aceitável.

A vontade pessoal do sadhaka deve, primeiro, pegar as energias egoísticas e voltá-las em direção à luz e ao que é justo; isso feito, é preciso que ela as ensine a sempre reconhecer isso, sempre aceitar, sempre seguir isso. Na medida em que progride, o sadhaka aprende, servindo-se ainda da vontade, do esforço e das energias pessoais, a empregá-las como representantes do Poder superior em uma obediência consciente a essa Influência. Ao progredir ainda mais, sua vontade, esforço e energia tornar-se-ão não mais pessoais e separados, mas atividades desse Poder e dessa Influência superiores que agirão nele. Mas ainda haverá uma espécie de brecha ou de distância que necessitará um obscuro processo de passagem, nem sempre acurado, algumas vezes mesmo muito deformador, entre a Origem divina e o humano comum que emerge. No final do processo, com o desaparecimento progressivo do egoísmo, da impureza e da ignorância, essa última separação é removida; tudo no indivíduo se torna a ação divina.

*
* *

Assim como o supremo Shastra do Ioga Integral é o Veda eterno escondido no coração de cada ser humano, do mesmo modo seu guia e instrutor supremo é o Guia interior, o Instrutor do mundo, *jagad-guru*, secreto dentro de nós. É ele quem destrói nossa obscuridade pela luz resplandecente de seu conhecimento; essa luz torna-se em nós a glória crescente de sua revelação. Progressivamente, ele revela em nós sua natureza de liberdade, beatitude, amor, poder e existência imortal. Ele coloca diante de nós o ideal de seu exemplo divino e transforma a existência inferior no reflexo daquilo que ela contempla. Ao infundir em nós sua influência e presença ele torna o indivíduo capaz de alcançar a identidade com o Universal e o Transcendente.

Qual é seu método e seu sistema? Ele não tem método e tem todos os métodos. Seu sistema é uma organização natural dos processos e movimentos mais elevados de que a Natureza seja capaz. Ele se aplica aos detalhes mais ínfimos e às ações em aparência mais insignificantes, com o tanto de cuidado e de minúcia com que se aplica aos maiores e, no final, eleva tudo à Luz e tudo transforma. Pois nesse Ioga nada é pequeno demais para ser utilizado ou grande demais para ser tentado. Assim como o servidor e discípulo do Mestre não deve ter orgulho nem egoísmo porque tudo é feito para ele a partir do alto, do mesmo modo ele não tem direito de desencorajar-se por causa de suas insuficiências pessoais ou dos tropeços de sua natureza. Pois a Força que trabalha nele é impessoal — ou suprapessoal — e infinita.

Reconhecer plenamente esse Guia interior, Mestre do Ioga, senhor e luz de todos os sacrifícios, objetivo de todos os esforços, é de suma importância no Caminho da Perfeição Integral. É irrelevante se ele for visto, primeiro, como uma Sabedoria, um Amor e, um Poder impessoais por trás de todas as coisas; como um Absoluto que se manifesta no relativo e atrai a si o relativo; como nosso Self supremo e Self supremo de tudo; como uma Pessoa divina em nós e no mundo, sob um dos inumeráveis nomes e formas d'Ele — ou d'Ela — ou, ainda, como um ideal concebido pela mente. No final, percebemos que Ele é todas essas coisas e mais que todas elas juntas. A porta mental pela qual nos aproximamos dele deve, necessariamente, variar segundo a evolução passada e a natureza atual de cada um.

Esse Guia interior é muitas vezes velado, no início, pela própria intensidade de nosso esforço pessoal e pelas preocupações do ego consigo mesmo e com seus próprios objetivos. Mas à medida que ganhamos claridade e o turbilhão do esforço egoístico cede lugar a um autoconhecimento mais calmo, reconhecemos a fonte da luz que cresce dentro de nós. Nós a reconhecemos em retrospectiva, ao descobrir como todos os nossos movimentos obscuros e contraditórios eram dirigidos a um fim que só agora começamos a perceber e como, antes mesmo que entrássemos no caminho do Ioga, a evolução de nossa vida foi deliberadamente conduzida a esse momento decisivo. Começamos agora a compreender o sentido de nossas lutas e esforços, sucessos e derrotas. Enfim, podemos captar o significado de nossas provações e sofrimentos, e apreciar a ajuda que nos foi dada por tudo que nos feriu e resistiu, e mesmo a utilidade de nossas quedas e tropeços. Reconhecemos em seguida a direção divina, não em retrospecto mas de imediato, na modelagem de nossos pensamentos por um Vidente transcendente, de nossa vontade e ações por um Poder todo-abrangente, de nossa vida emocional por uma Beatitude e um Amor que tudo atraem e tudo assimilam. A reconhecemos também em uma relação mais pessoal que nos tocou desde o começo ou nos apanha no final; sentimos a eterna presença do Mestre, do Amigo, do Bem-Amado, do Instrutor supremo. A reconhecemos na essência de nosso ser, à medida que sua semelhança e sua unidade com uma existência maior e mais vasta se desenvolvem; pois percebemos que esse desenvolvimento miraculoso não é o resultado de nossos esforços; uma Perfeição eterna nos molda à sua imagem. Aquele que é o Senhor ou Ishvara das filosofias ióguicas, o Guia no ser consciente, *caitya guru* ou *antaryāmin*, o Absoluto do pensador, o Incognoscível do agnóstico, a Força universal do materialista, a Alma suprema e a suprema Shakti, o Um a quem as religiões dão nomes e imagens diferentes, esse é o Mestre de nosso Ioga.

Ver, conhecer, tornar-se e cumprir esse Um em nosso ser interior e em toda a nossa natureza externa foi sempre o objetivo secreto, e torna-se agora o propósito consciente, de nossa existência em um corpo. Ser cônscio d'Ele em todas as partes de nosso ser e também em tudo o que a mente divisora considera como exterior a nosso ser, é a consumação da consciência individual. Ser possuído por Ele e possuí-lo em nós e em todas as coisas é o cume de todo poder supremo e de toda mestria. Vivenciar sua presença em todas as experiências, de passividade e atividade, de paz e de poder, de unidade e de diferença, é a felicidade que o Jiva[3], a alma individual manifestada no mundo, busca obscuramente. Esta é a definição completa do objetivo do Ioga Integral: traduzir na experiência pessoal a verdade que a Natureza universal escondeu em si mesma e labuta para descobrir. É converter a alma humana em alma divina e a vida natural em uma existência divina.

---

3. *jīva* ou *jīvātman* (Jivatman) — o self individual, o ser central; o *ātman*, espírito ou *self* eterno do ser vivo; o Divino múltiplo manifestado aqui como o *self* ou espírito individualizado do ser criado. (N. da T.)

*
* *

O caminho mais seguro para essa realização integral é encontrar o Mestre do segredo que está em nós, é abrirmo-nos constantemente ao Poder divino, que é também a Sabedoria e o Amor divinos e nos confiar a ele para efetuar essa conversão. Mas é difícil para a consciência egoística fazer isso no começo, por pouco que seja. E, se de algum modo o fizer, é ainda mais difícil fazê-lo de modo perfeito e em todas as fibras de nossa natureza. É difícil, primeiro, porque nossos pensamentos, sensações e sentimentos são em geral egoístas e bloqueiam as passagens pelas quais poderíamos chegar à percepção necessária. Em seguida, é difícil porque a fé, a entrega, a coragem requeridas para seguir esse caminho não são fáceis para a alma nublada pelo ego. A maneira como o Divino trabalha não é a que a mente egoísta deseja ou aprova; pois Ele usa o erro para alcançar a verdade, o sofrimento para alcançar a beatitude, a imperfeição para alcançar a perfeição. O ego não vê para onde é conduzido, revolta-se contra o guia, perde a confiança, perde a coragem. Essas deficiências não têm importância, pois o Guia divino interior não se ofende com nossa revolta, não se desencoraja por nossa falta de fé, não nos rejeita por nossas fraquezas. Ele tem todo o amor da mãe e toda a paciência do instrutor. Porém, quando retiramos nossa aquiescência à sua direção, perdemos consciência de seus benefícios, embora não se percam todos os seus efeitos reais e, de todo modo, não o resultado final. E retiramos nossa aquiescência porque não conseguimos distinguir nosso Self superior do Self inferior por meio do qual Ele prepara sua revelação. Em nós, como no mundo, Deus oculta-se a nosso olhar devido às suas obras e, sobretudo, porque Ele trabalha em nós servindo-se de nossa própria natureza e não por uma série de milagres arbitrários. O ser humano reclama por milagres a fim de ter fé; quer deslumbrar-se para ver. E essa impaciência, essa ignorância, pode se tornar a causa de um grande perigo e de um desastre se, em nossa revolta contra a direção divina, chamarmos uma Força distorcida que satisfaça melhor nossos impulsos e desejos, e pedirmos a ela para nos guiar, dando-lhe o Nome Divino.

Mas embora seja difícil ao ser humano acreditar em algo invisível dentro de si, é fácil para ele acreditar em algo que possa imaginar fora de si mesmo. O progresso espiritual da maioria dos indivíduos exige um suporte externo, um objeto de fé fora deles mesmos. Necessita uma imagem exterior ou um representante humano de Deus: Encarnação, Profeta ou Guru; ou exige ambos e os acolhe. Pois, de acordo com a necessidade da alma humana, o Divino se manifesta sob forma de um deus, de um homem divino ou de um simples humano — e serve-se desse disfarce espesso, que tão bem esconde a Divindade, como um meio para transmitir sua guiança.

A disciplina espiritual hindu satisfaz essa necessidade da alma com os conceitos de *iṣṭa-devatā*, o Avatar e o Guru. A Ishta Devata, a divindade escolhida, significa, não algum Poder inferior, mas um nome e uma forma da Divindade transcendente e universal. Quase todas as religiões têm como base uma dessas formas, um desses nomes do Divino, ou fazem uso deles. Sua necessidade para a alma humana é evidente. Deus é o Todo e mais que o Todo. Mas aquilo que é mais que o Todo, como o ser humano pode concebê-lo? E mesmo o Todo é, no início, muito difícil para ele, porque ele mesmo, em sua consciência ativa, é uma formação limitada e exclusiva e só pode abrir-se àquilo que está em harmonia com sua natureza limitada. Há, no Todo, coisas muito difíceis para sua compreensão, ou que parecem muito terríveis para suas emoções sensíveis e suas sensações atemorizadas. Ou, simplesmente, o ser humano não pode conceber, não pode aproximar-se, reconhecer como Divino algo que está muito fora do círculo de suas concepções ignorantes e parciais. Ele necessita conceber Deus à sua própria imagem ou em alguma forma que o ultrapasse mas esteja em consonância com suas tendências mais altas e também seja acessível aos seus sentimentos ou à sua inteligência. Do contrário, seria difícil para o ser humano entrar em contato e comunhão com o Divino.

Ainda assim, sua natureza pede um intermediário humano a fim de poder sentir o Divino em algo inteiramente próximo de sua própria humanidade e perceptível em uma influência e exemplos humanos. Esse pedido é satisfeito pela manifestação do Divino em uma aparência humana: a Encarnação, o Avatar — Krishna, o Cristo, o Buda. Ou, se isso é ainda muito difícil de conceber, o Divino representa a si mesmo por um intermediário menos maravilhoso: o Profeta ou o Instrutor. Pois muitos que não podem conceber ou se recusam a aceitar o Homem Divino, estão prontos a abrir-se ao indivíduo superior, que chamamos não de uma encarnação, mas de um representante divino ou Instrutor.

Mas isso tampouco é suficiente; uma influência e exemplo vivos, um ensinamento direto, são necessários. Pois apenas uns poucos podem fazer de um Instrutor passado e seu ensinamento, de uma Encarnação passada e de seu exemplo e influência uma força viva em suas vidas. A disciplina hindu satisfaz também essa necessidade, com a relação entre guru e discípulo. O guru algumas vezes pode ser uma Encarnação ou um grande Instrutor; mas é suficiente que represente para o discípulo a sabedoria divina, que lhe transmita alguma coisa do ideal divino ou o faça sentir a relação vívida da alma humana com o Eterno.

O sadhaka do Ioga Integral utilizará todas essas ajudas conforme sua natureza; mas é necessário que evite suas limitações e rejeite a tendência exclusivista da mente egoísta que proclama: "Meu Deus, minha Encarnação, meu Profeta, meu Guru", e os opõe a todas as outras realizações, em um espírito sectário ou fanático. Todo sectarismo, todo fanatismo, deve ser rejeitado, pois é incompatível com a inteireza da realização divina.

Ao contrário, o sadhaka do Ioga Integral não estará satisfeito enquanto não houver incluído todos os outros nomes e formas da Divindade em sua própria concepção, enquanto não houver visto sua própria Ishta Devata em todos as outras divindades, unificado todos os Avatares na unidade d'Aquele que desce no Avatar, fundido a verdade de todos os ensinamentos na harmonia da Sabedoria Eterna.

Tampouco ele deve esquecer que o objetivo dessas ajudas externas é despertar sua alma ao Divino dentro dele. Nada foi realizado se, no final, isso não for realizado. Não basta adorar Krishna, o Cristo ou o Buda em uma forma exterior, se o Buda, o Cristo ou Krishna não se revelarem e se formarem em nós. E todas as outras ajudas, do mesmo modo, não têm outro propósito; cada uma é uma ponte entre o estado do ser humano não convertido e a revelação do Divino que está nele.

*
* *

O Instrutor do Ioga Integral seguirá, tanto quanto puder, o método do Instrutor interior. Conduzirá o discípulo conforme a própria natureza do discípulo. Ensino, exemplo, influência, esses são os três instrumentos do guru. Mas o instrutor sábio não tentará se impor ou impor suas opiniões à aceitação passiva de uma mente receptiva. Ele semeará nela apenas o que for produtivo e seguro, como uma semente que frutificará pelos cuidados divinos no interior. Visará despertar, mais que instruir; buscará desenvolver as faculdades e experiências por um processo natural e uma expansão livre. Dará um método como uma ajuda, um plano utilizável, não uma fórmula imperativa ou uma rotina fixa. E estará atento a tudo que poderá fazer dos meios uma limitação ou mecanizar o processo. Seu único papel é despertar a luz divina e pôr em atividade a força divina da qual ele mesmo é só um meio e uma ajuda, um corpo ou um canal.

O exemplo é mais poderoso do que o ensino; mas não é o exemplo do ato externo nem do caráter pessoal que têm mais importância. Esses têm seu lugar e sua utilidade, mas o que mais estimulará a aspiração nos outros é o fato central da realização divina no Instrutor, a governar sua vida inteira, seu estado interior e todas as suas atividades. Esse é o elemento essencial e universal; o resto pertence à pessoa e às circunstâncias individuais. É essa realização dinâmica que o sadhaka deve sentir e reproduzir em si mesmo, conforme sua natureza própria; ele não precisa se esforçar para imitar exteriormente o Mestre, o que poderia ser muito mais esterilizante do que produtor de frutos verdadeiros e naturais.

A influência é mais importante que o exemplo. A influência não é a autoridade exterior do Instrutor sobre seu discípulo, mas o poder de seu contato, de sua presença; é o fato de que sua alma está próxima da alma de um outro, na qual ele infunde, mesmo em silêncio, aquilo que ele mesmo é e possui. Esse é o sinal supremo do Mestre. Pois o maior Mestre é muito menos um instrutor que uma Presença, que verte a consciência divina e a luz, poder, pureza e beatitude que a constituem, em todos aqueles ao seu redor que forem receptivos.

E também um sinal do Instrutor do Ioga Integral é que ele não se atribuirá o título de Guru em um espírito de vaidade humana e autoglorificação. Seu trabalho, se ele tem um trabalho, lhe é confiado do alto, ele mesmo um canal, um receptáculo, um representante. Ele é um ser humano que ajuda seus irmãos, uma criança conduzindo crianças, uma Luz que acende outras luzes, uma Alma desperta que desperta outras almas, e, em seu ponto mais alto, um Poder ou uma Presença divina chamando a si outros poderes do Divino.

*
* *

O sadhaka que possuir todas essas ajudas estará seguro de seu objetivo. Mesmo uma queda será para ele apenas um meio de ascensão, e a morte uma passagem em direção à realização. Pois uma vez no caminho, nascimento e morte tornam-se apenas processos no desenvolvimento de seu ser e etapas de sua jornada.

Tempo é a última ajuda necessária à eficácia do processo. O Tempo se apresenta ao esforço humano como um inimigo ou como um amigo, como uma resistência, um meio ou um instrumento. Mas sempre é, verdadeiramente, o instrumento da alma.

O Tempo é um campo onde circunstâncias e forças se encontram e formam uma resultante de progresso cujo curso ele mede. Para o ego ele é um tirano ou uma resistência, para o Divino, um instrumento. Em consequência, enquanto nosso esforço for pessoal, o Tempo se apresentará como uma resistência, porque representa para nós toda a obstrução das forças que se opõem à nossa. Quando o trabalho do Divino e o trabalho pessoal forem combinados em nossa consciência, ele se apresentará como um meio e uma condição. Quando ambos se tornarem um, ele se apresentará como um servidor e um instrumento.

A atitude ideal do sadhaka em relação ao Tempo é ter uma paciência sem fim, como se tivesse toda a eternidade diante de si para alcançar seu objetivo e, contudo, desenvolver a energia que realiza tudo agora, com uma mestria sempre maior e uma pressão cada vez mais rápida, até que essa pressão alcance a instantaneidade miraculosa da Transformação divina suprema.

CAPÍTULO II

A AUTOCONSAGRAÇÃO

Todo Ioga é, em sua natureza, um novo nascimento; é sair da vida humana normal — a vida material mentalizada — e nascer para uma consciência espiritual mais alta, para um ser mais vasto e mais divino. Nenhum Ioga pode ser intentado nem seguido com sucesso sem um despertar poderoso para a necessidade de uma existência espiritual mais ampla. A alma chamada a essa mudança interior vasta e profunda pode chegar por diversos caminhos ao ponto de partida. Pode chegar a ele por seu próprio desenvolvimento natural, que, sem que ela tivesse consciência, a conduza ao despertar; pode alcançá-lo sob a influência de uma religião ou ser atraída por uma filosofia; pode aproximar-se dele por uma iluminação lenta ou dar um salto até ele por um contato ou choque repentinos; ela pode ser empurrada ou guiada pela pressão das circunstâncias exteriores ou por uma necessidade interior, por uma única palavra que rompe os selos da mente ou por longas reflexões, pelo exemplo distante daquele que percorreu o caminho ou por uma influência e contato cotidianos. Conforme a natureza e as circunstâncias, o chamado virá.

Porém, qualquer que seja a maneira em que o apelo vier, deve haver uma decisão da mente e da vontade e, como resultado, uma autoconsagração completa e efetiva. A aceitação de uma nova ideia-força[1] espiritual e uma orientação do ser para o alto, uma iluminação, uma virada ou uma conversão captadas pela vontade e aspiração do coração — esse é o ato decisivo que contém, como na semente, todos os resultados que o Ioga deve dar. A mera ideia ou busca intelectual de algo superior além, qualquer que seja a intensidade do interesse mental, é ineficaz, a menos que seja cap-

---

1. Há um poder na ideia — uma Força da qual a ideia é uma forma. Por trás da ideia, da força e da palavra há aquilo que chamamos Espírito — uma consciência que dá origem à força. (*Glossary of terms in Sri Aurobindo's writings*) (N. da T.)

tada pelo coração como a única coisa desejável e pela vontade como a única coisa a ser feita. Pois a verdade do Espírito não é para ser apenas pensada, mas vivida, e vivê-la exige uma determinação unânime de todo o ser; uma mudança tão grande como aquela contemplada pelo Ioga não pode ser efetuada por uma vontade dividida nem por uma pequena fração de nossa energia ou por uma mente hesitante. Aquele que busca o Divino deve consagrar-se a Deus, e a Deus somente.

Se a mudança se produzir de maneira súbita e decisiva, por uma influência irresistível, não haverá dificuldade essencial ou durável. A escolha segue o pensamento ou o acompanha simultaneamente, e a consagração segue a escolha. Os pés já estão no caminho, mesmo se no início pareçam vaguear com incerteza e mesmo se o caminho for visto de modo indistinto e o conhecimento do objetivo for imperfeito. O Instrutor secreto, o Guia interior, já está trabalhando, embora talvez não se manifeste ainda, ou ainda não apareça na pessoa de seu representante humano. Quaisquer que sejam as dificuldades ou as hesitações resultantes, não poderão, no final, prevalecer contra o poder da experiência que mudou o curso da vida. A chamada, uma vez decisiva, se mantém; aquilo que nasceu não pode mais ser sufocado. Mesmo se as forças das circunstâncias impedirem uma progressão regular ou uma consagração prática e completa desde o início, ainda assim a mente tomou sua direção e persiste, e retorna à sua preocupação dominante com uma força que sempre aumenta. Há uma persistência inelutável no ser interior, contra a qual as circunstâncias, no final, são impotentes; nenhuma fraqueza em nossa natureza, pode, por muito tempo, ser um obstáculo.

Mas esse não é sempre o modo de começar. O sadhaka é, muitas vezes, conduzido gradualmente, e há uma longa distância entre o primeiro movimento decisivo da mente e a aceitação completa de nossa natureza em seguir a direção indicada. No início, pode haver apenas uma forte atração pela ideia e alguma forma imperfeita de prática. Ou talvez haja um esforço não encorajado por toda a natureza, uma decisão ou uma virada imposta por uma influência intelectual ou ditada pela afeição e admiração pessoais por alguém que é, ele mesmo, consagrado ou devotado ao Supremo. Nesse caso, um longo período de preparação pode ser necessário, até que a consagração irrevogável aconteça; e em alguns casos pode nem acontecer. Pode haver certo progresso, um grande esforço e mesmo uma grande purificação e muitas experiências, diferentes daquelas centrais ou supremas, mas a vida se passará em preparação, ou então, após ter alcançado certo estágio e por não ser mais impelida por uma força dinâmica suficiente, a mente se detém, satisfeita, no limite do esforço de que era capaz. Pode até mesmo haver um retorno à vida inferior — o que é chamado, na linguagem comum do Ioga, uma queda, e que nos desvia do caminho. Esse deslize acontece porque há um defeito no próprio centro: o intelecto interessou-se, o coração foi atraído, a vontade aderiu ao esforço, mas a natureza inteira não se fez cativa do Divino. Apenas aquiesceu ao interesse, à atração e ao empenho. Houve um experimento, talvez mesmo uma tentativa ardente, mas não um dom de si total a uma necessidade imperativa da alma ou a um ideal irrefutável. Contudo, mesmo esse Ioga tão imperfeito não foi desperdiçado, porque nenhum esforço que eleva é feito em vão. Mesmo se falhar no presente ou chegar apenas a algum estágio preparatório ou a uma realização preliminar, na verdade ele determinou o futuro da alma.

Porém, se desejarmos aproveitar ao máximo a oportunidade que esta vida nos dá, se quisermos responder de modo adequado ao chamado que recebemos e alcançar o objetivo que vislumbramos e não apenas avançar um pouco em sua direção, um dom de si completo é essencial. O segredo do sucesso no Ioga é considerá-lo não como um dos objetivos a perseguir na vida, mas como o único objetivo, não como uma parte importante da vida, mas como o todo da vida.

*
* *

E visto que o Ioga, em sua essência, consiste em abandonar a vida comum material e animal — assim como a vive a maioria dos seres humanos, ou a maneira de viver mais mental, mas ainda limitada, seguida por um número menor — e voltar-se para uma vida espiritual mais vasta, para a via divina, cada parcela de nossas energias que dermos à existência inferior e no espírito dessa existência, estará em contradição com nosso objetivo e nossa dedicação. Por outro lado, cada energia, cada atividade que pudermos dissuadir dessa aliança com as coisas inferiores e dedicar ao serviço das superiores será um ganho enorme em nosso caminho, será o tanto que tomaremos dos poderes que se opõem ao nosso progresso. A dificuldade dessa conversão massiva é a causa de todos os tropeços no caminho do Ioga. Pois nossa natureza inteira e seu ambiente, nosso ser pessoal e nosso ser universal estão cheios de hábitos e de influências que se opõem a nosso renascer espiritual e nos impedem de darmo-nos sem reserva ao nosso empenho. Em certo sentido, não somos nada mais que uma massa complexa de hábitos mentais, nervosos e físicos, unidos por algumas ideias dominantes, desejos e associações — um amálgama de muitas pequenas forças que se repetem, com algumas vibrações maiores. Aquilo que propomos em nosso Ioga é nada menos que romper a formação inteira de nosso passado e de nosso presente, que constitui o ser humano comum mental e material, e criar em nós um novo centro de visão e um novo universo de atividades, que constituirão uma humanidade divina ou uma natureza supra-humana.

A primeira necessidade é dissolver essa fé e essa visão centradas na mente, que a fixam em seu desenvolvimento e satisfação próprios, em seu interesse pela velha ordem exterior. É imperativo mudar essa orientação de superfície em uma fé e visão mais profundas, que vejam apenas o Divino e busquem apenas o Divino. A necessidade seguinte é compelir todo o nosso ser inferior a reverenciar essa fé nova e essa visão maior. Toda nossa natureza deve fazer uma entrega integral; oferecer-se, em cada uma de suas partes e em cada um de seus movimentos, àquilo que, para a mente sensorial não regenerada, parece muito menos real que o mundo material e seus objetos. Nosso ser inteiro — alma, mente, sentidos, coração, vontade, vida, corpo — deve consagrar todas as suas energias tão inteiramente e de tal modo, que se tornem um veículo perfeito do Divino. Essa não é uma tarefa fácil, pois cada coisa no mundo segue um hábito fixo, que para ela é uma lei, e resiste a uma mudança radical. E mudança alguma pode ser mais radical do que a revolução tentada pelo Ioga Integral. Cada coisa em nós deve ser constantemente chamada de volta para a fé, a vontade e a visão centrais. Devemos lembrar a cada pensamento e a cada impulso que, na linguagem dos Upanishads, "Este é o divino Brahman, e não isso que os homens adoram aqui"[2]. Cada fibra vital deve ser persuadida a aceitar uma renúncia completa a tudo aquilo que representava para ela, até o presente, sua existência própria. A mente deve cessar de ser mente e tornar-se brilhante com algo além dela. A vida deve mudar em algo vasto e calmo, intenso, poderoso, que não mais reconhece seu velho self cego, estreito, ávido, com seus pequenos impulsos e pequenos desejos. Até mesmo o corpo deve submeter-se a uma mutação e deixar de ser o animal exigente ou o rústico retardador que é agora, mas, ao contrário, tornar-se um servidor consciente, um instrumento radioso, uma forma viva do Espírito.

A dificuldade da tarefa conduziu naturalmente à busca de soluções fáceis e radicais; gerou e fixou profundamente a tendência das religiões e das escolas de Ioga a separar a vida do mundo da vida interior. Os poderes desse mundo e suas atividades práticas não pertenceriam a Deus, pensou-se, ou, por alguma razão obscura e incompreensível — Maia ou outra — seriam uma contradição sombria da Verdade divina. Do lado oposto, os poderes da Verdade e suas atividades ideais pertenceriam, acreditou-se, a um plano de consciência de todo diferente daquele obscuro, ignorante e cheio de desvios em seus impulsos e forças, no qual a vida na terra tem sua base. Disso resulta de imediato uma antinomia entre um reino de Deus esplendoroso e

---

2. Kena Upanishad I. 1-4. (N. da T.)

puro e um reino do diabo sombrio e impuro; sentimos a oposição entre nosso nascimento terrestre, nossa vida rastejante, e uma consciência divina espiritual e sublime; é fácil convencer-se de que essa vida sujeita à Maia é incompatível com a concentração da alma na existência pura do Brahman. O caminho mais fácil seria abandonar tudo que pertence a esse mundo e retirar-se no outro, por uma ascensão austera e abrupta. Assim nasce a atração e, poderia parecer, a necessidade do princípio de concentração exclusiva que tem um papel tão importante nas escolas especializadas de Ioga; pois por essa concentração e pela renúncia inflexível ao mundo pode-se chegar a uma consagração total ao Uno em que nos concentramos. A partir daí, não teríamos mais a incumbência de obrigar todas as atividades inferiores ao reconhecimento difícil de uma vida espiritualizada nova superior e de treiná-las para serem seus agentes ou seus poderes executivos. Seria suficiente destruí-las ou aquietá-las e, no máximo, manter as poucas energias necessárias para a manutenção do corpo e a comunhão com o Divino.

O próprio objetivo e a concepção de um Ioga Integral nos impede de adotar esse processo tão simplista e tão vigoroso em seu extremismo. A esperança de uma transformação integral não nos permite tomar um atalho ou nos tornar leves para a corrida jogando fora aquilo que a impede, pois nos dispomos a conquistar para Deus a totalidade de nós mesmos e do mundo; estamos determinados a dar-lhe nosso devenir assim como nosso ser, e não meramente trazer um espírito puro e nu como oferenda a uma divindade remota e secreta em um céu distante, ou abolir tudo o que somos em holocausto a um Absoluto imóvel. O Divino que adoramos não é apenas uma Realidade remota extracósmica, mas uma Manifestação semivelada, presente e próxima de nós, aqui no universo. A vida é o campo de uma manifestação divina, ainda não completa: é aqui, na vida, na terra, no corpo — *ihaiva*, como insiste o Upanishad — que devemos desvelar a Divindade; aqui, devemos tornar reais para nossa consciência sua grandeza, sua luz e sua doçura transcendentes; aqui, devemos possuí-las e, o tanto que for possível, expressá-las; em nosso Ioga portanto, devemos aceitar a vida a fim de transmutá-la totalmente; nos é interdito esquivarmo-nos das dificuldades que essa aceitação pode acrescentar à nossa luta. Mesmo se o caminho for mais acidentado, o esforço mais complexo e de uma dificuldade desconcertante, haverá, contudo, uma compensação e, a partir de certo ponto, ganharemos uma imensa vantagem. Pois uma vez que nossas mentes estiverem razoavelmente fixas na visão central e nossas vontades, em seu conjunto, convertidas a essa única busca, a Vida tornar-se-á nossa ajuda. Atentos, vigilantes, integralmente conscientes, poderemos fazer de cada detalhe das formas da vida, de cada incidente de seus movimentos, um alimento para o Fogo do sacrifício dentro de nós. Vitoriosos na luta, poderemos compelir a própria Terra a ser uma ajuda para nossa perfeição, e enriquecer nossa realização pelo espólio arrancado aos poderes que se opõem a nós.

*
* *

Há uma outra direção em que o Ioga, assim como em geral é praticado, chega a uma simplificação útil, mas limitante, que é negada ao sadhaka do objetivo integral. A prática do Ioga nos põe face a face com a complexidade extraordinária de nosso ser, com a multiplicidade estimulante, mas também embaraçosa, de nossa personalidade, a confusão profusa e sem fim da Natureza. Para o ser humano comum, que vive na superfície desperta de seu ser, ignorante das profundidades do self e das vastas extensões por trás do véu, sua existência psicológica é relativamente simples. Uma pequena, mas vociferante, trupe de desejos, algumas exigências intelectuais e estéticas imperiosas, algumas predileções, algumas ideias dirigentes ou proeminentes em meio a uma grande corrente de pensamentos desconectados ou mal ligados e, na maioria, triviais, certo número de necessidades vitais mais ou menos imperativas, alternância entre saúde e doenças físicas, uma dispersão e sucessão inconsequente de alegrias e dores, perturbações frequentes e vicissitudes menores e, mais raramente, buscas intensas e grandes convulsões da mente ou do corpo; mediante tudo isso a Natureza, em parte com a ajuda do pensamento e da vontade humanos, em parte sem eles e malgrado eles mesmos, organiza essas coisas de alguma maneira rudimentar e prática, em uma ordem toleravelmente desordenada: esse é o material da existência do ser humano comum. Pois, ainda hoje, o ser humano médio é tão tosco e pouco desenvolvido em sua vida interior quanto o homem primitivo do passado o era em sua vida exterior. Mas assim que descemos profundamente em nós — e Ioga significa um mergulho nas múltiplas profundidades da alma — nos encontramos subjetivamente rodeados, como deve ter sido objetivamente a humanidade no curso de seu crescimento, de todo um mundo complexo que devemos conhecer e conquistar.

A descoberta mais desconcertante é ver que cada parte de nós — intelecto, vontade, mente sensorial, self de desejo ou self nervoso, coração, corpo — tem, por assim dizer, sua individualidade própria complexa e uma formação natural independente do resto; nenhuma das partes de nosso ser está em acordo consigo mesma, nem com as demais nem com o ego representativo, que é a sombra projetada em nossa ignorância superficial pelo self central e centralizador. Descobrimos que somos compostos não de uma, mas de muitas personalidades, e cada uma tem suas próprias exigências, sua própria natureza distinta. Nosso ser é um caos constituído de maneira grosseira, em que devemos introduzir o princípio de uma ordem divina. Descobrimos, além disso, que tanto no interior como no exterior não estamos sós no mundo; o separatismo acirrado de nosso ego não é nada mais que uma forte imposição e um engano; não existimos por nós mesmos, não vivemos realmente à parte em um retiro interior ou em solidão. Nossa mente é uma máquina que recebe, desenvolve e modifica, através da qual passa de modo contínuo, de instante a instante, um fluxo estrangeiro ininterrupto, uma massa de materiais díspares que se derramam de cima, de baixo, de fora. Muito mais da metade de nossos pensamentos e sentimentos não são nossos, no sentido de que tomam forma fora de nós; na verdade, bem poucas coisas, pode-se dizer, têm sua origem em nossa natureza. Grande parte de nossos movimentos interiores vem dos outros ou do ambiente, sob forma de matéria bruta ou de importações manufaturadas; mas provém muito mais da Natureza universal aqui, ou de outros mundos, de outros planos e de seus seres, de seus poderes e de suas influências, pois estamos cercados de todos os lados por outros planos de consciência — os planos da mente, os planos da vida, os planos da matéria sutil — que alimentam nossa vida e ação aqui ou, ao contrário, se alimentam delas, as pressionam, dominam, utilizam para manifestar suas formas e suas forças. A dificuldade de nossa salvação separada é muitíssimo aumentada por essa complexidade, essas aberturas inumeráveis, essa sujeição ao fluxo invasivo das energias universais. Devemos levar em consideração tudo isso, lidar com isso, conhecer a substância secreta de nossa natureza, os movimentos que a constituem e que dela resultam, e criar em tudo isso um centro divino, uma harmonia verdadeira, uma ordem luminosa.

Nos caminhos usuais de Ioga, o método usado para lidar com esses materiais conflitantes é direto e simples. Escolhemos uma ou outra das principais forças psicológicas em nós e fazemos dela o meio único para alcançar o Divino; o resto é aquietado até a inércia ou o deixamos morrer de inanição em sua pequenez. Assim, o bhakta apodera-se das forças emocionais do ser e das atividades intensas do coração e concentra-se no amor a Deus, reunido em uma ponta única como uma língua de fogo; ele é indiferente às atividades do pensamento, deixa para trás as importunações da razão, não dá importância alguma à sede mental de conhecimento. O único conhecimento que ele precisa é sua fé e as inspirações que se avolumam em seu coração, em comunhão com o Divino. Ele tampouco se interessa por uma vontade de agir que não seja dirigida à adoração direta do Bem-Amado ou ao serviço do templo. O homem do Conhecimento confina-se por uma escolha deliberada, na força e nas atividades do pensamento discriminativo, e encontra sua liberação no esforço de interiorização e quietude da mente. Concentra-se na ideia do Self e consegue, por um discernimento interior sutil, distinguir sua presença silenciosa por trás das atividades obscurantes da Natureza e, mediante a ideia perceptiva, chega à experiência espiritual concreta. É indiferente ao jogo das emoções, surdo ao apelo faminto da paixão, fechado para as atividades da vida — quanto mais abençoado ele for, mais rápido elas se irão, e o deixarão livre, imóvel e mudo, o eterno não ativo. O corpo é seu obstáculo, as funções vitais são seus inimigos; se suas exigências puderem ser reduzidas ao mínimo, isso será sua grande boa fortuna. As dificuldades sem fim que vêm do mundo em torno são afastadas construindo-se contra elas a defesa sólida de uma solidão física externa e espiritual interna; ao abrigo por trás de um muro de silêncio interior, ele permanece impassível e imperturbado pelo mundo e pelos demais. Estar só consigo mesmo ou só com o Divino, caminhar à parte com Deus e seus fiéis, entrincheirar-se no esforço da mente voltada exclusivamente para o Self ou na paixão exclusiva do coração pelo Divino, é a tendência desses iogas. Resolve-se o problema pela extirpação de tudo, exceto a dificuldade central que segue a força motriz única escolhida; no meio dos apelos contraditórios de nossa natureza, o princípio de uma concentração exclusiva vem soberanamente nos socorrer.

Mas para o sadhaka do Ioga Integral essa solidão, interior ou exterior, só pode ser um episódio ou períodos em seu progresso espiritual. Ao aceitar a vida ele deve carregar não só seu próprio fardo, mas também uma grande parte do fardo do mundo ao mesmo tempo, que se acrescenta à sua carga já bastante pesada. Por conseguinte, seu Ioga, bem mais que outros, assemelha-se a uma batalha; mas essa não é apenas uma batalha individual, essa é uma guerra coletiva desencadeada em um país imenso. Ele deve não apenas conquistar em si mesmo as forças egoísticas da falsidade e da desordem, mas também vencê-las enquanto representativas das mesmas forças adversas e inexauríveis no mundo. Esse caráter representativo lhes dá uma capacidade de resistência bem mais obstinada, um direito quase ilimitado à recorrência. Muitas vezes o sadhaka perceberá que mesmo depois de ter vencido com persistência sua própria batalha pessoal, ele deverá vencê-la outras e outras vezes, em uma guerra que parece interminável, porque sua existência interior já está tão ampliada que não só contém seu próprio ser com suas experiências e necessidades bem definidas, mas está em solidariedade com o ser dos outros, porque em si mesmo ele contém o universo.

Tampouco é permitido àquele que busca a realização integral, resolver de maneira demasiado arbitrária o conflito das partes interiores de seu ser. Ele deve harmonizar o conhecimento ponderado e a fé que não questiona; deve conciliar a alma gentil do amor e a formidável necessidade de poder; a passividade da alma que vive satisfeita na calma transcendente deve fundir-se com a atividade do auxiliar divino e do guerreiro de Deus. A ele, como a todos aqueles que buscam o espírito, apresentam-se para serem solucionadas, as oposições da razão, o domínio tenaz dos sentidos, as perturbações do coração, as emboscadas dos desejos, o entrave do corpo físico; mas é de outro modo que ele deve lidar com seus mútuos conflitos internos e suas oposições ao seu objetivo, pois o sadhaka do Ioga Integral deve chegar a uma perfeição infinitamente mais difícil ao lidar com todo esse material rebelde. Ao aceitar todos esses conflitos como instrumentos para a realização e manifestação divinas, ele deverá converter suas discórdias ruidosas, iluminar sua obscuridade espessa, transfigurá-los um por um e todos juntos, harmonizá-los em si mesmos e uns com os outros integralmente, sem negligenciar nenhum grão, nenhuma fibra, nenhuma vibração, sem deixar em lugar algum nem mesmo um átomo de imperfeição. Uma concentração exclusiva, ou mesmo uma série de concentrações exclusivas, não pode ser mais do que uma conveniência temporária em seu trabalho complexo; ela deve ser abandonada logo que sua utilidade acaba. Uma concentração que tudo inclui é a conquista difícil em direção à qual ele deve laborar.

*
* *

Concentração é, na verdade, a condição primeira de qualquer Ioga, mas uma concentração aberta a tudo é a própria natureza do Ioga Integral. Fixar em separado e com força o pensamento, as emoções ou a vontade em uma única ideia, objeto, estado, movimento interior ou princípio é, sem dúvida, uma necessidade frequente aqui também, mas é apenas um processo subsidiário e útil. Uma abertura vasta e massiva, uma concentração harmoniosa de todo o ser em todas as suas partes e mediante todos os seus poderes, no Um que é o Todo, é a ação mais vasta desse Ioga, sem a qual seu objetivo não pode ser alcançado. Pois aspiramos a uma consciência estabelecida no Um e que age no Todo; é ela que buscamos impor a cada elemento de nosso ser e a cada movimento de nossa natureza. Essa vasta totalidade concentrada é o caráter essencial da sadhana e esse caráter deve determinar sua prática.

Mas embora a concentração de todo o ser no Divino seja a característica do Ioga, nosso ser é uma coisa demasiado complexa para ser pego de modo tão fácil e imediato, como se quiséssemos apanhar o mundo com as mãos e dirigi-lo inteiro a uma única tarefa. Em seu esforço para a transcendência, o ser humano, em geral, deve apegar-se a alguma mola ou alavanca poderosa na máquina complicada que é sua natureza; ele recorre a essa mola ou a essa alavanca de preferência a outras, e serve-se dela para pôr a máquina em movimento na direção que ele tem em vista. Sua escolha deveria ser sempre guiada pela própria Natureza. Mas deve ser a Natureza naquilo que ela tem de mais alto e mais vasto nele, não no que tem de mais baixo ou em algum movimento limitado. Em suas atividades vitais inferiores é o desejo que a Natureza usa como sua alavanca mais poderosa; mas o ser humano, e esse é seu caráter distintivo, é um ser mental e não uma criatura apenas vital. Assim como pode usar sua mente pensante e sua vontade para frear e corrigir seus impulsos vitais, ele pode também introduzir na ação uma mente ainda mais elevada, luminosa, ajudada pela alma profunda nele, o ser psíquico, e substituir por esses poderosos motores maiores e mais puros, a dominação da força vital e sensorial que chamamos desejo. Ele pode dominar inteiramente o desejo ou persuadi-lo a oferecer-se a seu Mestre divino para que ele o transforme. Essa mentalidade superior e essa alma profunda, esse elemento psíquico no ser humano, são os dois ganchos com os quais o Divino pode apoderar-se da natureza humana.

A mente humana superior não é a razão ou a inteligência lógica — é algo mais elevado, mais puro, mais vasto, mais poderoso. O animal é um ser vital e sensorial; o ser humano, diz-se, distingue-se do animal porque possui a razão. Mas essa é uma explicação muito breve, imperfeita e enganadora da questão. Pois a razão é apenas uma atividade particular e limitada, utilitária, uma faculdade instrumental que procede de algo muito maior que ela mesma, de um poder que habita em um éter mais luminoso e mais vasto, ilimitado. A importância verdadeira e última de nossa inteligência que observa, interroga, raciocina e julga, por oposição à sua importância imediata e intermediária, é preparar o ser humano para receber corretamente e deixar agir corretamente uma Luz do alto que, de maneira progressiva, deve substituir nele a obscura luz do baixo que guia o animal. Esse também tem uma razão rudimentar, uma espécie de pensamento, uma alma, uma vontade e emoções intensas; sua psicologia, embora menos desenvolvida, é do mesmo gênero que a do ser humano. Mas no animal todas essas capacidades são movidas de maneira automática e são estritamente limitadas, e mesmo, quase constituídas pelo ser nervoso inferior. Todas as percepções, sensibilidade e atividades animais são governadas por instintos nervosos e vitais, apetites, necessidades, satisfações cuja conexão é o desejo e o impulso vital. O ser humano também é ligado a esse automatismo da natureza vital, mas em menor medida. Ele pode trazer uma vontade esclarecida, um pensamento esclarecido e emoções esclarecidas ao trabalho difícil de seu desenvolvimento; ele pode, cada vez mais, submeter a função inferior do desejo a esses guias mais conscientes e mais reflexivos. À medida que domina e aclara assim seu self inferior, ele se torna um ser humano e deixa de ser um animal. Quando pode começar a substituir por completo o desejo por um pensamento, uma visão e uma vontade ainda maiores, iluminados, em contato com o Infinito, sujeitos de maneira consciente a uma vontade mais divina que a sua e ligados a um conhecimento mais universal e transcendente, ele começou sua ascensão em direção ao supra-homem; eleva-se em direção ao Divino.

É, então, na mente superior — no pensamento, na luz e na vontade mentais mais elevados ou no coração interior das emoções e dos sentimentos mais profundos que devemos primeiro centrar nossa consciência (em um dos dois, ou, se formos capazes, em ambos ao mesmo tempo), e fazer disso nossa alavanca, que elevará nossa natureza inteira em direção ao Divino. A concentração de um pensamento, de uma vontade e de um coração esclarecidos, voltados em uníssono para o único, vasto objetivo de nosso conhecimento, em direção à única e luminosa fonte infinita de nossa ação, ao único objetivo imperecível de nossas emoções, é o ponto de partida do Ioga. E o objeto de nossa busca deve ser a própria fonte da Luz que cresce em nós, a própria origem da Força que chamamos para mover nossos membros. Nosso único objetivo deve ser o próprio Divino, ao qual, quer o saibamos, quer não, algo em nossa natureza secreta aspira sempre. É preciso uma concentração vasta e multifacetada — e contudo única — do pensamento na ideia, na percepção, na visão, no toque que desperta, na realização do Divino único pela alma. É preciso uma concentração ardente do coração na busca do Todo, do Eterno e, quando o encontrarmos, um mergulho profundo, uma imersão na posse e no êxtase d'Aquele que é Todo-Beleza. É preciso uma concentração poderosa e inabalável da vontade na conquista e consumação de tudo o que o Divino é, e uma abertura livre e flexível a tudo o que Ele quer manifestar em nós. Esse é o caminho triplo do Ioga.

*
* *

Mas como nos concentrar em algo que ainda não conhecemos? E, no entanto, não poderemos conhecer o Divino se não conseguirmos nos concentrar nele com todo nosso ser. Uma concentração que culmine em uma realização viva e a sensação constante da presença do Um em nós e em tudo aquilo que percebemos é o sentido que, no Ioga, damos ao conhecimento e à busca do conhecimento. Não basta que nos consagremos a uma compreensão intelectual do Divino pela leitura das Escrituras ou por um esforço do raciocínio filosófico, pois no final de nossa longa labuta mental poderíamos saber tudo o que foi dito sobre o Eterno, possuir tudo o que foi pensado sobre o Infinito e, ainda assim, nada conhecer d'Ele. Na verdade, essa preparação intelectual pode ser o primeiro estágio de um Ioga poderoso, mas não é indispensável: não é uma etapa necessária para todos, nem que todos tenham que seguir. O Ioga seria impossível, salvo para bem poucos, se a forma intelectual do conhecimento que conduz à Razão especulativa ou meditativa fosse uma condição indispensável ou um preliminar obrigatório. Tudo o que a Luz do alto nos pede para poder começar seu trabalho é um apelo da alma e um ponto de apoio suficiente na mente. Esse apoio pode ser obtido por uma ideia persistente do Divino no pensamento, uma vontade correspondente nas partes dinâmicas do ser, uma aspiração, uma fé, uma necessidade no coração. Qualquer um desses elementos pode dirigir ou predominar, se todos não puderem avançar em uníssono ou em um mesmo ritmo. No início, a ideia pode ser inadequada (e o é necessariamente), a aspiração pode ser estreita e imperfeita, a fé pobremente aclarada ou mesmo flutuante, incerta, facilmente reduzida por não estar alicerçada de maneira sólida na rocha do conhecimento; muitas vezes, ela pode mesmo apagar-se e precisa ser acesa de novo com dificuldade, como uma tocha ao vento. Porém, uma vez que houve uma autoconsagração resoluta na profundeza do ser, um despertar para o chamado da alma, esses meios inadequados podem se tornar um instrumento suficiente para o propósito divino. Essa é a razão pela qual os sábios nunca quiseram limitar os caminhos humanos que conduzem a Deus; recusam-se a fechar diante do homem mesmo a porta mais estreita, mesmo a mais baixa e escura poterna ou a mais humilde portinhola. Todos os nomes, todas as formas, todas as oferendas serão considerados suficientes se forem acompanhados da consagração; pois o Divino reconhece a si mesmo no coração que o busca e aceita o sacrifício.

Ainda assim, quanto maior e mais vasta for a ideia-força que propulsiona a consagração, melhor será para aquele que busca; sua consecução será ainda mais vasta e completa. Se quisermos tentar um Ioga Integral, é melhor começar com uma ideia do Divino que seja ela mesma integral. É preciso uma aspiração bastante vasta no coração para que a realização seja sem limites estreitos. Não apenas devemos evitar a perspectiva religiosa sectária, mas também todas as concepções filosóficas exclusivas que querem fechar o Inefável em uma fórmula mental redutora. A concepção dinâmica ou sentido propulsionador que melhor definiria nosso Ioga seria naturalmente a ideia, a sensação de um Infinito consciente que abarca tudo, mas excede tudo. Nosso olhar deve sempre dirigir-se ao alto, à Unidade, ao Um livre, todo-poderoso, perfeito e beatífico, em que todos os seres vivem e se movem, e pelo qual todos podem encontrar-se e tornar-se um. Esse Eterno é ao mesmo tempo pessoal e impessoal quando se revela e toca a alma. É pessoal porque é o Divino consciente, a Pessoa infinita que lança alguns reflexos intermitentes de si mesmo nas miríades de personalidades divinas e não divinas do universo. Ele é impessoal porque nos aparece como uma Existência infinita, uma Consciência e Ananda infinitas, e porque é a fonte, base e constituinte de todas as existências e energias — ele é a própria substância de nosso ser, de nossa mente, vida e corpo, de nosso espírito e de nossa matéria. O pensamento, ao concentrar-se nele, deve não só compreender intelectualmente que ele existe ou concebê-lo como uma abstração, uma necessidade lógica; o pensamento deve se tornar uma visão e ser capaz de encontrá-lo aqui, pois ele é o Habitante em todos, e de realizá-lo em nós mesmos, de observar e seguir o movimento de suas forças. Ele é a Existência única: o Deleite original e universal que constitui todas as coisas e as excede; ele é a Consciência única infinita que compõe todas as consciências e anima todos os seus movimentos; é o Ser único ilimitado que sustenta toda ação e toda experiência; sua vontade guia a evolução das coisas em direção ao próprio objetivo e plenitude delas, ainda irrealizados mas inevitáveis. A ele o coração pode consagrar-se, aproximar-se dele como o Bem-Amado supremo, pulsar e mover-se nele como em uma doçura universal de Amor e um mar vivo de Deleite. Dele é a Alegria secreta que sustenta a alma em todas as suas experiências, e sustenta até mesmo o ego errante em suas provações e lutas, até que desapareçam todas as dores e todos os sofrimentos. Seus são o Amor e a Beatitude do Amante divino infinito que atrai todas as coisas pelos seus próprios caminhos para sua unidade feliz. Nele, a Vontade pode fixar-se de maneira inalterável, pois Ele é o Poder invisível que a guia e a completa, e é a fonte de sua força. Impessoal, esse Poder realizador é a Força autoluminosa que contém todos os resultados e trabalha calmamente para sua efetivação; pessoal, ele é o Mestre do Ioga, todo-poderoso e onisciente, e nada pode impedi-lo de conduzir o Ioga a seu objetivo. Essa é a fé com que o buscador espiritual deve começar sua busca e seu empenho; pois em todos os seus esforços aqui, mas sobretudo em seu esforço em direção ao Invisível, o homem mental deve, necessariamente, proceder pela fé. Quando vier a realização, a fé, divinamente consumada e completa, transformar-se-á em uma chama eterna de conhecimento.

*
* *

Em todos os nossos esforços para a ascensão, no início, o elemento inferior do desejo virá, naturalmente, misturar-se. Pois o que a vontade esclarecida vê como a coisa a ser feita e procurada como a coroa a ser conquistada, o que o coração abraça como a única coisa digna de ser amada, será buscada com a paixão agitada do desejo egoísta pela parte em nosso ser que se sente limitada e contestada, e, por ser limitada, luta e deseja. Essa Força de Vida insaciável, essa alma de desejo em nós, deve, primeiro, ser aceita, mas só para que possamos transformá-la. Desde o início é preciso ensinar-lhe a renunciar a todos os outros desejos, para se concentrar na paixão pelo Divino.

Uma vez ganho esse ponto capital, é preciso ensinar-lhe a desejar não para si mesma em separado, mas para Deus no mundo e para o Divino em nós; a alma de desejo não deve se fixar em nenhum ganho espiritual pessoal — embora estejamos seguros de todos os ganhos espirituais possíveis — mas na grande obra a ser feita em nós e nos outros, na ocorrência da alta manifestação que será a consumação gloriosa do Divino no mundo, na Verdade que deve ser buscada, vivida e enaltecida para sempre. Por fim, e é o mais difícil para a alma de desejo, ainda mais difícil do que buscar com o objetivo justo, é preciso ensinar-lhe a buscar da maneira justa; pois ela deve aprender a desejar não mais à sua maneira egoísta, mas à maneira do Divino. Não deve mais insistir em seu modo próprio de realização, seu próprio sonho de posse, própria ideia do que é correto e desejável, como a forte vontade separadora sempre faz; ela deve aspirar a cumprir uma Vontade mais vasta e maior e consentir em seguir uma direção menos interesseira e menos ignorante. Assim educado, o Desejo, esse grande e inquieto perturbador e atormentador do ser humano, e causa de todo tipo de tropeço, estará pronto para ser transformado em seu equivalente divino. Pois desejo e paixão têm também suas formas divinas; há um puro êxtase na busca da alma para ir além de toda ânsia de desejo e de toda aflição; há uma Vontade de Ananda que se sente glorificada na posse das beatitudes supremas.

Uma vez que os três instrumentos mestres, o pensamento, o coração e a vontade possuem o objeto de concentração e são possuídos por ele — uma consumação que só é possível quando a alma de desejo em nós submeteu-se à Lei divina — a perfeição da mente, da vida e do corpo pode cumprir-se de maneira efetiva em nossa natureza transmutada. Isso será feito não para a satisfação pessoal do ego, mas para que o todo de nosso ser possa constituir um templo digno da Presença Divina, um instrumento sem defeito para o trabalho divino. Pois esse trabalho só poderá ser feito quando o instrumento, consagrado e aperfeiçoado, se tornar capaz de uma ação sem egoísmo — isto é, quando forem abolidos não o indivíduo liberado, mas o desejo e egoísmo pessoais. Mesmo quando o pequeno ego é abolido, a verdadeira Pessoa espiritual permanece, assim como a vontade, o trabalho e o deleite de Deus nela e a utilização espiritual de sua perfeição e completude. Então, nossas obras serão divinas e feitas de maneira divina; nossa mente e vida e vontade, consagradas ao Divino, serão usadas para ajudar a consumação em outros e no mundo, daquilo que foi realizado primeiro em nós — toda a Unidade, Amor, Poder, Liberdade e Força, o Esplendor e a Alegria imortal que podemos manifestar em um corpo, pois esse é o objetivo da aventura terrestre do Espírito.

O Ioga deve começar com um esforço em direção a essa concentração total, ou ao menos orientar-se resolutamente nessa direção. Uma vontade constante e sem falha da consagração de tudo em nós ao Supremo é exigida de nós, uma oferenda de todo nosso ser e das numerosas câmaras de nossa natureza, ao Eterno que é Tudo. A completude efetiva de nossa concentração na única coisa necessária, à exclusão de tudo o mais, será a medida de nossa consagração ao Um que, só ele, é desejável. Mas, no final, esse exclusivismo nada excluirá, com exceção da falsidade de nossa maneira de ver o mundo e da ignorância de nossa vontade. Pois nossa concentração no Eterno encontrará sua perfeição na mente quando virmos constantemente o Divino n'Ele mesmo e em nós, e também em todas as coisas, em todos os seres e em todos os eventos. Encontrará sua perfeição em nosso coração quando todas as emoções forem reunidas no amor pelo Divino, em Si mesmo e por Ele mesmo, e também no amor do Divino em todos os seus seres e poderes e personalidades e formas no universo. Ela encontrará sua perfeição em nossa vontade quando sentirmos e recebermos sempre o impulso divino e o aceitarmos como nossa única força motriz, mas isso significará que, tendo destruído os impulsos divagantes da natureza egoísta até o último rebelde extraviado, nos universalizaremos e poderemos aceitar, com uma aceitação constante e com alegria, a ação divina única em todas as coisas. Essa é a primeira *siddhi* basilar do Ioga Integral.

É isso que entendemos no final, e nada menos, quando falamos da consagração absoluta do indivíduo ao Divino. Mas essa totalidade de consagração só poderá ser obtida por um progresso constante, quando se completar sem resistência o processo longo e difícil de transformação do desejo e sua extirpação da existência. Uma autoconsagração perfeita implica uma entrega perfeita.

*
* *

Dois movimentos seguem-se aqui, dois períodos desse Ioga, e um estágio transicional entre eles — um, é o processo de entrega, o outro, sua coroação e consequência. No primeiro, o indivíduo se prepara para receber o Divino em todas as partes do seu ser. Durante todo esse período ele deve trabalhar servindo-se dos instrumentos da Natureza inferior, mas cada vez mais ajudado do alto. Mas com o estágio de transição que termina esse movimento, nosso esforço pessoal e inevitavelmente ignorante reduz-se cada vez mais e uma Natureza mais elevada entra em ação; a Shakti[3] eterna desce nessa forma mortal limitada e de maneira progressiva a possui e transmuta. Durante o segundo período, o movimento superior substitui

---

3. Shakti (śakti) — o Poder divino, a Consciência-Força do Divino. (N. da T.)

inteiramente a ação inferior do início, que antes era indispensável. Mas isso só poderá ser feito quando nossa entrega for completa. O ego pessoal em nós não tem o poder de transformar-se na natureza do Divino por sua própria força, vontade ou conhecimento, nem por virtude alguma que lhe seja própria; tudo o que pode fazer é preparar-se para a transformação e entregar-se cada vez mais àquilo em que se esforça para se tornar. Enquanto o ego operar em nós, nossa ação pessoal pertencerá, necessária e naturalmente, aos graus inferiores da existência: uma ação obscura ou semiaclarada, limitada em seu campo, parcial e pouco eficaz em seu poder. Se uma real transformação espiritual deve ocorrer, e não uma mera modificação iluminadora de nossa natureza, é preciso chamar a Shakti divina para que efetue esse trabalho miraculoso no indivíduo; pois só ela tem a força necessária, decisiva, plena de sabedoria e ilimitada. Porém, a substituição completa da ação humana pessoal pela ação divina não é possível de imediato e inteiramente. Todas as interferências vindas de baixo, que possam falsificar a verdade da ação superior devem, primeiro, ser proibidas ou reduzidas à impotência, e isso deve ser feito por nossa livre escolha pessoal. Uma rejeição contínua e sempre repetida dos impulsos e das falsidades da natureza inferior nos é pedida, e um apoio persistente à Verdade, à medida que cresce nas diferentes partes de nosso ser; pois, para que a Luz, a Pureza e o Poder que entram em nós e nos animam possam estabelecer-se de maneira progressiva em nossa natureza, subsistir e desenvolver-se até sua perfeição final, é preciso que os aceitemos livremente e rejeitemos com obstinação tudo que é contrário, inferior ou incompatível.

No primeiro movimento de autopreparação, o período de esforço pessoal, o método a ser usado é essa concentração de todo o ser no Divino que buscamos e, como seu corolário, essa rejeição constante: devemos expelir, como em uma catarse, tudo que não for a verdadeira Verdade do Divino. Uma total consagração de tudo o que somos, pensamos, sentimos e fazemos será o resultado dessa persistência. Por sua vez, essa consagração deve culminar em um dom de si integral ao Supremo; pois seu coroamento e sinal de que é perfeita é a entrega absoluta de toda nossa natureza e tudo o que ela contém. Com o segundo estágio do Ioga — a transição entre a ação humana e a ação divina — virão uma passividade purificada e vigilante cada vez maior e uma resposta cada vez mais luminosa e divina à Força divina e a nenhuma outra; em seguida, como resultado, a irrupção crescente de uma vasta ação do alto, miraculosa e consciente. No último período não há mais nenhum esforço, nenhum método estabelecido, nenhuma sadhana fixa; e o esforço e a *tapasyā*[4] dão lugar ao

---

4. *tapasyā* - concentração da vontade e da energia para controlar a mente, o vital e o físico e mudá-los, ou para fazer descer a consciência superior ou para outros propósitos ióguicos ou superiores. (N. da T.)

desabrochar espontâneo, simples, poderoso e feliz da flor do Divino, o abrir-se do botão de uma Natureza terrestre purificada e aperfeiçoada. Essas são as sucessões naturais da ação do Ioga.

Esses movimentos, na verdade, não seguem sempre uma ordem absolutamente estrita. A segunda etapa começa, em parte, antes que a primeira esteja completa; a primeira continua, em parte, até que a segunda esteja perfeita, e a última, a etapa da ação divina, pode manifestar-se de vez em quando como uma promessa, antes de estabelecer-se de maneira definitiva e normal em nossa natureza. Mas sempre há algo mais alto e maior que o indivíduo, que o conduz mesmo em sua labuta e esforços pessoais. Muitas vezes ele pode tornar-se, e permanecer por certo tempo, de todo consciente dessa grande Direção por trás do véu, e mesmo permanentemente consciente em partes de seu ser, e isso pode acontecer muito tempo antes que toda sua natureza em todas as suas partes, tenha sido purificada e não esteja mais sob o controle inferior indireto. Ele pode mesmo estar assim consciente desde o começo; sua mente e coração, se não outras partes de seu ser, podem responder a essa guiança apreendedora e penetrante com certa completude inicial desde os primeiros passos do Ioga. Mas a ação constante, completa e uniforme da grande Guiança direta é o que diferencia cada vez mais o estágio de transição, à medida que prossegue e se aproxima do fim. A predominância dessa Guiança superior e divina que não nos é pessoal, indica que a natureza está cada vez mais madura para uma transformação espiritual total. É o sinal indiscutível de que a autoconsagração foi não só aceita em princípio, mas que se cumpriu em ato e em poder. O Supremo pôs sua mão luminosa sobre um receptáculo humano escolhido para manifestar sua Luz, seu Poder e sua Ananda miraculosos.

CAPÍTULO III

O DOM DE SI NAS OBRAS — O CAMINHO DA GĪTĀ

A Vida, e não apenas um Além-da-Vida silencioso e remoto ou altamente estático, é o campo de nosso Ioga. Seu propósito central é transformar nossa maneira humana superficial, estreita e fragmentária de pensar, ver, sentir e ser, em uma consciência espiritual vasta e profunda, em uma existência interior e exterior integrada, e nossa vida humana comum em uma maneira divina de viver. O meio para alcançar esse fim supremo é a entrega de toda nossa natureza ao Divino. Tudo deve ser dado ao Divino em nós, ao Todo universal e ao Supremo transcendente. Uma concentração absoluta de nossa vontade, coração e pensamento nesse Divino único e multifacetado, uma consagração sem reserva de nosso ser inteiro ao Divino unicamente é o movimento decisivo; o ego deve voltar-se em direção a Isto que é infinitamente maior do que ele, dar-se e fazer sua indispensável entrega.

A vida da criatura humana, tal como é vivida em geral, compõe-se de uma massa semifixa, semifluida, de pensamentos, percepções, sensações, emoções, desejos, alegrias, atos regulados de modo muito imperfeito, em grande parte habituais e repetitivos e só em parte dinâmicos e perfectíveis, mas todos centrados em torno de um ego de superfície. A soma dos movimentos dessas atividades resulta em um crescimento interno, que em parte é visível e operativo nessa vida e em parte é uma semente de progresso para vidas futuras. Esse crescimento de nosso ser consciente, a expansão, a expressão progressiva, o desenvolvimento cada vez mais harmonizado das diversas partes que nos constituem são o próprio sentido e o cerne da existência humana. É para esse desenvolvimento significativo da consciência pelo pensamento, pela vontade, pela emoção, pelo desejo, pela ação e pela experiência, que conduzem no final à suprema e divina descoberta de si, que o Homem, o ser mental, entrou no corpo material. Tudo o mais é acessório, subordinado ou acidental e ocioso; apenas importa aquilo que sustenta e ajuda a evolução da natureza dele, e o crescimento ou, antes, o desdobramento progressivo e a descoberta de seu self e espírito.

O propósito que se coloca diante de nosso Ioga é nada menos que acelerar esse objetivo supremo de nossa existência aqui. Seu processo deixa para trás o relutante método habitual de crescimento lento e confuso da evolução da Natureza. Pois a evolução natural é, no melhor dos casos, um crescimento incerto e velado, que se cumpre em parte pela pressão do ambiente, em parte por uma educação tateante e esforços bem-intencionados mas mal esclarecidos, que utiliza as circunstâncias de maneira semiautomática e bastante obscura, com muitos erros, lapsos e relapsos; uma grande porção disso, em aparência é feita de acidentes, circunstâncias e vicissitudes, mas velam uma intervenção secreta, uma guiança divina. No Ioga, substituímos esse passo de caranguejo, confuso e tortuoso, por uma evolução rápida, consciente, dirigida, que é planejada para nos levar o mais longe possível, em uma linha reta para o objetivo fixado. Em certo sentido, pode ser um erro falar de um objetivo em uma progressão que poderia muito bem ser infinita. Ainda assim, podemos conceber um propósito imediato, um objetivo ulterior que ultrapasse nossas realizações presentes e ao qual a alma humana possa aspirar. O ser humano tem diante de si a possibilidade de um novo nascimento, de uma ascensão a um plano de existência superior e mais vasto e de fazer descer esse plano para transformar todas as partes de seu ser. Uma consciência mais vasta, iluminada, é possível, que fará do ser humano um espírito liberado e uma força aperfeiçoada — e, se espalhada mais além do indivíduo, essa consciência poderia mesmo constituir uma humanidade divina, ou, então, mesmo uma espécie nova supramental e, portanto, supra-humana. É esse novo nascimento que é nosso objetivo: todo o sentido de nosso Ioga é fazer crescer em nós uma consciência divina, converter integralmente à divindade não apenas nossa alma, mas todas as partes de nossa natureza.

*
* *

Nosso propósito no Ioga é banir esse ego limitado cujo olhar está voltado para fora, e entronizar Deus em seu lugar como o Habitante soberano da natureza. E isso significa, primeiro, desertar o desejo e não mais aceitar sua satisfação como a motivação humana condutora. A vida espiritual obterá sua subsistência não do desejo, mas do puro deleite espiritual sem ego, da existência essencial. E não é apenas a natureza vital em nós, cuja marca é o desejo, mas o ser mental também deverá passar por um novo nascimento e uma mudança transfiguradora. Nosso pensamento e inteligência divididos, egoísticos, limitados e ignorantes, deverão desaparecer e, em seu lugar, fluir em ondas a corrente universal infalível de uma iluminação divina sem sombras que, no final, culminará em uma Consciência-Verdade natural e autoexistente, livre de meias-verdades tateantes, de erros e de tropeços. Nossa vontade e ação confusas, desajeitadas, egocêntricas, motivadas por pequenezas, deverão desaparecer e dar lugar à ação total de uma Força rápida e poderosa, lucidamente automática, divinamente movida e guiada. Uma Vontade suprema e impessoal que não hesita nem tropeça, em uma unissonância espontânea e límpida com a vontade do Divino, deve implantar-se e dinamizar toda a nossa ação. O jogo superficial e pouco satisfatório de nossas débeis emoções egoísticas deve ser eliminado e em seu lugar revelar-se o coração psíquico interior, secreto, profundo e vasto, que espera sua hora por trás dessas emoções; todos os nossos sentimentos, impelidos por esse coração interior onde se aloja o Divino, serão transmutados no movimento intenso e calmo das paixões gêmeas do Amor e da Ananda infinitamente variada. Essa é a definição de uma humanidade divina ou de uma espécie supramental. Isso, não alguma energia exagerada, nem mesmo sublimada, da inteligência e das atividades humanas, é o tipo de supra-homem que somos chamados a manifestar na evolução pelo nosso Ioga.

Na existência humana comum, as atividades externas ocupam, claramente, três quartos de nossa vida, ou mesmo mais. Apenas as exceções — o santo e o vidente, o raro pensador, o poeta ou o artista — podem viver mais em si mesmos; esses, na verdade, ao menos nas partes mais profundas de sua natureza, modelam-se mais em conformidade com o pensamento e sentimento interiores do que com os atos de superfície. Mas não é nem um nem outro desses lados separados um do outro, mas, antes, uma harmonia entre a vida interior e a vida exterior — unidas em sua plenitude recíproca e transfiguradas no jogo de algo que está além delas — que criará a forma de uma existência perfeita. Um Ioga das Obras, uma união com o Divino em nossa vontade e em nossos atos, e não apenas no conhecimento e nos sentimentos, é então um elemento indispensável e inexprimivelmente importante de um Ioga Integral. A conversão de nosso pensamento e de nosso sentimento sem uma conversão correspondente do espírito e do corpo de nossas obras seria uma realização mutilada.

Porém, para que essa conversão total possa ser feita, é preciso que nossas ações e movimentos exteriores, assim como nossa mente e coração, sejam consagrados ao Divino. É preciso aceitar, e progressivamente efetuar, a entrega de nossas capacidades de trabalho, pô-las nas mãos de um Poder maior que está por trás de nós

— nossa impressão de ser autor e artífice deve desaparecer. Tudo deve ser oferecido para que tudo possa ser utilizado da maneira mais direta pela Vontade divina que está escondida por essas aparências, pois só a aquiescência dessa Vontade torna nossa ação possível. Um Poder escondido é o verdadeiro Senhor e Observador que governa nossos atos, e só ele sabe, através de toda ignorância, desvio e deformação introduzidos pelo ego, seu sentido completo e desígnio último. Nossa vida e obras limitadas, deformadas, egoístas, devem ser transformadas por completo no fluxo vasto e direto de uma Vida, Vontade e Energia divinas maiores que, no momento, nos sustentam secretamente. Essa Vontade e Energia maiores devem ser tornadas conscientes em nós e governar, em lugar de serem o que são agora, uma Força supraconsciente que sustenta e consente. Por meio de nós deve ser alcançada uma transmissão não deformada do propósito e processo perfeitamente sábios de um Poder onisciente e de um Conhecimento onipotente agora escondidos, que farão de toda nossa natureza transmutada seu canal puro, sem obstrução, que consente e participa com alegria. Essa consagração e entrega totais, e essa completa transformação e transmissão livre resultantes, constituem os meios fundamentais e o objetivo último de um Carma-Ioga Integral.

Mesmo para aqueles cujo primeiro movimento natural é uma consagração, uma entrega da mente pensante e de seu conhecimento, e a inteira transformação resultante, ou para aqueles cujo movimento espontâneo é a consagração, entrega e transformação totais do coração e suas emoções, a consagração das obras é um elemento necessário nessa mudança. Caso contrário, embora possam encontrar Deus em uma vida além, não serão capazes de realizar o Divino na vida; para eles, a vida será uma inconsequência desprovida de sentido e uma negação do divino. Não é para esses a verdadeira vitória — aquela que será a chave do enigma de nossa existência terrestre; seu amor não será o amor absoluto que triunfa sobre si mesmo; seu conhecimento não será a consciência total nem o conhecimento que abarca tudo. É possível, na verdade, começar apenas voltando o conhecimento ou as emoções, ou ambos, em direção a Deus e deixar as obras para o movimento final do Ioga. Mas há, então, uma desvantagem: teremos talvez a tendência de viver de modo muito exclusivo no interior, sutilizados em experiências subjetivas, fechados e isolados em nossos estados de ser interiores; arriscamos a nos incrustar em nossa reclusão espiritual e, mais tarde, achar difícil projetarmo-nos fora de maneira vitoriosa e aplicar na vida nossos ganhos na Natureza superior. Quando quisermos acrescentar esse reino exterior também às nossas conquistas interiores, nos encontraremos demasiado acostumados a uma atividade puramente subjetiva, e seremos ineficazes no plano material. Haverá uma dificuldade imensa em transformar a vida exterior e o corpo. Ou perceberemos que nossa ação não corresponde à luz interior, que ela ainda segue os velhos caminhos habituais cheios de erros, ainda obedece às velhas influências comuns imperfeitas; a Verdade dentro de nós continuará separada, por um abismo doloroso, do mecanismo ignorante de nossa natureza exterior. Essa é uma experiência frequente, porque se seguirmos esse processo a Luz e o Poder acabarão por fechar-se em si mesmos, sem querer se expressar na vida nem se servir dos meios físicos prescritos para a Terra e seus processos. É como se vivêssemos em outro mundo, mais vasto e mais sutil, mas sem a influência divina, talvez mesmo sem influência de nenhum tipo, sobre a existência material e terrestre.

Porém, ainda assim, cada um deve seguir sua natureza, e há sempre dificuldades que devem ser aceitas por algum tempo se quisermos seguir o caminho do Ioga que nos é natural. Em essência, Ioga é, afinal de contas, uma mudança da consciência e natureza interiores, e se o equilíbrio de nossas partes for tal que essa mudança deva ser feita primeiro como um exclusivismo inicial e o resto deixado para mais tarde, deveremos aceitar a imperfeição aparente do processo. Contudo, o movimento ideal de um Ioga Integral seria seguir desde o começo um processo integral e avançar de todos os lados ao mesmo tempo. Em todo caso, ocupamo-nos no presente de um Ioga Integral em seu objetivo e em seu completo movimento, mas que parte das obras e desenvolve-se pelas obras, embora, a cada passo, deva ser cada vez mais movido por um Amor divino vivificador e cada vez mais iluminado por um conhecimento divino auxiliador.

*
* *

O maior evangelho das obras espirituais que jamais foi oferecido à espécie humana, o sistema mais perfeito de Carma-Ioga que o ser humano conheceu no passado encontra-se na *Bhagavad Gītā*. Nesse célebre episódio do *Mahabharata*[1] são traçadas as grandes linhas basilares do Carma-Ioga para todos os tempos, com uma mestria incomparável e o olho infalível de uma experiência segura. É verdade que somente

---

1. *Mahābhārata* — poema épico composto de cerca de 100 mil *slokas*, escrito sobretudo pelo sábio Vyasa. Seu motivo condutor é a ideia indiana de *dharma* (Darma), e a história descreve o conflito entre os Pandavas e os Kauravas, descendentes de *Bhārata*. O conflito ocorreu na planície de Kurukshetra, e foi aí, em meio aos clamores da batalha que estava para começar, que Krishna, o Instrutor divino, deu seu ensinamento divino, a *Bhagavad-Gītā* (a canção do Senhor Bem-Aventurado), a Arjuna, o herói da batalha. Krishna e Arjuna, a alma humana e a alma divina, Nara e Narayana. (N. da T.)

o caminho é descrito de maneira completa, assim como os antigos o viram; a consumação perfeita, o segredo último[2], é sugerida mais que desenvolvida; é mantida como a parte não expressa de um mistério supremo. Existem razões óbvias para essa reticência, pois a consecução é, em todo caso, uma questão de experiência, e nenhum ensinamento pode expressá-la. Não pode ser descrita de maneira compreensível para uma mente que não teve a experiência refulgente e transmutativa. E para a alma que atravessou o portal radioso e se posicionou no fogo da luz interior, toda descrição mental e verbal é tão pobre quanto supérflua, inadequada e descabida. Somos necessariamente obrigados a transcrever as realizações divinas nos termos absurdos e enganadores de uma linguagem que foi feita para a experiência normal do homem mental; expressas assim, elas só podem ser compreendidas de maneira correta por aqueles que já sabem, e, por saberem, são capazes de dar a esses termos externos pobres um outro sentido, interior e transfigurado. Como os Rishis Védicos afirmavam no começo, as palavras da sabedoria suprema só têm sentido para aqueles que já estão em meio aos sábios. A Gītā, pelo silêncio de sua conclusão críptica, parece deter-se antes da solução que buscamos; ela pausa na fronteira da mente espiritual mais alta e não a atravessa para entrar nos esplendores da Luz supramental. E, no entanto, seu segredo de identidade dinâmica — e não só estática — com a Presença interior, seu alto mistério de entrega absoluta ao Guia Divino, Senhor e Habitante de nossa natureza, é o segredo central. Essa entrega é o meio indispensável para efetuar a mudança supramental, e mais, é por meio dessa mudança supramental que a identidade dinâmica se torna possível.

Quais são então as linhas do Carma-Ioga traçadas pela Gītā? Seu princípio-chave, seu método espiritual, pode ser resumido como a união dos dois estados ou poderes de consciência mais elevados e mais vastos: igualdade e unidade. O âmago desse método é uma aceitação sem reserva do Divino em nossa vida e em nosso self interior e nosso espírito. A renúncia interior ao desejo pessoal conduz à igualdade, cumpre nossa entrega total ao Divino, sustenta nossa liberação do ego divisor, o que nos traz a unidade. Mas essa deve ser uma unidade na força dinâmica, e não apenas na paz estática ou na beatitude inativa. A Gītā nos promete a libertação do espírito, mesmo em meio à ação e no centro das energias da Natureza, se aceitarmos entregar todo nosso ser àquilo que é superior ao ego separador e limitativo. Ela propõe uma atividade dinâmica integral edificada em uma passividade constante; uma ação o mais ampla possível, baseada de maneira irrevogável em uma calma imóvel, é seu segredo — uma expressão livre que parte de um supremo silêncio interior.

---

2. *rahasyam uttamam.*

Tudo aqui é Brahman, único e indivisível, eterno, transcendente e cósmico que, em sua aparência, está dividido em coisas e criaturas; em aparência apenas, porque na verdade ele é sempre único e igual em todas as coisas e criaturas, e a divisão é apenas um fenômeno de superfície. Enquanto vivermos na aparência ignorante, seremos o ego e estaremos sujeitos aos modos da Natureza[3]. Escravos das aparências, ligados às dualidades, a oscilar entre o bem e o mal, o pecado e a virtude, o pesar e a alegria, a dor e o prazer, a boa ou má fortuna, o sucesso e o fracasso, giramos impotentes no círculo de ferro, ou de ouro e de ferro, da roda da Maia. No melhor dos casos, temos apenas a pobre liberdade relativa que, em nossa ignorância, chamamos livre-arbítrio. Porém, no fundo, isso é uma ilusão, uma vez que são os modos da Natureza que se expressam através de nossa vontade pessoal; é a força da Natureza, que se apodera de nós sem que possamos apoderarmo-nos dela, que determina o que vamos querer e como vamos querer. A Natureza, e não um ego independente, escolhe para nós a cada instante de nossa existência o objetivo que vamos perseguir, seja por uma vontade racional, seja por um impulso irrefletido. Se, ao contrário, vivermos na realidade unificadora de Brahman, passaremos além do ego e acima da Natureza. Porque então retornaremos ao nosso self verdadeiro e nos tornaremos o espírito; no espírito, estamos acima do impulso da Natureza, superiores aos seus modos e às suas forças. Ao alcançar uma igualdade perfeita em nossa alma, mente e coração, realizamos nosso verdadeiro self de unidade, que é uno com todos os seres e uno também com Aquilo que se expressa neles e em tudo que vemos e experienciamos. Essa igualdade e unidade são os alicerces gêmeos indispensáveis para edificar um ser divino, uma consciência divina, uma ação divina. Se não formos uno com tudo não seremos espirituais nem divinos. Se não tivermos igualdade de alma diante de todas as coisas, acontecimentos e criaturas, não poderemos ver espiritualmente, não poderemos conhecer divinamente, não poderemos sentir divinamente os outros. O Poder supremo, o único Eterno e Infinito, é igual diante de todas as coisas e de todos os seres e, por ser igual, pode agir com uma sabedoria absoluta segundo a verdade de suas obras e de suas forças e em acordo com a verdade de cada coisa e de cada criatura.

Essa é também a única verdadeira liberdade possível para o ser humano — uma liberdade que ele não pode ter, a menos que supere seu separatismo mental e se

---

3. Nos livros indianos esses modos são chamados qualidades, *guṇas*, e são denominados *sattva*, *rajas* e *tamas*. *Sattva* é a força do equilíbrio e, enquanto qualidade, se traduz como bem, harmonia, felicidade e luz; *rajas* é a força cinética e, enquanto qualidade, se traduz como luta e esforço, paixão e ação; *tamas* é a força de inconsciência e inércia e, enquanto qualidade, se traduz como obscuridade, incapacidade e inação. (Ver Parte I, cap. X — Os três modos da Natureza). (N. da T.)

torne a alma consciente na Natureza. A única vontade livre no mundo é a Vontade divina única de que a Natureza é executora, pois ela é a mestra e a criadora de todas as outras vontades. O livre-arbítrio humano pode ser real em certo sentido, mas como todas as coisas que pertencem aos modos da Natureza, é apenas relativamente real. A mente cavalga em um turbilhão de forças naturais, oscila entre diversas possibilidades, inclina-se para um lado ou para o outro, detém-se e tem a impressão de escolher; mas ela não vê, não é nem mesmo vagamente consciente, da Força que está por trás e determinou sua escolha. Não pode vê-la, porque essa Força é algo total e, para nossos olhos, indeterminado. No máximo a mente pode distinguir, com uma claridade e precisão aparentes, algumas das determinações particulares em meio à variedade infinita que a Força utiliza para elaborar seus propósitos incalculáveis. Ela mesma parcial, a mente cavalga uma parte da máquina, inconsciente dos nove décimos dos agentes que a impulsionam no Tempo e nas circunstâncias, ignorante de sua preparação passada e de seu rumo futuro; mas, porque a cavalga, ela acredita que dirige a máquina. De certa forma, faz sentido: pois essa inclinação clara da mente que chamamos nossa vontade, essa fixação firme da inclinação que se apresenta a nós como uma escolha deliberada, é uma das determinantes mais poderosas da Natureza; mas essa inclinação jamais está só e independente. Por trás dessa ínfima ação instrumental da vontade humana, há algo vasto e poderoso, e eterno, que observa a direção da inclinação e pressiona o curso da vontade. Há, na Natureza, uma Verdade total maior que nossa escolha individual. E nessa Verdade total, e mesmo além e por trás dela, há algo que determina todos os resultados; sua presença e conhecimento secreto sustentam sem cessar o processo da Natureza e mantêm uma percepção dinâmica, quase automática, das relações justas, das necessidades que variam ou persistem, das etapas inevitáveis do movimento. Há uma Vontade divina secreta, eterna e infinita, onisciente e onipotente, que se expressa na universalidade e em cada detalhe de todas as coisas aparentemente temporais e finitas, inconscientes ou semiconscientes. Esse é o Poder ou a Presença de que trata a Gītā quando fala do Senhor no coração de todas as existências, que faz girar todas as criaturas pela ilusão da Natureza como se estivessem montadas em uma máquina.

Essa Vontade divina não é um Poder alheio nem uma Presença alheia; está em íntima relação conosco e somos parte dela: ela é nosso próprio Self superior, que a possui e sustenta. Só que ela não é nossa vontade mental consciente; ela rejeita, com bastante frequência, o que nossa vontade consciente aceita, e aceita o que nossa vontade consciente rejeita. Pois enquanto esse Um secreto conhece tudo, o todo, e cada detalhe, nossa mente de superfície conhece apenas uma pequena fração das coisas. Nossa vontade é consciente na mente, e o que ela conhece, conhece apenas pelo pensamento; a Vontade divina é supraconsciente para nós porque, em sua essência, ela é supramental e conhece tudo porque ela é tudo. Nosso Self superior que possui e sustenta esse Poder universal, não é o ego, não é nossa natureza pessoal; ele é transcendente e universal, e essas coisas menores são apenas sua espuma e sua superfície fluente. Se entregarmos nossa vontade consciente e lhe permitirmos unir-se à vontade do Eterno, então, e só então, poderemos alcançar uma verdadeira liberdade; ao viver na liberdade divina não nos apegaremos mais ao pretenso livre-arbítrio acorrentado, essa ignorante liberdade de marionetes, ilusória, relativa, ligada ao erro de seus pequenos motivos vitais e de suas representações mentais inadequadas.

*
* *

Nossa consciência deve, com firmeza, captar a distinção — uma distinção capital — entre a Natureza mecânica e o livre Senhor da Natureza, entre o Ishvara, a única e luminosa Vontade divina, e as forças e modos inumeráveis de execução do universo.

A Natureza — não como ela é em sua Verdade divina, o Poder consciente do Eterno, mas como nos aparece na Ignorância — é uma Força executora, mecânica em seus passos, sem inteligência consciente; essa é a experiência que temos dela, embora todas as suas obras sejam impregnadas de uma inteligência absoluta. Ela mesma não domina, mas está cheia de um Poder[4] autoperceptivo que possui uma mestria infinita, e, porque esse Poder a conduz, ela governa tudo e executa exatamente o trabalho que o Ishvara lhe destina. Sem possuir nada, mas sendo possuída, ela leva em si o fardo de todas as posses. Enquanto Prakriti, a Natureza é uma Força inertemente ativa, pois elabora um movimento que lhe é imposto; mas nela está Aquele que sabe — uma Entidade estabelecida aí que percebe todas as suas moções e todos os seus processos. Prakriti age contendo o conhecimento, a mestria, o deleite do Purusha — o Ser associado a ela ou que está nela — mas só pode participar desse conhecimento, mestria e deleite ao sujeitar-se àquilo que a preenche e ao refleti-lo. O Purusha conhece e é imóvel e inativo; ele contém a ação da Prakriti em sua consciência e em seu conhecimento e frui disso. Ele dá sua sanção às obras da Prakriti e, para lhe agradar, ela executa o que ele decretou. O próprio Purusha não executa, ele sustenta a Prakriti em sua ação e permite-lhe expressar em energia, processo e formas resultantes, o que ele percebe em seu conhecimento. Essa é a distinção feita pelo

---

4. Esse Poder é a Shakti do Ishvara, consciente e divina, a Mãe transcendente e universal.

Sankhya[5], e embora não seja toda a absoluta verdade do Purusha e da Prakriti, nem de modo algum sua verdade mais alta, ela representa, contudo, um conhecimento prático válido indispensável no hemisfério inferior da existência.

A alma individual ou o ser consciente em uma forma, pode identificar-se com o Purusha que frui da experiência ou com a Prakriti ativa. Se essa alma individual identificar-se com a Prakriti, não será ela quem governará, fruirá e saberá, mas apenas refletirá os modos e as operações da Prakriti. Por sua identificação, ela entra na sujeição e na ação mecânica que a caracterizam. E mesmo, ao imergir por completo na Prakriti, a alma se torna inconsciente ou subconsciente, adormecida nas formas da Prakriti, como é o caso na terra e no metal, ou semiadormecida, como na vida das plantas. Aí, nessa inconsciência, ela está sujeita à dominação de tamas, o princípio, poder ou modo qualitativo de obscuridade e inércia; sattva e rajas estão lá também, mas escondidos na camada espessa de tamas. Ao emergir na consciência que é sua natureza própria — mas sem ser ainda verdadeiramente consciente, porque a dominação de tamas é ainda muito grande em sua natureza — o ser encarnado é cada vez mais sujeito a rajas, o princípio, poder ou modo qualitativo de ação e paixão, impelido pelo desejo e pelo instinto. Assim se forma e se desenvolve a natureza animal, estreita em consciência, rudimentar em inteligência, rajásico-tamásica em seus hábitos e impulsos vitais. Emergindo ainda mais da grande Inconsciência em direção ao estado espiritual, o ser encarnado libera sattva, o modo da luz, e adquire uma liberdade, mestria e conhecimento relativos que lhe dão certo senso, restrito e condicionado, de satisfação e felicidade interiores. O ser humano, o ser mental em um corpo físico, deveria ter essa natureza sátvica, mas não a tem, salvo alguns raros indivíduos em meio à multidão de corpos dotados de uma alma. Em geral, ele ainda tem muito da obscura inércia terreal e da força vital animal, ignorante e agitada, para ser uma alma de luz e beatitude ou mesmo uma mente com uma vontade e consciência harmoniosas. Com o ser humano começa a ascensão em direção à verdadeira natureza do Purusha — livre, mestre, que sabe e frui — mas essa ascensão é ainda incompleta, entravada e frustrante. Pois na experiência humana terrestre esses modos são relativos, nenhum dá frutos absolutos e simples; todos estão misturados e em lugar algum, em nenhum deles a ação se manifesta em sua pureza. É a interação confusa e inconstante das gunas que determina as experiências da consciência humana egoísta que oscila no equilíbrio incerto da Natureza.

---

5. *sāmkhya* — sistema filosófico e espiritual baseado na análise detalhada da natureza e da consciência — Prakriti e Purusha — e que busca efetuar sua dissociação a fim de alcançar a liberação. Esse sistema foi fundado em torno do séc. VI a.C. pelo sábio Kapila. (N. da T.)

O sinal da imersão da alma encarnada na Prakriti, é uma consciência que se limita ao ego. A marca viva dessa consciência limitada é uma desigualdade constante da mente e do coração, um conflito confuso, uma desarmonia de suas reações diversas ao contato da experiência. As reações humanas oscilam perpetuamente entre as dualidades criadas pela sujeição da alma à Natureza e por sua luta, na maioria das vezes intensa, mas estreita, para dirigir e fruir, e essa luta, na maior parte do tempo, não surte efeito. A alma gira no círculo sem fim dos contrários da Natureza, que seduzem e afligem: sucesso e derrota, boa e má fortuna, bem e mal, pecado e virtude, alegria e tristeza, dor e prazer. É apenas quando a alma desperta de sua imersão na Prakriti e percebe sua unidade com o Um e com todas as existências, que ela pode se liberar dos contrários e encontrar a base de uma relação justa com a Natureza cósmica executora. Então a alma se torna indiferente aos modos inferiores da Natureza; ela é igual em relação às dualidades, capaz de mestria e liberdade; está sentada acima da Natureza, no alto trono da testemunha que sabe, plena do deleite puro, intenso e calmo, de sua própria existência eterna. O espírito encarnado continua a expressar seus poderes na ação, mas não está mais envolvido na ignorância, não mais ligado por suas obras; suas ações não têm mais consequências nele, mas apenas fora, na Prakriti. O inteiro movimento da Natureza se torna, para sua experiência, semelhante às ondas que sobem e descem na superfície, sem jamais afetar sua própria paz insondável, seu vasto deleite, sua imensa igualdade universal, sua existência divina sem limites[6].

*
* *

Essas são as condições de nosso esforço; elas indicam um ideal que pode ser expresso pelas fórmulas seguintes, ou por outras equivalentes:

Viver em Deus e não no ego; mover-se nos vastos fundamentos da consciência da Alma total e do Transcendente, e não na pequena consciência egoísta.

Ser perfeitamente igual diante de todos os eventos e de todos os seres; ver e sentir que eles são um com nós mesmos e com o Divino; sentir que tudo está em nós e tudo está em Deus; sentir Deus em tudo e nós mesmos em tudo.

---

6. Não é indispensável para o Carma-Ioga aceitar implicitamente toda a filosofia da Gītā. Podemos, se quisermos, considerá-la como o enunciado de uma experiência psicológica útil como base prática para o Ioga; nisso, ela é de todo válida e em completo acordo com uma experiência alta e vasta. Por isso pensei que seria bom mencioná-la aqui, o mais possível na linguagem do pensamento moderno, e omitir tudo que pertence mais à metafísica do que à psicologia.

Agir em Deus e não no ego. E, primeiro, não escolher a ação em função das necessidades e normas pessoais, mas em obediência aos comandos da suprema Verdade viva acima de nós. Em seguida, logo que estivermos alicerçados o suficiente na consciência espiritual, não mais agir por nossa vontade própria separada, nem por um movimento independente, mas deixar cada vez mais a ação acontecer e desenvolver-se sob o impulso e a guiança de uma Vontade divina que nos ultrapassa. Por fim, o resultado supremo, elevar-se à identificação com a Shakti divina no conhecimento, na força, na consciência, nos atos, na alegria da existência; sentir um movimento dinâmico não dominado pelos desejos mortais, nem pelos instintos e impulsos vitais, nem pelo livre-arbítrio mental ilusório, mas concebido de maneira luminosa e desdobrando-se em um autodeleite imortal e um autoconhecimento infinito. Pois essa é a ação que resulta da entrega consciente do homem natural ao Self divino e de sua fusão no Espírito eterno; é o Espírito que, para sempre, transcende e guia essa Natureza cósmica.

*
* *

Porém, por quais etapas práticas de autodisciplina chegaremos a essa consumação?

A eliminação de toda atividade egoística e da consciência egoística que é sua fundação é, evidentemente, a chave para a consumação à qual aspiramos. E visto que, no Caminho das Obras, a ação é o nó que é preciso desatar primeiro, devemos nos esforçar para desfazê-lo em seu ponto central, no desejo e no ego; pois, caso contrário, cortaremos apenas alguns fios e não o cerne de nossa servidão. Esses são os dois nós de nossa sujeição a essa Natureza ignorante e dividida: desejo e sentido de ego. E dos dois, desejo tem sua moradia natural nas emoções, sensações e instintos; é de lá que ele afeta o pensamento e a volição; o sentido de ego certamente vive nesses movimentos, mas suas raízes profundas estão também na mente pensante e na vontade mental e é lá que ele se torna inteiramente autoconsciente. Esses são os dois obscuros poderes gêmeos da Ignorância obsedante e imensa como o mundo, que devemos aclarar e eliminar.

No domínio da ação, o desejo toma muitas formas, mas a mais poderosa de todas é a sede ou a busca do fruto de nossos trabalhos pelo self vital. O fruto que cobiçamos pode ser a recompensa de um prazer interior; pode ser a realização de uma ideia preferida ou de uma vontade sonhada ou a satisfação de emoções egoísticas, ou ainda o orgulho do sucesso de nossas ambições e esperanças mais altas. Ou pode ser uma recompensa exterior e inteiramente material: riquezas, posição, honras, vitória, boa fortuna, ou qualquer outra satisfação do desejo vital ou físico. Mas todos esses frutos são similares — ciladas, com as quais o egoísmo nos pega. Essas satisfações nos enganam sempre, porque nos dão uma impressão de mestria e uma ideia de liberdade, quando, na verdade, estamos atrelados e somos conduzidos, esporeados, açoitados por alguma imagem grosseira ou sutil, nobre ou ignóbil do Desejo cego que impele o mundo. Portanto, a primeira regra de ação colocada pela Gītā é fazer o trabalho que deve ser feito sem desejo algum por seu fruto, *niṣkāma karma*.

Uma regra simples em aparência e, contudo, tão difícil de seguir, mesmo se só com um pouco de sinceridade absoluta e inteireza liberadora! Na maior parte de nossas ações usamos esse princípio muito pouco, se usamos, e mesmo então mais como uma espécie de contrapeso ao princípio normal do desejo, e para mitigar a ação extrema desse impulso tirânico. No melhor dos casos, nos satisfazemos ao chegar a um egoísmo modificado e disciplinado não muito chocante para o nosso senso moral, nem demasiado brutal e ofensivo para os demais. E para nossa disciplina parcial damos nomes e formas variados; habituamo-nos, pela prática do sentido do dever, a uma fidelidade firme aos princípios, a uma fortitude estoica, a uma resignação religiosa, uma submissão tranquila ou extática à vontade de Deus. Mas não é sobre essas coisas que a Gītā fala, por mais úteis que sejam no lugar que ocupam; a Gītā visa algo absoluto e não mitigado, sem compromisso, uma conversão, uma atitude que mudará todo o equilíbrio da alma. Sua regra não é o controle da mente sobre os impulsos vitais, mas a imobilidade poderosa de um espírito imortal.

O teste que ela prescreve é uma igualdade absoluta da mente e do coração diante de todos os resultados, todas as reações, todos os acontecimentos. Se a boa ou má fortuna, o respeito e o insulto, a boa reputação ou a desonra, vitória ou derrota, acontecimentos agradáveis ou penosos nos deixarem não apenas inalterados, mas imperturbados, livres nas emoções, nas reações nervosas, nas perspectivas mentais, sem reagir, nem mesmo com a menor perturbação ou vibração em algum ponto de nossa natureza, então, e não de outro modo, teremos a liberação absoluta que a Gītā nos indica. A reação mais ínfima é a prova de que a disciplina é imperfeita e que alguma parte de nós aceita a lei da ignorância e do apego e se agarra ainda à velha natureza. Nossa autoconquista é consumada só em parte; ela é ainda imperfeita ou irreal em alguma área, alguma parte ou algum ponto minúsculo do terreno de nossa natureza. E essa pedrinha de imperfeição pode jogar abaixo todo o resultado do Ioga!

Existem certas aparências de igualdade de espírito que não devem ser confundidas com a igualdade espiritual profunda e vasta ensinada pela Gītā. Há uma equanimidade da decepção resignada, uma equanimidade do orgulho, uma equanimidade da dureza e da indiferença: todas essas são egoístas em sua natureza. Elas se apresentam inevitavelmente no curso da sadhana, mas devem ser rejeitadas ou transformadas na quietude verdadeira. Há também, em um nível mais alto, a equanimidade do estoico, equanimidade da resignação religiosa ou um sábio desapego, a equanimidade de uma alma retirada do mundo e indiferente a seus processos. Essas também são insuficientes; podem ser uma primeira aproximação, mas não mais que uma fase elementar da alma ou uma preparação mental imperfeita para nossa entrada na verdadeira unidade harmoniosa do espírito, vasta, autoexistente, absoluta.

Porque é certo que um resultado tão grande não pode ser obtido de imediato e sem etapas prévias. Primeiro, devemos aprender a receber os choques do mundo mantendo a parte central de nosso ser inalterada e silenciosa, mesmo quando a mente, o coração e a vida de superfície são fortemente sacudidas; impassíveis nessa rocha basilar de nossa vida, devemos separar a alma que observa por trás das ações externas de nossa natureza, ou que permanece imune a elas nas profundezas interiores. Em seguida, ao estender aos instrumentos a calma e a estabilidade da alma desapegada, tornar-se-á possível, aos poucos, fazer irradiar a paz do centro luminoso até a periferia mais sombria. No curso desse processo, podemos ter ajudas passageiras e atravessar numerosas fases menores: certo estoicismo, uma calma filosofia, certa exaltação religiosa podem nos ajudar a nos aproximar mais de nosso objetivo; podemos mesmo recorrer a certos poderes de nossa natureza mental, menos fortes e menos exaltados, mas, no entanto, úteis. No final, é preciso abandonar essas ajudas ou transformá-las, para chegar a uma igualdade completa, uma paz interior perfeita autoexistente e mesmo, se pudermos, a um deleite que tem sua fonte em si mesmo, total, inatacável, espontâneo, em todas as partes de nosso ser.

Mas como, então, continuaremos a agir? Pois em geral o ser humano age porque tem um desejo ou sente que algo lhe falta, ou por alguma necessidade mental, vital ou física; ele é guiado pelas necessidades do corpo, pela ganância, pela riqueza, pelas honras ou pela fama, ou pela avidez por satisfações pessoais da mente e do coração ou por poder e prazer. Ou ele pode ser tomado e impulsionado por uma necessidade moral ou, ao menos, pela necessidade ou o desejo de fazer triunfar no mundo suas ideias ou seu ideal, sua vontade, seu partido, seu país, seus deuses. Se nenhum desses desejos, ou desejo algum, deve ser a mola de nossa ação, parece que toda força motriz, ou todo incentivo, foi removido, e que a própria ação deverá, necessariamente, cessar. A Gītā nos responde com seu terceiro grande segredo da vida divina. A ação deve ser feita em uma consciência cada vez mais voltada para Deus e, no final, possuída por Deus; nossas obras devem ser um sacrifício ao Divino e, no final, uma entrega de todo nosso ser, mente, vontade, coração, sentidos, vida e corpo ao Um, deve fazer do amor de Deus e do serviço para Deus nossa única motivação. Essa transformação da força motriz e do próprio caráter das obras, é, na verdade, a ideia mestra da Gītā; esse é o fundamento de sua síntese única das obras, do amor e do conhecimento. No final, não é o desejo, mas a vontade do Eterno, sentida de maneira consciente, que permanece como a única condutora de nossa ação e a única origem de nossa iniciativa.

Igualdade, renúncia a todo desejo pelo fruto de nossas obras, ação feita como um sacrifício ao Senhor supremo de nossa natureza e de toda a natureza — esses são os três primeiros passos em direção ao Divino na via do Carma-Ioga traçada pela Gītā.

CAPÍTULO IV

O SACRIFÍCIO, A VIA TRIPLA E O SENHOR DO SACRIFÍCIO

A lei do sacrifício é o ato divino comum que foi lançado por toda parte no mundo em seu começo, como um símbolo da solidariedade do universo. Sob a atração dessa lei um princípio divinizante, um Poder que salva, desce, a fim de limitar, corrigir e gradualmente eliminar os erros de uma criação egoísta e dividida. Essa descida, esse sacrifício do Purusha, da Alma Divina que se submete à Força e à Matéria a fim de animá-las e iluminá-las, é a semente da redenção desse mundo de Inconsciência e Ignorância. "O Pai de tudo criou esses povos e deu-lhes o sacrifício como seu companheiro", diz a Gītā. A aceitação da lei do sacrifício pelo ego é o reconhecimento prático de que ele não está sozinho no mundo nem é soberano no mundo. Ele admite assim que mesmo nessa existência tão fragmentada há, para além dele e por trás daquilo que não é sua própria pessoa egoísta, algo maior e mais completo, um Todo divino que exige dele subordinação e serviço. Na verdade, o sacrifício é imposto e, onde necessário, compelido pela Força cósmica universal; ela o exige mesmo daqueles que não reconhecem conscientemente a lei — de modo inevitável, porque essa é a natureza intrínseca das coisas. Nossa ignorância, ou nossa visão egoísta e falsa da vida, não pode alterar esse alicerce eterno da verdade da Natureza. Pois essa é a verdade na Natureza; o ego, que se crê um ser separado, independente e pretende viver por si, não é e não pode ser independente nem separado, e tampouco pode viver por si, mesmo se quisesse, pois todos estão ligados uns aos outros por uma Unidade secreta. Cada existência dá, contínua e necessariamente, a partir de suas reservas próprias. Uma corrente circula entre o que ela recebeu mentalmente da Natureza ou o que adquiriu ou possui vital e fisicamente, e tudo o que lhe circunda. E por sua vez, sempre, ela recebe algo de seu meio, grátis, em troca de seu tributo voluntário ou involuntário. Pois é só ao dar e ao receber que ela pode efetuar seu próprio crescimento, enquanto ao mesmo tempo ajuda o conjunto das coisas. Ao longo do tempo, embora no início isso seja lento e parcial, aprendemos a fazer o sacrifício de maneira consciente; e, no final, encontramos uma alegria em darmo-nos, nós mesmos e tudo o que consideramos como nosso, em um espírito de amor e devoção, Àquilo que, no momento, nos aparece como outra coisa, diferente de nós mesmos e que, com certeza, é diferente de nossas personalidades limitadas. O sacrifício e a resposta divina a nosso sacrifício tornam-se, então, um meio alegremente aceito de avançar em direção à nossa perfeição suprema, pois reconhecemos agora que esse é o caminho que conduz à consumação do propósito eterno em nós.

Porém, na maioria das vezes, o sacrifício é feito de modo inconsciente e egoístico, sem conhecer nem aceitar o sentido verdadeiro do grande rito cósmico. É assim que a vasta maioria das criaturas terrestres o fazem, e quando é feito desse modo o indivíduo obtém apenas o mínimo benefício mecânico, inevitável, da natureza; com isso, o seu é um progresso lento e doloroso, limitado e torturado pela pequenez e aflição do ego. Só quando o coração, a vontade e a mente de conhecimento aderem à lei e a seguem com alegria é que podem vir a alegria profunda e a frutificação feliz do sacrifício divino. O conhecimento mental da lei e a alegria do coração em servi--la culminam na percepção de que é ao nosso próprio Self, ao Espírito em nós e ao Self ou Espírito único que está em tudo, que nos damos. E isso é verdade mesmo quando nossa auto-oferenda é ainda dirigida aos nossos semelhantes ou aos Poderes e Princípios menores e não ainda ao Supremo. "Não é pelo amor à esposa que a esposa nos é cara", diz Yajnavalkya no Upanishad, "mas pelo amor ao Self". Do ponto de vista inferior do self individual, esse é o duro fato por trás das declarações coloridas e apaixonadas do amor egoísta; mas do ponto de vista superior é também o sentido profundo daquele amor não egoísta, mas divino. Todo amor verdadeiro e todo sacrifício são, em sua essência, uma oposição da Natureza ao egoísmo primordial e seu erro separador; é assim que ela tenta desfazer-se de uma primeira fragmentação necessária e recobrar a unidade perdida. Toda unidade entre criaturas é, em sua essência, encontrar-se, é uma fusão com aquilo de que nos separamos e uma descoberta de si nos outros.

Mas só o amor divino e a unidade divina podem possuir na luz o que suas formas humanas buscam na obscuridade. Porque a unidade verdadeira não é uma mera associação, uma aglomeração, como a das células físicas juntas em uma vida de interesses comuns; tampouco é uma compreensão, simpatia e solidariedade emocionais ou uma aproximação íntima. Só estamos deveras unidos àqueles que estão separados de nós pelas divisões da Natureza quando anulamos a divisão e nos reencontramos naquilo que nos parecia diferente de nós mesmos. A associação é uma unidade física e vital; seu sacrifício é o de ajuda e concessões mútuas. Parentesco, simpatia, solidariedade, criam uma unidade mental, moral e emocional; seu sacrifício é suporte e gratificações mútuas. Mas a unidade verdadeira é espiritual; seu sacrifício é o dom de si mútuo, uma fusão de nossa substância interior. A lei do sacrifício na Natureza encaminha-se para sua culminação nesse dom de si completo e sem reservas; ela desperta a consciência de um self comum único naquele que doa e naquele que é o objeto do sacrifício. A culminação do sacrifício é o próprio cume do amor e devoção humanos quando tentam tornar-se divinos; porque aí também o pico mais alto do amor ergue-se em um céu de um dom de si mútuo e completo; seu cume é a fusão beatífica de duas almas em uma só.

Essa ideia profunda de uma lei vasta como o mundo está no âmago do ensinamento sobre as obras dado pela Gītā: uma união espiritual com o Mais Alto por meio do sacrifício, um dom de si sem reservas ao Eterno, esse é o cerne de sua doutrina. Segundo a concepção popular, o sacrifício é um ato de autoimolação doloroso, de automortificação austera, de difícil anulação de si; esse tipo de sacrifício pode mesmo ir até a mutilação e tortura voluntárias. Essas coisas podem ser temporariamente necessárias no duro esforço do ser humano para ultrapassar seu self natural; se o egoísmo em sua natureza for violento e obstinado, algumas vezes será preciso responder a isso com uma forte repressão interna e opor violência a violência. Mas a Gītā desencoraja quaisquer excessos de autoviolência; pois o self dentro é, na realidade, a Divindade em evolução, é Krishna, é o Divino; ele não deve ser atormentado nem torturado como os titãs do mundo o atormentam e torturam, mas deve crescer, ser cada vez mais sustentado, alimentado, aberto luminosamente à luz divina, a uma força, alegria, amplidão divinas. Não é nosso self, mas o bando dos inimigos internos do espírito que devemos desencorajar, expelir, imolar no altar do crescimento do espírito; na verdade, devemos extirpar de modo implacável aqueles que são nomeados desejo, ira, inconstância da alma, avidez, apego aos prazeres exteriores e às dores, essa coorte de demônios usurpadores que são a causa dos erros da alma e de seus sofrimentos. Esses não devem ser considerados como parte de nós, mas como intrusos que pervertem a natureza real e mais divina de nosso self; esses devem ser sacrificados, no sentido mais rigoroso do termo, qualquer que seja a dor que, ao ir-se, eles possam lançar como reflexo na consciência daquele que busca.

Mas a essência verdadeira do sacrifício não é a autoimolação, é o dom de si; seu objetivo não é anular-se, mas realizar-se; seu método não é a automortificação, mas uma vida mais ampla, não a automutilação, mas a transformação de nossos elementos humanos naturais em elementos divinos, não a autotortura, mas a passagem de uma satisfação menor a uma Ananda maior. Apenas uma coisa é dolorosa no início, para a parte ainda crua e túrbida da natureza de superfície: a indispensável disciplina exigida, a abnegação necessária para efetuar a fusão do ego incompleto. Mas para isso podemos encontrar uma compensação rápida e imensa na descoberta de uma real completude, maior ou mesmo suprema, em outros, em todas as coisas, na unidade cósmica, na liberdade do Self e do Espírito transcendentes, no êxtase do contato divino. Nosso sacrifício não é um dom sem retorno e sem aceitação fecunda do outro lado; é um intercâmbio entre a alma encarnada, a Natureza consciente em nós e o Espírito eterno. Pois, embora não demandemos nada em troca, há, no entanto, um conhecimento profundo dentro de nós de que uma resposta maravilhosa é inevitável. A alma sabe que ela não se dá a Deus em vão; sem nada pretender, mesmo assim ela recebe as riquezas infinitas do Poder e da Presença divinos.

Por fim, deve ser considerado o recipiente do sacrifício e a maneira como este é feito. O sacrifício pode ser oferecido a outros ou aos Poderes divinos; pode ser oferecido ao Todo cósmico ou pode ser oferecido ao Supremo transcendente. O ato de adoração pode tomar qualquer forma, desde a oferenda de uma folha ou de uma flor, de um copo de água, um punhado de arroz, uma fatia de pão, a consagração de tudo que possuímos e a submissão de tudo o que somos. Quem quer que seja aquele a quem for oferecido o sacrifício e qualquer que seja o dom, é o Supremo, é o Eterno nas coisas que o recebe e o aceita, mesmo se a oferenda for desdenhada ou rejeitada pelo intermediário imediato. Pois o Supremo que transcende o universo, por mais velado que esteja, está aqui também, em nós e no mundo e nos eventos; ele está aqui, Testemunha onisciente e Receptor de todas as nossas obras e seu Mestre secreto. De maneira obscura ou consciente, quer o saibamos, quer não, visível ou disfarçadamente, todas as nossas ações, todos os nossos esforços e mesmo nossas faltas e tropeços, sofrimentos, lutas, são governados pelo Um em seu resultado final. Tudo está voltado para ele em suas formas inumeráveis e, por meio dessas formas, oferecido à Onipresença única. Qualquer que seja a forma sob a qual nos aproximarmos, qualquer que seja o espírito em que nos avizinharmos dele, é sob essa forma e nesse espírito que ele receberá o sacrifício.

E o fruto do sacrifício das obras varia também segundo a obra, segundo a intenção na obra e segundo o espírito por trás da intenção. Todos os sacrifícios são parciais, egoísticos, misturados, temporais, incompletos — mesmo aqueles oferecidos aos Poderes e Princípios mais altos mantêm esse caráter: o resultado também é parcial, limitado, temporal, misturado em suas reações, e é efetivo apenas para um propósito intermediário ou menor. O único sacrifício de todo aceitável é o dom de si final, supremo, total — um dom feito face a face, com devoção e conhecimento, de maneira livre, sem nenhuma reserva, ao Um que é ao mesmo tempo nosso Self imanente, o Tudo que envolve tudo, a Realidade Suprema além dessa manifestação ou de todas as outras, e secretamente é tudo isso junto, escondido em toda parte, a Transcendência imanente. Pois à alma que se dá a ele integralmente, Deus também se dá integralmente. Só aquele que oferece sua natureza inteira encontra o Self. Só aquele que pode dar tudo, frui do Divino Tudo em toda parte. Só um abandono de si supremo alcança o Supremo. Só a sublimação, pelo sacrifício, de tudo o que somos nos torna capazes de encarnar o Mais Alto e de viver aqui na consciência imanente do Espírito transcendente.

*
* *

Em resumo, o que é exigido de nós é que façamos de toda a nossa vida um sacrifício consciente. Cada instante, cada movimento de nosso ser deve transmutar-se em um dom de si contínuo e ardente ao Eterno. Todas as nossas ações — a menor, a mais comum, a mais insignificante e também a mais nobre e mais excepcional — devem ser efetuadas como atos consagrados. Nossa natureza individualizada deve viver na consciência única de um movimento interior e exterior dedicado a Algo que está além de nós e é maior que nosso ego. Pouco importa a natureza do dom e a quem é oferecido; deve haver, no ato, a consciência que o oferecemos ao Ser divino, uno em todos os seres. Nossas ações mais comuns, mais grosseiramente materiais, devem assumir esse caráter sublimado: ao comer, devemos estar conscientes de que oferecemos esse alimento a esta Presença em nós; essa deve ser uma oferenda sagrada em um templo, e a sensação de prazer ou de que satisfazemos uma mera necessidade física deve nos deixar. Em qualquer grande obra, qualquer alta disciplina, qualquer iniciativa difícil e nobre, quer seja empreendida para nós, para outros, quer para a espécie, não será mais possível limitar-se à ideia de espécie, de si mesmo ou de outros. O que fazemos deve ser conscientemente oferecido como um sacrifício das obras, não à espécie, aos outros ou a nós mesmos, mas, por meio disso, ou diretamente, à Divindade Única. O Habitante Divino que estava escondido por esses símbolos não deve mais permanecer escondido, mas estar sempre presente para nossa alma, nossa mente e nossos sentidos. Os trabalhos e os resultados de nossos atos devem ser colocados nas mãos do Um com o sentimento de que essa Presença é o Infinito e o Mais Alto que, só ele, torna possível nosso labor e nossa aspiração. Pois é em seu ser que tudo acontece; é para ele que a Natureza nos toma todo nosso labor e todas as nossas aspirações e as oferece em seu altar. Mesmo quando a própria Natureza é claramente o artífice e somos apenas testemunhas de suas obras ou seus receptáculos e suporte, devemos ter a mesma lembrança constante, a mesma consciência persistente do Mestre divino e de seu trabalho. Os próprios movimentos de nossa respiração, as batidas de nosso coração podem e devem tornar-se conscientes de que são o ritmo vivo do Sacrifício universal.

É claro que uma concepção desse gênero, quando é posta em prática de maneira efetiva, deve conter três resultados que são de importância primordial para nosso ideal espiritual. Em primeiro lugar, é evidente que, mesmo se começarmos essa disciplina sem devoção, ela conduzirá direta e inevitavelmente à devoção mais alta possível, pois deve naturalmente aprofundar-se na adoração mais completa que possamos imaginar, no mais profundo amor a Deus. Essa disciplina traz uma percepção crescente do Divino em todas as coisas, uma comunhão sempre mais profunda com o Divino em todos os nossos pensamentos, vontade e atos e, a cada instante de nossa vida, uma consagração cada vez mais avançada da totalidade de nosso ser ao Divino. Ora, essas implicações do Ioga das Obras são também a própria essência de uma bhakti[1] integral e absoluta. O buscador espiritual que põe essa disciplina em prática na vida constrói em si uma imagem constante, ativa e efetiva do próprio espírito da devoção, e é inevitável que esse espírito faça emergir a adoração mais absorvedora pelo Mais Alto, a quem é oferecido esse serviço. Um amor absorvente pela Presença divina, de quem ele se sente cada vez mais próximo, cresce no trabalhador consagrado. E com isso nasce, ou está contido nisso, também um amor universal por todos os seres, todas as formas e criaturas vivas que são as habitações do Divino — não as emoções breves, agitadas, gananciosas, próprias da divisão, mas o amor estável e não egoísta que expressa a vibração profunda da unidade. Em tudo, o buscador espiritual começa a encontrar o Objeto único de sua adoração e de seu serviço. Assim, por esse caminho do sacrifício, a Via das Obras encontra aquela da Devoção; ela mesma pode trazer uma devoção tão completa, tão absorvente, tão integral quanto o desejo do coração pode pedir ou a paixão da mente pode imaginar.

Em seguida, a prática desse Ioga exige uma constante lembrança interior do Conhecimento central único e liberador, e quando essa lembrança se exterioriza de modo ativo e constante nos trabalhos, ela se intensifica. Em tudo está o Self único, o Divino único é tudo; todos estão no Divino, todos são o Divino, e nada mais há no universo — esse pensamento ou essa fé é o completo pano de fundo da consciência do trabalhador, até se tornar a própria substância de sua consciência. Uma lembrança, uma meditação dinâmica desse tipo, devem se tornar, e tornar-se-ão no final,

---

1. *bhakti* — a devoção. Feminino de *bhakta*. (N. da T.)

uma visão profunda e ininterrupta, uma consciência viva e total d'Isto de que nos lembramos de modo tão intenso ou em que meditamos tão constantemente. Pois essa lembrança nos obriga a referirmo-nos com persistência, e a cada instante, à Origem de todo ser, a toda vontade, a toda ação, o que logo nos leva a abarcar e ultrapassar todas as formas e aparências particulares n'Isso que é sua causa e seu suporte. Essa via conduz de modo inevitável a uma visão viva e intensa — tão concreta em seu gênero como a visão física — das obras do Espírito universal em todas as coisas. Ela se eleva a um cimo onde se vive, pensa, quer e age em presença do Supramental, do Transcendente. Tudo que vemos e ouvimos, tudo que tocamos e sentimos, tudo de que estamos conscientes deve ser conhecido e sentido por nós como Aquele que adoramos e servimos; tudo deve mudar em imagem da Divindade, percebido como moradia da Divindade, envolvido pela Onipresença eterna. No final, se não muito tempo antes, a Via das Obras torna-se — pela comunhão com a Presença, com a Vontade e com as Força divinas — uma Via do Conhecimento mais completa e integral que tudo o que a mera inteligência da criatura pode construir ou a busca do intelecto pode descobrir.

Por fim, a prática do Ioga do sacrifício nos obriga a renunciar a todos os apoios interiores ao egoísmo, a rejeitá-los de nossa mente, de nossa vontade e de nossas ações e a eliminar de nossa natureza a semente do ego, sua presença, sua influência. Tudo deve ser feito para o Divino; tudo deve ser dirigido ao Divino. Nada deve ser empreendido para nós mesmos enquanto existência separada; nada deve ser feito para os outros — vizinhos, amigos, família, país ou humanidade ou outras criaturas — apenas porque eles estão conectados com nossa vida pessoal, nosso pensamento, nossos sentimentos ou porque o ego tem uma preferência ou interesse em seu bem-estar. Com essa maneira de fazer e ver, todos os atos e toda a vida se tornam uma única adoração dinâmica do Divino e um serviço quotidiano no templo sem limite de sua vasta existência cósmica. A vida se torna cada vez mais o sacrifício do eterno no indivíduo, que se oferece constantemente ao eterno Transcendente. O sacrifício é oferecido no imenso campo sacrifical do Espírito cósmico e eterno, e a Força que oferece o sacrifício é também a Força eterna, a Mãe onipresente. Portanto, essa é uma via de união e comunhão pelos atos e pelo espírito e conhecimento nos atos, tão completa e integral quanto pode esperar nossa vontade de alcançar o Divino ou que a força de nossa alma pode executar.

Essa via tem todo o poder de uma Via das Obras integral e absoluta, mas, devido à sua lei do sacrifício e do dom de si ao Mestre e Self divino, ela é acompanhada de todo o poder da via do Amor por um lado e, pelo outro, de todo o poder da Via do Conhecimento. No final, esses três Poderes divinos trabalham juntos, fundidos, unidos, completados e aperfeiçoados um pelo outro.

*
 * *

O Divino, o Eterno, é o Senhor de nosso sacrifício das obras, e a união com ele em todo o nosso ser, em toda a nossa consciência e seus instrumentos de expressão, é o único objeto do sacrifício; as etapas do sacrifício das obras devem, portanto, medir-se primeiro, pelo crescimento de algo em nossa natureza que nos aproxima da Natureza divina, mas, em seguida, também por uma experiência do Divino, de sua presença, de sua manifestação e por uma união cada vez mais íntima com essa Presença. Mas o Divino é infinito em sua essência e sua manifestação também é infinita em sua multiplicidade. Se isso for assim, é pouco provável que a verdadeira perfeição integral de nosso ser e de nossa natureza possa vir de um só tipo de realização; ela deve combinar muitas facetas diferentes da experiência divina. Não podemos alcançar a perfeição integral pela busca exclusiva de uma linha única de identidade até que ela encontre seu absoluto; é preciso que ela harmonize numerosos aspectos do Infinito. Uma consciência integral com uma experiência dinâmica multiforme é essencial à transformação completa de nossa natureza.

Há uma percepção fundamental indispensável para chegar a um conhecimento integral ou a uma experiência multifacetada do Infinito: realizar o Divino em seu self e em sua verdade essenciais, não alterado por formas e fenômenos. Caso contrário, é provável que permaneçamos presos na rede das aparências ou vaguemos confusamente em uma profusão caótica de aspectos cósmicos ou particulares; e mesmo se evitarmos essa confusão, será ao preço de uma escravidão a alguma fórmula mental ou fechando-nos em uma experiência pessoal limitada. Há uma única verdade segura e totalmente reconciliadora na base do universo: que a vida é a manifestação de um Self, de um Espírito não criado; e a chave do segredo escondido da vida é encontrar a relação verdadeira desse Espírito com suas próprias existências criadas. Há, por trás de toda essa vida, o olhar de um Ser eterno sobre seus inumeráveis devires; há, em torno dessa vida e em todo lugar nela, o envolvimento e a penetração de uma manifestação no tempo pelo Eterno não manifesto e atemporal. Porém, esse conhecimento será sem valor para o Ioga, se for apenas uma noção intelectual e metafísica, vazia de vida e destituída de consequências; uma realização apenas mental não pode ser suficiente para o buscador espiritual, pois aquilo que o Ioga busca não é só a verdade do pensamento, nem só a verdade da mente, mas a verdade dinâmica de uma experiência espiritual viva e reveladora. Deverão despertar em nós uma proximidade constante, imanente e envolvente, uma percepção vívida da Presença verdadeira e infinita e uma comunhão, um sentimento de intimidade, um contato concreto com ela, sempre e em todo lugar. Essa Presença deve permanecer conosco como a Realidade viva que impregna tudo e na qual nós e todas as coisas existimos, agimos e nos movemos; devemos senti-la sempre e em todo lugar, concreta, visível, habitando tudo; ela deve ser evidente para nós como o verdadeiro Self das coisas, tangível enquanto Essência imperecível delas, tocada intimamente por nós como o Espírito mais profundo delas. Ver, sentir, perceber, tocar de todas as maneiras possíveis, e não apenas conceber esse Self e Espírito aqui, em todas as existências, e sentir com a mesma vividez todas as existências nesse Self e Espírito, é a experiência fundamental que deve englobar todos os outros conhecimentos.

Esse Self das coisas, infinito e eterno, é uma Realidade onipresente, uma existência única em todo lugar; é uma e a mesma presença unificadora que não é diferente nas diferentes criaturas; podemos encontrá-la, vê-la ou senti-la em sua integralidade em cada alma ou em cada forma no universo. Pois sua infinitude é espiritual e essencial e não só uma extensão sem limite no Espaço e uma duração sem fim no Tempo; o Infinito pode ser sentido em um átomo infinitesimal ou em um segundo do tempo, de uma maneira tão convincente quanto na extensão das eras ou na enormidade prodigiosa dos espaços interestelares. O conhecimento ou a experiência do Infinito pode começar em qualquer lugar e expressar-se por meio de qualquer coisa — pois o Divino está em tudo e tudo é o Divino.

Essa experiência fundamental começará, no entanto, de modo diferente para naturezas diferentes, e levará muito tempo para desenvolver toda a Verdade que esconde sob seus milhares de aspectos. Talvez eu veja, ou sinta, primeiro em mim mesmo ou como eu mesmo, a Presença eterna; e só mais tarde possa expandir a todas as criaturas a visão ou a percepção desse Self maior que é meu. Vejo então o mundo em mim ou uno comigo. Percebo o universo como uma cena em meu ser, o jogo de seus processos como um movimento de formas, de almas e forças em meu espírito cósmico; em toda parte encontro a mim mesmo e nenhum outro. Porém, note-se bem, não com o erro do Asura ou do titã que vive em sua própria sombra ampliada de modo desmesurado, que toma seu ego pelo Self e Espírito e tenta impor, a tudo que o circunda, sua personalidade fragmentada como a única existência dominante. Pois, tendo o conhecimento, eu já apreendi essa realidade, a de que meu verdadeiro Self é o não ego; então, e sempre, meu Self maior é sentido por mim como uma Imensidade impessoal ou como uma Pessoa essencial que contém, e contudo ultrapassa, todas as personalidades ou como ambas as coisas ao mesmo tempo;

mas em todo caso — Impessoal, Pessoal ilimitado, ou ambos — é um Infinito que transcende o ego. Se o busquei e descobri primeiro em sua forma que chamo "eu", mais do que nas outras, é porque é mais fácil encontrá-lo aí devido à subjetividade de minha consciência, e conhecê-lo aí de imediato e realizá-lo aí. Mas se o ego instrumental estreito não começar a imergir nesse Self logo que o vê, se o pequeno "eu" exterior construído pela mente recusar-se a desaparecer nesse "Eu" espiritual maior, permanente e não criado, então minha realização não será autêntica ou será radicalmente imperfeita. Em alguma parte de mim há um obstáculo egoístico; alguma parte de minha natureza opõe, à verdade todo-devoradora do Espírito, a recusa daquele que pensa a si mesmo e quer se preservar.

Mas pode ser — e para alguns esse caminho é mais fácil — que eu veja a Divindade no mundo, primeiro fora de mim, não em mim mesmo, mas nos outros. É aí que a encontro desde o início, como um Infinito que habita tudo e contém tudo, que não está ligado por todas essas formas, criaturas e forças que ele apresenta em sua superfície. Ou então a vejo e sinto como um Self e Espírito puro e solitário que contém todos esses poderes e todas essas existências, e perco o sentido de ego nessa Onipresença silenciosa que me circunda. Mais tarde, é ela que começa a impregnar e possuir meu ser instrumental, é dela que parecem vir todos os impulsos que me levam à ação, toda a luz do meu pensamento e da minha palavra, todas as formações da minha consciência e todas as suas relações e contatos com outras formas de alma dessa Existência única e vasta como o mundo. Já não sou mais esse pequeno self pessoal, mas Isto que emanou algo dele mesmo para sustentar essa forma especial de suas obras no universo.

Há uma outra realização fundamental, a mais extrema de todas, que, contudo, vem algumas vezes como a primeira abertura decisiva ou como uma mudança precoce do Ioga. É o despertar para um Incognoscível transcendente, inefável, sublime, acima de mim e acima desse mundo no qual pareço me mover, para uma condição ou uma entidade fora do tempo e do espaço que, de certo modo, logo se impõe a uma consciência essencial em mim, com uma espécie de convicção irresistível, como a única coisa que, para ela, é de uma realidade esmagadora. Em geral, essa experiência é acompanhada de uma sensação igualmente irresistível, de que todas as coisas aqui são como um sonho, uma sombra ilusória, ou que são transitórias, derivadas e apenas semirreais. Pode ser que, ao menos por certo tempo, tudo que me circunda me apareça como um movimento de sombras cinematográficas ou de formas sem espessura, e minha própria ação possa parecer a expressão fluida de alguma Fonte que ainda está fora do meu alcance e seja talvez inalcançável, acima ou fora de mim. Permanecer nessa consciência, continuar esse primeiro movimento ou seguir até o fim essa primeira sugestão do caráter das coisas seria encaminhar-se para a dissolução do self e do mundo no Incognoscível — *mokṣa*, Nirvana. Mas essa não é a única linha da questão; ao contrário, posso esperar até que, através do silêncio dessa liberação sem conteúdo e atemporal, eu comece a entrar em contato com essa Fonte de mim mesmo e de minhas ações, que eu não havia ainda alcançado. Então o vazio começa a preencher-se, e dele emerge ou nele se precipita, toda a inumerável Verdade do Divino e todos os aspectos, todas as manifestações e os múltiplos níveis de um Infinito dinâmico. No início, essa experiência impõe à mente, depois, a todo o nosso ser, uma paz e um silêncio absolutos, insondáveis, quase abissais. Dominada e subjugada, imobilizada, liberada de si mesma, a mente toma esse Silêncio pelo Supremo. Porém, depois, o buscador espiritual descobre que tudo está aí, nesse silêncio, contido ou feito novo para ele e que, através desse silêncio, tudo desce nele do alto de uma Existência mais vasta, transcendente e encoberta. Pois esse Transcendente, esse Absoluto, não é uma mera paz de um vazio sem sinais; ele tem seu próprio conteúdo e riquezas infinitas, das quais as nossas são apenas valores degradados e diminuídos. Se não houvesse essa Fonte de todas as coisas, não poderia haver universo; todos os poderes, todas as obras e atividades seriam uma ilusão; toda criação, toda manifestação, seria impossível.

 Estas são as três realizações fundamentais — realização do Divino em mim, do Divino nos outros e no mundo e do Divino transcendente —; tão fundamentais que para o iogue da Via do Conhecimento elas parecem finais, suficientes em si e destinadas a ultrapassar e substituir todas as outras. Ainda assim, para o buscador espiritual integral, mesmo se elas lhe tivessem sido concedidas súbita e facilmente desde as primeiras etapas por uma graça miraculosa, ou se ele as tivesse obtido com dificuldade após um longo processo e empenho, elas não são nem a verdade única nem as únicas chaves completas para alcançar a verdade integral do Eterno, mas, antes, esse é só um começo, vazio ainda, o vasto alicerce de um Conhecimento divino maior. Há outras realizações que são imperativamente necessárias e que deverão ser exploradas até o extremo limite de suas possibilidades; e se à primeira vista algumas delas parecem apenas cobrir Aspectos do Divino que são instrumentais para a atividade da existência mas não inerentes à sua essência, no entanto, quando as seguimos até o final e continuamos essa atividade até a Fonte sempiterna, percebemos que esses aspectos conduzem a uma descoberta do Divino, sem a qual nosso conhecimento da Verdade por trás das coisas seria árido e incompleto. O que parece ser apenas instrumental é a chave de um segredo sem o qual aquilo que é fundamental não desvelaria todo seu mistério. Todos os aspectos reveladores do Divino devem ser pegos na vasta rede do Ioga Integral.

*
* *

Se abandonar o mundo e suas atividades, se uma liberação e quietude supremas fossem o objetivo único do buscador espiritual, essas três grandes realizações basilares bastariam para a consumação de sua vida espiritual; concentrado apenas nelas, ele poderia deixar de lado todos os outros conhecimentos, mundanos ou divinos e, desimpedido, ir-se ao Silêncio eterno. Mas ele deve considerar o mundo e suas atividades, deve aprender qual é a Verdade divina que pode se esconder por trás delas e reconciliar a contradição aparente da Verdade divina e da criação manifestada, que é o ponto de partida da maioria das experiências espirituais. Aqui, qualquer que seja a via de aproximação que escolha, ele é confrontado com uma Dualidade constante, uma separação entre dois termos da existência que parecem ser opostos e cuja oposição parece estar na própria raiz do enigma do universo. Mais tarde, ele de fato descobre que esses contrários são os dois polos do Ser Único, conectados por duas correntes simultâneas de energia negativa e positiva em relação uma à outra, e que sua interação é a própria condição para a manifestação daquilo que está no interior do Ser; e sua reunião é o meio designado para reconciliar as discórdias da vida e descobrir a verdade integral que ele busca.

Pois, por um lado, o sadhaka percebe esse Self em todo lugar, esse Espírito-Substância imperecível — Brahman, o Eterno —, uma única e mesma autoexistência no tempo, por trás de cada aparência que ele vê ou sente, e fora do tempo, mais além do universo. Ele tem a experiência poderosa, esmagadora, de um Self que não é nosso ego limitado, nem nossa mente, vida ou corpo; vasto como o mundo, mas que não pertence aos fenômenos externos e, contudo, para sua percepção espiritual, é mais concreto que qualquer forma ou fenômeno; que é universal e cuja existência, no entanto, não depende de coisa alguma no universo: se tudo desaparecesse, essa extinção não faria nenhuma diferença para esse Eterno de que ele tem a experiência íntima constante. O sadhaka está seguro de uma Autoexistência inexprimível que é a essência dele mesmo e de todas as coisas, tem a percepção íntima de uma Consciência essencial cuja mente pensante, sensibilidade vital e os sentidos corporais são apenas formas parciais e diminuídas, uma Consciência que contém em si uma Força ilimitável da qual todas as energias são o resultado, mas que, no entanto, não pode ainda ser explicada nem justificada pela soma, pelo poder ou pela natureza de todas essas energias reunidas; ele sente, ele vive em uma Beatitude inalienável, autoexistente, que não é a alegria, a felicidade ou o prazer inferiores e transitórios. Uma infinitude imutável e imperecível, uma eternidade atemporal, uma autopercepção que não é essa consciência mental receptora, reativa e tentacular mas que está por trás e acima dela, presente também abaixo dela, mesmo nisso que chamamos Inconsciência; uma unidade em que não há possibilidade de nenhuma outra existência — esse é o caráter quádruplo dessa experiência inalterável. No entanto, o buscador espiritual percebe também nessa Autoexistência eterna um Espírito temporal consciente que carrega o curso dos eventos, um Espaço espiritual que se expande em si mesmo e contém todas as coisas e todos os seres, uma Substância espiritual que é a própria forma e material de tudo o que parece não espiritual, temporário e finito. Pois tudo que é transitório, temporal, espacial, restrito, é sentido por ele como nada mais, em sua substância, em sua energia e em seu poder, que o Um, o Eterno, o Infinito.

E, no entanto, nele ou diante dele, não há apenas essa Existência eterna autoconsciente, essa Consciência espiritual, essa infinitude de Força autoiluminada, essa Beatitude sem fim e atemporal. Há também, de maneira igualmente constante para sua experiência, esse universo em um Espaço e Tempo mensuráveis — talvez uma espécie de finito sem limites —, onde tudo é efêmero, limitado, fragmentado, plural, ignorante; um universo submetido à desarmonia e ao sofrimento, que busca de modo vago a harmonia de uma unidade não realizada e, contudo, inerente, um universo inconsciente ou semiconsciente, que, mesmo quando é o mais consciente, está ligado ainda à Ignorância e Inconsciência originais. O buscador espiritual não está sempre em um transe de paz e beatitude, e, mesmo se estivesse, isso não seria uma solução, pois ele sabe que todo esse universo ainda continuaria exterior a ele e, contudo, dentro de um Self mais vasto que não é outro que o seu, como se fosse para sempre. Algumas vezes esses dois estados de seu espírito parecem existir alternadamente para ele, segundo seu estado de consciência; em outros momentos eles estão aí como duas partes de seu ser, díspares, para serem reconciliados, duas metades de sua existência, superior e inferior ou interior e exterior. Ele logo descobre que essa separação em sua consciência tem um poder liberador imenso, pois devido a ela ele não está mais atado à Ignorância, à Inconsciência, e essas não lhe parecem mais sua própria natureza ou a natureza das coisas, mas uma ilusão que pode ser ultrapassada, ou ao menos uma autoexperiência falsa e temporária: Maia. É tentador considerar essa Ignorância e essa Inconsciência apenas como uma contradição do Divino, um jogo-mistério incompreensível, máscara ou arremedo do Infinito — e algumas vezes, de modo irresistível, é assim que ele aparece à experiência daquele que busca: de um lado, a verdade luminosa de Brahman; do outro, a ilusão sombria de Maia. Mas algo nele não lhe deixará cortar a existência em duas partes para sempre; ao olhar mais de perto ele descobrirá que nessa meia-luz ou nessa obscuridade, também está o Eterno — é Brahman que está aqui com a face de Maia.

Esse é o começo de uma experiência espiritual crescente, que lhe revelará cada vez mais que o que lhe parecia ser uma Maia obscura e incompreensível não era mais que a Consciência-Poder do Eterno, atemporal e ilimitada, mais além do universo, mas desdobrada aqui sob a máscara de contrários brilhantes e obscuros, para o milagre de uma lenta manifestação do Divino na Mente, na Vida e na Matéria. Tudo que é Atemporal faz pressão para entrar no jogo do Tempo; tudo o que está no Tempo gira em torno do Espírito atemporal. Se a experiência separadora era liberadora, essa experiência unitiva é dinâmica e efetiva. Pois agora o sadhaka sente que não só na substância de sua alma ele é uma parte do Eterno e de todo uno com Ele em seu self essencial e seu espírito, mas que em sua natureza ativa ele é um instrumento da Consciência-Poder onisciente e onipotente do Eterno. Por mais relativo e limitado que seja o jogo atual desse Eterno nele, ele pode abrir-se a esse jogo e receber dele uma consciência e um poder cada vez maiores; e para essa expansão parece não haver limite determinável. Parece mesmo que certo nível espiritual e supramental dessa Consciência-Poder se revela acima dele e se inclina para entrar em contato com ele; nesse nível, entraves e limites não existem e seus poderes também fazem pressão sobre o jogo no Tempo, com a promessa de uma descida maior e uma manifestação do Eterno menos disfarçada ou não mais disfarçada. A dualidade Brahman-Maia, antes conflitante, é agora bi-una e revela-se ao sadhaka como o primeiro grande aspecto dinâmico do Self de todos os selfs, o Mestre da existência, Senhor do sacrifício cósmico e de seu próprio sacrifício.

Em outra via de aproximação uma segunda Dualidade apresenta-se à experiência do buscador espiritual. De um lado, ele percebe uma Consciência-Testemunha receptora, que observa e avalia a experiência e parece não agir, mas para a qual todas essas atividades em nós e fora de nós parecem ser empreendidas e continuadas. E do outro lado ele percebe, ao mesmo tempo, uma Força criadora ou uma Energia de operações que constitui, impele e guia todas as atividades concebíveis e cria miríades de formas visíveis e invisíveis para nós, utilizando-as como um suporte estável para o fluxo incessante de sua ação e criação. Se entrar exclusivamente na consciência-testemunha, ele se tornará silencioso, indiferente, imóvel; verá que até agora ele havia refletido de modo passivo os movimentos da Natureza e havia se apropriado deles, e que é por esse reflexo que eles adquiriram da alma-testemunha nele aquilo que parecia ter um valor e significado espirituais. Mas agora ele cessou de apropriar-se desses movimentos, não se identifica mais com o reflexo; ele é consciente apenas de seu self silencioso, distanciado de tudo o que se move ao seu redor; todas as atividades estão fora dele e logo cessam de ser intimamente reais; elas aparecem agora como mecânicas, destacáveis, findáveis. Se entrar exclusivamente na consciência cinética, ele terá uma percepção de si oposta: perceberá a si mesmo como uma massa de atividades, uma formação e um resultado de forças; caso haja uma consciência ativa, mesmo algum tipo de ser cinético no meio disso tudo, não haverá mais uma alma livre em parte alguma. Esses dois estados de ser diferentes e opostos alternam-se nele, ou se enfrentam simultaneamente: um, silencioso no ser interior, observa, mas permanece imóvel e não participa; o outro, ativo em algum self de superfície, prossegue em seus movimentos habituais. O buscador espiritual começa a perceber com intensidade a grande dualidade: Alma-Natureza, Purusha-Prakriti.

Porém, à medida que a consciência se aprofunda, ele percebe que isso é apenas uma primeira aparência frontal, pois descobre que é pelo sustento, permissão ou sanção silenciosa da alma-testemunha nele que essa Natureza executora pode trabalhar de maneira íntima e persistente em seu ser; se a alma retira sua sanção, os movimentos da Natureza em sua ação sobre ele, e nele, tornam-se uma repetição puramente mecânica; veementes no começo, como se tentassem ainda impor seu domínio, em seguida esses movimentos se tornam cada vez menos dinâmicos e reais. Servindo-se mais ativamente desse poder de sanção ou de recusa, o buscador espiritual percebe que pode mudar os movimentos da Natureza, de maneira lenta e incerta no início, mas mais decisiva depois. Por fim, nessa alma-testemunha ou por trás dela, revela-se a ele a presença d'Aquele que conhece, da Verdade mestra na Natureza, e todas as atividades da Natureza aparecem cada vez mais como a expressão daquilo que o Senhor de sua existência conhece e quer ativamente ou permite passivamente. Agora, a própria Prakriti só parece ser mecânica na aparência cuidadosamente regulada de suas operações, mas, de fato, ela é uma Força consciente, uma alma está em seu interior, e ela percebe o significado de suas próprias voltas, tem a revelação de uma Vontade e Consciência secretas que dirigem seus passos e suas formas. Essa Dualidade, em aparência separada, na verdade é inseparável. Em qualquer lugar onde esteja a Prakriti, estará o Purusha; onde estiver o Purusha, estará a Prakriti. Mesmo em sua inação, o Purusha contém toda a força e todas as energias da Prakriti, prontas para serem projetadas; mesmo na impetuosidade de sua ação, Prakriti leva em si toda a consciência observadora e imperativa do Purusha como único suporte e sentido de seu propósito criador. Uma vez mais, o sadhaka descobre em sua experiência os dois polos de existência de um Ser Único e suas duas linhas ou correntes de energia positiva e negativa em relação uma à outra, que, por sua simultaneidade, efetuam a manifestação de tudo o que está no interior do Ser. Aqui também ele descobre que o aspecto separador é liberador, pois essa separação o libera da servidão à identificação com operações inadequadas da Natureza na Ignorância. O aspecto unificador é dinâmico e efetivo, pois lhe permite chegar à mestria e à perfeição; pela rejeição daquilo que é menos divino ou, em aparência, não divino na Natureza, o sadhaka pode reconstruir em si mesmo as formas e os movimentos da Natureza segundo um modelo mais nobre e a lei e ritmo de uma existência superior. Em certo nível espiritual e supramental, essa Dualidade se torna de modo ainda mais perfeito Duas-em-uma — a Alma mestra e a Força consciente que está nela — e suas potencialidades não admitem mais nenhuma barreira, e rompem todos os limites. Assim, essa dualidade Purusha-Prakriti, primeiro, separada, agora bi-una, revela-se em toda sua verdade ao sadhaka como o segundo grande aspecto instrumental e efetivo da Alma de todas as almas, o Mestre da Existência, o Senhor do Sacrifício.

Em uma outra via de aproximação, o buscador espiritual se encontrará na presença de outra Dualidade correspondente, mas de aspecto distinto, em que o caráter bi-uno é mais imediatamente aparente: a dualidade dinâmica Ishvara-Shakti. Por um lado, ele percebe uma Divindade tal como é em seu ser, infinita e autoexistente, que contém todas as coisas em uma potencialidade de existência inefável, um Self de todos os selfs, uma Alma de todas as almas, uma Substância espiritual de todas as substâncias, uma Existência impessoal e inexprimível; mas perceberá ao mesmo tempo uma Pessoa ilimitada que é representada aqui por personalidades inumeráveis, um Mestre do Conhecimento, um Mestre de Forças, um Senhor de amor e beatitude e beleza, uma Origem única dos mundos, um Criador de si e um Manifestador de si, um Espírito cósmico, uma Mente universal, uma Vida universal, uma Realidade consciente e viva que sustenta essa aparência que sentimos como Matéria inconsciente e inanimada. E, por outro lado, ele percebe a mesma Divindade enquanto consciência e poder realizadores, emanando uma Força consciente que contém tudo e leva tudo em si mesma e é encarregada de manifestar a Divindade no Tempo e no Espaço universais. É evidente para ele que aqui há um Ser único, supremo e infinito que se apresenta a nós sob dois aspectos diferentes de si mesmo, anverso e reverso em relação um ao outro. Tudo se prepara ou preexiste na Divindade enquanto Ser, tudo nasce dela e é sustentado por sua Vontade e Presença; tudo emana, posto em movimento pela Divindade enquanto poder; tudo se torna, age e se desenvolve por esse Poder e nele, segundo o propósito individual ou cósmico da Divindade. Essa Dualidade é, por sua vez, necessária para a manifestação, pois ela cria e torna possível essa dupla corrente de energia que sempre parece necessária às obras do mundo: dois polos do mesmo Ser, mas aqui mais próximos um do outro, cada um levando de modo muito evidente, os poderes do outro em sua essência e em sua natureza dinâmica. Ao mesmo tempo, pelo fato de que os dois grandes elementos do Mistério divino — o Pessoal e o Impessoal — fundem-se um no outro, aquele que busca a Verdade integral sente que é essa experiência da dualidade

Ishvara-Shakti que mais o aproxima do segredo íntimo e último da Transcendência divina e da Manifestação.

Pois Ishvara-Shakti, a Consciência-Força divina ou Mãe universal, torna-se a mediadora entre o Um eterno e o Múltiplo manifestado. Por um lado, pelo jogo das energias que traz do Um, ela manifesta o inumerável Divino no universo, involuindo e fazendo evoluir as aparências sem fim a partir de sua substância reveladora; e do outro lado, pela corrente ascendente das mesmas energias, ela reconduz essa multiplicidade a Isto de onde ela nasceu, de modo que a alma, em sua manifestação evolutiva, possa retornar cada vez mais à Divindade ou assumir aqui seu caráter divino. Embora tenha concebido um mecanismo cósmico, Ishvara-Shakti não tem o caráter de uma Executora inconsciente e mecânica que encontramos na primeira fisionomia da Prakriti, a Natureza-Força; ela tampouco dá essa sensação de uma Irrealidade criadora de ilusões ou de semi-ilusões, que marca nossa primeira percepção de Maia. Fica logo claro, para a alma que experiencia, que ela está diante de um Poder consciente, uno em substância e natureza com o Supremo de onde se originou. Se parece que ela nos mergulhou na Ignorância e Inconsciência em conformidade com um plano que não podemos ainda interpretar, se suas forças se apresentam sob a aparência ambígua de forças do universo, apesar disso logo torna-se visível que ela trabalha para o desenvolvimento da Consciência Divina em nós e permanece acima, atraindo-nos para sua entidade mais elevada, revelando-nos cada vez mais a própria essência do Conhecimento, da Vontade e da Ananda divinos. Mesmo nos movimentos da Ignorância, a alma do buscador espiritual percebe sua guiança consciente a sustentar seus passos e a conduzi-lo — lenta ou rapidamente, por meio direto ou por muitas curvas — da obscuridade à luz de uma consciência maior, da morte à imortalidade, do mal e do sofrimento a um bem superior e a uma felicidade mais alta, de que a mente humana pode ter apenas uma imagem vaga. Assim, seu poder é, ao mesmo tempo, liberador e dinâmico, criador, efetivo — criador não apenas de coisas como elas são, mas de coisas como serão, pois, ao eliminar os movimentos tortuosos e emaranhados de nossa consciência inferior feita da substância da Ignorância, ela reconstrói e refaz nossa alma e natureza na substância e nas forças de uma Natureza divina mais alta.

Essa Dualidade também contém a possibilidade de uma experiência separadora. Em um dos polos, o buscador espiritual pode estar consciente apenas do Mestre da Existência que projeta nele suas energias de conhecimento, poder e beatitude para liberar e divinizar; a Shakti pode parecer-lhe apenas uma Força impessoal que expressa essas energias ou um atributo do Ishvara. No outro polo, ele pode encontrar a Mãe universal, criadora do universo, que emana de sua substância espiritual os

Deuses e os mundos, todas as coisas e todas as existências. Ou mesmo se ele vê os dois aspectos, pode ser com uma visão desigual e separadora, subordinando um ao outro e considerando a Shakti apenas um meio para aproximar-se do Ishvara. Disso resulta uma tendência unilateral ou uma falta de equilíbrio, um poder de realização que não é perfeitamente sustentado ou a luz de uma revelação que não é perfeitamente dinâmica. É só quando uma completa união dos dois lados da Dualidade é efetuada e governa sua consciência, que o buscador começa a se abrir a um poder mais completo, que o arranca por completo do conflito desordenado das Ideias e das Forças aqui, o faz entrar em uma Verdade mais alta e torna possível a descida dessa Verdade, para iluminar, liberar, esse mundo da Ignorância e agir soberanamente sobre Ele. Ele começou a pôr a mão no segredo integral, que em sua inteireza só poderá ser apreendido quando ele ultrapassar o duplo termo que reina aqui — onde o Conhecimento está inextricavelmente entrelaçado a uma Ignorância original — e atravessar a fronteira onde a mente espiritual desaparece na Gnose supramental. É por esse terceiro aspecto duplo do Um, o mais dinâmico de todos, que o sadhaka começa a entrar da maneira mais completa, mais integral, no segredo profundo do ser do Senhor do Sacrifício.

Pois é por trás do mistério da presença de uma personalidade em um universo aparentemente impessoal — assim como por trás do mistério da consciência que se manifesta a partir da Inconsciência, ou da vida a partir do inanimado, ou da alma a partir da matéria bruta — que se esconde a solução do enigma da existência. Aqui também encontramos outra Dualidade dinâmica, mais geral do que parece à primeira vista e profundamente necessária ao jogo do Poder que devagar se revela. É possível para o buscador em sua experiência espiritual, ao colocar-se em um dos polos da Dualidade, seguir a Mente e, com ela, ver em todo lugar uma Impessoalidade fundamental. A alma em evolução no mundo material parte de uma vasta Inconsciência impessoal na qual, no entanto, nossa visão interior percebe a presença velada de um Espírito infinito; ela continua com o emergir de uma consciência e personalidade precárias que, mesmo em seu cume, têm um ar episódico — mas de um episódio que se repete em séries constantes; depois, mediante a experiência da vida, ela se eleva acima da mente e entra em uma Supraconsciência infinita, impessoal e absoluta, em que a personalidade, a consciência mental e a consciência vital parecem desaparecer em uma aniquilação liberadora, Nirvana. Em um grau menor, o buscador vivencia ainda essa impessoalidade fundamental como uma imensa força liberadora em toda parte. Essa impessoalidade o ajuda a liberar seu conhecimento da estreiteza da mente pessoal, sua vontade das garras dos desejos pessoais, seu coração da escravidão às pequenas emoções mutáveis, sua vida de sua trilha habitual estreita e pessoal, sua alma a liberar-se do ego — e permite-lhes abarcar a calma, a equanimidade, a vastidão, a universalidade, a infinidade. Um Ioga das Obras pareceria exigir a Personalidade como ponto de apoio principal, quase como fonte, mas aqui também o buscador espiritual percebe que o impessoal é a força liberadora mais direta; é por uma impessoalidade vasta, sem ego, que podemos nos tornar o trabalhador livre e um criador divino. Não causa surpresa o fato de que o poder esmagador dessa experiência do polo impessoal da Dualidade tenha incitado os sábios a declarar que essa era a única via, e uma Supraconsciência impessoal a única verdade do Eterno.

No entanto, para o buscador espiritual que está no polo oposto da Dualidade, uma outra linha de experiência aparece, que justifica uma intuição profundamente estabelecida detrás do coração e em nossa própria força de vida, isto é, que a personalidade, como a consciência, a vida, a alma, não é uma estrangeira efêmera em uma Eternidade impessoal, mas contém em si mesma o próprio sentido da existência. Essa fina flor da Energia cósmica carrega em si uma presciência do objetivo e uma indicação do próprio motivo do labor universal. À medida que a visão oculta se desenvolve no sadhaka, ele percebe mundos além em que consciência e personalidade têm um lugar imenso e assumem um valor de primeira importância; mesmo aqui, no mundo material, para essa visão oculta, a inconsciência da Matéria enche-se de uma consciência secreta que permeia tudo; em aparência, inanimada, ela abriga uma vida vibrante, seu mecanismo é o plano de uma Inteligência imanente — Deus e alma estão em toda parte. Acima de tudo isso está um Ser infinito consciente que se expressa de maneira diversa em todos esses mundos; impessoalidade é apenas um primeiro meio dessa expressão. Este é um campo de princípios e forças, uma base de igualdade para a manifestação; mas essas forças se expressam por meio de seres, têm espíritos conscientes como guias e são as emanações de um Ser Consciente único que é sua fonte. Uma personalidade múltipla, inumerável, que expressa esse Um, é o próprio sentido e o objetivo central da manifestação, e, se agora, a personalidade parece ser estreita, fragmentária, restritiva, é só porque não se abriu à sua fonte ou não floresceu em sua própria verdade e plenitude divinas, preenchendo-se com o universal e o infinito. Assim, a criação cósmica não é mais uma ilusão, um mecanismo fortuito, um jogo que poderia não ter acontecido, um fluxo sem consequência; ela é um dinamismo intrínseco do Eterno consciente e vivo.

Essa extrema oposição de pontos de vista entre os dois polos de uma Existência única não cria nenhuma dificuldade de base para o buscador do Ioga Integral, pois toda sua experiência mostrou-lhe a necessidade desses termos duplos e suas correntes de Energia, positiva e negativa em relação um ao outro, para a manifestação daquilo que está no interior da Existência única. Para ele, a Personalidade e a

Impessoalidade têm sido as duas asas de sua ascensão espiritual, e ele tem a previsão de que alcançará uma altura em que a interação salutar delas conduzirá a uma fusão de seus poderes que revelará a Realidade integral e porá em ação a força original do Divino. Não apenas nos Aspectos essenciais, mas em todo o desenvolvimento de sua sadhana, ele sentiu sua verdade dupla e sua ação mútua e complementar. Uma Presença impessoal dominou do alto sua natureza ou nela entrou e a ocupou; uma Luz desceu e impregnou sua mente, seu poder vital e as próprias células de seu corpo, iluminou-as com o conhecimento, revelou-o a si mesmo até em seus movimentos mais disfarçados e insuspeitos, e expôs, purificou, destruiu ou mudou em luz tudo o que pertencia à Ignorância. Uma Força derramou-se nele como uma corrente ou como um mar, trabalhou em seu ser e em todos os seus membros, dissolveu, refez, remodelou, transfigurou, em toda parte. Uma Beatitude o invadiu e mostrou que ela pode tornar impossíveis o sofrimento e a dor, e transmutar a própria dor em prazer divino. Um Amor sem limites o uniu a todas as criaturas, ou lhe revelou um mundo de intimidade inseparável e de doçura e beleza inexprimíveis, e começou a impor sua lei de perfeição e seu êxtase no meio mesmo da desarmonia da vida terrestre. Uma Verdade e Retidão espirituais convenceram de imperfeição ou de falsidade o bem e o mal desse mundo, e revelaram um bem supremo e sua chave de harmonia sutil e sua sublimação de ação, sentimentos e conhecimento. Mas, detrás de todas essas coisas, e nelas, o buscador espiritual sentiu uma Divindade que é todas essas coisas, um Portador da Luz, um Guia e Conhecedor de tudo, o Mestre da Força, um Doador de Beatitude, o Amigo, a Ajuda, o Pai, a Mãe, o Companheiro no jogo cósmico, o Mestre absoluto de seu ser, o Amante e o Amado de sua alma. Todas as relações conhecidas pela personalidade humana estão presentes no contato da alma com o Divino; mas elas se elevam a níveis supra-humanos e impelem o sadhaka a uma natureza divina.

Aquilo que buscamos é um conhecimento integral, uma força integral, a união mais vasta possível com o Todo e o Infinito por trás da existência. Para o sadhaka do Ioga Integral nenhuma experiência exclusiva, nenhum Aspecto divino particular — mesmo se esmagador para a mente humana, mesmo se for o suficiente para sua capacidade, mesmo se aceito sem dificuldade como a única e última realidade — pode representar a verdade exclusiva do Eterno. Para ele, é seguindo até seu extremo a experiência da Multiplicidade divina que ele abarca da maneira mais profunda e sonda da maneira mais vasta a experiência da Unidade divina levada a seu extremo. Tudo que é verdadeiro por trás do politeísmo, assim como do monoteísmo, faz parte do escopo de sua busca; mas ele vai além do sentido superficial que lhes dá a mente humana e apreende sua verdade mística no Divino. Ele vê para qual direção tendem as seitas e as filosofias discordantes, e aceita cada faceta da Realidade no lugar que lhe é próprio, mas rejeita sua estreiteza e seus erros e continua seu caminho até descobrir a Verdade única que as une todas. As acusações de antropomorfismo e antropolatria não podem detê-lo, pois ele as vê como preconceitos da inteligência racional ignorante e arrogante e da mente abstrata que dá voltas em si mesma, em seu círculo rígido. Se as relações humanas como são praticadas agora pelo ser humano são cheias de pequenezas, distorções e ignorância, elas são, no entanto, sombras desfiguradas de algo que existe no Divino, e, ao girá-las em direção ao Divino, o sadhaka descobre aquilo de que elas são uma sombra e o faz descer, a fim de manifestá-lo na vida. É através do ser humano, ao ultrapassar-se e abrir-se para uma plenitude suprema, que o Divino deve manifestar-se aqui, visto que a manifestação divina acontece de modo inevitável no curso e processo da evolução espiritual; portanto, o buscador espiritual não recusará ver a Divindade alojada em um corpo humano, nem a desprezará por isso, *mānuṣīṁ tanum āśritam*. Para além da concepção humana limitada de Deus, ele passará ao Eterno uno divino, mas saberá também reconhecê-lo nas faces dos Deuses, suas personalidades cósmicas que sustentam o jogo do mundo; ele o descobrirá por trás da máscara dos *vibhutis* — as forças mundiais encarnadas ou Líderes dos homens —, o reverenciará e obedecerá no Guru, o adorará no Avatar. E será para ele uma boa fortuna extrema se puder encontrar alguém que realizou, ou está por se tornar Isto que ele busca, e se ele puder por sua vez realizá-lo, ele próprio abrindo-se para se tornar o receptáculo de sua manifestação. É o sinal mais tangível da consumação que cresce, a promessa do grande mistério da Descida progressiva na Matéria, pois esse é o sentido secreto da criação material e a justificação da existência terrestre.

Assim, o Senhor do Sacrifício revela-se ao buscador espiritual à medida que progride o sacrifício. Essa revelação pode começar em qualquer ponto; o Mestre da Obra pode pôr-se ao trabalho nele sob qualquer aspecto e fazer cada vez mais pressão sobre ele e sobre ela para revelar sua presença. Com o tempo, todos os Aspectos desvelam-se, separam-se, combinam-se, fundem-se, unificam-se. No final, a Realidade integral suprema brilha através disso tudo, incognoscível para a Mente que faz parte da Ignorância, mas cognoscível porque percebe a si mesma na luz de uma consciência espiritual e de um conhecimento supramental.

*
* *

Essa revelação de uma Verdade suprema ou de um Ser supremo, de uma Consciência, Poder, Beatitude e Amor supremos, impessoais e pessoais ao mesmo tempo e que assim abarcam os dois lados de nosso ser — pois em nós também se efetua o encontro misterioso de uma Pessoa e de uma massa impessoal de princípios e forças —, é, ao mesmo tempo, o objetivo primeiro e a condição da consumação última do sacrifício. A consumação mesma toma a forma de uma união de nossa existência com Aquilo que se manifestou à nossa visão e experiência, e essa união tem um caráter triplo. Há uma união na essência espiritual, por identidade; há uma união pelo estabelecimento de nossa alma nesse Ser e Consciência supremos; há uma união dinâmica por semelhança ou pela unidade da natureza entre Isto e nossa natureza instrumental aqui. A primeira, conduz à liberação da Ignorância e à identificação com o Real e Eterno, *mokṣa, sāyujya*, que é o objetivo característico do Ioga do Conhecimento. Com a segunda, a alma encontra sua morada com o Divino ou no Divino, *sāmīpya, sālokya*; essa é a esperança intensa de todo Ioga do amor e da beatitude. A terceira, identidade de natureza, similaridade com o Divino, *sādharmya* — ser perfeito como Aquilo é perfeito —, é a alta intenção de todo Ioga do poder e da perfeição ou de todo Ioga das Obras e do serviço divino. Uma combinação perfeita das três, fundamentada aqui na Unidade multíplice da manifestação do Divino, é o resultado completo do Ioga Integral, o objetivo de sua Via Tripla e o fruto de seu sacrifício triplo.

Podemos obter a união por identidade, uma liberação e transformação da substância de nosso ser nessa substância suprema do Espírito, de nossa consciência nessa Consciência divina, de nosso estado de alma no êxtase da beatitude espiritual ou na calma, eterna, felicidade da existência. Podemos conseguir nos estabelecer de maneira luminosa no Divino, protegidos de qualquer queda e de todo exílio na consciência inferior da obscuridade e da Ignorância, e a alma pode vaguear livre e firmemente em seu próprio mundo natural de luz, alegria, liberdade e unidade. Mas, visto que isso não é simplesmente para ser alcançado em alguma outra existência além, e sim para ser buscado e descoberto aqui também, isso só será possível por uma descida: fazer descer aqui a Verdade divina e estabelecer o mundo natural da alma, sua luz, alegria, liberdade, unidade. A união de nosso ser instrumental, assim como o de nossa alma e nosso espírito, deve transformar nossa natureza imperfeita na semelhança e na própria imagem da Natureza divina; nossa natureza deve desfazer-se dos movimentos cegos, corrompidos, mutilados e discordantes da Ignorância, e revestir-se dessa luz, paz, beatitude, harmonia, universalidade, mestria, pureza, perfeição, de maneira natural e constante; ela deve converter-se em um receptáculo do conhecimento divino, um instrumento da Vontade-Poder e Força de Ser divinas, um canal do Amor, Alegria e Beleza divinos. Essa é a transformação a ser efetuada, uma transformação integral de tudo o que somos agora, ou parecemos ser, pela união — Ioga — do ser finito no Tempo com o Eterno e Infinito.

Todo esse resultado difícil só será possível se houver uma conversão imensa, uma inversão total de nossa consciência, uma transfiguração inteira e supranormal de nossa natureza. Deve haver uma ascensão de todo o ser: uma ascensão do espírito — encadeado aqui e entravado por seus instrumentos e seu meio — ao Espírito puro, livre, acima; uma ascensão da alma a uma Supra-alma beatífica; uma ascensão da mente a uma Supramente luminosa; uma ascensão da vida a uma Supravida; uma ascensão de nossa própria constituição física para unir-se à sua origem, em uma substância espiritual pura e plástica. E isso não pode ser feito em um único voo rápido, mas como a ascensão do sacrifício descrita no Veda: uma subida de cume a cume, e em cada cimo olhamos mais alto, para tudo o que há ainda a fazer[2]. Ao mesmo tempo, deve haver também uma descida para consolidar em baixo o que ganhamos no alto; em cada altura conquistada devemos nos voltar para fazer descer seu poder e iluminação no movimento mortal inferior; a descoberta da Luz para sempre radiante nas alturas deve corresponder à liberação da mesma Luz secreta aqui embaixo, em cada elemento, até nas cavernas mais profundas da Natureza subconsciente. Essa peregrinação em direção às alturas e a descida para o labor da transformação são inevitavelmente uma batalha, uma longa guerra contra nós mesmos e contra as forças adversas em torno de nós, e, enquanto durar, pode parecer interminável. Pois toda nossa velha natureza obscura e ignorante combaterá repetida e obstinadamente a Influência transformadora, e será sustentada em sua vontade relutante e vagarosa ou em sua resistência tenaz, pela maioria das forças estabelecidas da Natureza universal; os poderes, os principados e os seres que governam a Ignorância não cederão facilmente seu império.

No começo, pode haver um período prolongado, muitas vezes tedioso e penoso, de preparação e purificação de todo nosso ser até que esteja pronto e apto a abrir-se a uma Verdade e Luz maiores ou à Influência e Presença divinas. E mesmo quando, no centro, estivermos adaptados, preparados, já abertos, será preciso muito tempo ainda para que todos os movimentos da mente, da vida e do corpo, e todas as partes de nossa personalidade, todos esses membros múltiplos e discordantes consintam, ou, quando consentirem, sejam capazes de suportar o processo difícil e exigente da

---

2. "Ó Tu, possuidor de cem poderes, os sacerdotes do Ser Te escalam como (em) uma escada. À medida que subimos de cume em cume, aparece tudo o que há ainda a fazer" (Rig Veda, I. I0. I, 2). (Nota da tradução francesa).

transformação. E mesmo se tudo em nós consentir, mais duro que tudo o mais será a batalha que deveremos travar contra as forças universais presas a essa presente criação instável, quando tentarmos realizar a conversão supramental final e a inversão da consciência pela qual a Verdade divina poderá estabelecer-se em nós em toda sua plenitude, e não apenas uma Ignorância iluminada, o que as forças universais permitiriam mais facilmente.

Por essa razão, a entrega e a submissão Àquilo que está além de nós é indispensável, pois é assim que seu Poder pode agir plena e livremente. À medida que esse dom de si progride, o trabalho do sacrifício torna-se mais fácil e poderoso, e as forças de oposição perdem muito de seu vigor, impulsão e substância. Duas mudanças interiores ajudam mais que tudo a converter o que agora parece difícil ou impraticável em uma coisa possível e mesmo segura. Primeiro, a alma secreta e profunda vem para a frente; ela estava velada pela atividade agitada da mente, pela turbulência de nossos impulsos vitais e pela obscuridade da consciência física, os três poderes que em sua combinação confusa formam o que agora chamamos nosso self. Em seguida, e como resultado, um crescimento menos entravado da Presença divina no centro, com sua Luz liberadora e Força efetiva, e uma irradiação dessa Presença em todas as extensões conscientes e subconscientes de nossa natureza. Esses são os dois sinais: um, que mostra que nossa conversão e consagração à grande Busca estão completas; o outro, que nosso sacrifício foi aceito, em definitivo, pelo Divino.

CAPÍTULO V

A ASCENSÃO DO SACRIFÍCIO

1
AS OBRAS DO CONHECIMENTO — O SER PSÍQUICO

Esses são, então, os alicerces do conhecimento integral do Supremo e Infinito ao qual oferecemos nosso sacrifício, e esta é a natureza do sacrifício em seu caráter triplo — um sacrifício das obras, um sacrifício de amor e adoração, um sacrifício do conhecimento. Pois, mesmo quando falamos do sacrifício das obras em si, não queremos dizer apenas a oferenda de nossos atos exteriores, mas de tudo o que é ativo e dinâmico em nós; nossos movimentos internos, assim como nossos atos externos, devem ser consagrados em um único altar. Todo trabalho transformado em sacrifício é, em sua própria essência, um labor de autodisciplina e autoaperfeiçoamento pelo qual podemos esperar tornarmo-nos conscientes e luminosos com uma Luz do alto que se verte sobre todos os movimentos de nossa mente, coração, vontade, sentidos, vida e corpo. A luz crescente da consciência divina nos tornará próximos, em nossa alma, do Mestre do sacrifício cósmico e uno com Ele por identidade, em nosso ser profundo e em nossa substância espiritual — esse é o objetivo supremo da existência proposto pelo antigo Vedanta —, mas ela tenderá também a tornar-nos uno em nosso vir a ser por uma semelhança com o Divino em nossa natureza: esse é o sentido místico do símbolo do sacrifício na linguagem selada dos videntes védicos.

Mas se esse deve ser o caráter da evolução rápida que nos faz passar do ser mental ao espiritual, como é considerado pelo Ioga Integral, surge uma pergunta, cheia de muitas complexidades, mas de grande importância dinâmica: Qual será nossa atitude diante da vida e das obras como são agora e diante das atividades próprias à nossa natureza humana ainda não mudada? Uma ascensão a uma consciência maior e a ocupação de nossa mente, vida e corpo pelos poderes dessa consciência, foram aceitos como o objetivo proeminente do Ioga: no entanto, propomos a vida aqui — não alguma outra vida alhures — como campo imediato da ação do Espírito, uma transformação, não uma aniquilação de nosso ser instrumental e de nossa natureza. O que acontecerá, então, com as presentes atividades de nosso ser: atividades da mente voltadas para o conhecimento e a expressão do conhecimento, atividades das partes emocionais e sensoriais de nosso ser, atividades da conduta externa, atividades criativas, produtivas, atividades da vontade que se volta para a mestria dos homens e das coisas, para a mestria da vida, do mundo, das forças da Natureza? Será preciso abandoná-las e substituí-las por alguma outra maneira de viver na qual a consciência espiritualizada poderá encontrar sua expressão e forma verdadeiras? Será preciso mantê-las como são em sua aparência externa, mas transformadas na ação pelo espírito interior ou ampliá-las em escopo e liberá-las em formas novas por uma imersão da consciência semelhante àquela que foi vista na terra quando o ser humano assumiu as atividades vitais do animal para mentalizá-las, expandi-las e transfigurá-las pela infusão da razão, da vontade pensante, da emoção refinada, de uma inteligência organizada? Ou será preciso abandoná-las em parte e conservar só aquelas que possam suportar a mudança espiritual e, para o resto, criar uma vida nova que, em sua forma assim como em sua inspiração e força motriz, seja expressão da unidade, vastidão, paz, alegria e harmonia do espírito liberado? Esse é o problema que, mais do que todos os outros, preocupou a mente daqueles que tentaram traçar os caminhos do humano ao Divino, na longa jornada do Ioga.

Todo tipo de solução foi oferecido, desde o completo abandono das obras e da vida, na medida do que fosse fisicamente possível, até a aceitação da vida como ela é, mas animando-a com um espírito novo e elevando seus movimentos, que continuariam os mesmos de antes em aparência, mas, por trás, mudados em espírito e, portanto, em seu significado interior. A solução extrema, na qual insistem o asceta que rejeita o mundo e o místico esquecido de si absorvido em sua contemplação extática, é, evidentemente, alheia ao propósito de um Ioga Integral; pois, se devemos realizar o Divino no mundo, não podemos deixar de lado a ação no mundo nem a própria ação, de modo absoluto. Menos extremo, o pensamento religioso em tempos antigos havia prescrito que se deveria manter apenas as ações que fizessem parte naturalmente da busca do Divino, do seu serviço ou do seu culto e outras que fossem ligadas a essas ou, em acréscimo, aquelas que fossem indispensáveis à manutenção normal da vida, mas feitas em um espírito religioso e conforme as injunções da religião e das escrituras tradicionais. Mas essa é uma regra demasiado formal para permitir ao espírito cumprir-se livremente nas obras; além disso, é mesmo declarado pelas religiões não ser mais que uma solução provisória para facilitar a transição da vida no mundo para a vida no Além, que ainda permanece como único e último propósito. Um Ioga Integral deve, antes, admitir a injunção abrangente da Gītā, que insiste que mesmo a alma liberada, vivendo na Verdade, deve ainda fazer todos os trabalhos da vida a fim de que o plano da evolução cósmica sob a condução divina secreta não se debilite ou sofra. Mas, se todos os trabalhos deverão ser feitos com as mesmas formas e conforme os mesmos princípios, como são feitos agora no mundo da Ignorância, nosso ganho será apenas interior e nossa vida correrá o risco de tornar-se uma fórmula duvidosa e ambígua, em que a Luz interior fará os trabalhos de um crepúsculo exterior e o Espírito perfeito se expressará em formas imperfeitas estranhas à natureza divina que lhe é própria. Se nada melhor puder ser feito por algum tempo — e durante um longo período de transição algo assim é inevitável —, as coisas permanecerão como são, até estarem prontas e até que o espírito interior seja bastante poderoso para impor suas próprias formas à vida do corpo e ao mundo de fora; mas isso só pode ser aceito como um estágio intermediário e não como o ideal de nossa alma ou como o objetivo último da passagem.

Pela mesma razão, a solução ética é insuficiente; pois regras éticas apenas põem um freio na boca dos cavalos selvagens da Natureza e exercem sobre eles um controle parcial e difícil, mas não têm o poder de transformar a Natureza a fim de que ela possa se mover com toda segurança na liberdade e concretizar as intuições de um autoconhecimento divino. No melhor dos casos, o método ético marca os limites para coagir o diabo, para pôr em torno de nós o muro de uma segurança relativa e muito incerta. Esse, ou algum estratagema similar de autoproteção, pode ser necessário durante certo tempo, seja na vida normal, seja no Ioga, mas no Ioga isso só pode ser a marca de uma transição. Uma transformação fundamental e uma pura vastidão de vida espiritual são o objetivo diante de nós e, se devemos alcançá-lo, teremos que encontrar uma solução mais profunda, um princípio mais seguro, supraético e dinâmico. Ser espiritual dentro e ético na vida externa é a solução religiosa comum, mas isso é um compromisso; a espiritualização do ser interior e da vida exterior, e não um compromisso entre a vida e o espírito, é o objetivo que buscamos. Tampouco podemos admitir a confusão humana de valores que suprime a distinção entre o espiritual e a moral, e mesmo pretende que a moral é o único elemento espiritual verdadeiro em nossa natureza; pois a ética é um controle mental e a mente limitada e equivocada não é, e não pode ser, o Espírito livre e para sempre luminoso. É igualmente impossível aceitar o evangelho que faz da vida o único objetivo, que toma seus elementos como são em seus fundamentos e contenta-se em chamar uma luz semiespiritual ou pseudoespiritual para dar-lhe cor e embelezá-la. Também inadequada é a tentativa muito frequente de uma aliança desigual entre o vital e o espiritual, entre uma experiência mística dentro e um paganismo estético, intelectual e sensual fora, ou um hedonismo exaltado que se apoia na experiência mística e se satisfaz na resplandecência de uma aprovação espiritual; pois isso também é um pacto precário que nunca é bem-sucedido e está tão longe da Verdade divina e sua integralidade quanto seu oposto, o puritanismo. Essas são todas soluções da mente humana falível, que tateia em busca de um acordo entre os altos cumes espirituais e os níveis mais baixos das motivações mentais e vitais comuns. Qualquer que seja a verdade parcial que se esconde por trás dessas fórmulas, essa verdade só poderá ser aceita quando for elevada ao nível espiritual, posta à prova na Consciência-Verdade suprema e desemaranhada das manchas e erros da Ignorância.

Em resumo, pode ser afirmado com segurança que todas as soluções oferecidas são, e só podem ser, provisórias, até que alcancemos a Consciência-Verdade supramental, que coloca em seu lugar a aparência das coisas e revela sua essência, ou aquilo nelas que deriva diretamente da essência espiritual. Nesse meio-tempo, nossa única proteção é encontrar uma lei de experiência espiritual que nos dirija — ou então liberar uma luz de dentro que possa nos guiar no caminho até que alcancemos essa Consciência-Verdade, direta e maior, acima de nós ou nascida em nós. Pois tudo o mais em nós que é puramente exterior, tudo que não tem o sentido espiritual ou a visão espiritual, as construções, representações e conclusões do intelecto, as sugestões e instigações da força de vida, as necessidades concretas das coisas físicas, são algumas vezes meias-luzes, algumas vezes falsas luzes, que, no melhor dos casos, podem nos servir por certo tempo ou nos ajudar um pouco e, para o resto, nos retardar ou confundir. A lei da experiência espiritual que nos guiará só pode vir por uma abertura da consciência humana à Consciência Divina; é preciso adquirir o poder de receber em nós a presença dinâmica da Shakti Divina, sua ação e suas ordens e entregarmo-nos a seu controle; é essa entrega e esse controle que trazem a guiança espiritual. Mas a entrega não será segura, não haverá absoluta certeza na guiança enquanto formos assediados por formações mentais, impulsos vitais e instigações do ego, pois facilmente nos enganam e nos deixam à mercê de uma falsa experiência. Esse perigo só pode ser evitado pela abertura da alma profunda ou ser psíquico, que já está aí, dentro de nós, mas em geral não ativo, e do qual nove décimos estão agora escondidos. É essa luz interior que devemos liberar, pois a luz dessa alma profunda é nossa única fonte segura de iluminação, enquanto ainda caminharmos em meio ao assédio da Ignorância e a Consciência-Verdade ainda não assumiu a direção completa de nosso esforço em direção ao Divino. A ação da Força Divina em nós, nas condições desse período de transição, e a luz do ser psíquico que nos empurra sem cessar a uma obediência consciente que vê o impulso mais alto e nos afasta das exigências e instigações das forças da Ignorância, criam entre elas a lei interior de nossa ação, uma lei em progresso constante, que continua até que a lei espiritual e supramental se estabeleça em nossa natureza. Durante a transição pode ser que haja um período em que aceitaremos toda a vida e ação e as ofereceremos ao Divino para que sejam purificadas, mudadas, para que seja liberada a verdade que elas contêm; e pode haver outro período em que nos retiraremos e construiremos um muro espiritual em torno de nós, abrindo as portas apenas àquelas atividades que consintam em submeter-se à lei da transformação espiritual; durante um terceiro período, uma ação livre e todo-abrangente pode ainda tornar-se possível, mas com formas novas adaptadas à verdade absoluta do Espírito. Essas coisas, contudo, não podem ser decididas por nenhuma regra mental, mas pela luz da alma em nós e pela força organizadora e a guiança progressiva do Poder Divino, que secreta ou abertamente põe, primeiro, em movimento o Ioga, depois, começa claramente a controlar e organizar e, por fim, assume todo o fardo do Ioga.

Visto o caráter triplo do sacrifício, podemos também dividir as obras em ordem tripla: as obras do Conhecimento, as obras do Amor e as obras da Vontade na Vida, e ver como essa regra espiritual mais plástica se aplica a cada domínio e efetua a transição da natureza inferior à natureza superior.

*
* *

Do ponto de vista do Ioga é natural dividir em duas categorias as atividades da mente humana em sua procura do conhecimento. Há o conhecimento supraintelectual supremo, que se concentra na descoberta do Um e Infinito em sua transcendência ou tenta, por intuição, contemplação, contato interior direto, penetrar nas verdades últimas por trás das aparências da Natureza. E há a ciência inferior, que se propaga por um conhecimento externo dos fenômenos e estuda os disfarces do Um e Infinito, como se apresentam a nós nas formas e através das formas mais exteriores da manifestação cósmica que nos circunda. Esses dois hemisférios, superior e inferior, sob a forma construída ou concebida pelos seres humanos nos limites ignorantes da mente, separaram-se de maneira nítida à medida que se desenvolviam. [...] A filosofia, algumas vezes espiritual ou ao menos intuitiva, algumas vezes abstrata e intelectual, que às vezes intelectualiza a experiência espiritual ou sustenta com um aparato lógico as descobertas do espírito, sempre pretendeu que seu papel era estabelecer a Verdade última. Mas mesmo quando não se isolou nas alturas rarefeitas da metafísica e não se separou do conhecimento que pertence ao mundo prático e à busca de objetivos efêmeros, a filosofia intelectual, por seu hábito de abstrair, raramente teve um poder de ação na vida. Algumas vezes foi poderosa em suas altas especulações e perseguiu a Verdade mental em si, sem nenhum outro objetivo ou utilidade prática; às vezes, distinguiu-se por uma ginástica mental sutil em um mundo brilhantemente nebuloso de palavras e ideias, mas caminhou, ou fez acrobacias, muito longe das realidades mais tangíveis da existência. A antiga filosofia na Europa foi mais dinâmica, mas apenas para uns poucos; na Índia, em formas mais espiritualizadas, ela influenciou fortemente, mas sem transformar, a vida da espécie. [...] A religião não tentou, como a filosofia, viver sozinha nas alturas; seu objetivo era, ao contrário, firmar-se nas atividades da vida bem mais do que nas atividades da mente, e conduzi-las à Divindade; ela pretendia construir uma ponte entre a Verdade espiritual e a existência vital e material; esforçou-se para subordinar o inferior ao superior e reconciliá-los, para pôr a vida ao serviço de Deus e tornar a Terra obediente ao Céu. Deve-se admitir que com frequência esse esforço, portanto necessário, teve resultados opostos, isto é, serviu-se do céu para sancionar os desejos da terra; pois, continuamente, a ideia religiosa serviu de pretexto para a adoração do ego humano e para servi-lo. A religião, ao abandonar constantemente o âmago pequeno e brilhante de sua experiência espiritual, perdeu-se na massa obscura e sempre crescente de seus pactos duvidosos com a vida: ao tentar satisfazer a mente pensante, com mais frequência ela conseguiu oprimi-la e acorrentá-la a uma massa de dogmas teológicos; ao buscar capturar o coração humano, ela mesma caiu na armadilha de uma emocionalidade e sensualidade piedosas; ao tentar anexar a natureza vital do ser humano para dominá-lo, ela mesma corrompeu-se e tornou-se vítima de todos os fanatismos e fúrias homicidas, da tendência selvagem e brutal à opressão, da pululação de falsidades e do apego obstinado à ignorância a que essa natureza vital está sujeita; seu desejo de atrair para Deus a vida física humana a traiu, e acorrentou-a ao mecanismo eclesiástico, às cerimônias vazias e aos rituais sem vida. A corrupção do melhor produziu o pior, por essa estranha alquimia do poder da vida, que gera o mal a partir do bem, assim como pode gerar o bem a partir do mal. Ao mesmo tempo, em um esforço vão de autodefesa contra essa gravitação para o baixo, a religião foi levada a separar a existência — e a dividir o conhecimento, as obras, a arte, a própria vida — em duas categorias opostas, a espiritual e a temporal, a religiosa e a mundana, a sagrada e a profana; mas essa distinção defensiva tornou-se ela mesma convencional e artificial e agravou, mais que curou, a doença. [...] Do seu lado, a ciência, a arte e o conhecimento da vida, embora no começo servissem à religião ou vivessem à sua sombra, acabaram por emancipar-se, e tornaram-se alheias ou hostis ou mesmo recuaram com indiferença, desprezo ou ceticismo das alturas a que aspiram a filosofia metafísica e a religião, que lhes pareciam ser alturas de irrealidade, frias, estéreis, longínquas ou insubstanciais e ilusórias. Durante certo tempo o divórcio foi tão completo quanto é possível para a intolerância parcial da mente humana, e mesmo ameaçou chegar a uma extinção completa de toda tentativa de conhecimento mais alto ou mais espiritual. Contudo, mesmo na vida mais material, um conhecimento mais alto é, na verdade, a única coisa necessária a todo instante e, sem isso, as ciências e os objetivos inferiores, por mais frutuosos, ricos, livres e miraculosos na abundância de seus resultados, tornam-se facilmente um sacrifício oferecido sem a ordem necessária e a falsos deuses; eles acabam por corromper e endurecer o coração do ser humano, limitar os horizontes de sua mente, encerrá-lo em uma fortaleza material ou conduzi-lo, no final, a uma incerteza desconcertante e uma desilusão. Um agnosticismo estéril nos espera acima da fosforescência brilhante de um semiconhecimento que ainda é a Ignorância.

Um Ioga voltado para uma realização todo-abrangente do Supremo não desprezará as obras, tampouco os sonhos, se sonhos eles forem, do Espírito Cósmico, não recuará diante da labuta esplêndida e da vitória multifacetada que o Espírito designou a si mesmo na criatura humana. Mas a condição primeira desse liberalismo é que nossas obras no mundo também devem fazer parte do sacrifício oferecido ao Mais Alto e a ninguém mais, à Shakti Divina e a nenhum outro Poder, no espírito justo e com o conhecimento justo, pela alma livre e não por um escravo hipnotizado e preso à Natureza material. Se tivermos que fazer uma divisão das obras, deve ser entre aquelas que estão mais próximas do coração da chama sagrada e aquelas que são menos tocadas ou menos iluminadas por ela, porque estão mais distanciadas dela; ou entre a lenha que queima com força e brilho e as toras de madeira que, se forem muitas e amontoadas no altar, poderão impedir o ardor do fogo pela umidade, pelo peso e por sua abundância difusa. Mas senão, à parte essa distinção, todas as atividades do Conhecimento que buscam ou expressam a Verdade são, em si, bons materiais para uma oferenda completa; nenhuma precisa ser excluída do quadro imenso da vida divina. As ciências mentais e físicas que examinam as leis, formas e processos das coisas, aquelas que dizem respeito à vida dos seres humanos e dos animais, as ciências sociais, políticas, linguísticas e históricas, e aquelas que buscam conhecer e controlar os labores e atividades pelos quais o ser humano domina e utiliza seu mundo e seu meio, assim como as artes nobres e belas, que são ao mesmo tempo uma obra e um conhecimento — pois cada poema, cada pintura, estátua ou construção bem feito e significativo é um ato de conhecimento criador, uma descoberta viva da consciência, uma imagem da Verdade, uma forma dinâmica que expressa mental e vitalmente o indivíduo ou o mundo —, tudo aquilo que busca, que descobre, tudo que assume uma forma ou uma voz é a realização de algo do jogo do Infinito e, nessa medida, pode se tornar um meio de realização de Deus ou de formação divina. Mas o iogue deve assegurar-se que essas atividades não procedem mais da vida mental ignorante; ele só pode aceitá-las, pelo sentimento, pela lembrança, pela dedicação interior, se as mudar em um movimento da consciência espiritual e se elas se tornarem parte dessa vasta abrangência de um conhecimento iluminador.

Pois tudo deve ser feito como um sacrifício, todas as atividades devem ter o Um divino como objeto e cerne de seu significado. Nas ciências consagradas à busca do conhecimento, o objetivo do iogue deve ser descobrir e compreender as operações da Consciência-Poder divina no ser humano, nas criaturas, coisas e forças, seus significados criadores, sua execução dos mistérios, os símbolos nos quais ela organiza a manifestação. Nas ciências práticas, sejam mentais e físicas, sejam ocultas e psíquicas, o objetivo do iogue deve ser entrar nas vias do Divino e nos seus processos, conhecer os materiais e os meios de trabalho que nos são oferecidos, a fim de que possamos nos servir desse conhecimento para a expressão consciente e impecável da mestria do espírito, sua alegria e sua plenitude. Nas artes, o objetivo do iogue não deve ser apenas uma simples satisfação estética, mental ou vital, mas, vendo o Divino em toda parte, adorando-o ao revelar o sentido de suas obras, seu objetivo deve ser expressar esse Um divino em formas ideais, o Um divino em princípios e forças, o Um divino nos deuses e nos seres humanos, nas criaturas e nos objetos. A teoria que percebe uma conexão íntima entre a aspiração religiosa e a arte mais verdadeira e maior, é, em essência, correta; mas devemos substituir o motivo religioso, misturado e duvidoso, por uma aspiração e visão espirituais, por uma experiência espiritual interpretadora. Pois quanto mais a visão for vasta e todo-abrangente, mais conterá a percepção do Divino escondido na humanidade e em todas as coisas, e quanto mais se elevar acima da religiosidade superficial para entrar na vida espiritual, mais luminosa, flexível, profunda e poderosa será a arte que brotará desse motivo superior. O iogue distingue-se dos outros indivíduos pelo fato de que vive em uma consciência espiritual mais alta e mais vasta; todo o seu trabalho de conhecimento ou de criação deve então jorrar daí: não deve ser fabricado na mente, pois é uma verdade e visão maiores que as do mental humano que ele deve expressar, ou, antes, que buscam expressar-se por meio dele e modelar suas obras, não para sua satisfação pessoal mas para um propósito divino.

Ao mesmo tempo, o iogue que conhece o Supremo não está sujeito a nenhuma necessidade ou nenhuma obrigação em suas atividades; pois, para ele, elas não são nem um dever, nem uma ocupação necessária para a mente, nem uma recreação elevada, e elas tampouco lhe são impostas por alguma motivação humana, mesmo a mais nobre. Ele não está apegado, ligado ou limitado por nenhuma de suas atividades, nem por qualquer motivo pessoal de fama, grandeza ou satisfação pessoal nessas ações; pode deixá-las ou continuá-las, segundo a vontade do Divino nele — mas, contudo, ele não necessita abandoná-las para ir em busca do conhecimento integral superior. Ele fará essas coisas como faz o Poder supremo quando age e cria: para certa alegria espiritual na criação e expressão, ou para ajudar a manter a unificação do mundo das obras divinas, organizá-lo de modo correto e dar-lhe uma direção. A Gītā ensina que o homem de conhecimento, pela sua maneira de viver, deverá transmitir àqueles que ainda não têm a consciência espiritual, o amor por *todos* os trabalhos e o hábito de efetuá-los, e não apenas as atividades reconhecidas como de caráter piedoso, religioso ou ascético; seu exemplo não deverá afastar os indivíduos da ação no mundo, pois o mundo deve continuar em sua grande aspiração ascendente; homens e nações não devem ser levados a abandonar sua atividade, mesmo ignorante, para cair na ignorância pior da inação ou sucumbir nessa desintegração miserável e nessa dissolução que se apoderam das comunidades e dos povos nos quais predomina o princípio tamásico, o princípio de confusão e erro obscuros ou de lassidão e inércia. "Pois eu também", diz o Senhor na Gītā, "não tenho necessidade de agir, visto que não há nada que eu não possua ou que deva ainda adquirir para mim mesmo; no entanto eu ajo no mundo, pois se não agisse todas as leis cairiam na confusão, os mundos mergulhariam no caos e eu seria o destruidor desses povos". A vida espiritual não necessita, para ser pura, destruir o interesse por todas as coisas exceto o Inexprimível, nem cortar pela raiz as ciências, as artes e a vida. É bem possível que um dos efeitos de um conhecimento e atividade espirituais integrais seja retirar essas atividades de suas limitações, substituir o prazer ignorante, limitado, tépido ou trepidante que nossa mente aí encontra, por um livre impulso de felicidade intenso, exaltado, e dar a elas uma nova fonte de iluminação e poder espirituais criadores, que terá o poder de levá-las da maneira mais rápida e profunda em direção à sua luz absoluta no conhecimento ou para suas possibilidades ainda nem sonhadas, e de encher com a energia mais dinâmica possível seu conteúdo, sua forma, sua prática. A coisa única necessária deve ser procurada antes de tudo e sempre; mas todas as outras coisas resultam disso, e não se trata muito de incluí-las em nosso campo, mas de recuperá-las e remodelá-las na luz dessa coisa única e como elementos de sua força de expressão.

*
* *

Essa, então, é a verdadeira relação entre o conhecimento divino e o humano; não é uma separação em dois campos distintos, sagrado e profano, que é o cerne da diferença, mas o caráter da consciência por trás da ação. É conhecimento humano tudo o que procede da consciência mental comum, interessada pelo exterior das coisas ou por sua camada de superfície, por processos, fenômenos em si, ou por qualquer utilidade de superfície, qualquer satisfação mental ou vital do Desejo ou da Inteligência. Mas a mesma atividade de conhecimento pode tornar-se parte do Ioga, se ela procede da consciência espiritual ou que se espiritualiza e que, em tudo que observa ou penetra, busca e descobre a presença do Eterno atemporal e os meios de manifestar o Eterno no tempo. É evidente que a concentração é indispensável para efetuar a transição da saída da Ignorância, e isso pode levar o buscador espiritual a reunir suas energias e focalizá-las apenas naquilo que ajudará na transição e deixar de lado, ou subordinar por algum tempo, tudo que não for diretamente orientado para o objetivo único. Ele perceberá talvez que esse ou aquele campo do conhecimento humano com que ele estava habituado a lidar pelo poder superficial da mente, pode ainda, por causa mesmo dessa tendência ou desse hábito, trazê-lo das profundezas para a superfície ou fazê-lo descer das alturas que havia galgado ou de que se aproximava, para os planos inferiores. Nesse caso, ele deve espaçar ou descontinuar essas atividades até estabelecer-se em uma consciência mais alta e ser capaz de dirigir seus poderes a todos os campos mentais; então, submetido a essa luz ou absorvido nela, essas atividades, pela transformação de sua consciência, mudarão em uma província do reino espiritual e divino. Tudo que não puder ser transformado assim, ou recusar a fazer parte de uma consciência divina, será abandonado por ele sem hesitação, mas não por algum julgamento antecipado de que certas atividades sejam inadequadas ou incompatíveis com a nova vida interior. Não pode haver aí teste nem princípio mentais fixos para essas coisas; portanto, ele não seguirá nenhuma regra inalterável, mas aceitará ou repelirá uma atividade da mente conforme seu sentimento, visão interior ou experiência, até que a Luz e o Poder maiores venham dirigir seu olhar infalível a tudo que se encontra abaixo e escolher ou rejeitar seus materiais em meio àqueles que a evolução humana preparou para o labor divino.

Como, precisamente, ou por quais etapas, serão feitas essa progressão e essa mudança dependerá da forma, da necessidade e dos poderes da natureza individual. No domínio espiritual a essência é sempre uma, porém, há uma variedade infinita e, no Ioga Integral em todo caso, a rigidez de uma regra mental estrita e precisa é raras vezes aplicável; pois, mesmo quando caminham na mesma direção, duas naturezas não podem avançar exatamente nas mesmas linhas, com a mesma série de passos, e as etapas de seu processo não podem ser absolutamente idênticas. Contudo, pode ser dito que uma sucessão lógica dos estados do progresso é feita, em geral, na seguinte ordem: primeiro, há uma ampla virada em que todas as atividades mentais naturais, próprias à natureza individual, são elevadas e referidas a um ponto de vista mais alto e dedicadas ao serviço do Divino pela alma em nós, o ser psíquico, o sacerdote do sacrifício; em seguida, há um esforço para a ascensão do ser e um apelo para fazer descer em todas as atividades do conhecimento a Luz e o Poder próprios à nova altura de consciência alcançada por esse esforço ascensional. Aqui, pode ser que o sadhaka se concentre fortemente na mudança central da consciência e se interiorize, que abandone uma grande parte da vida mental exterior ou a relegue a um lugar reduzido e subordinado. Em diferentes etapas a vida mental, ou alguns de seus elementos, pode ser retomada de vez em quando, para ver até onde a nova consciência interior, psíquica e espiritual, pode ser infundida em seus movimentos; mas essa compulsão do temperamento ou da natureza, que no ser humano necessita um tipo ou outro de atividade e faz isso parecer uma parte quase indispensável da existência, diminuirá e, no final, não haverá mais nenhum apego, nenhuma necessidade inferior, nenhum ímpeto condutor será sentido em parte alguma. Só o Divino importará, o Divino apenas será a necessidade única de todo o ser; se houver qualquer compulsão à ação isso não virá de algum desejo arraigado nem da força da Natureza, mas do ímpeto luminoso de uma Consciência-Força maior que se torna cada vez mais a única força motriz da existência inteira. Por outro lado, é também possível que em certos períodos do progresso espiritual interior o buscador espiritual possa experienciar uma extensão, mais que uma restrição, das atividades; pode haver uma abertura de novas capacidades de criação mental e de novas províncias do conhecimento pelo toque miraculoso do *yoga-śakti*[1]. O sentimento estético, o poder de criação artística em um ou em vários domínios ao mesmo tempo, o talento ou o gênio da expressão literária, a faculdade do pensamento metafísico, qualquer poder do olho, do ouvido ou da mão, ou algum poder mental, pode despertar onde nenhum era aparente antes. O Divino interior pode fazer jorrar essas riquezas latentes das profundezas onde estavam escondidas, ou uma Força do alto pode despejar suas energias e equipar a natureza instrumental para a atividade ou a criação da qual ela deve ser o canal ou a construtora. Mas, qualquer que seja o método ou o curso de desenvolvimento escolhido pelo Mestre escondido do Ioga, a culminação comum desse estágio é a consciência crescente de que é o Mestre no alto que faz mover, que decide e dá forma a todos os movimentos da mente e a todas as atividades do conhecimento.

---

1. Força ióguica; força espiritual. (N. da T.)

No buscador espiritual dois sinais indicam que a mente de conhecimento e as obras de conhecimento foram transformadas, que ele passou do processo da Ignorância ao processo de uma consciência liberada que trabalha, primeiro em parte, depois inteiramente, na luz do Espírito. Primeiro, há uma mudança central da consciência e uma experiência, visão, sentimento, diretos e constantes, do Supremo e da existência cósmica, do Divino em si mesmo e do Divino em todas as coisas; a mente será, antes de tudo e cada vez mais, absorvida por essa preocupação e sentir-se-á elevada, ampliada, mudada em um meio de expressão cada vez mais iluminado do conhecimento fundamental único. Por sua vez, a Consciência central absorverá cada vez mais as atividades mentais exteriores de conhecimento e fará delas uma parcela de si mesma ou uma província anexa; verterá nelas seu movimento mais autêntico e fará da mente, cada vez mais espiritualizada e iluminada, seu instrumento nesses domínios da superfície recentemente conquistados, assim como nas profundezas de seu próprio império espiritual. E o segundo sinal, aquele que indica uma inteireza e perfeição seguras, é que o Divino ele-mesmo se tornou o Conhecedor, e todos os movimentos interiores, incluindo aqueles que antes eram uma ação mental puramente humana, se tornaram o campo de Seu conhecimento. Haverá cada vez menos escolha individual, opinião, preferência; cada vez menos intelectualização, elaboração mental, cada vez menos esse labor de galé cerebral; uma Luz interior verá tudo que deve ser visto, conhecerá tudo que deve ser conhecido: desenvolverá, criará, organizará. Será o Conhecedor interior que, na mente liberada e universalizada do indivíduo, cumprirá as obras de um conhecimento todo-abrangente.

Essas duas mudanças são os sinais de uma primeira realização pela qual as atividades da natureza mental foram alçadas, liberadas, conduzidas à consciência de seu verdadeiro propósito enquanto instrumentação do Divino na criação e desenvolvimento de sua manifestação no universo temporal. Mas esse não pode ser todo o escopo da transformação; pois não é nesses limites que o buscador integral pode parar sua ascensão ou restringir a ampliação de sua natureza. Se fosse assim, o conhecimento continuaria ainda uma atividade da mente — uma mente liberada, universalizada, espiritualizada, mas, ainda assim, como toda mente, comparativamente restrita, relativa, imperfeita na própria essência de seu dinamismo; ela refletiria de modo luminoso as grandes construções da Verdade, mas não se moveria no domínio onde a Verdade é autêntica, direta, soberana e nativa. Dessa altura há ainda uma ascensão a ser feita, pela qual a mente espiritualizada ultrapassará a si mesma e transmutará em um poder supramental de conhecimento. Já durante o processo de espiritualização ela terá começado a sair da brilhante pobreza do intelecto humano; se elevará sucessivamente às extensões puras e amplas da mente superior e, depois, aos círculos fulgurantes de uma Inteligência ainda maior, livre e iluminada por uma Luz do alto. Nesse ponto, o buscador começará a sentir de maneira mais livre, a receber com reações menos misturadas os inícios radiosos de uma Intuição, não iluminada, mas luminosa em si, verdadeira em si, não mais inteiramente mental e, portanto, não sujeita à abundante intrusão do erro. Mas isso também não é um final, pois a mente espiritualizada deve elevar-se além, e entrar no próprio domínio da Intuição não truncada, que é a primeira luz direta da autopercepção do Ser essencial, e, para além disso, alcançar Aquilo de onde vem essa luz. Pois há uma Sobremente por trás da Mente, um Poder mais original e dinâmico que sustenta a Mente e a vê como uma radiação diminuída de si mesmo e se serve dela como uma zona de transição em direção ao baixo ou como instrumento para as criações da Ignorância. A última etapa da ascensão seria o fato de ultrapassar a própria Sobremente, ou seu retorno para sua própria origem ainda maior, sua conversão na luz supramental da Gnose Divina. Pois é na Luz supramental que está estabelecida a Consciência-Verdade divina, que de maneira inata, como nenhuma outra consciência abaixo pode ter, possui o poder de organizar as obras de uma Verdade que não está mais embaçada pela sombra da Inconsciência e Ignorância cósmicas. Alcançar esse ponto e de lá trazer um dinamismo supramental que poderá transformar a Ignorância é o objetivo supremo — distante, mas imperativo — do Ioga Integral.

À medida que a luz desses poderes mais altos se projeta nas atividades humanas de conhecimento, todas as distinções entre sagrado e profano, humano e divino, tendem a esvaecer cada vez mais até serem abolidas como inúteis; pois tudo que é tocado e completamente penetrado pela Gnose Divina é transfigurado e se torna um movimento de sua Luz e Poder, livre da turbidez e limitações da inteligência inferior. Não é pela separação de algumas atividades, mas pela transformação de todas elas por uma mudança da consciência que as anima, que se abre o Caminho da Liberação, e pela ascensão do sacrifício do conhecimento a uma luz e força crescentes. Todas as obras da mente e do intelecto devem ser, primeiro, realçadas e ampliadas, depois, iluminadas, elevadas ao domínio de uma Inteligência superior; em seguida, devem se tornar a operação de uma Intuição maior, não mental, e de novo transformadas no fluxo dinâmico da radiância sobremental e, por fim, transfigurar-se na plena luz e soberania da Gnose supramental. É isso que a evolução da consciência no mundo carrega prefigurada, mas latente em sua semente e na intenção extremamente concentrada de seus processos; nem esses processos nem essa evolução poderão cessar enquanto não desenvolverem os instrumentos de uma manifestação perfeita do Espírito, em lugar da manifestação imperfeita atual.

*
* *

Se o conhecimento é o poder mais vasto da consciência e sua função é liberar e iluminar, o amor é o poder mais profundo e intenso, e seu privilégio é ser a chave dos recessos mais profundos e secretos do Mistério Divino. O Homem, porque é um ser mental, é propenso a dar uma importância suprema à mente pensante e à sua razão, sua vontade e sua maneira mental de abordar e efetuar a Verdade, e é mesmo inclinado a considerar que não há outra maneira. Aos olhos do intelecto, o coração, com suas emoções e movimentos imprevisíveis, é um poder obscuro, incerto, muitas vezes perigoso e enganador, que precisa ser controlado pela razão, pela vontade mental e pela inteligência. E, contudo, há no coração ou por trás dele, uma luz mística mais profunda, que, se não é o que chamamos intuição (pois isso, embora não venha da mente, desce através da mente), tem, no entanto, um contato direto com a Verdade e é mais próxima do Divino que o intelecto humano no orgulho de seu conhecimento. Segundo o ensino antigo, a sede do Divino imanente, o Purusha escondido, está no coração místico — a "caverna secreta do coração", *hṛdaye guhāyām*, como é dito nos Upanishads — e, segundo a experiência de muitos iogues, é de suas profundezas que vem a voz ou o sopro do oráculo interior.

Essa ambiguidade, essas aparentes oposições entre profundidade e cegueira, é criada pelo caráter duplo do ser emocional humano. Pois no plano frontal do ser humano há um coração de emoções vitais semelhante ao dos animais, embora mais variado em seu desenvolvimento; um coração cujas emoções são governadas por paixões egoísticas, afeições cegas e instintivas e todo o jogo dos impulsos da vida, com suas imperfeições, desvios e, com frequência, degradações sórdidas — um coração assediado e conquistado por luxúria, desejo, cólera, exigências brutais e intensas ou pequenas avarezas e mesquinharias de uma Força de Vida obscura e decaída, aviltada por essa escravidão a todo e qualquer impulso. Essa mistura entre o coração emocional e o vital faminto de sensações, cria no ser humano uma falsa alma, ou alma de desejo; esse é o elemento cru e perigoso de que a razão, justificadamente, desconfia e sente a necessidade de controlar, mesmo se o controle real, ou melhor, a repressão que ela exerce sobre nossa natureza vital grosseira e obstinada, continua sempre muito incerta e enganadora. Mas a alma verdadeira do ser humano não está aí; está no coração verdadeiro, invisível, escondida em certa caverna luminosa de nossa natureza: lá, sob uma infiltração de Luz divina, está nossa alma, um ser silencioso e profundo que só alguns poucos conseguem apenas perceber; pois, se todos têm uma alma, raros são conscientes de sua alma verdadeira ou sentem seu impulso direto. Lá habita a pequena centelha do Divino que sustenta a massa obscura de nossa natureza, e em torno dela cresce o ser psíquico, a alma formada ou o Homem verdadeiro em nós. É à medida que o ser psíquico cresce nele e os movimentos do coração refletem sua presciência e seus impulsos, que o ser humano percebe cada vez mais sua alma; ele deixa de ser um animal superior e, despertando para alguns vislumbres da divindade em seu interior, aceita cada vez mais as indicações de uma vida e consciência mais profundas e o impulso que o conduz a coisas divinas. Esse é um dos momentos decisivos do Ioga Integral, quando o ser psíquico, liberado, sai de detrás do véu e é trazido para a frente, e pode derramar na mente, na vida e no corpo do indivíduo a grande torrente de sua presciência, visões e impulsos e começa a preparar a edificação da divindade na natureza terrestre.

Para lidar com as obras do coração, assim como para lidar com as obras do conhecimento, somos obrigados a fazer uma distinção preliminar entre duas categorias de movimentos: aqueles que vêm da alma verdadeira ou ajudam sua liberação e sua soberania sobre nossa natureza, e aqueles que são voltados para a satisfação da natureza vital não purificada. Mas, em geral, as distinções feitas nesse sentido têm pouca utilidade para o propósito espiritual mais profundo do Ioga. Porque então uma divisão seria feita entre emoções religiosas e sentimentos mundanos, e poder-se-ia fixar como regra da vida espiritual que só as emoções religiosas poderiam ser cultivadas e todos os sentimentos e paixões mundanos deveriam ser rejeitados e desaparecer de nossa existência. Na prática, isso significa a vida religiosa do santo ou do devoto, sozinho com o Divino ou ligado a outros apenas por um amor em comum por Deus ou que, no máximo, abre ao mundo exterior as fontes de um amor sagrado, religioso ou piedoso. Mas a própria emoção religiosa é invadida com muita frequência pela agitação e obscuridade dos movimentos vitais, e muitas vezes é crua ou estreita, fanática ou misturada a elementos que não são sinais da perfeição do espírito. Além do mais, é evidente que, mesmo no melhor dos casos, uma forma intensa de santidade encarcerada em princípios rígidos e hieráticos é muito diferente do ideal vasto de um Ioga Integral. Uma relação psíquica e emocional mais ampla com Deus e o mundo, mais profunda e flexível em sua essência, mais vasta e abrangente em seus movimentos, mais capaz de tomar a totalidade da vida em seu abraço, é imperativa.

Uma fórmula mais ampla foi fornecida pela mente laica, baseada no senso ético; ela faz uma distinção entre as emoções sancionadas pelo senso ético e aquelas que são egoístas e interesseiras, comuns e mundanas. São as obras de altruísmo, filantropia, compaixão, benevolência, humanitarismo, serviço, de labor para o bem-estar do ser humano e de todas as criaturas, que devem ser nosso ideal; segundo essa doutrina, esquivar-se da espiral de egoísmo e tornar-se uma alma abnegada que vive apenas, ou sobretudo, para os outros ou para a humanidade como um todo, é a via que deve seguir a evolução interior do ser humano. Ou, se isso é demasiado laico e mental para satisfazer o todo de nosso ser — visto que há em nós uma nota religiosa e espiritual mais profunda que não é levada em consideração pela fórmula humanitária — um fundamento ético-religioso pode ser providenciado para isso, o qual foi, de fato, sua base original. Ao culto interior do Divino ou do Supremo pela devoção do coração, ou à procura do Inefável na busca de um conhecimento superior, pode ser acrescentado um culto exterior por meio de obras altruístas, uma preparação por meio de atos de amor, de benevolência, de serviço para a humanidade ou para aqueles que nos circundam. Na verdade, é pelo senso ético-religioso que foi criada a lei da boa vontade ou da compaixão universal, de amor e serviço ao próximo, assim como a encontramos no ideal vedântico, budista ou cristão. Foi só por uma espécie de refrigeração laica apagando o fervor do elemento religioso, que o ideal humanitário pôde se desprender e se tornar o plano mais alto de um sistema secular de ética mental e moral. Pois no sistema religioso a lei das obras é um meio, que cessa quando seu objetivo é alcançado, ou é uma questão lateral; é uma parte do culto que ajuda a adorar e buscar a Divindade ou um penúltimo passo antes da destruição do self na passagem para o Nirvana. O ideal laico faz dela um objeto em si; a lei das obras torna-se o sinal da perfeição moral do ser humano ou a condição para um estado mais feliz do indivíduo sobre a terra, para uma sociedade melhor, para uma vida mais unida da espécie. Mas nenhuma dessas coisas satisfaz à exigência da alma, assim como é considerada pelo Ioga Integral.

Altruísmo, filantropia, humanitarismo, serviço, são as flores da consciência mental e, no melhor dos casos, uma imitação mental fria e pálida da chama espiritual do Amor divino universal. Na verdade, eles não liberam do sentido de ego, mas o ampliam ao máximo e lhe dão uma satisfação mais alta e mais ampla; impotentes para mudar na prática a vida e a natureza vital do ser humano, eles apenas modificam e atenuam sua ação e camuflam sua essência egoística imutável. Ou, se são praticados com intensidade e uma vontade de todo sincera, é por uma amplificação exagerada de um só lado de nossa natureza; nesse exagero não pode haver a chave para uma evolução divina plena e perfeita dos muitos lados de nosso ser individualizado em seu caminho para o Eterno universal e transcendente. Tampouco o ideal ético-religioso pode ser um guia suficiente — pois isso é um compromisso, ou um pacto, de concessões mútuas para um suporte mútuo entre o impulso religioso, que busca exercer um domínio mais estreito sobre a terra anexando as tendências mais altas da natureza humana comum e o impulso ético, que espera se elevar acima de sua própria dureza e aridez mentais por meio de algum toque de fervor religioso. Ao fazer esse pacto, a religião desce ao nível mental e herda as imperfeições inerentes à mente e sua inabilidade em converter e transformar a vida. A mente é a esfera das dualidades e, assim como lhe é impossível realizar uma Verdade absoluta, mas apenas verdades relativas ou misturadas a erros, do mesmo modo lhe é impossível realizar um Bem absoluto, pois o bem moral existe como uma contraparte do mal e um corretivo, e tem sempre o mal como sua sombra, complemento, quase como sua razão de ser. Mas a consciência espiritual pertence a um plano mais elevado do que o plano mental, e lá as dualidades cessam; pois a falsidade confrontada com a verdade que ela utilizou, falsificou e usurpou, e o mal diante do bem — de quem ele era uma distorção ou um substituto sombrio — são obrigados a perecer por falta de sustento, e cessam. O Ioga Integral se recusa a apoiar-se na frágil substância de um ideal mental e moral e, nesse domínio, põe toda sua ênfase em três processos dinâmicos centrais: o desenvolvimento da alma verdadeira ou ser psíquico, para tomar o lugar da falsa alma de desejo, a sublimação do amor humano em Amor divino, e a elevação da consciência, que deve passar do plano mental comum ao plano espiritual e supramental, pois é apenas pelo poder que vem desse plano, que a alma e a Força de Vida poderão ser liberadas por completo dos véus e embustes da Ignorância.

É próprio da natureza da alma, ou ser psíquico, voltar-se para a Verdade divina, como o girassol se volta para o sol; tudo que é divino ou que progride em direção à divindade, ela aceita e a isso se apega, e retira-se de tudo que for um desvio ou uma negação da divindade, de tudo que é falso e não divino. Mas, no início, a alma não é mais que uma centelha, depois, uma pequena chama de divindade que arde em meio a uma enorme obscuridade; pois ela está em grande parte velada em seu santuário interior e, para revelar-se, deve chamar a mente, a força de vida e a consciência física, e persuadi-las a expressá-la o melhor que puderem; em geral a alma consegue, no máximo, impregnar a exterioridade delas com sua luz interior, e atenuar, com sua delicadeza purificadora, as obscuridades sombrias ou a mistura grosseira delas. Mesmo quando há um ser psíquico formado e capaz de expressar-se de modo mais ou menos direto na vida, ele ainda é, em todos, exceto um pequeno número, apenas uma parte menor do ser — "não maior, na massa do corpo, que o polegar de um homem", foi a imagem usada pelos videntes antigos — e não é sempre capaz de prevalecer contra a obscuridade ou a pequenez ignorante da consciência física, contra a segurança errônea da mente ou a arrogância e veemência da natureza vital. Essa alma é obrigada a aceitar a vida mental, emocional, sensorial humana como ela é, suas relações, suas atividades, suas formas e imagens preferidas; deve laborar para desprender e aumentar o elemento divino em toda essa verdade relativa continuamente misturada às falsificações do erro, nesse amor posto ao serviço do corpo animal ou da satisfação do ego vital, nessa vida do ser humano médio, atravessada por lampejos, raros e pálidos, de divindade e pelos engodos mais sombrios do demônio e da besta. Ela nunca se equivoca na essência de sua vontade, mas com frequência é obrigada, sob a pressão de seus instrumentos, a aceitar erros de ação, sentimentos mal colocados, pessoas mal escolhidas, erros na forma exata de sua vontade e nas circunstâncias que devem expressar seu ideal interior infalível. Contudo, há nela uma presciência que faz dela um guia mais seguro do que a razão ou mesmo do que o desejo mais nobre e, através de erros e tropeços aparentes, sua voz pode, mesmo assim, conduzir melhor que o intelecto preciso e as considerações do julgamento mental. Essa voz da alma não é o que chamamos consciência — pois isso é apenas um substituto mental muitas vezes convencional e sujeito a erros —, ela é um apelo mais profundo e ouvido mais raramente; no entanto, segui-la quando a ouvimos é mais sábio: é mesmo melhor desviar-se seguindo o chamado da própria alma do que ir em linha reta, em aparência, seguindo a razão ou o mentor moral exterior. Mas só quando a vida se volta em direção ao Divino é que a alma pode, verdadeiramente, vir para a frente e impor seu poder às partes exteriores do ser; por ser ela mesma uma centelha do Divino, crescer como uma chama em direção ao Divino é sua verdadeira vida e a própria razão de sua existência.

Em certo estágio do Ioga, quando a mente já está bastante tranquilizada e não mais se apoia a cada passo na pretensão de suas certezas mentais, quando o vital foi estabilizado e dominado e não insiste mais constantemente em satisfazer sua própria vontade irrefletida, suas exigências e desejos impetuosos, quando o físico está bastante mudado para não mais encobrir por completo a chama interior sob a massa de sua exterioridade, sua obscuridade, sua inércia, um ser mais profundo, escondido dentro e sentido apenas como uma rara influência, é capaz de vir para a frente, iluminar o resto e tomar a direção da sadhana. Sua função é orientar-nos exclusivamente em direção ao Divino, ao Mais-Alto, mas esse exclusivismo é ao mesmo tempo elástico em sua ação e movimento; ele não cria uma rigidez de direção como o exclusivismo do intelecto ou o exclusivismo ou intolerância da força vital que impõe suas ideias e impulsos; é a cada instante e com uma segurança flexível que ele mostra o caminho da Verdade, que distingue de maneira automática o passo verdadeiro do falso, desenreda o movimento divino ou dirigido a Deus, da mistura pegajosa não divina. Sua ação é como a de um farol que revela tudo que deve ser mudado na natureza; ele possui em si uma flama de vontade que insiste na perfeição, na transmutação alquímica de toda a existência interior e exterior. Ele vê a essência divina em toda parte, mas rejeita o que é apenas uma máscara ou uma imagem disfarçada. Ele insiste na Verdade, na vontade, na força e na mestria, na Alegria, no Amor e na

Beleza, mas na Verdade do Conhecimento imutável, que ultrapassa as meras verdades práticas e momentâneas da Ignorância, na alegria interior e não no mero prazer vital — pois ele prefere um sofrimento e uma dor purificadores às satisfações degradantes —, ele insiste no amor que se eleva ao alto, e não naquele que está amarrado à estaca dos apetites egoísticos ou com os pés atolados no lamaçal, insiste na beleza restabelecida em seu sacerdócio de interpretação do Eterno, na força, na vontade, na mestria, como instrumentos não do ego, mas do Espírito. Sua vontade é divinizar a vida e, por meio dela, expressar uma Verdade superior; sua consagração é ao Divino e ao Eterno.

Mas o caráter mais íntimo do psíquico é sua pressão em direção ao Divino, mediante um amor, uma alegria e unidade sagrados. É, mais que tudo, o Amor divino que ele busca, é o amor do Divino que é seu aguilhão, seu objetivo, sua estrela da Verdade que brilha acima da gruta luminosa do nascente, ou do berço ainda obscuro da divindade recém-nascida em nós. Durante a longa primeira etapa de seu crescimento e de sua existência não amadurecida, ele se apoiou no amor terrestre, na afeição, na ternura, na boa vontade, na compaixão, na benevolência, em tudo o que é belo, gentil, refinado, luminoso, forte e corajoso, em tudo o que pudesse refinar e purificar a grossura e a banalidade da natureza humana; mas ele sabe como esses movimentos humanos, mesmo os melhores, são misturados, e como os piores são decaídos e marcados com o sinal do ego, cheios de uma falsidade sentimental enganadora, e como o self inferior se aproveita, imitando os movimentos da alma. Desde que emerge, ele está pronto e impaciente para romper todos os velhos laços e as atividades emocionais imperfeitas e substituí-las por uma Verdade espiritual superior de amor e unidade. Ele pode ainda admitir as formas e movimentos humanos, mas sob a condição de que estejam voltados somente para o Uno. Aceita apenas as ligações que o ajudam no caminho: a veneração do coração e da mente pelo guru, a união entre aqueles que buscam Deus, a compaixão espiritual por esse mundo humano e animal ignorante e por seus povos, a alegria, a felicidade e a satisfação que a beleza proporciona e que vêm da percepção do Divino em toda parte. Ele mergulha nossa natureza nas profundezas interiores para seu encontro com o Divino imanente no centro secreto do coração e, quando vem o apelo, nenhuma acusação de egoísmo, nenhum dever altruísta meramente exterior ou apelo do dever, nenhuma filantropia, nem serviço poderão enganá-lo nem desviá-lo de sua aspiração secreta e de sua obediência à atração da divindade que está nele. O psíquico eleva o ser a um Êxtase transcendente e, em seu voo para alcançar o Um Supremo, ele está pronto a desprender de suas asas tudo o que puxa para baixo, para o mundo; mas seu apelo faz também descer esse Amor e Beatitude transcendentes a fim de liberar e transformar esse mundo de ódio e conflito, de divisão, de obscuridade e de uma Ignorância dissonante. Ele se abre a um Amor divino universal, a uma vasta compaixão, a uma vontade intensa e imensa que quer o bem-estar de todos, a fim de que o abraço da Mãe Universal envolva e reúna nela mesma todas as suas crianças; ele é a Paixão divina que mergulhou na noite para redimir o mundo da Inconsciência universal. Ele não é atraído nem enganado pelas imitações mentais das grandes Verdades profundas da existência nem pelo mau uso que o vital faz delas; ele as expõe com seu raio revelador e faz descer a Verdade inteira do Amor divino para que cure essas deformações, libere o amor mental, vital, físico, de suas insuficiências ou de seus desvios e lhes revele sua abundante parte da intimidade e unidade divinas, o êxtase que ascende e o enlevo que desce.

O ser psíquico aceita todas as Verdades verdadeiras do Amor e das obras do Amor no lugar que lhes cabe: mas sua chama se eleva sempre às alturas e é impaciente para empurrar a ascensão, para ir dos degraus inferiores aos degraus superiores da Verdade, visto que ele sabe que só por uma ascensão a uma Verdade superior e pela descida da Verdade superior o Amor pode ser liberado da cruz e colocado no trono; pois a cruz é o sinal da Descida divina, impedida e desfigurada pela linha transversal de uma deformação cósmica que faz dela uma estaca de sofrimento e infortúnio. É só pela ascensão à Verdade original que a deformação poderá ser curada e todas as obras do amor, assim como todas as obras do conhecimento e da vida, reencontrarão seu significado divino e farão parte de uma existência espiritual integral.

CAPÍTULO VI

A ASCENSÃO DO SACRIFÍCIO

2
AS OBRAS DE AMOR — AS OBRAS DA VIDA

Portanto, é pelo sacrifício do amor, das obras e do conhecimento, com o ser psíquico como guia e sacerdote do sacrifício, que a própria vida pode ser transformada em sua imagem espiritual verdadeira. Se o sacrifício do conhecimento, feito do modo justo, é, naturalmente, a oferenda mais vasta e pura que podemos fazer ao Mais-Alto, o sacrifício do amor não exige menos de nós para nossa perfeição espiritual; ele é ainda mais intenso e rico em sua singeleza e pode ser tão vasto e puro quanto o sacrifício do conhecimento. Essa pura amplidão acrescenta-se à intensidade do sacrifício do amor, quando todas as nossas atividades se enchem do espírito e do poder de uma alegria divina infinita e toda a atmosfera de nossa vida é impregnada de uma adoração absorvente do Um que é o Todo e o Mais-Alto. O sacrifício do amor alcança sua perfeição última quando, oferecido ao Todo divino torna-se integral, abrangente, sem limites, e quando, elevado ao Supremo, deixa de ser esse movimento superficial fraco e transiente que os seres humanos chamam amor, e se transforma em uma Ananda pura, vasta e profunda, que unifica tudo.

Embora seja um amor divino pelo Divino supremo e universal que deva dirigir nossa existência espiritual, isso não exclui por completo todas as formas de amor individual nem os laços que atraem as almas uma para a outra nessa existência manifestada. Uma mudança psíquica é exigida, um abandono das máscaras da Ignorância, uma purificação dos movimentos egoísticos mentais, vitais e físicos que prolongam a velha consciência inferior; cada movimento de amor, espiritualizado, não deve depender mais de uma preferência mental, uma paixão vital nem dos desejos ardentes do físico, mas do reconhecimento de uma alma pela outra alma — o amor restituído à sua essência fundamental, espiritual e psíquica, com a mente, o vital e o físico como instrumentos ou os elementos que manifestam essa unidade maior. Nessa mudança, o amor individual, por uma elevação natural, também é convertido em um amor divino pelo Habitante divino imanente em uma mente, alma e corpo ocupados por Aquele que é o Um em todas as criaturas.

De fato, todo amor que é adoração tem uma força espiritual por trás, e mesmo quando é oferecido de maneira ignorante a um objeto limitado, algo desse esplendor aparece através da pobreza do rito e da pequenez de seus fins. Pois o amor que adora é ao mesmo tempo uma aspiração e uma preparação: pode trazer, mesmo em seus estreitos limites ignorantes, o vislumbre de uma realização surpreendente, embora ainda seja mais ou menos cega e parcial; pois há momentos em que não somos nós que amamos, mas o Um que ama e é amado em nós, e mesmo uma paixão humana pode ser elevada e glorificada por um breve vislumbre desse Amor e desse Amante infinitos. Por essa razão, o culto do deus, o culto do ídolo, do homem que possui magnetismo ou do homem ideal não devem ser desprezados; pois essas são etapas pelas quais a espécie humana se move em direção a essa paixão beatífica, esse êxtase do Infinito; e mesmo se essas etapas limitam esse Infinito, elas dão alguma imagem dele à nossa visão imperfeita, enquanto ainda tivermos necessidade das etapas inferiores que a Natureza talhou para nossos pés, e correspondem aos estágios de nosso progresso. Certas idolatrias são indispensáveis para o desenvolvimento de nosso ser emocional, e aquele que sabe jamais se apressará em romper a imagem, a menos que possa substituí-la no coração do devoto pela Realidade que essa imagem representa. Ademais, essas idolatrias têm um poder, porque há sempre algo nelas que é maior que suas formas, e mesmo quando alcançamos o culto supremo, esse algo permanece e se torna uma prolongação ou uma parte de sua totalidade abrangente. Nosso conhecimento será ainda imperfeito, nosso amor incompleto se, mesmo quando conhecermos Isto que ultrapassa todas as formas e manifestações, ainda não pudermos aceitar o Divino na criatura e no objeto, no indivíduo, na humanidade, no animal, na árvore, na flor, no trabalho de nossas mãos, na Força da Natureza — que então não seria mais para nós a ação cega de uma maquinaria material mas uma face e um poder da Shakti universal; pois nessas coisas também está a presença do Eterno.

Uma adoração última e inexprimível que oferecemos ao Transcendente, ao Mais-Alto[1], ao Inefável, é ainda um culto incompleto se não for oferecido em todas as partes onde ele manifesta sua divindade e em todas as partes onde ele a esconde: no

---

1. *param bhāvam.*

ser humano², nas coisas e em cada criatura. Esse é um mundo de Ignorância, sem dúvida, que aprisiona o coração, distorce seus sentimentos, obscurece o significado de sua oferenda; todo culto parcial, toda religião que erige um ídolo mental ou físico, é tentada a cobrir e proteger a verdade que ela contém com certo manto de ignorância, e facilmente perde a verdade em sua imagem da verdade. Mas o orgulho de um conhecimento exclusivo é também uma limitação e uma barreira. Pois há, escondido por trás do amor individual, obscurecido por sua forma humana ignorante, um mistério que a mente não pode apreender, o mistério do corpo do Divino, o segredo de uma forma mística do Infinito, de que só podemos nos aproximar pelo êxtase do coração e pela paixão dos sentidos purificados e sublimados; e sua atração, que é o chamado do divino Tocador de Flauta³, a dominação subjugante daquele que é Todo-Beleza, só pode ser captada e captar-nos por um amor e ardor ocultos que acabam por fundir em um só a Forma e o Sem-Forma, e tornar idênticos Espírito e Matéria. É isso que o Espírito busca por meio do amor, aqui, na obscuridade da Ignorância, e é isso que ele descobre quando o amor humano individual muda em amor pelo Divino imanente encarnado no universo material.

Assim como é para o amor individual, também é para o amor universal; toda essa ampliação do self pela simpatia, boa vontade, benevolência e beneficência universais, amor pela humanidade, pelas criaturas, a atração por todas as míriades de formas e presenças que nos circundam, por meio das quais o homem escapa, mental e emocionalmente, dos primeiros limites de seu ego, devem fundir-se em um amor divino pelo Divino universal e unificador. A adoração consumada no Amor, o amor em Ananda — esse amor que nos espera no final do Caminho da Devoção e ultrapassa tudo, esse êxtase que nos abraça quando o deleite transcendente se funde no Transcendente — tem como resultado mais vasto um amor universal por todos os seres, a Ananda de tudo o que é: por trás de cada véu percebemos o Divino, em todas as formas abraçamos espiritualmente Aquele que é o Todo-Beleza. Um deleite universal em Sua manifestação sem fim flui através de nós, e leva em suas ondas cada forma e movimento, mas não está ligado nem parado em nenhum deles, e avança sempre para uma expressão maior e mais perfeita. Esse amor universal é liberador e dinâmico para a transformação; pois a discórdia das formas e das aparências deixam de afetar o coração que sentiu a Verdade única por trás de todas elas e entendeu sua significação perfeita. A igualdade imparcial da alma do trabalhador e do conhecedor sem ego transforma-se, pelo toque mágico do Amor divino, em um êxtase todo-

---

2. *mānuṣīṃ tanum āśritam.*
3. Sri Krishna. (N. da T.)

-abrangente e uma beatitude com milhões de corpos. Todas as coisas se tornam o corpo do Bem-Amado divino, todos os movimentos se tornam seu jogo na morada infinita de seu prazer. Mesmo a dor é transformada, as reações, e mesmo a essência das coisas dolorosas muda, as formas da dor desvanecem, e em seu lugar são criadas as formas de Ananda.

Essa, em sua essência, é a natureza da mudança de consciência que transforma a própria existência em um campo glorificado de um Amor e Ananda divinos. Em sua essência, a mudança começa para o buscador espiritual quando ele passa do nível comum ao nível espiritual e olha o mundo, o self e os outros com um coração novo, cheio de uma visão e sensibilidade luminosas. Essa mudança alcança seu cume quando o nível espiritual se torna também o nível supramental e então é também possível sentir a mudança não apenas em essência, mas realizá-la dinamicamente como um Poder para a transformação de toda a vida interior e toda a existência exterior.

*
* *

Para a mente, não é demasiado difícil considerar essa transformação do espírito do amor e da natureza do amor, e mudar essa emoção humana misturada e limitada em uma paixão divina suprema que abarca tudo, mas para a vontade humana e os inúmeros laços que a prendem à terra, essa aceitação é mais difícil. É quando chegarmos às obras do amor que poderemos sentir certa perplexidade. É possível, como alguns o fizeram com um alto exagero na Via do Conhecimento, cortar aqui também o nó do problema e escapar à dificuldade de unir o espírito do Amor às cruezas da ação no mundo, evitando agir no mundo: se nos retirarmos por completo da vida e ação exteriores poderemos escolher viver sós, com nossa adoração pelo Divino no silêncio do coração. É também possível admitir apenas aqueles atos que, em si, são uma expressão de amor pelo Divino — prece, louvor, atos simbólicos do culto ou atividades subordinadas que podem se ligar a eles e participar de seu espírito — e deixar de lado tudo o mais: a alma retira-se da vida comum para satisfazer sua sede interior em uma vida absorvida e centrada em Deus, como o santo e o devoto. É possível também abrir as portas da vida, alargá-las mais, e consagrar nosso amor pelo Divino em atos de serviço para aqueles em torno de nós e para a humanidade; podemos fazer obras filantrópicas, de benevolência e beneficência, de caridade e socorro para o ser humano, para o animal e toda criatura, e transfigurar nossos trabalhos por uma espécie de paixão espiritual ou, ao menos, introduzir em sua aparência puramente ética o poder maior de uma motivação espiritual. Na verdade, essa é, de fato, a solução mais favorecida pela mente religiosa de hoje, e nos asseguramos por todos os lados que essa é a maneira correta de agir daquele que busca Deus ou daquele cuja vida é fundamentada no amor e conhecimento divinos. Mas o Ioga Integral, impelido em direção à completa união do Divino com a vida terrestre, não pode parar nessa província estreita ou limitar essa união às dimensões menores de uma norma ética de filantropia e beneficência. Toda ação deve fazer parte da vida divina, nossos atos de conhecimento, poder, produção e criação, nossos atos de alegria e beleza e prazer da alma, nossos atos de vontade e esforço e luta, e não apenas nossos atos de amor e serviço beneficente. Os meios do Ioga Integral para chegar a isso não serão meios exteriores e mentais, mas interiores e espirituais, e para isso ele infundirá em todas as atividades, quaisquer que sejam, o espírito do amor divino, o espírito de adoração e culto, um espírito de felicidade de viver no Divino e na beleza do Divino, a fim de tornar toda a vida um sacrifício das obras do amor da alma oferecido ao Divino, um culto ao Mestre de sua existência.

É possível fazer da vida um ato de adoração ao Supremo pelo espírito que infundimos nas obras; pois, diz a Gītā, "aquele que na adoração de seu coração me oferece uma folha, uma flor, um fruto ou um copo d'água, eu aceito a oferenda de sua devoção e me alegro"; e não é só o dom exterior dedicado que pode ser oferecido assim, com amor e devoção, mas todos os nossos pensamentos, sentimentos e sensações, todas as nossas atividades exteriores com suas formas e objetivos podem se tornar uma oferenda ao Eterno. É verdade que o ato particular ou a forma particular da ação têm sua importância, mesmo uma grande importância, mas é o espírito no ato que é o fator essencial; é o espírito — de que o ato é símbolo ou expressão material — que lhe dá seu pleno valor e significado justificador. Ou pode ser dito que um ato completo de amor divino e adoração possui três partes, que são a expressão de um todo único: um culto prático do Divino no ato, um culto simbólico na forma do ato e que expressa alguma visão e busca do Divino ou alguma relação com ele, uma adoração interior, uma necessidade de unidade ou um sentimento de unidade no coração, na alma, no espírito. Assim, a vida pode mudar em adoração, se infundirmos nela o espírito de um amor transcendente e universal, a busca da unidade, o sentimento de unidade; se fizermos de cada ato um símbolo e a expressão de uma emoção que se eleva a Deus ou de uma relação com o Divino; se tudo o que fizermos se tornar um ato de adoração, um ato de comunhão da alma, de compreensão da mente, de obediência da vida, de entrega do coração.

Em todo culto, o símbolo, o rito significativo ou a imagem expressiva não são apenas um elemento estético para emocionar e embelezar, mas são meios físicos pelos quais o ser humano começa a dar uma precisão externa à emoção e aspiração de seu coração, para afirmá-las e dinamizá-las. Pois se a adoração, sem a aspiração espiritual, é vazia de sentido e vã, a aspiração também, sem o ato e sem a forma, é um poder desencarnado de pouco efeito na vida. Infelizmente, é o destino de todas as formas na vida humana: cristalizam-se, tornam-se puramente formais e, em consequência, estéreis; e embora forma e culto preservem sempre seu poder para aquele que ainda pode penetrar em seu sentido, a maioria acaba por servir-se das cerimônias como de um rito mecânico, do símbolo como de uma coisa sem vida; e porque isso mata a alma da religião, o culto e a forma devem, no final, ser mudados ou completamente rejeitados. Há mesmo aqueles para quem todo culto e forma são, por essa razão, suspeitos e desagradáveis; mas poucos podem prescindir do apoio dos símbolos externos, e há mesmo certo elemento divino na natureza humana que tem necessidade deles, sempre, para que sua satisfação espiritual seja completa. O símbolo será sempre legítimo enquanto for verdadeiro, sincero, belo e proporcionar alegria; pode-se mesmo dizer que uma consciência espiritual sem nenhum conteúdo estético ou emocional não seria de todo espiritual, ou, em todo caso, não seria integralmente espiritual. Na vida espiritual, a base do ato é uma consciência espiritual perene e renovadora, levada a expressar-se em formas sempre novas, ou capaz de renovar sempre a verdade de uma forma pelo fluir do espírito; expressar-se assim, e fazer de cada ato um símbolo vivo de uma verdade da alma é a própria natureza da visão e do impulso criadores do espírito. É desse modo que o buscador espiritual deve lidar com a vida: ele deve transmutar a forma e glorificar a essência.

O Amor divino supremo é um Poder criador e, embora possa existir em si, silencioso e imutável, ele encontra sua alegria também na forma e expressão externas e não está condenado ao estado de divindade sem voz e sem corpo. Foi mesmo dito que a própria criação foi um ato de amor ou, ao menos, a preparação de um terreno no qual o Amor divino pudesse elaborar seus símbolos e realizar-se em um ato de reciprocidade e dom de si; e se isso não foi a natureza inicial da criação, pode muito bem ser seu objetivo e motivo últimos. Se a criação não nos parece assim agora é porque mesmo que o Amor divino esteja presente no mundo a sustentar a evolução das criaturas, a substância da vida e sua ação são feitas de uma formação egoística: uma divisão, uma luta da vida e da consciência para existir e sobreviver em um mundo de Matéria inanimada e inconsciente, em aparência indiferente e rigorosa ou mesmo hostil. Na confusão e obscuridade dessa luta, todos são jogados uns contra os outros com a vontade de afirmar, cada um, sua própria existência primeiro e antes de tudo, e só depois afirmar-se nos outros e, muito parcialmente, para outros; pois mesmo o altruísmo humano permanece, em sua essência, egoístico, e o é necessariamente, até que a alma encontre o segredo da Unidade divina. Todo o esforço do Ioga é voltado para a descoberta dessa Unidade em sua fonte suprema, para trazê-la de dentro e irradiá-la fora, até os confins extremos da vida. Toda ação, toda criação, deve tornar-se uma forma, um símbolo do culto, da adoração, do sacrifício; deve possuir algo que a marca com o sinal de uma dedicação, uma recepção e tradução da Consciência Divina, de um serviço ao Bem-Amado, um dom de si, uma entrega. Isso deve ser feito sempre que possível no corpo e na forma exteriores do ato, e sempre na emoção interior; certa intensidade deve mostrar que o ato é um transbordar da alma em direção ao Eterno.

Em si, a adoração nos atos é um sacrifício completo, grande e poderoso, que por sua automultiplicação nos faz descobrir o Um e torna possível a irradiação do Divino. Pois a devoção, ao encarnar-se no ato, não apenas torna seu caminho mais amplo, pleno e dinâmico, mas traz de imediato ao difícil caminho das obras no mundo um elemento divinamente apaixonado, um elemento de alegria e amor, que com frequência está ausente no começo, quando a austera vontade espiritual prossegue sozinha a íngreme ascensão, na tensão e na luta para subir, e o coração está ainda adormecido ou obrigado a silenciar. Se o espírito do amor divino puder entrar, a aridez do caminho diminuirá, a tensão ficará mais leve; há uma doçura e alegria no cerne mesmo da dificuldade e da luta. A entrega indispensável de toda nossa vontade, ações e atividades ao Supremo, na verdade só é perfeita e perfeitamente efetiva quando é uma entrega de amor. Toda vida que se torna esse culto, toda ação feita no amor pelo Divino e no amor pelo mundo e suas criaturas — vistos e sentidos como o Divino manifestado em múltiplos disfarces —, torna-se, por esse mesmo fato, parte de um Ioga Integral.

A oferenda interior da adoração do coração, a alma da adoração no símbolo, o espírito de adoração no ato, são a própria vida do sacrifício. Para que essa oferenda seja completa e universal, é indispensável que todas as nossas emoções estejam voltadas para o Divino. Esse é o meio de purificação mais intenso para o coração humano, mais poderoso do que qualquer catarse ética ou estética, com seu poder parcial e sua pressão superficial, poderia ser. Um fogo psíquico deve ser aceso no interior, no qual tudo é lançado revestido com o Nome Divino. Nesse fogo, todas as emoções são obrigadas a abandonar seus elementos grosseiros; aquelas que forem distorções não divinas serão consumadas, e as outras descartarão suas insuficiências até que o espírito do amor, o mais vasto, e o deleite divino sem manchas emerjam da chama e da fumaça e do incenso. O amor divino que assim emerge, e se estende ao Divino no ser humano e em todas as criaturas em um sentimento interior de igualdade ativa e universal, será um instrumento mais potente e mais real para o aperfeiçoamento da vida como jamais poderá ser o ideal mental ineficaz de fraternidade. Só esse amor divino, transbordante através dos atos, pode criar a harmonia no mundo e uma unidade verdadeira entre todas as suas criaturas; tudo o mais se esforçará em vão para alcançar esse objetivo, enquanto o próprio Amor Divino não se revelar na Natureza terrestre como o coração da manifestação liberada.

É, então, da maior importância, que o ser psíquico escondido em nós emerja e se torne o guia do sacrifício, pois só esse ser profundo em nós pode trazer o pleno poder do espírito na ação e o pleno poder da alma no símbolo. Só ele pode assegurar ao símbolo um frescor eterno, uma sinceridade e beleza imperecíveis, mesmo quando a consciência espiritual for incompleta, e impedir que o símbolo se torne uma forma morta ou uma magia corrompida e corruptora; só ele pode preservar para o ato seu poder e significado. Todas as outras partes de nosso ser — a mente, a Força de Vida, a consciência física ou corporal — estão demasiado sob o controle da Ignorância para serem instrumentos seguros, e ainda menos guias ou a fonte de um impulso infalível. Sempre, a maioria dos motivos e das ações desses poderes se agarram à velha lei, aos decretos enganadores, aos apreciados movimentos inferiores da Natureza, e é com relutância, temor ou revolta ou com uma inércia obstrutiva, que eles respondem às vozes e forças que nos chamam e nos impelem a exceder a nós mesmos e a nos transformar em um ser maior em uma Natureza mais vasta. Na maioria das vezes a resposta é uma resistência ou uma aquiescência mitigada e vacilante, pois, mesmo quando seguem o chamado, tendem ainda — se não de maneira consciente, então por hábito automático — a introduzir na ação espiritual suas próprias inaptidões naturais e seus erros. A cada instante eles são levados a tirar vantagens egoísticas das influências psíquicas e espirituais e podem ser surpreendidos a usar o poder, a alegria e a luz que essas influências nos trazem, para um objetivo vital inferior. Também mais tarde, mesmo quando o buscador espiritual se abriu para o Amor divino transcendente, universal ou imanente e busca infundi-lo à vida, ele encontra o poder do obscurecimento e distorção dessas forças inferiores da Natureza. Sempre, elas atraem para as ciladas, infiltram nessa intensidade maior elementos que a diminuem, buscam capturar o Poder que desce para si mesmas e seus interesses e degradá-lo, fazendo dele um instrumento mental, vital e físico amplificado ao serviço do desejo e do ego. Se dependesse só delas, em lugar de um Amor divino criador de um novo céu e de uma nova terra de Verdade e de Luz, essas forças o manteriam aqui prisioneiro, e o utilizariam como uma sanção formidável, uma força glorificante de sublimação para dourar a lama da velha terra e colorir de rosa e safira os velhos céus túrbidos e irreais da imaginação vital sentimentalista e as quimeras idealizadas da mente. Se essa falsificação for permitida, a Luz, o Poder e a Beatitude superiores se retirarão e haverá uma queda a um estado inferior, ou então a realização permanecerá a meio caminho, amarrada, em uma mistura perigosa, coberta ou mesmo submersa, por uma exaltação inferior que não é a verdadeira Ananda. Por essa razão o Amor divino, que está no coração de toda a criação, e é a mais poderosa de todas as forças criadoras e redentoras, tem sido, no entanto, a menos visivelmente presente na vida terrestre, a menos capaz de nos liberar, a menos criadora. A natureza humana tem sido incapaz de suportá-lo em sua pureza, justamente porque é a mais poderosa, pura, rara e intensa de todas as energias divinas; o ser humano corrompeu de imediato o pouco que pôde apreender, para fazer dele um ardor vital piegas, um sentimentalismo religioso ou ético incapaz de defender-se, um misticismo voluptuoso ou mesmo erótico e sensual de uma mente pintada de rosa ou de um impulso vital apaixonadamente túrbido e, com essas simulações, compensou sua inabilidade para abrigar a Flama Mística que poderia reconstruir o mundo com suas labaredas sacrificiais. Apenas o ser psíquico profundo, quando se desvela e emerge com seu poder pleno, pode conduzir o sacrifício do peregrino, incólume, através dessas emboscadas e ardis; a cada instante ele as apanha, expõe, repele as falsidades da mente e da vida, apodera-se da Verdade do Amor divino e da Ananda e os separa da excitação dos ardores da mente e dos entusiasmos cegos e da força vital enganadora. Mas todas as coisas que no ser mental, vital e físico são verdadeiras em seu âmago, ele as desenreda e leva consigo em sua viagem, até que elas se mantenham de pé nas alturas, novas em espírito e sublimes em sua forma.

Contudo, mesmo a guiança do ser psíquico profundo não se mostra suficiente, enquanto ele não conseguir sair da massa da Natureza inferior e elevar-se aos níveis espirituais mais elevados, e a centelha e chama divinas que desceram aqui não se reunirem no Éter fulgurante de sua origem. Pois lá, não há mais uma consciência espiritual ainda imperfeita e meio perdida para si mesma nas camadas espessas da mente, da vida e do corpo humanos, mas há a consciência espiritual plena, em sua pureza, liberdade e amplidão intensa. Lá, é o Conhecedor eterno que se torna o Conhecedor em nós e aquele que move e usa todo o conhecimento; do mesmo modo, é o eterno Bem-Aventurado que se torna o Adorado e atrai para si essa parcela divina e eterna de seu ser e de sua alegria que saiu para brincar no universo; é o Amante infinito que se derrama na multiplicidade de seus próprios selfs manifestados, em uma Unidade feliz. Lá, toda a Beleza do mundo é a Beleza do Bem-Amado, e todas as formas de Beleza devem manter-se sob a luz dessa Beleza eterna e submeter-se ao poder sublimador e transfigurador da Perfeição divina desvelada. Lá, toda Beatitude e toda Alegria são as do Bem-Aventurado e todas as formas inferiores de satisfação, felicidade ou prazer estão sujeitas ao choque da intensidade de seu fluxo ou de suas correntes e são despedaçadas, como coisas inadequadas sob sua pressão irrecusável ou são obrigadas a transmutar-se em formas da Ananda divina. Assim, desvela-se à consciência individual uma Força que pode lidar de modo soberano com os valores diminuídos e degradados da Ignorância. Torna-se, enfim, possível fazer descer na vida a realidade imensa e a concretude intensa do Amor e da Alegria do Eterno. Em todo caso, será possível para nossa consciência espiritual sair da mente e entrar na Luz, Força e Vastidão supramentais; lá, na luz e no poder da Gnose supramental, estão o esplendor e a alegria de um poder de autoexpressão e auto-organização divinas, que poderiam liberar mesmo o mundo da Ignorância e recriá-lo à imagem da Verdade do Espírito.

Lá, na Gnose supramental, a adoração interior encontra sua plenitude, seu cume, sua extensão todo-abrangente, a união profunda e integral; lá, as asas flamejantes do Amor sustentam o poder e a alegria de um Conhecimento supremo. Pois o Amor supramental traz um êxtase ativo que ultrapassa a paz vazia e a imobilidade passiva, que é o céu da Mente liberada, e não trai a calma maior e mais profunda que é o começo do silêncio supramental. A unidade de um amor que é capaz de incluir todas as diferenças sem ser diminuído ou anulado por suas limitações atuais e dissonâncias aparentes, alcança sua potencialidade completa no plano supramental. Porque lá, uma unidade intensa com todas as criaturas, tendo como base uma profunda unidade de alma com o Divino, pode harmonizar-se com uma diversidade de relações que torna a unidade mais perfeita e absoluta. O poder do Amor supramentalizado pode apoderar-se de todas as relações vivas sem hesitação ou perigo e voltá-las em direção a Deus, liberadas de seus cenários humanos toscos, misturados e mesquinhos e sublimá-las no material feliz de uma vida divina. Pois, por sua própria natureza, a experiência supramental tem o poder de perpetuar o jogo das diferenças sem se privar, de nenhum modo, da união divina ou da unidade infinita, nem diminuí-la. Para a consciência supramentalizada seria de todo possível abarcar todos os contatos com os seres humanos e o mundo no poder de sua chama purificada e transfigurar seu significado, porque então a alma perceberia sempre que é o Um Eterno que é o objeto de toda emoção, de toda busca de amor ou de beleza, e poderia servir-se espiritualmente desse impulso vital amplo e liberado para encontrar o Um divino e unir-se a ele em todas as coisas e em todas as criaturas.

*
* *

Na terceira e última categoria das obras do sacrifício pode ser reunido tudo que é diretamente próprio ao Ioga das Obras, pois esse é seu campo direto de realização e sua maior província. Essa categoria cobre toda a extensão das atividades mais visíveis da vida; incluem-se nela as energias multiformes da Vontade-de-Vida que se projeta no exterior para tirar o proveito máximo da existência material. É aqui que uma espiritualidade ascética ou voltada para o outro mundo sente uma insuperável negação da Verdade que ela busca, e se sente compelida a retirar-se da existência terrestre e rejeitá-la, sob o pretexto de que essa é para sempre o pátio de recreio de uma Ignorância incurável. Contudo, são precisamente essas atividades que o Ioga Integral escolheu para a conquista espiritual e a transformação divina. Completamente abandonada pelas disciplinas mais ascéticas, aceita por outras apenas como um campo de provações temporário ou um jogo provisório, superficial e ambíguo do espírito escondido, a existência terrestre é abarcada em sua totalidade e acolhida pelo buscador integral como um campo de efetuação, um campo para as obras divinas, um campo para a autodescoberta do espírito escondido que aí habita. Descobrir a Divindade em si mesmo é o objetivo primeiro do buscador integral, mas também descobri-la totalmente no mundo, por trás da aparente negação de suas formas e de seus planos e, por fim, descobrir totalmente o dinamismo do Eterno transcendente, pois é pela descida do Eterno que este mundo e o self encontrarão o poder para romper os invólucros que os disfarçam e se tornarão divinos, em formas reveladoras e processos manifestados, como o são já secretamente em sua essência escondida.

Esse objetivo do Ioga Integral deve ser aceito inteiramente por aqueles que o seguem, mas a aceitação não deve ser na ignorância dos imensos obstáculos que podem ser encontrados no caminho da realização; ao contrário, devemos estar plenamente conscientes das razões convincentes da recusa de tantas outras disciplinas até mesmo a considerar a possibilidade desse objetivo e, ainda menos, seu caráter imperativo como sentido verdadeiro da existência terrestre. Pois é aí, nas obras da vida e na natureza terrestre, que está o centro da dificuldade que levou a filosofia a entrincheirar-se em isolamento nas alturas, e mesmo o olhar impaciente da religião a afastar-se dessa doença do nascimento em um corpo mortal e voltar-se para um Paraíso distante ou para a paz silenciosa do Nirvana. Um caminho de Conhecimento puro é comparativamente direto e fácil para os passos do buscador espiritual, apesar de nossas limitações mentais e das armadilhas da Ignorância; o caminho do Amor puro, embora tenha seus obstáculos, sofrimentos e provações pode, em comparação, ser tão fácil quanto o voo do pássaro no azul sem limite. Pois Conhecimento e Amor são puros em sua essência, e tornam-se misturados e embaçados, corrompidos e degradados somente quando entram nos movimentos ambíguos das forças da vida e são pegos por elas para os movimentos grosseiros e os motivos obstinadamente inferiores da existência exterior. Sozinha em meio a esses três poderes, a Vida, ou ao menos a dominação de certa Vontade-na-Vida, tem a aparência de algo impuro, maldito ou decaído em sua essência mesma. Ao seu contato, envolvidas em suas camadas de obtusidade ou presas em seus atoleiros iridescentes, as próprias divindades tornam-se banais e enlameadas, e por pouco evitam ser arrastadas para suas distorções e desastrosamente assimiladas pelo demônio e o Asura. Um princípio de inércia sombria e insensível está na base da Vida. Tudo aí está aprisionado pelo corpo e suas necessidades e desejos, encadeado a uma mente trivial, às emoções e aos desejos mesquinhos, a uma repetição insignificante de modos de funcionar pequenos e sem valor — pequenas necessidades, pequenas preocupações, ocupações, dores, prazeres — que não conduzem a nada mais além de si mesmos e carregam a marca de uma Ignorância que não conhece seu próprio "porque" nem sua destinação. Essa mente física[4] de inércia não crê em nenhuma divindade que não esteja entre seus pequenos deuses terrestres; ela aspira, talvez, a um conforto, uma ordem, um prazer maiores, mas não pede nenhuma elevação, nenhuma liberação espiritual. No centro, encontramos uma Vontade-de-Vida mais forte, com mais satisfações, mas é um Daimon cegado, um espírito distorcido que exulta com cada um dos próprios elementos que fazem da vida um turbilhão cheio de lutas e um imbróglio infeliz. É uma alma de desejo, humana ou titânica, agarrada às cores espalhafatosas, à poesia desordenada, à tragédia violenta ou ao melodrama agitado, nesse fluxo misturado de bem e mal, alegria e tristeza, luz e obscuridade, êxtase impetuoso e tortura amarga. Ela ama essas coisas e gostaria de tê-las sempre mais, e mesmo quando sofre e grita contra elas, essa alma não aceita outra coisa, e nenhuma outra coisa pode lhe dar alegria; ela odeia as coisas superiores e revolta-se contra elas, e em sua fúria poderia pisotear, romper ou crucificar todo Poder mais divino que tivesse a presunção de oferecer uma vida pura, luminosa e feliz e tentasse arrancar de seus lábios a bebida ardente dessa mistura excitante. Há uma outra Vontade-de-Vida que está pronta para seguir as melhorias da Mente ideal e deixa-se atrair quando ela oferece extrair

---

4. Sri Aurobindo identificou diferentes níveis na mente: os níveis superiores ou supraconscientes — que ele nomeia respectivamente, na ordem descendente, sobremente, mente intuitiva, mente iluminada, mente superior, depois, a mente comum ou mente pensante e, depois, o embasamento evolutivo da mente: a mente vital, a mente física e a mente celular. A mente física é uma espécie de primeira "mentalização" da Matéria, é uma mente mecânica, repetitiva, microscópica, que registra tudo e repete de modo obstinado suas minúsculas experiências, seus temores, seus medos, suas "sabedorias". É através dela que o Mental se fixou, no início, na Matéria, mas suas aptidões fixativas são um entrave considerável ao desenvolvimento da consciência quando ela tenta ultrapassar o corpo, e são a causa, sobretudo, de muitas doenças recorrentes. (Nota da tradução francesa.)

da vida alguma harmonia, beleza, luz, uma ordem mais nobre; mas isso é uma parte pequena da natureza vital e pode ser facilmente dominada por seus companheiros de jugo mais violentos ou mais insensíveis e obscuros; ela tampouco se presta de bom grado a um chamado mais alto que o da mente, a menos que esse chamado malogre seus próprios fins — como a religião faz em geral, ao abaixar suas exigências e pôr condições que nossa natureza vital obscura tenha menos dificuldades em compreender. O buscador espiritual torna-se cônscio de todas essas forças nele mesmo; encontra todas elas em torno de si e deve debater-se e lutar sem cessar para escapar de suas garras e desalojá-las do prolongado domínio usurpador que elas exerceram sobre seu ser e sobre a existência humana circundante. A dificuldade é grande, pois seu domínio é tão forte, tão invencível em aparência, que justifica o dito que compara a natureza ao rabo do cachorro — podem endireitá-la o quanto quiserem pela força da ética, da religião, da razão ou por qualquer outro esforço redentor, ela acabará sempre por retornar à curva tortuosa da Natureza. E tão grande é o vigor, a garra dessa Vontade-de-Vida agitada, tão imenso o perigo de suas paixões e erros, tão sutilmente insistente ou persistentemente invasiva, tão obstinada até as próprias portas do céu é a fúria de seus ataques ou a obstrução cansativa de seus obstáculos, que até mesmo o santo e o iogue não estão jamais seguros diante de suas intrigas ou de suas violências; não estão jamais seguros de sua própria pureza liberada nem de sua mestria sobre si mesmos, adquiridas com disciplina. Todo labor para endireitar essa deformação nativa parece fútil para a vontade que se debate — uma fuga, uma evasão para um Céu feliz ou a paz da dissolução parece ser, facilmente, a única sabedoria, e descobrir o meio de não mais renascer se estabelece como o único remédio contra a escravidão estúpida, o pobre delírio miserável, as alegrias e as façanhas cegas e precárias da existência terrestre.

Contudo, deve haver, e de fato há, um remédio, um meio de corrigir essa Natureza vital agitada, uma possibilidade de transformação; porém, para isso, é preciso encontrar a causa do desvio e corrigi-lo no coração mesmo da Vida e em seu próprio princípio, visto que Vida também é um poder do Divino e não a criação de alguma Fatalidade maligna ou de um tenebroso impulso titânico, malgrado a obscuridade e distorção de sua aparência atual. Na própria Vida, encontra-se a semente de sua salvação, é da Energia de Vida que devemos obter nossa alavanca; pois, embora haja uma luz salvadora no Conhecimento, uma força de redenção e transformação no Amor, esses não podem ser efetivos aqui, a menos que assegurem a permissão da Vida e encontrem no centro dela alguma energia liberada que possa ser usada como instrumento para sublimar a Força de Vida humana desviada e torná-la uma Força de Vida divina. Não é possível cortar a dificuldade dividindo as obras do sacrifício; não podemos escapar decidindo que faremos apenas as obras do Amor e do Conhecimento e deixaremos de lado as obras da vontade e do poder, da posse e da aquisição, da produção e utilização frutuosa das capacidades, a batalha, a vitória e a mestria, e privando-nos da maior parte da vida, porque ela nos parece feita da própria substância do desejo e do ego e, portanto, condenada a ser um campo de desarmonia, conflito e desordem. Essa divisão, na realidade, não pode ser feita, ou, se tentarmos, ela falhará em seu propósito essencial, porque nos isolaria das energias totais do Poder cósmico e esterilizaria uma parte importante da Natureza integral, justo a única força nela que é o instrumento necessário a todo propósito criador no mundo. A Força de Vida é um intermediário indispensável, o elemento realizador na Natureza: a mente necessita sua aliança para que suas obras não permaneçam apenas como brilhantes formações interiores sem corpo; o espírito a necessita para dar uma força exterior e uma forma às suas possibilidades manifestadas e chegar a uma autoexpressão completa encarnada na Matéria. Se a Vida recusar a ajuda da sua energia intermediária às outras operações do espírito ou se ela mesma for recusada, é possível que todo o efeito dessas obras aqui seja reduzido a uma reclusão imóvel ou a uma impotência dourada; ou, se por acaso efetivarmos alguma coisa, nossa ação terá uma irradiação parcial, mais subjetiva que objetiva, que atenuará talvez a existência, mas não terá a força para mudá-la. Mas se a Vida emprestar suas forças ao espírito sem que elas tenham sido regeneradas, o resultado poderá ser ainda pior, pois é provável que ela reduza a ação espiritual do Amor ou do Conhecimento a movimentos diminuídos e corruptos, ou torne essas forças cúmplices de suas próprias operações inferiores e distorcidas. A Vida é indispensável para a completude de uma realização espiritual criadora, mas uma vida liberada, transformada, elevada, não a vida mentalizada comum do humano-animal, nem a vida demoníaca ou titânica, nem mesmo uma mistura de vida divina e não divina. As outras disciplinas podem fazer o que quiserem — fugir do mundo ou buscar o céu —, mas esta é a tarefa difícil, porém inevitável, do Ioga Integral; ele não pode se permitir deixar sem solução o problema das obras externas da Vida, ele deve encontrar nelas a Divindade inata e aliá-la com firmeza e para sempre, às divindades do Amor e do Conhecimento.

Tampouco seria uma solução adiar as obras da Vida para mais tarde, quando o Amor e o Conhecimento tiverem evoluído até o ponto em que possam, de modo soberano e com segurança, pegar a Força de Vida para regenerá-la; pois vimos que ambos devem se elevar a alturas imensas antes de estar ao abrigo da distorção vital que entrava ou paralisa seu poder de salvar. Se conseguirmos que nossa consciência alcance as alturas da Natureza supramental, então, na verdade, essas incapacidades desaparecerão. Mas, aqui, há o dilema de que é impossível alcançar as alturas supramentais carregando nos ombros o fardo de uma Força de Vida não regenerada, e também impossível regenerar de maneira radical a Vontade-na-Vida sem fazer descer a luz infalível e o poder invencível que pertencem aos níveis espiritual e supramental. A Consciência Supramental não é apenas um Conhecimento, Beatitude, Amor e Unidade íntimos, ela é também uma Vontade, um princípio de Poder e de Força, e não pode descer até que o elemento de Vontade, de Poder, de Força, nessa Natureza manifestada, esteja desenvolvido e sublimado o suficiente para recebê-la e sustentar sua intensidade. Mas Vontade, Poder e Força são a substância inata da Energia de Vida, e é isso que justifica a Vida, quando ela se recusa a reconhecer a supremacia exclusiva do Conhecimento e do Amor, pois ela persegue a satisfação de algo muito mais irrefletido, obstinado e perigoso, mas pode também aventurar-se de sua maneira própria, audaciosa e ardente, em direção ao Divino e Absoluto. Amor e Sabedoria não são os únicos aspectos do Divino: há também seu aspecto de Poder. Assim como a mente tateia em busca do conhecimento, como o coração avança às apalpadelas em direção ao Amor, do mesmo modo a Força de Vida, por mais desajeitada ou trepidante que seja, cambaleia em busca do Poder e do controle que o Poder dá. É um erro da mente ética ou religiosa condenar o Poder em si como uma coisa que não deve ser aceita ou buscada, sob o pretexto de que ele é, naturalmente, corruptor e pernicioso; apesar de ser, em aparência, justificado, no fundo isso é um preconceito cego e irracional. Por mais corrompido e mal utilizado, como o Amor e o Conhecimento são também corrompidos e mal utilizados, o Poder é divino, e posto aqui para um uso divino. Shakti — Vontade, Poder — é a condutora dos mundos e, quer seja a Força do Conhecimento, a Força do Amor, a Força de Vida, a Força da Ação, quer seja a Força do Corpo, sua origem é sempre espiritual, e seu caráter, divino. É o uso que fazem dela o bruto, o ser humano ou o Titã no mundo da Ignorância, que deve ser rejeitado e substituído por uma ação maior e mais natural — mesmo se para nós ela é supranormal — guiada pela Luz de uma consciência interior que está em uníssono com o Infinito e o Eterno. O Ioga Integral não pode rejeitar as obras da Vida e contentar-se apenas com uma experiência interior; ele deve ir dentro de si mesmo, a fim de mudar o fora e fazer da Força de Vida uma parte e um instrumento da Energia iógica em contato com o Divino, e divina em sua guiança.

Toda a dificuldade em lidar espiritualmente com as obras da vida surge porque a Vontade-na-Vida criou, para seus propósitos no mundo da Ignorância, uma alma falsa, uma alma de desejo, que substituiu a centelha divina ou psique[5] verdadeira. Todas, ou quase todas, as obras da vida estão, ou parecem estar, no momento, acionadas e viciadas por essa alma de desejo; mesmo aquelas que são éticas ou religiosas, mesmo aquelas que usam o disfarce do altruísmo, da filantropia, do autossacrifício, da negação de si, são entremeadas minuciosamente com os fios de sua fabricação. Essa alma de desejo é uma alma separativa — a alma do ego —, e todos os seus instintos buscam uma autoafirmação separada; sempre, abertamente ou sob máscaras mais ou menos brilhantes, ela compele seu próprio crescimento: ela quer possuir, fruir, conquistar e dominar. Se a maldição da agitação, da desarmonia e da distorção deve ser eliminada da Vida, é preciso dar à alma verdadeira, ao ser psíquico, a posição de liderança e que a falsa alma, de desejo e ego, seja dissolvida. Mas isso não quer dizer que a própria vida deva ser reprimida nem que sua linha natural de realização lhe seja negada; pois por detrás dessa alma de vida, essa alma exterior de desejo, há em nós um ser vital interior verdadeiro que não deve ser dissolvido mas liberado e feito proeminente, a fim de que possa fazer seu verdadeiro trabalho enquanto poder da Natureza divina. A proeminência desse ser vital verdadeiro sob a guiança da alma profunda em nós é a condição para que se cumpram divinamente os objetivos da Força de Vida. Em sua essência, esses objetivos permanecerão os mesmos, mas em sua motivação interior e em seu caráter exterior, serão transformados. O divino Poder da Vida é também uma vontade de crescimento, uma força de autoafirmação, mas a afirmação do Divino em nós, não aquela da pequena personalidade temporária da superfície, é o crescimento do verdadeiro Indivíduo divino, o ser central, a Pessoa imperecível e secreta que só emerge quando o ego se subordina e desaparece. Este é o verdadeiro objetivo da vida: crescimento, mas um crescimento do espírito na Natureza, sua afirmação e desenvolvimento na mente, na vida e no corpo; posse, mas uma posse do Divino em todas as coisas pelo Divino, e não uma posse das coisas em si, pelo desejo do ego; fruir, mas fruir da Ananda divina no universo; a batalha, a conquista e a dominação na forma de um conflito vitorioso contra os Poderes das Trevas, uma dominação que é o perfeito domínio espiritual sobre si mesmo; uma mestria da Natureza interior e exterior, uma conquista dos domínios da Ignorância pelo Conhecimento, o Amor e a Vontade divina.

Essas são as condições e esses devem ser os objetivos de uma efetuação divina das obras da Vida e essas são as condições de sua transformação progressiva, que é

---

5. Sri Aurobindo usa a palavra "psíquico" para *alma*, para diferenciá-la da mente e do vital. Todos os movimentos e experiências da alma seriam, nesse sentido, chamados "psíquicos". O ser psíquico é a alma que se desenvolve na evolução, localiza-se detrás do coração e sustenta a mente, a vida e o corpo. (N. da T.)

o terceiro elemento do sacrifício triplo. O objetivo do Ioga não é uma racionalização, mas uma supramentalização, não uma moralização, mas uma espiritualização da vida. Não é uma manipulação das coisas exteriores ou dos motivos psicológicos superficiais que é seu propósito principal, mas fundamentar novamente a vida e sua ação no elemento divino escondido nela, pois somente assim o Poder divino secreto acima de nós poderá governar diretamente e transfigurar a vida em uma expressão manifesta da Divindade, em lugar de agir como agora, sob o disfarce e a máscara que desfiguram o Ator eterno. Só uma mudança essencial de consciência, uma mudança espiritual, não as manipulações superficiais da Mente e da Razão, pode tornar a Vida diferente do que é agora e liberá-la de sua imagem atual aflita e ambígua.

*
* *

É, então, por uma transformação do próprio princípio da vida, e não por uma manipulação externa dos seus fenômenos, que o Ioga Integral propõe mudar esse movimento agitado e ignorante em um movimento luminoso e harmonioso da Natureza. Três condições são indispensáveis para realizar essa revolução interior central e essa formação nova; nenhuma delas é de todo suficiente em si, porém, se unirem seus poderes, o melhoramento pode ser efetuado e a conversão feita, e feita por completo. Pois, em primeiro lugar, a vida como ela é, é um movimento do desejo; ela construiu em nós, como seu centro, uma alma de desejo que refere a si mesma todas as moções da vida e coloca nelas sua coloração agitada e as dores de um esforço ignorante, mal aclarado e sempre frustrado: para uma vida divina, o desejo deve ser abolido e substituído por uma força motriz mais pura e mais firme, a alma de desejo atormentada deve ser dissolvida e em seu lugar devem emergir a calma, a força e a felicidade de um ser vital verdadeiro, agora escondido em nosso interior. Em seguida, a vida como ela é, é impelida ou conduzida, em parte pelo impulso da Força de Vida e em parte por uma mente que é, sobretudo, servidora e cúmplice do impulso vital ignorante, mas em parte também seu guia e mentor inquieto, nem muito luminoso nem muito competente; para uma vida divina é preciso que a mente e o impulso vital se tornem simples instrumentos e que o ser psíquico profundo tome seu lugar como o condutor no caminho e nos indique a guiança divina. Por último, a vida como ela é, é voltada para a satisfação do ego separador; o ego deve desaparecer e ser substituído pela verdadeira pessoa espiritual, o ser central, e a própria vida deve voltar-se para a realização do Divino na existência terrestre; ela deve sentir a Força Divina que desperta nela e tornar-se um instrumento obediente de seus propósitos.

Nada há que não seja antigo e familiar no primeiro desses três movimentos interiores de transformação — a transformação do desejo —, essa transformação sempre foi um dos objetivos principais da disciplina espiritual. Ela foi formulada da melhor maneira na doutrina da Gītā, segundo a qual uma renúncia completa ao desejo pelos frutos da ação, uma completa anulação do próprio desejo e uma completa realização da igualdade perfeita são o estado normal de um ser espiritual. Uma igualdade espiritual perfeita é o sinal verdadeiro e infalível da cessação do desejo: ter a alma igual diante de todas as coisas, não se deixar perturbar por alegria ou tristeza, pelo agradável ou o desagradável, pelo sucesso ou o fracasso; olhar com um olho igual o grande e o pequeno, o amigo e o inimigo, o virtuoso e o pecador; ver em todos os seres a manifestação multíplice do Um, e em todas as coisas o jogo inumerável ou a lenta evolução mascarada do Espírito encarnado. A condição que buscamos não é uma quietude mental, reclusão, indiferença, não é um sossego vital inerte, não é uma passividade da consciência física, que recusa ou aceita qualquer movimento — embora essas coisas sejam algumas vezes consideradas, erroneamente, a condição espiritual —, mas uma universalidade impassível, vasta e abrangente, como a do Espírito-Testemunha por trás da Natureza. Porque aqui tudo parece uma organização de forças voláteis, semiordenadas, semiconfusas, mas por trás delas podemos sentir o suporte de uma paz, silêncio, vastidão, não inertes, mas calmos, não impotentes, mas potencialmente onipotentes, cheios de uma energia concentrada, estável, imóvel, capaz de sustentar todas as moções do universo. Essa Presença por trás vê todas as coisas de modo igual: a energia que ela contém pode ser liberada para toda e qualquer ação, mas a escolha da ação não virá de um desejo qualquer no Espírito-Testemunha; essa é uma Verdade que age, e está mais além da própria ação, mais além de suas formas e impulsos aparentes e é maior que eles, está mais além da mente, da Força de Vida ou do corpo, embora possa tomar uma aparência mental, vital ou física para seus propósitos imediatos. É quando há essa morte do desejo e a amplidão calma e igual em toda a nossa consciência, que o ser vital verdadeiro em nós afasta o véu e revela sua presença calma, intensa e poderosa. Pois tal é a natureza verdadeira do ser vital, *prāṇamaya puruṣa*; ele é uma projeção do Purusha divino na vida — tranquilo, forte, luminoso, dotado de múltiplas energias, obediente à Vontade divina, sem ego e, apesar disso ou, antes, por causa disso, ele é capaz de toda ação, toda realização, toda iniciativa por mais alta ou vasta que seja. A verdadeira Força de Vida também se revela, não mais essa energia superficial agitada, atormentada, dividida, sempre a debater-se, mas um Poder divino grande e radioso, cheio de paz e força e beatitude, um Anjo de Vida com vias amplas, que abraça o universo com suas asas de Poder.

Contudo, essa transformação do vital em uma força e igualdade vastas é insuficiente, pois, se ela nos dá os instrumentos para uma Vida Divina, não provê a governança nem a iniciativa. É aqui que intervém a presença do ser psíquico liberado; ele não nos dá a governança e a direção supremas — pois essa não é sua função —, mas durante a transição da Ignorância para o Conhecimento divino ele fornece uma direção progressiva para nossa vida e ação interiores e exteriores; a cada instante ele indica o método, o caminho, os passos que conduzirão à condição espiritual perfeita, na qual uma suprema iniciativa dinâmica estará sempre aí a dirigir as atividades da Força de Vida divinizada. A luz que ele espalha ilumina as outras partes da natureza, que, por falta de uma direção melhor que a de seus próprios poderes confusos e tateantes, vagueavam nos círculos da Ignorância; ele dá à mente o sentido intrínseco dos pensamentos e das percepções, ele dá à vida um sentido infalível dos movimentos enganosos ou desorientadores e dos movimentos bem inspirados; algo como um oráculo tranquilo em nós revela as causas de nossos tropeços, nos previne em tempo contra sua repetição, obtém da experiência e intuição a lei — não rígida, mas plástica —, que dá a nossos atos a direção justa, o caminhar verdadeiro, o impulso exato. Uma vontade cria-se em nós, que se torna mais em consonância com a Verdade evolutiva que com os labirintos retardadores de um Erro que busca e gira em círculos. Uma orientação determinada em direção à grande Luz que deve ser, um instinto da alma, um tato e visão psíquicos — que penetram na substância verdadeira, no movimento verdadeiro, na intenção verdadeira das coisas e se aproximam cada vez mais da visão espiritual e do conhecimento mediante o contato interior, a visão interior e mesmo por identidade — começam a substituir as veemências superficiais do julgamento mental e a avidez gananciosa da Força de Vida. As obras da Vida retificam-se, escapam da confusão, substituem a ordem artificial e legal imposta pelo intelecto e pelas regras arbitrárias do desejo pela guiança da visão interior da alma; elas entram nas vias profundas do Espírito. Mas, sobretudo, o ser psíquico impõe à vida a lei do sacrifício: que todas as suas obras sejam uma oferenda ao Divino, ao Eterno. Toda a vida torna-se um apelo àquilo que está mais além da Vida; seu menor ato amplia-se e toma o sentido do Infinito.

À medida que a igualdade interior aumenta, e com ela a presença do ser vital verdadeiro à espera da direção superior a que ele deve servir, e à medida que o apelo psíquico também aumenta em todas as partes de nossa natureza, Isto a quem o apelo é dirigido começa a revelar-se e a descer para tomar posse da vida e de suas energias e preenchê-las com a elevação, intimidade, vastidão de sua presença e de seu propósito. Em muitos, se não na maioria, ele manifesta algo de sua presença antes mesmo que a igualdade e a aspiração ou direção psíquica estejam presentes. O apelo do elemento psíquico velado, oprimido pela massa da ignorância externa e a implorar pela liberação, a tensão de uma meditação ardente e de uma busca do conhecimento, uma necessidade intensa do coração, uma vontade apaixonada, ainda ignorante, mas sincera, podem romper o tampo que separa a Natureza superior da Natureza inferior e abrir as comportas. Um pouco da Pessoa divina pode revelar-se, ou uma Luz, Poder, Beatitude, Amor podem vir do Infinito e revelar-se ao buscador espiritual. Isso pode ser uma revelação momentânea, um lampejo, um vislumbre que logo desaparece e espera pela preparação da natureza; mas pode também repetir-se, crescer, prolongar-se. Um grande trabalho, imenso e minucioso, terá então começado, algumas vezes luminoso ou intenso, algumas vezes lento e obscuro. Um Poder divino às vezes vem à superfície e guia, impele ou instrui e ilumina; outras vezes, retira-se a um segundo plano e parece deixar o ser a seus próprios meios. Tudo o que no ser é ignorante, obscuro, distorcido ou apenas imperfeito e inferior é alçado, talvez levado a seu auge, tratado, corrigido, exaurido, impelido a ver seus próprios resultados desastrosos, obrigado a chamar sua própria cessação ou sua transformação, ou ser expulso de nossa natureza por ser sem valor e incorrigível. Esse não pode ser um processo suave e uniforme; há alternâncias entre o dia e a noite, iluminação e obscuridade, calma e construção ou batalha e agitação, momentos em que a presença da Consciência divina cresce, e momentos em que está ausente, cumes de esperança e abismos de desespero; há o abraço do Bem-Amado e a angústia de sua ausência, a esmagadora invasão dos Poderes hostis, suas fraudes irresistíveis, sua oposição feroz, seu escárnio paralisante ou a ajuda e reconforto dos Deuses, a comunhão com eles e com os Mensageiros divinos. Uma grande e longa revolução, a batidura do Oceano da Vida[6], de onde emergem o néctar e o veneno, é imposta, até que tudo esteja pronto e a Descida divina crescente encontre um ser e uma natureza preparados e condicionados para aceitar sua autoridade total e sua presença todo-abrangente. Mas se a igualdade, se a luz e vontade psíquicas já estiverem aí, então esse processo, embora não possa ser dispensado, pode ser mitigado e facilitado: será desembaraçado de seus perigos piores; uma calma, uma felicidade e uma confiança interiores sustentarão os passos através de todas as dificuldades e provações da transformação, e a Força crescente, aproveitando-se da plena aceitação da natureza, reduzirá e eliminará o poder das forças de oposição. Uma guiança e proteção seguras estarão presentes do princípio ao fim, algumas vezes em evidência, algumas vezes a agir por trás do véu, e o Poder último já estará aí desde o começo e nos longos

---

6. Sri Aurobindo se refere à luta entre os deuses e os demônios, em que o oceano de leite foi revolvido na busca pelo néctar da imortalidade. É um dos episódios mais conhecidos da mitologia indiana, narrado nos Puranas e no Mahabharata. Corresponde à segunda encarnação de Vishnu como Avatar, em forma de tartaruga, *kurma avatar*. (N. da T.)

estágios intermediários desse grande empenho. Pois a todo instante o buscador espiritual perceberá o Guia e Protetor divino ou a ação suprema da Força da Mãe; ele saberá que tudo é feito para o melhor, que o progresso está assegurado, que a vitória é inevitável. Em qualquer um dos casos, o processo é o mesmo e impossível de evitar: a posse da natureza inteira, e da vida em sua totalidade, interior e exterior, a fim de revelar, utilizar e transformar suas forças e movimentos sob a pressão de uma Vida superior mais divina, até que tudo aqui seja possuído por poderes espirituais maiores e se torne instrumento de uma ação espiritual e um propósito divino.

Nesse processo, e desde seu estágio inicial, torna-se evidente que aquilo que conhecemos de nós mesmos, de nossa presente existência consciente, é apenas uma formação representativa, uma atividade superficial, o resultado exterior e mutável de uma vasta massa de existência escondida. Nossa vida visível e as ações dessa vida não são mais que uma série de expressões significativas, mas aquilo que a vida tenta expressar não está na superfície; nossa existência é algo muito mais vasto do que esse ser frontal aparente que supomos ser nós mesmos e oferecemos ao mundo em torno a nós. Esse ser frontal e externo é um amálgama confuso de formações mentais, movimentos vitais, modos de funcionar físicos, dos quais mesmo a análise mais completa de seus componentes e mecanismos não conseguiria revelar o segredo inteiro. É só quando formos por trás, abaixo, acima, nas extensões escondidas de nosso ser, que poderemos conhecê-lo; as mais completas e perspicazes investigações e manipulações de superfície não podem nos dar a compreensão verdadeira ou o controle efetivo e completo de nossa vida, seus propósitos, suas atividades; essa inabilidade é a causa do fracasso da razão, da moralidade e de todas as demais ações de superfície em controlar, liberar e aperfeiçoar a vida da espécie humana. Pois abaixo mesmo de nossa consciência física mais obscura encontra-se um ser subconsciente no qual, como em um solo protetor e sustentador, estão escondidos todos os tipos de sementes que germinam e crescem de maneira inexplicável em nossa superfície, e no qual lançamos constantemente sementes frescas que prolongam nosso passado e influenciarão nosso futuro — um ser subconsciente, obscuro, pequeno em suas moções, caprichosa e quase fantasticamente sub-racional, mas de enorme potência para a vida terrestre. Além disso, por trás de nossa mente, nossa vida e nossa consciência física há uma consciência subliminar[7] mais vasta, com múltiplas extensões — um

---

7. Notemos a diferença entre subconsciente e subliminar. Segundo Sri Aurobindo, as divisões psicológicas seguem a ascensão evolutiva: é na Matéria e a partir dela que graus de consciência cada vez mais altos foram manifestados. O Inconsciente representa nossa base material, corporal — mas esse "inconsciente" contém uma consciência escondida, involuída, sem a qual a consciência jamais poderia ter surgido na Matéria, pois nada pode surgir de nada. O Subconsciente representa os primeiros

mental interior, um vital interior, um físico sutil interior — sustentadas por uma existência psíquica profunda, uma alma que anima todo o resto; e nessas extensões escondidas, encontra-se também uma massa de personalidades preexistentes que fornecem o material, as forças motrizes, os impulsos de nossa existência de superfície em desenvolvimento. Pois em cada um de nós aqui, talvez haja uma pessoa central única, mas também uma multidão de personalidades subordinadas criadas pela história passada da manifestação dessa pessoa central ou que são suas expressões nesses planos interiores que sustentam o jogo de sua existência atual nesse cosmos exterior material. E, enquanto na superfície de nosso ser estamos separados de tudo que nos circunda, exceto por uma mente exterior e o contato dos sentidos, que transmitem bem pouco de nós a nosso mundo ou de nosso mundo a nós, nessas extensões interiores a barreira entre nós e o resto da existência é fina e fácil de romper; lá, podemos sentir logo — não apenas deduzir a partir de seus resultados, mas sentir diretamente — a ação das forças cósmicas secretas, das forças mentais, das forças vitais e das forças físico-sutis que constituem a existência universal e individual; poderemos mesmo ser capazes, se apenas quisermos e nos exercitarmos, de nos apoderar dessas forças cósmicas que se lançam sobre nós ou nos circundam, e controlá-las cada vez mais ou, ao menos, modificar fortemente sua ação sobre nós e os demais, suas formações, seus próprios movimentos. Além disso, acima de nossa mente humana há extensões ainda mais vastas, supraconscientes para a mente, de onde descem secretamente influências, poderes, contatos que são os determinantes originais das coisas aqui, e se os chamarmos para descer em sua completude, eles poderão alterar totalmente a inteira estrutura e organização da vida no universo material. A Força divina que trabalha em nós à medida que nos abrimos a ela no Ioga Integral, nos revela progressivamente todas essas experiências e conhecimento latentes, elabora as consequências e as utiliza como meios e etapas para a transformação de todo nosso ser e natureza. Daí em diante nossa vida não será mais uma pequena onda a rolar na

---

percursos da consciência na Matéria; ele contém todas as marcas da vida vegetal e animal. Acima de nossa consciência atual, estende-se o Supraconsciente e seus diversos planos; ele representa nosso futuro evolutivo assim como o Subconsciente representa nosso passado evolutivo, terrestre. Essa supraconsciência manifesta-se de modo mais visível nos seres de gênio, os sábios, os poetas ou os místicos, que seriam os anunciadores da humanidade futura. À parte essa divisão tripla — Inconsciente, Subconsciente, Supraconsciente — que corresponde à escala evolutiva, Sri Aurobindo identificou diversos planos de consciência universais que servem de embasamento ou de fonte a nossas atividades de consciência no mundo material: um físico sutil universal, um vital universal, uma mente universal. Esses planos subliminares são cheios de forças extremamente conscientes, enquanto o subconsciente representa uma região evolutiva muito pouco consciente (subconsciente). O Ioga nos abre as portas das regiões subliminares e supraconscientes. (Nota da tradução francesa.)

superfície, mas mergulhará na vida cósmica, e algumas vezes será mesmo concomitante com ela. Nosso espírito, nosso self, elevar-se-á não apenas a uma identidade interior com um vasto Self cósmico, mas também entrará em contato com o que está mais além, embora permaneça consciente da ação do universo e a domine.

É, então, pela integralização de nosso ser dividido que a Shakti divina no Ioga se dirigirá a seu objetivo; pois liberação, perfeição, mestria dependem dessa integralização, visto que a pequena onda na superfície não pode controlar seu próprio movimento, menos ainda ter algum controle sobre a vasta vida que a circunda. A Shakti, o poder do Infinito e Eterno, desce em nós, trabalha, rompe nossas formações psicológicas atuais, despedaça todos os muros, amplia, libera, apresenta-nos poderes de visão, de ideação, de percepção sempre novos e maiores, e modelos de vida também novos e maiores; ela engrandece a alma cada vez mais e remodela seus instrumentos, faz-nos ver cada imperfeição a fim de que seja condenada e destruída, prepara-nos para uma perfeição maior, faz em um breve período o trabalho de muitas vidas ou idades, e faz com que novos nascimentos e novas vistas se abram constantemente em nós. Expansiva em sua ação, ela libera a consciência do confinamento no corpo: nossa consciência pode ir para fora por meio do transe ou durante o sono, ou mesmo em estado desperto, e entrar em mundos ou em outras regiões desse mundo aqui, e agir aí ou trazer de volta suas experiências. A consciência expande-se e sente o corpo apenas como uma pequena parte de si, e começa a conter o que antes a continha: alcança a consciência cósmica e expande-se em proporção ao universo. Ela começa a conhecer interior e diretamente, não apenas pela observação e contato exteriores, as forças que atuam no mundo, sente seu movimento, distingue seu modo de funcionar e pode atuar de imediato sobre elas como o cientista atua sobre as forças físicas, aceitar sua ação e resultados em nossa mente, vida, corpo ou rejeitá-los, modificá-los, mudá-los, remodelá-los, criar poderes e movimentos novos e imensos em lugar dos pequenos funcionamentos antigos de nossa natureza. Começamos a perceber a ação das forças da Mente universal e a saber como nossos pensamentos são criados por essa ação, a separar interiormente a verdade e a falsidade de nossas percepções, a ampliar seu campo, a expandir e iluminar seu significado, a nos tornar mestres de nossas mentes e capazes de dar forma aos movimentos da Mente no mundo que nos circunda. Começamos a perceber o fluxo e os vagalhões das forças de vida universais, detectar a origem e a lei de nossos sentimentos, emoções, sensações, paixões; somos livres para aceitá-los, rejeitá-los, recriá-los, livres para nos abrir a planos superiores do Poder da Vida. Começamos a perceber também a chave do enigma da Matéria, seguir a influência da Mente, da Vida e da Consciência sobre essa Matéria, a descobrir cada vez mais que ela é um instrumento e um resultante e, por fim, detectar seu último segredo: a Matéria não é apenas uma forma de Energia, mas é uma forma de Consciência, uma consciência involuída[8] e imobilizada, restrita, fixada de maneira instável; e começamos a ver também a possibilidade de sua liberação e a plasticidade com que ela responde aos Poderes superiores, suas possibilidades de encarnar conscientemente o Espírito e conscientemente expressá-lo, em lugar de ser uma encarnação apenas um pouco mais que semi-inconsciente d'Ele. Tudo isso, e ainda mais, torna-se possível, à medida que a ação da Shakti divina cresce em nós e encaminha-se para uma pureza, verdade, altura, extensão maiores, malgrado todas as resistências de nossa consciência obscura — e mesmo malgrado nossos esforços para responder — através de tantas lutas e movimentos de progresso e regressão, e progresso renovado, que são necessários ao trabalho de transformação intensiva para mudar essa substância semi-inconsciente em uma substância consciente. Tudo depende do despertar psíquico em nós, da inteireza de nossa resposta à Shakti divina e de nossa entrega crescente.

Mas tudo isso representa apenas uma vida interior maior e uma maior possibilidade de ação externa, mas ainda é uma conquista transicional; a transformação completa só pode vir pela ascensão do sacrifício até os cumes mais altos, quando age na vida com o poder, a luz e a beatitude da Gnose divina e supramental. Pois então, e só então, todas as forças divididas e que se expressam de maneira imperfeita na vida e em suas obras, serão elevadas à sua unidade original, sua harmonia, sua verdade única, seu absoluto autêntico e seu significado inteiro; lá, Conhecimento e Vontade são um, Amor e Força são um único movimento; os opostos que nos afligem aqui são absorvidos em sua unidade reconciliadora: o bem alcança seu absoluto e o mal, despindo-se de seu erro, retorna ao bem que estava por trás; pecado e virtude desvanecem em uma pureza divina e em um movimento-verdade infalível; a instabilidade duvidosa do prazer desaparece em uma Beatitude que é o jogo de uma certeza espiritual eterna e feliz, e a dor, ao desaparecer, descobre o toque de Ananda, que havia sido traído por alguma distorção obscura da vontade do Inconsciente e sua incapacidade de receber a Alegria. Essas coisas, que para a Mente são uma imaginação ou um mistério, tornam-se evidentes e podem ser vivenciadas, à medida que a

---

8. Segundo Sri Aurobindo, a lei desse universo comporta um movimento duplo: um movimento de involução do Espírito na matéria e nas formas, e um movimento de evolução do Espírito, que encontra a si mesmo por meio de formas cada vez mais organizadas e conscientes. Cada etapa dessa evolução lenta, desde a inconsciência aparente da matéria até ao indivíduo supramental da "vida divina", contém, involuído em si mesmo, latente, o gérmen da etapa seguinte. Assim, a vida está involuída na matéria, a mente está involuída na vida e a supremente está involuída na mente. É porque o Espírito está involuído na Matéria que o Espírito pode tornar-se na Matéria. (Nota da tradução francesa.)

consciência se eleva acima dos limites da mente encarnada na Matéria e se lança em direção à liberdade e plenitude de extensões cada vez mais altas da suprainteligência; mas elas só poderão se tornar de todo verdadeiras e normais quando o supramental se tornar a lei da natureza.

Portanto, é da efetuação dessa ascensão e da possibilidade de uma descida do dinamismo completo desses níveis superiores na consciência terrestre, que dependem a justificação da Vida, sua salvação, sua transformação em uma Vida Divina na Natureza terrestre transfigurada.

*
* *

O Ioga Integral assim concebido, sob essas condições, progredindo por esses meios espirituais dos quais falamos, ao voltar-se para essa transformação integral da natureza, por si mesmo determina a resposta ao problema das atividades comuns da vida e o lugar delas no Ioga.

Não há aqui, e nem pode haver, nenhum abandono completo das obras e da vida, seja ele ascético, contemplativo ou místico, nenhum evangelho da absorção meditativa e da inatividade, nenhuma eliminação ou condenação da Força de Vida e suas atividades, nenhuma rejeição da manifestação na Natureza terrestre. Em dado momento pode ser necessário para aquele que busca retirar-se em si mesmo, permanecer mergulhado em seu ser interior e desligar-se do barulho e do turbilhão da vida da Ignorância, até que certa mudança interna tenha sido efetuada ou algo tenha sido consumado, sem o que seria difícil ou impossível continuar uma ação efetiva na vida. Mas isso só pode ser um período, um episódio, uma necessidade temporária ou uma estratégia espiritual necessária; isso não pode ser a regra do Ioga ou seu princípio.

Dividir as atividades da existência humana com base nas prescrições religiosas ou éticas, ou em ambas ao mesmo tempo, restringir-se apenas aos atos de adoração ou às obras de filantropia e beneficência seria contrário ao espírito do Ioga Integral. Toda regra puramente mental, toda aceitação ou repúdio puramente mentais são alheios ao propósito e ao método de sua disciplina. Tudo deve ser elevado a uma altura espiritual e colocado em uma base espiritual; a presença de uma mudança interior e uma transformação exterior deve ser imposta à vida em sua totalidade e não apenas a uma parte da vida; tudo o que ajudar ou admitir essa mudança deverá ser aceito; tudo o que for incapaz, inepto ou que recusar a submeter-se ao movimento transformador deverá ser rejeitado. Aqui, não deve haver apego a coisa alguma em particular, a nenhuma forma de vida, a nenhum objetivo, a nenhuma atividade; é preciso renunciar a tudo, se for necessário, e é preciso tudo admitir daquilo que o Divino escolhe como seu material para a vida divina. Mas aquilo que aceita ou rejeita não deve ser a mente nem a vontade de um desejo vital visível ou camuflado, nem o senso ético, mas a insistência do ser psíquico, o comando do Guia divino do Ioga, a visão do Self superior ou Espírito, a guiança iluminada do Mestre. As vias do espírito não são vias mentais: uma regra mental ou uma consciência mental não pode determiná-las nem guiá-las.

Do mesmo modo, uma combinação ou um acordo entre duas ordens de consciência, a espiritual e a mental ou a espiritual e a vital, ou uma mera sublimação interior de uma vida exteriormente não mudada, não podem ser a lei ou o objetivo do Ioga. A vida inteira deve ser aceita, mas toda a vida deve ser transformada; tudo deve tornar-se uma parte, forma, expressão adequada de um ser espiritual na natureza supramental. Esse é o cume e a coroação da evolução espiritual no mundo material, e assim como a mudança do animal vital para o ser humano mental fez da vida algo de todo diferente em consciência, escopo e significado de base, da mesma maneira essa mudança do ser mental materializado em um ser espiritual e supramental que se servirá da Matéria sem ser dominado por ela, deve integrar a vida e fazer dela algo de todo diferente da vida humana defeituosa, imperfeita e limitada e dar-lhe uma outra consciência, escopo e significado de base. Todas as formas de atividades da vida que não puderem suportar a mudança deverão desaparecer; todas aquelas que forem capazes de suportá-la sobreviverão e entrarão no reino do espírito. Uma Força divina está trabalhando e escolherá a cada instante o que deve ser feito e o que não deve ser feito, o que deve ser integrado momentaneamente ou abandonado de maneira permanente. Contanto que não a substituamos por nosso desejo ou nosso ego, e para isso nossa alma deve estar sempre desperta, sempre em guarda, consciente da guiança divina, resistente a toda desorientação não divina, interna ou externa; essa Força é suficiente e só ela é competente; ela nos conduzirá ao objetivo por vias e meios demasiado amplos, interiores, complexos para que a mente possa segui-los, menos ainda ditá-los. É um caminho árduo, difícil e perigoso, mas não há outro.

Há apenas duas regras para diminuir a dificuldade e atenuar o perigo. Uma é rejeitar tudo o que vem do ego, do desejo vital, da mera mente e sua incompetência pretensiosa e racional, tudo que auxilia esses agentes da Ignorância. A outra é aprender a ouvir e seguir a voz da alma profunda, a direção do guru, a ordem do Mestre, a ação da Mãe Divina. Todo aquele que se agarra aos desejos e às fraquezas da carne, aos apetites e paixões do vital em sua ignorância turbulenta, aos comandos de sua mente pessoal que não foi iluminada nem silenciada por um conhecimento mais alto, não pode encontrar a verdadeira lei interior, e acumula obstáculos no caminho da realização divina. Todo aquele que for capaz de detectar e repelir esses agentes obscuros, de discernir e seguir o Guia verdadeiro dentro e fora, descobrirá a lei espiritual e alcançará o objetivo do Ioga.

Uma mudança de consciência radical e total é não apenas todo o sentido do Ioga Integral, mas, com uma força crescente e em etapas progressivas, o seu método mais completo.

CAPÍTULO VII

NORMAS DE CONDUTA E LIBERDADE ESPIRITUAL

O conhecimento em que o buscador no Ioga deve basear toda sua ação e desenvolvimento tem como pedra angular de sua estrutura uma percepção cada vez mais concreta da unidade, uma sensação viva de uma unicidade que impregna tudo; ele se move com uma consciência crescente de que a existência inteira é um todo indivisível: todas as obras também são parte desse todo divino indivisível. Sua ação pessoal e os resultados de sua ação não podem mais ser, ou parecerem ser, um movimento separado e de todo, ou sobretudo, determinado pelo "livre-arbítrio" egoísta de um indivíduo, ele mesmo separado na massa. Nossos trabalhos são parte de uma ação cósmica indivisível; são colocados ou, antes, eles mesmos se colocam, em seu lugar no todo de onde emergem, e seu resultado é determinado por forças que nos excedem. Essa ação cósmica em sua vasta totalidade e em cada um de seus menores detalhes é o movimento indivisível do Um que se manifesta progressivamente no cosmos. O ser humano também se torna progressivamente cônscio de sua própria verdade e da verdade das coisas, à medida que desperta para esse Um dentro e fora dele e para o processo oculto, miraculoso e significativo das forças do Um na moção da Natureza. Essa ação, esse movimento não se limita a nós mesmos nem àqueles em torno de nós, nem à pequena porção fragmentária das atividades cósmicas que percebemos em nossa consciência de superfície; ele é sustentado por uma imensa existência cósmica circundante e subjacente que é subliminar ou subconsciente para nossa mente, e é submetido à atração de uma imensa existência transcendente que é supraconsciente para nossa natureza. Nossa ação emerge, assim como nós emergimos, de uma universalidade que não percebemos; damos-lhe uma forma segundo nosso temperamento e nossa mente pessoais e a vontade de nosso pensamento, ou segundo a força de nossos impulsos e desejos; mas a verdadeira verdade das coisas, a verdadeira lei da ação excede essas formações pessoais e humanas. Todos os pontos de vista, todas as normas de ação humanas que ignorem a totalidade indivisível do movimento cósmico, qualquer que seja sua utilidade externa é, aos olhos da Verdade espiritual, uma visão imperfeita e uma lei da Ignorância.

Mesmo quando chegamos a ter um vislumbre dessa ideia ou conseguimos fixá-la em nossa consciência enquanto conhecimento da mente e, como consequência, uma atitude da alma, é difícil para nós, em nossas partes exteriores e em nossa natureza ativa, enquadrar esse ponto de vista universal em nossas reivindicações pessoais, nossas opiniões, nossa vontade, nossas emoções, nossos desejos. Somos ainda forçados a continuar a tratar esse movimento indivisível como uma massa de materiais impessoais a partir da qual nós — o ego, a pessoa — devemos esculpir alguma coisa segundo nossa vontade própria e nossa fantasia mental, mediante nossa luta e esforços pessoais. Essa é a atitude normal do ser humano em relação a seu meio — na realidade, uma atitude falsa, porque nosso ego e sua vontade são criações e marionetes das forças cósmicas; somente quando nos retirarmos do ego para entrar na consciência do divino Conhecimento-Vontade do Eterno que age por meio dessas forças cósmicas é que poderemos ser seu mestre, por uma espécie de mandato do alto. E, no entanto, essa posição pessoal é a atitude correta para o indivíduo, enquanto ele ainda nutrir sua individualidade e não a desenvolveu plenamente; pois sem esse ponto de vista pessoal e sem essa força motriz seu ego não poderia crescer, não poderia se desenvolver e se diferenciar o suficiente da massa da existência universal, subconsciente ou semiconsciente.

Mas o domínio que essa consciência do ego exerce sobre nossa consciência habitual é difícil de expulsar, mesmo quando não necessitamos mais do estado separador, individualista e agressivo do desenvolvimento, e quando deveríamos ultrapassar a necessidade dessa pequenez da alma-criança para entrar na unidade e universalidade, na consciência cósmica e mais além, em nossa estatura espiritual transcendente. É indispensável reconhecer de modo claro, não apenas em nosso modo de pensar, mas em nosso modo de perceber, sentir, agir que esse movimento, essa ação universal, não é a onda de uma existência impessoal que se dobra ante a vontade de qualquer ego, segundo a força e insistência desse ego. É o movimento de um Ser cósmico que é o Conhecedor de seu próprio campo; são os passos de uma Divindade que é a Mestra de sua própria força progressiva. Assim como o movimento é uno e indivisível, do mesmo modo Aquele que está presente no movimento é uno, único e indivisível. Não apenas todos os resultados são determinados por ele, mas toda iniciativa, ação e processo dependem da moção de sua força cósmica e pertencem à criatura apenas de maneira secundária e na forma deles.

Mas qual deve ser, então, a posição espiritual do buscador enquanto pessoa? Qual é, na Natureza dinâmica, sua verdadeira relação com esse Ser cósmico único e esse movimento total único? Ele é apenas um centro — um centro de diferenciação da consciência pessoal única, um centro de determinação do movimento total único; sua personalidade reflete, em uma onda de individualidade persistente, a Pessoa universal única, o Transcendente, o Eterno. Na Ignorância, esse reflexo é sempre fragmentado e deformado, porque a crista da onda, que é nosso self consciente desperto, reenvia apenas uma similitude imperfeita e falsificada do Espírito divino. Todas as nossas opiniões, normas, formações, princípios, são apenas tentativas para representar, nesse espelho fragmentado que reflete e deforma, algo da ação total, universal e progressiva e de seu movimento multifacetado em direção a alguma revelação última do Divino. Nossa mente tenta representar essa ação total o melhor que pode, por aproximações estreitas que se tornam cada vez menos inadequadas à medida que nosso pensamento cresce em amplidão, luz e poder; mas é sempre uma aproximação, nem mesmo uma imagem parcial verdadeira. A Vontade Divina age ao longo de eras, para revelar progressivamente algo de seu Mistério divino e da verdade escondida do Infinito não só na unidade do cosmos, não só na coletividade de criaturas vivas e pensantes, mas na alma de cada indivíduo. Por isso, há no cosmos, na coletividade, no indivíduo, um instinto enraizado, ou uma convicção, de sua própria perfectibilidade, um impulso constante em direção a um autodesenvolvimento sempre maior e mais adequado, mais harmonioso e próximo da verdade secreta das coisas. Esse esforço é representado na mente construtora do ser humano por códigos de conhecimento, sentimento, caráter, estética e ação — regras, ideias, normas e leis que ele tenta mudar em dharmas[1] universais.

*
* *

Se quisermos ser livres no espírito, se quisermos estar subordinados apenas à Verdade suprema, deveremos abandonar a ideia de que nossas leis mentais ou morais são

---

1. *Dharma* (darma) — literalmente, significa aquilo que seguramos com firmeza e que mantém as coisas juntas; a Lei, as normas, as regras da natureza, da ação e da vida. [...] uma expressão que significa mais que religião, mais que moralidade, uma ação controlada por nossa maneira de ser essencial. [...] Darma significa todo Ideal que podemos propor a nós mesmos e a lei de sua elaboração e de sua ação. (*Glossary of Terms in Sri Aurobindo's writtings.*)

vinculadas ao Infinito ou de que possa haver algo de sacrossanto, absoluto e eterno em nossas normas de conduta atuais, mesmo nas mais elevadas. Elaborar regras temporárias cada vez mais altas enquanto forem necessárias é servir ao Divino em sua marcha no mundo; erigir rigidamente uma norma absoluta é tentar erigir uma barreira contra o fluir das águas eternas. Uma vez que a alma escrava da natureza se dá conta dessa verdade, ela está liberada da dualidade do bem e do mal. Pois o bem é tudo o que ajuda o indivíduo e o mundo a aproximar-se de sua plenitude divina, e o mal é tudo o que atrasa ou interrompe essa perfeição crescente. Mas, visto que a perfeição é progressiva, evolutiva no tempo, bem e mal são também quantidades que passam por alterações, de tempos em tempos mudam de significado e de valor. Uma coisa que agora é ruim e em sua forma presente deve ser abandonada, já foi útil e necessária para o progresso geral e individual. Essa outra coisa que consideramos agora como ruim pode muito bem tornar-se, em uma outra forma e arranjo, um elemento de alguma perfeição futura. E no plano espiritual nós transcendemos mesmo essa distinção, pois descobrimos o propósito e a utilidade divina de todas essas coisas que chamamos boas ou más. Então, devemos rejeitar a falsidade nelas, rejeitar tudo o que está deformado, ignorante e obscuro naquilo que é chamado bem assim como naquilo que é chamado mal. Pois devemos então aceitar apenas o verdadeiro e o divino; nenhuma outra distinção é necessária nos processos eternos.

Para aqueles que só podem agir segundo normas rígidas, para aqueles que podem sentir apenas os valores humanos e não os valores divinos, essa verdade parece ser uma concessão perigosa, capaz de destruir as próprias bases da moralidade, confundir toda conduta e estabelecer somente o caos. Certamente, se a escolha tivesse que ser entre uma ética eterna e imutável e nenhuma ética, esse seria o resultado para o indivíduo que vive em sua ignorância. Mas, mesmo no nível humano, se tivermos bastante luz e flexibilidade para reconhecer que uma norma de conduta deve ser temporária e, contudo, necessária em sua época, e observá-la fielmente até que possa ser substituída por uma melhor, então não sofreremos perda alguma: perderemos apenas o fanatismo de uma virtude imperfeita e intolerante. Em seu lugar, ganharemos amplidão de espírito e um poder de progresso moral contínuo, a caridade, a capacidade de estabelecer ligações profundas com todo esse mundo de criaturas que lutam e tropeçam e, mediante essa caridade, encontraremos razões mais verdadeiras e uma força maior para ajudar os seres humanos em seu caminho. No final, onde o humano cessa e o divino começa, onde o mental desaparece na consciência supramental e o finito se precipita no infinito, todo o mal desaparece em um Bem divino transcendente que se torna universal em cada plano de consciência que ele toca.

Isso, então, fica estabelecido: que todas as regras pelas quais podemos tentar governar nossa conduta são apenas tentativas temporárias, imperfeitas e evolutivas para representar para nós mesmos nosso progresso mental na autorrealização universal em direção à qual a Natureza se move. Mas a manifestação divina não pode estar atada a nossas pequenas regras e santidades frágeis, pois a consciência por trás é vasta demais para essas coisas. Uma vez que compreendemos esse fato, bastante desconcertante para o absolutismo de nossa razão, nos será mais fácil pôr em seu devido lugar em relação umas às outras, as regras sucessivas que governam as diferentes etapas do crescimento do indivíduo e da marcha coletiva da humanidade. Podemos lançar um olhar rápido nas regras mais gerais, pois devemos ver como se posicionam em relação a esse modo de ação sem regras, espiritual e supramental, que o Ioga busca e para o qual se move mediante a autoentrega do indivíduo à Vontade divina e, mais efetivamente, uma vez feita essa entrega, por uma ascensão a uma consciência maior em que se torna possível certa identidade com o dinamismo do Eterno.

*
* *

Há quatro regras principais que regem a conduta humana e que formam uma escala ascendente. A primeira é uma necessidade pessoal, a preferência, o desejo; a segunda é a lei e o bem da coletividade; a terceira é um ideal ético; a última é a lei divina mais alta de nossa natureza.

O ser humano começa o longo percurso de sua evolução com apenas duas dessas quatro regras para iluminá-lo e guiá-lo; elas constituem a lei de sua existência animal e vital e é enquanto animal-homem — um animal vital e físico — que ele começa seu progresso. A verdadeira ocupação do ser humano sobre a terra é expressar no tipo humano uma imagem cada vez mais perfeita do Divino; quer ele saiba quer não, é com essa finalidade que a Natureza trabalha nele, sob o véu espesso de seus processos internos e externos. Mas o homem material ou animal ignora o objetivo interior da vida; ele conhece apenas suas necessidades e seus desejos; e, necessariamente, seu único guia para cumprir aquilo que se espera dele é a percepção de suas próprias necessidades e as agitações ou indicações de seu desejo. Satisfazer suas necessidades e exigências físicas e vitais antes de qualquer outra coisa e, logo depois, todo e qualquer desejo emocional ou mental, ou todas e quaisquer imaginações ou noções dinâmicas que surjam nele, devem ser a primeira regra natural de sua conduta. A única lei que pode equilibrar ou dominar, moderar ou contradizer essa reivindicação natural insistente é a obrigação que lhe é imposta pelas ideias, necessidades e desejos de sua família, comunidade ou tribo, o rebanho, o clã do qual ele é um membro.

Se o ser humano pudesse viver só para si mesmo — e isso ele só poderia fazer se o desenvolvimento do indivíduo fosse o único objetivo do Divino no mundo — essa segunda lei não teria que intervir. Mas toda existência é regulada pela ação e reação mútuas do todo e das partes, pela necessidade que têm um do outro os constituintes e a coisa constituída, pela interdependência do grupo e dos indivíduos do grupo. Na linguagem da filosofia indiana o Divino se manifesta sempre sob a forma dupla de um ser separado e um ser coletivo, *vyaṣṭi, samaṣṭi*. O ser humano, que reivindica de maneira imperiosa o crescimento de sua individualidade separada, sua plenitude e liberdade, é incapaz de satisfazer até mesmo suas necessidades pessoais e seus desejos, salvo em conjunção com outros humanos; ele é um todo em si e, contudo, incompleto sem outros. Essa obrigação engloba sua lei pessoal de conduta com uma lei de grupo que surge da formação de uma entidade coletiva durável, com uma mente e vida coletivas próprias, às quais sua mente e vida pessoais em um corpo são subordinadas como uma unidade transitória. Contudo, há nele algo de imortal e livre que não está ligado a esse grupo-corpo; o grupo sobrevive à sua existência individual encarnada, mas não pode sobreviver ao espírito imortal que está nele nem pretender encadeá-lo à lei coletiva.

Essa lei, que em aparência é mais ampla e passa por cima de tudo, em si não é mais que uma extensão do princípio vital e animal que governa o indivíduo elementar; é a lei do clã ou do rebanho. O indivíduo identifica parcialmente sua vida com a vida de certo número de outros indivíduos com os quais é associado por nascimento, escolha ou circunstância. E visto que a existência do grupo é necessária para sua própria existência e satisfação, com o tempo, se não desde o início, ele acaba por dar um lugar primordial à preservação do grupo, à execução das necessidades coletivas e à satisfação das noções, dos hábitos de vida e dos desejos coletivos, sem os quais o grupo não poderia manter-se. A satisfação das ideias e sentimentos pessoais, das necessidades e desejos, dos hábitos e propensões deve constantemente subordinar-se — pela necessidade da situação e não por razões morais ou altruístas — à satisfação das ideias e sentimentos, das necessidades e desejos, propensões e hábitos, não desse ou daquele indivíduo nem de inúmeros indivíduos, mas da sociedade como um todo. Essa necessidade social é a matriz obscura da moralidade e do impulso ético do ser humano.

Na verdade, não se sabe se nos tempos primitivos o ser humano vivia solitário ou apenas com sua companheira, como fazem certos animais. Todos os seus traços mostram-no como um animal social, não como um corpo e espírito isolados. A lei do rebanho sempre sobrepujou a lei de seu desenvolvimento individual; ele parece ter nascido, vivido, sido formado desde sempre como uma simples unidade em uma massa. Mas lógica e naturalmente, do ponto de vista psicológico, a lei da necessidade e do desejo pessoais é a lei primordial; a lei social vem depois, como um poder secundário e usurpador. O ser humano possui dois impulsos mestres distintos: o individualista e o gregário, uma vida pessoal e uma vida social, um motivo pessoal de conduta e um motivo social de conduta. A possibilidade de oposição entre esses impulsos e os esforços para encontrar sua equação, está nas próprias raízes da civilização humana e persistem em outras formas quando o ser humano ultrapassou o animal e alcançou um progresso mental e espiritual altamente individualizado.

A existência de uma lei social exterior ao indivíduo é, de acordo com as épocas, uma vantagem considerável ou uma desvantagem pesada para o desenvolvimento do divino no ser humano. É uma vantagem no começo, quando ele é tosco e incapaz de controlar-se e descobrir-se, porque ela erige um poder que não é o de seu egoísmo pessoal e que o ajuda a persuadir ou obrigar esse egoísmo a moderar suas exigências selvagens, a disciplinar seus movimentos irracionais, e com frequência violentos, e mesmo a perder-se algumas vezes em um egoísmo mais amplo e menos pessoal. É uma desvantagem para o espírito adulto pronto a transcender a fórmula humana, porque é uma regra externa que busca impor-se a ele de fora; porém, a condição de sua perfeição é que ele cresça a partir de dentro e em uma liberdade crescente, não pela repressão de sua individualidade aperfeiçoada, mas por transcendê-la, não mais por uma lei que lhe é imposta, que treina e disciplina seu ser, mas pela alma a partir de dentro, que abre seu caminho através de todas as formas anteriores a fim de possuir seu ser e transmutá-lo com sua luz.

*
* *

No conflito entre as reivindicações da sociedade e as reivindicações do indivíduo, duas soluções ideais e absolutas se confrontam. O grupo exige que o indivíduo se subordine mais ou menos por completo à comunidade, ou mesmo que perca nela sua existência independente: a unidade menor deve ser imolada ou ela mesma oferecer-se à unidade maior. O indivíduo deve aceitar as necessidades da sociedade como suas, os desejos da sociedade como seu próprio desejo; ele deve viver não para si, mas para a tribo, o clã, a comunidade ou a nação de que ele é membro. Do ponto de vista do indivíduo, a solução ideal e absoluta seria uma sociedade que existisse não para si mesma, nem para seu propósito coletivo que passa por cima de tudo, mas para o bem do indivíduo e sua realização, para uma vida maior e mais perfeita de todos os seus membros. Representando o mais possível o que há de melhor nele e ajudando-o a realizá-lo, a sociedade respeitaria a liberdade de cada um de seus membros e manter-se-ia não pela lei e pela força, mas pela permissão livre e espontânea das pessoas que a constituem. Uma sociedade ideal de um tipo ou de outro não existe em parte alguma e seria muito difícil criá-la, e ainda mais difícil manter sua existência precária, enquanto o indivíduo se agarrar a seu egoísmo e considerá-lo a razão primordial da existência. Uma dominação geral, mas não completa, do indivíduo pela sociedade, é o modo mais fácil, e é o sistema que a Natureza adotou instintivamente desde o início e mantém em equilíbrio por meio de leis rigorosas, costumes coercivos e uma doutrinação cuidadosa da inteligência ainda subserviente e mal desenvolvida da criatura humana.

Nas sociedades primitivas a vida individual é submetida a costumes e regras comunitárias rígidas e imóveis; essa é a lei do rebanho humano, antiga e pretendendo ser eterna, que tenta sempre mascarar-se de decreto perpétuo do Imperecível, *eṣa dharmaḥ sanātanaḥ*. Esse ideal não está morto na mente humana; as tendências mais recentes do progresso humano buscam estabelecer uma edição ampliada e suntuosa dessa antiga propensão da vida coletiva para escravizar o espírito humano. Aqui há um sério perigo para o desenvolvimento integral de uma verdade maior e de uma vida maior na terra. Pois os desejos e as buscas livres do indivíduo, por mais egoístas que sejam, por mais falsos e deformados em suas formas imediatas, contêm, em seus refúgios obscuros, a semente de um desenvolvimento necessário ao todo; suas buscas, seus tropeços, têm por trás uma força que é preciso preservar e transmutar em imagem do ideal divino. Essa força necessita ser aclarada e treinada, mas não deve ser reprimida ou atrelada exclusivamente às pesadas rodas do carro social. O individualismo é tão necessário à perfeição última quanto o poder por trás do espírito de grupo; a sufocação do indivíduo poderia muito bem ser a sufocação do deus no homem. E, na realidade, no equilíbrio atual da humanidade, há pouco perigo de que um individualismo exagerado possa romper o conjunto social. Há um perigo contínuo de que a pressão exagerada da massa social, com seu peso opressivo mecânico e ignorante, reprima ou desencoraje de maneira desmedida o desenvolvimento livre do espírito individual. Pois, tomado individualmente, o ser humano pode ser aclarado com mais facilidade, ser mais consciente e aberto às influências luminosas; na massa, ele é ainda obscuro, semiconsciente, governado por forças universais que escapam a seu domínio e a seu conhecimento.

Contra o perigo de repressão e imobilização, a Natureza no indivíduo reage. Ela pode reagir por meio de uma resistência isolada, que vai da revolta instintiva e brutal do criminoso até a negação completa do solitário e do asceta. Ela pode reagir suscitando uma tendência individualista na ideia social, pode impô-la na consciência da massa e estabelecer um acordo entre as exigências do indivíduo e as da sociedade. Mas um acordo não é uma solução, apenas mitiga a dificuldade e no final aumenta a complexidade do problema e multiplica suas consequências. Um princípio novo, diferente, deve ser chamado, superior aos dois instintos antagonistas, e bastante poderoso para, ao mesmo tempo, ultrapassá-los e reconciliá-los. É preciso que, acima da lei individual natural que fixa como única regra de conduta a satisfação de nossas necessidades, preferências e desejos pessoais, e acima da lei coletiva natural que fixa como regra superior a satisfação das necessidades, preferências e desejos da comunidade como um todo, surja a noção de uma lei moral ideal que não vise a satisfação de necessidades e desejos, mas que os controle e mesmo os refreie ou anule, no interesse de uma ordem ideal que não seja animal, nem vital, nem física mas mental, uma criação da mente em sua busca da luz e do conhecimento, da norma justa, do movimento justo e da ordem verdadeira. A partir do instante em que essa noção se torna bastante forte no ser humano, ele começa a escapar da absorção na vida material e vital e entra na vida mental; ele passa do primeiro ao segundo grau da ascensão tripla da Natureza. Seus próprios desejos e necessidades são tocados pela luz de um propósito mais elevado; as necessidades da mente, os desejos estéticos, intelectuais e emocionais começam a predominar sobre as exigências da natureza física e vital.

*
* *

A lei de conduta natural parte de um conflito de forças, impulsos e desejos, para chegar a seu equilíbrio; a lei ética superior parte de um desenvolvimento da natureza mental e moral para chegar a uma regra interior fixa ou a algum ideal pessoal de qualidades absolutas — justiça, retidão, amor, razão justa, poder justo, beleza, luz. É, portanto, em essência, uma regra individual e não uma criação mental da massa. O pensador é o indivíduo; é ele quem evoca e precipita em formas aquilo que, de outro modo, permaneceria subconsciente na massa humana amorfa. Aquele que procura a moralidade é também o indivíduo; a autodisciplina, não sob o jugo de uma lei externa, mas pela obediência a uma luz interna é, em essência, um esforço individual. Mas, ao posicionar sua norma pessoal como a tradução de um ideal moral absoluto, o pensador a impõe não apenas a si, mas a todos os indivíduos aos quais seu pensamento pode alcançar e influenciar. E à medida que a massa de indivíduos aceita em pensamento essa norma, mesmo que a prática seja ainda imperfeita ou não exista, a sociedade também será impelida a obedecer a essa nova orientação. Ela absorverá a influência ideativa e tentará, sem nenhum sucesso maior, modelar suas instituições em formas novas e sob a influência desses ideais mais elevados. Mas seu instinto é sempre traduzi-las em lei obrigatória, formas-tipo, costumes mecânicos, uma obrigação social externa imposta às suas unidades vivas.

Porque, muito tempo depois que o indivíduo tenha se tornado em parte livre, um organismo moral capaz de crescimento consciente, cônscio de uma vida interior, desejando com ardor o progresso espiritual, a sociedade continua seus métodos externos: um organismo econômico e material, mecânico; mais interessada à ordem estabelecida e à sua conservação do que ao crescimento e à autoperfeição. O maior triunfo atual que o indivíduo pensante e progressista conseguiu sobre a sociedade instintiva e estagnada é o poder que ele adquiriu, pela vontade de seu pensamento, de obrigar a sociedade a pensar também, a abrir-se às ideias de justiça e retidão sociais, de simpatia coletiva e compaixão mútua, a reconhecer o papel da razão — mais que o costume cego — para decidir sobre suas instituições, e a considerar a aquiescência mental e moral de seus indivíduos ao menos como um elemento essencial para justificar a validez de suas leis. A mente coletiva começa apenas, ao menos idealmente, a considerar a luz, mais do que a força, como sua sanção, o desenvolvimento moral e não a vingança ou a repressão como o objetivo de sua ação penal. No futuro, o maior triunfo do pensador será persuadir a unidade individual e o todo coletivo a basear sua relação na vida e sua união e estabilidade em uma aquiescência livre e harmoniosa e uma adaptação mútua, e formar e governar o exterior pela verdade interior, em lugar de forçar o espírito interior pela tirania das formas e da estrutura.

Mas mesmo seu sucesso é, antes, uma coisa em potencial do que uma efetivação real. Há sempre uma desarmonia e uma discórdia entre a lei moral do indivíduo e a lei de suas necessidades e desejos, entre a lei moral proposta à sociedade e as necessidades físicas e vitais, os desejos, costumes, preconceitos, interesses e paixões da casta, do clã, da comunidade religiosa, da sociedade, da nação. O moralista erige em vão suas normas éticas absolutas e convida todos a serem fiéis a isso, sem pensar nas consequências. Para ele, as necessidades e desejos do indivíduo não são válidos se estão em conflito com a lei moral, e a lei social não tem direito sobre o indivíduo se ela for contrária a seu sentido de bem e rejeitada por sua consciência. Sua solução absoluta para o indivíduo é que ele não acalente nenhum desejo, nada reivindique que seja incompatível com o amor, a verdade, a justiça. Ele demanda à comunidade ou à nação que mantenha todas as coisas a baixo preço, até mesmo sua segurança e seus interesses mais urgentes, quando a verdade, a justiça, a humanidade e o bem maior dos povos estiverem em jogo.

Nenhum indivíduo se eleva a essas alturas, exceto em momentos intensos; nenhuma das sociedades criadas até agora satisfez esse ideal. E, no estado atual da moralidade e do desenvolvimento humano, nenhuma, talvez, pode ou poderia satisfazê-lo. A Natureza não o permitirá, a Natureza sabe que isso não deve ser. A primeira razão é que a maioria de nossos ideais morais são mal concebidos, ignorantes e arbitrários, construções mentais mais que transcrições das verdades eternas do espírito. Autoritários e dogmáticos, eles afirmam certas regras absolutas em teoria, mas, na prática, cada um dos sistemas éticos revela-se inaplicável ou, de fato, está sempre abaixo da norma absoluta a que o ideal pretende. Se nosso sistema ético é um acordo ou um expediente de ocasião, ele legitima de imediato os outros acordos ainda mais esterilizantes que a sociedade e o indivíduo se apressam em concluir com ele. E se esse sistema insiste com intransigência no amor, na justiça e no bem absolutos, ele paira acima do topo das possibilidades humanas e é reconhecido em homenagens verbais, mas ignorado na prática. Foi mesmo percebido que a moral ignora outros elementos humanos que, de igual modo, querem sobreviver, mas se recusam a encerrar-se em uma fórmula moral. Pois, assim como a lei individual do desejo contém elementos inestimáveis do todo infinito que devem ser protegidos contra a tirania absorvente da ideia social, do mesmo modo os impulsos inatos, seja do indivíduo, seja do homem coletivo, contêm elementos inestimáveis que escapam aos limites de todas as fórmulas éticas já descobertas e, no entanto, são necessários à plenitude e harmonia da perfeição divina final.

Ademais, a justiça, a razão justa e o amor absolutos, assim como são aplicados no presente por uma humanidade desorientada e imperfeita, tornam-se facilmente princípios contraditórios. Com frequência, a justiça exige o que o amor abomina. A razão justa, quando considera de maneira desapaixonada os fatos de nossa natureza e as relações humanas em busca de normas e regras satisfatórias, é incapaz de admitir sem modificação um reino de justiça absoluta ou um reino de amor absoluto. E, de fato, a justiça humana absoluta mostra-se facilmente, na prática, uma injustiça soberana; pois a mente humana, unilateral e rígida em suas construções, propõe um esquema ou uma imagem unilateral, parcial e rigorosa que reclama como seu direito a totalidade e a incondicionalidade, mas sua aplicação ignora a verdade sutil das coisas e a plasticidade da vida. Todas as nossas normas, ao serem traduzidas em ação, vacilam em um fluxo de compromissos ou se enganam em razão dessa parcialidade e estrutura sem plasticidade. A humanidade oscila de uma orientação a outra; a espécie move-se em um caminho em zigue-zague, guiada por exigências contraditórias e, no todo, elabora instintivamente os planos da Natureza, mas com muito desperdício e sofrimento, em lugar de fazer o que deseja ou considera justo, ou o que, do alto, a luz suprema exige do espírito encarnado.

*
* *

O fato é que, ao alcançarmos o culto das qualidades morais absolutas e erigirmos o imperativo categórico de uma lei ideal, não chegaremos ainda ao fim de nossa busca, ainda não tocaremos a verdade que libera. Há algo aqui, sem dúvida, que nos ajuda a ultrapassar as limitações do humano vital e físico em nós, uma exigência que sobrepuja as necessidades e desejos individuais e coletivos de uma humanidade ainda ligada ao barro vivo da Matéria em que fincou suas raízes, uma aspiração que ajuda a desenvolver o ser mental e moral em nós: esse novo elemento sublimador foi então uma aquisição de grande importância; sua ação marcou um grande passo adiante, na evolução difícil da Natureza terrestre. E, por trás dessas concepções éticas inadequadas, esconde-se também algo que está vinculado à Verdade suprema; há aqui um reflexo de uma luz e poder que são parte de uma Natureza divina não alcançada. Mas a ideia mental dessas coisas não é essa luz, e sua formulação moral não é esse poder. Essas são apenas construções mentais representativas e não podem dar corpo ao espírito divino, que elas tentam em vão aprisionar em suas fórmulas categóricas. Mais além do ser mental e moral em nós, há um ser divino maior que é espiritual e supramental; e é apenas pela travessia de uma vasta extensão espiritual onde as fórmulas mentais se dissolvem na chama imaculada da experiência interior direta, que poderemos alcançar o que está além da mente e passar de suas construções à vastidão e liberdade das realidades supramentais. Só aí poderemos tocar a harmonia dos poderes divinos que estão pobremente desfigurados em nossa mente ou emoldurados como uma imagem falsa pelos elementos contraditórios e vacilantes da lei moral. Só aí tornar-se-á possível a unificação do ser humano vital e físico transformado e do ser humano mental iluminado, nesse Espírito supramental que é, ao mesmo tempo, a fonte secreta e o objetivo de nossa mente, vida e corpo. Só aí existe toda possibilidade de uma justiça, amor e bem absolutos — muito diferente daquilo que imaginamos — unidos um ao outro na luz do conhecimento divino supremo. Só aí poderão reconciliar-se os elementos contraditórios de nossa natureza.

Em outras palavras, acima e além da lei externa da sociedade, da lei moral do ser humano — embora ambas tendam a isso de maneira fraca e ignorante —, encontra-se a verdade maior de uma vasta consciência sem limites, uma lei divina em direção à qual essas duas formas cegas e grosseiras dirigem pouco a pouco seus passos trôpegos, em seu esforço para escapar da lei natural do animal e encontrar uma luz mais alta ou uma regra universal. E visto que a divindade em nós é nosso espírito que caminha para sua própria perfeição escondida, essa norma divina deve ser a verdade suprema de nossa natureza e sua lei espiritual. Ademais, como somos seres encarnados no mundo, com uma existência e natureza comuns, e também somos almas individuais capazes de contato direto com o Transcendente, essa verdade suprema de nós mesmos deve ter um caráter duplo. Essa deve ser uma lei, uma verdade que descobre o movimento, a harmonia e o ritmo perfeitos de uma grande vida coletiva espiritualizada e determina perfeitamente nossas relações com cada ser e com todos os seres na unidade variada da Natureza. Essa deve ser ao mesmo tempo uma lei e uma verdade que nos revele a cada instante o ritmo e os passos exatos da expressão direta do Divino na alma, na mente, na vida e no corpo da criatura individual[2]. E descobriremos com a experiência que essa luz e força de ação suprema, em sua expressão mais alta é, ao mesmo tempo, uma lei imperativa e uma liberdade absoluta. É uma lei imperativa porque governa, pela Verdade imutável, cada um de nossos movimentos interiores e exteriores. E, contudo, a cada instante e em cada movimento é a liberdade absoluta do Supremo que modela a plasticidade perfeita de nossa natureza consciente e liberada.

O idealista ético tenta descobrir essa lei suprema em seus próprios dados morais, nos fatores e poderes inferiores que pertencem às fórmulas éticas e morais. E para sustentá-las e organizá-las ele seleciona um princípio básico de conduta essencialmente defeituoso e construído pelo intelecto: utilidade, hedonismo, razão, consciência intuitiva ou alguma outra norma generalizadora. Todos esses esforços são predestinados à falência. Nossa natureza interna é a expressão progressiva do Espírito eterno e é um poder demasiado complexo para ser amarrado por um princípio dominante único, seja mental, seja moral. Apenas a consciência supramental pode revelar às forças antagônicas e contraditórias de nossa natureza sua verdade espiritual e harmonizar suas divergências.

As religiões mais recentes se esforçam para fixar um tipo de conduta supremo e com base na verdade, erigem um sistema e proclamam a lei de Deus pela boca do Avatar ou do profeta. Esses sistemas, mais poderosos e dinâmicos que a seca lei moral, são, contudo, para a maioria, não mais que glorificações idealistas de um princípio moral santificado pela emoção religiosa e pelo rótulo de uma origem supra-humana. Alguns, como a ética cristã extrema, são rejeitados pela Natureza

---

2. É por isso que a Gītā define *dharma* — uma expressão que quer dizer mais do que religião ou moralidade — como ação controlada por nossa maneira de ser essencial.

porque insistem em uma regra absoluta impraticável e ilusória. Outros, no final revelam o que são: compromissos evolutivos que se tornam obsoletos com o passar do Tempo. A verdadeira lei divina, ao contrário dessas falsificações mentais, não pode ser um sistema de determinações éticas rígidas que comprime em seu molde de ferro todos os movimentos de nossa vida. A Lei divina é uma verdade da vida e uma verdade do espírito e deve abarcar em uma plasticidade viva e livre cada passo de nossa ação e toda a complexidade dos problemas de nossa vida, e inspirá-los pelo contato direto de sua luz eterna. Ela deve agir não como uma regra e uma fórmula, mas como uma presença consciente envolvente e penetrante que determina todos os nossos pensamentos, atividades, sentimentos, impulsões de nossa vontade, por seu poder e conhecimento infalíveis.

As religiões mais antigas erigiram a regra do sábio, os preceitos de Manu ou de Confúcio, um Shastra complexo em que tentavam combinar a regra social, a lei moral e a afirmação de certos princípios eternos de nossa natureza mais alta, em uma espécie de amálgama unificador. Esses três elementos eram tratados do mesmo modo, como a expressão igual de verdades imperecíveis, *sanātana dharma*[3]. Mas dois desses elementos são evolutivos e válidos por um tempo, pois são construções mentais, interpretações humanas da vontade do Eterno; o terceiro, ligado e subordinado a certas fórmulas sociais e morais, teve que partilhar a fortuna dos outros dois. Ou o Shastra torna-se obsoleto e deve modificar-se progressivamente e, no final, ser rejeitado, ou então se alça como uma barreira rígida contra o desenvolvimento do indivíduo e da espécie. O Shastra erige uma norma coletiva e externa; ignora a natureza interior do indivíduo, os elementos indetermináveis de uma força espiritual secreta que está nele. Mas a natureza do indivíduo não aceita ser ignorada, suas exigências são inexoráveis. A indulgência sem restrições de seus impulsos exteriores leva à anarquia e à dissolução, mas a repressão e a coerção da liberdade de sua alma por uma regra fixa e mecânica conduzem à estagnação ou à morte interior. A coisa suprema que o ser humano deve encontrar não é essa coerção nem essa determinação exteriores, mas a livre descoberta de seu espírito mais alto e a verdade de um movimento eterno.

É pelo indivíduo — em sua mente, em sua vontade e em seu senso psíquico — que se descobre, primeiro, a lei ética superior e, depois, ela se estende à espécie. A lei suprema deve ser descoberta também pelo indivíduo em seu espírito. Só então, por uma influência espiritual e não pelas ideias mentais, ela pode estender-se a outros. Uma lei moral pode ser imposta como uma regra ou um ideal ao grande número de

---

3. Lei Eterna — termo que designa o conjunto das práticas espirituais da Índia. (N. da T.)

pessoas que não alcançaram esse nível de consciência ou essa sutileza da mente, da vontade e do senso psíquico em que a lei moral se torna, para elas, uma realidade e uma força viva. Como ideal, ela pode ser venerada sem necessidade alguma de ser praticada. Como regra, pode ser observada em suas exterioridades, mesmo se seu significado interior estiver de todo ausente. A vida supramental e espiritual não pode ser mecanizada desse modo, não pode ser reduzida a um ideal mental ou a uma regra externa. Ela tem seus próprios princípios superiores, mas eles devem se tornar reais, devem se tornar as operações de um Poder ativo sentido na consciência individual e as transcrições de uma Verdade eterna com o poder de transformar a mente, a vida e o corpo. E porque essa Verdade é tão real, efetiva, imperativa, a generalização da consciência supramental e da vida espiritual é a única força que pode conduzir as criaturas terrestres mais evoluídas à perfeição individual e coletiva. É somente quando entramos em contato constante com a Consciência divina e sua Verdade absoluta que certa forma do Divino consciente, o Absoluto dinâmico, pode apoderar-se de nossa existência na terra e transformar seus conflitos, tropeços, sofrimentos e falsidades em imagem da Luz, do Poder e de Ananda supremos.

A culminação desse contato constante da alma com o Supremo é esse dom de si, que chamamos entrega à Vontade divina, e a imersão do ego separado no Um que é tudo. Uma vasta universalidade da alma e uma unidade intensa com tudo é a base e a condição invariável da consciência supramental e da vida espiritual. É apenas nessa universalidade e unidade que poderemos encontrar a lei suprema da manifestação divina na vida do espírito encarnado; apenas nisso poderemos descobrir a moção suprema e o modo de funcionar justo de nossa natureza individual. Apenas nisso todas as discórdias inferiores poderão converter-se em uma harmonia vitoriosa das relações verdadeiras entre os seres manifestados, parcelas da Divindade única e crianças da mesma Mãe universal.

*
* *

Toda conduta e toda ação são partes do movimento de um Poder, de uma Força infinita e divina em sua origem, sua vontade e seu sentido secreto (embora suas formas nos pareçam inconscientes ou ignorantes, materiais, vitais, mentais, finitas), que trabalha para fazer emergir progressivamente algo do Divino e do Infinito na obscuridade da natureza individual e coletiva. Esse Poder conduz à Luz, mas ainda através da Ignorância. Ele conduz o indivíduo, primeiro, usando suas necessidades e desejos; depois, o guia através de necessidades e desejos, mas melhorados, modificados e esclarecidos por um ideal mental e moral. Ele se prepara para conduzi-lo a uma realização espiritual que põe de lado essas coisas e mesmo assim as cumpre e reconcilia em tudo que, nelas, é divinamente verdadeiro em espírito e propósito. Ele transforma necessidades e desejos em uma Vontade e Ananda divinas. Transforma as aspirações mentais e morais em poderes da Verdade e da Perfeição que as ultrapassam. Substitui a tensão dividida da natureza individual, a paixão e o conflito do ego separado, pela calma lei profunda, harmoniosa e feliz da pessoa universalizada dentro de nós, o ser central, o espírito que é uma parcela do Espírito supremo. Essa Pessoa verdadeira em nós, por ser universal, não busca sua gratificação separada; ela pede apenas para se expressar na Natureza, para alcançar sua estatura real, para expressar seu self divino interior, esse poder, essa presença transcendente e espiritual nela que é una com tudo e em simpatia com cada coisa, cada criatura e com todas as personalidades coletivas, todos os poderes da existência divina e mesmo assim os transcende, e não está atada pelo egoísmo de nenhuma criatura, nem de nenhuma coletividade, nem está limitada pelos controles ignorantes de sua natureza inferior. Essa é a alta realização que se apresenta à nossa busca e ao nosso esforço; ela é a promessa segura de uma reconciliação e transmutação perfeitas de todos os elementos de nossa natureza. Uma ação pura, total e sem defeito só será possível quando esse labor for efetuado e alcançarmos a altura da Divindade secreta em nosso interior.

A ação supramental perfeita não seguirá nenhum princípio exclusivo ou norma limitada. Não é de se esperar que ela satisfaça as normas do indivíduo egoísta ou as de uma mente de grupo organizada. Não se sujeitará às exigências do indivíduo do mundo habitual, positivo e prático, nem às do moralista convencional, do patriota nem do filantropo sentimental, nem às do filósofo idealista. Ela brotará dos cumes de modo espontâneo, afluindo na totalidade de um ser, uma vontade e um conhecimento iluminados e sublimados, e não pela ação selecionada, calculada e uniformizada que é tudo o que a razão intelectual ou a vontade ética pode alcançar. Seu único objetivo será expressar aquilo que é divino em nós e manter a coesão do mundo em seu progresso em direção à Manifestação que deve ser. E isso não será nem mesmo um objetivo e um propósito, mas uma lei espontânea do ser e uma determinação intuitiva da ação pela Luz da Verdade divina e sua influência automática. Assim como a ação da Natureza, a ação supramental procederá de uma vontade e um conhecimento totais por trás da Natureza, mas uma vontade e conhecimento luminosos, em uma suprema Natureza consciente e não mais obscura nessa Prakriti ignorante. Essa não será uma ação sujeita às dualidades, mas uma ação completa e vasta na imparcial alegria de ser do espírito. O movimento feliz e inspirado de um

Poder e uma Sabedoria divinos que nos guiam e impelem substituirá as perturbações e os tropeços do ego sofrido e ignorante.

Se, pelo milagre de alguma intervenção divina, a humanidade inteira pudesse, de uma vez, ser elevada a esse nível, teríamos na terra algo que se pareceria à Idade de Ouro das tradições: Satya Yuga, a Idade da Verdade ou da existência verdadeira. Pois o sinal de Satya Yuga é que a Lei é espontânea e consciente em cada criatura e cumpre suas obras em uma harmonia e liberdade perfeitas. Unidade e universalidade seriam os fundamentos da consciência da espécie, e não uma divisão separadora; o amor seria absoluto; igualdade seria compatível com a hierarquia e perfeita em relação às diferenças; a justiça absoluta seria assegurada pela ação espontânea do ser em harmonia com a verdade das coisas e com sua própria verdade e aquela dos outros e, portanto, segura de um resultado justo e verdadeiro; a razão justa, não mais mental, mas supramental, não se contentaria em observar regras artificiais, mas perceberia de maneira automática e livre as relações justas entre as coisas e as traduziria inevitavelmente em atos. A disputa entre o indivíduo e a sociedade ou os conflitos desastrosos entre comunidades não poderiam existir: a consciência cósmica engastada em seres encarnados, asseguraria uma diversidade harmoniosa na unidade.

No estado atual da humanidade é o indivíduo que deve ascender a essa altura, como um pioneiro e precursor. Seu isolamento na massa dará, necessariamente, uma determinação e uma forma às suas atividades externas, que serão muito diferentes daquelas de uma ação coletiva consciente e divina. O estado interior, a raiz de seus atos, serão os mesmos; mas é provável que os próprios atos sejam muito diferentes do que seriam em uma terra liberada da ignorância. No entanto, sua consciência e o mecanismo divino de sua conduta (se esse termo pode ser aplicado a uma coisa tão livre) serão assim como foram descritos: livres de toda sujeição às impurezas vitais e aos desejos e impulsos falsos que chamamos pecado; livres das regras e fórmulas mentais prescritas que chamamos virtude; espontaneamente seguros e puros e perfeitos em uma consciência maior que a consciência mental; governados a cada passo pela luz e pela verdade do Espírito. Mas se pudéssemos reunir em uma coletividade ou em um grupo aqueles que alcançaram a perfeição supramental, então, na verdade, uma criação divina poderia formar-se; uma nova terra poderia descer, que seria um novo céu; um mundo de luz supramental poderia ser criado aqui, em meio à obscuridade debilitada dessa ignorância terrestre.

CAPÍTULO VIII

A VONTADE SUPREMA

À luz dessa manifestação progressiva do Espírito, primeiro, aparentemente ligada à Ignorância, depois, livre no poder e na sabedoria do Infinito, podemos compreender melhor a grande e suprema exortação da Gītā ao carma-iogue: "Abandona todos os darmas, todos os princípios, todas as leis e regras de conduta, e refugia-te em Mim somente". Todas as normas e regras são construções temporárias baseadas nas necessidades do ego em sua transição da Matéria ao Espírito. Esses artifícios são relativamente indispensáveis enquanto estivermos satisfeitos nos estágios de transição, contentes com a vida física e vital, apegados ao movimento mental ou mesmo enquanto estivermos fixos nas regiões do plano mental que são tocadas pelos lustres espirituais. Porém, mais além, encontra-se a vasta extensão sem muros da consciência supramental infinita, e, lá, todas as estruturas temporárias desaparecem. Não é possível entrar totalmente na verdade espiritual do Eterno e Infinito se não tivermos a fé e a coragem de confiarmo-nos nas mãos do Senhor de todas as coisas, o Amigo de todas as criaturas, e de deixar para trás todos os nossos limites e medidas mentais. Em dado momento devemos mergulhar sem hesitação nem reserva, sem medo nem escrúpulo, no oceano do Infinito, do Livre, do Absoluto. Após a Lei, a Liberdade; após as regras pessoais, as regras gerais, as regras universais, há algo maior: a plasticidade impessoal, a liberdade divina, a força transcendente e o impulso supernal. Depois do caminho estreito da ascensão, os vastos altiplanos do cume.

Há três etapas na ascensão — na mais baixa, a vida corporal escravizada à pressão das necessidades e do desejo; no meio, o reino da mente, das emoções superiores e do psíquico, a busca tateante, as motivações, aspirações, experiências mais elevadas; e, no cume, primeiro um estado psíquico e espiritual mais profundo, depois, uma consciência supramental eterna em que todas as nossas aspirações e buscas descobrem seu significado profundo. Na vida corporal, é primeiro o desejo e a necessidade, depois, o bem prático do indivíduo e da sociedade que são a consideração primordial, a força dominante. Na vida mental as ideias e os ideais governam — ideias que são meias-luzes com roupagens da Verdade, ideais formados pela mente como um resultado de uma intuição e experiência crescentes, mas ainda imperfeitas. Cada vez que a vida mental prevalece e a vida corporal diminui suas reivindicações brutais, o homem, o ser mental, sente-se impelido pelo elã da Natureza mental a modelar a vida do indivíduo segundo uma ideia ou um ideal; e, no final, mesmo a vida vagamente mais complexa da sociedade é obrigada a seguir esse processo sutil. Na vida espiritual, ou quando um poder mais alto que a Mente se manifesta e toma posse de nossa natureza, essas forças motrizes limitadas recuam, definham e tendem a desaparecer. O Self espiritual ou supramental, o Ser Divino, a Realidade suprema e imanente deve ser o único Senhor em nós, e deve modelar livremente nosso desenvolvimento último em acordo com a lei de nossa natureza e sua expressão mais alta, mais vasta e mais integral possível. Por fim, nossa natureza agirá na Verdade perfeita e na liberdade espontânea, pois obedecerá apenas ao poder luminoso do Eterno. O indivíduo não tem mais nada a ganhar, nenhum desejo a satisfazer; ele se tornou uma parte da impessoalidade do Eterno ou de sua personalidade universal. Nenhum outro motivo poderia levá-lo à ação, salvo a manifestação e o jogo do Espírito Divino na vida e a conservação e condução do mundo em seu caminho para o objetivo divino. Ideias, opiniões e construções mentais não são mais suas, pois sua mente entrou no silêncio e não é mais que um canal para a Luz e a Verdade do conhecimento divino. Os ideais são demasiado estreitos para a vastidão de seu espírito; é o oceano do Infinito que flui através dele e o move para sempre.

*
* *

Todo aquele que entra de maneira sincera no Caminho das Obras, deve deixar para trás o estágio em que necessidade e desejo são a lei primeira de seus atos. Pois quaisquer que sejam os desejos que ainda perturbam sua natureza, ele deve, se aceitar os elevados objetivos do Ioga, rejeitá-los e colocá-los nas mãos do Senhor que está em nós. O Poder supremo se ocupará deles, para o bem do sadhaka e para o bem de todos. De fato, vimos que, uma vez feita essa entrega — desde que a rejeição seja sincera —, a indulgência egoística em relação ao desejo poderá repetir-se durante certo tempo sob o impulso persistente da antiga natureza, mas apenas para exaurir o ímpeto adquirido e ensinar aos elementos mais refratários do ser encarnado (sua natureza nervosa, vital e emotiva), e mostrar-lhes, pelas reações do desejo, sua aflição e sua agitação — amargamente em contraste com os períodos calmos da paz superior ou com os movimentos maravilhosos da Ananda divina —, que o desejo egoísta não é uma lei para a alma que busca liberação ou aspira à sua verdadeira natureza divina original. Depois disso, o elemento de desejo naqueles impulsos será expulso ou eliminado com persistência por uma recusa constante e uma pressão transformadora. Neles, apenas a força pura da ação (*pravṛtti*), justificada por uma felicidade igual em todas as obras e em todos os resultados que forem inspirados ou impostos do alto, será preservada na harmonia feliz de uma perfeição final. Agir, fruir, é a lei normal e o direito do ser nervoso; mas escolher a ação e a fruição pelo desejo pessoal é só sua vontade ignorante, não seu direito. Somente a Vontade suprema e universal deve escolher; a ação deve mudar em um movimento dinâmico dessa Vontade; a fruição deve ser substituída pelo jogo de uma pura Ananda espiritual. Toda vontade pessoal é uma delegação temporária do alto ou uma usurpação do Asura[1] ignorante.

A lei social, esse segundo termo de nosso progresso, é o meio ao qual o ego é submetido, a fim de aprender a disciplina pela subordinação a um ego coletivo mais amplo. Essa lei pode ser perfeitamente vazia de todo conteúdo moral e expressar apenas as necessidades e o bem prático da sociedade assim como cada sociedade os concebe. Ela pode também expressar essas necessidades e esse bem, mas modificados, adornados e suplementados por uma lei moral e um ideal mais altos. Ela impõe ao indivíduo ainda não inteiramente desenvolvido, um dever social, obrigações familiares, exigências comunitárias ou nacionais, obrigatórios enquanto não estiverem em contradição com sua percepção crescente de uma Justiça superior. Mas o sadhaka do Carma-Ioga abandonará isso também ao Senhor das Obras. Uma vez que ele fez essa entrega, seus impulsos e julgamentos sociais serão, como seus desejos, ainda utilizados, mas apenas para serem exauridos ou, talvez, na medida em que forem ainda necessários por certo tempo, para ajudá-lo a identificar sua natureza mental inferior com a humanidade em geral ou com qualquer agrupamento humano e com suas obras, esperanças e aspirações. Mas uma vez passado esse breve período, as impulsões sociais se retirarão e só a governança divina permanecerá. Ele se identificará com o Divino, e com os outros somente pela consciência divina e não pela natureza mental.

Pois mesmo liberado, o sadhaka continuará no mundo, e permanecer no mundo é agir. Mas agir sem desejo é agir para o bem do mundo em geral ou para o bem do

---

1. Asura — demônio, força antidivina, que se opõe à intenção divina e ao propósito evolutivo no ser humano. (N. da T.)

grupo, da espécie, ou para alguma criação nova que deverá se manifestar na evolução terrestre, ou para cumprir algum trabalho imposto pela Vontade divina que está nele. E isso deve ser feito na estrutura fornecida pelo meio ou pelo grupo em que o sadhaka nasceu ou vive, ou em uma que tenha sido escolhida ou criada para ele por uma direção divina. Portanto, em nossa perfeição, nada deve ser deixado no ser mental que esteja em conflito com nossa simpatia pela espécie humana ou nos impeça de nos comunicar livremente com ela, com o grupo ou com qualquer outra expressão coletiva do Divino que estejamos destinados a dirigir, ajudar ou servir. Mas, no final, essa simpatia deve tornar-se uma identificação livre pela identidade com o Divino e não uma ligação mental, um vínculo moral de associação vital dominada por um egoísmo qualquer, pessoal, social, nacional, comunitário ou religioso. Se alguma lei social for obedecida, não será por uma necessidade física nem pelo interesse pessoal ou geral, nem por conveniência, nem pela pressão do meio ou pelo sentido do dever, mas unicamente por amor ao Senhor das obras, e por sentir ou saber que a Vontade divina quer que a lei, a norma ou a relação social tal como é, seja ainda mantida como uma imagem da vida interior, e que não se deve perturbar a mente dos homens pela transgressão de sua lei. Se, por outro lado, a lei, norma ou relação social for desconsiderada, isso também não será para satisfazer a um desejo, a uma vontade ou opinião pessoais, mas porque se sente uma regra superior que expressa a lei do Espírito ou porque se sabe que na marcha da Toda-Vontade divina deve haver um movimento em direção à mudança, à superação e à abolição das leis e formas existentes, em prol de uma vida mais livre e mais ampla, necessária ao progresso do mundo.

Resta ainda a lei moral ou o ideal, e os dois, mesmo para muitos que se consideram livres, podem parecer para sempre sagrados e intangíveis. Mas o sadhaka cujo olhar estiver sempre voltado para o alto, os abandonará Àquele que todos os ideais busca expressar, mas o faz de maneira imperfeita e fragmentada; todas as qualidades morais não são mais que uma paródia, pobre e rígida, de Sua perfeição espontânea e sem limites. A sujeição ao pecado e ao mal desaparece quando desaparecem os desejos nervosos; pois a sujeição pertence à qualidade das paixões, ímpetos ou impulsos das tendências vitais (*rajoguṇa*) em nós, e ela se extingue com a transformação desse modo da Natureza. Mas o aspirante tampouco deve permanecer sujeito à cadeia de ouro, ou dourada, de uma virtude convencional e habitual, nem de uma virtude mentalmente ordenada ou de uma virtude sátvica clara e elevada. Isso será substituído por algo mais profundo e mais essencial do que essa coisa pequena e inadequada que os homens chamam virtude. O sentido original dessa palavra era "qualidade própria do homem", que tem um sentido muito mais amplo e profundo que a virtude como a concebe a mente moral e suas estruturas. A culminação do Carma-Ioga é um estado ainda mais elevado, que poderia talvez ser chamado "estado de alma"[2] — pois a alma é maior que o indivíduo: um livre estado de alma, que brota de maneira espontânea de uma Verdade e Amor supremos nas ações, substituirá a virtude humana. Mas essa Verdade suprema não pode ser forçada a habitar nos pequenos edifícios da razão prática nem estar confinada nas construções mais respeitáveis da razão ideativa superior, que impõe suas representações à inteligência humana limitada como se fossem a verdade pura. Esse Amor supremo não estará necessariamente em acordo com os movimentos humanos que chamamos atração, simpatia e piedade, que são coisas parciais e tênues, ignorantes, sentimentais, e será ainda menos seu sinônimo. A pequena lei não pode atar o movimento mais vasto; os ganhos parciais da mente não podem ditar seus termos à realização suprema da alma.

No começo, a Verdade e o Amor superiores executarão seu movimento no sadhaka segundo a lei ou o modo essencial próprio à natureza dele. Pois sua natureza é um aspecto essencial da Natureza divina, o poder particular da Shakti suprema, de onde sua alma emergiu para entrar no Jogo; mas a alma não é limitada pelas formas dessa lei, por esse modo de ser, pois a alma é infinita. Porém, ainda assim, a substância de sua natureza carrega a marca dessa forma e desse modo, ela evolui com fluidez ao longo dessas linhas ou segue as curvas espiraladas dessa influência dominante. O sadhaka expressará o movimento divino da Verdade segundo seu temperamento: aquele do sábio ou do guerreiro intrépido, aquele do amante e possuidor das coisas ou aquele do trabalhador e servidor, ou ainda segundo alguma outra combinação dos atributos essenciais, *gunas*, que podem constituir a forma dada a seu ser por seu próprio anelo interior. É essa Natureza profunda, que brinca livremente por meio de seus atos, que os homens verão nele, e não uma conduta preparada de antemão, demarcada e artificialmente regulada por uma norma inferior ou alguma lei externa.

Mas há uma perfeição ainda mais alta, uma infinitude, *ānantya*, em que mesmo essa última limitação é superada, porque a natureza é inteiramente realizada e suas fronteiras desvanecem. Lá, a alma vive sem fronteiras, porque utiliza todas as formas e todos os moldes segundo a Vontade divina que está nela, mas não é reprimida, não está amarrada, não está aprisionada no poder e na forma que utiliza. Esse é o cume do Caminho das Obras e essa é a liberdade perfeita da alma em suas ações. Na

---

2. *Soulhood*. Intraduzível em português. Em inglês, *hood* é um sufixo que forma substantivos, dando-lhes o sentido geral de "estado", "qualidade" etc. No caso, seria o estado em que é a alma que conduz a vida. (N. da T.)

realidade, ela não age mais, pois todas as suas atividades são o ritmo do Supremo e fluem d' Ele somente, de modo soberano, como uma música espontânea que vem do Infinito.

*
* *

Portanto, a total entrega de todas as nossas ações a uma Vontade suprema e universal, uma entrega incondicional e sem normas de todas as nossas obras ao governo desse algo eterno dentro de nós que substituirá o modo de funcionar normal do ego natural, é o caminho e o objetivo do Carma-Ioga. Mas qual é essa Vontade divina suprema e como ela pode ser reconhecida por nossos instrumentos enganosos e nossa inteligência cega e prisioneira?

Em geral, concebemos a nós mesmos como um "eu" separado no universo, que governa um corpo separado e uma natureza mental e moral separada, que escolhe e determina em completa liberdade suas próprias ações, que é independente e, por conseguinte, único mestre de suas obras e único responsável por elas. Não é fácil para a mente comum, a mente que não refletiu e tampouco olhou profundamente sua própria constituição e seus constituintes — e é difícil mesmo para aqueles que o fazem, mas não têm a visão e a experiência espirituais —, imaginar como pode haver em nós algo mais verdadeiro, mais profundo e mais poderoso que esse "eu" aparente e seu império. Mas o primeiro passo para o autoconhecimento e para o conhecimento verdadeiro dos fenômenos, é ir por trás da verdade aparente das coisas e encontrar aí a verdade essencial e dinâmica — real, mas mascarada — que suas aparências encobrem.

Esse ego ou "eu" não é uma verdade durável, muito menos nossa parte essencial; é apenas uma formação da Natureza, uma forma mental que centraliza o pensamento na parte perceptiva e discriminadora da mente; uma forma vital que centraliza os sentimentos e as sensações nas partes vitais de nosso ser; uma forma física de receptividade consciente que centraliza a substância e as funções da substância em nosso corpo. Tudo o que somos internamente não é o ego, mas a consciência, a alma, o espírito. Tudo o que somos e fazemos exteriormente e em superfície não é o ego, mas a Natureza. Uma força cósmica executora nos modela e, mediante nosso temperamento, nosso meio e nossa mentalidade assim modelados, mediante essa forma individualizada das energias cósmicas, ela dita nossos atos e seus resultados. Na verdade, nós não pensamos, não queremos, não agimos, mas o pensamento ocorre em nós, a vontade ocorre em nós, o impulso e a ação ocorrem em nós; nosso sentido de ego reúne em torno de si, atribui a si mesmo todo esse fluxo de atividades naturais. É a Força cósmica, é a Natureza que forma o pensamento, impõe a vontade, dá o impulso. Nosso corpo, nossa mente e nosso ego são uma onda desse mar de força em ação e não o governam, mas são governados e dirigidos por ele. O sadhaka, em sua marcha em direção à verdade e ao autoconhecimento, deve chegar ao ponto em que a alma abre seus olhos de visão e reconhece a verdade que governa o ego e a verdade que governa as obras. Ele abandona a ideia de um "eu" mental, vital, físico que age ou governa a ação; ele reconhece que Prakriti, a Força da natureza cósmica seguindo seus modos fixos, age nele e em todas as coisas e criaturas.

Mas o que é que fixou os modos da Natureza? Ou quem originou e governa os movimentos da Força? Há uma Consciência — ou um Consciente — por trás, que é o senhor, testemunha, conhecedor, aquele que frui e é a fonte de sanção das obras da Natureza; essa consciência é a Alma ou Purusha. Prakriti modela a ação em nós; Purusha nela ou por trás dela, é a testemunha que consente, assume e sustenta a ação. Prakriti forma o pensamento em nossa mente; Purusha nela ou por trás dela conhece o pensamento e a verdade no pensamento. Prakriti determina o resultado da ação; Purusha nela ou por trás dela deleita-se com as consequências ou as tolera. Prakriti forma a mente e o corpo, modela-os e os desenvolve; Purusha sustenta a formação e a evolução e sanciona cada passo de sua obra. Prakriti aplica a Vontade--Força que atua nas coisas e nos seres humanos; Purusha põe em movimento essa Vontade-Força conforme sua visão daquilo que deve ser feito. Esse Purusha não é o ego de superfície, mas um Self silencioso, fonte de Poder, origem e receptor do Conhecimento por trás do ego. Nosso "eu" mental é apenas um reflexo falso desse Self, desse Poder, desse Conhecimento. Esse Purusha ou Consciência sustentadora é, portanto, causa, recipiente e suporte de todas as obras da Natureza, mas ele mesmo não é o autor. Prakriti, a força da Natureza, na frente, e Shakti, a Força Consciente, a Força da Alma, por trás — pois essas duas são as faces interiores e exteriores da Mãe universal —, são responsáveis por tudo o que é feito no universo. A Mãe universal, Prakriti-Shakti é a única obreira.

Purusha-Prakriti, a Consciência-Força, a Alma sustentando a Natureza — pois os dois, mesmo em sua separação são um e inseparáveis —, é um Poder ao mesmo tempo universal e transcendental. Mas no indivíduo também há algo que não é o ego mental, algo que é uno em essência com essa realidade maior, algo que é um reflexo puro ou uma parcela do Purusha único: isso é a Alma, a Pessoa ou o ser encarnado, o self individual, Jivatman; é o Self que parece limitar seu poder e seu conhecimento a fim de sustentar um jogo individual da Natureza transcendental e universal. Na realidade mais profunda o infinitamente Um é também infinitamente múltiplo; não somos apenas um reflexo ou uma parcela d'Isto, nós somos Isto; nossa individualidade espiritual — ao contrário de nosso ego — não impede nossa universalidade e nossa transcendência. Mas no presente, a alma ou self em nós, absorvida por sua individualização na Natureza, deixa-se confundir com a ideia do ego; é preciso que ela se libere dessa ignorância; ela precisa conhecer-se enquanto reflexo ou parcela ou ser do Self supremo e universal, e saber que é apenas um centro de Sua consciência na ação cósmica. Mas esse Jiva Purusha tampouco é o autor das obras — não mais do que o ego ou a consciência sustentadora da Testemunha-Conhecedor. Ainda e sempre, é a Shakti transcendente e universal que é a única autora. Mas por trás dela está o Um Supremo que se manifesta por meio dela como o poder dual: Purusha-Prakriti, Ishvara-Shakti[3]. O Supremo torna-se dinâmico enquanto Shakti e, por meio dela, ele é a única origem e o único Mestre das obras no universo.

*
* *

Se essa for a verdade das obras, a primeira coisa que o sadhaka deverá fazer é retirar-se das formas egoísticas de atividade e liberar-se da sensação de um "eu" que age. Ele deve ver e sentir que tudo acontece nele pelo automatismo plástico, consciente ou subconsciente, ou algumas vezes supraconsciente, de seus instrumentos mentais e corporais que são movidos pelas forças da Natureza espiritual, mental, vital e física. Há uma personalidade na superfície de seu ser que escolhe e quer, submete-se e luta, tenta dar-se bem com a Natureza ou prevalecer sobre ela, mas essa personalidade é ela mesma uma construção da Natureza e é tão dominada, conduzida, determinada pela Natureza, que não pode ser livre. Essa é uma formação ou expressão do Self na Natureza: é um self da natureza mais que um self do Self; é nosso ser natural e

---

3. Ishvara-Shakti e Purusha-Prakriti não são exatamente a mesma coisa, pois Purusha e Prakriti são poderes separados, mas Ishvara e Shakti se contêm um ao outro. Ishvara é Purusha que contém Prakriti e governa pelo poder da Shakti que está nele. Shakti é Prakriti animizada pelo Purusha, e ela age pela vontade do Ishvara que é sua própria vontade e cuja presença está sempre com ela em seu movimento. A realização de Purusha-Prakriti é de primeira necessidade para o sadhaka no Caminho das Obras; pois é a separação entre o ser consciente e a Energia e a sujeição do ser ao mecanismo dessa Energia, que é a causa determinante de nossa ignorância e imperfeição; por essa realização, o ser pode liberar-se da ação mecânica da natureza, tornar-se livre e chegar a um primeiro controle espiritual de sua natureza. Ishvara-Shakti mantém-se por trás da relação Purusha-Prakriti e sua ação ignorante, e serve-se dela para seus propósitos evolutivos. A realização de Ishvara-Shakti pode levar a participação a um dinamismo mais elevado e a uma ação divina, uma unidade e harmonia totais do ser em uma natureza espiritual.

evolutivo, não nosso ser espiritual e permanente; uma personalidade construída e temporária, não a Pessoa verdadeira e imortal. É essa Pessoa que o sadhaka deve se tornar. Ele deve conseguir estar em quietude em seu interior, desapegar-se da personalidade exterior ativa, tal como um observador, e aprender o jogo das forças cósmicas em si mesmo, afastando-se de toda absorção em seus giros e movimentos cegantes. Desse modo, calmo, desapegado, um estudante de si mesmo e testemunha de sua natureza, percebe que ele é a alma individual que observa as obras da Natureza, aceita seus resultados com tranquilidade e dá ou retira sua permissão ao impulso que a faz agir. No momento, essa alma ou Purusha é pouco mais que um espectador aquiescente, que influencia talvez a ação e o desenvolvimento do ser pela pressão de sua consciência velada, mas que na maioria das vezes delega seus poderes, ou um fragmento deles, à sua personalidade externa — de fato, à Natureza, pois seu self externo não é senhor da Natureza, mas seu sujeito, *anīśa*; mas, uma vez desvelado, o Purusha pode exercer sua sanção ou sua recusa, tornar-se o mestre da ação, ditar, de modo soberano, uma mudança da Natureza. Mesmo se durante muito tempo, como resultado de uma associação estabelecida e de uma acumulação de energia passada, o movimento habitual acontecer independente da permissão do Purusha, e mesmo se o movimento sancionado for persistentemente recusado pela Natureza por falta de hábito passado, ainda assim, o sadhaka descobrirá que, no final, a permissão ou a recusa do Purusha prevalece: lentamente, com muita resistência, ou rapidamente, e com uma adaptação rápida de seus meios e tendências, a Natureza modifica a si mesma e as suas operações na direção indicada pela visão interior ou pela vontade do Purusha. Assim, em lugar de um controle mental ou de uma vontade egoísta, o sadhaka aprende um controle espiritual interior que o torna mestre das forças da Natureza e da ação delas sobre ele, e não é mais um instrumento inconsciente dessas forças ou seu escravo mecânico. Acima e em torno dele está a Shakti, a Mãe universal, e dela ele pode obter a satisfação de todas as necessidades e propósitos de sua alma profunda, contanto que ele tenha um verdadeiro conhecimento das vias da Shakti e entregue-se verdadeiramente à Vontade divina que está nela. No final, ele percebe em si e na Natureza, esse Self supremo e dinâmico que é a fonte de toda sua visão e conhecimento, a fonte da sanção, a fonte da aceitação, a fonte da rejeição. Esse é o Senhor, o Supremo, o Um em tudo, Ishvara-Shakti, de quem sua alma é uma parcela, um ser desse Ser e um poder desse Poder. O resto de nosso progresso depende de nosso conhecimento dos meios pelos quais o Senhor das obras manifesta sua vontade no mundo e em nós e as executa pela Shakti transcendente e universal.

Em sua onisciência, o Senhor vê a coisa que deve ser feita. Essa visão é sua Vontade, é uma forma do Poder criador, e aquilo que ele vê, a Mãe todo-consciente, una com ele, toma em seu self dinâmico e lhe dá corpo, depois, a Natureza-Força executora o efetua, porque ela é o mecanismo da onisciência onipotente d'Eles. Mas essa visão daquilo que deve ser e, portanto, daquilo que deve ser feito, provém do próprio ser do Senhor, derrama-se diretamente de Sua consciência e de Seu deleite de ser de modo espontâneo, como a luz jorra do sol. Não é como os esforços de nosso ser mortal para ver, como nossas descobertas difíceis da verdade e dos motivos da ação ou como as exigências justas da Natureza. Quando em seu ser e seu conhecimento a alma individual for de todo una com o Senhor e em direto contato com a Shakti original, a Mãe transcendente, a Vontade suprema poderá, também, surgir em nós, da mesma alta maneira divina, como a coisa que deve ser, e cumprir-se pela ação espontânea da Natureza. Então, não há mais desejo, nem responsabilidade, nem reação; tudo se passa na paz, calma, luz, poder do Divino, que nos sustenta, envolve e habita.

Porém, antes mesmo que se cumpra essa maneira superior de identificação, algo da Vontade suprema pode manifestar-se em nós como um impulso imperativo, como uma ação inspirada por Deus; então, agimos guiados por uma Força que se autodetermina de maneira espontânea, contudo, um conhecimento mais completo do sentido e do objetivo da ação surge só depois. O impulso para a ação pode vir sob forma de inspiração ou de intuição, mas, antes, no coração e no corpo mais do que na mente; lá, uma visão efetiva entra em nós; mas o conhecimento completo e exato ainda está atrasado e vem, se for o caso, mais tarde. Mas a Vontade divina pode descer também na vontade e no pensamento, sob a forma de um único comando luminoso, de uma percepção total ou de uma corrente de percepções contínuas que indica o que deve ser feito, ou sob a forma de uma direção do alto obedecida de modo espontâneo pelas partes inferiores do ser. Quando o Ioga é imperfeito, apenas algumas ações podem ser feitas desse modo, ou então uma ação geral procede desse modo, mas apenas durante períodos de exaltação e iluminação. Quando o Ioga é perfeito, toda ação assume esse caráter. De fato, podemos distinguir três estágios de um progresso crescente: primeiro, a vontade pessoal, ocasional ou frequentemente iluminada ou movida por uma Vontade suprema ou pela Força-consciente para além dela; depois, de maneira constante, ela é substituída pelo Poder de ação divino e, no final, identifica-se com esse poder e funde-se nele. O primeiro é o estágio em que ainda somos governados pelo intelecto, pelo coração e pelos sentidos; esses devem buscar ou esperar a inspiração e guiança divinas e nem sempre a encontram e recebem. O segundo é o estágio em que a inteligência humana é cada vez mais substituída por uma mente superior espiritualizada, iluminada ou intuitiva; o coração humano exterior, pelo coração psíquico interior; os sentidos, por uma força vital purificada e sem ego. O terceiro é o estágio em que nos elevamos mesmo acima da mente espiritualizada e entramos nas regiões supramentais.

Em todos os três estágios o caráter fundamental da ação liberada é o mesmo: o modo de funcionar espontâneo da Prakriti, não mais pelo ou para o ego, mas conforme a vontade do Purusha supremo e para a alegria dele. Em um nível superior isso se torna a Verdade do Supremo absoluto e universal que se expressa por meio da alma individual e se elabora de maneira consciente por meio de nossa natureza — não mais por uma semipercepção, uma execução diminuída ou deformada por nossa natureza inferior tropeçante, ignorante e que tudo deforma, mas com a todo-sabedoria da Mãe transcendente e universal.

O Senhor velou a si mesmo, e velou sua sabedoria absoluta e sua eterna consciência na Natureza-Força ignorante, e aceita que ela conduza o ser individual — que se torna cúmplice —, sob a forma de ego; essa ação inferior da Natureza continua a prevalecer, muitas vezes mesmo malgrado os esforços imperfeitos e semi-iluminados do ser humano para obedecer a um motivo mais nobre e alcançar um autoconhecimento mais puro. Nossos esforços humanos para alcançar a perfeição falham, ou progridem de maneira muito incompleta, devido à força das ações passadas da Natureza em nós, de suas formações passadas, de suas associações enraizadas há muito tempo; encontramos o caminho do sucesso verdadeiro e das altas escaladas só quando um Conhecimento e Poder maiores que o nosso, rompem o tampo de nossa ignorância e guiam ou substituem nossa vontade pessoal, pois nossa vontade humana é um raio extraviado e errante que se separou do Poder supremo. O período de lento emergir a partir dessas operações inferiores para entrar em uma Luz mais alta e uma Força mais pura é o "vale da sombra da morte" para aquele que se esforça em busca da perfeição. É uma passagem medonha e cheia de provas, sofrimentos, tristezas, escuridão, tropeços, erros e armadilhas. Para reduzir e aliviar essa provação ou para fazer penetrar nela a felicidade divina, a fé é necessária, uma entrega crescente da mente ao conhecimento que se impõe de dentro e, acima de tudo, uma aspiração verdadeira e uma prática sincera, correta, que não vacila. "Pratica sem vacilar" diz a Gītā, "com o coração livre de desânimo", o Ioga; pois mesmo se nas primeiras etapas do caminho bebermos profundamente o veneno amargo da discórdia e dos sofrimentos interiores, o sabor último dessa taça será a doçura do néctar da imortalidade e o vinho-mel de uma eterna Ananda.

CAPÍTULO IX

A IGUALDADE E A ANIQUILAÇÃO DO EGO

Uma consagração total, uma equanimidade completa, uma eliminação impiedosa do ego, uma liberação de nossa natureza de seus modos de ação ignorantes são as etapas pelas quais a entrega de todo nosso ser e de toda nossa natureza à Vontade divina pode ser preparada e alcançada — um dom de si verdadeiro, total e sem reserva. A primeira necessidade é um espírito de inteira consagração em nossas obras; no início, isso deve se tornar a vontade constante, depois, uma necessidade enraizada em todo o ser e, no final, seu hábito automático, mas vivo e consciente, a virada espontânea que faz de toda ação um sacrifício ao Supremo e ao Poder velado presente em nós e em todos os seres e em todas as operações do universo. A vida é o altar desse sacrifício, as obras são nossa oferenda; um Poder e uma Presença transcendentes e universais, que agora sentimos e vislumbramos mais do que conhecemos ou vemos, é a Divindade a quem elas são oferecidas. Esse sacrifício, essa autoconsagração tem dois lados: o próprio trabalho e o espírito em que é feito, o espírito de adoração pelo Mestre das Obras em tudo o que vemos, pensamos e vivenciamos.

O próprio trabalho é, no começo, determinado pela luz mais alta de que podemos dispor em nossa ignorância. É aquilo que concebemos como a coisa que deve ser feita: quer a forma de nosso trabalho seja determinada por nosso sentido de dever, por nosso sentimento por nossos semelhantes, pelo bem dos demais e o bem do mundo, quer pela ordem daquele que aceitamos como Mestre humano, mais sábio que nós e que representa para nós esse Senhor de todas as obras em quem acreditamos — embora ainda não o conheçamos — o princípio é o mesmo. O essencial do sacrifício das obras deve estar aí e o essencial é o abandono de todo desejo pelo fruto de nossas obras, a renúncia a todo apego ao resultado, pelo qual, contudo, continuamos a laborar. Pois, enquanto agirmos com apego ao resultado, o sacrifício é oferecido não ao Divino, mas ao nosso ego. Podemos pensar que é de outro modo, mas enganamos a nós mesmos; fazemos de nossa ideia do Divino, de nosso sentido do dever, de nosso sentimento por nossos semelhantes, nossa ideia do que é bom para o mundo ou para os outros — mesmo de nossa obediência ao Mestre —, uma máscara para nossas satisfações e preferências egoísticas, um escudo capcioso contra a demanda que nos é feita de arrancar todo o desejo de nossa natureza.

Nesse estágio do Ioga, e mesmo do começo ao fim, essa forma de desejo, esse símbolo do ego, é o inimigo contra quem devemos sempre estar em guarda, com uma vigilância que jamais adormece. É preciso não se desencorajar quando o encontrarmos à espreita dentro de nós, a assumir todo tipo de disfarces, mas estarmos vigilantes para detectá-lo sob todas as suas máscaras e inexoráveis em expelir sua influência. A Palavra iluminadora desse movimento está na frase decisiva da Gītā: "À ação você tem direito, mas nunca, em circunstância alguma, ao seu fruto". O fruto pertence ao Senhor de todas as obras, e só a ele; nossa única tarefa é preparar o sucesso mediante uma ação verdadeira e cuidadosa e oferecê-lo, se o sucesso acontecer, ao Mestre divino. Em seguida, assim como renunciamos ao apego ao fruto, deveremos renunciar também ao apego às obras; a qualquer instante deveremos estar preparados para mudar de trabalho, para trocar o modo de fazer ou o campo de ação por um outro, ou para abandonar todas as obras, se essa for a ordem clara do Mestre. Caso contrário, não é para o Mestre que agimos, mas para nossa satisfação e o prazer que o trabalho nos dá, pela necessidade de ação de nossa natureza cinética ou para a satisfação de nossas propensões; mas todas essas coisas são bastiões e refúgios do ego. Por mais necessárias que sejam para a moção comum da vida, elas devem ser abandonadas à medida que a consciência espiritual cresce, e substituídas pela sua contraparte divina: uma Ananda, uma felicidade impessoal e centrada em Deus eliminará ou suplantará a satisfação vital e o prazer não iluminados; o impulso feliz da Energia Divina tomará o lugar da necessidade cinética; seguir sua própria tendência será não mais um objetivo ou uma necessidade; haverá, em vez disso, a alegria de satisfazer a Vontade divina mediante a verdade natural e dinâmica da ação de uma alma livre e uma natureza luminosa. No final, assim como o apego ao fruto da obra e à própria obra foram extirpados do coração, do mesmo modo deveremos abandonar o último apego tenaz à ideia e à sensação de que somos os autores das obras; deveremos saber e sentir que a Shakti divina única, acima e dentro de nós, é quem cumpre verdadeiramente as obras.

*
* *

A renúncia ao apego às obras e aos seus frutos é o começo de um vasto movimento em direção a uma equanimidade absoluta na mente e na alma, que no fim deve envolver tudo, se quisermos alcançar a perfeição espiritual, pois a adoração do Mestre das Obras exige que o reconheçamos claramente e o aceitemos com alegria em nós, em todas as coisas e em todos os acontecimentos. Equanimidade é o sinal dessa adoração; é nessa fundação da alma que o sacrifício e a adoração verdadeiros podem cumprir-se. O Senhor está aí, igual em todos os seres; não devemos fazer nenhuma distinção essencial entre nós e os outros, entre o sábio e o ignorante, o amigo e o inimigo, o ser humano e o animal, o santo e o pecador. Não devemos odiar ninguém, desprezar ninguém, sentir repulsão por ninguém; pois em todos devemos ver o Um, que conforme seu prazer se disfarça ou se manifesta. Em uns, ele se revela apenas um pouco, em outros revela-se mais, ou se esconde e está completamente desfigurado em outros, conforme sua vontade e seu conhecimento daquilo que é melhor para a forma que ele tem a intenção de assumir em cada um e a obra que quer cumprir na natureza deles. Tudo é nosso self, um self único que assumiu muitas formas. Ódio e antipatia, desprezo e repulsa, ganância, apego e preferência são coisas naturais, necessárias, inevitáveis em certo estágio; elas servem ou ajudam a fazer e manter o que a Natureza designou para nós. Mas para o Carma-iogue elas são sobrevivências, obstáculos, um processo da Ignorância e, à medida que ele progride, elas se soltam de sua natureza. A alma-criança as necessita para seu crescimento, mas elas se vão do adulto na cultura divina. Na natureza divina, à qual devemos nos elevar, pode haver uma severidade inflexível, mesmo destrutiva, mas não ódio; uma ironia divina, mas não desprezo; uma rejeição calma e vigorosa que vê claro, mas não repulsa e antipatia. Mesmo aquilo que tivermos que destruir não deveremos abominar ou deixar de reconhecer como um movimento disfarçado e temporário do Eterno.

E visto que todas as coisas são o Self único em sua manifestação, veremos com alma igual o feio e o belo, o disforme e o perfeito, o nobre e o vulgar, o agradável e o desagradável, o bem e o mal. Aqui tampouco haverá ódio, desprezo ou repulsa, mas o olhar igual que vê todas as coisas em seu real caráter e no lugar que lhes foi designado. Pois veremos que cada coisa expressa ou disfarça, desenvolve ou distorce — tão bem quanto possível, ou com o defeito que possa ter, nas circunstâncias que lhe são destinadas e conforme às vias possíveis à sua natureza em acordo com seu presente estado, sua função ou sua evolução — alguma verdade ou fato divino, uma energia ou potencialidade divina que, por sua presença na manifestação progressiva, é não apenas necessária à totalidade da soma atual das coisas, mas à perfeição do resultado último. Essa verdade é o que devemos buscar e descobrir por trás da expressão transitória. Sem nos deixar intimidar por aparências, deficiências ou deformações da expressão, podemos então adorar o Divino, para sempre imaculado, puro, belo e perfeito por trás de suas máscaras. Tudo, na verdade, deve mudar: não é a fealdade que deve ser aceita, mas a beleza divina, não a imperfeição vista como nosso lugar de repouso, mas a perfeição pela qual lutamos; é o bem supremo que deve se tornar o objetivo universal e não o mal. Mas o que fizermos deverá ser feito com uma compreensão e conhecimento espirituais, e é um bem, beleza, perfeição, prazer divinos que deverão ser buscados, não a excelência humana dessas coisas. Se nos falta equanimidade, é sinal de que ainda estamos à mercê da Ignorância; não compreendemos nada verdadeiramente, e é mais que provável que destruamos a velha imperfeição apenas para criar outra: pois substituiremos os valores divinos pelas apreciações de nossa mente humana e de nossa alma de desejo.

Igualdade não quer dizer uma nova ignorância ou uma cegueira de outro tipo; ela não procura e não precisa iniciar uma visão opaca, nem embaciar todas as nuances. As diferenças estão aí, variações de expressão estão aí e podemos apreciar essa variação de modo muito mais justo do que podíamos antes, quando nossos olhos estavam anuviados pela parcialidade e pelos extravios do ódio e do amor, da admiração e do desprezo, da simpatia e da antipatia, da atração e da repulsão. Mas, por trás das variações, veremos sempre o Completo e Imutável que habita nelas, e sentiremos, conheceremos ou, ao menos, se ele estiver escondido, confiaremos no propósito sábio e na necessidade divina de uma manifestação particular, quer ela apareça harmoniosa e perfeita segundo nossas normas humanas, quer grosseira e inacabada e mesmo falsa e má.

E do mesmo modo teremos a mesma igualdade na mente e na alma em relação a todos os eventos, penosos ou agradáveis: derrota e sucesso, honra e desgraça, boa e má reputação, boa e má fortuna, pois em todos eles veremos a vontade do Mestre de todas as obras e de todos os resultados e uma etapa na expressão evolutiva do Divino. Ele se manifesta — para aqueles que têm o olho interno e veem — no jogo das forças e em seus resultados, assim como nas coisas e nas criaturas. Todas as coisas se movem em direção a um evento divino; cada experiência, sofrimento e privação, assim como cada alegria e satisfação, é um elo necessário na execução de um movimento universal que temos como tarefa compreender e sustentar. Revoltar-se, condenar, bradar é o impulso de nossos instintos impuros e ignorantes. A revolta, como tudo o mais, tem sua utilidade no jogo e é mesmo necessária. É uma ajuda, decretada em seu tempo e lugar, em certa etapa do desenvolvimento divino, mas o movimento de uma rebelião ignorante pertence ao estágio da infância da alma ou à sua adolescência imatura. A alma madura não condena, mas busca entender e dominar; não se indigna, mas aceita ou se esforça para melhorar e aperfeiçoar; não se revolta interiormente, mas labuta para obedecer, cumprir e transfigurar. Portanto, devemos receber todas as coisas com igualdade de alma, das mãos do Mestre. O fracasso devemos admitir como uma passagem, com a mesma calma devemos admitir o sucesso, até que chegue a hora da vitória divina. Nossa alma, nossa mente e nosso corpo não serão abalados pela tristeza, dor e sofrimento mais pungentes, se estes nos vêm do Divino, e serão impassíveis na alegria e no prazer mais intensos. Assim, supremamente equilibrados, continuaremos com firmeza nosso caminho, a enfrentar todas as coisas com uma calma equânime, até estarmos prontos para um estado mais elevado e possamos entrar na Ananda suprema e universal.

* * *

Essa igualdade só pode vir após uma provação prolongada e uma autodisciplina paciente; enquanto o desejo for forte, a igualdade não poderá vir de modo algum, exceto em períodos de quietude e de fadiga do desejo; e é então provável que seja mais uma indiferença inerte ou um recuo do próprio desejo do que a calma verdadeira e a unidade espiritual positiva. Ademais, essa disciplina ou esse crescimento que nos conduz à igualdade de espírito, tem suas épocas e seus estágios necessários. Em geral, é preciso começar por um período de perseverança, pois devemos aprender a afrontar, suportar e assimilar todos os contatos. Cada fibra de nosso ser deve ser ensinada a não recuar diante daquilo que faz sofrer ou que repugna, a não correr com avidez para aquilo que agrada e atrai, mas, antes, a aceitar, enfrentar, resistir e conquistar. Devemos ser bastante fortes para suportar todos os contatos, não só aqueles que são pessoais, próprios à nossa natureza, mas aqueles que nascem de nossa simpatia ou de nosso conflito com os mundos em torno a nós, acima ou abaixo de nós e com os seres que os povoam. Suportaremos com tranquilidade a ação e o impacto das pessoas, das coisas e das forças, a pressão dos Deuses e os assaltos dos Titãs; enfrentaremos e afundaremos nos mares serenos de nosso espírito tudo o que pode vir a nós pelas vias da experiência infinita da alma. Esse é o período estoico de preparação para a equanimidade, seu período mais elementar e, contudo, mais heroico. Mas essa perseverança imperturbável da carne, do coração e da mente deve ser reforçada por uma sensação ininterrupta de submissão espiritual à Vontade divina: essa argila viva deve ceder — não apenas com uma aquiescência austera e corajosa, mas com conhecimento ou aceitação, mesmo no sofrimento — ao toque da Mão divina que prepara sua perfeição. Um estoicismo sábio, devoto, ou mesmo o estoicismo terno do amante de Deus são possíveis, e esses são melhores que a perseverança meramente pagã que confia apenas em si mesma e pode prestar-se a um endurecimento demasiado grande do receptáculo de Deus; esse tipo de estoicismo prepara a força que é capaz de sabedoria e amor; sua tranquilidade é uma calma profundamente sensível que com facilidade muda em beatitude. O ganho desse período de resignação e persistência é a força de uma alma que é igual diante de todos os choques e de todos os contatos.

Em seguida, há um período de elevada imparcialidade e indiferença, em que a alma se libera da exultação e da depressão e escapa das ciladas das alegrias febris assim como da rede escura das angústias da dor e do sofrimento. Todas as coisas, pessoas e forças, todos os pensamentos, sentimentos, sensações e ações — os nossos, não menos que os dos outros — tudo é visto do alto por um espírito que permanece intacto e imutável e não é perturbado por essas coisas. Esse é o período filosófico de preparação para a equanimidade, um movimento vasto e augusto. Mas a indiferença não deve se instalar nem se tornar uma recusa inerte da ação e da experiência; não deve ser uma aversão nascida de uma lassidão, desgosto e repugnância, um recuo do desejo decepcionado ou saciado, o mau humor de um egoísmo frustrado e insatisfeito forçado a abandonar seus fins apaixonados. Essa atitude de fechar-se em si mesmo surge de modo inevitável nas almas imaturas e pode, de alguma maneira, ajudar o progresso, ao desencorajar a avidez da natureza vital conduzida pelo desejo, mas não é a perfeição a que aspiramos. A indiferença ou a imparcialidade que devemos buscar é a calma altura de uma alma estabelecida acima do contato das coisas, *udāsīna*; ela as olha e as aceita ou rejeita, mas não é perturbada quando rejeita, nem sujeita quando aquiesce. Ela começa a sentir-se próxima, íntima, una com um Self silencioso, um Espírito autoexistente e separado das operações da Natureza que ele próprio sustenta e torna possíveis; ela começa a fazer parte da Realidade calma e imóvel que transcende o movimento e a ação do universo, ou a fundir-se n'Ela. Durante esse período de alta transcendência, ganhamos a paz de uma alma que não oscila nem se altera com as ondulações agradáveis do movimento cósmico, nem com suas ondas e vagalhões tempestuosos.

Se pudermos passar por esses dois estágios da mudança interior sem nos deter ou fixar em nenhum deles, teremos adquirido uma equanimidade divina superior que é capaz de um ardor espiritual e de uma paixão tranquila no deleite: a equanimidade extática de uma alma aperfeiçoada que tudo abarca e tudo possui; a amplidão e a plenitude intensas e constantes de seu ser, que abrange todas as coisas. Esse é o período supremo e a passagem que conduz a ele passa pela alegria de um dom de si total ao Divino e à Mãe universal. Pois a força é então coroada por uma mestria feliz, a paz aprofunda-se e se torna beatitude, a posse da Calma divina eleva-se e se torna a base de um movimento divino assegurado. Mas para adquirir essa alta perfeição é preciso que a imparcialidade da alma que olha do alto o fluxo das formas e das personalidades, dos movimentos e das forças, se modifique e se torne um sentido novo de submissão calma e forte, uma entrega poderosa e intensa. Essa submissão não será mais uma aquiescência resignada, mas uma alegre aceitação: pois aí não haverá a sensação de sofrimento, nem a sensação de carregar um fardo ou uma cruz; o amor e o deleite, e a alegria do dom de si serão a textura luminosa da submissão. E essa entrega será não apenas à Vontade divina que percebemos, aceitamos e obedecemos, mas a uma Sabedoria divina que reconhecemos nessa Vontade e a um Amor divino que sentimos nela e ao qual nos sujeitamos com enlevo: a sabedoria e o amor de um Espírito supremo e Self de nosso self e de todos os selfs, com os quais podemos alcançar uma unidade feliz e perfeita. Uma potência, uma paz e imobilidade solitárias, essa é a última palavra da equanimidade filosófica do sábio; mas a alma, em sua experiência integral, libera-se desse estado que ela mesma criou e entra no mar de um êxtase supremo que abrange tudo, na beatitude sem começo nem fim do Eterno. Então, e enfim, seremos capazes de receber todos os contatos com uma equanimidade beatífica, porque sentiremos neles o toque do Amor e Deleite imperecíveis, uma felicidade absoluta que se esconde eternamente no coração das coisas. A conquista dessa culminação, em um êxtase universal e equilibrado, é o deleite da alma, e a abertura das portas da Beatitude infinita, da Alegria que supera toda compreensão.

*
* *

Antes que esse labor para a aniquilação do desejo e para a conquista da equanimidade da alma alcance sua perfeição absoluta e sua fruição, é preciso ter completado aquela virada do movimento espiritual que conduz à abolição do sentido de ego. Mas para aquele que segue a Via das Obras, a renúncia ao egoísmo na ação é o elemento mais importante nessa mudança. Pois mesmo quando nos desembaraçamos do egoísmo do desejo rajásico ao oferecer o fruto das obras e o desejo pelos frutos ao Mestre do Sacrifício, pode ser que mantenhamos ainda o egoísmo do trabalhador. Estaremos ainda sujeitos à sensação de que somos o autor do ato, nós mesmos sua fonte e aquele que sanciona. É ainda o "eu" que escolhe e determina, é ainda o "eu" que assume a responsabilidade e sente o mérito e o demérito.

Abolir por completo esse sentido de ego separador é um objetivo essencial de nosso Ioga. Se algum ego deve permanecer em nós por certo tempo, deverá ser apenas uma forma de ego que sabe que é apenas uma forma e que estará pronto a desaparecer logo que um verdadeiro centro de consciência se manifeste ou se construa em nós. Esse verdadeiro centro é uma formulação luminosa da Consciência una e um puro canal, um puro instrumento da Existência una. Um sustento para a manifestação e a ação individuais da Força universal, ele gradualmente revela por trás de si a verdadeira Pessoa em nós, o ser central eterno: um ser imperecível do Supremo, poder e parcela da Shakti transcendente[1].

Aqui também, nesse movimento em que a alma se despe gradualmente do manto obscuro do ego, há um progresso marcado por etapas distintas. Pois não somente o fruto das obras pertence apenas ao Senhor, mas nossas ações também devem ser dele; ele é o verdadeiro senhor de nossas ações, assim como de nossos resultados. Não devemos ver isso apenas com a mente pensante, isso deve se tornar de todo verdadeiro em toda nossa consciência e vontade. O sadhaka deve não apenas pensar e saber, mas ver e sentir concreta e intensamente, mesmo no instante da ação, do início até o fim do processo, que suas obras não lhe pertencem de nenhum modo, mas vêm, por meio dele, da Existência suprema. Ele deve perceber sempre uma Força, uma Presença, uma Vontade que age por meio de sua natureza individual. Porém, ao adotar essa atitude, há o perigo de que ele possa confundir com o Senhor seu próprio ego disfarçado ou sublimado, ou um poder inferior, e coloque suas exigências no lugar dos decretos supremos. Ele pode cair nessa emboscada frequente da natureza inferior e fazer de sua pretensa entrega a um Poder superior o pretexto para satisfazer de modo desmesurado e sem controle sua vontade pessoal e mesmo seus desejos e paixões. Uma grande sinceridade é exigida e deve ser imposta não apenas à mente consciente, mas mais ainda à parte subliminar de nosso ser, que está cheia de movimentos escondidos. Pois há aí, sobretudo em nossa natureza vital subliminar, um charlatão e ator incorrigíveis. O sadhaka deve já ter avançado muito na eliminação do desejo e em uma firme equanimidade de sua alma em todos os atos e eventos antes de poder depositar por completo o peso de suas ações nas mãos do Divino. A cada instante ele deve manter um olhar vigilante sobre os ardis do ego e as emboscadas sedutoras dos Poderes das Trevas, que sempre se representam como a única fonte de Luz e de Verdade e assumem um simulacro das formas divinas a fim de capturar a alma do buscador espiritual.

Logo em seguida, ele deve dar um passo a mais e relegar a si mesmo a posição de Testemunha. Distanciado da Prakriti, impessoal e sem paixão, ele deve observar a Natureza-Força executora que age nele e compreender sua ação; deverá aprender, por meio dessa separação, a reconhecer o jogo das forças universais na

---

1. *aṁśaḥ sanātanaḥ, parā prakṛtir jīvabhūtā.*

Natureza, a distinguir seu entrelaçamento de luz e noite, o que é divino e não divino, e descobrirá os Poderes e os Seres formidáveis que utilizam a criatura humana ignorante. A Natureza trabalha em nós, diz a Gītā, por meio da qualidade tripla da Prakriti: a qualidade de luz e de bem, a qualidade de paixão e desejo e a qualidade de obscuridade e inércia[2]. O sadhaka deve aprender a distinguir, enquanto testemunha imparcial e avaliadora de tudo o que acontece no reino de sua natureza, a ação separada ou combinada dessas qualidades; deve perseguir as operações das forças cósmicas nele, através do emaranhado de seus processos e disfarces sutis e invisíveis, e conhecer cada complexidade do labirinto. Quanto mais se aproximar desse conhecimento, mais será capaz de tornar-se aquele que dá a sanção e não mais permanecer como a ferramenta ignorante da Natureza. No começo, ele deve persuadir a Natureza-Força, em sua ação no instrumento humano, a domar a atividade das duas qualidades inferiores e a submetê-las à qualidade de luz e bem e, em seguida, persuadir esta última a oferecer-se, a fim de que as três qualidades possam ser transformadas por um Poder superior em seus equivalentes divinos: repouso e calma supremos; iluminação e beatitude divinas; *dynamis* eterna e divina, Tapas. A primeira parte dessa disciplina e da mudança, em princípio pode ser feita com firmeza pela vontade do ser mental em nós; mas sua execução completa e a transformação subsequente só poderá ser feita quando o ser psíquico profundo aumentar seu domínio sobre nossa natureza e substituir o ser mental como governante. Quando isso acontecer, o sadhaka estará pronto a efetuar a entrega completa de suas obras à Vontade suprema, e o fará não apenas com uma aspiração, intenção, e um começo progressivo de autoabandono, mas também com o dom de si mais intenso, concreto e dinâmico. De modo gradual sua mente, de uma inteligência humana imperfeita, será substituída por uma mente espiritual e iluminada que, no final, poderá entrar na Luz-Verdade supramental; então, o buscador não mais agirá conforme sua natureza ignorante nem pelo modo triplo de suas atividades confusas e imperfeitas, mas conforme uma natureza mais divina de calma, luz, poder e beatitude espirituais. Ele não agirá guiado pelo amálgama de uma mente e vontade ignorantes, por um coração emocional ainda mais ignorante e pelo desejo do ser vital, pelos impulsos e instintos da carne, mas, no início, por um self e natureza espiritualizados e, no final, por uma Consciência-Verdade supramental e pela força divina de sua supranatureza.

Assim, tornam-se possíveis os últimos passos: o véu da Natureza é retirado e o buscador espiritual está face a face com o Mestre de toda existência; suas atividades fundem-se na ação de uma Energia suprema que é para sempre pura, verdadeira,

---

2. As três *guṇas*: *sattva, rajas, tamas*. (N. da T.)

perfeita e bem-aventurada. Assim, ele pode abandonar por completo suas obras e seus frutos à Shakti supramental e agir apenas enquanto instrumento consciente do Operário eterno. Não será mais ele que dará a sanção; ele receberá a ordem divina em sua natureza e a executará, pondo tudo nas mãos da Shakti. Não será mais ele quem fará as obras; ele aceitará que elas sejam executadas por meio dele, pela Força que não adormece. Ele não mais quer a realização de suas construções mentais e a satisfação de seus desejos emocionais, mas obedecerá a uma Vontade onipotente e participará dela, que é também um Conhecimento onisciente, um Amor misterioso, mágico, insondável, um vasto oceano sem fundo, da eterna Beatitude da Existência.

CAPÍTULO X

OS TRÊS MODOS DA NATUREZA

Transcender a ação natural da Prakriti inferior é indispensável para a alma, se ela deve ser livre em seu ser e em suas obras. Uma sujeição harmoniosa à Natureza universal é a condição de um trabalho bom e perfeito para os instrumentos naturais — a mente, a vida e o corpo —, mas não é um ideal para a alma que, ao contrário, deveria entregar-se a Deus e à sua Shakti, mestra de sua própria natureza. Enquanto agente ou canal da Vontade suprema, ela deve determinar por sua visão e sanção, ou sua recusa, o uso que será feito das reservas de energia, das condições do meio, do ritmo dos movimentos combinados fornecidos pela Prakriti para o labor dos instrumentos naturais. Mas essa Natureza inferior só pode ser controlada se for ultrapassada e utilizada do alto. E isso só poderá ser feito se transcendermos suas forças, suas qualidades e seus modos de ação; caso contrário, estaremos sujeitos às suas condições e irremediavelmente dominados por ela, não seremos livres no espírito.

O conceito dos três modos essenciais da Natureza é uma criação dos antigos pensadores da Índia antiga, e sua verdade não é óbvia de imediato, porque resulta de uma longa experimentação psicológica e de uma experiência interna profunda. Por conseguinte, sem uma longa experiência interior, sem uma auto-observação íntima e percepção intuitiva das forças da Natureza, é difícil apreender essa verdade de maneira acurada e utilizá-la com segurança. Ainda assim, certas indicações gerais podem ajudar o buscador espiritual no Caminho das Obras a compreender, analisar e controlar — por sua aceitação ou sua recusa — as combinações de sua natureza. Nos textos indianos esses modos são chamados "qualidades", *guṇas*, e denominados *sattva, rajas, tamas*. Sattva é a força do equilíbrio e enquanto qualidade se traduz como bem, harmonia, felicidade e luz; rajas é a força cinética e, enquanto qualidade, se traduz como luta e esforço, paixão e ação; tamas é a força de inconsciência e inércia e, enquanto qualidade, se traduz como obscuridade, incapacidade e inação. Em geral usadas para a análise psicológica, essas distinções são válidas também na Natureza física. Cada coisa e cada existência na Prakriti inferior as contêm, e o modo de funcionar da Natureza, sua forma dinâmica, é o resultado da interação desses três poderes qualitativos.

Cada forma, animada ou inanimada, é um equilíbrio constantemente mantido de forças naturais em moção, e está sujeita a uma corrente sem fim de contatos úteis, perturbadores ou desintegradores que vêm de outras combinações de forças circundantes. Nossa própria natureza mental, vital e corporal não é mais que uma combinação formadora, um equilíbrio desse tipo. A recepção dos contatos circundantes e a reação que eles suscitam são reguladas pelos três modos, que determinam o temperamento do receptor e o caráter da resposta. Inertes e inaptos, podemos estar submetidos a eles sem a menor reação responsiva, sem nenhuma moção de autodefesa nem capacidade de assimilação e adaptação: esse é o modo de tamas, a maneira da inércia. Os estigmas de tamas são cegueira e inconsciência, incapacidade, ininteligência, preguiça e indolência, inatividade e rotina mecânica, o torpor da mente, o sono da vida e a sonolência da alma. Se não for corrigido por outros elementos, seu efeito conduz de modo inevitável à desintegração da forma ou do equilíbrio da natureza, sem nenhuma criação nova, nenhum equilíbrio novo ou força de movimento progressivo. No cerne dessa impotência inerte está o princípio da ignorância e uma incapacidade ou má vontade preguiçosa, que se recusa a abranger, a apreender e a manejar os contatos estimuladores ou agressivos, as sugestões das forças circundantes e seu impulso para uma experiência nova.

Mas aquele que recebe os contatos da Natureza, que é tocado e estimulado, solicitado ou assaltado por suas forças pode, ao contrário, reagir à pressão ou se opor. A Natureza permite-lhe resistir, encoraja-o, impele-o a esforçar-se, a tentar, a dominar ou absorver seu ambiente, a afirmar sua vontade, a lutar, criar, conquistar. Esse é o modo de rajas, a maneira da paixão, da ação e da sede do desejo. Luta, mudança e criações novas, vitória, derrota, alegria e sofrimento e esperança e desilusões são suas crianças e constroem a casa multicor da vida na qual ele encontra seu prazer. Mas seu conhecimento é um conhecimento imperfeito ou falso e traz consigo um esforço ignorante, o erro, um constante desajuste, a dor do apego, o desejo decepcionado, a dor da perda e do fracasso. O dom de rajas é a força cinética, a energia, a atividade, o poder que cria e age e que pode vencer; mas ele se move em meio às luzes falsas das meias-luzes da Ignorância e é desviado pela influência de Asuras, Rakshasas, Pishachas[1]. A ignorância arrogante da mente humana, suas distorções insolentes e erros presunçosos, o orgulho, a vaidade, a ambição, crueldade e tirania, a fúria e violência bestiais, o egoísmo, a baixeza, hipocrisia e perfídia, a mesquinharia vil, a luxúria, avidez e rapacidade, o ciúme, inveja e a ingratidão sem fundo que desfiguram a natureza terrestre são os filhos naturais desse aspecto da natureza, indispensável mas poderoso e perigoso.

Porém, o ser encarnado não está limitado a esses dois modos da Prakriti; há uma maneira melhor e mais luminosa de abordar os choques do ambiente e a corrente de forças cósmicas. É possível receber e reagir com uma compreensão clara, com ponderação e equilíbrio. Essa maneira de ser tem o poder de simpatizar, porque compreende; ela sonda, controla e desenvolve o impulso da Natureza e seus métodos: sua inteligência penetra os processos e as intenções da Natureza e pode assimilá-los e utilizá-los; suas reações lúcidas não se subjugam mas ajustam, corrigem, adaptam, harmonizam e fazem surgir o melhor de todas as coisas. Esse é o modo de sattva, a maneira da Natureza que é cheia de luz e estabilidade, sempre dirigida ao bem, ao conhecimento, ao deleite e à beleza, à felicidade, à compreensão, ao equilíbrio, à ordem justos: seu temperamento possui a opulência de um conhecimento de uma brilhante claridade e a calidez cristalina da simpatia e da proximidade. A fineza e a luminosidade, uma energia controlada, uma completa harmonia e equilíbrio de todo o ser, é a consumação perfeita da natureza sátvica.

Nenhuma existência é moldada inteiramente em só um desses três modos da Força cósmica; os três estão presentes em cada um e em toda parte. Constantemente, suas relações cambiantes e influências entrelaçadas combinam-se e separam-se, há muitas vezes um conflito, uma batalha de forças, uma luta para um dominar o outro. Cada um de nós, em maior ou menor medida — ou grau — mesmo se algumas vezes reduzida a um mínimo dificilmente perceptível, possui seus estados sátvicos e seus espaços claros, tendências rudimentares à luz, à claridade e à felicidade, à simpatia e à adaptação harmoniosa ao ambiente, tendência à inteligência, ao equilíbrio, ao pensamento justo, à vontade e sentimento justos, à virtude e à ordem. Cada um tem seus modos e impulsos rajásicos, partes turvas de desejo, paixões e conflitos, de

---

[1]. Os Asuras são o lado obscuro da mente, ou mais estritamente, do plano da mente vital. A mente é o campo dos Asuras. A força egoística e o conflito, que recusam a lei superior, são suas características principais. O Asura possui autocontrole, Tapas, e inteligência, mas tudo em benefício de seu ego. No plano vital inferior as forças correspondentes são chamadas Rakshasas, que representam as paixões e influências violentas. Existem também outros tipos de seres no plano vital que são chamados Pishachas e Pramathas. Esses se manifestam mais ou menos no plano físico-vital. (*Glossary of terms in Sri Aurobindo's writings.*)

distorções, falsidade e erro, de alegria e tristeza desequilibradas, um impulso agressivo em relação ao trabalho e ímpetos criativos, reações fortes, inflamadas ou violentas à pressão do meio, aos assaltos e às ofertas da vida. Todos têm seus estados tamásicos e partes constantemente obscuras, momentos ou pontos de inconsciência, hábitos arraigados e veleidades temporárias de resignação apática ou aceitação obtusa, suas fraquezas constitucionais ou movimentos de fadiga, negligência ou indolência, quedas na ignorância e incapacidade, depressão e medo, um recuo medroso diante da pressão do meio e dos homens, das circunstâncias ou das forças ou uma submissão covarde. Cada um de nós é sátvico em certas tendências de suas energias naturais ou em certas partes de sua mente ou de seu caráter, rajásico em outras, tamásico em outras. Segundo um ou outro dos modos que em geral domina nosso temperamento e nosso tipo de mente ou maneira de agir, diz-se que somos sátvicos ou rajásicos ou tamásicos; mas raros são aqueles que são sempre de um tipo, e ninguém é completo em seu tipo. Os sábios não são sempre, ou de todo sábios, os inteligentes são inteligentes apenas em parte; o santo reprime muitos movimentos que não são santos e o mau não é de todo mau: o mais idiota tem suas capacidades não expressas ou não utilizadas e não desenvolvidas; o mais medroso tem seus momentos ou seu gênero de coragem; o impotente e o débil têm uma parte latente de força em sua natureza. A predominância de uma ou de outra guna não é o sinal do tipo de alma essencial do ser encarnado, mas apenas o indicador da formação que ele fez para esta vida ou durante sua existência presente e em um momento dado de sua evolução no Tempo.

*
* *

Uma vez que o sadhaka se afasta da ação da Prakriti nele ou sobre ele e, sem interferir nem modificar, sem reprimir ou escolher e decidir, ele permite seu jogo e observa e analisa o processo, logo descobre que os modos da Prakriti são independentes e funcionam como uma máquina, que uma vez posta em movimento funciona por sua própria estrutura e força de propulsão. A força e a propulsão vêm da Prakriti e não da criatura. Ele então compreende o quanto sua impressão estava errada, ao acreditar que sua mente era a autora das obras; sua mente era apenas uma pequena parte dele mesmo e uma criação e engenho da Natureza. Foi ela que agiu todo o tempo, segundo seus próprios modos, movendo as três qualidades gerais para lá e para cá, como uma menina brincaria com suas marionetes. Todo o tempo o ego do sadhaka foi um utensílio e um brinquedo; seu caráter e inteligência, suas qualidades morais e poderes mentais, suas criações, ações e proezas, sua cólera e sua paciência, sua crueldade e sua compaixão, seu amor e seu ódio, seu pecado e sua virtude, sua luz e sua obscuridade, a paixão de sua alegria e a angústia de sua aflição foram o jogo da Natureza, ao qual a alma, atraída, conquistada e subjugada, emprestava sua aquiescência passiva. Ainda assim, o determinismo da Natureza ou da Força não é tudo; a alma tem algo a dizer sobre o assunto, mas a alma secreta, o Purusha, não a mente ou o ego, visto que esses não são entidades independentes, são partes da Natureza. Pois a sanção da alma é necessária ao jogo e, por uma vontade interior silenciosa, enquanto senhora que sanciona, ela pode determinar o princípio do jogo e intervir em suas combinações, embora a execução no pensamento, na vontade, no ato e no impulso devam ainda ser a parte e o privilégio da Natureza. O Purusha pode ditar uma harmonia que a Natureza executa; não que ele intervenha em suas funções, mas ele pousa nela um olhar consciente que ela transmuta de imediato — ou após muitas dificuldades — em uma ideia que traduz, um ímpeto dinâmico, uma forma significativa.

Escapar à ação das duas gunas inferiores é, evidentemente, indispensável, se quisermos transmutar nossa natureza atual e fazer dela um poder e uma forma da consciência divina e um instrumento de suas forças. Tamas obscurece e impede que a luz do conhecimento divino entre nos recantos sombrios e obtusos de nossa natureza. Tamas incapacita e retira o poder de responder ao impulso divino, paralisa a energia de mudança e a vontade de progredir que nos tornaria maleáveis para a grande Shakti. Rajas distorce o conhecimento, faz de nossa razão a cúmplice da falsidade e a instigadora de todos os movimentos errados, perturba e corrompe nossa força vital e seus impulsos, transtorna o equilíbrio e a saúde do corpo. Rajas se apropria de todas as ideias nobres e de todos os movimentos superiores para usá-los de maneira falsa e egoísta; mesmo a Verdade divina e as influências divinas, quando descem no plano terrestre não podem fugir a essa usurpação e mau uso. Enquanto tamas não for iluminado e rajas convertido, nenhuma mudança divina ou vida divina será possível.

Recorrer exclusivamente à sattva pareceria a única saída; mas a dificuldade é que nenhuma das qualidades pode prevalecer, por si mesma, contra suas duas companheiras e rivais. Se considerarmos a qualidade do desejo e da paixão — rajas — como a causa da desordem, do sofrimento, do pecado e da dor e, com dificuldade, labutarmos para reprimi-la e subjugá-la, rajas declina, mas tamas se ergue. Pois se o princípio de atividade se entorpece, a inércia toma seu lugar. Uma paz, felicidade, conhecimento, amor quiescentes, um sentimento justo, podem ser o resultado do princípio de luz, mas se rajas estiver ausente ou for suprimido por completo, a quietude na alma tenderá a se tornar uma tranquilidade da inação, não a base sólida de uma mudança dinâmica: nossa natureza passará a pensar e agir de maneira correta, será boa, doce, serena, mas ineficaz; suas partes dinâmicas tenderão a se tornar satvotamásicas, neutras, incolores, não criadoras, vazias de poder. A obscuridade mental e moral poderão estar ausentes, mas também os arremessos intensos da ação, e essa é uma limitação paralisante e um outro tipo de incompetência. Pois tamas é um princípio duplo; ele se opõe à rajas pela inércia e à sattva pela estreiteza, obscuridade e ignorância e, se um ou outro for abatido, tamas se precipitará para ocupar seu lugar.

Se chamarmos rajas para corrigir esse erro e lhe ordenarmos de aliar-se a sattva e, por sua intervenção combinada, tentarmos nos liberar do princípio obscuro — tamas — perceberemos então que conseguimos elevar nossa ação, mas estaremos de novo sujeitos à impaciência, paixão, decepção, ao sofrimento e à cólera rajásicos. Esses movimentos poderão, talvez, ter um escopo, um espírito e um efeito mais enaltecidos que antes, mas não são a paz, a liberdade, o poder, a mestria de si que almejamos alcançar. Em toda parte onde desejo e ego se refugiam, refugiam-se também a paixão e o desassossego, inseparáveis companheiros da vida. E se buscarmos um acordo entre os três modos, sattva que conduz, os outros que obedecem, ainda assim chegaremos apenas a uma ação mais atenuada do jogo da Natureza. Um novo equilíbrio foi alcançado, mas a liberdade e mestria espirituais não são visíveis ou são apenas uma perspectiva longínqua.

É preciso que um movimento radicalmente diferente nos retire das gunas e nos eleve acima delas. O erro de aceitar os modos da Natureza deve cessar; pois enquanto os aceitarmos a alma permanecerá envolvida em suas operações e sujeita às suas leis. Sattva deve ser transcendida tanto quanto rajas e tamas; a corrente de ouro deve ser rompida tanto quanto os grilhões de chumbo e os atavios do escravo, feitos de uma liga mista. Com essa finalidade, a Gītā prescreve um método novo de autodisciplina: manter-se por trás da ação dos três modos, no interior de si, e observar esse fluxo irregular, como a Testemunha sentada acima dos vagalhões das forças da Natureza. A Testemunha é aquela que observa, mas é imparcial e indiferente, fora e acima do plano das forças, em sua posição nativa. Enquanto as ondas se elevam e se abatem, a Testemunha olha, observa, mas não aceita, e, pelo momento, tampouco interfere em seu curso. Primeiro, deve-se chegar à liberdade da Testemunha impessoal; depois pode vir o controle do Mestre, o Ishvara.

*
* *

A vantagem inicial desse processo de desapego é que começamos a compreender nossa própria natureza e toda a Natureza. A Testemunha desapegada é capaz de ver inteiramente o jogo dos modos da Ignorância sem deixar-se cegar pelo egoísmo, e segui-lo em todas as suas ramificações, esconderijos e sutilezas — pois é um jogo cheio de camuflagens e disfarces, ciladas e seduções, traições e ardis. Instruída por uma longa experiência, consciente de que todo ato e circunstância são o efeito de sua interação, ciente de seus processos, a Testemunha não pode mais sucumbir a seus assaltos, deixar-se surpreender em suas redes ou enganar-se com seus disfarces. Ao mesmo tempo, percebe que o ego nada mais é que um estratagema, o nó que sustenta suas interações e, ao percebê-lo, ela é liberada da ilusão da Natureza inferior egoística. Ela escapa ao egoísmo sátvico do altruísta, do santo e do pensador; repele o controle, sobre seus impulsos vitais, do egoísmo rajásico daquele que pensa só em si mesmo, cessa de ser a fornecedora laboriosa do interesse pessoal e a prisioneira mimada, escrava da paixão e do desejo; pela luz do conhecimento ela rompe o egoísmo tamásico do ser ignorante ou passivo, obtuso, sem inteligência, apegado ao círculo habitual da vida humana. Convencida e consciente do vício essencial do sentido do ego em todas as nossas ações pessoais, a Testemunha não busca mais no ego rajásico nem no sátvico um meio para corrigir-se e liberar-se, mas olha acima, mais além dos instrumentos e atividades da Natureza, na direção do Mestre das Obras e de sua suprema Shakti, a Prakriti suprema. Apenas lá todo o ser é puro e livre e o reino da Verdade divina é possível.

Nessa progressão, o primeiro passo é manter certa preeminência desapegada dos três modos da Natureza. A alma está interiormente separada e livre da Prakriti inferior, não envolvida em seus tumultos, indiferente e feliz acima deles. A Natureza continua a agir no círculo triplo de seus hábitos antigos — desejo, dor e alegria atacam o coração; os instrumentos caem na inação, obscuridade, lassitude; depois, de novo, a luz e a paz retornam ao coração, à mente e ao corpo; mas a alma permanece inalterada, não tocada por essas mudanças. Observando sem emoção a dor e os desejos das partes inferiores do ser, sorrindo de suas alegrias e de suas tensões, olhando, sem deixar-se tocar, as deficiências e obscuridades do pensamento e as turbulências ou as fraquezas do coração e dos nervos, sem submeter-se e sem apegar-se às iluminações da mente ou a seu alívio, sua sensação de bem-estar ou de poder quando a luz e a felicidade retornam, a alma não se lança em nenhuma dessas coisas, mas espera impassível as indicações de uma Vontade superior e as intuições de um conhecimento maior e mais luminoso. Fazendo isso sempre, ela no final se libera, mesmo em suas partes naturais, do conflito dos três modos e de seus valores insuficientes e seus limites aprisionadores. Pois a partir de agora, e de modo progressivo, essa Prakriti inferior sente uma compulsão que vem da Shakti superior. Os velhos hábitos aos quais ela se agarrava não recebem mais sanção e começam com regularidade a perder sua frequência e sua força de recorrência. Ela compreende enfim que é chamada a uma ação superior, a um estado melhor, e mesmo com lentidão, com relutância, com uma má vontade inicial ou mesmo prolongada, e uma ignorância tropeçante, ela se submete, dá a volta e se prepara para a mudança.

A liberdade estática da alma, que não é mais apenas testemunha e conhecedora, é coroada por uma transformação dinâmica da Natureza. A mistura constante e a operação desigual dos três modos ao agirem um sobre o outro em nossos três instrumentos — mente, vida e corpo — cessam, assim como suas ações e movimentos habituais, confusos, perturbadores e inadequados. Uma outra ação torna-se possível e começa, cresce, culmina: um modo de funcionar deveras justo, mais luminoso, natural e normal para o jogo divino mais profundo de Purusha e Prakriti, embora supranatural e supranormal para nossa natureza atual imperfeita. O corpo, que condicionava a mente física, não persiste mais nessa inércia tamásica que sempre repete o mesmo movimento ignorante; ele se torna o campo e o instrumento passivo de uma força e luz maiores, responde a cada demanda da força espiritual, segura e sustenta cada variedade e intensidade da experiência divina nova. Nossas partes vitais cinéticas e dinâmicas — nosso ser nervoso e emocional, sensorial, volitivo — expandem-se em poder e são capazes de uma ação infatigável e de uma felicidade beatífica na experiência, mas aprendem ao mesmo tempo a apoiar-se no alicerce de uma vasta calma estável e mestra de si, sublime na força, divina no repouso, sem exultar-se na alegria nem excitar-se ou torturar-se na tristeza e na dor, sem atormentar-se pelo desejo e por impulsos importunos nem embotar-se com a incapacidade e a indolência. A inteligência, a mente pensante, a compreensão e a reflexão renunciam às suas limitações sátvicas e se abrem a uma luz e paz essenciais. Um conhecimento infinito nos oferece suas esplêndidas extensões, um conhecimento que não é feito de construções mentais nem é ligado a opiniões e ideias, que não depende de uma lógica vacilante e incerta nem do apoio insignificante dos sentidos, mas é seguro de si, autêntico, e em tudo penetra e tudo abarca; uma beatitude e paz sem limites que não dependem de um abandono das dificuldades extenuantes da energia criadora e da ação dinâmica, que não são constituídas por algumas felicidades limitadas, mas são autoexistentes e todo-inclusivas, derramam-se em domínios cada vez mais vastos por canais cada vez mais amplos e numerosos, para possuir nossa natureza. Uma força, beatitude e conhecimento mais elevados vêm de uma fonte mais além da mente, da vida e do corpo e os possuem, a fim de remodelá-los em uma imagem mais divina.

Aqui, são ultrapassadas as desarmonias do modo triplo de nossa existência inferior, e começa o modo triplo superior de uma Natureza divina. Não há mais obscuridade tamásica ou inércia. Tamas é substituído por uma paz divina e por um repouso tranquilo e eterno de onde emana, de uma suprema matriz de concentração calma, o jogo da ação e do conhecimento. Não há movimentos rajásicos, desejos, esforços alegres ou tristes para agir, criar e possuir, não há esse caos fértil de impulsos agitados. Rajas é substituído por um poder mestre de si e por uma força sem limites, que mesmo em suas intensidades mais violentas não abalam o equilíbrio inalterável da alma nem mancham os céus vastos e profundos e os abismos luminosos de sua paz. Não há essa luz mental que erige suas construções e lança-se por todos os lados para capturar a Verdade e aprisioná-la, não há essa facilidade duvidosa e inerte. Sattva é substituída por uma iluminação e beatitude espirituais idênticas à profundeza e à existência infinita da alma e impregnada de um conhecimento direto e autêntico que brota diretamente das glórias veladas da Onisciência secreta.

Essa é a consciência maior em que nossa consciência inferior deve transformar-se; essa natureza da Ignorância e sua atividade inquieta, desequilibrada, movida pelos três modos, deve ser mudada em uma supranatureza cada vez mais luminosa. No começo, tornamo-nos livres das três gunas, desapegados, imperturbados, *nistraigunya*; mas esse não é mais que um retorno ao estado nativo da alma, do Self, do Espírito livre que, em sua calma imobilidade, observa o movimento da Prakriti e de sua força ignorante. Se, nessa base, a natureza, o movimento da Pakriti, deve tornar-se livre também, só pode ser por uma quietude da ação, em uma paz e silêncio luminosos em que todos os movimentos necessários são feitos sem a menor reação consciente, a menor participação ou iniciativa de ação da mente ou do ser vital, sem a menor ondulação do pensamento ou torvelinhos das partes vitais: tudo deve ser feito sob o impulso e pela iniciativa e a operação de uma Força cósmica impessoal ou de uma Força transcendente. Uma Mente, Vida e Substância cósmicas devem agir, ou então o puro Poder e a pura Beatitude de um Self transcendente diferente de nosso ser pessoal ou de suas edificações naturais. Esse é um estado de liberdade que pode vir no Ioga das Obras pela renúncia ao ego e ao desejo, a renúncia à iniciativa pessoal, pela entrega total do ser ao Self cósmico ou à Shakti universal; esse estado pode vir no Ioga do Conhecimento pela cessação do pensamento, pelo silêncio da mente, pela abertura de todo o ser à Consciência cósmica, ao Self cósmico, à *dynamis* cósmica ou à Realidade suprema; pode vir no Ioga da Devoção pela entrega total do coração e de toda a natureza às mãos do Todo-Beatitude, que é o Mestre adorado de nossa existência. Mas a mudança culminante se produz por uma transcendência mais positiva e mais dinâmica: deve haver uma transferência, ou uma transmutação, a um estado espiritual superior, *triguṇātīta*, em que participamos de uma dinamização espiritual superior; pois os três modos desiguais da Natureza inferior passam a ser um modo triuno igual, de calma, luz e força eternas; o repouso, a cinética, a iluminação da Natureza divina.

Essa harmonia suprema só pode vir pela cessação da vontade, da escolha e da ação egoístas, e pela tranquilização de nossa inteligência limitada. O ego individual deve cessar de lutar, a mente deve entrar no silêncio, a vontade-de-desejo deve aprender a não tomar a iniciativa. Nossa personalidade deve unir-se à sua fonte e todo pensamento, toda iniciativa, devem vir do alto. O Mestre secreto de nossas atividades nos será lentamente desvelado e, com a segurança da Vontade e do Conhecimento supremos, dará sua sanção à Shakti divina, e Ela cumprirá todas as obras em nós mediante uma natureza purificada e sublimada; o centro individual da personalidade será apenas o apoio das obras da Shakti divina aqui, seu receptáculo e seu canal, o refletor de seu poder e participante luminoso de sua luz, alegria e força. Ele agirá sem agir; e nenhuma reação da Prakriti inferior poderá tocá-lo. Transcender os três modos da Natureza é a primeira condição, transformá-los é o passo decisivo dessa mudança: a Via das Obras sai da cova da estreiteza de nossa natureza humana obscurecida e entra na vastidão sem muros da Verdade e da Luz acima de nós.

CAPÍTULO XI

O MESTRE DAS OBRAS

O Mestre e Força motriz de nossas obras é o Um, o Universal e Supremo, o Eterno e Infinito. Ele é o Desconhecido transcendente ou o Absoluto incognoscível, o Inefável, não expresso e não manifestado, acima de nós; mas ele é também o Self de todos os seres, o Mestre de todos os mundos, que transcende todos os mundos, a Luz e o Guia, o Todo-Beleza e Todo-Beatitude, o Bem-Amado, o Amante. Ele é o Espírito cósmico e a Energia que cria tudo que nos circunda; ele é o Imanente dentro de nós. Tudo o que é, é ele e ele é o Mais do que tudo isso que é, e nós mesmos, embora não o saibamos, somos seres de seu ser, força de sua força, conscientes de uma consciência que vem da sua; mesmo nossa existência mortal é feita de sua substância e existe em nós um imortal que é uma centelha da Luz e da Beatitude que são para sempre. Seja pelo conhecimento, pelas obras, pelo amor, seja por qualquer outro meio, tornar-se consciente dessa verdade de nosso ser, realizá-la, torná-la efetiva aqui, ou alhures, é o objetivo de todo Ioga.

*
* *

Mas a passagem é longa e o labor árduo, antes que possamos elevar um olhar verdadeiro ao Mestre, e ainda mais longo e árduo será nosso esforço, se quisermos reconstruir nosso ser à sua verdadeira imagem. O Mestre da obra não se revela de imediato àquele que busca. É seu Poder que age por trás do véu, sempre, mas ele só se manifesta quando renunciamos ao ego do trabalhador, e sua ação direta aumenta à medida que essa renúncia se torna cada vez mais completa. Só quando nossa entrega à sua Shakti divina for absoluta é que teremos o direito de viver na presença absoluta do Mestre das Obras. E só então poderemos ver nossa obra fundir-se de modo natural e simples no molde da Vontade Divina.

Portanto, deve haver etapas e gradações em nossa aproximação dessa perfeição, como há para o progresso em qualquer outra perfeição em qualquer plano da Natureza. Pode ser que a visão da glória total nos venha antes, súbito ou devagar, uma única vez ou muitas vezes, mas até que a base esteja completa essa é uma experiência breve e concentrada, não aquela durável que abarca tudo, não a Presença duradoura. As amplidões da Revelação divina e seu conteúdo infinito vêm depois, e desdobram pouco a pouco seu poder e significado. Pode ser também que a visão contínua esteja lá, nos cumes de nossa natureza, mas a resposta perfeita das partes inferiores vem apenas por etapas. Em todos os Iogas as primeiras condições, indispensáveis, são fé e paciência. Os ardores do coração e a impetuosidade de uma vontade impaciente que tentam tomar de assalto o reino dos céus, podem produzir reações deploráveis, se desdenharem esses auxiliares mais humildes e mais quietos para sustentar sua impetuosidade. E no Ioga Integral, tão longo e tão difícil, é preciso uma fé integral e uma paciência inabalável.

É difícil adquirir ou praticar essa fé e essa constância no caminho acidentado e estreito do Ioga, por causa da impaciência do coração e da mente e da vontade ardente, mas que logo vacila, de nossa natureza rajásica. A natureza vital do ser humano tem sempre fome do fruto de seu labor e, se o fruto parece ser negado ou tarda muito a vir, ele perde a fé no ideal e na guiança, pois sua mente sempre julga a partir da aparência das coisas, visto que esse é o hábito primeiro e arraigado da razão intelectual, na qual ele confia de maneira excessiva. Nada é mais fácil para nós do que acusar Deus em nosso coração quando sofremos por muito tempo ou tropeçamos na obscuridade, ou renunciar ao ideal que havíamos posto diante de nós. E dizemos: "Eu confiei no Mais-Alto e fui traído, mergulhei no sofrimento, no pecado, no erro". Ou então, "Concentrei toda a minha vida em uma ideia que os duros fatos da experiência contradisseram e desencorajaram. Teria sido melhor ser como os demais, que aceitam suas limitações e caminham nos sendeiros firmes da experiência normal". Em tais momentos — e esses, algumas vezes, são frequentes e longos —, toda experiência mais elevada é esquecida, e o coração se concentra em sua própria amargura. É nessas passagens obscuras que é possível cair para sempre e voltar as costas ao labor divino.

Se já avançamos no caminho por muito tempo e com constância, a fé do coração permanecerá, mesmo sob a pressão adversa mais feroz; mesmo se estiver escondida ou aparentemente subjugada, ela emergirá na primeira ocasião, pois algo mais elevado que o coração ou o intelecto a sustenta, apesar dos piores tropeços e através das derrotas mais prolongadas. Mas mesmo para o sadhaka que tem longa experiência, esses titubeios ou obscuridades retardam seu progresso e são extremamente perigosos para o noviço. Portanto, é necessário, desde o começo, compreender e aceitar a dificuldade árdua do caminho e sentir a necessidade de uma fé que para o intelecto pode parecer cega, mas que, contudo, é mais sábia que nossa inteligência racional. Porque essa fé é um sustento que vem do alto; é a sombra brilhante lançada por uma luz secreta que ultrapassa o intelecto e seus dados; é o coração de um conhecimento escondido que não está à mercê das aparências imediatas. Se perseverar, nossa fé será justificada em suas obras e, no final, será elevada e transfigurada na autorrevelação de um conhecimento divino. Sempre, devemos aderir à injunção da Gītā: "O Ioga deve ser praticado sem interrupção, com um coração livre de desânimo e sem esmorecer". Sempre, devemos repetir ao intelecto duvidoso a promessa do Mestre: "Com certeza, eu te liberarei de todo pecado e de todo mal, não te aflijas". No final, as oscilações da fé cessarão, e veremos Sua face e sentiremos sempre a Presença Divina.

*
* *

O Mestre de nossas obras respeita nossa natureza mesmo enquanto a transforma; ele trabalha sempre por meio da natureza e não por algum capricho arbitrário. Essa natureza imperfeita que é a nossa, contém os materiais para nossa perfeição, mas eles são incipientes, deformados, mal colocados, todos jogados em desordem ou em uma ordem pobre e imperfeita. Todo esse material deve ser aperfeiçoado com paciência, purificado, reorganizado, remodelado e transformado, e não cortado em pedaços, destruído ou mutilado, nem ser suprimido por simples coerção e negação. Esse mundo, e nós que vivemos nele, somos a criação do Mestre das Obras e sua manifestação, e Ele se ocupa desse mundo e de nós mesmos de uma maneira que nossa mente estreita e ignorante não pode entender, a menos que se torne silenciosa e se abra a um conhecimento divino. Nossos erros contêm a substância de uma verdade que trabalha arduamente para revelar seu significado à nossa inteligência tateante. O intelecto humano suprime o erro — e, com ele, a verdade — e o substitui por outra coisa que é meia-verdade, meio-erro; mas a Sabedoria divina permite que nossos erros continuem até que sejamos capazes de chegar à verdade que estava escondida e protegida sob invólucros falsos. Nossos pecados são os passos mal dirigidos de um Poder que tem como objetivo não o pecado, mas a perfeição — algo que poderíamos chamar uma virtude divina. Com frequência, eles são os véus de uma qualidade que deve ser transformada e liberada de seu feio disfarce; de outro modo, na perfeita previdência das coisas, não lhes teria sido permitido existir ou continuar. O Mestre de nossas obras não é um inconsequente nem uma testemunha indiferente, nem tampouco um frívolo que se permitiria o luxo de maldades desnecessárias. Ele é mais sábio que nossa razão, mais sábio que nossa virtude.

E não apenas nossa natureza se engana em sua vontade e é ignorante em seu conhecimento, mas seu poder é fraco; porém, a Força divina está aí e nos conduzirá se nela confiarmos; ela se servirá de nossas deficiências e de nossos poderes para o propósito divino. Se falhamos em nosso objetivo imediato é porque Ele quis o fracasso; muitas vezes nosso fracasso ou mau resultado é o melhor caminho para encontrar uma solução mais verdadeira, que um sucesso imediato e completo não teria posto ao nosso alcance. Se sofremos, é porque algo em nós deve ser preparado para uma possibilidade mais rara de deleite. Se tropeçamos, é para no final aprendermos o segredo de um caminhar mais perfeito. Não nos ponhamos em uma pressa demasiado frenética, mesmo para adquirir paz, pureza e perfeição. A paz deve ser nossa, mas não a paz de uma natureza vazia ou devastada ou de capacidades destruídas ou mutiladas que são incapazes de agitar-se porque nós as tornamos incapazes de intensidade, de fogo, de força. A pureza deve ser nosso objetivo, mas não a pureza de um vazio ou de uma frieza árida e rígida. A perfeição nos é pedida, mas não a perfeição que só existe se nos encerrarmos em limites estreitos ou se colocarmos um ponto final arbitrário na espiral sem fim do Infinito. Nosso objetivo é mudar nossa natureza em uma natureza divina, mas a natureza divina não é um estado mental nem moral, é um estado espiritual, difícil de alcançar, mesmo de conceber, por nossa inteligência. O Mestre de nossa obra e de nosso Ioga conhece a coisa a ser feita, e devemos permitir que ele a efetue em nós por seus próprios meios e à sua própria maneira.

O movimento da Ignorância é egoístico em seu âmago, e nada nos será mais difícil do que nos desfazer do egoísmo enquanto admitirmos a personalidade e continuarmos a agir a partir da meia-luz e da meia-força de nossa natureza incompleta. É mais fácil fazer o ego morrer de fome pela renúncia ao impulso de agir ou suprimi-lo abolindo de nós mesmos todos os movimentos da personalidade. É mais fácil exaltá-lo, e levá-lo a esquecer-se pela imersão em um transe de paz ou no êxtase do Amor divino. Mas nosso problema é mais difícil, pois queremos liberar a Pessoa verdadeira e alcançar uma humanidade divina, que será o receptáculo puro de uma força divina e o instrumento perfeito de uma ação divina. É passo a passo, e com firmeza, que devemos avançar; dificuldade após dificuldade deve ser vivenciada e dominada inteiramente. Só a Sabedoria, só o Poder divino pode fazer isso por nós; e ela fará tudo para nós, se nos abandonarmos a Ela com uma fé total e consentirmos suas operações com uma coragem e paciência constantes.

O primeiro passo nesse longo caminho é consagrar todas as nossas obras e fazer delas um sacrifício ao Divino que está em nós e no mundo; essa atitude da mente e do coração não é muito difícil de iniciar, mas é muito difícil torná-la sincera e integral de modo absoluto. O segundo passo é renunciar a todo apego ao fruto de nossos trabalhos; pois o único fruto verdadeiro do sacrifício, inevitável e de todo desejável — a única coisa necessária — é a Presença divina, a Consciência e o Poder divinos em nós; e se isso for obtido, tudo o mais virá por acréscimo. Essa é uma transformação da vontade egoística de nosso ser vital: uma transformação de nossa alma-de-desejo e natureza-de-desejo, e essa segunda etapa é muito mais difícil do que a outra. O terceiro passo é livrar-se do egoísmo central, e mesmo do senso de ego do trabalhador. Essa é a mais difícil de todas as transformações e não pode ser feita de modo completo se os dois primeiros passos não forem feitos; mas esses dois primeiros passos também não podem ser completos se o terceiro não coroar o movimento e, pela extinção do egoísmo, erradicar a própria origem do desejo. É preciso que o pequeno senso de ego seja desenraizado da natureza para que o sadhaka possa conhecer sua pessoa verdadeira que se situa acima, como uma porção e um poder do Divino, e renunciar a todas as outras forças motrizes, exceto a vontade da Shakti divina.

*
* *

Esse último movimento de integração contém gradações; não pode ser feito de imediato ou sem longos trabalhos de aproximação, que pouco a pouco o farão avizinhar-se e, por fim, o tornarão possível. A primeira atitude a tomar é deixar de considerar-se o trabalhador e, com firmeza, tornarmo-nos conscientes de que somos apenas instrumentos da Força cósmica. No início, parece-nos que não é a Força única, mas numerosas forças cósmicas que nos fazem mover, e essa visão libera a mente, mas não o resto da natureza, pois as forças cósmicas podem também servir de alimento para o ego. Mesmo quando percebemos que todas essas forças são a operação de uma Força cósmica única e do Divino que está por trás, isso tampouco nos libera necessariamente. Se o egoísmo do trabalhador desaparece, o egoísmo do instrumento pode substituí-lo ou prolongá-lo sob um disfarce. A vida no mundo está cheia de exemplos desse tipo de egoísmo, que pode ser mais atraente e desmedido que os outros; o perigo é o mesmo no Ioga; um homem torna-se líder de homens ou eminente em círculos mais ou menos amplos, e sente-se cheio de um poder que sabe que vem de mais além de suas forças egoísticas; ele pode perceber um Destino que age por meio dele, ou uma Vontade misteriosa e insondável, ou uma Luz interior de um grande brilho. Seus pensamentos, suas ações ou seu gênio criador têm resultados formidáveis. Pessoas assim efetuam destruições formidáveis, que facilitam o caminho da humanidade, ou alguma grande construção que se torna o lugar de repouso momentâneo dela. Essas pessoas podem ser um flagelo ou portadoras de luz e de cura, criadoras de beleza ou mensageiras do conhecimento. Ou, se seu trabalho e seus efeitos forem em escala menor e tiverem um campo limitado, mesmo assim elas têm a sensação muito viva de serem instrumentos eleitos para essa missão ou essa obra. As pessoas que têm esse destino e esses poderes creem facilmente, e declaram, que são meros instrumentos nas mãos de Deus ou do Destino: mas mesmo em suas declarações podemos ver introduzir-se ou refugiar-se um egoísmo mais intenso e exagerado do que aquele que as pessoas comuns têm a coragem de afirmar ou a força para abrigar dentro de si. E muitas vezes, se pessoas desse tipo falam de Deus, é para erigir uma imagem dele que nada mais é do que a sombra enorme de si mesmas ou de sua natureza, uma Essência deificada sustentadora de seu próprio tipo de vontade, pensamento, qualidade e força. Essa imagem magnificada de seu ego é o Mestre a quem elas servem. Isso é o que acontece com muita frequência no Ioga, com aqueles que têm uma natureza vital forte mas grosseira ou mentes que se exaltam com facilidade quando permitem à ambição, ao orgulho ou ao desejo de grandeza introduzir-se em sua busca espiritual e viciar a pureza de seu propósito; um ego magnificado interpõe-se entre eles e seu ser verdadeiro e apodera-se, para seus fins pessoais, da força que vem de um Poder invisível maior, divino ou não divino, que age por meio deles e que eles percebem de maneira vaga ou mais intensa. Perceber intelectualmente ou sentir vitalmente uma Força maior que a nossa, e saber que nós mesmos somos movidos por ela, não é suficiente para nos liberar do ego.

Essa percepção, essa sensação de um Poder maior em nós ou acima de nós e que nos move, não é alucinação ou megalomania. Aqueles que o sentem e são conscientes dele têm uma visão mais vasta que os seres humanos comuns; deram um passo mais além da inteligência física limitada, mas não têm uma visão completa nem uma experiência direta desse Poder, porque não são claros na mente nem percebem sua alma; eles são mais despertos nas partes vitais do que na substância espiritual do Self, e por isso não podem ser os instrumentos conscientes do Divino nem ver o Mestre face a face, mas sua natureza falível e imperfeita pode servir de instrumento. O que eles veem da Divindade é, no máximo, um Destino ou uma Força cósmica, ou então dão Seu nome a uma Divindade limitada ou, pior, a um poder titânico ou demoníaco, que a encobre. Certos fundadores de religiões chegaram mesmo a erigir a imagem de um deus sectário ou de um deus nacional ou a erigir um Poder de terror e punição, ou um Númeno de amor, mercê e virtude sátvicas, mas não parecem ter visto o Um e Eterno. O Divino aceita a imagem que fazem d'Ele e é por meio desse intermediário que Ele faz seu trabalho neles; mas visto que a Força única é sentida e age na natureza imperfeita deles com mais intensidade, o princípio motor do egoísmo pode também ser mais intenso nessas pessoas que em outras. Elas estão ainda prisioneiras de um ego exaltado, rajásico ou sátvico, que se interpõe entre elas e a Verdade integral. Mesmo isso é alguma coisa, um começo de experiência, embora longe da experiência verdadeira e perfeita. Uma coisa muito pior pode acontecer àqueles que rompem algo das amarras humanas mas não têm pureza e não têm conhecimento, pois podem se tornar instrumentos, mas não do Divino; com demasiada frequência usam Seu nome enquanto servem inconscientemente às suas Máscaras e aos seus Contrários obscuros — os Poderes das Trevas.

Nossa natureza deve abrigar a Força cósmica, mas não em seus aspectos inferiores ou em seus movimentos rajásicos ou sátvicos; ela deve servir à Vontade universal, mas à luz de um conhecimento liberador maior. Não deve haver egoísmo de nenhum tipo na atitude do instrumento, mesmo quando somos plenamente cônscios da grandeza da Força que está em nós. Cada ser humano, quer ele saiba, quer não, é o instrumento de um Poder universal e, à parte a Presença interior, não há diferença essencial entre uma ação ou outra, um ou outro tipo de instrumento, como pode afirmar a insensatez de um orgulho egoístico. A diferença entre conhecimento e ignorância é uma graça do Espírito; o sopro do Poder divino sopra onde quer, e hoje dá a um e amanhã a outro a palavra ou o poder. Se o ceramista modela um vaso com mais perfeição que um outro vaso, o mérito não está no vasilhame, mas naquele que o fez. A atitude de nossa mente não deve ser: "Essa é minha força" ou "Vejam o poder de Deus em mim", mas, ao contrário: "Um Poder divino trabalha nessa mente e nesse corpo, e é o mesmo que trabalha em todos os seres humanos e no animal, na planta e no metal, nas coisas conscientes e vivas e naquelas em aparência inconscientes e inanimadas". Se essa visão ampla do Um trabalhando em tudo, e do mundo inteiro como o instrumento igual de uma ação divina e de uma expressão progressiva do Divino, se tornar a experiência de todo nosso ser, ela nos ajudará a eliminar todo egoísmo rajásico, e mesmo o ego sátvico começará a desaparecer de nossa natureza.

A eliminação dessa forma de ego conduz diretamente à ação instrumental verdadeira, que é a essência de um Carma-Ioga perfeito. Pois, enquanto nutrirmos o ego instrumental, poderemos pretender que somos instrumentos conscientes do Divino, mas, na verdade, estamos tentando fazer da Shakti divina um instrumento de nossos próprios desejos ou propósitos egoísticos. E mesmo se o ego for subjugado mas não eliminado, poderemos certamente ser motores da Obra divina, mas seremos utensílios imperfeitos e desviaremos ou prejudicaremos o trabalho por nossos próprios erros mentais, distorções vitais ou pelas incapacidades obstinadas de nossa natureza física. Se esse ego desaparecer, então poderemos deveras nos tornar não apenas puros instrumentos que aceitarão de maneira consciente cada movimento da Mão divina que nos move, mas que perceberão também nossa natureza verdadeira e serão uma parcela consciente do Eterno e Infinito, emanada pela Shakti suprema, e nela para cumprir suas obras.

*
* *

Após a entrega de nosso ego instrumental à Shakti divina, há um outro passo importante a ser dado. Não basta saber que ela é a Força Cósmica única que nos move, a nós e a todas as criaturas, nos planos da mente, da vida e da matéria, pois esses planos pertencem à Natureza inferior; e, embora o Conhecimento divino, a Luz e o Poder estejam aí, escondidos e trabalhando nessa Ignorância e possam romper parcialmente o véu e manifestar algo de seu verdadeiro caráter ou descer das alturas e elevar essas operações inferiores, mesmo se tivermos a experiência do Um em uma mente espiritualizada, em um movimento vital espiritualizado, em uma consciência corporal espiritualizada, certa imperfeição ainda permanecerá nas partes dinâmicas de nosso ser. A resposta ao Poder supremo será hesitante, um véu cobrirá a face do Divino, a Ignorância misturar-se-á constantemente a nossos atos. É somente quando nos abrirmos à Shakti divina em sua força verdadeira que transcende essa Prakriti inferior, que poderemos nos tornar os instrumentos perfeitos de seu poder e de seu conhecimento.

Não apenas liberação, mas perfeição também deve ser o objetivo do Carma-Ioga. O Divino trabalha mediante nossa natureza e segundo nossa natureza; se nossa natureza for imperfeita o trabalho também será imperfeito, misturado, inadequado. Poderá mesmo ser desfigurado por erros grosseiros, falsidades, fraquezas morais, influências desviadoras. A obra da Vontade divina se fará em nós mesmo assim, mas segundo nossas fraquezas, não segundo a força e pureza de sua fonte. Se nosso Ioga não fosse integral, se buscássemos apenas a liberação do self interior ou a existência imóvel do Purusha separado da Prakriti, essa imperfeição dinâmica talvez não tivesse importância. Calmos, tranquilos, sem depressão nem exaltação, recusando-nos a aceitar perfeição ou imperfeição, faltas ou méritos, pecados ou virtudes como nossos, percebendo que essa mistura se deve aos modos da Natureza — e que ela opera no campo de seus modos —, poderíamos nos retirar no silêncio do espírito e, puros e não tocados, sermos meras testemunhas das operações da Prakriti. Mas em uma realização integral isso é só uma etapa no caminho, não nossa destinação última. Pois buscamos a realização divina não apenas na imobilidade do Espírito, mas também no movimento da Natureza. E isso só será de todo possível quando pudermos sentir a presença e o poder do Divino em cada passo, moção, forma de nossas atividades, em cada tendência de nossa vontade, em cada pensamento, sentimento, impulso. Sem dúvida, poderemos sentir isso em essência, mesmo na natureza da Ignorância, mas será um Poder e Presença divinos disfarçados, uma diminuição, uma imagem inferior. A nossa é uma demanda maior: queremos que nossa natureza inteira seja um poder do Divino na Verdade do Divino, na Luz, na força da Vontade eterna autoconsciente, na imensidão do Conhecimento sempiterno.

Após a remoção do véu do ego, vem a remoção do véu da Natureza e de seus modos inferiores, que governam nossa mente, nossa vida e nosso corpo. Assim que os limites do ego começam a definhar, vemos como esse véu é constituído e detectamos a ação da Natureza cósmica em nós; nela, ou por trás dela, sentimos a presença do Self cósmico e a *dynamis* do Ishvara que impregna o mundo. O Mestre do instrumento se mantém por trás de todas essas operações, e mesmo em meio a elas há o seu toque e o ímpeto de uma grande Influência que guia ou determina. Não é mais ao ego ou à força do ego que servimos; obedecemos ao Mestre universal e a seu impulso evolutivo. A cada passo dizemos, como no verso sânscrito: "Aquilo que determinas para mim, Tu que estás sentado em meu coração, ó Senhor, eu o farei". Mas, ainda assim, essa ação pode ser de dois tipos muito diferentes: uma, somente iluminada, a outra, transformada e elevada às alturas de uma supranatureza maior. Pois podemos continuar o caminho da ação, sustentados e acompanhados por nossa natureza assim como era, quando, por ela e sua ilusão do ego, nós "demos voltas, como montados em uma máquina", mas agora, com uma compreensão perfeita do mecanismo e de sua utilização pelo Mestre das Obras, cuja presença sentimos por trás, para cumprir seus propósitos no mundo. De fato, isso é o mais longe que boa parte de iogues, mesmo entre os maiores, alcançou, nos níveis da mente espiritualizada; mas não é necessário que seja sempre assim, pois há uma possibilidade maior, supramental. É possível elevar-se mais além da mente espiritualizada e agir de maneira espontânea na presença viva da Mãe suprema e de sua Verdade-Força divina original. Nossa moção unida à sua moção e aí imersa, nossa vontade unida à sua vontade, nossa energia absorvida em sua energia, sentiremos sua ação através de nós como a própria ação do Divino manifestado, uma Sabedoria-Poder suprema, e perceberemos que a mente, a vida e o corpo, transformados, são apenas canais de uma Luz-Força suprema que os ultrapassa, infalível em seus passos porque transcendente e total em seu conhecimento. E não só seremos os receptáculos, canais, instrumentos dessa Luz-Força, como nos tornaremos parte dela, em uma experiência elevada, suprema, permanente.

Mesmo antes de alcançar essa última perfeição, poderemos nos unir ao Divino nas obras, em sua extrema amplidão, mesmo se não ainda em seus cumes mais luminosos; pois não percebemos mais apenas a Natureza ou os modos da Natureza, mas nos tornamos conscientes em nossos movimentos físicos, em nossas reações vitais e nervosas, em nossas operações mentais, de uma Força maior do que o corpo, a mente e a vida, que se apodera de nossos instrumentos limitados e conduz todas as suas moções. Não temos mais a sensação de que somos nós que nos movemos, pensamos ou sentimos, mas que é ela que move, sente e pensa em nós. Essa força que sentimos é a Força universal do Divino que, velada ou desvelada, agindo de modo direto ou permitindo que seus poderes sejam utilizados por seres no cosmos, é a única Energia, só ela existe e só ela torna possível a ação universal ou individual. Pois essa Força é o próprio Divino em seu corpo de poder; tudo é esse poder: poder de ação, poder de pensamento e conhecimento, poder de mestria e fruição, poder de amor. Conscientes sempre e em todas as coisas, em nós mesmos e nos outros, de que é o Mestre das Obras que possui e habita essa Força que é Ele mesmo, que frui das coisas por meio dela, que se torna por meio dela todas as existências e todos os acontecimentos, teremos chegado à união divina pelas obras e alcançado, por essa realização nas obras, tudo o que os outros puderam ganhar pela devoção absoluta ou pelo conhecimento puro. Mas há ainda uma outra etapa que nos chama, uma ascensão que nos faz sair dessa identidade cósmica e entrar na identidade da Transcendência divina.

O Mestre de nossas obras e de nosso ser não é apenas uma Divindade aqui, dentro de nós, nem é ele apenas um Espírito cósmico ou algum tipo de Poder universal. O mundo e o Divino não são uma única e mesma coisa como certo tipo de pensamento panteísta gostaria de acreditar. O mundo é uma emanação; ele depende de algo que se manifesta nele mas não é limitado por ele: o Divino não está aqui apenas; existe um Além, uma Transcendência eterna. O ser individual também, em sua parte espiritual, não é uma formação na existência cósmica — nosso ego, nossa mente, nossa vida, nosso corpo são isso; mas o espírito imutável, a alma imperecível em nós, originou-se na Transcendência.

*

* *

Um Transcendente, que está além de todos os mundos e de toda a Natureza e contudo possui o mundo e sua natureza, que desceu nela com algo de si mesmo e a modela a fim de que ela se torne aquilo que não é ainda, é a Fonte de nosso ser, a Fonte de nossas obras e seu Mestre. Mas a sede da Consciência Transcendente está acima, no absoluto de uma Existência divina — e aí estão também o Poder, a Beatitude e a Verdade absolutos do Eterno —, que é inconcebível para nossa mente e da qual mesmo nossa experiência espiritual mais alta é apenas um reflexo reduzido em uma mente e coração espiritualizados, uma sombra vaga, um derivado tênue. Contudo, dessas alturas, origina-se uma espécie de coroa dourada de Luz, Poder, Beatitude e Verdade: uma divina Consciência-Verdade, como os antigos místicos a chamavam, uma Supramente, uma Gnose, com a qual esse mundo de consciência menor e modo de funcionar ignorante tem uma relação secreta, e que, só ela, sustenta esse mundo e o impede de cair no caos e na desintegração. Os poderes que agora estamos satisfeitos em chamar gnose, intuição ou iluminação são apenas luzes tênues d'Aquilo que é a fonte plena e flamejante. Entre a inteligência humana mais alta e Isso, encontram-se muitos níveis de consciência ascendente, um nível mental superior e sobremental, que devemos conquistar antes de chegarmos lá ou de poder fazer descer aqui sua grandeza e sua glória. Contudo, por mais difícil que seja, essa ascensão, essa vitória, é o destino do espírito humano, e essa descida luminosa ou essa emanação da Verdade divina é o termo inevitável da evolução atormentada da Natureza terrestre; essa consumação predestinada é sua *raison d'être*, nosso estado culminante e a justificação de nossa existência terrestre. Pois, embora o Divino transcendente esteja já aqui como o Puruṣottama[1] no centro secreto de nosso mistério, ele está velado por numerosas camadas e disfarces de sua Ioga-Maia mágica, que trabalha no mundo; é somente pela ascensão e vitória da Alma aqui, no corpo, que o disfarce pode cair e a *dynamis* da Verdade suprema substituir essa trama enredada feita de meias-verdades que se tornam erros criadores, esse Conhecimento emergente que por seu mergulho na inconsciência da matéria e seu lento retorno parcial a si mesmo, mudou-se em Ignorância efetiva.

Pois aqui, no mundo, embora a Gnose esteja aí secretamente detrás da existência, o que age não é gnose, mas a magia de um Conhecimento-Ignorância, uma

---

1. *Puruṣottama* — "...é o supremo Divino, Deus, que possui o infinito e o finito e em quem o pessoal e o impessoal, o Self e a existência múltipla, o ser e o vir a ser, a ação cósmica e a paz supracósmica, *pravṛtti* e *nivṛtti*, se encontram, se unem e possuem um ao outro" (*Glossary of terms in Sri Aurobindo writings.*)

Maia sobremental[2] imprevisível e, contudo, mecânica em aparência. De certo ponto de vista, o Divino nos parece aqui um Espírito-Testemunha inativo e impessoal para quem todas as coisas são iguais, um Purusha imóvel que consente, não atado pelas qualidades, nem pelo Espaço, nem pelo Tempo, cujo apoio ou sanção é dado de modo imparcial ao jogo de todas as ações e energias que a Vontade transcendente permitiu que se cumprisse no cosmos. Esse Espírito-Testemunha, esse Self imóvel nas coisas parece nada querer e nada determinar; contudo, percebemos que sua própria passividade, sua presença silenciosa, compele todas as coisas a viajar, malgrado a ignorância delas, em direção a um objetivo divino e que ele as atrai, através da divisão, para uma unidade ainda irrealizada. Contudo, parece não haver aí nenhuma Vontade divina suprema e infalível, mas apenas uma Energia cósmica vastamente estendida ou um Processo executivo mecânico: Prakriti. Mas esse é só um aspecto do Self cósmico; o outro se apresenta como um Divino universal, único em seu ser, múltiplo em sua personalidade e poder, que nos faz perceber, quando entramos na consciência de suas forças universais, uma qualidade, vontade, atividade infinitas, um conhecimento vasto como o mundo, um deleite único e, contudo, inumerável; pois, por meio dele, tornamo-nos uno com todas as existências, não só em sua essência, mas no jogo de sua ação; vemos a nós mesmos em tudo, e tudo em nós mesmos; percebemos todo conhecimento, pensamento e sentimento como moções de uma única Mente e de um único Coração; toda energia e ação como a dinâmica de uma Vontade única em seu poder; toda Matéria e toda forma como partículas do Corpo

---

2. Sri Aurobindo distingue diversos níveis de consciência na Mente: mente superior, mente iluminada, mente intuitiva e sobremente — essas são as zonas acima de nossa mente pensante normal. O sobremental é o cume de nosso tipo de humanidade atual: é o mundo dos grandes criadores e que diversas tradições chamam o "mundo dos deuses"; é de lá que todos os grandes fundadores de religiões, os profetas, poetas, artistas, pessoas com poderes sobre-humanos, tiraram sua visão e inspiração. É a sobremente que presidiu nosso ciclo humano atual, e está mostrando sua impotência e suas falhas, pois, por mais alta que seja, por mais divina que pareça, ela é ainda um tipo de consciência mental, um apogeu da mente, com seu hábito separador. Certamente, essa consciência sobremental é uma consciência imensa, cósmica, mas ela apenas conduz a seu absoluto todos os grandes princípios que regem o destino atual dos seres humanos — Justiça absoluta, Amor absoluto, Beleza absoluta, Igualdade absoluta etc. —, mas ela não efetua sua reconciliação. Cada um vê um ponto de vista, apenas um, e lhe dá uma aplicação cósmica, apenas uma, como o feixe de luz de um farol que varre tudo, mas chega a um ponto (assim como as grandes religiões). Sri Aurobindo descobriu e explorou, a partir dos Rishis védicos, um outro princípio de consciência, global, que ele chama "supramente" que, só ela, tem o poder de harmonizar e transformar a estrutura de nossa existência atual. Deve ser enfatizado que não se trata de um melhoramento de nosso tipo de existência atual, de uma "super-humanidade" que seria apenas uma superfatuidade do humano atual, mas de um outro poder de consciência e de existência, de um outro ser sobre a terra. Entre outras coisas, a era supramental marcará o final da época das religiões. (Nota da tradução francesa.)

único, todas as personalidades como projeções da Pessoa única; todos os egos como deformações de um único "Eu" verdadeiro na existência. Nele, não estamos mais separados, perdemos nosso ego ativo no movimento universal — assim como, com a Testemunha sem qualidades e para sempre desapegada e sem amarras, perdemos nosso ego estático na Paz universal.

Porém, uma contradição permanece entre esses dois termos — o Silêncio divino afastado e distante e a Ação divina que abrange tudo —, que podemos curar em nós mesmos de certa maneira, elevando-nos a certo nível alto, que nos parece completo e, no entanto, não é, porque não pode transformar e conquistar completamente. Uma Paz, Luz, Poder, Beatitude universais poderão ser adquiridos, mas sua expressão efetiva não será aquela da Consciência-Verdade, a Gnose divina, e embora essa expressão seja maravilhosamente livre, elevada e iluminada, ela apenas sustenta a expressão presente do Espírito cósmico, e não transforma, como faria uma Descida transcendental, os símbolos ambíguos e os mistérios velados do mundo da Ignorância. Nós mesmos seremos livres, mas a consciência da terra permanecerá escravizada; só uma outra ascensão, transcendental, e uma descida do Transcendente poderão curar por completo a contradição; só elas podem transformar e liberar.

Pois há ainda um terceiro aspecto do Mestre das Obras, um aspecto intensamente íntimo e pessoal, que é a chave de seu mistério mais sublime e de seu êxtase secreto; pois dos recônditos da Transcendência escondida e do desdobramento ambíguo do Movimento cósmico, ele desprende um Poder divino individual que pode mediar entre os dois e construir nossa passagem de um ao outro. Sob esse aspecto, a pessoa transcendente e universal do Divino adapta-se à nossa personalidade individualizada e aceita uma relação pessoal conosco; identifica-se conosco enquanto nosso Self supremo, e ao mesmo tempo se faz diferente, embora próximo, enquanto nosso Mestre, Amigo, Bem-Amado, Instrutor, nosso Pai e nossa Mãe, Companheiro no grande jogo do mundo, pois foi ele quem, durante todo o tempo, disfarçou-se de amigo e inimigo, ajudante e oponente e, em todas as relações e em todas as operações que nos afetam, foi ele quem conduziu nossos passos em direção à nossa perfeição e liberação. É mediante essa manifestação mais pessoal que se torna possível a experiência transcendental completa; pois n'Ele encontramos o Um, não apenas em uma paz e calma liberadas, não apenas em uma entrega passiva ou ativa em nossas obras ou no mistério de uma união com um Conhecimento e Poder universais que nos preenchem e guiam, mas no êxtase de um Amor e Deleite divinos que nos projeta além da Testemunha silenciosa e do Poder cósmico ativo, até a predição concreta de um segredo beatífico ainda maior. Pois não se trata de um conhecimento que conduz a algum Absoluto inefável, não se trata de obras que nos elevam mais além dos processos cósmicos, em direção ao Mestre e Conhecedor supremo, originador, mas, antes, de algo muito íntimo para nós — embora ainda muito obscuro no presente — que guarda apaixonadamente, envolto em seu véu, o segredo profundo e extático da Divindade transcendente e a realidade absoluta de seu Ser perfeito, de sua Beatitude que reúne tudo, de sua Ananda mística.

Mas a relação individual com o Divino não traz sempre — nem desde o início — uma imensa expansão de nosso ser ou uma superação de si mais elevada. No início, essa Divindade próxima de nosso ser ou imanente em nós, só pode ser sentida inteiramente nos limites de nossa natureza e experiência pessoais — é o Líder e o Mestre, o Guia e o Instrutor, o Amigo e o Bem-Amado; ou é o Espírito, Poder ou Presença que nos eleva e constitui nosso movimento de ampliação em direção ao alto pela força de sua realidade íntima alojada em nosso coração ou que, do alto, preside à nossa natureza ou mesmo à nossa inteligência mais alta. É nossa evolução pessoal que é sua preocupação, é uma relação pessoal com ele que é nossa alegria e plenitude, é a construção de nossa natureza conforme sua imagem divina que é nossa autodescoberta e perfeição. O mundo exterior parece existir apenas como campo para esse crescimento, um provedor de materiais ou de forças que ajudam nas etapas sucessivas ou se opõem a elas. As obras que realizamos neste mundo são Suas obras, mas, mesmo quando elas servem a alguma finalidade universal temporária, seu propósito principal, para nós, é dar um dinamismo exterior às nossas relações com o Divino imanente ou dar-lhes um poder interior. Muitos buscadores espirituais não pedem mais do que isso, ou creem que é somente nos céus além que se continua e se alcança esse florescer espiritual: a união é consumada e torna-se perpétua na moradia eterna de sua perfeição, alegria e beleza. Mas isso não é bastante para o sadhaka do Ioga Integral; por mais intensa e bela, sua conquista pessoal isolada não pode ser seu único objetivo ou sua experiência completa. Um tempo deve vir em que o pessoal se abrirá ao universal e entrará nele; nossa própria individualidade — mental, vital e mesmo física — tornar-se-á universalizada: veremos que ela é um poder de Sua força universal e de Seu espírito cósmico, ou que contém o universo nessa imensidão inefável que se desvela à consciência individual quando rompe seus laços e flui, para o alto, em direção ao Transcendente, e para todos os lados, no Infinito.

*
* *

Quando se vive o Ioga inteiramente no plano mental espiritualizado é possível, e mesmo usual, que estes três aspectos fundamentais do Divino — Individual ou Imanente, Cósmico e Transcendente — se apresentem como realizações separadas. Cada um em si parece, então, suficiente para satisfazer a aspiração daquele que busca. Sozinho com o Divino pessoal na câmara secreta e iluminada do coração interior, ele pode construir seu ser à imagem do Bem-Amado e sair da Natureza decaída para viver com Ele em algum céu do Espírito. Absorvido na vastidão cósmica, liberado do ego, sua personalidade reduzida a um ponto de apoio para a ação da Força universal, ele mesmo calmo, liberado, imortal na universalidade, imóvel no Self Testemunha mesmo quando expandido sem limites no Espaço e no Tempo eterno, ele pode fruir no mundo a liberdade do Atemporal. Direcionado a alguma Transcendência inefável, rejeitando sua personalidade, desembaraçando-se do labor e da agitação da *dynamis* universal, ele pode escapar em um Nirvana inexprimível, anular tudo em uma intolerante fuga exaltada no Incomunicável.

Mas nenhuma dessas conquistas é bastante para aquele que busca a perfeição vasta e completa do Ioga Integral. A salvação individual não é bastante para ele; pois ele sentiu que se abria a uma consciência cósmica que por sua vastidão e expansão ultrapassa infinitamente a intensidade estreita de uma conquista individual limitada, e seu apelo é imperativo; conduzido por essa imensa compulsão, ele deve romper todos os limites separadores, espalhar-se na Natureza cósmica, conter o universo. De cima também, do Supremo, ele sente o apelo insistente de uma realização dinâmica que faz pressão sobre esse mundo de seres vivos, pois é somente quando ele abarcar e ultrapassar a consciência cósmica que esse esplendor, não ainda prodigalizado, poderá soltar-se e manifestar-se aqui. Mas a consciência cósmica tampouco é suficiente, pois ela não é toda a Realidade divina, não é a Realidade integral. Há um segredo divino por trás da personalidade, que ele deve descobrir; lá, à espera de ser liberado aqui, no Tempo, encontra-se o mistério da encarnação da Transcendência. Na consciência cósmica permanece no final um hiato, uma equação desigual entre o Conhecimento supremo que pode liberar mas não efetuar, e um Poder que parece utilizar um conhecimento limitado ou assumir a máscara de uma Ignorância de superfície e é capaz de criar, mas cria a imperfeição ou uma perfeição transiente, limitada e agrilhoada. Por um lado, há uma Testemunha livre, mas não dinâmica e, do outro, prisioneira, uma Executora de ações a quem não foram dados todos os meios de ação. A reconciliação desses dois termos, companheiros e opostos, parece ser reservada, adiada, retida em um Não Manifestado que se encontra ainda além de nós. Porém, uma vez mais, uma mera fuga em uma Transcendência absoluta deixa a personalidade não consumada e a ação universal sem conclusão; isso não satisfaz o sadhaka do Ioga Integral. Ele sente que a Verdade que é perene é um Poder criador e também uma Existência estável; e que esse Poder não cria apenas uma manifestação ilusória ou ignorante. A Verdade eterna pode manifestar suas verdades no Tempo; pode criar no Conhecimento e não apenas na Inconsciência e Ignorância. Uma Descida divina é possível tanto quanto uma ascensão ao Divino. Há um prospecto de fazer descer uma perfeição futura e trazer a liberação agora. À medida que seu conhecimento se amplia, torna-se cada vez mais evidente para ele que foi para isso que o Mestre das Obras lançou nele uma alma, aqui, como uma centelha de seu fogo na escuridão, para que ela possa crescer e se tornar um centro de Luz que é para sempre.

O Transcendente, o Universal, o Individual, são os três poderes que formam a abóbada, a base e a substância da inteira manifestação; essa é a primeira das Trindades. No desdobramento da consciência também, esses são os três termos basilares e nenhum deles pode ser negligenciado se quisermos ter a experiência da Verdade total da existência. Quando saímos do individual despertamos em uma consciência cósmica mais vasta e mais livre; mas quando saímos do universal também, com suas complexidades de formas e poderes, devemos emergir, por uma superação de si ainda maior, em uma consciência sem limites que tem sua base no Absoluto. E contudo, nessa ascensão, na verdade não abolimos o que nos pareceu haver deixado para trás, mas o levamos conosco e o transfiguramos; pois há uma altura em que os três poderes vivem eternamente um no outro; nesse cume, eles estão juntos beatificamente, pelo laço de sua unidade harmoniosa. Mas esse cume está acima da mentalidade espiritualizada mais alta e mais ampla, embora ela possa vivenciar algum reflexo dele; para alcançá-lo, para aí viver, a mente deve exceder a si mesma e deixar-se transformar na luz, no poder e na substância supramentais. Nessa consciência inferior e diminuída uma harmonia pode, de fato, ser tentada, mas permanecerá sempre imperfeita; uma coordenação é possível, não a fusão de uma realização simultânea. Uma ascensão que nos faça sair da mente é imperativa para toda realização superior. Ou então, deve haver com essa ascensão ou em consequência dela, uma descida dinâmica da Verdade autoexistente, que existe para sempre em sua luz própria acima da Mente — eterna, anterior à manifestação da Vida e da Matéria.

Pois Mente é Maia, *sat-asat*[3]. Há um domínio em que se abraçam o verdadeiro e o falso, o existente e o não existente, e é nesse domínio ambíguo que a Mente parece reinar; mas, na verdade, mesmo em seu próprio reino ela é uma consciência diminuída e não uma parte do poder original e supremamente criador do Eterno. Mesmo se em sua substância a Mente for capaz de refletir alguma imagem da Verdade essencial, mesmo assim, a força e ação dinâmicas da Verdade nela aparecerão sempre fragmentadas e divididas. Tudo o que a Mente pode fazer é juntar os fragmentos e

---

3. O existente e o não existente. (N. da T.)

deduzir alguma unidade; a verdade da Mente é apenas uma meia-verdade ou a peça de um quebra-cabeça. O conhecimento mental é sempre relativo, parcial e inconcludente; sua ação e criação externas revelam-se ainda mais confusas em suas etapas, ou são precisas apenas em limites estreitos e ao juntar imperfeitamente as peças. Porém, mesmo nessa consciência diminuída o Divino se manifesta enquanto Espírito na Mente, do mesmo modo como se move enquanto Espírito na Vida ou que, de maneira ainda mais obscura, ele é o Espírito que habita na Matéria; mas não é aí que se encontra sua completa revelação dinâmica, não é aí que estão as identidades perfeitas do Eterno. É só ao atravessarmos a fronteira e entrarmos em uma consciência luminosa mais vasta, em uma substância autoconsciente em que a Verdade divina é nativa e não uma estrangeira, que nos será revelado o Mestre de nossa existência na verdade integral e imperecível de seu ser, de seus poderes e de suas operações. É só aí, também, que suas obras em nós assumirão o movimento sem defeito de seu propósito supramental infalível.

*
* *

Mas esse é o final de uma viagem longa e difícil, e o Mestre das Obras não espera até que o final seja alcançado para ir ao encontro do buscador espiritual no caminho do Ioga e colocar Sua Mão escondida, ou semivisível, nele e em sua vida e ações. Ele já estava aí, no mundo, Origem e Recebedor das obras, por trás dos véus densos do Inconsciente, disfarçado de Força de Vida, visível para a Mente sob o símbolo de divindades e de imagens. Talvez seja sob esses disfarces que Ele encontra primeiro a alma destinada à via do Ioga Integral. Ou mesmo, revestindo-se de máscaras ainda mais vagas, Ele pode nos fazer concebê-Lo como um Ideal, ou mentalizá-Lo como um Poder abstrato — poder de Amor, do Bem, da Beleza e do Conhecimento — ou, ao voltarmos nossos passos para o Caminho, Ele pode vir a nós velado por trás do apelo da Humanidade, ou como uma Vontade nas coisas que busca liberar o mundo das garras da Escuridão e da Falsidade, da Morte e do Sofrimento — o grande quaternário da Ignorância. Então, depois que entramos no caminho Ele nos envolve com sua Impersonalidade liberadora, vasta e potente, ou se avizinha de nós com a face e a forma de uma Divindade pessoal. Em nós e em torno de nós sentimos um Poder que sustenta, protege e nutre; ouvimos uma Voz que guia; uma Vontade consciente maior que nós mesmos nos governa; uma Força imperativa move nossos pensamentos e atos e nosso próprio corpo; uma Consciência sempre mais vasta assimila a nossa; uma Luz e um Conhecimento vivos clareiam tudo dentro, uma Beatitude nos invade; uma Grandeza faz pressão do alto, concreta, massiva, irresistível, que penetra e se derrama na própria substância de nossa natureza; uma Paz estabelece-se aí, uma Luz, uma Beatitude, uma Força, uma Magnificência. Ou então, são relações pessoais e íntimas como a própria vida, doces como o amor, que nos circundam como o céu nos circunda, profundas como as águas profundas. Um Amigo caminha ao nosso lado; um Bem-Amado está conosco no segredo de nosso coração; um Mestre da Obra e da Provação nos mostra o caminho; um Criador das coisas nos utiliza como seus instrumentos — estamos nos braços da Mãe eterna. Todos esses aspectos mais fáceis de apreender, sob os quais o Inefável vem a nós, são verdades e não meros símbolos úteis ou imaginações agradáveis; porém, à medida que progredimos, suas primeiras formulações imperfeitas em nossa experiência cedem lugar a uma visão mais ampla da Verdade única que está por trás delas. A cada passo uma máscara mental é abandonada e elas adquirem um significado mais amplo, mais profundo, mais íntimo. Por fim, nas fronteiras do supramental, todas essas Divindades combinam suas forças e, sem de nenhum modo deixarem de ser, coalescem. Nessa via, os Aspectos divinos não se revelam apenas para serem rejeitados; eles não são conveniências espirituais temporárias ou acordos com uma Consciência ilusória, nem imagens oníricas lançadas de modo misterioso em nós pela supraconsciência incomunicável do Absoluto; ao contrário, o poder desses aspectos aumenta e seu caráter absoluto revela-se cada vez mais à medida que eles se aproximam da Verdade da qual se originaram.

Pois essa Transcendência, supraconsciente no momento, é um Poder e uma Existência. A Transcendência supramental não é uma Maravilha vazia; ela é um Inexprimível que contém para sempre todas as coisas essenciais que saíram dele; lá, ele as contém na suprema realidade permanente delas e no absoluto próprio a elas. A diminuição, divisão, degradação que criam aqui a sensação de um enigma insatisfatório, um mistério de Maia, diminuem e caem por si mesmas durante nossa ascensão. Os Poderes divinos assumem suas formas e aparecem cada vez mais como os termos de uma Verdade em processo de realização aqui. Uma alma do Divino está aqui, e lentamente desperta de sua involução e sai da Inconsciência material onde estava escondida. O Mestre de nossas obras não é um Mestre de ilusões, mas uma Realidade suprema que elabora suas realidades expressivas liberando-as aos poucos dos casulos da Ignorância onde lhes foi permitido adormentar-se durante algum tempo para os propósitos de uma manifestação evolutiva. Pois a Transcendência supramental não é algo absolutamente à parte, sem conexão com nossa existência presente. Ela é uma Luz maior de onde tudo veio para a aventura da Alma, desde sua queda na Inconsciência até seu emergir, e enquanto a aventura procede, a Luz espera, supraconsciente acima de nossa mente, até que possa se tornar consciente em nós. Então, essa Luz se desvelará e, ao desvelar-se, nos revelará todo o significado de nosso ser e de nossas obras; pois ela desvelará o Divino, cuja manifestação mais completa no mundo liberará e cumprirá esse significado escondido.

Nessa revelação, o Divino Transcendente se fará cada vez mais conhecido por nós enquanto Existência Suprema e Fonte Perfeita de tudo o que somos; mas o veremos igualmente como o Mestre das Obras e da criação, pronto a despejar-se sempre mais no campo de sua manifestação. A consciência cósmica e sua ação não aparecerão mais como um enorme Acaso organizado, mas como um campo da manifestação; nela, veremos que o Divino é um Espírito cósmico que preside e permeia tudo, que recebe tudo da Transcendência e modela aquilo que desce em formas que agora são um disfarce opaco ou semidisfarce desconcertante, mas são destinadas a tornar-se revelações transparentes. A consciência individual recuperará seu sentido e ação verdadeiros, pois ela é a forma de uma Alma emanada do Supremo e, malgrado todas as aparências, ela é o núcleo, essa nebulosa em que a Força-Mãe divina age para preparar a encarnação vitoriosa do Divino atemporal e sem forma, no Tempo e na Matéria. Isso se revelará lentamente à nossa visão e experiência como a vontade do Mestre das Obras e como o significado último delas, que, somente, dá uma luz e um sentido à criação no mundo e à nossa própria ação no mundo. Reconhecer isso e esforçar-se para que essa encarnação suprema se efetue, é toda a tarefa maior da Via das Obras Divinas no Ioga Integral.

CAPÍTULO XII

A OBRA DIVINA

Resta ainda uma pergunta para o buscador espiritual que segue a Via das Obras, quando sua busca alcançou, ou parece ter alcançado, seu fim natural: Haveria ainda um trabalho — e qual seria esse trabalho — deixado para a alma após a liberação, e com qual propósito? A igualdade estabeleceu-se na natureza do sadhaka ou governa sua natureza inteira; ele alcançou uma liberação radical da ideia do ego, da infiltração do sentido do ego, de todos os sentimentos e impulsos do ego e de sua vontade pessoal e de seus desejos. Uma autoconsagração total foi feita, não apenas no pensamento e no coração mas em todas as complexidades do ser. Ele adquiriu uma completa pureza e transcendeu harmoniosamente as três gunas. A alma viu o Mestre de suas obras e vive em sua presença ou está contida conscientemente em seu ser, une-se a ele ou o sente no coração ou acima dele e obedece a suas ordens. Ela conheceu seu ser verdadeiro e abandonou o véu da Ignorância. Que trabalho, então, há ainda para o trabalhador no homem, e com qual motivo, para qual finalidade, em qual espírito será feito?

*
* *

Há uma resposta que nos é muito familiar na Índia: não há mais nenhum trabalho, pois tudo é quietude. Quando a alma pode viver na Presença eterna do Supremo ou quando se une ao Absoluto, o objetivo de nossa existência no mundo, se podemos dizer que ela tem um objetivo, cessa de imediato. O indivíduo, liberado da maldição de ser um self separado dos outros e da maldição da Ignorância, libera-se também dessa outra aflição: a maldição das obras. Toda ação seria então uma degradação do estado supremo e um retorno à Ignorância. Essa atitude diante da vida se apoia em um erro de nossa natureza vital, para quem a ação é ditada exclusivamente por um ou pelos três motivos inferiores: necessidade, agitação dos instintos e impulsos, e o desejo. Quando o instinto ou o impulso se aquietam e o desejo se extingue, que lugar resta para as obras? Uma necessidade mecânica talvez permaneça, mas nada mais, e mesmo essa cessará para sempre com o desaparecimento do corpo. Mas mesmo se fosse assim, enquanto a vida permanecer a ação é inevitável. O mero fato de pensar ou, na ausência de pensamento, o mero fato de viver é, em si, um ato e a causa de muitos efeitos. Toda existência no mundo é trabalho, força, potência e tem um efeito dinâmico no todo por sua mera presença: mesmo na inércia de um torrão, mesmo no silêncio do Buda imóvel às bordas do Nirvana. Há apenas a questão do modo de ação, os instrumentos utilizados ou que atuam por si mesmos, e a questão do espírito e do conhecimento do trabalhador. Pois, na realidade, nenhum ser humano trabalha, mas a Natureza trabalha por meio dele para expressar um Poder interior que procede do Infinito. Saber isso e viver na presença e no ser do Mestre da Natureza, livre de desejo e da ilusão de um impulso pessoal é a única coisa necessária. Isso, é a verdadeira liberação e não a cessação das atividades do corpo; pois ao saber e viver isso, deixamos de ser escravos das obras. Uma pessoa pode ficar sentada para sempre, tranquila e sem se mover, e ainda assim estar tão ligada à Ignorância quanto o animal ou o inseto. Porém, se for capaz de tornar dinâmica essa consciência maior dentro de si, então todas as obras de todos os mundos poderão passar por ela e ainda assim ela permanecerá em repouso: um absoluto de calma e paz, livre de toda servidão. A ação no mundo nos é dada como um meio primeiro, para nosso autodesenvolvimento e nossa completude; mas, mesmo se alcançarmos uma plenitude pessoal última e divina, a ação permanecerá ainda um meio de cumprir a intenção divina no mundo e de trabalhar para a plenitude do self universal mais vasto, do qual cada ser é um fragmento — um fragmento que desceu da Transcendência ao mesmo tempo que ele.

Em certo sentido, quando esse Ioga alcançou certa culminação, toda obra cessa para o indivíduo; para ele, as obras não são mais uma necessidade pessoal, ele não tem mais a sensação de que as obras foram feitas por ele; mas ele não necessita fugir da ação ou refugiar-se em uma inércia beatífica. Porque agora ele age como age a Existência divina, sem estar ligado por necessidade alguma e sem sujeição à ignorância. Mesmo ao agir, de modo algum é ele quem age; e tampouco tem iniciativa pessoal. É a Shakti divina que trabalha nele e mediante a natureza dele; sua ação procede da espontaneidade de uma Força suprema que possui o instrumento humano; ele é uma parcela dessa Força, sua vontade é idêntica à vontade dela, seu poder é o poder dela. O espírito que está nele contém, sustenta e observa essa ação; ele preside ao trabalho com o conhecimento, mas não é colado ou pregado ao trabalho pelo apego ou pela necessidade, não está ligado pelo desejo do fruto nem é escravo de nenhum movimento, nem de nenhuma impulsão.

É um erro comum supor que sem desejo a ação é impossível, ou ao menos desprovida de sentido. Se o desejo cessar, dizem, a ação também deverá cessar. Mas essa, como outras generalizações excessivas, é mais atraente para a mente incisiva e definidora, do que verdadeira. A maior parte do trabalho que se cumpre no universo é feita sem nenhuma interferência do desejo; as obras procedem da calma necessidade da Natureza e de sua lei espontânea. Mesmo o ser humano, constantemente, faz todo tipo de trabalho por um impulso, intuição, instinto espontâneos ou age em obediência a uma necessidade natural e à lei de forças, sem um plano mental e sem ceder à insistência de uma volição vital consciente ou de um desejo emocional. Com muita frequência, seu ato é o oposto de sua intenção ou de seu desejo; o ato parte dele, mas nasce de uma necessidade ou compulsão, submisso a um impulso, em obediência a uma força nele que o empurra a expressar-se ou em uma busca consciente de algum princípio superior. O desejo é um engodo adicional ao qual a Natureza deu um grande papel na vida dos seres animados a fim de produzir certo tipo de ação rajásica necessária a seus fins imediatos; mas esse não é seu único engenho, nem mesmo o principal. Ele é de grande utilidade enquanto dura: ajuda-nos a sair da inércia e se opõe às muitas forças tamásicas que de outro modo paralisariam a ação. Mas o sadhaka que já avançou bastante na Via das Obras ultrapassou o estado intermediário em que desejo é um engenho útil. O empurrão do desejo não é mais indispensável para sua ação — é, antes, um terrível obstáculo e fonte de deslizes, ineficácia e fracassos. Outros são obrigados a obedecer a uma escolha ou motivo pessoais, mas o sadhaka deve aprender a agir com uma mente impessoal ou universal, ou como um instrumento, uma parcela da Pessoa infinita. A condição para fazer um trabalho eficaz ou empreender uma ação que valha a pena é uma indiferença calma, uma imparcialidade contente ou uma resposta beatífica à Força divina, quaisquer que sejam suas ordens. Nem o desejo, nem o apego devem conduzir aquele que busca, mas uma Vontade que se move na Paz divina, um Conhecimento que nasce da Luz transcendente, um Impulso feliz que é uma Força vinda da Ananda suprema.

*
* *

Em um estado avançado do Ioga o sadhaka é indiferente — no sentido de não ter nenhuma preferência pessoal — à ação que ele fará ou não fará; mesmo se deve agir ou não, não é um fato de sua escolha ou prazer pessoal. Não importa o que fizer, ele será sempre levado a fazê-lo em conformidade com a Verdade e com tudo que o Divino demanda de sua natureza. A partir desses princípios, algumas vezes, chega-se a conclusões falsas, a saber: que o indivíduo espiritual, ao aceitar a posição em que foi colocado pelo Destino, por Deus ou por seu Carma passado, satisfeito com o trabalho exercido no meio e no quadro da família, clã, casta, nação, ocupações que são suas por nascimento e circunstâncias, não fará, e talvez nem mesmo deva fazer, movimento algum para exceder esse campo de ação ou buscar qualquer outro fim maior no mundo. Visto que, na realidade, ele não tem trabalho para fazer, visto que deve utilizar as obras, quaisquer que sejam, enquanto estiver no corpo a fim de alcançar a liberação — ou, ao tê-la alcançado, apenas obedecer à Vontade suprema e fizer tudo que ela decretar — o campo de ação atual, assim como lhe foi dado, seria suficiente para o propósito. Uma vez livre, ele deverá apenas continuar o trabalho que lhe foi designado pelo Destino e pelas circunstâncias, até que chegue a grande hora em que possa, enfim, desaparecer no Infinito. Insistir em algum objetivo particular ou trabalhar para algum grande propósito terrestre seria cair na ilusão das obras; seria conservar o erro de que a vida na terra tem uma intenção inteligível e contém fins dignos de serem perseguidos. A grande teoria da Ilusão, que, na prática, nega o Divino no mundo, mesmo quando reconhece, em ideia, sua Presença, está uma vez mais diante de nós. Mas o Divino está aqui no mundo — não apenas de maneira estática mas de maneira dinâmica, não apenas como self e presença espirituais, mas como poder, força, energia — e, por conseguinte, uma obra divina no mundo é possível.

Nenhum princípio estreito, nenhum campo de ação fechado pode ser imposto ao carma-iogue como sua regra ou sua província. É verdade que todo tipo de trabalho, pequeno ou grande para a imaginação dos seres humanos, mesquinho ou vasto em seu escopo pode, do mesmo modo, servir ao progresso da liberação e à autodisciplina. É também verdade que, uma vez alcançada a liberação, um indivíduo pode estabelecer-se em qualquer esfera da existência e ocupar-se de qualquer tipo de ação, e cumprir aí sua existência no Divino. Conforme o Espírito o mova, ele pode permanecer na esfera que lhe foi indicada pelo nascimento e pelas circunstâncias ou romper esse quadro e lançar-se em uma ação sem entraves, que dará um corpo apropriado à sua consciência ampliada e ao seu conhecimento mais alto. Aos olhos exteriores dos homens, a liberação interior não trará talvez nenhuma diferença aparente em seus atos exteriores; ou, ao contrário, a liberdade e infinidade de dentro podem traduzir-se por uma ação externa dinâmica tão vasta e tão nova que todos os olhares serão atraídos por essa nova força. Se essa for a intenção do Supremo nele, a alma liberada pode contentar-se com uma ação sutil e limitada no interior do antigo meio humano e essa ação não mudará de modo algum as aparências externas. Mas também pode ser que ele seja chamado a um trabalho que não só alterará as formas e a esfera de sua própria vida externa, mas — sem deixar nada em torno dela que não seja mudado ou afetado — criará um mundo novo ou uma ordem nova.

*
* *

Segundo uma ideia bastante generalizada, o único objetivo da liberação seria livrar a alma individual do renascimento físico nessa vida instável do universo. Uma vez essa liberação assegurada, não haveria mais trabalho para ela na vida, aqui ou alhures, ou só aqueles trabalhos que a existência contínua do corpo demanda, ou aqueles que os efeitos incompletos de nossas vidas passadas necessitam. Esse pouco, rapidamente exaurido ou consumido pelo fogo do Ioga, cessaria após a partida da alma ao liberar-se do corpo. Escapar ao renascimento, esse objetivo há muito tempo ancorado na mentalidade indiana como o objetivo supremo da alma, substituiu as alegrias de um paraíso além nas numerosas religiões, que fizeram disso um atrativo divino para a mentalidade do devoto. Na Índia também, no passado, a religião sustentou esse chamado inferior quando a interpretação superficial grosseira dos hinos védicos era o credo dominante, e, mais tarde, os dualistas indianos também o mantiveram como parte de seu motivo espiritual supremo. Sem dúvida, ser liberado das limitações da mente e do corpo e entrar na paz, no repouso, no silêncio eternos do Espírito é um apelo mais nobre que a oferta de um céu de alegrias mentais ou de prazeres físicos eternizados; mas isso também, no final, é um engodo; essa insistência na lassitude da mente em relação ao mundo, no medo do ser vital diante da aventura do nascimento faz vibrar uma nota de fraqueza e não pode ser o motivo supremo. O desejo de salvação pessoal, por mais nobre que seja sua forma, é um produto do ego; repousa na ideia de nossa individualidade própria e a busca de seu bem ou de bem--estar pessoal, sua ânsia para livrar-se do sofrimento ou o seu brado para que acabe a preocupação com o futuro — e ela faz disso o objetivo supremo de nossa existência. Elevar-se mais além do desejo de salvação pessoal é necessário se quisermos rejeitar por completo a base do ego. Se buscamos o Divino, deve ser por amor ao Divino e por nada mais, porque esse é o apelo supremo de nosso ser, a verdade mais profunda do espírito. Buscar a liberação, a liberdade da alma, a realização de nosso ser verdadeiro e mais alto, a união com o Divino só se justifica porque essa é a lei mais alta de nossa natureza, porque é a atração, daquilo que é mais baixo em nós, por aquilo que é mais alto, e porque essa é a Vontade divina em nós. Essa é sua justificação suficiente e sua única razão verdadeira; todos os outros motivos são excrescências, verdades menores ou acidentais, ou atrações úteis que a alma deve abandonar no instante em que sua utilidade passou e o estado de unidade com o Supremo e com todos os seres tornou-se nossa consciência normal, e a beatitude desse estado nossa atmosfera espiritual.

Com frequência vemos esse desejo de salvação pessoal ser superado por uma outra solicitação que também pertence à tendência mais alta de nossa natureza e nos mostra o caráter essencial da ação que uma alma liberada deve buscar. É isso que está implícito na grande lenda do Buda Amitabha que, se diz, retornou quando seu espírito estava no limiar do Nirvana e fez o voto de jamais cruzá-lo enquanto um único ser permanecesse ainda na dor e na Ignorância. É isso que é enfatizado no verso sublime do Bhagavata Purana: "Eu não desejo o estado supremo com todas as oito *siddhis*[1], nem a cessação dos renascimentos; que eu possa assumir a dor de todas as criaturas que sofrem e entrar nelas, a fim de que elas possam ser liberadas da dor". É isso que inspira o notável trecho de uma carta de Swami Vivekananda: "Eu perdi todo desejo por minha salvação", escreveu o grande vedântico, "que eu possa nascer ainda e ainda e sofrer milhares de tormentos a fim de poder adorar o único Deus que existe, o único Deus em que acredito: a soma total de todas as almas — e, acima de tudo, meu Deus o pecaminoso, meu Deus o miserável, meu Deus o pobre de todas as raças e de todas as espécies, pois esse é o objeto especial de minha adoração. Aquele que está em cima e aquele que está embaixo, o santo e o pecador, o deus e o verme, adora-O. Ele, o visível, o conhecido, o real, o onipresente; rompe todos os outros ídolos. Aquele em quem não há vida passada nem nascimento futuro, nem morte nem vai e vem; Aquele em quem sempre fomos um e seremos sempre um, adora-O; rompe todos os outros ídolos".

As duas últimas sentenças contêm, de fato, toda a essência do problema. A verdadeira salvação ou a verdadeira liberação da cadeia dos renascimentos não é rejeitar a vida terrestre ou evadir-se individualmente em uma autoaniquilação espiritual, assim como a verdadeira renúncia não é o mero abandono físico da família e da sociedade, mas é a identificação interior com o Divino, em quem não há limitações de vidas passadas e de futuros nascimentos, mas sim a eterna existência da Alma além de todo nascimento. Aquele que é livre dentro, mesmo quando age nada faz,

---

1. Essa palavra tem o sentido geral de realização, de consumação; aqui, ela designa os poderes ocultos que o iogue pode adquirir. (N. da T.)

diz a Gītā; pois é a natureza que age nele sob a direção do Senhor da Natureza. De igual modo, mesmo que assuma um corpo centenas de vezes, ele será livre de todas as cadeias do renascimento e da roda mecânica da existência, visto que ele vive no Espírito que não nasce e não morre, e não na vida do corpo. Portanto, querer escapar do ciclo dos renascimentos é ainda um apego e um dos ídolos que o sadhaka do Ioga Iintegral deve romper e rejeitar, se ainda o conserva. Pois esse Ioga não se limita à realização do Transcendente mais além de todos os mundos, pela alma individual; esse Ioga abarca também a realização do universal, "a soma total de todas as almas", e não pode, portanto, confinar-se em um movimento de evasão e salvação pessoais. Mesmo quando transcende as limitações cósmicas, o sadhaka do Ioga Integral é ainda uno em Deus com todos os seres e todas as coisas; uma obra divina resta ainda para ele no universo.

*
* *

Essa obra não pode ser fixada por nenhuma regra de fabricação mental ou norma humana, pois a consciência do sadhaka separou-se da lei e dos limites humanos e passou à liberdade divina, abandonou o governo do externo e do transitório para entrar na regra espontânea do interno e do eterno, distanciou-se da escravidão das formas do finito para entrar na autodeterminação livre do Infinito. "De qualquer maneira que viva e aja", diz a Gītā, "ele age e vive em mim". As regras que o intelecto humano apresenta não podem aplicar-se à alma liberada; um ser como esse não pode ser julgado segundo critérios e testes externos, que os preconceitos dos seres humanos e suas associações mentais prescrevem; ele está fora da jurisdição estreita desses tribunais falíveis. Pouco importa que ele vista a roupa do asceta ou viva plenamente a vida de família; que passe seus dias no que os homens chamam obras santas ou em meio às diversas atividades do mundo; que se consagre diretamente a conduzir os homens em direção à Luz, como o Buda, o Cristo ou Shankara ou governe um reino, como Janaka, ou se faça líder político ou chefe de um exército, como Sri Krishna; pouco importa o que ele come ou bebe e quais são seus hábitos ou suas ocupações; que fracasse ou seja vencedor; que sua obra seja construtiva ou destrutiva; que ele sustente ou restaure uma ordem antiga ou labore para substituí-la por uma nova; pouco importa que seus companheiros estejam em meio àqueles que os homens deleitam-se em honrar ou àqueles que seu senso de virtude superior desconsidera e reprova; que sua vida e seus feitos sejam aprovados por seus contemporâneos ou que ele seja condenado como um corruptor dos homens ou como fomentador de heresias religiosas, morais ou sociais. Ele não é governado pelo julgamento dos homens nem pelas leis estabelecidas pelo ignorante; ele obedece a uma voz interior e é movido por um Poder. Sua vida real é dentro, e a descrição que se pode fazer dela é que ele vive, se move e age em Deus, no Divino, no Infinito.

Mas se sua ação não é governada por nenhuma regra externa, ele observará, no entanto, uma regra que não é externa; sua ação não será ditada por um desejo ou por objetivos pessoais, mas será parte da ação divina no mundo, uma ação consciente e, por fim, bem ordenada, porque traz a ordem em si. A Gītā declara que a ação do ser humano liberado não deve ser dirigida pelo desejo, mas voltar-se para a coesão do mundo, para governá-lo, guiá-lo, impulsioná-lo e mantê-lo no caminho que lhe foi assinalado. Interpretou-se então, de maneira errônea, que a Gītā considerava o mundo uma ilusão em que a maioria dos homens deveria ser mantida porque não estava pronta para a liberação e, portanto, a alma liberada deve, por sua ação exterior, encorajar essa maioria a apegar-se aos trabalhos costumeiros que lhes foram prescritos pela lei social. Se fosse assim, essa seria uma regra pobre e mesquinha, e todo coração nobre a rejeitaria para seguir o voto divino do Buda Amitabha, a prece sublime do Bhagavata ou a aspiração apaixonada de Vivekananda. Mas, antes, se aceitarmos ver no mundo um movimento da Natureza guiado divinamente e no ser humano o emergir desse movimento em direção a Deus, e se essa for a obra com a qual o Senhor da Gītā está sempre ocupado, como ele mesmo declara, embora ele mesmo nada tenha a ganhar que já não tenha ganho, então um senso profundo e verdadeiro aparecerá sob essa grande exortação. Participar da obra divina, viver para Deus no mundo, será a regra do carma-iogue; viver para Deus no mundo e, portanto, agir de tal modo que o Divino possa se manifestar cada vez mais, e o mundo avançar nas vias de sua obscura peregrinação — quaisquer que sejam essas vias — e aproximar-se cada vez mais do ideal divino.

Como o carma-iogue fará isso, de que maneira particular, não pode ser decidido por nenhuma regra geral. A obra deve desenvolver-se ou definir-se de dentro; a decisão se passa entre Deus e nosso self, o Self supremo e o self individual que é o instrumento da ação; antes mesmo da liberação, é do self interior, desde que nos tornamos conscientes de sua presença, que vem a sanção, a escolha espiritualmente determinada. É de dentro, de modo absoluto, que deve vir o conhecimento do trabalho a ser feito. Não há um trabalho particular, não há lei ou forma invariável de trabalho nem maneira de trabalhar que possa ser estabelecida do exterior, da qual possa ser dito "esse é o modo de liberar-se". A frase usada na Gītā para definir o trabalho a ser feito foi, de fato, interpretada no sentido de que devemos cumprir nosso dever sem nos preocupar com o fruto. Mas esse é um conceito que nasceu da cultura europeia, que é ética mais que espiritual, e mais exteriorizada do que profunda e interior em seus conceitos. O que chamamos Dever como uma coisa geral, não existe; temos apenas deveres, muitas vezes em conflito um com o outro, e esses são determinados pelo nosso meio, nossas relações sociais, nossa posição externa na vida. Eles são de grande valor para treinar a natureza moral enquanto ainda imatura, e para fixar normas que desencorajem a ação do desejo egoístico. Já dissemos que enquanto o buscador espiritual não tiver luz interior, ele deve governar-se com a melhor luz que tiver, e o dever, os princípios, uma causa fazem parte das normas que ele pode temporariamente erigir e seguir. Mas, afinal, deveres são coisas externas, não são substância da alma e, nesse caminho, não podem ser a norma mais alta da ação. É dever do soldado lutar quando é convocado, mesmo atirar em amigos e parentes, mas uma tal regra ou qualquer outra similar, não poderia ser imposta ao indivíduo liberado. Por outro lado, amar, ter compaixão, obedecer à verdade mais alta de seu ser, seguir as ordens do Divino não são deveres; essas coisas são a lei de nossa natureza quando se eleva ao Divino, uma ação que transborda de um estado da alma, de uma alta realidade do espírito. Do mesmo modo, a ação do trabalhador liberado deve ser como um transbordamento da alma; a ação deve vir a ele ou brotar dele como um resultado natural de sua união espiritual com o Divino e não ser o produto de uma construção edificante do pensamento e vontade mentais, da razão prática ou do sentido social. Na vida comum tomamos como guia uma regra, norma ou ideal pessoal, social ou tradicional, porém, uma vez que a jornada espiritual começou, isso deve ser substituído por uma regra ou uma maneira de viver interior e exterior que respondam às necessidades de nossa autodisciplina, liberação e perfeição, uma maneira de viver própria ao caminho que seguimos ou que seja prescrita pelo guia ou mestre espiritual, o Guru, ou então ditada pelo Guia em nós. Mas no último estado, que é de infinitude e liberdade da alma, todas as normas externas serão substituídas ou deixadas de lado; permanecerão apenas uma obediência espontânea e integral ao Divino a quem estamos unidos e uma ação que cumpre espontaneamente a vontade espiritual integral de nosso ser e de nossa natureza.

*
* *

É nesse sentido profundo que devemos aceitar o postulado da Gītā, quando afirma que a lei de nossas obras deve ser determinada e governada por nossa natureza. Não se trata, decerto, do temperamento superficial, nem do caráter ou dos impulsos habituais, mas de nosso "ser próprio" no sentido literal da palavra sânscrita: nossa natureza essencial, a substância divina de nossa alma. Tudo o que jorra dessa raiz ou flui dessas fontes é profundo, essencial, justo; o resto — opiniões, impulsões, hábitos, desejos — são apenas formações superficiais, extravagâncias fortuitas do ser ou imposições do exterior. Elas se deslocam e mudam, mas nossa natureza essencial permanece constante. Não são as formas que a Natureza assume em nós para efetuar-se que fazem de nós aquilo que somos, nem é nossa aparência sempre igual a si mesma que nos expressa; é o ser espiritual em nós — e isso inclui também o devir da alma — que persiste através do tempo no universo.

Contudo, não podemos distinguir facilmente essa verdadeira lei interior de nosso ser; ela estará velada para nós enquanto nosso coração e intelecto não forem purificados do egoísmo: até que isso aconteça, seguimos ideias superficiais e transitórias, impulsões, desejos, sugestões e imposições de todos os tipos que vêm de nosso meio; ou elaboramos formações de nossa personalidade mental, vital e física temporária — esse self transitório, experimental e estrutural que foi feito para nós por uma interação de nosso ser com a pressão de uma Natureza cósmica inferior. À medida que nos purificamos, o ser verdadeiro, interior, revela-se com mais clareza; nossa vontade fica menos emaranhada às sugestões exteriores, menos fechada em nossas próprias construções mentais superficiais. Do instante em que renunciarmos ao egoísmo, que purificarmos nossa natureza, será a alma que ditará a ação, das profundezas ou das alturas do espírito, ou ela será governada abertamente pelo Senhor que todo o tempo permaneceu alojado secretamente em nosso coração. A palavra suprema e final da Gītā para o iogue é que ele deve abandonar todas as formas tradicionais de crença e de ação, todas as regras de conduta fixas e exteriores, todas as construções da Natureza externa de superfície, darmas, e refugiar-se no Divino somente. Livre de desejo e de apego, uno com todos os seres, vivendo na Verdade e na Pureza infinitas e agindo a partir dos espaços mais profundos de sua consciência interior, governado por seu Self supremo, imortal e divino; todas as suas obras serão dirigidas pelo Poder interior mediante essa natureza e espírito essenciais em nós que, no conhecimento ou na guerra, na ação, no amor ou no serviço, são sempre divinos, e trabalham para a realização de Deus no mundo, para a expressão do Eterno no Tempo.

Uma ação divina que nasce de maneira espontânea, livre e infalível, da luz e da força de nosso self espiritual unido ao Divino, é o último estágio do Ioga integral das obras. A verdadeira razão pela qual devemos buscar a liberação não é ser liberado individualmente da dor do mundo, embora essa liberação também nos será dada, mas para que possamos ser uno com o Divino, o Supremo, o Eterno. A verdadeira razão pela qual devemos buscar a perfeição e um estado supremo de pureza, conhecimento, força, amor, capacidade não é para que possamos fruir pessoalmente da

Natureza divina, nem mesmo ser como os deuses, embora essa fruição também nos será dada, mas porque essa liberação e essa perfeição são a Vontade divina em nós, são a verdade superior de nosso self na Natureza, o objetivo previsto desde sempre de uma manifestação progressiva do Divino no universo. A Natureza divina, livre, perfeita, beatífica, deve manifestar-se no indivíduo a fim de poder manifestar-se no mundo. Mesmo quando vive na Ignorância, o indivíduo vive, na verdade, no universal e para o Propósito universal, pois, mesmo nos atos que seguem os propósitos e desejos de seu ego, ele é forçado pela Natureza a contribuir, por sua ação egoística, à obra e aos desígnios dela nos mundos; mas ele o faz sem intenção consciente, de maneira imperfeita, e contribui apenas ao movimento semievoluído e semiconsciente, imperfeito e tosco da Natureza. Escapar do ego e unir-se ao Divino é, ao mesmo tempo, a liberação e a consumação de nossa individualidade; assim liberado, purificado, aperfeiçoado, o indivíduo — a alma divina — vive consciente e inteiramente no, e para, o Divino cósmico e Transcendente e para Sua vontade no universo, assim como foi decidido desde o princípio.

No Caminho do Conhecimento podemos chegar a um ponto onde se torna possível dar um salto e sair da personalidade e do universo, escapar de todo pensamento, toda vontade, todas as obras, todos os modos da Natureza e, tomados e absorvidos na Eternidade, mergulhar na Transcendência; isso, embora não seja obrigatório para aqueles que encontraram o Divino pelo conhecimento, pode ser a decisão da alma, a direção buscada pelo self dentro de nós. No Caminho da Devoção podemos, na intensidade de nossa adoração e de nossa alegria, nos unir ao supremo Bem-Amado e permanecer eternamente no êxtase de sua presença, absorvidos nele apenas, na intimidade de um mesmo mundo de beatitude; isso, então, pode ser o impulso de nosso ser, sua escolha espiritual. Mas no Caminho das Obras uma outra perspectiva se abre; pois viajando nesse caminho poderemos entrar na liberação e na perfeição, ao tornarmo-nos uno com o Eterno na lei e no poder de nossa natureza; estaremos identificados com ele não apenas em nosso estado espiritual mas em nossa vontade e em nosso self dinâmico; uma maneira divina de agir será o resultado natural dessa união; uma maneira divina de viver em uma liberdade espiritual será o corpo que expressará essa união. No Ioga Integral essas três linhas de aproximação deixam de se excluir, elas se encontram e coalescem ou jorram uma da outra; liberados do véu mental que encobria o self, viveremos na Transcendência, entraremos, pela adoração do coração, na unidade de um amor e beatitude supremos, e todas as forças de nosso ser, elevadas e unificadas na Força única, toda a nossa vontade e todas as nossas obras entregues à Vontade única, ao Poder único, assumirão a perfeição dinâmica da Natureza divina.

CAPÍTULO XIII

A SUPRAMENTE E O IOGA DAS OBRAS[1]

Um Ioga integral inclui, como elemento vital e indispensável de seu objetivo total e último, a conversão de todo o ser em uma consciência espiritual mais alta e em uma existência divina mais ampla. Todas as partes de nós mesmos: vontade, ação, conhecimento, ser pensante, ser emocional, ser vital, todo o nosso self e nossa natureza devem buscar o Divino, entrar no Infinito, unir-se ao Eterno. Mas como a natureza atual do ser humano é limitada, dividida, sem a igualdade da alma, é mais fácil para ele concentrar-se na parte mais forte de seu ser e seguir uma determinada linha de progresso, própria à sua natureza; só raros indivíduos têm a força para dar de imediato um grande mergulho direto no oceano da Infinitude divina. Portanto, alguns devem escolher como ponto de partida a concentração do pensamento ou a contemplação, ou uma busca exclusiva da mente para encontrar em si mesmos a eterna realidade do Self; outros, acham mais fácil retirar-se no coração para aí encontrar o Divino, o Eterno; outros, ainda, são predominantemente dinâmicos e ativos e, para esses, é melhor centrar-se na vontade e alargar o ser por meio das obras. Unidos ao Self e à fonte de tudo pela entrega de sua vontade a essa infinitude, guiados em suas obras pela Divindade secreta dentro ou entregues ao Senhor da ação cósmica, que é o mestre e motor de todas as suas energias de pensamento, sentimento e ação, por essa ampliação do ser tornam-se sem ego e universais, e poderão, pelas obras, chegar ao começo de um estado espiritual pleno. Mas o caminho, qualquer que seja o ponto de partida, deve desembocar em um domínio mais vasto; ele deve, no final, abranger a totalidade de um conhecimento, de uma sensibilidade e de uma vontade de ação dinâmica integrados, uma perfeição do ser e de toda a natureza. Na cons-

---

1. Este capítulo não foi concluído por Sri Aurobindo e não foi incluído na primeira edição de *A síntese do Ioga* publicada durante a sua vida.

ciência supramental, no nível da existência supramental, essa integração é consumada; lá, conhecimento, vontade, emoção, perfeição do self e da natureza dinâmica elevam-se, cada um a seu absoluto e todos à sua harmonia perfeita e fusão um no outro, todos se elevam a uma integralidade e perfeição divinas. Pois a supramente é uma Consciência-Verdade em que a Realidade divina, plenamente manifestada, não trabalha mais com os instrumentos da Ignorância; uma absoluta verdade estática do ser torna-se dinâmica em uma verdade de energia e atividade do ser que é autoexistente e perfeita. Lá, cada movimento é um movimento da verdade espontânea do Ser divino e cada parte está em completa harmonia com o todo. Mesmo a ação mais limitada e finita é, na Consciência-Verdade, um movimento do Eterno e Infinito e participa da perfeição e do poder absoluto inerentes ao Eterno e Infinito. Uma ascensão à Verdade supramental não apenas eleva nossa consciência espiritual essencial a essa altura, mas permite uma descida dessa Luz e dessa Verdade em todo nosso ser e em todas as partes de nossa natureza. Então, tudo se torna parte da Verdade divina, um meio de união, um elemento da unidade suprema; essa ascensão e essa descida devem ser, portanto, um objetivo último desse Ioga.

A união com a Realidade divina de nosso ser e de todos os seres é o único objetivo essencial desse Ioga. É preciso lembrar-se sempre disso; devemos recordar que nosso Ioga não deve ser intentado com o propósito de adquirir nem mesmo a supramente, mas para o Divino; buscamos a supramente não por sua felicidade e sua grandeza, mas para tornar a união absoluta e completa, para senti-la, possuí-la, dinamizá-la de todas as maneiras possíveis em nosso ser, em suas intensidades mais altas e extensões mais vastas e em cada esfera, cada volta, em cada canto e recanto de nossa natureza. É um erro pensar, como muitos estão prontos a pensar, que o objetivo de um Ioga supramental seja chegar à grandiosa magnificência de uma super-humanidade, a uma grandeza e poder divinos ou à autoconsumação de uma personalidade individual magnificada. Esse é um conceito falso e desastroso — desastroso, porque pode despertar em nós o orgulho, a vaidade e a ambição da mente vital rajásica que, se não for ultrapassada e vencida, conduzirá à ruína espiritual; falso, porque é egoístico, e a primeira condição para a mudança supramental é desembaraçar-se do ego. É ainda mais perigoso para a natureza ativa e dinâmica dos homens de vontade e ação, que podem facilmente desviar-se em sua busca de poder. O poder virá de modo inevitável pela mudança supramental, e é uma condição necessária para a ação perfeita: mas é a Shakti divina que vem e ocupa nossa natureza e nossa vida, é o poder do Um que age por meio do indivíduo espiritual; não é o engrandecimento da força pessoal, não é o triunfo último do ego mental e vital separador. A autorrealização é um resultado do Ioga, mas seu objetivo não é a grandeza do indivíduo. O único objetivo é uma perfeição espiritual, a descoberta do verdadeiro self e a união com o Divino, ao assumirmos a consciência e natureza divinas[2]. Tudo o mais é detalhe componente e circunstância resultante. Impulsos egocêntricos, ambição, desejo de poder e grandeza, motivos de autoafirmação, são alheios a essa consciência superior e seriam uma barreira intransponível a qualquer possibilidade, mesmo longínqua, de aproximação da mudança supramental. É preciso perder o pequeno self inferior para encontrar o Self maior. A união com o Divino deve ser o motivo supremo; mesmo a descoberta da verdade de nosso ser e da verdade de todos os seres, mesmo a vida nessa verdade e consciência maiores, mesmo o aperfeiçoamento de nossa natureza, são apenas os resultados naturais dessa união. Essas condições são indispensáveis para que a união seja completa, mas só fazem parte do objetivo central porque são um desenvolvimento necessário e uma consequência maior.

Tampouco devemos esquecer que a mudança supramental é difícil, distante, um estado último; deve ser considerada como o final de uma perspectiva longínqua; não podemos e não devemos fazer dela um primeiro alvo, um objetivo constantemente contemplado nem uma finalidade imediata. Pois essa mudança só pode aparecer no campo das possibilidades após uma conquista e superação de si muito árduas, no final de muitos estágios longos e penosos, de uma difícil autoevolução da natureza. Primeiro, devemos adquirir uma consciência interior ióguica, que substituirá nossa visão comum das coisas, nossos movimentos naturais, as motivações de nossa vida; é preciso revolucionar o todo da estrutura presente de nosso ser. Depois, temos que ir ainda mais fundo, descobrir nossa entidade psíquica velada e, em sua luz e sob sua direção, tornar psíquicas nossas partes interiores e exteriores; devemos mudar nossa natureza mental, natureza vital, natureza corporal e todos os nossos atos, estados e movimentos de nosso mental, de nosso vital e de nosso físico e fazer deles instrumentos conscientes da alma. Em seguida, ou ao mesmo tempo, devemos espiritualizar o ser em sua totalidade, por uma descida de uma Luz, Força, Pureza, Conhecimento, liberdade e imensidão divinas. É necessário romper os limites da mente, da vida e do físico pessoais, dissolver o ego, entrar na consciência cósmica, realizar o Self, adquirir uma mente e coração, uma Força de Vida, uma consciência física espiritualizados e universalizados. Só então a passagem para entrar na consciência supramental começará a se tornar possível; e mesmo então resta uma ascensão difícil a ser feita, da qual cada etapa é uma conquista distinta e árdua. O Ioga é uma evolução consciente, concentrada e rápida do ser, porém, por mais rápida que seja, embora possa efetuar em uma única vida o que a Natureza, se não fosse ajudada, poderia levar séculos e

---

2. *sādharmya mukti*.

milênios ou muitas centenas de vidas — mesmo assim, toda evolução move-se por etapas; e mesmo a maior rapidez e concentração do movimento não podem fazer desaparecer todas as etapas nem reverter o processo natural e trazer o final para perto do começo. Uma mente impaciente e ignorante, uma força demasiado ardente, facilmente esquecem essa necessidade; elas se lançam para adiante, para fazer da supramente um objetivo imediato, e esperam puxá-la para baixo, de suas alturas supremas no Infinito, com uma forquilha. Isso é não apenas uma expectativa absurda, mas cheia de perigos, pois o desejo vital pode muito bem introduzir uma ação de poderes vitais obscuros e violentos que põem diante dele uma promessa de realização imediata de anseios impossíveis; a consequência provável seria um mergulho em vários tipos de autoengano, um consentimento às falsidades e tentações das forças das trevas, uma caça aos poderes supranormais; seria abandonar a natureza divina pela natureza asúrica[3], uma autoinflação fatal na enormidade inumana, antinatural e antidivina de um ego magnificado. Se o ser for pequeno, se a natureza for débil e incapaz, não haverá esse desastre em grande escala, mas uma perda de equilíbrio, um desarranjo mental e uma queda na irracionalidade, ou um desarranjo vital que traz consigo uma aberração moral, ou um desvio que conduz a algum tipo de anomalia mórbida da natureza podem ser as consequências calamitosas. Nosso Ioga não permite nenhuma anomalia, mesmo se fosse uma anormalidade elevada, como meio para cumprir-se ou para a realização espiritual. Mesmo quando entramos nas experiências supranormais e suprarracionais, o equilíbrio não deve se alterar de nenhum modo, deve permanecer firme, do cimo da consciência até a base; a consciência que tem a experiência deve manter um equilíbrio calmo, uma clareza e uma ordem infalíveis em sua observação, uma espécie de bom senso sublimado, um poder infalível de autocrítica, um discernimento justo, uma visão das coisas firme e coordenada; uma compreensão sadia dos fatos e um positivismo altamente espiritualizado devem estar sempre presentes. Não é nos tornando irracionais ou infrarracionais que poderemos ultrapassar a natureza comum e entrar na supranatureza; isso é feito ao passarmos da razão à luz maior de uma suprarrazão. Essa suprarrazão desce na razão e a alça aos níveis superiores, ao mesmo tempo que rompe suas limitações; a razão não se perde, mas muda, e torna-se seu próprio self verdadeiro sem limite, um poder de coordenação na supranatureza.

Outro erro contra o qual devemos estar em guarda é também um erro a que nossa mentalidade está facilmente inclinada: considerar como supramente qualquer consciência intermediária superior ou mesmo qualquer tipo de consciência supra-

---

3. Asúrico — hostil ao Divino. (N. da T.)

normal. Para alcançar a supramente não basta elevar-se acima dos movimentos normais da mente humana; não basta receber uma luz, um poder e uma alegria maiores ou desenvolver capacidades de conhecimento, visão, vontade eficaz que ultrapassam o alcance normal do ser humano. Nem toda luz é a luz do espírito, e, menos ainda, nem toda luz é luz da supramente; a mente, o vital e o próprio corpo têm luzes que lhes são próprias, embora ainda escondidas, que podem ser uma fonte de inspiração, exaltação, informação e poderosamente executoras. Entrar na consciência cósmica pode também trazer uma imensa ampliação de consciência e de poder. A abertura à mente, ao vital, ao físico interiores, a qualquer extensão da consciência subliminar pode liberar e tornar ativos poderes anormais ou supranormais de conhecimento, de ação ou de experiência que uma mente insuficientemente instruída pode facilmente confundir com revelações, inspirações, intuições espirituais. Uma abertura para o Alto, para as extensões mais vastas do ser mental superior, pode fazer descer muita luz e força e criar uma atividade intensa em uma mente e em um poder de vida que se tornaram intuitivos; ou a ascensão até essas extensões pode trazer uma luz verdadeira mas ainda incompleta, que facilmente se mistura, uma luz que é espiritual em sua fonte embora nem sempre permaneça espiritual em seu caráter ativo quando desce na natureza inferior. Mas nada disso é a luz supramental ou o poder supramental: esses só podem ser vistos e entendidos quando alcançarmos os cumes do ser mental, entrarmos na sobremente e posicionarmo-nos nas fronteiras do vasto hemisfério superior[4] da existência espiritual. Lá, a ignorância, a inconsciência, a Insciência[5] original e vazia — base da natureza material — que despertam com lentidão a um semiconhecimento e envolvem, penetram e limitam de modo poderoso todos os nossos poderes de pensamento e de vida, cessam por completo; pois lá, uma Consciência-Verdade sem mistura e inalterada é a substância de todo o ser, sua pura textura espiritual. Imaginar que alcançamos uma tal condição quando ainda nos movemos na dinâmica da Ignorância — embora possa ser uma Ignorância aclarada e iluminada — é expormo-nos a um extravio desastroso ou a uma parada na evolução do ser. Pois, se for algum estado inferior que de maneira errônea tomamos como a supramente, nos abriremos a todos os perigos que vimos ameaçar aqueles

---

4. Segundo Sri Aurobindo, os diversos degraus da Mente, incluindo seu cume, a sobremente, constituem o "hemisfério inferior" da existência, enquanto a supramente e seus diversos degraus constituem o "hemisfério superior". (Nota da tradução francesa)
5. A Inconsciência é uma reprodução inversa da Supraconsciência suprema: possui o mesmo estado absoluto de ser e de ação automática, mas em um vasto transe involuído; é o ser perdido em si mesmo, mergulhado em seu próprio abismo de infinidade. Ela contém uma consciência escondida, só que não sabe: é um estado de não saber, ou insciente. A primeira emergência a partir do Inconsciente é a Matéria. (N. da T.)

que demandam essa conquista com uma pressa egoística e presunçosa. E se for um dos estados superiores que presumimos ser o estado supremo, poderemos, mesmo se houvéssemos conquistado muito, parar antes que o objetivo mais alto e mais perfeito de nosso ser seja alcançado; pois ficaremos satisfeitos com uma aproximação, e a transformação suprema nos escapará. Mesmo a conquista de uma liberação interior completa e de uma alta consciência espiritual não é a transformação suprema; pois podemos chegar a uma alta realização, a um estado perfeito em si, na essência, e ainda assim nossas partes dinâmicas continuarem instrumentos pertencentes a uma mente iluminada e espiritualizada e poderão, em consequência, ser defeituosas, como tudo que obedece à mente, mesmo em seu conhecimento e poder maiores, e serem ainda sujeitas a um obscurecimento parcial ou local, ou limitadas pela insciência original que as circunscreve.

PARTE II

O IOGA DO CONHECIMENTO INTEGRAL

CAPÍTULO I

O OBJETO DO CONHECIMENTO

Toda busca espiritual move-se em direção a um objeto de Conhecimento para o qual, em geral, os seres humanos não voltam o olhar de sua mente; essa busca se dirige a alguém ou a algo Eterno, Infinito, Absoluto, que não é as coisas ou as forças temporais às quais somos sensíveis, embora esse alguém ou esse algo possa estar nelas ou por trás delas, ou ser sua fonte e criador. O objetivo dessa busca é chegar a um estado de conhecimento que nos permita tocar esse Eterno, Infinito e Absoluto, entrar nele ou conhecê-lo por identidade, a uma consciência diferente da nossa consciência normal de ideias, formas e coisas, a um Conhecimento que não é o que chamamos conhecimento, mas é algo autoexistente, perpétuo, infinito. E, visto que o ser humano é uma criatura mental, essa busca pode, ou mesmo deve necessariamente, partir de nossos instrumentos comuns de conhecimento; no entanto, ela deve, também necessariamente, ultrapassá-los e servir-se de métodos e faculdades suprassensoriais e supramentais, pois ela busca algo que é, em si mesmo, suprassensorial e supramental e escapa à compreensão da mente e dos sentidos, mesmo se através da mente e dos sentidos possa vir um primeiro vislumbre disso ou uma imagem refletida.

Os sistemas tradicionais, quaisquer que sejam suas diferenças, unem-se todos na crença ou na percepção de que o Eterno e Absoluto só pode ser, ou, ao menos, só pode habitar um estado puro e transcendente, um estado de existência não cósmica ou de não existência. Toda existência cósmica ou tudo o que chamamos existência seria um estado de ignorância. Mesmo a perfeição individual mais alta, mesmo a condição cósmica mais beatífica não seria melhor que uma suprema ignorância. Tudo que é individual, tudo que é cósmico deveria ser austeramente renunciado por aquele que busca a Verdade absoluta. O supremo Self quiescente ou então o Nada absoluto seria a única Verdade, o único objeto do conhecimento espiritual. Esse estado de consciência que deveríamos alcançar, essa outra consciência diferente dessa temporal, é o Nirvana, a extinção do ego, a cessação de todas as atividades mentais, vitais e físicas ou de toda outra atividade, qualquer que seja, uma suprema quietude iluminada, a pura beatitude de uma tranquilidade impessoal, absorvida em si e inefável. Os meios para chegar a isso são a meditação, uma concentração que exclui tudo mais e uma perda total da mente em seu objeto. A ação só seria permitida durante as primeiras etapas da busca, a fim de purificar o buscador espiritual e fazer dele, moralmente e em seu temperamento, um receptáculo puro para o conhecimento. Mesmo essa ação deveria ser confinada à prática dos ritos do culto e dos deveres da vida assim como são prescritos e rigorosamente ordenados pelo Shastra hindu ou, como na disciplina budista, deveria seguir o caminho óctuplo para a prática suprema das obras de compaixão, caminho que conduz à aniquilação prática do self no bem dos outros. No final, em todo Jnana-Ioga severo e puro, todas as obras devem ser abandonadas por uma quietude total. A ação pode preparar a salvação, ela não pode dar a salvação. Toda persistência prolongada na ação seria incompatível com o progresso supremo e poderia ser um obstáculo insuperável para a realização do objetivo espiritual. O estado supremo de quietude seria o contrário mesmo da ação e não poderia ser alcançado por aqueles que persistem nas obras. E mesmo a devoção, o amor, o culto seriam apenas disciplinas para as almas imaturas; no melhor dos casos, seriam os melhores métodos da Ignorância, pois são oferecidos a algo que é outro, diferente, superior e maior que nós mesmos; mas no conhecimento supremo não pode haver tais coisas, visto que há um único self ou self algum e, por conseguinte, não haveria ninguém para fazer o culto, para oferecer o amor e a devoção, e ninguém para recebê-los. Mesmo a atividade do pensamento deveria desaparecer na única consciência da identidade ou do nada e, por sua própria quietude, causar a quietude de nossa natureza inteira. Apenas o absoluto Idêntico deveria permanecer, ou então apenas o eterno Nada.

Esse puro Jnana-Ioga procede pelo intelecto, embora, no final, ele transcenda o intelecto e suas operações. O pensador em nós separa-se de todo o resto daquilo que somos fenomenicamente; ele rejeita os sentimentos do coração, retira-se da vida e dos sentidos, separa-se do corpo a fim de chegar à sua própria completude exclusiva e fundir-se naquilo que está além dele mesmo e de sua função. Há uma verdade que sustenta essa atitude e uma experiência que parece justificá-la. Há uma Essência que, por natureza, é uma quietude; um supremo Silêncio no Ser mais além de seus próprios desdobramentos e mutações, que é imóvel e, portanto, superior a todas as atividades das quais ele é, no máximo, uma Testemunha. E na hierarquia de nossas funções psicológicas o Pensamento é, de certo modo, o mais próximo desse Self, ao menos mais próximo desse aspecto do Self, Conhecedor consciente de tudo, que vê todas as atividades, mas pode desapegar-se de todas elas. O coração, a vontade e outros poderes em nós são fundamentalmente ativos, voltam-se com naturalidade para a ação e encontram nela sua efetivação — embora possam também, de modo automático, chegar a certa quietude, quando suas atividades estão plenamente satisfeitas, ou então, ao contrário, quando elas se exaurem à custa de decepções e insatisfações perpétuas. O pensamento também é um poder ativo, mas é mais capaz de alcançar a imobilidade por sua própria vontade e escolha conscientes. Ele se satisfaz mais facilmente com a percepção intelectual iluminada desse Self Testemunha silencioso, superior a todas as nossas atividades e, uma vez que tenha percebido esse Espírito imóvel, ele considera sua missão concluída, sua missão de descoberta da verdade, e ele estará pronto a mergulhar no repouso e tornar-se imóvel. Pois em seu movimento mais característico o próprio pensamento está apto a ser testemunha das coisas, como um juiz, um observador desinteressado mais que um participante ardente ou trabalhador apaixonado pelo trabalho e, muito facilmente, ele pode alcançar uma calma espiritual ou filosófica e um desapego indiferente. E visto que os seres humanos são seres mentais, o pensamento, mesmo que não seja deveras seu melhor meio, nem o mais alto, é, ao menos, o meio mais constante, mais normal e o mais efetivo para clarear sua ignorância. Armado com suas funções de concentração, reflexão, meditação, de fixa contemplação, de absorção sustentada da mente em seu objeto, *śravaṇa, manana, nididhyāsana*, ele se mantém em nossos cimos como uma ajuda indispensável para realizar aquilo que buscamos, e não é surpreendente que ele se considere o líder da viagem e o único guia disponível ou, ao menos, a entrada direta do templo, sua porta mais recôndita.

Na realidade, o pensamento é apenas um explorador e um pioneiro; ele pode guiar, mas não comandar ou efetuar. Líder da viagem e capitã da marcha, a Vontade é a primeira e mais antiga sacerdotisa de nosso sacrifício. Essa Vontade não é o anelo do coração nem as demandas e preferências da mente, às quais com frequência damos esse nome. Ela é essa força consciente em nosso ser e em todos os seres, profunda, mestra e muitas vezes velada — Tapas, Shakti, Shraddha[1] — que determina de modo soberano nossa orientação e da qual o intelecto e o coração são servidores e instrumentos mais ou menos cegos e automáticos. O Self quiescente e em repouso, vazio de coisas e acontecimentos, é o suporte e pano de fundo da existência, um canal silencioso ou uma hipóstase de algo Supremo; ele mesmo não é essa existência única inteiramente real, ele mesmo não é o Supremo. O Eterno, o

---

1. *śraddhā*.

Supremo é o Senhor e Espírito que é a origem de tudo. Superior a todas as atividades, e ligado a nenhuma, ele é a fonte, a sanção, o material, o poder eficaz, o mestre de todas as atividades. Todas procedem desse Self supremo e são determinadas por ele. Todas são suas operações, processos de sua própria força consciente e não o resultado de algo estranho ao Self, de algum poder que não seja o do Espírito. Nessas atividades, expressa-se a Vontade consciente ou Shakti do Espírito, que é levada a manifestar seu ser de infinitas maneiras — essa Vontade, esse Poder não é ignorante, mas uno com seu próprio conhecimento de si e com o conhecimento de tudo o que ele deve expressar. Em nós, uma vontade espiritual secreta e uma fé da alma, uma força escondida mestra de nossa natureza, é o instrumento individual desse Poder, em comunicação mais próxima com o Supremo, um guia mais iluminador e mais seguro — se pudermos alcançá-la e segurá-la —, porque é mais profunda do que as atividades superficiais de nossos poderes de pensamento e mais intimamente próxima do Idêntico e Absoluto. Para o buscador espiritual na vida e para o buscador espiritual no Ioga, conhecer essa vontade em nós e no universo e segui-la até suas finalidades divinas, quaisquer que sejam, deve, com certeza, ser o meio mais elevado e a culminação mais verdadeira do conhecimento e também das obras.

O pensamento, visto que não é a parte mais elevada nem a mais forte da Natureza, tampouco o único indicador da Verdade, nem o mais profundo, não deveria perseguir sua própria e exclusiva satisfação nem considerar essa satisfação como sinal de que alcançou o Conhecimento supremo. Até certo ponto, ele está aí como um guia para o coração, para a vida e para outras partes de nosso ser, mas não pode substituí-los; ele deve ver não só sua própria satisfação última, mas também se não há alguma satisfação última destinada a essas outras partes do ser. Uma via exclusiva, unicamente para a satisfação do pensamento abstrato, só se justificaria se o objetivo da Vontade suprema no universo fosse apenas uma descida na atividade da ignorância, operada pela mente enquanto instrumento aprisionador, mediante ideias e sensações falsas que nos cegam — e, depois, uma ascensão na quietude do conhecimento, igualmente operada pela mente enquanto salvadora e o instrumento cujo pensamento justo nos ilumina. Mas há chances de que o mundo tenha um objetivo menos absurdo e menos incerto, um impulso menos árido e abstrato em direção ao Absoluto, uma verdade do mundo mais ampla e mais complexa e uma altura do Infinito mais rica e mais infinita. Certamente, uma lógica abstrata sempre chega, como os antigos sistemas chegaram, a uma Negação infinita e vazia ou a uma infinita Afirmação igualmente vazia; pois, por ser abstrata, ela tende a uma abstração absoluta, e essa Negação, assim como essa Afirmação, são as duas únicas abstrações que são absolutamente absolutas. Mas uma sabedoria concreta, que se aprofunde sempre e se alimente de riquezas sempre maiores de uma experiência infinita, é provável que seja a chave de um conhecimento divino supra-humano, e não a lógica abstrata e pretensiosa da mente humana estreita e incompetente. O coração, a vontade, a vida, e mesmo o corpo são, tanto quanto o pensamento, formas de um Ser Consciente divino e sinais de grande significância. Eles também têm poderes que permitem à alma retornar à percepção completa de si, ou meios que lhe permitem fruir dessa percepção. O objetivo da Vontade suprema pode muito bem ser uma culminação em que todo o ser é destinado a receber sua satisfação divina, as alturas iluminando as profundezas, o Inconsciente material revelando-se divino pelo contato da Supraconsciência suprema.

A tradicional Via do Conhecimento procede por eliminação, e rejeita sucessivamente o corpo, a vida, os sentidos, o coração, mesmo o pensamento, a fim de fundir-se na quietude do Self, no Nada supremo ou no Absoluto indefinido. A via do conhecimento integral supõe que somos destinados a uma completude integral e que a única coisa a eliminar é nossa própria inconsciência, a Ignorância e as consequências da Ignorância. Eliminemos a falsidade de nosso ser, figurada como o ego, e nosso ser verdadeiro poderá manifestar-se em nós. Eliminemos a falsidade da vida, figurada como meros apetites vitais, e o girar mecânico de nossa existência corpórea, e nossa verdadeira vida, no poder da Divindade e na alegria do Infinito, aparecerá. Eliminemos a falsidade dos sentidos e sua sujeição às aparências materiais e à dualidade das sensações, pois há em nós um sentido maior, que pode abrir-se ao Divino nas coisas através de nossos sentidos materiais, e responder-lhe divinamente. Eliminemos a falsidade do coração e suas paixões e desejos túrbidos e suas emoções duais, pois há um coração mais profundo que pode abrir-se em nós, com seu amor divino por todas as criaturas e sua paixão e aspiração infinitas pelas respostas do Infinito. Eliminemos a falsidade do pensamento, com suas construções mentais imperfeitas, suas afirmações e negações arrogantes, suas concentrações limitadas e exclusivas, pois detrás há uma faculdade de conhecimento maior, que pode abrir-se à verdadeira Verdade de Deus e da alma, da Natureza e do universo. Uma autorrealização integral — um absoluto, uma culminação do coração e de suas experiências e de seu instinto de amor, alegria, devoção e adoração; um absoluto, uma culminância dos sentidos, de sua busca de beleza, do bem e do deleite nas formas das coisas; um absoluto, uma culminância da vida e da sua busca das obras, do poder, mestria e perfeição divinos; um absoluto, uma culminância do pensamento mais além de seus próprios limites, de sua sede de verdade e de luz, de sabedoria e de conhecimento divinos. Pois essas diferentes partes de nossa natureza não têm como finalidade algo de todo diferente daquilo que elas são e de onde seriam excluídas, mas algo de supremo em que elas mesmas se transcendem e encontram seu próprio absoluto e sua infinitude, sua harmonia além de qualquer medida.

Por trás da via tradicional do Conhecimento, a justificar seu processo intelectual de eliminação e afastamento, há uma experiência espiritual predominante. Profunda, intensa, convincente — comum a todos que ultrapassaram certo limite da periferia da mente ativa para entrar no espaço interior e seu horizonte infinito —, essa é a grande experiência da liberação, a consciência de algo em nós que está por trás e fora do universo e de todas as suas formas, seus interesses, objetivos, eventualidades, acontecimentos — calmo, intangível, impassível, ilimitável, imóvel, livre, é a alta visão de algo acima de nós, indescritível e inalcançável, onde poderemos entrar ao abolirmos nossa personalidade; a presença de um Purusha-Testemunha onipresente e eterno, a percepção de uma Infinitude ou de uma Atemporalidade que nos olha do alto em uma sublime negação de toda nossa existência e que, só ela, é a única coisa real. Essa experiência é a sublimação mais alta da mente espiritualizada quando olha resolutamente mais além de sua própria existência. Alguém que não tenha passado por essa liberação não pode ser de todo livre da mente e suas tramas, mas ninguém é obrigado a ficar nessa experiência para sempre. Por maior que ela seja, é apenas a experiência esmagadora da Mente daquilo que está além dela e de tudo que ela pode conceber. É uma experiência negativa suprema, mas, mais além dela, encontra-se toda a luz formidável de uma Consciência infinita, de um Conhecimento ilimitável e de uma Presença afirmativa e absoluta.

O objeto do conhecimento espiritual é o Supremo, o Divino, o Infinito e Absoluto. Esse Supremo tem suas relações com nosso ser individual e suas relações com o universo, e transcende os dois, a alma e o universo. Nem o universo nem o indivíduo são o que parecem ser, pois o que nos transmitem sobre eles nossa mente e nossos sentidos, enquanto não forem iluminados por uma faculdade de conhecimento mais alta, supramental e suprassensorial, são informações falsas, uma construção imperfeita, uma imagem atenuada e errônea. E, contudo, o que o universo e o indivíduo parecem ser é, ainda assim, uma imagem daquilo que na verdade são, uma imagem que deixa entrever por trás de si a realidade mais além. A verdade procede pela correção dos valores que nossa mente e nossos sentidos nos dão e, primeiro, por meio da ação de uma inteligência mais alta, que aclara e retifica, tanto quanto possível, as conclusões da mente sensorial ignorante e da inteligência física limitada; esse é o método de toda ciência e de todos os conhecimentos humanos. Porém, mais além, há um Conhecimento, uma Consciência-Verdade, que ultrapassa nosso intelecto e nos faz entrar na luz verdadeira de que o intelecto é apenas um raio refratado. Lá, os termos abstratos da razão pura e as construções mentais desaparecem ou são transmutados em uma visão concreta da alma e na extraordinária realidade da experiência espiritual. Esse conhecimento pode voltar-se para o Eterno absoluto e perder de vista a alma e o universo, mas pode também ver essa existência a partir do Eterno. Quando isso é feito, descobrimos que a ignorância da mente e dos sentidos e toda a futilidade aparente da vida humana não foram uma excursão inútil, um disparate ocioso do ser consciente. Elas foram planejadas como um terreno acidentado para a expressão da Alma que vem do Infinito, um alicerce material de seu desdobramento e de sua posse de si nas condições do universo. É verdade que, em si mesmos, a mente, a vida e tudo que está aqui, não têm significado, e construir um significado separado para eles é viver em uma ilusão, Maia; mas eles têm um supremo significado no Supremo, um Poder absoluto no Absoluto, e é isso que lhes atribui seu valor relativo presente e refere sua relatividade a essa Verdade absoluta. Essa é a experiência que unifica tudo, a base do autoconhecimento e de um conhecimento do mundo profundamente integrais e íntimos.

Em relação ao indivíduo, o Supremo é nosso verdadeiro self e o mais alto, ele é aquilo que somos definitivamente em nossa essência, aquilo que é nossa origem em nossa natureza manifestada. Um conhecimento espiritual que almeje chegar ao Self verdadeiro em nós deve rejeitar todas as aparências enganadoras, como o faz a via tradicional do conhecimento. Ele deve descobrir que o corpo não é nosso self, não é o alicerce de nossa existência, que ele é uma forma sensível do Infinito. A experiência de que a Matéria é o único alicerce do mundo e que o cérebro, os nervos, as células e moléculas físicas são a única verdade de tudo em nós (como pretende a base pesada, inadequada do materialismo), é uma ilusão, é considerar uma visão parcial como o todo, confundir o fundo obscuro ou a sombra das coisas com a substância luminosa, o eficaz número zero com o número inteiro. A teoria materialista confunde a criação com o Poder criador, o meio de expressão com Aquilo que é expresso e se expressa. A matéria e nosso cérebro, nervos, corpo físico são o campo e a base para uma ação de uma força vital que serve para conectar o Self com a forma de suas obras e as mantém pela *dynamis* direta do Self. Os movimentos materiais são uma notação externa pela qual a alma representa sua percepção de certas verdades do Infinito e as torna efetivas em termos próprios à Substância. Todas as coisas do mundo material são uma linguagem, uma notação, um hieróglifo, um sistema de símbolos; elas mesmas não são o sentido mais profundo daquilo que significam, nem o mais verdadeiro.

A Vida tampouco é nosso self, nem a vitalidade, nem a energia que pulsa no cérebro, nos nervos e no corpo; ela é um poder e não o poder total do Infinito. A experiência de uma Força de Vida que instrumentaliza a Matéria e a usa como alicerce, fonte e verdadeira soma de todas as coisas — a base do vitalismo e seu princípio instável vibrante —, é uma ilusão, uma visão parcial tomada como o todo, a maré ao longo da costa percebida como o todo do oceano e suas águas. A teoria vitalista confunde a essência com algo que é poderoso, mas externo. A Força de Vida é a dinamização de uma consciência que a ultrapassa. Essa consciência é sentida e age, mas só se torna tangível para nossa inteligência ao chegarmos ao termo superior da Mente, nosso cume atual. A Mente, aqui, em aparência é uma criação da Vida mas, na realidade, ela é seu sentido ulterior — não seu sentido último — e é ela que está por trás da Vida, uma formulação mais consciente de seu segredo; a Mente é uma expressão não da Vida, mas daquilo de que a própria Vida é uma expressão menos luminosa.

E, contudo a Mente, nossa mentalidade, a parte de nosso ser que pensa e compreende, tampouco é nosso Self, ela não é Isso, não é o fim nem o começo; ela é uma meia-luz projetada pelo Infinito. A experiência de que a mente é a criadora das formas e das coisas e de que essas formas e coisas existem apenas na Mente — como pretende o idealismo e seu débil princípio sutil — é também uma ilusão, uma visão parcial vista como o todo, uma luz pálida refletida, e idealizada como se fosse o corpo ardente do Sol e seu esplendor. Essa visão idealista tampouco chega à essência do ser, nem mesmo a toca; ela toca apenas um modo inferior da Natureza. A Mente é a duvidosa penumbra exterior de uma existência consciente que não é limitada pela mentalidade, mas a excede. O método tradicional da via do conhecimento, ao eliminar todas essas coisas, chega ao conceito e à realização de uma pura existência consciente — que percebe a si mesma, traz consigo sua própria beatitude e não está condicionada pela mente, vida e corpo — e alcança sua experiência positiva última, Atman, o Self, a natureza original e essencial de nossa existência. Aqui, enfim, há algo centralmente verdadeiro, mas, em sua pressa para chegar aí, esse conhecimento supõe que não haja nada entre a mente pensante e o Mais-Alto, *buddheḥ paratas tu saḥ*, e, fechando seus olhos em samádi, ele tenta precipitar-se para o objetivo, sem mesmo ver esses reinos grandes e luminosos do Espírito que se encontram de fato em seu caminho. Talvez ele chegue a seu objetivo, mas somente para adormecer no Infinito. Ou, se continua desperto, é na mais alta experiência do Supremo que a Mente que se anula pode entrar, mas não no supremo do Supremo, *parātpara*. A Mente só pode perceber o Self em uma inconsistência espiritual mentalizada, ela percebe apenas um reflexo mental de Sachchidananda. A verdade mais alta, o autoconhecimento integral, não pode ser obtida por esse salto voluntariamente cego no Absoluto, mas por uma passagem paciente para além da mente e uma entrada na Consciência-Verdade, na qual o Infinito pode ser conhecido, sentido, visto, vivenciado em toda a plenitude de suas riquezas sem fim. E lá descobrimos que esse Self que somos não é apenas um Atman estático, tênue e vazio, mas um vasto Espírito dinâmico individual, universal e transcendente. Esse Self, esse Espírito não pode ser expresso pelas generalizações abstratas da mente; todas as descrições inspiradas dos videntes e dos místicos não podem esgotar seu conteúdo e seus esplendores.

Em relação ao universo, o Supremo é Brahman, a Realidade única que é não apenas a substância espiritual material, consciente de todas as ideias, forças e formas do universo, mas sua origem, sustento e possuidor; ele é o Espírito cósmico e supracósmico. Todos os termos últimos aos quais podemos reduzir o universo — Força e Matéria, Nome e Forma, Purusha e Prakriti — não são ainda de todo aquilo que o universo na realidade é, em si mesmo ou em sua natureza. Assim como tudo que somos é o jogo e a forma, a expressão mental, psíquica, vital e física de um Self supremo não condicionado pela mente, vida e corpo, o universo é também o jogo e a forma, a expressão cósmica da alma e da natureza de uma Existência suprema que não é condicionada pela força e pela matéria, não é condicionada pela ideia, pelo nome e pela forma, não é condicionada pela distinção fundamental de Purusha e Prakriti. Nosso Self supremo e a Existência suprema que se tornou o universo são um só e único Espírito, um só e único self, uma só e única Existência. Por sua natureza, o indivíduo é uma expressão do Ser universal, pelo espírito nele, ele é uma emanação da Transcendência. Pois se descobre seu self, ele descobre também que seu verdadeiro self não é essa personalidade natural, essa individualidade criada, mas é um ser universal em suas relações com outros e com a Natureza e, em seu termo ascendente, é uma parcela ou a face viva de um Espírito supremo e transcendental.

Essa Existência suprema não é condicionada pelo indivíduo ou pelo universo. Por conseguinte, um conhecimento espiritual pode ultrapassar ou mesmo eliminar esses dois poderes do Espírito e chegar a conceber algo totalmente Transcendente, algo que não pode ser nomeado e é incognoscível para a mente: um puro Absoluto. A via tradicional do conhecimento elimina o indivíduo e o universo. O Absoluto que ela busca é sem feições, indefinível, sem relações, nem isso, nem aquilo, *neti neti*. Contudo, podemos dizer que isso é o Um, que é Infinito, que é Beatitude, Consciência, Existência inefáveis. Embora incognoscível para a mente, ainda assim podemos, por meio de nosso ser individual e dos nomes e formas do universo, nos aproximar da realização do Self supremo que é Brahman, e pela realização do self realizar também, em certa medida, esse puro Absoluto de que nosso verdadeiro Self é a forma essencial em nossa consciência (*svarūpa*). Esses são os estratagemas que a mente humana é obrigada a usar se quiser ter alguma ideia de um Absoluto transcendente e não condicionado. O sistema de negação é-lhe indispensável para que se libere de suas próprias definições e de sua experiência limitada; ela é obrigada a escapar através de um vago Indefinido para entrar no Infinito, pois a mente vive em uma prisão cercada de construções e representações que são necessárias para sua ação, mas não é a verdade autoexistente da Matéria, nem da Vida, nem da Mente, nem do Espírito. Mas, se uma vez pudermos atravessar a fronteira mental e sua penumbra, e entrar nas extensões vastas do conhecimento supramental, esses estratagemas deixarão de ser indispensáveis. A supramente tem outra experiência do Infinito supremo, uma experiência positiva, direta, viva. O Absoluto está além da personalidade e além da impessoalidade, e, no entanto, ele é tanto o Impessoal quanto a Pessoa suprema e todas as pessoas. O Absoluto está além da distinção entre unidade e multiplicidade, e, no entanto, ele é o Um e o Múltiplo inumerável em todos os universos. Ele está além de toda limitação de qualidades e, no entanto, não é limitado por um vazio sem atributos: ele é também todo o infinito dos atributos. Ele é a alma individual e todas as almas e nenhuma delas; ele é o Brahman sem forma e todo o universo. É o Espírito cósmico e supracósmico, o Senhor supremo, o Self supremo, o supremo Purusha e a suprema Shakti, aquele que é Não nascido e contudo nasce continuamente, o Infinito que é inumeravelmente finito, o Um que é múltiplo, o Simples que é complexo, o Único multifacetado, a Palavra do Silêncio inefável, a Pessoa impessoal onipresente, o Mistério translúcido para sua consciência mais alta e para seu próprio espírito; mas, para uma consciência menor, ele continua velado por sua própria luz abundante e para sempre impenetrável. Para a mente dimensional essas coisas são opostos irreconciliáveis, porém, para a visão e experiência constantes da Consciência-Verdade supramental elas são, tão simples e inevitavelmente, da natureza uma da outra que mesmo pensar que são opostas é um ultraje inimaginável. Os muros construídos pelo Intelecto que mede e separa desapareceram e a Verdade em sua simplicidade e beleza aparece e reduz tudo aos termos de sua harmonia, de sua unidade e de sua luz. Dimensões e distinções permanecem, mas como imagens de que podemos nos servir, não como uma prisão separadora de um Espírito esquecido de si.

A consciência do Absoluto transcendente e suas consequências no indivíduo e no universo é o conhecimento final e eterno. Nossa mente pode tratar disso de vários modos, pode se servir disso para construir filosofias contraditórias, pode limitar, modificar, exagerar, rebaixar aspectos do conhecimento, deduzir dele a verdade ou o erro; mas nossas variações intelectuais e declarações imperfeitas nada mudam ao fato último, de que, se levarmos o pensamento e a experiência até o final, é a esse conhecimento que eles chegam. O objeto de um Ioga do conhecimento espiritual não pode ser nada mais do que essa Realidade eterna, esse Self, esse Brahman, esse

Transcendente que está acima de tudo e em tudo, e está manifestado no indivíduo e, contudo, escondido; manifestado no universo e, contudo, disfarçado.

A culminação do caminho do conhecimento não acarreta necessariamente a extinção de nossa existência no mundo. Pois o Supremo a quem nos assimilamos, o Absoluto e Transcendente no qual entramos, possui sempre a consciência última e completa que buscamos, e, no entanto, por meio dessa consciência, ele sustenta seu jogo no mundo. Tampouco somos obrigados a crer que nossa existência no mundo acaba porque seu objetivo ou seu cume foi alcançado quando adquirimos o conhecimento e que, portanto, não há nada mais a ser feito aqui. Pois o que obtemos primeiro pela liberação e seu silêncio e quietude imensuráveis, é apenas a eterna realização individual do self na essência de nosso ser consciente; resta ainda nesse fundamento, e não anulado pelo silêncio — inseparável da liberação e da liberdade —, o avanço do Brahman em sua autorrealização infinita, sua divina manifestação dinâmica no indivíduo e, pela presença do indivíduo, por seu exemplo e sua ação sobre os outros e sobre o universo inteiro, a obra para a qual os Grandes Seres permanecem aqui. Nossa autorrealização dinâmica não é possível enquanto permanecermos na consciência egoística, na escuridão da mente iluminada com luz de velas, na servidão. Nossa consciência atual limitada pode ser apenas um campo preparatório, nada pode consumar; pois tudo que ela manifesta é de todo desfigurado por uma ignorância e um erro dominados pelo ego. A autorrealização verdadeira e divina do Brahman na manifestação só é possível no alicerce da consciência do Brahman e, em consequência, por uma aceitação da vida pela alma liberada, *jīvanmukta*.

Esse é o conhecimento integral; pois sabemos que, em toda parte e em todas as condições, tudo é Um para o olho que vê; para a experiência divina, tudo é um bloco do Divino; é apenas a mente que, para a conveniência temporária de seu pensamento e aspiração, busca traçar uma linha artificial de divisão rígida e uma ficção de incompatibilidade perpétua entre um aspecto e outro da unidade eterna. Aquele que conhece e está liberado vive e age no mundo, e ele não vive menos, não age menos do que a alma acorrentada e a mente ignorante, mas bem mais, porque cumpre todas as ações, *sarvakṛt*, com um conhecimento verdadeiro e um poder consciente maior. E, ao fazer isso, ele não se priva da unidade suprema, nem cai da consciência suprema e do conhecimento mais alto. Pois o Supremo, por mais escondido que esteja aos nossos olhos no presente, está aqui no mundo, não menos do que pode estar na autoextinção mais absoluta e inefável, ou no Nirvana mais intolerante.

CAPÍTULO II

O ESTADO DE CONHECIMENTO

O Self, o Divino, a Realidade Suprema, o Todo, o Transcendente — o Um em todos os aspectos é, então, o objeto do conhecimento ióguico. Objetos comuns, as aparências externas da vida e da matéria, a psicologia de nossos pensamentos e ações, a percepção das forças do mundo aparente, podem fazer parte desse conhecimento, mas só na medida em que fazem parte da manifestação do Um. Torna-se logo evidente que o conhecimento que o Ioga se esforça para obter deve ser diferente do que em geral se entende por essa palavra. Pois, em geral, por conhecimento entendemos uma apreciação intelectual dos fatos da vida, da mente e da matéria e das leis que governam esses fatos. Esse é um conhecimento baseado na percepção de nossos sentidos e no raciocínio a partir dessa percepção, e que busca, em parte, a pura satisfação do intelecto, em parte, a efetividade prática e o poder suplementar que o conhecimento dá para organizar nossa vida e a vida dos demais, e utilizar para fins humanos as forças visíveis ou secretas da Natureza, e ajudar ou fazer mal, salvar ou enobrecer nossos semelhantes, destruí-los ou oprimi-los. Ioga, na verdade, tem as mesmas dimensões próprias à vida; abarca a vida toda e pode incluir todos esses sujeitos e objetos. Há até mesmo um Ioga que pode ser usado para gratificar a si mesmo tanto quanto para conquistar a si mesmo, para fazer mal aos outros tanto quanto para salvá-los[1]. Mas "a vida toda" não inclui apenas, nem mesmo principalmente, a vida como a humanidade a conduz agora. Ao contrário, o Ioga busca uma existência superior e deveras consciente, que ele considera como o seu único obje-

---

1. O Ioga desenvolve o poder, ele o desenvolve mesmo quando não o desejamos ou quando não é, conscientemente, nosso objetivo; e o poder é sempre uma faca de dois gumes: pode servir para fazer mal e destruir, assim como para ajudar e salvar. Notemos também que nem toda destruição é um mal.

tivo verdadeiro, uma existência que nossa humanidade semiconsciente não possui ainda e só poderá alcançar por uma ascensão espiritual em que ela se ultrapasse. É essa consciência maior e essa existência mais alta que é o objetivo particular e apropriado da disciplina ióguica.

Essa consciência maior e essa existência mais alta, não são uma mentalidade esclarecida ou iluminada sustentada por uma energia dinâmica maior ou sustentando uma vida moral e um caráter moral mais puros. Sua superioridade em relação à consciência humana comum não é em grau, mas em modo de ser e essência. Há uma mudança não apenas em superfície ou na instrumentação de nosso ser, mas em sua própria base e princípio dinâmico. O conhecimento ióguico busca entrar em uma consciência secreta para além da mente, só que, aqui, é uma consciência que está encoberta, escondida na base de toda existência. Pois somente essa consciência, apenas ela, conhece deveras, e somente ao possuí-la poderemos possuir Deus e conhecer de maneira correta o mundo, sua natureza real e suas forças secretas. Todo esse mundo visível ou sensível para nós, e também tudo nele que não é visível, é apenas a expressão fenomênica de algo para além da mente e dos sentidos. O conhecimento que os sentidos e o raciocínio intelectual podem nos dar a partir dos dados sensoriais não é o conhecimento verdadeiro, é a ciência das aparências. E mesmo as aparências não podem ser conhecidas corretamente a menos que conheçamos, primeiro, a Realidade da qual elas são imagens. Essa Realidade é seu self, e existe apenas um self para tudo; quando isso é percebido, todas as outras coisas podem, então, ser conhecidas em sua verdade e não mais apenas em sua aparência, como agora.

É evidente que, por mais que analisemos o físico e o sensível, não poderemos, por esse meio, chegar ao conhecimento do Self ou de nós mesmos, ou daquilo que chamamos Deus. O telescópio, o microscópio, o bisturi, a retorta e o alambique não podem ir além do físico, embora possam chegar a verdades cada vez mais sutis sobre o físico. Se, então, nos confinarmos àquilo que os sentidos e seus auxiliares físicos nos revelam e recusarmos, do início, a admitir outra realidade ou outro meio de conhecimento, seremos obrigados a concluir que nada é real exceto o físico e que não há Self em nós ou no universo, nenhum Deus dentro ou fora, nem mesmo nós mesmos, exceto esse agregado de cérebro, nervos e corpo. Mas somos obrigados a chegar a essa conclusão porque, do início, nós a adotamos com firmeza e, por conseguinte, o círculo do raciocínio deve, necessariamente, girar e nos levar de volta à nossa suposição primeira.

Se há, então, um Self, uma Realidade que não é óbvia para os sentidos, deve ser por outros meios, diferentes dos meios da ciência física, que devemos buscá-la e conhecê-la. O intelecto não é esse meio. Sem dúvida, há um bom número de verdades suprassensíveis às quais o intelecto pode chegar por seus próprios meios e pode perceber e enunciar em forma de conceitos intelectuais. A própria ideia de Força, por exemplo, na qual a ciência insiste tanto, é um conceito, uma verdade à qual o intelecto só pode chegar se for além de seus próprios dados; pois não sentimos essa força universal, mas somente seus resultados, e concluímos que a própria força é a causa necessária desses resultados. Do mesmo modo o intelecto, ao seguir certa linha de análise rigorosa, pode chegar a um conceito e a uma convicção intelectuais da existência do Self, e essa convicção pode ser muito real, muito luminosa, muito potente, e marcar o início de outras descobertas maiores. Ainda assim, a análise intelectual em si só pode conduzir a um arranjo de conceitos claros, talvez a um arranjo correto de conceitos verdadeiros; mas esse não é o conhecimento que o Ioga busca. Pois em si, esse conhecimento não é efetivo. Um indivíduo pode ser perfeito nesse conhecimento e ainda assim ser exatamente o que era antes, exceto no mero fato de que possui uma clareza intelectual maior. A mudança de nosso ser, que é o objetivo do Ioga, talvez não ocorra de modo algum.

É verdade que as deliberações intelectuais e a discriminação justa são uma parte importante do Ioga do Conhecimento; mas seu objeto é, antes, remover uma dificuldade do que chegar ao resultado final e positivo desse caminho. Nossas noções intelectuais comuns são um obstáculo no caminho do conhecimento, pois elas são governadas pelos erros dos sentidos, fundamentam-se na noção de que a matéria e o corpo são a realidade, que a vida e a força são a realidade, que a paixão e a emoção, o pensamento e as sensações são a realidade; com essas coisas nos identificamos, e porque nos identificamos com essas coisas não podemos retornar ao self verdadeiro. Portanto, é necessário que o buscador do conhecimento remova esses obstáculos e chegue à noção justa sobre si e sobre o mundo; pois, como poderemos buscar o self verdadeiro por meio do conhecimento, se não tivermos noção alguma do que ele é, e se, ao contrário, estivermos cheios de ideias de todo opostas à verdade? Por conseguinte, o pensamento justo é um preliminar necessário e, uma vez que o hábito de pensar justo foi estabelecido, a compreensão, livre do erro dos sentidos e dos desejos, de velhas associações e preconceitos intelectuais, purifica-se e não oferece mais obstáculos sérios ao processo ulterior do conhecimento. Mesmo assim, o pensamento justo só se tornará efetivo quando, na compreensão purificada, ele for seguido por outras operações — pela visão, pela experiência, pela realização.

O que são essas operações? Elas não são apenas mera análise e mera auto-observação psicológica. Essa análise, essa observação têm um valor imenso, assim como o processo do pensamento justo, e são praticamente indispensáveis. Elas podem mesmo, se forem seguidas de modo correto, conduzir a um pensamento justo cujo poder e efetividade serão consideráveis. Como no discernimento intelectual por meio do processo do pensamento meditativo, elas terão um efeito purificador; conduzirão a certo tipo de autoconhecimento e corrigirão as desordens da alma e do coração e mesmo as desordens da compreensão. O autoconhecimento de todo tipo está no caminho direto para o conhecimento do Self verdadeiro. O Upanishad nos diz que o Autoexistente dispôs as portas da alma de tal modo que elas se abrem para fora, e a maioria dos seres humanos olha fora e adentra-se na aparência das coisas[2]; somente a alma rara, que está madura para um pensamento calmo e uma sabedoria estável, volta os olhos para dentro, vê o Self e alcança a imortalidade. A auto-observação e a análise psicológica são uma introdução importante e eficaz para essa interiorização do olhar. Podemos olhar o interior de nós mesmos com mais facilidade do que olhar o interior das coisas que nos são externas, porque aí, nas coisas externas, estamos, em primeiro lugar, embaraçados pela forma, em seguida, porque não temos nenhuma experiência natural prévia daquilo que, nelas, é diferente de sua substância física. Uma mente purificada ou tranquilizada pode perceber um reflexo de Deus no mundo; uma concentração poderosa pode descobrir Deus no mundo, o Self na Natureza, mesmo antes que o tenhamos realizado em nós mesmos, mas isso é raro e difícil[3]. E é somente em nós mesmos que podemos observar e conhecer o processo do Self em seu devir e seguir o processo pelo qual ele se retira em seu ser essencial. Por conseguinte, o antigo conselho "conhece a ti mesmo" será sempre a primeira palavra que nos orienta para O conhecimento. No entanto, o autoconhecimento psicológico é apenas a experiência dos modos do Self, não é a realização do Self em seu puro ser.

O estado de conhecimento que o Ioga contempla não é, então, apenas um conceito intelectual ou um claro discernimento da verdade, nem é uma experiência psicológica aclarada dos modos de nosso ser. É uma "realização" no sentido completo da palavra; é tornar real para nós e em nós o Self, o Divino transcendente e universal; e, em seguida, é a impossibilidade de ver os modos de ser exceto à luz desse Self e sob seu verdadeiro aspecto, como o fluxo de seu vir a ser nas condições psíquicas e físicas de nossa existência no mundo. Essa realização consiste de três movimentos sucessivos: a visão interior, a experiência interior completa e a identidade.

---

2. Katha Upanishad 2.1.
3. No entanto, de certo ponto de vista, é mais fácil, porque em coisas externas não estamos tão enredados por nosso sentido egoísta limitado como quando nos ocupamos de nós mesmos; um obstáculo para a realização é, portanto, removido.

Essa visão interior, *dṛṣṭi*, poder ao qual os antigos davam um valor muito alto, pois ele fazia de um homem um Rishi ou um Kavi[4] e não mais um mero pensador, é uma espécie de luz na alma, pela qual coisas não visíveis tornam-se tão evidentes e reais para ela — para a alma, e não apenas para o intelecto — quanto as coisas visíveis para o olho físico. No mundo físico há sempre duas formas de conhecimento, o direto e o indireto: *pratyakṣa*, o conhecimento daquilo presente ao olhar, e *parokṣa*, o conhecimento daquilo que está distante, fora do campo de nossa visão. Quando o objeto está fora do alcance de nossa visão, somos necessariamente obrigados a fazer uma ideia dele por dedução, imaginação, analogia, ouvindo descrições daqueles que o viram ou pelo estudo de suas representações pictóricas ou outras, se forem disponíveis. Ao pôr junto todas essas ajudas poderemos, de fato, chegar a uma ideia mais ou menos adequada, ou a uma imagem que evoca o objeto, mas não perceberemos a própria coisa; isso ainda não nos faz apreender a realidade, mas é apenas nossa representação conceitual de uma realidade. Porém, uma vez que vimos o objeto com os olhos — pois nenhum outro sentido é adequado —, nós possuímos, "concretizamos"; o objeto está aí, seguro em nosso ser, e isso nos satisfaz, porque ele então faz parte de nós no conhecimento. É a mesma regra, precisamente, para as coisas psíquicas e para o Self. Podemos ouvir ensinamentos claros e luminosos sobre o Self, de filósofos, de instrutores ou de Escrituras antigas; podemos tentar pelo pensamento, pela inferência, imaginação, analogia ou por qualquer outro meio disponível, formar dele uma imagem ou um conceito mental; podemos manter essa ideia com firmeza em nossa mente e fixá-la por uma concentração total e exclusiva[5], mas ainda não a concretizamos, ainda não vimos Deus. É somente quando, após uma concentração longa e persistente, ou por outros meios, o véu da mente se rompe ou é afastado, é somente quando uma torrente de luz irrompe na mentalidade desperta, *jyotirmaya brahman*, e concepções dão lugar a um conhecimento-visão em que o Self está tão presente, real, concreto quanto um objeto físico para o olho físico, que possuímos o conhecimento — porque vimos. Após essa revelação, a luz pode desvanecer, períodos de obscuridade podem afligir a alma, mas ela nunca poderá perder de maneira irremediável aquilo que uma vez possuiu. A experiência é renovada de modo inevitável, e deve tornar-se mais frequente até que seja constante; quando, e com que rapidez, depende de nossa devoção e da persistência com que perseveramos no caminho e assediamos, com nossa vontade e nosso amor, a Divindade escondida.

---

4. *Ṛṣi* (Rishi) — aquele que vê. *Kavi* — aquele que vê; poeta. Nos Vedas significa o poeta-vidente, que via e encontrava a palavra inspirada de sua visão. (N. da T.)
5. Essa é a ideia por trás da operação tripla do Jnana-Ioga: *śravaṇa, manana, nididhyāsana*, ouvir, pensar ou mentalizar, e fixar pela concentração.

Essa visão interior é uma forma de experiência psicológica; mas a experiência interior não se limita a essa visão; a visão apenas abre, ela não abarca. Assim como o olhar, embora seja o único sentido adequado para trazer a primeira sensação de realização, deve contar com a experiência do toque e dos outros órgãos dos sentidos para que o conhecimento abarque por completo seu objeto, do mesmo modo a visão do Self deve completar-se por uma experiência do Self em todas as partes de nosso ser. Nosso ser inteiro, e não apenas o olhar iluminado de nosso conhecimento, deve querer Deus, pois, visto que cada princípio em nós é uma manifestação única do Self, cada um pode retornar à sua realidade e ter essa experiência. Podemos ter uma experiência mental do Self e captar como realidades concretas todas essas coisas, em aparência abstratas, que, para a mente, constituem a existência — consciência, força, deleite e suas numerosas formas e obras: assim, a mente estará convencida da existência de Deus. Podemos ter uma experiência emocional do Self por meio do Amor e por meio do deleite emocional, amor e deleite do Self em nós, amor e deleite do Self no universo e do Self em todos aqueles com quem temos relações: assim, o coração estará convencido da existência de Deus. Podemos ter uma experiência estética do Self na beleza, perceber e sentir o sabor do deleite da realidade absoluta e sua todo-beleza em cada coisa, seja criada por nós, seja pela Natureza, em seu apelo à mente estética e aos sentidos: assim, os sentidos estarão convencidos da existência de Deus. Podemos mesmo ter a experiência vital e nervosa do Self e senti-lo quase fisicamente, em cada vida, cada formação e em todas as operações dos poderes, forças, energias que operam por meio de nós ou de outros ou no mundo: assim, a vida e o corpo estarão convencidos da existência de Deus.

Todos esses conhecimentos e experiências são meios preliminares para alcançar e possuir a identidade. É nosso self que vemos e vivenciamos e, por conseguinte, visão e experiência são incompletas a menos que culminem em uma identidade e que, em todo nosso ser, sejamos capazes de viver o supremo conhecimento vedântico: eu sou Ele. Não apenas devemos ver Deus e abraçá-lo, mas devemos nos tornar essa Realidade. Devemos nos tornar uno com o Self em sua transcendência de todas as formas e manifestações por meio da desagregação do ego, uma sublimação, uma evasão do ego e de todas as suas posses, e mergulhar n'Isto de onde todas essas coisas procedem, mas devemos também nos tornar o Self em todas as suas existências manifestadas e em todos os seus devires, ser uno com Ele em sua existência, consciência, paz, deleite infinitos pelos quais ele se revela em nós, uno com ele na ação, na formação das coisas, no jogo de invenção de si com que ele se disfarça no mundo.

É difícil para a mente moderna entender que podemos ter mais do que apenas um conceito intelectual do Self ou de Deus; mas ela pode tomar emprestado algum reflexo dessa visão, dessa experiência e desse devir, no despertar interior à Natureza que um grande poeta inglês soube tornar real para a imaginação europeia. Se lermos os poemas em que Wordsworth expressou sua realização da Natureza poderemos ter alguma ideia distante do que a realização é. Pois, primeiro, vemos que ele teve a visão de algo no mundo que é o próprio Self de todas as coisas e contém todas as coisas, uma força e uma presença conscientes diferentes de suas formas e contudo causa de suas formas e nelas manifestadas. Percebemos que o poeta não apenas teve a visão disso e a alegria, paz e universalidade que essa presença traz, mas teve mesmo a sensação, uma sensação mental, estética, vital, física, e teve essa visão e sensação não apenas nas profundezas de seu ser, mas nas flores perto dele, na pessoa mais simples e na rocha imóvel; e, por fim, ele mesmo alcançou, ocasionalmente, essa unidade, que se tornou o objeto de sua meditação, como o expressa poderosa e profundamente o poema "A slumber did my spirit seal"[6], em que ele descreve uma fase dessa unidade e como se tornou um com a terra em seu ser: "rolled round in its diurnal course with rocks and stones and trees"[7]. Elevemos essa realização à altura de um Self mais profundo que a Natureza física e teremos os elementos do conhecimentoióguico. Mas todas essas experiências são apenas o vestíbulo da realização suprassensorial e supramental do Transcendente para além de todos os Seus aspectos; o cume final do conhecimento só pode ser alcançado ao entrarmos no supraconsciente e lá fundirmos todas as outras experiências em uma unidade superna com o Inefável. Essa é a culminação de todo conhecimento divino; essa também é a fonte de todo deleite divino e de toda vida divina.

Esse estado de conhecimento é, então, o objetivo desse caminho e, na verdade, de todos os caminhos quando seguidos até o final; e todo discernimento e conceito intelectuais, toda concentração e autoconhecimento psicológicos, todas as buscas do coração por meio do amor, dos sentidos por meio da beleza, da vontade por meio do poder e das obras, todas as buscas da alma por meio da paz e da alegria, são apenas chaves, vias de acesso, primeiras aproximações e início da ascensão; devemos utilizá--los, e seguir até que sejam alcançados os níveis vastos e infinitos, onde as portas divinas se abrem largamente na Luz infinita.

---

6. "Uma sonolência selou meu espírito" \ "Um estado de inatividade selou meu espírito". (N. da T.)
7. "Dando voltas em seu curso diurno com rochedos e pedras e árvores". (N. da T.)

CAPÍTULO III

A COMPREENSÃO PURIFICADA

Uma descrição do estado de consciência a que aspiramos nos indicará os meios de conhecimento que deveremos usar. Em resumo, esse estado de consciência pode ser definido como uma realização supramental que se prepara por representações mentais mediante diversos princípios mentais em nós e, uma vez alcançada, se refletirá também, de modo mais perfeito, em todas as partes de nosso ser. É uma re-visão e, portanto, uma remodelagem de toda nossa existência à luz do Divino, do Um, do Eterno, uma liberação da sujeição às aparências das coisas e às exterioridades de nosso ser de superfície.

Essa passagem do humano ao Divino, da divisão e da discórdia ao Um, do fenomênico à Verdade eterna, esse renascimento total ou esse novo nascimento da alma requer, de modo indispensável, dois estágios: um, de preparação, em que a alma e seus instrumentos devem se tornar aptos, e outro, de iluminação e realização concretas na alma preparada mediante seus instrumentos apropriados. De fato, não há linha de demarcação rígida na sucessão do Tempo entre esses dois estágios; ao contrário, eles são necessários um ao outro e seguem simultaneamente. Pois, à medida que a alma se torna pronta sua iluminação aumenta, e ela se eleva a realizações cada vez mais altas, cada vez mais completas; e à medida que essas iluminações e realizações aumentam, a alma se torna mais preparada e seus instrumentos mais adaptados à sua tarefa: existem estações da alma — estações de preparação não iluminada e estações de crescimento iluminado —, existem cumes de posse iluminada mais ou menos prolongada, instantes da alma, transientes como o relâmpago, e que contudo mudam todo o futuro espiritual, e também instantes que se estendem por muitas horas humanas, dias, semanas, em uma luz constante ou no resplandecer do Sol da Verdade. E, por meio disso tudo, a alma, uma vez que se voltou para Deus, aproxima-se da permanência e da perfeição de seu novo nascimento e de sua existência real.

Durante o período de preparação, a primeira necessidade é purificar todas as partes de nosso ser; em particular, no caminho do conhecimento, purificar a compreensão — pois é a chave que abrirá a porta da Verdade; e uma compreensão purificada é quase impossível sem a purificação das outras partes. Um coração não purificado, sentidos não purificados, uma vida não purificada perturbam a compreensão, confundem seus dados, distorcem suas conclusões, obscurecem sua visão, empregam mal seu conhecimento; um sistema físico não purificado estorva ou obstrui sua ação. É preciso que a pureza seja integral. Mas aqui também há uma interdependência, pois a purificação de cada parte de nosso ser aproveita da clarificação das outras; a tranquilização progressiva do coração emocional, por exemplo, ajuda a purificar a compreensão e, reciprocamente, uma compreensão purificada impõe calma e luz às atividades túrbidas e obscurecidas das emoções ainda impuras. Podemos mesmo dizer que se cada parte de nosso ser tem seus próprios princípios de purificação é, no entanto, a compreensão purificada que, no ser humano, é o purificador mais potente de seu ser túrbido e desordenado e o que tem mais autoridade para impor um modo de funcionar justo às outras partes. O conhecimento, diz a Gītā, é a pureza soberana; a luz é a fonte de toda limpidez e harmonia, assim como a obscuridade da ignorância é a causa de todos os nossos tropeços. O amor, por exemplo, é o purificador do coração, e, ao converter todas as nossas emoções em termos do amor divino, ele torna o coração perfeito e pleno; porém, o próprio amor precisa ser clarificado pelo conhecimento divino. O amor do coração por Deus pode ser cego, estreito e ignorante, pode conduzir ao fanatismo e ao obscurantismo; pode, mesmo quando é puro em outras partes, limitar nossa perfeição se recusar a ver o Divino, salvo em uma personalidade limitada, e se recuar diante da visão verdadeira e infinita. O amor do coração pelos seres humanos pode igualmente conduzir a distorções e exageros em nossos sentimentos, nossos atos e nosso conhecimento, e é preciso corrigi-los ou evitá-los por uma purificação da compreensão.

Devemos, no entanto, considerar profunda e claramente o que entendemos por compreensão e por sua purificação. Empregamos essa palavra por ser o equivalente mais próximo do termo filosófico sânscrito *buddhi*; excluímos, portanto, as atividades da mente sensorial, que se ocupam apenas de registrar percepções de todo tipo sem procurar saber se são corretas ou falsas, verdadeiras ou meros fenômenos ilusórios, se são profundas ou superficiais. Excluímos a massa de conceitos confusos, que são apenas uma tradução dessas percepções e igualmente vazios de um princípio superior de julgamento e de discernimento. Nem podemos, tampouco, incluir essa corrente constante de pensamentos habituais saltitantes que serve de compreensão na mente do ser humano comum não pensante, mas que é só uma repetição constante de associações habituais, desejos, preconceitos, ideias preconcebidas, preferências herdadas ou adquiridas, embora essa corrente possa ainda enriquecer-se de modo constante com um estoque renovado de conceitos que afluem sem cessar do meio ambiental e são aceitos sem mesmo uma discussão do discernimento soberano da razão. Sem dúvida, isso é uma espécie de compreensão que foi muito útil no desenvolvimento do ser humano a partir do animal, mas é apenas um grau acima da mente animal; essa é uma razão semianimal subserviente ao hábito, ao desejo e aos sentidos, e não tem valor algum na busca do conhecimento, seja ele científico, filosófico ou espiritual. Temos que ir além disso; a purificação dessa compreensão só pode ser efetuada se a dispensarmos ou a reduzirmos ao silêncio completo, ou se a transmutarmos em uma compreensão verdadeira.

Por compreensão queremos dizer aquilo que, ao mesmo tempo, percebe, julga e discrimina: a razão verdadeira do ser humano, uma razão que não é subserviente aos sentidos, ao desejo ou às forças cegas do hábito, e opera de maneira independente para alcançar a mestria e o conhecimento. Com certeza, a razão do ser humano como ele é no presente, mesmo no melhor dos casos, não age inteiramente desse modo livre e soberano; mas quando falha é porque está ainda misturada à ação inferior semianimal, porque está impura e constantemente impedida, rebaixada por tudo que entrava sua ação caraterística. Em sua pureza, ela não estaria envolvida nesses movimentos inferiores, mas se manteria afastada do objeto, o observaria de modo desinteressado, e o poria em seu verdadeiro lugar em relação ao todo, servindo-se de comparações, contrastes ou analogias; ela raciocinaria a partir de dados corretamente observados por meio de dedução, indução, inferência e, guardando na memória todos os seus ganhos passados, pronta a suplementá-los com uma imaginação depurada e guiada de maneira correta, ela veria tudo à luz de um julgamento treinado e disciplinado. Essa é a compreensão intelectual pura, da qual a observação, o julgamento e o raciocínio são a lei e a ação características.

Porém, o termo *buddhi* é também usado em outro sentido, mais profundo. A compreensão intelectual é apenas a *buddhi* inferior; há outra *buddhi*, mais elevada, que não é a inteligência mas a visão, que não consiste em ir sob as coisas[1] para

---

1. "*Not an under-standing but an over-standing*". As palavras inglesas *under* (sob, embaixo) e *over* (por cima de, acima de) são usadas aqui como prefixos. Sri Aurobindo faz um jogo de palavras, porque, para compreender verdadeiramente as coisas, é preciso vê-las do alto, a partir de cima, "over". "Understand" é a palavra inglesa para "compreender", isto é, ver a partir de baixo. (N. da T.)

compreendê-las, mas ir acima[2], no conhecimento, e não precisa buscar o conhecimento, nem submeter-se aos dados que ela observa para alcançá-lo, mas possui já a verdade e a expõe nos termos de um pensamento revelador e intuitivo. Em geral, o que a mente humana conhece de mais próximo desse conhecimento consciente da verdade é essa ação imperfeita de uma descoberta iluminada que ocorre quando há uma grande pressão de pensamento, quando o intelecto, eletrizado por descargas constantes por trás do véu, cede a um entusiasmo superior e dá passagem a um influxo considerável da faculdade de conhecimento intuitiva e inspirada. Pois há no ser humano uma mente intuitiva que serve de receptáculo e canal para esses influxos da faculdade supramental. Mas a ação da intuição e da inspiração em nós é de um tipo imperfeito e sua atividade é intermitente; em geral, ela vem em resposta a um chamado do coração ou do intelecto, à custa de trabalho árduolabuta e de luta, mas mesmo antes que seus dons possam entrar na mente consciente, já são já influenciados pelo pensamento ou pela aspiração que foram ao seu encontro; não são mais puros, são alterados pelas necessidades do coração ou do intelecto; mesmo depois de terem entrado na mente consciente, eles são capturados de imediato pela compreensão intelectual, que os dispersa ou rompe a fim de adaptá-los ao nosso conhecimento intelectual imperfeito, ou então são capturados pelo coração e remodelados para se adequar aos nossos desejos veementes e às nossas preferências emocionais cegas ou semicegas ou mesmo aos nossos apetites mais baixos e distorcidos, para o uso impetuoso de nossa avidez e de nossas paixões.

Se essa *buddhi* superior pudesse agir pura de toda interferência das partes inferiores, ela produziria formas puras da verdade; a observação seria dominada ou substituída por uma visão que poderia ver sem dependência subserviente ao testemunho da mente sensorial e dos sentidos; a imaginação seria substituída pela segura inspiração da verdade; o raciocínio seria substituído pelo discernimento espontâneo das relações, e as conclusões a partir do raciocínio seriam substituídas por uma intuição que conteria em si aquelas relações e não precisaria construir com esforço a partir delas; o ato de julgar seria suplantado por um pensamento-visão em cuja luz a verdade seria revelada sem a máscara que usa agora e que nosso julgamento intelectual deve penetrar; a memória também assumiria o sentido mais vasto que o pensamento grego lhe havia já dado; não seria mais uma seleção insignificante do material acumulado pelo indivíduo em sua vida presente, mas seria, antes, o conhecimento que registra tudo e guarda secretamente para distribuir sem cessar tudo o

---

2. O Ser Divino é descrito como o *adhyakṣa*, aquele que está estabelecido acima de tudo, no éter supremo, e olha as coisas do alto — "over-sees" — as vê e as dirige do alto.

que, agora, parecemos adquirir com dificuldade, mas que, na realidade, esse sentido lembra — um conhecimento que inclui o futuro tanto quanto o passado[3]. Com certeza somos destinados a crescer em nossa receptividade a essa faculdade superior de conhecimento consciente da verdade, mas seu uso pleno e desvelado é ainda privilégio dos deuses e mais além de nossa estatura humana atual.

Esse, então, é o sentido exato que damos ao termo compreensão e a essa faculdade superior que podemos chamar, por conveniência, a faculdade ideal, que se coloca para o intelecto desenvolvido na mesma relação em que esse intelecto se coloca para a razão semianimal do ser humano não desenvolvido. Torna-se evidente também qual é a natureza da purificação que é necessária antes que a compreensão possa cumprir corretamente seu papel e adquirir o conhecimento verdadeiro. Toda impureza é uma confusão no modo de funcionar, um desvio do darma — a ação justa e inerentemente correta —, das coisas que em seu movimento justo são puras e úteis à nossa perfeição, e esse desvio, em geral, é o resultado de uma ignorante confusão[4] de darmas em que a função se presta à exigência de outras tendências que não são suas.

A primeira causa de impureza na compreensão é a intrusão do desejo nas funções do pensamento, e o próprio desejo é uma impureza da Vontade, que se envolve nas partes vitais e emocionais de nosso ser. Quando os desejos vitais e emocionais interferem na pura vontade de saber, a função-pensamento se torna serva deles e persegue objetivos que não lhe são próprios, e suas percepções são obstruídas e perturbadas. A compreensão deve elevar-se para além do assalto dos desejos e das emoções e, para haver perfeita imunidade, ter as partes vitais e as próprias emoções purificadas. A vontade de fruir é própria do ser vital, mas não a escolha da fruição nem sua busca, que devem ser determinadas e adquiridas por funções mais altas; portanto, o ser vital deve ser treinado para aceitar qualquer ganho e fruição que venham a ele pelo modo de funcionar justo de sua vida e em conformidade com a ação da Vontade divina, e para desembaraçar-se do desejo e do apego. Do mesmo modo, o coração deve liberar-se da sujeição aos desejos dos sentidos e aos apetites do princípio de vida, e assim liberar-se das emoções falsas — medo, cólera, ódio, luxúria, etc., que constituem a principal impureza do coração. A vontade de amar é própria do coração, mas aqui também a escolha e a busca do amor devem ser abandonadas ou tranquilizadas e o coração deve aprender a amar, com profundeza e intensidade certamente, mas com uma profundidade calma e uma intensidade estável e equânime,

---

3. Nesse sentido, o poder de profecia foi apropriadamente chamado "uma memória do futuro".
4. *saṅkara*.

não uma intensidade atormentada e desordenada. A tranquilização e a mestria[5] desses elementos são uma condição primeira para imunizar a compreensão contra o erro, a ignorância e o desvio. Essa purificação implica uma igualdade completa do ser nervoso e do coração; a igualdade, portanto, assim como foi a primeira palavra do caminho das obras, é também a primeira palavra do caminho do conhecimento.

A segunda causa da impureza na compreensão é a ilusão dos sentidos e a intrusão da mente sensorial nas funções do pensamento. Nenhum conhecimento pode ser verdadeiro se se submete aos sentidos ou se os usa de outra maneira que não seja apenas como primeiros índices, cujos dados devem ser constantemente corrigidos e superados. O começo da Ciência é o exame das verdades da força cósmica que é subjacente às suas operações aparentes, tal como nossos sentidos os apresentam; o começo da filosofia é o exame do princípio das coisas, que os sentidos nos traduzem falsamente; o começo do conhecimento espiritual é a recusa em aceitar as limitações da vida dos sentidos ou tomar o visível e sensível como algo mais do que fenômenos da Realidade.

De igual modo, a mente sensorial deve ser aquietada e ensinada a deixar a função do pensamento para a parte mental que julga e compreende. Quando em nós a compreensão se mantém à parte da ação da mente sensorial e repele sua intrusão, essa se destaca da compreensão e pode ser observada em sua ação isolada. Ela se revela então como uma subcorrente agitada, em constante torvelinho, no qual se misturam conceitos, associações, percepções, desejos habituais, sem nenhuma coerência, ordem ou princípio reais, sem nenhuma luz. É uma repetição constante em um círculo sem inteligência e estéril. Em geral, a compreensão humana aceita essa subcorrente e tenta dar-lhe uma aparência de ordem e coerência, mas, ao fazer isso, submete-se à corrente e participa de sua desordem, de sua agitação, de sua sujeição ininteligente aos hábitos e à repetição cega e sem propósito, que fazem da razão humana comum um instrumento enganador, limitado e mesmo frívolo e fútil. Nada pode ser feito com esse elemento inconstante, agitado, violento e perturbador; a única coisa é desembaraçar-se dele, seja desprendendo-o para reduzi-lo à imobilidade, seja dando ao pensamento concentração e sinceridade, por meio das quais ele rejeitará por si mesmo esse elemento alheio que semeia confusão.

Uma terceira causa da impureza tem sua fonte na própria compreensão e consiste em uma ação incorreta da vontade de conhecer. Essa vontade de conhecer é própria da compreensão, mas, aqui também, escolhas e o esforço insuficiente na busca do conhecimento obstruem e distorcem. Eles conduzem à parcialidade e ao

---

5. *śama* e *dama*.

apego, o que leva o intelecto a agarrar-se a certas ideias e opiniões com uma vontade mais ou menos obstinada de ignorar a verdade de outras ideias e opiniões, a agarrar-se a certos fragmentos de uma verdade e a recusar-se a admitir outras partes que são necessárias à sua plenitude, a agarrar-se a certas predileções no conhecimento e a repelir todo conhecimento que não esteja de acordo com o temperamento do pensamento pessoal adquirido pelo passado do pensador. O remédio está na perfeita equanimidade da mente, na perfeição de uma total retidão intelectual e no perfeito desinteresse mental. A compreensão purificada, assim como não se prestará a desejos de nenhum tipo, não sentirá predileção alguma, desgosto algum por tal ideia ou tal verdade particular; ela se recusará a apegar-se mesmo às ideias das quais está mais segura e a dar-lhes uma importância não merecida, que poderia perturbar o equilíbrio da verdade e desvalorizar a importância de outros elementos em um conhecimento completo e perfeito.

Uma compreensão assim purificada seria um instrumento do pensamento intelectual perfeitamente flexível, completo, sem defeito e, desembaraçada das causas inferiores da obstrução e distorção, seria capaz de perceber de maneira verdadeira e completa aquelas verdades do Self e do universo que estivessem ao alcance do intelecto. Mas para o real conhecimento algo mais é necessário, visto que o conhecimento real, por nossa própria definição, é supraintelectual. Para que a incompreensão não interfira na aquisição do real conhecimento, devemos alcançar esse algo mais e cultivar um poder extremamente difícil para o pensador intelectual ativo, e desagradável por suas propensões: o poder de passividade intelectual. O objetivo a ser alcançado é duplo e, portanto, dois tipos diferentes de passividade devem ser adquiridos.

Em primeiro lugar, vimos que o pensamento intelectual, em si, é inadequado e não é o pensar mais elevado; o mais elevado é aquele que vem da faculdade supramental por meio da mente intuitiva. Enquanto estivermos dominados pelo hábito intelectual e pelos modos de funcionar inferiores, a mente intuitiva só poderá nos enviar suas mensagens de modo subconsciente, e elas estarão sujeitas a uma distorção mais ou menos completa antes de alcançar a mente consciente; ou, se a mente intuitiva operar de maneira consciente, essa ação será muito rara e comportará grande imperfeição em seu modo de funcionar. Para fortalecer em nós a faculdade de conhecimento superior devemos efetuar a mesma separação entre o elemento intuitivo e o elemento intelectual de nosso pensamento, como já efetuamos entre a compreensão e a mente sensorial; essa não é uma tarefa fácil, pois não só nossas intuições nos chegam incrustadas na ação intelectual, mas há um grande número de operações mentais que se mascaram e arremedam as aparências da faculdade superior. O remédio é, primeiro, treinar o intelecto para que possa reconhecer a intuição verdadeira, distingui-la da falsa e então habituá-lo a não dar nenhum valor final às percepções e conclusões intelectuais às quais ele pode chegar e, em vez disso, voltar-se para o alto, referir tudo ao princípio divino e esperar, em um silêncio tão completo quanto possível, a luz do alto. Desse modo, é possível transmutar uma grande parte de nosso pensamento intelectual em uma visão luminosa consciente da verdade — o ideal seria uma transformação completa — ou, ao menos, aumentar de maneira considerável a frequência, a pureza e a força consciente do conhecimento ideal que opera por trás do intelecto. É preciso que o intelecto aprenda a entregar-se passivamente à faculdade ideal.

Porém, para conhecer o Self é necessário ter o poder de passividade intelectual completa, o poder de rejeitar todo pensamento, o poder mental de não pensar, absolutamente, como a Gītā nos prescreve. Esse é um enunciado difícil para a mente ocidental, para quem o pensamento é a coisa mais alta e que está pronta a confundir o poder mental de não pensar, o silêncio completo da mente, com a incapacidade de pensar. Mas esse poder de silenciar é uma capacidade e não uma incapacidade, um poder e não uma fraqueza. É uma imobilidade profunda e fértil. Quando a mente está de todo imóvel, como uma água clara, lisa e sem mover-se, em uma pureza e paz perfeitas de todo o ser e a alma transcende o pensamento, então o Self, que ultrapassa e origina todas as atividades e todos os devires, o Silêncio, de onde nascem todas as palavras, o Absoluto, de quem todas as relatividades são reflexos parciais, podem manifestar-se na pura essência de nosso ser. Somente no silêncio completo o Silêncio é ouvido; somente na pura paz seu Ser é revelado. Por conseguinte, para nós, o nome d'Isto é o Silêncio e a Paz.

CAPÍTULO IV

CONCENTRAÇÃO

Junto com a pureza e porque nos ajuda a obtê-la, a concentração é necessária. Pureza e concentração são, de fato, dois aspectos, feminino e masculino, passivo e ativo, do mesmo estado de ser; pureza é a condição em que a concentração se torna completa, deveras efetiva, onipotente; pela concentração a pureza faz suas obras e sem concentração ela só conduziria a um estado de quietude sossegada e repouso eterno. Seus contrários são também estreitamente conectados; pois vimos que impureza é uma confusão de darmas, uma ação solta, misturada, das diferentes partes do ser mutuamente emaranhadas; e essa confusão decorre do fato de que a Alma encarnada não concentra de modo correto seu conhecimento em suas energias. O defeito de nossa natureza é, primeiro, uma sujeição inerte ao impacto das coisas[1] que invadem a mente, sem ordem e sem controle; depois, uma concentração aleatória e imperfeita administrada de maneira caprichosa, irregular e que se apega a esse ou àquele objeto, mais ou menos ao acaso, conforme o interesse que suscite — que não é o interesse superior da alma ou do intelecto e seu julgamento, mas aquele da mente inferior, agitada, volátil, que cansa rápido, se distrai rápido, salta aqui e lá, e é o inimigo principal de nosso progresso. Nessas condições a pureza, a operação correta das funções, a ordem do ser, clara, sem manchas, luminosa, são uma impossibilidade; é inevitável que as várias operações de nossa natureza, abandonadas ao acaso do meio e das influências externas, se choquem umas contra as outras e se obstruam, se extraviem, se aturdam, se desviem. De igual modo, sem pureza não é possível alcançar uma concentração equânime e flexível, completa, de todo nosso ser, em um pensamento, vontade e sentimento justos, nem estabelecer um estado de

---

1. *bāhyasparśa*.

experiência espiritual seguro. Por conseguinte, concentração e pureza devem avançar juntas, uma ajudando a vitória da outra, até que cheguemos a essa calma eterna de onde poderá manifestar-se no ser humano alguma imagem parcial da atividade eterna, onipotente e onisciente.

Mas no caminho do conhecimento como é praticado na Índia, a palavra concentração é usada em um sentido especial e mais limitado. Quer dizer, o pensamento se retira de todas as atividades que possam distrair a mente, e essa se concentra na ideia do Um, pela qual a alma se eleva e sai da realidade fenomênica para entrar na única Realidade. É pelo pensamento que nos dispersamos no mundo fenomênico; é concentrando o pensamento nele mesmo que devemos nos retirar no real. A concentração possui três poderes com os quais esse objetivo pode ser alcançado. Pela concentração em alguma coisa, qualquer que seja, somos capazes de conhecer essa coisa e de obrigá-la a revelar seus segredos escondidos; devemos nos servir desse poder não para conhecer as coisas, mas a Coisa-em-si única. Em seguida, pela concentração, toda a vontade pode ser reunida para adquirir aquilo que ainda não apreendemos, que está ainda mais além de nós; esse poder, se for bastante treinado, bastante persistente, bastante sincero, seguro de si, fiel apenas a si mesmo, absoluto em sua fé, poderá servir para obter qualquer objetivo que seja; mas devemos usá-lo não para adquirir os inúmeros objetivos que o mundo nos oferece, mas para entender espiritualmente que o único objetivo digno de ser procurado é, também, o único objetivo digno de ser conhecido. Pela concentração de todo nosso ser em um de seus estados poderemos nos tornar aquilo que escolhermos; poderemos, por exemplo, mesmo se antes tivéssemos sido uma massa de fraquezas e medos, tornarmo-nos, ao contrário, uma massa de força e coragem, ou tornarmo-nos inteiramente uma grande pureza, santidade e paz, ou uma única alma de Amor universal. Porém, diz-se que não devemos nem mesmo nos servir desses poderes para tornarmo-nos essas coisas — por mais altas que sejam em relação ao que somos agora —, mas para que nos tornemos aquilo que está acima de todas as coisas e é livre de toda ação e de todo atributo: o Ser puro e absoluto. Tudo o mais, todas as outras concentrações, são válidas apenas como preparação, etapas preliminares, para um treino gradual do pensamento, da vontade e do ser, autodissipadores e dispersos, para dirigir-se a seu único e essencial objetivo.

Esse uso da concentração, como todos os outros, implica uma purificação prévia; implica também, no final, uma renúncia, uma cessação e, por fim, uma ascensão a um estado de samádi absoluto e transcendente de onde — se alcançar sua culminação e durar — não haverá retorno exceto, talvez, para uma alma dentre muitos milhares. Pois, ao fazer isso, nós vamos ao "estado supremo do Eterno, de onde as almas não retornam" ao movimento cíclico da Natureza[2]; e é nesse samádi que o iogue que busca liberar-se do mundo tenta ir, no momento em que deixa seu corpo. Vemos essa sucessão na disciplina do Raja-Ioga. Pois, primeiro, o raja-iogue deve chegar a certa pureza moral e espiritual; deve livrar-se das atividades mentais inferiores voltadas para baixo, mas em seguida deve parar todas as suas atividades e concentrar-se na ideia única, que conduz da atividade ao estado de quietude. A concentração raja-ióguica tem vários estágios: aquele em que o objeto é apreendido, aquele em que o objeto é mantido e aquele em que a mente se perde no estado que o objeto representa ou ao qual a concentração conduz; e é apenas o último estágio que recebe o nome samádi no Raja-Ioga, embora essa palavra possa abarcar, como na Gītā, um sentido mais amplo. Mas no samádi raja-ióguico encontramos graus diferentes de estado: aquele em que a mente, embora tenha perdido todo contato com objetos externos, ainda medita, pensa e tem percepções no mundo do pensamento; aquele em que a mente ainda é capaz de formar pensamentos primários; e aquele em que, ao cessar todas as exteriorizações da mente, mesmo no interior da própria mente, a alma se eleva além de todo pensamento e entra no silêncio do Incomunicável e Inefável. Em todo Ioga, na verdade, há inúmeros objetivos preparatórios para a concentração do pensamento — formas, fórmulas verbais de pensamento, nomes significativos — que são suportes[3] para ajudar a mente a concentrar-se, e todos eles devem ser usados e transcendidos; o mais alto suporte, segundo os Upanishads, é a sílaba mística AUM, cujas três letras representam o Brahman ou Self Supremo nos três graus de seu estado — a Alma Desperta, a Alma de Sonho e a Alma de Sono[4]; e o poderoso som se eleva inteiro em direção Àquilo que está mais além de todo estado e de toda atividade[5], pois para todo Ioga do conhecimento o objetivo final é o Transcendente.

Contudo, concebemos como o objetivo de um Ioga integral algo mais complexo e menos exclusivo — menos exclusivamente afirmativo quanto à condição suprema da alma, menos exclusivamente negativo quanto às suas irradiações divinas. Deve-

---

2. *yato naiva nivartante tad dhāma paramam mama.*
3. *avalambana.*
4. *jāgrat:* o estado desperto; a consciência do mundo material; *svapna*: estado de sonho; a consciência que corresponde aos planos mais sutis da vida e da mente e mais além; *suṣupti*: sono profundo; o Estado de Sono: uma consciência que corresponde ao plano supramental próprio da gnose, que está mais além de nossa experiência porque nosso corpo causal ou invólucro da gnose não está desenvolvido, suas faculdades não estão ativas, por conseguinte, nossa relação com esse plano acontece em um estado de sono sem sonhos. (Ver *A Vida Divina,* Livro II, cap. V: A Ilusão Cósmica, Mente, Sonho e Alucinação). (N. da T.)
5. Mandukya Upanishad.

mos, de fato, ter como objetivo o Supremo, a Fonte de tudo, o Transcendente, mas sem excluir aquilo que transcende o Transcendente; ao contrário, o Transcendente deve tornar-se a fonte de uma experiência permanente e de um estado supremo da alma, que transformará todos os outros estados e remodelará nossa consciência do mundo à imagem de sua Verdade secreta. Não queremos extirpar de nosso ser toda consciência do universo, mas realizar Deus, a Verdade, o Self no universo assim como Deus que o transcende. Buscaremos, portanto, não apenas o Inefável, mas também Sua manifestação enquanto ser infinito, consciência e beatitude infinitas, que abarca o universo e nele brinca. Pois essa infinidade triuna é Sua manifestação suprema e é isso que aspiramos conhecer, compartilhar e nos tornar; e visto que buscamos realizar essa Trindade não apenas em si mesma, mas em seu jogo cósmico, aspiraremos também a conhecer, a fazer parte da Verdade, do Conhecimento, da Vontade, do Amor divinos universais, que são Sua manifestação segunda, Seu divino vir a ser. A isso também aspiraremos a nos identificar; a isso também nos esforçaremos para nos elevar e, quando o período do esforço tiver passado, permitiremos a isso — por nossa renúncia a todo egoísmo — que eleve nosso ser para dentro de si e desça em nós, para que nos abrace em todo nosso devir. Isso não é apenas um meio de se aproximar da transcendência suprema, mas é a condição — mesmo quando possuímos o Transcendente e somos possuídos por ele — de uma vida divina na manifestação do cosmos.

Para que possamos fazer isso, é preciso que os termos concentração e samádi assumam para nós um sentido mais rico e mais profundo. Todas as nossas concentrações são apenas uma imagem do Tapas[6] divino pelo qual o Self se mantém reunido em si mesmo, pelo qual ele se manifesta no interior de si mesmo, pelo qual ele sustenta e possui sua manifestação, pelo qual se retira de toda manifestação para retornar à sua unidade suprema. O Ser que estabelece sua consciência em si mesmo para sua própria beatitude — esse é o Tapas divino; e um Conhecimento-Vontade que estabelece a força da consciência em si mesmo e em suas manifestações —, essa é a essência da concentração divina, o Ioga do Senhor do Ioga. A concentração é o meio pelo qual a alma individual se identifica com o Self e entra em qualquer forma, estado ou manifestação psicológica (*bhāva*) do Self segundo o aspecto divino em que nos fixemos. Usar esse meio para unificar-se com o Divino é a condição para alcançar o conhecimento divino, e é o princípio de todo Ioga do conhecimento.

---

6. *tapas:* literalmente energia ou calor; tem o sentido de concentração do poder da consciência. Segundo a imagem dos antigos sábios, o mundo foi criado por *tapas* sob a forma de um ovo que, pelo calor da incubação da Consciência-Força — *tapas* —, dá nascimento a um pássaro, ou Alma da Natureza. (N. da T.)

Essa concentração procede pela Ideia, e usa o pensamento, a forma e o nome como chaves que cedem à mente concentrada a Verdade escondida por trás de todo pensamento, forma e nome; pois é pela Ideia que o ser mental se eleva além de toda expressão, em direção Àquilo que é expresso, Àquilo de que a própria Ideia é apenas um instrumento. Pela concentração na Ideia, a existência mental que nós somos no presente rompe a barreira de nossa mentalidade e chega ao estado de consciência, ao estado de ser, ao estado de poder do ser consciente, ao estado de beatitude do ser consciente ao qual a Ideia corresponde e do qual é o símbolo, o movimento e o ritmo. A concentração pela Ideia é, então, apenas um meio, uma chave que nos abre os planos supraconscientes de nossa existência; e quando chegamos a certo estado em que nossa existência inteira é reunida em si e elevada à verdade, unidade e infinidade supraconscientes da existência autoconsciente e beatífica em si, nós tocamos o objetivo e o cume, e esse é o sentido que daremos ao termo "samádi". Não apenas um estado retirado de toda consciência do mundo externo, retirado mesmo de toda consciência do mundo interno, onde mergulhamos n'Isto que existe mais além de ambos e é a semente de ambos, ou transcende mesmo seu estado de semente, mas uma existência estabelecida no Um e Infinito, unida a ele e identificada com ele; e esse estado deve permanecer em todos os casos[7], quer na condição desperta em que estamos conscientes das formas das coisas, quer na condição em que nos retiramos na atividade interior, onde nos concentramos no modo de funcionar dos princípios das coisas, no jogo de seus nomes e de suas formas típicas, quer pairemos muito alto, em uma condição de interiorização estática, em que chegaremos aos próprios princípios e ao princípio de todos os princípios, à semente do nome e da forma. Pois a alma que chegou ao samádi essencial e aí se estabelece (*samādhistha*, no sentido que a Gītā dá a essa palavra), possui aquilo que é fundamental para toda experiência, e experiência alguma pode fazê-la descer, por mais atraente que seja para aquele que ainda não ascendeu ao cume. A alma pode tudo abarcar na extensão de seu ser, sem ligar-se a nada, sem ser iludida ou limitada.

Quando alcançamos esse estado, a necessidade de concentração na Ideia cessa, porque todo nosso ser e consciência estão naturalmente concentrados, visto que nesse estado supramental a posição inteira das coisas é modificada. A mente é uma coisa que vive na difusão, na sucessão; ela só pode concentrar-se em uma coisa de cada vez e, quando não está concentrada, corre de uma coisa à outra, ao acaso. Portanto, ela precisa se concentrar em uma única ideia, um único objeto de meditação, um único objeto de contemplação, um único objeto da vontade, a fim de possuí-lo

---

7. Os estados de Vigília, de Sonho e de Sono da Alma.

ou conhecê-lo a fundo; e é preciso que ela faça isso à exclusão — ao menos temporária — de todos os outros objetos. Mas aquilo que está além da mente, e a que buscamos nos elevar e aonde queremos entrar, é superior ao processo de execução do pensamento, superior às ideias divisoras. O Divino tem seu centro em si mesmo, e quando projeta ideias e atividades ele não se divide nem se aprisiona nelas, mas as contém, assim como o movimento delas, em sua infinidade; não dividido, todo o seu self está por trás de cada Ideia e de cada movimento e, ao mesmo tempo, por trás de todos eles juntos. Mantidos por ele, cada um se desenvolve de modo espontâneo, não por um ato de vontade separado, mas pela força geral de consciência que está por trás de cada um; se, para nós, parece haver em cada um uma concentração da Vontade e do Conhecimento divinos, essa é uma concentração múltipla e igual, não uma concentração exclusiva; a realidade d'Isto é uma atividade livre e espontânea em uma unidade infinita reunida em si mesma. A alma que se elevou ao samádi divino participa, na medida de sua consecução, dessa condição reversa das coisas — que é a condição verdadeira, pois nossa mentalidade é como o reverso da verdade. É por essa razão que, como é dito nos livros antigos, aquele que chegou à posse do Self alcança espontaneamente — sem necessidade de concentrar seu pensamento e sem esforço — o conhecimento ou o resultado que a Ideia ou a Vontade nele decidiu abarcar.

Chegar a esse estado divino permanente deve ser, então, o objeto de nossa concentração. O primeiro passo da concentração deve ser habituar sempre a mente divagadora a seguir fixamente, e sem vacilar, um único curso de pensamento coerente sobre um único assunto; e isso ela deve fazer sem se deixar distrair por todas as seduções e apelos alheios que chamam sua atenção. Esse tipo de concentração é bastante comum em nossa vida normal, mas se torna mais difícil quando devemos fazer isso interiormente, sem o suporte de uma ação ou de um objeto exteriores em que a mente possa fixar-se; contudo, é essa concentração interior que o buscador do conhecimento deve efetuar[8]. Mas essa concentração tampouco deve ser apenas o pensamento bem encadeado como o do pensador intelectual, cujo único objetivo é conceber e ligar intelectualmente seus conceitos. Não é tanto um processo de raciocínio que é necessário (salvo no início, talvez), mas concentrar-se, tanto quanto possível, na essência fecunda da ideia que, sob a insistência da vontade da alma, acaba por fornecer todas as facetas de sua verdade. Assim, se o Amor divino for o sujeito da concentração, a mente deverá concentrar-se na essência da ideia de Deus enquanto Amor, de tal modo que a manifestação variada do Amor divino surgirá

---

8. Trata-se do estágio elementar dos debates e julgamentos interiores, *vitarka* e *vicāra*, para corrigir ideias falsas e chegar à verdade intelectual.

de maneira luminosa não apenas no pensamento, mas no coração, no ser e na visão do sadhaka. O pensamento pode vir primeiro e a experiência depois, mas também pode ser que a experiência venha primeiro e o conhecimento surja da experiência. Depois disso, é preciso fixar-se na coisa alcançada e retê-la cada vez mais até que se torne uma experiência constante e, no final, o darma ou a lei do ser.

Esse é o processo da meditação concentrada; mas há um método mais enérgico, que consiste em fixar toda a mente em concentração apenas na essência da ideia, de modo a alcançar não o pensamento-conhecimento ou a experiência psicológica do sujeito, mas a própria essência da coisa por trás da ideia. Nesse processo o pensamento cessa e passa à contemplação absorvida ou extática do objeto ou, fundindo-se nele, a um samádi interior. Se seguirmos esse processo, será preciso, em seguida, fazer descer o estado ao qual nos elevarmos, a fim de que ele tome posse do ser inferior e verse sua luz, poder e beatitude em nossa consciência normal. Pois senão, possuiremos esse estado como muitos outros buscadores, em uma posição elevada ou no samádi interior, mas o perderemos quando despertarmos ou quando descermos para entrar em contato com o mundo; e essa posse truncada não é o objetivo de um Ioga integral.

Há um terceiro processo, que não é concentrar-se primeiro em uma meditação árdua em um sujeito único, nem em uma contemplação árdua do objeto único do pensamento-visão, mas é tranquilizar a mente primeiro, por completo. Isso pode ser feito de vários modos: um, consiste em desapegar-se totalmente da atividade mental, sem participar, mas apenas observando, até que, cansada de saltar e correr sem aprovação, ela cai em uma quietude cada vez maior e, no final, absoluta. Uma outra maneira é rejeitar o pensamento-sugestões, rejeitá-lo da mente cada vez que ele vier, e apegar-se com firmeza à paz do ser, que está sempre aí, verdadeiramente, por trás da agitação e tumulto da mente. Quando essa paz secreta se desvela, uma calma vasta se estabelece no ser e, em geral, ela traz a percepção e a experiência do Brahman silencioso que impregna tudo — tudo o mais, no começo, parece ser não mais que formas e fantasmagoria. Com base nessa calma tudo o mais pode ser construído no conhecimento e na experiência, não mais dos fenômenos exteriores das coisas, mas da verdade mais profunda da manifestação divina.

Em geral, uma vez que esse estado foi obtido, a concentração assídua deixa de ser necessária. Uma concentração espontânea da vontade[9] a substitui — que se serve do pensamento apenas para fazer sugestões e clarear as partes inferiores. Essa Vontade insistirá para que o ser físico, a existência vital, o coração e a mente se remodelem em

---

9. Esse tema será tratado com mais detalhes quando chegarmos ao Ioga da Autoperfeição.

formas do Divino, que se revelarão por si mesmas de dentro do Brahman silencioso. Por graus mais ou menos lentos ou rápidos, segundo a preparação e purificação prévias, as diversas partes de nossa natureza serão obrigadas, com mais ou menos resistência, a obedecer à lei da vontade e a seu pensamento-sugestão, de modo que, por fim, o conhecimento do Divino tomará posse de nossa consciência em todos os seus planos, e a imagem do Divino tomará forma em nossa existência humana, como foi feito pelos antigos sadhakas védicos. Para o Ioga Integral essa é a disciplina mais direta e poderosa.

CAPÍTULO V

RENÚNCIA

Se a disciplina de todas as partes de nosso ser pela purificação e pela concentração pode ser descrita como o braço direito do corpo do Ioga, a renúncia é seu braço esquerdo. Pela disciplina, ou prática positiva, confirmamos em nós mesmos a verdade das coisas, a verdade do ser, a verdade do conhecimento, a verdade do amor, a verdade das obras e as faremos substituir as falsidades que recobriram e desviaram nossa natureza; pela renúncia nós agarramos as falsidades, extirpamos suas raízes e as jogamos fora de nosso caminho, a fim de que sua persistência, sua resistência, sua recorrência, não possam mais estorvar o crescimento feliz e harmonioso de nossa vida divina. A renúncia é um instrumento indispensável para nossa perfeição.

Mas até onde deve ir essa renúncia? Qual será sua natureza? De que maneira poderá ser aplicada? Há uma tradição estabelecida, preferida durante muito tempo pelos grandes ensinamentos religiosos e pelos indivíduos de profunda experiência espiritual, que pretende que a renúncia deve ser não apenas completa enquanto disciplina, mas definida e definitiva como um fim em si, e deve ir mesmo até a renúncia da própria vida e de nossa existência terrena. Muitas causas contribuíram para o crescimento dessa tradição pura, nobre e augusta. A primeira é profunda, é a oposição radical entre a natureza impura e imperfeita da vida no mundo como é agora no presente estágio de nossa evolução humana, e a natureza da vida espiritual; essa oposição levou muitos buscadores espirituais à rejeição completa da existência cósmica, considerada uma mentira, uma insanidade da alma, um sonho agitado e infeliz ou, no melhor dos casos, um bem imperfeito e enganador, quase desprezível ou, ainda, um reino da carne e do diabo, e, por conseguinte, para a alma que é conduzida e atraída pelo Divino, apenas um lugar de provações e de preparação — ou, no melhor dos casos, um jogo do Único-Existente, uma brincadeira de propósitos contraditórios de que Ele se cansa e abandona. A segunda causa é a sede da alma, sua necessidade de salvação pessoal, de evasão em alguma altura longínqua ou suprema, de beatitude e paz sem mistura, não perturbadas pela labuta e pela luta; ou, então, sua relutância em deixar o êxtase do abraço divino e retornar ao plano inferior do trabalho e do serviço. Mas há outras causas menores, a que a experiência espiritual está sujeita: o sentimento muito forte apoiado por provas práticas, da grande dificuldade — que exageramos voluntariamente para torná-la uma impossibilidade — em combinar a vida das obras e da ação com a paz espiritual e a vida de realização; ou, então, a alegria que a mente no final encontra no mero ato e no estado de renúncia — como, de fato, ela no final encontra a alegria em qualquer coisa que tenha alcançado ou a que se habituou — e a sensação de paz e liberação que se ganha pela indiferença em relação ao mundo e aos objetos do desejo humano. As causas menos nobres são a fraqueza que recua da luta, o desgosto e a desilusão da alma desconcertada diante do grande labor cósmico, o egoísmo, que não se preocupa com o que acontece com aqueles que ficam para trás contanto que, pessoalmente, sejamos liberados da roda monstruosa que gira para sempre, a roda da morte e do renascimento — e a indiferença ao clamor que se eleva da humanidade que padece.

Para o sadhaka de um Ioga Integral, nenhuma dessas razões é válida. Com a fraqueza e o egoísmo, sob qualquer disfarce ou tendência, ele não faz acordos; uma força e coragem divinas, uma compaixão e generosidade divinas são a própria substância daquilo que ele será, elas são a natureza mesma do Divino, que o sadhaka vestirá como um manto de luz e beleza espirituais. Os giros da grande roda não lhe causam terror nem vertigem; ele está acima deles em sua alma e, do alto, ele conhece a lei divina, o propósito divino deles. A dificuldade em harmonizar a vida divina com a vida humana, de estar em Deus e contudo viver no ser humano, é a própria dificuldade que ele está aqui para resolver — não para fugir dela. O sadhaka aprendeu que a alegria, a paz e a liberação são uma coroa imperfeita e não uma posse real, se não formarem um estado seguro em si, inalienável para a alma, não dependente de indiferença e inação, mas firme na tempestade, na corrida e na batalha, sem manchar-se com a alegria do mundo ou com seu sofrimento. O êxtase do abraço divino não o abandonará, porque ele obedece ao impulso do Amor divino, e ama Deus na humanidade; ou, se esse abraço parece retirar-se dele por um momento, ele sabe por experiência, que é para pô-lo à prova um pouco mais, a fim de que alguma imperfeição em sua maneira de encontrar Deus seja abandonada. A salvação pessoal ele não a busca, exceto como uma necessidade para o cumprimento humano e porque ele mesmo, enquanto estiver acorrentado, não poderá facilmente liberar outros — embora para Deus nada seja impossível; um céu de alegrias pessoais não tem atração para ele, assim como um inferno de sofrimentos pessoais não tem, para ele, terrores. Se há uma oposição entre a vida espiritual e a vida do mundo, ele está aqui para lançar uma ponte sobre esse abismo; ele está aqui para fazer dessa oposição uma harmonia. Se o mundo está governado pela carne e pelo diabo, uma razão a mais para que os filhos da Imortalidade estejam aqui para conquistar o mundo para Deus e o Espírito. Se a vida for uma insanidade, então existem tantos milhões de almas para quem deve ser levada a luz da razão divina; se for um sonho, é um sonho real enquanto se estiver dentro dele, real para tantos milhões de sonhadores, que deverão ser levados a ter sonhos mais nobres ou a despertar; ou se for uma mentira, então a verdade deverá ser levada àqueles que estiverem enganados. Se for dito que só poderemos ajudar pelo exemplo luminoso de uma evasão do mundo, tampouco aceitaremos esse dogma, visto que o exemplo contrário de grandes Avatares está aí, para mostrar que não é apenas pela rejeição da vida do mundo como ele é que poderemos ajudar, mas também, e ainda mais, aceitando-o e elevando-o. E se for um jogo da Toda-Existência, poderemos muito bem consentir em interpretar nosso papel nele, com graça e coragem, e mesmo encontrar deleite na brincadeira, junto ao nosso divino Companheiro de jogo.

Mas sobretudo, a visão que temos do mundo nos impede de renunciar à existência no mundo enquanto pudermos, de algum modo, ser úteis a Deus e aos homens na efetuação de seus propósitos. Não consideramos o mundo como uma invenção do diabo ou uma ilusão da alma, mas como uma manifestação do Divino, embora ainda parcial, porque a manifestação é progressiva e evolutiva. Em consequência, para nós a renúncia à vida não pode ser o objetivo da vida, nem a rejeição do mundo o objetivo para o qual o mundo foi criado. Buscamos realizar nossa unidade com Deus, mas, para nós, essa realização implica uma recognição completa e absoluta de nossa unidade com o ser humano e não podemos separar um do outro. Diremos, para usar a linguagem cristã, que o Filho de Deus é também o Filho do Homem, e ambos elementos são necessários para ser um Cristo completo; ou diremos, para empregar uma forma indiana de pensamento, que o divino Narayana, de quem o universo é apenas um raio, revela-se e cumpre-se no ser humano simbolizado por Nara — o ser humano completo é Nara-Narayana e essa completude simboliza o mistério supremo da existência.

Portanto, para nós, a renúncia deve ser apenas um instrumento e não um objetivo; mas tampouco pode ser o único ou o principal instrumento, visto que nosso objetivo é a realização do Divino no ser humano — um objetivo positivo que não pode ser alcançado por meios negativos. Os meios negativos podem ser úteis apenas para remover aquilo que impede a realização positiva. Se há renúncia, deve ser uma renúncia completa a tudo que não é a realização divina de si e a tudo que se opõe a ela, e uma renúncia progressiva a toda realização menor ou parcial. Não seremos apegados à nossa vida no mundo; se esse apego existe, devemos renunciar a ele, e renunciar por completo; mas tampouco teremos apego a uma fuga do mundo, à salvação, à grande autoaniquilação; se esse apego existe, devemos renunciar a ele também, e renunciar por completo.

Ademais, nossa renúncia, é óbvio, deve ser uma renúncia interior; especialmente e acima de tudo, uma renúncia ao apego e aos apetites do desejo nos sentidos e no coração, à vontade pessoal no pensamento e na ação e ao egoísmo no centro da consciência. Pois esses são os três nós com que estamos amarrados à nossa natureza inferior e, se pudermos renunciar a eles por completo, nada mais poderá nos amarrar. Por isso, apego e desejo devem ser rejeitados por completo. Não devemos nos apegar a nada no mundo, nem à riqueza nem à pobreza, nem à alegria nem ao sofrimento, nem à vida nem à morte, nem à grandeza nem à pequenez, nem ao vício nem à virtude, nem ao amigo, ao cônjuge, aos filhos, nem ao país, nem ao nosso trabalho e à nossa missão, nem ao céu nem à terra, nem a tudo que está neles ou mais além deles. Mas isso não quer dizer que nada amaremos, absolutamente, nada em que encontremos deleite; pois apego é egoísmo no amor e não o próprio amor; desejo é a limitação e a insegurança da sede de prazer e satisfação e não a busca da felicidade divina nas coisas. Devemos ter um amor universal, calmo e contudo eternamente intenso, mais além da veemência breve da paixão mais violenta; um deleite nas coisas enraizado no deleite em Deus, que não adere às formas nas coisas mas àquilo que elas escondem em si mesmas e abarca o universo sem ser preso em suas redes[1].

A vontade pessoal no pensamento e na ação deve ser, como já vimos, abandonada por completo, se quisermos ser perfeitos na via das obras divinas; e deve, do mesmo modo, ser abandonada se quisermos ser perfeitos no conhecimento divino. Essa vontade pessoal significa um egoísmo na mente, que se apega às suas preferências, às suas práticas habituais, opiniões, formações de pensamento e de vontade passadas e presentes; e porque as considera como si mesmo ou como suas, ele tece em torno delas os fios delicados de "sou eu" e "é meu" e vive nelas como uma aranha em sua teia. Ele detesta ser perturbado, como uma aranha detesta que se ataque sua teia, e sentir-se-á estrangeiro e infeliz se for transplantado para formações novas e pontos de vista novos, como uma aranha sente-se estrangeira em uma outra teia que não a sua. Esse apego deve ser extirpado por completo da mente. Não apenas devemos

---

1. *nirlipta*. A Ananda divina nas coisas é *niṣkāma* e *nirlipta*, livre de desejo e, por conseguinte, sem apego.

abandonar a atitude comum em relação ao mundo e à vida — aos quais a mente não desperta se agarra como seu elemento natural —, mas não devemos permanecer ligados a nenhuma construção mental de nossa própria criação, a nenhum sistema intelectual, a nenhuma combinação de pensamento ou de dogmas religiosos, a nenhuma conclusão lógica; devemos não apenas romper a armadilha da mente e dos sentidos, mas também fugir da armadilha do pensador, do teólogo e do fundador da igreja, das teias da Palavra e da escravidão à Ideia. Tudo isso está em nós, prontos a emparedar o espírito nas formas; mas devemos sempre ir além, renunciar sempre ao menor pelo maior, ao finito pelo Infinito; devemos estar preparados para avançar de iluminação a iluminação, de experiência a experiência, de estado de alma a estado de alma, a fim de alcançar a suprema transcendência do Divino e sua suprema universalidade. Não devemos ser apegados a nada, nem mesmo às verdades que seguramos com mais firmeza, pois elas não são mais que formas e expressões do Inefável, e o Inefável se recusa a limitar-se a qualquer forma ou expressão; sempre devemos estar abertos à Palavra do alto que não se confina em seu próprio sentido, abertos à luz do Pensamento que traz em si seus próprios contrários.

Mas o centro de toda resistência é o egoísmo, e devemos persegui-lo em cada esconderijo, sob qualquer disfarce, e puxá-lo para fora e destruí-lo; pois seus disfarces são sem fim e ele se agarrará a qualquer trapo que possa escondê-lo. Altruísmo e indiferença são com frequência seus disfarces mais efetivos; assim encoberto, ele provoca desordens atrevidamente diante dos sentinelas divinos que têm como missão caçá-lo. Aqui, a fórmula do conhecimento supremo vem nos ajudar; não temos que fazer essas distinções em nossa posição essencial: não há nem eu nem tu, mas apenas um Self divino equânime em todas as encarnações, igual no indivíduo e no grupo; realizar isso, expressar isso, servir a isso, cumprir isso — é tudo que importa. Autossatisfação e altruísmo, regozijo e indiferença não são as coisas essenciais. Se a realização, a consumação, o serviço do Self único exige de nós uma ação que a outros pareça servir a nós mesmos ou a nos afirmar no sentido egoístico ou tem a aparência de um regozijo egoístico e de autoindulgência, essa ação devemos cumprir; devemos ser governados pelo guia dentro e não pela opinião dos demais. A influência do meio com frequência age com grande sutileza; preferimos e vestimos de maneira quase inconsciente a roupa que fará o melhor efeito aos olhos de fora e permitimos que um véu cubra o olho interior; somos impelidos a nos drapear com o voto de pobreza, com a roupa de serviço ou a assumir sinais externos de indiferença e renúncia e de uma santidade sem manchas, porque isso é o que a tradição e a opinião exigem de nós, e assim podemos dar a melhor impressão a nosso meio. Mas tudo isso é vaidade e ilusão. Pode ser que sejamos chamados a assumir essas coisas, pois esse pode ser o uniforme de nosso serviço; mas também pode ser que não seja. O olho exterior do ser humano não tem nenhuma importância; o olho interior é tudo.

O ensinamento da Gītā nos faz ver o quão sutil é a liberação do egoísmo que é exigida de nós. Arjuna é levado à batalha pelo egoísmo da força, o egoísmo do kshatriya; ele recua diante da batalha pelo egoísmo inverso — o egoísmo da fraqueza, o movimento de recuo, a sensação de desgosto, uma piedade falsa que domina a mente, o ser nervoso e os sentidos — não essa compaixão divina que fortalece o braço e clarifica o conhecimento. Mas essa fraqueza se apresenta vestida de renúncia e virtude: "Melhor a vida do mendigo que sentir o gosto dessas alegrias manchadas de sangue; não desejo governar toda a terra, não! Nem o reino dos deuses". Como é tolo o Instrutor, poderíamos dizer, por não confirmar essas disposições, por perder essa oportunidade sublime de acrescentar mais uma grande alma ao exército dos sannyasis, de dar ao mundo mais um exemplo brilhante de renúncia sagrada. Mas o Guia vê de outro modo, o Guia não pode ser enganado por palavras: "É a fraqueza, a ilusão e o egoísmo que falam em ti. Olha o Self, abre teus olhos ao conhecimento, purifica tua alma de todo egoísmo". E depois? "Lute, conquiste, e possua um reino próspero." Ou, para tomar um outro exemplo da antiga tradição da Índia: foi o egoísmo, dir-se-ia, que levou Rama, o Avatar, a recrutar uma armada e destruir uma nação para libertar sua esposa, prisioneira do rei de Lanka. Mas teria sido menos egoísmo vestir-se de indiferença e, abusando dos termos formais do conhecimento, dizer: "Eu não tenho esposa, nem inimigo, nem desejo; tudo isso é uma ilusão dos sentidos; deixai-me cultivar o conhecimento do Brahman e deixai Ravana fazer o que quiser com a filha de Janaka"[2]?

O critério é interior, como insiste a Gītā. É ter a alma livre de desejo e de apego, porém, livre do apego à inação tanto quanto do impulso egoístico para a ação, livre do apego às formas de virtude tanto quanto da atração pelo pecado. É desvencilhar-se do "eu" e "meu" a fim de viver no Self único e agir no Self único; é rejeitar o egoísmo que se recusa a trabalhar como um centro individual do Ser universal, tanto quanto o egoísmo que serve à mente, à vida e ao corpo individuais à exclusão de outros. Viver no Self não é permanecer no Infinito, somente para si mesmo, imerso e esquecido de todas as coisas nesse oceano de autodeleite impessoal; mas é viver como o Self e no Self, igual nessa encarnação e em todas as encarnações, e mais além de todas encarnações. Esse é o conhecimento integral.

---

2. Sri Aurobindo se refere à história de Rama, o avatar, relatada no *Ramayana*, poema épico escrito pelo poeta Valmiki. O incidente central dessa história é o rapto de Sita, filha do rei Janaka e esposa de Rama, por Ravana, o rei dos Asuras. O *Ramayana* e o *Mahabharata* são os dois grandes épicos da tradição indiana. (N. da T.)

O escopo que damos à ideia de renúncia, veremos, é diferente do significado que, via de regra, lhe é atribuído. Em geral, renúncia significa autonegação, restrição do prazer, rejeição dos objetos de prazer. A autonegação é uma disciplina necessária à alma do ser humano, porque seu coração é apegado de maneira ignorante; a restrição do prazer é necessária porque os sentidos estão presos e atolados no mel lamacento das satisfações sensuais; a rejeição dos objetos de prazer se impõe, porque a mente se fixa no objeto e não o deixa, para que possa ir mais além e dentro de si mesma. Se a mente humana não fosse tão ignorante, tão apegada, amarrada mesmo, à sua inconsciência agitada, tão iludida pela forma das coisas, a renúncia não teria sido necessária; a alma teria podido viajar no caminho do deleite, de uma alegria menor a uma alegria maior e cada vez mais divina. No momento atual isso não é factível. A mente deve abandonar, do interior, todas as coisas a que é apegada, a fim de ganhar aquilo que elas são em sua realidade. A renúncia externa não é o essencial, mas pode ser necessária por algum tempo, indispensável para muitas coisas e algumas vezes útil para todas as coisas. Podemos mesmo dizer que uma completa renúncia externa é um estágio pelo qual a alma deve passar durante certo período de seu progresso — embora esse progresso sempre deve ser sem aquela violência voluntária e as mortificações ferozes que são uma ofensa ao Divino em nosso interior. Mas, no final, essa renúncia ou autonegação não é mais que um meio, e o período para usá-la passa. A rejeição do objeto deixa de ser necessária quando o objeto não pode mais nos apanhar em sua armadilha, porque o que a alma vivencia não é mais o objeto enquanto objeto, mas o Divino que ele expressa; a restrição do prazer não é mais necessária quando a alma não busca mais o prazer, mas possui o deleite do Divino em todas as coisas igualmente, sem necessidade de uma posse pessoal ou física da própria coisa; a autonegação perde seu lugar quando a alma não exige mais nada, mas obedece de maneira consciente à vontade do Self único em todos os seres. É então que somos liberados da Lei e livres na liberdade do Espírito.

Devemos estar preparados para deixar para trás, no caminho, não apenas aquilo que estigmatizamos como mal, mas também aquilo que nos parece o bem e, contudo, não é o único bem. Certas coisas foram benéficas, úteis e, talvez, em certo período, pareceram ser a única coisa desejável; contudo, uma vez seu trabalho feito, uma vez conquistadas, elas se tornam obstáculos e mesmo forças hostis quando somos chamados a ir mais além delas. Certos estados de alma são desejáveis, porém, é perigoso aí permanecer uma vez que foram alcançados, porque então não avançamos mais em direção aos reinos de Deus mais vastos além. Não devemos nos agarrar a coisa alguma, mesmo às realizações divinas, se não forem a realização divina em sua essência e completude extremas. Não devemos repousar em nada, exceto no Todo, em nada que não seja a Transcendência suprema. E se pudermos assim ser livres no Espírito, descobriremos todas as maravilhas das obras de Deus; veremos que ao renunciar interiormente a tudo nada perdemos. "Pelo abandono de tudo, tu chegas a fruir de Tudo." Pois tudo é mantido para nós e nos é restituído, mas com uma mudança maravilhosa transfigurada na Todo-Bondade, Todo-Beleza, Todo-Luz e Todo-Felicidade d'Aquele que é para sempre puro e infinito, pois Ele é o mistério e o milagre que não cessam através das eras.

CAPÍTULO VI

A SÍNTESE DAS DISCIPLINAS DO CONHECIMENTO

No último capítulo falamos da renúncia em seu escopo mais geral, assim como falamos da concentração em todas as suas possibilidades; o que foi dito aplica-se, portanto, ao Caminho das Obras, ao Caminho da Devoção e ao Caminho do Conhecimento, pois para esses três o conhecimento e a renúncia são necessários, embora a maneira e o espírito em que são aplicados possam variar. Mas agora devemos nos voltar mais particularmente para as etapas práticas do Caminho do Conhecimento e ver como a força dupla da concentração e da renúncia pode nos ajudar a avançar. Praticamente, esse caminho consiste em reascender a grande escada do ser pela qual a alma desceu na existência material.

O objetivo central do Conhecimento é reencontrar o Self, nossa existência verdadeira, e esse objetivo pressupõe admitir que nosso atual modo de ser não é nossa existência verdadeira. Sem dúvida, nós já rejeitamos as soluções incisivas que cortaram o nó do enigma do universo; reconhecemos que o universo não é uma ficção de aparência material criada por uma Força, nem uma irrealidade organizada pela Mente, nem um amontoado de sensações, ideias e resultados de ideias e sensações, com um grande Vazio ou um enorme Zero beatífico por trás, ao qual devemos nos dirigir como à verdadeira verdade de nossa não existência eterna. Aceitamos o Self como uma realidade e o universo como uma realidade do Self, uma realidade de sua consciência e não de uma mera Força ou formação material, e que não é, contudo, menos real, mas é, ao contrário, ainda mais real. Mesmo assim, embora o universo seja um fato e não uma ficção, um fato do Self divino e universal e não uma ficção do self individual, o estado de nossa existência aqui é um estado de ignorância, não da verdadeira verdade de nosso ser. Concebemo-nos de maneira falsa, vemo-

-nos como não somos; vivemos em uma relação falsa com nosso meio porque não conhecemos o universo nem a nós mesmos tais como são na verdade, mas com uma visão imperfeita baseada em uma ficção temporária que a Alma e a Natureza organizaram entre elas para a conveniência do ego em evolução. E essa falsidade é a raiz de uma deturpação, confusão e sofrimento gerais, que a cada passo assaltam nossa vida interior e nossas relações com nosso meio. Nossa vida pessoal e nossa vida comunal, nosso comércio com nós mesmos e nosso comércio com nossos semelhantes são baseados em uma falsidade e são, portanto, falsos em seus princípios e métodos reconhecidos, embora, mediante todo esse erro, uma verdade cresce e busca continuamente expressar-se. O Conhecimento é, então, de extrema importância para o ser humano, não aquilo que é chamado o conhecimento prático da vida, mas o conhecimento profundo do Self e da Natureza[1], pois somente nisso uma verdadeira prática da vida pode fundamentar-se.

O erro provém de uma identificação falsa. A Natureza criou, no interior de sua unidade material, corpos que parecem separados e que são envolvidos, habitados, possuídos e utilizados pela Alma manifestada na Natureza material; a Alma, esquecida de si, vivencia apenas esse nó particular da matéria, e diz: "Eu sou esse corpo". Pensa que ela é o corpo, que sofre com o corpo, frui com o corpo, nasceu com o corpo, dissolve-se com o corpo; ou ao menos é assim que ela vê sua existência pessoal. Ademais, a Natureza criou, no interior da unidade de sua vida universal, correntes de vida que parecem separadas e que formam um torvelinho de vitalidade em torno de cada corpo e em cada corpo, e a Alma manifestada na Natureza vital apodera-se dessa corrente e deixa-se apoderar por ela e, momentaneamente, é aprisionada nesse pequeno vórtice turbinoso que chamamos vida. A Alma, ainda esquecida de si, diz: "Eu sou essa vida"; pensa que ela é a vida, deseja com seus desejos, espoja-se em seus prazeres, sangra com suas feridas ou tropeça em seus movimentos. Se ela ainda for governada sobretudo pelas sensações do corpo, identificará sua própria existência com a do turbilhão e pensará: "Quando esse torvelinho for dissipado pela dissolução do corpo, então eu não existirei mais". E se ela foi capaz de sentir a corrente de vida que formou o vórtice, ela pensará que é essa corrente e dirá: "Eu sou essa corrente de vida; ocupei esse corpo, o deixarei e ocuparei outros corpos — eu sou a vida imortal que retorna em um ciclo de renascimentos constantes".

Isso não é tudo; a Natureza criou no interior de sua unidade mental, formada na Mente universal, dínamos de mentalidade, poder-se-ia dizer, que parecem separados, centros constantes para gerar, distribuir e reabsorver a força mental e as atividades

---

1. ātmajñāna e *tattvajñāna*.

mentais, como se fossem "estações" em um sistema de telegrafia mental em que mensagens são concebidas, escritas, enviadas, recebidas, decifradas, e estas mensagens e atividades são de muitos tipos — sensoriais, emocionais, perceptivas, conceituais, intuitivas —, e todas são aceitas pela Alma manifestada na Natureza mental; ela as usa para criar sua perspectiva do mundo e tem a impressão de emiti-las e de receber seus choques, de sofrer ou de dominar suas consequências. A Natureza instala a base desses dínamos nos corpos materiais que formou, faz desses corpos o solo para suas estações e conecta o mental com o material por um sistema nervoso cheio do movimento de correntes vitais, através dos quais a mente se torna consciente do mundo material e, na medida de sua escolha, do mundo vital na Natureza. Caso contrário, a mente seria, primeiro e sobretudo, consciente do mundo mental e apenas indiretamente teria um vislumbre do mundo material. Assim como é, sua atenção está fixada no corpo e no mundo material em que foi instalada, e ela percebe o resto da existência apenas de maneira vaga, indireta e subconsciente, nesse vasto restante de si mesma, em relação ao qual, em superfície, ela se tornou indiferente e esquecida.

A Alma se identifica com esse dínamo mental ou estação e diz: "Eu sou essa mente". E como a mente está absorvida na vida corporal, ela pensa: "Eu sou uma mente em um corpo vivo" ou, ainda mais comumente: "Eu sou um corpo que vive e pensa". Ela se identifica com os pensamentos, as emoções, as sensações da mente encarnada, e imagina — porque quando o corpo se dissolver, tudo isso será dissolvido — que ela também cessará de existir. Ou, se ela se torna consciente da corrente persistente da personalidade mental, pensará que ela mesma é uma alma mental que ocupa um corpo uma única vez ou de maneira repetida e retornará, depois da vida na terra, a mundos mentais além; ela dirá que a persistência desse ser mental, algumas vezes mentalmente feliz, algumas vezes infeliz, algumas vezes no corpo, algumas vezes no plano mental ou vital da Natureza, é sua existência imortal. Ou então, porque a mente é um princípio de luz e de conhecimento, por mais imperfeita que seja, e pode ter alguma noção daquilo que está além de si mesma, a alma verá que o ser mental pode dissolver-se naquilo que está além — em um Vazio, ou em uma Existência eterna, e dirá: "Lá, eu mesma, a alma mental, deixo de ser". Essa dissolução ela temerá ou desejará, negará ou afirmará, conforme a medida de seu apego ou de sua repulsa pelo presente jogo da mente e da vitalidade encarnadas na matéria.

Todavia, tudo isso é uma mistura de verdade e falsidade. Mente, Vida, Matéria existem e a individualização mental, vital e física existe — são fatos da Natureza, mas a identificação da alma com essas coisas é uma identificação falsa. Mente, Vida, Matéria são nós mesmos, mas apenas no sentido de que são princípios de ser que o verdadeiro Self desenvolveu pelo encontro e interação da Alma com a Natureza a fim de expressar uma forma de sua existência única no cosmos. A mente, vida e corpo individuais são um jogo desses princípios, jogo que foi estabelecido pelo comércio entre a Alma e a Natureza como um meio para expressar essa multiplicidade de que a Existência única é eternamente capaz e que mantém eternamente involuída em sua unidade. A mente, vida e corpo individuais são formas de nós mesmos na medida em que somos centros da multiplicidade do Um; a Mente, Vida e Corpo universais são também formas de nosso self, porque somos esse Um em nosso ser. Mas o self é mais do que a mente, a vida e o corpo universais ou individuais, e quando nos limitamos pela identificação com essas coisas, baseamos nosso conhecimento em uma falsidade, falsificamos nossa visão determinante e nossa experiência prática, não apenas de nosso ser essencial, mas de nossa existência cósmica e de nossas atividades individuais.

O Self é um Ser eterno e supremo, uma pura existência, da qual todas essas coisas são os devires. É a partir desse conhecimento que deveremos prosseguir; é esse conhecimento que deveremos realizar, fazer dele o alicerce da vida interior e exterior do indivíduo. O Ioga do Conhecimento, ao partir dessa verdade primeira, concebeu um método duplo de disciplina, negativa e positiva, pelo qual podemos nos desembaraçar dessas identificações falsas e abandoná-las para entrar no verdadeiro autoconhecimento. O método negativo é sempre dizer: "Eu não sou o corpo", a fim de contradizer e desenraizar a ideia falsa: "Eu sou o corpo", concentrar-se nesse conhecimento e, pela renúncia da alma ao seu apego ao físico, desembaraçar-se da identificação com o corpo. Repetiremos também "Eu não sou a vida", e pela concentração nesse conhecimento e pela renúncia ao apego aos movimentos e desejos vitais, nos desembaraçaremos da identificação com a vida. Por fim, repetiremos: "Eu não sou a mente, nem o movimento, nem os sentidos, nem o pensamento" e, pela concentração nesse conhecimento e pela renúncia às atividades mentais, nos desembaraçaremos da identificação com a mente. Quando criarmos assim constantemente um abismo entre nós e as coisas com que nos identificávamos, seus véus se dissolverão progressivamente aos nossos olhos e o Self começará a ser visível à nossa experiência. Diremos então: "Eu sou Isso, o puro, o eterno, o bem-aventurado" e, pela concentração de nosso pensamento e de nosso ser n'Isso, nos tornaremos Isso e seremos, por fim, capazes de renunciar à existência individual e ao cosmos. O outro método, positivo, que, mais exatamente, pertence ao Raja-Ioga, é concentrar-se no pensamento de Brahman e fechar-se a qualquer outra ideia, a fim de que esse dínamo da mente cesse de atuar sobre nossa existência exterior ou sobre as variações de nossa existência interior; com a cessação da mente, o jogo vital e físico também cairá no repouso de um samádi eterno, em um profundo e inexprimível transe do ser, de onde passaremos à Existência absoluta.

Essa disciplina é, evidentemente, um movimento interior exclusivo e centrado em si mesmo, que se libera do mundo negando-o no pensamento e, na visão, fechando os olhos da alma. Mas o universo está aí como uma verdade em Deus, embora a alma individual possa ter fechado seus olhos a ele; o Self está aí no universo, de modo real e não falso, e sustenta tudo o que havíamos rejeitado, deveras imanente em todas as coisas, e abarca de fato o indivíduo no universal assim como abarca o universo naquilo que excede e transcende o universo. Que faremos com esse Self eterno, nesse universo persistente que vemos em torno de nós cada vez que saímos do transe da meditação interior? A via ascética do Conhecimento tem sua solução e sua disciplina para a alma que observa o universo: é ver o Self imanente, que abrange tudo e constitui tudo, como na imagem do éter no qual estariam todas as formas, que estaria em todas as formas, do qual todas as formas seriam feitas. Nesse Éter, a Vida e a Mente cósmicas se moveriam enquanto Sopro das coisas, um mar atmosférico no etéreo, e desse éter todas as formas seriam constituídas; mas aquilo que ele constitui são apenas nomes e formas, não realidades; a forma do pote que vemos seria apenas uma forma de terra e retornaria à terra; a terra seria uma forma que se dissolve em vida cósmica; a vida cósmica seria um movimento que repousa nesse éter silencioso e imutável. Pela concentração nesse conhecimento, pela rejeição de todo fenômeno e de toda aparência, chegaremos a ver o todo como uma ilusão de nomes e formas no éter que é Brahman; tudo se tornará irreal para nós; e o universo, tornando-se irreal, a imanência torna-se irreal e só haveria o Self, ao qual nossa mente impôs, de maneira falsa, o nome e a forma do universo. Assim, justificaríamos o retiro do self individual no Absoluto.

Mesmo assim, o Self continua com seu aspecto imperecível de imanência, seu aspecto imutável de envolvimento divino, sua infinita astúcia de tornar-se cada coisa e todas as coisas — mesmo tendo detectado a burla e nos retirado não parece afetar nem um pouco o Self, nem o universo. Não deveríamos, então, conhecer o que é isso que persiste assim, superior à nossa aceitação e rejeição e grande demais, eterno demais para ser afetado por elas? Aqui também alguma realidade invencível deve estar em ação e a integralidade do Conhecimento exige que a vejamos e realizemos; caso contrário, poderia ser provado que nosso conhecimento, e não o Senhor no universo, seria o embuste e a ilusão. Portanto, devemos nos concentrar de novo, e ver e realizar também aquilo que persiste de modo tão soberano, e devemos conhecer o Self e saber que ele não é outro senão a Alma suprema e Senhor da Natureza, o sustento da existência cósmica, aquele que sanciona suas operações e cuja vontade impele a multiplicidade de ações dessa existência e determina seus ciclos perpétuos. Então, devemos nos concentrar mais uma vez, e ver e realizar, conhecer o Self enquanto Existência única que é, ao mesmo tempo, a Alma de tudo e a Natureza de tudo, ao mesmo tempo Purusha e Prakriti, e então capaz de expressar-se em todas essas formas e estar em todas essas formações. Caso contrário, excluímos aquilo que o Self não exclui e fazemos uma escolha intencional em nosso conhecimento.

A antiga via ascética do Conhecimento admitia a unidade das coisas e a concentração em todos esses aspectos da Existência única, mas fazia uma distinção e uma hierarquia: O Self que se torna todas essas formas das coisas é *virāṭ*, ou Alma universal; o Self que cria todas essas formas é *hiraṇyagarbha*, a Alma luminosa com percepção criadora; o Self que contém todas essas coisas involuídas em si mesmo é *prājña*, a Causa consciente ou Alma originalmente determinante; mais além, está o Absoluto que permite toda essa irrealidade mas nada tem a ver com ela. N'Isso deveríamos nos retirar e nada mais ter a ver com o universo, visto que Conhecimento significa o Conhecimento último e, portanto, essas realizações menores deveriam ser abandonadas ou perder-se n'Isso. Porém, do nosso ponto de vista, é evidente que essas são distinções práticas feitas pela mente e devem ter um valor para certos propósitos, mas não um valor último. Nossa visão do mundo insiste na unidade; o Self universal não é diferente do Self perceptivo e criador, nem o Self perceptivo diferente do Self causal, nem o causal diferente do Absoluto, mas é o um "Autoexistente que se tornou todos os devires" e não é outro senão o Senhor que se manifesta sob a forma de todas essas existências individuais, e o Senhor tampouco é outro senão o Brahman único-existente que, verdadeiramente, é tudo isso que podemos ver, sentir, viver ou mentalizar. Esse Self, Senhor, Brahman, devemos conhecer a fim de realizar nossa unidade com ele e com tudo que ele manifesta, e nessa unidade devemos viver. Pois queremos um conhecimento que unifique; o conhecimento que divide é sempre um saber parcial, bom para certos propósitos práticos; o conhecimento que une é O conhecimento.

Portanto, nosso Ioga Integral adotará todas essas disciplinas e concentrações várias, mas as harmonizará e, se possível, as fundirá em uma síntese que removerá suas exclusões mútuas. O buscador do conhecimento integral não realizará o Senhor e o Todo apenas para rejeitá-los em prol de um Self silencioso ou de um Absoluto incognoscível, como o faria um Ioga exclusivamente transcendental; ele tampouco viverá apenas para o Senhor, ou apenas no Todo, como faria um Ioga exclusivamente teísta ou exclusivamente panteísta; o buscador do conhecimento integral não se limitará, em seu pensamento ou em sua realização, por nenhum credo religioso ou dogma filosófico. Ele buscará a Verdade da existência em sua completude. Não rejeitará as disciplinas antigas, pois elas repousam em verdades eternas, mas lhes dará uma orientação em conformidade com o seu objetivo.

Devemos reconhecer que nosso primeiro objetivo no conhecimento deve ser realizar nosso Self supremo, mais do que esse Self nos outros, ou enquanto Senhor da Natureza ou enquanto o Todo; pois a necessidade urgente do indivíduo é chegar à verdade mais alta de seu ser, corrigir suas desordens, confusões, falsas identificações, chegar à concentração e pureza justas e conhecer sua fonte e subir até ela. Mas o objetivo não é desaparecer na fonte; o objetivo é que toda nossa existência e todos os membros desse reino interior possam encontrar sua base justa, possam viver apenas para nosso self mais alto e não obedecer a nenhuma lei que não seja aquela que procede de nosso self mais alto e é dada a nosso ser purificado sem falsificação alguma na mentalidade transmissora. E se fizermos isso de maneira correta, descobriremos que ao encontrar esse Self supremo descobrimos o Self único em tudo, o Senhor único de nossa natureza e de toda a Natureza, o Tudo de nós mesmos que é o Tudo do universo. Pois isso que vemos em nós mesmos nós o veremos, necessariamente, em toda parte, visto que essa é a verdade de Sua unidade. Pela descoberta e uso regular da Verdade de nosso ser, a barreira entre nossa individualidade e o universo será, necessariamente, rompida e eliminada, e a Verdade que realizamos em nosso ser revelar-se-á em nós na universalidade, que será, desde então, nosso self. Ao realizar em nós o "Eu sou Ele" do Vedanta não poderemos deixar de perceber, ao olhar em torno, o mesmo conhecimento em seu outro lado: "Tu és Isto". Temos só que ver como, na prática, essa disciplina deve ser conduzida, a fim de que possamos chegar a essa grande unificação.

CAPÍTULO VII

A LIBERAÇÃO DA SUJEIÇÃO AO CORPO

Uma vez que nosso intelecto reconhece que as aparências não são a Verdade, que o Self não é o corpo, nem a vida, nem a mente e que estes são apenas formas do Self, nosso primeiro passo na Via do Conhecimento deverá ser corrigir nossa mente em sua relação prática com a vida e com o corpo, a fim de que possa chegar a uma relação justa com o Self. O meio mais fácil para fazer isso é usar um mecanismo que já nos é familiar, porque desempenhou um grande papel em nossa visão do Ioga das Obras; é criar uma separação entre a Prakriti e o Purusha. O Purusha, a alma que sabe e comanda, envolveu-se de tal modo nas operações de sua força executora consciente, que confunde a operação física dessa força que chamamos corpo, consigo mesmo; ele esquece sua própria natureza — a alma que sabe e comanda; crê que sua mente e sua alma estão sujeitas à lei e ao modo de funcionar do corpo; esquece que ele é muito mais ainda, e que transcende a forma física; esquece que a mente é, na verdade, maior que a Matéria e não deveria submeter-se à sua obscuridade, às suas reações, à sua inércia e incapacidade habituais; esquece que ele é maior mesmo do que a mente, que ele é um Poder capaz de elevar o ser mental a um plano superior — que ele é o Mestre, o Transcendente, e não é próprio do Mestre estar escravizado às suas operações nem que o Transcendente esteja aprisionado em uma forma que existe apenas como uma trivialidade em seu próprio ser. Todos esses esquecimentos devem ser curados pelo Purusha; ele deve lembrar-se de sua natureza verdadeira e, antes de tudo, lembrar-se que o corpo é apenas uma operação, e apenas uma, da Prakriti.

Digamos, então, à mente: "Este corpo é uma operação da Prakriti, isso não é nem tu mesmo nem eu mesmo; afasta-te disso". Perceberemos, se tentarmos, que a mente tem esse poder de desapego e pode afastar-se do corpo não só em ideia, mas na ação, fisicamente, por assim dizer ou, antes, vitalmente. Esse desapego da mente deve ser fortalecido por certa atitude de indiferença em relação às coisas do corpo; não devemos dar importância essencial ao seu sono ou à sua vigília, ao seu movimento ou ao seu repouso, à sua dor ou ao seu prazer, à sua saúde boa ou ruim, seu vigor ou sua fadiga, conforto ou desconforto, ou ao que come ou bebe. Isso não quer dizer que não deveremos manter o corpo em bom estado tanto quanto pudermos; não deveremos cair em um ascetismo violento nem em uma negligência absoluta da forma. Mas tampouco devemos ser afetados na mente pela fome ou sede ou desconforto ou por problemas de saúde, nem atribuir às coisas do corpo a importância que o homem físico e vital lhe atribui, ou, na verdade, atribuir-lhe apenas uma importância de todo secundária e puramente instrumental. Tampouco deveremos deixar essa importância instrumental tomar as proporções de uma necessidade; por exemplo, não devemos imaginar que a pureza da mente depende do que comemos ou bebemos, embora durante certo estágio restrições em relação à comida e à bebida possam ser úteis para o nosso progresso interior; por outro lado, tampouco devemos continuar a pensar que a sujeição da mente, ou mesmo da vida, à comida e à bebida seja algo mais que um hábito, uma relação costumeira que a Natureza estabeleceu entre esses princípios. Na verdade, o alimento que ingerimos pode ser reduzido — por um hábito contrário ou estabelecendo uma relação nova — a um mínimo, sem que o vigor mental ou vital seja reduzido de nenhum modo; ao contrário, podemos mesmo, com um desenvolvimento judicioso, treinar a mente e o vital para encontrar um potencial de vigor maior, e ensinar-lhes a confiar mais nas fontes secretas da energia mental e vital com que estão conectados do que na ajuda menor dos alimentos físicos. Esse aspecto da autodisciplina é, contudo, mais importante no Ioga da Autoperfeição do que aqui; para nosso propósito atual o ponto importante é que a mente renuncie a apegar-se às coisas do corpo ou a depender delas.

Assim disciplinada, a mente aprenderá gradualmente a adotar a verdadeira atitude em relação ao corpo, isto é, a atitude do Purusha. Antes de tudo, ela aprenderá que o Purusha mental é o sustento do corpo e não, de modo algum, o próprio corpo; pois o Purusha é de todo diferente da existência física que ele sustenta pela mente, com a ajuda da ação da força vital. Essa verdadeira atitude tornar-se-á tão normal para todo o ser que chegaremos a sentir esse corpo físico como algo de exterior e separável, como a roupa que vestimos ou o utensílio que carregamos nas mãos. Podemos mesmo chegar a sentir o corpo, em certo sentido, como não existente, ou só como uma espécie de expressão parcial de nossa força vital e de nossa mentalidade. Essas experiências são sinais de que a mente está tomando uma atitude correta em relação ao corpo, que está trocando o ponto de vista falso — da mentalidade obsedada e capturada pela sensação física — pelo ponto de vista da verdadeira verdade das coisas.

Em segundo lugar, em relação aos movimentos e experiências do corpo, a mente virá a conhecer o Purusha nela mesma como, primeiro, a testemunha e o observador dos movimentos e, depois, como aquele que conhece ou percebe as experiências. Ela cessará de considerar e de sentir essas experiências e esses movimentos como seus, mas, ao contrário, os considerará e sentirá como não seus, como operações da Natureza governadas pelos modos da Natureza e pela interação desses modos. Esse desapego pode tornar-se tão normal e ser levado tão longe que se produzirá uma espécie de divisão entre a mente e o corpo, e a mente observará e vivenciará a fome, a sede, a pena, a fadiga, a depressão etc. do ser físico como se fossem experiências de outra pessoa, com a qual ela tem uma afinidade tão íntima que pode perceber tudo o que se passa nela. Essa divisão é um grande meio, um grande passo em direção à mestria; pois a mente acaba por observar essas coisas, primeiro, sem ser dominada por elas e, no final, sem ser afetada de modo algum, imperturbada, com uma compreensão clara mas com um desapego perfeito. Essa é a liberação inicial do ser mental de sua servidão ao corpo, pois, por meio do conhecimento justo, posto em prática com regularidade, a liberação se efetua de maneira inevitável.

Por fim, a mente aprende que o Purusha na mente é o mestre da Natureza e que sua sanção é necessária para os movimentos da Natureza. Ela descobrirá que, como aquele que sanciona, o Purusha pode retirar o *fiat* original que havia dado aos hábitos precedentes da Natureza e que, no final, o hábito cessará ou mudará no sentido indicado pela vontade do Purusha; não de imediato, pois a velha sanção persiste como consequência obstinada do Carma passado da Natureza até se exaurir; e isso depende muito também da força do hábito e da ideia da necessidade fundamental que a mente atribuiu a isso antes; mas, se não for um desses hábitos basilares que a Natureza estabeleceu para as relações da mente, da vida e do corpo e se a antiga sanção não for renovada pela mente ou se o hábito não for voluntariamente encorajado, a mudança, no final, virá. Mesmo o hábito de sentir fome e sede pode ser minimizado, inibido, afastado; o hábito da doença pode ser, da mesma maneira, minimizado e, gradualmente, eliminado; enquanto isso, o poder da mente de retificar as desordens do corpo, seja pela manipulação consciente da força vital, seja por um simples *fiat* mental, aumentará de modo considerável. Por um processo similar, o hábito com que a natureza corporal associa certas formas e graus de atividades à tensão, fadiga, incapacidade, pode ser retificado, e o poder, liberdade, rapidez, eficácia do trabalho físico ou mental que podem ser obtidos com esse instrumento corporal podem ser maravilhosamente aumentados — duplicados, triplicados, decuplicados.

Esse aspecto do método é próprio do Ioga da Autoperfeição; mas é bom aludir a essas coisas aqui também, porque desse modo assentamos a base do que teremos a dizer sobre autoperfeição, que é uma parte do Ioga Integral, e também porque devemos corrigir as noções falsas popularizadas pela ciência materialista. Segundo essa ciência, o estado mental e físico normal e as relações entre mente e corpo que foram praticamente estabelecidas por nossa evolução passada, são as condições verdadeiras, naturais e sadias, e qualquer outro estado, tudo que for contrário a essas condições, é mórbido e falso, uma alucinação, autoengano e insanidade. É desnecessário dizer que esse princípio conservador é de todo ignorado pela própria Ciência quando, com tanta diligência e sucesso, ela introduz melhoramentos nas operações normais da Natureza para maior controle da Natureza pelo ser humano. É suficiente dizer aqui, de uma vez por todas, que uma mudança no estado mental e físico e nas relações entre a mente e o corpo que amplie a pureza e a liberdade do ser, que traga uma alegria e paz límpidas e multiplique o poder da mente sobre si mesma e sobre as funções físicas — em resumo, que confira ao ser humano um controle maior de sua natureza —, obviamente não é mórbida e não pode ser considerada uma alucinação ou autoengano, visto que seus efeitos são patentes e positivos. De fato, isso não é mais do que um progresso deliberado da Natureza em sua evolução do indivíduo, evolução que ela continuará de todo modo, mas na qual ela escolhe utilizar a vontade humana como agente principal, porque seu objetivo essencial é levar o Purusha ao controle consciente da Natureza.

Dito isso, acrescentemos que para aquele que segue o caminho do conhecimento, a perfeição da mente e do corpo não tem nenhuma importância, ou apenas uma importância secundária. A única coisa necessária é sair da Natureza e elevar-se ao Self, pelo método mais rápido ou pelo mais minucioso e efetivo possível; e o método que descrevemos, embora não seja o mais rápido, é o mais detalhado em sua efetividade. E aqui surge a questão da ação física ou da inação física. Em geral, considera-se que o iogue deve retirar-se o mais possível da ação e, sobretudo, que demasiada atividade é um obstáculo, porque dispersa e exterioriza as energias. Até certo ponto, isso é verdade; devemos ainda notar que, quando o Purusha mental assume a atitude de mera testemunha e observador, cresce no ser certa tendência ao silêncio, à solidão, à calma física e à inação corporal. Enquanto isso não for associado à inércia, incapacidade ou relutância para agir, em uma palavra, enquanto não se desenvolver um estado tamásico, tudo isso é para o melhor. O poder de nada fazer — que é de todo diferente da indolência, incapacidade ou aversão à ação e do apego à inação — é um grande poder e uma grande mestria; o poder de repousar completamente da ação é tão necessário ao jnana-iogue quanto o poder de parar absolutamente de pensar ou o poder de permanecer indefinidamente em uma solidão e silêncio completos ou o poder de calma imóvel. Aquele que não quiser aceitar esses estados ainda não está pronto para o caminho que conduz ao conhecimento supremo; aquele que não for capaz de aproximar-se desses estados, ainda não está preparado para a aquisição suprema.

Ao mesmo tempo, devemos acrescentar que ter o poder é suficiente; a abstenção de toda ação física não é indispensável, a aversão à atividade mental ou corporal não é desejável. Aquele que busca o estado de conhecimento integral deve ser livre do apego à ação e também livre do apego à inação. E, sobretudo, qualquer tendência à simples inércia mental, vital ou corporal deve ser ultrapassada e, se percebermos que esse hábito cresce na natureza, deve ser usada a vontade do Purusha para rejeitá-lo. Por fim, chega um estado em que a vida e o corpo cumprem a vontade do Purusha na mente como simples instrumentos, sem tensão nem apego, sem lançar-se na ação com essa energia inferior ávida e, com frequência, febril, que é a natureza de seu modo de funcionar normal; eles chegam a trabalhar como as forças da Natureza trabalham, sem desgaste, sem fadiga, sem as reações características da vida no corpo quando ela não é ainda mestra do físico. Quando alcançamos essa perfeição, então ação e inação não têm mais importância, visto que nenhuma interfere com a liberdade da alma nem a desviam de seu impulso em direção ao Self ou de sua posição no Self. Mas esse estado de perfeição chega mais tarde no Ioga e, até lá, a lei da moderação prescrita pela Gītā é a melhor para nós; demasiada atividade mental ou física não faz bem, visto que o excesso tira muita energia e reage de maneira desfavorável em relação à condição espiritual; muito pouca tampouco faz bem, visto que a insuficiência leva ao hábito de inação e mesmo a uma incapacidade difícil de superar depois. Contudo, períodos de calma absoluta, de solidão e cessação de todos os trabalhos são altamente propícios e devem ser possibilitados tanto quanto possível para que a alma possa retirar-se em si mesma, o que é indispensável ao conhecimento.

Visto que aludimos assim ao corpo, devemos também aludir ao Prana ou energia de vida. Por razões práticas temos que fazer a distinção entre a energia de vida assim como age no corpo, ou Prana físico, e a energia de vida quando age como apoio das atividades mentais, o Prana psíquico. Pois sempre levamos uma vida dupla, mental e física, e a mesma energia de vida age de maneira diferente e assume um aspecto diferente segundo se aplica a uma ou à outra. No corpo, ela produz as reações de fome, sede, fadiga, saúde, doença, vigor físico, etc. que são as experiências vitais da estrutura física. Pois o corpo grosseiro do ser humano não é como a pedra ou a terra; ele é uma combinação de dois invólucros, o vital e o chamado "do alimento"; sua vida é uma interação constante desses dois invólucros. Contudo, a energia de vida e a forma física são duas coisas diferentes, e, quando a mente se retira de sua absorvente percepção do corpo, nos tornamos cada vez mais sensíveis ao Prana e à sua ação no instrumento corporal e podemos observar e controlar cada vez mais suas operações. Praticamente, quando nos retiramos do corpo, retiramo-nos também da energia de vida física, mesmo quando fazemos a distinção entre um e outra, e sentimos a energia de vida mais próxima de nós do que sentimos o mero instrumento físico. A conquista completa do corpo vem, na verdade, pela conquista da energia de vida física.

Uma vez ultrapassado o apego ao corpo e suas operações, o apego à vida no corpo é ultrapassado. Pois, quando sentimos que o ser físico não é aquilo que nós somos, mas apenas uma veste ou um instrumento, a repulsa pela morte do corpo, que é um instinto tão forte e intenso no homem vital, deve, necessariamente, atenuar-se e ser rejeitada. Rejeitada ela deve ser, e inteiramente. O medo da morte e a aversão à cessação do corpo são o estigma deixado no ser humano por sua origem animal. Essa marca deve ser totalmente apagada.

CAPÍTULO VIII

A LIBERAÇÃO DA SUJEIÇÃO AO CORAÇÃO E À MENTE

Em sua ascensão, a alma deve não apenas separar-se da vida no corpo, mas também da ação da energia de vida na mente; ela deve conseguir que a mente, enquanto representante do Purusha, diga: "Eu não sou a vida; a vida não é o self do Purusha, mas apenas uma operação, apenas uma operação, da Prakriti". As características da Vida são a ação e o movimento, uma tensão para alcançar, absorver e assimilar o que é exterior ao indivíduo e um princípio de satisfação, ou de insatisfação, naquilo que ela captura ou no que vem a ela, e que está ligado ao fenômeno universal de atração e repulsão. Essas três coisas estão em toda parte na Natureza porque a Vida está em toda parte na Natureza. Mas em nós, seres mentais, todos esses princípios recebem um valor mental conforme a mente que os percebe e aceita. Eles tomam a forma de ação, desejo, simpatia e antipatia, prazer e dor. O Prana está em toda parte em nós, e sustenta não apenas a ação de nosso corpo, mas a ação de nossa mente sensorial, de nossa mente emocional, de nossa mente pensante; e, ao introduzir nelas sua lei própria, ou darma, ele confunde, limita, lança a discórdia no modo de funcionar justo delas e cria a impureza das coisas que estão fora de lugar, a confusão e o emaranhado que são todo o mau de nossa existência psicológica. Nessa confusão, uma lei parece reinar, a lei do desejo. Assim como o Ser divino universal, que tudo abarca e tudo possui, que age, se move e frui para a pura satisfação do Deleite divino, a vida individual também age, se move, frui e sofre sobretudo para a satisfação do desejo. Por conseguinte, a energia de vida psíquica apresenta-se à nossa experiência como uma espécie de mente-de-desejo, que devemos conquistar se quisermos retornar ao nosso self verdadeiro.

O desejo é, ao mesmo tempo, o motivo de nossas ações, a alavanca de nossa perfeição e a ruína de nossa existência. Se nossa mente sensorial, nossa mente emocional e nossa mente pensante pudessem agir livres das intrusões e importações da energia de vida, e se pudéssemos obrigar essa energia a obedecer à sua ação verdadeira em lugar de deixá-la impor seu jogo à nossa existência, todos os problemas humanos chegariam de maneira harmoniosa à sua solução justa. A função própria da energia de vida é fazer aquilo que o princípio divino em nós lhe ordena fazer, alcançar o que lhe é dado pelo Divino interior e fruir disso, mas não desejar, absolutamente. A função própria da mente sensorial é estar aberta de maneira passiva e luminosa aos contatos da Vida e transmitir suas sensações e sua *rasa*[1], ou gosto verdadeiro, e o princípio de deleite que elas contêm, à função superior; porém, pela interferência das atrações e repulsões, aceitações e recusas, satisfações e insatisfações, capacidades e incapacidades da energia de vida no corpo, a mente sensorial é, primeiro, limitada em seu escopo e, depois, forçada, nesses limites, a associar-se a todas essas discórdias da vida na Matéria. Ela se torna um instrumento para o prazer e a dor, em lugar de ser instrumento para o deleite da existência.

De modo similar, a mente emocional, compelida a tomar nota de todas essas discórdias e a sujeitar-se às suas reações emocionais, torna-se um campo de conflito onde se chocam alegria e aflição, amor e ódio, cólera, medo, luta, aspiração, desgosto, simpatias, antipatias, indiferença, satisfação e insatisfação, esperanças, decepções, gratidão, vingança, e todo o assombroso jogo de paixões que é o drama da vida no mundo. Esse caos, nós o denominamos nossa alma. Porém, a alma verdadeira, a verdadeira entidade psíquica que, em geral, vemos muito pouco, e que apenas uma pequena minoria na humanidade desenvolveu, é um instrumento de amor puro, de alegria e de luminosa busca para fundir-se em Deus, e unir-se a Ele e a nossos semelhantes. Essa entidade psíquica é recoberta pelo jogo do Prana mentalizado ou mente-de-desejo, que confundimos com a alma; a mente emocional é incapaz de refletir a alma real em nós, o Divino em nossos corações e, em lugar da alma, é obrigada a refletir a mente-de-desejo.

Do mesmo modo, a função própria da mente pensante é observar, compreender, julgar com a alegria imparcial do conhecimento e abrir-se às mensagens e iluminações que se espargem em tudo que ela observa e em tudo que ainda está escondido para ela, mas que deve se revelar progressivamente — mensagens e iluminações que

---

1. *rasa* (pronunciar "rassa") — significa, ao mesmo tempo, a seiva e a essência de uma coisa e seu sabor; a resposta da mente, o sentimento vital e a sensação de certo "sabor" nas coisas, que, muitas vezes, mas não sempre, é um sentimento espiritual. (N. da T.)

secretamente surgem em lampejos do Oráculo divino escondido na luz acima de nossa mente e parecem descer através da mente intuitiva ou nascer da visão do coração. Mas isso ela não pode fazer corretamente porque está presa nas limitações da energia de vida nos sentidos, nas discórdias das sensações e emoções e nas limitações de suas preferências intelectuais, de sua inércia, de sua tensão e obstinação, que são as formas que nela tomam a intrusão da mente-de-desejo, ou Prana psíquico. Como é dito nos Upanishads, toda nossa consciência mental é totalmente atravessada pelos fios e correntes desse Prana, dessa energia de vida que se esforça e se limita, se apodera e perde, deseja e sofre; é somente por sua purificação que poderemos conhecer e possuir nosso self real e eterno.

É verdade que a raiz de todo esse mal é o sentido de ego, e que a sede consciente do sentido de ego é a própria mente; mas, na verdade, a mente consciente apenas reflete um ego já criado na mente subconsciente das coisas, um ego que é a alma muda na pedra e na planta, presente em todo corpo e em toda vida e que, no final, é liberado, despertado, dotado de uma voz pela mente consciente, mas não criado originalmente por ela. E, no curso dessa procissão ascendente, é a energia de vida que se torna o nó obstinado do ego, é a mente-de-desejo que se recusa a afrouxar o nó, mesmo quando o intelecto e o coração descobrem a causa de seus males e ficariam bem contentes em removê-la; pois neles o Prana é o Animal que se revolta e obscurece e engana seu conhecimento e, por sua negação, subjuga a vontade deles.

Portanto, o Purusha mental deve recusar associar-se e identificar-se com essa mente-de-desejo. Ele deve dizer: "Eu não sou essa coisa que luta e sofre, se atormenta e se alegra, ama e odeia, que espera e é decepcionada, está em cólera e amedrontada, contente e deprimida, uma coisa de humores vitais e paixões emocionais. Essas são meras operações e hábitos da Prakriti na mente sensorial e emocional". A mente então se retira de suas emoções e, em relação a elas, assim como em relação aos movimentos e às experiências do corpo, torna-se a observadora e a testemunha. Aí também se produz uma separação interior. Há essa mente emocional em que esses humores e paixões continuam a ocorrer segundo o hábito dos modos da Natureza e há a mente observadora que os vê, estuda e compreende, mas é desapegada deles. Ela os observa como a ação de uma peça teatral em um palco mental, com personagens que não são ela mesma; no início, os observa com interesse e uma espécie de hábito que a faz recair na identificação, depois, com calma e desapego completos e, por fim, ela alcança não apenas a calma, mas o puro deleite de sua própria existência silenciosa, e vê com um sorriso a irrealidade desses humores e dessas paixões como as alegrias e tristezas de uma criança que brinca e se perde em sua brincadeira. Em seguida, ela percebe a si mesma como mestra da sanção que, ao retirar sua aprovação, pode cessar a brincadeira. Quando a sanção é retirada, um outro fenômeno significativo acontece; a mente emocional em geral torna-se calma e pura, livre dessas reações, e mesmo quando vêm, essas reações não surgem de dentro, mas parecem cair sobre ela como impressões de fora, às quais suas fibras ainda podem responder; mas esse hábito de responder desaparece pouco a pouco e, com o tempo, a mente emocional libera-se inteiramente das paixões a que havia renunciado. Esperança e medo, alegria e pesar, simpatia e antipatia, atração e repulsão, satisfação e insatisfação, felicidade e depressão, horror, cólera, medo, desgosto, vergonha e as paixões do amor e do ódio vão-se do ser psíquico liberado.

Mas o que os substitui? Uma calma, um silêncio e indiferença completos, se essa for nossa vontade. Mas, embora esse seja um estágio pelo qual, em geral, a alma deve passar, ele não é o objetivo final que colocamos diante de nós, pois o Purusha se torna também o mestre que quer e cuja vontade é substituir a fruição falsa pela verdadeira fruição da existência psíquica. O que ele quer, a Natureza executa. O que era uma substância tecida de desejo e paixão, passa a ser uma realidade de um amor, uma alegria e unidade puras, equânimes e calmamente intensas. A alma verdadeira emerge e ocupa o lugar deixado vazio pela mente-de-desejo. Vazia e limpa, a taça se enche com o vinho do amor e deleite divinos, e não mais com o veneno doce e amargo da paixão. As paixões, mesmo a paixão pelo bem, desfiguram a natureza divina. A paixão da piedade, com seus elementos impuros de repulsa física e de incapacidade emocional para suportar o sofrimento de outros, deve ser rejeitada e substituída pela alta compaixão divina, que vê, compreende, aceita o fardo dos outros e tem a força para ajudar a curar, não com a vontade egoística e a revolta contra o sofrimento do mundo e as acusações ignorantes contra a lei das coisas e contra suas fontes, mas com luz e conhecimento, e como um instrumento do Divino em seu emergir. Do mesmo modo, o amor que deseja e se apodera, se agita com a alegria e se desalenta com o sofrimento, deve ser rejeitado e substituído por um amor equânime, abrangente, livre de todas essas coisas e independente de circunstâncias; um amor que não se altera segundo a resposta ou a ausência de resposta. Deveremos lidar da mesma maneira com todos os movimentos da alma; mas falaremos sobre isso mais tarde, quando estudarmos o Ioga da Autoperfeição.

O que havíamos dito sobre a inação aplica-se também a essa possibilidade dual de calma e indiferença de uma parte, e de amor e alegria ativos, de outra. Igualdade, e não indiferença, é a base. Uma persistência equânime, uma indiferença imparcial, uma entrega calma às causas da alegria e da pena sem nenhuma reação, seja de pena, seja de alegria, são a preparação e a base negativa da igualdade; mas a igualdade não é completa enquanto não tomar a forma positiva do amor e do deleite. A mente sensorial deve encontrar a *rasa* igual do Todo-Beleza; o coração deve encontrar o amor igual por todos e a Ananda em todos, o Prana psíquico encontrar a fruição dessa *rasa*, desse amor e dessa Ananda. Contudo, essa é a perfeição positiva que vem pela liberação; nosso primeiro objetivo no caminho do conhecimento é, antes, a liberação que vem do desapego à mente-de-desejo e da renúncia às suas paixões.

A mente-de-desejo também deve ser rejeitada do instrumento do pensamento; a melhor maneira de chegar a isso é separar o Purusha do pensamento e das opiniões. Tivemos já a ocasião de falar sobre isso quando vimos em que consiste a purificação integral do ser. Pois todo esse processo de conhecimento que estamos descrevendo é um método de purificação e liberação por meio do qual um autoconhecimento completo e final torna-se possível, visto que o autoconhecimento progressivo é o próprio instrumento da purificação e da liberação. O método para a mente pensante será o mesmo para o resto do ser. O Purusha, após ter usado a mente pensante para liberar-se da identificação com a vida, com o corpo e com a mente de desejo, de sensações e de emoções, fechará o círculo em torno à mente pensante e dirá: "Eu tampouco sou isso; não sou o pensamento nem o pensador; todas essas ideias, opiniões, especulações, esforços do intelecto, suas predileções, preferências, dogmas, dúvidas, correções de si não são eu mesmo; tudo isso é apenas uma operação da Prakriti, que acontece na mente pensante". Assim, uma divisão se cria entre a mente que pensa e quer e a mente que observa, e o Purusha torna-se apenas Testemunha; ele vê, compreende o processo e as leis desse pensamento, mas separa-se dele. Então, enquanto mestre da sanção, ele retira sua aprovação passada dessa subcorrente emaranhada da mente e do intelecto racional e os obriga a cessar suas insistências. Ele se torna livre da sujeição à mente pensante e capaz de um silêncio total.

Para a perfeição, é necessário também que o Purusha reassuma sua posição enquanto senhor de sua Natureza e queira substituir a simples subcorrente mental e o intelecto por um pensamento consciente da verdade que ilumina do alto. Mas o silêncio é necessário; no silêncio, e não no pensamento, encontramos o Self, percebemos o Self, em lugar de apenas concebê-lo, e nos retiramos do Purusha mental para entrar nisso que é a fonte da mente. Porém, para essa retirada, uma última liberação é necessária: a liberação do senso de ego na mente.

CAPÍTULO IX

A LIBERAÇÃO DA SUJEIÇÃO AO EGO

Formar um ego mental e vital ligado à existência do corpo foi o primeiro grande labor da Vida cósmica em sua evolução progressiva; pois esse foi o meio que ela encontrou para criar, a partir da matéria, um indivíduo consciente. A dissolução desse ego limitador é a condição essencial, o meio necessário para que essa mesma Vida cósmica alcance sua realização divina, pois só dessa maneira o indivíduo consciente poderá encontrar seu self transcendente, sua verdadeira Pessoa. Esse movimento duplo (de formação e dissolução do ego) em geral é representado como uma queda e uma redenção ou uma criação e uma destruição — uma luz que se acende e se extingue, ou a formação de um pequeno self temporário e irreal e sua liberação na amplidão eterna de nosso Self verdadeiro. Pois o pensamento humano se decompõe e segue dois opostos extremos: um, mundano e pragmático, considera a satisfação do sentido do ego mental, vital e físico do indivíduo ou da coletividade como o objetivo da vida, e não vê mais longe; o outro, espiritual, filosófico ou religioso, considera a conquista do ego no interesse da alma, do espírito, ou de qualquer entidade última, como a única coisa que vale a pena ser feita, muito além de qualquer outra. Mas, mesmo no campo do ego, duas atitudes divergentes dividem a teoria mundana ou materialista do universo. Uma tendência desse pensamento considera o ego mental uma criação de nossa mentalidade, que será dissolvida com a dissolução da mente, pela morte do corpo — a única verdade duradoura seria a Natureza eterna que atua na espécie, essa ou outra, e seus propósitos deveriam ser seguidos, não os nossos: a consumação da espécie, o ego coletivo, e não o do indivíduo, deveria ser a regra da vida. Outra direção do pensamento, mais vitalista em suas tendências, considera o ego consciente a suprema efetivação da Natureza, por mais transitório que seja; o enobrece, ao fazer dele um representante humano da Vontade de ser e considera que sua grandeza e satisfação são o objetivo supremo de nossa existência. Nos sistemas mais numerosos, que se apoiam em algum tipo de pensamento religioso ou em alguma disciplina espiritual, há uma divergência correspondente. Os budistas negam a existência de um self real ou ego, e não reconhecem o Ser universal nem o transcendente. O Advaita[1] declara que a alma, individual em aparência, não é mais que o Self supremo ou Brahman, sua individualidade seria uma ilusão; desembaraçar-se da existência individual seria a única liberação verdadeira. Outros sistemas afirmam, em contradição categórica com esse ponto de vista, a duração eterna da alma humana, em que eles veem uma base da consciência múltipla do Um, ou então uma entidade dependente, se bem que separada do Um, mas constante, real, imperecível.

Em meio a essas opiniões variadas e conflitantes, aquele que busca a Verdade deve decidir por si mesmo qual será o Conhecimento válido para ele. Mas se nosso objetivo for uma liberação espiritual ou uma completude espiritual, então é indispensável ultrapassar esse pequeno molde do ego. No egoísmo humano e em sua satisfação não pode haver culminação divina nem liberação divina. Certa purificação do egoísmo é a condição, mesmo para a elevação e o progresso éticos, para o bem social e a perfeição social; ela é ainda mais indispensável para a paz, a pureza e a alegria interiores. Mas uma liberação ainda bem mais radical, não apenas do egoísmo mas da ideia de ego e do sentido de ego, é necessária, se nosso objetivo for elevar a natureza humana à natureza divina. A experiência mostra que à medida que nos liberamos do ego mental e vital e de suas limitações, possuímos uma vida mais vasta, uma existência mais ampla, uma consciência mais alta, um estado-de-alma mais feliz, até mesmo um conhecimento, poder e escopo mais amplos. Mesmo o objetivo que nossa filosofia mais mundana persegue — a completude, a perfeição, a satisfação do indivíduo — é melhor assegurado não ao satisfazer o ego estreito, mas ao encontrar a liberdade em um self mais alto e mais vasto. Não há felicidade na pequenez do ser, diz a Escritura; é no ser mais vasto que a felicidade ocorre. O ego é, por natureza, uma pequenez do ser; ele produz uma contração da consciência e, com a contração, uma limitação do conhecimento, uma ignorância paralisante — reclusão e diminuição de poder e, por essa diminuição, uma incapacidade e fraqueza —, ele cria uma cisão na unidade e, por essa cisão, a desarmonia e a falta de simpatia, de amor e de compreensão — ele cria uma inibição e uma fragmentação do deleite de ser e, por essa fragmentação, a dor e a aflição. Para recuperar o que perdemos devemos escapar dos muros do ego. O ego deve desaparecer na impessoalidade ou fundir-se em um

---

1. *advaita* — não dualidade, Existência Única; Monismo; o monista vedântico. (N. da T.)

"Eu" maior: deve fundir-se no "Eu" cósmico, que abrange todos esses selfs menores, ou no Transcendente, de que até mesmo o self cósmico é uma imagem diminuída.

Mas esse self cósmico é espiritual em essência e experiência; não deve ser confundido com a existência coletiva nem com alguma alma de grupo ou com a vida e o corpo de uma sociedade humana ou mesmo de toda a humanidade. A subordinação do ego ao progresso e à felicidade da espécie humana é, no momento atual, uma das ideias que dominam o pensamento e a ética do mundo; mas esse é um ideal mental e moral, e não um ideal espiritual. Pois esse progresso da espécie é uma série constante de vicissitudes mentais, vitais e físicas, não tem conteúdo espiritual estável e não oferece nenhuma base sólida à alma do ser humano. A consciência da humanidade coletiva é apenas uma edição cada vez mais abrangente, ou uma soma, de egos individuais. Feita da mesma substância, no mesmo molde da natureza, essa consciência não possui nenhuma luz maior, nenhum sentido de si mesma mais eterno, nenhuma fonte mais pura de paz, de alegria e de liberação. Ao contrário, ela é ainda mais torturada, mais atormentada e obscurecida, decerto mais vaga, confusa e menos progressista que o ego individual. Em relação a isso, o indivíduo é maior do que a massa e não pode ser solicitado a subordinar suas possibilidades mais luminosas a essa entidade mais obscura. Se luz, paz, liberação e uma existência melhor devem vir, é preciso que desçam na alma, que venham de algo mais vasto que o indivíduo, mas também de algo mais alto que o ego coletivo. Altruísmo, filantropia, serviço à humanidade são ideais em si, mentais ou morais, não leis da vida espiritual. Se, ao objetivo espiritual, acrescenta-se o impulso para negar o self pessoal ou para servir à humanidade ou ao mundo como um todo, isso não vem do ego, nem do senso coletivo da espécie, mas de algo mais profundo e mais oculto que transcende ambos; pois esse algo é fundamentado no sentido do Divino em tudo, e trabalha não pelo amor ao ego ou à espécie, mas pelo amor ao Divino e seus propósitos na pessoa, no grupo ou no coletivo. É essa Fonte transcendente que devemos buscar e a quem devemos servir, esse ser, essa consciência mais vastos; a espécie e o indivíduo são termos menores de sua existência.

De fato, há uma verdade por trás do impulso pragmático, que uma espiritualidade exclusiva e parcial tem tendência a ignorar, negar ou depreciar. Isto é, que o indivíduo e o universo são termos desse Ser mais alto e mais vasto e, portanto, sua completude deve ter um lugar real na Existência suprema. Por trás deles deve haver algum propósito mais elevado da Sabedoria e do Conhecimento supremos, alguma melodia eterna do Deleite supremo; eles não podem ter sido criados, e não foram criados, em vão. Mas a perfeição e a satisfação da humanidade, como as do indivíduo, só poderão ser obtidas e fundamentadas com segurança em uma verdade e justiça mais eternas, ainda não captadas. Termos menores de uma Existência maior, eles só encontrarão sua plenitude quando conhecerem e possuírem aquilo de que eles são os termos. O serviço maior que poderemos prestar à humanidade, o alicerce mais seguro de seu progresso, felicidade e perfeição verdadeiros é preparar ou encontrar o caminho pelo qual o ser humano individual e o coletivo possam transcender o ego e viver em seu self verdadeiro, não mais atado à ignorância, incapacidade, desarmonia e aflição. É pela busca do Eterno, não permanecendo atados à lenta evolução coletiva da Natureza, que poderemos melhor assegurar mesmo aquele objetivo altruístico e coletivo que o pensamento e idealismo modernos colocam diante de nós. Mas esse é um objetivo secundário; encontrar, conhecer e possuir a existência, consciência e natureza divinas e, nelas, viver para o Divino, é nosso objetivo verdadeiro e a única perfeição a que devemos aspirar.

É, então, na via das filosofias e das religiões espirituais e não naquelas das doutrinas materialistas terra a terra que o buscador da consciência mais alta deve caminhar, mesmo se tiver objetivos mais ricos e um propósito espiritual mais abrangente. Mas até onde ele deve ir na eliminação do ego? Segundo a antiga via do conhecimento devemos eliminar o sentido de ego que se apega ao corpo, à vida, à mente e nos faz dizer de um e de outro, ou de todos: "Isso sou eu". Não apenas nos liberamos do "Eu" do trabalhador, como na via das obras, e vemos que o Senhor é a única fonte verdadeira de todas as obras e de toda sanção às obras, e que Seu poder executivo, a Natureza, ou Sua suprema Shakti é o único agente, único trabalhador, mas nos liberamos também desse sentido de ego que nos faz considerar os instrumentos ou as expressões de nosso ser como nosso ser verdadeiro, nosso espírito. Mas mesmo quando tivermos feito tudo isso, restará ainda alguma coisa; restará um substrato de tudo isso, uma sensação geral do "Eu" separado. Esse substrato de ego é algo vago, indefinível, elusivo; ele não se apega, nem necessita apegar-se, a coisa alguma em particular como "self"; não se identifica a coisa alguma coletiva; é como uma forma ou um poder basilar da mente que compele o ser mental a sentir-se indefinível, talvez, mas, mesmo assim, um ser limitado que não é a mente, a vida ou o corpo, mas sob o qual as atividades da mente, da vida e do corpo continuam na Natureza. As outras formas de ego — mentais, vitais, corporais — são uma ideia e um sentido limitados de ego, apoiados no jogo da Prakriti; mas esse aqui é o poder puro e fundamental do ego, ele tem como suporte a consciência do Purusha mental. E porque parece estar acima ou detrás do jogo e não no jogo, porque ele não diz: "Eu sou a mente, a vida, o corpo", mas: "Eu sou um ser do qual a ação da mente, da vida e do corpo depende", muitos se creem liberados e confundem esse Ego elusivo com o Um, com o Divino, com o verdadeiro Purusha ou, ao menos, com a Pessoa verdadeira neles — confundem o indefinível com o Infinito. Mas enquanto esse sentido de ego permanecer, não haverá liberação absoluta. A vida egoística, mesmo se diminuída em força e intensidade, pode continuar muito bem com esse suporte. Se houver um erro na identificação, a vida do ego pode mesmo, sob esse pretexto, conseguir uma intensidade e uma força mais exageradas. Mesmo se não houver um tal erro, a vida do ego poderá ser mais ampla, mais pura, mais flexível e a liberação mais fácil de ser alcançada, mas ainda não haverá a liberação definitiva. É necessário ir mais longe, liberar-se também desse sentido de ego indefinível mas basilar, e retornar ao Purusha no qual ele se apoia e de quem é uma sombra; a sombra deve desaparecer e, por seu desaparecimento, revelar a substância sem nuvens do Espírito.

Essa substância é o self do ser humano, que o pensamento europeu chama Mônada, e a filosofia indiana chama Jiva ou Jivatman, a entidade viva, o self da criatura viva. Esse Jiva não é o sentido mental do ego construído pelas operações da Natureza para seus propósitos temporários. Ele não está atado, como estão o ser mental, vital e físico, pelos hábitos, leis e processos da Natureza. O Jiva é um espírito e self, superior à Natureza. É verdade que ele dá sua aprovação às atividades dela, reflete seus humores e sustenta o triplo intermediário — mente, vida e corpo, pelos quais a Natureza projeta suas atividades na consciência da alma; mas, em essência, o Jiva é um reflexo vivo ou uma forma de alma ou uma criação nascida do Espírito universal e transcendente. O Espírito, o Um que refletiu alguns de seus modos de ser no mundo e na alma, é múltiplo enquanto Jiva. Esse Espírito é o próprio Self de nosso self, o Um e o Mais-Alto, o Supremo que devemos realizar, a Existência infinita na qual devemos entrar. Até aqui, todos os instrutores caminham juntos, todos estão de acordo que esse é o objetivo supremo do conhecimento, das obras e da devoção, todos concordam que para alcançar esse objetivo o Jiva deve liberar-se do sentido de ego, que pertence à Natureza inferior ou Maia. Mas aqui eles se separam, e cada um segue sua própria via. O monista percorre fixamente o caminho em busca de um conhecimento exclusivo e nos propõe como único ideal o retorno total, a perda, a imersão ou a extinção do Jiva no Supremo. O dualista ou o monista parcial voltam-se para o Caminho da Devoção e nos convidam, de fato, a abandonar o ego inferior e a vida material, mas também a ver que o mais alto destino do espírito no ser humano não é a autoaniquilação do budista, nem a autoimersão do advaita, nem o Um que engole a multiplicidade, mas uma existência eterna absorvida no pensamento, no amor e no deleite do Supremo, do Um, do Todo-Amante.

Para o discípulo do Ioga Integral não pode haver hesitação; como buscador do conhecimento, é o conhecimento integral que ele deve buscar e não algo parcial e atraente ou algum pináculo sublime e exclusivo. Ele deve elevar-se ao cume extremo, mas também fazer o círculo e expandir-se em uma vastidão que abrange tudo, sem ligar-se a nenhuma estrutura rígida de pensamento metafísico, mas ser livre para admitir e unificar todas as experiências da alma, as mais altas, mais plenas, mais variadas. Se a altura suprema da experiência espiritual, o puro cume de toda realização é a união absoluta da alma com o Transcendente mais além do indivíduo e do universo, o escopo mais vasto dessa união é a descoberta dessa própria Transcendência enquanto fonte e suporte, espírito e substância, que contém, anima e constitui esses dois poderes de manifestação da Essência divina e da Natureza divina — o individual e o universal. Qualquer que seja a via, esse deve ser o objetivo. O Ioga da ação tampouco será perfeito, absoluto, vitoriosamente completo enquanto o buscador espiritual não sentir e viver sua unidade essencial e integral com o Supremo. Uno, ele deve estar com o Divino, no cume de seu ser e no mais profundo de sua consciência, nas profundezas e em toda a extensão do ser, em seu trabalho, em sua vontade, em seu poder de ação, em sua mente, vida e corpo. De outro modo, ele será liberado somente da ilusão das obras individuais, mas não será liberado da ilusão do instrumento e do ser separados. Trabalhará como servidor e instrumento do Divino, mas a coroação de seu labor e sua base ou motivo perfeito será a unidade com aquilo que ele serve e cumpre. O Ioga da Devoção também só é completo quando o amante e o Bem-Amado são unificados, e toda diferença é abolida no êxtase da unidade divina; e mesmo assim, no mistério dessa unificação a existência única do Bem-Amado não aniquila nem absorve a existência do amante. É a unidade mais alta que é a direção expressa do Caminho do Conhecimento, o chamado da unidade absoluta é seu impulso, a experiência da unidade é seu magneto; mas é essa própria unidade superior que, no buscador integral, toma como seu campo de manifestação a extensão cósmica mais vasta. Ao obedecer à necessidade de nos retirar sucessivamente do egoísmo prático de nossa natureza tripla e do sentido basilar do ego, alcançaremos a realização do espírito, do self, do senhor dessa manifestação humana individual, mas nosso conhecimento não será integral se não fizermos esse self no indivíduo unir-se ao espírito cósmico e ambos encontrarem sua realidade maior acima, em uma Transcendência inexprimível, mas não incognoscível. O Jiva em posse de si deve abandonar-se no ser do Divino. O self pessoal deve fazer-se um com o Self de tudo; o self do indivíduo finito deve derramar-se no finito sem limites e esse espírito cósmico também deve ser ultrapassado no Infinito Transcendente.

Isso não pode ser feito sem a abolição inflexível do sentido do ego em sua própria base e em sua fonte. No Caminho do Conhecimento essa abolição é buscada de modo negativo, pela negação da realidade do ego, ou de modo positivo, pela fixação constante do pensamento na ideia do Um e do Infinito em si mesmo, ou do Um e do Infinito em toda parte. Se persistirmos, o ponto de vista mental sobre si mesmo e sobre o mundo inteiro no final muda, e chegaremos a uma espécie de realização mental; mas em seguida, por etapas — ou talvez de modo rápido e irresistível, e quase do início — a realização mental aprofunda-se e se torna uma experiência espiritual: uma realização na própria substância de nosso ser. Estados cada vez mais frequentes manifestam-se em nós, de algo indefinível e ilimitável, uma paz, um silêncio, uma alegria, uma beatitude inexprimíveis, a sensação de um Poder impessoal absoluto, de uma pura Existência, de uma Presença que impregna tudo. O ego persiste, em si mesmo ou em seus movimentos habituais, mas o lugar do Um se torna cada vez mais livre; os demais movimentos são rompidos, esmagados, cada vez mais rejeitados, sua intensidade enfraquece, sua ação se torna claudicante e mecânica. No final, há um abandono constante de toda a consciência no ser do Supremo. No início, quando a confusão agitada e a impureza obscurecedora de nossa natureza exterior estão ativas, quando o sentido do ego mental, vital e físico é ainda poderoso, pode ser que essa nova maneira mental de ver, essas experiências sejam consideradas extremamente difíceis; mas, uma vez que esse egoísmo triplo for desencorajado ou estiver moribundo, e os instrumentos do Espírito forem retificados e purificados, a pureza, infinidade, imobilidade do Um se refletirão na consciência inteiramente pura, silenciosa, clarificada, ampliada, como o céu se reflete em um lago límpido. Um encontro da Consciência refletida com aquilo que a reflete, ou uma absorção nisso, torna-se cada vez mais premente e possível; lançar uma ponte, ou abolir esse abismo atmosférico entre a vastidão impessoal, imutável e etérea e isso que foi uma vez um turbilhão móvel ou um córrego estreito de existência pessoal, não é mais uma impossibilidade árdua e pode mesmo se tornar uma experiência frequente, se não ainda um estado inteiramente permanente. Pois, mesmo antes da purificação completa, se as cordas do coração e da mente egoístas estiverem já desgastadas o suficiente e descerradas, o Jiva pode, por uma ruptura súbita das cordas principais, escapar, ascender ao espaço como um pássaro que encontrou sua liberdade, ou ampliar-se como uma torrente liberada no Um e Infinito. No começo, há uma sensação súbita de consciência cósmica, de expansão no universal; a partir dessa universalidade é mais fácil aspirar ao Transcendente. Os muros que aprisionavam nosso ser consciente são repelidos, arrancados, derrubados; há uma perda de toda sensação de individualidade e personalidade, de toda impressão de estarmos situados no Espaço e no Tempo ou na ação e nas leis da Natureza; não há mais ego, não mais uma pessoa definida e definível, mas apenas consciência, apenas existência, apenas paz e beatitude; tornamo-nos a imortalidade, tornamo-nos a eternidade, tornamo-

-nos a infinidade. Tudo o que resta da alma pessoal é um hino de paz e liberdade, e uma beatitude que vibra em alguma parte no Eterno.

Quando o ser mental não é puro o suficiente, a liberação parece, no início, parcial e temporária; parece que o Jiva desce de novo na vida egoística e que a consciência superior se retira dele. Na realidade, o que acontece é que uma nuvem, ou um véu, se interpõe entre a natureza inferior e a consciência superior e, durante certo tempo, a Prakriti retoma seus antigos hábitos de trabalhar sob a pressão dessa alta experiência, mas nem sempre com o conhecimento ou a atual lembrança dela. O que age nela, então, é um fantasma do velho ego, que sustenta a repetição mecânica dos velhos hábitos, aproveitando-se dos remanescentes da confusão e impureza no sistema. A nuvem vem e depois desaparece, o ritmo de ascensão e descida se repete até que a impureza seja eliminada. Esses períodos de alternância com frequência são longos no Ioga Integral, pois esse Ioga requer uma perfeição completa de nosso sistema; este deve ser capaz, a todo instante e em todas as condições e em todas as circunstâncias, na ação ou na inação, primeiro, de aceitar a consciência da Verdade suprema e, depois, de viver nessa consciência. Para o sadhaka não basta ter a realização absoluta apenas no transe do samádi ou em uma quietude sem movimento, mas ele deve, em transe ou desperto, em reflexão passiva ou na energia da ação, ser capaz de permanecer estabelecido no Brahman[2]. Mas se, e quando, nosso ser consciente se tornar puro e claro o bastante, então possuiremos uma posição firme na consciência superior. O Jiva impersonalizado, uno com o universal ou possuído pelo Transcendente, vive em uma alta morada acima[3] e olhando para baixo, sem se perturbar, vê os remanescentes das antigas operações da Natureza que podem revisitar o sistema. Ele não pode ser afetado pelas operações dos três modos da Prakriti em seu ser inferior, nem ser sacudido, em sua posição, pelos ataques mesmo da aflição e do sofrimento. E, por fim, ao desaparecer todo o véu, a paz do alto domina as perturbações e a mobilidade do nível inferior. Um silêncio permanente se estabelece em que a alma pode, de maneira soberana, tomar posse de si mesma no alto, no baixo e totalmente.

Na verdade, uma tal posse não é o alvo do Ioga tradicional do conhecimento, cujo objetivo é, antes, escapar do alto e do baixo e de tudo, para fundir-se no Absoluto indefinível. Mas qualquer que seja o alvo, o Caminho do Conhecimento deve conduzir a um primeiro resultado: uma quietude absoluta; pois, a menos que a velha ação da Natureza em nós seja de todo aquietada será difícil, senão impossível, fun-

---

2. *Bhagavad Gītā*.
3. *udāsīna* — designa a "indiferença" espiritual, isto é, a liberdade desapegada da alma em contato com o conhecimento supremo

damentar qualquer estado de alma verdadeiro ou qualquer atividade divina. Nossa natureza age em uma base de confusão e de uma compulsão agitada para a ação — o Divino age livremente em uma calma insondável. Nesse abismo de tranquilidade devemos mergulhar, tornarmo-nos esse abismo, se quisermos anular o poder dessa natureza inferior sobre a alma. Por isso, o Jiva universalizado ascende primeiro ao Silêncio; ele se torna vasto e tranquilo, sem agir. Qualquer ação que aconteça, quer do corpo e seus órgãos, quer alguma outra, o Jiva vê mas não participa, não autoriza nem se associa a ela de modo algum. Há ação, mas não há ator pessoal, nem sujeição, nem responsabilidade. Se alguma ação pessoal for necessária, então o Jiva deve manter ou recobrar aquilo que foi chamado a forma do ego, uma espécie de imagem mental de um "Eu" que é o conhecedor, o devoto, o servidor ou o instrumento, mas apenas uma imagem e não uma realidade. Se mesmo isso não estiver aí, ainda assim a ação pode continuar pela simples força constante da Prakriti, sem nenhum ator pessoal, nem mesmo a menor sensação de ser um ator; pois o Self no qual o Jiva fundiu seu ser é o "sem-ação", o imóvel insondável. O Caminho das Obras conduz à realização do Senhor, mas no Caminho do Conhecimento nem mesmo o Senhor é conhecido; há apenas o Self silencioso e a Prakriti que cumpre suas próprias obras; e nem as cumpre com entidades verdadeiramente vivas, como parece no início, mas com nomes e formas existentes no Self, mas que o Self não reconhece como reais. A alma pode mesmo ir mais além dessa realização; ela pode elevar-se ao outro lado de toda ideia de Self, até o Brahman percebido como um Vazio de tudo o que está aqui, Vazio da paz sem nome e da extinção de tudo, mesmo mais além da ideia de *sat*, mesmo da ideia desse Existente enquanto base impessoal da personalidade individual e universal; ou então ela pode unir-se a ele enquanto um "Isto" inefável do qual nada pode ser dito; pois o universo e tudo o que é nem mesmo existe n'Isto, e aparece à mente como um sonho mais insubstancial que qualquer sonho jamais visto ou imaginado, de maneira que mesmo a palavra sonho parece demasiado positiva para expressar toda a sua irrealidade. Essas experiências são a base do Ilusionismo altaneiro, que se apodera com tanta firmeza da mente humana quando ela ultrapassa seus mais altos limites.

Essas ideias de sonho e ilusão são apenas o resultado do que ainda nos resta de mentalidade, da nova posição do Jiva e de sua recusa a ceder às suas antigas relações com a vida e com a existência e às suas antigas concepções mentais sobre elas. Na realidade, a Prakriti não age para si nem por sua iniciativa própria, mas com o Self como senhor; pois desse Silêncio jorra toda ação, esse Vazio aparente extravasa, como para pôr em movimento todas essas riquezas infinitas de experiência. A essa realização o sadhaka do Ioga Integral deve chegar pelo processo que descreveremos mais adiante. Mas quando o Jiva retomar seu poder sobre o universo e ver que não é mais ele mesmo que está no mundo mas é o cosmos que está nele, qual será então sua posição, ou o que, em sua nova consciência, ocupará o lugar do sentido de ego? — Não haverá sentido de ego, mesmo se houver uma espécie de individualização, para o propósito do jogo da consciência universal em uma mente e uma moldura individuais; e é por essa razão que tudo será o Um, inesquecivelmente, e cada Pessoa ou cada Purusha será para o sadhaka o Um em inumeráveis formas ou, antes, em inumeráveis aspectos e posições, Brahman agindo no Brahman, um só e único Nara-Narayana[4] em toda parte. Nesse jogo mais vasto do Divino, a alegria das relações do Amor divino também é possível, sem cair no sentido de ego — assim como o estado supremo do amor humano também é descrito como a unidade de uma única alma em dois corpos. O sentido de ego não é indispensável ao jogo do mundo em que ele é tão ativo e tanto falseia a verdade das coisas; a verdade é sempre o Um, a agir sobre si mesmo, a brincar consigo mesmo, infinito na unidade, infinito na multiplicidade. Quando a consciência individualizada se eleva a essa verdade do jogo cósmico e vive nela, então, mesmo em plena ação, mesmo em posse do ser inferior, o Jiva permanece sempre uno com o Senhor, e não há servidão nem ilusão. Ele está em posse do Self e liberado do ego.

---

4. O Divino, Narayana, torna-se uno com a humanidade, assim como o humano, Nara, torna-se uno com o Divino.

CAPÍTULO X

A REALIZAÇÃO DO SELF CÓSMICO

Nosso primeiro objetivo indispensável quando nos retiramos da mente, da vida, do corpo e de tudo o mais que não é nosso ser eterno, é nos liberar da ideia falsa do self, pela qual nos identificamos com a existência inferior e percebemos apenas nosso ser aparente, como uma criatura perecível ou mutável em um mundo perecível e para sempre mutável. Devemos conhecer a nós mesmos como o self, o espírito, o eterno; devemos existir de maneira consciente em nosso ser verdadeiro. Portanto, tais devem ser, no Caminho do Conhecimento, nossa ideia e esforço principais, senão primordiais e totalmente absorventes. Mas quando compreendermos o Self eterno que somos, quando nos tornarmos isso de modo inalienável, restará ainda um objetivo secundário: estabelecer a verdadeira relação entre esse self eterno que somos e a existência mutável, o mundo mutável que, até agora, tínhamos considerado, erroneamente, nosso ser real e nosso único estado possível.

Para que a relação seja real, é preciso que seja uma relação entre duas realidades. Outrora havíamos pensado que o self eterno fosse um conceito remoto, longe de nossa existência mundana, mesmo uma ilusão e irrealidade, porque na natureza das coisas não podíamos nos conceber como algo que não fosse essa mente, vida e corpo, mutáveis e moventes na sucessão do Tempo. Uma vez liberados de nossa reclusão nesse estado inferior, somos inclinados a aceitar o outro lado da mesma relação errônea entre o self e o mundo: tendemos a considerar essa eternidade que somos cada vez mais, ou na qual vivemos, como a única realidade, e começamos a olhar do alto o mundo e o ser humano como uma ilusão remota e uma irrealidade, porque esse é um estado completamente oposto ao nosso novo fundamento, no qual não fixamos mais as raízes de nossa consciência e do qual fomos elevados e transfigurados e com o qual parece que não temos mais ligação alguma. É provável que isso aconteça, sobretudo se fizermos da descoberta do Self eterno não apenas nosso objetivo principal, mas nosso único e exclusivo objetivo ao retirarmo-nos da triplicidade inferior; pois então é provável que façamos apenas um salto direto, da mente pura ao espírito puro, sem pisar nos degraus entre esse meio e esse cume, e teremos a tendência a fixar em nossa consciência a sensação profunda de um abismo sobre o qual não podemos lançar uma ponte e que não podemos mais atravessar sem o risco de uma queda dolorosa.

Mas o self e o mundo têm uma relação eterna e íntima e há uma conexão entre eles, não um abismo sobre o qual devemos saltar. O espírito e a existência material são o degrau mais alto e o mais baixo de uma série ordenada e progressiva. Portanto, deve haver entre os dois uma relação e um princípio reais de conexão pelos quais o eterno Brahman pode ser puro Espírito e Self e mesmo assim ter em si o universo que ele é; e deve ser possível para a alma, que é una com o Eterno ou em união com Ele, assumir a mesma posição de relação divina, em lugar de nossa atual imersão ignorante no mundo. Esse princípio de conexão é a unidade eterna entre o Self e todas as existências; dessa unidade eterna a alma liberada deve ser capaz, assim como o Divino, para sempre livre e sem laços, é capaz; devemos realizar essa unidade também com a pura autoexistência, à qual temos que visar antes de tudo. Para uma posse de si integral devemos ser uno não apenas com o Self, com Deus, mas com todas as existências. Temos que reaver, na relação justa e na posição de uma Verdade eterna, o mundo de nossa existência manifestada povoado com nossos semelhantes, dos quais nos havíamos afastado porque estávamos ligados a eles por uma relação falsa e na posição de falsidade criada no Tempo pelo princípio da consciência dividida com todas as suas oposições, discórdias e dualidades. Devemos tomar de volta todas as coisas e todos os seres em nossa consciência nova, mas como uno com todos, não separados deles por uma individualidade egoística.

Em outras palavras, além da consciência do puro Self transcendente, autoexistente, atemporal, sem espaço, devemos também aceitar e nos tornar a consciência cósmica, identificar nosso ser com o Infinito, que fez de si a base e o continente dos mundos e habita em todas as existências. Essa é a realização que os antigos estudiosos dos Vedas descreveram como "ver todas as existências no self e o self em todas as existências"; mas eles falaram também da realização suprema do indivíduo em quem o milagre original da existência se repetia quando o Ser em si se tornou todas essas existências que pertenciam ao mundo do devenir[1]. Esses três termos — transcendente, cósmico e individual — expressam fundamentalmente a totalidade da relação

---

1. Isha Upanishad.

real entre o self e o mundo, que deve substituir a relação falsa criada pelo ego limitador. Essa é a visão nova, a percepção nova da infinitude do ser que devemos adquirir, esse é o alicerce dessa unidade com tudo que precisamos estabelecer.

Pois nosso self real não é o ser mental individual, isso é apenas uma imagem, uma aparência; nosso self real é cósmico, infinito, uno com toda a existência e o habitante de todas as existências. O self por trás de nossa mente, vida e corpo é o mesmo self por trás da mente, vida e corpo de todos os nossos semelhantes, e se conseguirmos possuí-lo, tenderemos naturalmente, ao voltarmos nosso olhar mais uma vez sobre nossos semelhantes, a nos tornar uno com eles na base comum de nossa consciência. É verdade que a mente se opõe a essa identificação, e se permitirmos que persista em seus velhos hábitos e atividades, ela fará todo o possível para pôr de volta seu véu de dissonâncias sobre nossa realização e posse novas do self, em vez de reformar-se e submeter-se a essa visão das coisas eterna e verdadeira. Mas, em primeiro lugar, se devemos prosseguir corretamente na via de nosso Ioga é através de uma mente e coração purificados que alcançaremos o Self, e uma mente purificada é aquela que é, necessariamente, passiva e aberta ao conhecimento. Em segundo lugar, mesmo a mente, malgrado sua tendência a limitar e dividir, pode aprender a pensar no ritmo da Verdade unificadora, em lugar dos termos fragmentados das aparências limitadoras. Devemos, portanto, habituá-la, por meio da meditação e da concentração, a cessar de pensar que as coisas e os seres existem à parte, em si mesmos e, antes, a pensar sempre no Um em toda parte e que todas as coisas são o Um. Embora até aqui tenhamos expressado que o movimento de retirar-se era a primeira necessidade do Jiva para chegar ao Conhecimento, como se isso necessitasse ser buscado por si, de modo exclusivo, no entanto, é de fato melhor para o sadhaka do Ioga Integral unir os dois movimentos. Por meio de um, ele encontrará o self interior, por meio do outro, encontrará esse mesmo self em tudo que, no presente, nos parece fora de nós. Na verdade, é possível começar pelo último movimento, perceber que todas as coisas nessa existência visível e sensível são Deus ou Brahman ou Virat Purusha[2] e então ir além e encontrar tudo que está por trás do Virat. Mas esse método tem suas inconveniências, e é melhor, se for possível, combinar os dois movimentos.

Essa percepção de todas as coisas enquanto Deus ou Brahman tem, como vimos, três aspectos que podemos, por conveniência, considerar como três estágios de experiência sucessivos. Primeiro, há o Self em quem todos os seres existem. O Espírito, o Divino, manifestou-se como Ser infinito expandido em si mesmo, autoexistente, puro, não sujeito ao Tempo e ao Espaço, mas sustentando Tempo e Espaço como

---

2. *virāṭ puruṣa* — o Espírito universal. (N. da T.)

imagens de sua consciência. Ele é mais que todas as coisas e as contém todas na extensão de seu ser e de sua consciência; não está ligado por nada que ele cria, que contém ou se torna, mas é livre e infinito, todo-beatitude. Segundo a antiga imagem, Ele contém todas as coisas como o éter infinito contém em si todos os objetos. Essa imagem do Brahman etereal — Akasha[3] — pode, de fato, ser de grande ajuda prática para o sadhaka que encontra dificuldade em meditar sobre aquilo que, no início, lhe pareceu uma ideia abstrata e inapreensível. Na imagem do éter — não o éter físico, mas um abrangente, vasto éter de ser, consciência e beatitude —, ele pode buscar ver com a mente e sentir em seu ser mental essa existência suprema e identificá-la, em unidade, com o self dentro de si. Por essa meditação a mente pode ser levada a um estado favorável de predisposição em que, por um rasgão no véu ou seu afastamento, a visão supramental poderá inundar a mentalidade e mudar por completo toda nossa visão. E, a partir dessa mudança de visão, à medida que se tornar cada vez mais potente e insistente e ocupar toda a nossa consciência, por fim se produzirá uma mudança em nosso devir: nós nos tornamos aquilo que vimos. Na consciência de nosso ser não seremos mais cósmicos, mas ultracósmicos, infinitos. Mente, vida e corpo serão, então, apenas movimentos nessa infinitude que nos tornamos, e veremos que o que existe não é o mundo, de modo algum, mas apenas esse infinito do Espírito, em que se movem as grandiosas harmonias cósmicas das imagens de seu devir consciente.

Mas o que será, então, de todas essas formas e existências que constituem a harmonia? Serão elas, para nós, apenas imagens, nomes e formas vazias sem nenhuma realidade que as anime, pobres coisas sem valor em si e, por mais grandiosas, poderosas ou belas que possam ter parecido outrora à nossa visão mental, devem agora ser rejeitadas e consideradas sem valor? Com certeza não, embora esse possa ser o primeiro resultado natural de uma absorção muito intensa no infinito do Self que contém tudo, ao ponto de excluir as infinitudes que ele contém. Mas essas coisas não são vazias, não são apenas nomes e formas irreais imaginadas por uma Mente cósmica; em sua realidade, elas são devires conscientes do Self, como havíamos dito, isto é, o Self habita em todas elas, assim como habita em nós, é consciente delas, governa suas moções; bem-aventurado em sua habitação, bem como ao abraçar tudo que Ele se torna. Assim como o éter contém a jarra e, por assim dizer, ao mesmo tempo está contido nela, do mesmo modo esse Self contém todas as existências e nelas habita, não em sentido físico mas espiritual, e é a realidade delas. Esse estado de imanência do Self, nós devemos realizar; devemos vê-lo e nós mesmos nos tornar,

---

3. *ākāśa* (Akasha) — éter; o princípio estático de expansão que é a eterna *matrix* das coisas. (N. da T.)

em nossa consciência, esse Self que está em todas as existências. Pondo de lado todas as resistências vãs do intelecto e nossas associações mentais, devemos saber que o Divino habita em todos esses devires e é seu Self verdadeiro, seu Espírito consciente; e saber isso não apenas de maneira intelectual, mas pela autoexperiência, que impelirá todos os hábitos da consciência mental a fundir-se em um molde mais divino.

Esse Self que somos deve, para nossa própria consciência, tornar-se no final inteiramente uno com todas as existências, apesar de ultrapassá-las. Devemos vê-lo não apenas como aquele que contém tudo e habita em tudo, mas como aquele que é tudo; não apenas aquele que é o espírito imanente, mas também o nome e a forma, o movimento e o mestre do movimento; ele é a mente, a vida e o corpo. Por essa realização final nós reencontramos inteiramente, na posição verdadeira e na visão da Verdade, tudo de que nos havíamos retirado em nosso primeiro movimento de recuo e de afastamento. A mente, a vida e o corpo individuais de que nos havíamos retirado por não serem nosso ser verdadeiro, os reencontraremos como o verdadeiro devir do Self, mas não mais em uma estreiteza puramente individual. Perceberemos a mente não como uma mentalidade separada, aprisionada em uma moção mesquinha, mas como um vasto movimento da mente universal; perceberemos a vida não como uma atividade de vitalidade egoística e suas sensações e desejos, mas como um movimento livre da vida universal; perceberemos o corpo não como uma prisão física da alma, mas como um instrumento subordinado, uma veste que poderemos retirar, ao compreendermos que ele é também um movimento da Matéria universal, uma célula do Corpo cósmico. Chegaremos a sentir toda a consciência do mundo físico como uma com nossa consciência física, a sentir todas as energias da vida cósmica em torno de nós como nossas próprias energias; todas as pulsações do coração do grande impulso e da grande busca cósmicos as sentiremos nas pulsações de nosso coração, ajustadas ao ritmo da Ananda divina; sentiremos toda a ação da mente universal derramar-se em nossa mentalidade, e nosso pensamento-ação fluir nela como uma onda nesse mar imenso. Essa unidade que abarca toda a mente, a vida e a matéria na luz da Verdade supramental e na pulsação da Beatitude espiritual será, para nós, nossa realização do Divino em uma consciência cósmica completa.

Mas, visto que devemos abarcar tudo isso no termo duplo do Ser e do Vir a ser, é preciso que nosso conhecimento seja completo e integral. Ele não deve parar na realização do puro Self e Espírito, mas incluir também todos aqueles modos do Espírito pelos quais Ele sustenta e desenvolve Sua manifestação cósmica e lança-se nela Ele mesmo. O autoconhecimento e o conhecimento do mundo devem se tornar uno no conhecimento abrangente do Brahman.

CAPÍTULO XI

OS MODOS DO SELF

Visto que o Self que realizamos pelo Caminho do Conhecimento é não apenas a realidade que está por trás e sustenta os estados e os movimentos de nosso ser psicológico, mas que ele é também a Existência transcendente e universal que se manifesta em todos os movimentos do universo, o conhecimento do Self deve incluir também o conhecimento dos princípios do Ser, de seus modos fundamentais e de suas relações com os princípios do universo fenomênico. Isso é o que queria dizer o Upanishad ao falar do Brahman: "quando Isto é conhecido, tudo é conhecido"[1]. É preciso realizar primeiro Isto, enquanto puro princípio da Existência, depois, diz o Upanishad, seus modos essenciais tornam-se claros para a alma que os realiza. Na verdade, antes da realização podemos tentar analisar pela razão metafísica e mesmo entender intelectualmente o que é o Ser e o que é o mundo, mas esse tipo de compreensão não é o Conhecimento. Ademais, poderemos ter a realização em conhecimento e visão, mas ela será incompleta, se não for uma realização na experiência completa da alma e na unidade de todo o nosso ser com aquilo que realizamos[2]. A ciência do Ioga é conhecer o Mais Alto, e a arte do Ioga é unir-se ao Mais Alto, a fim de poder viver no Self e agir a partir dessa posição suprema, tornando-se uno não apenas na essência consciente, mas na lei consciente de nosso ser, com o Divino transcendente, com Aquele que todas as coisas e todas e criaturas, quer de modo ignorante, quer com um conhecimento e experiências parciais, tentam expressar por meio da lei inferior de sua natureza. Conhecer a Verdade superior e estar em

---
1. *yasmin vijñāte sarvaṁ vijñātam.*
2. Essa é a distinção que faz a Gītā entre Sankhya e Ioga; ambos são necessários a um conhecimento integral.

harmonia com ela é a condição para ser verdadeiramente; expressá-la em tudo o que somos, vivenciamos e fazemos é a condição para viver verdadeiramente.

Mas conhecer e expressar verdadeiramente o Mais Alto não é fácil para o homem, o ser mental, porque a Verdade superior e, portanto, os modos superiores da existência são supramentais. Eles repousam na unidade essencial daquilo que parece ser para o intelecto e a mente, e para nossa experiência mental do mundo, polos opostos da existência e do pensamento e, portanto, contraditórios, opostos e irreconciliáveis; porém, para a experiência supramental, esses são aspectos complementares da mesma Verdade. Já havíamos visto a necessidade de perceber o Self como uno e múltiplo ao mesmo tempo; pois devemos perceber cada coisa e cada ser como Isto; perceber a unidade de tudo como Isto, ao mesmo tempo na unidade da soma e na unidade da essência; e perceber Isto como o Transcendente, que está além de toda essa unidade e de toda essa multiplicidade que vemos em toda parte como dois polos contrários, e mesmo assim inseparáveis, da mesma existência. Pois cada ser individual é o Self, o Divino, apesar das limitações exteriores da forma mental e física sob a qual ele se apresenta no momento atual, no campo atual do espaço e na sucessão atual de circunstâncias que constituem a teia dos estados interiores e dos atos e eventos exteriores pelos quais conhecemos o indivíduo. Do mesmo modo, cada coletividade, pequena ou grande, é o Self, o Divino, que de modo similar se expressa nas condições dessa manifestação. Não podemos conhecer realmente um indivíduo nem uma coletividade se os conhecermos apenas como eles percebem a si mesmos do interior, ou como nós os percebemos do exterior; os conheceremos somente se os conhecermos como o Divino, o Um, nosso próprio Self que utiliza seus vários modos essenciais e circunstâncias ocasionais de automanifestação. Até que tenhamos transformado os hábitos de nossa mentalidade de maneira que ela viva inteiramente nesse conhecimento que reconcilia todas as diferenças no Um, não viveremos na Verdade real, porque não viveremos na Unidade real. O sentido perfeito da Unidade não é aquele em que tudo é visto como partes de um todo, ondas de um único mar, mas aquele em que cada coisa, assim como o Todo, é visto inteiramente como o Divino, inteiramente como nosso Self, em uma identidade suprema.

E, contudo, a Maia do Infinito é tão complexa que certas percepções — como ver tudo como partes do todo, ondas do mesmo mar, ou mesmo, em certo sentido, como entidades separadas — podem tornar-se uma parte necessária da Verdade e do Conhecimento integrais. Pois, embora o Self seja sempre uno em tudo, ainda assim vemos que, ao menos para o propósito da manifestação cíclica, ele se expressa em formas-de-alma perpétuas, que presidem aos movimentos de nossa personalidade por diferentes mundos e ao longo de éons. Essa existência-alma persistente é a Individualidade verdadeira por trás das mutações constantes da coisa que chamamos nossa personalidade. Isso não é um ego limitado, mas algo em si mesmo infinito; na verdade, é o próprio Infinito que consente, de um plano de seu ser, refletir-se em uma experiência de alma perpétua. Essa é a verdade que sustenta a teoria sankhya dos múltiplos Purushas, das múltiplas almas essenciais, infinitas, livres e impessoais que refletem os movimentos de uma única e mesma energia cósmica. É nisso também, mas de outra maneira, que se apoia a filosofia muito diferente do Monismo moderado, que surgiu como um protesto contra os excessos metafísicos do budismo niilista e do Advaita ilusionista. A antiga teoria semibudista, semi-sankhya, que via apenas o Quiescente no mundo e nada mais, exceto uma combinação constante dos cinco elementos e dos três modos da Energia inconsciente iluminando suas falsas atividades pela consciência do Quiescente na qual ela se reflete, não é toda a verdade do Brahman. Não somos uma mera massa mutante de substância mental, substância vital, substância corporal que assume, de nascimento em nascimento, formas diferentes da mente, da vida e do corpo, de modo que, em nenhum instante haveria um self real por trás desse fluxo, nem razão consciente de viver, e ninguém, exceto esse Quiescente, que não se preocupa com todas essas coisas. Há um poder real e estável de nosso ser por trás da mutação constante de nossa personalidade mental, vital e física, e é isso que deveremos conhecer e preservar a fim de que, por meio dele, o Infinito possa manifestar-Se segundo Sua vontade, seja qual for o alcance e o propósito de Sua atividade cósmica eterna.

E se olharmos a existência do ponto de vista de todas as relações possíveis, eternas e infinitas do Um, do qual todas as coisas procedem, desse Múltiplo de quem o Um é a essência e a origem, e da Energia, Poder ou Natureza pelos quais as relações entre o Um e o Múltiplo são mantidas, veremos certa justificação mesmo para as filosofias e religiões dualistas, que parecem negar energeticamente a unidade dos seres e fazer uma diferenciação insuperável entre o Senhor e Suas criaturas. Se, em suas formas mais grosseiras, essas religiões procuram apenas as alegrias ignorantes dos céus inferiores, elas têm, no entanto, um sentido muito mais elevado e mais profundo, que nos faz apreciar o brado do poeta devocionista que, em uma metáfora familiar e vigorosa, reivindicou o direito da alma de fruir para sempre do êxtase de seu amplexo com o Supremo: "Eu não quero me tornar o açúcar", exclamou ele, "eu quero comer o açúcar". Por mais fortemente que estejamos alicerçados na identidade essencial do Self em tudo, não necessitamos considerar esse brado como a mera aspiração de uma espécie de sensualidade espiritual ou a rejeição, por uma alma apegada e ignorante, da austeridade alta e pura da Verdade suprema. Ao contrário, em seu lado positivo, essa aspiração visa tocar uma Verdade do Ser, profunda e misteriosa, que nenhuma linguagem humana pode expressar, nenhuma razão humana pode explicar de maneira adequada, mas da qual o coração tem a chave, e nenhum orgulho da alma de conhecimento afirmando sua pura austeridade, pode abolir. Mas isso pertence propriamente ao cume do Caminho da Devoção; nós retornaremos a isso.

O sadhaka do Ioga Integral terá uma visão integral de seu objetivo e buscará a realização integral desse objetivo. O Divino manifesta-se eternamente de muitos modos essenciais, possui a si mesmo e descobre-se em muitos planos e por muitos polos de Seu ser; cada modo tem seu propósito, cada plano ou cada polo sua completude, no ápice e na extensão suprema da Unidade eterna. É necessariamente pelo Self individual que devemos chegar ao Um, pois essa é a base de toda a nossa experiência. Pelo conhecimento chegamos à identidade com o Um, pois, apesar do que diz o dualista, há uma identidade essencial que nos permite mergulhar em nossa Fonte e nos liberar de toda escravidão à individualidade, e mesmo de toda escravidão à universalidade. A experiência dessa identidade tampouco é um privilégio exclusivo do Caminho do Conhecimento, ou do estado puro do ser abstrato. O cume de toda nossa ação é também, como vimos, a imersão de nosso ser no Senhor, pela unidade com a Vontade divina ou com o Poder Consciente divino pelo Caminho das Obras; o cume do amor é a imersão extática de nós mesmos na unidade de um deleite enlevado com o objeto de nosso amor e adoração. Mas, para as obras divinas no mundo, o Self individual converte-se em um centro de consciência pelo qual a Vontade divina, una com o Amor e a Luz divinos, derrama-se na multiplicidade do universo. Do mesmo modo, chegamos à nossa unidade com todos os nossos semelhantes pela identidade desse self individual com o Supremo e com o self em todos os outros. Ao mesmo tempo, pela ação da Natureza, por esse self individual, preservamos uma distinção enquanto forma de alma do Um, o que nos permite preservar relações de diferença na Unidade com outros seres e com o Supremo Ele-mesmo. Essas relações serão, necessariamente, muito diferentes em essência e espírito daquelas que tínhamos quando vivíamos inteiramente na Ignorância e quando a Unidade era um simples nome ou a aspiração desajeitada de um amor, de uma simpatia ou de um desejo imperfeitos. A Unidade será a lei, a diferença será apenas para as fruições variadas dessa unidade. Visto que não desceremos mais no plano de divisão que se agarra à separação e ao sentido do ego, nem estaremos apegados à busca exclusiva de uma pura identidade que recusa o jogo da diferença, abarcaremos e reconciliaremos os dois polos do ser onde eles se encontram — na infinidade do Supremo.

O Self, mesmo o self individual, é diferente de nossa personalidade, assim como difere de nosso sentido de ego mental. Nossa personalidade nunca é a mesma; ela está em constante mudança, uma combinação variada. Ela não é uma consciência basilar, mas um desenvolvimento de formas de consciência — não é um poder do ser, mas é um jogo diverso de poderes parciais do ser —, não é aquela que frui o autodeleite de nossa existência, mas aquela que busca notas diversas e tonalidades de experiência que traduzirão mais ou menos aquele deleite na mutabilidade das relações. Isso é também o Purusha e o Brahman, mas é o Purusha mutável, um fenômeno do Eterno e não sua realidade estável. A Gītā faz uma distinção entre três Purushas que constituem o todo do Ser divino em sua imobilidade e em sua ação: o Mutável, o Imutável e o Supremo, que está mais além de ambos e os abarca. Esse Supremo é o Senhor no qual devemos viver, o Self supremo em nós e em todos. O Imutável é o Self silencioso, igual, sem ação, sem mudança, que alcançamos quando passamos da atividade à passividade, do jogo da consciência, da força e da busca do deleite à base constante e pura da consciência, da força e do deleite em que o Supremo livre, seguro e desapegado, possui e frui o jogo. O Mutável é a substância e o motivo imediato desse fluxo variável de personalidade pelo qual as relações de nossa vida cósmica são possíveis. O ser mental, fixado no Mutável, move-se nesse fluxo e não possui a paz nem o poder eternos, nem o autodeleite; a alma, fixada no Imutável, contém em si a paz, o poder e o deleite, mas não pode agir no mundo; mas a alma que pode viver no Supremo frui a paz, o poder e o deleite eternos e a amplidão do ser; seu conhecimento e seu poder não estão ligados pelo caráter e pela personalidade nem pelas formas de sua força e pelos hábitos de sua consciência e, mesmo assim, ela os usa todos com uma liberdade e um poder imensos para expressar o Divino no mundo. Porém, aqui, a mudança não vem de uma alteração dos modos essenciais do Self, mas de nosso emergir na liberdade do Supremo e do uso correto da lei divina de nosso ser.

Em relação a esse triplo modo do Self, a filosofia indiana faz uma distinção entre o Brahman com atributos e o Brahman sem atributos, assim como o pensamento europeu fez entre o Deus pessoal e o Deus impessoal. O Upanishad indica com bastante clareza a natureza relativa dessa oposição, ao referir-se ao Supremo como "o sem-atributos que possui todos os atributos"[3]. Esses são ainda dois modos essenciais, dois aspectos fundamentais, dois polos do ser eterno, ambos excedidos na Realidade divina transcendente. Eles correspondem praticamente ao Brahman silencioso e ao Brahman ativo. Pois toda a ação do universo pode ser considerada, de certo ponto de vista, como uma expressão e uma modelagem em diversas maneiras, dos atributos inumeráveis e infinitos do Brahman. Seu ser assume, pela Vontade consciente, todo tipo de propriedades ou de modelagens da substância do ser consciente, todo tipo

---

3. *nirguṇo guṇī*.

de hábito cósmico, por assim dizer, e de poderes de consciência dinâmicos, gunas, em que toda a ação cósmica pode converter-se. Mas Ele não está ligado por nenhum deles, nem por sua soma nem por suas possibilidades infinitas mais extremas. Ele está acima de todos os Seus atributos e, em certo plano do ser, está livre deles. O nirguna, ou "Sem-atributos", não é incapaz de atributos, ao contrário, é esse mesmo nirguna ou "Sem-atributos", que se manifesta como saguna, como *anantaguṇa* — atributos infinitos — visto que Ele contém tudo em sua capacidade absoluta de revelar-se em uma diversidade sem limites[4]. Ele está livre de atributos no sentido de que os ultrapassa; e, na verdade, se Ele não fosse livre de seus atributos, esses não poderiam ser infinitos: Deus estaria sujeito a Seus atributos, atado por Sua natureza, Prakriti seria suprema, e Purusha, a criação e o brinquedo dela. O Eterno não está atado pelos atributos nem pela ausência de atributos, nem pela Personalidade, nem pela Impessoalidade; Ele é Ele-mesmo, mais além de todas as nossas definições, positivas ou negativas.

Mas, se não podemos definir o Eterno, podemos nos unir a Ele. Foi dito que podemos nos tornar o Impessoal mas não o Deus pessoal, mas isso só é verdade no sentido de que ninguém pode tornar-se individualmente o Senhor de todos os universos; nós *podemos* nos liberar e entrar na existência do Brahman ativo, assim como na do Brahman silencioso; podemos viver em ambas as existências, retornar a nosso ser em ambas, mas cada experiência em seu modo próprio: tornar-nos-emos uno com o nirguna em nossa essência e uno com o saguna na liberdade de nosso ser ativo, em nossa natureza[5]. Da paz, do equilíbrio e do silêncio eternos o Supremo se derrama, livre e infinito, em uma atividade eterna; ele estabelece livremente para si mesmo suas determinações e utiliza atributos infinitos para modelá-las em combinações variadas de atributos. Temos que retornar a essa paz, equilíbrio e silêncio e agir, a partir desse ponto, com a liberdade divina, livre da sujeição aos atributos, mas ainda assim utilizando-os, mesmo os mais contraditórios, com amplidão e flexibilidade, para o trabalho divino no mundo. Mas, enquanto o Senhor age a partir do centro de todas as coisas, nós temos que agir pela transmissão de Sua vontade, poder e autoconhecimento mediante o centro individual, essa forma-de-alma d'Ele que somos. O Senhor não está sujeito a nada; a forma-de-alma individual está sujeita a seu próprio Self supremo e, quanto maior e absoluta for essa submissão, mais aumenta sua sensação de força e liberdade absolutas.

---

4. *nirguṇa* — o Divino impessoal, sem atributos; *saguṇa* —, o eterno com atributos, o Divino pessoal. (N. da T.)
5. *sādharmya-mukti*.

A distinção entre o Pessoal e o Impessoal é, em essência, a mesma distinção que encontramos na Índia, mas os termos empregados no Ocidente têm diversas associações, e trazem consigo certas limitações que são estranhas ao pensamento indiano. O deus pessoal das religiões europeias é uma Pessoa no sentido humano da palavra, limitado por suas qualidades, embora, sob outros aspectos, seja possuidor de onipotência e onisciência; é isso que corresponde às concepções indianas particulares de Shiva, de Vishnu ou de Brahma, ou da Mãe divina de tudo, Durga ou Kali. Cada religião, na verdade, erige uma Divindade pessoal diferente segundo seu coração e pensamento, a quem adora e serve. O deus feroz e implacável de Calvino é um ser diferente do deus doce e amoroso de São Francisco, assim como o Vishnu misericordioso é diferente de Kali, a terrível, embora Kali seja sempre amorosa e benfeitora, e sinta piedade mesmo quando mata, e salve quando destrói. Shiva, o deus da renúncia ascética que destrói todas as coisas, parece um ser diferente de Vishnu e de Brahma, que agem pela graça e pelo amor e para a conservação das criaturas ou para a vida e a criação. É óbvio que tais concepções só podem ser em um sentido muito parcial e relativo das verdadeiras descrições do Criador e Soberano do universo, infinito e onipresente. Tampouco o pensamento religioso indiano afirma que essas sejam descrições adequadas. O Deus Pessoal não é limitado por Seus atributos, Ele é Anantaguna, capaz de atributos infinitos e além de todo atributo, senhor deles para usá-los como quiser, e de manifestar Sua divindade infinita sob nomes e formas variadas para satisfazer o desejo e a necessidade da alma individual conforme sua natureza e personalidade. É por essa razão que a mente europeia comum acha tão difícil compreender que a religião indiana possa ser diferente da filosofia vedântica ou do Sankhya, porque ela tem dificuldade em conceber um Deus pessoal com qualidades infinitas que não seja uma Pessoa, mas a única Pessoa real e a fonte de toda personalidade. Contudo, essa é a única verdade válida e completa da Personalidade divina.

O lugar da Personalidade divina em nossa síntese será melhor examinada quando falarmos do Ioga da Devoção; aqui, basta indicar que ela tem e mantém seu lugar no Ioga Integral mesmo quando a liberação tiver sido alcançada. Há, praticamente, três graus para aproximar-se da Divindade pessoal; no primeiro, Ela é percebida com uma forma particular ou com atributos particulares, que são o nome e a forma da divindade que nossa natureza e personalidade preferem[6]; no segundo, Ela é a Pessoa real e única, a Personalidade total, o Anantaguna; no terceiro, retornamos à fonte última de toda ideia e de todo fato de personalidade — isso que o Upanishad designa com uma só palavra: "Ele", sem fixar atributos. É aqui que nossa realização

---

6. *iṣṭa-devatā*.

do Divino pessoal e a do Divino impessoal se encontram e tornam-se una na Divindade completa. Pois, no final, o Divino impessoal não é uma abstração ou um mero princípio, estado ou um poder e grau do ser, assim como nós tampouco somos abstrações. O intelecto aproxima-se primeiro por meio de tais conceitos abstratos, mas a realização acaba por ultrapassá-los. Quando alcançamos a realização de princípios de ser ou estados da existência consciente cada vez mais altos, não chegamos a uma anulação de tudo em uma espécie de zero positivo, nem mesmo a um estado de existência inexprimível, mas à própria Existência transcendente, que é também o Existente que transcende toda definição pessoal e, contudo, é sempre aquilo que é a essência da personalidade.

Quando vivemos n'Isto e temos nosso ser n'Isto, podemos possuí-Lo em seus dois modos: o Impessoal, em um supremo estado de ser e de consciência, em uma impessoalidade infinita de poder e beatitude em posse de si mesma, e o Pessoal, pela natureza divina que age por meio de nossa forma de alma individual e pela relação entre essa individualidade e seu Self transcendente e universal. Podemos mesmo manter nossa relação com a Divindade pessoal em Suas formas e nomes; se, por exemplo, nossa obra for sobretudo uma obra de Amor, poderemos buscar servi-Lo e expressá-Lo enquanto Senhor do Amor, mas teremos ao mesmo tempo uma realização integral d'Ele sob todos os seus nomes, formas e atributos e não cometeremos o erro de tomar sua face, aquela que é proeminente em nossa atitude em relação ao mundo, pela totalidade da Divindade infinita.

CAPÍTULO XII

A REALIZAÇÃO DE SACHCHIDANANDA

Os modos do Self que examinamos no capítulo anterior parecem ter, no início, um caráter altamente metafísico, concepções intelectuais mais adequadas a uma análise filosófica do que a uma realização prática. Mas essa é uma distinção falsa, por causa da divisão de nossas faculdades. Se há um princípio basilar da antiga sabedoria do Oriente na qual nos fundamentamos, é que a filosofia não pode ser apenas um passatempo intelectual elevado ou um jogo dialético sutil, nem mesmo uma busca da verdade metafísica em si, mas uma descoberta, por todos os meio apropriados, das verdades básicas de toda a existência, que devem, então, tornar-se os princípios condutores de nossa existência. Sankhya, a realização abstrata e analítica da verdade, é um aspecto do Conhecimento. Ioga, a realização concreta e sintética do Conhecimento em nossa experiência, em nosso estado interior e em nossa vida exterior, é o outro aspecto. Ambos são meios que permitem ao ser humano escapar da falsidade e da ignorância e viver na, e pela, verdade. E visto que o objetivo do ser humano pensante deve ser sempre dirigir-se ao mais alto que conhece ou de que é capaz, é a verdade mais alta que ele deve buscar por meio do pensamento e cumprir na vida.

Aqui encontramos toda a importância da parte do Ioga do Conhecimento que consideramos agora, o conhecimento[1] daqueles princípios essenciais do Ser e dos modos essenciais da autoexistência em que o Divino Absoluto baseou Sua manifestação. Se a verdade de nosso ser é uma unidade infinita na qual só se encontra amplidão, luz, conhecimento, poder e beatitude perfeitos, e se toda a nossa sujeição à ignorância, à fraqueza, à dor e limitação vem de nossa maneira de ver a existência como um conflito entre uma multiplicidade infinita de existências separadas, en-

---

1. *tattvajñāna*.

tão, obviamente, encontrar o meio que nos liberará do erro e nos ensinará a viver na verdade, é a sabedoria mais prática, mais concreta, mais utilitária e, ao mesmo tempo, a mais elevada e filosófica. Do mesmo modo, se o Um, em sua natureza, é a liberação da escravidão ao jogo dos atributos que constituem nossa psicologia, e, se da sujeição a esse jogo originam-se a luta e a discórdia em que vivemos e em que nos debatemos eternamente entre os dois polos de bem e mal, virtude e pecado, satisfação e malogro, alegria e aflição, prazer e dor, então, passar além dos atributos e estabelecer nosso alicerce na paz estável d'Aquilo que está para sempre além dos atributos, é a única sabedoria prática. Se o apego à personalidade mutável é a causa de nossa autoignorância, de nossa discórdia e conflito com nós mesmos, com a vida e com os demais, e se esse Um impessoal existe, no qual tais discórdias, ignorância e esforços vãos e rumorosos não têm lugar porque Ele está eternamente em identidade e harmonia consigo mesmo, então, alcançar em nossa alma essa impessoalidade imperturbável e essa unidade de ser, é a única via, o único objetivo do esforço humano que nossa razão pode consentir em chamar de prático.

Essa unidade, essa impessoalidade, essa liberdade em relação ao jogo dos atributos existe deveras; somos deveras elevados acima do conflito e das vagas da Natureza que, por meio de nossa mente e de nosso corpo, busca eternamente a chave verdadeira e o segredo de todas as suas relações. A mais antiga e mais alta experiência da humanidade mostra-nos que, só ao chegar lá, — só ao tornar-se impessoal, uno, imóvel, reunido em si, superior à existência mental e vital —, n'Aquilo que é eternamente superior à existência, pode-se obter uma paz e uma liberdade interior estáveis, porque elas são autoexistentes. Por conseguinte, esse é o primeiro objetivo e, em certo sentido, o objetivo característico e essencial do Ioga do Conhecimento. Porém, como temos insistido, se esse é o primeiro, não é o único objetivo; se é essencial não é, no entanto, o objetivo completo. O Conhecimento não é completo se apenas nos mostra como nos afastar das relações e entrar n'Aquilo que está além das relações, como passar da personalidade à impessoalidade, da multiplicidade à unidade sem feições. Ele nos deve dar também a chave que a existência cósmica busca, o segredo do jogo total das relações, da variedade total da multiplicidade, de todo esse conflito e interação de personalidades. E o conhecimento é ainda incompleto se nos der apenas uma ideia e não puder verificá-la com a experiência; buscamos a chave, o segredo que nos permitirá governar o fenomênico pela realidade que ele representa, curar suas discórdias pelo princípio escondido de concórdia e unificação que está por trás, e chegar, mais além dos esforços convergentes e divergentes do mundo, à harmonia de sua realização. Não apenas a paz mas a realização é o que o coração do mundo busca e o que um autoconhecimento perfeito e eficaz deve dar-lhe; a paz pode ser apenas o eterno suporte, a condição infinita, a atmosfera natural da autorrealização.

Ademais, o conhecimento que encontrar o verdadeiro segredo da multiplicidade, da personalidade, dos atributos, do jogo das relações, deverá mostrar-nos uma unidade real na essência do ser e uma unidade íntima no poder do ser, entre o impessoal e a fonte da personalidade, entre o sem-atributos e aquilo que se expressa pelos atributos, entre a unidade da existência e sua multiplicidade de feições inumeráveis. Um conhecimento que deixa um abismo escancarado entre os dois não pode ser o conhecimento último, por mais lógico que possa parecer ao intelecto analítico ou satisfatório para a experiência da divisão. O verdadeiro conhecimento deve chegar a uma unidade que abarque a totalidade das coisas, embora as exceda, e não a uma unidade que seja incapaz da totalidade e a rejeita. Pois não pode haver tal dualidade original no Todo-Existência, tal abismo intransponível entre a Unidade Transcendente e o Todo-Existente. E assim como é para o conhecimento é também para a experiência e a autorrealização. A experiência que encontra no cume das coisas um abismo original intransponível entre dois princípios contrários e pode, no máximo, saltá-lo — e, portanto, tem que viver em um ou no outro —, mas não pode abarcar e unificar, não é a experiência última. Quer busquemos conhecer pelo pensamento, quer pela visão do conhecimento que ultrapassa o pensamento, quer pela autoexperiência perfeita em nosso ser — que é a coroação e a plenitude da realização pelo conhecimento —, devemos ser capazes de pensar, ver, experienciar e viver uma unidade de todo satisfatória. É isso que descobrimos no conceito, visão e experiência do Um cuja unidade não cessa nem desaparece de vista ao expressar-se na Multiplicidade; que é livre da escravidão aos atributos e, contudo, é o atributo infinito; que contém e combina todas as relações, e contudo, é para sempre absoluto; que não é uma pessoa e, contudo, é todas as pessoas, porque Ele é todo ser e o Ser único consciente. Para o centro individual que chamamos nós mesmos, entrar em toda consciência nesse Divino e reproduzir Sua natureza divina em nós, é o objetivo mais elevado e mais maravilhoso e, ao mesmo tempo, mais perfeitamente racional e mais supremamente prático e utilitário que nos é oferecido. É a realização de nossa própria existência e, ao mesmo tempo, a realização de nossa existência cósmica, a do indivíduo em si mesmo e do indivíduo em sua relação com a Multiplicidade cósmica. Entre esses dois termos não há oposição irreconciliável: ao contrário, deve haver entre eles uma unidade profunda, porque descobrimos que nosso self e o Self do cosmos são um.

De fato, todos esses termos opostos são apenas condições gerais para a manifestação da existência consciente nesse Transcendente que é sempre um, não só por trás, mas no interior de todas as condições, por mais contrárias que pareçam. A origem, a substância original unificadora, o modo substancial único de todas as condições, é aquilo que, para a conveniência de nosso pensamento, foi descrito como a trindade Sat-Chit-Ananda — Existência, Consciência, Beatitude; esses são os termos divinos inseparáveis, em toda parte. Nenhum desses termos é, de fato, separado embora nossa mente e nossa experiência mental faça não apenas a distinção, mas a separação. A mente pode dizer e pensar: "Eu era, mas inconsciente" — pois ninguém pode dizer: "Eu sou, mas inconsciente" —, ela pode pensar e sentir "Eu sou infeliz e não encontro prazer algum na existência.". Na realidade, isso é impossível. A existência que na verdade somos, o eterno "Eu sou", de que não se pode dizer verdadeiramente "Ele era", não é, em parte alguma e de modo algum, inconsciente. O que chamamos inconsciência é apenas uma consciência diferente; é o fato de que nos retiramos da onda superficial de nossa percepção mental dos objetos exteriores e começamos a perceber nosso self subliminar e, ao mesmo tempo, os outros planos da existência. Na realidade, não estamos mais inconscientes quando estamos adormecidos, atordoados, drogados ou "mortos", ou em qualquer outro estado, do que quando mergulhamos em um pensamento interior, esquecidos de nosso self físico e daquilo que nos circunda. Para qualquer um que tenha avançado, ainda que pouco, no caminho do Ioga, essa é a mais elementar das proposições e uma que não oferece dificuldade alguma para o pensamento, porque é comprovada em todos os pontos pela experiência. É mais difícil perceber que a existência e a ausência do deleite da existência não podem ir juntos. O que chamamos infelicidade, aflição, dor, ausência de alegria não é mais que uma mera onda superficial do deleite de ser, que para nossa experiência mental toma esses matizes, em aparência opostos, devido a certas artimanhas, a uma recepção falsa em nosso ser dividido — o qual não é, de nenhum modo, nossa existência, mas apenas uma formulação fragmentada ou uma vaporização descolorada da consciência-força lançada pelo mar infinito de nossa existência. Para perceber isso devemos sair de nossa absorção nesses hábitos de superfície, nessas pequenas artimanhas de nosso ser mental; e, quando passamos verdadeiramente por trás e saímos disso, é surpreendente ver como eles são superficiais, como se revelam ridiculamente fracos e pouco penetrantes, como picadas de alfinete — e devemos realizar a Existência verdadeira, a Consciência verdadeira e a verdadeira experiência da Existência e da Consciência: Sat, Chit, Ananda.

Chit, a Consciência divina, não é nossa autopercepção mental; essa percepção, nós descobrimos que é apenas uma forma, um modo ou um movimento inferior e limitado. À medida que progredimos e despertamos para a alma em nós e nas coisas, percebemos que há uma consciência também na planta, no metal, no átomo, na eletricidade e em tudo que pertence à natureza física; descobrimos mesmo que, na verdade, esse não é, em todos os aspectos, um modo de consciência inferior ou mais limitado do que o mental; ao contrário, em muitas formas "inanimadas" a consciência é mais intensa, rápida, aguda, se bem que menos desenvolvida ao aproximar-se da superfície. Mas essa consciência da Natureza vital e física, comparada à Chit, também é uma forma, um modo, um movimento inferior e, portanto, limitado. Esses modos de consciência inferiores são a substância consciente dos planos inferiores em uma existência única indivisível. Em nós também, em nosso ser subconsciente, há uma atividade que é precisamente esta, da Natureza física "inanimada" que constitui a base de nosso ser físico, uma outra que é a atividade da vida vegetal e ainda outra, que é a atividade da criação animal inferior em torno de nós. Todos esses modos de consciência estão tão dominados e condicionados pelo ser consciente, pensante e racional em nós que não temos a percepção real desses planos inferiores; somos incapazes de perceber, em seus termos próprios, o que essas partes de nós fazem, e recebemos seus sinais de modo muito imperfeito, nos termos e valores da mente pensante e racional. Contudo, sabemos muito bem que há um animal em nós, assim como aquilo que é caracteristicamente humano — algo que é uma criatura de instintos e impulsos conscientes que não é nem reflexiva nem racional, e também aquilo que retorna à sua experiência por meio do pensamento e da vontade, a olha do alto com a luz e a força de um plano superior e, até certo ponto, controla, utiliza e modifica a experiência. Mas o animal no ser humano é apenas a cabeça de nosso ser sub-humano; abaixo, há também muito que é sub-animal e meramente vital, muitas coisas que agem por instinto e impulso e cuja consciência constituinte está retirada por trás da superfície. Abaixo desse ser sub-animal há uma outra profundeza, sub-vital. Quando progredimos nesse autoconhecimento e na experiência supranormal que o Ioga traz consigo, percebemos que o corpo também tem uma consciência que lhe é própria; ele tem seus hábitos, impulsos, instintos, uma vontade efetiva, embora inerte, que difere daquela do resto de nosso ser e pode resistir-lhe e limitar sua eficácia. A maior parte do conflito de nosso ser é devido a essa existência compósita e à interação desses planos variados e heterogêneos, pois o ser humano aqui é o resultado de uma evolução, e contém em si a totalidade dessa evolução, desde o ser consciente meramente físico e subvital até a criatura mental que ele é em seu cume.

Mas essa evolução é, na realidade, uma manifestação, e assim como temos em nós esses selfs subnormais e planos sub-humanos, há também em nós, acima de nosso ser mental, planos supramentais e supra-humanos. Nesses níveis, Chit, enquanto substância consciente e universal da existência, assume outras posições, move-se segundo outros modos, outros princípios, e por outras faculdades de ação. Acima da mente há um plano da Verdade, como haviam descoberto os antigos sábios védicos, um plano da Ideia autoluminosa, com seu poder próprio de efetuação, que pode dirigir sua luz e sua força à nossa mente, à nossa razão, a nossos sentimentos, impulsos e sensações e utilizá-los e controlá-los em conformidade com a Verdade real das coisas, assim como dirigimos nossa razão e nossa vontade mentais às nossas experiências sensoriais e à nossa natureza animal para utilizá-las e controlá-las em conformidade com nossas percepções racionais e morais. Nesse plano da Verdade não há busca, mas uma posse natural; não há conflito de separação entre vontade e razão, instinto e impulso, desejo e experiência, ideia e realidade, mas uma harmonia entre todos os elementos, que são concomitantes, e agem em acordo, unificados em sua origem, em seu desenvolvimento e em sua execução. Mas, para além desse plano, e acessíveis através dele, há outros ainda, onde o próprio Chit se revela — Chit, a origem fundamental e a completude primordial de toda essa consciência variada que aqui é usada nas formações e experiências diversas. Lá, a vontade, o conhecimento, as sensações e todas as nossas outras faculdades, poderes e modos de experiência são não apenas harmoniosos, concomitantes, unificados, mas formam um único ser de consciência e um único poder de consciência. É esse Chit que se modifica e se torna a supramente no plano da Verdade; torna-se a razão, a vontade, as emoções, as sensações mentais no plano mental; e nos planos inferiores torna-se os instintos físicos e vitais, os impulsos, os hábitos de uma força obscura que, na superfície, não está na posse consciente de si mesma. Tudo é Chit, porque tudo é Sat; tudo é um movimento variado da Consciência original, porque tudo é um movimento variado do Ser original.

Quando descobrimos, vemos ou conhecemos Chit, descobrimos também que sua essência é Ananda ou deleite da autoexistência. Possuir o Self é possuir a beatitude do Self; não possuir o Self é estar na busca, mais ou menos obscura, do deleite da existência. Chit possui eternamente sua autobeatitude; e visto que Chit é a substância de ser consciente e universal, o ser consciente universal também está em posse da autobeatitude consciente, mestre do deleite universal da existência. O Divino, quer se manifeste na totalidade dos atributos, quer sem atributos, quer na Personalidade, quer na Impessoalidade, quer no Um que absorve a multiplicidade, quer no Um que manifesta sua multiplicidade essencial, está sempre em posse de sua beatitude e de toda beatitude, porque ele é sempre Sachchidananda. Para nós também, conhecer e possuir nosso verdadeiro Self no essencial e no universal é descobrir o deleite essencial e universal da existência, a beatitude em si e a beatitude em tudo. Porque o universal é apenas o transbordamento da existência, consciência e deleite essenciais; em qualquer lugar e sob qualquer forma que Isto manifeste Sua existência, aí encontra-se, necessariamente, a consciência essencial e, em consequência, o deleite essencial.

A alma individual não possui sua natureza verdadeira nem realiza essa natureza verdadeira de sua experiência porque se separa do essencial e do universal e identifica-se com os acidentes separados, com a forma e o modo não essenciais, com o aspecto e veículo separados. Assim, ela toma sua mente, seu corpo e sua corrente de vida por seu Self essencial. Ela tenta afirmá-los para seu benefício próprio, contra o universal, contra Aquilo de que o universal é a manifestação. Ela tem razão em tentar impor-se e cumprir-se no universal para o benefício de algo maior e além, mas está errada ao tentar fazê-lo contra o universal e em obediência a um aspecto fragmentário do universal. Esse aspecto fragmentário ou, antes, essa coleção de experiências fragmentárias, ela a combina em torno de um centro artificial de experiência mental, o ego mental, e o chama si-mesma, o serve e vive para seu benefício, em vez de viver para o benefício desse algo maior que o ego e mais além do ego, do qual todos os aspectos, mesmo os mais vastos e mais gerais, são manifestações parciais. Isso é viver no falso, não no verdadeiro Self; isso é viver para o benefício do ego e em obediência ao ego, e não para o benefício do Divino e em obediência a Ele. Saber como essa queda aconteceu e com qual propósito, pertence mais ao domínio do sankhya do que do Ioga. Devemos apreender o fato prático de que essa autodivisão é a causa da autolimitação pela qual nos tornamos incapazes de possuir a natureza verdadeira de nosso ser e de nossa experiência e, portanto, é a causa de nossa sujeição à ignorância, à incapacidade e ao sofrimento em nossa mente, nossa vida e nosso corpo. A não posse da unidade é a causa-raiz; reencontrar a unidade é o meio soberano, a unidade com o universal e com Aquilo que o universal expressa aqui. Devemos realizar nosso verdadeiro Self e o verdadeiro Self de tudo; e realizar o verdadeiro Self é realizar Sachchidananda.

CAPÍTULO XIII

AS DIFICULDADES DO SER MENTAL

Em nosso progresso no Caminho do Conhecimento, chegamos ao estágio em que, após termos começado com a afirmação de que a realização de nosso puro self, de nossa pura existência acima dos termos da mente, da vida e do corpo, era o primeiro objetivo desse Ioga, afirmamos agora que isso não é suficiente e que devemos também realizar o Self ou Brahman em seus modos essenciais e, sobretudo, em sua realidade triuna como Sachchidananda. Não apenas a pura existência, mas a pura consciência e a pura beatitude de seu ser e de sua consciência são a realidade do Self e a essência do Brahman.

Ademais, há dois tipos de realização do Self ou Sachchidananda. Uma, é aquela da existência-consciência-deleite, silenciosa, passiva, quieta, absorvida em si, autossuficiente, una, impessoal, sem jogo de atributos, retirada do fenômeno infinito do universo ou a olhá-lo com indiferença e sem participar. A outra, é aquela da mesma existência-consciência-deleite, soberana, livre, senhora das coisas, que age em uma calma inalienável e derrama-se em uma ação infinita e em atributos infinitos, a partir de uma autoconcentração eterna — a Pessoa única e suprema que contém em si todo o jogo da personalidade em uma impessoalidade vasta e igual, que possui sem apego o fenômeno infinito do universo, mas sem nenhuma separação indissolúvel, com uma mestria divina e uma irradiação inumerável de seu deleite eterno e luminoso —, uma manifestação que essa Pessoa sustenta sem ser sustentada por ela, que governa livremente e, portanto, sem estar ligada a ela. Esse não é o Deus pessoal das religiões ou o Brahman com atributos dos filósofos, mas Aquilo em que o pessoal e o impessoal, os atributos e a ausência de atributos são reconciliados. É o Transcendente que possui ambos em Seu ser e os emprega como modos de Sua manifestação. Esse, então, é o objetivo da realização para o sadhaka do Ioga Integral.

Vemos logo que desse ponto de vista a realização do self puro e quiescente que obtemos ao nos retirar da mente, da vida e do corpo é para nós apenas a aquisição da base necessária para uma realização maior. Portanto, esse processo não é suficiente para nosso Ioga; alguma outra coisa é necessária, algo mais positivo que abarque tudo. Do mesmo modo como nos retiramos de tudo o que constitui nosso self aparente, e do fenômeno do universo onde ele habita a fim de entrar no Brahman autoexistente e autoconsciente, devemos agora repossuir nossa mente, nossa vida e nosso corpo com a autoexistência, a autoconsciência e o autodeleite do Brahman que abarca tudo. Devemos não apenas possuir a pura autoexistência, independente do jogo do mundo, mas possuir toda a existência como possuímos a nossa própria existência; devemos não apenas conhecer a nós mesmos enquanto consciência não egoística e infinita mais além de toda mudança no Tempo e no Espaço, mas tornarmo-nos uno com o derramamento da consciência e de sua força criadora no Tempo e no Espaço; não apenas sermos capazes de uma paz e quiescência insondáveis, mas também de um deleite livre e infinito nas coisas do universo. Pois isso, e não apenas a calma pura, é Sachchidananda, é Brahman.

Se pudéssemos facilmente nos elevar ao plano supramental e, estabelecidos lá solidamente, realizar, pelo poder e pela maneira das faculdades supramentais divinas, o mundo e o ser, a consciência e a ação, a saída da experiência consciente e o retorno a ela, essa realização não apresentaria dificuldades essenciais. Mas o ser humano é um ser mental, e não ainda um ser supramental. É, portanto, pela mente que ele deve buscar o conhecimento e realizar seu ser, com a ajuda que possa obter dos planos supramentais. Essa característica de nosso ser assim como ele é no estado atual de seu desenvolvimento e, portanto, de nosso Ioga, nos impõe certas limitações e dificuldades primordiais, que só podem ser ultrapassadas pela ajuda divina ou por uma prática árdua e, na realidade, somente pela combinação de ambas as ajudas. Devemos, então, expor de maneira sucinta as dificuldades no caminho do conhecimento integral, da realização integral, do vir a ser integral, antes de podermos continuar.

O ser espiritual e o ser mental realizados estão, na verdade, em dois planos diferentes na organização de nossa existência: um, superior e divino, o outro, inferior e humano. Ao primeiro plano pertencem o ser infinito, a consciência e a vontade infinitas, a beatitude infinita e o conhecimento supramental infinito que abrange tudo e se efetua automaticamente — quatro princípios divinos; ao outro, pertencem o ser mental, o ser vital e o ser físico — três princípios humanos. Em sua natureza aparente os dois planos são opostos; cada um é o inverso do outro. O ser divino é infinito e imortal; o ser humano é a vida limitada no tempo, no escopo e na forma — uma vida que é uma morte tentando tornar-se a vida imortal. O ser divino é uma consciência infinita que transcende e abarca tudo que ele manifesta em sua consciência; o ser humano é uma consciência liberada do sono da inconsciência e sujeita aos meios que ela usa, limitada pelo corpo e pelo ego e tentando encontrar sua relação com outras consciências, outros corpos, outros egos, seja positivamente por meios variados de contato unificador e de simpatia, seja negativamente por meios variados de contatos hostis e de antipatia. O ser divino é inalienável beatitude em si e imperecível beatitude em tudo. O ser humano é sensação da mente e do corpo, que busca o deleite mas encontra apenas prazer, indiferença e dor. O ser divino é o conhecimento supramental que abrange tudo e a vontade supramental que efetua tudo; o ser humano é a ignorância que busca o conhecimento pela percepção de fragmentos e de partes que deve, desajeitadamente, pôr juntos; e ele é a incapacidade que tenta adquirir força e vontade por meio de uma extensão gradual de um poder que corresponda à sua extensão gradual de conhecimento; e essa extensão só pode ser obtida por um exercício parcial e parcelado de vontade correspondente ao método parcial e parcelado de conhecimento. O ser divino fundamenta-se na unidade e é o mestre das transcendências e da totalidade das coisas; o ser humano fundamenta-se na multiplicidade separada e é sujeito a ela, mesmo quando é o mestre de sua divisão e de sua fragmentação ou de sua soldadura e unificação difíceis. Entre os dois planos, para o ser humano existe um véu e um tampo que impede o humano não apenas de alcançar, mas mesmo de conhecer, o Divino.

Portanto, quando o ser mental busca conhecer o divino, realizá-lo, tornar-se o divino, ele deve, primeiro, alçar esse tampo, afastar esse véu. Mas mesmo quando é bem-sucedido nesse esforço difícil, ele ainda vê o divino como algo que lhe é superior, distante, elevado e que, de modo conceitual, vital e mesmo físico, está acima dele; de sua posição humilde ele alça o olhar, e deve, se de algum modo for possível, elevar-se ao Divino; se isso não for possível ele deve fazê-lo descer, a fim de sujeitar-se a ele e adorá-lo. Ele vê o divino como um plano de ser superior e então o considera como um estado supremo de existência, um Céu, um Sat ou um Nirvana, segundo a natureza de sua concepção ou de sua percepção. Ou o vê como um Ser supremo diferente de si mesmo ou, ao menos, diferente de seu self atual e então o chama Deus sob um ou outro nome, e o percebe como pessoal ou impessoal, com atributos ou sem atributos, Poder silencioso e indiferente ou Senhor ativo e assegurador, ainda segundo sua concepção e sua percepção, sua visão ou sua compreensão de algum lado ou de algum aspecto desse Ser. Ou o vê como uma Realidade suprema de que seu próprio ser imperfeito é um reflexo ou do qual ele foi separado, e então o chama Self ou Brahman e o qualifica de maneiras diversas, sempre segundo sua concepção ou sua realização: Existência, Não Existência, Tao, Nihil, Força, Incognoscível.

Se, então, buscarmos realizar mentalmente Sachchidananda, é provável que a primeira dificuldade será que o veremos como algo acima, além, ou mesmo em torno, em certo sentido, mas com um abismo entre esse ser e nosso ser, um precipício sem ponte ou mesmo intransponível. Há essa existência infinita, mas ela é muito diferente do ser mental que começa a percebê-la, e não podemos nos elevar até ela nem nos tornarmos ela, nem fazê-la descer até nós, a fim de que nossa experiência de nosso ser e do ser do mundo seja a de sua infinitude bem-aventurada. Há essa grande Consciência-Força sem limites, incondicionada, mas nossa consciência e nossa força estão distanciadas dela, ainda que estejam nela; elas são limitadas, insuficientes, desencorajadas, descontentes consigo mesmas e com o mundo, incapazes de participar dessa coisa mais alta que viram. Há essa Beatitude imensurável e imaculada; mas nosso ser permanece o brinquedo de uma Natureza inferior e de seus prazeres, de suas dores, sensações insípidas e neutras, incapaz desse deleite divino. Há esse Conhecimento e Vontade perfeitos, mas em nós permanece sempre esse conhecimento mental deformado e essa vontade claudicante, incapazes de participar da Natureza divina ou mesmo de estar em harmonia com ela. Ou então, enquanto vivermos na pura contemplação extática da visão divina, estaremos livres de nós mesmos; mas a partir do instante em que voltamos nossa consciência para o nosso ser, perdemos essa visão — ela desaparece, torna-se distante e intangível. A Divindade nos deixa; a visão desvanece; recaímos na pequenez de nossa existência mortal.

De algum modo, esse abismo deve ser atravessado. Aqui, duas possibilidades se apresentam ao ser mental. Uma, é elevar-se por um grande esforço prolongado, concentrado, esquecido de tudo, e sair de si para entrar no Supremo. Mas, nesse esforço, a mente deve deixar sua própria consciência, desaparecer em outra consciência e, de modo temporário ou de modo permanente, perder-se ou abolir-se por completo. Ela deve entrar no transe do samádi. Por essa razão, o Raja-Ioga e outros sistemas de Ioga dão uma importância suprema ao estado de samádi ou transe ióguico, em que a mente se retira não apenas de seus interesses e preocupações comuns, mas, primeiro, perde toda consciência dos atos e sensações externas, do ser exterior e, depois, toda consciência das atividades mentais interiores. Nesse estado de profunda concentração, o ser mental pode ter diferentes tipos de realizações do Supremo — n'Ele mesmo ou sob aspectos variados ou em níveis diversos —, mas o ideal é desembaraçar-se da mente de maneira completa, ir mais além da realização mental e entrar no transe absoluto em que todos os traços da mente ou da existência inferior cessam. Mas esse é um estado de consciência que só uns poucos podem alcançar e do qual nem todos podem retornar.

Visto que a consciência mental é o único estado desperto que o ser mental possui, é óbvio que, em geral, ele não possa entrar, de fato, em outra consciência sem deixar completamente para trás toda sua existência desperta e toda sua mente interior. Por essa razão, o transe ióguico é necessário. Mas não podemos permanecer continuamente nesse transe; ou mesmo se pudéssemos continuar nesse estado por um período indefinidamente longo, seria sempre possível que o transe fosse interrompido por alguma exigência que viesse solicitar a vida corporal com força e persistência. E quando retornamos à consciência mental, estamos de volta no ser inferior. Por isso foi dito que uma liberação completa do nascimento humano, uma ascensão completa que nos fizesse deixar a vida do ser mental, é impossível, enquanto o corpo e a vida corporal não forem, por fim, rejeitados. O ideal que se encontra diante do iogue que segue esse método é a renúncia a todo desejo e às menores veleidades da vida humana ou da existência mental, o desapego total do mundo e, ao entrar cada vez mais frequente e profundamente no estado de samádi absolutamente concentrado, por fim deixar o corpo, enquanto estiver nesse recolhimento extremo do ser, a fim de passar à Existência suprema. É também em razão dessa aparente incompatibilidade entre mente e Espírito que tantas religiões e tantos sistemas foram levados a condenar o mundo e a olhar apenas para um céu além ou então para um Nirvana vazio ou para uma autoexistência no Supremo, suprema e sem feições.

Porém, nessas circunstâncias, o que deve fazer de seus momentos despertos a mente humana que busca o divino? Pois, se esses momentos estão sujeitos a todas as deficiências da mentalidade mortal, se estão expostos aos ataques da dor, do medo, da cólera, da paixão, da fome, da cobiça, do desejo, seria irracional supor que pela mera concentração do ser mental no transe ióguico no momento de deixar o corpo, a alma poderia ir-se à Existência suprema sem precisar voltar. Pois a consciência normal do ser humano está ainda sujeita àquilo que os budistas chamam a cadeia, ou corrente, do Carma; ela ainda cria energias que devem, necessariamente, continuar a ter seu efeito na continuação da vida do ser mental que as cria. Ou, de outro ponto de vista, como a consciência é o fato determinante e não a existência corporal, que é só o resultado, o ser humano pertence ainda, em geral, ao estado humano ou, ao menos, ao estado de atividade mental, e isso não pode ser ab-rogado pelo mero fato de sair do corpo físico; desembaraçar-se do corpo mortal não é desembaraçar-se da mente mortal. Tampouco é suficiente sentir uma repugnância dominante pelo mundo ou uma indiferença em relação à vida ou aversão à existência material, pois isso também pertence à condição mental e à atividade mental inferiores. O ensinamento supremo é que mesmo o desejo pela liberação, com todos os seus concomitantes mentais, deve ser ultrapassado antes que a alma possa ser de todo livre. Portanto, não só a mente deve ser capaz, ao elevar-se a estados anormais, de sair de si mesma e entrar em uma consciência mais alta, mas sua mentalidade de vigília também deve ser inteiramente espiritualizada.

Isso nos conduz à segunda possibilidade que se abre ao ser mental; pois, se a primeira possibilidade é sair de si mesmo e entrar em um plano de ser divino supramental, a outra consiste em fazer descer o divino em si mesmo, a fim de que a mentalidade possa mudar-se em uma imagem do Divino, possa ser divinizada ou espiritualizada. Isso pode e deve ser feito sobretudo pelo poder da mente de refletir o que conhece, de relacionar à sua própria consciência aquilo que contempla. Pois a mente é, na verdade, um refletor, um intermediário, e nenhuma das suas atividades se origina em si mesma, nenhuma existe *per se*. Em geral, a mente reflete a condição da natureza mortal e as atividades da Força que trabalha sob as condições do universo material. Mas, se ela se torna clara, passiva, pura pela renúncia a essas atividades e às ideias e perspectivas características da natureza mental, então o divino reflete-se nela como em um espelho límpido ou como o céu na água clara e sem ondulações, não movida pelos ventos. Nesse estado, a mente ainda não possui o divino inteiramente, nem se torna divina, mas será possuída por ele ou por um reflexo luminoso dele, enquanto permanecer nessa passividade pura. Se se torna ativa, a mente recai na perturbação da natureza mortal e a reflete, em lugar de refletir o divino. Por essa razão, o ideal proposto em geral é, em primeiro lugar, a quietude absoluta e a cessação de toda atividade exterior e, depois, de todo movimento interior; aqui também, para aquele que segue o Caminho do Conhecimento, deve haver uma espécie de samádi desperto. Todas as ações inevitáveis cumprem-se pelo modo de funcionar puramente superficial dos órgãos de percepção ou das faculdades motoras, nas quais a mente quiescente por fim não toma parte e das quais não espera nenhum resultado ou proveito.

Mas isso é insuficiente para o Ioga Integral. É preciso alcançar uma transformação positiva da mentalidade em estado desperto e não apenas em uma quietude negativa. Essa transformação é possível porque, embora os planos divinos estejam acima da consciência mental e para entrar aí de fato devemos, em geral, perder o mental em samádi, há, contudo, no ser mental, regiões divinas superiores à nossa mentalidade normal, que reproduzem as condições próprias ao plano divino, embora modificadas pelas condições mentais que predominam aqui. Tudo que pertence à experiência do plano divino pode ser apreendido, mas da maneira mental e sob uma forma mental. É possível, para o ser humano desenvolvido, elevar-se em estado desperto a essas regiões de mentalidade divina, ou é possível para ele obter delas uma torrente de influências e experiências que, no final, o abrirão a elas e transformarão toda a sua existência desperta na imagem delas. Esses estados superiores do mental são as fontes imediatas, os grandes instrumentos efetivos, as estações[1] interiores de sua perfeição.

Porém, ao alcançar essas regiões, ou ao obter delas algum jorro, as limitações de nossa mentalidade ainda nos perseguirá. Em primeiro lugar, a mente é uma divisora inveterada do indivisível; sua natureza inteira leva-a a fixar-se em uma só coisa de cada vez, à exclusão das outras, ou a acentuar essa coisa e a subordinar-lhe todo o resto. Assim, ao aproximar-se de Sachchidananda, a mente se fixará em seu aspecto de Existência pura, Sat, e a consciência e beatitude serão obrigadas a velar-se ou a permanecer quiescentes na experiência do Ser puro e infinito, o que leva à realização da quietude monista. Ou ela se fixará no aspecto de Consciência, Chit, e a existência e beatitude dependerão então da experiência do Poder ou da Força-consciente transcendente e infinita, o que leva à realização tântrica do culto da Energia. Ou a mente se fixará no aspecto de Beatitude, Ananda, e parecerá então que a existência e a consciência desapareceram na Beatitude, sem base de posse consciente ou de ser constituinte, o que leva à realização budista daquele que busca o Nirvana. Ou ela se fixará em algum aspecto de Sachchidananda, que a mente recebe do Conhecimento, da Vontade ou do Amor supramentais; então, o aspecto impessoal e infinito de Sachchidananda será de todo perdido, ou quase, na experiência de uma divindade pessoal, o que leva às realizações das diversas religiões e à posse de algum mundo superno ou de algum estado divino da alma humana em relação a Deus. E para aqueles cujo objetivo é ir-se a qualquer destinação que não seja a existência cósmica, isso basta, uma vez que, pela imersão da mente em qualquer um desses aspectos, eles podem efetuar o trânsito desejado e estabelecer-se nas regiões divinas de sua mentalidade ou deixar-se possuir por elas no estado desperto.

Mas o sadhaka do Ioga Integral deve harmonizar todos os aspectos, a fim de que se tornem a realização total de Sachchidananda, em uma unidade absoluta e igual. Aqui, ele encontra a última dificuldade da mente, isto é, sua inabilidade em reter, ao mesmo tempo, a unidade e a multiplicidade. Não é tão difícil chegar a um puro infinito e aí permanecer, nem tampouco, ao mesmo tempo, chegar a uma experiência global e perfeita da Existência que é Consciência, que é Deleite. A mente pode mesmo expandir sua experiência dessa Unidade à Multiplicidade e perceber essa Unidade imanente no universo e em cada objeto, em cada força, em cada movimento no universo, ou perceber ao mesmo tempo essa Existência-Consciência-Beatitude

---

1. Que nos Vedas são chamados por diversos nomes: sedes, casas, lugares ou condições, bases, terras, moradias, *sadas, gṛha* ou *kṣaya, dhāma, padam, bhūmi, kṣiti*.

contendo o universo, a envolver todos os seus objetos e a originar todos os seus movimentos. Na verdade, é difícil para a mente unificar e harmonizar corretamente todas essas experiências; mas ainda assim ela pode possuir Sachchidananda de maneira simultânea em si mesma, imanente em tudo e contendo tudo. Mas, se for para acrescentar a isso a experiência última de que tudo é Sachchidananda e possuir objetos, movimentos, forças, formas como sendo Ele e nada mais, isso se torna uma grande dificuldade para a mente. De maneira separada, pode-se alcançar qualquer uma dessas experiências; a mente pode ir de uma à outra, rejeitar uma quando chegar à outra, chamar uma de existência inferior, e a outra de existência superior. Mas unificar sem perder nada e integrar sem rejeitar é sua dificuldade suprema.

CAPÍTULO XIV

O BRAHMAN PASSIVO E O BRAHMAN ATIVO

A dificuldade que o ser humano vivencia ao chegar a uma realização integral do ser verdadeiro e do ser cósmico pode ser resolvida seguindo uma ou outra de duas linhas diferentes de seu autodesenvolvimento. Ele pode elevar-se de plano em plano em seu ser e, em cada plano sucessivo, abarcar sua unidade com o mundo e com Sachchidananda sob a forma de Purusha e Prakriti — a Alma consciente e a Alma da Natureza que correspondem a esse plano — e integrar em si mesmo a ação dos graus inferiores do ser à medida que ascende. Quer dizer, ele pode, por uma espécie de processo inclusivo de autoampliação e transformação, elaborar sua própria evolução e passar do homem material ao homem divino ou espiritual. Esse parece ter sido o método dos mais antigos sábios, dos quais podemos ter algum vislumbre no *Rig Veda* e em alguns dos Upanishads[1]. Ou então ele pode visar diretamente a realização da pura Existência em si no plano mais alto do ser mental e, dessa base segura, realizar espiritualmente, nas condições próprias à sua mentalidade, o processo pelo qual o autoexistente se torna todas as existências, mas sem descer na consciência egoística e dividida que é uma circunstância da evolução na Ignorância. Assim identificado com Sachchidananda na existência universal, o ser mental espiritualizado pode ascender mais ainda, até ao plano supramental de pura existência espiritual. São as etapas deste último método que devemos tentar traçar para o buscador que segue o Caminho do Conhecimento.

Quando o sadhaka segue a disciplina de afastamento das várias identificações do self com o ego, com a mente, com a vida e com o corpo, ele chega, pelo conhecimento, à realização de uma existência autoconsciente pura e imóvel, una, sem

---

1. Sobretudo o Taittiriya Upanishad.

divisão, serena, inativa, não perturbada pela ação do mundo. A única relação que este Ser parece ter com o mundo é a de uma Testemunha desinteressada, de nenhum modo envolvida nem afetada, ou nem mesmo tocada por suas atividades. Se empurrarmos para mais longe esse estado de consciência perceberemos um Self ainda mais distante da existência do mundo; tudo que está no mundo, em certo sentido, está neste Self e, ainda assim, ao mesmo tempo tudo é estranho à sua consciência, não existente em sua existência, ou existindo apenas em uma espécie de mente irreal — portanto um sonho, uma ilusão. Essa Existência Real, distante e transcendente, pode ser percebida como o Self absoluto de nosso ser, mas pode ser que mesmo a ideia de um self e de um ser seja engolida por ela, de modo que, para a mente, haveria apenas um "Isto" incognoscível (incognoscível para a consciência mental), sem nenhuma conexão ou comércio com a existência do mundo. O ser mental pode mesmo perceber essa Existência Real como um Nada, uma Não Existência, um Vazio, mas um Vazio de tudo o que está no mundo, uma Não Existência de tudo o que há no mundo e, contudo, a única Realidade. Ir mais longe nessa Transcendência pela concentração de todo o seu ser nela, é perder por completo a existência mental e a existência do mundo, e lançar-se no Incognoscível.

Em lugar disso, o Ioga do conhecimento integral exige um retorno divino à existência do mundo, e seu primeiro passo deve ser realizar o Self como o Todo, *sarvaṁ brahma*. Primeiro, pela concentração no Autoexistente, devemos compreender que tudo o que a mente e os sentidos percebem é a imagem de um mundo que existe nesse Self puro que somos agora para nossa própria consciência. Essa visão do Self puro se traduz para a mente sensorial e para a percepção mental como uma Realidade infinita em que tudo existe apenas como nome e forma, não exatamente irreais, não como uma alucinação ou um sonho, mas como uma criação da consciência simplesmente, uma criação perceptível e que se pode sentir de maneira sutil, mais do que substancial. Nessa posição da consciência tudo parece ser, se não um sonho, ao menos muito parecido a uma representação ou a um *show* de marionetes que acontece em um Self calmo, sem movimento, em paz, indiferente. Nossa própria existência fenomênica é parte desse movimento conceitual, uma forma mecânica da mente e do corpo entre outras formas, nós mesmos um nome entre outros nomes do ser, movendo-nos de maneira automática nesse Self, em sua autopercepção imóvel que engloba tudo. Nesse estágio de nossa realização a consciência ativa do mundo não está presente, porque o pensamento foi imobilizado em nós e, portanto, nossa consciência está perfeitamente imóvel e inativa; tudo o que fazemos parece puramente mecânico, sem que nossa vontade e conhecimento ativos se encarreguem de gerar de maneira consciente o movimento. Ou, se ocorre algum pensamento, isso acontece de maneira mecânica também, como o resto, como o movimento de nosso corpo: ele é movido pelos mananciais invisíveis da Natureza, assim como na planta e nos elementos, e não por uma vontade ativa de nossa autoexistência. Pois esse Self é o Imóvel, e não origina a ação que ele permite, nem toma parte nela. Esse Self é o Todo, mas apenas no sentido de que ele é o Um infinito que é imutável e contém todos os nomes e todas as formas.

A base desse estado de consciência é a realização mental exclusiva da pura autoexistência, na qual a consciência está em repouso, inativa, vastamente concentrada na pura percepção de seu ser, inativa e sem originar nenhum tipo de devenir. Seu aspecto de conhecimento está em repouso na percepção de uma identidade não diferenciada; seu aspecto de força e de vontade está em repouso na percepção de uma imutabilidade que é imodificável. E, mesmo assim, essa consciência percebe nomes e formas, percebe o movimento; mas esse movimento não parece vir do Self, mas parece prosseguir por algum poder inerente próprio e apenas refletir-se no Self. Em outras palavras, o ser mental distanciou de si mesmo, por sua concentração exclusiva, o aspecto dinâmico da consciência; ele refugiou-se no aspecto estático e construiu um muro de não comunicação entre os dois; entre o Brahman passivo e o Brahman ativo foi criado um abismo e cada um permanece em seu lado, visível um para o outro mas sem contato, sem sinais de simpatia, sem sensação de unidade entre eles. Em consequência, para o Self passivo, todo ser consciente parece ser de natureza passiva, toda atividade parece ser inconsciente em si mesma e mecânica, *jaḍa*, em seu movimento. A experiência dessa posição de consciência é a base da antiga filosofia Sankhya, que ensinava que o Purusha ou Alma consciente é uma entidade passiva, inativa, imutável, e a Prakriti, ou Alma da Natureza — que inclui mesmo a mente e a compreensão mental — é ativa, mutável, mecânica e se reflete no Purusha, que se identifica com o que nele se reflete e empresta a essa reflexão a luz de sua própria consciência. Quando o Purusha aprende a não mais se identificar, a Prakriti começa a abandonar seu impulso para mover-se e retorna ao equilíbrio e ao repouso. O conceito vedântico desse mesmo estado resultou na filosofia do Self inativo ou da realidade única do Brahman, e tudo o mais passou a ser considerado nomes e formas, que se sobrepõem a Ele pela falsa atividade de uma ilusão mental que deve ser removida pelo conhecimento verdadeiro do Self imutável e pela recusa em aceitar a sobreposição[2]. Na verdade, esses dois conceitos diferem apenas pela linguagem e pelo ponto de vista; em substância, eles têm a mesma generalização intelectual de uma mesma experiência espiritual.

---

2. *adhyāropa*.

Se pararmos aqui, haverá apenas duas atitudes possíveis em relação ao mundo: permaneceremos como meras testemunhas inativas do jogo cósmico ou agiremos nele de maneira mecânica, sem nenhuma participação do self consciente e pelo mero jogo dos órgãos dos sentidos e da ação motora[3]. A primeira solução nos aproxima da maneira mais completa possível da inatividade do Brahman passivo e silencioso. Conseguimos imobilizar nossa mente e silenciar a atividade do pensamento e as perturbações do coração, chegamos a uma paz e a uma indiferença interiores completas; tentaremos agora imobilizar a ação mecânica da vida e do corpo, reduzi-la ao mínimo, ao mais escasso possível, a fim de que, por fim, ela possa cessar de modo total e para sempre. Esse é o objetivo final do Ioga ascético que recusa a vida — e, é óbvio, não é o nosso objetivo. Com a outra escolha poderemos ter uma atividade bastante perfeita na aparência externa e ao mesmo tempo, no interior, uma passividade, uma paz, um silêncio mental completos, uma indiferença e ausência de emoções, uma ausência total de escolha voluntária.

Para a mente normal isso não parece possível. Emocionalmente, a mente não pode conceber uma atividade sem desejo nem preferência emocional, e do mesmo modo, intelectualmente, ela não pode imaginar uma atividade sem que haja um pensamento que a conceba, um motivo consciente e uma energia volitiva. Mas, na verdade, vemos que uma grande parte de nossa ação, assim como de toda a atividade da vida inanimada ou mesmo animada, obedece a um impulso e movimento mecânicos em que esses elementos emocionais, mentais e volitivos não tomam parte, ao menos abertamente. Pode-se dizer que isso é possível apenas para as atividades puramente físicas e vitais e não para os movimentos que, em geral, dependem do modo de funcionar da mente conceitual e volitiva, tais como falar, escrever e todas as ações inteligentes da vida humana. Porém, mais uma vez, isso não é verdade, e é o que descobrimos quando somos capazes de buscar por trás dos processos habituais de nossa natureza mental normal. Experiências psicológicas recentes comprovaram que todas essas operações podem ser efetuadas sem a menor iniciativa consciente do pensamento e da vontade do ator aparente: seus órgãos dos sentidos e da ação, inclusive a fala, tornam-se instrumentos passivos do pensamento e de uma vontade diferentes dos seus.

Sem dúvida, por trás de toda ação inteligente deve haver uma vontade inteligente, mas não é indispensável que esta seja a inteligência e a vontade da mente consciente do ator. Nos fenômenos psicológicos sobre os quais falei, é evidente, em alguns casos, que a vontade e a inteligência de outros seres humanos utilizam

---

3. *kevalair indriyair* (Gītā).

os órgãos do ator; em outros casos não é claro se é uma influência ou um estímulo vindos de outros seres que faz agir ou se é o emergir de uma mente subliminar subconsciente ou se é uma combinação desses dois fatores. Mas nesse estado ióguico em que a ação se cumpre meramente por meio dos órgãos, *kevalair indriyair*, é a inteligência e a vontade universais da própria Natureza que operam a partir dos centros supraconscientes e subconscientes, como ela o faz nas energias mecanicamente intencionais da vida das plantas ou das formas materiais inanimadas, mas aqui com um instrumento vivo que é testemunha consciente da ação e do modo de funcionar. É um fato notável que a fala, os escritos e os atos inteligentes produzidos nesse estado possam transmitir uma força de pensamento perfeita, luminosa, sem defeito, lógica, inspirada, que adapta com perfeição os meios aos fins, muito além do que o próprio indivíduo teria feito na posição normal antiga de sua mente, vontade e capacidade; contudo, todo o tempo é ele mesmo quem percebe (mas não concebe), o pensamento que vem até ele, observa-o em suas operações, mas não se apropria da vontade que age através dele nem a utiliza — ele é testemunha, mas não reivindica como seus os poderes que atuam no mundo através dele como através de um canal passivo. Mas, na realidade, esse fenômeno não é anormal nem contrário às leis gerais das coisas. Pois não vemos o modo de funcionar perfeito da Vontade e da Inteligência universais secretas na ação, em aparência irracional, *jaḍa*, da Natureza material? E é precisamente essa Vontade e essa Inteligência universais que agem do mesmo modo por meio do iogue: calmo, indiferente, interiormente silencioso, ele não apresenta a essas operações nenhum dos obstáculos de uma vontade e inteligência pessoais limitadas e ignorantes. Ele vive no Self silencioso; ele deixa o Brahman ativo trabalhar por meio de seus instrumentos naturais e aceita com imparcialidade, sem participar, as formações da força e do conhecimento universais.

Esse estado de passividade interior e de atividade exterior, independentes uma da outra, é um estado de liberdade espiritual completa. O iogue, diz a Gītā, não age, mesmo ao agir, pois não é ele, mas a Natureza universal dirigida pelo Senhor da Natureza, que está em ação. Ele não está atado às suas obras. Elas não têm nenhum efeito nem consequências posteriores em sua mente, não se prendem à sua alma nem deixam marca nenhuma nela[4]; elas desvanecem e se dissolvem[5] no instante mesmo de sua própria execução, não afetam o Self imutável e deixam a alma inalterada. Em consequência, essa parece ser a posição que a alma elevada deve tomar se tiver que conservar quaisquer relações com a ação humana na existência do mundo: em seu

---

4. *na karma lipyate nare* (Isha Upanishad).
5. *pravilīyante karmāṇi* (Gītā).

interior um silêncio, uma tranquilidade, uma passividade inalteráveis; no exterior, uma ação regulada pela Vontade e Sabedoria universais que, segundo a Gītā, operam sem ser absorvidas em suas obras, nem atadas ou apegadas a elas pela ignorância. E com certeza essa posição de atividade perfeita, baseada em uma passividade interior perfeita é a que o iogue deve possuir, como vimos no Ioga das Obras. Mas aqui, no estado de autoconhecimento a que chegamos, há uma ausência evidente de integralidade; pois há ainda um abismo, uma unidade irrealizada ou uma lacuna entre o Brahman passivo e o Brahman ativo. Devemos ainda possuir de maneira consciente o Brahman ativo sem perder a posse do Self silencioso. Devemos preservar essa base de silêncio, tranquilidade, passividade interiores, mas, em vez de uma indiferença distante pelas obras do Brahman ativo, devemos chegar a um deleite imparcial e igual em todas as obras; em vez de uma recusa em participar por medo de perder nossa liberdade e nossa paz, devemos chegar a uma posse consciente do Brahman ativo, cuja alegria da existência não ab-roga Sua paz, nem Sua soberania sobre todas as obras enfraquece Sua calma liberdade em meio às Suas obras.

A dificuldade é criada pela concentração exclusiva do ser mental em seu plano de existência pura, em que a consciência está em repouso na passividade e o deleite da existência está em repouso na paz da existência. Ele precisa abarcar também o plano da força consciente da existência em que a consciência é ativa em forma de poder e de vontade, e o deleite é ativo em forma de alegria da existência. Aqui, a dificuldade é que a mente provavelmente se precipitará na consciência da Força, em vez de ser a mestra da Força. O estado extremo dessa precipitação da mente na Natureza é o do ser humano normal, que toma sua atividade vital e corporal e os movimentos da mente que dependem dessas atividades, pela totalidade de sua existência real, e considera toda passividade da alma como um abandono da existência e uma aproximação da inanidade. Ele vive nas superfícies do Brahman ativo e, enquanto para a alma silenciosa concentrada exclusivamente no Self passivo todas as atividades são meros nomes e formas, para ele elas são a única realidade e é o Self que é apenas um nome. Para um, o Brahman passivo mantém-se distante do Brahman ativo e não toma parte em sua consciência; para o outro, o Brahman ativo mantém-se a distância do Brahman passivo e não toma parte em sua consciência, sem, contudo, possuir a sua própria de maneira completa. Nessa exclusão mútua, cada um é para o outro uma inércia estática ou uma inércia que age de maneira mecânica e sem possuir-se ou, mesmo, talvez seja uma total irrealidade. Porém, uma vez que o sadhaka viu firmemente a essência das coisas e sentiu todo o sabor da paz do Self silencioso, não será possível contentar-se com um estado que envolva a perda do autoconhecimento ou o sacrifício da paz da alma. Ele não mais se precipitará no mero movimento individual da mente, da vida e do corpo com toda sua ignorância, tensão e perturbação. Qualquer que seja a posição nova que ele adquira, só o satisfará se for baseada naquilo que ele sabe ser indispensável ao autoconhecimento, ao autodeleite e à posse de si verdadeiros.

Contudo, é ainda possível uma recaída parcial, superficial e temporária no velho movimento mental quando o sadhaka tenta aliar-se de novo à atividade do mundo. Para prevenir essa recaída ou curá-la quando acontece, ele precisará apegar-se com firmeza à verdade de Sachchidananda e expandir sua realização do Um infinito ao movimento da multiplicidade infinita. Ele deverá concentrar-se no Brahman único em todas as coisas e realizá-Lo, não só como força do Ser consciente, mas também como pura percepção do Ser consciente. O Self como o Todo — não só na essência única das coisas, mas também nas formas inumeráveis delas, não só como consciência transcendente que contém tudo, mas como a consciência constituinte que se torna tudo — essa é a etapa seguinte para vivenciar a verdadeira plenitude da existência. À medida que essa realização se cumpre, o estado de consciência mudará e o ponto de vista mental correspondente também. Em lugar de um Self imutável que contém nomes e formas, que contém as mutações da Natureza sem tomar parte nelas, haverá a consciência do Self, imutável em essência, inalterável em sua posição de base, mas que, em sua experiência, constitui e se torna todas essas existências que a mente distingue como nomes e formas. Todas as formações da mente e do corpo não serão mais meras figuras que se refletem no Purusha, mas formas reais, das quais Brahman, o Self consciente, é a substância e, poder-se-ia dizer, o material formador. O nome ligado à forma não será mais uma mera concepção da mente sem corresponder a nenhuma existência real portadora desse nome, mas, por trás dele, haverá um verdadeiro poder do ser consciente, uma verdadeira experiência do Brahman, correspondendo a algo que ele continha em potencial mas não manifestado em Seu silêncio. E, contudo, em todas as Suas mutações reconheceremos que Ele é o Um, livre e acima de toda mutação. Em vez de uma Realidade solitária que tolera a superposição de nomes e formas, nós veremos um Ser eterno que se projeta em um vir a ser infinito. Todas as existências, para a consciência do iogue, serão formas-de-almas do Self, e não meras ideias-formas do Self — formas d'Ele mesmo, una com Ele, contidas em sua existência universal. Toda a vida da alma, toda a existência mental, vital e corporal de tudo que existe será para ele um movimento e uma atividade indivisíveis do Ser que é o mesmo eternamente. Reconheceremos que o Self é o tudo em seu aspecto duplo: o estado imutável e a atividade mutável e é isso que veremos como a verdade abrangente de nossa existência.

CAPÍTULO XV

A CONSCIÊNCIA CÓSMICA

Reconhecer o Brahman ativo e unir-se a Ele é passar da consciência individual à consciência cósmica — de maneira perfeita ou imperfeita, conforme a união seja parcial ou completa. A existência comum do ser humano tem como base não apenas uma consciência individual, mas uma consciência egoística; isto é, a alma individual, ou Jivatman, identifica-se com o enredo de suas experiências mentais, vitais e físicas no movimento da Natureza universal, isto é, com seu ego criado pela mente e, de modo menos íntimo, com a mente, a vida e o corpo que recebem as experiências. De modo menos íntimo, porque desses ela pode dizer "minha mente, minha vida, meu corpo", e considerá-los como si mesma, contudo, não de todo ela mesma mas algo que ela possui e utiliza; porém, do ego ela diz "Isso sou eu". Ao separar-se de toda identificação com a mente, com a vida e com o corpo, ela pode sair de seu ego e retornar à consciência do Indivíduo verdadeiro, o Jivatman, que é o verdadeiro possuidor da mente, da vida e do corpo. Ao desapegar-se desse Indivíduo e fixar-se n'Aquilo de que esse Indivíduo é o representante e imagem consciente, a alma individual pode retornar à consciência transcendente do Self puro, ou da Existência absoluta ou do Não ser absoluto, posição tripla de uma única e mesma Realidade eterna. Mas entre o movimento da Natureza universal e essa Existência transcendente, possuidora de uma, e self cósmico da outra, encontra-se a consciência cósmica, o Purusha universal de que toda a Natureza é a Prakriti ou a Força consciente ativa. Podemos chegar a essa consciência cósmica, tornarmo-nos essa consciência, de duas maneiras: lateralmente, por assim dizer, ao romper os muros do ego e identificarmo-nos com todas as existências do Um, ou então do alto, pela realização do puro Self ou Existência absoluta em seu poder de exteriorização e imanência, seu poder de conhecimento e criação, que abarca tudo e constitui tudo.

O Self imanente e silencioso em todas as coisas é o alicerce dessa consciência cósmica para a experiência do ser mental. Ele é a Testemunha pura e onipresente que enquanto Alma consciente e silenciosa do cosmos vê todas as atividades do universo; ele é Sachchidananda, para o deleite do qual a Natureza universal desdobra a eterna procissão de suas obras. Nós percebemos um Deleite incólume, uma Presença pura e perfeita, um Poder infinito que contém a si mesmo e está presente em nós e em todas as coisas, não dividido por todas as divisões, não afetado pela tensão e luta da manifestação cósmica; ele está no interior de tudo, mas é superior a tudo. Porque Isto existe, tudo existe, mas Isto não existe por causa de tudo isso, Ele é grande demais para ser limitado pelo movimento no Tempo e no Espaço, pois Ele os habita e os sustenta. Esse alicerce nos permite possuir, na segurança da existência divina, todo o universo dentro de nosso ser. Não estamos mais limitados nem encerrados nisso em que habitamos, mas, como o Divino, contemos em nós tudo o que consentimos em habitar para o propósito do movimento da Natureza. Não somos mais a mente, a vida e o corpo, mas a Alma que os possui, anima e sustenta, silenciosa, serena, eterna; e visto que descobrimos essa Alma em toda parte, a sustentar e animar todas as vidas, todas as mentes e todos os corpos, cessamos de considerá-la um ser separado e individual em nosso ser. Nela, tudo isso se move e age; no interior de tudo isso ela é estável e imutável. Ao possuí-la, possuímos nossa autoexistência para sempre em repouso em sua consciência e beatitude eternas.

Em seguida, devemos compreender que esse Self silencioso é o Senhor de toda a atividade da Natureza universal; é o mesmo Autoexistente que se desdobra na força criadora de Sua consciência eterna. Toda essa atividade nada mais é que Seu poder, Seu conhecimento e Seu deleite, que se expandem em toda parte em Seu ser infinito para cumprir as obras de Sua sabedoria e vontade eternas. Compreenderemos, primeiro, que o Divino e eterno Self de tudo é a fonte de toda ação e de toda inação, de todo conhecimento e de toda ignorância, de todo deleite e de todo sofrimento, de todo bem e de todo mal, de perfeição e imperfeição, de toda força e de toda forma, de todos os movimentos da Natureza saídos do Princípio divino eterno e de tudo que, na Natureza, se volta em direção ao Divino. Compreenderemos em seguida que é Ele mesmo que se expande em toda parte em seu Poder e em seu Conhecimento — pois Poder e Conhecimento são Ele mesmo —, não apenas como a fonte das obras, mas, enquanto criador e autor das obras, uno em todas as existências, pois as inumeráveis almas da manifestação universal são apenas faces do Divino único, as inumeráveis mentes, vidas, corpos são apenas Suas máscaras e disfarces. Perceberemos cada ser como o Narayana universal que se apresenta a nós sob inumeráveis faces; nos perderemos nessa universalidade e perceberemos que nossa mente, vida e corpo são apenas uma representação do Self, enquanto todos aqueles que considerávamos antes "outros" são agora, para nossa consciência, nosso self em outras mentes, vidas e corpos. Toda força, toda ideia, todo acontecimento, toda imagem das coisas no universo são apenas a manifestação de graus desse Self, valores do Divino em Sua eterna autorrepresentação. As coisas e os seres vistos assim podem nos parecer, primeiro, como se fossem apenas partes e parcelas de Seu ser dividido[1]; mas a realização e o conhecimento não serão completos enquanto não tivermos ultrapassado essa ideia de qualidade, de espaço e de divisão — que nos traz a experiência de menos e mais, de grande e pequeno, da parte e do todo — e tivermos visto o Infinito em toda parte; devemos ver o universo e cada coisa no universo, por sua existência e sua consciência, seu poder e deleite secretos, como o Divino indivisível em sua inteireza, por mais que a imagem produzida em nossa mente tenha a aparência de uma manifestação parcial. Quando possuímos assim o Divino, enquanto Testemunha silenciosa que ultrapassa tudo e enquanto Senhor e Ser ativo que constitui tudo, sem fazer nenhuma divisão entre esses dois aspectos, nós possuímos o Divino cósmico inteiro, abarcamos a totalidade do Self, a Realidade universal — despertamos para a consciência cósmica.

Qual será a relação entre nossa existência individual e essa consciência cósmica à qual chegamos? Pois, visto que temos ainda uma mente, um corpo, uma vida humana, nossa existência individual persiste, embora nossa consciência individual separada tenha sido transcendida. É de todo possível realizar a consciência cósmica sem se tornar ela, isto é, vê-la com a alma, senti-la e viver nela; podemos mesmo estar unidos a ela sem que nos tornemos completamente uno com ela; em uma palavra, podemos preservar a consciência individual do Jivatman na consciência cósmica do Self universal. Podemos preservar uma distinção ainda maior entre as duas consciências e fruir da relação entre elas; podemos permanecer, de certo modo, inteiramente o self individual e participar da beatitude e da infinidade do Self universal. Ou podemos possuir ambas as consciências, como um self maior e um self menor, um, que sentimos derramar-se no jogo universal da consciência e da força divinas, o outro, na ação desse mesmo Ser universal por meio de nossa forma de alma individual ou nosso centro de alma individual para os propósitos de um jogo individual da mente, da vida e do corpo. Mas o cume dessa realização cósmica pelo conhecimento é sempre o poder para dissolver a personalidade no ser universal, de fundir a consciência individual na consciência cósmica e liberar a própria forma de alma na unidade e universalidade do Espírito. Isso é *laya*, dissolução, ou *mokṣa*, liberação, à qual visa o Ioga

---

1. A Gītā refere-se ao Jiva como uma porção do Senhor.

do Conhecimento. Isso pode estender-se, como no Ioga tradicional, até a dissolução da mente, da vida e mesmo do corpo no Self silencioso ou na Existência absoluta; mas a essência da liberação é a fusão do indivíduo no Infinito. Quando o iogue não se sente mais como uma consciência situada no corpo, nem que está limitado pela mente, e perdeu o sentido de divisão na imensidade sem limites de uma consciência infinita, ele alcançou o objetivo de sua busca. Depois disso, que ele se mantenha ou não na vida humana é uma circunstância sem importância essencial, pois é sempre o Um sem forma que age através de suas múltiplas formas mentais, vitais e corporais e cada alma é apenas uma das estações de onde Ele escolhe observar, receber e atuar e pôr em movimento seu próprio jogo.

Quando imergimos na consciência cósmica, é em Sachchidananda que imergimos. Então, somos uma única Existência eterna, uma única Consciência eterna que vê seus próprios trabalhos em nós e nos outros, uma única Vontade ou única Força eterna dessa Consciência que se desdobra em trabalhos infinitos, um eterno Deleite que tem a alegria de si e de todas as suas operações. Ela é estável, imutável, fora do tempo, fora do espaço, suprema; e é ainda ela mesma na infinitude de suas operações, não mudada por suas variações, não rompida por sua multiplicidade, não aumentada ou diminuída por seus fluxos e refluxos nos mares do Tempo e do Espaço, não perturbada por suas contradições aparentes nem limitada por suas limitações determinadas por uma vontade divina. Sachchidananda é a unidade multifacetada das coisas manifestadas, Sachchidananda é a harmonia eterna de todas as suas variações e de todas as suas oposições, Sachchidananda é a perfeição infinita que ajusta as limitações delas e é o objetivo de suas imperfeições.

Isso que acabamos de dizer se refere à relação essencial; mas temos que ver também quais serão os resultados práticos dessa transformação interna. É evidente que, se permanecermos nessa consciência cósmica, toda nossa experiência e avaliação das coisas no universo serão mudadas de maneira radical. Enquanto ego individual permanecemos na Ignorância e julgamos as coisas segundo normas fragmentadas, parciais e pessoais; experienciamos tudo segundo a capacidade de uma consciência e força limitadas e somos, portanto, incapazes de dar uma resposta divina ou de fixar um valor verdadeiro a qualquer parte da experiência cósmica. Experienciamos limitações, fraqueza, incapacidade, aflição, dor, o conflito e suas emoções contraditórias e aceitamos essas coisas e seus opostos em uma dualidade eterna e não podemos reconciliá-los na eternidade de um bem e de uma felicidade absolutos. Vivemos por fragmentos de experiências e julgamos cada coisa e o todo por nossos valores fragmentados. Ao tentar alcançar valores absolutos, apenas favorecemos algum ponto de vista parcial das coisas, a que atribuímos o papel de totalidade nas obras divinas;

queremos fazer crer que nossas frações são números inteiros e empurramos nossos pontos de vista unilaterais na abrangência da visão divina e total.

Porém, quando entramos na consciência cósmica começamos a participar da visão total e a ver todas as coisas segundo os valores do Infinito e do Um. Mesmo as limitações, mesmo a ignorância mudam de sentido para nós. A ignorância muda-se em ação particularizadora do conhecimento divino; força, fraqueza e incapacidade mudam-se em livre desdobramento e livre conservação de medidas variadas da Força divina; alegria e tristeza, prazer e dor mudam-se em mestria e em sofrimento que têm sua origem no deleite divino; o conflito, ao perder suas discórdias, torna-se um equilíbrio de forças e de valores na harmonia divina. Não sofremos mais pelas limitações de nossa mente, vida e corpo, pois, mesmo quando as registramos e aceitamos, não mais vivemos nelas, mas na infinitude do Espírito, e as vemos em seu valor e em seu lugar verdadeiros e em seu propósito na manifestação, como graus do ser, da força-consciente e do deleite supremos de Sachchidananda, que se vela e se manifesta no cosmos. Cessamos também de julgar outros seres humanos e as coisas segundo suas aparências externas, e estamos livres das emoções hostis e das ideias contraditórias, pois é a alma que vemos, é o Divino que buscamos e encontramos em cada coisa e em cada criatura, e o resto tem só um valor secundário para nós, em um sistema de relações que existe agora para nós como autoexpressões do Divino somente e não porque tenha algum valor absoluto em si. Do mesmo modo, nenhum evento pode nos perturbar, visto que a distinção entre eventos felizes e infelizes, benéficos e maléficos perde sua força e tudo é visto em seu valor e propósito divinos. Assim, chegamos a uma liberação perfeita e a uma igualdade infinita. É dessa consumação que o Upanishad fala quando diz: "Aquele em quem o Self se tornou todas as existências, como poderia estar na ilusão? De onde viria a aflição para aquele que possui todo o conhecimento[2] e vê em todas as coisas a unidade?".

Mas essa consumação só é possível se nossa consciência cósmica for perfeita, e isso é difícil para o ser mental. A mentalidade, quando chega à ideia ou à realização do Espírito, do Divino, tende a cortar a existência em duas metades opostas: a existência inferior e a existência superior. Ela vê, de um lado o Infinito, o Sem-Forma, o Um, a Paz e a Beatitude, a Calma e o Silêncio, o Absoluto, o Vasto e o Puro; do outro, ela vê o finito, o mundo das formas, a multiplicidade discordante, o conflito, o sofrimento, um bem imperfeito e irreal, a atividade atormentada e o sucesso

---

2. *vijānataḥ* — Vijnana é o conhecimento do Um e do Múltiplo, conhecimento pelo qual o Múltiplo é visto nos termos do Um, no Verdadeiro, no Justo, no Vasto da existência divina infinita que unifica tudo.

fútil, o relativo, o limitado, o vão e o vil. Para aqueles que fazem essa divisão e essa oposição, a liberação completa só poderá ser obtida na paz do Um, no Infinito sem feições, no não devir do Absoluto que, para eles, é o único ser real — para ser livre, todos os valores deverão ser destruídos, todas as limitações não apenas transcendidas mas abolidas. Estes alcançam a liberação do repouso divino, mas não a liberdade da ação divina, fruem da paz do Transcendente, mas não da beatitude cósmica do Transcendente. A liberdade deles depende da abstenção do movimento cósmico, ela não tem o poder de dominar nem de possuir a própria existência cósmica. Mas é também possível para eles realizarem a paz imanente e participarem dela e também da paz transcendente, mas, ainda assim, a divisão não será curada. A liberdade que eles desfrutam é a da Testemunha silenciosa e que não age, não a liberdade da Consciência-Mestra divina que possui todas as coisas, deleita-se com todas, projeta-se em todas as formas de existência sem medo de quedas, perdas, servidão ou manchas. Eles ainda não possuem todos os direitos do Espírito; ainda há uma negação, uma limitação da unidade integral de toda a existência, um movimento de recuo. As operações da Mente, da Vida e do Corpo são vistas na calma e na paz dos planos espirituais do ser mental e estão repletas dessa calma e dessa paz, mas não são possuídas pela toda-mestria do Espírito nem sujeitas à sua lei.

Isso acontece quando o ser mental toma posição em seus próprios planos espirituais, nos planos mentais de Sat, Chit, Ananda e projeta do alto a luz e o deleite desses planos na existência inferior. Mas é possível tentar alcançar uma espécie de consciência cósmica permanecendo nos próprios planos inferiores, depois de romper lateralmente seus limites, como já dissemos, e então fazer descer neles a luz e a vastidão da existência superior. Não só o Espírito é um, mas Mente, Vida e Matéria são um. Há uma Mente cósmica, uma Vida cósmica, um Corpo cósmico. Todas as tentativas do ser humano para chegar a uma simpatia universal, um amor universal, uma compreensão e um conhecimento da alma interior de outras existências são tentativas para diminuir os muros do ego, abrir brechas e, por fim, rompê-los pelo poder crescente da mente e do coração, a fim de aproximar-se de uma unidade cósmica. E se, pela mente e pelo coração, pudermos obter o toque do Espírito, receber a invasão do Divino nessa humanidade inferior e mudar nossa natureza em reflexo da natureza divina pelo amor, pela alegria universal, pela unidade da mente com a Natureza inteira e com todos os seres, poderemos romper os muros. Na verdade, mesmo nossos corpos não são entidades separadas e, portanto, mesmo nossa consciência física é capaz de unidade com a consciência física de outros e do cosmos. O iogue é capaz de sentir que seu corpo é um com todos os corpos, de perceber aquilo que lhes afeta e mesmo de compartilhar daquilo que os aflige; ele pode sentir constantemente a unidade total da Matéria e perceber seu ser físico apenas como um movimento no movimento dela[3]. Mais ainda, e de maneira constante, normal, ele pode sentir o mar inteiro da vida infinita como sua verdadeira existência vital, e sua própria vida apenas como uma onda desses vagalhões sem limites. E, ainda mais fácil, ele pode unir-se, pela mente e pelo coração, a todas as existências, perceber seus desejos, seus conflitos, suas alegrias, suas dores, pensamentos, impulsos, como se, em certo sentido, fossem seus ou, ao menos, como se ocorressem em seu self mais vasto e de maneira quase tão íntima, ou tão íntima, quanto os movimentos de seu próprio coração e de sua mente. Essa também é uma realização da consciência cósmica.

Poderia mesmo parecer que essa unidade fosse a unidade última, visto que aceita, como se fosse próprio a nós, tudo a que podemos ser sensíveis nesse mundo criado pela mente. Algumas vezes fala-se disso como se fosse a conquista suprema. Certamente, essa é uma grande realização, e o caminho para uma realização ainda maior. É disso que a Gītā fala como "a aceitação de todas as existências como si mesmo, na aflição e na alegria"; esse é o caminho da unidade pela simpatia, pela compaixão infinita, que ajuda o budista a chegar a seu Nirvana. Ainda assim, há graus e etapas. No primeiro estágio, a alma ainda está sujeita às reações da dualidade e, portanto, ainda sujeita à Prakriti inferior; ela se deprime ou se aflige pelo sofrimento cósmico, exulta na alegria cósmica. Nós vivenciamos as alegrias dos outros, sofremos suas dores; e essa unidade pode mesmo ir até o corpo, como na história do santo indiano que, ao ver um boi torturado em um campo pelo seu cruel proprietário, gritou de dor com a dor do animal, e as marcas do chicote foram encontradas em seu próprio corpo. Mas deve haver uma unidade com Sachchidananda, tanto na liberdade quanto na sujeição do ser inferior às reações de Prakriti. Para isso, a alma deve ser livre e superior às reações cósmicas, que são então sentidas apenas na vida, na mente e no corpo, e como um movimento inferior; a alma compreende, aceita a experiência, simpatiza mas não é subjugada nem tocada, de modo que mesmo a mente e o corpo aprendem também a aceitar sem serem subjugados nem tocados, exceto na superfície. E a consumação desse movimento ocorreé quando as duas esferas da existência não estão mais divididas, e a mente, a vida e o corpo, ao obedecer inteiramente à lei superior, alcançam a liberdade do Espírito; livres das reações inferiores ou ignorantes diante dos contatos cósmicos, seus conflitos e sua sujeição à dualidade cessam. Isso não quer dizer insensibilidade diante dos conflitos, da sujeição e do sofrimento dos demais, mas que se alcançou uma supremacia e liberdade espirituais que permitem compreender com perfeição, dar às coisas seu valor verdadeiro e curar a partir do

---

3. *jagatyāṁ jagat* (Isha Upanishad).

alto, em vez de debater-se em baixo. Isso não impede o sentimento de compaixão e solicitude divinas, mas impede a dor e o sofrimento de animais e de humanos.

A ligação entre os planos espirituais e os planos inferiores do ser é o que a antiga terminologia vedântica chamava *vijñāna*, e que podemos descrever em nossa linguagem moderna como o Plano da Verdade, ou a mente ideal, ou a supramente. Lá, o Um e o Múltiplo se encontram e nosso ser está diretamente aberto à luz reveladora da Verdade divina e à inspiração da Vontade e do Conhecimento divinos. Se pudermos rasgar o véu da mente intelectual, emocional e sensorial que nossa existência normal teceu entre nós e o Divino, poderemos, através da mente-Verdade, retomar todas as nossas experiências mentais, vitais e físicas e oferecê-las ao plano espiritual — esse era o sentido secreto ou místico do antigo "sacrifício" védico —, a fim de convertê-las em valores da verdade infinita de Sachchidananda; poderemos então receber os poderes e as iluminações da Existência infinita, sob forma de conhecimento, vontade e deleite divinos, e impô-los à nossa mentalidade, à nossa vitalidade e à nossa existência física até que os membros inferiores sejam transformados em receptáculos perfeitos da natureza superior. Esse era o duplo movimento védico de descida e de nascimento dos deuses nas criaturas humanas e de ascensão dos poderes humanos que lutam para chegar ao conhecimento, ao poder e ao deleite divinos, e elevam-se às divindades; o resultado foi a posse do Um e da existência infinita beatífica, a união com Deus, a Imortalidade. Pela posse desse plano ideal, nós rompemos por completo a oposição entre a existência inferior e a superior, esse falso abismo criado pela ignorância entre o finito e o Infinito, Deus e a Natureza, o Um e o Múltiplo; abrimos as portas do Divino, chegamos à plenitude do indivíduo na harmonia completa da consciência cósmica, e realizamos no ser cósmico a epifania do Sachchidananda transcendente. E esses resultados, que se obtidos no próprio plano supramental ou além seriam a perfeição mais alta do ser humano, poderemos alcançar parcialmente, de modo muito atenuado — em uma espécie de imagem mental obtida pelo despertar dessa ação superior no plano correspondente da natureza mental. Poderemos obter uma sombra luminosa dessa harmonia e dessa luz perfeitas. Mas isso pertence a uma outra parte de nosso objeto; esse é o conhecimento em que devemos fundamentar nosso Ioga da Autoperfeição.

CAPÍTULO XVI

UNIDADE

Assim, quando o centro da consciência se retira de sua identificação com a mente, com a vida e com o corpo, descobrimos nosso verdadeiro self, descobrimos a unidade desse self com o Brahman puro, silencioso, imutável, descobrimos no Imutável, no Akshara Brahman, aquilo pelo qual o ser individual se libera de sua personalidade e entra no impessoal — então, o primeiro movimento do Caminho do Conhecimento completou-se. Esse é o único movimento absolutamente necessário ao objetivo tradicional do Ioga do Conhecimento, para a imersão, para escapar da existência cósmica, para a liberação no Parabrahman absoluto e inefável que está além de todo ser cósmico. Aquele que busca essa liberação última pode obter outras realizações em seu caminho, pode realizar o Senhor do universo, o Purusha que se manifesta em todas as criaturas, ele pode chegar à consciência cósmica, pode conhecer e sentir sua unidade com todos os seres, mas essas realizações são apenas estágios ou circunstâncias de sua jornada, resultados do desenvolvimento de sua alma à medida que ela se aproxima do objetivo inefável. Passar mais além de tudo isso é seu objetivo supremo. Por outro lado, ao alcançarmos a liberdade, o silêncio e a paz, nós retomamos a posse, pela consciência cósmica, do Brahman ativo bem como do Brahman silencioso, e poderemos viver com segurança na liberdade divina, bem como repousar nela — completamos, assim, o segundo movimento da Via: a alma liberada tomou posição no conhecimento inefável.

Desse modo, a alma possui a si mesma na unidade de Sachchidananda em todos os planos manifestados de seu ser. A característica do conhecimento integral é a unificação de tudo em Sachchidananda, porque o Ser é não apenas um em si mesmo, mas é um em toda parte, em todas as suas posições e em cada aspecto, sob sua aparência de multiplicidade extrema e sob sua aparência de unidade extrema. O conhecimento tradicional, se bem que admita essa verdade em teoria, na prática raciocina como se a unidade não fosse igual em toda parte e não pudesse ser realizada igualmente em tudo. Ele a encontra no Absoluto não manifestado, mas não tanto na manifestação, a encontra mais pura no Impessoal do que no Pessoal, completa no Nirguna e menos completa no Saguna, presente de maneira satisfatória no Brahman silencioso e inativo, mas de maneira insatisfatória no Brahman ativo. Ele coloca, portanto, todos esses outros termos do Absoluto abaixo de seus contrários na escala ascendente e recomenda rejeitá-los no final, como se essa rejeição fosse indispensável à realização absoluta. O conhecimento integral não faz esse tipo de divisão; ele chega a um outro tipo de absoluto em sua visão da unidade. Ele encontra a mesma unidade no Não Manifestado e no Manifestado, no Impessoal e no Pessoal, no Nirguna e no Saguna, nas profundezas infinitas do silêncio universal e na amplidão infinita da ação universal. Encontra a mesma unidade absoluta no Purusha e na Prakriti; na Presença divina e nas obras do Poder e do Conhecimento divinos; no eterno poder de manifestação do Purusha único e na manifestação constante dos Purushas inumeráveis; na unidade inalienável de Sachchidananda que jamais perde a realidade de sua própria unidade multiforme, e nas divisões aparentes da mente, da vida e do corpo em que a unidade é constantemente real, embora de maneira secreta, e busque constantemente realizar-se. Para o conhecimento integral toda unidade é uma realização intensa, pura e infinita do Ser divino e eterno; toda diferença uma realização abundante, rica e sem limites do mesmo Ser divino e eterno.

A realização completa da unidade é, portanto, a essência do conhecimento integral e do Ioga Integral. Conhecer Sachchidananda um em Si mesmo e um em toda a Sua manifestação é a base do conhecimento; fazer dessa visão unitária uma realidade para a consciência, em sua imobilidade e em sua ação, e tornar-se essa unidade pela imersão do sentido da individualidade separada no sentido da unidade com o Ser e com todos os seres é a efetuação do Ioga do Conhecimento; viver, pensar, sentir, querer e agir nesse sentido de unidade é a efetuação do ser individual e da vida individual. Essa realização da unidade e essa prática da unidade na diferença é a totalidade do Ioga.

Sachchidananda é um em Si mesmo, em qualquer estado ou em qualquer plano da existência. É preciso, portanto, fazer dessa visão a base de toda efetivação, quer da consciência, da força e do ser, quer do conhecimento, da vontade e do deleite. É preciso, como já vimos, viver na consciência do Absoluto transcendente e na consciência do Absoluto manifestado em todas as relações; no Absoluto impessoal e no Absoluto que está manifestado em todas as personalidades; no Absoluto além de todos os atributos e no Absoluto rico de uma infinidade de atributos — no silêncio de onde a Palavra eterna cria, em uma calma e paz divinas mestras de si mesmas, em uma alegria e atividade infinitas. É preciso descobrir que Ele sabe tudo, sanciona tudo, governa tudo, que Ele contém, sustenta e anima tudo enquanto Purusha e, ao mesmo tempo, executa todo conhecimento, toda vontade e toda formação enquanto Prakriti. É preciso vê-lo como a Existência única, o Ser único reunido em si mesmo e o Ser único que se desdobra em todas as existências; a Consciência única concentrada na unidade de sua existência e expandida na natureza universal, profusamente centrada em inumeráveis seres; a Força única, estática no repouso de sua consciência reunida e dinâmica na atividade de sua consciência expandida; o Deleite único beatificamente consciente de sua infinitude sem feições e beatificamente consciente de todas as feições, de todas as forças e de todas as formas como de si mesmo; o Conhecimento único criador, a Vontade única diretora, supramental, fonte e determinação de todas as mentes, todas as vidas, todos os corpos; a Mente única que contém todos os seres mentais e constitui todas as suas atividades mentais; a Vida única ativa em todos os seres vivos e geradora de suas atividades vitais; a Substância única, que constitui todas as formas e todos os objetos, como um molde visível e sensível em que a mente e a vida se manifestam e agem, assim como a Existência única e pura é o éter em que toda Força-Consciente e todo Deleite existem unificados e descobrem-se de maneiras variadas. Pois estes são os sete princípios do ser manifestado de Sachchidananda.

O Ioga integral do conhecimento deve reconhecer a natureza dupla dessa manifestação — a natureza superior de Sachchidananda na qual Ele está descoberto, e a natureza inferior da mente, da vida e do corpo na qual Ele está velado — e reconciliar e unir as duas na unidade de uma realização iluminada. Não devemos deixar as duas naturezas separadas e viver uma espécie de vida dupla, espiritual dentro e no alto, e mental e material em nossa vida terrestre ativa; devemos rever e remodelar nossa existência inferior na luz, na força e na alegria da realidade superior. Devemos descobrir que a Matéria é um molde do Espírito, criada pelos sentidos, um veículo das manifestações da luz, da força e da alegria de Sachchidananda nas condições mais altas do ser e da atividade terrestres. Devemos ver que a Vida é um canal da Força divina infinita e romper a barreira que nos distancia e separa dessa Força, criada pelos sentidos e pela mente; o Poder divino poderá então tomar posse de todas as atividades de nossa vida, dirigi-las, mudá-las, até que nossa vitalidade, transfigurada, por fim cessará de ser essa Força de Vida limitada que agora sustenta a mente e o corpo e tornar-se-á uma expressão da força-consciente de Sachchidananda, que é toda beatitude. Devemos, do mesmo modo, mudar nossa mentalidade sensorial e emotiva em uma atividade do Amor divino e do Deleite universal; devemos encher o intelecto em nós que busca conhecer e querer, com a luz do Conhecimento-Vontade divino, até que ele seja transformado e se torne uma expressão dessa atividade mais alta e sublime.

Essa transformação não pode ser completa, nem mesmo cumprir-se de fato, sem o despertar da mente-verdade, que corresponde à Supramente no ser mental e é capaz de receber mentalmente suas iluminações. Pela oposição entre Espírito e Matéria, sem uma abertura livre desse poder intermediário, as duas naturezas, superior e inferior, permanecem separadas e, embora possa haver comunicação entre elas e influência, e a natureza inferior possa ser atraída pela natureza superior em uma espécie de transe luminoso e extático, não pode haver uma transfiguração plena e perfeita da natureza inferior. Podemos sentir de maneira imperfeita pela mente emocional, o Espírito presente na Matéria e em todas as suas formas, o Deleite divino presente em todas as emoções e em todas as sensações, a Força divina por trás de todas as atividades da vida; podemos ter alguma sensação pela mente sensorial, uma percepção ou concepção pela mente de inteligência, mas a inferior manterá sua natureza própria; ela limitará, dividirá a ação da influência do alto e alterará seu caráter. Mesmo quando essa influência assumir seu poder mais alto, mais vasto, mais intenso, ela será irregular e desordenada nas atividades e só será perfeitamente recebida na calma e na imobilidade; estaremos ainda sujeitos a reações e a períodos de obscurecimento quando ela se retirar de nós; teremos tendência a esquecê-la na tensão da vida normal, sob os choques externos e o assédio das dualidades e a possuí-la plenamente apenas quando estivermos sós com nós mesmos e com Deus, ou então em momentos ou períodos de grande exaltação e de êxtase. Pois nossa mentalidade, instrumento restrito que se move em um campo limitado e apreende as coisas por fragmentos e parcelas, será necessariamente instável, agitada e mutável; ela só poderá encontrar estabilidade quando limitar seu campo de ação, e firmeza somente na cessação e no repouso.

Por outro lado, nossas percepções diretas da verdade vêm da Supramente — uma Vontade que sabe e um Conhecimento que efetua —, é ela quem cria a ordem universal a partir da infinidade. Seu despertar para a ação, diz o Veda, faz descer sem restrição a torrente das chuvas do céu, o completo fluir dos sete rios de um mar mais elevado de luz, poder e alegria. Ela revela Sachchidananda. Ela revela a Verdade por trás das sugestões dispersas e mal combinadas de nossa mentalidade e faz cada uma encontrar seu lugar na unidade da Verdade que está por trás; assim, ela pode transformar a meia-luz de nossa mente em certa totalidade de luz. Ela revela a Vontade por trás dos esforços tortuosos e imperfeitamente regulados de nossa vontade mental, de nossos anseios emocionais e de nossos esforços vitais, e faz cada um encontrar seu lugar na unidade da Vontade luminosa por trás; assim, ela pode transformar a luta semiobscura de nossa vida e de nossa mente em certa totalidade de força organizada. Ela revela o Deleite, em direção ao qual cada uma de nossas sensações e emoções se encaminha às apalpadelas e de onde recaem, em movimentos de satisfação parcialmente captada ou de insatisfação, dor, aflição e indiferença, e faz cada uma encontrar seu lugar na unidade do deleite universal por trás; assim, ela pode transformar o conflito de nossas emoções e sensações dualizadas em certa totalidade de amor e deleite serenos, mas profundos e poderosos. Ademais, ao revelar a ação universal, a supramente mostra a verdade essencial de onde surge cada um de seus movimentos e a direção para onde cada um progride, a força de efetuação que cada um traz em si e o deleite de ser para o qual e do qual cada um nasceu, e ela relaciona todos os movimentos ao ser universal, à consciência, à força e ao deleite de Sachchidananda. Assim, ela harmoniza para nós todas as oposições, divisões, contradições da existência e nos mostra, em cada uma, o Um e Infinito. Elevados a essa luz supramental, a dor, o prazer e a indiferença começam a transmutar-se na alegria do Deleite único autoexistente; força e fraqueza, sucesso e fracasso tornam-se poderes da Força-Vontade única e autoefetiva; verdade e erro, conhecimento e ignorância mudam-se na luz da autopercepção única e infinita e no Conhecimento único universal; a ampliação do ser e a diminuição do ser, limitação e superação de limites são transfigurados em ondas da Existência única e consciente, que se realiza. Toda nossa vida, assim como nosso ser essencial, transformam-se em plena realização de Sachchidananda.

Por meio desse conhecimento integral chegamos à unidade dos objetivos aos quais se propõe o Caminho Triplo do Conhecimento, das Obras e da Devoção. O conhecimento visa à realização da verdadeira Autoexistência; as obras são dirigidas à realização da Vontade-Consciente divina que governa secretamente todas as obras; a devoção aspira à realização da Beatitude do Amante que frui de todos os seres e de todas as existências — Sat, Chit-Tapas e Ananda. Portanto, cada via visa à plena realização de Sachchidananda sob um ou outro aspecto de sua natureza divina triuna. Pelo Conhecimento chegamos sempre ao nosso ser verdadeiro, eterno, imutável, ao Autoexistente que cada "eu" no universo representa de modo obscuro, e ab-rogamos toda diferença na grande realização: *so'aham*, Eu sou Ele, e, ao mesmo tempo, chegamos à nossa identidade com todos os outros seres.

Porém, ao mesmo tempo, o conhecimento integral nos faz perceber essa existência infinita enquanto força-consciente que cria e governa os mundos e se manifesta em suas obras; ele nos revela o Autoexistente em sua vontade-consciente universal enquanto Senhor, o Ishvara. Ele nos torna capazes de unir nossa vontade com a d'Ele, de descobrir Sua vontade nas energias de todas as existências e de perceber a consumação dessas energias nos outros como parte de nossa própria consumação universal. Assim, o conhecimento integral remove a realidade dos conflitos, das divisões e das oposições e deixa apenas suas aparências. Por esse conhecimento, portanto, chegamos à possibilidade de uma ação divina, a um modo de funcionar que é pessoal para nossa natureza, mas impessoal para nosso ser, visto que procede d'Isto que está além de nosso ego e só age com Sua sanção universal. Nós cumprimos nossas obras com igualdade, sem estarmos ligados à ação e aos seus resultados, em uníssono com o Supremo, em uníssono com o universal, livres de toda responsabilidade separada em nossos atos e, portanto, não afetados por suas reações. A consumação do Caminho das Obras tal como havíamos visto torna-se assim um anexo e um resultado do Caminho do Conhecimento.

Além disso, o conhecimento integral revela-nos o Autoexistente como o Todo-beatitude que, enquanto Sachchidananda manifestando o mundo e todos os seres, aceita a adoração deles assim como aceita as obras de sua aspiração e suas buscas pelo conhecimento; Ele se curva em direção a eles e os atrai a Si, para acolhê-los todos na alegria de Seu ser divino. Ao conhecê-lo como nosso Self divino, tornamo-nos uno com Ele, assim como o amante e o bem-amado tornam-se um, no êxtase desse abraço. E ao saber que Ele está também em todos os seres, ao perceber a glória, a beleza e a alegria do Bem-Amado em toda parte, transformamos nossa alma em paixão pelo deleite universal, pela imensidão, pela alegria do amor universal. Tudo isso que, como veremos, é o cume do Caminho da Devoção, torna-se também um anexo e um resultado do Caminho do Conhecimento.

Assim, pelo conhecimento integral, unificamos todas as coisas no Um. Retomamos todos os acordes da música universal, notas doces ou discordantes, suas sugestões luminosas ou obscuras, poderosas ou tênues, distintas ou abafadas e as encontramos todas mudadas e reconciliadas na harmonia indivisível de Sachchidananda. O Conhecimento traz também o Poder e a Alegria. "Como seria ele enganado, de onde teria ele a aflição, aquele que vê em toda parte a Unidade?"[1].

---

1. Isha Upanishad 7.

CAPÍTULO XVII

A ALMA E A NATUREZA

Reunir as diferentes linhas de nosso ser na unidade universal — esse é o resultado do conhecimento integral em seu conjunto. Se quisermos possuir o mundo de modo perfeito em nossa nova consciência divinizada como o próprio Divino o possui, deveremos conhecer cada coisa em seu absoluto, primeiro em si mesma, em seguida em sua união com tudo que a completa; pois é assim que o Divino representou e viu Seu ser no mundo. Ver as coisas como partes, como elementos incompletos é um conhecimento inferior, analítico. O Absoluto está em toda parte; é preciso vê-lo e encontrá-lo em toda parte. Cada finito é um infinito e deve ser conhecido, sentido em sua infinitude intrínseca tanto quanto em sua aparência finita de superfície. Porém, para conhecer o mundo dessa maneira, para percebê-lo e vivenciá-lo assim, não basta ter uma ideia intelectual ou imaginar que ele é assim; é preciso certa visão divina, sentido divino, êxtase divino, uma experiência de união com os objetos de nossa consciência. Nessa experiência, não apenas o Além, mas tudo aqui, não apenas a totalidade, o Todo em seu conjunto, mas cada coisa no Todo torna-se para nós nosso self, Deus, o Absoluto e o Infinito, Sachchidananda. Esse é o segredo do deleite completo no mundo de Deus, da satisfação completa da mente, do coração e da vontade, da liberação completa da consciência. É a experiência suprema que a arte e a poesia e todos os esforços variados do conhecimento subjetivo e objetivo, e todos os desejos e esforços para possuir e fruir os objetos, tentam alcançar, mais ou menos obscuramente; essas tentativas para apreender as formas, as propriedades e as qualidades das coisas são apenas um primeiro movimento que não pode dar a satisfação profunda, a menos que, ao apreendê-las de maneira perfeita e absoluta, possamos ter a percepção da realidade infinita da qual elas são os símbolos externos. Para a mente racional ou para a experiência normal dos sentidos, essa percepção pode parecer uma fantasia poética ou uma alucinação mística; mas a satisfação absoluta e a sensação de iluminação que ela dá, e só ela pode dar é, na realidade, uma prova de sua validez superior; com isso, conseguimos um raio da consciência mais alta e do sentido divino em que nosso ser subjetivo, se consentirmos, no final será transfigurado.

Vimos que isso se aplica aos princípios mais altos do Ser Divino. Em geral, a mente discriminadora nos diz que só aquilo que está mais além de toda manifestação é absoluto, só o Espírito sem forma é infinito, só o Self mais além do tempo e do espaço, imutável, imóvel, em repouso é absolutamente real; se seguirmos esse conceito e se for ele que governará nossa busca, é a essa experiência subjetiva que chegaremos; todo o resto nos parecerá falso ou de uma verdade apenas relativa. Mas se partirmos de um conceito mais amplo, uma verdade mais completa e uma experiência mais vasta se abrirão diante de nós. Perceberemos que a imutabilidade da existência sem tempo e sem espaço é um absoluto e um infinito, mas que a força consciente e o deleite ativo do Ser divino, possuidor bem-aventurado do fluxo de seus poderes, de seus atributos e de suas criações é também um absoluto e um infinito — e, na verdade, o mesmo absoluto, o mesmo infinito —, e é de tal maneira o mesmo que poderemos fruir, de maneira simultânea e igual, a calma e a paz divinas atemporais tanto quanto a alegria da atividade divina no tempo, livre e infinitamente, sem sujeição e sem cair na agitação e no sofrimento. Do mesmo modo, poderemos ter a mesma experiência de todos os princípios dessa atividade, que no Imutável são contidos em si mesmos e, em certo sentido, retirados e ocultados e, no cósmico, são expressos e realizam suas capacidades e seus atributos infinitos.

O primeiro desses princípios, em ordem de importância, é a dualidade — que se converte em unidade — de Purusha e Prakriti, sobre a qual tivemos ocasião de falar no Ioga das Obras, mas que é de igual importância no Ioga do Conhecimento. Essa divisão foi formulada do modo mais claro pelas antigas filosofias indianas; mas ela se baseia no fato eterno de uma dualidade prática na unidade, dualidade na qual a manifestação cósmica está fundamentada. Diferentes nomes lhe foram dados, segundo nossa visão do universo. Os vedânticos falam de Self e Maia e dão ao Self, segundo suas predileções, o sentido de Imutável e à Maia o sentido do Poder pelo qual o Self impõe a si mesmo a ilusão cósmica; ou consideram o Self o Ser divino e Maia a natureza do ser consciente e a força consciente pela qual o Divino se encarna em formas de alma e em formas de coisas. Outros falam de Ishvara e Shakti, o Senhor e Sua força, Seu poder cósmico. A filosofia analítica dos sankhyas afirma sua eterna dualidade cósmica sem possibilidade alguma de unidade, e aceitam apenas relações de união e separação pelas quais a ação cósmica da Prakriti começa, continua ou cessa para o Purusha, pois o Purusha é uma existência consciente inativa — ele é a Alma, semelhante a si mesma e imutável para sempre —, Prakriti é a força ativa da Natureza que, por sua moção, cria e mantém o fenômeno do cosmos, e, por sua submersão no repouso, o dissolve. Se deixarmos de lado essas distinções filosóficas chegaremos à experiência psicológica original onde tudo, de fato, se inicia; isto é, há dois elementos na existência dos seres vivos ou, em todo caso, dos seres humanos, se não de todo o cosmos, um ser duplo: a Natureza e a Alma.

Essa dualidade é evidente. Sem filosofia alguma, pela simples força da experiência, todos nós podemos percebê-la, embora nem sempre façamos o esforço para defini-la. Mesmo o materialismo mais radical, que nega a alma ou faz dela um resultado mais ou menos ilusório de fenômenos naturais que agem nesse fenômeno mal explicado que é o cérebro físico — que chamamos consciência ou mente, mas na verdade não é mais que um conjunto complexo de espasmos nervosos —, não pode se livrar do fato prático dessa dualidade. Pouco importa como ela apareceu; o fato está aí, e não só está aí, mas ele determina toda a nossa existência, é o único fato realmente importante para nós, seres humanos, com uma vontade e uma inteligência e uma existência subjetiva que cria toda a nossa felicidade e todo o nosso sofrimento. Todo o problema da vida se resume a essa única pergunta: "O que devemos fazer com essa alma e essa natureza que estão face a face — nós, que temos de um lado de nossa existência essa Natureza, essa atividade pessoal e cósmica que tenta se impor à alma, possuí-la, controlá-la, determiná-la, e essa alma que, de algum modo misterioso, sente que possui uma liberdade, um controle sobre si, uma responsabilidade por aquilo que ela é e por aquilo que ela faz e, portanto, tenta voltar-se para a Natureza — a sua própria e a do mundo — controlá-la, possuí-la, fruir dela ou mesmo, talvez, rejeitá-la e escapar. Para responder a essa pergunta precisamos saber também o que a alma pode fazer — o que ela pode fazer consigo mesma e também o que pode fazer com a Natureza e com o mundo. Todas as filosofias, religiões e ciências humanas, na realidade não são mais que uma tentativa para encontrar os dados corretos que permitirão responder à pergunta e resolver, da maneira mais satisfatória que nosso conhecimento permita, o problema de nossa existência.

A esperança de escapar por completo à nossa sujeição atual e ao conflito que aflige nossa natureza inferior e nossa existência perturbada surge quando percebemos aquilo que a religião e a filosofia afirmam, mas o pensamento moderno tentou negar, isto é, que a existência de nossa alma possui uma posição dupla: uma inferior, perturbada e subordinada, a outra superior, suprema, não perturbada e soberana; uma, vibrante na Mente, a outra, tranquila no Espírito. A esperança não apenas de escapar, mas de encontrar uma solução vitoriosa e de todo satisfatória surge quando percebemos o que certas religiões e filosofias afirmam, porém outras parecem negar, isto é, que na unidade dual de alma e natureza há também um estado inferior, o estado humano comum, e um estado superior e divino; pois é só no divino que as condições da dualidade estão invertidas; lá, a alma se torna aquilo que ela se esforça para ser agora, aquilo a que agora ela apenas aspira: ser a mestra de sua natureza, livre e, pela sua união com o Divino, possuir também a natureza do mundo. Segundo o que pensarmos dessas possibilidades, será a solução que buscaremos realizar.

Involuída na mente, possuída pelos fenômenos comuns dos pensamentos mentais, das sensações, emoções, das percepções mecânicas dos impactos vitais e físicos do mundo e das reações a eles, a alma está sujeita à Natureza. Mesmo sua vontade e sua inteligência são determinadas por sua natureza mental, e bem mais ainda pela natureza mental de seu meio que, sutil ou abertamente, age na mentalidade individual e a domina. Desse modo, sua tentativa de regular, controlar, determinar sua própria experiência e ação é perseguida por um elemento de ilusão, visto que quando ela pensa que está agindo, na realidade é a Natureza que age e determina tudo o que ela pensa, quer e faz. Se não houvesse nela esse conhecimento constante de que ela é, de que existe em si mesma, de que ela não é o corpo ou a vida, mas é algo diferente e que determina a experiência cósmica ou, ao menos a recebe e a aceita, no fim ela seria obrigada a supor que a Natureza é tudo e a alma é uma ilusão. Essa é a conclusão que o Materialismo moderno afirma e à qual o budismo niilista chegou; os sankhyas, ao perceberem o dilema, o resolveram dizendo que, na realidade, a alma apenas reflete as determinações da Natureza e ela mesma nada determina, ela não é a soberana mas, ao recusar-se a servir como espelho, poderia recair em uma imobilidade e em uma paz eternas. Há outras soluções também, que chegam à mesma conclusão prática mas partem de outra extremidade, a extremidade espiritual; elas afirmam que, seja a Natureza é uma ilusão, seja a alma e a Natureza são ambas impermanentes, e nos indicam um estado além em que a dualidade delas não existe; ambas desapareceriam em algo permanente e inefável ou suas discordâncias cessariam pela exclusão completa do princípio ativo. Embora não satisfaçam a grande esperança da humanidade nem seu impulso e aspiração profundos, essas soluções são válidas em seus limites, pois chegam a um Absoluto em si ou ao absoluto particular da alma, mesmo se rejeitam as inumeráveis e arrebatadoras infinitudes do Absoluto, que a verdadeira posse da Natureza pela alma em sua existência divina oferece ao eterno buscador no ser humano.

Elevada ao Espírito, a alma não estaria mais sujeita à Natureza; estaria acima dessa atividade mental. Ela poderia estar acima, desapegada e distante, *udāsīna*, estabelecida no alto e indiferente ou ser atraída pela paz e pela beatitude absorventes de sua experiência espiritual não diferenciada e concentrada, e aí perder-se; deveríamos, nesse caso, tudo transcender pela renúncia completa à Natureza e à existência cósmica, em lugar de tudo conquistar por uma posse divina soberana. Mas o Espírito, o Divino, não está apenas acima da Natureza; ele é o mestre da Natureza e do cosmos; a alma que se eleva até sua posição espiritual deve, ao menos, ser capaz da mesma mestria pela sua união com o Divino. Ela deve ser capaz de controlar sua própria natureza, não só na calma e forçando-a ao repouso, mas com um controle soberano de seu jogo e de suas atividades.

Chegar ao absoluto da alma por uma intensa espiritualidade é nossa possibilidade em um aspecto de nossa existência dual; fruir o absoluto da Natureza e de cada coisa na Natureza é nossa possibilidade no outro aspecto dessa eterna dualidade. Unificar essas aspirações mais altas em uma posse divina de Deus, de nós mesmos e do mundo, será nossa completude feliz. Na posição inferior isso não é possível, porque a alma age por meio da mente e a mente só pode agir de maneira individual e fragmentada e obedece com satisfação, ou se submete malgrado si mesma, a essa Natureza universal pela qual o Conhecimento divino e a Vontade divina elaboram-se no cosmos. Mas o Espírito está em posse do conhecimento e da vontade e é sua fonte e sua causa e não o sujeito; portanto, à medida que a alma assume seu ser divino ou espiritual, ela assume também o controle dos movimentos de sua natureza. Ela se torna, segundo a antiga linguagem, *svārat*, livre e soberana, no reino de sua própria vida e de seu ser. Ela aumenta também o controle sobre seu meio e sobre seu mundo.

Porém, para chegar a isso inteiramente, é preciso que ela se universalize, pois é a vontade divina e universal que ela deve expressar em sua ação no mundo. Ela deve, primeiro, expandir sua consciência e ver o universo em si mesma, em vez de limitar-se, como a mente, pela visão física, vital, sensorial, emotiva e intelectual da pequena personalidade dividida. Deve aceitar as verdades do mundo, as energias do mundo, as tendências e os propósitos do mundo como seus, em lugar de agarrar-se às suas próprias ideias intelectuais, aos seus desejos e esforços, suas preferências, seus objetivos, suas intenções e seus impulsos; esses, enquanto permanecerem, deverão harmonizar-se com o universal. A alma deve, então, submeter seu conhecimento e sua vontade à sua própria fonte, isto é, ao Conhecimento divino e à Vontade divina, e assim chegar pela sujeição, à imersão, perdendo sua luz pessoal na Luz divina e sua iniciativa pessoal na iniciativa divina. Primeiro, estar em uníssono com o Infinito, em harmonia com o Divino; e então, unificar-se com o Infinito, transportar-se ao Divino, é a condição de sua força e mestria perfeitas, e essa é, precisamente, a natureza mesma da vida e da existência espirituais.

A distinção feita na Gītā entre Purusha e Prakriti nos dá a chave das atitudes diversas que a alma pode adotar em relação à Natureza em seu movimento em direção à liberdade e à mestria perfeitas. O Purusha, diz a Gītā, é testemunha, sustento, fonte da sanção, senhor, conhecedor, aquele que frui; Prakriti executa, é o princípio ativo, e suas operações devem corresponder à atitude do Purusha. A alma, se quiser, pode assumir a atitude de pura testemunha, *sākṣī*; pode olhar a ação da Natureza como algo de que ela está à parte; ela observa, mas não participa. Nós vimos a importância dessa capacidade quietista; essa é a base do movimento de afastamento, que nos permite dizer de todas as coisas — do corpo, da vida, da ação mental, dos pensamentos, sensações, emoções —, "Tudo isso é Prakriti em ação na vida, na mente e no corpo, isso não sou eu, nem mesmo me pertence"; e assim chegamos à separação da alma dessas atividades e à quietude delas. Essa pode, portanto, ser uma atitude de renúncia ou, ao menos, de não participação: tamásica, com uma persistência resignada e inerte em relação à ação natural enquanto durar, rajásica, com uma repugnância e aversão pela ação e o recuo da ação, ou sátvica, com uma inteligência luminosa pelo retiro da alma e a paz e alegria do isolamento e do repouso; mas a renúncia pode ser também acompanhada por um deleite igual e impessoal, como o de um espectador em um espetáculo, alegre mas desapegado e pronto para levantar-se a qualquer instante e partir alegremente. Em seu cume, a atitude da Testemunha é o absoluto do desapego e da liberdade de não ser afetado pelos fenômenos da existência cósmica.

Enquanto pura Testemunha, a alma recusa a função de suporte ou de sustento da Natureza. O suporte, *bhartā*, é outro — Deus, Força ou Maia —, mas não a alma, que aceita apenas refletir a ação natural em sua consciência que observa, mas sem a responsabilidade de mantê-la ou continuá-la. A alma não diz: "Tudo isto está em mim, e é mantido por mim, uma atividade do meu ser", no máximo ela diz: "Isto me é imposto, mas, na realidade, está fora de mim". A menos que haja uma dualidade clara e real na existência, essa não pode ser toda a verdade das coisas; a alma é também o sustentáculo, ela sustenta em seu ser a energia que desdobra o espetáculo do cosmos e conduz as energias cósmicas. Quando o Purusha aceita a função de sustentáculo, ele pode fazê-lo ainda de maneira passiva e sem apego, e sentir que fornece a energia, mas não que a controla e determina. O controle vem de um outro — Deus, Força ou a própria natureza de Maia; a alma dá apenas seu apoio, com indiferença, por tanto tempo quanto deve fazê-lo, por tanto tempo, talvez, quanto a força de sua antiga sanção à energia e de seu interesse persistirem e se recusarem a deixar-se exaurir. Mas, se aceitarmos plenamente ser esse sustento, um importante passo terá sido dado em direção à identificação com o Brahman ativo e com a alegria do seu ser cósmico, pois o Purusha tornou-se aquele que dá ativamente a sanção.

Na atitude da Testemunha há também um tipo de sanção, mas ela é passiva, inerte e nada tem de absoluta; mas, se a Testemunha consentir inteiramente em sustentar, a sanção se torna ativa, embora a alma não possa fazer mais do que consentir em refletir, sustentar e, assim, manter em ação todas as energias da Prakriti. Ela pode se recusar a determinar e selecionar, e acreditar que é Deus ou a própria Força, ou alguma Vontade-Conhecimento que seleciona e determina, e que à alma resta apenas ser testemunha e sustento e, desse modo, aquela que dá a sanção, *anumantā*, mas que não possui nem dirige o conhecimento e a vontade, *jñātā īśvaraḥ*. Então, há uma sanção geral, em forma de apoio ativo a tudo que é determinado por Deus ou pela Vontade universal, mas não há uma determinação ativa. Mas se a alma tiver o hábito de selecionar e rejeitar o que lhe é oferecido, ela determinará: a sanção, de relativamente passiva, tornar-se-á de todo ativa e a caminho de tornar-se um controle ativo.

Isso é o que acontece quando a alma aceita sua função completa de conhecedora, de soberana e daquela que se deleita com a Natureza. Enquanto conhecedora, a alma possui o conhecimento da força que age e determina, ela vê os valores do ser que se realizam no cosmos, ela está no segredo do Destino. Pois a força que age é ela mesma determinada pelo conhecimento, que é sua origem e fonte, que padroniza suas avaliações e efetuações de valores. Em consequência, à medida que a alma se torna mais uma vez a conhecedora, ela adquire a capacidade de tornar-se também aquela que controla a ação, quer pela força espiritual unicamente, quer pela força que se mostra nas atividades físicas e mentais. Pode haver na vida de nossa alma um conhecimento e uma compreensão espirituais perfeitas, não apenas de nossas atividades internas, mas de todo o desdobramento de coisas, de eventos, de atividades humanas, animais, naturais, em torno a nós — a visão cósmica do Rishi. Isso não precisa ser acompanhado de uma aplicação ativa de poder de ação no mundo, embora seja raro que este esteja de todo ausente; pois o Rishi não é desinteressado do mundo ou de seus semelhantes, mas é um com eles por simpatia ou porque aceita todas as criaturas como seu próprio self em muitas mentes e em muitos corpos. Mesmo os antigos eremitas que viviam nas florestas são descritos como continuamente ocupados em fazer o bem a todas as criaturas. Isso só é possível a partir de uma realização espiritual, não por um esforço — pois esforço é uma diminuição da liberdade —, mas pela influência ou pelo domínio espirituais sobre a mente dos seres humanos e das operações da Natureza, que refletem a imanência e a mestria divinas efetivas.

A alma não pode fazer isso sem se tornar ativamente aquela que frui da ação, *bhoktā*. No ser inferior, a fruição é de dois tipos, positiva e negativa, que se traduz na energia das sensações como alegria e sofrimento; mas no ser superior é uma fruição igual e ativa do deleite divino em sua manifestação própria. Essa fruição pode limitar-se a um deleite espiritual silencioso ou a uma alegria divina integral que possui todas as coisas em torno de nós e todas as atividades de todas as partes de nosso ser.

Não há perda de liberdade, não há descida em um apego ignorante. O ser humano livre em sua alma percebe que o Divino é o senhor da ação da Natureza, que Maia é seu Conhecimento-Vontade que determina e efetua tudo, que a Força é o aspecto da Vontade desse duplo Poder divino em que o Conhecimento está sempre presente e ativo. Percebe que ele também, mesmo individualmente, é um centro da existência divina — uma parcela do Senhor, como é dito na Gītā — que dirige a ação da Natureza à medida que ele vê, sustenta, sanciona, frui, conhece e, pelo poder determinante do conhecimento, dirige. E quando se universaliza, seu conhecimento reflete apenas o conhecimento divino, sua vontade cumpre apenas a vontade divina, ele frui apenas o deleite divino e não uma satisfação pessoal e ignorante. Assim, o Purusha preserva sua liberdade na posse e sua renúncia à personalidade limitada, mesmo na representação da fruição e deleite da existência cósmica. Ele se eleva à posição superior e assume de modo pleno as verdadeiras relações da alma e da Natureza.

Purusha e Prakriti, em sua união e em sua dualidade, emanam do ser de Sachchidananda. A existência autoconsciente é a natureza essencial do Ser; isso é Sat ou Purusha. O Poder da existência que percebe a si mesma, seja retirada em si, seja a agir nas operações de sua consciência e força, de seu conhecimento e sua vontade — Chit e Tapas, Chit e sua Shakti —, isso é Prakriti. Deleite de Ser, Ananda, é a verdade eterna da união desse ser consciente e de sua força consciente, seja absorvido em si, seja desdobrado na dualidade inseparável de seus dois aspectos. Ele expande os mundos enquanto Prakriti e os vê enquanto Purusha; age neles e sustenta a ação; executa as obras e dá a sanção, sem a qual a força da Natureza não poderia agir; executa e dirige o conhecimento e a vontade e conhece e dirige as determinações do conhecimento-força e da vontade-força; proporciona a fruição e frui — tudo é a Alma, que possui, observa, conhece, governa a Natureza e a Natureza que expressa o ser, executa a vontade, satisfaz o autoconhecimento, proporciona o deleite de ser da alma. Aí se revela, fundamentada na própria natureza do ser, a relação suprema e universal de Prakriti com Purusha. A relação em seus termos imperfeitos, deturpados ou reversos é o mundo como o vemos; mas a relação perfeita traz a alegria absoluta da alma em si mesma e, nessa base, a alegria absoluta da alma na Natureza, que é a plenitude divina na existência do mundo.

CAPÍTULO XVIII

A ALMA E SUA LIBERAÇÃO

Devemos fazer agora uma pausa e considerar a que nos empenhamos ao aceitar essa relação entre Purusha e Prakriti, pois isso implica que o Ioga que seguimos não tem como alvo nenhum dos objetivos comuns da humanidade. Esse Ioga não aceita nossa existência terrena como ela é, nem pode contentar-se com algum tipo de perfeição moral ou de êxtase religioso com um céu além, ou com alguma dissolução de nosso ser pela qual pomos fim, satisfatoriamente, a essa perturbada existência. Nosso objetivo é completamente outro; é viver no Divino, no Infinito, em Deus, e não no egoísmo e na temporalidade, mas, ao mesmo tempo, não separados da Natureza, de nossos semelhantes, da terra e da existência no mundo — não mais do que o Divino, que não vive distanciado de nós e do mundo. Ele existe também na relação com o mundo, com a Natureza e com todos esses seres, mas com um poder, uma liberdade e um autoconhecimento absolutos e inalienáveis. Nossa liberação e perfeição consistem em transcender a ignorância, a escravidão, a fraqueza e em viver n'Ele a relação com o mundo e com a Natureza, no poder, na liberdade e no autoconhecimento divinos. Pois a relação suprema entre a Alma e essa existência é a relação do Purusha que possui a Prakriti, quando ele não é mais ignorante e sujeito à sua natureza e conhece, transcende, frui e governa seu ser manifestado e determina de maneira vasta e livre o que será sua expressão.

Uma unidade que descobre a si mesma nas variações de sua própria dualidade, esse é o jogo completo da Alma com a Natureza, em seu nascimento e em seu vir a ser cósmico. Um único Sachchidananda em toda parte, autoexistente, ilimitável; uma unidade que não pode ser destruída pela mais completa infinidade de suas próprias variações, essa é a verdade original do ser, aquela que nosso conhecimento busca e à qual nossa existência subjetiva deve, no final, chegar. Dela, todas as outras verdades se originam, nela se baseiam, é por ela que, a cada instante, elas se tornam possíveis e nela, no final, podem conhecer-se e conhecer as outras, reconciliar-se, harmonizar-se e justificar-se. Todas as relações no mundo, mesmo as aparentes discórdias mais graves e mais chocantes, são relações de algo eterno consigo mesmo, em sua própria existência universal; elas não são, em nenhum lugar e em nenhum instante, colisões de seres desconectados que se encontram de maneira fortuita ou por alguma necessidade mecânica da existência cósmica. Portanto, conhecer-se é, em essência, retornar a esse fato eterno da unidade; viver nela deve ser o princípio efetivo da posse interior de nosso ser e de nossas relações justas e ideais com o mundo. Por esse motivo devemos insistir, primeiro e antes de tudo, na unidade como objetivo e, de certo modo, como o objetivo total de nosso Ioga do Conhecimento.

Mas essa unidade se elabora em toda parte e em todos os planos por uma verdade executiva ou prática de dualidade. O Eterno é a Existência una, infinita, consciente — Purusha —, e não algo inconsciente e mecânico; Ele existe eternamente no deleite da força de seu ser consciente alicerçado em um equilíbrio de unidade; mas Ele existe também no deleite, não menos eterno, de sua força de ser consciente, que brinca no universo com a diversidade de suas próprias experiências criadoras. Assim como somos, ou podemos nos tornar, conscientes de ser para sempre algo fora do tempo e sem nome, perpétuo, que chamamos Self e constitui a unidade de tudo o que somos e, ainda assim, termos ao mesmo tempo as experiências variadas do que fazemos, pensamos, queremos, criamos, nos tornamos, essa também é a consciência do Purusha no mundo. Somente, para nós que no presente somos indivíduos mentais limitados e encadeados ao ego, essa experiência, em geral, acontece na ignorância; nós não vivemos no self, mas apenas nos voltamos em sua direção ou nos retiramos nele de vez em quando, enquanto o Eterno tem essa experiência em Seu autoconhecimento infinito, Ele é eternamente esse Self, e dessa plenitude de ser Ele olha toda essa autoexperiência. Ele não é, como nós somos, servos e prisioneiros da mente, Ele não concebe seu Ser como uma espécie de resultado nem de soma indefinida, tampouco como uma alta contradição de sua própria experiência. A velha querela filosófica entre Ser e Vir a Ser não é possível para o autoconhecimento eterno.

A força ativa de um ser consciente que se realiza em seus poderes de experiência, seus poderes de conhecimento, de vontade, de deleite e de expressão, com todas as suas maravilhosas variações, inversões, conservações e conversões de energia, e até mesmo desvios, é o que chamamos Prakriti ou Natureza, em nós e no cosmos. Mas, por trás dessa força de variação, está o eterno equilíbrio da mesma força em unidade igual que sustenta imparcialmente todas as variações, as governa como as originou e as dirige para seu objetivo: o deleite que o Ser, o Purusha, concebeu em sua consciência e determinou por sua vontade ou por seu poder de consciência. Essa é a Natureza divina a que devemos retornar pelo nosso Ioga do Autoconhecimento. Devemos nos tornar o Purusha, Sachchidananda, e fruir o deleite de uma posse individual divina de sua Prakriti e não mais ser esses seres mentais, sujeitos à sua natureza egoística. Pois aquele é o ser humano real, o self supremo e integral do indivíduo, e o ego é apenas uma manifestação inferior e parcial de nós mesmos, por meio do qual certa experiência limitada e preparatória torna-se possível e, por algum tempo, é tolerada. Mas essa condescendência em relação ao ser inferior não é toda nossa possibilidade, não é a única experiência nem o coroamento de nossa existência enquanto seres humanos nesse mundo material.

O ser individual que somos é o que torna possível a ignorância para a mente autoconsciente, mas é também o que torna possível a liberação no ser espiritual e a felicidade da imortalidade divina. Não é o Eterno em Sua transcendência ou em Seu ser cósmico que chega a essa imortalidade, é o indivíduo que se eleva ao autoconhecimento; é nele que o conhecimento é possuído e é por meio dele que se torna efetivo. Toda vida — espiritual, mental ou material — é o jogo da alma com as possibilidades de sua natureza; pois sem esse jogo não pode haver autoexpressão nem autoexperiência nas relatividades. Então, mesmo quando tivermos a realização de ver que tudo é nosso self ampliado, de nossa unidade com Deus e com os outros seres, esse jogo pode, e deve, continuar, a menos que desejemos cessar toda autoexpressão e tudo abolir, exceto uma autoexperiência extática e absorvedora. Mas então é no ser individual que este êxtase ou este jogo liberado é realizado; o êxtase é a imersão desse ser mental na experiência única da unidade, o jogo liberado é uma absorção de sua mente no ser espiritual, a fim de realizar livremente o deleite da unidade. Pois a natureza da existência divina é possuir sempre sua unidade, mas possuí-la também em uma experiência infinita, com inumeráveis pontos de vista, em inumeráveis planos, mediante inumeráveis poderes conscientes ou selfs de seu Self, ou — para usar nossa linguagem intelectual limitada — individualidades do ser consciente único. Cada um de nós é uma dessas individualidades. Manter-se distante de Deus no ego limitado, na mente limitada é manter-se distante de si mesmo, despossuídos de nossa individualidade verdadeira, é ser o indivíduo aparente e não o indivíduo real; esse é nosso poder de ignorância. Ser absorvidos no Ser divino e perceber que agora vivemos em nossa consciência espiritual, infinita e universal é possuir nosso self supremo e integral, nossa individualidade verdadeira; esse é nosso poder de conhecimento.

Ao conhecer a unidade eterna desses três poderes da Manifestação eterna — Deus, a Natureza e o self individual — e a íntima necessidade que eles têm um do outro, começamos a compreender a própria existência e todas as aparências do mundo, que agora são um enigma para nossa ignorância. Nosso autoconhecimento nada abole dessas coisas, ele abole apenas nossa ignorância e as circunstâncias próprias da ignorância, que nos encadeiam e sujeitam às determinações egoísticas de nossa natureza. Quando retornamos a nosso ser verdadeiro, o ego nos deixa; ele é substituído por nosso self supremo e integral, a individualidade verdadeira. Ao tornar-se esse self supremo, essa individualidade se faz una com todos os seres e vê tudo, o mundo e a Natureza, em sua própria infinidade. Queremos dizer com isso, simplesmente, que a sensação de nossa existência apartada desaparece na consciência de um ser ilimitado, indivisível, infinito, no qual não nos sentimos mais encadeados ao nome, à forma e às determinações mentais e físicas particulares de nosso nascimento e devenir atuais — não estamos mais separados de nada nem de ninguém no universo. Isso é o que os pensadores antigos chamaram o Não nascimento ou a abolição do nascimento ou Nirvana. Ao mesmo tempo, continuamos a viver e a agir mediante nosso nascimento e devenir individuais, mas com um conhecimento diferente e um outro tipo de experiência; o mundo também continua, mas o vemos em nosso próprio ser e não como algo externo a nós e diferente de nós. Poder viver de modo permanente nessa nova consciência, a consciência de nosso ser real, integral, é alcançar a liberação e fruir da imortalidade.

Aqui intervém uma complicação: a ideia de que a imortalidade só é possível após a morte, em outros mundos, em planos de existência superiores, ou que a liberação deve, necessariamente, destruir toda possibilidade de vida mental ou corporal e aniquilar a existência individual para sempre, em um infinito impessoal. Essas ideias derivam sua força de certa justificação pela experiência e uma espécie de necessidade de ascensão ou de atração para o alto, sentidas pela alma quando se libera dos laços coercivos da mente e da matéria. Ela sente que esses laços são o quinhão de toda vida terrestre ou de toda existência mental. A morte reina no mundo material, pois a vida aqui parece existir apenas pela submissão à morte, pelo morrer constante; aqui, a imortalidade deve ser conquistada com dificuldade e parece ser, em sua natureza, uma rejeição de toda morte e, portanto, de todo nascimento nesse mundo material. O campo da imortalidade deveria situar-se em algum plano imaterial, em algum céu em que o corpo não existisse ou então fosse diferente, e apenas uma forma da alma ou uma circunstância secundária. Ademais, aqueles que querem passar além mesmo da imortalidade, sentem que todos esses planos e esses céus são circunstâncias da existência finita e que o self infinito é vazio de todas essas coisas. Eles estão dominados pela necessidade de desaparecer no impessoal e infinito, pela incapacidade de igualar de algum modo a beatitude do ser impessoal com o deleite da alma em seu vir a ser. Filosofias foram inventadas para justificar ao intelecto essa necessidade de imersão e de desaparecimento, porém, na realidade, o que é importante e decisivo é o chamado do Mais Além, a necessidade da alma, seu deleite — nesse caso particular —, em uma espécie de existência impessoal ou não existência; pois o que decide é o deleite determinante do Purusha, a relação que ele quer estabelecer com a Prakriti, a experiência a que ele chega como resultado da via que seguiu para desenvolver sua experiência individual em meio a todas as possibilidades variadas de sua natureza. Nossas justificações intelectuais são apenas um relato dessa experiência para o uso da razão, estratagemas para ajudar a mente a consentir em seguir a direção em que a alma se move.

A causa de nossa existência no mundo não é o ego, como nossa presente experiência nos induz a crer, pois o ego não é mais que o resultado e uma circunstância de nosso modo de existir no mundo. É uma relação que o Purusha, com suas almas inumeráveis, estabeleceu entre as mentes individualizadas e os corpos: uma relação de autodefesa e de exclusão e agressão mútuas a fim de ter, em meio a todas essas existências interdependentes no mundo, uma possibilidade de experiência mental e física independente. Mas nesses planos não pode haver independência absoluta; portanto, a impessoalidade que rejeita todo vir a ser mental e físico é a única culminação possível desse movimento exclusivo, pois só assim uma autoexperiência absolutamente independente pode ser alcançada. A alma, então, parece existir em si, de modo absoluto e independente; ela é livre no sentido da palavra indiana *svādhīna*, não dependente de Deus nem de outros seres. Assim, nessa experiência, Deus, o self pessoal e outros seres são todos negados, rejeitados como distinções da ignorância. É o ego que reconhece sua própria insuficiência e abole tudo — ele mesmo e os seus contrários — a fim de poder cumprir seu instinto essencial de autoexperiência independente, pois ele percebe que seus esforços para alcançar isso mediante as relações com Deus e com outros, são atacados, do princípio ao fim, pela ilusão, vaidade e nulidade. Ele cessa de admiti-los, porque ao admiti-los ele se torna dependente deles; ele cessa de admitir sua própria persistência, porque a persistência do ego significa a admissão daquilo que ele tenta excluir como não self: o cosmos e os outros seres. A autoaniquilação dos budistas é, em sua natureza, a exclusão absoluta de tudo o que o ser mental percebe; a autoimersão do advaita em seu ser absoluto é o mesmíssimo objetivo concebido de outra maneira: ambos são uma reivindicação suprema da alma que afirma sua independência excludente em relação à Prakriti.

A experiência a que chegamos primeiro, quando seguimos essa espécie de atalho que havíamos descrito como o movimento de retirada, encoraja essa tendência. De fato, essa é uma demolição do ego e uma rejeição dos hábitos de nossa mentalidade atual; pois nossa mentalidade é sujeita à matéria e aos sentidos físicos e concebe as coisas apenas como formas, objetos, fenômenos externos e como nomes que atribuímos a essas formas. Não percebemos diretamente a vida subjetiva de outros seres, salvo por analogia com a nossa, por inferência ou por uma percepção derivada baseada em sinais exteriores, como a fala, a ação, etc., que nossa mente traduz em termos de nossa própria subjetividade. Quando saímos do ego e da mente física e entramos na infinitude do Espírito, vemos ainda o mundo e os outros como a mente nos havia habituado a ver — como nomes e formas; só que, em nossa nova experiência da realidade direta e superior do Espírito, eles perdem essa realidade objetiva direta e essa realidade subjetiva indireta que tinham para a mente. Eles parecem ser o oposto dessa realidade mais verdadeira que agora vivenciamos; nossa mentalidade, imóvel e indiferente, não se esforça mais para conhecer e para tornar reais esses termos intermediários que existem no mundo assim como em nós, e cujo conhecimento tinha como única utilidade lançar uma ponte sobre a distância entre o self espiritual e os fenômenos objetivos do mundo. Estamos satisfeitos com a impessoalidade beatífica e infinita de uma pura existência espiritual; nada, nem ninguém mais, importa para nós. O que os sentidos físicos nos mostram e o que a mente percebe e concebe e em que se deleita de maneira tão imperfeita e transiente, parece-nos agora irreal e sem valor; não possuímos, e não nos interessamos em possuir, as verdades intermediárias do ser pelas quais o Um frui os objetos dos sentidos físicos e da mente e pelas quais elas têm para Ele um valor em Seu ser e um deleite que fazem, se assim podemos dizer, a beleza da existência cósmica e o valor de sua manifestação. Não podemos mais participar no deleite que Deus encontra em Seu mundo; ao contrário, parece-nos que o Eterno se degrada ao admitir na pureza de seu ser a natureza grosseira da Matéria, ou falsificasse a verdade de seu ser ao imaginar nomes vãos e formas irreais. Ou, se conseguirmos perceber mesmo um pouco desse deleite, será com um desapego distante, que nos impedirá de participar nele com uma sensação de posse íntima; ou por uma atração pelo deleite superior de uma autoexperiência absorta e exclusiva, que não nos permitirá estar por mais tempo nesses estados inferiores do que o tanto a que somos compelidos pela duração de nossa vida física e de nosso corpo.

Porém, se no decurso de nosso Ioga ou como um resultado do livre retorno ao mundo após termos realizado nosso Self, e se o Purusha em nós retomar livremente posse de sua Prakriti, nos tornaremos conscientes não só do corpo e da expressão exterior dos outros, mas, de modo íntimo, nos tornaremos conscientes também de seu ser interior, de suas mentes, de suas almas e daquilo neles que sua própria mente de superfície não percebe; veremos também o Ser real neles, e os veremos como selfs de nosso Self e não como meros nomes e meras formas. Eles se tornam para nós realidades do Eterno. Nossa mente não será mais enganada pelo aparente não valor das coisas triviais nem tomada pela ilusão da irrealidade. De fato, a vida material não terá mais para nós seu antigo valor absorvedor, mas encontrará o valor maior que ela tem para o Purusha divino; ela não será mais, a nossos olhos, o termo único de nosso devir, e seu valor será meramente subordinado aos termos superiores da mente e do espírito; essa diminuição não reduzirá seu valor, mas o aumentará. Veremos que nosso ser, nossa vida e nossa natureza materiais são apenas uma posição do Purusha em relação à sua Prakriti e que seu propósito e importância verdadeiros só podem ser apreciados quando são vistos não em si mesmos, mas como dependentes das posições superiores pelas quais são sustentados; dessas relações superiores eles derivam seu significado e, portanto, pela união consciente com elas eles poderão cumprir todas as suas tendências e objetivos válidos. A vida, então, se justificará para nós e o autoconhecimento e a liberação que isso implica não farão dela uma absurdidade.

Esse conhecimento e essa liberdade mais amplos, integrais, no fim liberam e cumprem nossa existência em sua totalidade. Quando os possuímos, vemos por que nossa existência se move entre esses três termos — Deus, nós mesmos e o mundo —, não os vemos mais, ou nenhum deles, em oposição um ao outro, discordantes, incompatíveis; por outro lado, tampouco os consideramos como termos de nossa ignorância, destinados a desaparecer no final em uma pura unidade impessoal. Ao contrário, percebemos que eles são termos necessários à nossa própria completude e que preservam seu valor após a liberação, ou melhor, é só então que adquirem seu valor real. Para termos a experiência de nossa existência não será mais necessário excluir outras existências que, por nossas relações com elas, compõem nossa experiência do mundo; nessa nova consciência todas as existências estarão contidas em nós e nós nelas. Elas não serão mais, e nós não seremos mais, tantos egos que se excluem mutuamente, cada um em busca de sua própria consumação independente ou de sua própria transcendência e, no final, sem buscar nada mais; todos são o Eterno, e o self em cada um abarcará tudo em si secretamente, e buscará de várias maneiras tornar visível e efetiva em seu ser terrestre a verdade superior de sua unidade. A Verdade divina de nossa individualidade não é um exclusivismo mútuo, mas um "inclusivismo" mútuo; o amor é a lei mais alta e não a própria completude independente.

O Purusha, nosso ser real, é sempre independente e mestre da Prakriti, e temos razão em buscar essa independência — essa é a utilidade do movimento egoístico e de sua autotranscendência, mas sua completude justa não é fazer do ego e de sua existência independente o princípio absoluto, mas é chegar a essa outra posição, superior, do Purusha em relação à sua Prakriti. Há aí a transcendência da Natureza, mas também a posse da Natureza, cumprimos perfeitamente nossa individualidade, mas também cumprimos perfeitamente nossas relações com o mundo e com os demais. Por conseguinte, uma salvação individual nos céus além, sem preocupação com a terra, não é nosso objetivo mais alto; a liberação dos outros e sua autorrealização é nossa preocupação — podemos quase dizer, nosso interesse pessoal divino —, tanto quanto nossa própria liberação. De outro modo, nossa unidade com os demais não teria sentido concreto. Conquistar as atrações da existência egoística nesse mundo é nossa primeira vitória sobre nós mesmos; conquistar as atrações da felicidade individual nos céus além é nossa segunda vitória; conquistar a atração suprema da evasão da vida e de uma beatitude absorvida no infinito impessoal é a vitória última e maior. Então, estaremos liberados de todo exclusivismo individual e em posse da completa liberdade espiritual.

O estado da alma liberada é o estado próprio do Purusha, que é livre para sempre. Sua consciência é uma transcendência e uma unidade todo-abrangente. Seu autoconhecimento não elimina todos os termos do autoconhecimento, mas unifica e harmoniza todas as coisas em Deus e na natureza divina. O êxtase religioso intenso que conhece somente Deus e nós mesmos e se fecha a tudo mais, para a alma liberada é apenas uma experiência íntima que a prepara para participar do abraço do Amor e do Deleite divinos que abarca todas as criaturas. Uma beatitude celestial que une Deus, nós mesmos e os abençoados, mas nos faz ver com uma indiferença remota os não abençoados e seus sofrimentos não é possível para a alma aperfeiçoada, pois aqueles são ela mesma; livre individualmente da dor e da ignorância, a alma deve voltar-se naturalmente em direção a eles e conduzi-los à sua liberdade. Por outro lado, deixar-se absorver nas relações do self com os outros e com o mundo, com a exclusão de Deus e do mais Além, é ainda mais impossível e, portanto, a alma aperfeiçoada não pode estar limitada pela terra ou mesmo pelas relações humanas mais altas e mais altruísticas. Sua atividade ou sua culminação não é se apagar ou se negar por completo ao bem dos demais, mas cumprir-se na liberdade, na beatitude e na posse de Deus, a fim de que nessa, e por essa, consumação, os outros também possam cumprir-se. Pois é só em Deus, só pela posse do Divino, que todas as discórdias da vida podem ser resolvidas e, portanto, elevar os seres humanos ao Divino é, no final, o único meio efetivo de ajudar a humanidade. Todas as outras atividades e realizações de nossa experiência pessoal têm sua utilidade e seu poder, mas, no final, esses desvios cheios de gente, ou esses caminhos solitários devem descrever um círculo para convergir na vastidão do caminho integral, em que a alma liberada transcende tudo, abarca tudo e torna-se a promessa e o poder da consumação de todos na manifestação divina de seu ser.

CAPÍTULO XIX

OS PLANOS DE NOSSA EXISTÊNCIA

Se, então, ao unir-se ao seu self superior o Purusha em nós deve tornar-se o Purusha divino — o conhecedor, o senhor, o livre possuidor de sua Prakriti —, é evidente que isso não pode ser feito enquanto vivermos no plano atual de nosso ser, pois esse é o plano material em que o reino da Prakriti é completo; nele, o Purusha divino está de todo escondido pela onda cegante das atividades da Natureza e a pompa tosca de suas obras; aí, a alma individual emergindo da involução do Espírito na matéria, sujeita em todas as suas atividades ao emaranhado dos instrumentos materiais e vitais, é incapaz de ter a experiência da liberdade divina. O que ela chama liberdade e mestria é apenas uma sujeição sutil da mente à Prakriti; uma sujeição mais leve, de fato mais próxima da possibilidade de liberdade e de mestria do que a sujeição grosseira de seres e de coisas vitais e materiais, como o animal, a planta e o metal, contudo isso não é a liberdade nem a mestria reais. Portanto, devemos falar de diferentes planos de nossa consciência e dos planos espirituais do ser mental, pois se eles não existissem a liberação do ser encarnado teria sido impossível aqui na terra. Ele teria que ter esperado ou, no máximo, ter-se preparado para buscar a liberação em outros mundos e em outro tipo de encarnação, física ou espiritual, menos obstinadamente selada em sua concha de experiência material.

No Ioga comum do conhecimento é necessário reconhecer apenas dois planos de consciência: o plano espiritual e o plano mental materializado; posicionada entre os dois, a razão pura olha ambos, passa através das ilusões do mundo fenomênico, eleva-se acima do plano mental materializado e vê a realidade do plano espiritual; e então, a vontade do Purusha individual une-se a essa posição de conhecimento: ele rejeita o plano inferior, retira-se no plano supremo e aí vive; perde mente e corpo, abandona a vida que o habita e funde-se no Purusha supremo, liberado da existência individual. Ele sabe que essa não é toda a verdade de nossa existência, que é muito mais complexa; ele sabe que existem numerosos planos, mas os negligencia, porque não são essenciais para sua liberação. De fato, esses planos dificultam a liberação, porque viver neles traz novas experiências psíquicas atraentes, satisfações psíquicas, poderes psíquicos, um mundo novo de conhecimento fenomênico, a busca dos quais cria obstáculos no caminho de seu único objetivo — a imersão no Brahman — e conduz a inúmeras ciladas nos desvios da estrada que conduz a Deus. Mas, visto que aceitamos a existência do mundo e, para nós, a existência do mundo inteiro é Brahman e está cheia da presença de Deus, essas coisas não podem ser terrificantes para nós; quaisquer que sejam os perigos de distração devemos enfrentá-los e vencê-los. Se o mundo e nossa existência pessoal são tão complexos, devemos conhecer e abarcar suas complexidades a fim de completar nosso conhecimento de nós mesmos e das relações entre o Purusha e sua Prakriti. Se existem inúmeros planos, devemos possuí-los todos para o Divino, assim como buscamos possuir espiritualmente, e transformar, nosso equilíbrio normal de mente, vida e corpo.

Em todos os países, o antigo conhecimento estava impregnado dessa busca pelas verdades escondidas de nosso ser, e isso originou esse vasto campo de investigação e de práticas que na Europa recebeu o nome de ocultismo. No Oriente, não usamos nenhum termo correspondente, porque essas coisas não nos parecem tão remotas, misteriosas e anormais como para a mentalidade ocidental; elas são mais próximas de nós e o véu entre nossa vida material normal e essa vida mais ampla e muito mais rica, é mais fino. Na Índia[1], no Egito, na Caldeia, na China, na Grécia, nos países celtas, elas faziam parte de vários sistemas ióguicos e de disciplinas que em certa época tiveram uma forte influência em toda parte; porém, para a mente moderna, elas parecem ser mera superstição e misticismo, embora os fatos e as experiências nas quais se baseiam sejam tão reais em seu próprio domínio, tão governados por leis inteligíveis, quanto os fatos e as experiências do mundo material. Não é nossa intenção aqui mergulhar nesse domínio vasto e difícil do conhecimento psíquico[2], porém, torna-se necessário agora abordar certos fatos e princípios gerais que formam sua estrutura, pois sem eles nosso Ioga do Conhecimento não seria completo. Constatamos que nos vários sistemas os fatos em questão são sempre os mesmos, mas existem diferenças consideráveis em sua exposição teórica e em sua prática, o que é natural e inevitável quando se trata de um tema tão vasto e tão difícil. Aqui,

---

1. Por exemplo, o Tantrismo na Índia.
2. Esperamos retornar a esse assunto mais tarde; pelo momento, nosso interesse principal na revista *Arya* são as verdades espirituais e filosóficas; somente quando elas forem apreendidas é que o estudo do domínio psíquico se tornará claro e sem perigo.

certas coisas são omitidas, lá, elas têm uma importância capital, aqui, são subestimadas, lá, superenfatizadas; certos campos de experiência, que em um sistema são considerados meras províncias subordinadas, em outros são tratados como reinos distintos. Mas seguirei aqui, consistentemente, os sistemas védico e vedântico, do qual encontramos as grandes linhas nos Upanishads; primeiro, porque me parece o mais simples e o mais filosófico e, sobretudo, porque, desde o início, foi considerado do ponto de vista da utilidade desses diversos planos para a liberação, que é o objeto supremo de nossa busca. Esse sistema toma como base os três princípios de nosso ser comum — a mente, a vida e a matéria — e, depois, o princípio espiritual triuno de Sachchidananda e, no final, o princípio de ligação: *vijnana* — a supramente, inteligência livre ou espiritual — e, desse modo, organiza as grandes posições possíveis de nosso ser em uma gradação de sete planos (algumas vezes, considera-se apenas cinco, porque só os cinco planos inferiores nos são plenamente acessíveis), pelos quais o ser em desenvolvimento pode elevar-se à sua perfeição.

Mas primeiro devemos compreender o que entendemos por plano de consciência ou plano de existência. Entendemos isso como uma posição, ou um mundo, em geral estabelecido, de relações entre Purusha e Prakriti, a Alma e a Natureza. Pois o que chamamos mundo não é e não pode ser nada mais que a expressão de uma relação geral que a Existência universal criou ou estabeleceu entre ela mesma e seu devenir, ou, podemos dizer, entre o fato eterno ou a potencialidade eterna de sua existência e os seus poderes de vir a ser. Essa Existência, em suas relações com o devir e sua experiência com o devir, é o que chamamos Alma ou Purusha, a alma individual no indivíduo, a alma universal no cosmos; o princípio e os poderes do devir são o que chamamos Natureza ou Prakriti. Mas, visto que o Ser, a Força consciente e o Deleite de ser são sempre os três termos constituintes da existência, a natureza de um dado mundo é, na verdade, determinada pelo modo como a Prakriti será levada a tratar com esses três termos primordiais e pelas formas que lhe será permitido lhes dar. Pois a existência mesma é e será sempre a substância de seu próprio devir; ela deve ser moldada na substância de que a Força deve se servir. A Força, por sua vez, deve ser o poder que elabora essa substância e a utiliza para seus fins; Força é o que, em geral, chamamos Natureza. Por fim, o objetivo, o propósito para o qual os mundos são criados deve ser elaborado pela Consciência inerente a toda existência, a toda força e às suas obras, e o objetivo deve ser a posse de si e do deleite da existência no mundo. A isso, todas as circunstâncias e todos os objetivos da existência em todos os mundos deve reduzir-se; é a Existência que desenvolve os termos de seu ser, o Poder de ser, o Deleite de ser consciente; se esses estão involuídos, ela os faz evoluir; se estão velados, ela os desvela.

Aqui, a alma vive em um universo material; apenas disso ela é imediatamente consciente; realizar suas potencialidades nesse universo é o problema que a ocupa. Mas Matéria significa a involução do deleite consciente da existência em uma força esquecida de si e em uma forma de substância que se fragmenta e se desagrega até chegar ao infinitesimal. Por conseguinte, o princípio e todo o esforço de um mundo material deve ser a evolução daquilo que está involuído e o desenvolvimento daquilo que não está desenvolvido. Aqui, desde o começo, tudo está encerrado no sono inconsciente da força material e em suas operações violentas; por conseguinte, todo objetivo de todo e qualquer devir deve ser o despertar da consciência no inconsciente; toda consumação de um devir material consiste em remover o véu da matéria e, de maneira luminosa, revelar à sua própria alma aprisionada no devir, o Ser inteiramente consciente. Visto que o ser humano é uma alma aprisionada, essa liberação luminosa e essa entrada no autoconhecimento devem ser seu objetivo mais alto e a condição de sua perfeição.

Mas as limitações de um universo material parecem ser hostis à realização própria a esse objetivo que, contudo, é inevitavelmente o objetivo mais alto de um ser mental nascido em um corpo físico. Primeiro, a existência formou-se aqui, fundamentalmente, como Matéria; ela foi objetivada, feita sensível e concreta para a experiência de sua própria força consciente, sob forma de substância material que se autofragmenta, e pela agregação dessa matéria foi construído para o ser humano um corpo físico separado, apartado de outros e sujeito aos hábitos de processos fixos ou, como dizemos, às leis da Natureza material inconsciente. A força do ser humano também é o produto da Natureza ou da Força que opera na matéria e que despertou lentamente da inconsciência para a vida; ela é sempre limitada pela forma, sempre dependente do corpo, sempre separada por ele do resto da Vida e dos outros seres vivos, sempre travada em seu desenvolvimento, em sua duração, em seu autoaperfeiçoamento pelas leis da Inconsciência e as limitações da vida corporal. Do mesmo modo, sua consciência é uma mentalidade emergindo em um corpo e em uma vida estritamente individualizada; ela é, portanto, limitada em suas operações e em suas capacidades e dependente de órgãos corporais sem grande competência e de uma força vital muito restrita; ela está separada do resto da mente cósmica e apartada do pensamento de outros seres mentais cujos funcionamentos interiores são um livro selado para a mente física do ser humano, exceto aquilo que ele pode interpretar por analogia com sua própria mentalidade e por seus sinais corporais e expressões insuficientes. Sua consciência recai constantemente na inconsciência, na qual uma parte considerável dela mesma está sempre involuída; sua vida recai em direção à morte, seu ser físico na desintegração. Seu deleite de ser depende das relações entre essa consciência imperfeita e seu meio, e essas relações têm como base as sensações físicas e a mente sensorial, em outras palavras, elas se baseiam em uma mente limitada que tenta apoderar-se de um mundo externo e alheio por meio de um corpo limitado, de uma força vital limitada e de órgãos também limitados. Por conseguinte, seu poder de posse é limitado, sua força para o deleite é limitada, e cada contato com o mundo que exceda sua força, que sua força não possa suportar nem apreender e não possa assimilar nem possuir, muda necessariamente em algo diferente do deleite — em dor, desconforto, tristeza. Ou então, ela deve responder aos contatos com o mundo com uma falta de receptividade e insensibilidade ou, se eles entrarem, rejeitá-los pela indiferença. Ademais, o deleite de ser que o ser humano pode possuir não é possuído natural e eternamente, como é o autodeleite de Sachchidananda; ele é adquirido pela experiência e aquisição no Tempo e, portanto, só pode ser mantido e prolongado pela repetição de experiências e é, por natureza, precário e transiente.

Tudo isso significa que as relações naturais entre Purusha e Prakriti no universo material se apresentam como uma absorção completa do ser consciente na força de suas obras — portanto, para o Purusha, o auto-oblívio e a autoignorância completos, uma dominação completa da Prakriti e a sujeição da Alma à Natureza. A alma não se conhece, ela apenas conhece, se conhece, as operações da Prakriti. O emergir da alma individual consciente no ser humano não ab-roga essas relações primárias de ignorância e sujeição. Pois essa alma vive em um plano de existência material, em uma posição da Prakriti em que a matéria é ainda o determinante principal das relações da alma com a Natureza, e visto que é limitada pela matéria, sua consciência não pode estar inteiramente em posse de si. Mesmo a alma universal, se fosse limitada pela fórmula material, não poderia estar inteiramente em posse de si; menos ainda o pode a alma individual, para quem o resto da existência, devido às limitações e às separações corporais, vitais e mentais, torna-se algo externo, mas de que, no entanto, ela depende para sua vida, seu deleite e seu conhecimento. Essas limitações de seu poder, de seu conhecimento, de sua vida, do deleite da existência são a inteira causa da insatisfação do ser humano consigo mesmo e com o universo. E se o universo material fosse tudo e o plano material o único plano de seu ser, então o ser humano, o Purusha individual, nunca poderia alcançar a perfeição e a autorrealização, nem mesmo qualquer outro tipo de vida senão a dos animais. Deve haver mundos em que ele será liberado dessas relações incompletas e insatisfatórias entre Purusha e Prakriti, ou planos de seu próprio ser aos quais ele poderá elevar-se e transcender essas relações ou, ao menos, planos, mundos e seres superiores dos quais ele poderá receber uma ajuda para o progresso de seu ser, receber conhecimento, poderes, alegrias que de outro modo lhe seriam inacessíveis. Todas essas coisas existem, o conhecimento antigo o afirma — outros mundos, planos superiores, possibilidades de comunicação, ascensão, crescimento pelo contato e sob a influência daquilo que está acima do homem na presente escala de seu ser realizado.

Assim como as relações entre Purusha e Prakriti têm uma posição[3] em que a Matéria é o primeiro determinante — um mundo de existência material — do mesmo modo há outra posição, exatamente acima, em que a Matéria não é suprema; lá, é a Força de Vida que toma seu lugar como primeiro determinante. Nesse mundo, as formas não determinam as condições da vida, mas é a vida que determina a forma e, portanto, as formas aí são muito mais livres, fluidas, mais abundantemente e, para nossas concepções, mais estranhamente variáveis que no mundo material. Essa Força de Vida não é uma força material inconsciente, nem mesmo uma energia subconsciente elementar, exceto em seus movimentos inferiores, mas é uma força de ser consciente que busca produzir formas, mas, sobretudo e essencialmente, fruir, possuir, satisfazer seu próprio impulso dinâmico. O desejo e a satisfação de impulsos são, portanto, a lei primeira desse mundo de existência vital pura, esse equilíbrio de relações entre a alma e sua natureza, em que o poder de vida age com uma liberdade e uma capacidade muito maiores do que em nossa existência física; esse pode ser chamado o mundo do desejo, pois essa é sua característica principal. Ademais, esse mundo não é fixo em uma fórmula dificilmente variável, como a vida física parece ser; sua posição é capaz de variações numerosas, e comporta inumeráveis subplanos, desde aqueles contíguos à existência material e que se fundem nela, até aqueles que, no cume do poder de vida, tocam os planos de existências mental e física puros e fundem-se neles. Pois na Natureza, nessa escala infinita do ser, não há grandes abismos, não há fendas abruptas que devamos saltar; as coisas fundem-se umas nas outras em uma continuidade sutil; e em tudo isso, por seu poder de experiência distintivo, a Natureza cria a ordem, as regiões definidas, as gradações distintas pelas quais a alma conhece e possui de maneira diversa suas possibilidades de existência no mundo. Além disso, visto que se satisfazer de uma ou de outra maneira é todo o objetivo do desejo, é a isso que tende o mundo do desejo; mas, enquanto a alma não for livre — e ela não pode sê-lo enquanto estiver sujeita ao desejo —, sua experiência deve ter um lado negativo assim como um lado positivo: esse mundo de desejo contém não só imensas possibilidades de satisfações intensas ou contínuas, quase inconcebíveis para a mente física limitada, mas também possibilidades de sofrimentos igualmente enormes. É, então, aí que se situam os céus inferiores e todos

---

3. *Poise* em inglês; palavra que não tem tradução definida em português. Pode ser equilíbrio, postura, posição, estabilidade. Nesse parágrafo foi utilizada no sentido de posição e de equilíbrio. (N. da T.)

os infernos que fascinaram e aterrorizaram a mente humana, como testemunham suas tradições e imaginações desde os tempos mais antigos. De fato, todas as imaginações humanas correspondem a alguma realidade, a alguma possibilidade real, embora, em si mesmas, suas representações possam ser completamente inexatas ou expressas em imagens demasiado físicas e, em consequência, inaptas para expressar a verdade de realidades suprafísicas.

A Natureza é uma unidade complexa e não uma coleção de fenômenos desconexos, e nela não pode haver abismos intransponíveis entre a existência material e este mundo vital ou de desejo. Ao contrário, pode ser dito que eles existem, de certa maneira, um no outro, e que são pelo menos interdependentes até certo ponto. Na verdade, o mundo material é, de fato, uma espécie de projeção do mundo vital, algo que ele empurrou para fora e separou de si mesmo a fim de dar corpo a alguns de seus desejos e satisfazê-los em condições diferentes das suas, se bem que sejam o resultado lógico de seus próprios apetites mais materiais. Pode-se dizer que a vida na terra é o resultado da pressão desse mundo vital sobre a existência material, inconsciente, do universo físico. Nosso próprio ser vital manifestado é também apenas um resultado de superfície de um ser vital mais vasto e mais profundo, que tem sua sede no plano vital propriamente dito e pelo qual somos conectados ao mundo vital. Ademais, o mundo vital age constantemente sobre nós, e, por trás de tudo na existência material, encontram-se poderes correspondentes do mundo vital; mesmo as coisas mais cruas e elementares têm por trás poderes elementares, seres elementares que lhes servem de suporte. As influências do mundo vital estão sempre a derramar-se na existência material, e aí produzem poderes e resultados que retornam ao mundo vital para modificá-lo. É aí que a parte vital de nosso ser, a parte de desejo, é sempre tocada e influenciada; aí também se encontram poderes benéficos e maléficos, poderes do bom e do mau desejo, que se interessam por nós mesmo quando os ignoramos e não nos interessamos por eles. Esses poderes não são apenas tendências, forças inconscientes, nem mesmo subconscientes — exceto nas fronteiras com a Matéria —, mas poderes, seres conscientes, influências vivas. À medida que despertamos para os planos mais altos de nossa existência, começamos a perceber essas influências como amigas ou inimigas, poderes que buscam nos possuir ou que podemos dominar, ultrapassar e deixar para trás. É essa possibilidade de relação entre o ser humano e os poderes do mundo vital que tanto ocupou o ocultismo europeu, sobretudo na Idade Média, assim como certas formas orientais de magia e de espiritualismo. As "superstições" do passado — e houve muita superstição, isto é, muitas crenças ignorantes e deformadas, explicações falsas e manipulações obscuras e ineptas com as leis do além —, mesmo assim, tinham por trás verdades que uma ciência futura, liberada de sua preocupação exclusiva com o mundo material, poderá redescobrir. Pois o supramaterial é tão real quanto a existência de seres mentais no universo material.

Mas, por que, então, não percebemos normalmente tudo isso que está por trás de nós e nos pressiona sem cessar? Pelo mesmo motivo que nos impede de perceber a vida interior de nosso vizinho, embora essa exista tanto quanto a nossa e exerça uma contínua influência oculta sobre nós — pois uma grande parte de nossos pensamentos e sensações chegam até nós de fora, de nossos semelhantes, quer de indivíduos, quer da mente coletiva da humanidade; e pelo mesmo motivo que nos impede de perceber a maior parte de nosso ser, que é subconsciente ou subliminar para nossa mente desperta e influencia sem cessar nossa existência de superfície e, de maneira oculta, a determina. E também porque, em geral, usamos apenas nossos sentidos corporais e vivemos quase inteiramente no corpo, na vitalidade física e na mente física, e não é diretamente através deles que o mundo vital entra em relação conosco. Isso é feito através de outros invólucros de nosso ser — como são denominados nos Upanishads —, outros corpos, segundo uma terminologia posterior: o invólucro mental ou corpo sutil no qual vive nosso ser mental verdadeiro e o invólucro vital ou corpo vital, que é o mais estreitamente ligado ao invólucro físico ou de alimento, e forma com ele o corpo grosseiro de nossa existência complexa. Todos esses corpos possuem poderes, sentidos, capacidades que, secreta e constantemente, agem sobre nós, são ligados aos nossos órgãos físicos e os invadem pelos plexos de nossa vida e mentalidade físicas. Pelo autodesenvolvimento poderemos percebê-los, fruir de nossa vida neles, entrar em relação consciente, por meio deles, com o mundo vital e outros mundos, e mesmo servirmo-nos deles para obter uma experiência mais sutil e um conhecimento mais íntimo das verdades, fatos e eventos mesmo do próprio mundo material. Por esse autodesenvolvimento poderemos, de modo mais ou menos pleno, viver em outros planos de existência que não o plano material que, agora, é tudo para nós.

O que foi dito do mundo vital aplica-se, com as devidas diferenças, a planos da existência cósmica ainda mais elevados. Pois mais além há um plano mental, um mundo de existência mental, em que nem a vida nem a matéria são o primeiro determinante, mas a mente. Nele, a mente não é determinada pelas condições materiais ou pela força vital, mas ela mesma as determina e as utiliza para sua própria satisfação. Nele, a mente, isto é, o ser psíquico e intelectual é livre, em certo sentido, livre ao menos para satisfazer e cumprir a si mesma de uma maneira difícil de conceber para nossa mentalidade amarrada ao corpo e à vida; pois aí o Purusha é o ser mental puro e suas relações com a Prakriti são determinadas por essa mentalidade mais pura. A Natureza aí é mental, mais que vital e física. O mundo vital e, indiretamente, o mundo material, são ambos uma projeção desse plano mental, o resultado de certas tendências do Ser mental que buscaram um campo, condições, arranjos de harmonias próprios a si mesmas; pode-se dizer que os fenômenos da mente nesse mundo são o resultado da pressão desse plano, primeiro, sobre o mundo vital, depois, sobre a vida na existência material. Ao modificar-se no mundo vital, esse mundo mental cria em nós a mente de desejo; quando age pura e diretamente, ele desperta em nós os poderes mais puros de nossa existência psíquica e intelectual. Mas nossa mentalidade de superfície é apenas um resultado secundário de uma mentalidade subliminar mais vasta cuja sede própria é o plano mental. Esse mundo de existência mental também age sem cessar sobre nós e nosso mundo, tem seus poderes e seus seres, relaciona-se conosco através de nosso corpo mental. É aí que encontramos os céus do psíquico e da mente aos quais o Purusha pode ascender quando deixa esse corpo físico e permanecer, até que o apelo da existência terrestre o faça descer de novo sobre a terra. Aí também há muitos planos; os inferiores convergem em direção aos mundos inferiores e neles se fundem; os superiores, nos cumes do poder mental, fundem-se com os mundos de uma existência mais espiritual.

Esses mundos superiores são, então, mundos supramentais; eles pertencem ao princípio da supramente — a inteligência livre, espiritual e divina[4] ou gnose — e ao triplo princípio espiritual de Sachchidananda. Deles derivam os mundos inferiores, por uma espécie de queda do Purusha em certas condições estreitas e específicas do jogo da alma com sua natureza. Mas esses mundos não estão separados de nós por um abismo intransponível; eles nos tocam através daquilo que é chamado "invólucro de conhecimento" e "invólucro de beatitude", também chamado corpo causal ou espiritual e, menos diretamente, através do corpo mental; tampouco os seus poderes secretos estão ausentes das operações da existência vital e material. Nosso ser espiritual consciente e nossa mente intuitiva despertam em nós como um resultado da pressão desses mundos superiores sobre o ser mental na vida e no corpo. Mas esse corpo causal é, podemos dizer, pouco desenvolvido na maioria das pessoas e viver nele, ou elevar-se aos planos supramentais tais como existem, distintos dos subplanos correspondentes no ser mental ou, mais ainda, viver neles de maneira consciente, é tudo o que há de mais difícil para o ser humano. Isso pode ser conseguido no transe do samádi; caso contrário, será preciso uma evolução nova das capacidades do Purusha individual, e bem poucos estariam dispostos mesmo a somente conceber

---

4. Chamada *vijñāna* ou *buddhi*, um termo que pode levar a alguns mal-entendidos, pois ele se aplica também à inteligência mental, que é apenas uma derivação inferior da gnose divina.

essa possibilidade. No entanto, essa é a condição da autoconsciência perfeita e é só por ela que o Purusha pode possuir o pleno controle consciente da Prakriti, pois nesses planos supramentais, nem mesmo a mente determina, mas o Espírito, que se serve livremente dos princípios de diferenciação inferiores como termos menores de sua existência, que são então governados pelos termos superiores e, por meio deles, alcançam a perfeição de suas próprias capacidades. Essa evolução nova, e só ela, seria a evolução perfeita do que está involuído e o desenvolvimento perfeito do que não está desenvolvido; é por isso que o Purusha, como em um desafio a si mesmo, buscou no universo material as condições da mais alta dificuldade.

CAPÍTULO XX

O TRIPLO PURUSHA INFERIOR

Tal é o princípio que constitui os vários mundos da existência cósmica e os vários planos de nosso ser: é como uma espécie de escada que mergulha na Matéria e, talvez, abaixo dela, e se eleva até os cumes do Espírito, talvez mesmo até o ponto em que a existência se libera do ser cósmico e entra no domínio de um Absoluto supracósmico — isso, ao menos, é o que afirma a cosmologia dos budistas. Mas para nossa consciência comum materializada tudo isso não existe, porque está escondido de nós pelas preocupações de nossa existência em um pequeno canto do universo material e pelas experiências medíocres da pequena hora de tempo que nossa vida em um único corpo representa nessa terra. Para essa consciência, o mundo é uma massa de coisas e de forças materiais lançadas em algum tipo de forma e harmonizadas em um sistema de movimentos regulados por certo número de leis fixas e autoexistentes às quais devemos obedecer, pelas quais somos governados e circunscritos e sobre as quais devemos obter o melhor conhecimento possível a fim de aproveitar ao máximo essa existência breve, que começa com o nascimento e se conclui com a morte e não tem uma segunda recorrência. Nosso próprio ser seria uma espécie de acidente ou, ao menos, uma circunstância menor e sem importância na vida universal da Matéria ou na eterna continuidade das operações da Força material. De um modo ou de outro, uma alma e uma mente começaram a existir, não se sabe bem o porquê, em um corpo, e tropeçam em meio a coisas e forças que não entendem muito bem, preocupadas, primeiro, com a dificuldade de sobreviver em um mundo perigoso e em geral hostil e, depois, a esforçar-se para entender as leis desse mundo e usá-las para tornar a vida a mais tolerável ou a mais feliz possível enquanto durar. Se, na verdade, não fôssemos nada mais que um tal movimento sem importância da mente individualizada na Matéria, a existência não teria nada mais a nos oferecer;

ela seria, no melhor dos casos, e em sua maior parte, a luta de um intelecto e de uma vontade efêmeros contra a Matéria eterna e contra as dificuldades da Vida, suplementada e facilitada pelo jogo da imaginação e pelas ficções consoladoras que nos são oferecidas pela religião e pela arte e por todas as maravilhas sonhadas pela mente descontente e a fantasia agitada do ser humano.

Mas, porque ele é uma alma e não apenas um corpo vivo, o ser humano não pode ficar satisfeito por muito tempo com essa primeira visão de sua existência — a única justificada pelos fatos externos e objetivos da vida — nem acreditar que essa seja a verdade verdadeira ou todo o conhecimento: seu ser subjetivo está cheio de sugestões e indícios de realidades além, está aberto para o sentido de infinidade e imortalidade, é facilmente convencido da existência de outros mundos, de possibilidades de ser mais altas, de campos de experiência mais amplos para a alma. A ciência nos dá a verdade objetiva da existência e o conhecimento superficial de nosso ser físico e vital; mas sentimos que existem verdades além, que podem se abrir cada vez mais para nós, se cultivarmos nosso ser subjetivo e alargarmos seus poderes. Quando adquirimos o conhecimento desse mundo, somos impelidos de modo irresistível a buscar o conhecimento de outros estados de existência além, e essa é a razão pela qual uma idade de forte materialismo e ceticismo é sempre seguida de uma idade de ocultismo, de crenças místicas, de novas religiões e de buscas mais profundas do Infinito e do Divino. O conhecimento de nossa mentalidade de superfície e das leis de nossa vida corporal não bastam; na verdade, ele nos conduz sempre às profundezas misteriosas e escondidas da existência subjetiva abaixo e por trás, de que nossa consciência de superfície não é mais que uma orla, um átrio exterior. Chegamos a ver que aquilo que está presente para nossos sentidos físicos é apenas a casca material da existência cósmica e que aquilo que é óbvio em nossa mentalidade de superfície é apenas a margem de continentes imensos que se estendem por trás, inexplorados. Para explorá-los, é preciso outro conhecimento, que não é este da ciência física ou de uma psicologia de superfície.

A religião é a primeira tentativa do ser humano para ultrapassar a si mesmo e ultrapassar os fatos óbvios e materiais de sua existência. O primeiro trabalho essencial dela é confirmar e tornar real para ele sua sensação subjetiva de um Infinito do qual seu ser material e mental depende, e de pôr a aspiração de sua alma nessa presença, fazê-la viver nesse contato. A função dela é também assegurar ao ser humano uma possibilidade com que ele sempre sonhou, mas que sua vida normal não lhe dá certeza alguma: a possibilidade de transcender-se, de sair de sua vida corporal e do estado mortal para entrar na alegria da vida imortal e da existência espiritual. Ela também confirma nele a sensação de que existem mundos e planos de existência diferentes daquele que agora é seu quinhão, mundos em que essa mortalidade e essa sujeição ao mal e ao sofrimento não são o estado natural, mas onde a beatitude da imortalidade é a condição eterna. Incidentalmente, ela lhe dá uma regra de conduta nessa vida mortal pela qual ele poderá preparar-se para a imortalidade. O ser humano é uma alma e não um corpo, e sua vida terrestre é um meio pelo qual ele determina as condições futuras de seu ser espiritual. Tudo isso é comum a todas as religiões; para além disso, elas não nos dão nenhuma certeza indiscutível. Suas vozes variam; algumas nos dizem que uma única vida na terra é tudo o que temos para determinar nossa existência futura — elas negam a imortalidade da alma no passado e afirmam apenas sua imortalidade futura; chegam mesmo a ameaçá-la, com o dogma incrível, de um futuro de sofrimentos eternos para aqueles que perderam o caminho correto; outras, mais amplas e mais racionais, afirmam existências sucessivas durante as quais a alma cresce no conhecimento do Infinito, com uma segurança completa de que todos alcançarão a perfeição última. Algumas nos apresentam o Infinito como um Ser diferente de nós e com quem podemos ter relações pessoais; outras, como uma existência impessoal na qual nosso ser separado deve fundir-se; algumas nos dão, então, como objetivo, mundos mais além, onde viveremos na presença do Divino; outras, uma cessação da existência no mundo pela imersão no Infinito. A maioria nos convida a suportar ou a abandonar nossa vida terrestre como se fosse uma prova ou uma aflição temporária ou uma futilidade, e a fixar nossas esperanças no além; em algumas encontramos uma alusão vaga a um triunfo futuro do Espírito — o Divino no corpo, nessa terra, na vida coletiva do ser humano — e justificam assim não só a esperança e a aspiração particulares do indivíduo, mas a esperança e a aspiração comuns e inatas da espécie. Religião, de fato, não é conhecimento, mas uma fé e uma aspiração; na verdade, ela se justifica por um conhecimento intuitivo impreciso de vastas verdades espirituais e pela experiência subjetiva de almas que se elevaram mais além da vida comum, mas, em si, ela nos dá apenas a esperança e a fé pelas quais podemos ser induzidos a aspirar à posse íntima das extensões escondidas e das vastas realidades do Espírito. Que mudemos sempre em dogmas rígidos e fixos as poucas verdades claras e os símbolos ou as disciplinas particulares de uma religião, é sinal de que, pelo momento, em relação ao conhecimento espiritual somos apenas crianças, e bastante longe da ciência do Infinito.

Contudo, por trás de todas as grandes religiões, isto é, por trás do lado exotérico de sua fé, de sua esperança, de seus símbolos, por trás das verdades dispersas e das limitações dos dogmas, há um lado esotérico de preparação e iluminação espiritual interior em que as verdades escondidas podem ser conhecidas, elaboradas, possuídas. Por trás de cada religião exotérica há um Ioga esotérico, um conhecimento intuitivo do qual a fé é um primeiro passo, há realidades inexprimíveis cujos símbolos são uma expressão figurada, há um sentido mais profundo das verdades religiosas dispersas, mistérios dos planos superiores da existência dos quais mesmo os dogmas e as superstições são sinais e indicações grosseiras. O que a ciência faz para nosso conhecimento do mundo material ao substituir as aparências imediatas e os costumes pelas verdades escondidas e pelos poderes ainda ocultos das grandes forças naturais e as crenças e opiniões mentais por experiências verificadas e uma compreensão mais profunda, o Ioga faz para os planos, os mundos e as possibilidades superiores de nosso ser, que são o objetivo das religiões. Portanto, toda essa massa de experiência gradual que existe por trás de portas fechadas — para as quais a consciência do ser humano pode, se quiser, encontrar a chave — insere-se na província de um abrangente Ioga de conhecimento que não precisa estar limitado à busca do único Absoluto ou do único conhecimento do Divino em si ou do Divino apenas nas relações isoladas com a alma humana individual. É verdade que a consciência do Absoluto é o cume mais alto do Ioga do Conhecimento e possuir o Divino é seu primeiro objetivo, o maior e mais ardente, e negligenciá-lo por um conhecimento inferior é macular nosso Ioga com uma inferioridade ou mesmo frivolidade e deixar de lado ou abandonar seu objetivo característico; porém, uma vez que conhecemos o Divino em si, o Ioga do Conhecimento pode muito bem incluir o conhecimento do Divino em suas relações com nós mesmos e com o mundo em seus diferentes planos de nossa existência. Se perseguirmos com firmeza nossa elevação ao puro Self como o cume de uma ascensão subjetiva poderemos, dessa altura, possuir nossos selfs inferiores, até mesmo o físico, e as operações da Natureza próprias a eles.

Podemos buscar esse conhecimento de dois lados em separado: do lado do Purusha ou do lado da Prakriti; e podemos combinar os dois para chegar à posse perfeita das relações variadas do Purusha e da Prakriti na luz divina. Segundo o Upanishad o ser humano e o mundo, o microcosmo e o macrocosmo, possuem uma alma quíntupla. A alma física, ou self físico, o ser físico — Purusha, Atman —, é aquela de que somos todos conscientes primeiro, e é um self que parece quase não ter existência fora do corpo e nenhuma ação vital, nem mesmo mental, independente dele. Essa alma física está presente em toda parte na Natureza material; ela impregna o corpo, aciona de maneira obscura seus movimentos e é a base de todas as suas experiências; ela anima todas as coisas, mesmo aquelas que não são mentalmente conscientes. Mas, no ser humano, esse ser físico tornou-se vitalizado e mentalizado; ele recebeu algo da lei e das capacidades da natureza vital e mental e do ser vital e mental. Mas sua posse deles é derivada, sobreposta, por assim dizer, à sua natureza original e exercida sob sujeição à lei e à ação da existência física e seus instrumentos. É essa dominação de nossas partes mentais e vitais pelo corpo e pela natureza física que, à primeira vista, parece justificar a teoria dos materialistas, segundo a qual a mente e a vida são apenas circunstâncias e resultados da força física, e todas as suas operações podem ser explicadas pelas atividades dessa força no corpo animal. De fato, toda a sujeição da mente e da vida ao corpo é a característica de uma humanidade não desenvolvida, como é o caso em um grau ainda maior, do animal infra-humano. Segundo a teoria da reencarnação, aqueles que não conseguem ultrapassar esse estado na vida terrestre, não podem elevar-se, após a morte, ao mundo mental ou ao mundo vital superior, mas devem retornar dos confins de uma série de planos físicos, para continuar seu desenvolvimento em uma nova existência terrestre. Pois a alma física não desenvolvida é de todo dominada pela natureza material e pelas impressões materiais e deve elaborá-las de maneira mais favorável, antes de poder elevar-se na escala do ser.

Uma humanidade mais desenvolvida nos permite um uso melhor e mais livre de todas as capacidades e experiências que nos são oferecidas pelos planos vital e mental do ser; podemos nos apoiar mais nesses planos escondidos, sermos menos absorvidos pelo físico e governar e modificar a natureza original do ser físico por forças e poderes maiores: as do vital, do mundo de desejo e aquelas ainda maiores e mais sutis da mente, que vêm dos planos psíquico e intelectual. Por esse desenvolvimento, podemos nos elevar a altitudes maiores durante a existência intermediária entre a morte e o renascimento e fazer um uso melhor e mais rápido do próprio renascimento para alcançar um progresso mental e espiritual ainda mais alto. Mas mesmo assim, no ser físico, que ainda determina a maior parte de nosso self desperto, nós agimos sem consciência definida dos mundos e dos planos que são a fonte de nossa ação. Na verdade, é o plano vital e o plano mental do ser físico que percebemos, e não o plano vital ou o plano mental propriamente ditos, nem o ser vital e o ser mental maiores e mais vastos que somos por trás do véu de nossa consciência normal. É só em um alto estágio de desenvolvimento que os percebemos, e, mesmo então, em geral só no segundo plano da ação de nossa natureza física mentalizada; na realidade, não vivemos nesses planos, pois se vivêssemos, poderíamos logo chegar ao controle consciente do corpo pelo poder vital e de ambos, o vital e o corpo, pela mente soberana; seríamos então capazes de determinar em grande parte nossa vida física e mental por nossa vontade e por nosso conhecimento e tornarmo-nos mestres de nosso ser, com uma ação direta da mente sobre a vida e sobre o corpo. Pelo Ioga, esse poder de transcender o self físico e tomar posse dos selfs maiores pode, em graus variados, ser adquirido por uma ampliação da autoconsciência e uma mestria de si intensificada.

Pode-se chegar a isso pelo caminho do Purusha, retirando-se do self físico e de suas preocupações com a natureza física: por uma concentração do pensamento e da vontade podemos nos elevar ao self vital e depois ao self mental. Por esse processo podemos nos tornar o ser vital e içar o self físico para o nível dessa nova consciência, de maneira que perceberemos o corpo, sua natureza e suas ações apenas como circunstâncias secundárias da Alma de vida que somos agora, utilizados por essa Alma de vida em suas relações com o mundo material. Certos sinais se manifestam então: uma distância em relação ao ser físico e, depois, a sensação de estarmos acima dele; uma sensação vívida de que o corpo é um mero instrumento ou um invólucro e facilmente destacável; uma ação extraordinariamente eficaz de nossos desejos sobre nosso ser físico e sobre o meio em que vivemos; uma grande sensação de poder e de facilidade em manipular e dirigir a energia vital de que agora nos tornamos vivamente conscientes, pois sua ação é sentida por nós de maneira concreta, sutilmente física em relação ao corpo, com uma espécie de densidade sutil que sentimos como uma energia a serviço da mente; uma percepção do plano vital em nós, acima do plano físico, e um conhecimento do mundo de desejo e um contato com os seres que aí vivem; a intervenção de poderes novos — em geral são chamados poderes ocultos ou *siddhis*; um sentimento de proximidade e afinidade com a Alma de vida no mundo e um conhecimento ou uma sensação das emoções, dos desejos, dos impulsos vitais de outros; estes são alguns dos sinais dessa nova consciência adquirida por meio do Ioga.

Mas tudo isso pertence aos graus inferiores da experiência espiritual e, na verdade, é apenas um pouco mais espiritual que a existência física. Pelo mesmo modo de proceder devemos ir ainda mais alto e elevarmo-nos ao self mental. Por esse processo, podemos nos tornar o self mental e puxar para esse nível o ser físico e vital, de modo que a vida, o corpo e suas operações se tornem para nós circunstâncias menores de nosso ser, utilizadas pela Alma mental que somos agora para executar seus propósitos inferiores pertencentes à existência material. Aqui também adquirimos primeiro certo distanciamento da vida e do corpo, e nossa vida verdadeira parece situar-se em um plano de todo diferente daquele do homem material, e estar em contato com uma existência mais sutil, uma luz de conhecimento maior que a terrestre, uma energia muito mais leve e, ainda assim, mais poderosa; estamos em contato, de fato, com o plano mental, percebemos os mundos mentais e podemos nos comunicar com seus seres e com seus poderes. Desse plano vemos o mundo de desejo e a existência material como se estivessem abaixo de nós, e podemos rejeitá--los se quisermos; de fato, os rejeitamos sem dificuldade quando abandonamos o corpo para repousar nos céus da mente ou do psíquico. Mas podemos também, em lugar de permanecer distantes e desapegados, elevarmo-nos acima da vida e do corpo e dos planos vitais e materiais, e agir neles com mestria, a partir dessa nova altura de ser. Outro tipo de *dynamis*, diferente da energia física ou vital, algo que podemos chamar o puro poder da mente e a força da alma — que o ser humano desenvolvido de fato utiliza, de maneira derivada e imperfeita, mas que agora podemos utilizar livremente e com conhecimento —, torna-se o processo normal de nossa ação, enquanto a força do desejo e a ação física passam a ocupar um lugar secundário e só são utilizados com essa energia nova por trás e como seus canais ocasionais. Estamos em contato com a Mente no cosmos, em afinidade com ela, estamos conscientes dela, percebemos as intenções, direções, forças de pensamento, a luta dos poderes sutis por trás de todos os acontecimentos — coisas que o ser humano comum ignora ou pode apenas inferir de maneira obscura a partir de eventos físicos, mas que agora podemos ver e sentir de modo direto, antes que apareça qualquer sinal físico, ou mesmo sugestão, de sua ação. Obtemos também um conhecimento e uma percepção da ação mental de outros seres, seja no plano físico, seja nos planos acima; e as capacidades superiores do ser mental — poderes ocultos ou *siddhis*, mas de um tipo muito mais raro e mais sutil do que aqueles próprios do plano vital — despertam naturalmente em nossa consciência.

Todas essas faculdades, no entanto, são ocorrências do mundo triplo inferior de nosso ser, o *trailokya* dos antigos sábios. Viver nesses mundos, qualquer que seja a ampliação de nossos poderes e de nossa consciência, é viver ainda nos limites dos deuses cósmicos e estar sujeitos — embora em uma sujeição mais sutil, mais fácil e atenuada — ao rcino da Prakriti sobre o Purusha. Para alcançar a liberdade e a mestria reais, é preciso ascender a um nível ainda mais alto, aos numerosos altiplanos da montanha de nosso ser.

CAPÍTULO XXI

A ESCADA DA AUTOTRANSCENDÊNCIA

A transcendência desse triplo ser inferior e desse triplo mundo inferior, que, em geral, limitam nossa consciência, seus poderes e sua ação — transcendência que os videntes védicos descreveram como algo que ultrapassa os dois firmamentos do céu e da terra, ou como uma irrupção para além deles —, abre uma hierarquia de infinitudes para as quais a existência normal do ser humano, mesmo em seus voos mais altos e mais amplos, é ainda estranha. É difícil para ele alcançar essa altitude, mesmo o degrau mais baixo dessa hierarquia. Uma separação, aguda na prática, embora irreal em essência, divide o ser total do homem — o microcosmo —, assim como ela divide o ser do mundo — o macrocosmo. Ambos têm um hemisfério superior e um inferior, o *parārdha* e o *aparārdha* da antiga sabedoria. O hemisfério superior é o reino perfeito e eterno do Espírito; lá, ele manifesta sem cessar ou diminuir suas infinitudes, desdobra desveladas as glórias de sua existência ilimitada, de sua consciência, de seu conhecimento, sua força, seu poder, sua beatitude ilimitadas. O hemisfério inferior também pertence ao Espírito, mas aqui Ele está estreita e espessamente velado por sua expressão inferior em uma mente limitada, uma vida confinada e um corpo separador. O Self no hemisfério inferior está encoberto pelo nome e pela forma; sua consciência é fracionada pela divisão entre o interno e o externo, o individual e o universal; sua visão e seus sentidos estão voltados para fora; sua força, limitada pela divisão de sua consciência, trabalha acorrentada; seu conhecimento, sua vontade, seu poder, seu deleite, divididos por essa divisão, limitados por essa limitação, estão expostos à experiência de suas formas contrárias e distorcidas, à ignorância, à fraqueza e ao sofrimento. Poderemos, na verdade, perceber o verdadeiro Self ou Espírito em nós mesmos se girarmos nossos sentidos e nossa visão para dentro; poderemos também descobrir o mesmo Self ou Espírito no mundo externo e em seus fenômenos se, aí também, mergulharmos nossos sentidos e nossa visão dentro, até Isto que vive neles ou que está por trás deles, detrás do véu dos nomes e das formas. Nossa consciência normal, por esse olhar interior, pode perceber por reflexo o ser infinito, a consciência e o deleite infinitos do Self, e participar da infinitude passiva ou estática dessas coisas. Mas podemos participar da manifestação ativa ou dinâmica desse conhecimento, desse poder e dessa alegria em uma medida muito restrita. E mesmo essa identidade estática, por reflexo, não pode, em geral, ser efetuada sem um esforço longo e difícil e como resultado de muitas vidas de autodesenvolvimento progressivo, pois nossa consciência normal é ligada de maneira muito sólida à lei do hemisfério inferior de nosso ser. Para compreender, ainda que pouco, a possibilidade de transcender essa lei, é preciso reformular de modo prático as relações entre os mundos que constituem os dois hemisférios.

Tudo é determinado pelo Espírito, porque tudo, da existência mais sutil até a matéria mais grosseira, é manifestação do Espírito. Mas o Espírito, Self ou Ser determina o mundo onde vive e as experiências de sua consciência, de sua força e de seu deleite nesse determinado mundo por certa posição, entre as muitas possíveis, que regula as relações de Purusha e Prakriti — Alma e Natureza —, uma posição essencial em cada um de seus princípios cósmicos. Quando posicionado no princípio da Matéria, ele se torna o self físico de um universo físico no reino de uma Natureza física. O Espírito é então absorvido em sua experiência da Matéria; é dominado pela ignorância e pela inércia do Poder tamásico próprio à existência física. No indivíduo, ele se torna uma alma materializada, *annamaya puruṣa*, cuja vida e mente se desenvolveram a partir da ignorância e da inércia do princípio material e estão sujeitas às suas limitações basilares. Pois a vida na Matéria depende do corpo para suas operações; a mente na Matéria depende do corpo e do vital, ou ser nervoso, para suas operações; o próprio espírito, na Matéria, está limitado e dividido em seus poderes e relações consigo mesmo pelas limitações e divisões dessa mente governada pela Matéria e conduzida pela vida. Essa alma materializada vive acorrentada ao corpo físico e à superfície estreita de sua consciência exterior, e em geral acredita que as experiências de seus órgãos físicos, de seus sentidos, de sua vida e de sua mente ligados à Matéria, com, no máximo, alguns limitados vislumbres espirituais, são toda a verdade da existência.

O ser humano é espírito, mas um espírito que vive como ser mental na Natureza física; ele é, para sua consciência própria, uma mente em um corpo físico. Mas no início ele é esse ser mental que se materializou e considera a alma materializada, *annamaya puruṣa*, seu self real. Como é dito no Upanishad, ele é obrigado a aceitar a matéria como Brahman, porque sua visão aqui vê a Matéria como aquilo de que tudo nasceu, pela qual tudo vive e para a qual tudo retorna no momento de partir. Seu conceito natural mais alto do Espírito é de um Infinito, de preferência um Infinito inconsciente, que habita ou impregna o universo material (com efeito, o único que ele conhece) e manifesta, pelo poder de sua presença, todas essas formas em torno de si. Seu conceito natural mais alto de si mesmo é uma vaga ideia de alma ou de espírito, uma alma que se manifesta apenas pelas experiências da vida física, que está atada aos fenômenos físicos e é forçada, por alguma necessidade automática, de retornar à vasta indeterminação do Infinito quando se desagrega. Mas porque tem o poder de desenvolver-se, o ser humano pode elevar-se além desses conceitos naturais da alma materializada; pode suplementá-los por certa experiência indireta que ele pode atrair dos planos e dos mundos suprafísicos. Ele pode concentrar-se na mente e desenvolver a parte mental de seu ser, em geral às custas da plenitude de sua vida vital e física; no final, a mente predomina e pode abrir-se ao Mais-além. Ele pode concentrar essa mente autoliberada no Espírito. Aqui também, em geral essa concentração o afasta cada vez mais da plenitude de sua vida mental e física; ele limita ou desencoraja suas possibilidades tanto quanto lhe permita sua base material na natureza. No final, sua vida espiritual predomina, destrói suas tendências terrestres e rompe seus laços e suas limitações. Espiritualizado, ele situa sua existência real além, em outros mundos, nos céus do plano vital ou do plano mental; ele começa a considerar a vida na terra como um incidente penoso ou importuno, ou como uma passagem que nunca lhe permite chegar a uma fruição completa de seu self ideal, interior, sua essência espiritual. Ademais, seu conceito mais alto do Self ou Espírito tende a ser mais ou menos quietista, pois, como vimos, é só a infinidade estática do Self que ele pode vivenciar inteiramente, só a liberdade imóvel do Purusha não limitado pela Prakriti — a Alma que se retira da Natureza. Na verdade, algumas manifestações divinas dinâmicas podem produzir-se nele, mas não têm o poder de elevar-se inteiramente acima das limitações pesadas da Natureza física. A paz do Self silencioso e passivo é mais fácil de alcançar e ele pode mantê-la de maneira mais fácil e mais plena; demasiado difícil para ele é a beatitude de uma atividade infinita, o dinamismo de um Poder imensurável.

Mas o Espírito pode estar posicionado no princípio da Vida e não na Matéria. Assim fundamentado, o Espírito se torna o self vital de um mundo vital, a Alma de Vida de uma energia de vida no reino de uma Natureza conscientemente dinâmica. Absorvido pelas experiências do poder e do jogo de uma Vida consciente, ele é dominado pelo desejo, pelas atividades e pelas paixões do princípio rajásico próprio à existência vital. No indivíduo, esse espírito se torna a alma vital, *prāṇamaya puruṣa*, cujas energias vitais naturalmente tiranizam os dois outros princípios, mental e físico. O elemento físico em um mundo vital modela de bom grado suas atividades e formações segundo o desejo e suas imaginações; ele serve e obedece às paixões e ao poder de vida e às suas formações, e não as contraria nem limita, como ele o faz aqui na terra, onde a vida é um incidente precário em uma Matéria inanimada. O elemento mental também é moldado e limitado pelo poder de vida; ele o obedece e trabalha apenas para adorná-lo e satisfazer as solicitações dos desejos e da energia dos impulsos vitais. Essa alma vital vive em um corpo vital composto de uma substância muito mais sutil que a matéria física; essa é uma substância sobrecarregada de energia consciente, dotada de percepções, capacidades e atividades sensoriais muito mais poderosas do que aquelas que os elementos atômicos rudimentares da matéria terrestre podem oferecer. O ser humano também, por trás de seu ser físico, de maneira subliminar, possui essa alma vital, essa natureza vital e esse corpo vital, invisíveis e desconhecidos, mas muito próximos de seu corpo físico, e forma com ele a parte mais naturalmente ativa de sua existência; todo um plano vital conectado com o mundo da vida ou mundo de desejo está escondido em nós, uma consciência secreta em que vida e desejo encontram seu jogo desimpedido e em que podem se expressar sem entraves, e, de lá, projetar suas influências e formações em nossa vida externa.

À medida que o poder desse plano vital se manifesta no ser humano e se apropria de seu ser físico, esse filho da terra se torna um veículo da energia de vida, potente em seus desejos, impetuoso em suas paixões e emoções, intensamente dinâmico em sua ação — cada vez mais o homem rajásico. Agora é possível para ele despertar em sua consciência para o plano vital e tornar-se a alma vital, *prāṇamaya puruṣa*, vestir a natureza vital e viver nesse corpo vital secreto assim como no corpo físico visível. Se ele conseguir essa mudança de natureza com alguma completeza ou determinação — isso, em geral, só é possível dentro de certos limites saudáveis e acompanhado de dificuldades salvadoras —, e se não for mais além desse estado, se não se elevar a uma altura supravital de onde essas capacidades poderão ser utilizadas, purificadas e sublimadas, ele se tornará o tipo inferior do Asura ou do Titã, um Rakshasa de natureza, uma alma de poder e energia vital, magnificado ou atormentado por uma força de desejo e de paixão sem limite, perseguido e conduzido pelas capacidades de ação de um ego rajásico colossal, mas em posse de poderes muito maiores e mais diversificados do que os do homem físico na natureza terrestre comum mais inerte. Mesmo se desenvolver muito sua mente no plano vital e utilizar sua energia dinâmica para o autocontrole assim como para a autossatisfação, ele o fará como uma energia, *tapasyā*, asúrica, embora de tipo superior, de modo a satisfazer de maneira mais moderada o ego rajásico.

Mas no plano vital, assim como no plano físico, é possível elevar-se a certa grandeza espiritual. Está aberta para o homem vital a possibilidade de alçar-se além dos conceitos e das energias próprias da alma de desejo e do plano de desejo. Ele pode desenvolver uma mentalidade mais elevada e, nas condições próprias do ser vital, concentrar-se em certa realização do Espírito ou Self por trás ou mais além de suas formas e de seus poderes. Nessa realização espiritual haveria uma necessidade menos forte de quietismo, pois haveria uma possibilidade maior de uma efetuação ativa da beatitude e do poder do Eterno, de poderes mais possantes e mais satisfatórios, um florescer mais rico do Infinito dinâmico. No entanto, essa efetuação nunca poderia se aproximar de uma perfeição verdadeira e integral, pois as condições do mundo de desejo, como as do mundo físico, são impróprias ao desenvolvimento de uma vida espiritual completa. O ser vital também deve desenvolver o espírito em detrimento de sua própria plenitude, de suas próprias atividades e de sua Força de Vida no hemisfério inferior de nossa existência e, no final, retirar-se da fórmula vital e retirar-se da vida, seja para voltar-se em direção ao Silêncio, seja para um Poder inefável mais além. Se não se retirar da vida, ele deverá permanecer encadeado a ela, limitado em seu aperfeiçoamento pelo puxão de baixo, do mundo de desejo e pelo princípio rajásico que aí domina. No próprio domínio do plano vital uma perfeição perfeita é impossível; a alma que chegar apenas até aí, deverá retornar à vida física para uma experiência maior, um autodesenvolvimento mais elevado, uma ascensão mais direta ao Espírito.

Acima da matéria e da vida encontra-se o princípio da mente, mais próximo da Origem secreta das coisas. Quando se posiciona na mente, o Espírito se torna o self mental de um mundo mental e habita aí, no reino de sua própria Natureza mental pura e luminosa. Ele age aí na liberdade intrínseca à Inteligência cósmica sustentada pela ação combinada da força psicomental e de uma força mental-emocional superior, sutilizada e iluminada pela claridade e felicidade do princípio sátvico próprio da existência mental. Nessa posição, o Espírito se torna a alma mental no indivíduo, *manomaya puruṣa*, em cuja natureza a claridade e o poder luminoso da mente agem por si mesmos, independentes de toda limitação ou opressão dos instrumentos vitais ou corporais; é a mente que governa e determina inteiramente as formas de seu corpo e os poderes de sua vida, pois, em seu próprio plano, a mente não é limitada e obstruída pela matéria, como é aqui, nos processos terrestres. Essa alma mental vive em um corpo mental, ou corpo sutil, que possui faculdades que podemos apenas imaginar — faculdades de conhecimento, percepção, simpatia e profunda interrelação com outros seres —, assim como sentidos mentalizados extensos, livres, delicados, que não são limitados pelas condições grosseiras da natureza vital e da natureza física.

O ser humano também possui em si mesmo, subliminares, desconhecidos e invisíveis, escondidos detrás de sua consciência desperta e de seu organismo visível, essa alma e natureza mentais, esse corpo mental e um plano mental não materializado, em que o princípio Mente está em casa, e não, como aqui, em conflito com um mundo que lhe é estranho, obstrutivo de sua verdade e corruptor de sua pureza e claridade. Todas as faculdades superiores do ser humano — seu ser intelectual e seus poderes psicomentais, sua vida emotiva superior — despertam e aumentam à medida que esse plano mental interior faz pressão sobre ele. Pois quanto mais esse plano se manifesta mais influencia as partes físicas, mais enriquece e eleva o plano mental correspondente na natureza encarnada. Quando atinge certo grau de sua soberania crescente, ele pode fazer do ser humano um verdadeiro Homem e não somente um animal que raciocina; pois esse plano comunica então sua força característica a esse ser mental em nós que é também aquele da humanidade; mas essa, embora seja governada interiormente por ele, permanece ainda demasiado entravada na estrutura psicológica basilar de seu ser.

O ser humano pode despertar para essa consciência mental mais alta, tornar-se esse ser mental[1], vestir essa natureza mental e viver não apenas no invólucro vital e no invólucro físico, mas nesse corpo mental. Se houvesse suficiente completude nessa transformação ele poderia ter uma vida e um ser semidivinos, pois fruiria de poderes, de uma visão e de percepções que ultrapassam a esfera de ação dessa vida e desse corpo normais. Ele poderia governar tudo pelas luzes do conhecimento puro; unir-se a outros seres pela simpatia do amor e da felicidade; suas emoções elevar-se-iam à perfeição do plano psicomental; suas sensações seriam liberadas de grosserias; seu intelecto, sutil, puro e flexível, seria liberado dos desvios e impurezas da energia prânica e das obstruções da matéria. Ele refletiria também uma sabedoria e uma beatitude mais elevadas que todas as alegrias e conhecimentos mentais, pois poderia receber de modo mais pleno — e sem as misturas deformadoras e falsificadoras de nossa mente incompetente — as inspirações e intuições, que são as flechas da

---

1. Eu incluo aqui, na mente, não apenas as regiões superiores da mente conhecidas pelo homem, mas regiões ainda mais elevadas, para as quais, no presente, ele não tem a faculdade necessária para o acesso ou então recebe apenas uma parte fraca, parcial e misturada dos poderes delas — a mente iluminada, a intuição e, por fim, a Sobremente criadora, ou Maia, que se situa muito acima e é a fonte de nossa existência atual. Se, por mente, devemos entender apenas a Razão ou a inteligência humana, então o ser mental livre e sua condição seriam algo muito mais limitado e muito inferior à descrição dada aqui.

Luz supramental e formam sua existência mental aperfeiçoada segundo o modelo e pelo poder desse esplendor mais vasto. Então, ele poderia realizar também o self ou Espírito com uma intensidade muito mais ampla e mais luminosa, de maneira mais íntima do que é possível agora, e com uma ação maior de seu poder e beatitude ativos na harmonia jubilosa de sua existência.

Para nossas concepções comuns essa realização pode parecer uma perfeição consumada, algo a que o ser humano pode aspirar, nos voos mais altos de seu idealismo. Sem dúvida, isso seria uma perfeição suficiente para o ser mental puro, em seu gênero próprio, mais seria ainda muito inferior às possibilidades mais altas da natureza espiritual. Pois, aqui também, nossa realização espiritual estaria sujeita às limitações da mente que, por sua natureza, possui uma luz refletida, diluída e difusa ou estreitamente intensa, mas não a vasta luminosidade e alegria do Espírito, que é abrangente e autoexistente. Essa luz mais vasta, essa beatitude mais profunda, estão além do alcance da mente. A mente, na verdade, não poderá jamais ser um instrumento perfeito do Espírito; seu modo de funcionar não permite uma suprema expressão do self, porque seu próprio caráter é de separação, divisão e limitação. Mesmo se pudesse ser livre de toda falsidade e erro, mesmo se pudesse ser inteira e infalivelmente intuitiva, a mente ainda assim apresentaria e organizaria meias-verdades ou verdades separadas, e essas também em uma substância que não seria a delas, e sob formas figuradas ou representações luminosas reunidas para fazer um total aglomerado ou uma estrutura massiva. Portanto, o ser mental aqui, que se aperfeiçoa, é obrigado, seja a retirar-se no puro espírito desfazendo-se de sua existência inferior, seja a retornar à vida física, a fim de desenvolver uma capacidade ainda não conhecida em nossa natureza mental e psíquica. Isso é o que o Upanishad expressa quando diz que os céus alcançados pelo Purusha mental são aqueles que o ser humano alcança pelos raios do sol — os feixes luminosos difusos e separados, embora intensos, da Consciência-Verdade supramental — e, de lá, ele deve retornar à existência terrestre. Mas os iluminados, que ao renunciarem à vida terrestre vão além e atravessam as portas do sol, não retornam aqui. O ser mental, ao ultrapassar sua esfera, não retorna, porque essa transição o faz entrar em uma alta região de existência que é própria do hemisfério superior. Ele não pode fazer descer essa natureza espiritual maior nessa triplicidade inferior, pois aqui o ser mental é a mais alta expressão do Self. Aqui, nosso corpo triplo — mental, vital e físico — provê quase toda a extensão de nossas capacidades, mas não é suficiente para essa consciência maior; o receptáculo não foi construído para conter uma divindade mais vasta ou abrigar os esplendores dessa força e desse conhecimento supramentais.

Essa limitação só é verdadeira enquanto o homem permanecer fechado no interior das fronteiras da Maia mental. Se ele se elevar ao Self de conhecimento, mais além dos cumes da estatura mental, se se tornar a alma de conhecimento, o Espírito posicionado na Gnose, *vijñānamaya puruṣa*, e assumir a natureza dessa verdade e desse poder infinitos, se ele viver no invólucro do conhecimento, ou corpo causal, assim como nos outros invólucros ou nos outros corpos — mental sutil, vital intermediário e físico grosseiro —, então, e só então, ele terá o poder de fazer descer, inteiramente, para sua existência terrestre, a plenitude da consciência espiritual infinita; só então ele terá o privilégio de elevar a totalidade de seu ser, e mesmo sua natureza manifestada encarnada em um corpo e todos os seus modos de expressão, até o reino espiritual. Mas isso é extremamente difícil, pois embora o corpo causal se abra facilmente à consciência e às faculdades dos planos espirituais e, em sua natureza, ele pertença ao hemisfério superior da existência, no ser humano ele não é desenvolvido de modo algum ou é apenas desenvolvido e organizado de maneira tosca, velado no subliminar em nós, por trás de muitos portais interpostos. Ele recebe sua substância do plano do conhecimento-verdade e do plano da beatitude infinita, e esses pertencem inteiramente a um hemisfério mais alto, ainda inacessível. Vertendo nessa existência inferior sua verdade, sua luz e sua alegria, esses planos são a fonte de tudo o que chamamos espiritualidade e de tudo o que chamamos perfeição. Porém, essa infiltração atravessa invólucros espessos e a alegria, a luz e a verdade chegam tão mitigadas e enfraquecidas que são de todo obscurecidas na materialidade de nossas percepções físicas, grosseiramente distorcidas e deturpadas em nossos impulsos vitais, deturpadas também, embora de maneira menos grosseira, em nossas buscas ideativas, minimizadas mesmo na pureza e intensidade relativas das regiões intuitivas mais altas de nossa natureza mental. O princípio supramental está alojado secretamente em tudo o que existe. Ele está aí, mesmo na materialidade mais grosseira, e preserva e governa os mundos inferiores por sua lei e seu poder escondidos; mas esse poder se vela e essa lei age invisível sob as limitações que amarram e as deformações claudicantes do reino inferior de nossa Natureza física, vital e mental. No entanto, sua presença dirigente nas formas mais baixas assegura-nos, em razão da unidade de toda a existência, que há uma possibilidade que essas formas possam despertar, uma possibilidade mesmo de sua perfeita manifestação aqui, malgrado todos os véus, malgrado toda a massa de nossas incapacidades aparentes ou da má vontade de nossa mente, vida e corpo. E o que é possível, deverá ser um dia, pois essa é a lei do Espírito onipotente.

As características desses estados superiores da alma, com seus mundos mais vastos da Natureza espiritual são, é óbvio, difíceis de apreender. Mesmo os Upanishads e os Vedas apenas os sugerem, por meio de imagens, alusões e símbolos. Contudo, é necessário tentar alguma formulação de seus princípios e efeitos práticos, tanto quanto possam ser apreendidos pela mente situada na fronteira entre os dois hemisférios. A passagem para além dessa fronteira seria a culminação, a completude do Ioga da autotranscendência pelo autoconhecimento. A alma que aspira à perfeição se retira detrás e no alto, diz o Upanishad, ela passa do Purusha físico ao Purusha vital e desse ao Purusha mental e à alma de conhecimento e desse self de conhecimento ao Purusha de beatitude. Esse self de beatitude é a base consciente do Sachchidananda perfeito e entrar nele completa a ascensão da alma. A mente, portanto, deve tentar formular para si mesma alguma coisa sobre essa transformação decisiva da consciência encarnada, essa transfiguração radiante que ultrapassa nossa natureza, que sempre aspira a algo mais. A descrição a que a mente chega nunca pode ser adequada à própria coisa, mas pode ao menos apontar uma sombra indicadora ou, talvez, alguma imagem semiluminosa.

CAPÍTULO XXII

VIJNANA OU GNOSE

Ao transcendermos perfeitamente nosso self, saímos da ignorância, ou da meia-luz de nosso ser mental consciente e nos elevamos a um self de sabedoria, a um Poder de verdade maior e mais alto, para aí vivermos na luz sem muros de um conhecimento divino. O indivíduo mental que somos muda em alma gnóstica, na divindade consciente da verdade, o *vijñ*ānamaya *puruṣa*. Nesse nível da colina de nossa ascensão, estamos em um plano de todo diferente dessa posição material, vital e mental do espírito universal, e essa mudança muda também toda a experiência de nossa vida psíquica e toda nossa maneira de ver o mundo que nos circunda. Nascemos a um novo estado de alma e assumimos uma nova natureza; pois, segundo o estado da alma, é o estado da Prakriti. A cada transição dessa ascensão cósmica da matéria à vida, da vida à mente, da mente encadeada à inteligência livre e, à medida que a alma — primeiro latente, depois, semimanifestada, ou já manifestada — se eleva a níveis cada vez mais altos, a natureza também é elevada a um modo de funcionar superior, a uma consciência mais ampla, a uma força mais vasta, a uma extensão da existência e a uma alegria maiores e mais intensas. Mas a transição do self mental ao self de conhecimento é a grande e decisiva transição no Ioga. Deixamos cair os últimos grilhões que nos atavam à ignorância cósmica e estabelecemos nossa base firme na Verdade das coisas, em uma consciência infinita e eterna, inviolável pela obscuridade, falsidade, sofrimento e erro.

Esse é o primeiro cume que conduz à perfeição divina, *sādharmya*, *sādṛśya*, pois todo o resto apenas a olha de baixo ou capta alguns raios de seu significado. As maiores alturas da mente ou da sobremente estão ainda na esfera de uma ignorância mitigada; elas podem refratar a Luz divina, mas não podem transmiti-la a nossos estados de ser inferiores sem diminuir seu poder. Pois, enquanto estivermos fechados no estrato triplo de mente, vida e corpo, nossa natureza ativa continuará a funcionar pela força da ignorância, mesmo quando a alma na Mente possui algo do conhecimento. E mesmo se a alma pudesse refletir ou representar toda a amplidão do conhecimento em sua consciência mental, ela seria incapaz de mobilizá-la de maneira correta em uma força de ação. A verdade seria, talvez, muito mais forte em sua ação, mas seria ainda perseguida por limitações, ainda condenada a uma divisibilidade que a impediria de agir integralmente no poder do infinito. O poder de uma mente divinamente iluminada pode ser imenso, comparado aos poderes normais, mas ela estaria ainda sujeita à incapacidade, e não poderia haver uma correspondência perfeita entre a força da vontade que efetua e a luz da ideia que a inspira. A Presença infinita pode estar aí, estaticamente, mas a *dynamis* das operações da natureza ainda pertence à Prakriti inferior e deve seguir seu modo triplo de funcionamento, sem poder dar uma forma adequada à grandeza que a habita. Essa é a tragédia da ineficácia, do hiato entre o ideal e a vontade efetiva, de nossa constante incapacidade de expressar em formas vivas e na ação a verdade que sentimos em nossa consciência interior; essa incapacidade persegue todas as aspirações da mente e da vida à divindade que está por trás delas. Mas a gnose, ou *vijnana*, não é apenas verdade, é um poder de verdade: é a própria ação da natureza infinita e divina; é o conhecimento divino uno com a vontade divina na força e no deleite de uma autorrealização espontânea, luminosa e inevitável. Pela gnose, então, nós mudamos nossa natureza humana em uma natureza divina.

O que é, então, essa gnose, e como descrevê-la? Dois erros opostos devem ser evitados, duas concepções equivocadas que desfiguram dois lados opostos da verdade da gnose. O primeiro erro é o dos pensadores presos ao intelecto, que tomam *vijñāna* (vijnana) como sinônimo do termo indiano *buddhi*, e *buddhi* como sinônimo da razão, do intelecto que discerne, da inteligência lógica. Os sistemas que aceitam esse significado passam de imediato do plano do intelecto puro ao plano do espírito puro. Nenhum poder intermediário é reconhecido, nenhuma ação de conhecimento é reconhecida como mais divina que a razão pura; os limitados meios humanos para estabelecer a verdade são considerados o mecanismo mais alto possível da consciência, sua força mais elevada e seu movimento original. O erro oposto — o equívoco dos místicos — identifica *vijnana* com a consciência do Infinito, uma consciência pura de toda ideação ou, então, uma ideação comprimida em uma única essência de pensamento, alheia a toda ação dinâmica, perdida na ideia única e invariável do Um. Isso é o *caitanyaghana*[1] do Upanishad e é um movimento ou, antes,

---

1. A consciência concentrada; consciência densa e luminosa (o mesmo que *cidghana*). (N. da T.)

um fio dos múltiplos aspectos do movimento da gnose. A gnose, *vijnana*, não é só essa consciência concentrada da Essência infinita; ela é também, e ao mesmo tempo, um conhecimento infinito do jogo inumerável do Infinito. Ela contém toda ideação (não mental, mas supramental), mas não é limitada pela ideação, pois ela excede em muito todo movimento ideativo. E a ideação gnóstica tampouco tem o caráter de um pensamento intelectual; não é o que chamamos razão, nem uma inteligência concentrada. Pois a razão é mental em seus métodos, mental em suas aquisições, mental em sua base, e o método ideativo da gnose é luminoso em si, supramental; o pensamento-luz que ela emite é espontâneo, não provém de uma aquisição; a base de seu pensamento é a expressão de identidades conscientes, não a tradução de impressões nascidas de contatos indiretos. Há uma relação, e mesmo uma espécie de identidade intermitente entre as duas formas de pensamento, pois uma procede secretamente da outra, a mente nasceu daquilo que está além da mente. Mas essas formas agem em planos diferentes e invertem o processo uma da outra.

Mesmo a razão mais pura, a intelectualidade racional mais luminosa não é a gnose. A razão, o intelecto, é apenas a *buddhi* inferior; sua ação depende daquilo que a mente sensorial percebe e dos conceitos da inteligência mental. A razão não é como a gnose, não é autoluminosa, não é autêntica como a gnose; nela, o sujeito não é uno com o objeto. Há, de fato, uma forma superior de *buddhi* que pode ser chamada a mente intuitiva ou razão intuitiva e, por suas intuições, inspirações, sua visão rápida e reveladora, seu discernimento e discriminação luminosos, ela pode fazer o trabalho da razão com um poder superior, uma ação mais rápida, uma certeza espontânea maior. Essa mente intuitiva age na pura luz da verdade, que não depende da luz de tochas da mente sensorial nem de sua percepção das coisas, que é limitada e incerta; ela procede não pela inteligência mas por concepções visuais: essa é uma espécie de visão-verdade, audição-verdade, memória-verdade, de discernimento direto da verdade. Essa intuição verdadeira e autêntica deve ser diferenciada de certo poder da razão mental comum que é facilmente confundido com ela, pois esse é um poder de raciocínio subjacente, que chega por um salto a suas conclusões e não necessita percorrer todas as etapas da mente lógica. A razão lógica avança passo a passo, e assegura cada passo como alguém que caminha em um terreno pouco seguro e deve verificar com um pé hesitante cada palmo de solo que seus olhos percebem. Mas esse outro processo supralógico da razão é uma moção de discriminação rápida e pronto discernimento, e avança a passos largos ou por saltos, como alguém que pula de um ponto seguro a outro ponto seguro — ou, ao menos, que ele crê seguro. Vê o espaço que ele cobre com um olhar compacto e fulgurante, mas não distingue nem mede com o olhar nem com o toque as etapas, suas particularidades e suas circunstâncias. Esse movimento tem algo da sensação de poder da intuição, algo de sua velocidade, e assemelha-se à sua luz e à sua certeza, e somos sempre inclinados a tomá-lo como a intuição. Mas essa é uma suposição errada e se confiarmos nela, ela pode nos conduzir a enganos graves.

Os intelectualistas chegam mesmo a pensar que a própria intuição nada mais é que esse processo rápido, em que toda a ação da mente lógica acontece com rapidez ou talvez de modo semiconsciente ou subconsciente, em lugar de elaborar-se deliberadamente, pelo método racional. Mas esse proceder rápido é de natureza de todo diferente da intuição e não é, necessariamente, um movimento-verdade. A força de seu pulo pode acabar em um tropeço, sua rapidez pode trair, sua certeza muitas vezes é um erro seguro de si. A validez de suas conclusões deve sempre depender de uma verificação subsequente ou da prova das percepções dos sentidos, ou necessita da intervenção de um encadeamento inteligente dos conceitos para explicar suas próprias certezas. Na verdade, essa luz inferior pode muito bem receber uma mistura de intuição real e então criar uma mente pseudointuitiva ou semi-intuitiva muito enganadora, porque seus frequentes sucessos luminosos mitigam um turbilhão de falsas certezas intensamente seguras de si mesmas. A intuição verdadeira, ao contrário, leva consigo sua própria garantia da verdade; ela é segura e infalível dentro dos seus limites. E enquanto permanecer pura e não admitir em si mesma nenhuma mistura do erro dos sentidos e da ideação intelectual, ela nunca será contestada pela experiência: a intuição pode ser verificada depois, pela razão ou pela percepção dos sentidos, mas sua verdade não depende dessa verificação, ela é assegurada por uma evidência automática. Se a razão e suas inferências contradizem essa luz maior, no final será provado, por um conhecimento mais amplo, que a conclusão intuitiva era correta, enquanto a conclusão racional e inferencial, embora mais plausível, estava errada. Porque a verdadeira intuição procede da verdade autoexistente das coisas e é o conhecimento obtido por meio dessa verdade autoexistente e não por um método indireto, derivado e dependente.

Mas mesmo a razão intuitiva não é a gnose; é apenas uma borda de luz da supramente, que abre seu caminho na mentalidade com seus clarões iluminadores, como relâmpagos em lugares obscuros e nublados. Suas inspirações, revelações, intuições, seus discernimentos luminosos são mensagens de um plano de conhecimento mais elevado, que de maneira oportuna vieram até nosso nível de consciência inferior. O próprio caráter da mente intuitiva faz surgir um abismo de grande diferença entre sua ação e a ação da gnose, que contém o conhecimento em si mesma. Em primeiro lugar, a mente age a partir de iluminações separadas e limitadas, e sua verdade é restrita à extensão estreita ou ao único, breve ponto de conhecimento, iluminado por esse único clarão com que suas intervenções começam e terminam. Se observarmos a ação do instinto nos animais — uma intuição automática nessa mente vital ou mente sensorial que é o instrumento mais elevado e mais seguro que eles possuem, visto que não possuem a luz humana da razão, mas apenas uma inteligência mais tosca e ainda malformada —, poderemos logo observar que a verdade maravilhosa desse instinto, que parece tão mais seguro que a razão, é limitada no pássaro, na besta ou no inseto a uma utilidade particular e restrita que ela tem a missão de servir. Quando a mente vital do animal tenta ultrapassar esse limite restrito, ela se engana de maneira ainda mais cega do que a razão humana e deve aprender com dificuldade por meio de uma série de experiências sensoriais. A intuição mental superior do ser humano é uma intuição de visão interna, não uma intuição sensorial, pois ilumina a inteligência e não a mente sensorial, ela é uma luz consciente e luminosa em si, não uma luz semiconsciente e cega: funciona de maneira independente e livre, e não de maneira mecânica e automática. Mas, ainda assim, mesmo quando não é desfigurada pelas imitações da pseudointuição, no ser humano a intuição mental é ainda restrita — como é o instinto no animal — a um propósito particular da vontade ou do conhecimento, como o instinto é restrito a uma utilidade vital particular da Natureza. E quando a inteligência, conforme seu hábito quase invariável, tenta servir-se da intuição, pô-la em prática, acrescentar-lhe algo, ela constrói em torno do núcleo intuitivo, à sua maneira característica, uma mistura massiva de verdade e de erro. Com frequência, ela introduz sub-repticiamente um elemento de erro sensorial e de erro conceitual na própria substância da intuição ou a cobre com adições e desvios mentais, e não só afasta sua verdade, mas a deforma e converte-a em falsidade. Portanto, no melhor dos casos, a intuição nos dá apenas uma luz limitada, embora intensa; no pior dos casos, por nossos abusos ou nossas falsas imitações, ela pode nos levar a incertezas e confusão, que a razão intelectual, menos ambiciosa, evita, satisfazendo-se com seu próprio método seguro e laborioso — seguro para os propósitos inferiores da razão, embora jamais satisfatórios como guia para a verdade interior das coisas.

É possível cultivar e expandir o uso da mente intuitiva, à medida que nossa dependência da inteligência racional se torna menos predominante. Podemos ensinar nossa mentalidade a não se apoderar separadamente de cada clarão de iluminação intuitiva para seus fins inferiores, como ela o faz agora, nem a precipitar de imediato nosso pensamento para envolvê-la e cristalizá-la em uma atividade intelectual; podemos ensiná-la a pensar em uma corrente de intuições conectadas e sucessivas e a derramar luz e mais luz em uma brilhante série de sucesso jubilante. Conseguiremos sucesso nessa mudança difícil na medida em que purificarmos as interferências da inteligência, isto é, quando pudermos reduzir nela o elemento de pensamento material escravizado à aparência das coisas, o elemento de pensamento vital escravizado aos caprichos, aos desejos, aos impulsos da natureza inferior, o elemento de pensamento intelectual escravizado às nossas ideias preferidas, às nossas concepções estabelecidas, às nossas opiniões e à fixidez das operações da inteligência e quando, ao termos reduzido ao mínimo esses elementos, pudermos substituí-los por uma visão e um sentido intuitivos, uma percepção intuitiva das aparências, uma vontade intuitiva, uma ideação intuitiva. Essa é uma tarefa bastante árdua para nossa consciência naturalmente amarrada às suas imperfeições e à sua ignorância pelo laço triplo da mentalidade, vitalidade, corporeidade — a corda tripla, superior, média e inferior, da parábola védica da escravidão da alma: cordas das aparências feitas da mistura de verdade e falsidade, com as quais Shunahshepa[2] estava amarrado ao poste do sacrifício.

Porém, mesmo se essa tarefa difícil fosse realizada de modo perfeito, ainda assim, a intuição não seria a gnose; ela seria apenas sua magra prolongação na mente ou a borda aguda de sua primeira entrada. A diferença não é fácil de definir, exceto por símbolos; pode ser expressa pela imagem védica em que o Sol representa a gnose, e o céu, o ar do meio e a terra representam a mentalidade, a vitalidade e a fisicalidade do ser humano e do universo. Quer viva na terra, quer se eleve ao ar do meio, quer mesmo voe no céu, o ser mental, *manomaya puruṣa*, ainda assim viveria nos raios do sol e não no corpo da luz solar. Nesses raios, ele veria as coisas não como são, mas como se refletem no órgão de sua visão, deformadas pelos defeitos dessa visão ou limitadas em sua verdade pela estreiteza dessa visão. Mas o *vijñānamaya puruṣa* vive no próprio Sol, no próprio corpo e esplendor da luz verdadeira[3], ele sabe que essa luz é seu próprio ser autoluminoso e vê, mais além de tudo que vive nos raios do sol, a verdade total da triplicidade inferior e de cada coisa que está nela. Ele vê não pelo reflexo em um órgão mental de visão: seu olho é o próprio Sol da gnose — porque o Sol, diz o Veda, é o olho dos deuses. O ser mental, mesmo na mente intuitiva, percebe a verdade apenas por um reflexo brilhante ou uma comunicação limitada, sujeita às restrições e à capacidade inferior da visão mental; mas o ser supramental vê a verdade pela própria gnose, do próprio centro e da fonte que jorra da verdade, tal como ela é em sua forma pura e em seu próprio processo espontâneo e autoiluminador. Pois o *vijnana* é um conhecimento direto e divino, ao contrário do conhecimento humano indireto.

---

2. Nome de um Rishi mencionado no Rig Veda. (N. da T.)
3. É assim que o Sol é chamado no Veda, *ṛtaṁ jyotiḥ*.

A natureza da gnose só pode ser descrita ao intelecto pelo contraste com a natureza do intelecto, e mesmo então, as frases que devemos utilizar não poderão esclarecer, se não forem acompanhadas de certa soma de experiências reais. Pois qual linguagem engendrada pela razão pode expressar o suprarracional? Sobretudo, essa é a diferença entre esses dois poderes: a razão mental procede com fadiga da ignorância até a verdade, mas a gnose tem o contato direto, a visão imediata, a posse fácil e constante da verdade e não necessita buscar nem seguir nenhum tipo de método. A razão parte das aparências e, sem jamais deixar de depender, ao menos em parte, das aparências — exceto em raras ocasiões — ela labuta para chegar à verdade por trás delas; a razão mostra a verdade sob a luz das aparências. A gnose parte da verdade e mostra as aparências sob a luz da verdade; ela é o próprio corpo da verdade e seu espírito. A razão procede por inferência — ela conclui; a gnose procede por identidade ou por visão — ela é, vê e sabe. De modo ainda mais direto do que a visão física, que vê e apreende a aparência dos objetos, a gnose vê e apreende a verdade das coisas. Mas onde os sentidos físicos entram em relação com objetos por um contato velado, a gnose identifica-se com as coisas por uma unidade sem véus. Assim, ela pode conhecer todas as coisas como alguém conhece sua própria existência, de maneira simples, direta e convincente. Para a razão, só aquilo que os sentidos mostram é conhecimento direto, *pratyakṣa*, o resto da verdade é alcançado de modo indireto; para a gnose, toda sua verdade é conhecimento direto. Por conseguinte, a verdade obtida pelo intelecto é uma aquisição sobre a qual paira sempre uma sombra de dúvida, uma incompletude — ela é circundada por uma penumbra noturna e de ignorância ou de semiconhecimento, e pode ser alterada ou anulada por um conhecimento posterior. A verdade da gnose é isenta de dúvidas, autoevidente, autoexistente, incontestável, absoluta.

O primeiro instrumento da razão é a observação — geral, analítica e sintética; ela se ajuda com comparações, contrastes e analogias, e procede da experiência ao conhecimento indireto por processos lógicos de dedução, indução e todo tipo de inferência; ela depende da memória, ultrapassa-se por meio da imaginação, assegura-se pelo julgamento — tudo é um processo tateante e de exploração. A gnose não busca, ela possui. Mesmo se deve esclarecer, ela nem mesmo busca, ela revela, ela ilumina. Em uma consciência transmutada que passasse da inteligência à gnose, a imaginação seria substituída pela verdade inspirada, o julgamento mental por um discernimento autoluminoso. A lentidão tropeçante dos processos lógicos para ir do raciocínio à conclusão daria lugar a um processo intuitivo rápido; a conclusão, ou o fato, seria vista logo, assim como é, testemunha de si mesma, e todas as evidências pelas quais chegamos a ela também seriam vistas logo, com ela, na mesma imagem abrangente, não como evidências da conclusão ou do fato, mas como suas condições, conexões e relações íntimas, suas partes constituintes ou suas circunstâncias laterais. A observação mental e a observação sensorial mudar-se-iam em uma visão interior que utilizaria os instrumentos físicos como canais, sem depender deles como a mente em nós, que é cega e surda sem os sentidos físicos; e essa visão veria não apenas a coisa, mas veria toda sua verdade, suas forças, seus poderes, e as eternidades que estão nela. Nossa memória incerta desapareceria e seria substituída por uma posse luminosa do conhecimento, a memória divina, que não é um depósito de coisas adquiridas mas mantém, desde sempre, todas as coisas contidas na consciência, uma memória ao mesmo tempo do passado, do presente e do futuro.

Pois, enquanto a razão procede de momento em momento no tempo, e perde e adquire e de novo perde e de novo adquire, a gnose domina o tempo com um único olhar e com um poder ininterrupto e liga passado, presente e futuro em suas conexões indivisíveis, lado a lado, em um único mapa de conhecimento contínuo. A gnose parte da totalidade e a possui de imediato; ela vê partes, grupos e detalhes apenas em relação com a totalidade e com a mesma visão da totalidade: a razão mental, na realidade, não pode ver a totalidade de modo algum e não conhece nenhum conjunto de modo inteiro, a menos que faça a análise e a síntese de suas partes, de seus volumes e de seus detalhes; quanto ao mais, sua visão de conjunto é sempre uma percepção vaga, uma compreensão imperfeita ou um resumo confuso de elementos indistintos. A razão lida com constituintes, processos e propriedades; ela tenta em vão, por meio deles, formar uma ideia da coisa em si, sua realidade, sua essência. Mas a gnose vê primeiro a coisa em si, entra em sua natureza original e eterna, e junta-se ao seu processo e às suas propriedades apenas como uma autoexpressão de sua natureza. A razão vive na diversidade e é sua prisioneira: ela lida com as coisas em separado e trata cada uma como uma existência isolada, assim como seciona o Tempo e divide o Espaço. Ela vê a unidade só como uma soma ou pela eliminação da diversidade ou como um conceito geral e uma imagem vaga. Mas a gnose vive na unidade, e pela unidade conhece a natureza de todas as diversidades; ela parte da unidade e vê as diversidades apenas como expressões da unidade: não diversidades que constituem o um, mas uma unidade que constitui suas próprias multiplicidades. O conhecimento gnóstico, o sentido gnóstico, não reconhece divisão real; ele não trata as coisas em separado como se fossem independentes de sua unidade original e verdadeira. A razão lida com o finito e é incompetente diante do infinito; ela pode concebê-lo como uma extensão indefinida em que o finito age, mas o infinito em si mesmo ela o concebe com dificuldade, e não pode, de modo algum, apreendê-lo ou penetrá-lo. Mas a gnose é e vê o infinito, vive no infinito; ela parte sempre do infinito e só conhece as coisas finitas em sua relação com o infinito e no sentido do infinito.

Se quiséssemos descrever a gnose como ela é, em sua percepção própria e não da maneira imperfeita como nos aparece em contraste com nossa própria razão e inteligência, seria quase impossível falar sobre ela, exceto por meio de imagens e símbolos. Primeiro, devemos lembrar que o nível gnóstico, *mahat, vijnana*, não é o plano supremo de nossa consciência, mas um plano intermediário, ou de ligação. Situado entre a glória triuna do Espírito absoluto — Existência, Consciência e Beatitude infinitas do Eterno — e a tripla natureza de nosso ser inferior, é como se ele estivesse aí enquanto sabedoria mediadora, um poder organizador e formador — a alegria criadora do Eterno. Na gnose, Sachchidananda reúne a luz de sua existência inapreensível e a derrama na alma sob forma de poder e conhecimento divinos, de vontade e beatitude de ser divinas. É como se a luz infinita se reunisse na orbe compacta do sol e se doasse generosamente a tudo que depende do sol, em uma difusão que continuaria para sempre. Mas a gnose não é apenas luz: é uma força, um conhecimento criador, a verdade que cumpre espontaneamente a Ideia divina. Essa ideia não é a imaginação criativa, não é algo que constrói no vazio, mas é luz e poder da substância eterna, luz-verdade cheia de força-verdade; ela traz para fora o que estava latente no ser, ela não cria uma ficção que nunca existiu. A ideação da gnose é uma sustância de luz irradiante que nasce da consciência da Existência eterna; cada raio é uma verdade. A vontade na gnose é uma força cônscia do conhecimento eterno; ela projeta a consciência e a substância do ser em formas infalíveis do poder-verdade, formas que encarnam a ideia e a efetuam sem defeito, e elabora cada poder de verdade e cada forma de verdade de maneira espontânea e perfeita, segundo a natureza de cada coisa e de cada um. Por conter essa força criadora da Ideia divina, o Sol — senhor e símbolo da gnose — é descrito nos Vedas como a Luz que é o pai de todas as coisas, Surya Savitri, a Sabedoria luminosa que faz tudo emergir na existência manifestada. Essa criação é inspirada pelo deleite divino, a Ananda eterna; ela está cheia da alegria de sua própria verdade e de seu próprio poder — ela cria na beatitude e pela beatitude, e aquilo que cria é uma bem-aventurança. Por conseguinte, o mundo da gnose, o mundo supramental, é a criação verdadeira e feliz, *ṛtam, bhadram*, porque tudo aí participa da alegria perfeita que o concebeu. Uma radiância divina de um conhecimento sem desvio, um poder divino de vontade que não vacila e um bem-estar divino de uma beatitude sem tropeços, é a natureza, ou Prakriti, da alma na supramente, no *vijnana*.

A substância do plano gnóstico ou supramental é feita do absoluto perfeito de tudo o que, aqui, é imperfeito e relativo; seu movimento é o entrelaçamento reconciliado, a fusão feliz de tudo o que, aqui, está em oposição. Pois, por trás de cada oposto, ou daquilo que nos parece em oposição, estão suas verdades, e as verdades do Eterno não estão em conflito; as oposições de nossa mente e de nossa vida, transformadas em seu espírito verdadeiro na supramente, unem-se e tornam-se, aos nossos olhos, tonalidades e colorações de uma Realidade eterna e uma Ananda perpétua. Supramente, ou Gnose, é a Verdade suprema, o Pensamento supremo, a Palavra suprema, a Visão suprema, a Ideia-Vontade suprema; é a extensão interior e exterior do Infinito que está além do Espaço, é o Tempo não acorrentado do Eterno que é atemporal, a harmonia supernal de todos os absolutos do Absoluto.

Para a mente que observa, *vijnana* apresenta três poderes. Seu poder supremo conhece e recebe do alto a existência, a consciência e a beatitude completas e infinitas do Ishvara; em sua altura suprema esse é o conhecimento e a força absolutos do Sachchidananda eterno. Seu segundo poder concentra o Infinito em uma consciência densa e luminosa, *caitanyaghana* ou *cidghana*, o estado-semente da consciência divina onde estão contidos, vivos e concretos, os princípios imutáveis do ser divino e todas as verdades invioláveis da ideia-consciente e da natureza divinas. Seu terceiro poder libera, ou faz sair essas sementes por uma ideação efetiva, pela visão, pelas identidades autênticas do conhecimento divino, pelo movimento da vontade-força divina, pela vibração das intensidades divinas do deleite e as espalha em uma harmonia universal, em uma diversidade sem limite, em um ritmo com poderes e formas inumeráveis em uma reciprocidade de consequências vivas. O Purusha mental, ao elevar-se a *vijñānamaya*, deve alcançar esses três poderes. Deve converter seus movimentos em movimentos da gnose e mudar sua percepção, sua ideação, sua vontade e prazer mentais em irradiações do conhecimento divino, pulsações da vontade-força divina, ondas e torrentes dos mares do deleite divino. Ele deve converter o material consciente de sua natureza mental nesse *cidghana* ou consciência densa e autoiluminada. Ele deve transformar sua substância consciente em um self gnóstico ou Self-Verdade do Sachchidananda infinito. Esses três movimentos são descritos no Isha Upanishad: o primeiro é *vyūha*, a disposição dos raios do Sol da gnose na ordem da Consciência-Verdade; o segundo é *samūha*, a reunião dos raios no corpo do Sol da gnose; o terceiro é a visão desse Sol sob sua forma mais bela, em que a alma possui mais intimamente sua unidade com o Purusha infinito[4]. O Supremo acima, em nós, em torno, em toda parte, e a alma vivendo no Supremo e una com ele — e o poder

---

4. *Sūrya raśmīn vyūha samūha tejo yat te kalyāṇatamaṁ rūpaṁ tat te paśyāmi yo'sāv asau puruṣaḥ so 'ham asmi*. O Veda descreve assim o plano de *vijñāna*: *ṛtaṁ, satyaṁ, bṛhat*, o Direito, o Verdadeiro, o Vasto; mas é a mesma ideia tripla expressa de maneira diferente. *Ṛtam* é a ação do conhecimento, da vontade e da alegria divinos segundo o princípio da verdade; é o jogo da Consciência-Verdade.

e a verdade infinitos do Divino concentrados em sua própria natureza psíquica luminosamente concentrada: uma atividade irradiante do conhecimento, da vontade e da alegria divinos na ação natural da Prakriti —, essa é a experiência fundamental do ser mental transformado, aperfeiçoado e sublimado na perfeição da gnose.

Satyam é a verdade de ser que age assim, a essência dinâmica da Consciência-Verdade. *Bṛhat* é a infinitude de Sachchidananda, de onde os outros dois procedem e em que eles são fundamentados.

CAPÍTULO XXIII

AS CONDIÇÕES PARA ALCANÇAR A GNOSE

O conhecimento é o primeiro princípio do *vijnana*, mas não é seu único poder. A Consciência-Verdade, como todos os outros planos, baseia-se nesse princípio particular que é naturalmente a chave de todas as suas moções; mas ela não é limitada por ele, ela contém todos os outros poderes da existência. Só que o caráter e o modo de funcionar desses outros poderes são nuançados e moldados em conformidade com sua lei original e dominante — a inteligência, a vida, o corpo, a vontade, a consciência, a beatitude, todos são luminosos, despertos, animados pelo conhecimento divino. Esse é, de fato, o processo de Purusha-Prakriti em toda parte; esse é o movimento-chave de toda a hierarquia e de todas as harmonias graduadas da existência manifestada.

No ser mental, a mente sensorial ou inteligência é o princípio original e dominante. O ser mental, no mundo da mente do qual ele é nativo, é inteligente em sua natureza central determinante; ele é um centro de inteligência, um movimento concentrado de inteligência, uma ação receptiva e irradiante de inteligência. Ele tem o sentido inteligente de sua própria existência, o sentido inteligente de existências que não são a sua, o sentido inteligente de sua própria natureza e suas atividades ou das atividades de outros, o sentido inteligente da natureza das coisas, das pessoas e de suas relações com ele ou entre elas. Isso é o que forma sua experiência da existência. Ele não tem outro conhecimento da existência, não tem conhecimento da vida e da matéria, exceto quando se tornam perceptíveis para ele e compreensíveis para sua inteligência mental; o que não sente e não concebe é, para ele, praticamente não existente ou, pelo menos, alheio ao seu mundo e à sua natureza.

Em seu princípio, o ser humano é um ser mental, mas não vive em um mundo mental, ele vive, sobretudo, em uma existência física: ele é uma mente encaixada na Matéria e condicionada pela Matéria. Em consequência, ele deve partir da ação dos sentidos físicos, que são os canais para os contatos materiais; seu ponto de partida não é a mente sensorial. Ainda assim, ele não utiliza, e não pode utilizar livremente, as indicações transmitidas por esses órgãos físicos até que, ou a menos que, sejam tomados pela mente sensorial e mudados em substância e valores de seu ser inteligente. No mundo inferior, sub-humano e submental, as ações e reações prânicas, nervosas e dinâmicas funcionam muito bem sem nenhuma necessidade de serem traduzidas em termos mentais e governadas pela mente, mas, no ser humano, elas devem ser elevadas e oferecidas a certa forma de inteligência. Para serem caracteristicamente humanas, as percepções devem, primeiro, tornar-se uma sensação de força, de desejo, de vontade, uma sensação de vontade-ação inteligente ou de força-ação mentalmente consciente. O deleite de seu ser inferior se traduz por uma sensação mental ou mentalizada de prazer — vital ou físico —, e seu desvio, por uma dor ou por uma sensação mental ou mentalizada — uma sensação-sentimento — de simpatia e antipatia, ou por uma inteligência de deleite e ausência de deleite: todos fenômenos da mente sensorial inteligente. Do mesmo modo, aquilo que está acima e em torno dele e em que ele vive — Deus, o ser universal, as Forças cósmicas — é não existente e irreal para ele, até que sua mente desperte à sua existência e tenha chegado, se não ainda à verdadeira verdade deles, mas ao menos a uma ideia, uma observação, uma inferência, uma imaginação de coisas suprassensíveis, a alguma sensação mental do Infinito ou a alguma consciência inteligente capaz de interpretar as forças desse supra-self acima e em torno dele.

Tudo muda quando passamos da mente à gnose; pois aí, um conhecimento inerente e direto é o princípio central. O ser gnóstico, *vijñānamaya,* é, em seu caráter, uma Consciência-Verdade, um centro e circunferência da visão-verdade das coisas, um movimento concentrado ou um corpo sutil concentrado da gnose. Sua ação é a irradiação e a execução espontânea do poder de verdade nas coisas segundo a lei interior do self verdadeiro e da natureza profunda delas. Essa verdade das coisas a que devemos chegar antes de podermos entrar na gnose — pois é nela que tudo existe no plano gnóstico e é dela que tudo se origina — é, antes de tudo, uma verdade de unidade, de unicidade, mas uma unidade que origina a diversidade, uma unidade na multiplicidade e, ainda assim, sempre uma unidade indestrutível. O estado de gnose, a condição do ser gnóstico, *vijñānamaya,* é impossível sem uma identificação vasta e íntima de nós mesmos com toda a existência e com todas as existências, sem uma expansão universal, sem uma abrangência, ou uma inclusão universais, sem ser verdadeiramente tudo em tudo. O Purusha gnóstico, em geral, tem a consciência de si mesmo enquanto infinito e, em geral, a consciência também de conter o mundo em si mesmo e de ultrapassá-lo; ele não é dividido como o ser mental, não é, em geral, ligado a uma consciência que se sente contida no mundo e parte desse mundo. Portanto, liberar-se do ego limitador e aprisionador é o primeiro passo elementar para chegar ao ser da gnose; pois, enquanto vivermos no ego, é inútil esperar por essa realidade superior, essa autoconsciência vasta, esse autoconhecimento verdadeiro. O menor retorno ao pensamento do ego, à ação do ego, à vontade do ego faz tombar a consciência, que sai da Verdade gnóstica alcançada e recai nas falsidades da natureza mental dividida. Uma segura universalidade de ser é a própria base dessa consciência superior luminosa. Abandonando toda operação rígida (mas obtendo em lugar disso certa independência transcendente ou certo olhar do alto), devemos nos sentir uno com todas as coisas e com todos os seres, identificarmo-nos com eles, percebê-los como nós mesmos, sentir seu ser como nosso próprio ser, aceitar sua consciência como parte da nossa, entrar em contato com sua energia de modo tão íntimo como com a nossa, aprender a ser um só self com todos. Essa unidade não é, de fato, tudo o que é necessário, mas é uma primeira condição; sem ela, não há gnose.

Essa universalidade é impossível de ser realizada em sua completeza enquanto continuarmos a sentir, como nos sentimos agora, que somos uma consciência alojada em uma mente, vida e corpo individuais. É preciso que o Purusha se destaque do corpo físico, e mesmo do corpo mental, e se eleve até o corpo do *vijñānamaya*. O cérebro não pode mais — nem seu "lótus" mental correspondente — permanecer como o centro e a fonte de nosso ser; o coração não pode mais — nem seu "lótus" correspondente — permanecer o centro e a fonte de nosso ser emocional e de nossas sensações. O centro consciente de nosso ser, de nosso pensamento, de nossa vontade e de nossa ação, mesmo a força que origina nossas sensações e emoções, devem se elevar do corpo e da mente e posicionar-se livremente acima deles. Não teremos mais a sensação de viver no corpo: estamos acima do corpo, seu senhor, possuidor, ou Ishvara e, ao mesmo tempo, o circundamos com uma consciência mais vasta que a dos sentidos físicos aprisionados. A partir daí, começaremos a compreender com uma força muito concreta, normal e contínua, a realidade do que os sábios queriam dizer quando afirmaram que a alma carrega o corpo, ou quando disseram que a alma não está no corpo, mas que o corpo está na alma. É acima do corpo, e não no cérebro, que devemos formar nossas ideias e nossa vontade; a ação cerebral tornar-se-á apenas um movimento, uma resposta do mecanismo físico ao choque da força de pensamento e da força de vontade que emanam do alto. Tudo será originado no alto; do alto se produzirá tudo o que, na gnose, corresponde à nossa atividade mental atual[1].

---

1. A maior parte, se não todas, dessas condições da mudança gnóstica pode, e de fato deve, ser alcançada muito antes de alcançarmos a gnose — mas no início elas são imperfeitas, como um reflexo —, na própria mente superior, depois, mais completamente, no que podemos chamar uma consciência sobremental entre a mentalidade e a gnose.

Mas esse centro e essa ação são livres, não estão atrelados à máquina física nem dependem dela, não estão grampeados a um sentido egoístico estreito. Não estão envolvidos em um corpo, fechados em uma individualidade separada que busca contatos desajeitados com o mundo fora ou tateia dentro de si em busca de seu espírito mais profundo. Pois nessa grande transformação começamos a ter uma consciência que não está fechada em uma caixa geradora; ela se difunde livremente e se expande por toda parte em sua própria existência; há, ou pode haver, um centro, mas é só uma conveniência para a ação individual — não é rígido, nem constitutivo, nem separativo. A própria natureza de nossas atividades conscientes é, doravante, universal; nossas atividades são una com as atividades do ser universal, e vão da universalidade a uma individualização flexível e variável. Isso que chamamos "nós mesmos" se torna a percepção de um ser infinito que age sempre universalmente, embora com ênfase em uma formação individual de suas energias. Mas essa ênfase é diferencial mais que separativa, e essa formação não é mais a individualidade como a entendemos agora; não há mais a pessoa insignificante e de estrutura limitada, fechada na fórmula de seu próprio mecanismo. Esse estado de consciência é tão anormal para nosso modo de ser atual, que para o ser humano racional que não o possui pode parecer impossível, ou mesmo um estado de alienação; mas, uma vez que o possuímos, ele se justifica até mesmo para a inteligência mental, por sua calma, liberdade, luz e poder maiores, pela eficácia de sua vontade, pela verdade verificável de ideação e de sentimento. Pois essa condição começa já nos níveis superiores da mente liberada e pode, portanto, ser em parte sentida e compreendida pela inteligência mental, mas podemos possuí-la perfeitamente apenas quando ela deixa para trás os níveis mentais, somente na gnose supramental.

Nesse estado de consciência, o infinito torna-se para nós a realidade primordial, concreta, única coisa imediata e sensivelmente verdadeira. Torna-se impossível para nós pensar sobre o finito ou percebê-lo à parte de nosso sentido basilar do infinito no qual, unicamente, o finito pode viver, pode formar-se, pode ter uma realidade ou uma duração. Enquanto essa mente e esse corpo finitos forem para nossa consciência o fato primeiro de nossa existência e a base de todo o nosso pensamento, de todos os nossos sentimentos e de toda a nossa vontade, e enquanto as coisas finitas forem a realidade normal de onde podemos nos elevar ocasionalmente, ou mesmo com frequência, a uma ideia e sentido do Infinito, estaremos ainda muito longe da gnose. No plano da gnose o infinito é, ao mesmo tempo, a consciência normal de nosso ser, seu fato primeiro e nossa substância sensível. Para nós, esse é, de modo bem concreto, o fundamento em que se forma todo o finito; suas forças incalculáveis e sem limites são a origem de todos os nossos pensamentos, de toda nossa vontade, de todo nosso deleite. Mas esse infinito não é apenas um infinito de difusão ou de extensão em que tudo se forma e tudo se produz. Por trás dessa extensão imensurável a consciência gnóstica percebe sempre um infinito interior que é sem espaço. É por esse duplo infinito que chegaremos ao ser essencial de Sachchidananda, Self supremo de nosso ser e totalidade de nossa existência cósmica. Abre-se para nós uma existência ilimitável, que sentimos primeiro como se fosse uma infinitude acima de nós e para a qual tentamos nos elevar, e uma infinitude em torno a nós na qual nos esforçamos para dissolver nossa existência separada. Depois, elevamo-nos até ela e nos ampliamos nela; saímos do ego e entramos nessa extensão e tornamo-nos isso para sempre. Se essa liberação for alcançada, seu poder poderá também tomar posse cada vez mais, se quisermos, de nosso ser inferior, até que mesmo nossas atividades mais baixas e extraviadas serão remodeladas na verdade do *vijnana*.

Essa é a base, esse o sentido do infinito, essa a posse pelo infinito; é somente quando isso for alcançado que poderemos progredir em direção a um estado em que operam normalmente a ideação, a percepção, a sensação, a identidade, a consciência supramentais. Pois mesmo esse sentido do infinito é apenas um primeiro fundamento, e muito mais deve ser feito antes que a consciência possa tornar-se dinamicamente gnóstica. O conhecimento supramental é a atividade de uma luz suprema, e muitas outras luzes, muitos outros níveis de conhecimento mais altos que a mente humana, podem abrir-se em nós e receber ou refletir algo dessa refulgência mesmo antes que nos elevemos até a gnose. Mas para possuir de maneira plena o conhecimento supramental e tê-lo à nossa disposição é preciso, primeiro, entrar no ser da luz suprema e tornar-se essa luz; nossa consciência deve transformar-se nessa consciência; seu princípio e seu poder de percepção de si e de tudo, por identidade, devem tornar-se a própria substância de nossa existência. Pois nossos meios e modos de conhecer e de agir devem, necessariamente, estar em consonância com a natureza de nossa consciência, e é a consciência que deve mudar de maneira radical se quisermos ser o mestre desse poder de conhecimento superior e não apenas receber sua visita de quando em quando. Mas essa consciência do infinito não está confinada a um pensamento superior ou à ação de uma espécie de razão divina. Ela toma todos os nossos atuais meios de conhecimento e torna-os imensamente amplos, ativos e efetivos, em lugar de apagados, cegos e infrutíferos, e muda-os na atividade perceptiva, alta e intensa, do *vijnana*. Assim, ela toma as atividades de nossos sentidos e os ilumina, mesmo em seu campo normal, para que possamos ter um verdadeiro sentido das coisas. Mas também permite ao mental sensorial uma percepção direta dos fenômenos interiores assim como dos fenômenos exteriores: por exemplo, o poder de sentir, receber ou perceber os pensamentos, os sentimentos, as sensações, as reações nervosas do objeto para o qual ele se volta[2]. O poder de conhecimento supramental utiliza tanto os sentidos sutis quanto os sentidos físicos e os protege de seus erros. Ele nos dá o conhecimento, a experiência dos planos de existência diferentes do plano material ao qual nossa mentalidade comum está ignorantemente apegada, e amplia o mundo para nós. Do mesmo modo, ele transforma as sensações e lhes dá sua plena intensidade assim como sua plena capacidade de manter o poder dessa intensidade, pois em nossa mentalidade normal, a plena intensidade é impossível; o poder de manter e sustentar as vibrações além de certo ponto nos é negado, a mente e o corpo, ambos se romperiam sob o impacto ou a tensão prolongada. Ele toma também o princípio de conhecimento em nossos sentimentos e em nossas emoções — pois nossos sentimentos também contêm um poder de conhecimento e um poder de efetuação que não reconhecemos e não desenvolvemos de modo correto e os libera, ao mesmo tempo, de suas limitações e de seus erros e desvios. Pois em todas as coisas a gnose é a Verdade, o Direito, a Lei superior, *devānām adabdhāni vratāni*.

Conhecimento e Força ou Vontade — pois toda força consciente é vontade — são os lados gêmeos da ação da consciência. Em nossa mentalidade eles estão divididos: a ideia vem primeiro, a vontade vem atrás, aos tropeços, ou se revolta contra a ideia ou lhe serve de mecanismo imperfeito, com resultados imperfeitos; ou então a vontade começa primeiro, com uma ideia cega ou míope e elabora alguma coisa na confusão, cuja compreensão exata nos virá mais tarde. Em nós não há unidade entre esses dois poderes, não há compreensão completa; ou então não há correspondência perfeita entre a iniciativa e a efetuação. A vontade individual tampouco está em harmonia com a vontade universal; ela tenta ir mais longe ou não vai bastante longe e se desvia e se debate contra a vontade universal. Ela não conhece os tempos e as estações da Verdade, nem seus graus nem suas medidas. O *vijñāna* assume a vontade e, primeiro, a põe em harmonia com a verdade do conhecimento supramental, depois, em união com ela. Nesse conhecimento, a ideia no indivíduo é una com a ideia no universal, porque ambas se referem à verdade do Conhecimento supremo e da Vontade transcendente. A gnose não só toma nossa vontade inteligente e a transforma, mas também nossos anseios, nossos desejos, e mesmo o que chamamos desejos inferiores — instintos, impulsos, solicitações dos sentidos e das sensações — e os transforma. Eles deixam de ser anseios e desejos, primeiro, porque deixam de ser pessoais, depois, porque deixam de ser essa luta para agarrar aquilo que ainda não

---

2. Esse poder, segundo Patanjali, se obtém por *samyama* (mestria pela concentração) em um objeto. Isso vale para a mentalidade, mas na gnose não há necessidade de *samyama*, pois a percepção direta é o modo de funcionar normal do *vijñāna*.

possuímos, e que chamamos cobiça e desejo. E quando deixam de ser essa solicitação cega ou semicega da mentalidade instintiva ou inteligente, eles são transformados em uma atividade variada da Vontade-Verdade; essa vontade age com um conhecimento inerente das medidas exatas da ação decretada e, portanto, também com uma eficácia desconhecida para nossa veleidade mental. Por conseguinte, também na ação do *vijñānamaya* não haverá lugar para o pecado; pois todo pecado é um erro da vontade: é um desejo e um ato da ignorância.

Quando o desejo cessa por completo, a aflição e todos os sofrimentos interiores cessam também. O *vijnana* toma não só nossas faculdades de conhecimento e de vontade, mas também nossas capacidades afetivas e de deleite e as muda em um movimento da Ananda divina. Pois se conhecimento e força são os dois lados ou os poderes gêmeos da ação da consciência, o deleite ou Ananda — que é algo superior ao que chamamos prazer — é a substância própria da consciência e o resultado natural da interação entre conhecimento e vontade, entre força e autopercepção. Prazer e dor, ambos, alegria e aflição, ambas, são deformações causadas por uma perturbação da harmonia entre nossa consciência e a força que ela aplica, entre nosso conhecimento e nossa vontade, uma ruptura de sua unidade pela descida a um plano inferior em que eles são limitados, divididos, privados de sua ação plena e característica e em conflito com outras forças, outras consciências, outros conhecimentos, outras vontades. O *vijnana* corrige tudo isso pelo poder de sua verdade e pela restituição completa da unidade e da harmonia, do Direito, da Lei superior. Ele toma todas as nossas emoções e faz delas várias formas de amor e de deleite, mesmo nossos ódios, nossas repulsas, todas as causas de nossos sofrimentos. Ele descobre ou revela o sentido que perderam, e cuja ausência foi a causa de sua degeneração. Ele restitui nossa natureza inteira ao Bem eterno. Do mesmo modo, ele lida com nossas percepções e sensações: revela todo o deleite que elas buscam, mas um deleite na verdade, não nos desvios nem nas buscas e percepções errôneas; ele ensina até mesmo a nossos impulsos inferiores a apegar-se ao Divino e ao Infinito nas aparências pelas quais são atraídos. Tudo isso é feito não nos valores do ser inferior, mas pela elevação do mental, do vital, do material à pureza inalienável, à intensidade natural, ao êxtase contínuo, único e contudo multíplice, da Ananda divina.

Assim, o ser do *vijnana*, em todas as suas atividades, é uma expressão de um poder de conhecimento, um poder de vontade, um poder de deleite aperfeiçoados, elevados a um nível mais alto que o plano mental, vital e corporal. Permeando tudo, universalizado, liberado da personalidade e da individualidade egoísticas, ele é a expressão de um Self superior, uma consciência superior e, portanto, de uma força e de um deleite de ser superiores. Em *vijnana* tudo age na pureza, na justiça, na verdade da Prakriti superior ou divina. Muitas vezes, seus poderes podem parecer com o que se chama "*siddhis*" na linguagem ióguica corrente, ou ao que os europeus chamam poderes ocultos — poderes repudiados e temidos por devotos e por muitos iogues, vistos como ciladas, obstáculos, desvios da verdadeira busca do Divino. Mas eles têm esse caráter e são perigosos aqui, nesse nível, porque é o ego que os busca no ser inferior e de maneira anormal, para uma satisfação egoísta. No *vijnana*, eles não são nem ocultos nem siddhis, eles são a expressão normal e natural de sua natureza, sem nada esconder. O *vijnana* é o Poder-Verdade e a Ação-Verdade do Ser divino em suas identidades divinas e, quando esse poder age por meio do indivíduo que se elevou ao plano gnóstico, ele se cumpre sem desvios, sem falha e sem reação egoística, sem se furtar a ser possuído pelo Divino. Pois nesse plano o indivíduo não é mais o ego, mas o Jiva, livre e domiciliado na natureza divina superior da qual ele é uma parcela, *parā prakṛtir jīvabhūtā*, a natureza do Self supremo e universal que ele vê no jogo das individualidades múltiplas, mas sem o véu da ignorância, com o autoconhecimento, em Sua unidade múltipla, na verdade de Sua Shakti divina.

No *vijnana* encontramos a relação e a ação justas do Purusha e da Prakriti, porque lá eles se unificam e o Divino não está mais velado na Maia. Tudo é sua ação. O Jiva não diz mais: "Eu penso, eu ajo, eu desejo, eu sinto"; ele nem mesmo diz, como o sadhaka que busca chegar à unidade, mas antes de alcançá-la: "Assim como foi decretado por Ti que vives em meu coração, assim eu ajo". Pois o coração, o centro da consciência mental, não é mais o centro que origina o movimento, mas apenas um instrumento de transmissão beatífico. Em lugar disso, o sadhaka percebe o Divino estabelecido acima, senhor de tudo, *adhiṣṭhita*, assim como agindo nele. E, ele mesmo estabelecido nesse ser superior, *parārdhe, paramasyām parāvati*, pode dizer, verdadeira e corajosamente: "Deus ele mesmo, por sua Prakriti, conhece, age, ama e se rejubila mediante minha individualidade e seus símbolos, e cumpre aí, em sua alta medida divina, a Lila[3] inumerável que o Infinito joga para sempre nessa universalidade que é Ele mesmo para sempre".

---

3. Lila (*līlā*) – brincadeira, o jogo cósmico; a manifestação como Jogo do divino. (N. da T.)

CAPÍTULO XXIV

GNOSE E ANANDA

A ascensão ao plano da gnose, a posse de algo da consciência gnóstica, deve elevar a alma do ser humano e sublimar sua vida no mundo em uma glória de luz, poder, beatitude e infinitude que, comparada à ação claudicante e às realizações limitadas de nossa existência mental e física atual, pode parecer o próprio estado e dinamismo de uma perfeição final e absoluta. E é uma perfeição verdadeira, tal como jamais existiu antes na ascensão do espírito, pois mesmo a realização espiritual mais alta no plano da mentalidade tem algo mal equilibrado, unilateral e exclusivo; mesmo a espiritualidade mental mais ampla não é bastante ampla e é prejudicada também pela imperfeição de seu poder de expressão na vida. E contudo, comparado ao que está além, esse primeiro esplendor gnóstico também é apenas uma passagem brilhante para uma perfeição mais perfeita. É o degrau seguro e luminoso de onde podemos subir ainda mais alto, com alegria, até as infinitudes absolutas que são a origem e o objetivo do espírito que se encarna. Nessa nova ascensão a gnose não desaparece, mas alcança sua própria Luz suprema de onde havia descido para ser mediadora entre a mente e o Infinito supremo.

Segundo o Upanishad, uma vez que possuímos o Self de conhecimento acima da mente e todos os selfs inferiores foram absorvidos nele, há ainda um outro degrau, o último a superar — embora possamos perguntar: é esse o último degrau para a eternidade ou é apenas o último praticamente concebível ou o último de fato necessário para nós agora? — a fim de erguer nossa existência gnóstica e alcançar o Self de Beatitude, e completar assim a descoberta espiritual do Infinito divino. Ananda, a suprema Beatitude eterna, de um caráter de todo diferente e infinitamente mais alto do que a mais alta alegria ou o prazer mais sublime humanos, é a natureza essencial e original do Espírito. Em Ananda, nosso espírito encontrará seu verdadeiro self;

em Ananda, ele encontrará sua consciência essencial; em Ananda, ele encontrará o poder absoluto de sua existência. Quando a alma encarnada encontra essa mais alta beatitude do espírito — absoluta, sem limite, incondicionada —, é a liberação e a perfeição infinitas. É verdade que algo dessa beatitude pode ser recebido por reflexo, por uma descida incompleta, mesmo nos planos inferiores onde o Purusha joga com sua Natureza modificada e restringida. Pode haver a experiência de uma Ananda espiritual sem limite no plano da matéria, no plano da vida, no plano da mente, assim como no plano gnóstico da verdade e do conhecimento e acima. E o iogue que entra nessas realizações menores pode achá-las tão completas e irresistíveis que não poderá imaginar nada maior, nada além. Pois cada um dos princípios divinos contém em si a potencialidade completa das seis outras notas de nosso ser; cada plano da Natureza pode chegar à perfeição de suas próprias notas, em suas próprias condições. Mas a perfeição integral só pode ser obtida por uma ascensão gradual do inferior ao superior e uma descida incessante do superior no inferior, até que tudo se torne um, como um bloco sólido de Verdade eterna, ao mesmo tempo maleável como um mar de Verdade infinita.

Mesmo a consciência física do ser humano, a *annamaya puruṣa*, pode, sem essa ascensão suprema, sem essa descida integral, refletir o Self de Sachchidananda e entrar nele. Ela pode chegar a isso, quer por um reflexo da alma e de sua beatitude, de sua infinitude e de seu poder escondidos na Natureza física — escondidos, mas sempre presentes aqui —, quer perdendo no self interior ou exterior a sensação de sua substância e existência separadas. O resultado é um sono glorificado da mente física, em que o ser físico esquece a si mesmo em uma espécie de Nirvana consciente, ou se move como uma coisa inerte nas mãos da Natureza, *jaḍavat*, como uma folha ao vento, ou então em um estado de pura felicidade e de uma livre irresponsabilidade na ação, *bālavat* — uma infância divina. Mas essas experiências vêm sem as glórias mais altas do conhecimento e do deleite que pertencem a esse mesmo estado, mas em um nível mais elevado. Essa é uma realização passiva de Sachchidananda, em que não há controle algum da Prakriti pelo Purusha, nem sublimação alguma da Natureza elevando-se a seu poder supremo, às glórias infinitas de Para Shakti. Ainda assim esses dois — esse controle e essa sublimação — são as duas entradas da perfeição, as portas esplêndidas que conduzem ao Eterno supremo.

Do mesmo modo, a alma de vida, a consciência de vida no ser humano, *prāṇamaya puruṣa*, pode refletir diretamente o Self de Sachchidananda e entrar nele por uma reflexão vasta, esplêndida e beatífica da Alma na Vida universal ou ao perder a sensação de sua vida e de sua existência separadas no vasto Self interior ou exterior. O resultado é um estado profundo de autoesquecimento completo ou então uma ação guiada de maneira irresponsável pela natureza vital, um entusiasmo exaltado de abandono de si à grande energia cósmica em sua dança vital. O ser exterior vive em um frenesi de posse por Deus, sem se preocupar por si ou pelo mundo, *unmattavat*, ou em completo menosprezo, seja pelas convenções e conveniências que regem a ação humana, seja pela harmonia e ritmo de uma Verdade mais alta. Ele age como um ser vital solto, *piśācavat*, um maníaco divino, ou então um demoníaco divino. Aqui também não há controle nem sublimação suprema da natureza. Há apenas o Self dentro de nós imerso em uma alegria estática e, fora, uma submissão às energias desordenadas da Natureza física e vital.

A alma mental e a consciência mental no ser humano, *manomaya puruṣa*, pode, do mesmo modo direto, refletir Sachchidananda e nele imergir por um reflexo da Alma quando ela se espelha na natureza da pura mente universal luminosa, sem muros, feliz, plástica, ilimitada, ou por uma absorção no Self dentro e fora, que é vasto, livre, incondicionado, e não tem mais centro. O resultado é um estado de imobilidade, em que todo movimento da mente e toda ação cessam ou cumprem-se sem desejo e sem apego, observadas pela Testemunha interior que não participa. O ser mental torna-se a alma eremita, sozinha no mundo e indiferente a todos os laços humanos, ou a alma santificada, que vive no enlevo da proximidade de Deus ou na beatitude da identidade e na relação feliz de êxtase e de amor puro por todas as criaturas. O ser mental pode mesmo realizar o Self em todos os três planos juntos: mental, vital e físico. Ele vive então todas essas coisas de maneira alternada, sucessiva, ou ao mesmo tempo. Ou pode transformar as formas inferiores em manifestações do estado superior: ele pode puxar para o alto a criancice ou a irresponsabilidade inerte da mente física sem apego, ou a loucura divina da mente vital livre e indiferente a todas as normas, conveniências, harmonias e cores, ou disfarçar por meio delas o êxtase do santo, a liberdade do solitário ou do eremita errante. Aqui também não há mestria, não há sublimação da Natureza pela alma no mundo, mas uma dupla realização do Divino: dentro, pela liberdade e pelo deleite do mental espiritual infinito, e fora, pelo jogo natural, feliz e sem regras da Natureza mental. Mas, visto que o ser mental é capaz de receber a gnose de um modo que a alma vital e a alma física não podem receber, visto que pode aceitá-la com conhecimento, embora só o conhecimento limitado de uma resposta mental, ele pode, até certo ponto, governar sua ação externa com a luz gnóstica, ou, ao menos, banhar e purificar nela sua vontade e seus pensamentos. Porém, a Mente pode chegar apenas a um compromisso entre o infinito dentro e a natureza finita fora; ela não pode verter, com alguma plenitude, a infinitude do conhecimento, do poder e da beatitude do ser interno em sua ação externa, que continua sempre inadequada. Ainda assim, a mente fica contente e livre, porque é o Senhor dentro que toma a responsabilidade da ação — adequada ou inadequada —, é Ele quem assume a direção e fixa as consequências.

Mas a alma gnóstica, o *vijñānamaya puruṣa*, é a primeira a participar, não apenas da liberdade, mas do poder e da soberania do Eterno. Porque recebe a Divindade em sua inteireza, ela tem em sua ação o sentido da plenitude divina; participa da marcha livre, esplêndida e majestosa do Infinito, é um receptáculo do conhecimento original, do poder imaculado, da beatitude inviolável; ela transmuta toda a vida em Luz e Flama eternas, em Vinho do néctar eterno. Possui o infinito do Self e possui o infinito da Natureza. Ela não perde seu self natural no self do Infinito, mas, antes, aí o encontra. Nos outros planos aos quais o ser mental tem acesso mais fácil, o homem encontra Deus em si mesmo e ele mesmo em Deus; ele se torna divino em essência, antes que em sua pessoa ou em sua natureza. Na gnose, mesmo na gnose mentalizada, o Eterno Divino possui, transforma e marca com seu selo o símbolo humano: abraça a pessoa e a natureza e descobre-se parcialmente em uma e outra. O ser mental, no máximo, recebe ou reflete o que é verdadeiro, divino e eterno; a alma gnóstica alcança uma identidade verdadeira, possui o espírito e o poder da Natureza--verdade. Na gnose, o dualismo Purusha-Prakriti, Alma e Natureza — os dois poderes separados que se completam, essa grande verdade dos Sankhyas fundamentada na verdade prática de nossa existência natural atual —, desaparece em sua entidade biuna, no mistério dinâmico do Supremo oculto. O Ser-Verdade, o Hara-Gauri[1]1 simbólico da iconografia indiana; o duplo Poder masculino-feminino nascido da suprema Shakti do Supremo e sustentado por ela.

Portanto, a alma-verdade não conclui sua viagem com um esquecimento de si no Infinito: ela chega a uma eterna posse de si no Infinito. Sua ação não é descontrolada, é um controle perfeito em uma liberdade infinita. Nos planos inferiores, a alma está naturalmente sujeita à Natureza e é na natureza inferior que ela encontra o princípio regulador; aí, toda regulação depende de nossa aceitação e submissão estrita à lei do finito. Se, nesses planos, a alma se retira dessa lei reguladora para entrar na liberdade do infinito, ela perde seu centro natural e encontra-se sem centro em uma infinitude cósmica; ela se priva do princípio de harmonia viva que até então regulava seu ser externo e não encontra outro. A natureza pessoal, ou o que resta dela, continua por certo tempo, de maneira simples e mecânica, seus movimentos passados, ou dança nas rajadas e nas torrentes da energia universal — que age de fora sobre o sistema individual, em vez de agir de dentro — ou vagueia na extravagância

---

1. O corpo biuno do Senhor e sua Esposa, Ishvara e Shakti, cuja metade direita é masculina e a metade esquerda é feminina.

de um êxtase irresponsável, ou então permanece inerte e abandonada pelo sopro do Espírito que estava nela. Por outro lado, se a alma, em seu impulso de liberdade, parte à descoberta de outro centro de controle, um centro divino pelo qual o Infinito pode governar conscientemente sua ação no indivíduo, a alma vai em direção à gnose, onde esse centro preexiste, um centro de harmonia e de ordem eternas. Quando se eleva acima da mente e da vida e entra na gnose, o Purusha se torna o mestre de sua natureza, porque é sujeito apenas à Natureza suprema. Pois nesse plano, a Força, ou a Vontade, é a exata contraparte, a *dynamis* perfeita do conhecimento divino. E esse conhecimento não é apenas o olho da Testemunha, é o olhar imanente e imperativo do Ishvara. Seu poder luminoso e soberano — um poder que não pode ser impedido ou contradito — impõe sua força de expressão a toda ação e torna verdadeiros, radiantes, autênticos e inevitáveis cada movimento e cada impulso.

A gnose não rejeita as realizações dos planos inferiores, porque não é uma aniquilação ou extinção, não é um Nirvana, mas uma consumação sublime de nossa Natureza manifestada. Ela possui as primeiras realizações sob suas condições próprias, após tê-las transformado e feito delas elementos de uma ordem divina. A alma gnóstica é a criança, mas a criança-rei[2]; essa é a infância real e eterna, cujos brinquedos são os mundos, e a Natureza universal inteira é o jardim miraculoso de um jogo que nunca cansa. A gnose abarca a condição da inércia divina, mas essa não é mais a inércia da alma subordinada, levada pela Natureza como uma folha seca no sopro do Senhor. Essa é uma passividade feliz, capaz de suportar uma intensidade inimaginável de ação e de Ananda da Alma da Natureza, que é, ao mesmo tempo, conduzida pela beatitude do Purusha soberano e consciente de si mesma enquanto Shakti suprema acima e em torno do Purusha, sua soberana, que o leva jubilosamente em seu peito, para sempre. Esse ser biuno, Purusha-Prakriti, é como um Sol flamejante; um corpo de Luz divina levado em sua órbita por sua própria consciência e poder interiores, uno com o universal, uno com a Transcendência suprema. Sua loucura é a loucura sábia da Ananda, o êxtase incalculável de uma consciência e poder supremos que vibram com um sentido de liberdade e intensidade infinitos nos movimentos divinos de sua vida. Sua ação é suprarracional e, portanto, para a mente racional que não tem a chave, parece uma loucura colossal. E, contudo, isso que parece ser loucura é uma sabedoria em ação, que desconcerta a mente pela liberdade e riqueza de seus conteúdos e pela complexidade infinita na simplicidade fundamental de suas moções — esse é o método próprio do Senhor dos mundos, uma coisa que nenhuma interpretação intelectual pode sondar —, uma dança tam-

---

2. Assim dizia Heráclito: "O reino é da criança".

bém, um turbilhão de energias formidáveis, mas o Mestre da dança segura suas energias com suas mãos e as mantém na ordem rítmica, nos círculos harmônicos traçados por sua *rāsa līlā*[3]. A alma gnóstica, não mais que o demoníaco divino, não está ligada pelas pequenas convenções e conveniências da vida humana normal, nem pelas regras estreitas pelas quais ela faz algumas alterações para ajustar-se às dualidades perturbadoras da natureza inferior e tentar guiar seus passos entre as aparentes contradições do mundo, a fim de evitar seus inumeráveis obstáculos e contornar com precaução seus perigos e suas ciladas. A vida gnóstica supramental é anormal para nós porque ela é livre e tem a intrepidez, as alegrias audaciosas de uma alma que trata a Natureza sem medo, ou mesmo de maneira violenta; ao mesmo tempo, ela é a normalidade própria do infinito e de tudo que é governado pela lei da Verdade e por seus processos exatos e infalíveis. Ela obedece à lei de um Conhecimento, de um Amor, de um Deleite em uma Unidade inumerável. Ela parece anormal só porque seu ritmo não pode ser medido pelas batidas vacilantes da mente; mesmo assim, seus passos seguem uma cadência maravilhosa e transcendente.

Qual é, então, a necessidade desse degrau ainda mais alto e qual é a diferença entre a alma na gnose e alma na Beatitude? Não há diferença essencial, mas ainda assim há uma diferença, porque é uma transferência a uma outra consciência e uma verdadeira inversão de posição — pois a cada grande ascensão da Matéria à Existência mais alta, produz-se uma inversão de consciência. A alma não olha mais para o alto, para algo que se encontra mais além dela, mas ela está nesse algo e, de lá, olha para baixo, para tudo o que ela era antes. De fato, podemos descobrir Ananda em todos os planos, porque ela existe em toda parte e é a mesma em toda parte. Há mesmo uma réplica do plano de Ananda em cada um dos mundos de consciência inferiores. Mas nos planos inferiores ela é alcançada não apenas por uma espécie de dissolução da mente pura ou dos sentidos vitais ou das percepções físicas na Ananda, mas a própria Ananda é diluída, por assim dizer, pela forma da vida, da mente ou da matéria assim dissolvida; ela é retida na diluição, depois mudada em um fio tênue — maravilhoso para a consciência inferior, mas não comparável às verdadeiras intensidades da Ananda. A gnose, ao contrário, possui a luz densa da consciência essencial, *cidghana*, em que a intensa plenitude de Ananda pode existir. E quando a forma da gnose é dissolvida na Ananda, ela não é anulada por completo, mas passa por uma mudança natural pela qual a alma é transportada à sua liberdade última e

---

3. *rāsa līlā* – a dança circular de Krishna com as *gopis* nos bosques enluarados de *Brindavan*. Tipo de dança de Deleite divino com as almas liberadas no mundo de Beatitude secreto dentro de nós. As *gopis* e os *gopas* (masculino de *gopis*) eram os guardiões e possuidores do *goloka*, um mundo de amor, beleza e Ananda, pleno de radiâncias espirituais. (N. da T.)

absoluta: a alma se lança na existência absoluta do espírito e amplia-se nas infinitudes inteiramente autoexistentes de sua própria beatitude. A gnose tem o infinito e absoluto como fonte consciente e o acompanhamento, a condição, a norma, o campo e a atmosfera de todas as suas atividades, os possui como sua base, fonte, material constituinte, a Presença a habita e a inspira; mas, em sua ação, a gnose parece desapegar-se desse absoluto, por assim dizer, tornar-se sua operação, tornar-se um movimento rítmico de suas atividades, uma Maia[4] divina ou uma criação de sabedoria do Eterno. Gnose é o Conhecimento-Vontade divino da Consciência-Força divina, é a consciência e ação harmônicas de Prakriti-Purusha — ela está cheia do deleite da existência divina. Na Ananda, o conhecimento retorna dessas harmonias desejadas à pura autoconsciência, a vontade dissolve-se na força pura transcendente, e ambos são absorvidos no puro deleite do Infinito. A existência gnóstica tem como base a própria substância e a própria forma de Ananda.

Essa absorção em Ananda completa a ascensão, pois aqui se conclui a transição à unidade absoluta de que a gnose era a etapa decisiva, mas não o lugar de repouso final. Na gnose, a alma percebe sua infinidade e vive nela, contudo, ela vive também em um centro de ação para o jogo individual do Infinito. Ela realiza sua identidade com todas as existências, mas mantém uma distinção sem diferença, pela qual ela pode ter também o contato com elas em certa diversidade. Na mente, essa distinção pela alegria do contato torna-se não apenas diferença, mas uma autoexperiência de separação de nossos outros selfs; no ser espiritual ela se traduz pela sensação de perda do self que em nós se une aos outros e por uma busca da felicidade que nos foi confiscada; na vida, por um compromisso entre uma autoabsorção egoística e uma busca cega da unidade perdida. Em sua consciência infinita, a alma gnóstica cria uma espécie de limitação voluntária para os propósitos de sua própria sabedoria; ela possui mesmo uma aura luminosa própria a seu ser, na qual se move, embora mais além dessa aura ela entra em todas as coisas e identifica-se com todos os seres e com todas as existências. Na Ananda tudo é invertido, o centro desaparece. Na natureza de beatitude não há centro, nenhuma circunferência voluntária ou imposta — tudo é, todos são um só e único ser, um idêntico espírito. A alma de beatitude encontra a si mesma e sente a si mesma em toda parte; ela não tem morada, ela é *aniketa*, ou tem o todo como morada ou, se lhe agradar, todas as coisas são suas inumeráveis moradas, abertas umas às outras para sempre. Todos os outros selfs são seus próprios selfs, de modo completo, em ação e em essência. A alegria do contato em uma uni-

---

4. Maia, não no sentido de ilusão, mas no sentido védico original. Na existência gnóstica tudo é real, espiritualmente concreto, eternamente verificável.

dade diversificada torna-se inteiramente a alegria da identidade absoluta em uma unidade inumerável. A existência não se formula mais em termos de Conhecimento porque, aqui, o conhecido, o conhecimento e aquele que conhece são inteiramente um único self e, visto que tudo possui tudo em uma identidade íntima que ultrapassa a proximidade mais próxima, não há necessidade daquilo que chamamos conhecimento. Toda a consciência é consciência da beatitude do Infinito, todo poder é poder da beatitude do Infinito, todas as formas e todas as atividades são formas e atividades da beatitude do Infinito. Nessa verdade absoluta de seu ser, vive a alma eterna de Ananda — aqui, deformada por fenômenos contrários, lá, trazida de volta à realidade dos fenômenos e transfigurada.

A alma vive — ela não é abolida, não está perdida em um Indefinido sem feições. Pois em cada plano de nossa existência o mesmo princípio é válido: a alma pode cair no sono de um transe de autoabsorção, vivenciar a intensidade inefável da posse de Deus, viver na glória mais alta de seu próprio plano — o Anandaloka, Brahmaloka, Vaikuntha, Goloka dos vários sistemas indianos —, e mesmo voltar-se para os mundos inferiores para enchê-los com sua própria luz, seu poder e sua beatitude. Nos mundos eternos e cada vez mais nos mundos acima da Mente, esses estados existem um no outro. Eles não estão separados: são poderes coexistentes, e mesmo coincidentes, da consciência do Absoluto. No plano de Ananda o Divino não é incapaz do jogo cósmico, nem se priva de expressar suas glórias. Ao contrário, como insiste o Upanishad, a Ananda é o princípio criador verdadeiro, pois tudo tem nascimento nessa Beatitude divina[5]; tudo preexiste nela enquanto verdade de existência absoluta, e é esse absoluto que o vijnana faz emergir e submete à limitação voluntária da Ideia e da lei da Ideia. Na Ananda toda lei cessa, e há uma liberdade absoluta sem condição e sem limite. Ela é superior a todos os princípios e ao mesmo tempo frui de todos os princípios; é livre de todas as gunas e frui de suas próprias gunas infinitas; ela está acima de todas as formas e constrói e possui todas as suas formas e todas as suas imagens. Essa completude inimaginável, isso é o Espírito — o Espírito transcendente e universal — e, para a alma também, ser una com a beatitude do Espírito transcendente e universal, é ser tudo isso, e nada menos que isso. Necessariamente, visto que há nesse plano o absoluto e o jogo dos absolutos, ele é inefável para todas as concepções de nossa mente ou para os sinais das realidades fenomênicas ou ideais, cujas concepções mentais são a imagem em nossa inteligência. Essas realidades são, elas mesmas, de fato, apenas símbolos relativos desses absolutos inefáveis. O símbo-

---

5. Por isso, o mundo da Ananda é chamado o *Janaloka*, no sentido duplo de nascimento e de deleite.

lo, a realidade expressiva, pode nos dar uma ideia, uma percepção, uma sensação, uma visão da coisa simbolizada, mesmo um contato com ela, mas, no final, nós vamos além do símbolo e chegamos à coisa que ele simboliza — transcendemos a ideia, a visão, o contato, atravessamos o ideal e chegamos às realidades reais, ao idêntico, ao supremo, àquilo que é atemporal e eterno, infinitamente infinito.

Quando nos tornamos interiormente conscientes de algo que ultrapassa por completo aquilo que somos e conhecemos agora, sentimo-nos atraídos por isso de maneira poderosa, e aquilo a que mais aspiramos é escapar da realidade atual a fim de viver inteiramente nessa realidade mais alta. A forma extrema dessa atração pela Existência suprema e pela Ananda infinita é a condenação da existência inferior e do finito, considerados como uma ilusão, e uma aspiração ao Nirvana no mais além — é a paixão pela dissolução, pela imersão, pela extinção no Espírito. Mas a verdadeira dissolução, o verdadeiro Nirvana é a liberação de todas as sujeições ao inferior e o mergulho no ser vasto do Superior, e a posse consciente do símbolo vivo pelo Real vivo. Descobrimos, no final, que essa realidade superior não só é a causa, não só abarca todo o resto e existe em todo o resto, mas que quanto mais a possuímos mais todo o resto adquire um valor superior na experiência de nossa alma e se torna o meio de uma expressão mais rica do Real, de uma comunhão muito mais variada com o Infinito, de uma ascensão mais vasta ao Supremo. No final, chegamos mais perto do absoluto e de seus valores supremos, que são os absolutos de todas as coisas. Perdemos a paixão pela liberação, *mumukṣutva*, que até então nos fazia agir, porque agora estamos intimamente próximos daquilo que é livre para sempre, daquilo que não é atraído pelo que nos liga agora, nem apegado a isso, nem atemorizado por aquilo que parece ser escravidão. É só quando a alma encadeada perde sua paixão exclusiva pela liberdade que a liberação absoluta de nossa natureza pode ser alcançada. O Divino atrai a si as almas dos seres humanos mediante tentações variadas; todas elas nascem de concepções relativas e imperfeitas da alma sobre a beatitude; todas são meios de buscar a Ananda; mas, se nos agarrarmos a isso até o final, deixaremos escapar a verdade indizível dessas felicidades que ultrapassam tudo. Primeiro, na ordem, está a tentação de uma recompensa terrestre, um prêmio de alegria — material, intelectual, moral ou outro —, na mente e no corpo terrestres. O segundo é uma versão mais remota e mais grandiosa do mesmo erro fecundo: a esperança de uma beatitude celestial, que ultrapassa infinitamente essas recompensas terrestres; a concepção do céu cresce em altura e em pureza, até chegar à ideia pura da presença eterna de Deus ou de uma união sem fim com o Eterno. Por fim, chegamos à mais sutil de todas as tentações: escapar de todas as alegrias terrestres ou celestes e de todas as dores e tristezas, de todos os esforços, contrariedades, e de todas as coisas fenomênicas — um Nirvana, uma autodissolução no Absoluto, uma Ananda de cessação e de paz inefável. No final, todos esses brinquedos da mente devem ser transcendidos. O medo do nascimento e o desejo de escapar ao nascimento devem nos deixar por completo. Pois, para repetir as palavras antigas, a alma que realizou a unidade não tem mais dor ou aversão; o espírito que entrou na beatitude do Espírito nada tem a temer de quem ou do que quer que seja. Medo, desejo e aflição são doenças da mente; nascidas da sua sensação de divisão e limitação, elas cessam com a falsidade que as gerou. A Ananda é livre dessas doenças; ela não é o monopólio do asceta, não nasceu do desgosto pela existência.

A alma de beatitude não está ligada ao nascimento nem ao não nascimento; não é conduzida pelo desejo do Conhecimento nem perturbada pelo medo da Ignorância. A Alma suprema de beatitude já possui o Conhecimento e transcende toda necessidade de conhecimento. Como não é limitada em sua consciência pelas formas e pelos atos, ela pode brincar com a manifestação sem ser impregnada pela Ignorância. No alto, ela já participa do mistério de uma manifestação eterna e aqui, quando chegar a hora, ela descerá no nascimento sem ser escrava da Ignorância nem estar acorrentada à roda da Natureza e aos seus ciclos. Pois ela sabe que o propósito e a lei das séries de nascimentos, para a alma em um corpo, é elevar-se de plano em plano e substituir sempre o reino do jogo inferior pelo reino do jogo superior, até mesmo no campo material, mais baixo. A alma de beatitude não desdenha ajudar do alto essa ascensão, nem tem medo de descer os degraus de Deus até o nascimento material e, aí, com o poder de sua natureza de beatitude, contribuir para a atração ascendente das forças divinas. O momento não chegou ainda para essa hora maravilhosa do Espírito e do Tempo na evolução. O ser humano, em geral, não pode ainda se elevar à natureza de beatitude; ele deve, primeiro, estabelecer-se com segurança nas altitudes mentais superiores e, de lá, ascender à gnose. Ele é ainda menos capaz de fazer descer todo o Poder de beatitude na Natureza terrestre; ele deve, primeiro, deixar de ser o ser humano mental e tornar-se supra-humano. Tudo o que ele pode fazer agora é receber algo desse poder em sua alma, em um grau maior ou menor, por uma transmissão diminuída, que deve atravessar uma consciência inferior; mas mesmo isso lhe dará o senso de um êxtase e beatitude insuperáveis.

Mas o que será essa natureza de beatitude quando se manifestar em uma nova espécie supramental? A alma plenamente evoluída será una com todos os seres, não apenas no estado estático, mas nos efeitos dinâmicos da experiência de uma consciência de beatitude intensa e sem limites. E, visto que o amor é o poder efetivo e o símbolo-alma da unidade na beatitude, o ser supramental se aproximará dessa unidade e entrará nela pelo portão do amor universal — primeiro, uma sublimação do amor humano, um Amor divino depois, e, em seu cume, algo de uma beleza, doçura e esplendor inconcebível para nós agora. Na consciência de beatitude, ele será uno com todo o jogo cósmico e seus poderes e eventos, e serão banidos para sempre a tristeza e o medo, a fome e a dor de nossa existência mental, vital e física pobre e obscura. Ele terá esse poder da liberdade de beatitude em que todos os princípios contraditórios de nosso ser serão unificados em seus valores absolutos. Todo o mal será necessariamente mudado em bem; a beleza universal do Todo-Beleza tomará posse de seus reinos caídos; cada obscuridade será uma glória fecunda de luz, e as discórdias que a mente cria entre Verdade, Bem e Beleza, entre Poder, Amor e Conhecimento desaparecerão no cume eterno, nas extensões infinitas onde eles são sempre um.

Na mente, na vida e no corpo o Purusha está separado da Natureza e em conflito com ela. Ele labora arduamente para controlá-la e impor o que ele pode encarnar dela por sua força masculina e, mesmo assim, permanece sujeito às suas dualidades angustiantes e, de fato, ele é seu brinquedo, de cima abaixo e do começo ao fim. Na gnose, ele é biuno com ela; como mestre de sua própria natureza ele encontra sua reconciliação e sua harmonia com ela por sua unidade essencial, mesmo ao aceitar — pois essa é a condição de sua mestria e de suas liberdades — uma sujeição infinitamente beatífica ao Supremo em sua Natureza divina soberana. Nos cimos da gnose e na Ananda, ele é uno com a Prakriti e não mais apenas biuno com ela. Não há mais o jogo desconcertante da Natureza com a alma na Ignorância. Tudo é o jogo consciente da alma consigo mesma e com todos os seus selfs, com o Supremo e com a Shakti divina na natureza de beatitude infinita que se tornou sua própria natureza. Esse é o mistério supremo, o mais alto segredo, simples para sua experiência, se bem que difícil e complexo para nossas concepções e para nossa inteligência limitada que se esforça para compreender o que a ultrapassa. Na livre infinitude do deleite de Sachchidananda há o jogo da Criança divina, a *rāsa līlā* do Amante infinito, e os símbolos místicos de sua alma se repetem em sinais de beleza, em movimentos e em harmonias de deleite em um "para sempre" atemporal.

CAPÍTULO XXV

O CONHECIMENTO SUPERIOR E O CONHECIMENTO INFERIOR

Concluímos agora nosso exame do Caminho do Conhecimento, e vimos a que ela conduz. Em primeiro lugar, o objetivo do Ioga do Conhecimento é unir-se ao Divino; possuí-lo e ser possuído por ele pela consciência, pela identificação com a Realidade divina ou refletindo-a. Mas não apenas em alguma abstração longe de nossa presente existência, mas aqui também; portanto, isso é possuir o Divino em si mesmo, o Divino no mundo, o Divino interiormente, o Divino em todas as coisas e em todos os seres. Isso é possuir a unidade com Deus e, por ela, possuir também a unidade com o universal, com o cosmos e com todas as existências e, portanto, possuir também a diversidade infinita na unidade, mas em uma base de unidade e não em uma base de divisão. É unir-se ao Divino pessoal e ao Divino impessoal, em sua pureza sem atributos e em seus atributos infinitos; no tempo e mais além do tempo; em sua ação e em seu silêncio; no finito e no infinito. É possuí-lo não só no Self puro, mas na totalidade do Self; não só no self, mas na Natureza; não só no espírito, mas na supramente, na mente, na vida, no corpo; possuí-lo com o espírito, com a mente, com o vital e com a consciência física; e, mais ainda, também ser possuído por Ele em todos esses níveis, de modo que todo nosso ser seja uno com Ele, pleno d'Ele, governado e movido por Ele. E, visto que Deus é unidade, é unificar nossa consciência física com a alma e a natureza do universo material; unificar nossa vida com toda vida; unificar nossa mente com a mente universal; tornar nosso espírito idêntico ao espírito universal. É fundir-se n'Ele no absoluto e encontrá-Lo em todas as relações.

Em segundo lugar, o objetivo do Ioga do Conhecimento é assumir o ser divino e a natureza divina. E visto que Deus é Sachchidananda, é elevar nosso ser ao ser divino, nossa consciência a consciência divina, nossa energia a energia divina e o deleite de nossa existência ao deleite do ser divino. E não se trata apenas de elevarmo-nos a essa consciência mais alta, mas de ampliarmo-nos inteiramente nela, porque devemos descobri-la em todos os planos de nossa existência e em todas as partes de nosso ser, a fim de que nossa existência mental, vital e física se impregne da natureza divina. Nossa mentalidade inteligente deve tornar-se um jogo do Conhecimento-Vontade divino; nossa mentalidade psíquica, um jogo do amor e do deleite divinos; nossa vitalidade, um jogo da vida divina; nosso ser físico, um molde da substância divina. Essa ação de Deus em nós efetua-se por uma abertura de nosso ser à gnose divina e à Ananda divina, e torna-se completa por nossa ascensão à gnose e à Ananda e quando estivermos estabelecidos aí de maneira permanente. Pois, embora vivamos fisicamente no plano material, e na vida normal exteriorizada a mente e a alma estejam absorvidas na existência material, essa exteriorização de nosso ser não é uma limitação obrigatória. No que concerne às relações entre Purusha e Prakriti, podemos elevar nossa consciência interior de plano em plano; e poderemos, em lugar do ser mental que somos, dominados pela alma física e pela natureza, tornarmo-nos o ser gnóstico ou o self de beatitude e assumir a natureza gnóstica ou a natureza de beatitude. E por essa elevação da vida interior, poderemos transformar toda nossa existência exteriorizada; em lugar de uma vida dominada pela matéria, teremos então uma vida dominada pelo espírito, com todas as suas circunstâncias moldadas e determinadas pela pureza do ser, pela consciência infinita mesmo no finito, pela energia divina, pela alegria divina e a beatitude do espírito.

Esse é o objetivo. Vimos também quais são os elementos essenciais do método. Agora, porém, devemos primeiro considerar de maneira breve um aspecto do método que até agora deixamos de lado. No sistema do Ioga Integral o princípio deve ser que toda a vida é parte do Ioga; mas o conhecimento que descrevemos parece ser não um conhecimento da vida assim como, em geral, a entendemos, mas algo que está por trás da vida. Há dois tipos de conhecimento: aquele que busca compreender exteriormente o fenômeno aparente da existência, abordando-o de fora, pelo intelecto — esse é o conhecimento inferior, o conhecimento do mundo aparente; e o conhecimento que busca conhecer de dentro a verdade da existência, em sua fonte e em sua realidade, pela realização espiritual. Em geral, uma distinção aguda separa os dois, e supõe-se que ao adquirirmos o conhecimento mais alto, o conhecimento de Deus, o resto, o conhecimento do mundo, torna-se então sem interesse para nós: mas, na realidade, esses são os dois lados de uma mesma busca. Todo conhecimento é, em seu princípio basilar, conhecimento de Deus — n'Ele mesmo, mediante a Natureza e mediante as obras da Natureza. A humanidade deve, primeiro, buscar esse conhecimento na vida exterior, pois, até que sua mentalidade seja desenvolvida o suficiente, o conhecimento espiritual, na verdade, não será possível, mas à medida que sua mente se desenvolve, as possibilidades de conhecimento espiritual tornar-se-ão cada vez mais ricas e mais plenas.

A ciência, a arte, a filosofia, a ética, a psicologia, o conhecimento do ser humano e de seu passado, e mesmo a ação, são meios pelos quais chegamos ao conhecimento das obras de Deus na Natureza e na vida. No começo, são as operações da vida e das formas da Natureza que nos ocupam, mas, à medida que aprofundamos nossa busca, e nossa experiência e visão se tornam mais completas, cada uma dessas vias nos conduz face a face com Deus. A ciência, mesmo a ciência física, ao chegar a seus limites é, no final, obrigada a perceber o infinito, o universal, o espírito, a inteligência e vontade divinas no universo material. Ainda mais fácil deve ser para as ciências psíquicas chegar a esse fim, visto que lidam com as operações dos planos sutis e dos poderes superiores de nosso self e entram em contato com seres e fenômenos dos mundos por trás, invisíveis e imperceptíveis para nossos órgãos físicos, mas verificáveis pela mente e pelos sentidos sutis. A arte conduz ao mesmo fim; o ser humano esteticamente dotado e intensamente preocupado com a Natureza deve, no final, mediante suas emoções estéticas, chegar à emoção espiritual e perceber não apenas a vida infinita, mas a presença infinita que a habita; preocupado com a beleza na vida humana, ele deve, no final, chegar a ver o divino, o universal, o espiritual na humanidade. A filosofia, que se dedica a investigar os princípios das coisas, deve chegar a perceber o Princípio de todos os princípios e a examinar sua natureza, seus atributos e suas operações essenciais. Também a ética deve, no final, perceber que a lei do bem que ela busca é a lei de Deus, e depende do ser e da natureza do Mestre da lei. A psicologia conduz, pelo estudo da mente e da alma nos seres vivos, à percepção de uma alma única e de uma mente única em todas as coisas e em todos os seres. A história e o estudo do ser humano, assim como a história e o estudo da Natureza, conduzem à percepção do Poder ou do Ser eterno e universal, cujo pensamento e vontade se elaboram pela evolução cósmica e humana. Mesmo a ação nos obriga a entrar em contato com o Poder divino, que age através de nossos atos e os utiliza e governa. O intelecto começa a perceber e a compreender; as emoções começam a sentir, a desejar, a venerar o Divino; a vontade volta-se para o serviço do Divino, sem o qual a Natureza e o ser humano não podem existir nem se mover, e sobre o qual só o conhecimento consciente pode nos permitir alcançar nossas possibilidades mais altas.

É aqui que o Ioga intervém. Ele começa servindo-se do conhecimento, da emoção e da ação para entrar em posse do Divino. Pois Ioga é a busca consciente e perfeita da união com o Divino, em direção ao qual tudo o mais se dirigia, mas em movimentos ignorantes e imperfeitos. O Ioga começa, então, a separar-se da ação e dos métodos do conhecimento inferior. Pois enquanto esse conhecimento inferior se aproxima de Deus de maneira indireta, de fora, e jamais entra em sua morada secreta, o Ioga nos convida ao interior e aproxima-se d'Ele diretamente; enquanto aquele conhecimento O busca por meio do intelecto e se torna consciente d'Ele por trás de um véu, o Ioga O busca mediante a realização, ergue o véu e tem a visão plena; enquanto o conhecimento inferior apenas sente sua presença e sua influência, o Ioga entra na presença e enche-se da influência; enquanto aquele conhecimento percebe apenas as operações e, por meio delas, consegue entrever a Realidade, o Ioga identifica nosso ser interior com a Realidade e, de lá, vê as operações. Portanto, os métodos do Ioga são diferentes dos métodos do conhecimento inferior.

O métodoióguico do conhecimento consiste sempre em voltar o olhar para dentro e, à medida que olhamos as coisas externas, em atravessar as aparências de superfície a fim de chegar à realidade única e eterna em seu interior. O conhecimento inferior ocupa-se com as aparências e as operações; a primeira necessidade do conhecimento superior é afastar-se delas para encontrar a Realidade de que elas são a aparência e o Ser e o Poder de existência consciente de que elas são os mecanismos. Ele o faz em três movimentos, que são necessários um ao outro e completam um ao outro: purificação, concentração, identificação. O objetivo da purificação é tornar o ser mental em sua totalidade, um espelho claro em que a realidade divina possa refletir-se, um receptáculo claro no qual a presença divina possa derramar-se, um canal desobstruído pelo qual a presença divina possa escorrer, uma substância sutilizada de que a natureza divina possa tomar posse e remodelar e utilizar para fins divinos. Pois o ser mental no presente só reflete confusões criadas pela visão mental e física do mundo, é um canal apenas para as desordens da natureza inferior ignorante, um canal cheio de obstruções e impurezas que impedem a natureza superior de agir. Por conseguinte, todo o feitio de nosso ser é deformado e imperfeito, insubmisso às influências superiores, voltado para empresas ignorantes e inferiores em sua ação. Mesmo o mundo, ele reflete de maneira falsa; ele é incapaz de refletir o Divino.

A concentração é necessária, primeiro, para desviar a vontade e a mente dessa divagação discursiva que lhes é natural e impedir-lhes de seguir o movimento disperso dos pensamentos, de correr atrás dos desejos com suas múltiplas ramificações, de perder-se na pista dos sentidos e nas reações mentais exteriores diante dos fenômenos; devemos fixar a vontade e o pensamento no eterno e no real que está por trás de tudo, e isso requer um imenso esforço, uma concentração exclusiva. Depois, a concentração é necessária para romper o véu que nossa mentalidade comum teceu entre nós e a verdade; porque, enquanto o conhecimento exterior pode ser colhido de passagem, pela atenção e recepção normais, a verdade interior e superior, escondida, só pode ser apreendida por uma concentração absoluta da mente em seu objetivo, uma concentração absoluta da vontade para alcançar esse objetivo e, uma vez alcançado, para fazer dele um hábito, e unir-se a ele solidamente. Pois a identificação é a condição de um conhecimento e de uma posse completos; ela é o resultado intenso de um reflexo purificado da realidade — um reflexo que se tornou habitual e uma completa concentração nessa realidade; e a identificação é necessária, a fim de romper de todo essa divisão e separação de nosso ser do ser divino e da realidade eterna, que é a condição normal de nossa mentalidade ignorante não regenerada.

Nenhuma dessas coisas pode ser feita segundo os métodos do conhecimento inferior. É verdade que, aqui também, eles têm uma ação preparatória, mas apenas até certo ponto e certo grau de intensidade, e é onde sua ação cessa que a ação do Ioga se incumbe de nosso crescimento divino e encontra os meios para completá-lo. Todas as buscas pelo conhecimento, se não forem deturpadas por uma tendência demasiado terra a terra, tendem a refinar, sutilizar, purificar o ser. À medida que nos tornamos mais mentais, nossa natureza inteira adquire um modo de funcionar mais sutil e se torna mais apta a refletir e a receber pensamentos superiores, uma vontade mais pura, uma verdade menos física, influências mais interiores. O poder de purificação do conhecimento ético, do hábito ético do pensamento e da vontade é óbvio. A filosofia não apenas purifica a razão e a predispõe ao contato com o universal e o infinito, mas tende a estabilizar a natureza e a criar a tranquilidade do sábio, e a tranquilidade é o sinal de uma mestria de si e de uma pureza crescentes. O cuidado com a beleza universal, mesmo em suas formas estéticas, tem um poder intenso de refinamento e sutilização da natureza e, em seu ápice, é uma grande força de purificação. Mesmo os hábitos científicos da mente e a busca desinteressada das leis e das verdades cósmicas não só refinam as faculdades de raciocínio e de observação, mas, quando não são neutralizados por outras tendências, exercem sobre a mente e a natureza moral uma influência estabilizadora e de elevação, purificadora, cuja importância não foi ainda percebida o bastante.

A concentração da mente e o treino progressivo da vontade para receber a verdade e viver na verdade são também um resultado evidente, uma necessidade perpétua dessas buscas; no final, ou em suas intensidades mais altas, essas buscas devem conduzir, primeiro, a uma percepção intelectual, depois, a uma percepção que reflete a Realidade divina e pode culminar em uma espécie de identificação preliminar. Mas tudo isso não pode ir além de certo ponto. A purificação sistemática de todo o ser, que permitirá refletir e receber de maneira integral a realidade divina, só pode ser feita pelos métodos especiais do Ioga. A concentração absoluta do Ioga deve substituir as concentrações dispersas do conhecimento inferior; a identificação vaga e ineficaz, que é tudo que o conhecimento inferior pode dar, deve ser substituída pela união completa, íntima, imperiosa e viva que o Ioga traz.

No entanto, o Ioga não rejeita nem exclui, seja em seu caminho, seja em sua consecução, as formas do conhecimento inferior, exceto quando ele toma a forma de um ascetismo extremo ou de um misticismo completamente intolerante desse outro mistério divino que é a existência cósmica. O Ioga se distingue das formas do conhecimento inferior pela intensidade, amplidão e altura de seu objetivo e pela especialização de seus métodos para chegar a seus fins; mas as formas inferiores não são apenas um ponto de partida para ele: durante certa parte do caminho ele as leva consigo e as utiliza como auxiliares. Assim, torna-se evidente que o pensamento ético e as práticas éticas — não tanto na conduta externa como na conduta interna — têm um grande papel nos métodos preparatórios do Ioga e em sua busca da pureza. Mas, ainda uma vez, todo o método do Ioga é psicológico; poder-se-ia quase dizer que é a prática consumada de um conhecimento psicológico perfeito. Os dados da filosofia são um apoio e um ponto de partida do Ioga para realizar Deus nos princípios de seu ser; com o Ioga, a compreensão inteligente, que é tudo o que a filosofia oferece, é levada a uma intensidade que a transporta mais além do pensamento — à visão e, mais além da compreensão, à realização e à posse; o que a filosofia deixa abstrato e remoto, o Ioga torna próximo e vivo, uma concretude espiritual. A mente emotiva e estética, assim como as formas estéticas, são usadas pelo Ioga como apoio para a concentração, mesmo no Ioga do Conhecimento e, sublimadas, tornam-se o meio principal do Ioga do amor e do deleite; do mesmo modo, a vida e a ação, sublimadas, tornam-se o meio principal do Ioga das Obras. A contemplação de Deus na Natureza, a contemplação e o serviço de Deus no homem e na sua vida e na vida do mundo, em seu passado, presente e futuro, são, do mesmo modo, elementos úteis ao Ioga do Conhecimento a fim de completar a realização de Deus em todas as coisas. Somente, tudo é dirigido ao objetivo único, dirigido a Deus, cheio da ideia da existência divina, infinita, universal, de modo que as preocupações sensoriais, pragmáticas e exteriorizadas, do conhecimento inferior com fenômenos e formas, são substituídas pela preocupação única, divina. Após a consumação, as mesmas características permanecem. O iogue continua a conhecer e a ver Deus no finito e a ser um canal da consciência de Deus e da ação de Deus no mundo; por conseguinte, o conhecimento do mundo e a ampliação e elevação de tudo o que pertence à vida fazem parte de seu escopo. A diferença é que em tudo ele vê Deus, vê a realidade suprema, e a motivação de sua ação é ajudar a humanidade a encontrar o conhecimento de Deus e a deixar-se possuir pela realidade suprema. Ele vê Deus nos dados da ciência; Deus nas conclusões da filosofia; Deus nas formas da Beleza e nas formas do Bem; Deus em todas as atividades da vida; Deus no passado do mundo e em seus efeitos; no presente e em suas tendências; no futuro e em sua grande progressão. Para cada um desses domínios, ou para todos, ele pode levar sua visão iluminada e o poder liberado do espírito. O conhecimento inferior foi o degrau de onde ele se elevou ao conhecimento superior; o conhecimento superior ilumina para ele o inferior e o integra, mesmo se apenas sua borda mais baixa e sua radiação mais exterior.

CAPÍTULO XXVI

SAMÁDI

A importância que atribuímos ao fenômeno do transeióguico, ou samádi, está intimamente ligada ao Ioga do Conhecimento, cujo objetivo é sempre dirigir-se a uma consciência mais alta — uma consciência divina que não é normal para nós agora, para a qual devemos nos elevar ou na qual devemos nos retirar. Diz-se que certos estados de ser só podem ser obtidos em transe; o mais desejável seria aquele em que toda atividade de percepção é abolida e em que não há mais consciência alguma, exceto uma pura imersão supramental no ser imóvel, atemporal e infinito. Ao falecer nesse transe, a alma parte no silêncio do Nirvana supremo sem possibilidade de retornar a qualquer estado de existência ilusório ou inferior. O samádi não tem uma importância tão capital no Ioga da Devoção, mas ainda assim tem seu lugar nele, quando a alma, levada pelo êxtase do Amor divino, cai em um desfalecimento do ser. Entrar em samádi é também o degrau supremo da escada na prática ióguica do Raja-Ioga e do Hatha-Ioga. Qual é então a natureza do samádi ou a utilidade do seu transe no Ioga Integral? É evidente que, se nosso objetivo inclui a posse do Divino na vida, um estado de cessação da vida não pode ser o último, nem o supremo degrau, nem a condição mais altamente desejável; o transe ióguico não pode ser um objetivo, como em muitos sistemas ióguicos, mas apenas um meio, e um meio não para escapar da existência desperta, mas para ampliar e elevar toda a nossa visão, toda a nossa vida e toda a nossa consciência ativa.

A importância do samádi apoia-se em uma verdade que o conhecimento moderno está redescobrindo, mas que nunca esteve perdida para a psicologia indiana, a saber: que só uma pequena parte do ser cósmico, e de nosso ser também, entra em nosso campo de visão ou em nosso campo de ação. O resto está escondido por trás, nas regiões subliminares do ser, que descem nas profundezas mais profundas do subconsciente e se elevam aos picos mais elevados da supraconsciência, e circundam o pequeno campo de nosso self de vigília com uma vasta existência circunconsciente da qual nossa mente e nossos sentidos só apreendem alguns sinais. A psicologia antiga da Índia denotou esse fato e dividiu a consciência em três províncias: o estado desperto, o estado de sonho e o estado de sono, *jāgrat, svapna, suṣupti*, aos quais correspondiam, no ser humano, um self de vigília, um self de sonho, um self de sono, com, mais além, um self supremo ou absoluto — o "quarto" ou *turīya* — do qual os três outros eram derivados para a fruição das experiências relativas do mundo.

Se analisarmos a terminologia dos livros antigos, perceberemos que o estado desperto, ou de vigília, é a consciência do universo material, aquela que possuímos normalmente nessa existência corporal dominada pela mente física. O estado de sonho é a consciência que corresponde aos planos mais sutis, vital e mental, que estão por trás e, para nós, mesmo quando recebemos indicações, não têm a mesma realidade concreta que as coisas da existência física. O estado de sono é uma consciência que corresponde ao plano supramental próprio da gnose, que está mais além de nossa experiência porque nosso corpo causal, o envelope, ou corpo gnóstico, não está desenvolvido em nós, suas faculdades não estão ativas, e portanto estamos, em relação a esse plano, em uma condição de sono sem sonhos. Mais além, *turīya* é a consciência de nossa pura autoexistência ou nosso ser absoluto, com o qual não temos nenhuma relação direta, quaisquer que sejam os reflexos mentais que possamos receber em nossa consciência de sonho ou em nossa consciência de vigília ou mesmo, sem esperança de recuperá-los, em nossa consciência de sono. Essa escala quádrupla corresponde aos degraus da escada do ser pelos quais subimos de volta ao Divino absoluto. Por conseguinte, em geral não podemos retornar da mente física aos planos ou graus superiores de consciência sem nos retirar do estado desperto, sem entrar no interior, longe do estado de vigília, e sem perder o contato com o mundo material. Assim, para aqueles que desejam ter a experiência desses graus superiores, o transe se torna a coisa desejável, um meio de escapar das limitações da mente e natureza físicas.

O samádi, ou transeióguico, retira-se em profundezas cada vez maiores à medida que se distancia do estado normal de vigília e entra em graus de consciência cada vez menos comunicáveis à mente de vigília, cada vez menos dispostos a receber o apelo do mundo de vigília. Passado certo ponto, o transe torna-se completo e, então, é quase, ou de todo impossível, despertar ou chamar de volta a alma que aí se recolheu; ela só pode voltar por sua própria vontade ou, no máximo, por um choque violento de um apelo físico — perigoso para o organismo devido à turbulência abrupta do retorno. Dizem que há estados de transe supremo, de onde a alma não pode retornar se permanecer por um período demasiado longo, porque ela perde o controle sobre o cordão que a liga à consciência da vida, e o corpo é deixado, de fato, mantido na posição imóvel onde se encontrava, não morto por dissolução, mas incapaz de recuperar a vida anímica que o habitava. Por fim, em certo estágio de desenvolvimento, o iogue adquire o poder de abandonar seu corpo de modo definitivo sem passar pelo fenômeno normal da morte, por um ato da vontade, *icchā-mṛtyu*, ou por um processo que consiste em retirar a Força de Vida prânica pela porta da corrente vital ascendente, *udāna*, abrindo-lhe uma passagem através do *brahma-randhra* místico na cabeça. Ao deixar a vida no estado de samádi, o iogue alcança diretamente esse estado de ser superior ao qual aspirava.

No estado de sonho também há uma série infinita de profundidades, desde a mais leve e fácil de lembrar, pois o mundo dos sentidos físicos está às portas, embora fechado no momento, até os estados mais profundos, em que o mundo externo se torna mais distante e menos capaz de interromper a absorção interior: a mente entrou nas profundezas tranquilas do transe. Há uma diferença completa entre samádi e sono normal, entre o estado de sonho do Ioga e o estado de sonho físico. O último pertence à mente física, enquanto no outro é a mente propriamente dita e a mente sutil que estão em ação, liberadas das interferências da mentalidade física. Os sonhos da mente física são uma confusão incoerente, em parte feita de reações aos vagos contatos do mundo físico, em torno dos quais as faculdades mentais inferiores, desconectadas da vontade e da razão, *buddhi*, tecem a teia de uma fantasia divagante, em parte de associações desordenadas da memória cerebral, em parte de imagens da viagem da alma no plano mental, imagens em geral recebidas sem inteligência ou coordenação, distorcidas de maneira incoerente na recepção e misturadas confusamente aos outros elementos do sonho, à memória cerebral e às reações fantásticas provocadas por qualquer toque sensorial do mundo físico. No estado de sonho ióguico, ao contrário, a mente está em clara posse de si, embora não possua o mundo físico; ela age de maneira coerente e é capaz de utilizar sua vontade e sua inteligência comuns com um poder concentrado, ou de utilizar a vontade e a inteligência superiores dos planos mais elevados da mente. Ela se retira das experiências do mundo externo, põe um selo nos sentidos físicos e nas suas portas de comunicação com as coisas materiais. Mas tudo o que lhe é próprio — o pensamento, a razão, a reflexão, a visão — a mente pode continuar a utilizar com uma pureza aumentada e um poder de concentração soberano, livre das distrações e da instabilidade da mente de vigília. Ela pode também servir-se de sua vontade para produzir certos efeitos mentais, morais e mesmo físicos em si mesma e em seu meio, e esses efeitos podem continuar após a cessação do transe e ter consequências mais tarde sobre o estado de vigília.

Para chegar à plena posse dos poderes do estado de sonho, é necessário, primeiro, excluir o assalto do mundo exterior aos órgãos físicos: visões, sons etc. É bem possível, na verdade, perceber no transe de sonho o mundo físico externo por meio dos sentidos sutis próprios ao corpo sutil; podemos perceber o mundo físico o tanto quanto escolhermos percebê-lo e em uma escala muito mais vasta que na condição desperta, pois os sentidos sutis têm um alcance muito mais potente que os órgãos físicos rudimentares, um alcance que pode se tornar praticamente ilimitável. Mas essa percepção do mundo físico por meio dos sentidos sutis é algo bem diferente de nossa percepção normal por meio dos órgãos físicos; a percepção normal é incompatível com um estado de transe estável, pois a pressão dos sentidos físicos interrompe o samádi e chama a mente de volta para viver no domínio normal dos sentidos, o único onde eles têm poder. Mas os sentidos sutis têm um poder duplo: nos planos que lhes são próprios e no mundo físico, embora este seja mais distante para eles que seu plano de existência. O Ioga utiliza vários expedientes para selar as portas dos sentidos físicos, inclusive algumas práticas físicas; mas há um meio que é suficiente para tudo: a força de concentração pela qual a mente é levada para dentro, para profundezas que o chamado das coisas físicas não pode mais alcançar com facilidade. A segunda necessidade é desembaraçar-se da intervenção do sono físico. O hábito normal da mente, quando se retira do contato das coisas físicas, é cair no torpor do sono ou em seus sonhos e, então, quando é chamada a interiorizar-se para os propósitos do samádi, ela dá, ou tende a dar, na primeira oportunidade, pela pura força do hábito, não a coisa que lhe é pedida, mas sua resposta usual de sonolência física. Esse hábito da mente deve ser eliminado; a mente deve aprender a ficar acordada no estado de sonho, em posse de si, em uma vigília concentrada dentro e não voltada para fora, na qual, embora imersa em si mesma, ela exerce todos os seus poderes.

As experiências do estado de sonho são de uma variedade infinita. Não apenas esse estado possui de maneira soberana os poderes usuais da mente — raciocínio, discernimento, vontade, imaginação — e pode servir-se deles não importa como, para qualquer assunto, para qualquer propósito que queira, mas também é capaz de estabelecer conexões com todos os mundos aos quais tem naturalmente acesso ou escolhe ter acesso, a partir do físico até os mundos mentais mais altos. Ele pode fazer isso por vários meios próprios à sutilidade, à flexibilidade e ao movimento abrangente dessa mente interiorizada, liberada das limitações estreitas dos sentidos físicos exteriorizados. Ele é capaz, primeiro, de tomar conhecimento de todas as coisas, seja no mundo material, seja em outros planos, com a ajuda de imagens perceptíveis, não só imagens de coisas visíveis, mas de sons, toques, odores, sabores, movimentos, ações, de tudo o que a mente e seus órgãos podem sentir. Pois a mente em samádi tem acesso ao estado interior algumas vezes chamado o *cidākāśa*, nas profundezas de um éter cada vez mais sutil que se encontra pesadamente encortinado para os sentidos físicos pelo éter mais espesso do universo material; e todas as coisas sensíveis, quer no mundo material, quer em qualquer outro mundo, criam vibrações que permitem reconstituí-las, ecos sensíveis, reproduções, imagens recorrentes de si mesmas, que esse éter mais sutil recebe e retém.

Isso explica muitos dos fenômenos de clarividência, clariaudição, etc., pois esses fenômenos são apenas o sinal de que, excepcionalmente, a mentalidade de vigília pode se tornar sensível o bastante para se abrir, mesmo de maneira parcial, àquilo que poderemos chamar a imagem-memória do éter sutil, de onde podem ser apreendidos não só sinais de todas as coisas passadas e presentes, mas mesmo sinais de coisas futuras; pois coisas futuras estão já consumadas para o conhecimento e a visão dos planos superiores da mente, e suas imagens podem refletir-se na mente no presente. Mas esses fenômenos excepcionais e difíceis para a mentalidade de vigília, que só podem ser percebidos se possuirmos um poder especial ou, então, depois de um preparo assíduo, são naturais do estado de sonho da consciência em transe em que a mente subliminar está livre. Essa mente pode também tomar conhecimento de eventos em vários planos, não apenas por imagens perceptíveis, mas por uma espécie de percepção, ou de impressão do pensamento, análogo a esse fenômeno de consciência que a ciência psíquica moderna chama telepatia. Mas os poderes do estado de sonho não acabam aí. Podemos, por uma espécie de projeção de nós mesmos em uma forma sutil do corpo mental, entrar realmente em outros planos e em outros mundos ou em lugares distantes e em cenas desse mundo e movermo-nos nelas com certa presença corporal e trazer de volta a experiência direta dessas cenas, suas verdades e ocorrências. Podemos até mesmo projetar realmente o corpo mental ou o corpo vital com o mesmo propósito e viajar nele, deixando o corpo físico no mais profundo dos transes, sem sinal de vida até o retorno.

O valor principal do estado de sonho do samádi não se encontra, contudo, nessas coisas mais exteriores, mas em seu poder de abrir facilmente as regiões e os poderes superiores de pensamento, emoção e vontade pelos quais a alma cresce em altura, em raio de ação e em mestria de si. Retirando-se da distração das coisas perceptíveis, ele pode, sobretudo, com um poder perfeito de reclusão em si concentrada, preparar-se, por um raciocínio, pensamento, discriminação livres e, de modo mais íntimo, mais decisivo — por uma visão e identificação cada vez mais profundas —, ter acesso ao Divino, o Self supremo, a Verdade transcendente, tanto em seus princípios, seus poderes e suas manifestações quanto em seu Ser original mais alto. Ou, por uma alegria e emoção interiores absorvidas, como em uma câmara selada e solitária da alma, preparar-se para o deleite da união com o Bem-Amado divino, o Mestre de todas as beatitudes, de todo enlevo, o Mestre da Ananda.

Para o Ioga Integral, o método do samádi em aparência tem uma desvantagem; de fato, quando o transe cessa, o fio se rompe e a alma retorna à distração e à imperfeição da vida externa, com apenas um efeito sobre esta vida externa, a elevação que a lembrança geral dessas experiências pode produzir. Mas esse hiato, essa ruptura, não é inevitável. Em primeiro lugar, é só em um ser psíquico despreparado que essas experiências de transe se apagam para a mente de vigília; à medida que ele se torna mestre de seu samádi, o ser psíquico é capaz de passar do estado desperto interior ao estado desperto exterior sem nenhuma brecha de memória. Em seguida, quando isso foi feito uma vez, torna-se mais fácil adquirir na consciência de vigília o que já foi adquirido no estado interior e mudá-lo em experiência normal, em poder normal e em estado mental normal da vida desperta. A mente sutil, que em geral é eclipsada pelas exigências do ser físico, torna-se, então, poderosa mesmo no estado de vigília, até que o indivíduo ampliado seja capaz, mesmo aí, de viver em seus diversos corpos sutis assim como em seu corpo físico, de ser consciente de seus corpos e em seus corpos, de utilizar seus sentidos, suas faculdades, seus poderes, de dispor em permanência da verdade, da consciência e da experiência suprafísicas.

O estado de sono eleva-se a um poder de ser mais alto: ele vai além do pensamento, na consciência pura; além da emoção, na beatitude pura; além da vontade, na mestria pura; ele é a porta de união com o estado supremo de Sachchidananda, de onde nascem todas as atividades do mundo. Porém, aqui devemos ter o cuidado de evitar a armadilha da linguagem simbólica. O uso das palavras sonho e sono aplicado a esses estados superiores nada mais é que uma imagem tomada da experiência da mente física normal em relação aos planos nos quais ela não se sente em casa. Não é verdade que o Self no terceiro estado, chamado "sono perfeito", *suṣupti*, esteja em um estado de sonolência. Ao contrário, o self de sono é descrito como *prājña*, o Mestre da Sabedoria e do Conhecimento, o Self da Gnose; ele é Ishvara, o Senhor do ser. Para a mente física é um sono, mas para nossa consciência mais vasta e mais sutil, é um despertar maior. Para a mente normal, tudo o que excede sua experiência normal parece um sonho, mesmo se está ainda em seu alcance; mas quando ela chega ao ponto-fronteira em que as coisas estão de todo fora de seu alcance, ela não vê mais a verdade com clareza, nem mesmo como em um sonho; ela passa a um branco de incompreensão e de falta de receptividade, uma sonolência. Essa linha de demarcação varia de acordo com o poder da consciência individual, de acordo com o grau e a altura de sua iluminação ou de seu estado desperto. A linha pode ser empurrada cada vez mais para o alto e, por fim, mesmo passar mais além da mente. De fato, em geral a mente humana não pode ficar desperta no nível supramental, mesmo no estado desperto interior do transe; mas essa desabilidade pode ser ultrapassada. Quando a alma está desperta nesses níveis ela se torna mestra das extensões do pensamento, da vontade, do deleite gnósticos, e se puder fazer isso em samádi, ela poderá trazer de volta a lembrança e o poder da experiência para o estado de vigília. Mesmo no nível de Ananda, que é ainda mais elevado, porém acessível para nós, a alma desperta pode, do mesmo modo, realizar o Self de Beatitude tanto em seu estado de concentração quanto em sua extensão cósmica abrangente. Mas, ainda assim, pode haver extensões mais altas de onde a alma não pode trazer nenhuma lembrança, exceto algo que diz: "De algum modo, indescritível, eu estava na beatitude", a beatitude de uma existência não condicionada, impossível de expressar pelo pensamento ou de descrever por meio de imagens e sinais. Mesmo a sensação de "ser" pode desaparecer em uma experiência em que a existência do mundo perde seu sentido, e o símbolo budista do Nirvana parece ser o único, e soberanamente justificado. Qualquer que seja a altura a que o poder de pensamento desperto possa elevar-se, parece sempre haver um mais além, em que a imagem do sono, de *suṣupti*, encontrará ainda sua aplicação.

Esse é o princípio do transe ióguico, samádi; não é necessário examinar agora toda a complexidade de seus fenômenos, basta notar sua dupla utilidade no Ioga Integral. É verdade que até certo ponto, difícil de definir ou de delimitar, quase tudo que o samádi pode dar pode ser adquirido sem recorrer ao samádi. Porém, ainda assim, há certos cumes de experiência espiritual e psíquica cuja experiência direta — por oposição à experiência refletida — só pode ser adquirida em sua profundidade e completeza mediante o transe ióguico. E mesmo para as experiências que podem ser obtidas de outro modo, o transe oferece um meio ao alcance, uma facilidade que se torna cada vez mais útil, se não indispensável, à medida que os planos nos quais buscamos uma experiência espiritual intensificada se elevam e o acesso se torna mais difícil. Uma vez que esses cumes foram alcançados em samádi, é preciso trazê-los, tanto quanto possível, à consciência de vigília. Pois em um Ioga que abarca a vida por completo e sem reserva, o samádi só é de todo útil quando seus ganhos podem se tornar uma posse e experiência normais, servindo a um despertar integral da alma encarnada no ser humano.

CAPÍTULO XXVII

HATHA-IOGA

Há quase tantos meios para chegar ao samádi quanto há de vias diferentes de Ioga. Na verdade, a importância que lhe é atribuída é tão grande — não só como o meio supremo para alcançar a consciência mais alta, mas como a própria condição dessa consciência suprema e o único estado que permitiria possuí-la e fruir dela por completo enquanto estivermos em um corpo — que certas disciplinasióguicas parecem ser apenas meios para chegar ao samádi. Todo Ioga é, em sua natureza, uma busca da unidade com o Supremo: unidade com o ser do Supremo, com a consciência do Supremo, com a beatitude do Supremo; ou, se rejeitamos a ideia de uma unidade absoluta, ao menos uma busca de algum tipo de união, mesmo se for apenas para que a alma possa viver na mesma condição ou na mesma periferia de ser que o Divino, *sālokya*, ou em uma espécie de proximidade indivisível, *sāmīpya*. Isso só é realizável se nos elevarmos a um nível e a uma intensidade de consciência superiores àqueles que nossa mentalidade normal possui. Samádi, como vimos, se oferece como o estado natural desse nível superior e dessa intensidade maior. Ele tem, naturalmente, uma grande importância no Ioga do Conhecimento porque, nele, o objetivo e princípio mesmo de seu método são elevar a consciência mental a uma claridade e a um poder concentrado, que lhe permitirão perceber inteiramente o ser verdadeiro e perder-se nele por identificação. Mas há duas grandes disciplinas em que o samádi tem uma importância ainda maior. Para esses dois sistemas, o Raja-Ioga e o Hatha-Ioga, nos voltaremos agora, pois apesar da vasta diferença entre seus métodos e os métodos do Caminho do Conhecimento, eles têm esse mesmo princípio como justificação final. Ao mesmo tempo, não é necessário para nós examinar mais que de passagem o espírito de suas gradações, pois em um Ioga sintético e integral sua importância é secundária; seus objetivos devem certamente ser incluídos, mas podemos dispensar seus métodos por completo, ou utilizá-los apenas como um auxílio preliminar e temporário.

O Hatha-Ioga é um sistema poderoso, mas difícil e oneroso, em que todo princípio de ação se baseia em uma conexão íntima entre o corpo e a alma. O corpo é a chave, no corpo está o segredo duplo da escravidão e da liberação; da fraqueza animal e do poder divino; do obscurecimento da mente e da alma e de sua iluminação; da sujeição à dor e aos limites e da mestria de si; da morte e da imortalidade. Para o hatha-iogue o corpo não é uma mera massa de matéria viva, mas uma ponte mística entre o ser espiritual e o ser físico. Viu-se até mesmo um engenhoso exegeta da disciplina do Hatha-Ioga explicar o símbolo vedântico OM como a imagem do corpo humano místico. Contudo, embora fale sempre do corpo físico e faça dele a base de suas práticas, o hatha-iogue não o vê com o olho do anatomista ou do fisiologista, mas o descreve e explica em uma linguagem que se refere sempre ao corpo sutil por trás do sistema físico. De fato, todo o objetivo do Hatha-Ioga pode ser resumido, do nosso ponto de vista — se bem que o próprio hatha-iogue não usaria essa linguagem — como uma tentativa, mediante processos científicos fixos, de dar à alma no corpo físico o poder, a luz, a pureza, a liberdade e as escalas ascendentes da experiência espiritual que lhe fossem naturalmente acessíveis, se ela vivesse aqui, em um corpo sutil e em um veículo causal desenvolvido.

Considerar científico o processo do Hatha-Ioga pode parecer estranho àqueles que associam a ideia de ciência apenas aos fenômenos superficiais do universo físico e excluem tudo que está por trás deles; mas esses processos também são baseados na experiência precisa de leis e de suas operações e, se as aplicarmos corretamente, eles darão resultados satisfatórios. Na verdade, Hatha-Ioga é, ao seu modo, um sistema de conhecimento; mas, enquanto o Ioga do Conhecimento é, propriamente dito, uma filosofia do ser posta em prática espiritual, um sistema psicológico, o Hatha-Ioga é uma ciência do ser, um sistema psicofísico. Ambos produzem resultados físicos, psíquicos e espirituais; mas, por se situarem nos polos opostos da mesma verdade, para um os resultados psicofísicos são de pouca importância, e só importam os resultados puramente psíquicos e espirituais — e mesmo os resultados puramente psíquicos são apenas acessórios do resultado espiritual, que absorve toda a atenção — para o outro, o resultado físico é de suma importância, o resultado psíquico é um fruto considerável e o resultado espiritual o supremo resultado que completa o todo; mas isso parece, por muito tempo, uma coisa adiada e remota, tão grande e absorvente é a atenção que o corpo exige. No entanto, não devemos esquecer que ambos chegam ao mesmo final. Hatha-Ioga, também, é uma via que conduz ao Supremo, embora seu movimento seja longo, difícil e meticuloso, *duḥkham āptum*.

Todos os métodos de Ioga seguem três princípios práticos: primeiro, a purificação, isto é, a eliminação de todas as aberrações, desordens e obstruções que nascem da ação misturada e irregular da energia de ser em nosso sistema físico, moral e mental; em segundo lugar a concentração, isto é, levar essa energia de ser em nós à sua intensidade plena e utilizá-la à vontade e com mestria, para um objetivo definido; o terceiro princípio é a liberação, isto é, desprender nosso ser dos nós estreitos e dolorosos da energia que individualizamos em um modo de funcionar falso e limitado, que no presente são a lei de nossa natureza. A fruição de nosso ser liberado nos traz a unidade ou a união com o Supremo: essa é a consumação. É aquilo para que o Ioga é praticado. Essas são as três etapas indispensáveis que conduzem aos altos níveis, abertos e infinitos; em todas as suas práticas, é a isso que visa o Hatha-Ioga.

Os dois meios principais de sua disciplina física — para a qual os outros meios são simples acessórios — são ássana, que habitua o corpo a certas atitudes de imobilidade, e pranayama, a direção regulada e a parada das correntes de energia vital no corpo por meio de exercícios respiratórios. O ser físico é o instrumento; mas o ser físico é composto de dois elementos: físico e vital — o corpo, que é o instrumento aparente e a base, e a energia de vida, Prana, que é o poder e o instrumento real. Esses dois instrumentos são nossos mestres agora. Estamos sujeitos ao corpo, estamos sujeitos à energia de vida, e embora sejamos almas e seres mentais, é apenas em um grau muito limitado que podemos posar como seus mestres. Estamos encadeados a uma natureza física pobre e limitada e, por conseguinte, estamos encadeados a um poder de vida pobre e limitado, que é tudo o que o corpo pode suportar ou utilizar. Ademais, a ação sobre nós de cada um e de ambos está sujeita não apenas às limitações mais estreitas, mas a uma impureza constante, que se renova cada vez que é retificada, e a todo tipo de desordens, das quais algumas são normais e constituem uma ordem violenta, parte de nossa vida física normal, e outras anormais, como suas doenças e perturbações. O Hatha-Ioga deve dedicar-se a tudo isso e ultrapassar tudo isso; ele o faz sobretudo por meio desses dois métodos, complexos e atravancadores na ação, mas simples em princípio e efetivos.

O sistema hatha-ióguico de ássanas tem como base duas ideias profundas que trazem consigo numerosas implicações práticas. A primeira, é a ideia do controle pela imobilidade física; a segunda, a do poder pela imobilidade. O poder da imobilidade física é tão importante no Hatha-Ioga quanto o poder de imobilidade mental no Ioga do Conhecimento, e por razões paralelas. Para uma mente não habituada às verdades profundas de nosso ser e de nossa natureza, ambas as ideias podem parecer uma busca pela passividade apática da inércia. A verdade é exatamente o contrário, pois a passividade ióguica, seja da mente, seja do corpo, é uma condição para o maior aumento, posse e continência de energia. A atividade normal de nossa mente é, em grande parte, uma agitação desordenada, cheia de desperdício e consumos rápidos de energia em tentativas de que bem pouco é selecionado para as operações de uma vontade mestra de si mesma — desperdício, entendamos bem, desse ponto de vista, não o da Natureza universal, em que aquilo que para nós é desperdício serve aos propósitos de sua economia. A atividade de nossos corpos é de uma agitação similar.

Esse é o sinal de uma constante inabilidade do corpo em reter a energia, mesmo a energia de vida limitada que entra nele ou é gerada nele e, por conseguinte, de uma dissipação geral da força prânica, de que um elemento de todo secundário serve a uma atividade ordenada e bem economizada. Ademais, o resultado é que os intercâmbios e o equilíbrio entre as energias vitais que agem e interagem no corpo, e aquelas que agem sobre ele de fora — quer sejam as energias de outros, quer sejam aquelas que vêm da força prânica geral diversamente ativa em nosso meio —, devem passar por um reequilíbrio constante e precário, um ajuste que pode a todo instante malograr-se. Cada obstrução, cada defeito, cada excesso, cada lesão cria impurezas e desordens. A Natureza maneja isso bastante bem para seus próprios propósitos — quando é deixada a si mesma —, mas no instante em que a mente e a vontade desajeitadas do ser humano interferem em seus hábitos e em seus instintos e intuições vitais, sobretudo quando criam hábitos falsos e artificiais, uma ordem ainda mais precária e perturbações frequentes tornam-se a ordem do ser. Contudo, essa interferência é inevitável, visto que o homem não vive só para servir aos propósitos da Natureza vital nele, mas a propósitos mais altos, que ela não havia previsto em seu equilíbrio inicial e a que ela deve ajustar suas operações, não sem dificuldade. Portanto, a primeira necessidade se quisermos alcançar uma condição ou uma ação mais vastas, é desembaraçar-se dessa agitação desordenada, aquietar a atividade e regulá-la. O hatha-iogue deve criar um equilíbrio anormal no estado do corpo e na ação da energia de vida; anormal, não no sentido de uma desordem maior, mas de uma superioridade e mestria de si.

O primeiro objetivo da imobilidade da ássana é liberar-se da agitação que infligimos ao corpo e forçá-lo a conservar a energia prânica, em lugar de dissipá-la e desperdiçá-la. A experiência na prática da ássana não é de uma cessação ou diminuição de energia pela inércia, mas de um grande aumento de força, um influxo e uma circulação de força maiores. O corpo, habituado a eliminar a energia supérflua pelo movimento, no início está mal preparado para suportar esse aumento e essa ação interior contida, e revela seu desconforto por tremores violentos; depois ele se habitua e, quando a ássana é conquistada, ele se sente tão à vontade na postura —

por mais difícil ou inabitual que tenha parecido no início — quanto em suas atitudes mais confortáveis, sentadas ou deitadas. Ele se torna cada vez mais capaz de reter qualquer aumento de quantidade de energia vital que faça pressão sobre ele, sem ter necessidade de eliminá-la pelo movimento, e esse aumento é tão enorme que parece ilimitável, ao ponto que o corpo de um hatha-iogue aperfeiçoado é capaz de feitos de resistência, de força, de um consumo de energia infatigável, de que os poderes físicos normais do ser humano seriam incapazes, mesmo em seu máximo. Pois ele não só pode conter e reter essa energia, mas pode suportar que ela tome posse do organismo físico e pode aceitar seu movimento mais completo através dele. A energia de vida, quando nos ocupa dessa maneira e funciona, com um movimento poderoso e unificado, em um corpo tranquilo e passivo liberado das turbulências que acompanham o equilíbrio entre o poder que contém e o poder contido, torna-se uma força muito mais poderosa e efetiva. De fato, parece então que ela contém, possui e utiliza o corpo, em lugar de ser contida, possuída e utilizada por ele — assim como uma mente agitada e ativa parece pegar e usar de maneira irregular e imperfeita as forças espirituais que possam entrar nela, a mente tranquilizada é pega, possuída e utilizada pela força espiritual.

O corpo, assim liberado de si mesmo, purificado de um bom número de suas desordens e irregularidades torna-se, em parte pelas ássanas e de modo completo pela combinação de ássanas com pranayama, um instrumento aperfeiçoado. Ele está liberado de suas disposições fáceis à fadiga; adquire uma base sólida de saúde; sua tendência à decomposição, à velhice e à morte é suspensa. O hatha-iogue, mesmo quando sua idade ultrapassa a duração habitual da vida, mantém intactos o vigor, a saúde e a juventude da vida no corpo; mesmo a aparência de juventude física é mantida por um tempo mais longo. Ele tem um poder muito maior de longevidade e, de seu ponto de vista, como o corpo é o instrumento, não é de menor importância preservá-lo por muito tempo e, durante esse tempo, mantê-lo livre de deficiências que possam danificá-lo. Deve ser notado também, que há uma enorme variedade de ássanas no Hatha-Ioga; pode-se contar mais de oitenta no todo, e algumas delas são extremamente difíceis e complicadas. Essa variedade serve, em parte, para melhorar os resultados já mencionados, assim como para obter uma liberdade e flexibilidade maiores na utilização do corpo, mas serve também para modificar a relação entre a energia física no corpo e a energia terrestre a que o corpo está ligado. A diminuição do peso da energia terrestre, diminuição cujo primeiro sinal é a capacidade de vencer a fadiga e o último o fenômeno de *utthāpana*, ou levitação parcial, é um resultado. O corpo grosseiro começa a adquirir algo da natureza do corpo sutil e a possuir algo das mesmas relações deste com a energia de vida, que se torna mais forte e se faz sentir de maneira mais poderosa, e ainda assim capaz de uma ação física mais leve e mais livre, mais convertível; esses poderes culminam em *siddhis* hatha-ióguicos ou poderes extraordinários de *garimā, mahimā, aṇimā* e *laghimā*[1]. Ademais, a vida deixa de depender inteiramente da ação dos órgãos físicos e de seu modo de funcionar, tais como as batidas do coração e a respiração. No final, estes podem ser suspensos sem que a vida cesse ou sofra lesões.

No entanto, toda essa perfeição do resultado de ássanas e pranayama é apenas um poder físico e uma liberdade básicos. A utilização superior do Hatha-Ioga depende mais essencialmente de pranayama. A ássana se ocupa sobretudo da parte mais material da totalidade física, embora aqui também ela necessite da ajuda do outro; pranayama, que parte da imobilidade física e do autocontrole obtidos por meio das ássanas, se ocupa sobretudo das partes vitais mais sutis — o sistema nervoso. Isso é feito por regulações diversas da respiração: começa por igualar a inspiração e a expiração, e depois regulando ambas em ritmos muito diversos, com um intervalo de retenção da respiração. No final, a contenção da respiração — que no início pede algum esforço — e mesmo sua cessação, tornam-se tão fáceis e parecem tão naturais quanto a inspiração e a expiração constantes que é nossa ação normal. Mas o primeiro objetivo do pranayama é purificar o sistema nervoso, fazer circular a energia de vida por todos os nervos sem obstrução, desordem ou irregularidade e adquirir um controle completo de seus modos de funcionar a fim de que a mente e a vontade da alma que habita o corpo não estejam mais sujeitas ao corpo e à vida, nem às suas limitações combinadas. O poder desses exercícios respiratórios de levar o sistema nervoso a um estado purificado e desobstruído é um fato conhecido e bem estabelecido em nossa fisiologia. Eles também ajudam a limpar o sistema físico, mas no início não são de todo efetivos em todos os canais e aberturas; por isso, o Hatha-Ioga utiliza métodos físicos suplementares para limpar regularmente tudo o que se acumula neles. A combinação desses métodos com ássanas — certas ássanas chegam mesmo a ter um efeito na destruição de certas doenças — e com pranayama mantém o corpo em perfeita saúde. Mas o ganho principal dessa purificação é que ela permite dirigir a energia vital a qualquer lugar, em qualquer parte do corpo e de qualquer maneira ou com qualquer ritmo de seu movimento.

A mera função pulmonar de inspirar e expirar é apenas o movimento mais perceptível, externo e inteligível do Prana, o Sopro de Vida em nosso sistema físico. O Prana tem, segundo a ciência ióguica, um movimento quíntuplo, que se difunde em todo o sistema nervoso e em todo o corpo material e determina todos os seus modos

---

1. Poder de se tornar mais pesado, mais leve, muito grande ou minúsculo. (N. da T.)

de funcionar. O hatha-iogue se apodera do movimento exterior da respiração como uma espécie de chave que lhe dá o controle de todos os cinco poderes do Prana. Ele chega a perceber sensivelmente suas operações interiores e se torna mentalmente consciente de toda sua vida física e de todos os seus modos de funcionar. É capaz de dirigir o Prana através de todos os *nāḍīs* ou canais nervosos de seu sistema. Ele chega a perceber a ação do Prana nos seis chacras ou centros ganglionares do sistema nervoso e pode abrir uma passagem através de cada um deles, o que permite ao Prana um modo de funcionar para além das operações mecânicas habituais às quais ele se limita agora. Em resumo, o hatha-iogue adquire um controle perfeito da vida no corpo, tanto em seu aspecto nervoso mais sutil, quanto em seu aspecto físico mais material; ele controla mesmo os movimentos que são, no presente, involuntários e fora do alcance de nossa consciência observadora e de nossa vontade. Assim, uma mestria completa do corpo e da vida, sua utilização voluntária e eficaz estabelecida na purificação de suas operações, é a base na qual se pode edificar os objetivos superiores do Hatha-Ioga.

Tudo isso, contudo, é ainda uma mera base, as condições físicas externas e internas dos dois instrumentos utilizados pelo Hatha-Ioga. Resta ainda a questão mais importante, a dos efeitos psíquicos e espirituais para os quais eles poderão se voltar. Isso depende da conexão entre o corpo, a mente e o espírito ou entre o corpo grosseiro e o corpo sutil, em que o sistema do Hatha-Ioga se baseia. Aqui, ele se une ao Raja-Ioga, e alcançamos um ponto em que uma transição de um ao outro pode ser feita.

CAPÍTULO XXVIII

RAJA-IOGA

Assim como o corpo e o Prana são para o hatha-iogue a chave de todas as portas fechadas do Ioga, do mesmo modo a mente é a chave do Raja-Ioga. Mas, visto que ambos reconhecem que a mente depende do corpo e do Prana — no Hatha-Ioga de maneira total, no sistema tradicional do Raja-Ioga, de maneira parcial —, em ambos os sistemas a prática de ássanas e pranayama é incluída, mas um lhes dá toda a atenção e o outro limita esses exercícios a um único e simples processo, e atribui a ambos um papel limitado e intermediário. Não é difícil ver que o ser humano, embora em seu ser seja uma alma encarnada, em sua natureza terrestre ele é sobretudo o ser físico e vital, e suas atividades mentais, ao menos à primeira vista, parecem depender quase inteiramente de seu corpo e de seu sistema nervoso. A ciência e a psicologia modernas chegaram mesmo a afirmar por algum tempo que essa dependência era, de fato, uma identidade; elas tentaram estabelecer que a mente e a alma não eram entidades separadas e que todas as operações mentais eram, na realidade, modos físicos de funcionar. Mesmo, se deixarmos de lado essa hipótese insustentável, a dependência do corpo é tão exagerada que se supôs haver aí uma condição de todo obrigatória e, durante muito tempo, o controle dos funcionamentos do corpo e do vital pela mente ou pelo poder mental de desapegar-se deles foi considerado um erro, um estado mórbido da mente ou uma alucinação. Por conseguinte, a dependência continuou absoluta, e a ciência não encontra, nem busca, a chave verdadeira e, portanto, não pode descobrir para nós o segredo da liberação e da mestria.

A ciência psicofísica do Ioga não comete esse erro. Ela busca a chave, a encontra e é capaz de efetuar a liberação; porque ela toma em consideração o corpo psíquico, ou corpo mental, que está por trás, e do qual o corpo físico é uma espécie de reprodução em uma forma grosseira, e ela pode, desse modo, descobrir segredos do corpo físico que não aparecem em uma investigação puramente física. Esse corpo mental ou psíquico que a alma conserva mesmo depois da morte, tem também uma força prânica sutil que corresponde à sua natureza e à sua substância sutil próprias — pois em toda parte onde houver vida, qualquer que seja, deve haver a energia prânica e uma substância em que ela possa operar —, essa força circula por um sistema com numerosos canais chamados *nāḍīs*, a organização nervosa sutil do corpo psíquico, que se juntam em seis centros (ou, na verdade, sete), tecnicamente chamados lótus ou círculos, chacras, que sobem em uma escala ascendente até o cimo, onde se encontra o lótus de mil pétalas de onde flui toda a energia mental e vital. Cada um desses lotuses é o centro e o depósito de seu próprio sistema particular de poderes, energias e operações psicológicas (cada sistema correspondendo a um plano de nossa existência psicológica), que se derramam e retornam à corrente das energias prânicas, quando circulam através dos *nāḍīs*.

Essa disposição do corpo psíquico é reproduzida no corpo físico com a coluna vertebral como uma haste e os centros ganglionares como os chacras, que sobem da base da coluna onde está ligado o centro mais baixo, até o cérebro, onde se encontra seu término no lótus de mil pétalas, *brahmarandhra*, no topo do crânio. Esses chacras ou lotuses, contudo, estão fechados no homem físico, ou abertos só em parte, e, como consequência, estão ativos nele apenas o tipo e a quantidade de poderes suficientes para sua vida física normal e só intervém o tanto da mente e da alma que estejam de acordo com suas necessidades. Essa é a verdadeira razão, do ponto de vista mecânico, pela qual a alma encarnada parece tão dependente da vida corporal e nervosa, embora a dependência não seja nem tão completa nem tão real quanto parece. A energia da alma não está inteiramente ativa no corpo e na vida física, os poderes secretos da mente não estão despertos neles, as energias corporais e nervosas predominam. Porém, todo o tempo, a energia suprema está aí, adormecida; diz-se que ela está enrolada e sonolenta como uma serpente — por isso é chamada Kundalini Shakti — no chacra mais baixo, o *mūlādhāra*. Quando, pelo pranayama, a divisão entre as correntes superiores e inferiores do Prana é dissolvida, essa kundalini recebe um choque e desperta; ela se desenrola e começa a subir, como uma serpente de fogo, e abre cada lótus à medida que se eleva, até que a Shakti encontra o Purusha no *brahmarandhra* em um samádi profundo de união.

Para empregar uma linguagem menos simbólica e mais filosófica, embora menos profunda talvez, isso quer dizer que a energia real de nosso ser está adormecida e inconsciente nas profundezas de nosso sistema vital, e desperta pela prática do pranayama. Em sua expansão, ela abre todos os centros de nosso ser psicológico, onde residem os poderes e a consciência do que agora poderia se chamar talvez nosso self subliminar; em consequência, à medida que os centros de poder e consciência se abrem, nós temos acesso a planos psicológicos sucessivos e somos capazes de entrar em comunicação com os mundos ou os estados de ser cósmicos que lhes correspondem; todos os poderes psíquicos anormais para o homem físico, mas naturais para a alma, desenvolvem-se em nós. Por fim, no cume da ascensão, essa energia que sobe e se expande, encontra o self supraconsciente escondido detrás e acima de nossa existência física e mental; esse encontro conduz a um profundo samádi de união, em que nossa consciência de vigília se perde no supraconsciente. Assim, pela prática minuciosa e assídua do pranayama, o hatha-iogue, à sua maneira, alcança os resultados psíquicos e espirituais que em outros Iogas são procurados por métodos psíquicos e espirituais mais diretos. A única ajuda mental que ele acrescenta é o uso do mantra, sílaba sagrada, nome ou fórmula mística, que tem tanta importância nos sistemas de Ioga indianos e é comum a todos eles. O segredo do poder do mantra, dos seis chacras e da Kundalini Shakti é uma das verdades centrais dessa ciência psicofísica e de suas práticas complexas sobre a qual a filosofia tântrica pretende nos dar uma explicação racional e o compêndio metódico mais completo. Todas as religiões e as disciplinas da Índia que utilizam amplamente métodos psicofísicos, dependem mais ou menos do tantrismo para suas práticas.

O Raja-Ioga também usa o pranayama, e com os mesmos propósitos psíquicos principais que o Hatha-Ioga, porém, visto que seu sistema é de todo psíquico em sua essência, ele o emprega apenas como uma etapa na série de suas práticas e de maneira muito limitada, para três ou quatro usos gerais. Ele não começa com ássanas ou pranayama, mas primeiro insiste em uma purificação moral da mentalidade. Essa prática preliminar é de suprema importância; sem ela, é provável que o resto do Raja-Ioga seja perturbado, danificado e exposto a perigos mentais, morais e físicos inesperados[1]. Essa purificação moral é dividida, segundo o sistema estabelecido, em duas categorias: cinco *yamas* e cinco *niyamas*. Os primeiros são regras de autocontrole moral: dizer a verdade, abster-se de fazer o mal ou de matar, roubar etc., mas, na verdade, essas regras devem ser vistas apenas como indicações da necessidade geral de autocontrole e de pureza moral, *yamas*, mais amplamente, designa toda autodisciplina pela qual o egoísmo rajásico e suas paixões e desejos no ser humano são conquistados e aquietados até sua cessação perfeita. No plano moral, o objetivo é criar uma calma, um vazio de paixões, e assim preparar a morte do egoísmo no

---

1. Na Índia moderna, pessoas atraídas pelo Ioga, mas buscando seus processos em livros ou com pessoas pouco instruídas na matéria, muitas vezes mergulham diretamente no pranayama ou no Raja-Ioga, com resultados muitas vezes desastrosos. Só aqueles muito fortes em espírito podem permitir-se cometer erros nesse caminho.

indivíduo rajásico. Os *niyamas* são, igualmente, uma disciplina da mente por meio de práticas regulares, das quais a mais alta é a meditação no Ser divino; seu objetivo é criar uma calma sátvica, uma pureza e uma preparação para a concentração. Nessa base será possível percorrer com segurança as etapas seguintes do Ioga.

Nesse ponto, quando essa base foi assegurada, é que a prática de ássanas e do pranayama começa e pode, então, dar seus frutos perfeitos. Em si, o controle da mente e do ser moral consiste simplesmente em pôr nossa consciência normal nas condições preliminares corretas; ele não pode trazer essa evolução ou manifestação do ser superior, psíquico, que é necessária para os objetivos mais vastos do Ioga. Para trazer essa manifestação é preciso desapertar o nó atual que liga o ser mental ao corpo vital e ao corpo físico, e clarear a passagem para a ascensão através de nosso ser superior, psíquico, a fim de alcançar a união com o Purusha supraconsciente. Podemos conseguir isso pelo pranayama. A ássana é usada no Raja-Ioga só nas posições mais fáceis e naturais, aquelas que o corpo toma naturalmente quando sentado ou recolhido, mas com as costas e a cabeça estritamente eretas, em linha vertical, de modo a evitar toda deformação da coluna vertebral. O objetivo dessa regra é obviamente conectado com a teoria dos seis chacras e da circulação da energia vital entre o *mūlādhāra* e o *brahmarandhra*. O pranayama do Raja-Ioga purifica e limpa o sistema nervoso; nos permite fazer circular a energia vital de maneira igual em todo o corpo, e dirigi-la também para onde quisermos, conforme a necessidade; assim, podemos manter o corpo e o ser vital em um estado de saúde e de solidez perfeitas; ele nos dá o controle das cinco operações habituais da energia vital no sistema e, ao mesmo tempo, rompe as divisões habituais pelas quais só as operações mecânicas normais da vitalidade são possíveis para a vida normal. Ele abre inteiramente os seis centros do sistema psicofísico e traz para a consciência de vigília o poder da Shakti e a luz do Purusha, despertos e desvelados em cada um dos planos ascendentes. Acoplado ao uso do mantra, o pranayama faz entrar no corpo a energia divina e prepara e facilita a concentração em estado de samádi, que é a coroação do método raja-ióguico.

A concentração raja-ióguica divide-se em quatro estágios: começa por retirar a mente e os sentidos das coisas exteriores, depois, a fixar-se em um único objeto de concentração à exclusão de todas as outras ideias e atividades mentais, em seguida, a absorver a mente de maneira prolongada nesse objeto, e isso conduz por fim à completa interiorização da consciência, que pode então se separar de toda atividade mental externa e perder-se na unidade do samádi. O verdadeiro objetivo dessa disciplina mental é afastar a mente do mundo externo e do mundo mental, a fim de que se una ao Ser divino. Portanto, durante os três primeiros estágios é necessário servir-se de algum meio ou suporte mental, pelo qual a mente, acostumada a correr de um objeto a outro, se fixa em um só, e esse objeto deve ser algo que represente a ideia do Divino. É, em geral, um nome ou uma forma ou um mantra que ajuda o pensamento a se fixar unicamente no conhecimento ou na adoração do Senhor. Por essa concentração na ideia, a mente passa da ideia à realidade que ela representa e aí mergulha, silenciosa, absorvida, unificada. Esse é o método tradicional. Contudo, há outros que são, do mesmo modo, de caráter raja-ióguicos, uma vez que usam o ser mental e psíquico como uma chave. Alguns visam à quietude da mente mais do que à sua absorção imediata; essa é a disciplina que consiste simplesmente em observar a mente, e deixar seu hábito de pensamento errante exaurir-se em uma corrida sem propósito, da qual ela sente que toda aprovação, todo propósito e interesse foram retirados; ou esse outro método, mais árduo e mais rapidamente efetivo, que exclui todo pensamento dirigido para fora, e força a mente a mergulhar em si mesma, onde, em quietude absoluta, ela só pode refletir o Ser puro ou desaparecer em sua existência supraconsciente. Os métodos diferem, o objetivo e o resultado são os mesmos.

Aqui, poderíamos supor, toda ação e objetivo do Raja-Ioga deveriam terminar, pois sua ação é imobilizar as ondas da consciência e suas atividades múltiplas, *cittavṛtti*, primeiro, adquirindo o hábito de substituir a turbulência das atividades rajásicas pela calma luminosa das atividades sátvicas, depois, parando todas as atividades; e seu objetivo é uma comunhão silenciosa da alma e a unidade com o Divino. De fato, constatamos que o sistema do Raja-Ioga inclui outros objetivos — tais como a prática e o uso dos poderes ocultos —, alguns dos quais parecem estar desconectados do propósito principal do Raja-Ioga e mesmo ser incompatíveis com ele. Esses poderes ou siddhis são de fato, com frequência, condenados como perigosos e distrativos, desviando o iogue de seu único objetivo legítimo, que é a união com o Divino. Portanto, no caminho, pareceria natural que esses poderes tivessem que ser evitados, e, uma vez o objetivo alcançado, fossem considerados fúteis e supérfluos. Mas o Raja-Ioga é uma ciência psíquica e inclui a aquisição de todos os estados de consciência superiores e seus poderes, pelos quais o ser mental se eleva até o supraconsciente, assim como à sua possibilidade última e suprema de união com o Mais-Alto. Ademais, o iogue, enquanto está no corpo, não está sempre inativo mentalmente nem mergulhado em samádi; é então necessário, para que a ciência seja completa, uma descrição dos poderes e estados que lhe são possíveis nos planos superiores de seu ser.

Esses poderes e experiências pertencem, primeiro, aos planos vital e mental acima do mundo físico em que vivemos, e a alma os possui naturalmente no corpo sutil; à medida que nossa dependência do corpo físico diminui, essas atividades anormais tornam-se possíveis e até mesmo se manifestam sem que as busquemos. Esses poderes, ou siddhis, podem ser adquiridos e fixados por processos que a ciência do Raja-Ioga dá; sua utilização então torna-se sujeita à ação da vontade; podemos permitir-lhes que se desenvolvam por si mesmos e usá-los apenas quando eles vêm ou quando o Divino em nós nos faz usá-los; ou ainda, mesmo se eles se desenvolverem e agirem naturalmente, poderão ser rejeitados por uma devoção exclusiva ao único objetivo supremo do Ioga. Existem poderes ainda maiores e mais completos que pertencem aos planos supramentais; esses são os poderes próprios do Divino em seu ser espiritual e em sua ideação supramental. Esses não podem, de modo algum, ser adquiridos sem perigo, nem de maneira completa, pelo esforço pessoal, eles só podem vir do alto, ou se tornam naturais quando nos elevamos acima da mente e vivemos no ser, no poder, na consciência e na ideação espirituais. Então, não são mais siddhis anormais e laboriosamente adquiridas, mas simplesmente a própria natureza de nosso ser e seu método de ação, se continuarmos ainda a ser ativos na existência do mundo.

Para um Ioga Integral, os métodos especiais do Raja-Ioga e do Hatha-Ioga podem ser úteis em certos estágios do progresso, mas não são indispensáveis. É verdade que seus objetivos principais devem ser incluídos na integralidade do Ioga, mas podemos chegar a isso por outros meios. Pois os métodos do Ioga Integral devem ser sobretudo espirituais, e depender em grande escala de métodos físicos ou de processos psíquicos ou psicofísicos, é substituir um modo de funcionar superior por um modo de funcionar inferior. Teremos ocasião de retornar a essa questão mais tarde, quando abordarmos o princípio final da síntese dos métodos a que conduz nosso estudo dos diferentes Iogas.

PARTE III

O IOGA DO AMOR DIVINO

CAPÍTULO I

O AMOR E A VIA TRIPLA

Vontade, Conhecimento e Amor são os três poderes divinos na natureza humana e na vida do ser humano, e indicam as três vias pelas quais a alma humana eleva-se ao Divino. A integralidade dos três poderes, a união do homem com Deus em cada um dos três deve ser, portanto, como vimos, o fundamento de um Ioga Integral.

Ação é o primeiro poder da vida. A Natureza começa pela força e pelas obras da força que, uma vez conscientes no ser humano, tornam-se a vontade e a realização da vontade; por conseguinte, é ao voltar suas ações em direção a Deus que a vida do ser humano começa — da maneira melhor e mais segura — a tornar-se divina. Essa é a primeira porta de acesso, o ponto de partida da iniciação. Quando a vontade nele se faz una com a vontade divina e toda a ação do ser procede do Divino e dirige-se ao Divino, a união nas obras está perfeitamente consumada; mas as obras chegam à sua plenitude no conhecimento; a totalidade das obras, diz a Gītā, alcança sua culminação plena no conhecimento, *sarvaṁ karmākhilaṁ jñāne parisamāpyate*. Pela união na vontade e nas obras tornamo-nos uno no Ser consciente onipresente, de quem nossa vontade e nossas obras nascem e obtêm seu poder, e em quem elas cumprem o ciclo de suas energias. E a coroação dessa união é o amor; pois o amor é o deleite da união consciente com o Ser em que vivemos, agimos e nos movemos, pelo qual existimos e para quem, unicamente, aprendemos no fim a agir e a ser. Essa é a trindade de nossos poderes, a união dos três em Deus, a que chegaremos quando as obras forem nosso ponto de partida, nossa via de acesso e nosso meio de contato.

O conhecimento é o alicerce de uma vida constante no Divino; pois a consciência é o alicerce de toda vida e de todo ser, e o conhecimento é a ação da consciência, a luz pela qual ela conhece a si mesma e as suas realidades, o poder pelo qual, partindo da ação, somos capazes de conservar os resultados interiores de nosso pensamento e de nossos atos em um sólido crescimento de nosso ser consciente, até que, pela união, ele cumpre a si mesmo na infinitude do ser divino. O Divino vem ao nosso encontro sob muitos aspectos, e para cada um deles o conhecimento é a chave, de modo que, pelo conhecimento, entramos no Infinito e possuímos o Divino em todas as suas maneiras de ser, *sarvabhāvena*[1], e o recebemos em nós e somos possuídos por ele em todas as nossas maneiras de ser.

Sem o conhecimento vivemos n'Ele cegamente, com a cegueira do poder da Natureza absorta em suas obras, mas esquecida de suas fontes e de seu possuidor; por conseguinte, não vivemos de maneira divina, somos privados do pleno e verdadeiro deleite de nosso ser. Pelo conhecimento alcançamos a unidade consciente com aquilo que conhecemos, pois é somente por identidade que pode haver um conhecimento completo e real, e a divisão ser curada — a causa de todas as nossas limitações, discórdias, fraquezas e insatisfações é abolida. Mas o conhecimento não é completo sem as obras, pois a Vontade no ser também é Deus, porque Ele não é apenas o ser puro nem a existência silenciosa autoconsciente; se as obras encontram sua culminação no conhecimento, o conhecimento também encontra sua completude nas obras. E aqui, do mesmo modo, o amor é a coroação do conhecimento, pois o amor é o deleite da união, e a unidade deve ser consciente da alegria da união, para descobrir todas as riquezas de seu próprio deleite. Na verdade, o conhecimento perfeito conduz ao amor perfeito, e o conhecimento integral conduz a uma riqueza de amor infinita e perfeita. "Aquele que me conhece como o supremo Purusha", diz a Gītā — não apenas enquanto unidade imutável, mas no movimento divino de almas inumeráveis, e também como aquele que é superior a ambos e no qual ambos são contidos divinamente — "esse, porque tem o conhecimento integral, me busca por amor em todas as suas maneiras de ser". Essa é a trindade de nossos poderes, a tripla união em Deus, a que chegamos quando o conhecimento é nosso ponto de partida.

O amor é o cume de todo ser e o caminho de sua completude, isso pelo qual ele se eleva a todas as intensidades, a todas as plenitudes e ao êxtase da autodescoberta absoluta. Pois se o Ser, em sua própria natureza, é consciência, e se é pela consciência que nos tornamos unos com ele e pelo perfeito conhecimento encontramos nossa plenitude na identidade, a própria natureza da consciência, contudo, é o deleite, e o amor é a chave e o segredo do deleite supremo. E se a vontade é o poder pelo qual o ser consciente se cumpre, se pela união na vontade tornamo-nos uno com o Ser em seu poder infinito característico, todas as obras desse poder começam, contudo, pelo

---

1. Gītā.

deleite, vivem no deleite, têm o deleite como objetivo e finalidade; o amor do Ser em si e na totalidade dele mesmo manifestada pelo poder de sua consciência, esse é o caminho para a perfeita amplidão da Ananda. O amor é o poder e a paixão do deleite divino, e sem amor poderemos obter a paz arrebatadora do infinito, o silêncio absorvido da Ananda, mas não a profundidade absoluta de sua riqueza e de sua plenitude. O amor nos conduz do sofrimento da divisão à beatitude da união perfeita, mas sem perder a alegria do ato da união, que é a maior descoberta que a alma pode fazer, e para a qual a vida do cosmos é uma longa preparação. Portanto, aproximar-se de Deus pelo amor é preparar-se para a realização espiritual maior possível.

A realização do amor não exclui o conhecimento, ela mesma traz o conhecimento; e quanto mais o conhecimento for completo, mais se tornará rica a possibilidade do amor. "Pela bhakti", diz o Senhor na Gītā, "o homem Me conhece em toda a minha extensão e em toda a minha grandeza e tal como sou nos princípios de meu ser, e quando ele Me conhece nos princípios de meu ser, ele entra em Mim". O amor sem o conhecimento é algo intenso e apaixonado, mas cego, não refinado, muitas vezes perigoso; um grande poder, mas também um obstáculo; o amor, se limitado em conhecimento, condena-se à estreiteza em seu fervor e, com frequência, mesmo devido a seu fervor; mas o amor que conduz ao conhecimento perfeito traz a união infinita e absoluta. Tal amor não é incompatível com o trabalho divino; mas, ao contrário, lança-se nele com alegria, pois ele ama Deus e é uno com Ele em todo o seu ser e, portanto, com todos os seres; trabalhar para o mundo é, então, uma maneira de sentir e cumprir, em grande número, de maneira inumerável seu amor por Deus. Essa é a trindade de nossos poderes, a união dos três em Deus, a que chegamos quando começamos nossa jornada pelo Caminho da Devoção, com amor pelo Anjo do Caminho; descobrimos, então, no êxtase do deleite divino do Amante-de-todos, a realização de nosso ser, sua moradia segura, seu lugar beatífico e o centro de sua irradiação universal.

Visto que na união desses três poderes encontra-se a base de nossa perfeição, aquele que busca uma autorrealização integral no Divino deve evitar, ou rejeitar se as possui, as incompreensões e a depreciação mútua que os seguidores dessas três vias têm muitas vezes em relação uns aos outros. Aqueles que têm o culto do conhecimento muitas vezes parecem, se não desprezar, ao menos olhar o Caminho da Devoção do alto de sua eminência estonteante como se ela fosse coisa inferior, ignorante, boa apenas para as almas que não estão ainda prontas para as alturas da verdade. É verdade que a devoção sem conhecimento é uma coisa muitas vezes crua, rudimentar, cega e perigosa, como os erros, crimes e loucuras das religiões mostraram inúmeras vezes. Mas isso é porque a devoção delas não havia encontrado seu verdadeiro caminho, nem seu próprio princípio real, e não havia, portanto, entrado no caminho; ela hesita e o busca às apalpadelas, em um dos numerosos atalhos que a ele conduzem; e o conhecimento também, nesse estágio, é tão imperfeito quanto a devoção; ele é dogmático, esquemático, intolerante, fechado na estreiteza de algum princípio único e exclusivo e mesmo este, em geral apreendido de maneira muito imperfeita. Quando aquele que segue a devoção compreende o poder que o eleva, quando ele realmente se apodera do amor, é isso, no final, que o purifica e amplia de modo tão efetivo quanto o conhecimento pode fazer; eles são poderes iguais, embora seus métodos para alcançar o mesmo objetivo sejam diferentes. O orgulho do filósofo, que olha do alto a paixão do devoto, nasce, como todos os orgulhos, de certa deficiência em sua natureza, pois o intelecto, se for desenvolvido de modo demasiado exclusivo, carecerá daquilo que o coração tem a oferecer. O intelecto não é, em todos os sentidos, superior ao coração; se ele abre mais facilmente portas que o coração tenta em vão abrir, ele mesmo está fechado a verdades que, para o coração, são muito próximas e fáceis de apreender. E mesmo quando a via do pensamento se aprofunda e alcança a experiência espiritual, ela chega facilmente às alturas etéreas, aos pináculos, às imensidades celestiais, mas não pode, sem a ajuda do coração, explorar os abismos intensos e ricos do ser divino e as profundezas oceânicas da Ananda divina.

 O Caminho da Bhakti é muitas vezes considerado inevitavelmente inferior; primeiro, porque procede pelo culto, e o culto pertence a esse estágio da experiência espiritual em que há uma diferença, uma unidade insuficiente entre a alma humana e o Divino, porque seu próprio princípio é o amor e o amor supõe sempre dois — o amante e o bem-amado, portanto, um dualismo — enquanto a unidade é a experiência espiritual mais alta; depois, porque busca um Deus pessoal, enquanto o Impessoal é a verdade suprema e eterna, se não mesmo a Realidade única. Mas o culto é apenas o primeiro passo no Caminho da Devoção. Quando o culto externo muda em adoração interna, a verdadeira Bhakti começa; ela se aprofunda e transmuta na intensidade do amor divino; esse amor conduz à alegria de uma relação íntima com o Divino; a alegria da intimidade muda em beatitude de união. O amor também, assim como o conhecimento, nos conduz a uma unidade suprema e dá a essa unidade a maior profundeza e a maior intensidade possíveis. É verdade que o amor retorna com prazer a uma diferença na unidade e, por essa diferença, a própria unidade se torna mais rica e mais doce. Mas aqui podemos dizer que o coração é mais sábio que o pensamento, ao menos mais sábio do que aquele pensamento que se fixa em ideias opostas sobre o Divino e se concentra em uma à exclusão da outra, que parece ser seu contrário, mas que, na verdade, é seu complemento e um meio para sua perfeição maior. Essa é a fraqueza da mente; por seus pensamentos, suas ideias positivas e negativas, ela limita os aspectos da Realidade divina que ela vê, e tende em demasia a lançá-los um contra o outro.

O pensamento na mente, *vicāra*, a tendência filosófica pela qual o conhecimento mental aproxima-se do Divino, está pronto a dar uma importância maior ao abstrato que ao concreto, àquilo que está distante e elevado do que àquilo que é íntimo e próximo. Ele encontra uma verdade maior no deleite do Um em si e uma verdade menor, mesmo uma falsidade, no deleite do Um no Múltiplo ou do Múltiplo no Um; uma verdade maior no Impessoal e no Nirguna, uma verdade menor ou uma falsidade no Pessoal e no Saguna. Mas o Divino está mais além de nossas oposições de ideias, mais além das contradições lógicas que fazemos entre seus aspectos. Como vimos, ele não está ligado ou restrito a uma unidade exclusiva; sua unidade se realiza em uma variação infinita e possui a chave mais completa da alegria desse amor variado, sem contudo perder a alegria da unidade. O conhecimento mais alto e a mais alta experiência espiritual pelo conhecimento, reconhecem que a unidade do Divino é tão perfeita em suas relações variadas com o Múltiplo quanto no deleite de sua autoabsorção. Se para o pensamento o Impessoal parece uma verdade mais vasta e mais alta e o Pessoal uma experiência mais estreita, o espírito acha que os dois são aspectos de uma Realidade que se expressa em ambos; e se há um conhecimento dessa Realidade à qual o pensamento chega pela insistência na Impersonalidade infinita, há também um conhecimento dessa Realidade à qual o amor chega pela insistência na Personalidade infinita. A experiência espiritual de cada via, se a seguirmos até o final, conduz à mesma Verdade última. Pela bhakti, assim como pelo conhecimento, como nos diz a Gītā, chegamos à unidade com Purushottama, o Supremo, que contém em si o impessoal e as inumeráveis personalidades, o sem-atributos e os atributos infinitos, o ser puro, a consciência, o deleite e o jogo sem fim de suas relações.

Por um lado, aquele que segue o Caminho da Devoção tende a olhar do alto um mero conhecimento, que lhe parece seco como pó de madeira. E é verdade que a filosofia em si, sem o enlevo da experiência espiritual, é algo tão seco quanto é clara, e não pode dar toda a satisfação que buscamos; mesmo sua experiência espiritual, enquanto não deixar o suporte do pensamento e não se projetar além da mente, viverá demasiado em um deleite abstrato, e aquilo que alcança não é, certamente, o vazio que isso parece à paixão do coração, mas ainda assim tem as limitações dos picos. Por outro lado, o próprio amor não é completo sem o conhecimento. A Gītā distingue três tipos iniciais de bhakti: aquela que busca refúgio no Divino contra os pesares do mundo, *ārta*; aquela que é movida pelo desejo e se aproxima do Divino como Aquele que lhe dá o que lhe é benéfico, *arthārthī*; e aquela que é atraída para Aquele que ela já ama, mas ainda não conhece, e que tem sede de conhecer esse Desconhecido divino, *jijñāsu*; mas a Gītā dá a palma à bhakti que conhece. Evidentemente, a intensidade da paixão que diz: "Eu não compreendo, eu amo" e, porque ama, não se preocupa em compreender, não é a última expressão do amor, mas a primeira, e tampouco é sua intensidade mais alta. Ao contrário, à medida que o conhecimento do Divino cresce, o deleite no Divino e o amor pelo Divino devem aumentar. O mero enlevo não pode estar seguro sem a base do conhecimento; viver nisso que amamos dá essa segurança, e viver no amado significa ser uno com ele em consciência, e unidade de consciência é a condição perfeita do conhecimento. O conhecimento dá ao amor pelo Divino sua segurança mais firme, abre-lhe toda a extensão da alegria de sua própria experiência, eleva-o aos pináculos mais altos de sua visão.

Se a incompreensão mútua desses dois poderes é uma ignorância, a tendência de ambos a olhar do alto o Caminho das Obras e a considerá-la inferior à altura de suas próprias conquistas espirituais, não é uma ignorância menor. Há uma intensidade de amor, como há uma intensidade de conhecimento, para as quais as obras parecem algo que exterioriza e distrai. Mas as obras parecem exteriorizar e distrair enquanto ainda não encontramos a unidade de nossa vontade e de nossa consciência com o Supremo. Uma vez que encontramos essa unidade, as obras se tornam o próprio poder do conhecimento e a própria efusão do amor. Se o conhecimento é o próprio estado de unidade e o amor sua beatitude, as obras divinas são o poder vivo de sua luz e de sua doçura. Há no amor divino, como na aspiração do amor humano, um movimento que tende a isolar o amante e o amado no deleite de sua unidade exclusiva, longe do mundo e dos demais, fechados na câmara nupcial do coração. Este talvez seja um movimento inevitável nesse caminho. Porém, ainda assim, o amor mais amplo, aquele que se cumpre no conhecimento, vê o mundo não como algo que é "outro" e hostil à sua alegria, mas como o ser do Bem-Amado, e todas as criaturas como seu ser e, nessa visão, as obras divinas encontram sua alegria e sua justificação.

Esse é o conhecimento em que um Ioga Integral deve viver. Somos obrigados a começar nosso caminho em direção a Deus a partir dos poderes da mente, do intelecto, da vontade, do coração, e na mente tudo é limitado. As limitações e os exclusivismos são mais ou menos inevitáveis no início do caminho, e por um longo tempo. Mas um Ioga integral os aceitará de modo mais leve que outras vias de busca mais exclusivas, e emergirá mais cedo da necessidade mental. Ele pode começar pela via do amor, ou do conhecimento, ou das obras; mas é onde essas vias se encontram que começa a alegria de sua realização. Mesmo se o Ioga não começar pelo amor, ele o encontrará no final, pois o amor é a coroação das obras e o florescer do conhecimento.

CAPÍTULO II

OS MOTIVOS DA DEVOÇÃO

Todas as religiões partem da percepção de algum Poder ou de alguma existência maior e mais alta do que nosso pequeno self mortal e limitado, de um pensamento e de um ato de adoração oferecido a esse Poder e de uma obediência à sua vontade, às suas leis ou às suas exigências. Mas, no seu início, a religião cria um abismo imensurável entre o Poder assim concebido, adorado, obedecido e o adorador. Ioga, em sua culminação, abole o abismo, pois Ioga é união. Chegamos à união com Isto pelo conhecimento, pois, à medida que nossas primeiras concepções obscuras se clarificam, se ampliam, se aprofundam, acabamos por reconhecer Isto como nosso self mais alto, origem e sustento de nosso ser e isso a que nos dirigimos. Chegamos à união com Isto pelas obras, pois a partir de uma simples obediência acabamos por identificar nossa vontade à sua Vontade, uma vez que somente na proporção em que nossa vontade se identifica com esse Poder, que é sua fonte e seu ideal, é que pode se tornar perfeita e divina. Chegamos à união com Isto também pelo culto; pois o pensamento e os atos de um culto a alguma Divindade distante evoluem e tornam-se a necessidade de adoração próxima, que se torna intimidade do amor, e a consumação do amor é a união com o Bem-Amado. O Ioga da Devoção parte desse desenvolvimento do culto e, por essa união com o Bem-Amado, encontra seu ponto mais alto e sua coroação.

Todos os instintos e movimentos de nosso ser começam apoiando-se nos motivos normais de nossa natureza humana inferior — motivos misturados e egoístas no início, mas que depois se purificam, se elevam e se tornam uma necessidade intensa e particular de nossa natureza superior, completamente independentes dos resultados de nossos atos; por fim, eles se sublimam e se tornam uma espécie de imperativo categórico de nosso ser, e é por nossa obediência a Isto, que alcançamos esse algo supremo autoexistente dentro de nós e que todo o tempo nos atraía para ele, primeiro, por meio das tentações de nossa natureza egoísta; depois, por algo mais alto, mais amplo, mais universal; até que sejamos capazes de sentir sua atração direta, que é a mais forte e a mais imperiosa de todas. Quando o culto religioso normal se transforma em um Ioga de pura bhakti, constatamos que o culto motivado e interessado da religião popular muda em um princípio de amor sem motivo e autoexistente. De fato, esse amor sem motivo é a pedra de toque da verdadeira bhakti e indica se estamos realmente na via central ou apenas em um dos caminhos secundários que levam a ela. Devemos eliminar os sustentáculos de nossa fraqueza, as motivações do ego, as ciladas de nossa natureza inferior, antes de poder merecer a união divina.

Confrontado com a sensação de um Poder ou talvez de numerosos Poderes, maiores e mais altos que ele mesmo — poderes que anuviam, influenciam e governam sua vida na Natureza —, o ser humano responde naturalmente pelos primeiros sentimentos primitivos de um ser natural em meio às dificuldades, aos desejos e aos perigos dessa vida: o medo e o interesse. O papel enorme que esses motivos têm na evolução do instinto religioso é inegável; de fato, o homem sendo o que é, esse papel dificilmente poderia ser menor; e mesmo quando a religião progrediu e foi mais longe no caminho, vemos esses motivos sobreviverem ainda, ativos e com um papel bastante importante, justificados e chamados pela própria religião a fim de arrogar sua autoridade sobre os seres humanos. O medo de Deus, diz-se, ou, acrescente-se por respeito à verdade histórica, o medo dos deuses, é o começo da religião — uma meia-verdade a que pesquisas científicas atribuíram uma importância exagerada quando tentaram traçar a evolução da religião, em geral com um espírito crítico e, com frequência, mais hostil que favorável. Mas o medo de Deus não é o único motivo, pois, mesmo em seu estado mais primitivo, o ser humano não age só por medo, mas por motivos gêmeos: o medo e o desejo; o medo das coisas desagradáveis e maléficas e o desejo por coisas agradáveis e benéficas, portanto, por medo e por interesse. Até que ele aprenda a viver mais em sua alma e somente de maneira secundária na ação e na reação das coisas exteriores, a vida é para ele, sobretudo, e de maneira açambarcante, uma série de ações e resultados, de coisas a desejar, a perseguir e a ganhar pela ação e de coisas para temer e das quais fugir, mas que, no entanto, podem tombar sobre ele como resultado da ação. E não apenas por sua própria ação, mas também pela ação de outros e da Natureza em torno dele, essas coisas maléficas ou benéficas podem ser atraídas para ele. Então, logo que sente um poder por trás de tudo isso, que pode influenciar ou determinar a ação e o resultado, ele o concebe como um dispensador de dádivas e de sofrimentos, capaz e, sob certas condições, desejoso de ajudá-lo ou prejudicá-lo, de salvá-lo ou destruí-lo.

Nas partes mais primitivas de seu ser, ele concebe esse Poder como algo com impulsos naturalmente egoísticos, como ele mesmo: benévolo quando está contente, malévolo quando foi ofendido; o culto é, então, um meio de propiciação por dons e de súplicas pela prece. Ele põe Deus do seu lado ao rezar para ele ou ao lisonjeá-lo. Quando sua mentalidade evolui um pouco mais, ele imagina que o movimento da vida repousa em certo princípio de justiça divina, que ele sempre interpreta segundo suas próprias ideias e seu caráter e vê como uma cópia ampliada de sua justiça humana; ele concebe uma moral do bem e do mal, e considera o sofrimento, as calamidades e todas as coisas desagradáveis como punição para seus pecados, e a felicidade, a boa fortuna e todas as coisas agradáveis como recompensa para suas virtudes. Deus aparece-lhe como um rei, um juiz, um legislador, executor da justiça. Mas ele o considera sempre uma espécie de Homem magnificado, e imagina que se sua própria justiça humana pode ser curvada por meio de preces e propiciações, do mesmo modo a justiça divina pode curvar-se pelos mesmos meios. Para ele, a justiça é uma recompensa ou uma punição, e a justiça da punição pode ser atenuada por piedade pelo suplicante, enquanto recompensas podem ser aumentadas por favores e bondades especiais, que o Poder pode sempre outorgar a seus fiéis e adoradores quando é contentado. Ademais, Deus, como nós mesmos, é capaz de fúria e de vingança, e fúria e vingança podem ser aplacadas por dons, súplicas e expiações; ele é capaz também de parcialidade, e sua parcialidade pode ser influenciada por oferendas, súplicas e penitência. Por conseguinte, em lugar de confiar apenas na observação da lei moral, o ser humano continua a fazer apelo ao culto, sob forma de preces e propiciações.

Além desses motivos há também aqueles que vêm do desenvolvimento de sentimentos pessoais: primeiro, o temor respeitoso que se sente naturalmente por algo vasto, poderoso, imponderável, que ultrapassa nossa natureza, pois os propósitos e a extensão de suas ações nos são inescrutáveis; depois, a veneração e adoração que se sente por aquilo que, em sua natureza ou em sua perfeição, é mais alto que nós. Pois, mesmo quando preservamos amplamente a ideia de um Deus dotado das qualidades da natureza humana, aí se mistura, ou se sobrepõe, a concepção de uma onisciência, uma onipotência e uma perfeição misteriosa bem diferente de nossa própria natureza. Uma mistura confusa de todos esses motivos — desenvolvidos de maneira diversa, muitas vezes atenuados, sutilizados ou disfarçados — constitui nove décimos da religião popular; o último décimo dá cor ao resto, pela infiltração das ideias mais nobres, mais belas e mais profundas do Divino, que mentes de uma espiritualidade maior puderam introduzir nas concepções religiosas primitivas da humanidade. Em geral, o resultado é bastante grosseiro e um alvo fácil para os dardos do ceticismo e da incredulidade — ambos são capacidades da mente humana e têm sua utilidade para a fé e mesmo para a religião, visto que a obrigam a purificar gradualmente o que é grosseiro ou falso em suas concepções. Mas o que devemos ver é até onde, pela purificação e pela elevação do instinto religioso do culto, esses motivos iniciais devem subsistir e fazer parte do Ioga da Devoção que, ele mesmo, começa pelo culto. Isso depende da medida em que eles correspondam a uma verdade do Ser Divino em suas relações com a alma humana; pois pela bhakti buscamos a união com o Divino, uma relação verdadeira com ele, com sua verdade, e não com alguma miragem de nossa natureza inferior, de seus impulsos egoístas e concepções ignorantes.

A base em que o incrédulo, o cético, se apoia para atacar a religião é que não haveria, de fato, um Poder ou um Ser consciente no universo que fosse maior ou mais alto que nós mesmos ou que, de algum modo, fosse capaz de influenciar ou controlar nossa existência — esse é um argumento que o Ioga não pode aceitar, porque contradiz toda experiência espiritual e tornaria o próprio Ioga impossível. Ioga não é uma questão de teoria ou de dogmas, como a filosofia ou uma religião popular, mas uma questão de experiência. Sua experiência confirma a existência de um Ser consciente universal e supracósmico ao qual o Ioga nos une, e essa experiência consciente de união com o Invisível, sempre renovável e verificável, é tão válida quanto nossa experiência consciente de um mundo físico e de corpos visíveis com cujas mentes invisíveis nos comunicamos quotidianamente. O Ioga procede por uma união consciente, o ser consciente é seu instrumento; não poderia haver união consciente com o Inconsciente. É verdade que o Ioga ultrapassa a consciência humana, e que em samádi ele se torna supraconsciente, mas isso não é uma anulação de nosso ser consciente, é apenas algo que excede a si mesmo, uma passagem para além de nosso nível atual e de nossos limites normais.

Até aqui, todas as experiências ióguicas estão de acordo. Mas a religião e o Ioga da Bhakti vão mais longe; eles atribuem a esse Ser uma Personalidade e relações humanas com os seres humanos. Em ambos, o ser humano se aproxima do Divino pelos meios de sua humanidade, com as emoções humanas, como se aproximaria de seus semelhantes, mas com sentimentos mais intensos e mais elevados; e não apenas isso, mas o Divino também responde de uma maneira que é conforme a essas emoções. Nessa possibilidade de resposta, encontra-se toda a questão; pois se o Divino é impessoal e sem forma, sem relações, tal resposta não é possível e toda aproximação humana se torna uma absurdidade — deveríamos, antes, desumanizarmo-nos, despersonalizarmo-nos, anular nosso ser humano e toda outra forma de ser; não poderíamos nos aproximar d'Ele em nenhuma outra condição, nem por nenhum outro meio. Amor, medo, prece, louvor ou o culto de uma Impessoalidade que não tem relação conosco nem com qualquer outra coisa no universo e não tem feições a que nossa mente possa se apegar, seriam, é óbvio, uma bobagem irracional. Nessas condições, a religião e a devoção não teriam razão de ser. O advaita que busca dar uma base religiosa à sua filosofia nua e estéril, tem que admitir a existência prática de Deus, ou dos deuses, e iludir sua mente com a linguagem da ilusão — Maia. O budismo só se tornou uma religião popular quando Buda ocupou o lugar da Divindade suprema e tornou-se o objeto de um culto.

Mesmo se o Supremo pode ter relações conosco, mas somente relações impessoais, a religião ver-se-á privada de sua vitalidade humana, e o Caminho da Devoção deixará de ser efetivo, ou mesmo possível. Poderemos dirigir ao Supremo nossas emoções humanas, mas de maneira vaga e imprecisa, sem esperança de uma resposta humana, pois a única maneira em que ele poderia nos responder seria pela imobilização de nossas emoções e lançando sobre nós sua própria calma impessoal e igualdade imutável. E isso é o que, de fato, acontece quando nos aproximamos da pura impessoalidade da Divindade. Podemos obedecê-la como a uma Lei, elevar nossa alma até ela em uma aspiração a seu ser tranquilo, crescer nele despindo-nos de nossa natureza emocional; o ser humano em nós não estará satisfeito, mas será aquietado, equilibrado, imobilizado. Mas o Ioga da Devoção — nisso em acordo com a religião — insiste em uma adoração mais íntima e mais calorosa do que essa aspiração impessoal. Ele visa uma consumação divina da humanidade em nós, assim como da parte impessoal de nosso ser; ele visa uma satisfação divina do ser emocional do ser humano. O Ioga da Devoção demanda ao Supremo que aceite nosso amor e responda de modo semelhante; assim como nos deleitamos n'Ele e O buscamos, do mesmo modo esse Ioga crê que Ele também se deleita em nós e nos busca. E essa demanda não pode ser condenada como irracional, pois, se o Ser supremo e universal não encontrasse deleite algum em nós, não seria fácil ver como chegaríamos a existir ou como poderíamos permanecer na existência, e, se ele não nos atraísse em sua direção — se o divino não nos buscasse —, pareceria não haver razão alguma na Natureza que nos fizesse voltar as costas à nossa existência normal para ir buscá-Lo.

Portanto, para que um Ioga da devoção tenha a menor possibilidade de existir, devemos supor, primeiro, que uma Existência suprema não é uma abstração nem um estado de existência, mas um Ser consciente; em segundo lugar, que esse Ser vem ao nosso encontro no universo e que ele aí é imanente de alguma maneira, como também sua fonte — caso contrário, seria necessário que saíssemos da vida cósmica a fim de ir ao seu encontro; em terceiro lugar, que Ele é capaz de ter relações pessoais conosco e, portanto, deve ter certa personalidade; por fim, devemos supor que quando nos aproximamos dele por meio de nossas emoções humanas, recebemos uma resposta da mesma natureza. Isso não quer dizer que a natureza do Divino seja precisamente a mesma que nossa natureza humana, embora em escala maior, e isenta de certas perversões e que Deus seja um homem magnificado ou um Homem ideal. Deus não é e não pode ser um ego limitado por suas qualidades, como nós somos em nossa consciência normal. Mas, por outro lado, nossa consciência humana deve, sem dúvida, ter sua origem no Divino e derivar d'Ele, e, embora as formas que Ele assume em nós sejam diferentes daquelas da consciência divina — porque somos limitados pelo ego, não somos universais, não superiores à nossa natureza, não maiores que nossas qualidades e suas operações, como o é o Divino —; ainda assim, nossas emoções e impulsos humanos devem ter por trás uma Verdade n'Ele da qual elas são as formas limitadas e, muitas vezes, deturpadas ou mesmo degradadas. Ao nos aproximarmos d'Ele por nosso ser emocional nos aproximamos dessa Verdade, ela desce até nós para responder às nossas emoções e elevá-las até ela; por ela, nosso ser emocional une-se a Ele.

Em segundo lugar, esse Ser supremo é também o Ser universal, e nossas relações com o universo são, todas elas, meios de nos preparar para entrar em relação com Ele. Todas as emoções com que reagimos à ação da existência universal são, na verdade, dirigidas a Ele — no início, na ignorância, mas quando as voltamos em Sua direção com um conhecimento crescente, entramos em relação mais íntima com Ele, e tudo o que é falso e ignorante nelas se vai, à medida que nos aproximamos da unidade. Ele responde a todas as nossas emoções tomando-nos no nível de progresso em que estamos; pois se nossa aproximação imperfeita não recebesse nenhum tipo de resposta ou de ajuda, uma relação mais perfeita nunca poderia se estabelecer. Assim como os homens avizinham-se d'Ele, assim Ele os aceita, e responde à sua bhakti pelo Amor divino, *tathaiva bhajate*. Quaisquer que sejam as formas que os seres humanos lhe concedam, por essas formas e por essas qualidades Ele os ajuda a desenvolver-se, Ele encoraja ou governa seu progresso e os atrai a si por seus próprios caminhos, direitos ou tortuosos. O que os homens veem d'Ele é uma verdade, mas uma verdade que se lhes apresenta no seu nível de ser e de consciência, de maneira parcial e deformada, não no nível de sua própria realidade superior, não no aspecto que Ele assume quando nos tornamos conscientes da completa Divindade. Essa é a justificação dos elementos toscos e mais primitivos da religião, e também o que os condena ao transitório e ao declínio. Eles são justificados porque há uma verdade por trás deles e é só assim que essa verdade do Divino pode ser abordada nesse estágio de desenvolvimento da consciência humana e ajudar-nos a ir adiante; esses elementos são condenados, porque, se continuarmos apegados a essas concepções e a essas relações toscas com o Divino, não teremos aquela união mais íntima, cujos primeiros passos foram esses começos toscos, por mais defeituosos que tenham sido.

Toda a vida, dissemos, é um Ioga da Natureza; aqui, nesse mundo material, a vida é o esforço da Natureza para sair da inconsciência primeira e retornar ao Divino consciente, de onde ela procede. Na religião, a mente do ser humano, o instrumento completo elaborado pela Natureza, torna-se cônscia do objetivo da Natureza nele e responde à sua aspiração. Mesmo a religião popular é uma espécie de Ioga da Devoção ignorante. Mas essa devoção religiosa não se torna especificamente o que chamamos Ioga até que o motivo se torne, em certa medida, clarividente, quando ela vê que essa união é seu objetivo e que o amor é o princípio da união e, portanto, até que ela tente realizar o amor e perca no amor seu caráter separativo. Quando isso foi bem-sucedido, então o Ioga deu seu passo decisivo e sua consecução está assegurada. Assim, os motivos da devoção devem, primeiro, dirigir-se de maneira predominante ao Divino, absorver-se n'Ele, e então transformar-se, para se desembaraçarem de seus elementos mais terra a terra e, no final, estabelecerem-se em um amor puro e perfeito. Todos os elementos que não puderem coexistir com a união perfeita do amor deverão, no final, perecer; somente permanecerão aqueles que possam se tornar uma expressão do Amor divino e um meio de vivenciar o Amor divino. Pois o amor é a única emoção em nós que pode ser inteiramente sem motivos e autoexistente; o amor não necessita nenhum outro motivo senão o amor. Pois todas as nossas emoções surgem da busca pelo deleite e da posse do deleite, de uma frustração nessa busca ou quando acreditávamos tê-lo apreendido e ele nos escapa mais uma vez; mas pelo amor podemos entrar diretamente em posse do deleite autoexistente do Ser Divino. O amor divino é, na verdade, essa posse mesma e, por assim dizer, o corpo da Ananda.

Essas são as verdades que guiam nossa aproximação desse Ioga e nossa jornada nesse caminho. Existem outras questões secundárias que surgem e perturbam o intelecto humano e, embora devamos, talvez, lidar com elas, elas não são essenciais. O Ioga da Bhakti é um assunto do coração e não do intelecto. Pois, mesmo se o conhecimento nos vem desse modo, nós partimos do coração e não da inteligência. A verdade dos motivos da devoção do coração e seu alcance final — e, de certo modo, seu desaparecimento no único e supremo Motivo do amor autoexistente é, portanto, tudo o que nos importa primeiro e essencialmente. Algumas questões são difíceis: teria o Divino uma forma suprafísica original ou um poder formador de onde todas as formas procederiam, ou seria ele eternamente sem forma? Basta dizer, pelo momento, que ao menos o Divino aceita as formas variadas que os adoradores lhe dão e, por meio delas, ele vem ao seu encontro no amor, e que a mistura de nosso espírito com o dele é essencial para a fruição da bhakti. Certas religiões e certas filosofias religiosas buscam ligar a devoção à ideia de uma diferença eterna entre a alma humana e o Divino, sem a qual, elas dizem, o amor e a devoção não poderiam existir, enquanto outras filosofias consideram que só o Um existe, e relegam o amor e a devoção aos movimentos da ignorância — necessários talvez, ou ao menos úteis como movimentos preparatórios enquanto a ignorância durar, mas impossíveis quando toda diferença for abolida — de forma que deveríamos, então, transcendê-los e rejeitá-los. Contudo, podemos sustentar essa verdade da Existência única, no sentido de que tudo na Natureza é o Divino, embora Deus seja mais do que o tudo na Natureza, e então o amor se torna um movimento pelo qual o Divino na Natureza e no ser humano possui e frui o deleite do Divino universal e supremo. De todo modo, por sua própria natureza, o amor tem, necessariamente, uma realização dupla: uma, em que o amante e o bem-amado fruem de sua união na diferença, e também de toda a diversidade que torna maior a alegria dessa união; e a outra, em que eles se fundem um no outro e se tornam um Self único. Essa verdade é de todo suficiente para começar, pois ela é a natureza mesma do amor e, visto que o amor é o motivo essencial desse Ioga, é a própria natureza do amor que determinará o cume e a realização do movimento do Ioga.

CAPÍTULO III

AS EMOÇÕES VOLTADAS PARA O DIVINO

O princípio do Ioga consiste em dirigir ao Divino todos os poderes da consciência humana, ou um entre eles, a fim de que, por essa atividade do ser, possa haver um contato, uma relação, uma união. No Ioga da Bhakti é a natureza emocional que serve de instrumento. Seu princípio central é a escolha de certo tipo de relação humana entre o ser humano e o Ser Divino, por meio da qual a alma humana, à medida que as emoções do coração fluem de modo cada vez mais intenso em direção a Ele, acabará por unir-se a Ele e, no final, tornar-se una com Ele na paixão do Amor divino. No final das contas, nesse Ioga, não é a paz pura da unidade, nem o poder, nem a vontade de unidade sem desejo, mas a alegria extática da união que o adorador busca. Cada sentimento que pode preparar o coração a esse êxtase é aceito por esse Ioga; tudo que o distrai deve ir-se progressivamente, à medida que a poderosa união do amor se torna mais íntima e mais perfeita.

Todos os sentimentos com os quais a religião se aproxima da adoração, do serviço e do amor de Deus são admitidos pelo Ioga, se não como acompanhamentos finais, ao menos como movimentos preparatórios da natureza emocional. Mas há um sentimento com o qual o Ioga, da forma como é praticado na Índia, tem muito pouco a ver. Em certas religiões, na maioria talvez, a ideia do medo de Deus tem um grande papel, algumas vezes o maior, e o homem que teme Deus é o adorador típico dessas religiões. A sensação de medo é, de fato, perfeitamente compatível com certo tipo de devoção, até certo ponto; em seu ponto mais alto ele se une à adoração do Poder divino, da Justiça divina, da Lei divina, da Retidão divina, e se torna uma obediência ética, uma reverência temerosa pelo Criador e Juiz poderoso. Seu motivo é, então, ético-religioso e pertence não tanto ao devoto, mas ao homem das obras movido por uma devoção ao ordenador e juiz divino de suas obras. Ele considera

Deus o Rei e não se aproxima muito da glória de seu trono, exceto quando se sente justificado por sua retidão ou é conduzido até ali por um mediador que desviará do pecador a cólera divina. Mesmo quando mais perto, ele mantém uma distância respeitosa entre o alto objeto de sua adoração e si mesmo. Ele não pode abraçar o Divino com a confiança sem medo, como a criança abraça sua mãe ou o amante sua amada, nem com essa sensação íntima de unidade que o amor perfeito traz consigo.

Esse divino medo era bastante tosco em certas religiões populares primitivas. Era a percepção de poderes no mundo maiores que o ser humano, obscuros em sua natureza e em suas operações, que pareciam sempre prontos a golpear o homem em sua prosperidade ou a puni-lo por qualquer ação que os desagradasse. O medo dos deuses nasce da ignorância do ser humano, que não conhece Deus nem as leis que governam o mundo. Essa ignorância atribui aos poderes superiores as fantasias e as paixões humanas; ela faz os deuses à imagem dos grandes desse mundo, capazes de caprichos, tirania, inimizade pessoal, ciúme de tudo que possa ser grande no ser humano, e possa erguê-lo acima da pequenez da natureza terrestre ou de aproximá-lo demasiado da natureza divina. Com tais noções, nenhuma devoção real é possível, exceto esse tipo de devoção duvidosa que o mais fraco pode sentir pelo mais forte, cuja proteção ele pode comprar com cultos, dons, propiciações e obediência às leis que aquele pode impor aos subalternos e pode reforçar por recompensas e punições; ou exceto a reverência e a adoração submissa que se pode sentir por uma grandeza diante da qual nos prosternamos, uma glória, uma sabedoria, um poder soberano que está acima do mundo e é a fonte ou, em todo caso, o regulador de todas as suas leis e de todos os seus acontecimentos.

Para aproximar-se mais do início do Caminho da Devoção, é preciso que esse elemento de Poder divino desprenda-se dessas noções primitivas e passe à ideia de um Soberano divino, criador do mundo e mestre da Lei que governa a terra e os céus e é o guia, a ajuda e o salvador de suas criaturas. Essa ideia mais ampla e mais alta do Ser divino conservou por longo tempo muitos elementos de seu caráter primitivo e ainda conserva alguns. Os judeus, que apresentaram essa ideia da maneira mais proeminente e a espalharam por uma grande parte do globo, puderam crer em um Deus de retidão, exclusivo, arbitrário, colérico, ciumento, muitas vezes cruel e mesmo caprichosamente sanguinário. Mesmo agora, ainda é possível para alguns acreditarem em um Criador que teria feito do céu e do inferno (um inferno eterno), os dois polos de sua criação e mesmo, segundo certas religiões, teria predestinado as almas que criou, não apenas ao pecado e à punição, mas a uma danação eterna. Mas, mesmo à parte essas extravagâncias de uma crença religiosa infantil, a ideia de um Juiz, um Legislador, um Rei todo-poderoso é uma ideia rudimentar e imperfeita do

Divino, quando tomada em si mesma, porque toma uma verdade inferior e externa pela verdade principal e tende a impedir o acesso a uma realidade mais alta e mais íntima. Ela exagera a importância da sensação de pecado e, assim, prolonga e aumenta o medo da alma, sua falta de confiança em si mesma e sua fraqueza. Ela liga a busca da virtude e a rejeição do pecado à ideia de recompensa e punição — embora essas sejam dadas em uma pós-vida — e as faz depender dos motivos inferiores, o medo e o interesse, em lugar do espírito superior que deveria governar o ser ético. Ela faz do céu e do inferno o objeto da vida religiosa da alma humana e não o Divino Ele-mesmo. Essas noções primitivas tiveram seu papel na lenta educação da mente humana, mas não têm utilidade para o iogue, que sabe que a verdade que elas possam representar pertence às relações exteriores da alma humana com a lei exterior do universo, enquanto a alma cresce, e não da verdade íntima das relações interiores da alma humana com o Divino; mas são essas que são o campo próprio do Ioga.

Contudo, dessa concepção surgem certos desenvolvimentos que nos aproximam do limiar do Ioga da Devoção. Primeiro, pode emergir a ideia do Divino enquanto fonte, lei e objetivo de nosso ser ético e, daí, pode nascer o conhecimento de que ele é o Self supremo a que nossa natureza ativa aspira, a Vontade à qual devemos assimilar nossa vontade, a Retidão, Pureza, Verdade e Sabedoria eternas com as quais nossa natureza deve harmonizar-se — o Ser, em direção ao qual nosso ser é atraído. Por essa via chegamos ao Ioga das Obras, e esse Ioga tem um lugar para a devoção pessoal pelo Divino, pois a Vontade divina aparece como o Mestre de nossas obras, cuja voz devemos ouvir, a cujo impulso divino devemos obedecer e cujo trabalho deve ser a única tarefa de nossa vida ativa e de nossa vontade. Em segundo lugar, emerge a ideia do Espírito divino, o pai de todos, que expande suas asas protetoras de amor benigno sobre todas as criaturas, e disso cresce, entre a alma e o Divino, a relação de pai e criança, uma relação de amor e, como resultado, a relação de fraternidade com nossos semelhantes. Essas relações com a luz calma e pura da natureza divina, na qual devemos crescer, e com o Mestre, de quem nos aproximamos pelas obras e pelo serviço, o Pai que responde ao amor da alma que se aproxima dele como uma criança, são os elementos reconhecidos do Ioga da Devoção.

Mas do instante em que essas concepções evoluem o suficiente e apreendemos seu significado espiritual mais profundo, o motivo do medo de Deus torna-se inútil, supérfluo e mesmo impossível. Ele tem importância sobretudo no domínio ético, quando a alma não é bastante madura para seguir o bem por amor do bem e necessita de uma autoridade acima dela, cuja autoridade, cólera ou julgamentos severos e sem paixão ela pode temer e, por esse temor, afirmar sua fidelidade à virtude. Quando a espiritualidade cresce em nós, esse motivo não pode mais permanecer, exceto se alguma confusão subsiste na mente, alguma persistência da velha mentalidade. Ademais, o objetivo ético no Ioga é diferente daquele da ideia exterior de virtude. Em geral, a ideia ética é considerada um mecanismo da ação justa: o ato é tudo, e como cumprir o ato justo é o único problema e a única preocupação. Mas, para o iogue, a ação em si não é tão importante, é sobretudo um meio para fazer a alma elevar-se em direção ao Divino. Portanto, aquilo em que as escrituras espirituais indianas insistem não é tanto na qualidade da ação a cumprir-se quanto na qualidade da alma de onde a ação flui, na sua verdade, intrepidez, pureza, seu amor, compaixão, benevolência, na ausência da vontade de fazer o mal e nas ações que são o fluir dessas qualidades. A velha ideia ocidental de que a natureza humana é intrinsecamente ruim e a virtude uma coisa a ser buscada, apesar de nossa natureza decaída para a qual a virtude seria o oposto, é uma ideia alheia à mentalidade indiana, treinada desde os tempos antigos nas ideias dos iogues. Nossa natureza contém não apenas suas qualidades rajásicas, suas paixões, e suas qualidades tamásicas, terra a terra, mas também um elemento sátvico mais puro, e a tarefa da ética é encorajar essa parte superior de nossa natureza. Com isso aumentamos a natureza divina, *daivī prakṛti*, que está presente em nós e nos desembaraçamos dos elementos titânicos e demoníacos. Portanto, não é a retidão hebraica do homem temeroso de Deus, mas pureza, amor, benevolência, verdade, intrepidez, a inocência do santo e do amante de Deus que são o objetivo do desenvolvimento ético conforme essa noção. Para empregar uma linguagem mais ampla, assumir a natureza divina é a consumação do ser ético. A melhor maneira de chegar a isso é perceber que Deus é o Self mais alto, a Vontade que guia e eleva, ou o Mestre que amamos e a quem servimos. Não é o medo d'Ele, mas o amor por Ele e a aspiração à liberdade e à pureza eterna de ser, que devem ser o motivo.

Sem dúvida, há um elemento de medo nas relações entre o mestre e seu servo, e mesmo entre o pai e a criança, mas somente quando elas estão no nível humano, quando o controle, a sujeição e a punição ocupam um lugar importante nas relações e o amor é obrigado a mais ou menos eclipsar-se por trás da máscara da autoridade. O Divino, mesmo enquanto mestre, não pune ninguém, não ameaça, não força a obedecer. É a alma humana que deve vir livremente ao Divino e oferecer-se à sua força todo-poderosa a fim de que ele possa tomá-la e elevá-la aos planos divinos, dar-lhe a alegria da mestria, pelo Infinito, da natureza finita e a alegria do serviço ao Mais Alto, que libera do ego e da natureza inferior. O amor é a chave dessa relação e, no Ioga indiano, esse serviço, *dāsyam*, é o serviço feliz ao Amigo divino ou o serviço apaixonado ao Bem-Amado divino. Na Gītā, o Mestre dos mundos pede a seu servo, o bhakta, de não ser outra coisa na vida senão seu instrumento, e pede isso enquanto amigo, guia e Self supremo, e descreve a si mesmo como o Senhor de todos os mundos, que é o amigo de todas as criaturas, *sarvalokamaheśvaraṁ suhṛdaṁ sarvabhūtānām*; as duas relações, de Amigo e de Mestre, de fato devem ir juntas e nenhuma delas pode ser perfeita sem a outra. Assim, não é a paternidade de Deus enquanto Criador que exige obediência porque criou nosso ser, mas a paternidade do amor, que, no Ioga, nos conduz à união íntima da alma. O amor é a chave verdadeira em ambas as relações, e o perfeito amor é incompatível com o motivo do medo. A proximidade entre a alma humana e o Divino é o objetivo, e o medo cria sempre uma barreira e uma distância; mesmo a reverência e o temor do Poder divino são sinais de distância e separação que desaparecem na profunda união de amor. Ademais, o medo pertence à natureza inferior, ao self inferior, e quando nos aproximamos do Self superior esse medo deve ser posto de lado, antes que possamos entrar em Sua presença.

Essa relação com a paternidade divina e aquela relação mais próxima com o Divino enquanto Alma-Mãe do universo, tem sua origem em outro motivo religioso primevo. A Gītā fala de certo tipo de bhakta ou adorador, que se dirige ao Divino como àquele que provê o que lhe falta, lhe dá prosperidade, satisfaz as necessidades de seu ser interior e exterior. "Eu trago ao meu bhakta", diz o Senhor, "a prosperidade que ele obtém e a que ele possui, *yogakṣemaṁ vahāmyaham*". A vida do ser humano é uma vida de carências e necessidades e, portanto, de desejos, não apenas em seu ser físico e seu ser vital, mas em seu ser mental bem como em seu ser espiritual. Quando se torna consciente de um Poder maior que governa o mundo, ele se aproxima desse Poder pela prece, para que suas necessidades sejam satisfeitas, para ser ajudado em sua dura jornada, para ser protegido e socorrido em sua luta. Quaisquer que sejam as rudezas que possam existir na maneira religiosa comum de se aproximar de Deus pela prece — e há muitas, sobretudo aquelas que imaginam que o Divino pode ser apaziguado, subornado, lisonjeado e levado a aquiescer ou a perdoar por meio de louvores, súplicas e dádivas e que, na maioria das vezes, tem pouco interesse pelo espírito em que os devotos se aproximam dele — mesmo essa maneira de dirigir-se ao Divino é um movimento essencial de nosso ser religioso e repousa em uma verdade universal.

A eficácia da prece é com frequência posta em dúvida e a própria prece considerada uma coisa irracional e, necessariamente, supérflua e ineficaz. É verdade que a vontade universal sempre executa seu propósito e não pode ser desviada por propiciações e súplicas egoístas; é verdade que o Transcendente que se expressa na ordem universal é onisciente e seu conhecimento mais vasto deve antever a coisa a ser feita e não necessita ser dirigido ou estimulado pelo pensamento humano, e é verdade que os desejos individuais não são e não podem ser, em nenhuma ordem do mundo, o fator determinante. Mas nem essa ordem, nem a execução da vontade universal são, de modo algum, efetuadas pela Lei mecânica, mas por poderes e forças das quais a vontade, a aspiração e a fé humanas não são menos importantes, para a vida humana, em todo caso. A prece é apenas uma forma particular dessa vontade, dessa aspiração e dessa fé. Suas formas são muitas vezes cruas, e não só infantis — o que, em si, não é um defeito —, mas pueris; no entanto, ela tem um poder e significado reais. Seu poder e seu sentido consistem em pôr a vontade, a aspiração e a fé do ser humano em contato com a Vontade divina como aquela de um Ser consciente com quem podemos estabelecer relações conscientes e vivas. Pois nossa vontade e nossa aspiração podem agir de duas maneiras: por nossa própria força e por nosso próprio empenho que, sem dúvida, podem alcançar certo poder e certa eficácia, seja para propósitos inferiores, seja para propósitos superiores (e há uma profusão de disciplinas que propõem a vontade humana como a única força que necessitamos) ou elas podem agir por nossa confiança na Vontade divina ou universal e subordinando-se a ela. E, nesse último caso, também podemos, seja considerar que essa Vontade responde, de fato, à nossa aspiração, mas de modo quase mecânico, por uma espécie de lei de energia ou, de qualquer modo inteiramente impessoal, seja considerar que ela responde de modo consciente à aspiração ao Divino e à fé da alma humana e lhe traz conscientemente a ajuda, direção, proteção e fruição pedidas, *yogakṣemaṁ vahāmyaham*.

A prece ajuda-nos a nos preparar para essa relação consciente, primeiro, no plano inferior no qual ela é ainda compatível com muitos egoísmos e autoenganos, porém, mais tarde, poderemos nos aproximar da verdade espiritual que está por trás. Então, não é mais ter o pedido atendido que importa, mas a própria relação, o contato de nossa vida com Deus, o intercâmbio consciente. Em matérias espirituais e na busca de ganhos espirituais, essa relação consciente é um grande poder; é um poder muito maior do que nossa luta e esforço pessoais — que dependem inteiramente de nós — e traz uma experiência e um crescimento espirituais muito mais plenos. Necessariamente, no final, a prece desaparece na coisa maior para a qual ela nos preparou — de fato, a forma que chamamos prece, em si, não é essencial, enquanto a fé, a vontade, a aspiração estiverem presentes — ou ela permanece apenas para a alegria da relação. Também o objeto da prece, *ārta*, ou a vantagem que ela busca, eleva-se cada vez mais, até que alcancemos a devoção suprema, sem motivo, aquela do Amor divino puro e simples, sem nenhuma outra demanda, nenhum outro desejo.

As relações que surgem a partir dessa atitude em relação ao Divino são as de uma criança com o Pai divino ou a Mãe divina e as do Amigo divino. Assim, a alma humana acerca-se do Divino para ser ajudada, conduzida, protegida e fruir; ou, se o objetivo for o conhecimento, ela se dirige ao Guia, ao Instrutor, Àquele que dá a luz, pois o Divino é o Sol do conhecimento; ou, na dor e no sofrimento, ela se acerca para ser aliviada, reconfortada e liberada — liberada do próprio sofrimento ou da existência no mundo, que é o *habitat* do sofrimento e de todas as causas reais, interiores, do sofrimento[1]. Nessas coisas notamos que há certa gradação. Pois a relação de paternidade é sempre menos próxima, menos intensa, menos apaixonada, menos íntima e, portanto, menos empregada pelo Ioga, que busca uma união ainda mais próxima. A relação de Amigo é algo mais doce, mais íntimo, reconhece uma igualdade e uma intimidade, mesmo na desigualdade, e um começo de dom de si mútuo; quando a relação se torna mais próxima e desaparece toda ideia de um "outro" que recebe e que dá, quando se torna sem motivo, exceto o motivo único do amor único, todo-suficiente, ela muda na relação livre e feliz do Companheiro de jogo na Lila da existência. Mas ainda mais próxima e íntima é a relação da Mãe e da criança, e essa relação tem um papel muito importante em toda parte onde o impulso religioso é o mais rico, mais fervoroso e onde ela jorra mais calorosamente do coração do ser humano. A alma se volta para a Alma-Mãe em todos os seus desejos e em todos os seus tormentos, e a Mãe divina quer que seja desse modo, a fim de que seu amor possa derramar-se de seu coração. A alma volta-se para ela também porque esse amor é, por natureza, autoexistente, e porque nos indica a morada em direção à qual nos dirigimos após nossas perambulações no mundo, e o seio no qual encontramos repouso.

Mas a relação maior e mais alta é aquela que não parte de nenhum desses motivos religiosos comuns, é aquela que constitui a própria essência do Ioga e brota da própria natureza do amor — é a paixão do Amante e do Bem-Amado. Em toda parte em que há o desejo da alma por sua completa união com Deus, essa forma de desejo ardente pelo divino faz seu caminho, mesmo nas religiões que parecem prescindir disso e não dão lugar a esse sentimento em seu sistema normal. Aqui, a única coisa pedida é o amor, a única coisa temida é a perda do amor, a única tristeza é a tristeza da separação do amor; pois todas as outras coisas não existem para o amante, ou vêm só como incidentes ou como resultados, e não como os objetivos ou as condições do amor. Todo amor é, de fato, em sua natureza, autoexistente, porque nasce de uma secreta unidade de ser e de um sentido da unidade ou de um desejo de unidade no coração entre almas que são ainda capazes de conceber-se como diferentes uma da

---

1. Essas são três das quatro categorias de adoradores reconhecidos pela Gītā: *ārta*, *arthārthi*, *jijñāsu*, o sofredor, o buscador de objetivos pessoais e o buscador do Conhecimento de Deus.

outra e divididas. Por conseguinte, todas as outras relações também podem chegar à sua alegria de ser autoexistente e sem motivo, somente pelo amor do amor. Porém, ainda assim, elas começam por outros motivos e, em certa medida, encontram, até o final, a satisfação de seu jogo em outros motivos. Porém, aqui, o começo é o amor, o fim é o amor e todo o objetivo é o amor. Há, na verdade, o desejo de posse, mas mesmo isso é ultrapassado, na plenitude do amor autoexistente e, no final, o bhakta demanda apenas que sua bhakti possa não cessar jamais, nem diminuir. Ele não pede o céu ou a liberação do nascimento ou qualquer outro benefício, mas apenas que esse amor seja eterno e absoluto.

O amor é uma paixão, e ele busca duas coisas: a eternidade e a intensidade; na relação entre o Amante e o Bem-Amado a busca por eternidade e intensidade é instintiva e inata. Amor é a busca pela posse mútua, e é nisso que a necessidade de posse mútua encontra seu absoluto. Por ir mais além do desejo de possuir, que implica uma diferença, o amor é a busca da unidade, e é aqui que a ideia de unidade, de duas almas que se fundem uma na outra e tornam-se una, toca o cume de sua aspiração e o absoluto de sua satisfação. O amor é também uma sede de beleza, e é aqui que essa sede é eternamente saciada, na visão, no contato e na alegria do Todo-Beleza. O amor é uma criança e um buscador do Deleite, e é aqui que ele encontra o êxtase mais alto possível, na consciência do coração e em cada fibra de seu ser. Ademais, essa relação é aquela que, como entre os seres humanos, tem mais exigências e, ainda assim, é a menos satisfeita, mesmo quando alcança suas intensidades mais fortes, porque é somente no Divino que ela pode encontrar sua satisfação real e completa. Portanto, é aqui, sobretudo, que as emoções humanas voltadas para o Divino encontram seu inteiro significado e descobrem toda a verdade da qual o amor é o símbolo humano, e é aqui que elas encontram todos os seus instintos essenciais divinizados, elevados, satisfeitos na beatitude em que nossa vida nasceu, e em direção à qual, pela unidade, ela retorna à Ananda da existência divina, onde o amor é absoluto, eterno e sem mistura.

CAPÍTULO IV

A VIA DA DEVOÇÃO

Em si, a bhakti é tão vasta quanto o desejo ardente do coração e da alma pelo Divino, e tão simples e direta quanto o amor e o desejo que vão direto a seu objeto. Ela não pode, portanto, reduzir-se a um método sistemático, não pode fundamentar-se em uma ciência psicológica como o Raja-Ioga, ou em uma ciência psicofísica como o Hatha-Ioga, nem começar de um processo intelectual definido como o método normal do Jnana-Ioga. Ela pode empregar vários meios ou suportes e, porque o homem tem uma tendência à ordem, aos processos e aos sistemas, ela pode tentar metodizar os auxiliares de que se serve, mas para descrever suas variantes ela precisaria passar em revista quase todas as incontáveis religiões humanas e sua maneira interior de aproximar-se da Divindade. Na verdade, o Ioga íntimo da bhakti baseia-se simplesmente nesses quatro movimentos: o desejo da alma que se volta para Deus e a intensidade de suas emoções por Ele; a dor do amor e a resposta divina ao amor; o deleite do amor possuído e o jogo desse deleite; e a fruição eterna do Amante divino, que é a essência da beatitude celeste. Essas são as coisas que, ao mesmo tempo, são demasiado simples e demasiado profundas para serem metodizadas ou analisadas. No máximo, poder-se-ia dizer: aqui estão quatro elementos sucessivos, quatro etapas, se podemos chamá-las assim, da siddhi, e aqui estão, de maneira geral, alguns dos meios de que ela se serve, e aqui estão, também, alguns aspectos e algumas experiências da sadhana da devoção. Necessitamos apenas traçar, de modo amplo, a linha geral que essas etapas seguem, antes de examinar como o Caminho da Devoção integra-se em um Ioga sintético e integral, e que lugar ela aí ocupa e, como seu princípio afeta os outros princípios de uma vida divina.

Todo Ioga é a ação pela qual a mente e a alma humanas — que não são ainda divinas em realização, mas sentem em si mesmas o impulso e a atração divinas —

se voltam para aquilo que lhes permitirá descobrir seu ser superior. Em termos emocionais, e isso é inevitável, esse movimento toma, primeiro, a forma de uma adoração. Na religião comum, essa adoração assume a forma de um culto exterior, que, por sua vez, conduz a uma forma ainda mais exterior do cerimonial do culto. Em geral, esse elemento é necessário porque a massa dos seres humanos vive em sua mente física, não pode compreender coisa alguma sem a força de um símbolo físico e não pode sentir que vive sem a força de uma ação física. Poderíamos aplicar aqui a gradação tântrica da sadhana, que considera o caminho do *paśu* — o rebanho, o ser animal ou físico — o estágio mais baixo da disciplina, e afirma que a adoração puramente, ou sobretudo cerimonial, é apenas o primeiro passo no caminho. É evidente que mesmo a verdadeira religião — e Ioga é algo mais que religião — só começa quando esse culto de todo exterior corresponde a algo deveras sentido na mente, a uma entrega genuína, a uma veneração ou a uma aspiração espiritual sinceras, para as quais o culto se torna uma ajuda, uma expressão externa e também uma espécie de lembrança periódica ou constante, para trazer a mente, absorvida nas preocupações da vida normal, de volta à sua aspiração. Mas enquanto aquilo que reverenciarmos, ou a quem prestamos homenagem, for apenas uma ideia da Divindade, ainda não chegamos ao início do Ioga. Como o objetivo do Ioga é união, seu início deve sempre ser uma busca do Divino, uma necessidade intensa de certo tipo de contato, de proximidade ou de posse. Quando esse contato nos vem, a adoração torna-se sempre, e em primeiro lugar, um culto interior; começamos a fazer de nós mesmos um templo do Divino, a fazer de nossos pensamentos e de nossos sentimentos uma prece constante de aspiração e busca: toda nossa vida se torna um serviço e um culto exteriores. Quando essa mudança acontece, quando essa nova tendência da alma cresce, a religião dos fiéis se torna um Ioga, um contato e união crescentes. Isso não significa que o culto externo deva, necessariamente, desaparecer, mas, cada vez mais, ele se tornará apenas a expressão física, ou o jorrar da devoção e adoração interiores, uma onda da alma que se projeta em palavras e atos simbólicos.

 Antes de tornar-se um elemento do Ioga profundo da devoção — uma pétala da flor do amor, a homenagem e a elevação do self em direção a seu sol —, a adoração deve trazer, se for profunda, uma consagração crescente do ser ao Divino que ele adora. E um elemento dessa consagração deve ser a autopurificação, a fim de que nos tornemos aptos para o contato divino ou para a entrada do Divino no templo de nosso ser interior, ou para sua revelação no santuário de nosso coração. Essa purificação deve ser ética em seu caráter, mas não será simplesmente a busca moralista da ação justa e irrepreensível, nem mesmo, quando alcançamos o estágio do Ioga, uma obediência à lei de Deus tal como as religiões convencionais a revelam, mas repelir, catarse, tudo que contradiz a ideia do Divino em si, ou do Divino em nós mesmos. No primeiro caso, essa purificação se torna uma imitação do Divino nos sentimentos e nos atos exteriores habituais; no segundo, um crescimento à Sua semelhança em nossa natureza. Esse crescimento à semelhança divina é para a vida ética exterior o que a adoração interior é para a cerimônia do culto. Ele culmina em uma espécie de liberação pela semelhança com o Divino, *sādṛśya*-mukti, uma liberação de nossa natureza inferior e uma mudança em natureza divina.

Quando é completa, a consagração se torna o dom de todo nosso ser ao Divino; portanto, de todos os nossos pensamentos e de nossas obras também. Aqui, o Ioga da Bhakti incorpora os elementos essenciais do Ioga das Obras e do Ioga do Conhecimento, mas à sua maneira e em seu espírito particular. É um sacrifício da vida e das obras ao Divino, mas um sacrifício de amor mais que uma harmonização de nossa vontade com a Vontade divina. O bhakta oferece ao Divino toda a sua vida e tudo o que ele é, tudo o que tem e tudo o que faz. Essa entrega pode tomar a forma ascética, como quando ele deixa a vida normal de seus semelhantes e dedica seus dias exclusivamente à prece, ao louvor e ao culto ou à meditação extática, ou quando renuncia a todas as posses pessoais e se torna o monge ou o mendigo, cuja única posse é o Divino, ou quando abandona todas as ações na vida, exceto aquelas que fazem parte diretamente da comunhão com o Divino ou ajudam a comungar com outros fiéis ou quando, no máximo, ele continua a agir na sólida fortaleza da vida ascética e presta aos homens os únicos serviços que pareçam mais particularmente fluir da natureza divina do amor, da compaixão e do bem. Mas há a autoconsagração mais vasta, própria a todo Ioga Iintegral, que aceita a completude da vida e do mundo em sua totalidade, como um jogo do Divino, e oferece o ser inteiro à Sua posse; tudo o que somos e tudo o que temos consideramos como pertencentes a Ele somente e não a nós mesmos, e todas as obras são feitas como uma oferenda a Ele. Assim se cumpre a consagração ativa e completa da vida exterior e interior, um dom de si sem mutilação.

Há também a consagração dos pensamentos ao Divino. No início, é preciso um esforço para fixar a mente no objeto da adoração — pois, naturalmente, a mente humana agitada está ocupada com outros objetos e, mesmo quando se volta para o alto, é constantemente puxada em outra direção pelo mundo — mas, no final, a mente habitua-se a pensar no Divino, e tudo o mais se torna secundário, ou só vem ao pensamento se for em relação a Ele. Isso é feito muitas vezes com a ajuda de uma imagem física, ou de modo mais íntimo e mais particular com um mantra ou um nome divino, pelo qual o ser divino se torna mais real. Aqueles que sistematizam descrevem três estágios na busca pela devoção da mente: primeiro, a escuta constante do nome divino, de seus atributos e de tudo que lhes é inerente; segundo, o pensamento constante no nome, nos atributos e no ser divino ou na personalidade divina; terceiro, a estabilização e fixação da mente no objeto e, com isso, a realização completa. E quando o sentimento ou a concentração que acompanha a devoção mental é muito intensa, ela conduz também ao samádi, isto é, ao transe extático em que a consciência se retira dos objetos externos. Mas tudo isso é, na verdade, incidental; a única coisa essencial é a devoção intensa do pensamento na mente ao objeto da adoração. Embora pareça próxima da contemplação como é praticada no Caminho do Conhecimento, a devoção é diferente em espírito. Em sua natureza real, ela não é uma contemplação imóvel, ela é uma contemplação extática; ela não busca se fundir no ser do Divino, mas trazê-Lo em nós, para que mergulhemos no êxtase profundo de sua presença ou de sua posse; e sua beatitude não é a paz da unidade, mas o êxtase da união. Aqui também pode haver uma autoconsagração separadora que conduz ao abandono de todo pensamento da vida pela posse desse êxtase, que depois se torna eterno nos planos além, ou a consagração abrangente, em que todos os pensamentos estão cheios do Divino e mesmo nas ocupações da vida cada pensamento lembra-se dele. Nesse Ioga, como nos outros, o buscador espiritual acaba por ver o Divino em toda parte e em tudo e a fazer fluir sua realização do Divino em todas as suas atividades interiores e ações exteriores. Mas no Ioga da Bhakti tudo se apoia na força primeira da união emocional, pois é pelo amor que a completa autoconsagração e a completa posse se efetuam; o pensamento e a ação tornam-se formas e imagens do amor divino que possui nosso espírito e seus elementos.

Esse é o processo comum pelo qual aquilo que, no início, pode ser uma vaga adoração de uma ideia do Divino, toma o matiz e a qualidade do Amor divino e, então, uma vez que entramos no caminho do Ioga, muda-se em realidade interior e na experiência intensa do amor divino. Mas há um Ioga mais íntimo que, desde o começo, é feito desse Amor mesmo, e alcança o objetivo pela intensidade do seu anelo, sem outro processo ou método. Todo o resto vem, mas vem a partir disso, como a folha e a flor vêm da semente; outras atividades não são meios de desenvolver ou realizar o amor, mas são irradiações desse amor que cresce já na alma. Essa é a via que a alma segue quando, talvez ainda ocupada com a vida humana normal, ouviu a flauta da Divindade por trás da cortina próxima dos bosques secretos e não possui mais a si mesma, não pode mais ter satisfação nem repouso enquanto não a seguir, enquanto não pegar e possuir o divino tocador de flauta. Isso é a própria essência do poder do amor no coração e na alma, quando não mais se interessam por objetivos terrestres e se voltam para a busca da fonte espiritual de toda beleza e de todo deleite. Nessa busca vibram todos os sentimentos e todas as paixões, todos os humores e experiências do amor, mas concentrados em um supremo objeto de desejo e intensificados cem vezes mais, além do cume mais alto de intensidade possível ao amor humano. Há os desassossegos da vida inteira, a iluminação de uma visão fugitiva, a necessidade insatisfeita de um único objeto desejado pelo coração, a impaciência intensa por tudo que distrai da preocupação exclusiva, a dor intensa dos obstáculos que impedem a união, a visão perfeita de toda beleza e de todo deleite em uma única forma. E há também todos os humores do amor: a alegria do devaneio e da absorção, o deleite do encontro e a plenitude do abraço, a dor da separação, a fúria do amor, as lágrimas da saudade, o deleite crescente da reunião. O coração é o palco desse idílio supremo da consciência interior, mas um coração que, cada vez mais, passa por uma mudança espiritual intensa e se torna o lótus aberto e irradiante do espírito. E assim como a intensidade dessa busca está mais além do poder mais alto das emoções humanas normais, o deleite e o êxtase final estão mais além do alcance da imaginação e mais além da expressão por palavras. Pois esse é o deleite da Divindade que está além da compreensão humana.

A bhakti indiana deu a esse Amor divino formas poderosas, símbolos poéticos que, na realidade, mais que símbolos, são a expressão íntima de uma verdade que de outro modo seria inexprimível. Ela se serve das relações humanas e nisso vê uma pessoa divina, não como simples imagem, mas porque existem relações divinas entre o Deleite e a Beleza supremos e a alma humana, das quais as relações humanas são um tipo imperfeito, mas, ainda assim, real, e porque esse Deleite e essa Beleza não são abstrações nem os atributos de uma entidade metafísica completamente impalpável, mas o corpo e a forma do Ser supremo. É a uma Alma viva que a alma do bhakta aspira, pois a fonte de toda vida não é uma ideia ou um conceito ou um estado de existência, mas um Ser real. Por conseguinte, ao possuir o divino Bem-Amado, toda a vida da alma está satisfeita, e todas as relações pelas quais ela descobre a si mesma e se expressa são de todo cumpridas; por conseguinte também, o Bem-Amado pode ser buscado mediante qualquer uma das relações e por todas elas, embora aquelas que admitem a maior intensidade sejam sempre aquelas que permitem buscá-lo e possuí-lo mais intensamente e com o êxtase mais profundo. Buscamo-lo dentro, no coração e, por conseguinte, separado de tudo, por uma concentração do ser reunido no interior, na própria alma; mas o vemos também, e o amamos, em toda parte onde Ele manifesta seu ser. Toda a beleza e toda a alegria da existência são vistos como sua alegria e sua beleza; o espírito abraça-o em todos os seres; o êxtase do amor que fruímos se alastra em um amor universal; toda a existência se torna uma irradiação de sua felicidade, mesmo suas próprias aparências são transformadas em algo diferente da aparência exterior. O próprio mundo é vivenciado como um jogo do Deleite divino, uma Lila, e isso em que o mundo se perde é o céu de beatitude da união eterna.

CAPÍTULO V

A PERSONALIDADE DIVINA

Em um Ioga sintético, que deve não apenas incluir mas unificar o conhecimento e a devoção, surge logo a questão difícil e perturbadora da Personalidade divina. Toda tendência do pensamento moderno tem sido a depreciação da personalidade; essa tendência vê por trás dos fatos complexos da existência apenas uma grande força impessoal, um devenir obscuro; e mesmo esse devenir se elaboraria por forças e leis impessoais, enquanto a personalidade se apresenta apenas como um fenômeno subsequente, subordinado, parcial e transiente, na superfície desse movimento impessoal. Mesmo se atribuirmos uma consciência a essa Força, ela parece ser impessoal, indeterminada, essencialmente vazia de tudo, exceto de atributos ou energias abstratos, pois tudo o mais é apenas um resultado, um fenômeno menor. O pensamento da Índia antiga, partindo do outro extremo da escala, chegou à mesma generalização na maioria de suas linhas de busca: concebeu a existência impessoal como a verdade original e eterna, e a personalidade como uma simples ilusão ou, no melhor dos casos, um fenômeno da mente.

Contudo, o Caminho da Devoção é impossível, se a personalidade do Divino não for aceita como uma realidade real e não uma hipóstase de uma ilusão. Não pode haver amor sem um amante e um bem-amado. Se nossa personalidade for uma ilusão e a Personalidade a quem se dirige nossa adoração for apenas um aspecto primário da ilusão, e se acreditarmos nisso, então o amor e a adoração devem ser logo aniquilados, ou só poderão sobreviver na paixão ilógica de um coração que nega, pelas batidas poderosas de sua vida, as verdades claras e áridas da razão. Amar e adorar uma sombra de nossa mente ou um fenômeno cósmico brilhante que desvanece sob o olho da Verdade é possível, talvez, mas a via da salvação não pode ser fundada na base de um engano deliberado. Na verdade, o bhakta não permite que essas dúvidas do intelecto barrem seu caminho; ele tem as predições de seu coração, e essas lhe são suficientes. Mas o sadhaka do Ioga Integral deve conhecer a Verdade última e eterna, e não pode persistir indefinidamente no deleite de uma Sombra. Se o impessoal for a única verdade durável, então uma síntese sólida é impossível. O sadhaka pode, no máximo, considerar a personalidade divina como um símbolo, uma ficção poderosa e efetiva, mas, no final, deverá ultrapassá-la e abandonar a devoção pela única busca do conhecimento último. Ele terá que esvaziar o ser de todos os seus símbolos, valores e conteúdos, a fim de chegar à Realidade sem feições.

Havíamos dito, contudo, que personalidade e impessoalidade, assim como nossa mente as entende, são apenas aspectos do Divino, e ambas estão contidas em seu ser; são uma só e única coisa que vemos de dois lados opostos e nas quais entramos por duas portas. Devemos ver isso com mais clareza, para que possamos nos desembaraçar de todas as dúvidas com que o intelecto busca nos afligir quando seguimos o impulso da devoção e da intuição do amor, ou que ele gostaria de nos impor até mesmo na alegria da união divina; de fato, essas dúvidas caem diante dessa alegria, mas se estivermos carregados demais com uma mente filosófica, elas podem nos perseguir quase até o último limiar. É melhor, então, descarregarmo-nos delas desde que possível, pela percepção dos limites do intelecto ou da mente filosófica racional e de sua maneira particular de aproximar-se da verdade, e mesmo dos limites da experiência espiritual que parte do intelecto, e ver que ela não constitui, necessariamente, a integralidade da experiência espiritual mais alta ou mais vasta. A intuição espiritual é sempre um guia mais luminoso do que a razão discriminatória, e a intuição espiritual dirige-se a nós não só pela razão, mas pelo resto de nosso ser também: pelo coração e pela vida. O conhecimento integral, então, será aquele que leva em conta tudo e unificará suas diversas verdades. O próprio intelecto encontrará uma satisfação mais profunda em não se confinar em seus próprios dados, e em aceitar a verdade do coração e da vida, dando-lhes seu valor espiritual absoluto.

A natureza do intelecto filosófico é de mover-se em meio a ideias e atribuir-lhes uma espécie de realidade abstrata própria, à parte de todas as representações concretas que afetam nossa vida e nossa consciência pessoal. Sua tendência é reduzir essas representações a seus termos mais simples e mais gerais, e sutilizar mesmo esses, se possível, em alguma abstração final. A via intelectual pura afasta-se sempre da vida. Ao julgar as coisas, o intelecto tenta retirar-se dos efeitos que elas têm sobre nossa personalidade e chegar a uma verdade geral e impessoal, qualquer que seja, que possa se encontrar por trás delas; ele é inclinado a tratar esse tipo de verdade como a única verdade real de nosso ser ou, ao menos, como o único poder de realidade superior e permanente. Portanto, ele é obrigado por sua própria natureza a chegar, em seus extremos, a uma impessoalidade e abstração absolutas. É a isso que chegavam as antigas filosofias. Elas reduziam tudo a três abstrações: a existência, a consciência e o deleite de ser, e tinham tendência a desembaraçar-se das duas últimas, que pareciam depender da primeira e mais abstrata, e a jogar tudo de volta em uma existência pura e sem feições, de onde tudo o mais havia sido retirado, todas as representações, todos os valores, exceto o único fato de ser, infinito e atemporal. Mas o intelecto tinha ainda um passo possível a ser feito, e o fez com a filosofia budista. Ele percebeu que mesmo esse fato final da existência era apenas uma representação; ele abstraiu isso também, e chegou a um zero infinito, que podia ser um vazio ou um eterno inexprimível.

O coração e a vida, como sabemos, têm uma lei exatamente oposta. Eles não podem viver nas abstrações, eles só podem encontrar sua satisfação em coisas concretas ou que possam ser tocadas ou captadas; quer física e mentalmente, quer espiritualmente, seu objetivo não é algo que eles buscam discernir ou alcançar por uma abstração intelectual; um devenir vivo, uma posse consciente, uma alegria consciente desse objeto, isso é o que eles buscam. Tampouco são sensíveis às satisfações de uma mente abstrata ou de uma existência impessoal, mas à alegria e à atividade de um ser, de uma Pessoa consciente em nós, finita ou infinita, para quem os deleites e os poderes de sua existência são uma realidade. Por conseguinte, quando o coração e a vida voltam-se para o Mais-Alto e o Infinito, eles não chegam a uma existência abstrata ou a uma não existência, a um Sat ou a um Nirvana, mas a um existente, um Sat Purusha; eles não alcançam apenas uma consciência mas um Ser consciente, Chaitanya Purusha; não apenas o deleite puramente impessoal do "É", mas o infinito "Eu sou" de beatitude, Anandamaya Purusha; tampouco eles querem imergir e perder sua consciência e beatitude em uma existência sem feições, mas insistem em possuir os três em um, pois o deleite da existência é seu poder mais alto e, sem consciência, o deleite não pode ser possuído. Esse é o sentido da suprema forma da religião do amor mais intensa da Índia: Sri Krishna, o Todo-Beatitude e o Todo-Beleza.

A inteligência também pode seguir essa tendência, mas cessa então de ser o intelecto puro. Ela invoca seu poder de imaginação para ajudá-la a se tornar a construidora de imagens, a criadora de símbolos e valores, o artista e o poeta espirituais. Essa é a razão pela qual a filosofia intelectual mais rigorosa só admite o Saguna, a Pessoa divina, enquanto símbolo cósmico supremo, e declara: vá mais além desse símbolo, vá à própria realidade, e você chegará, no final, ao Nirguna, o Impessoal puro. A filosofia rival afirma a superioridade de Saguna, e declarará talvez: o que é impessoal é apenas o material, a substância da natureza espiritual, a partir da qual o Pessoal manifesta os poderes de seu ser, de sua consciência e de sua beatitude e tudo que o expressa; o impessoal é o negativo aparente, a partir do qual ele libera as variações temporais do positivo eterno de sua personalidade. Aqui, nos encontramos obviamente diante de dois instintos ou, se hesitamos em aplicar essa expressão ao intelecto, diante de dois poderes inatos de nosso ser que, cada um à sua maneira, lidam com a mesma Realidade.

O intelecto e suas ideias e discriminações, e as aspirações do coração e da vida e suas aproximações, ambos têm realidades por trás das quais eles são apenas os meios de acesso. Ambos são justificados pela experiência espiritual; ambos chegam ao absoluto divino daquilo que buscam. Porém, ainda assim, cada um, se favorecido com exclusividade, pode ser atrapalhado pelas limitações de sua qualidade inata e de seus meios característicos. Vemos que em nossa vida terrestre, se seguirmos o coração e a vida com exclusividade, não chegaremos a nenhuma solução luminosa, enquanto uma intelectualidade exclusiva se torna remota, abstrata e débil; um crítico estéril, um técnico árido. Um dos grandes problemas de nossa psicologia e de nossa ação é encontrar suficiente harmonia entre elas e sua justa reconciliação.

O poder conciliador situa-se além, na intuição. Mas há uma intuição a serviço do intelecto e uma intuição a serviço do coração e da vida, e se seguirmos uma ou outra de maneira exclusiva, não iremos muito mais longe do que antes; apenas tornaremos mais intimamente reais para nós, mas ainda de maneira separada, as coisas a que visam os outros poderes menos clarividentes. Porém, o fato de que a intuição possa adaptar-se de maneira imparcial a todas as partes de nosso ser — pois mesmo o corpo tem suas intuições — mostra que ela não é exclusiva, ela é uma descobridora da verdade integral. Devemos interrogar a intuição de nosso ser inteiro, não apenas separadamente, em cada parte de nosso ser e nem somente no cume de suas descobertas, mas para além de todos esses instrumentos inferiores, além mesmo de suas primeiras correspondências espirituais, e elevarmo-nos à morada nativa da intuição, que é a morada nativa da Verdade infinita e ilimitável, *ṛtasya sve dame*, onde toda existência descobre sua unidade. Isto é o que o antigo Veda queria dizer ao exclamar: "Há uma verdade firme escondida pela verdade (a Verdade eterna recoberta por essa outra verdade de que recebemos aqui essas intuições inferiores); lá, as dez centenas de raios de luz se mantêm juntos: isto é o Um". *Ṛtena ṛtam apihitaṁ dhruvaṁ ... daśa, śatā, saha tasthus, tad ekam.*

A intuição espiritual capta sempre a realidade; ela é a anunciadora luminosa da realização espiritual ou, senão, de sua luz iluminadora; ela vê aquilo que os outros poderes de nosso ser estão labutando para explorar; ela alcança a verdade firme das representações abstratas do intelecto e das representações fenomênicas do coração e da vida, uma verdade que não é nem remotamente abstrata nem exteriormente concreta, mas algo diferente, e essas representações são apenas os dois lados de sua manifestação psicológica em nós. O que a intuição de nosso ser integral percebe, quando suas partes não se disputam mais entre elas, mas são iluminadas do alto, é que nosso ser inteiro visa à realidade única. O impessoal é uma verdade, o pessoal também é uma verdade; é a mesma verdade vista dos dois lados de nossa atividade psicológica; nem um, nem outro, por si mesmo, pode explicar a Realidade total e, contudo, por um ou por outro podemos nos aproximar dessa Realidade.

Visto de um lado, pareceria que um Pensamento impessoal esteja em ação e, para a conveniência de sua ação, tenha criado a ficção de um pensador; que um Poder impessoal esteja em ação e tenha criado a ficção de um autor; que uma Existência impessoal esteja em atividade e use a ficção de um ser pessoal que tem uma personalidade consciente e um deleite pessoal. Visto do outro lado está o pensador, que se expressa em pensamentos que sem ele não existiriam — nossa noção geral de pensamento simboliza simplesmente o poder da natureza do pensador; o Ishvara se expressa pela vontade, pelo poder e pela força; o Existente se estende em todas as formas, integrais ou parciais, diretas, inversas ou distorcidas de sua existência, de sua consciência e de sua beatitude, e nossa noção geral, abstrata, dessas coisas é apenas uma representação intelectual do poder triplo da natureza do Ser. Toda impessoalidade, por sua vez, parece tornar-se uma ficção, e a existência, em cada um de seus movimentos e em cada uma de suas partículas, parece não ser outra coisa senão a vida, a consciência, o poder, o deleite da Personalidade única e, contudo, inumerável, da Divindade infinita, do Purusha consciente de si e de seu próprio desdobramento. Ambos pontos de vista são verdadeiros — exceto a ideia de ficção, que é emprestada de nossos próprios processos intelectuais e deve ser banida — e a cada um deve ser dado seu valor próprio. O buscador integral deve ver tudo nessa luz e compreender que pode chegar à única e mesma Realidade por ambas as vias, seja sucessiva, seja simultaneamente, como duas rodas juntas que viajam em linhas paralelas — mas linhas paralelas que, em desobediência à lógica intelectual, mas em obediência à verdade da unidade interior que lhe é própria, se encontram no infinito.

Devemos considerar a Personalidade divina a partir desse ponto de vista. Quando falamos de personalidade, entendemos por isso, no início, algo limitado, externo e separativo, e nossa ideia de um Deus pessoal assume esse mesmo caráter imperfeito. Para nós, nossa personalidade é, no início, uma criatura separada, uma mente, um corpo e um caráter limitados, que consideramos como a pessoa que somos, uma quantidade fixa, pois, embora na realidade ela esteja sempre mudando, há um elemento de estabilidade suficiente para dar uma espécie de justificação prática a essa noção de fixidez. Concebemos Deus como uma pessoa do mesmo tipo, mas sem corpo: uma pessoa separada, diferente de todas as outras, com uma mente e um caráter limitados por certos atributos. Em nossas concepções primitivas do início, sua divindade é uma coisa inconstante, extravagante e caprichosa, uma versão aumentada de nosso caráter humano; mais tarde, concebemos a natureza divina da personalidade como uma quantidade de todo fixa e lhe atribuímos apenas as qualidades que consideramos divinas e ideais, e todas as outras são eliminadas. Essa limitação obriga-nos, para explicar todo o resto, a atribuir isso a um Diabo, ou a emprestar ao ser humano uma capacidade criadora original que teria produzido tudo que consideramos mau; ou então, quando percebemos que isso não é bem assim, nos é necessário erigir um poder que chamamos Natureza, a que atribuímos todas as qualidades inferiores e toda a massa das ações de que não queremos tornar o Divino responsável. Em um grau superior, a atribuição de uma mente e um caráter a Deus torna-se menos antropomórfica e o consideramos como um Espírito, mas ainda como uma pessoa separada, um espírito com certas qualidades divinas fixas como atributos. Assim são concebidas as ideias da Personalidade divina, o Deus pessoal que tanto varia de uma religião à outra.

Tudo isso parece ser, à primeira vista, um antropomorfismo primitivo que culmina em uma noção intelectual da Divindade, muito em desacordo com as realidades do mundo assim como o vemos. Não causa surpresa o fato de que a mente filosófica e cética tenha encontrado pouca dificuldade em destruir intelectualmente tudo isso, seja no sentido da negação de um Deus pessoal e da afirmação de uma Força impessoal ou de um Devenir impessoal, seja no sentido de um Ser impessoal ou de uma inefável negação da existência, com tudo o mais visto apenas como símbolos da Maia ou como verdades fenomênicas da consciência temporal. Mas essas são apenas as personificações do monoteísmo. As religiões politeístas, menos exaltadas talvez, mas mais abertas e mais receptíveis à vida cósmica, sentiram que tudo no cosmos tinha uma origem divina; elas então conceberam a existência de um grande número de personalidades divinas, com uma vaga sensação de um Divino indefinível detrás, cujas relações com os deuses pessoais não eram muito claramente definidas. Em suas formas mais exotéricas, esses deuses eram grosseiramente antropomórficos, mas quando a sensação interior de realidades espirituais tornou-se mais clara, essas várias divindades assumiram a aparência de personalidades do Divino único — esse é o ponto de vista declarado do antigo Veda. Esse Divino pode ser um Ser supremo que se manifesta em personalidades divinas diversas, ou uma existência impessoal que vai ao encontro da mente humana sob essas formas divinas; ou ambos pontos de vista podem ser afirmados simultaneamente, sem nenhuma tentativa intelectual de reconciliá-los, uma vez que ambos são sentidos como verdadeiros para a experiência espiritual.

Se submetermos essas noções da Personalidade divina à discriminação do intelecto, poderemos nos predispor a reduzi-las, segundo nossa tendência, a ficções da imaginação ou a símbolos psicológicos ou, de qualquer modo, a ver a resposta de nossa sensibilidade pessoal a algo que de modo algum é isso, mas é puramente impessoal. Podemos dizer que Isto é, na realidade, o próprio oposto de nossa humanidade e de nossa personalidade e que, por conseguinte, para entrar em relação com Isto somos impelidos a estabelecer essas ficções humanas e esses símbolos pessoais a fim de tornar Isto mais próximo de nós. Mas devemos julgar as coisas pela experiência espiritual e, em uma experiência espiritual total, veremos que essas coisas não são símbolos e ficções, mas, em sua essência, verdades do ser divino, por mais imperfeitas que tenham sido nossas representações. Mesmo nossa primeira ideia de nossa própria personalidade não é um erro absoluto, mas apenas uma visão superficial e incompleta assediada por muitos erros mentais. Um autoconhecimento maior mostra-nos que não somos, fundamentalmente, essa formulação particular de forma, poderes, propriedades e atributos, com um "eu" consciente que se identifica com isso tudo, como parecemos ser à primeira vista. Isso é apenas um fato temporário, embora, ainda assim, um fato, de nosso ser parcial na superfície de nossa consciência ativa. Descobrimos em nós um ser infinito que possui em potencial todos os atributos, um infinito de atributos *anantaguṇa,* que podem se combinar de todas as maneiras possíveis; e cada combinação é uma revelação de nosso ser, pois essa personalidade inteira é a automanifestação de uma Pessoa, isto é, de um ser que é consciente de sua manifestação.

Mas descobrimos também que esse ser nem mesmo parece se compor de atributos infinitos, mas há um estado de sua realidade complexa em que ele parece se manter retirado de seus atributos e se tornar uma existência consciente indefinível, *anirdeśyam*. Mesmo a consciência parece retirar-se, e deixar apenas uma pura existência atemporal. E mais, mesmo esse self puro de nosso ser parece, a certa altura, negar sua realidade própria ou ser não mais que a projeção de um Incognoscível sem base e sem self[1], que podemos conceber como um "algo" sem nome, ou como um Nada. Quando nos fixamos nisso exclusivamente e esquecemos tudo o que isso retraiu em si mesmo, falamos de impessoalidade pura ou do Nada vazio, e dizemos que essa é a verdade mais alta. Porém, uma visão mais integral mostra-nos que isso é a Pessoa, e a personalidade, com tudo o que ela manifestou, que assim se projetou

---

1. *anātmyam anilayanam* (Taittiriya Upanishad).

para o alto em seu próprio absoluto não expresso. E se levarmos ao Supremo nosso coração, assim como nossa mente racional, descobriremos que podemos alcançá-lo mediante a Pessoa absoluta assim como mediante a Impessoalidade absoluta. Mas todo esse autoconhecimento é apenas o sinal em nós da verdade correspondente do Divino em sua universalidade. Aí também, nessa universalidade, nós O encontramos sob formas variadas da personalidade divina; em formulações de atributos que expressam de maneira diversa sua natureza para nós; em infinitos atributos, o *anantaguna*; na Pessoa divina que se expressa por uma infinidade de atributos; na impessoalidade absoluta — a existência absoluta ou uma não existência absoluta — que é ainda, todo o tempo, o Absoluto não expresso dessa mesma Pessoa divina, desse Ser consciente que se manifesta por meio de nós e por meio do universo.

Mesmo no plano cósmico nos aproximamos do Divino todo o tempo por um ou outro desses aspectos. Podemos pensar, sentir e dizer que Deus é Verdade, Justiça, Retidão, Poder, Amor, Deleite, Beleza; podemos vê-lo como uma força universal ou como uma consciência universal. Mas isso é apenas uma maneira abstrata de vivenciar. Assim como nós mesmos não somos meramente certo número de atributos e de poderes, nem uma quantidade psicológica, mas um ser, uma pessoa que expressa assim sua natureza, do mesmo modo o Divino é uma Pessoa, um Ser consciente que desse modo exprime sua natureza para nós. E podemos adorá-lo sob diferentes formas de sua natureza: um Deus de Retidão, um Deus de Amor e de Misericórdia, um Deus de Paz e de Pureza; mas é evidente que existem outras coisas na natureza divina fora da forma da personalidade sob a qual o adoramos. A coragem de uma visão e experiência espirituais inabaláveis pode encontrá-lo também em formas mais severas ou mais terríveis. Mas nada disso é a completa Divindade; contudo, essas formas de sua personalidade são verdades reais dele mesmo, que ele assume para vir ao nosso encontro, e em suas relações conosco ele parece ter afastado e posto detrás de si tudo o mais. Ele é cada uma dessas formas, em separado e todas juntas. Ele é Vishnu, Krishna, Kali; ele se revela para nós na humanidade enquanto personalidade do Cristo ou enquanto personalidade do Buda. Quando olhamos mais além de nossa primeira visão exclusivamente concentrada, vemos por trás de Vishnu toda a personalidade de Shiva e por trás de Shiva toda a personalidade de Vishnu. Ele é o Anantaguna, a infinitude de atributos e a Personalidade divina infinita que se manifesta através dessa infinitude. Ou, uma vez mais ele parece retirar-se em uma pura impessoalidade espiritual, ou mesmo mais além de toda ideia de Self impessoal e justificar um ateísmo espiritualizado ou um agnosticismo — ele se torna para a mente humana um indefinível, *anirdeśyam*. Porém, da profundez desse Incognoscível, o Ser consciente, a Pessoa divina que se manifestou aqui, diz ainda: "Isso também sou eu; mesmo lá, mais além da visão da mente, eu sou Ele, o Purushottama".

Pois mais além das divisões e contradições do intelecto há uma outra luz e, de lá, revela-se a visão de uma verdade que podemos tentar expressar assim, intelectualmente. Lá, tudo é a única verdade de todas essas verdades, pois lá cada uma é presente e justificada por todo o resto. Nessa luz, nossa experiência espiritual unifica-se e torna-se integral; não há mais nem mesmo um átimo de divisão real, nenhuma sombra de superioridade e de inferioridade permanece entre a busca pelo Impessoal e a adoração da Personalidade divina, entre o Caminho do Conhecimento e o Caminho da Devoção.

CAPÍTULO VI

O DELEITE DO DIVINO

Esse é, então, o Caminho da Devoção e essa é sua justificação em relação ao conhecimento mais alto, mais vasto e mais integral, e podemos agora perceber a forma e o lugar que ela tomará em um Ioga Integral. Em essência, Ioga é a união da alma com o ser do Divino, com sua consciência e seu deleite imortais, uma união efetuada pela natureza humana e que muda essa natureza em uma natureza de ser divina, qualquer que seja ela, na medida em que possamos concebê-la em nossa mente e realizá-la em nossa atividade espiritual. Aquilo que vemos do Divino e em que fixamos nosso esforço concentrado, isto é, podemos nos tornar, ou chegar a algum tipo de unidade com isso, ou, pelo menos, a uma adaptação e a uma harmonia com isto. O antigo Upanishad expressa isso de maneira incisiva e em termos supremos: "Quem quer que O considere como a Existência, torna-se essa existência e quem quer que O considere como a Não existência torna-se essa não existência"; e é a mesma coisa com tudo o mais que vemos do Divino — essa é, podemos dizer, a verdade ao mesmo tempo essencial e pragmática da Divindade. Isso é algo que está mais além de nós e, na verdade, já está em nós, mas que, no momento, não somos ainda ou estamos apenas no início, em nossa existência humana; mas tudo o que pudermos ver disso poderemos criar ou revelar em nossa natureza e existência conscientes; poderemos nos tornar isso e, assim, criar ou revelar em nós, individualmente, a Divindade, e crescer em sua universalidade e transcendência: esse é nosso destino espiritual. Ou, se isso parecer demasiado elevado para a debilidade de nossa natureza, então, ao menos, poderemos nos aproximar da Divindade, refleti-la e estar em comunhão segura com ela; isso, para nós, é a consumação possível e próxima.

O objetivo desse Ioga sintético ou integral que estamos considerando é a união com o ser, a consciência e o deleite do Divino em cada parte de nossa natureza humana, de modo separado ou simultâneo, mas, no final, tudo deve ser harmonizado e unificado, a fim de que tudo seja transformado em uma natureza e um ser divinos. Nada menos que isso pode satisfazer aquele que tem a visão integral, porque o que ele vê, ele se esforça, necessariamente, para possuir espiritualmente e, tanto quanto possível, tornar-se. Ele aspira à Divindade não com o conhecimento apenas, nem com a vontade e o coração apenas, mas com todos esses igualmente e também com todo seu ser mental e vital, e labora para converter a natureza deles em seus equivalentes divinos. E visto que Deus vem ao nosso encontro por muitas vias de seu ser e em todas nos atrai a ele, mesmo enquanto parece esquivar-se de nós (e ver a possibilidade divina e vencer seu jogo de obstáculos constitui todo o mistério e toda a grandeza da existência humana), aspiraremos a rastrear o Divino, a encontrá-lo e possuí-lo em cada uma dessas vias, em sua culminância ou na união de todas, se pudermos encontrar a chave de sua unidade. Visto que ele se retira na impessoalidade, nós iremos à procura de seu ser e de seu deleite impessoais, mas, visto que ele nos encontra também em nossa personalidade e nas relações pessoais do Divino com o humano, nós tampouco nos recusaremos a isso; admitiremos os dois, o jogo do amor e do deleite e sua união inefável.

Pelo conhecimento buscamos unidade com o Divino em seu ser consciente; pelas obras também buscamos unidade com o Divino em seu ser consciente, não de maneira estática, mas dinâmica, por uma união consciente com a Vontade divina; mas, pelo amor, buscamos a união com ele em todo o deleite de seu ser. Por isso, a via do amor, por mais estreita que possa parecer em alguns de seus primeiros movimentos, no final abarca tudo, e mais imperiosamente do que todos os outros motivos do Ioga. A via do conhecimento tende facilmente ao impessoal e ao absoluto, pode rapidamente tornar-se exclusiva. É verdade que isso não é inevitável, e visto que o ser consciente do Divino é universal e individual tanto quanto transcendente e absoluto, a via do conhecimento também pode ter, e deve ter, uma tendência à realização integral da unidade e, por ela, poderemos chegar a uma unidade espiritual com Deus no homem e Deus no universo, não menos completa do que a união transcendente. Porém, mesmo assim, isso não é de todo imperativo. Pois podemos argumentar que há um conhecimento superior e um conhecimento inferior, uma percepção de si superior e uma percepção de si inferior, e que o pináculo do conhecimento deve ser buscado, com a exclusão da massa do conhecimento, e a via da exclusão deve ser preferida à via integral. Ou poderemos descobrir uma teoria da ilusão, para justificar nossa recusa a toda conexão com nossos semelhantes e com a ação cósmica. A via das obras nos conduz ao Transcendente, cujo poder de ser manifesta-se como vontade no mundo, idêntico em nós e em tudo; ao identificarmo-nos com ela, pelas próprias condições dessa identidade nos unimos a Ele enquanto self único em tudo e enquanto self universal e Senhor no cosmos. E isso poderia dar certa abrangência à nossa realização da unidade. Contudo, ainda assim, isso também não é de todo imperativo, pois esse motivo também pode inclinar-se em direção a uma impessoalidade completa e, mesmo se conduzir a uma participação contínua nas atividades da Divindade universal, poderemos, por princípio, permanecer de todo desapegados e passivos. É só quando o deleite intervém que o motivo da união integral se torna completamente imperativo.

Esse deleite tão inteiramente imperativo é o deleite no Divino, o Divino pelo Divino mesmo e nada mais, por nenhuma causa ou nenhum ganho além dele mesmo. Esse deleite não busca Deus por algo que Ele possa nos dar ou por qualquer atributo particular nele, mas pura e simplesmente porque Ele é nosso self e todo nosso ser, e é tudo para nós. Ele abarca o deleite da transcendência não por amor pela transcendência, mas porque Ele é a Transcendência; o deleite do universal, não por amor pela universalidade, mas porque Ele é universal; o deleite do indivíduo, não por amor à satisfação individual, mas porque Ele é o indivíduo. O deleite vai além de todas as distinções e de todas as aparências, e não faz cálculo algum de mais ou de menos no ser do Divino, mas o abarca onde quer que ele esteja e, portanto, em toda parte; abarca-o de maneira total naquilo que parece menos, assim como naquilo que parece mais; nas limitações aparentes como na revelação do ilimitável; em toda parte ele tem a intuição e a experiência de sua unidade e de sua totalidade. Buscar o Divino em toda parte unicamente por amor ao seu ser absoluto é, na realidade, dirigirmo-nos ao nosso próprio ganho individual, o ganho da paz absoluta. Possuir o Divino de maneira absoluta é, necessariamente, o objetivo desse deleite em seu ser, mas esse deleite vem quando o possuímos inteiramente e somos inteiramente possuídos por Ele, e o deleite não necessita se limitar a um estado estático ou a uma condição particular. Buscar o Divino em algum céu de beatitude é buscá-lo não por ele mesmo, mas pela beatitude do céu; quando temos todo o verdadeiro deleite de seu ser o céu está em nós, e em toda parte onde Ele está nós estamos, e possuímos a alegria do seu reino. Do mesmo modo, buscar o Divino somente em nós mesmos e para nós mesmos, é não apenas nos limitar, mas limitar nossa alegria nele. O deleite integral abarca-o não apenas dentro de nosso ser individual, mas em todos os seres humanos e em todos os seres de modo igual. E porque nele somos uno com todos, o deleite busca-o não só para nós, mas para todos os nossos semelhantes. Um deleite perfeito e completo no Divino, perfeito porque é puro e autoexistente, completo porque abrange tudo, assim como absorve tudo — esse é o sentido da via da Bhakti, para o buscador do Ioga Integral.

Uma vez que essa via se torna ativa em nós, todas as outras vias do Ioga convertem-se, por assim dizer, à sua lei, e por ela encontram seu significado mais rico. Essa devoção integral de nosso ser a Deus, não se desvia do conhecimento: o bhakta dessa via é aquele que ama e conhece Deus, porque conhecendo o Ser Divino, ele possui todo o Seu deleite; mas é no deleite que o conhecimento se torna pleno — o conhecimento do transcendente no deleite do Transcendente, o conhecimento do universal no deleite da Divindade universal, o conhecimento da manifestação individual no deleite de Deus no indivíduo, o conhecimento do impessoal no puro deleite do ser impessoal, o conhecimento do pessoal no pleno deleite de sua personalidade, o conhecimento de seus atributos e do jogo dos atributos no deleite da manifestação, o conhecimento de seu vazio de atributos no deleite da existência sem cor e da não manifestação.

Da mesma maneira, esse amante de Deus será o obreiro divino, não pelo amor às obras ou pelo prazer pessoal na ação, mas porque é assim que Deus aplica o poder de seu ser, e em seus poderes e em seus sinais nós o descobrimos, porque a Vontade divina nas obras é o transbordamento da Divindade no deleite de seu poder e do Ser divino no deleite da Força divina. O amante de Deus encontrará uma alegria perfeita nas obras e nos atos do Bem-Amado, porque nisso também ele encontra o Bem-Amado, e ele mesmo cumprirá todas as obras porque por meio dessas obras também o Senhor de seu ser expressa nele Sua alegria divina: quando trabalha, ele sente que expressa em atos e em poder sua unidade com aquilo que ama e adora; sente enlevo ao obedecer a vontade com a qual toda a força de seu ser é beatificamente identificada. Ainda da mesma maneira, esse amante de Deus buscará a perfeição, porque perfeição é a natureza do Divino e quanto mais ele cresce em perfeição, mais sente o Bem-Amado manifestar-se em seu ser natural. Ou ele crescerá simplesmente em perfeição, como a flor que desabrocha, porque o Divino está nele, assim como a alegria do Divino, e quanto mais essa alegria se expande nele, mais a alma, a mente e a vida também se expandem, naturalmente, e se tornam cada vez mais divinos. Ao mesmo tempo, porque sente o Divino em tudo, perfeito em meio a todas as limitações aparentes, ele não se afligirá por sua própria imperfeição.

A busca pelo Divino na vida e o encontro com ele em todas as atividades de seu ser e do ser universal tampouco estarão ausentes do campo dessa adoração. Toda a Natureza e toda a vida serão, para o amante de Deus, ao mesmo tempo a revelação e um belo lugar de encontro. As atividades intelectuais, estéticas e dinâmicas, a ciência, a filosofia e a vida, o pensamento, a arte e a ação serão marcadas pela sanção divina e terão um significado maior. Ele as buscará porque terá uma visão clara do Divino por trás delas e pelo deleite do Divino nelas. Na verdade, ele não será apegado às aparências delas, porque o apego é um obstáculo à Ananda; porém, porque possui essa Ananda pura, poderosa e perfeita, que obtém tudo, mas de nada depende, e porque descobre nelas as vias, os atos e os sinais, os devires e os símbolos e imagens do Bem-Amado, o amante de Deus extrai delas um enlevo que a mente normal que as procura por elas mesmas não pode alcançar, ou nem mesmo sonhar. Tudo isso, e ainda mais, torna-se parte da Via Integral e de sua consumação.

O poder geral do Deleite é o amor, e a forma particular que a alegria do amor assume é a visão da beleza. O amante de Deus é o amante universal e ele abarca o Divino que é o Todo-Beatitude e o Todo-Beleza. Quando o amor universal pegou seu coração, é o sinal decisivo que o Divino tomou posse dele; e, quando ele tem a visão do Todo-Beleza em toda parte e a todo momento pode sentir a beatitude de seu abraço, esse é o sinal decisivo de que ele tomou posse do Divino. A união é a consumação do amor, mas é essa posse mútua que dá à união não apenas seu grau mais alto de intensidade, mas também sua extensão mais vasta. Esse é o fundamento da unidade no êxtase.

CAPÍTULO VII

O BRAHMAN DE ANANDA

Em um Ioga sintético, integral, o Caminho da Devoção toma a forma de uma busca do Divino pelo amor e pelo deleite, e de uma aceitação feliz de todas as suas maneiras de ser. Ela encontra seu cume em uma união de amor perfeita e em uma fruição perfeita de todos os contatos da alma com Deus. Ela pode começar pelo conhecimento ou pode começar pelas obras, mas então mudará o conhecimento na alegria de uma união luminosa com o ser do Bem-Amado, e mudará as obras na alegria de uma união ativa de nosso ser com a vontade e o poder de ser do Bem-Amado. Ou ela pode começar diretamente pelo amor e pelo deleite, e em seguida incluir o conhecimento e as obras, e os desenvolverá como parte da alegria completa da união.

A atração do coração pelo Divino pode ser impessoal no início, o toque de uma alegria impessoal em algo universal ou transcendente que se revelou direta ou indiretamente a nosso ser emocional ou a nosso ser estético ou à nossa capacidade de sentir essa felicidade espiritual. Isso, que começamos a perceber assim, é o Brahman de Ananda, a existência de beatitude. É a adoração de um Deleite e de uma Beleza impessoais, de uma perfeição pura e infinita à qual não podemos dar nome nem forma, uma atração intensa da alma por uma Presença, um Poder, por uma Existência ideal e infinita no mundo ou além, que, de certo modo, se torna psicológica ou espiritualmente sensível para nós e, depois, cada vez mais íntima e real. Esse é o apelo, o toque em nós da existência de beatitude. E então, possuir sempre a alegria e a proximidade de sua presença, conhecer o que ela é, a fim de dar ao intelecto e à mente intuitiva a certeza de sua constante realidade, pôr nosso ser passivo e, tanto quanto pudermos, mesmo nosso ser ativo, nosso ser interior imortal e mesmo nosso ser mortal exterior em perfeita harmonia com ela, tornar-se-á uma necessidade de nossa vida. Abrirmo-nos a ela é o que sentiremos como a verdadeira felicidade, viver nela, a única perfeição real.

Uma Beatitude transcendente inimaginável para a mente e inexprimível para a palavra, é a natureza do Inefável. Ela se estende, imanente e secreta, em todo o universo e impregna cada coisa no universo. Sua presença é descrita como um éter secreto de beatitude do ser do qual a Escritura[1] diz que, se não houvesse isso, nada poderia respirar ou nem mesmo por um instante, viver. Essa beatitude espiritual está aqui também, em nossos corações. Está escondida dentro, velada aos esforços da mente de superfície, que consegue ter apenas algumas percepções, cujas traduções, fracas e defeituosas, apresentam diversas formas — mentais, vitais e físicas — da alegria de viver. Mas, se a mente se tornou bastante sutil e pura em sua receptividade e não está mais limitada pela natureza grosseira de nossas reações externas aos contatos com a existência, podemos receber algum reflexo dessa beatitude, que assumirá talvez, inteira ou principalmente, a nuance do elemento mais forte de nossa natureza. Esse reflexo poderá apresentar-se, primeiro, como uma necessidade intensa de uma Beleza universal, que sentiremos na Natureza e nos seres humanos, e em tudo que nos circunda; ou teremos a intuição de uma Beleza transcendente, de que toda a beleza aparente aqui é apenas um símbolo. Assim, a experiência pode apresentar-se àqueles em quem o ser estético é desenvolvido e exigente e nos quais predominam os instintos que, ao encontrarem seu modo de expressão, fazem o poeta e o artista. Ou pode ser a sensação de um espírito de amor divino ou, então, de uma Presença infinita, solícita, compassiva, no universo ou por trás ou além do universo, que nos responde quando voltamos em sua direção a necessidade de nosso espírito. Desse modo, a experiência pode começar a aparecer quando o ser emocional é intensamente desenvolvido. Ela poderá aproximar-se de nós de outras maneiras, mas sempre como um Poder de deleite, uma Presença de deleite, de beleza, de amor ou de paz que toca a mente, mas está além das formas que, em geral, essas coisas assumem na mente.

Pois toda alegria, toda beleza, todo amor, toda paz, todo deleite são o desbordamento do Brahman de Ananda — todo o deleite do espírito, do intelecto, da imaginação, do senso estético, da aspiração e da satisfação éticas, da ação, da vida e do corpo. E por todos os meios de nosso ser o Divino pode nos tocar, e Ele se serve de todos para despertar e liberar o espírito. Mas para alcançar o próprio Brahman de Ananda nossa receptividade mental deve ser sutilizada, espiritualizada, universalizada, esvaziada de tudo que seja túrbido e limitador. Pois quando nos acercamos dele ou

---

1. Sri Aurobindo se refere ao Taittiriya Upanishad. (N. da T.)

entramos nele, é por um sentido espiritual que nos desperta a um Deleite universal e transcendente, que existe em meio a todas as contradições do mundo e ao mesmo tempo por trás delas e mais além delas, e ao qual podemos nos unir por um êxtase crescente, universal e espiritual ou transcendente.

Em geral, a mente se satisfaz em refletir essa Infinitude percebida ou em senti-la dentro e fora de nós, como uma experiência que, por mais frequente que seja, continua ainda excepcional. Quando vem, ela parece tão satisfatória e maravilhosa em si mesma, e nossa mente normal, a vida ativa que somos compelidos a levar, pode parecer-nos tão incompatível com ela, que podemos pensar que é exagerado esperar mais. Mas o próprio espírito do Ioga é tornar o normal excepcional, e mudar o que está acima de nós e é maior do que nosso self normal, em um estado constante de nossa consciência. Portanto, não devemos hesitar em nos abrir mais regularmente à nossa experiência do Infinito, qualquer que seja, em purificá-la e intensificá-la, em fazer dela o objeto constante de nosso pensamento e de nossa contemplação, até que ela se torne o poder que põe em movimento e age em nós, a Divindade que adoramos e abraçamos — e todo o nosso ser soará em seu diapasão, porque a Divindade tornou-se o próprio self de nosso ser.

Nossa experiência disso deve ser purificada de qualquer adulteração mental, senão ela se retira, não poderemos mantê-la. E parte dessa purificação é que a experiência deve deixar de depender de uma causa ou de uma condição de excitação da mente, qualquer que seja; ela deve se tornar sua própria causa e sua própria existência, fonte de todos os deleites, que existirão só por ela; não deve se apegar a nenhuma imagem, cósmica ou outra, a nenhum dos símbolos pelos quais, no início, entramos em contato com ela. Nossa experiência disso deve ser constantemente intensificada e sempre mais concentrada; caso contrário, apenas a refletiremos no espelho de uma mente imperfeita e não alcançaremos o grau de elevação e transfiguração que nos conduzirá além da mente e nos fará entrar na beatitude inefável. Se fizermos disso o objeto constante de nosso pensamento e de nossa contemplação, ela transmutará tudo em seu ser e revelar-se-á como o Brahman de Ananda universal e toda a existência se tornará seu fluxo. Se aguardarmos sua inspiração para todos os nossos atos interiores ou exteriores, ela se tornará a alegria do Divino que, por meio de nós, expande sua luz, seu amor e seu poder na vida e em tudo que vive. Se a buscarmos pela adoração e o amor da alma, ela se revelará como a Divindade, veremos nela a face de Deus e conheceremos a beatitude de nosso Amante. Se afinarmos todo o nosso ser a seu diapasão, nos fundiremos em sua semelhança feliz e perfeita, uma expressão humana da natureza divina. E quando ela se tornar de todas as maneiras o self de nosso self, nosso ser se cumprirá e levaremos em nós a plenitude.

Brahman revela-se a nós sempre de três maneiras: em nosso interior, acima de nosso plano e em torno de nós no universo. Em nós existem dois centros do Purusha, a Alma interior pela qual ele nos toca e nos desperta: o Purusha no lótus do coração, que abre todos os nossos poderes em direção ao alto; e o Purusha no lótus de mil pétalas, por onde os relâmpagos da visão e o fogo da energia divina descem no pensamento e na vontade, abrindo-nos o terceiro olho. A existência de beatitude pode vir-nos de um ou outro desses centros. Quando o lótus do coração desabrocha sentimos uma alegria, um amor e uma paz divinos expandir-se em nós como uma flor de luz que ilumina o ser inteiro. Eles podem então unir-se à sua fonte secreta — o Divino em nosso coração — e adorá-lo como em um templo; eles podem fluir para o alto para tomar posse do pensamento e da vontade e escapar em direção ao Transcendente; eles se derramam em pensamentos, sentimentos e atos em tudo aquilo que nos circunda. Mas, enquanto nosso ser normal opor qualquer obstáculo ou se não for inteiramente modelado para responder a essa influência divina ou para ser instrumento dessa posse divina, a experiência será intermitente e poderemos constantemente recair em nosso velho coração mortal; mas pela repetição, *abhyāsa*, ou pela força de nosso desejo e de nossa adoração do Divino, ele será progressivamente modelado, até que essa experiência anormal se torne nossa consciência natural.

Quando o lótus superior se abre, a mente inteira se enche de uma luz, uma alegria e um poder divinos, por trás dos quais está o Divino, o Senhor de nosso ser em seu trono, com nossa alma ao seu lado ou absorvida em seus raios; todo o pensamento e toda a vontade tornam-se então uma luminosidade, um poder, um êxtase; em comunicação com o Transcendente, isso pode derramar-se em nossos membros mortais e, através deles, fluir para fora, no mundo. Nessa aurora também há alternâncias entre dias e noites, nosso exílio da luz, como os místicos védicos sabiam; mas na medida em que cresce em nós o poder de reter essa existência nova, adquirimos a capacidade de olhar por mais tempo o sol de onde procede essa irradiação e podemos nos tornar um corpo com ele, em nosso ser interior. Algumas vezes, a rapidez dessa mudança depende da força de nossa aspiração ao Divino que assim se revelou, e da intensidade da nossa busca; mas, algumas vezes, a mudança se produz por uma entrega passiva aos ritmos da toda-sabedoria divina, que age sempre segundo seu método, no início, inescrutável. Mas esse ritmo torna-se a fundação, quando nosso amor e nossa confiança são completos e nosso ser inteiro abandona-se nas mãos de um Poder que é o amor e a sabedoria perfeitos.

O Divino revela-se no mundo em torno de nós quando olhamos esse mundo com um desejo pelo deleite espiritual que O busca em todas as coisas. Muitas vezes há uma abertura súbita, pela qual o próprio véu das formas se torna uma revelação. Uma Presença espiritual universal, uma paz universal, um deleite infinito e universal se manifesta, imanente, abrangente, impregnando tudo. Essa Presença, por nosso amor por ela, nosso deleite nela, por nosso pensamento constante nela, responde a nosso apelo e cresce em nós; ela se torna aquilo que vemos e tudo o mais é apenas sua habitação, sua forma, seu símbolo. Mesmo tudo o que é mais externo — o corpo, a forma, o som, tudo que é percebido por nossos sentidos — é visto como uma Presença; deixa de ser físico e muda em substância do espírito. Essa transformação significa a transformação de nossa própria consciência interior; a Presença em torno de nós nos toma nela mesma e nos faz parte dela. Nossa mente, vida, corpo tornam-se para nós nada mais que sua habitação e seu templo, uma forma de sua ação e um instrumento de sua expressão. Tudo é apenas alma e corpo desse deleite.

Assim se apresenta o Divino em torno de nós e em nosso plano físico. Mas ele pode revelar-se acima. Nesse caso, o vemos e sentimos como uma alta Presença, um grande infinito de Ananda acima de nós — ou nessa Ananda, como nosso Pai no céu — e não o sentimos ou não o vemos em nós nem em torno de nós. Enquanto mantivermos essa visão, o mortal em nós será subjugado por essa Imortalidade; ele sentirá a luz, o poder e a alegria e lhes responderá segundo sua capacidade; ou sentirá a descida do espírito e, então, por um tempo, será transformado e elevado ao esplendor de algum reflexo da luz e do poder: torna-se-á um receptáculo da Ananda. Mas em outros momentos ele recairá em seu velho estado mortal e existirá e agirá de maneira obtusa e mesquinha, nos costumeiros hábitos terrestres. A redenção completa vem quando o Poder divino desce na mente e no corpo humanos, quando sua vida interior se remodela na imagem divina — o que os videntes védicos chamaram "o nascimento do Filho pelo sacrifício". De fato, é por um contínuo sacrifício ou oferenda, um sacrifício de adoração e aspiração, um sacrifício das obras, do pensamento e do conhecimento, um sacrifício da flama ascendente da vontade em direção à Divindade, que construiremos em nós o ser desse Infinito.

Quando possuímos firmemente essa consciência do Brahman de Ananda nessas três manifestações — acima, dentro e em torno —, temos sua unidade completa e abarcamos todas as existências em seu deleite, em sua paz, alegria e amor; então, todos os mundos tornam-se o corpo desse self. Mas não teremos o conhecimento mais rico dessa Ananda, se sentirmos apenas uma presença, uma amplidão ou uma imanência impessoais, e se nossa adoração não for bastante íntima para que esse Ser nos revele, a partir dessa alegria amplamente extensa, a face e o corpo do Amigo ou do Amante e nos faça sentir suas mãos. Sua impessoalidade é a grandeza beatífica do

Brahman, mas, de lá, podemos sentir em nós a guiança doce e íntima da Personalidade divina. Pois Ananda é a presença do Self, o Mestre de nosso ser, e o fluir de seu desbordamento pode tornar-se a alegria pura de sua Lila.

CAPÍTULO VIII

O MISTÉRIO DO AMOR

A adoração do Divino impessoal, segundo a interpretação corrente, não seria estritamente um Ioga da devoção, pois em suas formas habituais o Ioga supõe que o Impessoal só pode ser buscado para uma unidade completa, em que Deus e nossa própria individualidade desaparecem e não há ninguém para adorar nem ninguém para ser adorado: somente o deleite da experiência da unidade e da infinidade permanece. Mas, na verdade, os milagres da consciência espiritual não devem ser sujeitos a uma lógica tão rígida. Quando começamos a sentir a presença do infinito, é a personalidade finita em nós que é tocada e, portanto, ela pode muito bem responder ao toque e ao apelo com uma espécie de adoração. Em seguida, podemos considerar o Infinito não tanto como um estado espiritual de unidade e de beatitude, e esse estado apenas como o molde e a atmosfera essenciais desse Infinito, mas, antes, como a presença da inefável Divindade para nossa consciência e, aí também, o amor e a adoração têm seu lugar. E mesmo quando nossa personalidade parece desaparecer em sua unidade, pode ainda ser — e, de fato, é — o Divino individual que se funde no Divino universal e supremo por uma união em que o amor, o amante e o amado se esquecem na fusão de uma experiência de êxtase, mas estão ainda aí, latentes e subconscientemente persistentes nessa unidade. Toda união com o self pelo amor é, necessariamente, dessa natureza. Podemos mesmo dizer, em certo sentido, que é para ter a alegria dessa união, esse último coroamento de toda a diversidade das experiências da relação espiritual entre a alma individual e Deus, que o Um se tornou a multitude no universo.

Ainda assim, a experiência mais íntima do Amor divino em toda a sua diversidade não pode ser obtida somente pela busca do Infinito impessoal; para isso, a Divindade que adoramos deve tornar-se próxima e pessoal para nós. É possível para o

Impessoal revelar, dentro de si mesmo, todas as riquezas da personalidade se formos até seu coração, e aquele que busca apenas entrar na Presença infinita ou abarcá-la, pode descobrir nela coisas que ele nem sonhou; o ser do Divino tem surpresas para nós que confundem as ideias do intelecto limitador. Mas, em geral, o Caminho da Devoção começa no outro extremo: começa pela adoração da Personalidade divina, e eleva-se e amplia-se até chegar a seu objetivo. O Divino é um Ser e não uma existência abstrata ou um estado de pura infinitude sem tempo; a existência original e universal é Ele, mas essa existência é inseparável da consciência e da beatitude do ser, e uma existência consciente de seu ser e de sua beatitude é o que podemos, sem dúvida, chamar uma Pessoa divina infinita — Purusha. Ademais, toda consciência implica um poder, Shakti; onde há consciência de ser infinita, há poder de ser infinito, e por esse poder tudo existe no universo. Todos os seres existem por esse Ser; todas as coisas são as faces de Deus; todo pensamento, toda ação, todo sentimento e todo amor procedem d'Ele e retornam a Ele, todos os seus resultados o têm como fonte, sustento e objetivo secreto. É para essa Divindade, para esse Ser que a bhakti do Ioga Integral fluirá e se elevará. Transcendente, ela o buscará no êxtase de uma união absoluta; universal, ela o buscará no infinito de atributos e em cada aspecto, em todos os seres, com um deleite e amor universais; individual, ela entrará com ele em todas as relações que o amor cria entre uma pessoa e outra.

Não é sempre possível apreender desde o início a completa integralidade daquilo que o coração busca; de fato, isso só é possível se a inteligência, o temperamento e a mente emocional forem já desenvolvidos em amplidão e excelência pela tendência de nossa vida precedente. É a isso que a experiência da vida normal deve conduzir, pelo aperfeiçoamento cada vez maior do intelecto e da mente estética e emocional e também de nossas capacidades de vontade e de experiência ativa. Ela amplia e refina o ser normal, a fim de que ele possa se abrir com facilidade a toda a verdade d'Isto que nos preparava para ser o templo de sua manifestação. Em geral, o ser humano é limitado em todas as partes de seu ser e, no início, ele só pode apreender da Verdade divina o tanto que corresponde, mais ou menos, à sua natureza e ao desenvolvimento e associações passadas dessa natureza. É por isso que Deus, no início, vem ao nosso encontro sob diversas afirmações limitadas de seus atributos e de sua natureza divina; ele se apresenta, àquele que busca, como o absoluto das coisas que este pode compreender e às quais sua vontade e seu coração podem responder; ele revela um nome e um aspecto de sua Divindade. Isso é o que é chamado no Ioga o *iṣṭa-devatā*, o nome e a forma que nossa natureza escolhe para venerar. Para que o ser humano possa abarcar essa Divindade em todas as partes de si mesmo, ela se representa em uma forma que responde a alguns de seus aspectos e atributos, e que, para o adorador, se torna o corpo vivo de Deus. Essas são formas de Vishnu, Shiva, Krishna, Kali, Durga, Cristo, Buda, que a mente humana capta para venerar. Mesmo o monoteísta que venera um Deus sem forma, lhe dá, no entanto, uma forma mental ou uma forma da Natureza, à qual ele pode contemplar e da qual pode se aproximar. Mas, se formos capazes de ver uma forma viva, um corpo mental, por assim dizer, do Divino, isso dá à aproximação uma doçura e uma intimidade maiores.

A via do Ioga Integral da bhakti consistirá em universalizar esse conceito do Divino, personificá-lo intimamente por uma relação múltipla todo-abrangente, que o tornará constantemente presente para todo o ser, e devotar, consagrar, abandonar todo o ser a ele, a fim de que fique perto de nós e em nós, e nós fiquemos perto dele e nele. *Manana* e *darśana*, pensar nele constantemente e em todas as coisas, e vê-lo sempre e em toda parte são indispensáveis a essa via da devoção. Quando olhamos as coisas da Natureza física, devemos ver nelas o objeto divino de nosso amor; quando olhamos os homens e os seres, é ele que devemos ver neles, e em nossa relação com estes devemos ver que entramos em relação com formas dele; quando passamos além dos limites do mundo material e conhecemos os seres de outros planos ou nos relacionamos com eles, é ainda esse mesmo pensamento e essa mesma visão que devem se tornar reais para nossa mente: em lugar de ser aberta apenas à forma material aparente e às relações normais mutiladas e ignorar a Divindade secreta interior, nossa mente deve aceitar, por um hábito incessante de deleite e de amor que abarca tudo, essa compreensão mais ampla e mais profunda e essa relação maior. Em todas as divindades devemos ver esse Deus único que adoramos em nosso coração e em todo nosso ser; elas são formas de sua divindade. Assim, ao ampliarmos nossa abrangência espiritual, alcançaremos o ponto em que tudo é ele e o deleite dessa consciência tornar-se-á nossa maneira normal e ininterrupta de ver o mundo. Isso nos trará a universalidade exterior ou objetiva de nossa união com ele.

Interiormente, a imagem do Bem-Amado deve tornar-se visível ao nosso olho interno, habitar em nós como em sua mansão, impregnar nosso coração com a doçura de sua presença, presidir, do cume de nosso ser, a todas as atividades de nossa mente e de nossa vida como o amigo, o mestre e o amante e, do alto, unir-nos a ele no universo. Uma comunhão interior constante, essa é a alegria que deve se tornar próxima, permanente, infalível. Essa comunhão não deve se confinar em uma intimidade e adoração excepcionais quando nos retiramos completamente em nós mesmos, longe de nossas preocupações normais, e tampouco devemos buscá-la deixando de lado nossas atividades humanas. Todos os nossos pensamentos, impulsos, sentimentos, ações devem ser referidos a ele para sua sanção ou desaprovação ou, se ainda não pudermos alcançar esse ponto, devem ser oferecidos a ele em nosso sacrifício de aspiração, a fim de que ele possa descer em nós cada vez mais e estar presente em todos eles e permeá-los com sua vontade e poder, sua luz e conhecimento, seu amor e deleite. No final, todos os nossos pensamentos, sentimentos, impulsos, ações começarão a proceder dele e mudarão em uma semente e em uma forma divinas; em toda nossa vida interior nos tornaremos conscientes de nós mesmos como uma parte de seu ser, até que não haja mais separação entre a existência do Divino que adoramos e nossa própria vida. Do mesmo modo, em todos os acontecimentos, chegaremos a ver as vias do Amante divino em nós e encontraremos nelas um tal prazer que mesmo a tristeza, o sofrimento e a dor física tornar-se-ão seus dons e se mudarão em deleite; no final, desaparecerão no deleite, anulados pela percepção do contato divino, porque o toque de suas mãos é a alquimia de uma transformação miraculosa. Alguns rejeitam a vida porque é manchada pela tristeza e pela dor, mas para o amante de Deus tristeza e dor tornam-se meios de encontrá-lo, marcas de sua pressão e, no final, cessam, logo que nossa união com sua natureza se torna tão completa que essas máscaras do deleite universal não podem mais dissimulá-las. Elas mudam em Ananda.

Todas as relações por meio das quais essa união acontece, tornam-se, nesse caminho, intensa e jubilosamente, pessoais. Aquilo que, no final, contém, absorve e unifica todas elas é a relação do amante e do bem-amado, porque é a mais intensa e beatífica de todas e carrega todo o resto até suas alturas e ainda as ultrapassa. Ele é o instrutor e o guia e nos conduz ao conhecimento; a cada passo do desenvolvimento da luz e visão interiores sentimos seu toque, como de um artista que modela a argila de nossa mente; sua voz, que revela a verdade e a palavra da verdade; o pensamento que ele nos dá e a que respondemos; o lampejo de sua lança de raios que afugenta a obscuridade de nossa ignorância. Sobretudo, à medida que as luzes parciais da mente se transformam na luz da gnose, em qualquer grau que seja, maior ou bem menor, sentimos nossa mentalidade transformar-se na sua e, cada vez mais, ele se torna o pensador e o vidente em nós. Cessamos de pensar e ver por nós mesmos, mas pensamos somente o que ele quer pensar para nós e vemos somente o que ele vê para nós. E então o instrutor cumpre-se no amante; ele se apodera de todo o nosso ser mental, abraça-o e o possui: encontra nele seu instrumento e seu maior prazer.

Ele é o Mestre, mas nesse modo de aproximação toda distância e toda separação, todo terror, todo medo e toda mera obediência desaparecem, porque nos tornamos demasiado próximos e unidos a ele para que essas coisas possam continuar: é o amante de nosso ser que nos toma e nos ocupa, nos utiliza e faz de nós tudo o que quer. Obediência é o sinal do servo, dasa mas esse é o estágio inferior dessa relação. Depois, não obedecemos mais, mas nos movemos por sua vontade, como a corda que responde ao dedo do músico. Ser instrumento é o estágio mais alto do dom de si e da submissão. Mas esse é um instrumento que vive e ama e, no final, toda a natureza de nosso ser torna-se a escrava de Deus, frui nessa posse e na sua submissão beatífica à posse e domínio divinos. Com um deleite apaixonado, o instrumento faz tudo o que o Senhor quer sem questionar, e suporta tudo o que o Senhor lhe faz suportar, porque o que ele suporta é o fardo do ser bem-amado.

Ele é o amigo, o conselheiro, a ajuda, o salvador nas dificuldades e na angústia, o defensor contra os inimigos, o herói que batalha por nós ou por trás do escudo com que lutamos, o condutor de nosso carro de guerra, o piloto que nos conduz no caminho. E aqui chegamos logo a uma intimidade maior; ele é o camarada e eterno companheiro, o parceiro do jogo da vida. Porém, mesmo assim, há ainda certa divisão, por mais agradável que seja, e a amizade é ainda muito limitada por uma aparência de beneficência. O amante pode ferir, abandonar, enfurecer-se conosco, parecer trair-nos; contudo, nosso amor persiste e mesmo cresce por essas oposições; elas aumentam a alegria da reunião e a alegria da posse; por meio delas, o amante continua amigo e, no final, percebemos que tudo o que ele fez foi feito pelo amante e sustentáculo de nosso ser para a perfeição de nossa alma assim como para Sua alegria em nós. Essas contradições conduzem a uma intimidade maior. Ele é também o pai e a mãe de nosso ser, sua fonte e seu protetor, aquele que nos acalenta com indulgência, aquele que responde a nossos desejos. Ele é a criança nascida de nosso desejo, que acalentamos e educamos. Todas essas coisas o amante assume; seu amor, em sua intimidade e unidade, contém a solicitude paterna e materna, e presta-se às demandas que lhe fazemos. Tudo é unificado nessa relação mais profunda e multifacetada.

É possível, mesmo do início, ter essa relação mais próxima entre o amante e o bem-amado, mas para o iogue integral ela não será tão exclusiva quanto o é nas vias em que a bhakti é puramente extática. Desde o começo ela assumirá uma nuance das outras relações, pois o buscador procura também o conhecimento e as obras, e necessita o Divino enquanto instrutor, amigo e mestre. Quando cresce no buscador, o amor de Deus deve trazer-lhe uma ampliação do seu conhecimento de Deus e da ação da Vontade divina em sua natureza e em sua vida. O Amante divino revela-se; ele toma posse da vida. Ainda assim, a relação essencial será a de um amor de que todas as coisas fluem — um amor apaixonado, completo, que busca cem maneiras de cumprir-se e todos os meios de posse mútua, um milhão de facetas da alegria da união. Todas as distinções da mente, todas as suas barreiras e seus "isso não poder ser", todas as frias análises da razão são ridicularizadas por esse amor ou apenas usadas como testes de amor, terrenos e portas de entrada da união. O amor nos vem de muitas maneiras; pode vir pelo despertar para a beleza do Amante, pela visão de uma face ou de uma imagem ideal dele, pelos misteriosos sinais de sua presença por trás dos milhares de faces das coisas no mundo, por uma necessidade — lenta ou súbita — do coração, por alguma vaga sede da alma, pela sensação de ter alguém perto de nós que nos atrai ou nos persegue com amor, ou de alguém beatífico e belo que devemos descobrir.

Podemos buscá-lo apaixonadamente e perseguir o bem-amado invisível, e também o amante, que pensávamos não nos buscaria, pode perseguir-nos, pode cair sobre nós no meio do mundo e apoderar-se de nós para si mesmo, quer o queiramos, quer não, no início. Ele pode mesmo, no começo, vir até nós como inimigo, com a cólera do amor, e nossas primeiras relações com ele podem ser de batalha e de conflito. Quando é o amor e a atração que vêm primeiro, as relações do Divino com a alma podem ser ainda por muito tempo tumultuadas, com incompreensões e ofensas, ciúme e cólera, lutas e brigas de amor, esperança e desespero e a dor da ausência e da separação. Lançamos nele todas as paixões do coração até que sejam purificadas em um êxtase único da beatitude e da unidade. Mas isso também não é monotonia; não é possível à linguagem humana dizer tudo sobre a extrema unidade e toda a eterna variedade da Ananda do Amor divino. Todas as partes de nosso ser, as superiores tanto quanto as inferiores, são inundadas dele, a mente e a vida não menos que a alma; mesmo o corpo físico tem sua parte nessa alegria, sente o toque, enche-se em todos os seus membros, suas veias, seus nervos com o fluir do vinho do êxtase, *amṛta*. Amor e Ananda são a última palavra do ser, o segredo dos segredos, o mistério dos mistérios.

Assim universalizada, personalizada, elevada às suas intensidades mais altas, quando ocupa tudo, abarca tudo, cumpre tudo, a via do amor e do deleite dá a liberação suprema. Seu cume mais alto é a união supracósmica. Mas, para o amor, a união completa é *mukthi*; a liberação, para ele, não tem outro sentido; e ela inclui todas as variedades de *mukthi* ao mesmo tempo, que, no final, não se sucedem meramente uma à outra e, portanto, não se excluem uma à outra como alguns pretendem. Nós temos a união absoluta do Divino com o espírito humano, *sāyujya*; nela, revela-se o conteúdo de tudo que depende aqui da diferença — mas lá, a diferença é apenas uma forma de unidade — e também a Ananda da proximidade, do contato e da presença mútua, *sāmīpya*, *sālokya*, a Ananda de refletir-se um no outro — o que chamamos a semelhança, *sādṛśya* — e também outras coisas maravilhosas para as quais a linguagem ainda não tem palavras. Nada está fora do alcance do amante de Deus ou lhe é negado, pois ele é o favorito do Amante divino e o self do Bem--Amado.

PARTE IV

O IOGA DA PERFEIÇÃO DE SI

CAPÍTULO I

O PRINCÍPIO DO IOGA INTEGRAL

O princípio do Ioga é tomar um só poder, ou todos os poderes de nossa existência humana e fazer deles um meio para alcançar o Ser divino. Em um ioga comum um só dos poderes principais de nosso ser, ou um grupo de seus poderes, serve de meio, de veículo, de via. Em um ioga sintético todos os poderes serão combinados e incluídos nos instrumentos de transmutação.

No Hatha-Ioga o instrumento é o corpo e a vida. Todo o poder do corpo é imobilizado, reunido, purificado, intensificado, concentrado até seu extremo limite, ou além de todo limite, por ássanas e outros processos físicos; o poder da vida também é purificado, intensificado, concentrado por meio de ássanas e pranayama. Essa concentração de poderes é então dirigida ao centro físico em que a consciência divina se mantém escondida no corpo humano. O poder da Vida ou o poder da Natureza, enovelado com todas as suas forças secretas adormecidas no plexo nervoso mais baixo do ser terrestre — de onde só participa das operações normais de nossa atividade de vigília o pouco que baste às necessidades limitadas da vida humana — desperta, sobe de centro em centro e, ao passar, desperta também as forças de cada nível de nosso ser: a vida nervosa, o centro das emoções e da mentalidade comum, a palavra, a visão, a vontade, o conhecimento superior; depois, atravessa o cérebro e encontra, acima, a consciência divina, com quem se torna uno.

No Raja-Ioga o instrumento escolhido é a mente. Nossa mentalidade normal é, primeiro, disciplinada, purificada e dirigida ao Ser divino, depois, por um processo sumário de ássanas e pranayama, a força física de nosso ser é imobilizada e concentrada, a força da vida é liberada e segue um movimento rítmico que podemos cessar por completo e concentrar em um poder mais alto; a mente, sustentada e fortificada por essa ação e concentração maiores do corpo e da vida que são sua base, é ela mesma purificada de toda a sua agitação, de suas emoções, de suas ondas de pensamento habituais, liberada da distração e da dispersão, dotada de uma força de concentração superior e reunida, imersa em um estado de transe. Dois objetivos, um, temporal, o outro, eterno, são alcançados mediante essa disciplina. Em uma ação concentrada, o poder da mente adquire capacidades incomuns de conhecimento e de vontade efetiva, uma luz receptora profunda e uma poderosa luz de irradiação do pensamento, que ultrapassam totalmente o alcance limitado de nossa mentalidade normal; ele alcança os poderesióguicos ou ocultos em torno dos quais foram tecidos tantos mistérios, de todo dispensáveis, mas que, talvez, possam ser saudáveis. Porém, o objetivo final e o ganho de primeira importância é que a mente, imobilizada e mergulhada em um transe concentrado, pode perder-se na consciência divina, e a alma liberar-se para unir-se ao Ser divino.

A Via Tripla escolhe como instrumentos os três poderes principais da vida mental da alma do ser humano. O Caminho do Conhecimento escolhe a razão e a visão mental, e faz delas, pela purificação, concentração e certa disciplina na busca de Deus, seus meios para alcançar o conhecimento supremo e a visão suprema: conhecimento de Deus e visão de Deus. Seu objetivo é ver, conhecer e ser o Divino. O Caminho das Obras escolhe como instrumento a vontade daquele que age; ela faz da vida uma oferenda, um sacrifício à Divindade e, pela purificação, a concentração e certa disciplina na sujeição à Vontade divina, ela cria um meio de contato e de unidade crescente entre a alma humana e o Mestre divino do universo. O Caminho da Devoção escolhe os poderes emocionais e estéticos da alma e, ao voltá-los inteiramente para o Divino, em uma pureza e intensidade perfeitas e uma paixão infinita em sua busca, ela os usa como um meio para possuir Deus por uma ou várias relações de unidade com o Ser Divino. Todas, à sua maneira, têm como objetivo a união ou a unidade da alma humana com o Espírito supremo.

Cada Ioga, segundo seu processo, assume a característica do instrumento que utiliza; assim, o processo hatha-ióguico é psicofísico, o raja-ióguico é mental e psíquico; a Via do Conhecimento é espiritual e cognitiva; a Via da Devoção é espiritual, emocional e estética, a Via das Obras, espiritual e dinâmica pela ação. Cada Ioga segue seu poder característico. Mas, no final, todos os poderes são um, todo poder é, na verdade, um poder da alma. Nos processos normais da vida, do corpo e da mente, essa verdade está de todo obscurecida pela ação dispersa, separadora e distributiva da Natureza, que é a condição normal de todos os nossos modos de funcionar, embora, mesmo aí, essa verdade seja, no final, evidente; pois toda energia material contém, escondida, uma energia vital, mental, psíquica, espiritual e, no final, deverá liberar todas essas formas da Shakti única; a energia vital esconde, libera e põe em ação todas as outras formas; a mente, apoiando-se na vida, no corpo e em seus poderes e modos de funcionar contém, não desenvolvido ou desenvolvido só em parte, o poder psíquico e espiritual do ser. Mas quando, pelo Ioga, qualquer um desses poderes é transferido da ação dispersa e distributiva e elevado a seu grau mais alto, concentrado, torna-se um poder manifestado da alma e revela a unidade essencial. Portanto, o processo hatha-ióguico também tem seus resultados psíquicos e espirituais puros; o processo raja-ióguico, por meios psíquicos, alcança uma consumação espiritual. A Via Tripla pode parecer completamente mental e espiritual por seu método de busca e seus objetivos, mas pode ser acompanhada de resultados que são mais característicos das outras vias e que se oferecem em um florescer espontâneo e involuntário e pela mesma razão, porque o poder da alma é o poder de tudo e onde alcança seu cume em uma direção, suas outras qualidades também começam a revelar-se de fato ou em potencialidade nascente. Essa unidade do poder deixa logo entrever a possibilidade de um Ioga sintético.

A disciplina tântrica, em sua natureza, é uma síntese. Ela pegou uma vasta verdade universal, a saber, que existem dois polos no ser cuja unidade essencial é o segredo da existência — Brahman e Shakti, Espírito e Natureza — e que a Natureza é o poder do espírito ou, antes, é o espírito enquanto poder. Elevar a natureza do ser humano e fazer dela um poder manifesto do espírito é seu método, e é a natureza inteira que ela reúne para a conversão espiritual. Ela inclui em seu sistema de instrumentação o vigoroso processo hatha-ióguico, sobretudo a abertura dos centros nervosos e a passagem através deles da Shakti desperta, em seu caminho para a união com Brahman; e, depois, o processo mais sutil do Raja-Ioga, que tem como instrumentos a purificação, a meditação e a concentração, como alavanca a força da vontade, como motivação a devoção, como chave, o conhecimento. Mas a disciplina tântrica não se detém no amálgama efetivo dos diferentes poderes desses iogas específicos. Seu caráter sintético amplia o domínio do método ióguico em duas direções. Primeiro, com firmeza, ela toma em mãos a maioria das fontes principais do desejo, da ação e das qualidades humanas e os submete a uma disciplina intensiva, cujo primeiro objetivo é a mestria da alma sobre suas motivações e como realidade final elevá-las a um nível espiritual mais divino. Ademais, o objetivo de seu Ioga inclui não apenas a liberação, *mukti*, que é a preocupação única, e principal, dos diversos sistemas específicos, mas também uma fruição cósmica, *bhukti*, do poder do Espírito, que os outros Iogas acolhem, talvez incidentalmente, no caminho, de maneira parcial, acidental, mas evitam fazer dele um motivo ou um objetivo. Esse é um sistema mais vasto e mais audacioso.

No método de síntese que seguimos, outro princípio-chave foi adotado, que deriva de uma outra visão das possibilidades do Ioga. Partimos do método do Vedanta para chegar ao objetivo do Tantra. No método tântrico, a Shakti tem toda importância, ela se torna a chave da descoberta do espírito; em nossa síntese, o espírito, a alma é o mais importante, ela se torna o segredo que permite possuir a Shakti. O método tântrico parte de baixo e sobe os degraus da ascensão, até o cume; portanto, sua insistência inicial é na ação da Shakti desperta no sistema nervoso do corpo e em seus centros; a abertura dos seis lótus é a abertura aos diversos níveis do poder do Espírito. Nossa síntese considera o ser humano um espírito na mente, muito mais do que um espírito em um corpo, e admite que há nele a capacidade de começar, a partir desse nível, a espiritualizar seu ser pelo poder da alma na mente e a abrir a mente diretamente a uma força e existência espirituais superiores, a aperfeiçoar sua natureza inteira por essa força superior assim possuída, e levá-la a agir. Por essa razão, nossa ênfase inicial adotou a utilização dos poderes da alma na mente, a fim de girar a chave tripla do conhecimento, das obras e do amor na fechadura do espírito; os métodos hatha-ióguicos podem ser dispensados — embora sem objeção para seu uso parcial — e os métodos raja-ióguicos intervirão apenas como um elemento irregular. Chegar pelo caminho mais curto ao desenvolvimento mais amplo do poder e do ser espirituais e, assim, divinizar a natureza liberada em todos os níveis da existência humana, esse é o motivo que nos inspira.

O princípio que seguimos é a autoentrega, o dom-de-si do ser humano ao ser do Divino, à sua consciência, ao seu poder, ao seu deleite; uma união ou uma comunhão em todos os pontos de encontro na alma humana, no ser mental, a fim de que o próprio Divino, diretamente e sem véu, mestre e possuidor de seu instrumento possa, pela luz de sua presença e de sua guiança, aperfeiçoar todas as forças da Natureza no ser humano a fim de prepará-lo para uma existência divina. Aqui, chegamos a uma nova ampliação dos objetivos do Ioga. O propósito inicial comum a todos os Iogas é a liberação da alma do ser humano de sua presente ignorância e de suas limitações naturais, o que o conduzirá ao ser espiritual, à sua união com o self superior e com a Divindade. Mas, em geral, essa liberação torna-se não só o propósito inicial, mas o objetivo completo e final: há a fruição do ser espiritual, mas em uma dissolução do humano e do indivíduo no silêncio do ser puro, ou em um plano superior em outra existência. O sistema tântrico faz da liberação o objetivo final, mas não o único; em seu caminho, ele aceita a perfeição e a fruição totais do poder, da luz e da alegria espirituais na existência humana, e tem mesmo um vislumbre de uma experiência suprema em que a liberação, a ação e a fruição cósmicas são unificadas em uma conquista final de todas as oposições e de todas as dissonâncias. É dessa visão mais vasta de nossas potencialidades espirituais que começamos, mas acrescentamos outra ênfase, que lhe dá um significado mais completo. Nós consideramos que o espírito no ser humano não é apenas um ser individual que viaja em direção a uma unidade transcendente com o Divino, mas é um ser universal capaz de unir-se ao Divino em todas as almas e em toda a Natureza, e damos a essa visão expandida todas as suas consequências práticas. A liberação individual da alma humana e a fruição da união com o Divino na existência, na consciência e no deleite espirituais devem ser sempre o primeiro objetivo do Ioga; sua livre fruição da unidade cósmica do Divino torna-se o segundo objetivo; mas um terceiro objetivo surge dos dois primeiros: a realização prática do significado da unidade divina com todos os seres por uma simpatia pelo propósito espiritual do Divino na humanidade e por uma participação nesse propósito. O Ioga individual, então, sai de seu isolamento e torna-se uma parte do Ioga coletivo da Natureza divina na espécie humana. O ser individual, liberado, unido ao Divino no self e no espírito, torna-se, em seu ser natural, um instrumento que se aperfeiçoa para o desabrochar do Divino na humanidade.

Esse desabrochar tem dois tempos: primeiro, nos afastamos do ego humano separador para entrar na unidade do espírito, depois, tomamos posse da natureza divina em suas formas superiores próprias, em lugar das formas inferiores do ser mental, que são uma tradução mutilada e não o texto autêntico do plano original da Natureza divina no indivíduo cósmico. Em outras palavras, uma perfeição cujo objetivo consiste em elevar a natureza mental e transformá-la por completo em uma natureza espiritual e supramental. Portanto, esse Ioga Integral do conhecimento, do amor e das obras deve expandir-se e chegar a um Ioga da autoperfeição espiritual e gnóstica. Como o conhecimento, a vontade e a Ananda gnósticos são instrumentos diretos do espírito e só podem ser adquiridos pelo crescimento no espírito, no ser divino, esse crescimento deve ser o primeiro objetivo de nosso Ioga. O ser mental deve, primeiro, ampliar-se e entrar na unidade do Divino, antes que o Divino aperfeiçoe Seu desabrochar gnóstico na alma do indivíduo. Essa é a razão pela qual a Via Tripla de Conhecimento, trabalho e amor se torna o princípio básico de todo o Ioga, pois é o meio direto da alma na mente de elevar-se às suas intensidades superiores, de onde passará à unidade divina. Essa é também a razão pela qual o Ioga deve ser integral, pois se a imersão no Infinito ou uma união íntima com o Divino fosse nosso único objetivo, um Ioga integral seria supérfluo — exceto para a satisfação superior que o ser humano pode encontrar, ao elevar-se inteiramente à sua Fonte. Mas isso não seria necessário para o objetivo essencial, visto que podemos encontrar o Divino por meio de qualquer um dos poderes da natureza da alma: cada um dos poderes, em seu cume, alcança o infinito e o absoluto; cada um, portanto, oferece um meio suficiente para alcançar o objetivo, pois os múltiplos caminhos separados encontram-se todos no Eterno. Mas a vida gnóstica é uma alegria e posse completas do Divino e da natureza espiritual; e é uma elevação completa da natureza humana inteira e de seu poder divino e espiritual na existência. A integralidade torna-se, então, uma condição essencial desse Ioga.

Ao mesmo tempo, vimos que cada uma das três vias, se for seguida com certa amplidão pode, em seu cume, incluir os poderes das outras duas e conduzir à sua consumação. É suficiente, portanto, começar por uma delas e achar o ponto em que ela encontra as outras linhas de progressão, no início, paralelas, para alargar-se e fundir-se nelas. Mas outro processo, mais difícil, mais complexo e mais completamente poderoso, seria começar pelas três linhas ao mesmo tempo, em uma roda tripla de poder da alma, por assim dizer. Mas devemos adiar o exame dessa possibilidade, até que tenhamos visto quais são as condições e os meios próprios do Ioga da Autoperfeição. Mas veremos que o Ioga da Autoperfeição não necessita ser adiado por completo, pois certa preparação para ele e certa iniciação a ele, fazem parte do desenvolvimento das obras, do amor e do conhecimento divinos.

CAPÍTULO II

A PERFEIÇÃO INTEGRAL

A perfeição divina do ser humano é nosso objetivo. Devemos saber, então, primeiro, quais são os elementos essenciais que constituem a perfeição total do ser humano; em seguida, o que entendemos por uma perfeição divina de nosso ser e em que ela se diferencia de uma perfeição humana. Que o ser humano seja capaz de desenvolver-se e aproximar-se, de algum modo, de certo padrão ideal de perfeição que sua mente pode conceber, se propor e perseguir, é admitido por toda a humanidade pensante, embora apenas uma minoria se preocupe com essa possibilidade e faça dela o objetivo mais importante da vida. Mas alguns concebem o ideal como uma mudança mundana; outros, como uma conversão religiosa.

A perfeição mundana é percebida algumas vezes como algo externo, social, uma coisa de ação, um modo racional de lidar com nossos semelhantes e com nosso meio, uma melhor e mais eficaz cidadania e um desempenho mais eficaz no cumprimento dos deveres, uma melhor maneira de viver, mais plena, mais generosa e mais feliz, uma associação mais justa e mais harmoniosa na fruição das oportunidades da existência. Outros sonham com um ideal mais interior e mais subjetivo: uma iluminação e elevação da inteligência, da vontade e da razão, um aumento dos poderes e das capacidades de nossa natureza e sua organização, um ser mais nobremente ético, mais ricamente estético, mais refinado em suas emoções e mais sadio, melhor governado vital e fisicamente. Algumas vezes um elemento é enfatizado, quase à exclusão dos demais; algumas vezes, em mentes mais vastas e mais bem equilibradas, a harmonia do todo é considerada uma perfeição total. Outros adotam meios externos, como mudanças na educação e nas instituições sociais; outros consideram que uma preparação e desenvolvimento interiores são a instrumentação verdadeira.

Ou os dois objetivos podem unir-se claramente: a perfeição do indivíduo dentro e a perfeição da existência fora.

Mas o objetivo mundano escolhe como campo a vida presente e suas oportunidades; o objetivo religioso, ao contrário, fixa-se na preparação para uma outra existência após a morte; seu ideal mais comum é uma espécie de pura santidade; seu meio é a conversão do ser humano, imperfeito e pecador, pela graça divina ou pela obediência a uma lei prescrita por uma escritura ou estabelecida pelo fundador da religião. O objetivo da religião pode incluir uma mudança social, mas essa é então uma mudança nascida da aceitação de um ideal religioso comum e de certa maneira de consagrar sua própria vida: uma fraternidade de santos, uma teocracia ou um reino de Deus que reflete na terra o reino do céu.

O objetivo de nosso Ioga sintético deve, com respeito a isso também, como em suas outras partes, ser mais integral e abrangente, abarcar todos esses elementos ou essas tendências que buscam uma autoperfeição maior e harmonizá-las ou, antes, unificá-las; para fazer isso de maneira bem-sucedida, ele deve adquirir uma verdade mais vasta que o princípio religioso comum e mais elevada que o princípio mundano. Toda a vida é um Ioga secreto, um obscuro crescimento da Natureza em direção à descoberta e à consumação do princípio divino escondido nela e que se torna progressivamente menos obscuro, mais autoconsciente e luminoso, mais mestre de si mesmo no ser humano, à medida que ele abre todos os seus instrumentos de conhecimento, vontade e ação ao Espírito que está nele e no mundo. A mente, a vida, o corpo, todas as formas de nossa natureza são os meios desse crescimento, mas eles só encontram sua perfeição última quando se abrem a algo que os ultrapassa; primeiro, porque eles não são a totalidade daquilo que o ser humano é, em seguida, porque esse outro algo que ele é, é a chave de sua completude e traz uma luz que lhe desvela a realidade alta, ampla e total de seu ser.

A mente encontra sua plenitude em um conhecimento maior, do qual ela é apenas uma meia-luz; a vida descobre seu sentido em um poder e vontade maiores, dos quais ela é apenas o modo de funcionar exterior ainda obscuro; o corpo encontra seu uso último quando se torna o instrumento de um poder de ser do qual ele é o suporte físico e o ponto de partida material. Eles todos devem, primeiro, desenvolver-se e descobrir suas próprias possibilidades comuns; toda a nossa vida normal é feita para testar essas possibilidades e é uma ocasião para essa aprendizagem experimental e preparatória. Mas a vida não pode encontrar sua plenitude perfeita enquanto não se abrir a essa realidade de ser mais alta, da qual ela se torna um campo de ação bem preparado por esse desenvolvimento de um poder mais proeminente e por uma utilização mais refinada das capacidades.

O treino e o melhoramento do intelecto, da vontade, do sentido ético e estético, das emoções e do físico são coisas excelentes, mas, no final, eles não são mais que um constante movimento em círculo, sem nenhum objetivo final liberador e iluminador, a menos que cheguem ao ponto em que possam se abrir ao poder e à presença do Espírito e aceitar sua ação direta. Essa ação direta efetua uma conversão de todo o ser e é a condição indispensável para nossa perfeição verdadeira. Crescer na vontade e no poder do Espírito e, pela ação direta desse poder, tornar-se um instrumento adequado para a expressão do Espírito — uma vida humana no Divino e uma vida divina do Espírito na humanidade — serão, portanto, o princípio e o objetivo completos de um Ioga integral da autoperfeição.

Um esforço é necessário no processo dessa mudança, que, por isso, deve ter dois estágios. Primeiro, deve haver o empenho pessoal do ser humano; assim que sua alma, sua mente e seu coração perceberem essa possibilidade divina e ele se voltar para ela como o objetivo verdadeiro da vida, é preciso que ele se prepare para isso e se libere de tudo nele que pertence a um modo de funcionar inferior, de tudo que bloqueia a abertura à verdade espiritual e a seus poderes, a fim de possuir, por essa liberação, seu ser espiritual e mudar todos os seus movimentos naturais em meios de expressar livremente esse ser. É essa virada que marca o começo de um Ioga consciente: um Ioga que conhece seus objetivos; há um novo despertar e o motivo da vida muda, voltando-se para o mais alto. Enquanto houver apenas uma preparação intelectual, ética ou outra para os propósitos agora normais de uma vida que não vai além do círculo comum das operações da mente, da vida e do corpo, estaremos apenas no Ioga preparatório da natureza, ainda velado e não iluminado; estaremos ainda apenas em busca da perfeição humana comum. Um desejo espiritual do Divino e da perfeição divina, de uma unidade com o Divino em todo o nosso ser e de uma perfeição espiritual em toda a nossa natureza, é o sinal efetivo dessa mudança, o poder precursor de uma grande conversão integral de nosso ser e de nossa existência.

Pelo esforço pessoal podemos efetuar uma mudança precursora, uma conversão preliminar; isso equivale a uma espiritualização maior ou menor de nossos motivos mentais, de nosso caráter e temperamento e de uma mestria, uma tranquilização ou uma mudança de atividade da vida vital e física. Essa subjetividade convertida pode servir de base a certa comunhão ou a certa unidade da alma na mente com o Divino e de algum reflexo parcial da natureza divina na mentalidade do ser humano. Isso é o máximo que o indivíduo pode alcançar por seu próprio esforço e sem ajuda ou com uma ajuda indireta, porque esse é um esforço da mente e a mente não pode elevar-se de maneira permanente acima de si mesma; ela pode, no máximo, elevar-se a uma mentalidade espiritualizada e idealizada. Se ela se arremessar para além dessas fronteiras, perderá o controle sobre si mesma, perderá o controle sobre a vida e chegará a um transe absorvido ou a uma passividade. Para alcançar uma perfeição maior, é preciso que um poder mais alto intervenha, um poder que entre no ser e assuma todo o seu modo de funcionar. O segundo estágio desse Ioga consistirá, então, em abandonar com persistência toda a ação da natureza nas mãos desse Poder maior e substituir o esforço pessoal pela influência, pela posse e pela ação desse Poder, até que o Divino ao qual aspiramos se torne o mestre direto do Ioga e efetue a completa conversão espiritual e ideal de nosso ser.

Esse caráter duplo de nosso Ioga o eleva acima do ideal mundano de perfeição e ao mesmo tempo ultrapassa a fórmula religiosa, mais altiva, mais intensa, mas muito mais estreita. O ideal mundano considera sempre o ser humano como um ser mental, vital e físico, e visa a uma perfeição humana dentro desses limites: uma perfeição da mente, da vida e do corpo, uma expansão e um refinamento do intelecto e do conhecimento, da vontade e do poder, do caráter, dos objetivos e da conduta éticos, da sensibilidade estética e da criatividade, uma harmonia equilibrada das emoções e das fruições, uma saúde vital e física sólida, uma ação regulada e uma eficácia justa. Esse é um objetivo vasto e pleno, mas não vasto e pleno o suficiente, porque ignora esse outro elemento maior de nosso ser, que, de maneira vaga, a mente concebe como o elemento espiritual, mas deixa subdesenvolvido ou insatisfeito, vendo-o apenas como uma mera experiência alta mas ocasional ou então agregada ou derivada — o resultado da ação da mente em seus aspectos excepcionais e cuja presença e persistência dependem da mente. O objetivo mundano pode tornar-se muito elevado quando busca desenvolver as regiões mais sublimes e mais amplas de nossa mentalidade, mas ainda assim não é bastante elevado, porque não aspira a ir além da mente, em direção àquilo de que nossa razão mais pura, nossa intuição mental mais brilhante, nossa percepção e sensação mentais mais profundos, nossa vontade e nosso poder mentais mais fortes ou nosso propósito mais ideal são apenas radiações pálidas. Além disso, seu objetivo é limitado a uma perfeição terrestre da vida humana habitual.

O Ioga da perfeição integral considera o ser humano um ser espiritual e divino involuído na mente, na vida e no corpo; por conseguinte, seu objetivo é a liberação e a perfeição da natureza divina do homem. Esse Ioga busca fazer da vida interior do ser espiritual perfeitamente desenvolvido sua vida real, contínua e intrínseca, e fazer da ação espiritualizada da mente, da vida e do corpo apenas sua expressão humana externa. Para que esse ser espiritual não seja algo vago e indefinível ou imperfeitamente realizado e dependente do apoio e das limitações da mente, esse Ioga busca ir mais além da mente, e alcançar o conhecimento, a vontade, a percepção, a sensibilidade, a intuição supramentais, a fonte dinâmica que põe em moção a ação vital e física, isto é, tudo que constitui o modo de funcionar natural do ser espiritual. Ele aceita a vida humana, mas leva em conta a vasta ação supraterrestre por trás da existência terrestre material, e une-se ao Ser divino, origem suprema de todos os estados parciais e inferiores, a fim de que a vida inteira comece a perceber sua fonte divina e a sentir em cada ação do conhecimento, da vontade, do sentimento, das sensações e do corpo o impulso divino que a origina. Ele nada rejeita daquilo que for essencial no objetivo mundano, mas o alarga, descobre o sentido mais alto e mais verdadeiro que agora está escondido para ele, e vive nele — e transfigura essa existência limitada, terrestre, mortal em imagem de valores infinitos, divinos e imortais.

O Ioga Integral encontra o ideal religioso em vários pontos, mas vai além, no sentido de uma amplidão maior. O ideal religioso volta seu olhar não apenas para além dessa terra, mas visa um céu distante, ou, mesmo além de todos os céus, visa uma espécie de Nirvana. Seu ideal de perfeição limita-se a qualquer tipo de mudança interna ou externa que, no final, servirá para distanciar a alma da vida humana e conduzi-la ao além. Sua ideia habitual de perfeição consiste em uma mudança ético-religiosa e uma purificação drástica do ser ativo e emocional, muitas vezes com uma rejeição ascética dos impulsos vitais e mesmo sua anulação, que ele considera o cume mais completo da excelência; de todo modo, o objetivo, a recompensa ou o resultado de uma vida de piedade e de conduta edificante são de ordem supraterrestre. Por mais que admita uma mudança de conhecimento, de vontade e de percepção sensorial, é só para voltá-los em direção a outro objetivo que não aquele da vida humana, e, por fim, rejeitar todos os objetivos terrestres da percepção sensorial, da vontade e do conhecimento. O método — quer insista no esforço pessoal, na influência divina, nas obras e no conhecimento, quer na Graça — não busca um desenvolvimento na maneira mundana, mas, antes, uma conversão; porém, no final, seu objetivo não é converter nossa natureza mental e física, é assumir uma natureza e um ser espiritual purificados, e visto que isso não é possível aqui na terra, ele busca sua consumação em uma transferência a outro mundo ou esquiva-se de toda existência cósmica.

O Ioga Integral, porém, tem sua fundação no conceito de que o ser espiritual é uma existência onipresente, cuja plenitude não depende em sua essência de uma transferência a outros mundos ou de uma autoextinção cósmica, mas de um crescimento que nos faz sair daquilo que somos agora fenomenicamente e entrar na consciência da realidade onipresente, aquilo que somos desde sempre na essência de nosso ser. Ele substitui as formas da piedade religiosa pela busca espiritual, mais completa, da união divina. Ele procede pelo esforço pessoal e torna possível uma conversão pela influência divina e por uma posse divina; mas essa graça divina, se podemos chamá-la assim, não é apenas um fluir misterioso ou um contato que vem do alto; é a ação de uma presença divina que impregna tudo, e que aprendemos a conhecer em nosso interior como o poder do Self supremo e Mestre de nosso ser, que entra na alma e a possui, e de tal maneira, que a sentimos não somente próxima de nós, a pressionar nossa natureza mortal, mas fazendo com que vivamos em sua lei, que a conheçamos e a possuamos como o próprio poder de nossa natureza espiritualizada. A conversão efetuada pela ação desse Self supremo é uma conversão integral de nosso ser ético no Verdadeiro e no Justo da natureza divina, de nosso ser intelectual na iluminação do conhecimento divino, de nosso ser emocional no amor e na unidade divinos, de nosso ser dinâmico e volitivo em ações do poder divino, de nosso ser estético, que aprende a se abrir inteiramente à beleza divina e à alegria criadora, sem excluir, no final, nem mesmo a conversão divina do ser vital e físico. O Ioga Integral considera toda a vida precedente como um crescimento involuntário e inconsciente ou semiconsciente, preparatório, que conduziu a essa mudança, e o Ioga como o esforço voluntário e consciente e a realização dessa mudança, pela qual todos os objetivos da existência humana, em todas as suas partes, são consumados, ao mesmo tempo que são transfigurados. Ao admitir a verdade supracósmica e a vida nos mundos além, ele admite também a vida terrestre como um elemento permanente da existência única, e a mudança da vida individual e coletiva na terra como uma disposição de seu sentido divino.

Abrir-se ao Divino supracósmico é uma condição essencial dessa perfeição integral; unir-se com o Divino universal é uma outra condição essencial. Aqui, o Ioga da Autoperfeição coincide com o Ioga do Conhecimento, das obras e da devoção, pois é impossível mudar a natureza humana em uma natureza divina ou fazer dela um instrumento do conhecimento divino, da vontade e da alegria de ser divinas, se não houver uma união com o Ser supremo, com a Consciência e a Beatitude supremas e uma unidade com seu Self universal em todas as coisas e em todos os seres. Não será possível para o indivíduo humano possuir a natureza divina se ele continuar completamente separado e não imergir nela por um retiro dentro de si. Mas essa unidade não será uma união espiritual interior restrita, com uma existência separadora na mente, na vida e no corpo enquanto durar a vida humana; a perfeição completa é uma posse — mediante essa unidade espiritual — da unidade com a Mente universal, com a Vida universal, com a Forma universal, que são os outros elementos constantes da existência cósmica. Ademais, visto que aceitamos sempre a vida humana como uma autoexpressão do Divino concretizado no ser humano, é preciso que a totalidade da natureza divina possa agir em nossa vida; e isso introduz a necessidade da conversão supramental, que substituirá o modo de funcionar imperfeito da natureza superficial pelo modo de funcionar natural do ser espiritual, e espiritualizará e transfigurará nossas partes mentais, vitais e físicas pela idealidade espiritual. Esses três elementos: a união com o Divino supremo, a unidade com o Self universal e uma supramentalização da vida a partir dessa origem transcendente e mediante essa universalidade, mas ainda com o indivíduo como canal da alma e instrumento natural, constituem a essência da perfeição divina integral do ser humano.

CAPÍTULO III

A PSICOLOGIA DA AUTOPERFEIÇÃO

Em sua essência, então, essa autoperfeição divina é uma conversão da natureza humana à imagem da natureza divina e uma união basilar com essa natureza — uma modelagem rápida da imagem de Deus no ser humano, e que completa esse esboço ideal. Isso é o que, em geral, se chama *sādṛśya-mukti*, uma liberação na semelhança divina, que nos faz sair da escravidão da aparência humana ou, para usar uma expressão da Gītā, *sādharmya-gati*, tornar-se uno, na lei de nosso ser, com o Divino supremo, universal e imanente. Para ter uma percepção clara de nosso caminho para uma tal transformação, devemos formar uma ideia prática da coisa complexa que é a natureza humana atual e da mistura confusa de seus princípios variados, a fim de poder ver a natureza precisa da conversão pela qual cada uma dessas partes deve passar e os meios mais efetivos para essa conversão. Como desprender desse nó de matéria pensante, mortal, o Imortal que ela contém, como conseguir, desse homem-animal vital, mentalizado, a plenitude feliz dessa indicação da Divindade submersa? Esse é o verdadeiro problema do ser humano e da sua existência. A vida faz aparecer os primeiros indícios da Divindade, sem desprendê-los por completo; o Ioga desenreda o nó da dificuldade da vida.

Antes de tudo, devemos conhecer o segredo central dessa complexidade psicológica que cria o problema e todas as suas dificuldades. Porém, uma psicologia comum, que qualifica a mente e seus fenômenos apenas conforme seu valor de superfície, não é de nenhuma ajuda para nós; não nos dará orientação alguma nessa linha de exploração e de conversão de si mesmo. A psicologia científica, com uma base materialista, ajuda-nos ainda menos, porque afirma que o corpo e os fatores biológicos e fisiológicos de nossa natureza são não só o ponto de partida, mas a fundação verdadeira e única, e considera a mente humana apenas um desenvolvimento sutil da vida e do corpo. Pode ser que seja esta a verdade prática da parte animal de nossa natureza, e da mente humana limitada e condicionada pela parte física de nosso ser. Mas toda a diferença entre o ser humano e o animal é que a mente animal, assim como a conhecemos, não pode, em nenhum instante, separar-se de suas origens, sair do invólucro, romper a crisálida estreita que a vida corporal teceu em torno da alma e tornar-se algo maior que seu self atual, um ser mais livre, magnificente e nobre; porém, no ser humano, a mente se revela como uma energia maior, que escapa às restrições da fórmula vital e física do ser. Mas mesmo isso não é tudo o que o ser humano é ou pode se tornar: ele tem em si o poder de evoluir e de liberar uma energia ideal ainda maior, que, por sua vez, escapa às restrições da fórmula mental de sua natureza e revela a forma supramental, o poder ideal de um ser espiritual. No Ioga, devemos ir mais além da natureza física e do ser humano de superfície e descobrir as operações da natureza total do Homem verdadeiro. Em outras palavras, devemos encontrar e usar um conhecimento psicofísico com uma base espiritual.

Em sua natureza real, o ser humano é um espírito que usa a mente, a vida e o corpo para uma experiência individual e coletiva e para manifestar-se no universo — por mais obscura que essa verdade possa parecer para nossa compreensão e consciência atuais devemos, para os propósitos do Ioga, ter fé nisso, e veremos então que nossa fé é justificada por uma experiência crescente e um autoconhecimento mais amplo. Esse espírito é uma existência infinita que se limita em um ser aparente para a experiência individual. Ele é uma consciência infinita que se define em formas de consciência finitas para a alegria de um conhecimento e poderes de ser variados. Ele é um deleite de ser infinito, que expande e contrai a si mesmo e a seus poderes, que se esconde e se revela e formula os inumeráveis termos da alegria de sua existência, e chega mesmo ao obscurecimento e à negação aparentes de sua própria natureza. Em si mesmo, esse espírito é o Sachchidananda eterno, mas essa complexidade, esse entrelaçar e desentrelaçar do infinito no finito é o aspecto que ele assume aos nossos olhos na natureza universal e individual. Descobrir o eterno Sachchidananda, esse self essencial de nosso ser dentro de nós, e viver nele, é a base estável; revelar sua verdadeira natureza e fazê-lo criar uma maneira divina de viver em nossos instrumentos — supramente, mente, vida, corpo — é o princípio ativo da perfeição espiritual.

A supramente, a mente, a vida e o corpo são os quatro instrumentos que o espírito utiliza para sua manifestação nas operações da Natureza. A supramente é a consciência espiritual agindo com um conhecimento, uma vontade, uma sensibilidade, uma experiência sensorial, uma energia, em si mesmos luminosos; ela é o poder autocriador e que desvela seu próprio deleite de ser. A mente é a ação desses mesmos poderes, mas é limitada e iluminada apenas de maneira muito indireta e parcial. A supramente vive na unidade, embora brinque com a diversidade; a mente vive na ação de uma diversidade separadora, embora possa abrir-se à unidade. A mente não é apenas ignorância, mas, porque age sempre de maneira parcial e pela limitação, ela opera caracteristicamente como um poder da ignorância: ela pode mesmo esquecer de si mesma, e de fato se esquece, em uma completa inconsciência ou insciência, e desperta disso para a ignorância de um conhecimento parcial; ela se move da ignorância em direção a um conhecimento completo (esse é seu modo natural de funcionar no ser humano), mas, por si mesma, nunca pode possuir um conhecimento completo. A supramente é incapaz de ignorância verdadeira; mesmo se deixa sua plena consciência em segundo plano para limitar-se a uma operação particular, toda sua ação refere-se àquilo que ela deixou em segundo plano e tudo é impregnado pela iluminação própria a ela mesma; mesmo quando se involui na insciência material, ainda assim ela cumpre acuradamente as operações de uma vontade e de um conhecimento perfeitos. A supramente empresta-se à ação dos instrumentos inferiores; na verdade, ela está sempre presente no núcleo de suas operações, como seu sustento secreto. Na matéria, ela é a operação e a efetuação automáticas da ideia escondida nas coisas; na vida, sua forma mais perceptível é o instinto: um conhecimento e um modo de funcionar inteira ou parcialmente instintivos e subconscientes; na mente, ela se revela como intuição: uma iluminação rápida, direta e autoefetiva da inteligência, da vontade, da percepção e da sensibilidade. Mas essas são apenas irradiações da supramente, que se ajustam ao modo de funcionar limitado de instrumentos mais obscuros: sua natureza característica própria é uma gnose que é supraconsciente para a mente, para a vida e para o corpo. Supramente, ou gnose, é a ação significante, característica, iluminada do espírito em sua realidade nativa própria.

Vida é uma energia do espírito, subordinada à ação da mente e do corpo; ela se cumpre por meio da mente e do físico e age como ligação entre eles. Ela tem seu próprio modo de funcionar característico, mas em nenhum lugar opera de maneira independente da mente e do corpo. Todas as energias do espírito em ação operam nos dois termos, a existência e a consciência, para que a existência se forme ela mesma, para que a consciência jogue seu jogo e se realize, para o deleite da existência e o deleite da consciência. Nessa fórmula de existência inferior em que vivemos no presente, a energia de vida do espírito opera entre os dois termos, a mente e a matéria, a sustentar e efetuar as fórmulas da substância material em que ela opera como forma de energia material, a sustentar as formulações de consciência da mente e as operações da energia mental, e a sustentar a interação da mente com o corpo, em que ela opera como forma de energia sensorial e nervosa. O que chamamos vitalidade é, para os propósitos de nossa existência humana normal, o poder da existência consciente que emerge da matéria, libera a mente e os poderes superiores que aí estão involuídos e sustenta as operações limitadas deles na vida física — assim como o que chamamos mentalidade é o poder da existência consciente que desperta para a luz de sua própria consciência no corpo e para a consciência de todo o resto da existência imediatamente ao seu redor. A vitalidade atua primeiro no campo de ação limitado fixado pela vida e pelo corpo e, em certos pontos e a certa altura, escapa disso parcialmente, para agir mais além desse círculo. Mas esse não é todo o poder da vida, nem da mentalidade; a vida e a mente têm planos de existência consciente próprios, diferentes desse nível material, onde elas são mais livres em suas ações características. A matéria, o próprio corpo, é uma forma limitada da substância do espírito na qual a vida, a mente e o espírito estão involuídos, escondidos de si mesmos, esquecidos de si mesmos, porque estão absorvidos em sua ação de exteriorização, mas são obrigados a emergir desse estado de involução por uma evolução que por si mesma os compele. Mas a matéria também é capaz de refinar-se e de elaborar formas de substância mais sutis, em que ela se torna de maneira mais aparente uma forma densa da vida, da mente e do espírito nas formas. O próprio ser humano, além desse corpo material grosseiro, possui um invólucro vital que o circunda, um corpo mental, um corpo de beatitude e de gnose. Mas toda matéria, todo corpo contém, em seu interior, os poderes secretos desses poderes superiores; matéria é uma formação da vida que não tem existência real fora do espírito universal que a anima e lhe dá energia e substância.

Essa é a natureza do espírito e esses são seus instrumentos. Mas para compreender suas operações e obter um conhecimento que nos dará o poder, a alavanca para elevar seus instrumentos e fazê-los sair da trilha estabelecida em que nossa vida rodopia, devemos perceber que o Espírito baseou todas as suas operações nos dois aspectos gêmeos de seu ser: a Alma e a Natureza, Purusha e Prakriti. Somos obrigados a considerá-los diferentes um do outro e possuidores de poderes diferentes — pois na prática, para nossa consciência essa diferença é válida —, embora eles sejam apenas dois lados da mesma realidade, dois polos do ser consciente único. O Purusha ou alma é o espírito, que conhece as operações de sua natureza, que as sustenta por seu ser, frui delas em seu deleite de ser ou rejeita a fruição. A Natureza é o poder do espírito, e é também a operação e o processo do poder do espírito, que formula os nomes e as formas da existência, desenvolve a ação da consciência e do conhecimento, se lança na vontade e no impulso, na força e na energia; ela se cumpre na fruição. A Natureza é Prakriti, Maia, Shakti. Se a vemos em seu aspecto mais externo, em que ela parece o contrário do Purusha, ela é Prakriti: uma operação inerte e mecânica que se move por si mesma, inconsciente, ou consciente somente pela luz do Purusha e que se eleva por diversos degraus — vital, mental, supramental —, segundo a iluminação que a alma dá às suas operações. Se a considerarmos em seu outro aspecto, interno, em que seu movimento é mais próximo da unidade com o Purusha, ela é Maia: a vontade de ser e de tornar-se ou de cessar de ser e de tornar-se, com todos os resultados aparentes para a consciência: involução e evolução, existência e não existência, auto-ocultamento do espírito e autodescoberta do espírito. Ambos são aspectos de uma única e mesma coisa, Shakti, o poder de ser do espírito que opera de maneira supraconsciente, consciente ou subconsciente em uma aparente inconsciência — de fato, todas essas moções coexistem, ao mesmo tempo, na mesma alma — e age enquanto poder de conhecimento, poder de vontade, poder de processo e de ação do espírito, *jñāna-śakti, icchā-śakti, kriyā-śakti*. Por esse poder, o espírito cria todas as coisas nele mesmo, esconde-se e descobre sua própria totalidade nas formas e detrás dos véus de sua manifestação.

O Purusha é capaz, por esse poder de sua natureza, de tomar qualquer posição que queira e seguir a lei e a forma de existência próprias a toda e qualquer fórmula que escolha para si mesmo. Ele é a alma, ele é o espírito eterno em seu próprio poder de autoexistência, acima de sua manifestação e a governá-la; ele é a alma, ele é o espírito universal, que se desenvolve no poder de vir a ser de sua própria existência, infinito no finito; ele é a alma, o espírito individual, absorvido no desenvolvimento de algum progresso particular de seu devir, em aparência um ser finito em evolução no infinito. Ele pode ser todas essas coisas ao mesmo tempo: o espírito eterno universalizado no cosmos e o espírito individualizado nos seres; ele pode também estabelecer sua consciência em qualquer uma dessas posições e rejeitar, governar ou aceitar a ação da Natureza, pôr as outras posições atrás de si ou afastá-las, e perceber-se enquanto pura eternidade, universalidade que sustenta a si mesma ou enquanto individualidade exclusiva. Qualquer que seja a fórmula de sua natureza, a alma pode parecer tornar-se isso e ver-se como essa fórmula, mas apenas na parte frontal e ativa de sua consciência; mas nunca é apenas aquilo que parece ser; ela é também tudo o mais que ela pode ser: secretamente, ela é essa totalidade de si que está ainda escondida. Ela não está limitada, de maneira irrevocável, por uma fórmula particular de si mesma no Tempo, mas pode passar através e além dessa fórmula, rompê-la ou desenvolvê-la, selecionar, rejeitar, recriar, revelar a partir de si mesma uma fórmula maior. O que acredita ser, pela vontade ativa de sua consciência em seus instrumentos, isso ela é ou tende a tornar-se, *yo yacchraddhaḥ sa eva saḥ*: aquilo em que acredita que poderá ser, e tem a plena fé que se tornará, isso ela desenvolve ou descobre e nisso mudará sua natureza.

Esse poder da alma sobre sua natureza é de importância capital no Ioga da Autoperfeição; se ele não existisse, jamais poderíamos, pela aspiração e pelo esforço conscientes, nos arrancar da trilha fixa habitual de nosso ser humano atual imperfeito; se alguma perfeição maior fora prevista, deveríamos esperar que a Natureza a efetuasse em seu ritmo, lento ou rápido, no curso de sua evolução. Nas formas inferiores da existência a alma aceita essa sujeição completa à Natureza, mas à medida que se eleva na escala, ela desperta para a sensação de algo em si mesma que pode comandar a Natureza; mas só quando ela chega ao autoconhecimento, é que esse livre-arbítrio e esse livre controle tornam-se uma realidade completa. A mudança efetua-se pelo processo da natureza e, portanto, por nenhuma magia caprichosa: ela segue um desenvolvimento metódico, um processo inteligível. Quando a mestria completa é ganha, então o processo, pela rapidez de sua eficácia, pode parecer um milagre para a inteligência, mas ele ainda assim prossegue pela lei da verdade do Espírito: quando o Divino dentro de nós, pela união estreita de nossa vontade e de nosso ser com ele, se encarrega do Ioga e age como o mestre onipotente da natureza. Pois o Divino é nosso Mestre supremo e o self de toda a Natureza, o Purusha eterno e universal.

O Purusha pode estabelecer-se em qualquer plano de existência, assumir qualquer princípio da existência como cume imediato de seu poder e viver conforme o modo de funcionar dessa maneira particular de ação consciente. A alma pode tomar posição no princípio de unidade infinita da autoexistência e perceber tudo — consciência, energia, deleite, conhecimento, vontade, atividade — como uma forma consciente dessa verdade essencial, Sat ou Satya. Ela pode habitar no princípio da energia consciente infinita, Tapas, e perceber que é ela que desdobra, a partir da autoexistência, as obras do conhecimento, da vontade e da ação dinâmica da alma, para a fruição de um deleite de ser infinito. Ela pode habitar no princípio do deleite infinito autoexistente e perceber que é a Ananda divina que cria, a partir de sua autoexistência, toda e qualquer harmonia de ser por sua própria energia. Nessas três posições a consciência de unidade domina: a alma vive na percepção de sua eternidade, de sua universalidade, de sua unidade, e a diversidade, qualquer que seja, não é separativa, mas apenas um dos aspectos inumeráveis da unidade. Ela pode tomar posição também no princípio da supramente, em um conhecimento, vontade e ação luminosos que se autodeterminam e desenvolvem alguma organização do deleite perfeito da existência consciente. Na gnose superior a unidade é a base, mas ela encontra sua alegria na diversidade; na realidade inferior da supramente a diversidade é a base, mas ela se refere sempre à unidade consciente e encontra sua alegria na unidade. Essas regiões de consciência estão além de nosso nível atual; elas são supraconscientes para nossa mentalidade normal, pois essa mentalidade pertence ao hemisfério inferior da existência.

Essa existência inferior começa no ponto em que um véu desce entre a alma e a natureza, entre o espírito na supramente e o espírito na mente, na vida e no corpo. Onde esse véu não desceu, esses poderes instrumentais não são o que são em nós: são uma parte iluminada da ação unificada da supramente e do espírito. A mente imagina que sua ação é independente quando esquece de referir-se à luz de onde ela provém e se absorve nas possibilidades de seu próprio processo separativo e de sua própria satisfação. A alma, ao tomar posição no princípio da mente, ainda não sujeita à vida e ao corpo dos quais é usuária, percebe-se como um ser mental que elabora sua vida mental, suas forças e suas imagens mentais, estruturas da substância mental sutil, segundo seu conhecimento, sua vontade e seu dinamismo individuais, limitados por suas relações com outros seres e com outros poderes similares na mente universal. Ao tomar posição no princípio da vida, ela se percebe como um ser da vida universal que elabora a ação e a consciência por meio de seus desejos, igualmente limitados pelas condições próprias à vida de uma alma universal cuja ação se cumpre por meio dos seres inumeráveis da vida individual. Ao tomar posição no princípio da matéria, ela se percebe como uma consciência da matéria que, do mesmo modo, age segundo a lei particular à energia do ser material. À medida que se volta para o conhecimento, ela se percebe de maneira mais ou menos clara, como uma alma da mente, alma da vida, alma do corpo, que observa sua natureza e age nela ou é levada a agir por ela; mas quando se volta para a ignorância, ela se percebe como um ego que se identifica com a natureza da mente, da vida e do corpo, isto é, como uma criação da Natureza. Mas a tendência natural da existência material conduz a uma absorção da energia da alma no ato de formação e no movimento material e um consequente esquecimento de si do ser consciente. O universo material começa por uma aparente inconsciência.

O Purusha universal habita em todos esses planos com certa simultaneidade e edifica em cada um desses princípios um mundo ou uma série de mundos, com seus seres que vivem conforme a natureza própria de cada princípio. O ser humano, o microcosmo, possui todos esses planos em seu ser, escalonados desde seu subconsciente até sua existência supraconsciente. Pelo poder de desenvolvimento do Ioga ele pode tornar-se consciente desses mundos escondidos, velados aos seus sentidos e à sua mente física materializados, que conhecem apenas o mundo material; então ele percebe que sua existência material não é uma coisa à parte e autoexistente, assim como o universo material em que ele vive tampouco é uma coisa à parte e autoexistente, mas está em relação constante com os planos superiores, cujos poderes e seres agem sobre ele. Ele pode abrir-se a esses planos superiores, torná-los ativos nele mesmo e participar, em certa medida, da vida de outros mundos — que, aliás, são, ou podem se tornar, sua habitação, isto é, o lugar de sua consciência, *dhāma*, após a morte ou entre a morte e o renascimento em um corpo material. Mas sua capacidade mais importante é que ele pode desenvolver em si mesmo os poderes dos princípios superiores: um poder de vida mais vasto, uma luz mental mais pura, a iluminação da supramente, a existência, consciência e deleite infinitos do espírito. Por um movimento ascendente, ele pode mudar sua imperfeição humana nessa perfeição maior.

Mas qualquer que seja seu objetivo, qualquer que seja a exaltação de sua aspiração, ele tem que começar a partir da lei de sua presente imperfeição, deve tomá-la plenamente em consideração e ver como ela pode converter-se na lei de uma perfeição possível. Essa atual lei de seu ser começa a partir da inconsciência do universo material, de uma involução da alma nas formas, de uma sujeição à natureza material; e embora nessa matéria a vida e a mente tenham desenvolvido suas energias próprias, ainda assim são limitadas e ligadas à ação da matéria inferior que é, para a ignorância de sua consciência prática de superfície, seu princípio original. Embora o ser humano seja um ser mental encarnado, nele a mente é obrigada a aceitar o controle do corpo e da vida física, e só pode controlar de maneira consciente a vida e o corpo por um esforço de energia e de concentração bastante considerável. É somente pelo aumento desse controle que ele pode encaminhar-se para a perfeição — e somente pelo desenvolvimento do poder da alma é que ele pode alcançar a perfeição. No ser humano, o poder da Natureza deve tornar-se, de maneira cada vez mais completa, um ato consciente da alma, uma expressão consciente da vontade e do conhecimento totais do espírito. Prakriti deve revelar-se como a Shakti do Purusha.

CAPÍTULO IV

A PERFEIÇÃO DO SER MENTAL

A ideia basilar de um Ioga da Autoperfeição deve ser, sob essas condições, o reverso das relações atuais entre a alma e a natureza humana mental, vital e física. No presente, o ser humano é uma alma parcialmente consciente de si mesma, submetida à mente, à vida e ao corpo e limitada por eles; ela deve se tornar uma alma de todo consciente de si mesma, mestra de sua mente, de sua vida e de seu corpo. Quando não for mais limitada pelas reivindicações e exigências da mente, da vida e do corpo, a perfeita alma autoconsciente será superior a seus instrumentos e os possuirá de modo livre. Esse esforço do ser humano para ser mestre de seu próprio ser foi a razão da maioria de suas lutas passadas, espirituais, intelectuais e morais.

Para ser o possuidor de seu ser com uma liberdade e uma mestria de algum modo completas e reais, o ser humano deve encontrar em si mesmo seu self mais alto, o indivíduo real ou Purusha supremo, que é livre e mestre por seu próprio poder inalienável. Deve cessar de ser o ego mental, vital e físico porque, sempre, esse ego é a criação, o instrumento e o sujeito da Natureza mental, vital e física. Esse ego não é nosso self real, ele é o instrumento pelo qual a Natureza desenvolveu a noção de uma existência individual limitada e separada na mente, na vida e no corpo. Por esse instrumento, o homem age como se fosse uma existência separada no universo material. A Natureza desenvolveu certas condições habituais limitadoras sob as quais essa ação acontece; a identificação da alma com o ego é o meio pelo qual ela induz a alma a consentir nessa ação e a aceitar essas condições limitadoras habituais. Enquanto a identificação durar, o ser estará aprisionado no círculo habitual dessa ação estreita, e até que seja transcendida a alma não poderá se servir livremente de sua existência individual, e muito menos ultrapassar-se realmente. Por essa razão, um dos movimentos essenciais do Ioga consiste em retirar-se do sentido exterior do ego — pelo qual nos identificamos com a ação da mente, da vida e do corpo — e viver interiormente na alma. Liberar-se do sentido exteriorizado do ego é o primeiro passo em direção à liberdade e à mestria da alma.

Quando nos retiramos assim na alma, constatamos que não somos a mente, mas o ser mental que se mantém por trás da ação da mente no corpo, não somos uma personalidade mental e vital — a personalidade é uma composição da Natureza — mas uma Pessoa mental, *manomaya puruṣa*. Percebemos um ser dentro, que toma posição na mente para conhecer a si mesmo e conhecer o mundo e se concebe como um indivíduo, para uma ação interior e uma ação voltada para o exterior, mas que é, contudo, diferente da mente, da vida e do corpo. Essa sensação de ser diferente das ações vitais e do ser físico torna-se muito marcada; pois embora o Purusha sinta que sua mente está involuída na vida e no corpo ele percebe, no entanto, que mesmo se a vida física e o corpo cessassem ou se dissolvessem, ele continuaria a existir em seu ser mental. Porém, a sensação de ser diferente da mente é mais difícil de perceber e menos firmemente distinta. Mas ainda está aí; ela se caracteriza por três intuições — ou qualquer uma entre elas —, nas quais vive esse Purusha mental e, por meio delas, ele se torna consciente de sua própria existência mais vasta.

Primeiro, ele tem a intuição de si mesmo enquanto observador da ação da mente: é algo que ocorre nele e ao mesmo tempo diante dele como um objeto de seu conhecimento observador. Essa autopercepção é o sentido intuitivo do Purusha testemunha, *sākṣī*. O Purusha testemunha é uma pura consciência que observa a Natureza e a vê como uma ação que se reflete na consciência e é aclarada por essa consciência, mas que, em si mesma, é diferente da consciência. Para o Purusha mental, a Natureza é apenas uma ação — uma ação complexa de pensamento, de discernimento e uma combinação de pensamento, vontade, sensações, emoções, temperamento, caráter e sentido de ego — que opera em uma base de impulsos, de necessidades e desejos vitais nas condições impostas pelo corpo físico. Mas o Purusha não é limitado por esses movimentos, visto que pode não apenas lhes dar novas direções e muitas variações, refiná-los e expandi-los, mas é capaz de agir pelo pensamento e pela imaginação em um mundo de criações mentais muito mais sutis e flexíveis. Mas há também uma intuição no Purusha mental de algo mais vasto e maior do que essa ação presente em que ele vive, regiões de experiência das quais essa ação é apenas um esboço, uma fachada ou uma seleção superficial estreita. Por essa intuição ele chega ao limiar de um self subliminar cujas possibilidades são mais extensas que todas aquelas que sua mentalidade de superfície pode oferecer a seu autoconhecimento. A terceira intuição, e a maior, é a percepção interior de algo que ele é mais essencialmente, algo que está tão alto acima da mente quanto a mente está acima da vida física e do corpo. Essa percepção interior é a intuição que ele tem de seu ser supramental e espiritual.

O Purusha mental, a qualquer instante, pode envolver-se de novo na ação de superfície da qual havia se retirado, viver por certo tempo inteiramente identificado com o mecanismo da mente, da vida e do corpo e repetir, absorvendo-se nela, a ação normal, recorrente, desse mecanismo. Porém, uma vez que esse movimento separativo tenha sido efetuado e vivido por certo tempo, o Purusha não pode mais ser para si mesmo o que foi antes. O envolvimento na ação exterior torna-se agora apenas a recorrência de um autoesquecimento, e há nele uma tendência a retirar-se de novo em si mesmo, na pura experiência de si. Deve-se notar que o Purusha, ao retirar-se da ação normal dessa consciência exterior que criou para ele a presente forma natural de sua experiência, pode tomar duas outras posições. Ele pode ter a intuição de si mesmo enquanto alma em um corpo, que projeta a vida como sua atividade e a mente como a luz dessa atividade. Essa alma no corpo é o ser físico consciente, *annamaya puruṣa*, que se serve da vida e da mente para uma experiência essencialmente física — tudo o mais é visto como uma consequência da experiência física —, ele não olha mais além da vida do corpo e, até onde for capaz de sentir alguma coisa além de sua individualidade física, ele perceberá apenas o universo físico e, no máximo, sua unidade com a alma da Natureza física. Mas ele também pode ter uma intuição de si mesmo enquanto alma da vida, que se identifica com um grande movimento de vir a ser no Tempo e projeta o corpo como uma forma ou uma imagem sensorial de base e projeta a mente como uma atividade consciente de experiência da vida. Essa alma na vida é o ser vital consciente, *prāṇamaya puruṣa*, que é capaz de ver além da duração e dos limites do corpo físico, de sentir uma eternidade de vida por detrás de si e diante de si, identificar-se com uma existência vital universal, mas que não vê além de um vir a ser vital constante no Tempo. Esses três Purushas são as formas de alma do Espírito, por meio das quais ele identifica sua existência consciente com um ou com outro dos três planos ou princípios de seu ser universal e nos quais estabelece sua ação.

Mas o ser humano, caracteristicamente, é um ser mental. Ademais, a mentalidade é seu estado atual mais elevado, aquele em que ele está mais próximo do seu self real, onde ele, de modo mais fácil e amplo, percebe o espírito. Seu caminho para a perfeição não consiste em absorver-se na existência externa e superficial, nem em tomar posição na alma da vida ou na alma do corpo, mas em insistir nas três intuições mentais pelas quais ele pode por fim elevar-se acima dos três níveis, físico, vital e mental. Essa insistência pode tomar duas formas completamente diferentes, cada uma com seu objeto próprio e sua maneira de proceder. Ele pode muito bem acentuar certo distanciamento da existência na Natureza, desapegar-se, retirar-se da mente, da vida, do corpo. Ele pode tentar viver cada vez mais como Purusha-testemunha, a observar a ação da Natureza sem interessar-se por ela, sem aprová-la, desapegado, rejeitando toda ação, retirando-se na pura existência consciente. Essa é a liberação do Sankhya. Ele pode então interiorizar-se nessa existência mais vasta, da qual tem a intuição, distanciar-se da mentalidade superficial e entrar em um estado de sonho ou em um estado de sono que lhe dá acesso a regiões de consciência mais vastas e mais altas. Ao entrar nessas regiões ele pode desfazer-se do ser terrestre. Supunha-se mesmo, nos tempos antigos, que houvesse uma transição para os mundos supramentais dos quais um retorno à consciência terrestre não fosse possível ou não fosse obrigatório. Mas o caráter decisivo, definitivo, desse tipo de liberação depende do nível de elevação do ser mental nesse self espiritual que ele percebe, quando se retira de toda mentalidade e seu olhar se volta para o alto. Isso, diz-se, é a chave da cessação completa de toda existência terrestre, seja pela imersão no ser puro, seja pela participação no ser supracósmico.

Mas, se nosso objetivo é sermos não só livres, desapegando-nos da Natureza, mas sermos perfeitos em nossa mestria, esse tipo de insistência não é mais suficiente. Devemos observar nossa ação mental, vital e física na Natureza, encontrar os nós de sua escravidão e os pontos de liberação possíveis, descobrir as chaves de sua imperfeição e pôr a mão na chave da perfeição. Quando a alma que observa, o Purusha testemunha, retira-se da ação de sua natureza e observa, ele percebe que ela funciona por seu próprio impulso, pelo poder de seu mecanismo, pela força de continuidade do movimento, continuidade da mentalidade, continuidade do impulso de vida, continuidade do movimento físico involuntário. À primeira vista tudo parece ser a ação recorrente de um mecanismo automático, embora a soma dessa ação conduza constantemente a uma criação, a um desenvolvimento, a uma evolução. O Purusha estava, por assim dizer, pego nessa roda, atado a ela pelo sentido do ego, a rodopiar, levado pelos volteios do mecanismo. Um determinismo mecânico completo, ou uma série de determinismos da Natureza aos quais ele havia emprestado a luz de sua consciência, é o aspecto natural de sua personalidade mental, vital e física, uma vez que a olhamos desse ponto de vista estável e desapegado e não mais por uma alma prisioneira do movimento, a imaginar-se como parte da ação.

Porém, se olharmos mais longe, descobriremos que esse determinismo não é tão completo quanto parece; a ação da Natureza continua, e ela é o que é por causa da sanção do Purusha. O Purusha observador vê que ele sustenta e, de algum modo, preenche e impregna a ação com seu ser consciente. Descobre que, sem ele, ela não poderia continuar e que, cada vez que ele retira sua sanção de maneira persistente, a ação habitual aos poucos se enfraquece, se arrefece e cessa. Toda a sua mentalidade ativa pode assim reduzir-se a uma completa imobilidade. Há ainda uma mentalidade passiva que continua de maneira mecânica, mas isso também pode ser imobilizado desde que o Purusha se retira em si mesmo e sai da ação. Mesmo assim, a ação vital continua nas partes mais mecânicas; mas isso também pode ser imobilizado até a cessação completa. Pareceria então que o Purusha seja não só o sustentador, *bhartṛ*, mas, de certo modo, o mestre de sua natureza, Ishvara. Foi a consciência desse poder de sancionar e a necessidade de sua aprovação que o fizeram conceber a si mesmo, em seu sentido do ego, como uma alma ou um ser mental com um livre-arbítrio a determinar todos os seus devires. No entanto, o livre-arbítrio parece imperfeito, quase ilusório, porque, de fato, a própria vontade é um mecanismo da Natureza e cada vontade separada é determinada pela série de ações passadas e a soma de condições criadas por essa série — embora essa vontade possa parecer nascida de si mesma, virginalmente criadora a cada instante, porque o resultado da série, a soma, é a cada instante um novo desenvolvimento, uma nova determinação. Todo o tempo, por trás, o Purusha contribuiu, por sua autorização, por sua sanção, à ação da Natureza. Ele não parece ser capaz de governá-la inteiramente, mas apenas de escolher entre certas possibilidades bem definidas: há nela um poder de resistência que vem de seu ímpeto passado e, de maneira mais forte ainda, um poder de resistência que vem da soma de condições fixas que ela criou e lhe apresenta como um conjunto de leis permanentes para serem obedecidas. Ele não pode mudar radicalmente o modo de proceder da Natureza, ele não pode cumprir livremente sua vontade no interior do presente movimento dela, nem, enquanto estiver posicionado na mentalidade, estar fora ou acima da Natureza de maneira a exercer uma autoridade, de fato, livre. Há uma dualidade de dependência: ela depende de sua autorização e ele depende de sua lei e dos métodos ou dos limites de sua ação — o determinismo é negado pelo sentido do livre-arbítrio, o livre-arbítrio anulado pela realidade do determinismo natural. Ele tem certeza de que ela está em seu poder e, contudo, ele parece estar sujeito a ela. Ele é o Purusha que sanciona, *anumantṛ*, mas não parece ser o senhor absoluto, Ishvara.

No entanto, há em algum lugar um controle absoluto, um Ishvara real. Ele o percebe e sabe que se puder descobri-lo entrará em posse do controle, e se tornará, não só a testemunha passiva que autoriza ou a alma que sustenta a vontade da Natureza, mas o livre e poderoso utilizador e determinador dos movimentos dela. Mas essa mestria parece pertencer a outro equilíbrio[1] que não é o da mentalidade.

---

1. "poise". Ver nota 127, Parte II, cap. XIX. (N. da T.)

Algumas vezes ele percebe que utiliza essa mestria, mas como um canal ou um instrumento: ela vem para ele do alto. É claro, então, que ela é supramental, um poder do Espírito maior que este ser mental que ele já sabe que ele é, no cume e no centro secreto de seu ser consciente. Identificar-se com esse Espírito deve, então, ser seu caminho de acesso à mestria e à soberania. O Purusha pode fazer isso de maneira passiva, tornando-se uma espécie de refletor e receptor em sua consciência mental, mas então ele será apenas um molde, um canal ou um instrumento, e não aquele que possui o poder ou participa dele. Ele pode chegar à identidade por uma absorção de sua mentalidade no ser espiritual interior, mas então a ação consciente cessará em um transe de identidade. Para ser o mestre ativo da natureza é evidente que ele deverá elevar-se a uma posição superior, supramental, onde se tornará possível não só uma identidade passiva, mas uma identidade ativa com o espírito que governa. Encontrar o meio de elevar-se a essa posição mais vasta e ser o governante de si mesmo, *svārāṭ*, é uma condição de sua perfeição.

A dificuldade da ascensão se deve à ignorância natural. Ele é o Purusha, a testemunha da Natureza mental e física, *sākṣī*, mas não o conhecedor completo de si mesmo e da Natureza, *jñātṛ*. O conhecimento na mentalidade é aclarado por sua consciência; ele é o conhecedor mental, mas acha que esse não é um conhecimento real, que é apenas uma busca e uma descoberta parciais, uma utilização restrita às finalidades da ação, um reflexo incerto e derivado de uma luz maior além, que é o conhecimento real. Essa luz é a percepção de si e a percepção total do Espírito. Ele pode chegar a essa autopercepção essencial no plano mental do ser, refleti-la na alma da mente ou absorvê-la no espírito, assim como pode chegar a isso por um outro tipo de reflexão ou de absorção na alma da vida e na alma do corpo. Mas, para participar de maneira efetiva de uma percepção total e para que essa autopercepção essencial se torne a alma de sua ação, ele deve se elevar à supramente. Para ser o senhor de seu ser, ele deve conhecer o Self e a Natureza, *jñātā īśvaraḥ*. Isso pode ser feito em parte no nível superior da mente, onde a mente responde de maneira direta à supramente, mas essa perfeição pertence verdadeira e completamente, não ao ser mental, mas à Alma ideal[2] ou Alma de conhecimento, *vijñānamaya puruṣa*. Içar o mental em direção ao alto, até que ele entre no ser da consciência superior e içar este último até o Self de beatitude do Espírito, *ānandamaya puruṣa*, é o método supremo dessa perfeição.

Mas perfeição alguma, muito menos essa perfeição, pode ser alcançada sem um acordo muito radical com a natureza atual e sem ab-rogar a maior parte do que

---

2. Ver parte IV, Capítulo XXII "O Pensamento e o Conhecimento Supramentais". (N. da T.)

parece ser a lei fixa desse vínculo complexo entre o ser mental, vital e físico. A lei desse vínculo foi criada com um objetivo definido e limitado, para manter, preservar, possuir, aumentar de forma temporária o ego mental em um corpo vivo, para sua fruição, experiência, necessidades e ação temporárias. Ela serve a outros usos que resultam desses citados, mas esses são o objeto imediato e a utilidade essencial que determinam tudo. Para chegar a uma utilidade mais alta e ser um instrumento mais livre, esse vínculo deve ser parcialmente rompido, ultrapassado, transformado em uma harmonia de ação mais vasta. O Purusha vê que a lei que foi criada é a de um determinismo em parte estável e em parte instável, que faz uma escolha entre as experiências habituais — mas sempre em desenvolvimento — a partir de uma primeira consciência confusa de um self e de um não self, de uma existência subjetiva e de um universo externo. Esse determinismo é utilizado pela mente, pela vida e pelo corpo, que interagem em harmonia e concordância, mas também em desacordo e divergência, interferindo um com o outro e limitando-se mutuamente. Uma mistura similar entre harmonia e desacordo encontra-se entre as diversas atividades da mente em si, assim como entre as atividades da vida em si e as do ser físico. O conjunto forma uma espécie de ordem desordenada, uma ordem desenvolvida e arquitetada a partir de uma confusão circundante e constantemente invasora.

Essa é a primeira dificuldade que o Purusha deve resolver; a ação misturada e confusa da Natureza — uma ação sem um claro conhecimento de si, sem motivo distinto, sem instrumento firme, apenas uma tentativa de chegar a essas coisas com um sucesso geral de uma efetividade relativa — certos efeitos de adaptação surpreendentes em algumas direções, mas também muita aflição e insuficiência. Essa ação misturada e confusa deve ser corrigida; a purificação é um meio essencial para a autoperfeição. Todas essas impurezas e insuficiências têm como resultado vários tipos de limitação e escravidão; mas há dois ou três nós principais de escravidão — o ego é o nó principal — dos quais os outros derivam. Esses vínculos devem ser eliminados; a purificação não é completa enquanto não trouxer a liberação. Ademais, depois que certa purificação e liberação foram efetuadas, resta ainda converter os instrumentos que foram purificados à lei de uma utilidade e propósito superiores, a uma ordem de ação vasta, real, perfeita. Por essa conversão podemos chegar à certa perfeição na plenitude de ser, à calma, ao poder e ao conhecimento, mesmo a uma ação vital mais vasta e a uma existência física mais perfeita. Um dos resultados dessa perfeição é um deleite de ser vasto e perfeito, Ananda. Essa purificação, liberação, perfeição, deleite de ser são os quatro elementos constituintes do Ioga — *śuddhi, mukti, siddhi, bhukti.*

Mas essa perfeição não poderá ser alcançada, e não poderá ser segura nem inteira em sua vastidão se o Purusha enfatizar a individualidade. Abandonar a identificação com o ego físico, vital e mental não basta; também na alma ele deve chegar a uma individualidade verdadeira, universalizada, e não a uma individualidade separativa. Na natureza inferior, o ser humano é um ego que, conceitualmente, faz uma separação bem definida entre ele mesmo e todas as outras existências; para ele, o ego é o self, tudo o mais é não self, exterior a seu ser. Toda sua ação começa dessa concepção de si e do mundo e se alicerça nessa concepção. Mas essa concepção é, de fato, um erro. Qualquer que seja a agudez com que o homem se individualize em sua ideia mental e em sua ação mental ou outra, ele é inseparável da existência universal, seu corpo é inseparável da força e da matéria universais, sua vida é inseparável da vida universal, sua mente é inseparável da mente universal, sua alma e seu espírito são inseparáveis da alma e do espírito universais. O universal age sobre ele, o invade, o domina, o modela a cada instante; por suas reações, o ser humano age sobre o universal, invade-o, tenta impor-se a ele, modelá-lo, vencer seu ataque, governá-lo e usar seus instrumentos.

Esse conflito é a tradução da unidade subjacente, que assume o aspecto de luta por uma necessidade da separação original: as duas partes em que a mente cortou a unidade precipitam-se uma na outra para restaurar a unidade, e cada uma tenta apoderar-se da outra e absorver em si mesma a porção separada. O universo parece sempre tentar engolir o ser humano, o infinito parece sempre tentar retomar esse finito que se mantém na defensiva, e mesmo replica com agressão. Mas, na realidade, mediante essa luta aparente, o ser universal elabora seu propósito no ser humano, embora a chave desse propósito e a verdade da elaboração estejam perdidas para sua mente consciente superficial e guardadas obscuramente em um subconsciente subjacente, e conhecido luminosamente apenas em uma unidade supraconsciente que governa tudo. O ser humano é também impelido à unidade pelo impulso constante para expandir seu ego, que se identifica o melhor que pode com outros egos e com todas as porções do universo que ele pode pôr a seu serviço e possuir física, vital e mentalmente. Assim como ele visa ao conhecimento e à mestria de seu ser, do mesmo modo ele visa ao conhecimento e à mestria da Natureza circundante, de seus objetos, instrumentos e seres. Primeiro, ele tenta efetuar isso por uma posse egoística; porém, à medida que se desenvolve, o elemento de simpatia nascido da unidade secreta cresce nele, e ele chega à ideia de uma cooperação e de uma unidade cada vez mais vastas com os outros seres, de uma harmonia com a Natureza universal e com o ser universal.

O Purusha testemunha na mente percebe que a insuficiência de seu esforço e, de fato, toda a insuficiência da vida do ser humano e da sua natureza, provêm da separação e do conflito que resulta da falta de conhecimento, da falta de harmonia, da falta de unidade. Para ele é essencial sair da individualidade separadora, universalizar-se, tornar-se uno com o universo. Essa unificação só pode ser feita pela alma, quando a alma de nossa mente torna-se una com a Mente universal, a alma de nossa vida torna-se una com a alma da Vida universal, a alma de nosso corpo torna-se una com a Alma universal da Natureza física. Quando isso pode ser feito, em proporção ao poder, à intensidade, profundidade, completude, permanência, grandes resultados se produzem na ação natural — em particular uma simpatia imediata e sempre mais profunda, uma fusão de mente com mente, de vida com vida; a insistência separadora do corpo diminui, um poder de intercomunicação mental, direta, e uma ação efetiva mútua ajudam, então, a comunicação e a ação inadequadas e indiretas, que até agora constituíam a maior parte dos meios conscientes utilizados pela mente em um corpo. Porém, ainda assim, o Purusha vê que na natureza mental, vital e física em si, há sempre um defeito, uma insuficiência, uma ação confusa que vem da influência mútua, desigual e mecânica dos três modos, ou gunas, da Natureza. Para transcender isso, ele deve não apenas universalizar-se, mas também elevar-se ao supramental e espiritual, ser uno com a alma supramental do cosmos, uno com o espírito universal. Ele chega à luz e à ordem mais vastas de um princípio superior, nele mesmo e no universo, que é a ação característica do Sachchidananda divino. Ele é mesmo capaz de impor a influência dessa luz e dessa ordem, não apenas ao seu ser natural, mas, segundo o raio e a extensão da ação do Espírito nele, ao mundo em que ele vive, àquilo que o circunda. Ele é *svarāṭ*, conhecedor e mestre de si mesmo, mas começa também, por essa unidade e essa transcendência espiritual, a ser conhecedor e mestre do mundo de existência que o circunda, *samrāṭ*.

Nesse autodesenvolvimento a alma percebe que cumpriu nesse plano todo o objetivo do Ioga Integral: a união com o Supremo em seu self e em sua individualidade universalizada. Enquanto o Purusha permanecer na existência do mundo, essa perfeição se irradiará dele — pois esse é o resultado inevitável de sua unidade com o universo e com seus seres —, e ela irradia-se em uma influência e uma ação que ajudam todos aqueles em torno que são capazes de elevar-se ou de avançar em direção à mesma perfeição e, para o resto, em uma influência e uma ação que ajudam, como só pode fazer o indivíduo que é mestre de si mesmo e se governa, a conduzir espiritualmente a espécie humana em direção a essa mesma consumação e em direção a alguma imagem de uma Verdade divina mais alta, em sua existência pessoal e coletiva. Ele se torna uma luz e um poder da Verdade à qual se elevou e um meio de ascensão para outros.

CAPÍTULO V

OS INSTRUMENTOS DO ESPÍRITO

Se deve haver uma perfeição ativa de nosso ser, a primeira necessidade é uma purificação do modo de funcionar dos instrumentos, que agora utilizamos para fazer uma música dissonante. O próprio ser, o espírito, a Realidade divina no ser humano não tem necessidade de purificação; ele é para sempre puro, não afetado pelos defeitos de seus instrumentos ou pelos tropeções da mente, do coração e do corpo em seu trabalho — assim como o sol, diz o Upanishad, não é tocado ou manchado pelos defeitos do olho que vê. A mente, o coração, a alma vital de desejo, a vida no corpo são as sedes da impureza; são eles que devem ser retificados se a ação do espírito deve se tornar uma ação perfeita, não maculada, como agora, por concessões maiores ou menores aos prazeres tortuosos da natureza inferior. Em geral, o que é chamado pureza do ser é a brancura negativa, uma ausência de pecado pela inibição constante de toda ação, todo sentimento, toda ideia ou toda vontade que pensamos estar errada, ou então uma pureza passiva e altamente negativa: o estado de total satisfação em Deus, uma inação, imobilização completa da mente vibrante e da alma de desejo que, nas disciplinas quietistas, levam à paz suprema: o espírito aparece em toda a pureza eterna de sua essência imaculada. Obtido isso, nada mais haveria a fazer nem a satisfazer. Porém, aqui temos o problema mais difícil: o de uma ação total, inquebrantável, mesmo maior e mais poderosa, baseada na beatitude perfeita do ser, na pureza da natureza instrumental da alma assim como na pureza da natureza essencial do espírito. A mente, o coração, a vida, o corpo, devem cumprir as obras do Divino — todos os trabalhos que fazem agora e ainda mais —, mas cumpri-las divinamente, o que agora não fazem. Esse é o problema que aparece primeiro àquele que busca a perfeição e que ele deve afrontar, pois seu objetivo não é uma pureza negativa e proibitiva, passiva ou quietista, mas uma pureza positiva, afirmativa, ativa. O quietismo divino descobre a eternidade imaculada do Espírito; o dinamismo divino acrescenta a ação exata, pura e sem desvio, da alma, da mente e do corpo.

Ademais, é uma purificação total de toda a instrumentação complexa que a perfeição integral exige de nós, e em todas as partes de cada instrumento. Não se trata, em definitivo, de uma estreita purificação moral da natureza ética. A ética lida apenas com a alma de desejo e com a parte ativa exterior e dinâmica de nosso ser; seu campo é confinado ao caráter e à ação. Ela proíbe e inibe certas ações, certos desejos, impulsos e propensões; ela inculca certas qualidades ao ato, tais como veracidade, amor, caridade, compaixão, castidade. Uma vez que isso foi feito e uma base de virtude foi assegurada, que a vontade foi purificada e hábitos de ação irrepreensíveis foram adquiridos, seu trabalho está terminado. Mas o *siddha*[1] da perfeição integral deve posicionar-se em um plano mais vasto: o da pureza eterna do Espírito, mais além do bem e do mal. Porém, essa frase não significa, como o intelecto imprudente e apressado seria propenso a imaginar, que o *siddha* fará o bem e o mal de maneira indiferenciada e declarará que para o espírito não há diferença entre os dois, o que seria uma inverdade óbvia no plano da ação individual, e poderia servir de cobertura a uma condescendência indiferente à natureza humana imperfeita. Tampouco significa que como o bem e o mal estão inextricavelmente emaranhados nesse mundo, como estão dor e prazer — uma proposição que pode ser verdadeira no momento e plausível enquanto generalização, mas que pode não ser verdadeira para a evolução espiritual superior do ser humano — o indivíduo liberado viverá no espírito e se retirará das operações de uma natureza inevitavelmente imperfeita, que continuará sua ação mecânica. Isso é concebível como uma etapa em direção à cessação final de toda atividade, mas, é evidente, não é um conselho para uma perfeição ativa. Todavia, isso significa que o *siddha* da perfeição integral ativa viverá de maneira dinâmica nas operações do poder transcendente do Espírito divino e como uma vontade universal, que se expressa por meio da supramente individualizada nele para a ação. Suas obras serão então as obras de um Conhecimento eterno, de uma Verdade eterna, um Poder, um Amor, uma Ananda eternos; a verdade, o conhecimento, a força, o amor, o deleite serão o espírito essencial de seu trabalho, qualquer que seja, mas não dependerão da natureza do trabalho; esse espírito determinará sua ação, mas a ação não determinará o espírito nem o sujeitará a uma norma fixa ou a um molde rígido em seu modo de funcionar. O caráter do *siddha* não será feito de certos hábitos predominantes; ele será na essência um ser espiritual com uma vontade espiritual

---

1. *siddha* — aquele que se liberou, que alcançou a liberação espiritual; a alma aperfeiçoada. (N. da T.)

e terá, no máximo, certo temperamento particular, livre e flexível para a ação. Sua vida será um fluxo direto das fontes eternas e não alguma forma talhada conforme um feitio humano temporário. Sua perfeição não será uma pureza sátvica, mas algo mais elevado do que as gunas da Natureza, uma perfeição de conhecimento espiritual, poder espiritual, deleite espiritual, unidade e harmonia na unidade; a perfeição externa de suas obras tomarão livremente a forma que será a autoexpressão dessa transcendência e universalidade interiores. Para essa mudança, o *siddha* da perfeição integral deve tornar consciente em si mesmo o poder do espírito ou poder da supramente, que é agora supraconsciente para nossa mentalidade. Mas esse poder não pode operar nele enquanto o seu ser mental, vital e físico atual não for liberado de seu modo de funcionar inferior. Essa purificação é a primeira necessidade.

Em outras palavras, a purificação não deve ser entendida no sentido limitado de uma seleção, na ação, de certos movimentos externos sua regulação, e a restrição de outros, nem como uma liberação de certos traços de caráter ou de capacidades mentais e morais particulares. Essas coisas são sinais secundários de nosso ser derivado e não poderes essenciais e forças primeiras. Devemos ter uma visão psicológica mais vasta das forças primordiais de nossa natureza. Devemos distinguir as partes formadas de nosso ser, encontrar o defeito de base de sua impureza ou de sua ação falsa e corrigi-lo, seguros de que o resto se retificará naturalmente. Não são os sintomas de impureza que devemos medicar — ou apenas de maneira secundária, como uma ajuda menor —, mas golpear a impureza em suas raízes, após uma diagnose mais profunda. Descobriremos então que existem duas formas de impureza, que são a raiz de toda confusão. Uma, é um defeito devido à natureza de nossa evolução passada, que foi uma natureza de ignorância separativa; esse defeito é o resultado da forma radicalmente falsa e ignorante que foi dada à ação particular de cada parte de nosso ser instrumental. A outra impureza é devida ao processo sucessivo de uma evolução em que a vida emerge no corpo e depende do corpo, em que a mente emerge na vida corporal e depende dela, em que a supramente emerge na mente e se acomoda à mente em vez de governá-la, em que a própria alma aparece apenas como uma circunstância da vida corporal do ser mental que cobre o espírito nas imperfeições inferiores. Esse segundo defeito de nossa natureza é causado pelo fato de que as partes superiores dependem das partes inferiores; é uma mistura de funções, pela qual a operação impura do instrumento inferior entra na ação característica da função superior e lhe acrescenta uma imperfeição que a estorva, uma direção falsa e uma confusão.

Assim, a função própria da vida, a força vital, é a fruição e a posse, ambas perfeitamente legítimas, porque o Espírito criou o mundo para a Ananda, para a fruição e a posse do múltiplo pelo Um, do Um pelo múltiplo e do múltiplo também pelo múltiplo, porém — e esse é um exemplo do primeiro tipo de defeito — a ignorância separativa lhes dá a forma falsa do desejo e da cobiça, que corrompe toda fruição e toda posse e lhes impõe seus opostos: a carência e o sofrimento. Ademais, porque a mente está emaranhada na vida, a partir da qual ela evolui, esse desejo e essa cobiça se intrometem na ação da vontade e do conhecimento mentais; isso torna a vontade uma vontade de cobiça, uma força de desejo, em lugar de uma vontade racional e de uma força discriminadora de execução inteligente; ela deforma o julgamento e a razão, de tal modo que julgamos e raciocinamos conforme os nossos desejos e os nossos preconceitos e não com a imparcialidade desinteressada de um julgamento claro e a retidão de uma razão que busca somente distinguir a verdade e compreender de modo correto o objeto de suas operações. Esse é um dos exemplos da mistura. Estes dois tipos de defeito — forma errada de ação e mistura de ação ilegítima — não são limitados aos exemplos assinalados, mas encontram-se em cada instrumento e em cada combinação de seu modo de funcionar. Eles se difundem em toda a economia de nossa natureza. Eles são os defeitos basilares de nossa natureza instrumental inferior e, se conseguirmos retificá-los, poremos nosso ser instrumental em um estado de pureza e fruiremos a claridade de uma vontade pura, de um coração emocional puro, uma fruição pura de nossa vitalidade, um corpo puro. Essa será uma perfeição preliminar, uma perfeição humana; mas pode servir de base a nossos esforços para realizar nosso self e nos aprofundar na perfeição maior, uma perfeição divina.

A mente, a vida e o corpo são os três poderes de nossa natureza inferior. Mas não podem ser tomados completamente em separado porque a vida atua como um elo, e dá suas características ao corpo e, em grande medida, à nossa mentalidade. Nosso corpo é um corpo vivo e a Força de Vida mistura-se nele e determina todos os seus modos de funcionar. Nossa mente também, em grande parte, é uma mente de vida, uma mente de sensações físicas; é apenas em suas funções superiores que ela é, em geral, capaz de algo mais do que as operações de uma mentalidade física sujeita à vida. Podemos colocar isso nessa ordem ascendente: primeiro, temos um corpo sustentado pela Força de Vida física, o Prana físico, que circula em todo o sistema nervoso e dá sua marca à nossa ação corporal, de modo que tudo é a ação característica de um corpo vivo e não de um corpo mecânico inerte. O Prana e a fisicalidade, juntos, constituem o corpo grosseiro, *sthūla śarīra*. Esse é apenas o instrumento externo, a força nervosa da vida que age na forma do corpo mediante seus órgãos físicos grosseiros. Depois, há o instrumento interior, *antaḥkaraṇa*, a mentalidade consciente segundo o sistema antigo. Esse instrumento interior é dividido em quatro poderes: *citta*, ou consciência mental de base; *manas*, a mente sensorial; *buddhi*, a inteligência; *ahaṅkāra*, a ideia de ego. A classificação pode servir como ponto de partida, embora para fins mais práticos certas distinções suplementares sejam necessárias. Essa mentalidade está impregnada pela Força de Vida, que aqui se torna um instrumento da consciência psíquica da vida e da ação psíquica na vida. Cada fibra da mente sensorial e da consciência de base é atravessada pela ação desse Prana psíquico[2]: é uma mentalidade nervosa ou vital e física. Mesmo o *buddhi* e o ego são dominados pelo Prana psíquico, embora tenham a capacidade de elevar a mente para além da sujeição a essa psicologia vital, nervosa e física. Essa combinação cria em nós a alma de desejo sensorial, que é o obstáculo principal para uma perfeição humana superior assim como para uma perfeição divina ainda maior. Por fim, acima de nossa mentalidade consciente atual, encontra-se uma supramente secreta, que é o meio verdadeiro para alcançar a perfeição divina e sua sede natural.

Citta (*chitta*), a consciência de base, é em grande parte subconsciente; sua ação, visível ou escondida, é de dois tipos: uma, passiva e receptora, a outra, ativa ou reativa e formadora. Enquanto poder passivo, *chitta* recebe todos os impactos, mesmo aqueles que a mente não percebe ou aqueles a que não dá atenção, e os armazena em uma reserva imensa da memória passiva subconsciente, onde a mente enquanto memória ativa pode abastecer-se. Mas, em geral, a mente só tira dessa reserva o que observou e compreendeu no momento — de maneira mais fácil o que observou bem ou compreendeu cuidadosamente, de maneira menos fácil o que observou com negligência ou compreendeu mal; contudo, a consciência tem o poder de fazer subir até a mente ativa e para seu uso, o que a mente não havia observado de modo algum, nem prestado atenção ou mesmo vivenciado de maneira consciente. Esse poder só age de maneira observável em condições anormais, quando alguma parte do *chitta* subconsciente vem, por assim dizer, à superfície, ou quando o ser subliminar em nós aparece no limiar e por algum tempo desempenha um papel na câmara externa da mentalidade, onde os intercâmbios diretos e o comércio com o mundo externo acontecem e onde nossas relações internas com nós mesmos se manifestam na superfície. Essa ação da memória é tão essencial para a ação mental inteira que às vezes se diz que a memória é o homem. Mesmo na ação submental do corpo e da vida — que é cheia dessa *chitta* subconsciente, embora não sob o controle da mente consciente —, há uma memória vital e física. Os hábitos vitais e físicos são formados sobretudo por essa memória submental. Por essa razão, é possível mudá-los mais além de todo limite, pela ação mais poderosa da mente e da vontade conscientes, quando estas se desenvolvem e encontram o meio de comunicar ao *chitta* subconsciente a vontade

---

2. Rever parte II, Capítulo VII — "A Liberação da Sujeição ao Corpo". (N. da T.)

do espírito de criar uma lei de ação vital e física nova. Podemos mesmo dizer que toda a constituição de nossa vida e de nosso corpo é como uma massa de hábitos formados pela evolução passada da Natureza e mantidos juntos pela memória persistente dessa consciência secreta. Porque *chitta*, a substância primária da consciência, existe universalmente na Natureza, como o Prana e como o corpo, mas no nível da natureza material é subconsciente e mecânica.

Porém, de fato, toda a ação da mente ou do instrumento interior surge dessa *chitta* ou consciência de base, em parte consciente, em parte subconsciente ou subliminar para nossa mentalidade ativa. Quando é golpeada do exterior pelos impactos do mundo ou impelida pelos poderes reflexivos do ser interior subjetivo, ela lança à superfície certas atividades habituais cujo molde foi determinado por nossa evolução. Uma dessas formas de atividade é a mente emocional — que podemos chamar o coração, por comodidade. Nossas emoções são as ondas de reação e de resposta, *citta-vṛtti*, que se elevam da consciência de base. Sua ação é também em grande parte regulada pelo hábito e por uma memória emotiva. Elas não são obrigatórias, não são leis do fatalismo; não há lei obrigatória, na verdade, a que nosso ser emocional deva, em absoluto, submeter-se; não somos obrigados a responder com dor a certos impactos na mente, responder a outros com cólera, ou a outros com raiva ou antipatia, nem a outros ainda com simpatia e amor. Todas essas coisas são apenas hábitos de nossa mentalidade afetiva, eles podem ser mudados pela vontade consciente do espírito; eles podem ser impedidos; podemos mesmo nos elevar por completo acima de toda sujeição ao pesar, à cólera, à raiva, à dualidade de simpatia e antipatia. Estamos sujeitos a essas coisas só enquanto persistirmos em nossa sujeição à ação mecânica de *chitta* na mentalidade emocional, mas é difícil desembaraçar-se dela, devido ao poder dos hábitos passados e da insistência estorvadora da parte vital da mentalidade, isto é, da mente vital nervosa ou Prana psíquico. Essa natureza da mente emotiva — que é uma reação de *chitta* em correlação estreita com as sensações vitais nervosas e as respostas do Prana psíquico — é tão característica que em certas línguas é chamada *chitta* e Prana: o coração, a alma de vida; essa é, de fato, a ação perturbadora mais direta e mais poderosamente persistente da alma de desejo que a mistura do desejo vital e das respostas da consciência criou em nós. E contudo, a alma emocional verdadeira, o psíquico real em nós, não é uma alma de desejo mas uma alma de amor puro e de deleite; mas isso, como todo o resto de nosso ser verdadeiro, só poderá emergir quando a deformação criada pela vida de desejo for removida da superfície e deixar de ser ação característica de nosso ser. Alcançar isso é uma parte necessária de nossa purificação, liberação, perfeição.

A ação nervosa do Prana psíquico é mais explícita em nossa mentalidade puramente sensorial. De fato, essa mentalidade nervosa molesta toda a ação do instrumento interior e muitas vezes parece formar a maior parte de tudo que não é uma sensação. As emoções, em particular, são assaltadas e recebem o selo prânico: o medo é bem mais uma sensação nervosa do que uma emoção; a cólera é, em grande parte ou com frequência, uma resposta sensorial traduzida em termos de emoção. Outros sentimentos são mais do coração, mais interiores, mas eles se aliam aos desejos nervosos e físicos ou aos impulsos exteriores do Prana psíquico. O amor é uma emoção do coração e pode ser um sentimento puro — toda mentalidade, visto que somos mentes encarnadas, deve produzir, e mesmo o pensamento o produz, algum tipo de efeito na vida ou alguma resposta na substância do corpo, mas não é necessário, por essa razão, que o efeito ou a resposta sejam de natureza física —, mas o amor do coração alia-se de bom grado a um desejo vital no corpo. Esse elemento físico pode ser purificado dessa sujeição ao desejo físico, chamado luxúria, ele pode se tornar o amor e usar o corpo para uma proximidade não apenas física mas mental e espiritual; mas o amor pode, também, separar-se de tudo, mesmo do elemento físico mais inocente, ou guardar apenas uma sombra disso, e ser um movimento puro de união de alma com alma, de psíquico com psíquico. De todo modo, a ação própria da mente sensorial não é a emoção, mas uma resposta nervosa consciente, um sentimento nervoso e uma afeição nervosa, um impulso para servir-se dos sentidos físicos e do corpo para alguma ação ou para os apetites e desejos vitais conscientes. Há um lado de resposta receptiva e um lado de reação dinâmica. Essas reações e impulsos têm seu uso normal próprio, quando a mente superior não lhes está submetida de modo mecânico, mas controla e regula a ação deles. Mas há um estado ainda mais alto, quando a mente sensorial passa por certa transformação sob o efeito da vontade consciente do Espírito, a qual dá ao Prana psíquico sua forma de ação própria, verdadeira, em lugar de sua forma falsa de desejo.

Manas, a mente sensorial, depende de nossa consciência normal dos órgãos físicos de sensação receptiva para ter o conhecimento, e dos órgãos do corpo para dirigir a ação em direção aos objetos dos sentidos. A ação de superfície e exterior dos sentidos é física e nervosa em seu caráter, e pode facilmente ser tomada como mero resultado da ação dos nervos; nos antigos livros, as atividades dos sentidos são chamadas algumas vezes *prāṇas*, atividades nervosas ou vitais. Contudo, o elemento essencial nelas não é a excitação nervosa, mas a consciência, a ação do *chitta*, que utiliza o órgão e o impacto nervoso de que ele é o canal. *Manas*, a mente sensorial, é a atividade que emerge da consciência de base e constitui toda a essencialidade do que chamamos de sensação. A visão, a audição, o paladar, o olfato, o tato são, na realidade, propriedades da mente e não do corpo; mas a mente física que usamos em geral, limita-se a traduzir em sensações os impactos exteriores que recebe através do sistema nervoso e dos órgãos físicos. Mas o *manas* interior tem também uma visão e audição sutis e um poder de contato próprio, que não dependem dos órgãos físicos. Ademais, ele tem um poder não apenas de comunicação direta da mente com o objeto — que pode mesmo, em um alto nível de ação, nos fazer perceber o conteúdo de um objeto que se encontre dentro ou além do alcance físico de ação —, mas também um poder de comunicação direta de mente com mente. A mente é também capaz de alterar, modificar, impedir a incidência, os valores, as intensidades do impacto dos sentidos. Em geral, não usamos ou desenvolvemos esses poderes da mente; eles permanecem subliminares e emergem algumas vezes em uma ação irregular e caprichosa, com mais facilidade em certas mentes do que em outras, ou vêm à superfície em certos estados de ser anormais. Eles são a base da clarividência, da audição sutil, da transmissão de pensamento e de impulso, da telepatia e da maioria dos poderes ocultos do tipo mais comum — chamados ocultos, embora esses fenômenos sejam melhor descritos, de maneira menos mística, como poderes da ação de Manas, subliminares pelo momento. O fenômeno de hipnotismo e muitos outros, dependem da ação dessa mente sensorial subliminar; não que ela seja o único elemento desses fenômenos, mas é o primeiro meio de suporte do intercâmbio, da comunicação e da resposta, embora a maior parte da operação pertença à *buddhi* interior. Nós temos e podemos utilizar uma dupla mentalidade sensorial: a mente física e a mente suprafísica.

Buddhi é uma construção do ser consciente, e ultrapassa de modo considerável seus inícios no *chitta* de base: é a inteligência, com seu poder de conhecimento e de vontade. *Buddhi* abarca e conduz todo o resto da ação da mente, da vida e do corpo. Por natureza, esse é o poder do pensamento e da vontade do Espírito, traduzidos na forma inferior de uma atividade mental. Podemos distinguir três graus sucessivos da ação dessa inteligência. Primeiro, uma compreensão-percepção inferior que apenas recebe, registra, compreende e responde às comunicações da mente sensorial, da memória, do coração e da mentalidade de sensações. Por meio deles, a *buddhi* cria uma mente pensante elementar que não vai mais além de seus dados, que se sujeita aos seus moldes, faz ressoar suas repetições, gira cada vez mais no círculo habitual do pensamento e da vontade que eles sugerem ou, com a obediente submissão da razão às sugestões da vida, segue todas as determinações novas que se oferecem à sua percepção e concepção. Para além dessa compreensão elementar, que nós todos usamos em enorme medida, há um poder da razão organizadora ou seletiva e uma força de vontade inteligente que têm como ação e objetivo tentar elaborar uma organização plausível, suficiente, estável, do conhecimento e da vontade para o uso de uma concepção intelectual da vida.

Apesar de seu caráter mais puramente intelectual, essa razão secundária ou intermediária é, em realidade, pragmática em sua intenção. Ela cria certo tipo de estrutura intelectual, um quadro, uma regra, em que tenta moldar a vida interior e exterior, a fim de servir-se dela com certa mestria e autoridade para os propósitos de algum tipo de vontade racional. É essa razão que dá ao nosso intelectual normal nossas normas fixas estéticas e éticas, a estrutura de nossas opiniões, as normas estabelecidas de nossas ideias e de nossos propósitos. Ela é desenvolvida em alto grau e tem a primazia em todo ser humano cuja compreensão é desenvolvida, mesmo se pouco. Porém, mais além, há uma razão superior, uma ação superior da *buddhi* que parte de maneira desinteressada em busca da verdade pura e do conhecimento verdadeiro; ela busca descobrir a Verdade real por trás da vida e das coisas e por trás de nosso self aparente e submeter sua vontade à lei da Verdade. Uns poucos, se existem, podem usar essa razão superior com certa pureza; mas o esforço para fazê-lo é a capacidade mais alta do instrumento interior, o *antaḥkaraṇa*.

Na verdade, *buddhi* é um intermediário entre uma Mente-verdade muito mais elevada — que agora não está em nossa posse ativa e é o instrumento direto do Espírito — e a vida física da mente humana que evolui em um corpo. Nossos poderes de inteligência e vontade provêm dessa Mente-verdade direta e mais vasta, ou supramente. A *buddhi* centraliza sua ação mental em torno da ideia de ego: a ideia de que somos essa mente, vida e corpo, ou de que somos um ser mental determinado pela ação deles. Ela está a serviço dessa ideia de ego, quer limitada pelo que chamamos egoísmo, quer ampliada pela simpatia com a vida em torno de nós. Assim se cria um sentido de ego, que repousa na ação separadora do corpo, da vida individualizada, das respostas da mente; a ideia de ego na *buddhi* centraliza toda a ação do pensamento, do caráter e da personalidade desse ego. A compreensão inferior e a razão intermediária são instrumentos de seu desejo de experiência e de ampliação de si. Mas quando a razão e a vontade superiores se desenvolvem, podemos nos voltar em direção àquilo de que as coisas externas são o sinal, em direção à consciência espiritual mais alta. O "Eu" então será visto como um reflexo do Self, do Espírito, do Divino, da existência única transcendente, universal e individual em sua multiplicidade; a consciência na qual essas coisas se encontram — e em que se tornam aspectos de um ser único e assumem suas relações justas — poderá então ser liberada de todos esses véus do físico e da mente. Quando a transição para a supramente acontece, os poderes da *buddhi* não perecem, mas todos devem ser convertidos em seus valores supramentais. Mas a avaliação da supramente e a conversão da *buddhi* pertencem ao domínio da siddhi superior ou perfeição divina. No presente, devemos avaliar a purificação do ser humano habitual, que prepara para essa conversão e conduz à liberação da escravidão de nossa natureza inferior.

CAPÍTULO VI

PURIFICAÇÃO — A MENTALIDADE INFERIOR

Devemos lidar com a ação complexa de todos esses instrumentos e purificá-los. E o meio mais simples será pegar os dois tipos de defeitos radicais em cada um deles, distinguir com clareza em que consistem e retificá-los. Mas há também a pergunta: por onde começar? Pois o emaranhado é grande, a purificação completa de um instrumento depende da purificação completa de todos os outros, e essa é uma grande fonte de dificuldade, decepção e hesitação, como quando pensamos ter purificado nossa inteligência e percebemos que ela ainda está sujeita a ataques e à obscuridade, porque as emoções do coração, ou a vontade ou a mente sensorial são ainda afetadas pelas numerosas impurezas da natureza inferior e retornam na *buddhi* iluminada, impedindo-a de refletir a verdade pura que buscamos. Por outro lado, porém, temos essa vantagem, de que se um só instrumento importante for purificado o suficiente poderá ser usado como um meio para a purificação de outros; um passo dado com firmeza faz com que os seguintes sejam mais fáceis e nos libera de um grande número de dificuldades. Qual é, então, o instrumento que, por sua purificação e perfeição trará, do modo mais fácil e eficaz, ou ajudará, a perfeição do resto com a rapidez mais poderosa?

Visto que somos um espírito envolvido na mente, uma alma que evoluiu aqui como um ser mental em um corpo físico vivo, é natural que seja na mente, o *antaḥkaraṇa*, que devemos buscar esse desiderato. E, na mente, é evidente que é pela *buddhi* — a inteligência e a vontade da inteligência — que o ser humano é destinado a fazer todo o trabalho que não é feito para ele pela natureza física e nervosa, como ela o faz na planta e no animal. À espera da evolução de um poder supramental superior, a vontade inteligente deve ser nossa força de execução principal, e purificá-la torna-se uma necessidade absoluta, primordial. Uma vez que nossa inteligência e nossa vontade estiverem bem purificadas de tudo que as limita e induz a uma ação errada ou as conduz a uma direção errada, elas poderão facilmente ser aperfeiçoadas, preparadas para responder às sugestões da Verdade, compreender a si mesmas e o resto do ser, ver com clareza e uma exatidão aguçada e escrupulosa o que fazem, e seguir o verdadeiro caminho sem nenhuma hesitação ou erros apressados, nem passos tropeçantes e desvios. No final, elas poderão abrir-se e responder aos discernimentos perfeitos, às intuições, inspirações, revelações da supramente e proceder em uma ação cada vez mais luminosa e mesmo infalível. Mas essa purificação não pode ser efetuada sem uma limpeza prévia de seus obstáculos naturais nas partes inferiores do *antaḥkaraṇa*; e o principal obstáculo natural que transita por toda a ação do *antaḥkaraṇa*, pelos sentidos, pelas sensações mentais, pelas emoções, pelos impulsos dinâmicos, pela inteligência, pela vontade, é a intrusão do Prana psíquico e de suas reivindicações imperiosas. É disso, então, que devemos tratar; sua intrusão dominadora deve ser eliminada, suas reivindicações recusadas, e ele mesmo tranquilizado e preparado para a purificação.

Como foi dito, cada instrumento tem uma ação própria e legítima, e também uma deformação ou um princípio falso em sua própria ação. A ação própria do Prana psíquico é a posse e a fruição puras, *bhoga*. Fruir do pensamento, da vontade, da ação, do impulso dinâmico, do resultado da ação, das emoções, dos sentimentos, das sensações, e fruir também, por meio deles, dos objetos, das pessoas, da vida e do mundo é a atividade à qual esse Prana dá uma base psicofísica. Uma fruição deveras perfeita da existência só poderá vir quando aquilo que fruímos não for o mundo em si ou por si mesmo, mas Deus no mundo, quando não forem as coisas em si mesmas, mas a Ananda do espírito nas coisas que constituirá o objeto verdadeiro, essencial, de nossa fruição, e quando as coisas forem apenas formas e símbolos do espírito, ondas do oceano de Ananda. Mas essa Ananda só poderá manifestar-se verdadeiramente quando pudermos obter e refletir em nossos elementos o ser espiritual escondido, e sua plenitude só poderá ser obtida quando ascendermos às extensões supramentais. Enquanto isso, há uma fruição humana das coisas, justa, permitida, completamente legítima, que é sobretudo sátvica em sua natureza, para empregar a linguagem da psicologia indiana. Essa é uma fruição aclarada, sobretudo na mente perceptiva, estética e emotiva, e apenas de maneira secundária, no ser sensorial nervoso e no ser físico, mas todos sujeitos ao governo claro da *buddhi*, a uma razão e a uma vontade justas, uma justa assimilação dos impactos da vida, uma ordem justa, um sentimento justo da verdade, da lei, do sentido ideal e da beleza das coisas e de seu uso. A mente prova o gosto puro da fruição disso, *rasa*, e rejeita tudo o que é agitado, perturbado e distorcido. A essa aceitação do *rasa* puro e límpido, o Prana psíquico deve acrescentar o sentido completo da vida e uma fruição que ocupe todo o ser, *bhoga*, sem a qual a aceitação e a posse pela mente, *rasa-grahaṇa* não seriam bastante concretas, seriam demasiado tênues para satisfazer completamente a alma encarnada. Essa contribuição é sua função própria.

A deformação que se introduz na pureza e que a impede é uma forma de cobiça; a grande deformação que o Prana psíquico produz em nosso ser é o desejo. A raiz do desejo é a cobiça vital, que busca apoderar-se daquilo que acreditamos não possuir; é o instinto limitado da vida, que quer possuir e satisfazer-se. Isso cria a sensação de falta — primeiro, a simples avidez vital: fome, sede, luxúria; depois, as fomes, as sedes, as luxúrias psíquicas da mente, que são uma aflição muito maior e se difundem em nosso ser —, a fome que é infinita, porque é a fome de um ser infinito, a sede, que se satisfaz apenas de maneira temporária, pois ela é, em sua natureza, insaciável. O Prana psíquico invade a mente-de-sensações e introduz nela a sede inquieta de sensações, invade a mente dinâmica com o desejo intenso de controlar, possuir, dominar, ter sucesso, satisfazer todos os impulsos; enche a mente emocional com o desejo de satisfazer as simpatias e as antipatias, de saciar o amor e o ódio; ele traz os recuos e os pânicos do medo e as tensões e decepções da esperança; impõe as torturas da aflição, as febres e a excitação das curtas alegrias; ele faz da inteligência e da vontade inteligente os cúmplices de tudo isso e faz deles instrumentos deformados e claudicantes em seu próprio domínio: a vontade se torna uma vontade de desejo e a inteligência uma perseguidora ávida, parcial e tateante, das opiniões limitadas e impacientes e dos preconceitos fanáticos. Desejo é a raiz de todos os infortúnios, decepções, aflições, pois embora tenha a alegria febril da procura e da satisfação, ainda assim, porque provoca sempre uma tensão no ser, ele introduz em sua procura e em seu ganho uma labuta, uma fome, um conflito, uma sujeição rápida à fadiga, uma sensação de limitação, de insatisfação, uma decepção rápida com todas as suas aquisições, uma estimulação mórbida e sem trégua, a perturbação, a inquietude: *aśānti*. Desfazer-se do desejo é a única, indispensável e firme purificação do Prana psíquico — pois assim poderemos substituir a alma de desejo com sua interferência que se infiltra em todos os nossos instrumentos, pela alma mental de calmo e límpido deleite, que toma posse de nós mesmos, do mundo e da Natureza, e é a base cristalina da vida mental e de sua perfeição.

O Prana psíquico interfere em todas as operações superiores e as deforma, mas seu defeito é ser ele mesmo invadido e deformado pela natureza das operações físicas do corpo que a Vida elaborou ao emergir da matéria. Foi esse modo de funcionar que criou a separação entre a vida individual no corpo e a vida do universo, e marcou essa vida individual com o selo da carência, da limitação, da fome, da sede, da cobiça insaciável por aquilo que ela não tem, e fez dela uma longa procura tateante da fruição e uma necessidade de posse contrariada e frustrada. Esse modo de funcionar é regulado e limitado com facilidade na ordem puramente física das coisas, mas se expande imensamente no Prana psíquico e, à medida que a mente cresce, torna-se cada vez mais difícil limitá-lo: insaciável, inconstante, ele é um criador atarefado de desordens e doenças. Ademais, o Prana psíquico apoia-se na vida física, limita-se à força nervosa do ser físico e, desse modo, limita as operações da mente e torna-se o elo de sua dependência do corpo e sua sujeição à fadiga, incapacidade, doença, desordem, insanidade, pequenez, precariedade e mesmo à possível dissolução das operações da mentalidade física. Nossa mente, em lugar de ser uma coisa poderosa em sua força própria, um instrumento claro do espírito consciente, livre, capaz de governar, utilizar e aperfeiçoar a vida e o corpo, revela-se de fato como uma construção misturada; ela é, sobretudo, uma mentalidade física, limitada por seus órgãos físicos e sujeita às exigências e obstruções da vida no corpo. Só é possível desfazer-se disso por uma espécie de operação psicológica prática de análise interior, que nos faz perceber a mentalidade como um poder separado, isolado, para assegurar-lhe um modo de funcionar independente e nos faz também distinguir o Prana psíquico do Prana físico e fazer deles, não mais um elo de dependência, mas um canal de transmissão da Ideia e da Vontade da *buddhi*, obediente às suas sugestões e às suas ordens; o Prana torna-se, então, um meio passivo de execução do controle direto da mente sobre a vida física. Esse controle, embora anormal para a posição habitual de nossa ação (em certa medida ele se manifesta nos fenômenos da hipnose — embora estes sejam anormais e malsãos, porque é uma vontade alheia que sugere e comanda), é não apenas possível, mas deve se tornar o modo normal de funcionar, quando o Self superior dentro toma o comando direto de todo o ser. Contudo, esse controle só poderá ser exercido com perfeição a partir do nível supramental, pois é lá que reside a Ideia e a Vontade realizadoras verdadeiras; a mente pensante mental, mesmo espiritualizada, é apenas uma agente limitada, embora possa se tornar muito poderosa.

Pensa-se que o desejo seja a real força motriz da existência humana e que rejeitá-lo seria parar as fontes da vida: a satisfação do desejo seria a única fruição do ser humano e eliminar isso seria extinguir o impulso da vida por um quietismo ascético. Porém, a verdadeira força motriz da vida da alma é a Vontade; desejo é apenas uma deformação da vontade na vida corporal e na mente física, que são dominantes. O que a alma busca ao voltar-se para o mundo para possuí-lo e fruir dele é, em essência, uma vontade de deleite; a fruição obtida pela satisfação do desejo é apenas uma degradação vital e física da vontade de deleite. É essencial que façamos a distinção entre a vontade pura e o desejo, entre a vontade interior de vivenciar o deleite e a luxúria e a avidez superficiais da mente e do corpo. Se formos incapazes de fazer essa distinção na experiência concreta de nosso ser, teremos apenas que escolher entre um ascetismo que mata a vida e uma vontade grosseira de viver, ou então tentar um compromisso desajeitado, incerto e precário entre os dois. Isso, de fato, é o que faz a maioria das pessoas; uma pequena minoria esmaga os instintos da vida e se esforça para alcançar uma perfeição ascética; a maioria obedece à vontade grosseira de viver com todas as atenuações e restrições impostas pela sociedade ou aquelas que o indivíduo social normal aprendeu a impor à sua mente e às suas ações; os demais estabelecem certo equilíbrio entre a austeridade ética e a permissividade temperada em relação aos desejos do self mental e vital, e veem nesse equilíbrio a regra de ouro de uma mente sã e de uma vida humana saudável. Mas nenhum desses caminhos nos traz a perfeição que buscamos, a governança divina da vontade na vida. Esmagar por completo o Prana, o ser vital, é matar a Força de Vida que deve servir de suporte para uma ampla ação da alma encarnada no ser humano; condescender com a vontade de viver grosseira é contentar-se com a imperfeição; fazer um compromisso entre os dois é parar no meio do caminho e não possuir nem a terra nem o céu. Mas, se pudermos chegar à vontade pura, não deformada pelo desejo — que, descobriremos, é uma força muito mais livre, muito mais tranquila, estável e efetiva que a chama saltitante e enfumaçada do desejo, que logo se cansa e se decepciona — e encontrar a calma vontade interior, de deleite, que não é afetada ou limitada pelo tormento da cobiça, poderemos então transformar o Prana, e de um tirano, um inimigo, um agressor da mente, fazer um instrumento obediente. Podemos também chamar desejo essas coisas maiores, se quisermos, mas então deveremos supor que há um desejo divino diferente da avidez do vital — um desejo de Deus, do qual esse fenômeno inferior é a sombra obscura e no qual ele deve ser transfigurado. É melhor empregar nomes diferentes para coisas que são de todo diferentes em seu caráter e em sua ação interior.

O primeiro passo para a purificação é, então, liberar-se do Prana de desejo, reverter a posição normal de nossa natureza e fazer do ser vital e de seu poder dominador e perturbador o instrumento obediente de uma mente livre e desapegada. À medida que a deformação do Prana psíquico é corrigida, a purificação das outras partes intermediárias do *antaḥkaraṇa* torna-se mais fácil, e quando essa correção é concluída, a purificação das outras partes pode mesmo tornar-se absoluta. Essas partes intermediárias são a mente emocional, a mente sensorial receptora e a mente sensorial ativa ou mente de impulsos dinâmicos. Elas estão ligadas em uma interação fortemente entrelaçada. A deformação da mente emocional gravita em torno da dualidade simpatia-antipatia, *rāga-dveṣa*, atração e repulsão emocionais. Toda a complexidade de nossas emoções e sua tirania em relação à alma vêm do hábito de responder a essas atrações e repulsões assim como o quer a alma de desejo nas emoções e nas sensações. Amor e ódio, esperança e medo, pesar e alegria, todos têm sua origem nessa única fonte. Nós gostamos, amamos, acolhemos, temos esperança, alegramo-nos com tudo o que nossa natureza (primeiro hábito de nosso ser), ou com tudo que os hábitos adquiridos e muitas vezes distorcidos (segunda natureza de nosso ser), apresentam à mente como agradável, *priyam*; odiamos, antipatizamos, tememos, sentimos repulsa ou tristeza por tudo que se apresenta a nós como desagradável, *apriyam*. Esse hábito da natureza emocional obstrui a vontade inteligente e muitas vezes faz dela a escrava impotente do ser emocional ou, no mínimo, a impede de exercer um julgamento livre e de governar a natureza. Essa deformação deve ser corrigida. Ao desfazer-se do desejo no Prana psíquico e de sua intrusão na mente emocional, facilitamos a correção. Pois então o apego, que é o entrave do coração, solta-se das cordas do coração; o hábito involuntário de *rāga-dveṣa* permanece, mas como não está mais reforçado com obstinação pelo apego, ele pode ser utilizado de maneira mais fácil pela vontade e pela inteligência. O coração agitado pode ser conquistado e liberado de suas atrações e repulsões habituais.

Mas, se isso for feito, poder-se-ia então pensar que seria a morte do ser emocional, como é para o desejo. E com certeza seria assim, se a deformação for eliminada mas não substituída pelo modo de funcionar justo da mente emocional; a mente entraria então em uma condição neutra de indiferença vazia ou em um estado luminoso de imparcialidade sossegada, sem movimento ou onda de emoção. O primeiro estado não é desejável de nenhum modo; o outro seria a perfeição de uma disciplina quietista; mas na perfeição integral, que não rejeita o amor nem foge dos movimentos variados de deleite, isso não pode ser mais do que um estágio que deve ser ultrapassado, uma passividade preliminar que aceitamos como primeira base para uma atividade justa. Atração e repulsão, simpatia e antipatia são um mecanismo necessário para o ser humano comum, elas formam um primeiro princípio de seleção instintiva e natural em meio aos milhares de impactos lisonjeiros ou formidáveis, úteis ou perigosos do mundo em torno dele. A *buddhi* começa com esse material, elabora-os e tenta corrigir a seleção natural e instintiva por meio de uma seleção racional mais sábia e deliberada; pois é óbvio que a coisa agradável não é sempre a coisa justa nem o objeto a preferir e a escolher, e a coisa desagradável não é sempre a coisa errada, o objeto a evitar e a rejeitar; o agradável e o bom, *preyas* e *śreyas*, devem ser diferenciados, e é a razão justa que deve escolher e não o capricho da emoção. Mas isso a razão pode fazer muito melhor quando a sugestão emocional se retira e o coração repousa em uma passividade luminosa. Então, a atividade justa do coração pode emergir à superfície, e perceberemos que por trás dessa alma de desejo dominada pelas emoções, esperava desde sempre uma alma de amor, alegria e deleite lúcidos, uma psique pura que estava anuviada pela deformação da cólera, do medo, do ódio, da repulsa e não podia abraçar o mundo com um amor e alegria imparciais. Mas o coração purificado é livre de cólera, livre de medo, de ódio, de toda repugnância e de toda repulsa: ele tem um amor universal, pode receber com uma doçura e claridade imperturbadas os deleites variados que Deus lhe oferece nesse mundo. Contudo, ele não é o escravo indolente do amor e do deleite; ele não deseja, não tenta impor-se como o mestre da ação. O processo seletivo necessário para a ação é deixado sobretudo à *buddhi* e, quando a *buddhi* tiver sido ultrapassada, ao espírito na vontade, no conhecimento e na Ananda supramentais.

A mente-das-sensações receptiva é a base mental-nervosa das afeições; ela recebe mentalmente os impactos das coisas e lhes dá respostas mentais de prazer e de dor, que são o ponto de partida da dualidade emocional simpatia-antipatia. Todas as emoções do coração têm um acompanhamento mental-nervoso correspondente, e percebemos com frequência que, mesmo quando o coração está liberado de toda vontade de dualidade, uma raiz de perturbação sobrevive ainda enraizada na mente nervosa, ou uma lembrança na mente física, que se esfuma cada vez mais e acaba por assumir um caráter inteiramente físico, à medida que é repelida pela vontade da *buddhi*. Por fim, essa lembrança se torna uma mera sugestão de fora, a que as cordas nervosas da mente ainda respondem ocasionalmente até que uma pureza completa as libere e que elas mergulhem no mesmo luminoso deleite universal que o coração puro já possui. A mente ativa ou dinâmica de impulsos é o órgão ou o canal inferior da ação responsiva; ela é deformada, pois está submissa às sugestões da mentalidade não purificada das emoções e sensações e ao desejo do Prana, aos impulsos ditados pela dor, pelo medo, ódio, desejo, luxúria, cobiça e por todo o resto dessa prole turbulenta. Sua forma de ação justa é a força pura de energia dinâmica, de coragem, de potência de caráter, que não age para si mesmo ou em obediência aos elementos inferiores, mas como um canal imparcial para os ditames da inteligência e da vontade purificadas ou do Purusha supramental. Quando nos livramos dessas deformações e clareamos a mentalidade para receber essas formas de ação mais verdadeiras, a mentalidade inferior é purificada e está pronta para a perfeição. Mas essa perfeição depende da posse de uma *buddhi* purificada e aclarada, pois a *buddhi* é o poder principal do ser mental e o principal instrumento mental do Purusha.

CAPÍTULO VII

PURIFICAÇÃO — A INTELIGÊNCIA E A VONTADE

Para purificar a *buddhi* devemos primeiro entender sua composição, que é bastante complexa. E, primeiro, devemos tornar clara a distinção — desconhecida da linguagem comum — entre *manas*, a mente, e *buddhi*, a inteligência discriminadora e a vontade esclarecida. Manas é a mente sensorial. A mentalidade primeira do ser humano não é, de nenhum modo, uma coisa de razão e de vontade, ela é uma mentalidade animal, física ou sensorial, que constrói toda sua experiência a partir das impressões gravadas nela pelo mundo externo e por sua própria consciência encarnada que responde aos estímulos exteriores desse tipo de experiência. A *buddhi* aparece apenas como um poder secundário, que, na evolução, assumiu o primeiro lugar, mas depende ainda do instrumento inferior do qual se serve: suas operações dependem da mente sensorial, e a *buddhi* faz o que pode, em seu espaço superior próprio, para expandir, não sem dificuldades, complicações e tropeços, seu conhecimento e sua ação a partir da base física ou sensorial. Uma mentalidade física sensorial ou semiesclarecida é o tipo normal da mente humana.

De fato, manas é um desenvolvimento da *chitta* externa; é a primeira organização da substância rudimentar da consciência, quando ela é estimulada e despertada pelos contatos externos, *bāhya-sparśa*. Fisicamente, somos uma alma adormecida na matéria, que, pela evolução, chegou a um estado parcial de vigília em um corpo vivo impregnado da substância bruta de uma consciência externa mais ou menos sensível e atenta aos impactos do mundo externo no qual se desenvolve nosso ser consciente. No animal, essa substância de consciência exteriorizada se organiza para formar um sentido mental bem regulado, ou órgão mental de percepção e de ação. O contato mental da consciência encarnada com seu meio se faz, de fato, através dos sentidos.

Esse contato é, em essência, sempre um fenômeno mental; mas, na verdade, o mental depende sobretudo do desenvolvimento de certos órgãos físicos de contato com objetos e com suas propriedades, a cujas imagens ele é capaz, por hábito, de atribuir valores mentais. Os sentidos físicos, como os chamamos, têm um elemento duplo: a impressão físico-nervosa do objeto e o valor mental-nervoso que lhe atribuímos; os dois juntos constituem nossa visão, audição, olfato, paladar, tato, com toda a variedade de sensações de que eles, e sobretudo o tato, são o ponto de partida ou o primeiro agente de transmissão. Mas o manas é capaz de receber impressões sensoriais e obter resultados delas por uma transmissão direta que não depende dos órgãos físicos. Isso é mais claro nas criaturas inferiores. O ser humano, embora tenha, com efeito, uma capacidade superior, um poder de percepção direta — o sexto sentido na mente —, deixou-a cair em estado jacente, para confiar apenas em seus sentidos físicos complementados pela atividade da *buddhi*.

Por conseguinte, manas é, antes de tudo, um organizador da experiência sensorial; além do mais, ele organiza as reações naturais da vontade na consciência encarnada e usa o corpo como um instrumento, isto é, servindo-se dos órgãos de ação, como em geral se diz. Essa ação natural também tem um elemento duplo: um impulso físico-nervoso e, por trás dele, o poder de avaliação mental-nervoso do impulso instintivo da vontade. Esse elemento duplo constitui o núcleo das primeiras percepções e ações e é comum a toda vida animal em desenvolvimento. Além do mais, há em manas ou mente sensorial, um primeiro elemento de pensamento, que resulta das operações da vida animal e as acompanha. Assim como o corpo vivo tem uma ação de consciência, *chitta*, com certo poder de impregnar e possuir e que serve para formar a mente sensorial, do mesmo modo a mente sensorial tem certo poder de impregnar e possuir, que utiliza mentalmente os dados dos sentidos, muda-os em percepções e em ideias primeiras, associa as experiências a outras experiências e, de um modo ou de outro, pensa, sente e quer a partir dos sentidos.

Essa mente sensorial, cujo pensamento é baseado nas sensações, na memória, nas associações, nas primeiras ideias e nas generalizações resultantes ou ideias secundárias, é comum a toda a vida e mentalidade animais desenvolvidas. O ser humano, na verdade, a desenvolveu, deu-lhe um alcance e complexidade imensos, impossíveis para o animal, mas ainda assim, se parasse aí, ele seria apenas um animal muito mais eficaz. Ele excede o âmbito e a altura do animal porque foi capaz, em maior ou menor amplitude, de desprender e separar a ação de seu pensamento daquela da mentalidade sensorial, de retirar-se dessa mentalidade, de observar seus dados e de agir sobre ela do alto, mediante sua inteligência separada e em parte livre. A inteligência e a vontade do animal estão absorvidas na mente sensorial e, portanto, são governadas inteiramente por ela e levadas em suas correntes de sensações, de percepções sensoriais e impulsos: elas são instintivas. O ser humano é capaz de servir-se da razão e da vontade, de uma mente volitiva inteligente, que pensa, se observa e observa tudo, que não está mais envolvida na mente sensorial, mas age do alto e por detrás, em seu direito próprio, com certa separatividade e liberdade. Ele reflete e possui certa vontade inteligente que é relativamente livre. Ele liberou a *buddhi* em si mesmo e fez dela um poder separado.

Mas o que é essa *buddhi*? Do ponto de vista do conhecimento ióguico podemos dizer que é o instrumento da alma, do ser interior consciente na natureza, do Purusha, pelo qual a alma toma certa posse consciente e ordenada de si e de seu meio. Por trás de toda atividade de *chitta* e de manas há essa alma, esse Purusha; mas nas formas inferiores da vida ela está em grande parte subconsciente, adormecida ou semidesperta, absorvida na ação mecânica da Natureza; mas ela desperta cada vez mais, vem cada vez mais para a frente, à medida que se eleva na escala da vida. Pela atividade da *buddhi* ela começa o processo do despertar completo. Nas operações inferiores da mente, a alma está submetida à Natureza, em lugar de possuí-la; pois aí ela é de todo escrava do mecanismo que a levou a uma experiência consciente em um corpo. Mas com a *buddhi* chegamos a algo que ainda é um instrumento natural, por meio do qual a Natureza parece ajudar e armar o Purusha para compreendê-la, possuí-la e tornar-se seu mestre.

Nem a compreensão, nem a posse, nem o domínio podem ser completos, seja porque a própria *buddhi* em nós ainda está incompleta, apenas semidesenvolvida e semiformada, seja porque é, em sua natureza, apenas um instrumento intermediário, e antes que possamos adquirir um conhecimento e uma mestria completos devemos nos elevar a algo maior que a *buddhi*. Ainda assim, esse é um movimento que nos ensina que há em nós um poder maior que a vida animal, uma verdade maior que as primeiras verdades ou as primeiras aparências da verdade percebidas pela mente sensorial, e que podemos tentar alcançar essa verdade, esforçarmo-nos para conseguir um poder de ação e de mestria maior e mais eficaz, uma governança mais efetiva de nossa natureza e da natureza das coisas em torno de nós, um conhecimento, um poder, uma fruição mais altos e mais amplos, uma extensão mais elevada do ser. Qual é então o objetivo final dessa direção? Evidentemente, deve ser para que o Purusha alcance a verdade suprema e total de si e das coisas, a verdade maior da alma ou do self e a verdade maior da Natureza e, depois, uma ação e um estado de ser que devem ser o resultado dessa Verdade ou idênticas a ela, que serão o poder desse conhecimento maior, a fruição desse ser maior e dessa consciência maior aos quais ele se abre. Esse deve ser o resultado final da evolução do ser consciente na Natureza.

Então, alcançar a verdade total de nosso self ou Espírito e o conhecimento, a grandeza e a beatitude de nosso ser livre e completo, deve ser o objetivo da purificação, liberação e perfeição da *buddhi*. Porém, segundo as concepções comuns, isso não significa a posse completa da Natureza pelo Purusha, mas uma rejeição da Natureza. Deveríamos chegar ao self pela remoção da ação da Prakriti. Assim como a *buddhi*, ao compreender que a mente sensorial nos oferece apenas aparências que sujeitam a alma à Natureza e descobre, por trás dessas aparências, verdades mais reais, assim também a alma deve chegar a esse conhecimento que a *buddhi* também, quando se volta para a Natureza, nos oferece apenas aparências que aumentam nossa sujeição. A alma deve descobrir, por trás dessas aparências, a pura verdade do Self. O Self é algo de todo diferente da Natureza e a *buddhi* deve purificar-se de todo apego às coisas naturais e de toda preocupação com elas; só assim poderá discernir o Self puro ou Espírito e separá-lo dos fenômenos da Natureza: o conhecimento do Self puro ou Espírito é o único conhecimento real; a Ananda do Self puro ou Espírito é a única alegria espiritual; a consciência e o ser do Self puro ou Espírito são a única consciência e o único ser reais. A ação e a vontade devem cessar, porque todas as ações são da Natureza; a vontade de ser o Self puro ou Espírito significa a cessação de toda vontade de agir.

Porém, embora a posse do ser, da consciência, do deleite e do poder do Self seja a condição da perfeição — pois é só ao conhecer e possuir sua verdade própria e viver nela, que a alma pode tornar-se livre e perfeita —, nós afirmamos que a Natureza é uma ação e manifestação eternas do Espírito. A Natureza não é uma armadilha diabólica, um conjunto de aparências enganadoras criadas pelo desejo, pelos sentidos, pela vida, pela vontade e inteligência mentais; esses fenômenos são sinais e indicações, e por trás de todos eles há uma verdade do Espírito que os excede e os utiliza. Afirmamos que deve haver uma gnose e uma vontade espirituais inerentes, pelas quais o Espírito secreto que está em tudo conhece sua própria verdade, suas vontades, e manifesta e governa seu ser na Natureza; chegar a isso, comungar com isso, participar disso, deve ser parte de nossa perfeição. O objetivo da purificação da *buddhi* será então realizar, ao mesmo tempo, a verdade de nosso ser essencial e a suprema verdade de nosso ser na Natureza. Para esse propósito, devemos, primeiro, purificar a *buddhi* de tudo que a sujeita à mente sensorial e, uma vez isso feito, purificá-la de suas próprias limitações e converter sua inteligência e sua vontade inferiores na ação superior de uma vontade e conhecimento espirituais.

O movimento da *buddhi* para exceder os limites da mente sensorial é um esforço que já foi em parte realizado na evolução humana; ele faz parte da operação normal da Natureza no ser humano. A ação original da mente pensante, da inteligência e da vontade no indivíduo é uma ação subordinada. Essa ação submete-se à evidência dos sentidos, às ordens da avidez vital, aos instintos e desejos, às emoções e aos impulsos da mente sensorial dinâmica e tenta simplesmente dar-lhes uma direção mais ordenada e um sucesso prático. Mas o ser humano cuja razão e inteligência são conduzidas e dominadas pela mente inferior, representa um tipo inferior da natureza humana, e a parte de nosso ser consciente que consente a essa dominação é a parte mais baixa de nosso estado humano. A ação superior da *buddhi* consiste em exceder e controlar a mente inferior; decerto não para se livrar dela, mas para elevar toda a ação da qual ela é um primeiro indício, ao nível mais nobre da vontade e da inteligência. As impressões da mente sensorial são utilizadas por um pensamento que as excede e alcançam verdades que essas impressões não fornecem: verdades ideativas do pensamento e verdades da filosofia e da ciência; uma mente pensante, descobridora, filosófica, que ultrapassa, retifica e domina as primeiras impressões da mente sensorial. A mentalidade impulsiva e reativa das sensações, a avidez vital e a mente de desejo emocional são pegas pela vontade inteligente e ultrapassadas, retificadas, dominadas por uma mente ética superior que descobre, e lhes impõe, a lei de um impulso justo, de um desejo justo, de uma emoção e ação justas. A mentalidade receptora das sensações e seus prazeres grosseiros, a mente emocional e a mente de vida são pegas pela inteligência e ultrapassadas, retificadas e dominadas por uma mente estética mais profunda e mais feliz que descobre e lhes impõe uma lei de deleite e de beleza verdadeiros. Todas essas formações novas são utilizadas por um Poder geral do indivíduo intelectual, pensante e volitivo, em uma alma em que o intelecto, a imaginação, o julgamento, a memória, a vontade, o discernimento da razão, os sentimentos elevados governam, e que utiliza tudo isso para conhecer-se, desenvolver-se, experienciar, descobrir, criar, efetuar; uma alma que aspira, luta, se eleva interiormente e se empenha para mudar a vida da alma na Natureza em algo mais alto. A alma de desejo primitiva não governa mais o ser. Essa é ainda uma alma de desejo, mas contida e governada por um poder superior, algo que manifestou em si mesmo as divindades da Verdade, da Vontade, do Bem e do Belo, e tenta submeter a vida a elas. A alma de desejo e a mente toscas tentam converter-se em uma alma e em uma mente ideais; mas o grau a que chegarmos quando descobrirmos pouco a pouco e estabelecermos em nós a influência e a harmonia desse ser consciente superior, dará a medida do progresso de nossa humanidade.

Mas esse ainda é um movimento muito incompleto. Percebemos que progride em direção a uma completude maior à medida que alcançamos dois tipos de perfeição: primeiro, um desapego cada vez maior do controle das sugestões inferiores; em seguida, a descoberta crescente de um Ser autoexistente, de uma Luz, um Poder e uma Ananda que ultrapassam e transformam a humanidade normal. A mente ética se aperfeiçoa à medida que se desapega do desejo, das sugestões dos sentidos, dos impulsos, das ações ditadas pelos costumes e descobre um self de Retidão, Amor, Força e Pureza em que ela pode viver em completude e fazer dele a base de suas ações. A mente estética se aperfeiçoa à medida que se desapega de todos os seus prazeres mais grosseiros e dos critérios exteriores convencionais da razão estética e descobre um self autoexistente, um espírito de Beleza e Deleite puros e infinitos, que dá sua luz e sua alegria aos materiais do sentido estético. A mente de conhecimento se aperfeiçoa quando se libera das impressões, dos dogmas, das opiniões e descobre uma luz de autoconhecimento e de intuição que ilumina todas as operações dos sentidos e da razão, toda sua experiência de si e do mundo. A vontade se aperfeiçoa quando se libera de seus impulsos e de suas trilhas costumeiras de efetuação e descobre, por trás disso, o poder interior do Espírito, que é a fonte de uma ação intuitiva e luminosa e de uma criação original e harmoniosa. A partir daí, o movimento de perfeição sai da dominação da natureza inferior e aproxima-se de um reflexo puro e poderoso do ser, do poder, do conhecimento e do deleite do Espírito ou Self na *buddhi*.

O Ioga da Perfeição de Si consiste em tornar esse movimento duplo tão absoluto quanto possível. Toda intrusão do desejo na *buddhi* é uma impureza. Uma inteligência tingida pelo desejo é uma inteligência impura e deforma a Verdade; a vontade, tingida pelo desejo, é uma vontade impura e põe um selo de deformação, dor e imperfeição na atividade da alma. Toda interferência das emoções da alma de desejo é uma impureza e, do mesmo modo, deforma o conhecimento e a ação. Toda sujeição da *buddhi* às sensações e aos impulsos é uma impureza. O pensamento e a vontade devem afastar-se, desapegar-se dos desejos e das emoções perturbadoras, dos impulsos que desviam ou dominam e agir em seu direito próprio, até que possam descobrir um guia maior, uma Vontade — Tapas ou Shakti divina — que tomará o lugar do desejo, da vontade e dos impulsos mentais, uma Ananda ou um deleite puro do espírito e um conhecimento espiritual iluminado, que se expressarão na ação dessa Shakti. Esse desapego completo, impossível sem autogovernança, equanimidade e calma completas, śama, *samatā*, śānti, é o passo mais seguro para a purificação da *buddhi*. Só uma mente calma, equânime e desapegada pode refletir a paz e servir de base para a ação do espírito liberado.

A própria *buddhi* está sobrecarregada com uma ação misturada e impura. Quando a reduzimos a suas formas próprias, percebemos que seu modo de funcionar tem três estágios ou níveis de elevação. Primeiro, sua base inferior é uma ação habitual, costumeira, que serve como elo entre a razão superior e a mente sensorial, uma espécie de compreensão comum. Essa compreensão é, em si, dependente do testemunho dos sentidos e das normas de ação que a razão deduz das percepções e da atitude da mente sensorial em relação à vida. Ela não é capaz, por si mesma, de formar uma vontade e um pensamento puros, mas se serve da razão superior para fazer deles a moeda corrente das opiniões, das normas de pensamento costumeiras ou dos critérios para a ação. Quando efetuamos uma espécie de análise prática da mente pensante e suprimimos esse elemento para dissociar dele a razão superior, livre, observadora e silenciosa, percebemos que essa compreensão comum começa a girar em um círculo fútil, a repetir suas opiniões já feitas e suas respostas habituais às impressões das coisas, e é incapaz de qualquer adaptação e de qualquer iniciativa forte. À medida que sente que a razão superior recusa sua sanção, a *buddhi* começa a fraquejar, a perder a confiança em si, em suas formas e em seus hábitos, a desconfiar da ação intelectual: ela enfraquece e silencia. A tranquilização dessa mente pensante comum, que gira, corre e se repete, é a parte principal desse silêncio do pensamento e é uma das disciplinas mais eficazes do Ioga.

Mas a própria razão superior tem um primeiro estágio de intelectualidade dinâmica e pragmática em que criação, ação e vontade são o motivo real, e pensamento e conhecimento são empregados para formar construções e proposições de base que são usadas sobretudo para a execução prática. Para essa razão pragmática a verdade é apenas uma formação do intelecto, que serve para efetuar as ações da vida interior e da vida exterior. Quando separamos essa razão pragmática da razão superior que busca refletir de maneira impessoal a Verdade, em lugar de criar de maneira pessoal alguma verdade prática, percebemos então que essa razão pragmática pode originar, fazer progredir e ampliar a experiência por um conhecimento dinâmico, mas depende da compreensão comum, que é seu suporte e sua base: ela se apoia com todo seu peso na vida e no devenir. Por conseguinte, ela é, em si, uma mente da Vontade de viver e de agir: é mais uma mente de Vontade que de conhecimento; ela não vive na Verdade segura, constante, eterna, mas em aspectos sucessivos e mutáveis da Verdade que está ao serviço das formas cambiantes de nossa vida e de nosso devenir ou, no máximo, para ajudar a vida a crescer e a progredir. Por si mesma, essa mente pragmática não pode nos dar uma fundação firme nem um objetivo estável; ela vive na verdade do instante, não na verdade da eternidade. Porém, uma vez purificada da dependência da compreensão costumeira, ela se torna uma grande criadora, e em associação com a razão mental superior torna-se um canal poderoso e um servidor audaz da execução da Verdade na vida. O valor de sua obra dependerá do valor e do poder da razão superior em busca da verdade. Mas, por si mesma, ela é um brinquedo do Tempo e uma escrava da Vida. Aquele que busca o Silêncio deve rejeitá-la; aquele que busca a Divindade integral deve passar além, substituir e transformar essa mente pensante absorvida na Vida, por uma Vontade de execução espiritual maior: a Verdade-Vontade do espírito.

O terceiro e mais nobre nível da vontade e da razão intelectuais é uma inteligência que busca uma realidade universal ou uma Verdade ainda mais alta, autoexistente, por amor a essa Verdade, e tenta viver nessa Verdade. Essa é, antes de tudo, uma mente de conhecimento, e só em segundo lugar uma mente de Vontade. No extremo de sua tendência, muitas vezes ela se torna incapaz de Vontade, exceto a Vontade única de conhecer; para agir, ela depende da ajuda da mente pragmática e, por isso, na ação, o indivíduo tende a abandonar a pureza da Verdade professada por seu conhecimento mais alto e a satisfazer-se com uma efetuação misturada, inferior, instável e impura. A disparidade, mesmo quando não é uma oposição, entre conhecimento e vontade é um dos defeitos principais da *buddhi* humana. Mas há outras limitações inerentes a todo pensamento humano. No ser humano, essa *buddhi* superior não funciona em sua pureza natural: ela é assaltada pelos defeitos da mentalidade inferior, continuamente enevoada por ela, deformada, velada, impedida ou mutilada em sua ação própria. Mesmo purificada tanto quanto possível dessa degradação mental tão habitual, a *buddhi* humana continua ainda a ser um poder que busca a Verdade, mas nunca a possui de modo completo ou direto; ela pode apenas refletir a verdade do espírito e tentar possuí-la, dando-lhe um valor mental limitado e uma estrutura mental precisa. E tampouco reflete integralmente: ela se apropria de uma totalidade incerta ou então de uma soma de detalhes limitados. Primeiro, apropria-se desse ou daquele reflexo parcial, depois, pela submissão aos hábitos da mente costumeira, faz dele uma opinião fixa que a aprisiona; toda verdade nova é julgada a partir do ponto de vista que ela assim formou e, portanto, assume a cor de um prejulgamento limitante. Poderemos liberá-la o mais possível desse hábito de opinião limitativo, mas ainda assim ela permanecerá submetida a outra aflição: a demanda da mente pragmática pela execução imediata, que não lhe dá o tempo de proceder para uma verdade mais vasta, mas que, pelo poder de sua realização efetiva, a fixa naquilo que ela já julgou, conheceu e viveu. Liberada de todas essas cadeias, a *buddhi* pode tornar-se um refletor puro e flexível da Verdade, acrescentando uma luz à outra e procedendo de realização em realização. Ela é, então, limitada apenas por suas limitações inerentes.

Essas limitações são, sobretudo, de dois tipos. Primeiro, as realizações da *buddhi* não são mais que realizações mentais; para chegar à própria Verdade devemos ir além da *buddhi* mental. Ademais, a natureza da mente impede a *buddhi* de unificar de maneira efetiva as verdades que ela apreende. Ela pode apenas pô-las lado a lado e ver oposições ou efetuar uma espécie de combinação parcial com vista a uma execução prática. Mas, no final, ela percebe que os aspectos da Verdade são infinitos e que nenhuma de suas formas intelectuais são de todo válidas, porque o espírito é infinito e no espírito tudo é verdade; porém, na mente, nada pode dar a totalidade da verdade do espírito. Assim, ou a *buddhi* se torna um espelho puro de reflexos inumeráveis que reflete toda a verdade que incide nela — mas é ineficaz, e ao voltar-se para a ação é incapaz de decisão ou é caótica — ou ela deve fazer uma seleção e agir como se essa parte selecionada fosse toda a verdade, embora saiba que não é assim. Ela age nas limitações impotentes da Ignorância, embora possua uma Verdade muito maior que sua ação. Por outro lado, ela pode retirar-se da vida e do pensamento e buscar ultrapassar-se e dirigir-se à Verdade que está além. Ela pode conseguir isso agarrando-se a algum aspecto, algum princípio, algum símbolo ou sinal da realidade e empurrando-o a seu termo de realização absoluta, que, ao mesmo tempo, tudo absorve e tudo exclui ou pegando e realizando alguma ideia do Ser ou do Não Ser indeterminado, do qual todo pensamento e toda vida se apartam e cessam: a *buddhi* mergulha em um sono luminoso e a alma se dirige a uma altura inefável da existência espiritual.

Portanto, ao lidar com a *buddhi*, deveremos escolher uma ou outra dessas possibilidades ou, então, tentar a aventura mais rara, de elevar a alma acima do ser mental e fazê-la entrar na gnose espiritual para ver o que podemos descobrir no próprio âmago dessa luz e poder supernos. Essa gnose contém o sol do Conhecimento-Vontade divino que queima nos céus do Ser consciente supremo; para essa gnose, a inteligência e a vontade mentais são apenas focos de raios e reflexos difusos e desviados. Ela possui a unidade divina e contudo, ou mesmo por causa disso, pode governar a multiplicidade e a diversidade: todas as seleções, limitações ou combinações que ela efetua não são impostas pela Ignorância, mas desenvolvem-se de maneira espontânea pelo poder de Conhecimento divino que ela possui. Quando a gnose é conquistada, pode então ser dirigida à totalidade da natureza e divinizar o ser humano. É impossível elevar-se até lá de repente; se isso pudesse ser feito seria uma passagem violenta e súbita, uma irrupção, ou uma entrada furtiva pelas portas do Sol, *sūryasya dvārā*, de onde seria quase impossível retornar. É preciso formar uma espécie de elo ou de ponte: uma mente intuitiva ou iluminada que não é a gnose direta, mas onde pode preparar-se um primeiro corpo derivado da gnose. Essa mente iluminada será, primeiro, um poder misturado que deveremos purificar de toda dependência mental e de formas mentais, a fim de converter todas as vontades e todos os pensamentos em um pensamento-visão e uma vontade-visão da verdade, por uma discriminação, intuição, inspiração, revelação iluminadas. Isso será a purificação final da inteligência e a preparação para a siddhi da gnose.

CAPÍTULO VIII

A LIBERAÇÃO DO ESPÍRITO

A purificação do ser mental e do Prana psíquico prepara o terreno para a liberação espiritual — deixaremos de lado, pelo momento, a questão da purificação do corpo e do Prana físico, embora ela também seja necessária a uma perfeição integral. Śuddhi é a condição para *mukti*. Toda purificação é uma liberação, uma entrega, pois purificar é rejeitar as imperfeições e confusões que limitam, amarram e obscurecem: a purificação do desejo traz a liberação do Prana psíquico; a purificação das emoções falsas e das reações perturbadoras libera o coração; a purificação do pensamento limitado e obscurecido pela mente sensorial libera a inteligência; a purificação da mera intelectualidade traz a liberdade da gnose. Mas tudo isso é uma liberação dos instrumentos. A liberdade da alma, *mukti*, é de caráter mais vasto e mais essencial; é a abertura da limitação mortal à imortalidade sem limites do Espírito.

Segundo certas concepções, a liberação é a rejeição de toda a natureza, o estado silencioso do ser puro, o Nirvana ou extinção, uma dissolução da existência natural em algum Absoluto indefinível, *mokṣa*. Porém, uma beatitude absorvida e imersa, a imensidão de uma paz inativa, a liberação pela autoextinção ou a autoimersão no Absoluto não é nosso objetivo. Para nós, a ideia de liberação, *mukti*, corresponde apenas a essa mudança interior própria a toda experiência desse tipo; ela é essencial para a perfeição e indispensável para a liberdade espiritual. Percebemos então que essa mudança implica sempre duas coisas: uma rejeição e uma apropriação, um lado negativo e um lado positivo; o movimento negativo libera a alma dos laços principais, dos nós-chaves da natureza inferior; o lado positivo é uma abertura à existência espiritual superior ou uma ascensão a ela. Mas o que são esses nós-chaves, essas torções diferentes e mais profundas do que os nós instrumentais da mente, do coração e da Força de Vida psíquica? Na Gītā eles são indicados com uma grande força e uma insistência contínua e vigorosa; eles são quatro: o desejo, o ego, as dualidades e as três gunas da Natureza; pois ser sem desejo e sem ego é possuir a igualdade da alma, do espírito e da mente, e ser *nistraiguṇya*[1] — isso é ser livre, *mukta*, conforme a ideia da Gītā. Podemos aceitar essa descrição, pois sua amplidão cobre o essencial. Por outro lado, o sentido positivo de liberdade é ser universal na alma, transcendentalmente uno com Deus em espírito e em posse da natureza divina mais alta — poderíamos dizer: semelhante a Deus ou uno com Ele na lei de nosso ser. Esse é o sentido pleno e total da liberação e essa é a liberdade integral do espírito.

Fomos já levados a falar da purificação do desejo psíquico, do qual o desejo insaciável do Prana é a base evolutiva ou, poderíamos dizer, sua base prática. Mas tudo isso se situa na natureza mental e psíquica; a ausência espiritual de desejo tem um significado muito mais vasto e mais essencial, pois o desejo tem um nó duplo: um nó inferior no Prana — que é um desejo insaciável nos instrumentos, e um nó muito sutil na própria alma, de que a *buddhi* é o primeiro suporte ou *pratiṣṭhā*, que é a origem profunda da teia que nos escraviza. Quando olhamos de baixo, o desejo apresenta-se a nós como um desejo insaciável da Força de Vida que, nas emoções, se sutiliza e muda em desejo insaciável do coração e, depois, sutiliza-se ainda mais na inteligência e muda em desejo insaciável, preferência e paixão da tendência estética, ética, dinâmica ou racional da *buddhi*. Esse desejo é essencial para o ser humano comum, ele não pode viver ou agir como indivíduo sem amarrar toda sua ação ao redor de algum tipo, mais ou menos elevado, de desejo, preferência ou paixão. Mas quando somos capazes de olhar o desejo do alto, vemos que aquilo que sustenta esse desejo dos instrumentos é uma vontade do espírito. Há uma vontade, Tapas, Shakti, pela qual o espírito secreto impõe a seus membros exteriores toda ação e tira disso um deleite ativo de seu ser, uma Ananda, que eles compartilham de maneira obscura e imperfeita (se, de algum modo, forem conscientes). Esse Tapas é a vontade do espírito transcendente que cria o movimento universal, do espírito universal que sustenta e anima o movimento universal, do espírito individual livre, que é o centro de alma de suas multiplicidades. Essa é uma só e única vontade, livre em todas essas posições ao mesmo tempo, abrangente, harmoniosa, unificada; quando vivemos e agimos no espírito, percebemos que essa vontade é a vontade do deleite de ser espiritual, espontânea, luminosa, satisfeita e beatífica, sem esforço e sem desejo, que cumpre e possui a si mesma.

Mas, a partir do momento em que a alma se afasta da verdade universal e transcendente de seu ser, que se inclina em direção ao ego e tenta fazer dessa vontade

---

1. Sem nenhuma das três gunas. (N. da T.)

algo que lhe pertence, uma energia pessoal separada, essa vontade muda de caráter: torna-se um esforço, uma tensão, uma força apaixonada, que talvez tenha as alegrias ardentes de ter-se realizado e de possuir a si mesma, mas tem também seus recuos aflitivos e a dor da labuta. É isso que, em cada instrumento, muda em vontade intelectual, emocional, dinâmica, sensorial ou vital de desejo, de ambição, de cobiça. Mesmo quando os instrumentos *per se* são purificados do que parece provir de sua própria iniciativa e de seu tipo particular de desejo, esse Tapas imperfeito pode ainda permanecer, e enquanto ele velar a fonte ou deformar o tipo de ação interior, a alma não terá a beatitude da liberdade, ou só poderá tê-la abstendo-se de toda ação; e, mesmo assim, se for permitido a esse Tapas persistir, ele reacenderá os desejos prânicos ou outros ou, no mínimo, lançará sobre o ser a sombra de sua lembrança. Essa semente espiritual ou começo do desejo, deve também ser expulsa, abandonada, rejeitada; o sadhaka deve escolher uma paz ativa e um silêncio interior completo ou perder toda iniciativa individual, *saṅkalpārambha*, em união com a vontade universal ou Tapas da Shakti divina. A maneira passiva consiste em uma imobilidade interior, sem esforço: nada querer, nada esperar, renunciar a toda ação, *niśceṣṭa, anīha, nirapekṣa, nivṛtta*; a maneira ativa também consiste em estar imóvel e impessoal na mente, mas permitir à Vontade suprema, em sua pureza espiritual, agir por meio dos instrumentos purificados. Então, se a alma permanecer no nível da mentalidade espiritualizada, ela se tornará apenas um instrumento, mas ela mesma sem iniciativa ou sem ação, *niṣkriya, sarvārambha-parityāgī*. Porém, se ela se elevar até a gnose ela será, ao mesmo tempo, um instrumento e uma participante na beatitude da ação divina e na beatitude da Ananda divina; ela une em si mesma a Prakriti e o Purusha.

A tendência egoística, a tendência separativa do ser, é o fulcro de toda escravidão e de todo o labor confuso da ignorância. Enquanto não formos livres do sentido de ego não pode haver liberdade real. Diz-se que a sede do ego está na *buddhi*: essa é a ignorância da mente discriminadora e da razão, que fazem uma discriminação equivocada e tomam a individuação da mente, da vida e do corpo por uma verdade de existência separativa e são desviadas da verdade reconciliadora maior, que é a unidade de todas as existências. De qualquer modo, no ser humano, é sobretudo a ideia de ego que sustenta a falsidade da existência separativa; portanto, o remédio eficaz é desembaraçar-se dessa ideia e insistir na ideia contrária de unidade, do self único, do espírito único, do ser único da natureza; mas isso, por si mesmo, não é eficaz de modo absoluto, pois o ego, embora se sustente por essa ideia-ego, *aham-buddhi*, encontra um meio muito poderoso de obstinação ou de persistência apaixonada na atividade costumeira da mente sensorial, do Prana e do corpo. Afastar de nós a ideia de ego não é de todo possível nem de todo eficaz enquanto esses instrumentos não forem purificados, pois sua ação persistentemente egoística e separativa leva a *buddhi* como um barco é levado pelo vento no mar, diz a Gītā; ela obscurece sem cessar o conhecimento na inteligência ou o cobre temporariamente, e é preciso restaurá-lo de novo: um verdadeiro labor de Sísifo[2]. Mas, se os instrumentos inferiores foram purificados do desejo, da ambição, da vontade, da paixão e da emoção egoísticas e se a própria *buddhi* foi purificada de suas ideias e preferências egoísticas, então o conhecimento da verdade espiritual da unidade pode encontrar uma base sólida. Até esse ponto, o ego assume todo tipo de formas sutis e nós imaginamos estar livres dele, quando na verdade agimos como seus instrumentos e tudo o que obtivemos é certo equilíbrio intelectual, que não é a verdadeira liberação espiritual. Ademais, rejeitar o sentido ativo de ego não é bastante; essa rejeição pode apenas trazer um estado inativo da mentalidade: certa quietude passiva e inerte do ser separado pode tomar o lugar do egoísmo ativo, o que tampouco é a verdadeira liberação. O sentido de ego deve ser substituído pela unidade com o Divino transcendental e com a existência universal.

Essa necessidade surge do fato de que a *buddhi* é apenas um *pratiṣṭh*a, ou suporte principal do sentido de ego em seu jogo inumerável, *ahaṅkāra*; porém, em sua fonte, a *buddhi* é uma degradação ou deformação da verdade de nosso ser espiritual. A verdade do ser é uma existência transcendente, um self ou espírito supremo, uma alma da existência atemporal, um eterno, um Divino, ou mesmo, podemos dizer em relação às concepções mentais correntes da Divindade, um supra-Divino, que aqui é imanente, abrangente, iniciador de tudo e que governa tudo, um grande Espírito universal; e o indivíduo é um poder de ser do Eterno, um poder consciente e eternamente capaz de relações com Ele, mas também uno com Ele no próprio âmago da realidade de sua existência eterna. Essa é uma verdade que a inteligência pode apreender, pode, uma vez purificada, refletir, transmitir, reter, de maneira derivada; mas essa verdade só pode ser de todo realizada, vivida e efetivada no espírito. Quando vivemos no espírito, não apenas conhecemos, mas somos, essa verdade de nosso ser. O indivíduo então frui no espírito, na beatitude do espírito, sua unidade com a existência universal, sua unidade com o Divino atemporal e sua unidade com todos os outros seres; esse é o sentido essencial da liberação espiritual do ego. Mas a partir do momento em que a alma se inclina na direção da limitação mental, surge certo sentido de separatividade espiritual, que tem suas alegrias, mas que pode, a qualquer

---

2. Personagem da mitologia grega. Foi condenado por Zeus a repetir eternamente a mesma tarefa sem sentido: empurrar uma rocha até o cimo de uma montanha e vê-la rolar para baixo, repetidamente. (N. da T.)

instante, recair no inteiro sentido de ego, na ignorância, no oblívio da unidade. Para desembaraçar-se dessa separatividade, alguns tentam absorver-se na ideia e na realização do Divino; em certas formas de ascese espiritual esse esforço assume o aspecto de uma tensão que visa abolir todo ser individual e rejeitar, em uma imersão extática, todas as relações individuais ou universais com o Divino; em outras formas, torna-se uma absorção no Divino e não nesse mundo, ou a existência é contínua e intensamente absorvida em sua presença, *sāyujya, sālokya, sāmīpya mukti*. O meio proposto para o Ioga Integral é uma elevação e uma total entrega de todo o ser ao Divino, pelas quais não só nos tornaremos uno com Ele em nossa existência espiritual, mas também viveremos nele e ele em nós, de modo que toda a natureza estará cheia de sua presença e se transmutará em natureza divina: nosso espírito, nossa consciência, nossa vida e nossa substância tornar-se-ão uno com o Divino e, ao mesmo tempo, viveremos e nos moveremos nessa unidade e teremos nela uma alegria diversificada. Essa liberação integral do ego no espírito e na natureza divina, em nosso nível atual só pode ser completa de maneira relativa, mas começará a tornar-se absoluta quando nos abrirmos à gnose e nos elevarmos em sua direção. Essa é a perfeição na liberação.

A liberação do ego e a liberação do desejo, juntas, formam a base da liberdade espiritual central. A sensação, a ideia, a experiência de ser uma pessoa autoexistente separada no universo, toda a formação da consciência e da força do ser no molde dessa experiência, são a raiz de todo sofrimento, de toda ignorância e de todo mal. E é assim porque essa separação falsifica, seja na prática, seja na cognição, toda a verdade real das coisas; ela limita o ser, limita a consciência, limita o poder de nosso ser, limita a beatitude de ser; essa limitação, por sua vez, produz uma existência falsa, uma consciência falsa, uma maneira falsa de usar o poder de nosso ser e de nossa consciência, e formas falsas, deturpadas, contrárias ao deleite da existência. A alma, limitada no ser e isolada em seu meio, não se sente mais em unidade e harmonia com seu Self, com Deus, com o universo, com tudo em torno dela; mas, ao contrário, encontra-se em desavença com o universo, em conflito e desacordo com outros seres que são seus outros selfs, mas que ela trata como não self; enquanto esse desacordo e essa diferença durarem, a alma não poderá possuir seu mundo nem fruir da vida universal: ela estará cheia de desassossego, de medos, de aflições de todo tipo, em luta dolorosa para preservar-se e ampliar-se e possuir seu meio — pois possuir seu mundo é a própria natureza do espírito infinito e o anelo necessário a todo ser. As satisfações que ela tem com esse labor e com esse esforço são de um tipo restrito, desvirtuado e insatisfatório, pois a única satisfação verdadeira para ela é crescer, retornar a si mesma cada vez mais, realizar algum acordo e alguma harmonia, criar-se e realizar-se de maneira feliz, mas o pouco dessas coisas que ela consegue alcançar com base na consciência do ego, é sempre limitado, inseguro, imperfeito, transitório. A alma está também em guerra com seu próprio self — primeiro porque, visto que não possui mais a verdade central que harmoniza seu ser, ela não pode mais controlar de maneira adequada os elementos de sua natureza nem pôr em acordo suas tendências, poderes e exigências; ela não tem o segredo da harmonia, porque não tem o segredo de sua própria unidade e não possui a si mesma; em seguida, como não está em posse de seu self superior, ela deve lutar para encontrá-lo, e não lhe será permitido estar em paz enquanto não estiver em posse de seu ser verdadeiro supremo. Tudo isso significa que ela não é una com Deus; pois ser uno com Deus é ser uno consigo mesmo, uno com o universo e uno com todos os seres. Essa unidade é o segredo da existência divina, verdadeira. Mas o ego não pode ter isso, porque sua natureza própria é separativa, e porque, mesmo em relação a nós mesmos e a nossa existência psicológica, esse é um falso centro de unidade; ele tenta encontrar a unidade de nosso ser pela identificação com uma personalidade mental, vital e física mutável, não com o self eterno de nossa existência total. Somente no self espiritual poderemos possuir a unidade verdadeira, pois lá o indivíduo se amplia na medida de seu ser integral e se une à existência universal e à Divindade transcendente.

Toda dificuldade e todo sofrimento da alma provêm dessa maneira de viver, falsa, egoística e separadora. Como não está em posse de sua autoexistência livre, *anātmavān*, a alma, porque é limitada em sua consciência é, portanto, limitada em conhecimento; e esse conhecimento limitado toma a forma de um conhecimento falsificador. Uma luta para retornar ao conhecimento verdadeiro lhe é imposta, mas o ego na mente separativa se satisfaz com aparências e fragmentos de conhecimento, que ele junta para formar alguma noção de uma conduta que se revela falsa ou imperfeitamente total; esse conhecimento malogra e ele deve abandoná-lo para iniciar uma nova busca da única coisa que vale a pena ser conhecida. Essa coisa única é o Divino, o Self, o Espírito, no qual o ser universal e o ser individual descobrem enfim sua fundação verdadeira e suas verdadeiras harmonias. Ademais, porque é limitada em sua força, a alma prisioneira do ego é cheia de muitas incapacidades: o conhecimento equivocado é acompanhado da vontade equivocada, de tendências e impulsos equivocados do ser; o sentido agudo desses equívocos é a raiz da consciência humana do pecado. Essa deficiência de sua natureza a alma tenta retificar por meio de normas de conduta que a ajudarão a substituir a consciência egoística e as satisfações egoísticas do pecado pela consciência e a autossatisfação egoísticas da virtude, a substituir o egoísmo rajásico pelo egoísmo sátvico. Mas o pecado original, essa separação de seu ser e de sua vontade do Ser divino e da Vontade divina, deve ser curado; quando retorna à unidade com a Vontade e com o Ser divinos, a alma se eleva além do pecado e da virtude, entra na pureza infinita autoexistente e na segurança de sua própria natureza divina. Ela tenta retificar suas incapacidades por meio da organização de seu conhecimento imperfeito e da disciplina de sua vontade e de sua força mal aclaradas e governando-as por algum esforço sistemático da razão; mas disso resulta sempre modos de agir e um padrão na capacidade prática limitados, incertos, mutáveis e tropeçantes. É somente quando retorna à vasta unidade do espírito livre, *bhūmā*, que sua ação natural poderá mover-se de maneira perfeita enquanto instrumento do Espírito infinito e seguir os passos do que é Justo, os passos da Verdade e do Poder que são próprios da alma livre agindo do centro supremo de sua existência. Além disso, porque é limitada no deleite de ser, a alma é incapaz de apreender a beatitude segura, autoexistente, perfeita, do espírito, ou o deleite, a Ananda do universo, que mantém o mundo em movimento; ela pode mover-se apenas em uma sucessão, misturada e cambiante, de prazeres e dores, alegrias e tristezas, ou deve refugiar-se em alguma inconsciência consciente ou em uma indiferença neutra. A mente do ego é incapaz de fazer de outra maneira, a alma que se exteriorizou no ego está sujeita a essa fruição insatisfatória da existência, uma fruição secundária, imperfeita, muitas vezes desvirtuada, perturbada ou mesmo inexistente. Contudo, todo o tempo, a Ananda espiritual e universal está dentro, no self, no espírito, em sua unidade secreta com Deus e com a existência. Rejeitar a cadeia do ego e retornar ao self livre, ao ser espiritual imortal, é o retorno da alma à sua própria divindade eterna.

A vontade da existência imperfeita separativa, esse Tapas equivocado que faz a alma na Natureza procurar individualizar-se — individualizar seu ser, sua consciência, sua força de ser, seu deleite de existência — em um sentido de separação, e a possuir essas coisas como suas, por direito próprio, e não pelo direito de Deus e da unidade universal, é o que causa a deformação e cria o ego. Afastar-se desse desejo original é, portanto, essencial: retornar à vontade sem desejo, para que toda fruição de ser e toda vontade de ser sejam as de uma Ananda livre, universal, unificadora. Essas duas liberações são uma: liberar-se da vontade que é da natureza do desejo e liberar-se do ego; a unidade que resulta da feliz perda da vontade-desejo e do ego é a essência de *mukti*.

CAPÍTULO IX

A LIBERAÇÃO DA NATUREZA

Os dois lados de nosso ser — a alma consciente que experiencia e a Natureza executora que oferece suas experiências à alma de modo contínuo e diverso — determinam por seu encontro tudo que afeta nossa condição interior e suas reações. A Natureza contribui, e determina o caráter dos eventos e as formas dos instrumentos da experiência; a alma responde por uma aceitação das determinações naturais da reação a esses eventos ou por uma vontade de outra determinação, que ela impõe à natureza. A aquiescência da consciência do ego instrumental e as vontades do desejo são a autorização inicial à queda do self nas regiões inferiores da experiência, em que ele esquece a natureza divina de seu ser; a rejeição desses dois elementos, e o retorno ao self livre e à vontade do deleite de ser divino, é a liberação do espírito. Porém, do outro lado, encontram-se as contribuições da própria Natureza para a mistura emaranhada: os atos e as obras que ela impõe à experiência da alma, uma vez que essa primeira autorização original foi dada e tornou-se a lei de todas as transações exteriores. As contribuições essenciais da Natureza são duas: as gunas e as dualidades. A ação inferior da natureza na qual vivemos tem certos modos qualitativos essenciais que constituem toda a base dessa inferioridade. O efeito constante desses modos na alma e em seus poderes naturais, mente, vida e corpo, é uma experiência de discórdia e divisão, uma luta de contrários, *dvandva*, uma moção em toda sua experiência e uma oscilação entre pares de contrários constantes ou uma mistura de pares, de positivos e negativos combinados: as dualidades. Uma liberação completa do ego e da vontade de desejo deve nos elevar acima dos modos qualitativos da Natureza inferior, *traiguṇyātītya*, nos liberar dessa experiência misturada e discordante, fazer cessar ou anular a ação dual da Natureza. Mas desse lado também existem dois tipos de liberdade. Uma liberação da Natureza na beatitude quiescente do espírito é a primeira forma de liberação. Uma outra liberação da Natureza na qualidade divina e em um poder espiritual de experiência do mundo, preenche essa calma suprema de uma suprema beatitude cinética de conhecimento, poder, alegria e mestria. Uma unidade divina do espírito supremo e de sua natureza suprema é a liberação integral.

A Natureza, por ser um poder do espírito é, em essência, qualitativa em sua ação. Poder-se-ia quase dizer que a Natureza é apenas um poder de existência e o desdobramento na ação das qualidades infinitas do espírito, *anantaguṇa*. Tudo o mais pertence a seus aspectos externos e mais mecânicos; mas esse jogo de qualidades é a coisa essencial, de que o resto é o resultado e a combinação mecânica. Uma vez que o modo de funcionar desse poder essencial e de suas qualidades foi retificado, tudo o mais torna-se sujeito ao controle do Purusha experimentador. Porém, na natureza inferior das coisas, o jogo das qualidades infinitas está sujeito a uma medida limitada, a um modo de funcionar dividido e antagônico, a um sistema de contrários e de discórdias, entre os quais é preciso encontrar e manter em ação algum sistema de concórdia versátil e prático; esse jogo de discórdias concordantes, de qualidades em conflito, de poderes e de modos de experiência díspares que são impelidos a algum acordo parcial apenas manejável e, na maioria das vezes, precário, a um equilíbrio instável e mutável, é governado pela ação basilar de três modos qualitativos que se conflitam e se combinam em todas as criações da Natureza. Esses três modos, segundo o sistema do Sankhya — que, em geral, é adotado para esse propósito por todas as escolas de pensamento filosófico e de Ioga na Índia — receberam três nomes, *sattva, rajas e tamas*[1]. Tamas é o princípio e o poder da inércia; rajas é o princípio cinético, da paixão, do esforço, da iniciativa (ārambha); sattva é o princípio da assimilação, do equilíbrio e da harmonia. O aspecto metafísico dessa classificação não nos diz respeito, mas em seu aspecto psicológico e espiritual é de uma importância prática imensa, porque esses três princípios se encontram em todas as coisas, e se combinam para lhes dar a tendência de sua natureza ativa, de seus resultados e de sua execução, e a desigualdade de seu modo de funcionar na experiência da alma é a força que constitui nossa personalidade ativa, nossa índole, nosso tipo de natureza e molda nossa resposta psicológica à experiência. Todo o caráter de nossa ação e de nossa experiência é determinado pela predominância ou pela proporção da interação entre essas três qualidades, ou modos, da Natureza. A alma, em sua personalidade, é obrigada, podemos dizer, a conformar-se aos moldes delas, e com mais frequência é governada por elas em lugar de governá-las livremente. A alma só poderá ser livre ao

---

1. Essa questão foi tratada no Ioga das Obras. É mencionada aqui mais uma vez do ponto de vista do caráter geral da natureza e da liberação completa do ser.

elevar-se acima do conflito atormentado da ação desigual das gunas e ao rejeitar suas concórdias, suas combinações insuficientes e suas harmonias precárias, seja por uma quiescência completa do caos semirregulado de suas ações, seja encontrando uma posição superior em relação a essa tendência inferior da natureza, e por uma mestria ou uma transformação de suas operações. Deve haver uma ausência de gunas ou uma superioridade às gunas.

As gunas afetam todas as partes de nosso ser natural. De fato, seu bastião mais forte situa-se em cada uma das três partes de nossa natureza: a mente, a vida e o corpo. Tamas, o princípio de inércia, é mais forte na natureza material e em nosso ser físico. A ação desse princípio é de dois tipos: a inércia da força e a inércia do conhecimento. Tudo que é governado de maneira predominante por tamas tende, em sua força, a uma inação e a uma imobilidade apática, ou então a uma ação mecânica que não é sua, mas provém de forças obscuras que o fazem girar em um círculo mecânico de energia; do mesmo modo, em sua consciência, tudo que é governado por tamas tende a uma inconsciência ou a uma subconsciência velada, ou a uma ação consciente relutante, morosa ou, de certo modo, mecânica, que não possui a noção de sua própria energia mas é guiada por uma ideia que lhe parece externa ou, pelo menos, escondida de sua percepção ativa. Assim, em seu princípio, nosso corpo é, em sua natureza, inerte, subconsciente, incapaz de tudo exceto de uma direção e ação mecânicas e rotineiras; embora ele tenha, como tudo o mais, um princípio cinético e um princípio de equilíbrio próprios ao seu estado e à sua ação, um princípio inerente de resposta e uma consciência secreta, a maioria de suas moções rajásicas vêm do poder de vida e toda a consciência manifesta vem do ser mental. O princípio de rajas tem seu bastião mais forte na natureza vital. É a Vida em nós que é o motor dinâmico mais forte, mas o poder de vida nos seres terrestres é possuído pela força de desejo e, portanto, rajas se orienta sempre para a ação e para o desejo; desejo é o mais poderoso motivador da maioria das energias e dos atos, seja do ser humano, seja do animal — a tal ponto predominante que muitos o consideram o pai de toda ação e mesmo o criador de nosso ser. Ademais, por se encontrar em um mundo de matéria que parte de um princípio de inconsciência e de uma inércia movida de maneira mecânica, rajas tem que operar contra uma imensa força contrária; portanto, toda sua ação assume a natureza de um esforço, de uma luta para possuir, um conflito em que ele é assaltado a cada passo por uma incapacidade limitante, pelas decepções e pelo sofrimento: mesmo seus ganhos são precários e limitados, danificados pela reação ao esforço e pelo ressaibo da insuficiência e do transitório. O princípio de sattva tem seu bastião mais forte na mente; não tanto nas partes inferiores da mente, que são dominadas pelo poder de vida rajásico, mas sobretudo na inteligência e na vontade racional. A inteligência, a razão, a vontade racional são levadas, pela natureza de seu princípio predominante, a fazer um esforço constante para assimilar: assimilação pelo conhecimento, assimilação por um poder de vontade inteligente; a fazer um esforço constante para chegar a um equilíbrio, a certa estabilidade, a certa norma e harmonia dos elementos conflituosos das experiências e dos eventos naturais. Essa satisfação ele obtém de diversas maneiras e suas aquisições são de graus diversos. A assimilação, o equilíbrio e a harmonia obtidos trazem sempre consigo uma sensação de bem-estar, de felicidade, de mestria e de segurança relativa, mas mais ou menos intensa e satisfatória, que é diferente dos prazeres intensos e perturbadores outorgados de modo precário pela satisfação do desejo e da paixão rajásicos. A luz e a felicidade são as características da guna, ou qualidade, sátvica. A natureza inteira do ser mental encarnado é determinada por essas três gunas.

Mas essas gunas são apenas poderes mais ou menos predominantes em cada parte de nosso sistema complexo. As três qualidades misturam-se, combinam-se e rivalizam em cada fibra e em cada elemento de nossa psicologia intrincada. O caráter mental é feito por elas — o caráter de nossa razão, de nossa vontade, de nosso ser moral, estético, emocional, dinâmico e sensorial. Tamas traz toda a ignorância, toda a inércia, fraqueza, incapacidade que afligem nossa natureza, uma razão enevoada, a insciência, a ininteligência, uma aderência tenaz às noções costumeiras e às ideias mecânicas, a recusa a pensar e a conhecer, a mente pequena, as vias fechadas, o trotear dos hábitos mentais que giram em círculos, os lugares obscuros e crepusculares. Tamas traz a vontade impotente, a falta de fé, de autoconfiança e de iniciativa, a aversão a agir, o recuo diante do esforço e da aspiração, o espírito pobre e pequeno e, em nosso ser moral e dinâmico, a inércia, a covardia, a baixeza, a preguiça, a sujeição débil aos motivos pequenos e ignóbeis, a submissão complacente à nossa natureza inferior. Tamas introduz em nossa natureza emocional a insensibilidade, a indiferença, a falta de simpatia e de abertura, a alma fechada, o coração endurecido, uma afeição que logo termina, o langor dos sentimentos; em nossa natureza estética e sensorial a sensibilidade obtusa, a limitada gama de reações, a insensibilidade à beleza, tudo que caracteriza o espírito humano grosseiro, pesado e vulgar. Rajas traz à nossa natureza ativa comum todo o seu bem e todo o seu mal. Quando não corrigido por um elemento suficiente de sattva, ele leva ao egoísmo, à teimosia e à violência e serve-se da razão de maneira exagerada e obstinada ou degradada; rajas traz os preconceitos, o apego às opiniões, a aderência ao erro, submete nossa inteligência aos desejos e às preferências e não à verdade, cria a mente fanática e sectária, a teimosia, o orgulho, a arrogância, o egoísmo, a ambição, a luxúria, a avidez, a crueldade, o ódio, a inveja, os egoísmos do amor, todos os vícios e paixões, os exageros da sensibilidade, a morbidez e as perversões do ser vital e sensorial. Por si mesmo, tamas produz um tipo de natureza humana grosseira, obtusa e ignorante; rajas produz o indivíduo vivaz, agitado, cinético, levado pelo sopro da ação, da paixão e do desejo. Sattva produz um tipo superior. Os dons de sattva são uma mente de razão e equilíbrio, a clareza de uma inteligência aberta e desinteressada em busca da verdade, uma vontade subordinada à razão ou guiada pelo espírito ético, o autocontrole, a equanimidade, a calma, o amor, a simpatia, o refinamento, a medida, a fineza da mente estética e emocional, a delicadeza do ser sensorial, a aceitação justa, a moderação e o equilíbrio, uma vitalidade moderada e governada por uma inteligência mestra de si mesma. O tipo completo do indivíduo sátvico é o filósofo, o santo, o sábio; o tipo do indivíduo rajásico é o estadista, o guerreiro, o homem de ação poderoso. Mas em cada ser humano encontra-se, em proporção maior ou menor, uma mistura das gunas, uma personalidade múltipla e, na maioria, um bom número de câmbios e alternâncias entre a predominância de uma ou de outra guna; mesmo na tendência dominante de sua natureza, a maioria dos seres humanos é de tipo misturado. Toda as cores e toda a variedade da vida são feitas a partir do modelo intricado da tecedura das gunas.

Mas a riqueza da vida, mesmo uma harmonia sátvica da mente e da natureza, não constitui a perfeição espiritual. Uma perfeição relativa é possível, mas é a perfeição da incompletude: certa altura, força, beleza parciais, certa medida de nobreza e de grandeza, um equilíbrio imposto e sustentado de maneira precária. É possível conseguir um domínio relativo, mas é a vida que domina o corpo, ou então a mente que domina a vida, não é uma livre posse de si mesmo. As gunas devem ser transcendidas, se quisermos alcançar a perfeição espiritual. Tamas, é evidente, deve ser ultrapassado; a inércia, a ignorância e a incapacidade não podem ser elementos de uma perfeição verdadeira, mas ele só poderá ser ultrapassado na Natureza pela força de rajas, ajudada por uma força crescente de sattva. Rajas deve ser ultrapassado, o egoísmo, o desejo pessoal e as paixões egocêntricas não são elementos da perfeição verdadeira; mas ele só poderá ser ultrapassado pela força de sattva clareando o ser e pela força de tamas limitando a ação. O próprio sattva não traz a perfeição mais alta e integral; sattva é sempre uma qualidade da natureza limitada; o conhecimento sátvico é a luz de uma mentalidade limitada; a vontade sátvica é o governo de uma força inteligente limitada. Ademais, sattva não pode agir por si mesmo na Natureza, mas deve contar com a ajuda de rajas para toda ação, de modo que mesmo a ação sátvica está sempre sujeita às imperfeições de rajas; egoísmo, incerteza, contradições, tendência à unilateralidade, uma vontade limitada e exagerada que exagera a si mesma na intensidade de suas limitações, perseguem a ação mesmo do santo, do filósofo e do sábio. Existe um egoísmo sátvico, assim como existe um egoísmo rajásico ou tamásico e, no cume, um egoísmo do conhecimento e da virtude; mas o egoísmo da mente, de qualquer tipo que seja, é incompatível com a liberação. As três gunas devem ser transcendidas. Sattva pode nos aproximar da Luz, mas sua claridade limitada desvanece quando entramos no corpo luminoso da Natureza divina.

Essa transcendência em geral acontece quando nos retiramos da ação da natureza inferior. Essa separação propicia a tendência à inação. Sattva, quando quer se intensificar, busca desembaraçar-se de rajas, e chama para ajudá-lo o princípio tamásico de inação; essa é a razão pela qual certos tipos de indivíduos altamente sátvicos vivem com intensidade em seu ser interior, mas agem com muita dificuldade, ou quase não agem, na vida exterior ativa, ou então são incompetentes e ineficazes na ação. Aquele que busca a liberação vai ainda mais longe nessa direção; ele impõe um tamas iluminado a seu ser natural — um tamas que, por essa iluminação salvadora, parece mais uma quiescência do que uma incapacidade —, a fim de dar à guna sátvica a liberdade de perder-se na luz do espírito. Uma quietude e uma imobilidade são impostas ao corpo, à vida ativa da alma de desejo e do ego, à mente exterior, enquanto a natureza sátvica, pela força da meditação e por uma exclusiva concentração da adoração, por uma vontade voltada interiormente para o Supremo, esforça-se para fundir-se no espírito. Mas se isso é suficiente para uma liberação quietista, não é suficiente para a liberdade de uma perfeição integral. Essa liberação depende da inação, ela não é inteiramente autoexistente e absoluta; a partir do instante em que a alma se volta para a ação, ela percebe que a atividade da natureza ainda continua a velha moção imperfeita. Pela inação, a alma é liberada da natureza, mas essa não é uma liberação da alma na natureza, perfeita e autoexistente, seja na ação, seja na inação. Surge então a pergunta: se tal liberação e perfeição são possíveis, qual seria a condição para essa liberdade perfeita?

Segundo a ideia corrente isso não seria possível, porque toda ação é determinada pelas gunas inferiores e é, então, necessariamente defeituosa, *sadoṣam*, causada pela moção das gunas, por sua desigualdade, sua falta de equilíbrio, sua discórdia, cujo desfecho seria sempre incerto; mas quando essas gunas chegam a um equilíbrio perfeito, toda a ação da Natureza cessa, e a alma, então, repousa em sua própria quietude. O Ser divino, poder-se-ia dizer, pode existir, seja em seu silêncio, seja em ação na Natureza mediante seus instrumentos, mas nesse caso, deveria assumir a aparência da luta e da imperfeição da Natureza. Isso pode ser verdadeiro para a ação comum, que é uma ação delegada do Divino no espírito humano, com suas relações atuais entre a alma e a natureza em um ser mental encarnado imperfeito, mas não é verdadeiro para a natureza divina, que é, em essência, perfeita. O conflito das gunas é apenas uma representação na natureza inferior imperfeita; o que as três gunas representam são os três poderes essenciais do Divino, e estes não existem meramente no equilíbrio perfeito da quietude, eles se unificam no acordo perfeito da ação divina: tamas, no ser espiritual, se torna a calma divina, que não é uma inércia nem uma incapacidade para a ação, mas um poder perfeito, *śakti*, que contém em si toda sua capacidade e é capaz de governar e sujeitar à lei da calma mesmo a atividade mais gigantesca e mais formidável; rajas se torna a pura Vontade do espírito, que põe em movimento a ação e se executa de modo espontâneo, uma Vontade que não é desejo, nem esforço, nem uma paixão em luta, mas o mesmo perfeito poder de ser, *śakti*, capaz de uma ação infinita, imperturbável e beatífica; sattva não é mais a luz mental atenuada, *prakāśa*, mas a luz autoexistente do ser divino, *jyotiḥ*, que é a alma do perfeito poder de ser e ilumina, em sua unidade, a quietude divina e a vontade divina de agir. A liberação comum alcança uma luz divina imóvel na quietude divina, mas a perfeição integral terá como objetivo essa unidade triúna mais vasta.

Quando essa liberação da natureza acontece, há também uma liberação de toda a percepção espiritual das dualidades da Natureza. Na Natureza inferior, as dualidades são o efeito inevitável do jogo das gunas na alma influenciada pelas formações do ego sátvico, rajásico e tamásico. O nó dessa dualidade é uma ignorância que é incapaz de apreender a verdade espiritual das coisas e se concentra nas aparências imperfeitas; mas enfrenta-as, não com o conhecimento da verdade interior delas, mas com um conflito e com o equilíbrio inconstante da atração e repulsão, da capacidade e incapacidade, da simpatia e antipatia, prazer e dor, alegria e tristeza, aceitação e repugnância; toda a vida nos é representada como um emaranhado dessas coisas: agradável e desagradável, belo e feio, verdade e falsidade, fortuna e infortúnio, sucesso e derrota, bem e mal — a inextricável trama dupla da Natureza. O apego às suas atrações e às suas repugnâncias mantém a alma presa a essa trama de bem e mal, de alegrias e tristezas. Aquele que busca a liberação libera-se do apego, rejeita de sua alma as dualidades; mas como as dualidades parecem constituir toda a ação, toda a substância e estrutura da vida, essa liberação parece ser obtida com mais facilidade ao abandonar-se a vida, seja por meio de um retiro físico (o tanto que for possível enquanto estivermos em um corpo), seja por meio de um retiro interior, uma recusa a consentir à ação da Natureza, uma aversão liberadora, *vairāgya*. Há uma separação entre a alma e a Natureza. Em seguida a isso, a alma olha do alto, imperturbável, *udāsīna*, o conflito das gunas no ser natural e observa como testemunha impassível os prazeres e as dores da mente e do corpo. Ou, ainda, ela é capaz de impor sua indiferença mesmo na mente exterior e, com a calma imparcial ou a alegria imparcial do espectador desapegado, observar a ação universal, na qual ela não tem mais participação interior ativa. A conclusão desse movimento é a rejeição do nascimento e o mergulho no self silencioso, *mokṣa*.

Mas essa rejeição não é a última palavra da liberação. A liberação integral vem quando essa paixão pela liberação, *mumukṣutva*, fundada na aversão, *vairāgya*, é, ela mesma, transcendida; a alma é então liberada de seu apego à ação inferior da natureza e de toda aversão pela ação cósmica do Divino. Essa liberação torna-se completa quando a gnose espiritual pode agir com um conhecimento supramental, receber de maneira supramental a ação da Natureza e responder com uma luminosa vontade supramental a cada iniciativa. A gnose descobre o sentido espiritual da Natureza, Deus nas coisas, a alma do bem em todas as coisas com a aparência contrária: essa alma libera-se nelas e fora delas; as deformações das formas contrárias ou imperfeitas desvanecem ou são transformadas em sua Verdade divina superior — do mesmo modo, as gunas retornam ao seu princípio divino —, e o espírito vive em uma Verdade, um Bem, uma Beleza, uma Beatitude universais, infinitos e absolutos que são a Natureza divina ideal ou supramental. A liberação da Natureza une-se à liberação do espírito, e a perfeição integral se estabelece na liberdade integral.

CAPÍTULO X

OS ELEMENTOS DA PERFEIÇÃO

Quando o self é purificado da ação confusa e enganosa da Natureza e seus instrumentos e está liberado em seu ser, em sua consciência, em sua beatitude e em seu poder autoexistentes, e a própria Natureza está liberada do emaranhado da ação inferior das gunas e das dualidades em luta e está estabelecida na alta verdade da calma divina e da ação divina, então a perfeição espiritual torna-se possível. Purificação e liberdade são os antecedentes indispensáveis da perfeição. Uma autoperfeição espiritual só pode significar uma união crescente com a Natureza do ser divino — portanto, o objetivo, o esforço e o método de nossa busca da perfeição dependerão de nosso conceito do ser divino. Para o *mayavadin*[1], a suprema verdade ou, antes, a única verdade real do ser é o Absoluto impassível, impessoal, autoconsciente; portanto, entrar em uma calma impassível, em uma impessoalidade e em uma pura percepção do espírito é sua ideia de perfeição; rejeitar a existência cósmica e individual e estabelecer o ser no autoconhecimento silencioso é sua via. Para o budista, a verdade suprema é uma negação do ser; portanto, reconhecer a impermanência e a dor de ser, a nulidade desastrosa do desejo e dissolver o egoísmo e as associações que sustentam a Ideia e as sucessões do Carma, são a via perfeita. Outros conceitos sobre o Mais Alto são menos negativos; cada um, segundo sua própria ideia, conduz a alguma semelhança com o Divino, *sādṛśya*, e cada um encontra seu próprio caminho, tais como o amor e a adoração do bhakta, que conduzem à semelhança com o Divino por meio do amor. Mas para o Ioga Integral a perfeição significa que um espírito divino e uma natureza divina aceitarão uma relação e uma ação divinas no mundo; significa também, quando for total, uma divinização de toda a natureza,

---

1. *māyāvādin* — aquele que professa o *māyāvāda*, a doutrina que considera o mundo uma ilusão, *māyā*. (N. da T.)

uma rejeição de todos os falsos nós do ser e da ação, mas sem rejeitar nenhuma parte de nosso ser nem nenhuma esfera de nossa ação. Aproximamo-nos da perfeição, portanto, em um movimento vasto e complexo, e seus resultados, suas operações terão um campo de ação infinito e variado. Para encontrar o fio e o método devemos determinar quais são os elementos essenciais e fundamentais indispensáveis para a perfeição, siddhi; pois se esses forem assegurados, todo o resto, veremos, será apenas seu desenvolvimento natural ou o modo de funcionar particular. Podemos classificar esses elementos em seis divisões que são interdependentes em grande medida, mas que ainda, de certo modo, se sucedem naturalmente em sua ordem de realização. O movimento partirá de uma base de igualdade de alma e elevar-se-á à ação ideal do Divino, em nosso ser aperfeiçoado na vastidão da unidade brâmica.

A primeira necessidade é um equilíbrio fundamental da alma em seu ser essencial e em seu ser natural, quando ela observa e encontra os fatos, os impactos e as operações da Natureza. Chegaremos a esse equilíbrio ao obtermos uma igualdade perfeita, *samatā*. O self, o espírito ou Brahman, é um em tudo e, portanto, um para tudo; ele é o Brahman igual, *samaṁ brahma*, como é dito na Gītā — que desenvolveu plenamente a ideia de igualdade e sua experiência de ao menos um aspecto da igualdade —, a Gītā chega mesmo a identificar igualdade e Ioga, *samatvaṁ yoga ucyate*. Isso quer dizer que a igualdade é o sinal da unidade com o Brahman, que nos tornamos o Brahman, que alcançamos o equilíbrio espiritual imperturbável do ser no Infinito. Seria difícil exagerar sua importância, pois ela é o sinal a indicar que já ultrapassamos as determinações egoísticas de nossa natureza, que já escapamos da escravidão de nossas respostas às dualidades, já transcendemos o turbilhão instável das gunas e já entramos na calma e na paz da liberação. Igualdade é um modo de consciência que infunde em todo o nosso ser e em toda a nossa natureza a tranquilidade eterna do Infinito. Ademais, ela é a condição para uma ação segura e perfeitamente divina; a segurança e a imensidade da ação cósmica do Infinito baseiam-se em uma tranquilidade eterna jamais rompida ou embargada. Esse também deve ser o caráter da ação espiritual perfeita; ser igual e unificado diante de todas as coisas, em espírito, em compreensão, na mente, no coração e na consciência natural — mesmo na consciência mais física —, e fazer com que todas essas operações, qualquer que seja sua adaptação exterior à coisa a ser feita, estejam sempre, e invariavelmente, cheias da igualdade e da calma divinas: esse deve ser o princípio profundo da ação espiritual. Pode-se dizer que isso constitui o lado passivo ou a base da igualdade, seu lado basilar e receptivo, mas há também um lado ativo e possessivo, uma beatitude igual, que só se obtém quando a paz da igualdade se estabelece e é o florescer beatífico de sua plenitude.

Para alcançar a perfeição, a segunda necessidade é a elevação de todas as partes ativas da natureza humana a essa condição mais alta, ao cume de seu poder e de sua capacidade, Shakti, em que elas podem ser divinizadas e servir de verdadeiros instrumentos da ação divina e espiritual livre, perfeita. Para propósitos práticos, podemos considerar a compreensão, o coração, o Prana e o corpo como os quatro elementos de nossa natureza que devem ser assim preparados, e devemos encontrar os termos que tornarão possível sua perfeição. Em nós, há também a força dinâmica do temperamento, *vīrya*, do caráter e da natureza da alma, *svabhāva*, que torna o poder das partes de nosso ser efetivo na ação e lhes dá seu tipo e sua direção; essa força deve ser liberada de suas limitações, ampliada, arredondada, a fim de que toda a natureza humana em nós possa tornar-se a base de uma humanidade divina, quando o Purusha, o Ser Humano verdadeiro em nós, a Alma divina, poderá agir de modo pleno nesse instrumento humano e brilhar de modo pleno através desse receptáculo humano. Para divinizar nossa natureza aperfeiçoada devemos chamar o Poder divino, ou Shakti, para substituir nossa energia humana limitada, modelá-la segundo a imagem de uma energia infinita e preenchê-la com sua força superior, *daivī, prakṛti, bhāgavatī śakti*. Essa perfeição crescerá na medida em que pudermos nos entregar, primeiro, à guiança, depois, à ação direta desse Poder — e do Mestre de nosso ser e de nossas obras, ao qual ele pertence; para esse propósito, a fé é essencial; a fé é a grande potência motora de nosso ser em nossa aspiração à perfeição —, aqui, a fé em Deus e na Shakti, que começará no coração e na compreensão, mas tomará posse de toda a nossa natureza, de toda a nossa consciência, de toda sua força motriz dinâmica. As quatro partes essenciais desse segundo elemento de perfeição são: o poder aperfeiçoado dos elementos de nossa natureza instrumental, a *dynamis* aperfeiçoada da natureza da alma, a admissão deles na ação do Poder divino e uma fé perfeita em todos os nossos membros, para chamar e sustentar essa admissão: śakti, vīrya, daivī prakṛti, *śraddhā*.

Porém, enquanto esse desenvolvimento acontecer apenas no plano mais alto de nossa natureza normal, poderemos ter, talvez, uma imagem refletida e limitada da perfeição assim como ela se traduz nos termos inferiores da alma na mente, na vida e no corpo, mas não possuir a perfeição divina nos termos mais altos possíveis para nós da Ideia divina e de seu Poder. Para isso, é preciso passar além desses princípios inferiores e chegar à gnose supramental; portanto, o próximo passo para a perfeição será a evolução do ser mental ao ser gnóstico. Essa evolução se efetua por uma ruptura na limitação mental, por um grande passo em direção ao plano seguinte, à região superior de nosso ser — no presente, escondida de nós pelo tampo brilhante dos reflexos mentais —, depois, pela conversão de tudo o que somos às condições dessa consciência superior e pela união com ela. Na própria gnose, *vijnana*, há diversas gradações que, em seu cume, abrem-se à Ananda total e infinita. Uma vez que a gnose entra, efetivamente, em ação, ela absorve de maneira progressiva os diversos níveis da inteligência, da vontade, da mente sensorial, do coração, do ser vital e das sensações e os transferirá, por uma conversão luminosa e harmonizadora, à unidade da verdade, do poder e do deleite da existência divina. Ela elevará todo o nosso ser intelectual, volitivo, dinâmico, ético, estético, sensorial, vital e físico a essa luz e a essa força e os transmutará no sentido supremo que lhes é próprio. Ela tem também o poder de superar as limitações físicas e de desenvolver um corpo mais perfeito, um instrumento mais divino. Sua luz abre as extensões do supraconsciente, arremessa seus raios no subconsciente, inunda-o com seu fluxo luminoso e aclara suas sugestões obscuras e segredos retidos. Ela nos faz entrar em uma luz do Infinito que é maior do que as pálidas luminosidades refletidas da mentalidade, mesmo a mais alta. Ao mesmo tempo que aperfeiçoa nossa alma individual e nossa natureza individual no sentido de uma existência mais divina e harmoniza por completo as diversidades de nosso ser, a gnose fundamenta toda sua ação na Unidade de onde ela procede e transfere todas as coisas a essa Unidade. Personalidade e impersonalidade, os dois aspectos eternos da existência, por sua ação, tornam-se uno no ser espiritual e na Natureza que é o corpo do Purushottama.

A perfeição gnóstica, espiritual em sua natureza, deve realizar-se aqui no corpo e fazer da vida no mundo físico um de seus domínios, embora a gnose nos possibilite a posse de planos e mundos mais além do universo material. O corpo físico é, portanto, uma base de ação, *pratiṣṭhā*, e ele não deve ser desprezado, negligenciado ou excluído da evolução espiritual: a perfeição do corpo enquanto instrumento externo de uma existência divina completa na terra será, necessariamente, uma parte da conversão gnóstica. A mudança consiste em estabelecer a lei do Purusha gnóstico, *vijñānamaya puruṣa,* e daquilo a que ele abre as portas — a Anandamaya[2] — na consciência física e em suas partes. Impelido à sua conclusão suprema esse movimento traz uma espiritualização e uma iluminação de toda a consciência física e uma divinização da lei do corpo, pois atrás do invólucro físico grosseiro dessa estrutura materialmente visível e sensível, há um corpo sutil que a sustenta subliminarmente e que podemos descobrir por uma consciência sutil mais fina: um corpo sutil do ser mental e um corpo espiritual ou corpo causal da alma gnóstica de beatitude na qual se encontra toda a perfeição de uma encarnação espiritual — uma lei divina do corpo, ainda não manifestada. A maioria das *siddhis* físicas adquirida por certos iogues

---

2. *ānandamaya* — cheio de Ananda, jubiloso. (N. da T.)

vem de alguma abertura da lei do corpo sutil ou de um apelo que faz descer algo da lei do corpo espiritual. O método comum consiste na abertura dos chacras por meio dos processos físicos do Hatha-Ioga (também incluídos em parte no Raja-Ioga) ou pelos métodos da disciplina tântrica. Mas, enquanto esses métodos podem ser usados como opções em certos estágios do Ioga Integral, eles não são indispensáveis; pois, aqui, o apoio está no poder do ser superior para mudar a existência inferior; o método é escolhido sobretudo do alto, e vai do alto ao baixo, e não o contrário; por conseguinte, esperar-se-á o desenvolvimento do poder superior da gnose para continuar a mudança nessa parte do Ioga.

Permanecerá — porque só então será de todo possível — a ação e a fruição perfeitas da existência em uma base gnóstica. O Purusha entra na manifestação cósmica para as variações de sua existência infinita, para conhecer, agir e fruir; a gnose traz a plenitude do conhecimento espiritual e fundamentará nisso a ação divina e forjará a fruição do mundo e do ser segundo a lei da verdade, da liberdade e da perfeição do espírito. Porém, nem a ação nem a fruição virão da ação inferior das gunas e da fruição egoística, que vem sobretudo da satisfação dos desejos rajásicos, que é nosso modo de viver atual. Se algum desejo persistir, se podemos chamá-lo assim, será o desejo divino, a vontade de deleite do Purusha que, em sua liberdade e perfeição, frui da ação da Prakriti aperfeiçoada e de todas as partes de sua natureza. A Prakriti assumirá a natureza inteira na lei de sua divina verdade suprema e agirá segundo essa lei, oferecendo a fruição universal de sua ação e de seu ser ao Ishvara Anandamaya, o Senhor da existência e das obras, o Espírito de beatitude que preside e governa suas operações. A alma individual será o canal dessa ação e dessa oferenda, e fruirá ao mesmo tempo de sua unidade com o Ishvara e de sua unidade com a Prakriti; ela fruirá de todas as relações com o Infinito e com o finito, com Deus e o universo e os seres no universo nos termos supremos da união do Purusha universal e da Prakriti universal.

Toda a evolução gnóstica conduz ao princípio divino de Ananda, que é a fundação da plenitude do ser espiritual, da consciência e da beatitude de Sachchidananda ou Brahman eterno. Percebida no início como um reflexo na experiência mental, a Ananda é possuída depois com uma plenitude maior e de maneira mais direta, na concentração luminosa da consciência, *cidghana*, que vem com a gnose. O *siddha*, ou alma perfeita, viverá em união com o Purushottama nessa consciência brâmica: ele será consciente no Brahman que é o Tudo, *sarvaṁ brahma*, no Brahman infinito em ser e infinito em qualidade, *anantaṁ brahma*, no Brahman enquanto consciência autoexistente e conhecimento universal, *jñānaṁ brahma*, no Brahman enquanto beatitude autoexistente e seu deleite de ser universal, *ānandaṁ brahma*. Ele vivenciará todo o universo como a manifestação do Um, toda qualidade e toda ação como o jogo dessa energia infinita e universal, todo conhecimento e toda experiência consciente como o fluxo dessa consciência e todas as coisas nos termos dessa Ananda única. Seu ser físico será uno com toda a Natureza material, seu ser vital com a vida do universo, sua mente com a mente cósmica, seu conhecimento e vontade espirituais com o conhecimento e com a vontade divinos, ambos assim como são em sua essência e assim como se derramam através desses canais; seu espírito será uno com o espírito de todos os seres. Toda a variedade da existência cósmica será para ele mudada nessa unidade e revelará o segredo de seu significado espiritual, pois nessa beatitude e nesse ser espirituais ele será uno com Isto que é a origem, o continente e o habitante, o espírito e o poder constitutivo de toda existência. Esse será o supremo alcance da perfeição de si.

CAPÍTULO XI

A PERFEIÇÃO DA IGUALDADE

A primeira real necessidade para a perfeição espiritual é a igualdade perfeita. Perfeição, no sentido que usamos no Ioga, significa o crescimento a partir de uma natureza inferior não divina para unir-se a uma natureza superior e divina. Em termos de conhecimento, é o ser que se reveste de seu self superior e rejeita seu self inferior obscuro e fragmentário; é uma transformação de nosso estado imperfeito na plenitude esférica e luminosa de nossa personalidade real e espiritual. Em termos de devoção e adoração é uma mudança à imagem da natureza e da lei do ser do Divino, é uma união com aquele ao qual aspiramos — pois, se não houver essa similaridade, essa unidade da lei do ser, a unidade do espírito transcendente, universal e individual não será possível. A suprema natureza divina tem sua fundação na igualdade. Essa afirmação é verdadeira, quer consideremos o Ser supremo como um puro Self ou Espírito silencioso, quer como o Mestre divino da existência cósmica. O puro Self é igual, impassível, testemunha de todos os eventos e de todas as relações da existência cósmica em uma paz imparcial. Ele não tem aversão a essa existência — aversão não é igualdade, e se essa fosse a atitude do Self em relação à existência cósmica, como o universo poderia ter começado a existir ou continuado ao longo de seus ciclos? — O desapego, a calma do olhar igual, a superioridade diante das reações que perturbam a alma mergulhada na natureza exterior e a reduzem a uma debilidade impotente, são a própria substância da pureza do Infinito silencioso e a condição de sua aprovação e apoio imparciais aos movimentos multifacetados do universo. Mas também nesse poder do Supremo, que governa e desenvolve essas moções, a mesma igualdade é a condição de base.

O Mestre de todas as coisas não pode ser afetado ou perturbado pelas reações das coisas: se o fosse, ele estaria sujeito a elas, não seria o seu mestre, não seria livre de desenvolvê-las conforme sua vontade e sabedoria soberanas ou conforme a verdade e necessidade interiores daquilo que está por trás de suas relações, mas, antes, seria obrigado a agir conforme as exigências dos acidentes e dos fenômenos temporários. A verdade de todas as coisas está na calma de sua profundeza, não na onda movente e inconstante nas formas da superfície. Dessas profundezas, o Ser consciente supremo, em seu conhecimento, sua vontade e seu amor divinos, governa a evolução delas — o que, para nossa ignorância, muitas vezes parece uma confusão e perturbação cruéis — e não é perturbado pelos clamores da superfície. A natureza divina não compartilha de nossas tentativas tateantes nem de nossas paixões; quando falamos da ira divina ou do favor divino, ou de Deus que sofre no ser humano, usamos uma linguagem humana que traduz mal o significado interior do movimento que descrevemos. Vemos algo da verdade real das coisas quando saímos da mente fenomênica e nos elevamos às alturas do ser espiritual. Porque então percebemos que no silêncio do self, ou em sua ação no cosmos, o Divino é sempre Sachchidananda, uma existência infinita, uma consciência infinita, e um infinito poder de existência consciente cuja fundação está nele mesmo, uma infinita beatitude em toda sua existência. E começamos nós mesmos a viver em uma luz, uma força, uma alegria iguais — pois essa é a tradução psicológica do conhecimento divino, da vontade e da felicidade divinas em nós e nas coisas —, que dessas fontes infinitas se derramam na ação universal. Na força dessa luz, desse poder e dessa alegria, um self, um espírito secreto em nosso interior aceita os sinais dualistas dessa transcrição mental da vida e os transmuta sem cessar em alimento de sua experiência perfeita; se essa existência mais vasta, escondida, não estivesse já em nós, não poderíamos suportar a pressão da força universal ou subsistir nesse mundo enorme e perigoso. Uma igualdade perfeita em nosso espírito e em nossa natureza é o meio pelo qual podemos recuar e nos retirar da consciência exterior perturbada e ignorante, para entrar no reino dos céus interiores e possuir os reinos eternos do espírito, *rājyaṁ samṛddham*, de vastidão, alegria e paz. Essa autoelevação à natureza divina é o fruto completo e todo o ensejo da disciplina de igualdade exigida de nós pelo objetivo de autoperfeição no Ioga.

Uma igualdade e uma paz de alma perfeitas são indispensáveis para mudar a inteira substância de nosso ser na substância do self, removendo-a do estofo atual da mentalidade agitada. Elas são também indispensáveis se aspiramos a substituir nossa atividade atual confusa e ignorante pelas operações autogovernadas e luminosas de um espírito livre que governa sua natureza em uníssono com o ser universal. Uma ação divina, e mesmo uma ação humana perfeita, é impossível se não tivermos a igualdade de espírito e a igualdade das energias motoras de nossa natureza. O Divino é igual para todos, ele sustenta com imparcialidade seu universo; vê tudo com um olhar igual, permite a lei do ser em desenvolvimento que ele fez surgir das profundezas de sua existência, tolera o que deve ser tolerado, abaixa o que deve ser abaixado, eleva o que deve ser elevado, cria, sustenta e destrói — com uma compreensão perfeita e igual de todas as causas, de todos os resultados e de todo o processo do sentido espiritual e prático de todos os fenômenos. Deus não cria em obediência a alguma paixão perturbadora de desejo, nem mantém e conserva por apego ou preferência parcial, nem destrói na fúria da ira, do desgosto ou da aversão. O Divino lida com o grande e o pequeno, o justo e o injusto, o ignorante e o sábio como o Self de todos, que, profundamente íntimo e uno com o ser, conduz todos conforme sua natureza e sua necessidade, com uma compreensão, uma força e uma equidade de proporções perfeitas. Mas através de tudo isso ele move as coisas segundo seu vasto objetivo nos ciclos e atrai a alma na evolução, através de seu progresso e retrocesso aparentes, em direção a esse desenvolvimento superior cada vez mais elevado, que é o sentido do ímpeto cósmico. Aquele que busca a perfeição, que quer unir sua vontade a vontade do Divino e fazer de sua natureza um instrumento do propósito divino, deve ampliar-se, sair das percepções e dos motivos egoísticos e parciais da ignorância humana e modelar-se à imagem dessa igualdade suprema.

Esse equilíbrio igual na ação é necessário sobretudo para o sadhaka do Ioga Integral. Primeiro, ele deve adquirir com igualdade essa autorização e essa compreensão, que responderão à lei da ação divina sem tentar impor-lhe uma vontade parcial e as reivindicações violentas de uma aspiração pessoal. Uma impessoalidade sábia, uma igualdade quiescente, uma universalidade que vê todas as coisas como manifestações do Divino ou da Existência única, que não se encoleriza, não se perturba, não se impacienta com a maneira das coisas e, por outro lado, não é exaltado nem demasiado ardente ou precipitado, mas vê que a lei deve ser seguida e a marcha do tempo respeitada, que observa e compreende com simpatia a realidade presente das coisas e dos seres, mas, também, vê por trás das aparências atuais seu sentido interior e, adiante, o desdobramento de suas possibilidades divinas — essa é a primeira coisa exigida daqueles que querem trabalhar como instrumentos perfeitos do Divino. Mas essa aquiescência impessoal é apenas uma base. O ser humano é o instrumento de uma evolução que, no início, faz uso de uma máscara de luta, mas descobre cada vez mais o sentido profundo e mais verdadeiro de uma adaptação constante e sábia, até que, na escala ascendente, essa evolução assume a verdade e o significado mais profundo da harmonia universal, agora subjacente às adaptações e à luta. A alma humana aperfeiçoada é, sempre, um instrumento para acelerar os caminhos dessa evolução. Para isso, um poder divino que age com a soberania da vontade divina deve, em qualquer medida, estar presente na natureza. Mas para ser completo e permanente, constante na ação, deveras divino, esse poder deve operar em uma base de igualdade espiritual, de uma calma identificação impessoal e igual com todos os seres, de uma compreensão de todas as energias. O Divino age com um poder prodigioso nas miríades de operações do universo, mas se apoia na luz e na força de uma unidade, de uma liberdade e de uma paz imperturbáveis. Esse deve ser o tipo das obras divinas da alma aperfeiçoada. E a igualdade é a condição de ser que torna possível essa mudança de espírito na ação.

Mas mesmo uma perfeição humana não pode prescindir da igualdade; ela é um dos seus elementos principais e mesmo sua atmosfera essencial. A perfeição humana, para merecer esse nome, deve incluir duas coisas em seu objetivo: a mestria de si e a mestria do meio; ela deve buscar alcançar o mais alto grau desses poderes acessível à nossa natureza humana. O impulso humano para a autoperfeição, segundo a antiga linguagem, consiste em ser mestre de si e mestre em torno de si, *svarāṭ* e *samrāṭ*. Mas não é possível ser mestre de si se estivermos sujeitos aos ataques da natureza inferior, às turbulências da tristeza e da alegria, aos contatos violentos do prazer e da dor e ao tumulto das emoções e das paixões, à escravidão da simpatia e antipatia pessoais, às fortes cadeias do desejo e do apego, à estreiteza das opiniões e dos julgamentos pessoais e emocionais cheios de preferências, às centenas de choques do egoísmo e sua contínua marca em nossos pensamentos, sentimentos e ações. Todas essas coisas são a escravidão do self inferior, o "eu" superior no indivíduo deve abatê-las, se quiser ser o soberano de sua natureza. Ultrapassá-las é a condição da autossoberania, mas para ultrapassá-las, repetimos, a igualdade é a condição e a essência do movimento. Ser de todo livre de todas essas coisas — se possível, ou ao menos ser seu mestre e estar acima delas — é a igualdade. Ademais, aquele que não é mestre de si não pode ser mestre de seu meio. O conhecimento, a vontade, a harmonia necessários a essa mestria exterior só podem vir como uma coroação da conquista interior. Eles pertencem à alma que possui a si mesma e à mente que segue, com uma igualdade desinteressada, a Verdade, o Direito, a Amplidão universal, únicos capazes dessa mestria, a seguir sempre o grande ideal que eles apresentam à nossa imperfeição, mas ao mesmo tempo com uma compreensão de tudo, levando em consideração também tudo que parece contradizê-los e impedir sua manifestação. Essa regra é verdadeira mesmo nos níveis de nossa mentalidade humana atual, em que podemos obter apenas uma perfeição limitada. Mas o ideal do Ioga retoma o objetivo de *svārājya* e *sāmrājya* e lhe dá uma base espiritual mais vasta. Aí, a mestria de si e do meio alcança seu pleno poder, abre-se aos graus mais divinos do espírito; pois é pela união com o Infinito, pela ação do poder espiritual sobre as coisas finitas, que uma perfeição integral e suprema de nosso ser e de nossa natureza encontra sua fundação nativa.

Uma igualdade perfeita, não apenas do self, mas na natureza, é uma condição do Ioga da Autoperfeição. O primeiro passo óbvio para essa igualdade será a conquista de nosso ser emocional e vital, pois aí estão as fontes das maiores perturbações, das forças de desigualdade e de sujeição mais desenfreadas, das reivindicações mais insistentes de nossa imperfeição. A igualdade dessas partes de nossa natureza é obtida pela purificação e pela liberação. Podemos dizer que a igualdade é o próprio sinal da liberação. Ser livre da dominação dos impulsos do desejo vital e da tempestuosa sujeição da alma às paixões, é ter um coração calmo e igual e um princípio de vida governado pela visão ampla e serena de um espírito universal. Desejo é a impureza do Prana (o princípio de vida) e a corrente que escraviza. Um Prana livre significa uma alma de vida contente e satisfeita que enfrenta sem desejos o contato das coisas externas e os recebe sem se perturbar; liberada, elevada acima da dualidade escravizadora das atrações e repulsões, indiferente às solicitações do prazer e da dor, não estimulada pelo agradável nem perturbada ou abatida pelo desagradável, sem se agarrar com apego aos contatos que prefere e sem repelir com violência aqueles pelos quais sente aversão, a alma de vida abrir-se-á em sua experiência a uma ordem de valores mais vasta. Tudo que lhe vem do mundo com ameaça ou com sedução ela os referirá aos princípios superiores, a uma razão e a um coração em contato com a luz e com a alegria calma do espírito ou mudados por elas. Assim aquietada, governada pelo espírito e não mais a tentar impor seu próprio governo à alma mais profunda e mais pura em nós, essa alma de vida será ela mesma espiritualizada e agirá como um instrumento claro e nobre das relações divinas do espírito com as coisas. Não é questão aqui de uma aniquilação ascética do impulso de vida e de suas utilidades e funções nativas; não é sua morte que é exigida, mas sua transformação. A função do Prana é a fruição, mas a fruição real da existência é a Ananda espiritual interior, não parcial e perturbada como a de nossos prazeres vitais, emocionais ou mentais, degradados como eles são agora pela predominância da mente física, mas uma fruição universal, profunda, uma concentração massiva de beatitude espiritual possuída no calmo êxtase de nosso self e de toda a existência. Possuir é sua função, pela posse a alma tem a fruição das coisas; mas a verdadeira posse é ampla e interior, não depende da apreensão exterior das coisas, pois isso nos torna sujeitos ao que apreendemos. Toda posse ou fruição exteriores serão apenas a ocasião para um jogo satisfeito e igual da Ananda espiritual com as formas e os fenômenos de seu próprio ser cósmico. É preciso renunciar à posse egoística, à apropriação de todas as coisas — como o ego quer se apropriar de Deus, dos seres e do mundo, *parigraha* — para que essa Coisa maior, essa vida mais vasta, universal e perfeita possa cumprir-se.

Tyaktena bhuñjīthāḥ, ao renunciar ao sentido egoístico do desejo e da posse, a alma frui divinamente seu self e o universo.

Do mesmo modo, um coração livre é um coração liberado das rajadas e tempestades das afeições e das paixões; os assaltos da aflição, da cólera, da raiva, do medo, as inconstâncias do amor, o desassossego da alegria, as dores da tristeza abandonam o coração equânime e o deixam amplo, calmo, estável, luminoso, divino. Essas coisas não são inevitáveis para a natureza essencial de nosso ser, elas são as criações do feitio atual de nossa natureza externa ativa, mental e vital, e suas transações com o meio circundante. O sentido de ego que nos induz a agir como seres separados que fazem de suas exigências e de suas experiências isoladas o critério de valores do universo, é o responsável por essas aberrações. Quando vivemos unidos com o Divino em nós mesmos e com o espírito do universo, essas imperfeições se distanciam e desaparecem na força calma e no deleite igual da existência espiritual interior. Sempre, essa vida interior está aí, dentro de nós, e transforma os contatos exteriores antes que a alcancem, fazendo-os passar através de uma alma psíquica subliminar em nós, que é o instrumento escondido de sua felicidade de ser. Pela igualdade do coração escapamos dessa alma de desejo agitada da superfície, abrimos as portas desse ser mais profundo, trazemos suas respostas e impomos seus verdadeiros valores divinos a tudo o que é solicitado por nosso ser emocional. Um coração com sentimentos espirituais, livre, feliz, igual, que abraça tudo, é o resultado dessa perfeição.

Nessa perfeição também, não é preciso uma insensibilidade severa e ascética, uma indiferença espiritual remota ou uma austeridade áspera e tensa de autorrepressão. Isso não é a morte da natureza emocional, mas uma transformação. Tudo que se apresenta aqui, em nossa natureza exterior, em formas deturpadas e imperfeitas, tem um significado e uma utilidade que se revelam quando retornamos à verdade mais vasta do ser divino. O amor não será destruído mas aperfeiçoado, expandido à sua capacidade mais vasta, aprofundado em um êxtase espiritual — o amor a Deus, o amor pelo ser humano, o amor por todas as coisas porque elas são nós mesmos e porque são seres e poderes do Divino; um amor amplo, universal, perfeitamente capaz de relações variadas substituirá o amor clamoroso, egoístico, voltado para si e feito de pequenas alegrias e pequenas tristezas e de demandas insistentes, aflito por todo o variegado padrão de cóleras, ciúmes e satisfações, pelos impulsos para a unidade e os movimentos de fadiga, os divórcios e as separações, a que atribuímos agora um valor tão alto. As aflições deixarão de existir; uma simpatia igual e um amor universal tomarão seu lugar, não uma simpatia que sofre, mas um poder que, ele mesmo liberado, terá a força para sustentar, ajudar, liberar. Para o espírito livre a cólera e o ódio são impossíveis, mas não a poderosa energia divina de Rudra[1], que pode lutar sem ódio e destruir sem cólera, porque, todo o tempo, ela percebe que as coisas que destrói são partes dela mesma, suas próprias manifestações e, portanto, nada altera sua simpatia ou sua compreensão por aqueles que encarnam essas manifestações. Toda a nossa natureza emocional será submetida a essa alta transformação liberadora; mas, para que isso se faça, uma igualdade perfeita é a condição efetiva.

Essa mesma igualdade deve instaurar-se no resto de nosso ser. Todo nosso ser dinâmico age sob a influência de impulsos desiguais que são manifestações da natureza inferior ignorante. Obedecemos a esses impulsos ou em parte os controlamos ou exercemos sobre eles a influência oscilante de nossa razão, que os atenua, de nossos sentidos estéticos, que os refinam, de nossa mente e de nossas noções éticas, que os regulam. Uma tensão emaranhada de certo e errado, de útil e nocivo, de atividades harmoniosas ou desordenadas é o resultado misturado de nosso empenho, uma norma que oscila entre a razão e os disparates humanos, entre a virtude e o vício, a honra e a desonra, o nobre e o ignóbil, as coisas aprovadas e as coisas desaprovadas pelos homens e um grande tormento pela aprovação e desaprovação de si ou entre uma virtude falsa e o desgosto, o remorso, a vergonha e a depressão moral. Essas coisas são, sem dúvida, necessárias no presente, para nossa evolução espiritual. Mas aquele que busca uma perfeição maior se retirará de todas essas dualidades, as verá com um olhar igual e, pela igualdade, chegará à ação imparcial e universal de um Tapas dinâmico, de uma força espiritual na qual sua força e vontade pessoais tornar-se-ão instrumentos puros e justos de uma calma superior que é o segredo do trabalho divino. As regras mentais comuns serão ultrapassadas a partir dessa base de igualdade dinâmica. A vontade do buscador voltará seu olhar para o além, buscará a pureza de uma existência divina, o motivo de um divino poder de vontade guiado pelo conhecimento divino do qual nossa natureza aperfeiçoada será o propulsor, *yantra*. Isso não é possível de maneira completa enquanto o ego dinâmico, submisso aos impulsos emocionais e vitais e às preferências do julgamento pessoal, interferir em sua ação. Uma perfeita igualdade da vontade é o poder que dissolve esses nós dos impulsos inferiores que conduzem à ação. Essa igualdade não responderá aos impulsos inferiores, ela esperará o impulso de uma visão mais vasta vinda da Luz acima da mente; ela não julgará nem governará a partir de um julgamento intelectual, mas esperará a iluminação e a direção de um plano de visão superior. Na medida em que se eleva em direção ao ser supramental e que seu interior se alarga nas extensões espirituais, a natureza dinâmica será transformada, espiritualizada, assim

---

1. O Terrível, o Deus de poder e de ira; o aspecto destruidor de Shiva. (N. da T.)

como a natureza emocional e prânica, e tornar-se-á um poder da natureza divina. Haverá inumeráveis tropeços, erros e imperfeições na adaptação dos instrumentos ao seu novo modo de funcionar, mas a alma, em sua igualdade crescente, não será perturbada em demasia nem sofrerá por essas coisas, visto que, confiante na guiança da Luz e do Poder no interior do self e acima da mente, ela seguirá seu caminho com uma segurança firme e, em uma calma crescente, estará pronta para as vicissitudes até completar o processo de transformação. A promessa do Ser Divino na Gītā será a âncora de sua resolução: "Abandona todos os darmas e refugia-te em Mim somente; Eu te liberarei de todo pecado e de todo mal; não te aflijas".

A igualdade da mente pensante será uma parte muito importante da perfeição dos instrumentos da natureza. Nosso apego sedutor cheio de justificações para nossas preferências intelectuais, para nossos julgamentos, opiniões, imaginações, para as associações limitantes da memória que formam a base de nossa mentalidade, para as repetições correntes de nossa mente habitual, para as obstinações de nossa mente pragmática, e mesmo para as limitações de nossa mente de verdade intelectual, deve seguir o mesmo caminho que os outros apegos e ceder seu lugar à imparcialidade de uma visão igual. Em sua igualdade, a mente pensante olhará o conhecimento e a ignorância, a verdade e o erro, essas dualidades criadas pela natureza limitada de nossa consciência e a parcialidade de nosso intelecto, com seu pequeno depósito de raciocínio e de intuições, e aceitará ambas dualidades sem entrelaçar-se, nem de um lado nem de outro, nos fios da tecedura, e ficará à espera de uma transcendência luminosa. Na ignorância, ela verá um conhecimento aprisionado que busca ou espera a liberação; no erro, uma verdade em processo, que se perdeu ou foi precipitada em formas enganadoras pela mente tateante. Por outro lado, essa mente pensante não se considerará atada ou limitada por seu conhecimento, nem sentirá que ele a impede de avançar para novas iluminações, e ela tampouco agarrará a verdade com demasiada violência, mesmo ao usá-la plenamente, nem a acorrentará com tirania às suas formulações atuais. Essa igualdade perfeita da mente pensante é indispensável, porque o objetivo desse progresso é a luz mais vasta que pertence a um plano superior de conhecimento espiritual. Essa igualdade é a mais delicada e a mais difícil de todas, e é a menos praticada pela mente humana; sua perfeição é impossível, enquanto a luz supramental não inundar plenamente uma mentalidade que se volte para o alto. Mas uma vontade crescente de igualdade na inteligência é necessária, antes que a luz possa trabalhar com liberdade na substância mental. Isso também não é uma renúncia às buscas e aos propósitos cósmicos da inteligência, nem uma indiferença ou um ceticismo imparcial, tampouco uma imobilização de todo o pensamento no silêncio do Inefável. A imobilização do pensamento mental pode fazer parte da disciplina quando o objetivo for liberar a mente de suas próprias operações parciais, a fim de que ela possa se tornar um canal igual de uma luz e conhecimento superiores; mas deve haver também uma transformação da substância mental, caso contrário a luz superior não poderá possuir a mente de maneira completa, nem assumir uma forma convincente para cumprir as obras ordenadas pela consciência divina no ser humano. O silêncio do Inefável é uma verdade do ser divino, mas a Palavra que brota desse silêncio é também uma verdade, e é a essa Palavra que é preciso dar um corpo na forma consciente de nossa natureza.

Mas, no final, toda essa equalização da natureza é uma preparação para que a igualdade espiritual suprema tome posse do ser inteiro e crie uma atmosfera geral em que a luz, o poder e a alegria do Divino possam manifestar-se no ser humano com uma plenitude crescente. Essa igualdade é a igualdade eterna de Sachchidananda. É a igualdade do ser infinito que é autoexistente, uma igualdade do espírito eterno, mas que modela, segundo seu molde próprio, a mente, o coração, a vontade, a vida e o ser físico. É a igualdade da consciência espiritual infinita, que conterá e sustentará o fluir beatífico e as ondas de um conhecimento Divino que nos preenche por completo. É a igualdade do Tapas divino que iniciará uma ação luminosa da vontade divina em toda a natureza. É uma igualdade da Ananda divina que fundamentará o jogo de um deleite divino universal, de um amor universal, de uma sensibilidade sem limites à beleza universal. Nessa igualdade, a paz e a calma ideal do Infinito serão o vasto éter de nosso ser aperfeiçoado, mas a ação ideal, igual e perfeita do Infinito, que mediante nossa natureza age nas relações do universo, será o derramamento sereno do poder do Infinito em nosso ser. Esse é o significado de igualdade na linguagem do Ioga Integral.

CAPÍTULO XII

A VIA DA IGUALDADE

A partir da descrição da igualdade completa e perfeita nos capítulos precedentes, vimos que essa igualdade tem dois aspectos. Podemos então chegar a ela por dois movimentos sucessivos. Um, nos libera da ação da natureza inferior e nos conduz à calma paz do ser divino; o outro, nos libera e nos faz viver inteiramente na natureza superior, com todo seu poder, e nos permite alcançar o equilíbrio estável e a universalidade de um conhecimento, de uma vontade de ação e de uma Ananda divinos e infinitos. O primeiro movimento pode ser descrito como uma igualdade passiva ou negativa, uma receptividade igual que enfrenta de modo impassível os impactos e os fenômenos da existência e nega as dualidades das aparências ou das reações que os fenômenos nos impõem. O segundo é uma igualdade ativa, positiva, que aceita os fenômenos da existência, mas apenas enquanto manifestações do ser divino único, e lhes responde sem se perturbar — uma resposta que vem da natureza divina em nós e que os transmuta em seus valores escondidos. No primeiro movimento nós vivemos na paz do Brahman único e rejeitamos a natureza da Ignorância ativa. No segundo, vivemos nessa mesma paz, mas também na Ananda do Divino. A vida da alma na natureza leva consigo os sinais do conhecimento, do poder e da beatitude de ser divinos. É essa orientação dupla, unida por um princípio comum, que determinará todo o movimento de igualdade no Ioga Integral.

O esforço para alcançar uma igualdade passiva ou puramente receptiva pode começar a partir de três princípios diferentes, ou de três atitudes que conduzem ao mesmo resultado e à mesma consequência última: persistência, neutralidade e submissão. O princípio da persistência conta com a força do espírito em nós, a fim de que possamos suportar todos os contatos, impactos e sugestões da Natureza fenomênica que nos assaltam por todos os lados, sem sermos subjugados nem obrigados a tolerar efeito algum nos planos emocional, sensorial, dinâmico e intelectual. A mente exterior na natureza inferior não tem essa força. Ela tem a força de uma consciência limitada que deve fazer o melhor que pode com tudo que se derrama sobre ela ou a assalta nesse grande turbilhão de consciência e energia que a circunda neste plano da existência. O próprio fato de que possa subsistir e afirmar seu ser individual no universo é, na verdade, devido à força do espírito nela, mas ela não pode trazer para a frente o todo dessa força ou a infinidade dessa potência para confrontar os ataques da vida; se pudesse, ela seria, ao mesmo tempo, o equivalente e o mestre de seu mundo. De fato, ela deve manejar como pode: ela enfrenta certos impactos e é capaz de assimilá-los, equilibrá-los ou dominá-los de maneira parcial ou completa, por um tempo ou inteiramente e, então, nessa medida, tem reações emocionais e sensoriais, de alegria, de prazer, de satisfação, de simpatia, de amor etc., ou reações intelectuais e mentais de aceitação, aprovação, compreensão, conhecimento, preferência, das quais sua vontade se apropria com a atração, o desejo, a tentativa de prolongá-las, repeti-las, criá-las, possuí-las, fazer delas o hábito agradável de sua vida. Essa mente exterior enfrenta outros impactos, mas os acha demasiado fortes para ela ou demasiado dessemelhantes ou discordantes, ou demasiado fracos para lhe dar satisfação; essas são coisas que ela não pode suportar nem igualar a si mesma ou assimilar, e é obrigada a responder com reações de pesar, de dor, de desconforto, de desagrado, de antipatia, de desaprovação, de rejeição, com uma incapacidade de compreender ou de conhecer, com uma recusa a admitir. Contra essas coisas ela busca proteger-se, escapar, evitar ou minimizar sua recorrência; em relação a essas coisas ela tem movimentos de medo, de cólera, de recuo, de horror, de aversão, de desgosto, de vergonha; de bom grado se liberaria delas, mas não consegue desembaçar-se, pois está amarrada a elas e mesmo convida suas causas e, portanto, os resultados; esses impactos fazem parte da vida, estão entrelaçados com as coisas que desejamos, e a incapacidade de lidar com eles faz parte da imperfeição de nossa natureza. Há outros impactos que a mente normal consegue manter a distância ou neutralizar, e em relação a estes ela tem uma reação natural de indiferença, de insensibilidade ou de tolerância, que não é nem uma aceitação positiva e uma fruição, nem uma rejeição ou um sofrimento. Em relação às coisas, às pessoas, aos eventos, às ideias, às ações e a tudo que se apresenta à mente, há sempre esses três tipos de reações. Ao mesmo tempo, apesar de sua generalidade, eles não têm nada de absoluto; eles constituem um esquema de uma escala habitual que não é precisamente a mesma para todos, nem mesmo para a mesma mente, conforme diferentes momentos ou diferentes condições. O mesmo impacto pode despertar na mesma mente, em um momento dado, reações agradáveis ou positivas, e em outro momento reações adversas ou negativas, ou indiferentes e neutras.

A alma que busca a mestria pode começar por confrontar essas reações com a força combativa de uma persistência firme e igual. Em lugar de tentar proteger-se contra os impactos desagradáveis, de fugir e escapar deles, ela pode confrontá-los e aprender a tolerá-los com perseverança e fortaleza, uma equanimidade crescente ou uma aceitação austera e calma. Essa atitude, essa disciplina, traz três resultados, três poderes da alma em relação às coisas. Primeiro, percebe-se que aquilo que antes era insuportável, torna-se fácil de aguentar: a escala do poder que recebe os choques eleva-se em grau; é preciso o impacto de uma força cada vez maior ou uma incidência prolongada para causar agitação, dor, tristeza, aversão ou qualquer outra nota na escala das reações desagradáveis. Em segundo lugar, percebe-se que a natureza consciente divide-se em duas partes: uma, que pertence à natureza mental e emocional normal em que as reações costumeiras continuam a acontecer; a outra, pertence a uma vontade e razão superiores, que observa e não é perturbada ou afetada pela paixão dessa natureza inferior, não a aceita como sua, não a aprova, não a sanciona e não participa dela. Então, as reações da natureza inferior começam a perder sua força e seu poder, a submeter-se às sugestões de calma e firmeza da razão e da vontade superiores e, pouco a pouco, essa calma e essa firmeza tomam posse do ser mental e emocional, e mesmo do ser sensorial, do ser vital e do ser físico. Isso traz o terceiro poder e seu resultado, isto é, por essa persistência e essa mestria, por essa separação da natureza inferior e sua rejeição, podemos agora nos desembaraçar das reações normais e mesmo, se quisermos, remodelar todos os nossos modos de experiência em acordo com a força do espírito. Esse método aplica-se não só às reações desagradáveis, mas também às reações agradáveis; a alma se recusa a abandonar-se a elas ou a ser levada por elas; ela se mantém calma diante dos impactos que trazem alegria e prazer, se recusa a deixar-se estimular por eles e substitui pela calma do espírito a alegria e a busca ávida da mente pelas coisas agradáveis. Isso pode aplicar-se também à mente pensante, que aprende a receber com calma o conhecimento e a limitação do conhecimento, e se recusa a deixar-se levar pelo fascínio dessa ou daquela sugestão de pensamento atraente, ou sentir repulsa por essa ou aquela outra sugestão de pensamento inabitual ou desagradável; ela serve à Verdade com uma observação desapegada que lhe permite crescer em uma vontade e razão fortes, desinteressadas, mestras. Assim, a alma se torna, de maneira gradual, igual em relação a todas as coisas, mestra de si mesma, pronta para enfrentar o mundo com um forte domínio na mente e uma serenidade de espírito inalterável.

A segunda via apoia-se em uma atitude de indiferença imparcial. Seu método consiste em rejeitar de imediato a atração ou a repulsão, em cultivar, em relação a elas, uma serenidade luminosa, uma rejeição que as inibe, o hábito de dissociar-se, o desuso. Essa atitude repousa menos na vontade que no conhecimento, embora a vontade seja sempre necessária. Essa é uma atitude que considera as paixões da mente como coisas nascidas da ilusão da mentalidade externa ou como movimentos inferiores indignos da verdade calma do espírito único e igual ou como perturbações vitais e emocionais que devem ser rejeitadas pela tranquila vontade observadora e a inteligência desapaixonada do sábio. Ela afasta o desejo da mente, rejeita o ego que atribui às coisas esses valores duais e substitui o desejo por uma paz imparcial e indiferente, e o ego pelo self puro, que não se agita, não se estimula ou desequilibra pelos impactos do mundo. E não só a mente emocional é aquietada, mas o ser intelectual também rejeita os pensamentos da ignorância e eleva-se além dos interesses de um conhecimento inferior para aproximar-se da verdade única, que é eterna e imutável. Essa via também desenvolve três resultados ou poderes que permitem ascender à paz.

Primeiro, percebe-se que a mente é voluntariamente ligada às alegrias triviais e aos pequenos dissabores da vida e que, na realidade, estes não terão influência interior sobre ela, se a alma escolher simplesmente desfazer-se de seu hábito de decidir, de maneira inepta, a partir de fenômenos externos e transitórios. Em segundo lugar, percebe-se que aqui também pode ser feita uma divisão, uma partição psicológica entre a mente inferior ou externa, ainda subserviente aos velhos contatos habituais, e a razão e vontade superiores, que se mantêm detrás, na indiferença calma do espírito. Em outras palavras, cresce em nós uma calma interior separada, que observa as comoções dos membros inferiores sem participar nelas ou dar-lhes qualquer sanção. No início, a razão e a vontade superiores serão talvez, com frequência, nubladas ou invadidas, a mente levada pela incitação das partes inferiores, mas, no final, essa calma se torna inexpugnável, permanente, inabalável pelos contatos mais violentos, *na duḥkhena guruṇāpi vicālyate*. Essa alma interior serena observa as agitações da mente exterior com uma superioridade desapegada ou uma indulgência passageira que não se envolve — tal como quando se observa as alegrias e as tristezas triviais de uma criança — não as sente como suas, pois vê que elas não têm uma realidade permanente. No final, a mente externa também aceita pouco a pouco essa serenidade calma e indiferente; ela cessa de ser atraída pelas coisas que a atraíam ou perturbada pelas aflições e as dores às quais ela tinha o hábito de atribuir uma importância irreal. Assim, aparece o terceiro poder, um poder de paz e tranquilidade vastas que permeia tudo, a beatitude da liberação dos assaltos de uma natureza extravagante que impunha torturas a si mesma, a felicidade extrema, profunda, invariável do contato do eterno e infinito, cuja presença permanente substitui a luta e o tumulto das coisas impermanentes, *brahmasaṁsparśam atyantaṁ sukham aśnute*. A alma está fixa no deleite do self, *ātmaratiḥ*, na Ananda única e infinita do espírito, não vai mais à caça dos contatos exteriores e suas tristezas e prazeres. Ela observa o mundo apenas como o espectador de uma peça de teatro ou de uma ação em que ela não é mais obrigada a participar.

A terceira via é a da submissão, que pode ser uma resignação cristã baseada na submissão à vontade de Deus, ou uma aceitação não egoísta das coisas e dos eventos enquanto manifestações da Vontade universal no tempo, ou uma entrega completa de nossa pessoa ao Divino, ao Purusha supremo. Assim como a primeira via baseava-se na vontade e a segunda no conhecimento e na inteligência, na razão inteligente, essa é a via baseada no temperamento e no coração, e é conectada de maneira muito íntima com o princípio de bhakti. Levada até o final, ela chega ao mesmo resultado: a igualdade perfeita, pois o nó do ego é desatado e as exigências pessoais começam a desaparecer; percebemos que não estamos mais ligados à alegria pelas coisas agradáveis nem à tristeza pelas coisas desagradáveis; as aceitamos sem interesse e as rejeitamos sem nos atormentar; as referimos ao Mestre de nosso ser, nos ocupamos cada vez menos com seu resultado pessoal e daremos importância a uma única coisa: aproximarmo-nos de Deus, estarmos em contato e em uníssono com a Existência universal e infinita, unirmo-nos ao Divino, tornarmo-nos seu canal, seu instrumento, seu servo, seu amante, alegrando-nos n'Ele de nossa relação com Ele, sem nenhum outro objeto ou causa de alegria ou de tristeza. Aqui também pode haver por algum tempo uma divisão entre a mente inferior das emoções habituais e a mente superior, psíquica, de amor e dom de si, mas, por fim, a primeira cede, muda, transforma-se, é tragada pelo amor, pela alegria, pelo deleite do Divino e não tem outro interesse nem outras atrações. Então, dentro, tudo é a paz e a beatitude iguais dessa união, a beatitude única, silenciosa, que excede toda compreensão, a paz que permanece nas profundezas de nossa existência espiritual, intocável pelas solicitações das coisas inferiores.

Essas três vias coincidem, apesar de seus pontos de partida divergirem, primeiro, porque elas inibem as reações normais da mente ao contato das coisas externas, *bāhya-sparśān*; depois, pela separação que elas fazem entre o self ou espírito e a ação exterior da Natureza. Mas é evidente que nossa perfeição será mais vasta, mais completa e abrangente se pudermos ter uma igualdade mais ativa, que nos permitirá não só retirarmo-nos do mundo ou enfrentá-lo com uma calma desapegada e apartada, mas retornar a ele e possuí-lo no poder do Espírito calmo e igual. Esse retorno é possível porque o mundo, a Natureza, a ação não são, de fato, coisas completamente separadas, mas uma manifestação do Self, da Alma total, do Divino. As reações da mente comum são uma degradação dos valores divinos — sem essa degradação, esses valores nos apareceriam em sua verdade evidente —, são uma falsificação, uma ignorância que altera as operações desses valores, uma ignorância que começa com a involução do Self em uma insciência material cega. Uma vez que retornamos à plena consciência do Self, de Deus, podemos então atribuir um verdadeiro valor divino às coisas e recebê-las e agir nelas com a calma, a alegria, o conhecimento, a vontade clarividente do Espírito. Quando começamos a ver as coisas dessa maneira, então a alma começa a sentir uma alegria igual no universo, uma vontade igual que lida com todas as energias, um conhecimento igual que toma posse da verdade espiritual por trás de todos os fenômenos dessa manifestação divina. Ela possuirá o mundo como o Divino o possui, em uma plenitude de luz, poder e Ananda infinitos.

Toda essa existência pode, portanto, ser abordada por um Ioga de igualdade positiva e ativa, em lugar de uma igualdade negativa e passiva. Isso requer, primeiro, um novo conhecimento, que é o conhecimento da unidade — ver todas as coisas como si mesmo e ver todas as coisas em Deus e Deus em todas as coisas. Há, então, uma vontade de aceitar de maneira igual todos os fenômenos, todos os resultados, todos os acontecimentos, todas as pessoas e todas as forças como máscaras do Self, movimentos da única energia, resultados do único poder em ação, governados pela única sabedoria divina; e na base dessa vontade de conhecimento superior cresce a força para enfrentar todas as coisas com uma alma e uma mente serenas. Devemos identificar nosso self com o self do universo, ver e sentir nossa unidade com todas as criaturas, perceber que todas as forças, todas as energias, todos os resultados são o movimento dessa energia de nosso self e, portanto, intimamente nossos; obviamente, não de nosso self egoísta, que deve ser silenciado, eliminado, rejeitado — de outro modo essa perfeição não poderá ser alcançada —, mas de um self mais vasto, impessoal ou universal, com o qual nós agora somos um. Pois nossa personalidade é agora apenas um centro de ação desse self universal, mas um centro em relação e em uníssono com todas as outras personalidades e também com todas as outras coisas que, para nós, são apenas objetos e forças impessoais, mas que, na verdade, são também poderes da Pessoa impessoal única: Purusha, Deus, Self, Espírito. Nossa individualidade lhe pertence e não é mais incompatível com o ser universal nem separada dele; ela universalizou-se, conhece a Ananda universal, é una com tudo e unida pelo amor a tudo que conhece, a tudo que toca e a tudo de que frui. Pois, ao nosso conhecimento igual do universo e à nossa vontade igual de aceitação do universo, será acrescentado um deleite que sentimos em toda a manifestação cósmica do Divino.

Aqui também podemos descrever três resultados ou poderes desse método. Primeiro, desenvolvemos esse poder de aceitação igual no espírito, na razão e na vontade superiores, que começam a responder ao conhecimento espiritual. Mas percebemos também que, embora a natureza possa ser induzida a tomar essa atitude geral, há ainda um conflito entre essa razão e vontade superiores e o ser mental inferior, que se agarra à velha maneira egoística de ver o mundo e de reagir a seus impactos. Depois, percebemos que esses dois, o ser inferior e o ser superior — embora estejam confusos no início, mesclados um ao outro e alternando-se, agindo um no outro, em luta para se impor —, podem ser separados, e a natureza espiritual superior desprendida da natureza mental inferior. Mas nesse estágio, enquanto a mente está ainda sujeita às reações de tristeza e agitação, às alegrias e prazeres inferiores, há uma dificuldade ainda maior, que não tem a mesma intensidade em um Ioga mais estritamente individualizado. Pois não só a mente sente suas próprias perturbações e dificuldades, mas ela compartilha das alegrias e dos pesares de outros, vibra a seu contato com uma simpatia pungente, sente seus impactos com uma sensibilidade sutil e os faz seus; além do mais, as dificuldades dos outros acrescentam-se às nossas e as forças que se opõem à perfeição agem com persistência ainda maior, porque sentem esse movimento como um ataque contra seu reino universal, uma tentativa de conquista, e que não é uma mera alma isolada que escapa a seu domínio absoluto. Mas, no final, percebemos também que vem um poder para superar essas dificuldades; a razão e a vontade superiores impõem-se à mente inferior, que muda de maneira perceptível em um dos vastos tipos da natureza espiritual; ela encontra mesmo uma felicidade ao sentir, enfrentar e superar todas as perturbações, obstáculos e dificuldades, até que sejam eliminados por sua própria transformação. Então, o ser inteiro vive em um poder definitivo, na calma e alegria universais, no deleite e na vontade clarividentes do Espírito, em si mesmo e em sua manifestação.

Para ver como esse método positivo funciona podemos notar, de maneira breve, seu princípio em relação aos três grandes poderes, que são o conhecimento, a vontade e os sentimentos. Toda emoção, todo sentimento, toda sensação é, para a alma, uma maneira de entrar em contato com as manifestações do Self na natureza e de descobrir seus valores reais. Mas o que o self sente é um deleite universal, Ananda. Ao contrário, a alma na mente inferior, como havíamos visto, atribui a essa felicidade três valores variáveis, de dor, de prazer e de indiferença neutra, que passam de um a outro por gradações mais ou menos fortes; essas gradações dependem do poder da consciência individualizada de enfrentar, sentir, assimilar, neutralizar, dominar tudo que lhe vem do Self maior, que ela colocou fora de si mesma por sua individualização separativa e fez dele um não self em sua experiência. Mas todo o tempo, por causa do Self maior dentro de nós, há uma alma secreta que sente o deleite em todas essas coisas e recebe a força delas, cresce por tudo que a toca e aproveita tanto da experiência adversa quanto da experiência favorável. Esse deleite pode mesmo ser sentido pela alma exterior de desejo; na verdade, é por causa dela que temos o deleite de existir e podemos até mesmo encontrar certo tipo de prazer na luta, no sofrimento e nas cores mais desarmoniosas da existência. Mas, para sentir a Ananda universal, todos os nossos instrumentos devem aprender a sentir o deleite essencial de todas as coisas e não um deleite parcial e degenerado. Em todas as coisas há um princípio de Ananda, que a compreensão pode perceber e a sensibilidade sentir em cada uma delas como o sabor do deleite, sua *rasa*; mas em geral, em vez disso, elas lhes atribuem valores arbitrários, desiguais, contraditórios; é preciso fazer-lhes perceber todas as coisas à luz do espírito e transformar esses valores provisórios na *rasa* real, igual, essencial e espiritual. O princípio de vida está aí para dar a essa captura do princípio do deleite, *rasa-grahaṇa*, a forma de uma intensa fruição de posse, *bhoga*, que faz com que todo o ser vital vibre com ele, aceite-o e frua nele; mas, em geral, por causa do desejo, ele não está à altura de sua tarefa e muda esse deleite nas três formas inferiores — dor e prazer, *sukha-bhoga, duḥkha-bhoga* ou rejeição de ambos, que chamamos insensibilidade ou indiferença. O Prana, ou ser vital, deve liberar-se do desejo e de suas desigualdades, e deve aceitar e mudar em fruição pura o *rasa* que a compreensão e a sensibilidade percebem. Então, os instrumentos não oporão mais obstáculos à terceira etapa, em que tudo muda no êxtase pleno e puro da Ananda espiritual.

Do mesmo modo, no domínio do conhecimento ocorrem três reações mentais em relação às coisas: a ignorância, o erro e o conhecimento verdadeiro. A igualdade positiva aceitará as três para começar, como movimentos da manifestação de um self que pela evolução sai da ignorância, e pelo conhecimento parcial e deformado — que é a causa do erro — chega ao conhecimento verdadeiro. Ela lidará com a ignorância da mente assim como esta é psicologicamente: um estado em que a substância da consciência está enevoada, velada e coberta, em que o conhecimento do Self Todo-Conhecimento está escondido como em um invólucro obscuro; ela se concentrará no self pela mente e, com a ajuda das verdades relacionadas já conhecidas, pela inteligência ou por uma concentração intuitiva, liberará o conhecimento de seu véu de ignorância. Ela não se apegará apenas ao conhecido, nem tentará forçar tudo a entrar em sua pequena moldura, mas tratará o conhecido e o desconhecido com uma mente igual e aberta a todas as possibilidades. Ela tratará o erro do mesmo modo: aceitará a tecedura emaranhada de verdade e erro, mas não se apegará a opinião alguma e buscará, ao contrário, o elemento de verdade que está por trás de todas as opiniões, o conhecimento escondido no erro — pois todo erro é uma desfiguração de algum fragmento de verdade incompreendida, e é dessa verdade que ela recebe seu vigor, e não de sua interpretação equivocada; ela aceitará as verdades estabelecidas, mas não se limitará nem mesmo a elas, e estará sempre pronta para novos conhecimentos e em busca de uma sabedoria reconciliadora e unificadora, sempre mais integral e sempre mais expandida. Isso só poderá vir de maneira plena quando nos elevarmos à supramente ideal e, portanto, o buscador igual da verdade não será apegado ao intelecto e suas operações e nem pensará que tudo acaba aí, mas estará preparado para elevar-se além, e aceitará cada etapa da ascensão e as contribuições de cada um dos poderes de seu ser, mas só para alçá-los a uma verdade maior. Ele deve aceitar tudo, mas não se apegar a nada, não sentir repulsa por nada, por mais imperfeito, por mais contrário que isso seja às noções estabelecidas, mas também não permitirá nada que se apodere dele em detrimento do modo de funcionar livre do Espírito-Verdade. Essa igualdade da inteligência é uma condição essencial para elevar-nos ao conhecimento superior supramental e espiritual.

A vontade em nós, porque é, em geral, o poder mais vigoroso de nosso ser (há uma vontade de conhecimento, uma vontade de vida, uma vontade das emoções, uma vontade que age em cada parte de nossa natureza), toma muitas formas e responde às coisas com reações variadas, tais como a incapacidade, o poder limitado, a mestria ou a vontade justa, a vontade errônea ou deturpada, a volição neutra e, na mente ética, a virtude, o pecado e a volição não ética — e outras do mesmo tipo. A igualdade positiva aceita tudo isso como um emaranhado de valores provisórios a partir dos quais ela deve começar, mas que deve transformar em uma mestria universal, em uma vontade de Verdade e Retidão universais, na liberdade da Vontade divina em ação. A vontade igual não necessita sentir remorso, pesar ou desencorajamento por seus tropeços; se essas reações ocorrerem em sua mentalidade habitual, ela verá apenas em qual medida elas indicam uma imperfeição e aquilo que deve ser corrigido — porque elas não são sempre indicações justas — e assim as ultrapassará e encontrará uma guiança calma e igual. Ela verá que mesmo esses tropeços são necessários para a experiência e que, no final, são passos que conduzem ao objetivo. Por trás, e no interior de tudo o que ocorre em nós e no mundo, ela buscará o significado e a guiança divinos; ela verá, mais além das limitações impostas, uma limitação voluntária do Poder universal por meio da qual ele regula seus passos e suas gradações, impostas à nossa ignorância, voluntárias para o conhecimento divino, e irá mais além, para unir-se ao Poder ilimitável do Divino. Todas as energias e todas as ações ela as verá como forças que procedem da única Existência e seus desvios como imperfeições, inevitáveis no movimento que se desenvolve, de poderes que eram necessários para esse movimento; portanto, ela será caridosa com todas as imperfeições, ao mesmo tempo que persegue com firmeza uma perfeição universal. Essa igualdade abrirá a natureza à guiança da Vontade divina e universal e a preparará para a ação supramental, em que o poder da alma em nós se enche luminosamente do poder do Espírito supremo e é uno com ele.

O Ioga Integral fará uso dos dois métodos, o passivo e o ativo, segundo a necessidade da natureza e a guiança do espírito interior, o *antaryāmin*. Ele não se limitará ao método passivo, pois este o conduzirá apenas a alguma salvação individual quietista ou à negação do ser ativo universal e espiritual, o que seria inconciliável com a totalidade de seu objetivo. Ele usará o método da persistência, porém não se deterá em uma força e serenidade desapegadas, mas, ao contrário, se encaminhará em direção a uma força e mestria positivas, em que a persistência não será mais necessária, visto que o self estará em uma posse calma, poderosa e espontânea da energia universal e será capaz de decidir sobre todas as suas reações, de modo fácil e alegre, na unidade e na Ananda. Ele usará o método da indiferença imparcial, mas não acabará em uma indiferença distante em relação a todas as coisas; ao contrário, ele se moverá em direção a uma alta aceitação imparcial da vida, com a força para transformar todas as experiências nos valores mais vastos do espírito igual. Ele usará também, de maneira temporária, a resignação e a submissão, mas, pela entrega completa de seu ser pessoal ao Divino, ele chegará à Ananda que possui tudo e na qual a resignação não é necessária; à harmonia perfeita com o universal, que não é uma mera aquiescência mas uma unidade abrangente; ao serviço perfeito e à sujeição perfeita do self natural ao Divino. Assim, o espírito individual possuirá o Divino em toda sua plenitude. Ele usará de modo pleno o método positivo, mas irá mais além de qualquer aceitação individual das coisas, que teria como efeito tornar a existência um campo de conhecimento, de poder e de Ananda apenas individuais, por mais aperfeiçoados que fossem. Isso, ele terá, mas terá também a unidade que lhe permitirá viver na existência de outros para o bem deles e não apenas para o seu; para assisti-los e como um de seus instrumentos, como uma força associada, que ajuda o movimento em direção à mesma perfeição. Ele viverá para o Divino, não fugirá da existência no mundo, não será apegado nem à terra nem aos céus, tampouco será apegado a alguma liberação supracósmica; ele será uno com o Divino em todos os seus planos igualmente, e capaz de viver n'Ele, tanto no Self quanto na manifestação.

CAPÍTULO XIII

A AÇÃO DA IGUALDADE

As distinções já feitas terão mostrado o suficiente o que significa o estado de igualdade. Isso não é mera quietude e indiferença, não é retirar-se da experiência, mas é uma superioridade em relação às reações atuais da mente e da vida. É uma maneira espiritual de responder à vida ou, antes, de abrangê-la e fazê-la se tornar uma perfeita forma de ação do self e do espírito. É o primeiro segredo da mestria da alma sobre a existência. Quando possuímos a igualdade de maneira perfeita, somos admitidos no próprio terreno da natureza espiritual e divina. O ser mental no corpo tenta compelir e conquistar a vida, mas a cada vez é compelido por ela, porque está submetido às reações de desejo do self vital. Ser igual, não ser dominado pela força de desejo, qualquer que seja essa força, é a primeira condição da mestria real, e sua base é o autodomínio. Mas uma mera igualdade mental, por mais forte que seja, é dificultada pela tendência à quietude. Ela deve proteger-se do desejo limitando a vontade e a ação. Somente o espírito é capaz da sublime rapidez de uma vontade imperturbável e, ao mesmo tempo, uma paciência sem limites; igualmente justo em uma ação lenta e cadenciada ou em uma ação rápida e violenta, igualmente seguro em uma ação traçada com cuidado e limitada, ou em uma ação vasta e enorme. Ele pode aceitar o trabalho mais modesto no círculo mais estreito do cosmos, mas pode agir também no turbilhão do caos com compreensão e força criadora; e essas coisas ele pode fazer porque sua aceitação desapegada, e ao mesmo tempo íntima, traz a ambas ações uma calma, um conhecimento, uma vontade e um poder infinitos. Ele tem esse desapego porque está acima de todos os eventos, de todas as formas, ideias e movimentos, e os abrange em sua extensão; e ele tem essa aceitação íntima porque é uno com todas as coisas. Sem essa experiência profunda da unidade livre, *ekatvam anupaśyataḥ*, não pode haver a completa igualdade do espírito.

A primeira tarefa do sadhaka é ver se possui a igualdade perfeita e em que medida; ou então, ele deve encontrar a falha e exercer com regularidade sua vontade em sua natureza, ou chamar a vontade do Purusha, a fim de desembaraçar-se do defeito e de suas causas. Ele deve possuir quatro qualidades: primeiro, a igualdade no sentido mais prático e concreto do termo, *samatā*, ser livre de todas as preferências mentais, vitais e físicas e aceitar com serenidade todas as obras de Deus nele e em torno dele; em seguida, uma paz sólida e uma ausência de perturbação e desassossego, *śānti*; depois, uma completa felicidade espiritual e um bem-estar espiritual do ser natural que nada pode diminuir, *sukham*; e a quarta, uma alegria clara e o sorriso da alma, que abraça a vida e a existência. Ser igual é ser infinito e universal, não se limitar, não se prender a essa ou àquela forma da mente e da vida nem às suas preferências e desejos parciais. Porém, visto que o ser humano em sua natureza normal atual, vive em suas formações mentais e vitais e não na liberdade de seu espírito, sua condição normal também é ser apegado a essas formações e aos desejos e preferências que elas envolvem. Aceitá-las é, no início, inevitável, ultrapassá-las é difícil ao extremo e, talvez, não seja de todo possível enquanto formos obrigados a usar a mente como instrumento principal de nossa ação. Portanto, a primeira necessidade é, ao menos, remover-lhes o aguilhão, privá-las, mesmo quando persistem, de suas insistências mais fortes, de seu egoísmo atual, de sua apropriação mais violenta de nossa natureza.

O teste para verificar se conseguimos isso é a presença de uma calma imperturbável na mente e no espírito. O sadhaka deve estar vigilante e assumir a posição do Purusha, que, por trás da mente, observa e consente ou, melhor ainda, logo que puder, ele se manterá acima da mente e repelirá mesmo os menores indícios ou incidência de perturbação, ansiedade, aflição, revolta, agitação em sua mente. Se essas coisas aparecerem, ele deverá detectar logo sua origem, o defeito que elas indicam, a falha da reivindicação egoística, do desejo vital, da emoção ou da ideia que as suscita, e desencorajá-las por sua vontade, sua inteligência espiritualizada, pela unidade de sua alma com o Mestre de seu ser. De nenhum modo ele deverá desculpá-las, por mais natural, justo ou plausível que uma desculpa possa lhe parecer, nenhuma justificação interior ou exterior. Se for o Prana que estiver agitado e reclamar, ele deverá separar-se do Prana agitado, manter sua natureza superior em *buddhi* e, com a ajuda da *buddhi*, educar e rejeitar as reivindicações da alma de desejo em si mesmo — e agir do mesmo modo também, se forem as emoções do coração que protestarem e perturbarem. Por outro lado, se a própria vontade e a própria inteligência estiverem atrapalhadas, a perturbação será mais difícil de controlar, porque então será seu auxiliar e instrumento principal que se tornará cúmplice da revolta contra a Vontade divina, e os velhos desvios dos elementos inferiores aproveitarão dessa sanção para levantar suas cabeças diminuídas. Portanto, é preciso insistir constantemente em uma única ideia-mestra: a completa entrega ao Mestre de nosso ser, ao Divino em nós e no mundo, ao Self supremo, ao Espírito universal. A *buddhi* deve sempre permanecer fixa nessa ideia-mestra e desencorajar todas as suas próprias insistências e preferências secundárias e ensinar a todo o ser que o ego, quer ele use a razão, a vontade pessoal e o coração para apresentar suas exigências, quer use a alma de desejo no Prana, não tem nenhum direito, qualquer que seja, e todo pesar, toda revolta, impaciência, perturbação é uma violência contra o Mestre do ser.

Essa completa entrega será o sustento principal do sadhaka, porque é o único meio — à parte a quietude e indiferença completas em relação a toda ação, e isso deve ser evitado — de alcançar a calma e a paz absolutas. Não podemos permitir que a persistência da agitação, *aśānti*, e a duração do tempo necessária para essa purificação e essa perfeição se tornem uma razão de desencorajamento e de impaciência. A agitação vem porque há algo na natureza que responde ainda; sua recorrência serve para expor a presença do defeito, para pôr o sadhaka em guarda a fim de que exerça uma vontade mais esclarecida e mais consistente para desembaraçar-se desse defeito. Quando a agitação é muito forte para ser mantida a distância, é preciso deixá-la passar e desencorajar seu retorno, por meio de uma vigilância e de uma insistência ainda maiores da *buddhi* espiritualizada. Se persistirmos, perceberemos que essas coisas perdem cada vez mais a força, tornam-se mais externas e breves em sua recorrência, até que, no final, a calma se torna a lei do ser. Essa norma persiste enquanto a *buddhi* mental for o instrumento principal, mas quando a luz supramental tomar posse da mente e do coração, então não poderá mais haver agitação, tormento ou perturbação, pois a supramente traz a força iluminada de uma natureza espiritual em que essas coisas não acontecem. Lá, as únicas vibrações e as únicas emoções são aquelas que pertencem à natureza da unidade divina, que é o deleite, ānandamaya.

Essa calma estabelecida em todo o ser deve permanecer a mesma, aconteça o que acontecer, na saúde e na doença, no prazer e na dor, mesmo na dor física mais intensa, na boa fortuna e no infortúnio, o nosso próprio ou o daqueles que amamos, no sucesso e no fracasso, na honraria e no insulto, no elogio e na censura, na justiça ou na injustiça que nos é feita — em tudo que em geral afeta a mente. Se vemos a unidade em todo lugar, se reconhecemos que tudo vem pela vontade divina, se vemos Deus em tudo, em nossos inimigos ou, antes, em nossos oponentes no jogo da vida, assim como em nossos amigos, nos poderes que se opõem a nós e nos resistem, assim como naqueles que nos favorecem e assistem, em todas as energias e em todas as forças e eventos e se, além disso, pudermos sentir que nada está separado de nosso self, que o mundo inteiro é uno conosco em nosso ser universal, então essa atitude se torna muito mais fácil para o coração e para a mente. Mas, mesmo antes de conseguirmos essa visão universal ou de estarmos estabelecidos nela com firmeza devemos, por todos os meios ao nosso alcance, insistir nessa igualdade ativa e receptiva e nessa calma. Mesmo um mínimo disso, *alpam api asya dharmasya*, é um grande passo para chegar à perfeição; uma primeira firmeza nisso é o começo de uma perfeição liberada, sua completude é a certeza perfeita de um progresso rápido em todos os outros elementos da perfeição, pois sem isso não teremos uma base sólida; e pela falta pronunciada disso recairemos constantemente no estado inferior de desejo, de ego, de dualidade, de ignorância.

Quando essa calma é adquirida, as preferências vitais e mentais perdem sua força perturbadora e permanecem apenas como um hábito formal da mente. A aceitação ou rejeição vital, a prontidão para acolher tal evento mais que um outro, a aceitação ou a rejeição mental, a preferência por aquela ideia ou aquela verdade mais compatível que uma outra, a insistência da vontade para obter tal resultado em vez de um outro tornam-se um mecanismo formal, ainda necessário, como indicador da direção para a qual a Shakti deve voltar-se ou, pelo momento, na qual é empurrada pelo Mestre de nosso ser. Mas tudo isso perde seu aspecto perturbador de forte vontade egoística, de desejo intolerante, de atração obstinada. Essas aparências podem persistir por algum tempo, em uma forma diminuída, mas à medida que a calma da igualdade aumenta, se aprofunda, se torna mais essencial e compacta, *ghana*, elas desaparecem, cessam de colorir a substância mental e vital ou ocorrem apenas como toques na mente física mais externa, sem poder penetrar no interior e, por fim, até mesmo essa recorrência, esse aparecimento nas portas externas da mente, cessam. Então, pode vir a realidade viva da percepção de que tudo em nós é feito e dirigido pelo Mestre de nosso ser, *yathā prayukto 'smi, tathā karomi*[1], que antes era só uma forte ideia ou uma fé, com lampejos ocasionais e derivativos da ação divina por trás dos devires de nossa natureza pessoal. A partir de agora cada movimento será visto como a forma que a Shakti, o poder divino em nós, dá às indicações do Purusha; uma forma ainda personalizada, sem dúvida, ainda diminuída na forma mental inferior, mas que não é mais primariamente egoística, uma forma imperfeita nem uma deformação evidente. Temos, então, que ir mais além mesmo desse estágio, pois a ação e experiência perfeitas não devem ser determinadas por uma preferência mental ou vital, qualquer que seja, mas pela vontade espiritual reveladora e inspiradora que é a Shakti em sua iniciativa direta verdadeira. Quando digo: "A tarefa que

---

1. "Aquilo que me for indicado (por Ti) eu o executo" (*Pāndava-Gītā*). (N. da T.)

Tu me indicas, eu executo", introduzo ainda um elemento pessoal que limita, uma reação mental. Mas é o Mestre que executará sua obra através de mim enquanto seu instrumento, e não deve haver em mim nenhuma preferência mental ou outra, que limite, interfira e possa ser fonte de um trabalho imperfeito. A mente deve tornar-se um silencioso canal luminoso para as revelações da Verdade supramental e da Vontade contida em sua visão. Então, a ação será a ação desse Ser e dessa Verdade superiores e não uma versão diminuída ou incorreta na mente. Se qualquer limitação, seleção, relação for imposta, será o Divino que a impõe a si mesmo no indivíduo, no momento e para seus próprios fins, não uma determinação obrigatória, definitiva e ignorante da mente. O pensamento e a vontade tornam-se então uma ação do Infinito luminoso, uma formulação que não exclui outras formulações, mas, antes, as põe em seu lugar exato em relação a ela mesma e as abrange e transforma, ao mesmo tempo que se encaminha para formações mais vastas do conhecimento e da ação divinos.

A primeira calma a manifestar-se é a da natureza da paz; é uma ausência de toda inquietude, aflição e perturbação. À medida que a igualdade se fortifica, ela assume uma substância mais completa de felicidade positiva e de bem-estar espiritual. Essa é a alegria do espírito em si, não depende de nada exterior para sua existência absoluta, *nirāśraya*, como a Gītā descreve, *antaḥ-sukho antarārāmaḥ*: uma felicidade interior que ultrapassa tudo, *brahmasaṁsparśan atyantaṁ sukham aśnute*. Nada pode perturbar esse estado; ele se estende até mesmo às coisas exteriores vistas pela alma e impõe também a elas a lei dessa tranquila alegria espiritual. Sua base é ainda a calma, uma alegria neutra, constante, tranquila, *ahaituka*. E, à medida que a luz supramental cresce, uma Ananda maior se manifesta, que é a base do êxtase inumerável do espírito em tudo que ele é, em tudo em que se torna, vê, experiencia; e é a base do sorriso da Shakti, que cumpre de maneira luminosa as obras do Divino e leva sua Ananda a todos os mundos.

Quando é perfeita, a ação da igualdade transforma todos os valores das coisas a partir do poder da ānandamaya divina. A ação externa pode permanecer o que era ou pode mudar — segundo a ordem do Espírito e em conformidade com as necessidades do trabalho para o mundo —, mas toda a ação interior é de uma outra ordem. A Shakti e seus diferentes poderes de conhecimento, ação, fruição, criação, formulação, se aplicarão aos diferentes objetivos da existência, mas em outro espírito; esses serão os desígnios, os resultados, as linhas de ação estabelecidos pelo Divino em sua luz do alto, não aqueles exigidos pelo ego para seu próprio bem separado. A mente, o coração, o ser vital, o próprio corpo estarão satisfeitos com tudo que lhes vier da autorização do Mestre de seu ser; nisso, encontrarão uma satisfação espiritualizada e um deleite mais sutis e, contudo, mais completos; mas o conhecimento e a vontade divinos acima avançarão em direção à realização futura de seus propósitos. Então, sucesso e derrota perdem o sentido que, em geral, possuem: não pode haver derrota, pois o que acontece é a intenção do Mestre dos mundos, não é final — é um passo em Seu caminho, e se essa derrota assemelhar-se a uma oposição, um malogro, uma negação e, mesmo por um instante, a uma negação total do objetivo assinalado ao ser que serve como instrumento, isso será apenas em aparência e, mais tarde, essa derrota aparecerá em seu lugar verdadeiro na economia da ação do Senhor; uma visão supramental mais completa pode mesmo ver de imediato ou de antemão sua necessidade e sua verdadeira relação com o resultado final, ao qual ele parece tão contrário, e parece mesmo interditar em definitivo. Ou então, enquanto a luz for insuficiente, se houve um erro de interpretação, quer do objetivo, quer da linha de ação e das etapas que conduzem ao resultado, a derrota vem como uma retificação do erro, e é aceita com calma, sem causar desencorajamento ou flutuação na vontade. No final, percebemos que a derrota não existe; a alma sente um deleite igual, passivo ou ativo, em todos os acontecimentos, porque vê neles etapas e formulações da Vontade divina. Essa mesma mudança acontece em relação à boa ou à má fortuna, ao agradável e ao desagradável sob todas as formas, *maṅgala amaṅgala, priya, apriya*.

Assim como é com os eventos, assim é com as pessoas: a igualdade traz uma mudança completa do ponto de vista e da atitude. O primeiro resultado da mente e do espírito em estado de igualdade é efetivar uma caridade e uma tolerância interiores crescentes em relação a todas as pessoas, às ideias, aos pontos de vista, às ações, porque vemos que Deus está em todos os seres e que cada um age conforme sua natureza, seu *svabhāva*, e suas formulações atuais. Quando há a Ananda igual, positiva, esse estado aprofunda-se e muda em compreensão e simpatia e, no final, em um amor universal igual. Nada disso impede a diversidade das relações nem as diferentes formulações da atitude interior segundo as necessidades da vida como essa é determinada pela vontade espiritual, e nada impede de afirmar com firmeza essa ideia ou esse ponto de vista, essa ação contra aquela outra, para as necessidades e os propósitos da vida e, pela mesma determinação, de resistir ou agir com vigor e opor-se interior ou exteriormente às forças que buscam destruir o caminho do movimento decretado. Pode haver aí mesmo uma investida da energia de Rudra, que avança poderosamente e despedaça o obstáculo humano ou outro, porque é necessário para ele e para os propósitos do mundo. Mas a essência profunda da atitude de igualdade não é alterada ou diminuída por essas formulações mais superficiais. O espírito, a alma basilar, permanece a mesma, enquanto a Shakti do conhecimento, da vontade, da ação, do amor faz seu trabalho e assume as diversas formas necessárias à sua obra.

E, no final, tudo se torna a forma de uma luminosa unidade espiritual, com todas as pessoas, todas as energias, todas as coisas no ser de Deus e da força universal única, luminosa, espiritual e, nessa unidade, nossa ação se torna parte inseparável da ação do todo, não separada dela, e sente perfeitamente cada relação como uma relação com Deus em tudo, nos termos complexos de Sua unidade universal. Essa é uma plenitude que é difícil descrever na linguagem da razão mental divisora, pois ela usa todos os opostos ao mesmo tempo que lhes escapa, e tampouco pode ser expressa nos termos de nossa psicologia mental limitada. Ela pertence a outro domínio de consciência, a outro plano de nosso ser.

CAPÍTULO XIV

O PODER DOS INSTRUMENTOS

A segunda parte do Ioga da Autoperfeição trata do poder aumentado, ampliado e retificado dos instrumentos de nossa natureza normal. O cultivo dessa segunda perfeição não precisa esperar que a igualdade da mente e do espírito esteja solidamente estabelecida, mas isso é indispensável para que o poder dos instrumentos possa se tornar completo e agir com a segurança da direção divina. O objetivo desse cultivo é fazer da natureza um instrumento capaz de cumprir as obras divinas. Todo trabalho é feito por um poder, pela Shakti, e, visto que o Ioga Integral não pede o abandono das obras, mas, ao contrário, a execução de todas as obras em uma consciência divina e com a guiança suprema, os poderes característicos dos instrumentos — mente, vida e corpo — devem ser, não só purificados de defeitos, mas elevados à aptidão necessária para essa ação mais vasta. No final, eles devem passar por uma transfiguração espiritual e supramental.

Essa segunda parte da sadhana, ou disciplina da autoperfeição, compreende quatro elementos, e o primeiro deles é a Shakti justa, a condição justa dos poderes da inteligência, do coração, da mente vital e do corpo. No presente, será possível apenas sugerir a perfeição preliminar do último desses quatro — o corpo — pois nos ocuparemos da *siddhi* completa após termos falado sobre a supramente e sua influência sobre as outras partes do ser. O corpo é não apenas o instrumento exterior necessário à parte física da ação, mas é também, para os propósitos dessa vida, a base e o ponto de apoio para toda ação interior. Todas as operações da mente ou do espírito produzem uma vibração na consciência física, registram-se nela por uma espécie de notação corporal secundária e comunicam-se com o mundo material por meio da máquina física, ao menos em parte. Mas o corpo humano tem limitações naturais em sua capacidade, e as impõe ao modo de funcionar das partes superiores de seu ser. Ademais, ele tem uma consciência subconsciente própria, onde guarda com uma fidelidade obstinada os hábitos do passado e a natureza passada do ser mental e vital; essa subconsciência se opõe automaticamente a toda e qualquer mudança ascendente, a obstrui ou, no mínimo, a impede de tornar-se uma transformação radical da natureza inteira. É evidente que se quisermos ter uma ação divina ou espiritual e supramental livre, dirigida pela força de uma energia mais divina e que responda a um caráter divino, uma transformação bem completa deve efetuar-se no caráter externo da natureza corporal. O ser físico foi sempre considerado como um grande empecilho por aqueles que buscam a perfeição, e formou-se o hábito de rejeitá-lo com desprezo, recusa ou aversão e o desejo de suprimir por completo, ou o tanto quanto possível, o corpo e a vida física. Mas esse não pode ser o método correto para o Ioga Integral. O corpo nos é dado como um instrumento necessário para a totalidade de nossas obras e devemos usá-lo, não negligenciá-lo, causar-lhe dano, reprimi-lo ou aboli-lo. Se ele é imperfeito, recalcitrante, obstinado, as outras partes também o são: o ser vital, o coração, a mente e a razão. Como elas, ele deve ser mudado e aperfeiçoado e, como elas, passar por uma transformação. Assim como devemos criar para nós uma vida nova, um coração novo, uma mente nova, da mesma maneira, em certo sentido, devemos construir para nós mesmos um corpo novo.

A primeira coisa que a vontade deve fazer em relação ao corpo é impor-lhe progressivamente um novo hábito, a todo o seu ser, a toda a sua consciência, força e ação interior e exterior. Ele deve aprender a ser de todo passivo — primeiro, entre as mãos de instrumentos superiores, mas, no final, entre as mãos do espírito e de sua Shakti, aquela que dirige e inspira. Ele deve habituar-se a não impor seus limites aos elementos mais nobres, mas a adaptar sua ação e sua resposta às ordens deles, elaborar, poderíamos dizer, uma notação superior, uma gama superior de respostas. No presente, a notação do corpo e da consciência física tem um grande poder determinante sobre a música feita por essa harpa humana de Deus; as notas que recebemos do espírito, da alma psíquica, da vida mais vasta por trás de nossa vida física, não podem entrar livremente, não podem desenvolver sua melodia própria, nobre e poderosa. Essa condição deve ser revertida, o corpo e a consciência física devem adquirir o hábito de receber essas melodias superiores e de deixar-se modelar por elas, e nem o corpo, nem a consciência física, mas as partes mais nobres da natureza devem determinar a música de nossa vida e de nosso ser.

Controlar o corpo e a vida pela mente e seu pensamento e sua vontade é o primeiro passo para essa mudança. Todo Ioga implica levar esse controle a um nível muito alto. Mas, depois, a própria mente deve dar lugar ao espírito, à força espiritual, à supramente e à força supramental. E, por fim, o corpo deve adquirir o perfeito poder de guardar a força que o espírito lhe insufla e conter sua ação sem derramá-la nem esperdiçá-la, e sem romper-se. Ele deve ser capaz de deixar-se preencher e de ser utilizado de maneira poderosa por qualquer intensidade de força espiritual ou da mente superior ou da vida, sem que nenhuma parte do instrumento mecânico se agite, se abale, se quebre ou se danifique pelo fluxo ou pela pressão (acontece com frequência que o cérebro, a saúde vital ou o caráter moral sejam lesados naqueles que tentam, por insensatez, práticasióguicas sem preparação ou por meios indevidos ou que, por imprudência, convidam um poder que não podem sustentar intelectual, vital e moralmente) e, assim preenchido, o corpo deve ser capaz de funcionar de maneira normal, automática e justa, conforme a vontade desse agente espiritual ou outro, ainda incomum, sem distorcer, diminuir ou traduzir mal sua intenção e sua intensidade. Essa faculdade de conter, *dhāraṇa-śakti*, na consciência física, na energia e no mecanismo físico é a mais importante siddhi, ou perfeição, do corpo.

O resultado dessas mudanças será tornar o corpo um perfeito instrumento do espírito. A força espiritual será capaz de fazer o que quiser no corpo e por meio do corpo. Ela será capaz de conduzir uma ação ilimitada da mente ou, em um estágio superior, da supramente, sem que o corpo traia a ação por fadiga, incapacidade, inaptidão ou falsificação. Ela será capaz também de derramar no corpo uma grande torrente de força vital e conduzir uma vasta ação com a alegria de um ser vital aperfeiçoado, sem essa querela e essa disparidade que marcam as relações habituais dos instintos e impulsos vitais com o instrumento físico insuficiente que eles são obrigados a usar. E ela será capaz também de conduzir uma ação completa no ser psíquico espiritualizado sem que ele seja falsificado, degradado, nem de nenhum modo desfigurado pelos instintos inferiores do corpo; a força espiritual usará a ação e a expressão físicas como notação livre da vida psíquica superior. E no próprio corpo haverá a presença de uma imensa força sustentadora, a abundância de um vigor e energia, a potência de uma força de expansão e organização, uma leveza, rapidez e adaptabilidade do ser físico e nervoso, um poder responsivo que sustenta, em toda a máquina física, todas as suas fontes motoras[1], de que ele é incapaz agora, mesmo em seu estado melhor e mais vigoroso.

Em sua essência, essa energia não será uma força exterior física ou muscular; ela será, primeiro, da natureza de um poder vital, uma força prânica sem limites; em seguida, a sustentar e usar essa energia prânica, manifestar-se-á um poder-vontade superior e supremo que agirá no corpo. As operações da Shakti prânica no corpo ou nas formas são a condição de toda ação, mesmo da ação física mais inanimada

---

1. *mahattva, bala, laghutā, dhāraṇa-sāmarthya.*

em aparência. É o Prana universal, como os Antigos sabiam, que, sob várias formas, sustenta ou aciona a energia material em todas as coisas físicas, do eléctron e do átomo, do gás até o metal, até a planta, o animal, o indivíduo físico. Fazer com que essa Shakti prânica aja de maneira mais livre e poderosa no corpo é a tentativa de todos aqueles, quer eles saibam, quer não, que se esforçam para alcançar uma perfeição maior do corpo ou no corpo. O indivíduo comum tenta comandar essa Shakti prânica de maneira mecânica, por meio de exercícios físicos e outros meios corporais; o hatha-iogue, de maneira mais vigorosa e mais flexível, mas ainda mecânica, esforça-se mediante o uso de ássanas e pranayama; mas para nosso propósito, essa Shakti prânica pode ser comandada por meios mais sutis, mais essenciais, mais maleáveis: primeiro, por uma vontade na mente, que se abre plenamente à Shakti prânica universal em que nos nutrimos e dirige a ela um forte apelo para fixar de maneira mais forte e mais sólida sua presença e sua ação no corpo; em seguida, pela vontade na mente, que se abre, antes, ao espírito e seu poder, e não mais àquele da Shakti prânica universal, e chama uma energia prânica superior, do alto: uma força prânica supramental; e o terceiro, e último passo, pela suprema vontade supramental do espírito, que entra no corpo e assume de modo direto a tarefa de aperfeiçoá-lo. De fato, é sempre uma vontade dentro que aciona o instrumento prânico e o torna efetivo, mesmo quando ela usa meios que parecem ser puramente físicos; mas, no início, ela depende da ação inferior. Quando nos elevamos, a relação aos poucos se inverte; a vontade, então, é capaz de agir em seu poder próprio ou de utilizar esses outros meios apenas como instrumentos subordinados.

A maioria dos seres humanos não é consciente dessa energia prânica no corpo ou não pode distingui-la da forma de energia mais física que ela anima e usa como veículo. Mas à medida que a consciência se torna mais sutil pela prática do Ioga, começamos a perceber a imensidade de Shakti prânica que nos circunda, senti-la com a consciência mental, de modo concreto com um sentido mental, ver suas correntes e seus movimentos, dirigi-la e agir sobre ela de imediato pela vontade. Porém, até que possamos percebê-la assim, devemos ter uma fé prática, ou ao menos experimental, em sua presença e no poder da vontade de desenvolver uma mestria e um uso maiores dessa força prânica. É necessária uma fé, *śraddhā*, no poder que a mente possui de impor sua vontade ao estado e à ação do corpo, como fazem aqueles que curam as doenças pela fé, pela vontade ou pela ação mental; mas não devemos buscar esse controle apenas para esse ou aquele uso limitado, mas de modo geral, como um poder legítimo do instrumento interior e superior sobre o instrumento exterior e inferior. Essa fé é combatida por nossos antigos hábitos mentais, por nossa experiência normal, prática, da relativa incompetência da mente em relação a nosso sistema atual imperfeito e pela falta de fé do corpo e da consciência física. Pois esses também têm uma *śraddhā* limitada que lhes é própria e resistem à ideia da mente quando ela busca impor ao sistema a lei de uma perfeição mais alta ainda não alcançada. Mas se persistirmos, perceberemos que esse poder dá evidências de si mesmo à nossa experiência; a fé da mente encontrará uma base mais firme e poderá crescer em vigor; a fé contrária do corpo mudará, admitirá o que negou no início, e não só aceitará em seus hábitos o novo jugo, mas ela mesma invocará essa ação superior. Por fim, compreenderemos essa verdade, a saber, que esse ser que nós somos é, ou pode se tornar, tudo em que ele tenha fé e tudo o que ele tenha vontade de ser — pois a fé não é mais que uma vontade que busca uma verdade mais vasta —, e cessaremos de fixar limites para nossas possibilidades ou de negar a onipotência potencial do Self em nós, o Poder divino que age por meio do instrumento humano. Mas essa fé, ao menos enquanto força prática, vem mais tarde, em um estágio posterior de alta perfeição.

O Prana é não só a força destinada à ação da energia física e vital, mas sustenta também a ação mental e espiritual. Por conseguinte, o modo de funcionar completo e livre da Shakti prânica é indispensável aos usos inferiores ainda necessários, mas também às operações completas e livres da mente, da supramente e do espírito nos instrumentos de nossa natureza humana complexa. Essa é a razão principal pela qual os exercícios de pranayama têm uma parte tão importante, e indispensável, em certos sistemas de Ioga para controlar a força vital e suas moções; esse mesmo controle deve ser adquirido pelo buscador do Ioga Integral; mas ele pode obtê-lo por outros meios e, de qualquer modo, ele não deve depender de nenhum exercício físico ou respiratório para adquiri-lo ou mantê-lo, pois isso seria introduzir em seguida uma limitação e uma sujeição à Prakriti. As instrumentações da Prakriti devem ser usadas com flexibilidade pelo Purusha, mas não devem impor um controle inalterável ao Purusha. A necessidade da força prânica, contudo, continua, e será evidente para nosso estudo de nós mesmos e para nossa experiência. Segundo a imagem védica, o Prana é o corcel e o veículo da vontade e da mente encarnadas, *vāhana*. Se estiver cheio de força e rapidez e na plenitude de todos os seus poderes, então a mente poderá seguir os cursos de sua ação, em um movimento completo e sem entraves. Mas se estiver enfermo ou cansar-se rápido, se for vagaroso ou fraco, a efetuação da vontade e a atividade mental serão afetadas pela incapacidade. A mesma regra aplica-se à supramente, quando começa a entrar em ação. Na verdade, existem estados e atividades em que a mente abarca por completo a Shakti prânica e em que essa dependência não é sentida de nenhum modo; mas mesmo assim, a força prânica está aí, embora envolvida na energia mental pura. A supramente, quando chega à força plena, pode muito bem fazer o que quiser da Shakti prânica; percebemos que, por fim, esse poder vital é transformado em uma espécie de Prana supramentalizado, que é simplesmente um dos poderes motores dessa consciência mais vasta. Mas isso pertence a uma etapa posterior da siddhi do Ioga.

Há também um Prana psíquico, uma mente prânica ou alma de desejo; esse também pede sua própria perfeição. Aqui também, a primeira necessidade é uma plenitude da capacidade vital na mente, seu poder de fazer seu trabalho completo, de possuir todos os impulsos e todas as energias fornecidas à nossa vida psíquica interior a fim de que se realizem nessa existência, de contê-los e ser um instrumento para aplicá-los com força, liberdade e perfeição. Muitas das qualidades que necessitamos para nossa perfeição — a coragem, o poder-vontade efetivo na vida, todos os elementos do que agora chamamos força de caráter e força de personalidade — dependem em grande medida da abundância do Prana psíquico para ter uma mola e um vigor completo em sua ação dinâmica. Porém, junto com essa abundância, é preciso que se estabeleçam a alegria, a clareza e a pureza no ser vital psíquico. Esse dinamismo não deve ser uma força agitada, fervente, tempestuosa, caprichosa ou brutalmente apaixonada; a energia deve estar aí, ela deve ter a exaltação de sua ação, mas uma energia clara, feliz e pura, uma exaltação estabelecida, sustentada com firmeza e pura. E, como terceira condição para sua perfeição, o Prana psíquico deve estabelecer-se em uma igualdade completa. A alma de desejo deve desembaraçar-se dos clamores, das insistências ou da inconstância de seus desejos, a fim de que eles possam ser satisfeitos com justiça e equilíbrio e da maneira correta e, por fim, ela deve livrá-los por completo de seu caráter de desejo e mudá-los em impulsos da Ananda divina. Para isso, a alma de desejo não deve ter demandas nem buscar impor-se ao coração, à mente ou ao espírito, mas aceitar com uma forte igualdade, passiva e ativa, todos os impulsos e todas as ordens, quaisquer que sejam, que lhes venham do espírito através do canal de uma mente imóvel e de um coração puro. E ela deve aceitar também qualquer resultado do impulso: a fruição maior ou menor, plena ou nenhuma, que lhe é dada pelo Mestre de nosso ser. Ao mesmo tempo, a posse e a fruição são sua lei, sua função, sua utilidade, *svadharma*. A alma de desejo não foi feita para ser destruída ou mortificada, insensibilizada em seu poder receptivo, triste, reprimida ou mutilada, tornada inerte ou ser anulada. Ela deve ter um pleno poder de posse, um alegre poder de fruição, um exultante poder de paixão e de enlevo puros e divinos. A fruição que ela terá será, em essência, uma beatitude espiritual, mas uma beatitude que abarca e transforma a alegria mental, emocional, dinâmica, vital e física; portanto, ela deve ter uma capacidade integral para possuir e fruir, e não deve falhar ao espírito, à mente, ao coração, à vontade e ao corpo por incapacidade, fadiga ou inaptidão para suportar as grandes intensidades. Plenitude, pureza e alegria claras, a igualdade, a capacidade de possuir e de fruir constituem a perfeição quádrupla do Prana psíquico[2].

O outro instrumento que necessita de perfeição é o *chitta*, e no significado completo dessa expressão podemos incluir o ser emocional e o ser psíquico propriamente dito. Esse coração, esse ser psíquico do ser humano, atravessado pelos fios dos instintos vitais, é uma trama de cores misturadas e inconstantes, de emoções e de vibrações da alma, boas e más, felizes e infelizes, satisfeitas e insatisfeitas, calmas e agitadas, intensas e obtusas. Assim agitado e invadido, ele não conhece a paz real, é incapaz de uma perfeição estável de todos os seus poderes. Pela purificação, pela igualdade, pela luz do conhecimento, pela harmonização da vontade, ele pode ser levado a uma intensidade tranquila e à perfeição. Os dois primeiros elementos dessa perfeição são, de um lado, uma doçura, uma amplidão, uma gentileza, uma calma e uma clareza elevadas e vastas e, do outro lado, uma força e intensidade poderosas e ardentes. Na ação e no caráter divinos, assim como na ação e no caráter humanos comuns, há sempre dois elementos: a doçura e a força, a gentileza e o poder, *saumya* e *raudra*, a força que persiste e harmoniza, a força que se impõe e compele, Vishnu e Ishana, Shiva e Rudra. Ambos são igualmente necessários para uma ação perfeita no mundo. As distorções do poder de Rudra no coração são as paixões tempestuosas, a cólera e a agressividade, a severidade, a dureza, a brutalidade, a crueldade, a ambição egoísta e o amor pela violência e a dominação. Essas e outras distorções humanas devem desaparecer, pelo florescimento de um ser psíquico calmo, claro e doce.

Porém, por outro lado, a incapacidade para a força é também uma imperfeição. A permissividade e a fraqueza, a autoindulgência, certa debilidade, a moleza e a passividade do ser físico são os últimos resultados de uma vida emocional e psíquica em que a energia e o poder de impor-se foram reprimidos, desencorajados e anulados. A perfeição total tampouco consiste em possuir apenas a força de perseverar ou em cultivar apenas um coração de amor, caridade, tolerância, benignidade, submissão e paciência. O outro lado da perfeição comporta o poder contido e calmo, não egoístico, de Rudra, armado com a força psíquica, a energia do coração forte que é capaz de suportar sem reclamar uma ação prolongada ou exteriormente austera, ou mesmo violenta, quando necessário. A luz sem limite de uma energia, de uma força e de um poder harmonizados com a doçura e a clareza do coração, capazes de serem uno na ação — o relâmpago de Indra, que tem origem na orbe de néctar dos

---

2. *pūrṇatā, prasannatā, samatā, bhoga-sāmarthya.*

raios lunares de Soma[3] —, essa é a perfeição dupla. Esses dois aspectos, *saumyatva, tejas*, devem basear sua presença e sua ação na igualdade firme do temperamento e da alma psíquica, liberados de toda grosseria e de todo excesso ou de todo defeito na luz do coração ou no poder do coração.

Um outro elemento necessário é a fé no coração, a crença no bem universal, uma vontade de agir para o bem universal, a abertura à Ananda universal. O ser psíquico puro é da essência de Ananda e vem da alma de deleite no universo, mas o coração superficial das emoções é subjugado pelas aparências contraditórias do mundo e sofre numerosas reações de tristeza, de medo, de depressão, de paixão e de alegrias parciais e efêmeras. A igualdade do coração é necessária para a perfeição, mas uma igualdade passiva não basta; deve haver a percepção de um poder divino que trabalha para o bem por trás de todas as experiências, uma fé e uma vontade que podem mudar em néctar os venenos do mundo e ver a intenção espiritual mais feliz por trás da adversidade, o mistério do amor por trás do sofrimento, a flor da força e da alegria divinas na semente da dor. Essa fé, *kalyāṇa-śraddhā*, é necessária, para que o coração e todo o ser psíquico manifestado possam responder à Ananda divina secreta e tornar-se essa essência original verdadeira. Essa fé e essa vontade devem ser acompanhadas de uma capacidade para amar, devem abrir-se a um amor sem limites, vasto e intenso, pois a razão de ser principal do coração, sua verdadeira função, é amar. Ele é o instrumento predestinado de nossa união e de nossa unidade completas; ver a unidade no mundo pela compreensão não basta, a menos que a sintamos também com o coração e no ser psíquico, e isso significa um deleite no Um e em todas as existências do mundo n'Ele, um amor por Deus e por todos os seres. A fé do coração e a vontade de agir para o bem são fundadas na percepção do Divino imanente, único em todas as coisas, que conduz o mundo. O amor universal deve fundar-se na visão do coração e na percepção psíquica e emocional do Divino único, do Self único em todas as existências. Esses quatro elementos formarão então uma unidade, e até mesmo o poder de Rudra, que conduz a batalha pela justiça e pelo bem, procederá de um poder de amor universal. Essa é a perfeição do coração mais alta e mais característica, *prema-sāmarthya*.

A última perfeição é a da inteligência e da mente pensante, *buddhi*. A primeira necessidade é a claridade e a pureza da inteligência. Ela deve ser liberada das reivindicações do ser vital, que busca impor os desejos da mente em lugar da verdade, ser

---

3. A planta que produz o vinho místico para o sacrifício védico; o próprio vinho, que representa o êxtase da ananda; *Soma*, o senhor desse vinho de deleite e de imortalidade, a divindade representativa da beatitude. Seu néctar é associado à claridade da lua. O relâmpago é a arma de Indra, o rei dos deuses, o Mestre da Mente luminosa. (N. da T.)

liberada das reivindicações agitadas do ser emocional, que se esforça para colorir, deformar, limitar e falsificar a verdade com as tonalidades e as formas das emoções. Ela deve ser liberada de seus próprios defeitos também: da inércia no poder de pensar, da estreiteza obstrutiva e da falta de vontade de abrir-se ao conhecimento, da desonestidade intelectual no pensamento, dos preconceitos e preferências, da teimosia na razão e das determinações falsas da vontade de conhecer. Sua única vontade deve ser de tornar-se um espelho puro da Verdade, de sua essência e de suas formas, de suas medidas e relações: um espelho claro, uma medida justa, um instrumento de harmonia fino e sutil, uma inteligência integral. Essa inteligência clara e pura pode, então, tornar-se algo de luz serena, uma irradiação forte e pura que emana do sol da Verdade. Mas ela, tampouco, pode tornar-se apenas uma concentração de luz branca e seca, mas deve ser capaz de toda a variedade da compreensão: tornar-se flexível, rica, maleável, brilhante com toda a chama da Verdade e variada, com todas as suas cores na manifestação, aberta a todas as suas formas. E assim preparada, ela se desembaraçará de todas as limitações, não estará fechada nessa ou naquela capacidade ou forma ou atividade de conhecimento; ela será um instrumento capaz de qualquer trabalho, pronta a tudo o que o Purusha lhe demandar. Pureza, irradiação clara, variedade rica e flexível, capacidade integral formam a quádrupla perfeição da inteligência pensante, *viśuddhi, prakāśa, vicitra-bodha, sarva-jñāna-sāmarthya*.

Assim aperfeiçoados, os instrumentos normais agirão cada um segundo sua natureza, sem a interferência indevida de um ou de outro, e servirão à vontade desobstruída do Purusha, em uma totalidade harmoniosa de nosso ser natural. Essa perfeição deve intensificar de maneira constante sua capacidade de ação, a energia e a força de suas operações e a extensão do escopo de sua natureza inteira. Os instrumentos estarão, então, prontos a transformar-se em sua própria ação supramental, em que encontrarão — mais absoluta, mais unificada — a luminosa verdade espiritual da natureza inteira aperfeiçoada. Examinaremos mais tarde os meios para alcançar essa perfeição dos instrumentos; no momento, será suficiente dizer que as condições principais são a vontade, a auto-observação, o autoconhecimento e a prática constante, *abhyāsa*, de modificação e transformação de si. O Purusha tem essa capacidade, pois o espírito dentro pode sempre mudar e aperfeiçoar as operações de sua natureza. Mas o ser mental deve abrir o caminho para uma introspecção clara e vigilante, abrir-se a uma busca e a um autoconhecimento sutil que lhe dará a compreensão e a mestria crescentes de seus instrumentos naturais, e uma vontade insistente e obstinada para corrigir-se e transformar-se — pois a essa vontade a Prakriti acaba sempre por responder, malgrado todas as dificuldades e qualquer que tenha sido a duração prolongada de sua resistência original — e, por fim, por uma prática incansável, que rejeitará sem interrupção todos os defeitos e todas as distorções e os substituirá pelo estado correto e por um modo de funcionar justo e intensificado. Ascese, tapasia, paciência, fidelidade e a retidão do conhecimento e da vontade são as coisas necessárias, até que um Poder maior que nosso self mental intervenha diretamente para efetuar uma transformação mais fácil e mais rápida.

CAPÍTULO XV

A FORÇA DA ALMA E A PERSONALIDADE QUÁDRUPLA

O aperfeiçoamento da mente comum, do coração, do Prana e do corpo, nos traz apenas a perfeição da máquina psicofísica que temos que usar, e cria certas condições justas nos instrumentos para uma vida e ação vividas e efetuadas com um poder e um conhecimento mais puros, mais vastos, mais límpidos. A questão seguinte é saber qual é a Força que se verterá nos instrumentos, *karaṇa*, e quem é esse Um que manobra a Força para suas finalidades universais. A força que opera em nós será a Shakti divina manifestada, a Força suprema ou universal desvelada no ser individual liberado, *parā prakṛtir jīvabhūtā*; é ela que será a autora, *kartā*, de toda a ação e de todo o poder dessa vida divina. O Um por trás dessa força será o Ishvara, o Mestre de todo o ser, com quem, em nossa perfeição, toda a nossa existência será, ao mesmo tempo, um Ioga de unidade com Ele na essência e de união nas relações variadas da alma e de sua natureza com a Divindade que está em nós e em quem, também, vivemos, nos movemos e temos nosso ser. É essa Shakti, e o Ishvara que está nela ou por trás dela, sua presença e maneira de ser divinas, que devemos chamar em todo nosso ser e em toda nossa vida. Pois sem essa presença divina e esse modo de funcionar mais vasto não pode haver *siddhi* do poder da natureza.

Toda ação do ser humano na vida é uma conexão entre a presença da alma e as operações da Natureza: Purusha e Prakriti. A presença e influência do Purusha apresentam-se na natureza sob a forma de certo poder de nosso ser, que podemos chamar força de alma para nosso propósito imediato, e é sempre essa força de alma que sustenta todas as operações dos diferentes poderes — a razão, a mente, a vida, o corpo — e determina a tendência de nosso ser consciente e o tipo de nossa natureza. O ser humano comum, desenvolvido de maneira normal, a possui em forma reduzida, mitigada, mecanizada, submersa: a do temperamento e caráter; mas isso é apenas seu molde mais externo, em que o Purusha, a alma consciente ou ser consciente, parece estar limitado, condicionado e modelado pela Prakriti mecânica. A alma se derrama em qualquer molde da mente, em qualquer tipo, intelectual, ético, estético, dinâmico, vital e físico que a natureza adote ao longo de seu desenvolvimento, e ela só pode agir da maneira imposta por essa Prakriti assim formada, e mover-se apenas nesse canal estreito ou em algum círculo relativamente mais largo. O indivíduo é então sátvico, rajásico ou tamásico ou uma mistura dessas qualidades, e seu temperamento é apenas uma espécie de coloração mais sutil, uma cor de alma que foi dada a essa operação maior e mais proeminente desses três modos fixos de sua natureza. Os indivíduos dotados de uma força maior conseguem mais poder de alma na superfície e desenvolvem o que chamamos uma grande ou forte personalidade; eles têm em si algo do Vibhuti, assim como é descrito na Gītā, *vibhūtimat sattvaṁ śrīmad ūrjitam eva vā*, um poder maior de ser, muitas vezes tocados por um sopro divino ou algumas vezes preenchidos por ele, ou manifestam mais do que a manifestação comum da Divindade que, de fato, está presente em tudo, mesmo no ser vivo mais débil ou mais obscurecido; mas aqui, alguma força especial dessa Divindade começa a aparecer de detrás do véu da humanidade mediana, e há algo belo, atraente, esplêndido ou poderoso nessas pessoas excepcionais, que brilha em sua personalidade, em seu caráter, em sua vida e em sua obra. Essas pessoas também seguem o tipo de força de sua natureza segundo suas gunas, mas há nelas algo de evidente, embora dificilmente analisável, que, de fato, é um poder direto do Self, do Espírito, que se serve do molde e da tendência da natureza para seu propósito poderoso. A própria natureza, por meio disso, eleva-se, ou tende a elevar-se, a um grau de ser superior. Muitos elementos nas operações da Força podem parecer egoísticos ou mesmo distorcidos, mas, mesmo assim, é ainda o toque da Divindade que está por trás, qualquer que seja a forma, dévica, asúrica ou mesmo rakshásica que ela possa assumir, que conduz a Prakriti e se serve dela para seus propósitos superiores. Quando o poder do ser estiver ainda mais desenvolvido, o real caráter dessa presença espiritual será revelado, e veremos então algo impessoal e autoexistente, com seu poder próprio, uma pura força de alma que não é a força da mente, nem a força da vida, nem a força da inteligência, mas que as conduz, e embora siga ainda, até certo ponto, o molde de suas operações, suas gunas e seu tipo de natureza, ainda assim ela põe o selo de sua transcendência original, de sua impessoalidade, do puro fogo do espírito, um algo mais além das gunas de nossa natureza normal. Quando o espírito em nós estiver livre, o que estava por trás dessa força de alma emerge então, em toda sua luz, sua beleza, sua grandeza: o Espírito, a Divindade, que faz da natureza e da alma humana sua base e seu representante vivo na existência, na mente cósmica, na ação e na vida.

A Divindade, o espírito manifestado na Natureza, revela-se em um mar de atributos infinitos, *anantaguṇa*. Mas a Prakriti executora, ou Prakriti mecânica, caracteriza-se pela guna tripla: *sattva, rajas, tamas*; e a *anantaguṇa*, o jogo espiritual da infinitude de atributos, restringe-se nessa natureza mecânica segundo o tipo dessas três gunas. E, na força de alma humana, essa Divindade na Natureza representa-se sob a forma de um quádruplo Poder de efetivação, *catur-vyūha*: Poder de conhecimento, Poder de energia, Poder de mutualidade e de relações práticas e intercâmbios produtivos, Poder para obras, labor e serviço; sua presença molda toda a vida humana segundo a operação interior e exterior desses quatro poderes combinados. O antigo pensamento da Índia, consciente desse quádruplo tipo de personalidade ativa e da natureza humana, desenvolveu os quatro tipos — *brāmaṇa, kṣatriya, vaiśya e śūdra*[1], cada um com sua tendência espiritual, seu ideal ético, sua educação apropriada, suas funções fixas na sociedade e seu lugar na escala evolutiva do espírito. Como acontece sempre quando externalizamos e mecanizamos em demasia as verdades mais sutis de nossa natureza, essa divisão se tornou um sistema com regras fixas, incompatível com a liberdade, variedade e complexidade do espírito mais fino que se desenvolve no ser humano. No entanto, existe uma verdade por trás disso, e ela tem considerável importância para a perfeição do poder de nossa natureza, mas devemos considerá-la em seus aspectos interiores: primeiro, a personalidade, o caráter, o temperamento, o tipo de alma; em seguida, a força de alma que se encontra por trás e assume essas formas e, por último, o jogo da Shakti livre, espiritual, em que essas formas descobrem sua culminação e sua unidade além de todos os modos ou gunas. Pois a ideia exterior grosseira de que um indivíduo nasce como brâmane, como kshatrya, como vaishya ou como sudra unicamente, não corresponde a uma verdade psicológica de nosso ser. O fato psicológico é que esses quatro poderes de ação, essas quatro tendências do Espírito e de sua Shakti executora, existem em nós, e a preponderância de um ou de outro na parte mais formada de nossa personalidade nos dá nossas tendências principais, nossas qualidades e capacidades dominantes, nossa virada efetiva na ação e na vida. Mas eles estão mais ou menos presentes em todos os seres humanos — aqui manifestados, lá, latentes, aqui desenvolvidos, lá, atenuados, reprimidos ou subordinados —, e no indivíduo aperfeiçoado serão levados a uma plenitude e harmonia que,

---

1. *brāmaṇa* (brâmane) — o sacerdote de conhecimento, o homem de conhecimento, o pensador; *kṣatriya* (kshatriya) — o homem de poder e de ação, o governante, o guerreiro, o líder; *vaiśya* (vaishya) — aquele que produz e ganha riquezas, o artesão, o comerciante, o agricultor; *śūdra* (sudra, shudra) — aquele sem habilidades determinadas, o servidor ou operário. (N. da T.)

na liberdade espiritual, irromperão no jogo livre dos atributos infinitos do espírito, na vida interior e na vida exterior, e no jogo criador do Purusha com o Poder de sua Natureza e da Natureza do mundo, para Sua própria alegria.

A forma psicológica mais externa desses poderes constitui o molde ou a orientação da natureza, sua predisposição a certas tendências, capacidades, características dominantes, a certa forma de poder ativo, certa qualidade da mente e da vida interior, certa personalidade ou tipo cultural. Com frequência, essa virada favorece a preponderância do elemento intelectual e das capacidades de busca e de descoberta do conhecimento, o poder de criação ou de formação intelectual e a preocupação com ideias e o estudo das ideias ou da vida, a informação e o desenvolvimento da inteligência reflexiva. Segundo o grau de desenvolvimento aparecem, em ordem sucessiva, o tipo ou o caráter do indivíduo de inteligência prática, aberta, investigadora, depois, o intelectual e, por último, o pensador, o sábio, a grande mente de conhecimento. Os poderes da alma, que surgem por um desenvolvimento considerável desse gênero de temperamento, de personalidade, de tipo de alma, são uma mente de luz cada vez mais aberta a todas as ideias e a todos os conhecimentos, a todas as expressões novas da Verdade; em seguida, a sede de conhecimento, a paixão pelo conhecimento e por seu crescimento em nós, a necessidade de comunicá-lo a outros e de ver seu reino no mundo — um reino da razão e do bem, da verdade, da justiça e, em um nível mais elevado, da harmonia de nosso ser superior, o reino do espírito e de sua unidade, de sua luz e amor universais; um poder dessa luz na mente e na vontade, que submeterá toda a vida à razão, ao seu bem e à sua verdade, ou ao espírito, à verdade e ao bem espirituais e sujeitará os elementos inferiores a essa lei superior; um temperamento equilibrado, voltado desde o início para a paciência, para a contemplação estável e calma, a reflexão, a meditação, que domine e aquiete o tumulto da vontade e das paixões e nos faça pensar de maneira mais nobre e a viver de maneira mais pura. Essa é a base da mente sátvica, mestra de si mesma, que desenvolve uma personalidade cada vez mais benigna, elevada, impessoal e universal. Esse é o caráter ideal e o poder de alma do brâmane, o sacerdote do conhecimento. Se esse poder não estiver presente em todos os seus aspectos, imperfeições e distorções, surgirão no sátvico-tipo: a intelectualidade simples ou a curiosidade por ideias sem elevação ética ou outra, uma concentração estreita em alguma espécie de atividade intelectual sem a necessária abertura superior da mente, da alma e do espírito, ou a arrogância e o exclusivismo do intelectual fechado em sua intelectualidade, ou um idealismo ineficaz sem nenhum contato com a vida, ou qualquer outra das incompletudes e limitações características da mente intelectual, religiosa, científica ou filosófica. Todas essas limitações são paradas no caminho, ou concentrações exclusivas temporárias; mas esse darma, esse *svabhāva*, cumpre-se quando realizamos integralmente nossa alma e os poderes divinos de verdade e conhecimento que estão em nós. Esse é o estado brâmico consumado do perfeito brâmane.

Por outro lado, a tendência da natureza pode ser a preponderância da força de vontade e das capacidades que conduzem à força, à energia, à coragem, à liderança, à proteção, à governança, à vitória em todo tipo de batalha, a uma ação criadora e formadora e à força de vontade, que se apodera dos materiais da vida e da vontade de outros e compele o meio a tomar as formas que a Shakti em nós busca impor à vida ou que, segundo a obra a ser feita, age com poder para conservar o que existe ou para destruir e varrer os caminhos do mundo ou modelar de modo decisivo aquilo que deve ser. Essa vontade pode estar presente em uma forma mais ou menos pronunciada e com um poder maior ou menor, e, segundo seu grau e sua força, teremos, em ordem sucessiva, o mero combatente ou o homem de ação, o indivíduo que impõe sua vontade e sua personalidade ativas, ou o soberano, o conquistador, o líder de uma causa, o criador, o fundador em qualquer domínio de formação ativa da vida. As diversas imperfeições da alma e da mente produzem numerosas imperfeições e distorções desse tipo — o indivíduo de mera força de vontade brutal, o adorador do poder sem outro ideal nem propósito superior, a personalidade egoística e dominadora, o indivíduo rajásico, agressivo e violento, o grandioso egoísta, o Titã, o Asura, o Rakshasa. Mas os poderes da alma aos quais esse gênero de natureza se abre em seus graus superiores são tão necessários quanto os do brâmane, para a perfeição de nossa natureza humana. A alta intrepidez que nenhum perigo ou dificuldade pode intimidar e que sente um poder capaz de enfrentar e sustentar todos os assaltos dos homens, do destino ou dos deuses adversos; a audácia e a ousadia que não recuam diante de nenhuma aventura ou empreendimento e para as quais nada está acima dos poderes de uma alma humana livre das insuficiências da fraqueza e do medo; o amor pela honra, que escala os cumes da nobreza humana mais alta e jamais se dobra a algo de mesquinho, baixo, vulgar ou fraco, mas mantém imaculado o ideal da coragem elevada, do cavalheirismo, da verdade, da retidão, de sacrifício do self inferior ao self superior, de ajuda aos seres humanos, de resistência indomável à injustiça e à opressão; o controle e mestria de si, o exemplo nobre, a valentia na guerra e o comando na jornada e na batalha, a alta confiança em si que vem do poder, da capacidade, do caráter e da coragem indispensáveis ao indivíduo de ação — essas são as qualidades que constroem a natureza do kshatrya. Levar essas qualidades a seu grau supremo e dar-lhes certa completude, pureza e grandeza divinas é a perfeição daqueles que têm esse *svabhāva* e seguem esse darma.

A FORÇA DA ALMA E A PERSONALIDADE QUÁDRUPLA   661

Uma terceira tendência ressalta a inteligência prática organizadora e o instinto vital que busca produzir, trocar, possuir, fruir, combinar, pôr coisas em ordem e em equilíbrio, desgastar-se e adquirir, dar e tomar, tirar o melhor partido das relações ativas da existência. Em sua ação externa é esse poder que se traduz como a inteligência competente e inventiva, a mente jurídica, profissional, comercial, industrial, econômica, prática e científica, mecânica, técnica e utilitária. Essa natureza é acompanhada, no nível normal de sua completude, de um temperamento geral ao mesmo tempo ávido e generoso, predisposto a acumular e entesourar, fruir, exibir e utilizar, voltado para uma exploração eficiente do mundo e de seu meio ambiente, mas muito capaz também de filantropia prática, de humanitarismo, de benevolência metódica; metódica e moral por princípio, mas sem nenhuma alta distinção de um espírito ético mais refinado, essa é uma mente dos níveis médios, que não busca as alturas e não possui envergadura para romper as velhas estruturas e criar modelos nobres de vida: ela tem a marca da eficácia, da adaptação e da medida. Os poderes, as limitações e as distorções desse tipo nos são familiares em grande escala, porque esse foi o próprio espírito que construiu nossa civilização moderna, comercial e industrial. Mas se considerarmos as capacidades superiores interiores e os valores da alma, veremos que aqui também encontram-se elementos que fazem parte da completude da perfeição humana. O Poder que se expressa assim, de maneira exteriorizada, em nossos níveis inferiores atuais, é capaz de lançar-se nos grandes empreendimentos da vida, e não vai em busca da unidade e da identidade — que é o ápice do conhecimento — nem do domínio e da soberania espirituais — que é o ápice da força —, mas, mesmo assim, ele busca, quando é mais livre e mais vasto, algo que também é essencial ao todo da existência: a solidariedade igual e o intercâmbio de alma a alma e de vida a vida. Seus poderes são, primeiro, uma competência, *kauśala*, que elabora as leis e as obedece, reconhece a utilidade e os limites das relações, adapta-se aos movimentos estabelecidos ou em desenvolvimento, produz e aperfeiçoa as técnicas externas de criação, de ação e de vida, assegura sua posse e procede da posse à expansão e, vigilante em relação à ordem e cuidadoso em relação ao progresso, tira o melhor proveito dos materiais da existência, de seus meios e de seus fins; em seguida, um poder de despender que é hábil na prodigalidade e hábil na economia, que reconhece a grande lei da troca e acumula, a fim de despender com um vasto benefício, que aumenta as correntes de troca e a riqueza da existência; um poder de dom e de ampla liberalidade criativa, de ajuda mútua e de utilidade a outros e que, em uma alma aberta, é a fonte de uma beneficência, humanitarismo e altruísmo justos de tipo prático; por fim, um poder de fruir, uma opulência na produção, na posse e na ação, um suntuoso transbordamento da Ananda prolífica da existência. Uma amplitude na reciprocidade, uma generosa completude nas relações com a vida, uma tendência a dar-se e a distribuir sem contar, um amplo intercâmbio entre existência e existência, uma fruição e utilização completas do ritmo e do equilíbrio de uma vida frutífera e produtiva formam a perfeição daqueles que têm esse *svabhāva* e seguem esse darma.

A outra tendência volta-se para o trabalho e o serviço. Esse era, na antiga ordem, o darma, ou o tipo de alma, do sudra, e nessa ordem o sudra não era considerado como um "nascido duas vezes", mas como um tipo inferior. Uma consideração mais recente dos valores da existência enfatiza a dignidade do trabalhador e vê em seu labor o próprio alicerce das relações humanas. Há uma verdade em ambas atitudes, pois, por sua necessidade, essa força no mundo material é, ao mesmo tempo, o alicerce da vida material ou, antes, a base na qual ela se move — os pés de Brahman, o criador, na antiga parábola — e, em seu estado primal, não refinado pelo conhecimento, pela solidariedade ou pelo vigor, é um poder que repousa no instinto, no desejo e na inércia. O tipo de alma mais desenvolvido do sudra tem o instinto para a labuta e uma capacidade para o trabalho e o serviço; porém, ao contrário da ação natural ou livre, o labor é uma coisa imposta ao ser humano natural, que o suporta porque sem isso ele não pode assegurar sua existência nem satisfazer seus desejos, e ele deve obrigar-se, ou ser obrigado por outros ou pelas circunstâncias, a consumir-se no trabalho. O sudra natural não trabalha com o sentido da dignidade do trabalho ou com o entusiasmo de servir — embora isso possa vir com o cultivo de seu darma —, nem, como o homem de conhecimento, pela alegria ou pelo ganho de conhecimento, nem pelo sentido de honra, nem, como o artesão nato ou o artista nato, por amor à sua obra ou por fervor pela beleza de sua técnica, nem com o sentido ordenado da solidariedade ou o sentimento de alguma utilidade mais vasta; ele trabalha para manter sua existência e satisfazer suas necessidades essenciais e, quando estas estão satisfeitas, ele condescende, se deixado a si mesmo, com sua indolência natural, indolência que é normal à qualidade tamásica em todos nós, mas que se revela com mais clareza em uma natureza deixada, sem restrições, a seus instintos. O sudra não regenerado nasceu, portanto, para servir, mais do que para um labor livre, e seu temperamento é inclinado a uma ignorância inerte, a uma indulgência irrefletida em relação a seus instintos; ele é servil, obedece sem refletir e cumpre de maneira mecânica suas obrigações, recai na indolência, busca escapatórias, tem revoltas espasmódicas, uma vida instintiva e desinformada. Os antigos diziam que todos os indivíduos, em sua natureza inferior, nascem como sudras e só se regeneram pela cultura ética e espiritual, porém, em seu ser interior mais alto todos são brâmanes, capazes de perceber espiritualmente a divindade completa — uma teoria que, talvez, não esteja longe da verdade psicológica de nossa natureza.

E ainda assim, quando a alma se desenvolve, é nesse *svabhāva*, nesse darma de trabalho e serviço, que se encontram alguns dos elementos mais necessários e mais belos de nossa perfeição suprema e a chave de muitos segredos da evolução espiritual mais alta. Pois os poderes da alma que pertencem ao completo desenvolvimento dessa força em nós são da mais alta importância: o poder de servir aos demais, a vontade de fazer de nossa vida um instrumento de trabalho ao serviço de Deus e dos seres humanos, de obedecer às grandes influências e à disciplina necessária e segui-las e aceitá-las; o amor, que é a consagração do serviço, um amor que nada pede em retorno, mas que se dá para a satisfação disso que amamos; o poder de fazer descer esse amor e esse serviço no plano físico e o desejo de oferecer a Deus e aos seres humanos nosso corpo e nossa vida, assim como nossa alma, nossa mente, nossa vontade e nossa capacidade e, como resultado, um poder de entrega total, *ātma-samarpaṇa*, que, ao transferir-se à vida espiritual, se torna uma das chaves mais poderosas e mais reveladoras da liberdade e da perfeição. Nisso se encontra a perfeição desse darma e a nobreza desse *svabhāva*. O ser humano não poderia aperfeiçoar-se e tornar-se completo se não tivesse em si esse elemento da natureza para alçá-lo a seu poder divino.

Nenhum desses quatro tipos de personalidade poderá ser completo, mesmo em seu próprio domínio, se não incluir algo das outras qualidades. O indivíduo de conhecimento não poderá servir à Verdade com liberdade e perfeição se não tiver a coragem intelectual e moral, a vontade, a audácia, a força para abrir e conquistar novos reinos — caso contrário, se tornará um escravo do intelecto limitado ou o servidor do conhecimento estabelecido[2] ou, no máximo, seu sacerdote, em um mero ritual; não poderá tirar partido de seu conhecimento, a menos que tenha a capacidade de adaptação para pôr suas verdades em prática na vida, senão viverá apenas na ideia, e não poderá consagrar todo o seu conhecimento se não tiver o espírito de serviço à humanidade, à Divindade no ser humano e ao Mestre de seu ser. O indivíduo de poder deve iluminar, refinar e governar sua força e sua potência pelo conhecimento, pela luz da razão ou da religião ou pelo espírito, caso contrário se tornará um mero Asura brutal; ele deve ter a competência que o ajudará a utilizar, administrar e regular da melhor maneira sua força, a fim de torná-la criativa e frutuosa e adaptada às suas relações com outros, caso contrário se tornará um mero

---

2. Talvez seja por isso que os Kshatriyas, que levaram sua coragem, sua audácia e seu espírito de conquista aos campos do conhecimento intuitivo e da experiência espiritual, foram os primeiros a descobrir as grandes verdades do Vedanta.

condutor de força pelos campos da vida, um furacão que passa e devasta mais do que constrói — ele também deve ser capaz de obediência, a fim de pôr sua força ao serviço de Deus e do mundo, caso contrário se tornará um dominador egoísta, um tirano, um brutal opressor das almas e dos corpos. O indivíduo com a mente voltada para o trabalho produtivo deve ter uma mente aberta, investigadora, deve ter ideias e conhecimento, caso contrário se moverá na rotina de suas funções, sem crescer e expandir-se; ele deve ter coragem e espírito empreendedor, acrescentar um espírito de serviço às suas aquisições e produções, a fim de não só ganhar, mas também dar, não apenas acumular e fruir sua vida, mas ajudar de maneira consciente a frutificação e a plenitude da vida que o circunda, e de que ele aproveita. O indivíduo de labor e serviço tornar-se-á um servo impotente e escravo da sociedade, se não introduzir o conhecimento, a honra, a aspiração e a competência em seu trabalho, pois só assim — por um pensamento e uma vontade abertos, por uma utilidade inteligente — poderá elevar-se aos darmas superiores. Mas a perfeição maior do ser humano vem quando ele se amplia para incluir todos esses poderes (mesmo que um deles possa liderar os outros) e abre cada vez mais sua natureza à plenitude impecável e à capacidade universal do espírito quádruplo. O indivíduo não é talhado segundo o tipo exclusivo de um desses darmas, mas todos esses poderes estão nele e agem nele, primeiro em uma confusão informe, mas de nascimento em nascimento ele dá forma a um ou outro, e até mesmo progride de um para o outro mesmo durante uma só vida, e encaminha-se para o desenvolvimento total de sua existência interior. Nossa própria vida é, ao mesmo tempo, uma investigação minuciosa da verdade e do conhecimento, um conflito e uma batalha de nossa vontade com nós mesmos e com as forças circundantes, uma produção e adaptação constantes, uma aplicação de cada habilidade à vida material, e um sacrifício e um serviço.

Essas qualidades ou poderes são os aspectos comuns da alma enquanto ela constrói sua força na natureza, mas quando nos aproximamos de nossos selfs interiores, então temos um vislumbre e a experiência de algo que estava involuído nessas formas e que pode desprender-se, manter-se por trás e conduzi-los, como uma Presença geral ou um Poder geral que faz pressão nas operações dessa máquina viva e pensante. Essa é a força da própria alma, que preside e ocupa os poderes de sua natureza. A diferença entre os dois estados é que o primeiro é pessoal em sua marca, limitado e determinado em sua ação e em seu molde, dependente de seus instrumentos, enquanto que no segundo emerge algo impessoal na forma pessoal, independente e autossuficiente mesmo no uso dos instrumentos, indeterminável embora determine a si mesmo e as coisas: algo que age no mundo com um poder muito maior e se serve de um poder particular apenas como meio de comunicação e de impacto sobre os seres humanos e as circunstâncias. O Ioga da Autoperfeição faz emergir essa força de alma e lhe dá seu escopo mais vasto; ele pega o poder quádruplo e lança-o na órbita livre de uma *dynamis* espiritual integral e harmoniosa. A divindade, o poder de conhecimento da alma, eleva-se ao grau mais alto que a natureza individual possa sustentar como base. Uma mente livre, de luz, se desenvolve, aberta a todo tipo de revelação, inspiração, intuição, ideias, discernimento e pensamento sintético; uma vida mental aclarada apodera-se de todo o conhecimento com a alegria de descobrir, receber, conter, com um entusiasmo, uma paixão ou um êxtase espirituais; um poder de luz cheio de força espiritual, iluminado e purificado em sua ação, manifesta seu império, *brahma-tejas*, *brahma-varcas*; uma estabilidade imensurável e uma calma ilimitável sustentam todas as iluminações, os movimentos, a ação como em uma rocha de eternidade, igual, imperturbável, inabalável, *acyuta*.

A divindade, o poder de vontade da alma e sua energia alcançam uma amplidão e uma altitude similares. A calma absoluta, intrépida, do espírito livre, uma coragem dinâmica infinita que nenhum perigo, nenhum limite de possibilidades, nenhum muro de força adversa podem impedir de continuar a obra ou a aspiração imposta pelo espírito; uma alta nobreza da alma e da vontade, não tocada por nenhuma mesquinhez ou baixeza e que caminha com grandeza para a vitória espiritual ou o sucesso da obra designada por Deus, malgrado todas as derrotas ou todos os obstáculos temporários; um espírito jamais deprimido ou desanimado em sua fé e em sua confiança no poder que trabalha em seu ser — esses são os sinais dessa perfeição. Vem também a consecução de uma vasta divindade, um poder de mutualidade da alma: um poder de dar sem calcular e de conceder seus dons e suas posses ao trabalho a ser feito; uma prodigalidade na produção, na criação, nos resultados, na posse, no ganho, na utilização dos benefícios; uma habilidade que segue a lei e a adapta às relações e mantém a medida; uma vasta capacidade de receber de todos os seres e de dar-se a todos sem calcular, um comércio divino, uma vasta fruição do deleite mútuo da vida. Por fim, vem a perfeição da divindade, o poder da alma de servir, o amor universal que se dá com generosidade sem pedir nada em retorno, o abraço que toma em si mesmo o corpo de Deus no ser humano e trabalha para ajudar e servir; a abnegação pronta a suportar o jugo do Mestre e fazer da vida uma servidão livre a Ele e, sob sua direção, uma servidão às exigências e às necessidades de suas criaturas; a entrega de todo o ser ao Mestre de nosso ser e à sua obra no mundo. Esses poderes unem-se, apoiam-se mutuamente, fundem-se um no outro, tornam-se um. A consumação completa chega às almas maiores e mais capazes de perfeição, mas uma manifestação mais vasta desse poder quádruplo da alma deve ser buscada, e pode ser alcançada, por todos aqueles que praticam o Ioga Integral.

Esses são os sinais, mas por trás está a alma, que se expressa dessa maneira em uma natureza aperfeiçoada. E essa alma é o resultado do self livre do indivíduo liberado. Esse self não tem caráter próprio, visto que é infinito, mas carrega e sustenta o jogo de todos os caracteres, suporta uma espécie de personalidade infinita, única e contudo múltipla, *nirguṇo guṇī*, e é capaz de manifestar uma infinidade de atributos, *anantaguṇa*. A força que ele utiliza é a Shakti suprema e universal, divina e infinita, que se derrama no ser individual e determina livremente a ação para o propósito divino.

CAPÍTULO XVI

A SHAKTI DIVINA

A relação entre o Purusha e a Prakriti, que emerge à medida que avançamos no Caminho da Autoperfeição do Ioga, é a próxima coisa que devemos entender de maneira rigorosa nessa parte do Ioga. Na verdade espiritual de nosso ser, o poder que chamamos "Natureza" é o poder de ser, de consciência e de vontade do self, alma ou Purusha e, portanto, seu poder de autoexpressão e de autocriação. Mas para nossa mente comum na ignorância e para sua experiência das coisas, a força da Prakriti tem uma aparência diferente. Quando a observamos em sua ação universal, exterior a nós, a vemos, primeiro, como uma energia mecânica no cosmos, que age na matéria ou nas formas de matéria que ela criou. Nessa matéria, ela faz aparecer poderes e processos da vida e, na matéria viva, poderes e processos da mente. Ao longo de suas operações ela segue leis fixas e, para cada gênero de coisas criadas, ela apresenta propriedades de energia variáveis e leis de processo que dão seu caráter particular ao gênero ou à espécie; depois, no indivíduo, sem infringir a lei da espécie, ela faz aparecer características e variações menores, de consequências consideráveis. É essa aparência mecânica da Prakriti que ocupou a mente científica moderna e modelou toda a sua perspectiva em relação à Natureza, a tal ponto que a ciência ainda espera (com bem pouco sucesso, apesar de seu esforço) explicar todos os fenômenos da vida pelas leis da matéria, e todos os fenômenos da mente pelas leis da matéria viva. Aí, a alma ou espírito não tem lugar, e a natureza não pode ser considerada como um poder do Espírito. E se nossa existência for mecânica, física e encadeada ao fenômeno biológico de uma breve consciência viva, e se o ser humano for uma criatura e um instrumento da energia material, a autoevolução pelo Ioga só poderá ser uma ilusão, uma alucinação, um estado anormal da mente ou uma auto-hipnose. Em todo caso, o Ioga não poderia ser o que pretende ser: uma descoberta da verdade eterna de nosso ser e uma possibilidade de ultrapassarmos a verdade limitada de nossa natureza mental, vital e física, para alcançar a verdade integral de nossa natureza espiritual.

Porém, quando observamos não a Natureza mecânica externa, abstraindo nossa personalidade, mas a experiência interior e subjetiva do homem, o ser mental, nossa natureza assume para nós uma aparência bem diferente. Poderemos, talvez, acreditar intelectualmente em um conceito puramente mecânico, até mesmo de nossa existência subjetiva, mas não poderemos basear nele nossa ação ou torná-lo de todo real para nossa experiência de nós mesmos, pois somos conscientes de um "eu" que não parece idêntico à nossa natureza, mas é capaz de manter-se por trás dela, de observá-la com desapego, de criticá-la e utilizá-la de maneira criativa, e somos conscientes também de uma vontade que consideramos naturalmente como um livre-arbítrio; e mesmo se isso for uma ilusão, ainda somos obrigados, na prática, a agir como se fôssemos seres mentais responsáveis, capazes de escolher livremente nossas ações, capazes de agir para o bem ou para o mal e de orientar nossa natureza para fins mais elevados ou inferiores. E parece mesmo que lutamos com nosso meio e com nossa natureza atual e nos esforçamos, seja para obter o domínio sobre um mundo que se impõe a nós e nos domina, seja para tornarmo-nos algo mais do que aquilo que agora somos. Porém, a dificuldade é que temos autoridade, se de fato a temos, apenas sobre uma pequena parte de nós mesmos, o resto é subconsciente ou subliminar e fora de nosso controle; nossa vontade age apenas em uma pequena seleção de nossas atividades; a maioria é uma série de mecanismos e hábitos e devemos lutar constantemente com nós mesmos e com as circunstâncias circundantes, para fazer o mínimo progresso ou melhorar a nós mesmos. Parece que há em nós um ser dual; Alma e Natureza, Purusha e Prakriti, que parecem estar meio em acordo, meio em desacordo; a Natureza que impõe seu controle mecânico à alma, a alma que tenta mudar e dominar a natureza. A questão é saber qual é o caráter básico dessa dualidade e como resolvê-la.

A explicação do Sankhya diz que nossa existência atual é governada por um princípio dual: Prakriti é inerte sem o contato do Purusha, ela só age por uma junção com ele e, mesmo então, ela segue o mecanismo fixo de seus instrumentos e atributos próprios; Purusha, passivo e livre quando separado da Prakriti, pelo contato com ela e por sua sanção às obras dela, torna-se submisso a esse mecanismo, vive nas limitações do sentido do ego e deve liberar-se retirando sua sanção e retornando a seu princípio próprio. Segundo outra explicação, que está de acordo com certa parte de nossa experiência, haveria em nós um ser dual, o animal e material ou, de maneira mais ampla, o ser inferior encadeado à natureza, e a alma ou o ser espiritual, emaranhado pela mente na existência material ou na natureza do mundo; a liberdade consistiria em escapar desse emaranhado para que a alma pudesse retornar a seus planos nativos, e o self ou espírito à sua existência pura. A perfeição da alma não se encontraria, então, de nenhum modo, na Natureza, mas além dela.

Porém, em uma consciência mais alta do que nossa consciência mental atual, percebemos que essa dualidade é apenas uma aparência fenomênica. A verdade suprema e real da existência é o Espírito único, a Alma suprema, Purushottama, e é o poder de ser desse Espírito que se manifesta em tudo o que vivenciamos no universo. Essa Natureza universal não é um mecanismo sem vida, inerte, inconsciente: todos os seus movimentos são animados pelo Espírito universal. O mecanismo de seu processo é apenas uma aparência externa, pois na realidade é o Espírito que cria ou manifesta seu próprio ser por seu próprio poder de ser, em tudo o que existe na Natureza. A alma e a Natureza em nós também são apenas uma aparência dual da existência única. A energia universal age em nós, mas a alma limita-se pelo sentido do ego, vive uma experiência separada e parcial das operações dessa energia universal e usa dela apenas uma quantidade módica e fixa para sua expressão. Ela parece, antes, ser dirigida e utilizada por essa energia, mais do que ela mesma utilizá-la, porque a alma se identifica com o sentido de ego, que é parte da instrumentação natural, e vive na experiência do ego. De fato, o ego é movido pelo mecanismo da Natureza, de que ele é uma parte, e a vontade do ego não é, e não pode ser, uma vontade livre. Para chegar à liberdade, à mestria e à perfeição devemos retornar ao nosso self verdadeiro, à alma dentro, e assim chegar também à nossa relação verdadeira com nossa própria natureza e com a natureza universal.

Em nosso ser ativo, esse retorno consiste em substituir nossa vontade e energia egoístas, pessoais, individuais e separativas por uma vontade e uma energia universais e divinas, que determinarão nossa ação em harmonia com a ação universal e se revelarão como a vontade direta do Purushottama e seu poder que tudo dirige. Substituiremos a ação inferior da vontade e energia pessoais, limitadas, ignorantes e imperfeitas em nós, pela ação da Shakti divina. Abrirmo-nos à energia universal nos é sempre possível, porque ela está em torno de nós e sempre se derrama sobre nós; é ela que sustenta e alimenta toda nossa ação interna e externa e, de fato, não temos nenhum poder próprio, no sentido de um poder individual separado, mas apenas alguma formulação pessoal da Shakti única. Ademais, essa Shakti universal está dentro de nós, concentrada em nós, porque seu poder inteiro está presente em cada indivíduo, assim como no universo, e existem meios e processos pelos quais podemos despertar sua força superior, potencialmente infinita, e liberá-la para operações mais vastas.

Poderemos então perceber a existência e a presença da Shakti universal nas várias formas de seu poder. No presente, somos conscientes apenas do poder como se formula em nossa mente física, em nosso ser nervoso e na caixa corpórea que sustenta nossas diversas atividades. Porém, se pelo Ioga, pudermos ir além dessa primeira formação pela liberação das partes escondidas, recônditas, subliminares de nossa existência, perceberemos uma Força de Vida maior, uma Shakti prânica, que sustenta e preenche o corpo e alimenta todas as atividades físicas e vitais — pois a energia física não é mais que uma forma alterada dessa força — e também alimenta e sustenta de baixo toda a nossa ação mental. Essa força sentimos em nós também, mas podemos senti-la do mesmo modo em torno de nós e acima de nós, una com a mesma energia em nós, e podemos fazê-la descer para aumentar nossa ação normal ou chamá-la para que se derrame sobre nós. Esse é um oceano de Shakti ilimitável, que derramará em nós o tanto de si que possamos conter em nosso ser. Essa força prânica, podemos utilizá-la para todas as atividades da vida, do corpo e da mente, com um poder e uma eficácia muito maiores do que qualquer outra de que dispomos em nossas operações atuais, limitadas como são pela fórmula física. O uso desse poder prânico libera-nos dessa limitação, na medida em que formos capazes de usá-lo, em lugar de recorrer à energia ligada ao corpo. Ele pode ser usado para dirigir o Prana e organizar de maneira mais poderosa, ou retificar, qualquer estado ou atividade do corpo, curar doenças ou eliminar a fadiga e liberar uma quantidade enorme de esforço mental ou de atividade da vontade ou do conhecimento. Os exercícios de pranayama são o meio mecânico familiar para liberar e controlar a energia prânica. Eles intensificam também, e liberam, as energias psíquicas, mentais e espirituais, que em geral dependem da força prânica para poder agir. Mas a mesma coisa pode ser feita pela vontade mental e uma prática mental, ou por nossa abertura crescente ao poder superior, espiritual, da Shakti. A Shakti prânica pode ser dirigida não apenas a nós mesmos, mas, de maneira efetiva, em direção a outros ou a coisas e acontecimentos, para qualquer propósito ditado pela vontade. Sua eficácia é imensa, em si mesma ilimitável, e limitada apenas por alguma insuficiência de poder, de pureza ou de universalidade na vontade espiritual ou em outra, que possamos impor-lhe; mas ainda assim, embora imensa e poderosa, é uma formulação inferior, um elo entre a mente e o corpo, uma força instrumental. Há nela uma consciência, uma presença do espírito que podemos perceber, mas ela está encerrada, envolvida no impulso da ação e absorvida por ela. Não é a esse modo de funcionar da Shakti que devemos abandonar todo o peso de nossas atividades; é preciso utilizar o que ela nos empresta, seja fazendo apelo à nossa vontade pessoal iluminada, seja chamando uma guiança mais alta; pois deixada a si mesma ela agirá com uma força mais vasta, porém, ainda assim, conforme nossa natureza imperfeita e, sobretudo, pelo empurrão e direção do poder vital em nós e não conforme a lei da existência espiritual suprema.

O poder normal com que governamos a energia prânica é o da mente encarnada. Porém, quando emergimos livremente acima da mente física, podemos nos elevar ao mesmo tempo acima da força prânica e tomar consciência de uma energia mental pura que é uma formulação superior da Shakti. Percebemos, então, uma consciência mental universal estreitamente associada a essa energia prânica em nós, em torno de nós e acima de nós — isto é, acima do nível do estado de nossa mente comum — que nos fornece toda a substância de nossa vontade e de nosso conhecimento e modela todas as suas formas, assim como todas as formas da parte psíquica em nossos impulsos e em nossas emoções. Podemos fazer essa força da mente agir na energia prânica e impor-lhe a influência, a cor, a forma, o caráter, a direção de nossas ideias, de nosso conhecimento, de nossa volição mais aclarada e, assim, pôr nossa vida e nosso ser vital, de maneira mais efetiva, em harmonia com os poderes superiores de nosso ser, com nossos ideais e aspirações espirituais. Em nosso estado comum, esses dois seres — mental e prânico —, e suas energias, estão muitíssimo misturados, fundem-se um no outro, e não somos capazes de distingui-los com clareza ou de dar a um a autoridade completa sobre o outro e assim controlar de maneira efetiva o princípio inferior pela compreensão mais ampla do princípio superior. Mas quando nos posicionamos acima da mente física, podemos então separar com clareza as duas formas de energia, os dois níveis de nosso ser, desemaranhar sua ação e agir com um autoconhecimento mais claro e mais potente e com um poder de vontade mais luminoso e mais puro. No entanto, o controle não será completo, espontâneo, soberano, enquanto nos servirmos da mente como força principal para nos guiar e governar. Percebemos que a própria energia mental é derivada, um poder inferior e limitador do espírito consciente, que reage apenas a visões isoladas e combinadas, a meias-luzes imperfeitas e incompletas que tomamos pela luz completa e adequada, e que há uma disparidade entre a ideia e o conhecimento e o poder-vontade realizador. Mas logo percebemos um poder muito mais elevado do Espírito e sua Shakti, escondido ou acima, supraconsciente para a mente ou a agir de modo parcial por meio da mente, do qual tudo isso é um derivado inferior.

No nível mental, o Purusha e a Prakriti, como no resto de nosso ser, estão estreitamente unidos, muito ligados um ao outro, e não somos capazes de distinguir com clareza a alma e a natureza. Porém, em uma substância mental mais pura, podemos distinguir com mais facilidade essa tonalidade dupla. O Purusha mental é capaz, de maneira natural, em seu princípio mental original próprio, de separar-se das obras de sua Prakriti, como vimos, e há, então, uma divisão em nosso ser, entre uma consciência que observa e pode reservar seu poder de vontade, e uma energia cheia de uma substância de consciência, que assume diferentes formas de conhecimento, de vontade e de sentimento. Em seu ponto mais alto, esse desapego dá à alma certa liberdade em relação às compulsões da sua natureza mental. Pois em geral somos empurrados e levados pela corrente de nossa própria energia e da energia ativa universal — em parte a nos debater em suas ondas, em parte mantendo-nos à superfície e parecendo guiar a onda ou, ao menos, nos propelir por uma concentração do pensamento ou por algum esforço muscular da vontade mental; mas agora há uma parte de nós mesmos, a mais próxima da essência pura do self, que está livre da corrente e pode observar com quietude e, até certo ponto decidir, seu movimento e seu curso imediatos e, em medida maior, sua direção última. O Purusha pode, por fim, agir sobre a Prakriti, em parte separado dela, por trás ou do alto, como uma pessoa ou uma presença, *adhyakṣa*, pelo poder da sanção e do controle inerente ao espírito.

O que faremos com essa liberdade relativa depende de nossa aspiração, nossa ideia da relação que devemos ter com nosso self superior, com Deus e com a Natureza. É possível para o Purusha utilizar isso no plano puramente mental, para uma auto-observação, autodesenvolvimento e autorretificação constantes, para autorizar, rejeitar, alterar, trazer para fora novas formulações da natureza e estabelecer uma ação calma e desinteressada, um alto equilíbrio e um ritmo puros e sátvicos de sua energia — uma personalidade aperfeiçoada no princípio sátvico. Isso pode resultar apenas em uma perfeição altamente mentalizada de nossa inteligência atual e de nosso ser ético e psíquico, ou então, percebendo o self maior em nós, o Purusha pode impersonalizar, universalizar, espiritualizar sua existência consciente e a ação de sua natureza, e chegar a uma quietude vasta ou a uma vasta perfeição da energia mental espiritualizada de seu ser. O Purusha pode também manter-se inteiramente por trás e, por recusar sua permissão, deixar toda a atividade normal da mente exaurir-se por si mesma, enfraquecer-se, gastar o que lhe resta do ímpeto de ação habitual, e cair em silêncio. Ou então esse silêncio pode ser imposto à energia mental rejeitando sua ação e ordenando-lhe constantemente a quietude. Pela confirmação dessa quietude e desse silêncio mental, a alma pode passar à tranquilidade inefável do espírito, entrar em uma vasta cessação das atividades da Natureza. Mas é também possível fazer desse silêncio da mente e dessa capacidade de suspender os hábitos da natureza inferior um primeiro passo para a descoberta de uma formulação superior, de um grau de ser superior, não apenas estático, mas também dinâmico e, por uma ascensão e transformação, passar ao poder supramental do espírito. E mesmo isso pode ser feito, embora com mais dificuldade, sem recorrer ao estado de completa quietude da mente normal, por uma transformação contínua e progressiva de todos os poderes e atividades mentais em seus poderes e atividades supramentais correspondentes e que lhes são superiores. Pois tudo na mente é um derivado, uma tradução limitada, inferior, tateante, parcial ou distorcida, em termos mentais, de algo que existe na supramente. Mas nem um nem outro desses movimentos pode ser executado com sucesso apenas pelo poder individual do Purusha mental em nós, sem ajuda; é preciso a ajuda, a intervenção e a guiança do Self divino, do Ishvara, do Purushottama, pois a supramente é a mente divina e é no plano supramental que o indivíduo consegue sua relação justa, integral, luminosa e perfeita com o Purusha supremo e universal e com a *parā prakṛti* suprema e universal.

À medida que a mente progride em pureza, em capacidade de quietude, e se libera da absorção em sua ação limitada, ela começa a perceber o Self, o Espírito supremo e universal, e é capaz de refleti-lo, de fazê-lo entrar nela mesma ou de entrar em sua presença consciente; e ela percebe também os graus e os poderes do espírito, mais altos do que as suas próprias regiões mais altas. Ela começa a perceber um infinito de consciência de ser, um oceano infinito de todo poder e de toda energia de consciência sem limites, um oceano infinito de Ananda, do deleite espontâneo da existência. Pode ser que ela perceba apenas um ou outro desses infinitos, pois a mente pode separar e sentir, à exclusão de outros, e como princípios originais distintos, os poderes que, em uma experiência mais alta, são inseparáveis do Um, ou ela pode senti-los em uma trindade ou em uma fusão, que revela sua unidade ou conduz à unidade. A mente pode tornar-se consciente desse Infinito, seja do lado do Purusha, seja do lado da Prakriti. Do lado do Purusha, esse Infinito se revela como Self ou Espírito, como o Ser ou como o só e único Ser existente, o divino Purushottama, e o Jiva individual, a alma, pode entrar em total unidade com ele em seu self atemporal ou em sua universalidade, ou pode fruir da proximidade, da imanência, da diferença sem nenhum espaço de separação, e fruir também, de maneira inseparável e ao mesmo tempo, a unidade do ser e o deleite que é dado pela diferença de relação na experiência ativa da natureza. Do lado da Prakriti, o poder e a Ananda do Espírito vêm para a frente para manifestar esse Infinito nos seres, nas personalidades, nas ideias, nas formas e nas forças do universo; revela-se a nós então, a Mahashakti divina, o Poder original, a Natureza suprema, que contém em si mesma a existência infinita e cria as maravilhas do cosmos. A mente torna-se consciente desse oceano de Shakti ilimitado ou então de sua presença muito acima da mente a derramar em nós algo de si mesma, para constituir tudo o que somos, tudo o que pensamos, queremos, fazemos e vivenciamos; ou, então, a mente é consciente dela em torno de nós e de nossa personalidade, uma onda do oceano de poder do espírito; ou de sua presença em nós e de sua ação aqui, baseada na presente forma de nossa existência natural, mas que tem sua origem acima e nos eleva em direção a um estado espiritual mais alto. A mente pode também elevar-se e tocar a infinidade da Shakti ou fundir-se nela no transe do samádi ou perder-se em sua universalidade; então, nossa individualidade desaparece, nosso centro de ação não está mais em nós, mas fora de nosso self encarnado ou em nenhum lugar; nossas atividades mentais, então, não são mais nossas, mas vêm do universal e chegam a essa moldura dae mente, da vida e do corpo, cumprem-se e passam, sem deixar traços em nós, e essa moldura que somos também é apenas uma circunstância insignificante na imensidade cósmica da Shakti. Porém, a perfeição que buscamos no Ioga Integral não consiste apenas em ser uno com a Shakti em seu poder espiritual supremo ou em ser uno com sua ação universal, mas em realizar e possuir a completude dessa Shakti em nosso ser individual e em nossa natureza individual. Pois o Espírito supremo é um, enquanto Purusha ou enquanto Prakriti, enquanto ser consciente ou poder de ser consciente — e, assim como o Jiva, na essência do self e do espírito, é uno com o Purusha supremo, do mesmo modo, do lado da Natureza, ele é uno com a Shakti, *parā prakṛtir jīvabhūtā*. Realizar essa unidade dupla é a condição da autoperfeição integral. O *Jiva* torna-se então o lugar de encontro do jogo de unidade da Alma suprema com a Natureza.

Para alcançar essa perfeição devemos nos tornar conscientes da Shakti divina, fazê-la descer em nós, e chamá-la para que ocupe nosso inteiro sistema e tome a direção de todas as nossas atividades. Então, não haverá mais vontade pessoal separada, nem energia individual que tente conduzir nossas ações, nem o senso de um pequeno self pessoal que age; tampouco será a energia inferior das três gunas — a natureza mental, vital e física — que agirá. A Shakti divina nos preencherá e presidirá todas as nossas atividades interiores, toda nossa vida externa, todo nosso Ioga e se ocupará de tudo. Ela tomará a energia mental — sua formação inferior — e a elevará a seus poderes de inteligência, vontade e ação psíquicas mais altos, mais puros, mais completos. Mudará as energias mecânicas da mente, da vida e do corpo, que agora nos governam, e fará delas manifestações impregnadas do deleite de sua presença viva e de seu poder consciente. Ela manifestará em nós as diversas experiências espirituais de que a mente é capaz e as ligará todas entre si. E, para coroar esse processo, ela fará descer a luz supramental nos níveis mentais, mudará a substância da mente em substância da supramente, transformará todas as energias inferiores em energias de sua natureza supramental e nos elevará a nosso ser de gnose. A Shakti revelar-se-á como o poder do Purushottama, e é o Ishvara que se manifestará em sua força da supramente e de seu espírito e será o mestre de nosso ser, de nossa ação, vida e Ioga.

CAPÍTULO XVII

A AÇÃO DA SHAKTI DIVINA

Essa é a natureza da Shakti divina, que é o poder atemporal do Divino que se manifesta no tempo enquanto força universal que cria, constitui, mantém e dirige todos os movimentos e todas as operações do universo. Esse poder universal é aparente para nós, primeiro, nos níveis inferiores da existência, como uma energia cósmica mental, vital e material, da qual todas as nossas atividades mentais, vitais e físicas são as operações. Para nossa sadhana é necessário realizar totalmente essa verdade, a fim de escaparmos da pressão da limitadora maneira de ver do ego e de universalizarmo-nos mesmo nesses níveis inferiores em que o ego reina com plena força. A regra do Carma-Ioga também se aplica aqui: devemos ver que não somos os autores da ação, mas que é esse Poder que age em nós e em todos; não sou eu nem os outros que fazemos, mas a única Prakriti. O sentido do ego serve para limitar, separar e diferenciar com nitidez, a fim de obter o melhor possível da forma individual, e ele existe porque é indispensável para a evolução da vida inferior. Porém, quando queremos nos elevar mais alto, a uma vida divina, superior, devemos debilitar a força do ego e, por fim, liberarmo-nos dele; assim como para a vida inferior o desenvolvimento do ego é indispensável, para a vida superior o movimento inverso, de eliminação do ego, é indispensável. Ver que nossas ações não são nossas, mas as da Shakti divina que age sob a forma da Prakriti inferior nos níveis inferiores do ser consciente, ajuda de maneira poderosa essa mudança. E se pudermos fazer isso, então a separação de nossa consciência mental, vital e física daquela dos outros seres se reduz e se atenua; as limitações das operações da consciência permanecem ainda, sem dúvida, mas são ampliadas e absorvidas na percepção e visão mais vastas das operações universais; as diferenciações da Natureza, suas especializações e individualizações permanecem para seus propósitos próprios, mas não são mais uma prisão. O indivíduo sente que sua mente, sua vida e sua existência física são una com a dos outros, apesar de todas as diferenças, una com o poder total do espírito na Natureza.

Isso, contudo, é uma etapa, não a perfeição completa. A existência, embora relativamente vasta e livre, está ainda sujeita à natureza inferior. O ego sátvico, rajásico e tamásico reduz-se, mas não é eliminado; ou, se parece desaparecer, é porque, em nossas partes ativas, ele afundou nas operações universais das gunas, permanece aí dissimulado, e age ainda de maneira subconsciente, velada, e pode a qualquer momento forçar seu caminho para a superfície. Portanto, o sadhaka deve, primeiro, jamais esquecer, em seguida, dar-se conta que um self ou espírito único está em tudo, por trás de todas essas operações. Por trás da Prakriti, ele deve perceber o Purusha único, supremo e universal. Deve ver e sentir não só que tudo é modelado pela única Força, Prakriti ou Natureza, mas que todas as ações dessa Força são as do Divino em tudo, da Divindade única em tudo, embora esteja velada, alterada ou, por assim dizer, distorcida — pois a distorção vem da passagem às formas inferiores — pela transmissão através do ego e das gunas. Essa visão ajudará a diminuir as reivindicações abertas ou veladas do ego e, se inteiramente estabelecida, tornará difícil ou impossível para o ego afirmar-se ao ponto de perturbar ou impedir o progresso seguinte. O sentido de ego se tornará, caso possa ainda intervir, um elemento alheio, intruso, e apenas um vestígio da névoa da velha ignorância, suspenso na periferia da consciência e de sua ação. Em seguida, é preciso ter a experiência da Shakti universal, é preciso vê-la, senti-la, suportá-la em toda a poderosa pureza de sua ação superior, de suas operações supramentais e espirituais. Essa visão mais vasta da Shakti nos permitirá escapar ao controle das gunas, transformá-las em seus equivalentes divinos e estabelecermo-nos em uma consciência em que o Purusha e a Prakriti serão um e não separados ou escondidos um no outro ou um pelo outro. A Shakti, aí, será evidente para nós em cada movimento, e sentiremos, de maneira natural, espontânea e irresistível, que ela não é outra coisa senão a presença ativa do Divino, o aspecto de poder do Self e Espírito supremo.

Nessa posição superior, a Shakti revela-se como a presença ou a potencialidade de uma existência, consciência, vontade e deleite infinitos, e, quando a vemos e sentimos assim, o ser volta-se para ela de uma maneira ou de outra, com sua adoração ou sua vontade de aspiração, ou algum tipo de atração do menor pelo maior, a fim de conhecê-la, encher-se dela e ser possuído por ela, de ser uno com ela nos sentimentos e na ação da natureza inteira. Porém, no início, enquanto vivemos ainda na mente, há um abismo de divisão ou então uma ação dupla. Sentimos que a energia mental, vital e física em nós e no universo deriva da Shakti suprema, mas que, ao mesmo tempo, é uma atividade inferior e separada e, de algum modo, uma outra operação. A força espiritual verdadeira pode enviar suas mensagens — ou a luz e o poder de sua presença acima — aos níveis inferiores, ou pode descer ocasionalmente e mesmo nos possuir por certo tempo, mas é então misturada com as operações inferiores e, em parte, as transforma e espiritualiza, mas ela mesma é diminuída e alterada no processo. Há uma ação mais alta intermitente, ou uma operação dual da natureza. Ou percebemos que a Shakti eleva o ser a um plano espiritual mais alto por certo tempo e depois o faz descer aos níveis inferiores. Essas alternâncias devem ser consideradas como as vicissitudes naturais de um processo de transformação, para passar do ser normal ao ser espiritual. Para o Ioga Integral, a transformação, a perfeição, não podem ser completas enquanto o elo entre a ação mental e a ação espiritual não for formado e um conhecimento superior for aplicado a todas as atividades de nossa existência. Esse elo é a energia supramental ou gnóstica, em que o poder infinito e incalculável do ser, da consciência e do deleite supremos formula-se como vontade e sabedoria divinas organizadoras, como luz e poder no ser, que modelam todo pensamento, vontade, sentimento, ação, e substituem os movimentos individuais correspondentes.

Essa Shakti supramental pode formar-se como uma luz e um poder intuitivos espiritualizados na própria mente, e essa é uma vasta ação espiritual, mas, ainda assim, mentalmente limitada. Ou ela pode transformar de maneira completa a mente e elevar todo o ser ao nível supramental. De todo modo, a primeira necessidade nesse estágio do Ioga é perder o ego de "autor" da ação, a própria ideia de ego e o sentido de nosso próprio poder de ação, de nossa própria iniciativa para a ação, de nosso próprio controle sobre o resultado da ação; tudo isso deve se fundir na percepção e na visão da Shakti universal, que dá origem, modela e faz voltar-se para suas finalidades nossas ações e as ações dos demais, e aquelas de todas as pessoas e forças do mundo. E essa realização só pode se tornar absoluta e completa em todas as partes de nosso ser se pudermos ter essa percepção e essa visão dela em todas as suas formas, em todos os níveis de nosso ser e do ser do mundo, e vê-la enquanto energia material, vital, mental e supramental do Divino; mas todas essas energias, todos os poderes de todos os planos devem ser vistos e conhecidos como autoformulações da Shakti única, espiritual, infinita em existência, consciência e Ananda. Não há regra invariável segundo a qual esse poder deva, primeiro, manifestar-se nos níveis inferiores, em formas inferiores de energia, e depois revelar-se em sua natureza espiritual superior. E se ele vier primeiro em sua universalidade mental, vital e física, deveremos estar atentos em não permanecer aí, satisfeitos. Ao contrário, esse Poder pode vir de imediato em sua realidade superior, na potência do esplendor espiritual. A dificuldade, então, será suportar e conter o Poder, até que ele tenha posto suas mãos poderosas nas energias dos níveis inferiores do ser e as tenha transformado. A dificuldade será menor se conseguirmos alcançar uma igualdade vasta e calma, *samatā*, e realizar, sentir, viver o self único tranquilo e imutável em tudo, ou então fazer um dom de si genuíno e completo ao Mestre divino do Ioga.

Aqui, é necessário sempre lembrar os três poderes do Divino que estão presentes em todas as existências vivas e devem ser levados em consideração. Em nossa consciência comum vemos esses três poderes da seguinte maneira: nós mesmos, isto é, o Jiva na forma do ego; Deus — qualquer que seja a concepção que tenhamos de Deus — e a Natureza. Na experiência espiritual vemos Deus enquanto Self ou Espírito supremo, ou enquanto o Ser de onde viemos, no qual vivemos, e no qual nos movemos. Vemos a Natureza como Seu poder, ou Deus enquanto poder, o Espírito em forma de Poder a agir em nós mesmos e no mundo. O próprio *Jiva* é, então, esse Self, Espírito, Divino, *so 'ham*, porque é uno com Ele na essência de seu ser e de sua consciência, mas enquanto indivíduo ele é apenas uma porção do Divino, um self do Espírito, e, em seu ser natural, uma forma da Shakti, um poder de Deus em movimento e em ação, *parā prakṛtir jīvabhūtā*. No início, quando nos tornamos conscientes de Deus ou da Shakti, as dificuldades de nossa relação com Ele ou com Ela vêm da consciência do ego que se entremeia com a relação espiritual. O ego em nós tem exigências em relação ao Divino que, embora diferentes da exigência espiritual, em certa medida não são menos legítimas. Mas enquanto, e na medida em que, assumirem uma forma egoística, estarão abertas a muitas torpezas e a grandes desvios, sobrecarregadas com um elemento de falsidade e com reações indesejáveis, e com o mal que disso resulta; a relação só poderá ser de todo verdadeira, feliz e perfeita quando essas exigências se tornarem parte da exigência espiritual e perderem seu caráter egoístico. De fato, as exigências de nosso ser em relação ao Divino só poderão ser satisfeitas de maneira absoluta quando cessarem por completo de ser exigências e se tornarem a consumação do Divino por meio do indivíduo: quando estivermos satisfeitos somente com Isso, somente com o deleite da unidade no ser, contentes em deixar o Self e Mestre supremo da existência fazer tudo o que for a vontade de Sua sabedoria e de Seu conhecimento absolutos em nossa natureza cada vez mais aperfeiçoada. Esse é o sentido da entrega total do self individual ao Divino, *ātma-samarpaṇa*. Isso não exclui a vontade de alcançar o deleite da unidade, de participar da consciência, da sabedoria, do conhecimento, da luz, do poder, da perfeição divinos, nem a satisfação de realizar o Divino em nós, mas a vontade, a aspiração são nossas, porque essa é Sua vontade em nós. No início, enquanto insistimos ainda em nossa própria personalidade, ela apenas reflete Isto, mas se tornará cada vez mais indistinguível d'Isto, menos pessoal e, por fim, perderá toda nuance de separação, porque a vontade em nós tornou-se idêntica ao Tapas divino, à ação da Shakti divina.

Do mesmo modo, no início, quando percebemos a Shakti infinita acima e em torno de nós e em nós, o impulso do sentido egoístico em nós busca apoderar-se dela e usar essa potência aumentada para nossos propósitos egoístas. Isso é o que há de mais perigoso, pois nos dá o sentimento, cada vez mais real, de um grande poder, algumas vezes titânico, e o ego rajásico, que se delicia com esse sentimento de uma força nova enorme, pode, sem esperar que essa força seja purificada e transformada, lançar-se em uma ação violenta e impura, e mesmo, por certo tempo ou de modo parcial, fazer de nós um Asura egoísta e arrogante, que usa a força que lhe foi dada para seus próprios fins e não para os propósitos divinos; se persistirmos nesse caminho, a perdição espiritual e a ruína material nos esperam no final. E mesmo se nos considerarmos um instrumento do Divino, o remédio não será perfeito, pois, quando um ego forte interfere na situação, ele falsifica a relação espiritual e, sob o pretexto de fazer de si um instrumento do Divino, de fato está decidido a fazer de Deus seu instrumento. O único remédio é silenciar a exigência egoística, qualquer que seja, reduzir com persistência o esforço pessoal e a tensão individual — que nem mesmo o ego sátvico pode evitar — e, em lugar de apoderar-se da Shakti e usá-la para nossos propósitos, deixá-la, ao contrário, apoderar-se de nós e usar-nos para o propósito divino. Não é possível chegar de imediato a isso de maneira perfeita — tampouco isso pode ser feito sem perigo, se formos conscientes apenas da forma inferior da energia universal, pois então, como já foi dito, é preciso deixar-se guiar por outro controle, seja do Purusha mental, seja do alto —, porém, ainda assim, esse é o objetivo que devemos ter diante de nós, e que só pode ser alcançado plenamente ao percebermos de maneira persistente a presença e a forma espiritual suprema da Shakti divina. Essa entrega de toda ação do self individual à Shakti é, de fato, uma forma do verdadeiro dom de si ao Divino.

Vimos que há um meio de purificação muito eficaz: o Purusha mental retira-se por trás, como uma testemunha passiva, a fim de observar e conhecer a si mesmo e as operações da Natureza em nosso ser inferior ou normal; mas, para a perfeição, essa passividade deve ser combinada com uma vontade de alçar a natureza purificada ao nível do ser espiritual superior. Quando isso é feito, o Purusha não é mais apenas testemunha, mas é também o mestre de sua Prakriti, *Ishvara*. No início, pode ser que não vejamos como conciliar esse ideal de mestria ativa de si com o ideal, em aparência contrário, do dom de si que faz de nós o instrumento aquiescente da Shakti divina. Porém, de fato, no plano espiritual não há dificuldade. O Jiva não pode, na verdade, tornar-se mestre, ou só na medida em que se torna uno com o

Divino, que é seu Self supremo. E nessa unidade, e em sua unidade com o universo, o Jiva é uno também, no self universal, com a vontade que dirige todas as operações da Natureza. Mas de modo mais direto, menos transcendente, em sua ação individual também, ele é uma porção do Divino e participa do controle de sua própria natureza, assim como a possui Aquele ao qual ele se entregou. Mesmo enquanto instrumento, ele não é um instrumento mecânico, mas um instrumento consciente. Enquanto Purusha, ele é uno com o Divino e participa da mestria divina do Ishvara. Enquanto natureza ele é uno, em sua universalidade, com o poder do Divino, e ao mesmo tempo ele é, em seu ser individual natural, um instrumento da Shakti divina universal, porque o poder individualizado está aí para cumprir os propósitos do Poder universal. O Jiva, como vimos, é o ponto de encontro do jogo do aspecto dual do Divino: Prakriti e Purusha; na consciência espiritual superior, o *Jiva* se torna, simultaneamente, uno com ambos os aspectos, e lá, ele os abarca e combina todas as relações divinas criadas por essa interação. É isso que torna possível a atitude dupla.

Contudo, há uma possibilidade de chegar a esse resultado sem passar pela passividade do Purusha mental, por um Ioga mais persistente e predominantemente cinético. É possível combinar ambos os métodos, alterná-los e, por fim, fundi-los. E aqui, o problema da ação espiritual toma uma forma mais simples. Nesse movimento cinético há três estágios. No primeiro, o Jiva percebe a Shakti suprema, recebe o poder em si mesmo e o usa sob a direção dela, com certa sensação de ser o autor subordinado e de ter uma responsabilidade menor na ação — no início, mesmo isso pode ser a responsabilidade pelo resultado, mas essa sensação desaparece, porque vemos o resultado como determinado pelo Poder superior, e sentimos que só a ação é, em parte, nossa. O sadhaka sente, então, que é ele quem pensa, quer, faz, mas sente também a Shakti divina, ou Prakriti, por trás, que dirige e modela todo o seu pensamento, sua vontade, seus sentimentos e sua ação: de certo modo, a energia individual lhe pertence, mas é apenas uma forma e um instrumento da Energia divina universal. Durante certo tempo, o Mestre do Poder pode estar escondido dele pela ação da Shakti, ou o sadhaka pode perceber algumas vezes ou de maneira constante, o Ishvara manifestar-se nele. Nesse último caso, três coisas estarão presentes em sua consciência: ele mesmo enquanto servidor do Ishvara; a Shakti por trás, como o grande Poder que fornece a energia, modela a ação, formula o resultado; e o Ishvara acima, que determina toda a ação por sua vontade.

No segundo estágio, o autor individual desaparece, mas não há nenhuma passividade quietista; pode haver aí uma ação dinâmica completa, mas tudo é feito pela Shakti. É o poder de conhecimento da Shakti que toma forma como pensamento na mente; o sadhaka não tem a sensação de que é ele quem pensa, mas que é a Shakti que pensa nele. Do mesmo modo, a vontade, os sentimentos e a ação não são mais que uma formação, operação e atividade da Shakti, na presença imediata dela, que toma posse completa de todo o sistema. O sadhaka não pensa, não quer, não age, não sente, mas o pensamento, a vontade, o sentimento, a ação, acontecem em seu organismo. Na ação, o indivíduo desaparece na unidade com a Prakriti universal, tornou-se uma forma e ação individualizadas da Shakti divina. Ele ainda percebe sua existência pessoal, mas é como o Purusha, que sustenta e observa toda a ação; ele é consciente de sua existência pessoal em seu autoconhecimento e, por sua participação, permite à Shakti divina cumprir nele as obras e a vontade do Ishvara. Então, o Mestre do poder às vezes está escondido pela ação do poder, às vezes o governa de maneira visível e o compele a agir. Aqui também, três coisas estão presentes à consciência: a Shakti, que exerce o conhecimento, o pensamento, a vontade, o sentimento, a ação para o Ishvara, mediante uma forma humana que serve como instrumento; o Ishvara, o Mestre da existência, que governa e impulsiona toda a ação da Shakti; e cada um de nós enquanto alma, Purusha da ação individual da Shakti, que fruímos com ele todas as relações criadas pelos trabalhos dela. Há uma outra forma dessa efetivação, em que o Jiva desaparece na Shakti e torna-se uno com ela; e há, então, apenas o jogo da Shakti com o Ishvara, Mahadeva e Kali, Krishna e Radha, o Deva e a Devi. Essa é a forma mais intensa de realização que o Jiva possa ter de si mesmo enquanto manifestação da Natureza, um poder do ser do Divino, *parā prakṛtir jīvabhūtā*.

O terceiro estágio começa pela manifestação crescente do Divino, o Ishvara, em todo o nosso ser e em toda a nossa ação. Começa quando estamos conscientes d'Ele de modo constante e sem interrupção. O sentimos em nós como o possuidor de nosso ser e acima de nós como o soberano de todas as nossas obras que, para nós, não são mais que uma manifestação d'Ele na existência do Jiva. Toda a nossa consciência é sua consciência, todo o nosso conhecimento é seu conhecimento, todo o nosso pensamento é seu pensamento, toda a nossa vontade é sua vontade, todos os nossos sentimentos são sua Ananda e uma forma de seu deleite de ser, toda a nossa ação é sua ação. Em nós, a distinção entre a Shakti e o Ishvara começa a desaparecer; resta apenas a ação consciente do Divino, e o grande Self do Divino por trás e em torno da ação, e que a possui; o mundo inteiro e a Natureza inteira são percebidos como somente Isto, mas aqui Isto se tornou plenamente consciente, a Maia do ego desapareceu, e o Jiva está aí apenas como uma porção eterna de Seu ser, *aṁśa sanātana*, emanada para sustentar uma individualização e uma existência divinas agora consumadas na presença e no poder completos do Divino, na alegria completa do Espírito manifestado no ser. Essa é a realização mais elevada da perfeição e do deleite da unidade ativa, pois, mais além, só pode haver a consciência do Avatar, o Ishvara ele-mesmo, que assume uma forma e um nome humanos para agir na Lila.

CAPÍTULO XVIII

FÉ E SHAKTI

Até agora, revimos as características gerais das três partes da perfeição de nossa natureza instrumental: a perfeição da inteligência, do coração, da consciência vital e do corpo; em seguida, a perfeição dos poderes fundamentais da alma e, por fim, a perfeição da entrega de nossos instrumentos e de nossa ação à Shakti divina; essas três partes dependem, a cada momento de sua progressão, de um quarto poder que é, de maneira visível ou não, o pivô de todo empenho, de toda ação: a fé, *śraddhā*. A fé perfeita é a aquiescência de todo o ser à verdade vista por ele ou que se ofereceu à sua aceitação, e seu comando central é a fé da alma em sua própria vontade de ser, de alcançar e de tornar-se, uma fé em sua ideia de si mesma e das coisas e em seu conhecimento, de que a crença do intelecto, a aquiescência do coração e o desejo da mente vital para possuir e realizar são as formas exteriores. Essa fé da alma, sob uma ou outra forma, é indispensável para a ação do ser, e sem ela o ser humano não poderia dar um só passo na vida, e ainda menos avançar em direção a uma perfeição ainda não realizada. A fé é uma coisa tão central e essencial que a Gītā diz, com razão, que qualquer que seja a *śraddhā* de alguém, isso ele é, *yo yacchraddhaḥ sa eva saḥ*, e podemos acrescentar: tudo o que ele vê como possível em si mesmo com fé, e se esforça para obter, isso ele pode criar e tornar-se. Há um tipo de fé considerada indispensável para o Ioga Integral, e essa pode ser descrita como fé em Deus e na Shakti, fé na presença e no poder do Divino em nós e no mundo, a fé de que tudo no mundo é a ação da Shakti divina única, que todos os passos do Ioga, seus esforços, sofrimentos e derrotas, assim como seus sucessos, satisfações e vitórias, são úteis e necessários para as operações da Shakti, e que, por uma confiança forte e firme, e um total dom de si ao Divino e à sua Shakti em nós, poderemos alcançar a unidade, a liberdade, a vitória e a perfeição.

O inimigo da fé é a dúvida, e, contudo, a dúvida também é útil e necessária, porque o ser humano, em sua ignorância e em seu labor progressivo em direção ao conhecimento, necessita ser visitado pela dúvida, caso contrário permaneceria obstinado em uma crença ignorante e em um conhecimento limitado, e seria incapaz de escapar aos seus erros. Essa utilidade e necessidade da dúvida não desaparecem por completo quando entramos no caminho do Ioga. O Ioga Integral não visa apenas o conhecimento de algum princípio basilar, mas um conhecimento, uma gnose, que se aplicará a toda a vida, a toda ação do mundo e abarcará tudo; nessa busca do conhecimento iniciamos o caminho e somos acompanhados durante muitas milhas pelas atividades não regeneradas da mente, até que sejam purificadas e transformadas por uma luz maior; levamos conosco inúmeras crenças e ideias intelectuais que estão longe de ser todas corretas ou perfeitas, uma enorme quantidade de ideias novas e sugestões vêm ao nosso encontro para demandar nossa confiança; seria fatal apropriar-se delas e agarrar-se sempre a elas sob a forma que assumem, sem considerar seus possíveis erros, limitações, imperfeições. Na verdade, em certo estágio do Ioga, torna-se necessário recusar a aceitar como definitiva e final toda e qualquer ideia ou opinião intelectual, e mantê-la como uma questão em suspenso até que encontre seu lugar certo e sua forma de verdade luminosa em uma experiência espiritual iluminada pelo conhecimento supramental. Isso, e muito mais ainda, quando se trata de desejos e impulsos da mente vital, que com frequência devemos aceitar de maneira provisória como a indicação imediata de uma ação temporariamente necessária, até que possamos receber a guiança completa; mas não devemos nos apegar a isso para sempre com a completa aquiescência da alma, pois, no fim, todos esses desejos e impulsos deverão ser rejeitados ou então transformados e substituídos pelos impulsos da vontade divina, que assumirá os movimentos de nossa vida. A fé do coração, suas crenças emocionais e suas aquiescências são também necessárias no caminho, mas não serão sempre guias seguras até que também sejam elevadas, purificadas, transformadas e, por fim, substituídas pelas aquiescências luminosas de uma Ananda divina, que é una com a vontade e o conhecimento divinos. Não há nada na natureza inferior — da razão até a vontade vital — em que o sadhaka do Ioga possa ter uma fé completa e permanente, mas apenas, no final, na verdade, no poder e na Ananda espirituais que, na razão espiritual, tornam-se seus únicos guias, suas luminárias e os mestres de sua ação.

E, contudo, a fé é necessária do início ao fim e a cada passo, porque é o consentimento necessário da alma, e sem esse consentimento não pode haver progresso. Nossa fé deve, primeiro, ser fiel à verdade e aos princípios essenciais do Ioga, e mesmo se estiver enevoada no intelecto, desanimada no coração, esgotada e exausta pelas negações e malogros constantes dos desejos e da mente vital, é preciso haver algo no mais íntimo da alma que se apegue à fé e retorne a ela, caso contrário, poderemos cair no caminho ou abandoná-lo por fraqueza e incapacidade para suportar uma derrota, uma decepção, uma dificuldade ou um perigo temporários. No Ioga, como na vida, é o ser humano que persiste, incansável, até o fim, diante de cada derrota e de cada desilusão, de todos os acontecimentos contraditórios e de todos os poderes hostis que o confrontam, é ele quem conquista no final e vê sua fé justificada, porque para a alma e para a Shakti no ser humano nada é impossível. E mesmo uma fé cega e ignorante é preferível à dúvida cética que volta as costas às nossas possibilidades espirituais, ou à lamúria constante de um intelecto estreito, mesquinhamente crítico e não criativo, *asūyā*, que persegue nosso empenho com uma incerteza paralisante. O buscador do Ioga Integral deve, contudo, conquistar ambas essas imperfeições. Aquilo a que ele deu sua aquiescência e que sua mente, seu coração e sua vontade decidiram cumprir — a perfeição divina do ser humano total — é, em aparência, uma impossibilidade para a inteligência normal, visto que se opõe aos fatos concretos da vida e será por muito tempo contestada pela experiência imediata, como acontece com todos os objetivos longínquos e difíceis; essa perfeição é negada também por muitos que têm uma experiência espiritual, mas acreditam que nossa natureza atual é a única natureza possível para o ser humano em um corpo e é somente ao rejeitar a vida terrestre, ou mesmo toda existência individual, que poderemos chegar a uma perfeição celeste ou à liberação pela extinção. Na busca de tal objetivo haverá, durante muito tempo, numerosas justificações para as objeções e as censuras, *asūyā*, dessa razão crítica ignorante e persistente, que se baseia de maneira plausível nas aparências do instante, no repertório dos fatos e das experiências estabelecidas, se recusa a ir mais longe e questiona a validez de todos os sinais, de todas as iluminações que indicam nosso avanço; e se o buscador ceder a essas sugestões estreitas, não chegará ao final da jornada ou será seriamente entravado ou retardado por um longo tempo. Por outro lado, a ignorância e a cegueira da fé são obstáculos para um resultado vasto, convidam muitas decepções e desilusões, nos ligam a finalidades falsas e nos impedem de avançar para formulações mais vastas da verdade e da perfeição. A Shakti, em suas operações, golpeará sem pena todas as formas de ignorância e de cegueira, golpeará mesmo tudo o que se confia a ela mesma de maneira errônea e supersticiosa — devemos estar preparados para abandonar um apego demasiado persistente às formas da fé e nos agarrar apenas à realidade que salva. Uma fé espiritual e inteligente, forte, vasta — inteligente dessa inteligência da razão mais ampla, que consente as altas possibilidades — é o caráter da *śraddhā* necessária ao Ioga Integral.

Essa *śraddhā* — a palavra inglesa *faith* (fé) é inadequada para expressá-la — é, na verdade, uma influência que vem do Espírito supremo e de sua luz, uma mensagem de nosso ser supramental, que chama a natureza inferior a sair de seu insignificante estado atual e a elevar-se a um devenir vasto e a ultrapassar-se. E aquilo que recebe a influência e responde ao chamado não é tanto o intelecto, o coração ou a mente vital, mas a alma interior, que conhece melhor a verdade de seu próprio destino e de sua missão. As circunstâncias que provocam nossa primeira entrada nesse caminho não são o índice verdadeiro daquilo que trabalha em nós. Nesse estágio, o intelecto, o coração ou os desejos da mente vital podem ter um papel proeminente, ou mesmo os acidentes fortuitos e os estímulos exteriores; mas se isso fosse tudo não poderíamos estar seguros de nossa fidelidade ao chamado, nem de nossa persistência contínua no Ioga. O intelecto pode abandonar a ideia que o atraiu, o coração cansar-se ou fraquejar, o desejo da mente vital voltar-se para outros objetivos. Mas as circunstâncias externas são apenas uma cobertura das verdadeiras operações do espírito, e se foi o espírito que foi tocado e se foi a alma interior que recebeu o chamado, a *śraddhā* permanecerá firme e resistirá a todas as tentativas para abatê-lo ou destruí-lo. É possível que as dúvidas do intelecto retornem ao assalto, que o coração vacile, que o desejo da mente vital, decepcionado, se esvaia ao lado da estrada. Tudo isso é quase inevitável algumas vezes, talvez mesmo muitas vezes, sobretudo para nós, filhos de um período de intelectualidade, ceticismo e negação materialista da verdade espiritual, um período que ainda não dispersou as nuvens que foram pintadas na face do sol de uma realidade mais vasta, e se opõe ainda à luz da intuição espiritual e da experiência profunda. É muito provável que essas escuridões penosas sejam numerosas; os próprios Rishis Védicos muitas vezes se lamentaram desses "longos exílios da luz", e essas escuridões podem ser tão densas, a noite da alma tão negra, que a fé parece ter-nos deixado por completo. Mas, durante tudo isso, o espírito dentro manterá sua posição invisível, e a alma retornará com uma força nova à sua certeza, que estava apenas eclipsada e não extinta, porque extinta ela não pode ser, uma vez que o self interior conheceu isso e tomou sua resolução[1]. O Divino segura nossa mão ao longo do processo, e se parece que nos deixa cair é apenas para nos elevar ainda mais. Vivenciamos com tanta frequência esses retornos salvadores, que as negações da dúvida tornar-se-ão por fim impossíveis, e, uma vez que o alicerce da igualdade estiver estabelecido com firmeza, ou, mais ainda, quando o sol da gnose levantar-se, mesmo a dúvida desaparecerá, porque sua causa e sua utilidade terão cessado.

---

1. *saṅkalpa, vyavasāya*.

Ademais, não é só a fé nos princípios basilares, nas ideias e na via do Ioga que é necessária, mas, dia após dia, uma fé prática em nosso poder de realização, no caminho que já foi percorrido, nas experiências espirituais que vêm a nós, nas intuições, nos movimentos que guiam a vontade e os impulsos, nas intensidades das emoções do coração, nas aspirações e nas realizações da vida, que são as ajudas, as circunstâncias e os estágios da ampliação de nossa natureza e os estímulos ou os passos da evolução da alma. Ao mesmo tempo, deve sempre ser lembrado que nos movemos da imperfeição e da ignorância em direção à luz e à perfeição, e em nós a fé deve estar livre do apego às formas de nosso esforço e dos estágios sucessivos de nossa realização. Não apenas haverá muitas coisas em nós que se erguerão com força para serem rejeitadas e eliminadas, uma batalha dos poderes da ignorância e da natureza inferior contra os poderes superiores que devem substituí-los, mas haverá também experiências, estados de pensamento e de sentimento, formas de realização úteis e aceitáveis no caminho, que no momento podem nos parecer cumes espirituais e, mais tarde, perceberemos que foram etapas de transição a serem ultrapassadas; a fé prática que os havia sustentado deve ser retirada em favor de formas maiores, ou de realizações e experiências mais plenas e mais abrangentes que os substituirá ou nas quais eles serão integrados, em uma transformação que os completa. Para o buscador do Ioga Integral não pode haver apego aos abrigos da estrada nem às moradias no meio do caminho; ele não pode se satisfazer enquanto não houver estabelecido todas as grandes bases duráveis de sua perfeição e se lançado nas infinitudes amplas e livres — e mesmo então, ele deve preencher-se sem interrupção de experiências novas do Infinito. Seu progresso é uma ascensão de nível a nível e cada altura nova abre-se a outras vistas, a outras revelações do muito que há ainda a ser feito, *bhūri kartvam*, até que a Shakti divina, por fim, tomará em mãos todo seu empenho, e o buscador terá apenas que aderir às suas obras luminosas e participar delas com alegria, em uma unidade concordante. Aquilo que o sustentará ao longo dessas mudanças, dessas lutas, dessas transformações que, de outro modo, seriam desencorajadoras e desconcertantes — pois o intelecto, a vida e as emoções sempre se agarram muito a essas coisas, fixam-se a certezas prematuras e deixam-se afligir e, quando obrigados, hesitam em abandonar aquilo em que repousavam —, seu único sustento, será uma fé firme na Shakti e sua ação e uma confiança na orientação do Mestre do Ioga, cuja sabedoria não tem pressa e cujos passos, malgrado todas as perplexidades da mente, são seguros, justos e perfeitos, porque são fundados em um acordo que abrange de modo perfeito as necessidades de nossa natureza.

O progresso do Ioga é uma jornada que procede da ignorância mental e passa por formações imperfeitas para chegar a uma base de conhecimento perfeita e a um conhecimento crescente; em suas partes mais positivamente satisfatórias, é um movimento que vai de uma luz a uma luz maior, e não pode cessar até que tenhamos a luz suprema do conhecimento supramental. As moções da mente em seu progresso são, necessariamente, misturadas a uma maior ou menor proporção de erro, e não devemos permitir que nossa fé seja perturbada pela descoberta de seus erros ou imaginar que nossa fé fundamental na alma não seja válida porque as crenças intelectuais que nos ajudaram foram muito apressadas e categóricas. O intelecto humano tem muito medo do erro, justamente porque é demasiado apegado a uma sensação prematura de certeza e um ardor muito apressado para chegar a uma conclusão absoluta sobre aquilo que lhe parecia ser sua compreensão do conhecimento. À medida que nossa experiência aumenta, percebemos que mesmo nossos erros foram movimentos necessários, que traziam consigo e depositaram seu elemento ou sua sugestão de verdade e ajudaram a descobrir um esforço necessário ao qual deram seu apoio. Vemos que as certezas que devemos abandonar agora tiveram, contudo, sua validez temporária no progresso de nosso conhecimento. O intelecto não pode ser um guia suficiente na busca da verdade e da realização espirituais e, contudo, deve ser utilizado no movimento integral de nossa natureza. Portanto, mesmo se tivermos que rejeitar dúvidas paralisantes ou mero ceticismo intelectual, a inteligência que busca deve ser treinada para admitir um grande questionamento, para uma retidão intelectual que não se satisfaz com meias-verdades, misturas de erros e aproximações e, mais positiva e mais útil, ela deveria estar sempre pronta a ir adiante, a passar das verdades já adquiridas ou aceitas às verdades reparadoras maiores, mais completas, mais transcendentes, que no início ela era incapaz de aceitar ou, talvez, de considerar. Uma fé prática do intelecto é indispensável, não uma crença supersticiosa, dogmática ou limitadora que se apega a cada suporte e cada fórmula temporários, mas uma vasta aquiescência às sugestões sucessivas e às etapas da Shakti, uma fé fixada nas realidades e que se move das realidades menores para realidades mais completas, pronta a demolir todos os andaimes e a manter apenas a vasta estrutura que cresce.

Uma *śraddhā* constante, uma fé, uma aquiescência constantes do coração e da vida são também indispensáveis. Mas enquanto estivermos na natureza inferior a aquiescência do coração é tingida pelas emoções mentais, e os movimentos da vida deixam um rastro de desejos perturbadores e tensões, e as emoções mentais e o desejo tendem a agitar, a alterar de maneira mais ou menos grosseira ou sutil a verdade e a deformam e, sempre, trazem alguma limitação ou imperfeição na realização que o coração e a vida podem ter da verdade. O coração também, quando está perturbado em seus apegos e em suas certezas, aturdido pelos retrocessos e malogros, convencido de erro ou envolvido em lutas que servem de chamado para ir mais além de suas posições asseguradas, tem seus atrasos, sua fadiga, suas tristezas, suas revoltas, suas relutâncias, que entravam o progresso. Ele deve aprender a ter uma fé mais ampla e mais segura e, em lugar de responder com reações mentais, ter uma aceitação espiritual calma ou vibrante à maneira e à medida da Shakti — uma aceitação que, na verdade, em sua natureza é a aquiescência de uma Ananda cada vez mais profunda a todos os movimentos necessários, e uma prontidão para deixar as velhas amarras e ir sempre mais longe, em direção ao deleite de uma perfeição maior. A mente vital deve dar sua permissão aos motivos, aos impulsos, às atividades sucessivas da vida, que lhe são impostos pelo poder-guia como ajudas ou campos de desenvolvimento da natureza; ela deve dar sua permissão também aos movimentos sucessivos do Ioga interior, sem ter nenhum apego nem pedir para parar em lugar algum, mas deve estar sempre preparada para abandonar velhas urgências e aceitar com a mesma aquiescência completa as atividades e os movimentos novos mais elevados; e deve aprender a substituir o desejo por uma Ananda vasta e brilhante em todas as experiências e em todas as ações. A fé do coração e da mente vital, como a da inteligência, devem ser capazes de retificar-se, ampliar-se e transformar-se de maneira constante.

Em essência, essa fé é a *śraddhā* secreta da alma; ela emerge cada vez mais à superfície e se fortalece, sustenta-se e engrandece com a firmeza e a certeza crescentes da experiência espiritual. Aí também, cm nós a fé deve ser sem apego, uma fé que está a serviço da Verdade e pronta a mudar e ampliar sua compreensão das experiências espirituais, a corrigir as ideias errôneas ou semiverdadeiras sobre elas e a receber interpretações mais iluminadoras, a substituir as intuições insuficientes por intuições mais completas e a refundir, em combinações mais satisfatórias, experiências que, no momento, pareceram definitivas e satisfatórias, e combiná-las com experiências novas, com maiores amplidões e transcendências. No domínio psíquico, sobretudo, e nos outros domínios intermediários, há muitas possibilidades de desvio e muitas vezes de erros cativantes; aqui, certa quantidade de ceticismo positivo tem sua utilidade e, em todo caso, uma grande precaução e uma retidão intelectual escrupulosa, mas não o ceticismo da mente comum, que equivale a uma negação paralisante. No Ioga Integral, as experiências psíquicas, em especial aquelas associadas com o que muitas vezes é chamado ocultismo e sugerem o milagroso, devem ser subordinadas por completo à verdade espiritual e estar ao serviço dela para serem interpretadas, iluminadas e sancionadas. Mas mesmo no domínio puramente espiritual há experiências parciais e, embora atraentes, só obtêm validez e significado completos ou sua aplicação correta, quando chegamos a uma experiência mais total. E há outras experiências que, em si mesmas, são de todo válidas, completas, absolutas, mas que, se nos limitarmos a elas, isso impedirá outros aspectos da verdade espiritual de manifestar-se e mutilará a integralidade do Ioga. Assim, a profunda quietude absorvente da paz impessoal que vem pela imobilização da mente é uma experiência completa e absoluta em si, mas, se permanecermos apenas nisso, ela excluirá seu companheiro, o absoluto — não menor, não menos necessário e verdadeiro —, da beatitude da ação divina. Aqui também, nossa fé deve ser uma aquiescência que recebe todas as experiências espirituais, mas com uma abertura e prontidão amplas, a querer sempre mais luz e verdade, uma ausência de todo apego limitador e sem jamais agarrar-se às formas que possam interferir com o movimento de avanço da Shakti, em direção à integralidade do ser, da consciência, do conhecimento, do poder e da ação espirituais e em direção à Ananda única e múltipla.

A fé que nos é pedida, em seu princípio geral e em sua aplicação constante e detalhada, equivale a uma vasta aquiescência, sempre maior, mais pura, completa e forte, do ser inteiro e de todas as suas partes, à presença e à guiança de Deus e da Shakti. A fé na Shakti, enquanto não percebermos sua presença e não formos preenchidos por ela, deve, necessariamente, ser precedida ou, ao menos, acompanhada, de uma fé forte e viril em nossa própria vontade e energia espirituais e em nosso poder de avançar de maneira bem-sucedida em direção à unidade, à liberdade e à perfeição. A fé do ser humano em si mesmo, em suas ideias e em seus poderes lhe é dada a fim de que ele possa trabalhar e criar, elevar-se a coisas maiores e, no final, trazer sua força como uma oferenda digna ao altar do Espírito. Esse espírito, diz a escritura, não será conquistado pelos fracos, *nāyam ātmā balahīnena labhyaḥ*. Cada falta de confiança em si paralisante, deve ser desencorajada, toda dúvida em nosso poder de executar, pois isso é uma falsa aquiescência à impotência, uma imaginação de fraqueza e uma negação da onipotência do espírito. Uma incapacidade no presente, por mais pesada que pareça sua pressão, é apenas uma prova para a fé e uma dificuldade temporária; ceder a uma sensação de incapacidade não tem sentido para o sadhaka do Ioga Integral, pois seu objetivo é desenvolver uma perfeição que já está aí, latente no ser, porque o ser humano carrega em si mesmo, em seu próprio espírito, a semente da vida divina: a possibilidade de sucesso está contida e implícita no esforço, e a vitória é assegurada porque por trás se encontram o chamado e a guiança de um poder onipotente. Ao mesmo tempo, essa fé em si mesmo deve ser purificada de todo traço de egoísmo rajásico e de todo orgulho espiritual. O sadhaka deve recordar-se, tanto quanto possível, que sua força não é sua, no sentido egoístico, mas é aquela da Shakti divina universal, e tudo que é egoístico no uso que ele faz da Shakti torna-se causa de limitação e, no fim, um obstáculo. O poder da Shakti divina universal, que sustenta nossa aspiração, é ilimitado, e quando é chamado da maneira justa não pode deixar de derramar-se em nós e de remover toda incapacidade e todo e qualquer obstáculo, agora ou mais tarde; pois embora no início o momento e a duração de nossa luta dependam, instrumentalmente e em parte, da força de nossa fé e de nosso empenho, ainda assim, no final eles estão nas mãos da determinação sábia do Espírito secreto que, ele só, é o Mestre do Ioga, o Ishvara.

A fé na Shakti divina deve ser sempre o sustento de nossa força, e, quando Ela se manifestar, essa força deverá ser ou tornar-se irrestrita e completa. Nada é impossível para Ela que é o Poder consciente, a Divindade universal que cria todas as coisas, por toda eternidade, armada com a onipotência do Espírito. Todo conhecimento, toda força, todo triunfo e toda vitória, todas as habilidades e trabalhos estão nas mãos dela, e suas mãos estão cheias dos tesouros do Espírito e de todas as perfeições, de todas as siddhis. Ela é Maheshvari, deusa do conhecimento supremo, e nos traz sua visão de todos os tipos e de todas as imensidades da verdade, a retidão de sua vontade espiritual, a calma e a paixão de sua amplidão supramental, a felicidade de sua iluminação; ela é Mahakali, deusa da força suprema: com Ela estão todas as potências e forças espirituais, a austeridade dos mais severos Tapas e a rapidez na batalha e a vitória e o sorriso, a *aṭṭahāsya*, que zomba da derrota, da morte e dos poderes da ignorância; ela é Mahalakshmi, a deusa do amor e do deleite supremos: seus dons são a graça do espírito, o encanto e a beleza da Ananda, a proteção e todas as bênçãos divinas e humanas; ela é Mahasarasvati, a deusa da habilidade divina e dos trabalhos do Espírito; seu Ioga é a habilidade nos trabalhos, *yogaḥ karmasu kauśalam*, e as utilidades do conhecimento divino, a aplicação do espírito à vida e a felicidade de suas harmonias. E em todos os seus poderes e formas Ela leva consigo o sentido supremo das mestrias da Ishvari eterna, a capacidade rápida e divina para todos os tipos de ação que o instrumento possa ser chamado a executar, a unidade, a simpatia que compartilha, a identidade livre com todas as energias em todos os seres e, por conseguinte, uma harmonia espontânea e frutuosa com a vontade divina no universo. A percepção íntima de sua presença e de seus poderes e a feliz aquiescência de todo nosso ser aos seus trabalhos em nós e em torno de nós é a última perfeição da fé na Shakti.

E, por trás dela, encontra-se o Ishvara, e a fé nele é a coisa mais central da *śraddhā* do Ioga Integral. Essa fé devemos ter — e desenvolvê-la à perfeição —, que todas as coisas são a obra de um conhecimento e de uma sabedoria supremos sob as condições do universo, que nada que é feito em nós ou em torno de nós é em vão ou sem seu lugar apropriado e significado justo, que todas as coisas são possíveis quando o Ishvara, nosso Self e Espírito supremo, assume a ação, e que tudo o que foi feito antes e tudo o que ele fará no futuro, foi e será parte de sua guiança infalível e presciente e destinada à consumação de nosso Ioga, de nossa perfeição e do trabalho de nossa vida. Essa fé será cada vez mais justificada, à medida que o conhecimento superior se abre; começaremos a ver os significados pequenos e grandes que haviam escapado à nossa mentalidade limitada: a fé mudar-se-á em conhecimento. Então, veremos, sem nenhuma dúvida possível, que tudo o que acontece faz parte da obra da Vontade única, e que essa vontade também foi uma sabedoria, porque desenvolve sempre as operações verdadeiras do self e da natureza na vida. O estado superior da aquiescência, a *śraddhā* do ser, será perfeito quando sentirmos a presença do Ishvara, quando sentirmos toda nossa existência, consciência, pensamento, vontade e ação em suas mãos e consentirmos, em todas as coisas e em cada parte de nosso ser e de nossa natureza, à vontade direta e imanente do Espírito que nos habita. Essa perfeição superior da *śraddhā* será também a oportunidade e o alicerce perfeito da energia divina: quando a *śraddhā* for completa, ela será a base do desenvolvimento, da manifestação e das obras da luminosa Shakti supramental.

CAPÍTULO XIX

A NATUREZA DA SUPRAMENTE

O objetivo do Ioga é elevar o ser humano, fazê-lo passar da consciência da mente comum — sujeita ao controle da Natureza vital e material e de todo limitada pelo nascimento, pela morte, pelo Tempo e pelas necessidades e desejos da mente, da vida e do corpo — à consciência do espírito livre em si. O Ioga utiliza as circunstâncias da vida, da mente e do corpo como determinações que o próprio espírito aceitou, escolheu e modelou, usando-as em um autoconhecimento livre, um livre-arbítrio e um livre poder de ser, pelo simples deleite de ser. Essa é a diferença essencial entre a mente mortal comum em que vivemos e a consciência espiritual de nosso ser divino e imortal, que é o supremo resultado do Ioga. Essa é uma conversão radical tão grande — e mesmo bem maior, supomos — quanto deve ter sido a mudança feita pela Natureza evolutiva em sua transição do animal vital à consciência humana de todo mentalizada. O animal tem uma mente vital consciente, mas nela quaisquer primórdios de algo mais alto são apenas vislumbres primários, índices toscos da inteligência que no ser humano se tornará o esplendor da compreensão, da vontade, da emoção, da sensibilidade e da razão mentais. O ser humano, após elevar-se às alturas da mente e aprofundar-se em seu ser pelas intensidades dela, percebe algo de vasto e divino em si mesmo, algo em direção a que tende todo esse movimento, algo que ele é em potencial mas não se tornou ainda, e dirige os poderes de sua mente — seu poder de conhecimento, vontade, emoção e sensibilidade — em direção a isso, a fim de apreender e abarcar tudo que isso possa ser, de tornar-se isso e existir de maneira plena nessa consciência mais vasta, nesse deleite e nesse ser maiores, nesse poder de devir supremo. Mas o que ele consegue desse estado superior em sua mente normal são apenas indícios, um vislumbre elementar, indícios toscos do esplendor, da luz, da glória e da divindade do espírito dentro dele. É preciso que todas as partes de seu ser se convertam por completo em moldes e instrumentos da consciência espiritual, antes que ele possa sentir em si mesmo, de maneira concreta, constante, a presença desse algo mais vasto que ele pode se tornar, antes que possa viver inteiramente nisso que é para ele agora, no melhor dos casos, uma aspiração luminosa. Ele deve buscar desenvolver uma consciência mais vasta, divina, e viver nela completamente, pela prática de um Ioga Integral.

O Ioga da perfeição que permite efetuar essa mudança, como o temos considerado até agora, consiste em uma purificação preparatória da natureza mental, vital e física, uma liberação dos nós da Prakriti inferior e, em seguida, a substituição do estado egoístico sempre sujeito à ação ignorante e agitada da alma de desejo, por uma igualdade estática vasta e luminosa que aquieta a razão, a mente emocional, a mente vital e a natureza física e nos traz a paz e a liberdade do espírito; depois, é preciso substituir de maneira dinâmica a ação da Prakriti inferior pela ação da Shakti divina, suprema e universal, sob a direção do Ishvara — uma ação cuja operação completa deve ser precedida pela perfeição dos instrumentos naturais. Todas essas coisas juntas, embora não sejam ainda a totalidade do Ioga, constituem já uma consciência bem maior que a consciência normal atual, uma consciência espiritual em sua base e movida por uma luz, um poder e uma beatitude maiores; e poderíamos repousar aí, satisfeitos com tantas realizações, e pensar que tudo o que era necessário para a conversão divina foi feito.

No entanto, à medida que a luz cresce, surge uma questão capital: por qual intermediário a Shakti divina vai agir no ser humano? Será sempre apenas por meio da mente e no plano da mente ou em uma formulação supramental maior, que será mais apropriada a uma ação divina e absorverá e substituirá as funções mentais? Se a mente for destinada a ser sempre o instrumento, então, embora sejamos conscientes de um Poder divino que inicia e conduz todas as nossas ações humanas interiores e exteriores, esse Poder deverá formular seu conhecimento, sua vontade, sua Ananda e tudo o mais por representações mentais, isto é, traduzi-los em um tipo de funcionamento inferior diferente da operação suprema, nativa, da consciência divina e sua Shakti. A mente espiritualizada, purificada, liberada e aperfeiçoada dentro de seus próprios limites, pode chegar tão próximo quanto possível de uma tradução mental fiel, mas veremos que, após tudo, essa é uma fidelidade relativa e uma perfeição imperfeita. A mente, por sua própria natureza, não pode traduzir com inteira exatidão o conhecimento, a vontade e a Ananda divinos, nem agir na totalidade unificada deles, porque ela é um instrumento para lidar com as divisões do finito, em uma base de divisão, um instrumento secundário portanto, e uma espécie de delegada para os movimentos inferiores em que vivemos. A mente pode refletir o Infinito, pode dissolver-se nele, pode aí viver em uma vasta passividade, pode receber suas sugestões e pô-las em ação à sua própria maneira — uma maneira sempre fragmentária, derivada e sujeita a uma maior ou menor deformação — mas ela mesma não pode ser o instrumento direto e perfeito do Espírito infinito que age em seu conhecimento original. A Vontade e a Sabedoria divinas, que organizam a ação da consciência infinita e determinam todas as coisas segundo a verdade do espírito e a lei de sua manifestação, não são mentais mas supramentais, e mesmo em suas formulações mais próximas da mente elas estão, por sua luz e poder, tão mais acima da consciência mental quanto a consciência mental humana está acima da mente vital da criação inferior. A questão é saber até onde o ser humano aperfeiçoado poderá elevar-se acima da mente, entrar em um tipo de fusão unificadora com o supramental e construir em si mesmo um nível da supramente, uma gnose completa, cuja forma e poder permitirão à Shakti divina agir de maneira direta, não por meio de uma tradução mental, mas de maneira orgânica com sua natureza supramental.

Aqui é necessário, em um tema tão remoto das linhas comuns de nosso pensamento e de nossa experiência, estabelecer, primeiro, o que é a gnose universal ou supramente divina, como ela está representada no movimento atual do universo e quais são suas relações com a psicologia atual do ser humano. Será então evidente que, embora a supramente seja suprarracional para nossa inteligência e suas operações estejam ocultas à nossa percepção, não há nada de irracionalmente místico, mas, antes, sua existência e seu emergir são uma necessidade lógica da natureza da existência — contanto que reconheçamos sempre que a realidade de base não é apenas a matéria ou a mente, mas o espírito, e sua presença onipresente no universo. Todas as coisas são uma manifestação do espírito infinito, a partir de seu próprio ser, de sua consciência, pelo poder próprio de realização, determinação, consumação dessa consciência. O Infinito organiza, podemos dizer, pelo poder de seu autoconhecimento, a lei da manifestação de seu ser no universo, não apenas no universo material presente aos nossos sentidos, mas em tudo o que há por trás, em todos os planos da existência. Tudo é organizado por ele, não sob alguma compulsão inconsciente ou alguma fantasia ou capricho mentais, mas em sua liberdade espiritual infinita, conforme a verdade própria de seu ser, suas potencialidades infinitas e sua vontade de criar a si mesmo a partir dessas potencialidades; e a lei dessa verdade essencial é a necessidade que compele as coisas criadas a agir e a evoluir, cada uma segundo sua natureza própria. É evidente que a inteligência (para dar-lhe um nome inadequado), o Logos, que assim organiza sua manifestação, é algo infinitamente mais vasto, mais extenso em conhecimento — seu poder mais irresistível, mais imenso no deleite de sua autoexistência e no deleite de seu ser ativo e de suas obras — que a inteligência mental que, para nós, é o grau mais alto alcançado e a expressão de consciência mais elevada. É a essa inteligência — infinita em si mesma, mas que organiza e determina de maneira livre e orgânica sua própria criação e suas obras — que daremos, para nosso propósito atual, o nome de supramente divina ou gnose.

A natureza fundamental dessa supramente é que todo o seu conhecimento é, na origem, um conhecimento por identidade e unidade, e mesmo quando, em aparência, ela cria em si mesma inumeráveis divisões e modificações diferenciadoras, todo o conhecimento que rege suas operações, mesmo nessas divisões, é baseado nesse conhecimento perfeito por identidade e unidade e sustentado, aclarado e guiado por ele. O Espírito é um em todo lugar e sabe que todas as coisas estão nele e são ele mesmo; ele as vê sempre dessa maneira e, portanto, as conhece de maneira íntima e completa, em sua realidade e em sua aparência, em sua verdade, em sua lei — conhece inteiramente o espírito, o sentido e a forma da natureza delas e de suas operações. Mesmo quando vê algo enquanto objeto de conhecimento, o vê como ele mesmo e nele mesmo, e não como "outra" coisa que não é ele ou que está separada dele, da qual ignoraria antes de tudo a natureza, a constituição e o modo de funcionar e a qual deveria aprender a conhecer, assim como a mente no início ignora seu objeto e deve aprender a conhecê-lo, pois está separada dele e o vê, sente, encontra como algo distinto dela mesma e externo a seu ser. A percepção mental que temos de nossa própria existência subjetiva e seus movimentos não é a mesma coisa que essa identidade e esse autoconhecimento, embora os indique, porque o que ela vê são representações mentais de nosso ser e não o interior profundo ou o todo, e é apenas uma ação parcial, derivada e superficial que nos aparece, enquanto as partes mais vastas — que mais determinam secretamente nossa existência — estão ocultas à nossa mentalidade. À diferença do ser mental, o Espírito supramental possui o conhecimento real — porque é profundo e total — dele mesmo e de todo seu universo e de todas as coisas que são suas criações e suas próprias representações no universo.

A segunda característica da Supramente suprema é esse conhecimento real, porque é total. Antes de tudo, ela tem uma visão transcendente: ela vê o universo não só em termos universais, mas em sua relação justa com a realidade suprema e eterna de onde ela procede e da qual é uma expressão. Ela conhece o espírito, a verdade e todo o sentido da expressão universal, porque conhece toda a essência, toda a realidade infinita e todas as potencialidades que sempre resultam daquilo que o universo, em parte, expressa. Ela conhece com exatidão o relativo porque conhece o Absoluto e todos os seus absolutos aos quais esses relativos se referem e dos quais são figurações parciais, atenuadas ou reprimidas. Em seguida, ela é universal e vê tudo que é individual nos termos do universal, assim como em seu termo individual próprio, e mantém todas essas figurações individuais em sua relação justa e completa com o universo. Por fim, em relação às individualidades tomadas em separado, ela tem uma visão total, porque conhece cada uma em sua essência profunda, de que tudo o mais é resultante, ao mesmo tempo em sua totalidade, que é sua representação completa, e em suas diversas partes — em suas conexões e dependências —, assim como em suas conexões com as outras coisas e com tudo aquilo de que depende essa individualidade, porque está ligada, de maneira implícita e explícita, com todas as coisas do universo.

A mente, ao contrário, é limitada e incapaz em todos esses pontos. A mente não pode chegar à identidade com o Absoluto mesmo quando, por uma extensão do intelecto, concebe a ideia; ela pode apenas desaparecer nele, em uma vertigem ou uma extinção; ela pode ter apenas uma espécie de sensação ou algum indício de certos absolutos que traduz em uma imagem relativa por uma ideia mental. Ela não pode entender o universal, mas apenas chegar a alguma ideia mediante uma extensão do individual ou em uma combinação de elementos em aparência separados, e então vê o universo como um infinito vago, como um indeterminado, como uma imensidão semidefinida, ou então apenas como algum esquema externo ou uma imagem construída. O ser e a ação indivisíveis do universal, isto é, sua verdade real, escapam à percepção da mente, porque ela os concebe de maneira analítica, tomando suas próprias divisões por unidades, e de maneira sintética, pela combinação dessas unidades, mas não pode compreender a unidade essencial nem pensar inteiramente segundo esses termos, embora possa chegar a essa ideia e a certos resultados secundários. Ela tampouco pode conhecer de maneira completa e verdadeira mesmo as coisas individuais e, em aparência, separadas, porque ela procede da mesma maneira, por uma análise das partes, dos constituintes e das propriedades, e em uma combinação com a qual ela erige um esquema que é apenas a imagem externa do objeto. Ela pode receber uma indicação da verdade essencial e profunda de seu objeto, mas não pode viver de maneira constante e luminosa nesse conhecimento essencial nem agir de dentro para fora sobre o resto, a fim de que as circunstâncias externas apareçam em sua realidade e significado íntimos como resultado, expressão, forma e ação inevitáveis daquele algo espiritual que é a realidade do objeto. E tudo isso que é impossível para a mente, que ela pode apenas se esforçar para apreender e representar, é inerente ao conhecimento supramental e natural para ele.

A terceira característica da supramente surge dessa diferença e nos leva à distinção prática entre os dois tipos de conhecimento. A supramente é diretamente consciente da verdade: é um poder divino de conhecimento imediato, inerente e espontâneo, uma Ideia que contém de maneira luminosa todas as realidades e não depende dos indícios ou etapas lógicas ou outras que procedem do conhecido ao desconhecido, como o faz a mente, que é um poder da Ignorância. A supramente contém todo seu conhecimento em si mesma; em sua sabedoria divina mais alta ela está na posse eterna de toda a verdade, e mesmo em suas formas inferiores, limitadas ou individualizadas, ela tem só que expressar, a partir de si mesma, a verdade latente — essa é a percepção que os antigos pensadores tentaram expressar quando disseram que todo conhecimento, em sua origem e natureza verdadeiras, é apenas uma memória de um conhecimento existente em nosso interior. A supramente é para sempre, e em todos os níveis, consciente da verdade e existe secretamente mesmo no ser mental e no ser material, observa e conhece as coisas, mesmo as mais obscuras, da ignorância mental: as compreende, está por trás delas e governa seus processos, porque tudo na mente deriva da supramente — e deve ser assim, porque todas as coisas derivam do espírito. Tudo que é mental é apenas uma imagem parcial, diminuída, reprimida ou semirreprimida, da verdade supramental, uma deformação ou uma imagem derivada e imperfeita de seu conhecimento superior. A mente começa a partir da Ignorância e procede em direção ao conhecimento. Na prática, no universo material, ela surge de uma inconsciência inicial e universal que, na verdade, é a involução do espírito todo-consciente em sua própria força de ação absorvida e esquecida de si mesma e, portanto, parece parte de um processo evolutivo: primeiro, um sentimento vital que se encaminha para uma sensação manifesta, em seguida, o emergir de uma mente vital capaz de sensação e, por fim, o desenvolvimento evolutivo de uma mente de emoção e de desejo, de uma vontade consciente, de uma inteligência crescente. E cada estágio é o emergir de um poder maior, um poder escondido da supramente, do espírito secreto.

A mente humana, por ser capaz de reflexão e de uma investigação coordenada, capaz de compreender a si mesma, sua base e seu meio, alcança a verdade, mas sobre um fundo de ignorância original, uma verdade atormentada por uma constante névoa circundante de incerteza e de erro. Suas certezas são relativas e, na maioria das vezes, convicções precárias, ou então apenas as certezas asseguradas, fragmentadas, de uma experiência imperfeita e incompleta, não uma experiência essencial. A mente faz descobertas uma após outra, recebe ideias uma após outra, acrescenta uma experiência à outra e uma experimentação à outra — e perde, rejeita e esquece, e tem que reencontrar muitas coisas à medida que procede —, depois, tenta estabelecer uma relação entre tudo o que conhece e configura sequências lógicas ou outras, uma série de princípios com suas consequências, suas generalizações e suas aplicações e, a partir de seus estratagemas, constrói uma estrutura onde pode viver mentalmente, mover-se, agir, fruir e laborar. Esse conhecimento mental é sempre limitado em extensão: não apenas isso, mas a mente, além do mais, também erige outras barreiras voluntárias e, pelo artifício de opiniões mentais, admite certas partes ou certos aspectos da verdade e exclui tudo o mais, porque se admitisse livremente o jogo de todas as ideias, se a mente permitisse todas as infinitudes da verdade, ela se perderia em uma variedade irreconciliável, em uma imensidade indeterminada e seria incapaz de agir e de passar às consequências práticas ou a uma criação efetiva. E mesmo quando é o mais vasto e completo possível, o saber mental é ainda um conhecimento indireto: um conhecimento não da coisa em si, mas de suas formas, um sistema de representações, um esquema de indícios — salvo em certos movimentos, quando, de fato, ele vai além de si mesmo, além da ideia mental, para a identidade espiritual; mas, aí, ele acha extremamente difícil ir mais além de raras realizações espirituais isoladas e intensas, ou elaborar ou organizar as consequências práticas corretas dessas raras identidades de conhecimento. Um poder maior que a razão é necessário para a compreensão espiritual e a consumação desse conhecimento mais profundo.

Isso, só a supramente, íntima com o Infinito, pode fazer. A supramente vê de maneira direta o espírito e a essência, a face e o corpo, o resultado e a ação, os princípios e as consequências da verdade, e os vê como um todo indivisível; portanto, ela pode elaborar os resultados circunstanciais com o poder do conhecimento essencial, organizar as variações do espírito à luz de suas identidades e de suas aparentes divisões na verdade de sua unidade. A supramente conhece sua própria verdade e é sua criadora; a mente humana conhece e cria apenas na meia-luz e na semiescuridão de uma mistura de verdade e erro, e também o que cria, ela o deriva de algo maior que ela mesma e mais além dela mesma, e o altera, traduz e diminui. O homem vive em uma consciência mental, entre um vasto subconsciente — que é uma consciência obscura para sua visão — e um supraconsciente ainda mais vasto, que ele é inclinado a tomar por outra inconsciência, porém luminosa, porque sua ideia de consciência está confinada ao meio-termo de suas próprias sensações mentais e de sua inteligência. É nessa supraconsciência luminosa que se encontram as extensões da supramente e do espírito.

Ademais, porque age e cria, mas também conhece, a supramente é não só uma Consciência-Verdade direta, mas uma Vontade-Verdade iluminada, direta e espontânea. Na vontade do espírito, conhecedor de si mesmo, não há e não pode haver contradição alguma, nem divisão e diferença entre sua vontade e seu conhecimento. A vontade espiritual é Tapas, ou força iluminada do ser consciente do espírito, que efetua de modo infalível aquilo que está dentro dele mesmo, e é essa operação infalível das coisas agindo conforme sua própria natureza, de uma energia que produz resultados e eventos conforme a força dentro dela, de uma ação que produz resultados e acontecimentos inerentes ao seu próprio caráter e à sua intenção, que chamamos por nomes diversos, segundo seus diferentes aspectos: a lei da Natureza, Carma, Determinismo, Fatalidade. Para a mente, tudo isso é a operação de um poder externo a ela ou acima dela na qual ela está envolvida, e sua intervenção limita-se a um esforço pessoal e cooperante que às vezes surge e é bem-sucedido e às vezes falha e tropeça; e, mesmo quando é bem-sucedido, é amplamente dominado por questões diferentes de suas intenções ou, em todo caso, maiores em seu alcance e mais vastas do que as suas próprias intenções. A vontade do ser humano opera na ignorância e usa uma luz parcial ou, na maioria das vezes, bruxuleante, que engana tanto quanto aclara. Sua mente é uma ignorância que se esforça para erigir normas de conhecimento; sua vontade é uma ignorância que se esforça para erigir normas de justiça; como resultado, sua inteira mentalidade é muito parecida com uma casa dividida contra si mesma, cada ideia em conflito com a outra ideia, a vontade com frequência em conflito com o ideal do justo ou com o conhecimento intelectual. A própria vontade assume formas diferentes: a vontade da inteligência, os anelos da mente emocional, os desejos e a paixão do ser vital, os impulsos e as compulsões cegas ou semicegas da natureza nervosa e subconsciente; tudo isso não constitui, de modo algum, uma harmonia, mas, no melhor dos casos, uma concórdia precária em meio a discórdias. A vontade da mente e da vida é um tateio tropeçante em busca da força justa, do Tapas justo, que só podem ser obtidos, em sua luz e direção verdadeiras e completas, pela unidade com o ser espiritual e supramental.

A natureza supramental, ao contrário, é justa, harmoniosa e una; nela, a vontade e o conhecimento são a pura luz do espírito e o poder do espírito — o poder dando corpo à luz, a luz iluminando o poder. Na supramentalidade mais alta eles são fundidos um no outro intimamente e nem mesmo emanam um do outro, mas são um só movimento, a vontade que ilumina a si mesma, o conhecimento que cumpre a si mesmo, ambos juntos como um único jorro do ser. A mente conhece apenas o presente e vive em um movimento isolado do presente, embora tente lembrar-se do passado e retê-lo, e prever o futuro e forçá-lo. A supramente tem a visão dos três tempos, *trikāladṛṣṭi*; ela os vê como um movimento indivisível e vê também em cada um, os outros dois. Ela percebe todas as tendências, energias e forças como um jogo diverso da unidade e conhece suas relações recíprocas no movimento único do espírito que é uno. A vontade e ação supramentais são, portanto, a vontade e ação da verdade do espírito que cumpre a si mesmo de maneira espontânea, o movimento justo de um conhecimento direto e total e, em seu grau mais alto, seu movimento infalível.

A supramente suprema e universal é a Luz ativa, o Tapas do Self supremo e universal em seu aspecto de Senhor e Criador, aquilo que no Ioga aprendemos a conhecer como a Sabedoria e o Poder divinos, o conhecimento e a vontade eternos do Ishvara. Nos planos superiores do Ser, onde tudo é conhecido e tudo se manifesta como existências da Existência única, como consciências da Consciência única, como criações de deleite da Ananda única, como inumeráveis verdades e poderes da Verdade única, o conhecimento espiritual e supramental do Ser está intacto e manifestado de maneira integral. E nos planos correspondentes de nosso ser o Jiva compartilha dessa natureza espiritual e supramental e vive em sua luz, em seu poder e em sua beatitude. À medida que descemos e nos aproximamos daquilo que somos nesse mundo, a presença e a ação desse autoconhecimento se restringem, mas mantêm sempre a essência e o caráter, quando não a completude, da natureza supramental e sua maneira de conhecer, querer e agir, porque esse conhecimento ainda vive na essência e no corpo do espírito. A mente, quando traçamos a descida do self em direção à matéria, nos aparece como uma derivação que se afasta da completude do self, da completude de sua luz e de seu ser e vive em uma divisão e um desvio, não no corpo do sol, mas, primeiro, em seus raios mais próximos e, depois, nos mais distantes. Temos uma mente intuitiva, muito acima, que recebe de maneira mais próxima a verdade supramental, mas mesmo isso é uma formação que dissimula o verdadeiro conhecimento direto e mais vasto. Temos uma mente intelectual que é como uma tampa luminosa, semiopaca, que intercepta a verdade assim como a conhece a supramente e a reflete em uma atmosfera que a deforma ao irradiá-la e a altera ao encobri-la. Ainda mais baixo, temos uma mente que se edificou no alicerce dos sentidos; entre ela e o sol do conhecimento há uma nuvem espessa, uma neblina e um vapor emocionais e sensoriais, com aqui e ali alguns lampejos e iluminações. Temos uma mente vital que está fechada mesmo à luz da verdade intelectual e, mais baixo ainda, na vida e na matéria submentais, o espírito se involui por completo, como em um sono e uma noite, um sono mergulhado em um sonho sombrio e nervoso, mas pungente: a noite de uma energia mecânica e sonâmbula. É uma re-evolução do espírito a partir desse estado mais baixo; nós nos situamos a certa altura acima da criação inferior, após ter assimilado todos os graus inferiores, mas, até o momento, em nossa ascensão, apenas alcançamos a luz da razão mental bem desenvolvida. Os poderes completos do autoconhecimento e da vontade iluminada do espírito estão ainda além de nosso alcance, acima da mente e da razão, na Natureza supramental.

Se o espírito está em toda parte, mesmo na matéria — de fato, a própria matéria é apenas uma forma obscura do espírito —, e se a supramente é o poder universal do Conhecimento onipresente do espírito que organiza toda a manifestação do ser, então, na matéria, e em toda parte, a ação supramental deve estar presente e, por mais disfarçada que possa estar por outras operações de um gênero inferior e mais obscuro, perceberemos, no entanto, ao olhar de perto, que, na verdade, é a supramente que organiza a matéria, a vida, a mente e a razão. E essa é a realidade do conhecimento em direção ao qual nos encaminhamos agora. Há mesmo certas ações da consciência, familiares e de todo visíveis, persistentes na vida, na matéria e na mente, que são claramente operações supramentais, sujeitas ao caráter e às necessidades dos meios inferiores; a elas damos agora o nome de intuição, a partir de suas características mais evidentes de visão direta e de conhecimento espontâneo — de fato, uma visão que nasce de certa identidade secreta com o objeto do conhecimento. Contudo, o que chamamos intuição é apenas uma indicação parcial da presença da supramente e, se tomarmos essa presença e esse poder em suas características mais amplas, veremos que essa é uma força supramental disfarçada, com um autoconhecimento consciente, que anima todas as operações da energia material. É essa força que determina aquilo que chamamos leis da natureza, é ela que mantém o modo de funcionar de cada coisa conforme sua natureza própria, é ela que harmoniza e faz evoluir o todo, que de outro modo seria uma criação fortuita pronta a desabar no caos a qualquer momento. Em suas necessidades de processos, todas as leis da Natureza apresentam um mecanismo preciso; e, no entanto, essas próprias necessidades, a constância de seu método, a constância de sua organização, de suas combinações, de sua adaptação e de seus resultados, as tornam inexplicáveis e nos colocam, a cada passo, diante de um mistério e de um milagre: e isso deve ser assim, seja porque elas são irracionais e acidentais mesmo em suas regularidades, seja porque são suprarracionais, e sua verdade pertence a um princípio superior ao da nossa inteligência. Esse princípio é o supramental, isto é, o segredo escondido da Natureza é a organização de algo que vem das potencialidades infinitas da verdade autoexistente do espírito, e a natureza desse "algo" só é plenamente evidente para um conhecimento original nascido de uma identidade fundamental e que procede por identidade, pois essa é a percepção constante do espírito. Todas as ações da vida também apresentam esse caráter, assim como todas as ações da mente e da razão — a razão, que é a primeira a perceber em toda parte a ação de uma razão e de uma lei de ser mais vastas, que ela tenta traduzir por suas próprias estruturas conceituais, embora nem sempre perceba que esse "algo" que trabalha é outro, e não uma Inteligência mental, não um Logos intelectual. Todos esses processos são, na verdade, espirituais e supramentais em seu governo secreto, mas são mentais, vitais e físicos em seus processos visíveis.

A matéria, a vida e a mente exteriores não são possuidoras nem mestras dessa ação oculta da supramente, mesmo enquanto possuídas e compelidas pelas determinações que ela impõe às operações delas. Há aquilo que somos algumas vezes levados a chamar uma inteligência e vontade agindo na força material e no átomo — embora essas palavras soem falsas, porque, na realidade, essa não é a mesma coisa que nossa vontade e nossa inteligência; digamos, antes, que uma intuição velada de autoexistência age neles —, mas o átomo e a força não percebem isso, e são apenas um corpo obscuro de matéria e poder criado pelo primeiro esforço dessa intuição para manifestar-se. A presença dessa intuição torna-se mais evidente para nós em todas as operações da vida porque isso é mais próximo de nossa própria escala. E à medida que a vida desenvolve e manifesta sensações, desenvolve e manifesta uma mente como na criação animal, podemos falar com mais segurança de uma intuição vital por trás das operações da vida, intuição que emerge com clareza na mente do animal em forma de instinto — instinto, um conhecimento automático implantado no animal, seguro, direto, autoexistente, guiado por si mesmo, o que significa, em alguma parte em seu ser, o conhecimento preciso do propósito, das relações e da coisa ou do objeto. Essa intuição opera na Força de Vida e na mente, contudo, a vida e a mente de superfície não são mestras nem possuidoras dela, elas são incapazes de dizer o que ela faz, de dirigi-la, de aumentar seu poder à vontade ou segundo seu prazer. Aqui, observamos duas coisas: primeiro, que a intuição manifestada atua apenas para necessidades e propósitos limitados, e para o resto das operações da natureza o modo de funcionar é duplo: um, incerto e ignorante, que vem da consciência de superfície e outro, subliminar, que implica uma direção subconsciente secreta. A consciência de superfície tateia e busca, e esse tatear aumenta em vez de diminuir, à medida que a vida se eleva na escala e amplia o escopo de seus poderes conscientes; mas o self secreto dentro, apesar da mente vital tateante, assegura a ação da natureza e os resultados necessários para os propósitos, as necessidades e o destino do ser. Isso continua, em uma escala cada vez mais elevada, até a razão e a inteligência humanas.

No ser humano também se encontram inúmeros instintos e intuições: físicos, vitais, emocionais, psíquicos e dinâmicos, mas ele não confia neles como o animal confia — embora no ser humano eles possam ter um campo de ação muito mais amplo e efeitos mais consideráveis do que no animal e na criação inferior, devido ao seu desenvolvimento evolutivo atual maior e à potencialidade ainda maior do desenvolvimento de seu ser. Ele os reprimiu, e descontinuou seu modo de funcionar, completo e visível, por atrofia — não que essas capacidades tenham sido destruídas, mas, antes, foram retidas ou empurradas de volta à consciência subliminar — e, por consequência, essa parte inferior do ser humano é muito menos segura de si mesma, muito menos confiante nas diretivas de sua natureza, muito mais tateante, errante e falível em seu escopo mais amplo do que o animal em seus limites mais estreitos. Isso acontece porque o darma verdadeiro do ser humano, a lei do seu ser, é buscar uma existência autoconsciente mais vasta, uma automanifestação não mais obscura e governada por uma necessidade incompreendida, mas iluminada, consciente daquilo que se expressa e capaz de dar a essa expressão uma forma mais completa e mais perfeita. E, no final, em sua culminação, o indivíduo deve identificar-se com seu self verdadeiro e superior e agir, ou melhor, deixá-lo agir (pois a existência natural do ser humano é uma forma instrumental de expressão do espírito) em sua vontade e em seu conhecimento espontâneos e perfeitos. Seu primeiro instrumento para essa transição é a razão e a vontade da inteligência racional; à medida que elas se desenvolvem, ele é levado a depender delas para conhecer e guiar-se e a dar-lhes o controle das outras partes de seu ser. E se a razão fosse a coisa mais alta ou o meio supremo, perfeitamente suficiente, do self e do espírito, ele poderia, com a ajuda dela, conhecer perfeitamente e guiar perfeitamente todos os movimentos de sua natureza. Isso ele não poderá fazer de maneira completa, porque seu self é algo de mais vasto que sua razão e se ele se limitar pela vontade e inteligência racionais, imporá uma restrição arbitrária — em extensão e em natureza — ao seu autodesenvolvimento, à sua autoexpressão, ao seu conhecimento, à sua ação, à sua Ananda. As outras partes de seu ser também querem uma expressão completa na amplidão e na perfeição do self e não poderão obtê-la se seu tipo de expressão for mudado pela razão, sua ação talhada, recortada, modelada de maneira arbitrária e mecanizada pelo mecanismo inflexível da inteligência racional. A divindade da razão, o Logos intelectual, é apenas uma representação parcial, um substituto do Logos supramental superior, e sua função é impor um conhecimento e uma ordem preliminares e parciais à vida da criatura, mas a ordem verdadeira, a ordem final e integral só poderá ser estabelecida pelo emergir da supramente espiritual.

Na natureza inferior a supramente está presente de maneira mais forte como intuição e, portanto, é pelo desenvolvimento de uma mente intuitiva que poderemos dar o primeiro passo em direção ao conhecimento supramental espontâneo, direto e autoexistente. A natureza humana — física, vital, emocional, psíquica e dinâmica — apodera-se na superfície de sugestões que surgem do ser em si subliminar e intuitivo que corresponde a essas partes, e ela busca — em geral às apalpadelas e na maioria das vezes de maneira tortuosa — incorporá-las na ação por algum poder superficial da natureza que não é abertamente iluminado pelo poder e conhecimento interiores. Uma mente cada vez mais intuitiva tem as melhores chances de descobrir aquilo que essas partes buscam e conduzi-las à perfeição desejada de sua expressão própria. A própria razão é apenas um tipo especial de aplicação feita por uma inteligência de superfície reguladora e de sugestões que, na realidade, vêm de um poder dissimulado do espírito intuitivo, que, algumas vezes, é em parte evidente e ativo. Há, em todas as operações da razão, no ponto de origem, coberto ou semicoberto, algo que não é criação da razão, mas é dado à razão, quer de maneira direta pela intuição, quer de maneira indireta por outra parte da mente, a fim de que a razão lhe dê uma forma e um processo intelectuais. O critério racional e suas decisões e o processo mecânico da inteligência lógica, seja em suas operações mais sumárias, seja naquelas mais desenvolvidas, escondem, enquanto as desenvolve, a origem verdadeira e a substância nativa de nossa vontade e de nosso pensamento. As mentes mais vastas são aquelas em que esse véu se torna mais fino e cujo pensamento é, na maior parte, intuitivo, e muitas vezes, mas não sempre, é acompanhado de uma grande exposição de atividade intelectual. A inteligência intuitiva, contudo, nunca é de todo pura e completa na mente humana atual, porque ela trabalha no meio mental e logo é pega e recoberta com uma mistura de substância mental. Ela ainda não está solta, nem desenvolvida, nem aperfeiçoada para bastar a todas as operações efetuadas agora por outros instrumentos mentais, nem treinada para assumi-los e mudá-los ou substituí-los por suas próprias operações, mais completas, mais diretas, seguras e suficientes. De fato, isso só pode ser feito se empregarmos a mente intuitiva como um meio de transição, para trazer para fora a própria supramente secreta da qual ela é uma representação mental, e para formar em nossa consciência frontal um corpo e um instrumento da supramente, que permitirão ao self e espírito mostrar-se em sua amplidão e esplendor próprios.

Deve ser lembrado que há sempre uma diferença entre a Supramente suprema do Ishvara onisciente e onipotente e aquilo que pode ser alcançado pelo Jiva. O ser humano está se elevando para sair da ignorância e quando alcançar a natureza supramental encontrará nela os graus de sua ascensão, e deverá, primeiro, formar os graus inferiores, os passos limitados, antes de elevar-se a cumes mais altos. Aí, ele fruirá de maneira plena da luz, do poder, da Ananda essenciais do self infinito pela unidade com o Espírito; mas na expressão dinâmica, o Jiva deve determinar-se e individualizar-se segundo a natureza da expressão particular que o Espírito transcendente e universal busca nele. É a realização de Deus e a expressão de Deus que são o objeto de nosso Ioga e, mais especificamente, de seu aspecto dinâmico; é uma expressão divina do Ishvara em nós, mas nas condições da humanidade e mediante a natureza humana divinizada.

CAPÍTULO XX

A MENTE INTUITIVA

A natureza original da supramente é a autoconsciência, a toda-consciência do Infinito, do Espírito, do Self universal nas coisas que, com base no autoconhecimento direto e segundo o caráter desse conhecimento, organiza sua sabedoria e sua onipotência efetiva para o desdobramento do universo e da ação regulada de todas as coisas no universo. Podemos dizer que essa é a gnose do Espírito, mestre de seu próprio cosmos, *ātmā jñātā īśvaraḥ*. Assim como conhece a si mesmo, ele conhece todas as coisas — pois todas as coisas são seus próprios devires —, ele os conhece de maneira direta, total e de dentro para fora, de maneira espontânea, em detalhe e em sua organização, cada coisa na verdade de seu ser e de sua natureza e em suas relações com todas as outras coisas. E de modo similar ele conhece todas as operações de sua energia com seus antecedentes, a causa e a ocasião da manifestação delas, seu efeito, sua consequência, todas as coisas em seu infinito e em suas potencialidades limitadas, em sua escolha das circunstâncias reais e em sua sucessão passada, presente e futura. A supramente organizadora em um ser divino no universo seria uma delegação dessa onipotência e dessa onisciência para o propósito próprio a esse ser e dentro do escopo de sua natureza própria e de tudo que entra em sua província. A supramente, em um indivíduo, seria uma delegação similar, em qualquer escala e em qualquer província. Porém, enquanto no ser divino isso seria uma delegação direta e imediata de um poder em si ilimitado e limitado apenas na ação — mas de outro modo inalterado em suas operações, natural para o ser e sempre completo e livre —, no ser humano o emergir da supramente deverá ser uma criação gradual e, no início, imperfeita e, para sua mente habitual, essa seria a atividade de uma vontade e de um conhecimento excepcionais ou supranormais.

Em primeiro lugar, para o ser humano esse não será um poder nativo que ele fruirá sempre, sem interrupção, mas uma potencialidade secreta que deverá ser descoberta e para a qual não há órgãos em seu sistema físico ou mental atual: ele terá que desenvolver um novo órgão para isso ou, então, adotar ou transformar aqueles que já existem e torná-los utilizáveis para esse propósito. Não basta apenas desvelar o sol escondido da supramente na caverna subliminar de nosso ser secreto, nem remover a nuvem de ignorância mental que cobre sua face nos céus espirituais, para que esse sol resplandeça de imediato em toda sua glória. Nossa tarefa é muito mais complexa e muito mais difícil porque o ser humano é um ser evolutivo e pela própria evolução da Natureza, de que é uma parte, ele foi dotado de um tipo inferior de conhecimento; e esse poder de conhecimento inferior, o poder mental, pela persistência de sua ação habitual constitui um obstáculo a uma formação nova que seria superior à sua natureza própria. Uma inteligência mental limitada que aclara uma mente sensorial limitada, com a capacidade — nem sempre bem utilizada — de expandir de maneira considerável essa inteligência pelo uso da razão, são os poderes que no presente o distinguem de todas as outras criaturas terrestres. Essa mente sensorial, essa inteligência, essa razão, embora inadequadas, são os instrumentos em que o ser humano aprendeu a confiar e, por meio deles, erigiu certos alicerces que ele não está disposto a perturbar e traçou limites fora dos quais ele sente que tudo é confusão, incerteza, aventura perigosa. Ademais, a transição para o princípio superior significa não apenas uma conversão difícil de toda a sua mente, razão e inteligência, mas, em certo sentido, uma reversão de todos os seus métodos. A alma, ao elevar-se acima de certa linha crítica de mudança, vê todas as suas operações anteriores como uma ação inferior e ignorante e tem que efetuar outro tipo de funcionamento, que partirá de um ponto de vista diferente e terá uma maneira de todo diferente de pôr em movimento a energia de seu ser. Se fosse pedido a uma mente animal para abandonar conscientemente o terreno seguro dos impulsos sensoriais, da compreensão sensorial e do instinto da aventura perigosa da inteligência racional, ele poderia muito bem dar meia-volta e, relutante e alarmado, recusar o esforço. Aqui, a mente humana é chamada a um esforço ainda bem maior e, embora consciente de si e aventurosa no perímetro de suas possibilidades, ela poderia muito bem achar que a aventura está além de seu círculo e rejeitá-la. De fato, a mudança só será possível se houver, primeiro, um desenvolvimento espiritual no nível atual de nossa consciência, e isso só poderá ser empreendido com segurança quando a mente se tornar consciente do self maior dentro, se enamorar do Infinito e confiar na presença e na guiança do Divino e sua Shakti.

O problema dessa conversão reduz-se, no início, a uma passagem por um estado intermediário com a ajuda do único poder, já em ação na mente humana, que podemos reconhecer como possuidor de algo supramental em sua natureza ou, ao menos, em sua origem — a faculdade de intuição —, poder do qual podemos sentir a presença e as operações e que nos impressiona, ao agir, por sua eficiência, luz, inspiração superiores e sua força direta, mas que não podemos compreender ou analisar do modo como compreendemos ou analisamos as operações de nossa razão. A razão compreende a si mesma, mas não o que está além dela — disso, ela pode apenas fazer uma imagem ou uma representação geral; só a supramente pode discernir o método de suas próprias operações. No presente, o poder da intuição age em nós sobretudo de maneira coberta, secreta; ele está envolvido na ação da razão e da inteligência normal ou, em grande parte, velado por ela; enquanto não emergir em uma ação independente e clara, ele será ainda ocasional, parcial, fragmentário e de caráter intermitente. Ele lança uma luz súbita, faz uma sugestão luminosa, projeta uma indicação solitária e brilhante ou espalha um pequeno número de intuições isoladas ou relacionadas, discernimentos, inspirações ou revelações resplandecentes, e deixa a razão, a vontade, o sentido mental ou inteligência fazer o que cada um pode ou quer dessa ajuda em semente que lhes vem das profundezas ou das alturas de nosso ser. Os poderes mentais logo se precipitam para apoderar-se dessas coisas, manipulá-las e utilizá-las para nossos próprios propósitos mentais ou vitais, adaptá-las às formas do conhecimento inferior, encobri-las ou instalar nelas a substância e as sugestões mentais, alterando com frequência a verdade delas no processo e sempre limitando sua força de iluminação potencial por esses acréscimos e por essa sujeição às exigências do agente inferior; quase sempre eles tiram delas, ao mesmo tempo, muito pouco ou demasiado: muito pouco, ao não lhes dar tempo de instalar-se e expandir seu poder completo de iluminação; demasiado, ao apegar-se a elas ou, antes, à forma em que a mentalidade as formula, à exclusão da verdade mais vasta que o uso mais consistente da faculdade intuitiva poderia ter dado. Assim, quando intervém nas operações mentais comuns, a intuição age como um relâmpago que torna brilhante certa extensão da verdade, mas não é como uma luz solar estável que ilumina com segurança todo o alcance e todo o reino de nosso pensamento, de nossa vontade, sentimentos e atos.

Logo se apresentam duas linhas de progresso necessárias, que devemos seguir. A primeira, é expandir a ação da intuição e fazê-la mais constante, mais contínua e regular, para que abranja tudo e se torne, por fim, tão íntima e normal para nosso ser que poderá efetuar todas as operações agora feitas pela mente comum e substituí-la no conjunto do nosso sistema. Essa transferência não pode ser feita por completo enquanto a mente normal persistir em reivindicar seu poder de ação independente, em suas intervenções ou em seu hábito de apropriar-se da luz da intuição e manipulá-la para seus propósitos. A mentalidade superior não poderá ser completa ou segura enquanto a inteligência inferior for capaz de deformá-la ou mesmo de introduzir nela sua própria mistura. Devemos, então, seja silenciar por completo o intelecto e a vontade intelectual, bem como as outras atividades inferiores e deixar o espaço só para a ação intuitiva, seja pegar a ação inferior e transformá-la pela pressão constante da intuição. Ou ainda, podemos alternar e combinar os dois métodos, se esse for o meio mais natural ou se isso for, de algum modo, possível. O processo e a experiência prática do Ioga nos mostram a possibilidade de muitos métodos e movimentos, mas nenhum deles, em si mesmo, produz o resultado completo na prática, embora, à primeira vista, possa parecer, de maneira lógica, que cada um poderia ou deveria, bastar. Mas, quando aprendermos a não insistir em algum método particular como o único exclusivamente correto e entregarmos todo o movimento a uma guiança superior, perceberemos que o Senhor divino do Ioga encarrega sua Shakti de usar um ou outro em diferentes momentos e de combiná-los todos segundo a necessidade e a tendência do ser e da natureza.

No início, poderia parecer que o meio direto e correto deveria ser silenciar por completo a mente, silenciar o intelecto, a vontade mental e pessoal, a mente de desejo e a mente de emoção e sensação e, nesse silêncio perfeito, permitir ao Self, ao Espírito, ao Divino, revelar-se e deixá-lo iluminar o ser com a luz, o poder e a Ananda supramentais. E, de fato, essa é uma disciplina grande e poderosa. É a mente calma e imóvel — muito mais preparada e com uma pureza bem maior do que a mente agitada e ativa — que se abre ao Infinito, reflete o Espírito, torna-se cheia do Self e, como um templo consagrado e purificado, espera o desvelar-se do Senhor de todo nosso ser e de toda nossa natureza. É também verdade que a liberdade que esse silêncio proporciona dá a possibilidade de um jogo mais amplo ao ser intuitivo, e permite receber — com menos obstruções, tumultos e tateio mentais, sem que a mente se aproprie — as grandes intuições, inspirações e revelações que emergem de dentro e que descem do alto. É, portanto, um ganho imenso poder a todo momento, e à vontade, dispor de uma tranquilidade e de um silêncio absolutos da mente, ser livre de qualquer necessidade de pensamento, movimento ou perturbação mentais e, baseados nesse silêncio, deixar o pensamento, a vontade e o sentimento acontecerem em nós apenas quando a Shakti quiser e quando for necessário para os propósitos divinos. Torna-se mais fácil então mudar a maneira e o caráter do pensamento, da vontade e dos sentimentos. No entanto, isso não quer dizer que por esse método a luz supramental substituirá de imediato a mente inferior e a razão reflexiva. Uma vez que o silêncio foi estabelecido, a ação interior continua, mas mesmo que sejam um pensamento e um movimento mais predominantemente intuitivos, os velhos poderes interferirão ainda, se não de dentro, ao menos por centenas de sugestões de fora, e uma mentalidade inferior se misturará neles, questionará ou obstruirá ou tentará apropriar-se do movimento superior para rebaixá-lo, distorcê-lo ou diminuí-lo no processo. Portanto, a necessidade de um processo de eliminação ou de transformação da mentalidade inferior permanece sempre imperativa; ou talvez os dois ao mesmo tempo: uma eliminação de tudo que é nativo do ser inferior — seus acidentes que desfiguram, suas desvalorizações, suas distorções de substância e tudo o mais que a verdade superior não poderia abrigar — e uma transformação das coisas essenciais que nossa mente recebe da supramente e do espírito, mas que traduz nos termos da ignorância mental.

Um segundo movimento vem de modo natural àqueles que iniciam o Ioga com o impulso que é próprio à via de Bhakti. Para eles, é natural rejeitar o intelecto e sua ação, ouvir a voz, esperar o impulso ou a ordem, o *ādeśa*, obedecer apenas à ideia, à vontade e ao poder do Senhor em nós, ao Self divino, ao Purusha no coração das criaturas, *īśvaraḥ sarvabhūtānāṁ hṛddeśe*. Esse é um movimento que tende cada vez mais a "intuitivizar" toda a natureza, pois as ideias, a vontade, os impulsos, os sentimentos que vêm do Purusha secreto no coração são de natureza intuitiva, direta. Esse método é consonante com certa verdade de nossa natureza. O Self secreto dentro de nós é um self intuitivo, e esse self intuitivo habita em cada um dos centros de nosso ser — físico, nervoso, emocional, volitivo, conceitual ou cognitivo — e nos centros superiores mais diretamente espirituais. Em cada parte de nosso ser ele exerce uma iniciação secreta, intuitiva, em nossas atividades, mas essa iniciação é recebida e representada de maneira imperfeita por nossa mente externa, e convertida em movimentos da ignorância na ação exterior das diversas partes de nossa natureza. O coração, ou centro emocional da mente de desejo possuidora de pensamento, é a parte mais forte no ser humano comum; ele reúne os fatos e os disfarça, ao menos para sua apresentação à consciência — ele constitui a parte capital do sistema. É de lá que o Senhor, estabelecido no coração de todas as criaturas, as faz girar pela Maia da ignorância mental, "montadas na máquina da Natureza". É então possível — se referirmos toda inciativa de nossa ação a esse Self ou Espírito intuitivo secreto, a essa Divindade sempre presente em nós — substituir por suas influências as iniciativas de nossa natureza mental pessoal, retirarmo-nos do pensamento e da ação externas e inferiores e passarmos a um outro pensamento, a uma outra ação, interior e intuitiva, de um caráter altamente espiritualizado. No entanto, o resultado desse movimento não pode ser completo porque o coração não é o centro superior de nosso ser, não é supramental e não é movido de modo direto pelas fontes supramentais. Um pensamento e uma ação intuitivos dirigidos pelo coração podem ser muito luminosos e intensos, mas é provável que sejam limitados, mesmo estreitos, em sua intensidade, misturados às atividades emocionais inferiores e, no melhor dos casos, exaltados e agitados, desequilibrados ou exagerados pelo caráter miraculoso ou anormal da ação intuitiva, ou, ao menos, de muitos de seus acompanhamentos, o que prejudica a perfeição harmoniosa do ser. O objetivo do nosso esforço para alcançar a perfeição é conseguir que a ação espiritual e supramental não seja mais um milagre, mesmo se fosse um milagre frequente e constante, nem apenas uma intervenção luminosa de um poder maior que o nosso poder natural, mas uma ação normal do ser, e a própria natureza, a própria lei de todo seu processo.

O centro organizado mais alto de nosso ser encarnado e de suas atividades no corpo é o centro mental supremo, representado pelo símboloióguico do lótus de mil pétalas, *sahasradala;* em seu cimo, no seu grau mais alto, abre-se a comunicação direta com os níveis supramentais. É então possível adotar um método diferente e mais direto: em lugar de referir todo nosso pensamento e toda nossa ação ao Senhor escondido no lótus do coração, podemos referi-los à verdade velada da Divindade que está acima da mente e receber tudo por uma espécie de descida do alto, uma descida de que nos tornamos conscientes não apenas espiritualmente, mas também fisicamente. A siddhi, ou consumação perfeita desse movimento, só pode vir quando formos capazes de elevar o centro de nosso pensamento e de nossa ação consciente acima do cérebro físico e sentir que o pensamento e a ação acontecem no corpo sutil. Se pudermos sentir que não pensamos mais com o cérebro, mas de cima e de fora da cabeça, no corpo sutil, esse é um sinal físico seguro de uma liberação das limitações da mente física, e embora isso não se complete de imediato, nem traga, por si mesmo, a ação supramental — pois o corpo sutil é mental e não supramental — ainda assim é uma mentalidade pura e sutil, e torna mais fácil a comunicação com os centros supramentais. Os movimentos inferiores virão ainda, mas perceberemos então que é mais fácil chegar a um discernimento rápido e sutil que nos mostra logo a diferença: distingue o pensamento intuitivo das misturas intelectuais inferiores, separa-o de seus invólucros mentais e rejeita as meras agilidades da mente, que imitam a forma da intuição sem possuir sua verdadeira substância. Será mais fácil discernir com rapidez os planos superiores do ser supramental verdadeiro, invocar seu poder, para que desçam e efetuem a transformação desejada e referir todas as ações inferiores ao poder e à luz superiores, a fim de que eles possam rejeitar e eliminar, purificar, transformar e selecionar, em meio às atividades inferiores, o material justo para a Verdade que deve se organizar dentro de nós. Essa abertura a um nível superior e a alturas cada vez mais altas nesses planos e, em consequência, a re-modelação de toda a nossa consciência e de sua ação nesse modelo, sua re-modelação na substância dos poderes e das capacidades luminosas dos planos do alto, revela-se na prática como a parte mais importante do método natural usado pela Shakti divina.

Um quarto método apresenta-se de maneira natural à inteligência desenvolvida e convém ao homem pensante. Trata-se de um método que busca desenvolver nosso intelecto em vez de eliminá-lo, mas com a vontade não de amenizar suas limitações, mas de elevar suas capacidades, sua luz, sua intensidade, seu grau e força de ação até que chegue à fronteira daquilo que o transcende e possa com facilidade ser assimilado e transformado, e passe a esse modo de funcionar consciente superior. Esse movimento também é baseado na verdade de nossa natureza e faz parte do percurso e do movimento do Ioga completo da autoperfeição. Esse percurso, como o descrevi, inclui uma elevação e intensificação da ação de nossos instrumentos e poderes naturais, até que constituam, por sua pureza e sua plenitude essencial, uma perfeição preparatória para o atual movimento normal da Shakti que age em nós. A razão e a vontade inteligente, *buddhi*, é o maior desses poderes e desses instrumentos, o líder natural das outras partes do indivíduo desenvolvido e o mais capaz de ajudar seu desenvolvimento. As atividades comuns de nossa natureza são todas elas úteis para a perfeição maior que buscamos, todas são destinadas a servir-lhe de material, e quanto maior o desenvolvimento delas, mais rica é a preparação para a ação supramental.

O ser intelectual também deve ser conduzido pela Shakti no curso do Ioga e levado a seus poderes mais elevados e mais completos. A subsequente transformação do intelecto é possível porque toda a ação do intelecto deriva secretamente da supramente: cada pensamento, cada vontade contém alguma verdade da supramente, quaisquer que sejam as limitações e alterações trazidas pela ação inferior da inteligência. A transformação só pode efetuar-se se suprimirmos as limitações e eliminarmos os elementos que distorcem e desviam. Contudo, isso não pode ser feito apenas pela elevação e intensificação da atividade intelectual, pois essa será sempre limitada pelos defeitos originais inerentes à inteligência mental. Uma intervenção da energia supramental é necessária, a fim de aclarar a inteligência, desembaraçá-la de suas deficiências no pensamento, na vontade, no sentimento. Essa intervenção tampouco pode ser de todo efetiva, a menos que o plano supramental se manifeste e aja acima da mente, não mais por trás de um tampo ou de um véu — por mais fino que este véu tenha se tornado —, mas de maneira mais constante em uma ação aberta e luminosa, até que vejamos o pleno sol da Verdade, sem nenhuma nuvem para atenuar seu esplendor. Tampouco é necessário desenvolver por completo o intelecto em sua separatividade antes de fazer descer essa intervenção e abrir por meio dela os níveis supramentais. A intervenção pode acontecer mais cedo e logo desenvolver a ação intelectual e, à medida que ela se desenvolve, mudá-la em uma forma superior, intuitiva, e em uma substância intuitiva.

A vasta ação natural da Shakti combina todos esses métodos. Algumas vezes no início, algumas vezes mais tarde ou, talvez, no último estágio, ela proporciona a liberdade do silêncio espiritual. Ela abre o ser intuitivo secreto dentro da própria mente e habitua-nos a referir todo nosso pensamento, sentimento, vontade e ação à iniciativa do Divino, ao Esplendor e ao Poder que agora estão escondidos nos mais profundos recantos da mente. Quando estamos prontos, ela eleva o centro de suas operações ao cume do mental e abre os níveis supramentais; ela procede de duas maneiras: por uma ação do alto ao baixo, que preenche e transforma a natureza inferior, e por uma ação de baixo para cima, que eleva todas as energias àquilo que está acima delas até que a transcendência seja completada e a mudança de todo o sistema seja efetuada de maneira integral. Ela toma a inteligência, a vontade e os outros poderes naturais e os desenvolve, mas traz, de modo contínuo, a mente intuitiva e, depois, a verdadeira energia supramental, para mudar e ampliar a ação deles. Ela não faz essas coisas em uma ordem fixa e de modo mecânico e invariável como a rigidez do intelecto lógico gostaria, mas o faz de maneira livre e flexível segundo as necessidades de seu trabalho e a demanda da natureza.

O primeiro resultado não será uma criação da verdadeira supramente, mas a organização de uma mentalidade sobretudo, ou mesmo completamente, intuitiva, desenvolvida o suficiente para tomar o lugar da mentalidade comum e do intelecto lógico racional do ser humano desenvolvido. A mudança mais proeminente será a transmutação do pensamento: ele será intensificado e preenchido com uma substância de luz concentrada, de poder concentrado, da alegria concentrada da luz e do poder dessa exatidão direta que são os sinais de um pensamento intuitivo verdadeiro. Não serão apenas sugestões primordiais ou conclusões rápidas que essa mente dará, mas ela conduzirá também, com a mesma luz de verdade, o mesmo poder, a mesma alegria de certeza e de visão espontânea e direta da verdade, as operações que conectam e desenvolvem, agora conduzidas pela razão intelectual. A vontade também será mudada nesse caráter intuitivo, ela procederá de maneira direta, com a luz e o poder, para aquilo a ser feito, *kartavyaṁ karma* e, com uma visão rápida das possibilidades e realidades, organizará as combinações necessárias à sua ação e ao seu propósito. Os sentimentos também serão intuitivos, captarão as relações justas, agirão com uma luz e poder novos, uma segurança feliz; guardarão apenas as emoções espontâneas e os desejos justos enquanto durarem e, quando desaparecerem, os substituirá por um amor luminoso e espontâneo e por uma Ananda que conhece e apreende de imediato a justa *rasa* de seus objetos. Todos os outros movimentos mentais serão aclarados da mesma maneira, mesmo os movimentos prânicos e sensoriais e a consciência do corpo. E, em geral, haverá também algum desenvolvimento das faculdades psíquicas, dos poderes e das percepções da mente interior e de seus sentidos, não dependentes dos sentidos exteriores e da razão. A mentalidade intuitiva será não apenas algo mais forte e mais luminoso, ela será, em geral, capaz de operações muito mais extensas que as da mente comum do mesmo indivíduo antes desse desenvolvimento pelo Ioga.

Se a mentalidade intuitiva pudesse se tornar perfeita em sua natureza, sem mistura com nenhum elemento inferior e mesmo assim permanecer inconsciente de suas próprias limitações e da grandeza daquilo mais além dela, ela poderia formar um outro estado definido, uma nova etapa, como foram a mente instintiva do animal e a mente racional do ser humano. Mas a mentalidade intuitiva só poderia ser perfeita e autossuficiente de maneira permanente abrindo-se à supramente acima dela, e essa abertura revelaria de imediato suas limitações e a relegaria a uma ação secundária de transição entre a mente intelectual e a natureza supramental verdadeira. A mentalidade intuitiva é ainda a mente e não a gnose. Ela é, com certeza, uma luz que vem da supramente, mas é alterada e diminuída pela substância mental na qual trabalha, e a substância da mente sempre tem uma base de ignorância. A mente intuitiva não é ainda a vasta luz solar da verdade, mas é um jogo constante de lampejos de luz da verdade, que mantém iluminado um estado básico de ignorância ou de semiconhecimento e conhecimento indireto. Enquanto permanecer imperfeita, ela será invadida por uma mistura de mentalidade ignorante em que sua verdade estará constantemente ameaçada pelo erro. Mesmo depois de ter adquirido um modo de agir natural mais amplo, mais livre dessa intermistura, enquanto a substância da mente em que ela trabalha mantiver o velho hábito intelectual ou mental inferior, ela estará sujeita às adições de erros, à obscuridade, a muitos tipos de recaídas. Ademais, a mente individual não vive sozinha e para si mesma, mas, na mente geral, e tudo que rejeita derrama-se na atmosfera mental geral em torno dela e tende a retornar-lhe e invadi-la com as velhas sugestões e inumeráveis incitações do velho caráter mental. A mente intuitiva, em crescimento ou já crescida, deve, portanto, estar constantemente em guarda contra as invasões e o acréscimo, velar para rejeitar e eliminar misturas, ocupar-se em "intuitivizar" cada vez mais toda a substância da mente, e isso só pode terminar quando ela mesma estiver iluminada, transformada, elevada à luz completa do ser supramental.

Ademais, essa nova mentalidade é, em cada indivíduo, a prolongação do poder atual do seu ser e, por mais novos e notáveis que sejam seus desenvolvimentos, sua organização está dentro de certa gama de capacidades. De fato, ela pode limitar-se ao trabalho que tem em mãos e à gama atual de suas capacidades adquiridas, mas a natureza de uma mente aberta ao infinito é de progredir, de mudar e de alargar--se — ao aventurar-se além de suas fronteiras, essa mentalidade nova pode tornar-se propensa a um retorno ao velho hábito de busca intelectual na ignorância, por mais modificada que esteja pelo hábito intuitivo novo — a menos, e até, que ela seja sempre dominada e conduzida pela ação manifestada de uma energia supramental luminosa mais completa. Essa é, de fato, sua natureza: servir de traço de união e de transição entre a mente atual e a supramente, e enquanto a transição não for completa, haverá algumas vezes uma gravitação para baixo, algumas vezes uma tendência para o alto, oscilações, uma invasão e uma atração de baixo, uma invasão e atração do alto e, no melhor dos casos, um estado incerto e limitado entre os dois polos. Assim como a inteligência superior do ser humano situa-se entre sua mente humana habitual e animal embaixo, e sua mente espiritual evolutiva no alto, do mesmo modo essa primeira mente espiritual situa-se entre a mentalidade humana intelectualizada e o conhecimento supramental superior.

A natureza da mente é de viver entre meias-luzes e obscuridade, em meio a probabilidades e possibilidades, em meio a aspectos apreendidos de maneira parcial, a incertezas e semicertezas: é uma ignorância ávida por conhecimento, que se esforça para alargar-se e pressiona com todo seu peso o corpo escondido da verdadeira gnose. A supramente vive na luz das certezas espirituais: ela é para o ser humano o conhecimento que abre o corpo concreto do esplendor natural que lhe é próprio. A mente intuitiva no começo ilumina as meias-luzes da mente, suas probabilidades e suas possibilidades, seus aspectos, suas certezas incertas, suas representações; ela revela a verdade escondida, ou semiescondida e semimanifestada por essas aproximações e, em sua ação superior ela abre um primeiro acesso à verdade supramental por uma visão mais próxima e direta, uma indicação luminosa ou uma lembrança do conhecimento do espírito, uma intuição ou um olhar através das portas da visão universal e do conhecimento secreto do ser. Ela é uma primeira e imperfeita organização dessa luz e poder maiores — imperfeita, porque acontece na mente e não baseada em sua própria substância de consciência natural, porque é uma constante comunicação e não uma presença constante e completamente imediata. A perfeição perfeita situa-se mais além, nos planos supramentais, e deve basear-se em uma transformação mais decisiva e completa da mentalidade e de nossa natureza inteira.

CAPÍTULO XXI

AS GRADAÇÕES DA SUPRAMENTE

A mente intuitiva é uma tradução imediata da verdade em termos mentais, semi-transformados por uma substância supramental irradiante; é a tradução de um autoconhecimento infinito que atua acima da mente, no espírito supraconsciente. Esse espírito manifesta-se a nós, primeiro, como um self maior que está, ao mesmo tempo, acima de nós, em nós e ao nosso redor, e nosso self atual, nossa personalidade e nossa natureza mentais, vitais e físicas são uma porção imperfeita dele, um derivado parcial, um símbolo inferior e inadequado e, à medida que a mente intuitiva cresce em nós e todo o nosso ser modela-se no molde de uma substância intuitiva, sentimos uma espécie de semitransformação de nossos membros que os muda na natureza desse self, desse espírito maior. Todo o nosso pensamento, nossa vontade, nossos impulsos, sentimentos e, no final, mesmo todas as nossas sensações mais exteriores, vitais e físicas tornam-se, cada vez mais, transmissões diretas do espírito e assumem outra natureza, cada vez mais pura, imperturbável, poderosa e luminosa. Esse é apenas um lado da mudança: do outro lado, tudo que pertence ainda ao ser inferior, tudo que ainda nos parece vir de fora ou ser sobrevivência da ação de nossa velha personalidade inferior, sente a pressão da mudança e tende cada vez mais a modificar-se e a transformar-se na substância e natureza novas. O superior desce e toma em grande parte o lugar do inferior, mas o inferior também muda, transforma-se no material da ação, torna-se parte da substância do ser superior.

O vasto espírito acima da mente aparece, no início, como uma presença, uma luz, um poder, uma fonte, um infinito, mas tudo o que podemos conhecer dele no começo é uma identidade infinita de ser, consciência, poder de consciência, Ananda. Tudo o mais vem daí, mas não toma a forma determinada de um pensamento, de uma vontade ou de um sentimento acima de nós, salvo na mente intuitiva e nesse nível. Ou, ainda, sentimos e percebemos de diversas maneiras um Purusha vasto e infinito que é a verdade eternamente viva desse ser e dessa presença, um conhecimento vasto e infinito que é a potência dessa luz e dessa consciência, uma vontade vasta e infinita que é a potência desse poder de consciência, um amor vasto e infinito que é a potência dessa Ananda. Mas todas essas potências, à parte sua forte realidade e o efeito de sua presença essencial, só nos são conhecidas de alguma maneira definida na medida em que são traduzidas para nosso ser mental intuitivo e no nível dele, dentro dos seus limites. No entanto, à medida que progredimos e nos unimos cada vez mais, de maneira luminosa e dinâmica, a esse espírito ou Purusha, manifesta-se uma ação superior do conhecimento, da vontade e do sentimento espiritual e parece organizar-se acima da mente, e isso reconhecemos como a verdadeira supramente e o jogo real e original do conhecimento, da vontade e da Ananda infinitos. A mentalidade intuitiva, então, se torna um movimento secundário e inferior ao serviço desse poder superior; ela responde e consente a todas as suas iluminações e às suas ordens e as transmite às partes inferiores e, quando elas não se manifestam, ou não são logo evidentes, ela tenta muitas vezes tomar o lugar do poder superior, imitar sua ação e fazer, o melhor que puder, o trabalho da natureza supramental. De fato, em relação à supramente, ela ocupa o mesmo lugar, e encontra-se na mesma relação, que a inteligência comum em relação à mente intuitiva em um estado anterior do Ioga.

Essa ação dupla nos dois planos de nosso ser (superior e inferior) fortalece primeiro, a mentalidade intuitiva enquanto operação secundária, e a ajuda a expelir ou a transformar de maneira mais completa os remanescentes, as invasões ou os acréscimos da ignorância. E cada vez mais essa ação intensifica a própria mentalidade intuitiva em sua luz de conhecimento e, por fim, a transforma em imagem da própria supramente, mas, em geral, começa na ação mais limitada da gnose, quando esta assume a forma daquilo que poderíamos chamar uma razão supramental luminosa ou razão divina. É como essa razão divina que a própria supramente, no início, pode manifestar sua ação e, então, quando ela muda a mente em sua própria imagem, ela desce e toma o lugar da inteligência e da razão comuns. Nesse meio-tempo, um poder supramental superior, de um caráter muito mais vasto, revela-se acima e toma a alta direção da ação divina no ser. A razão divina é de caráter mais limitado porque, embora não tenha a marca mental e seja uma operação direta da verdade e do conhecimento, ela é, no entanto, um poder delegado para uma gama de propósitos superiores em luz, mas, ainda assim, até certo ponto análogos àqueles da vontade e da razão humana comuns; é na supramente ainda mais alta que intervém a ação direta, inteiramente revelada e imediata, do Ishvara no ser humano.

Essas distinções entre a mente intuitiva, a razão divina, a supramente superior e outras gradações dentro dessas próprias gradações, devem ser feitas porque, mais tarde, elas se tornam de grande importância. No início, a mente toma tudo o que lhe vem dos planos além sem distinção, como uma iluminação espiritual suficiente, e aceita mesmo estados iniciais e primeiras iluminações como fins últimos, mas depois percebe que permanecer aí seria permanecer em uma realização parcial, e que é preciso continuar a elevar-se e a ampliar-se até que ao menos seja alcançada certa completude na amplidão e na estatura divinas.

É difícil para o intelecto apreender o sentido de todas essas distinções supramentais: os termos mentais pelos quais elas podem ser traduzidas estão faltando ou são inadequados, e essas gradações só podem ser entendidas após certa visão ou certas aproximações adquiridas na experiência. Certo número de indicações é tudo o que, no presente, pode ser útil oferecer. E, primeiro, será bastante notar certos indícios na mente pensante, pois é aí que algumas chaves mais próximas da ação supramental podem ser descobertas. O pensamento da mente intuitiva procede inteiramente por meio de quatro poderes que dão uma forma à verdade: uma intuição que sugere a ideia da verdade; uma intuição que discerne; uma inspiração que traz a palavra da verdade e algo de sua substância superior; uma revelação que molda à nossa visão a própria face e o próprio corpo de sua realidade. Essas coisas não são, de nenhum modo, semelhantes a certos movimentos da inteligência mental comum, que parecem análogos e que nossa inexperiência inicial confunde com a intuição verdadeira. A intuição sugestiva não é a mesma coisa que a perspicácia intelectual de uma inteligência rápida e o discernimento intuitivo não é a apreciação ágil do intelecto racional; a inspiração intuitiva não é idêntica à ação inspirada da inteligência imaginativa, nem a revelação intuitiva é igual à luz forte de uma compreensão íntima e de uma experiência puramente mentais.

Poderia ser exato talvez, dizer que essas atividades citadas são representações mentais de movimentos superiores, tentativas da mente comum que busca fazer as mesmas coisas, ou uma imitação intelectual melhor possível do modo de funcionar da natureza superior. As intuições verdadeiras diferem dessas imitações eficazes, mas insuficientes: elas diferem por sua substância de luz, por seu modo de ação e seu método de conhecimento. A rapidez do intelecto depende de uma série de instantes despertos da ignorância mental de base, que abre os olhos às imagens e representações mentais da verdade — que podem ser plenamente válidas em seu campo próprio e para seus propósitos, mas não são necessariamente, e por natureza, confiáveis. Para emergir, elas dependem das sugestões fornecidas pelos dados mentais e sensoriais ou da acumulação do conhecimento mental anterior. Elas buscam a verdade como algo externo, um objeto a ser encontrado, observado e armazenado como uma aquisição e, quando o encontram, examinam de maneira minuciosa sua superfície, seus aspectos, o que sugere. Esse exame minucioso nunca pode dar uma ideia completa e adequada da verdade. Por mais positivas que essas representações e imagens possam parecer no momento, a cada instante elas devem ser ultrapassadas, rejeitadas e consideradas incompatíveis com o conhecimento novo.

O conhecimento intuitivo, ao contrário, por mais limitado que possa parecer em seu campo de ação ou em sua aplicação é, nos limites desse campo, seguro. Ele nos dá uma certeza imediata, durável e, sobretudo, autoexistente. Pode ser que ele tome como ponto de partida os dados da mente e dos sentidos ou, antes, que busque aclarar e revelar o sentido verdadeiro desses dados ou, então, conduza uma linha de pensamentos e conhecimentos passados a novos significados e novas conclusões, mas ele não depende de nada, apenas de si mesmo, e pode brotar de seus próprios campos brilhantes, independente de sugestões ou informações prévias; esse tipo de ação torna-se cada vez mais comum e acrescenta-se a outro para abrir novas profundezas e extensões de conhecimento por identidade. É a revelação de um conhecimento que é secreto, mas já existente no ser: não é uma aquisição, mas algo que estava sempre aí e pronto a revelar-se. O conhecimento intuitivo vê de dentro a verdade, e ilumina o exterior com essa visão interior e harmoniza-se também, sem dificuldade — desde que nos mantenhamos intuitivamente despertos —, com todas as verdades novas que estão por vir. Essas características se tornam mais pronunciadas e intensas nas zonas superiores, nas expansões supramentais propriamente ditas; na mente intuitiva elas não são, talvez, sempre reconhecíveis em toda sua pureza e completude, devido à mistura da substância mental e de seus acréscimos, mas na razão divina e na ação supramental superior, elas se liberam e tornam-se absolutas.

A intuição sugestiva, quando opera no nível mental, comunica uma ideia interior direta e iluminadora da verdade, uma ideia que é a imagem verdadeira e um indicador da verdade, não ainda a visão total, nem a visão concreta, mas, antes, é como uma lembrança brilhante de uma verdade, um reconhecimento de algum segredo do conhecimento do self. Ela é uma representação viva, não um símbolo ideativo, um reflexo, mas um reflexo que é iluminado por algo da real substância da verdade. O discernimento intuitivo é uma operação secundária que põe essa ideia da verdade em seu justo lugar e em sua relação com outras ideias. E enquanto houver o hábito da intervenção e acréscimo mentais, ele servirá também para distinguir a visão mental da visão mais alta, para separar a substância mental inferior que estorva com sua mistura a pura substância da verdade, e laborará para desenredar a mistura confusa de ignorância e conhecimento, de falsidade e erro. Assim como a intuição é da natureza de uma memória, de uma lembrança luminosa de uma verdade autoexistente, do mesmo modo a inspiração é da natureza da escuta verdadeira: ela é uma recepção imediata da própria voz da verdade, ela atrai de imediato a palavra que a incarna com perfeição e contém algo mais que a luz da ideia da verdade: ela captura o fluxo da realidade interior da verdade e o vívido movimento do fluir de sua substância. A revelação é da natureza da visão direta, *pratyakṣa-dṛṣṭi*, e torna evidente à nossa visão a coisa em si mesma, da qual a ideia é uma representação. Ela torna visíveis o próprio espírito, o ser e a realidade da verdade, e torna-os parte da consciência e da experiência.

No processo de desenvolvimento da natureza supramental, supondo-se que siga uma gradação regular, pode-se ver que os dois poderes inferiores aparecem primeiro — embora não necessariamente vazios de toda ação dos poderes superiores — e, à medida que se desenvolvem e seu modo de funcionar se torna normal, eles formam uma espécie de gnose intuitiva inferior. A combinação dos dois primeiros poderes é necessária para a perfeição da gnose inferior. Se o discernimento intuitivo opera por si mesmo, ele cria uma espécie de iluminação crítica que age nas ideias e percepções do intelecto e as gira em direção a elas mesmas a fim de que a mente possa separar a verdade delas de seu erro; no final ele cria, em lugar do julgamento intelectual, um julgamento intuitivo luminoso, uma espécie de gnose crítica: mas é possível que isso seja desprovido de um conhecimento iluminador novo, ou crie apenas o bastante de uma ampliação da verdade, como seria a consequência natural quando ela se separa do erro. Por outro lado, se a intuição sugestiva opera sozinha, sem esse discernimento, há, de fato, acessos contínuos a verdades e luzes novas, mas elas são facilmente rodeadas e estorvadas pelos acréscimos mentais, e sua conexão, sua relação, o desenvolvimento harmonioso de uma à outra é enevoado e rompido pela interferência. Cria-se um poder de percepção intuitivo, ativo, regular, mas não uma mente de gnose intuitiva completa e coerente. Os dois poderes juntos suprem as insuficiências da ação isolada de cada um e constroem uma mente de percepção e discernimento intuitivos, que pode fazer o trabalho da inteligência mental tropeçante e mais ainda — e fazê-lo com a luz, a segurança e o poder superiores de uma ideação direta e infalível.

Do mesmo modo, os dois poderes superiores criam uma gnose intuitiva superior. Quando agem na mentalidade como dois poderes separados, eles também não são, em si mesmos, suficientes sem as atividades associadas. De fato, a revelação pode apresentar a realidade, as identidades da verdade como ela é em si e acrescentar algo de muito poder à experiência do ser consciente, mas pode faltar-lhe a palavra que encarna, a ideia que faz brotar, a busca coerente das relações e das consequências:

podemos possuí-la em nosso self, mas sermos incapazes de comunicá-la às outras partes do self e mediante essas partes. Pode haver aí a presença da verdade, mas não sua manifestação completa. A inspiração pode dar a palavra da verdade, o sopro de sua *dynamis* e de seu movimento, mas isso não é a coisa completa e segura em seus efeitos sem a revelação completa de tudo o que ela contém e sugere luminosamente, e sem que suas relações com o todo sejam organizadas. A mente intuitiva inspirada é uma mente constituída de relâmpagos que iluminam numerosos pontos obscuros, mas a luz necessita ser canalizada e fixada em uma corrente de esplendores regulares que formarão um poder estável de conhecimento organizado de maneira lúcida. A gnose superior, por si mesma e por seus dois poderes, seria uma mente de esplendores espirituais absorvida de maneira exclusiva em seu próprio domínio, a produzir, talvez, de maneira invisível, seus efeitos sobre o mundo, mas lhe faltaria um elo de comunicação mais estreito e mais comum com os movimentos mais normais da mente — o elo que é fornecido pela ação ideativa inferior. A ação unida — ou então a ação amalgamada e unificada dos quatro poderes constitui a gnose intuitiva completa, armada e equipada de maneira plena.

Um desenvolvimento regular, que permitisse certa manifestação simultânea dos quatro poderes, começaria já a criar, em uma escala extensa o suficiente, a mente intuitiva sugestiva inferior e crítica e, então, desenvolveria acima dela a mentalidade intuitiva inspirada e reveladora. Em seguida, tomaria os dois poderes inferiores e os elevaria ao poder e ao campo da inspiração e faria agir o todo em uma única e mesma harmonia ou, em uma intensidade mais alta, em uma única e mesma luz indivisível que faria, ao mesmo tempo, o trabalho dos três reunidos e unificados. Por fim, em um movimento similar, esse desenvolvimento regular tomaria esses três poderes e os elevaria ao poder revelador da gnose intuitiva e os uniria a ela. De fato, na mente humana, o processo claro de desenvolvimento tende sempre a ser mais ou menos perturbado, confundido e tornado irregular em seu curso, sujeito a recaídas, avanços incompletos, retornos a coisas não cumpridas, ou cumpridas de maneira imperfeita devido à mistura constante e à intervenção dos movimentos existentes da semiconsciência mental e da obstrução proveniente da substância da ignorância mental. No final, porém, poderá vir um tempo em que o processo será completo, o tanto que seja possível no nível da mente, e poderá formar-se com clareza uma luz supramental mitigada composta desses quatro poderes, o mais alto a conduzir ou a absorver os demais em seu próprio corpo. Nesse ponto, quando a mente intuitiva estiver plenamente formada no ser mental e for bastante forte para dominar, talvez mesmo para ocupar inteiramente o lugar das diversas atividades mentais, um outro passo tornar-se-á possível: a elevação do centro e do nível de ação acima da mente e a predominância da razão supramental.

A primeira característica dessa mudança é uma reversão completa, uma reviravolta, poder-se-ia quase dizer, de todas as atividades. No presente, vivemos na mente, e sobretudo na mente física, mas ainda assim não como o animal, que está de todo submergido nas operações físicas, vitais e sensoriais. Ao contrário, nós alcançamos certa elevação mental de onde podemos olhar do alto as atividades da vida, dos sentidos, do corpo, e dirigir-lhes a luz mental superior, refletir, julgar, usar nossa vontade para modificar a ação da natureza inferior. Por outro lado, dessa elevação erguemos os olhos também, de maneira mais ou menos consciente, para algo acima, do qual recebemos, seja de maneira direta, seja através de nosso ser subconsciente ou subliminar, impulsos supraconscientes secretos que animam nosso pensamento, nossa vontade e todas as nossas outras atividades. O processo dessa comunicação é velado, obscuro e, em geral, as pessoas não o percebem, exceto em certas naturezas altamente desenvolvidas; mas quando avançamos no conhecimento de nós mesmos, descobrimos que todo nosso pensamento e toda nossa vontade originam-se no alto, embora tomem forma na mente, e é aí que começam a se tornar abertamente ativos. Se desfizermos os nós da mente física que nos atam ao instrumento cerebral e nos identificam com a consciência corporal, conseguiremos nos mover na mentalidade pura, e essa origem superior tornar-se-á clara à nossa percepção de maneira constante.

O desenvolvimento da mentalidade intuitiva torna essa comunicação direta, não mais subconsciente e obscura; mas estamos ainda na mente e a mente ainda olha para o alto para receber a comunicação supramental, que transmite às outras partes do ser. Ao fazer isso, a mente não cria mais completamente suas próprias formas para o pensamento e a vontade que descem nela, mas mesmo assim as altera, lhes dá nuances, limita-as e impõe-lhes algo de seu próprio método. Ela ainda é a receptora e a transmissora do pensamento e da vontade — embora não mais a formadora deles, exceto por uma influência sutil —, porque lhes fornece uma substância mental ou, ao menos, circunda-os com uma decoração mental ou uma moldura e atmosfera mentais. Contudo, quando a razão supramental se desenvolve, o Purusha se alça acima da elevação mental e a partir desse ponto olha do alto todas as operações da mente, da vida, dos sentidos, do corpo, em uma luz e atmosfera de todo diferentes; ele as vê e as conhece com uma visão de todo diferente e com um conhecimento livre e verdadeiro, porque não está mais submerso na mente. No presente, o ser humano está apenas parcialmente liberado da involução na animalidade — pois sua mente em parte elevou-se acima e em parte permaneceu imersa na vida, nos sentidos e no corpo e é controlada por eles — e ele não está, de nenhum modo, liberado das formas e dos limites mentais. Porém, uma vez que se eleva à altura supramental, ele é liberado do controle inferior e governa toda a sua natureza — essencialmente e inicialmente primeiro e em sua consciência mais alta, pois tudo o mais deve ainda ser transformado —, mas, quando isso é feito, ou na medida em que for feito, ele se torna um ser livre e mestre de sua mente, de seus sentidos, de sua vida e de seu corpo.

A segunda característica da mudança é que o pensamento e a vontade podem agora se formar inteiramente no plano supramental e, com isso, uma vontade e um conhecimento totalmente luminosos e eficazes começam a instalar-se. A luz e o poder, no começo, não são, de fato, completos, porque a razão supramental é apenas uma formulação simples da supramente, e a mente e as outras partes do ser devem ainda ser mudadas conforme o molde da natureza supramental. A mente, é verdade, não age mais como a originadora, formadora ou juíza aparente do pensamento, da vontade ou de qualquer outra coisa, mas age ainda como canal transmissor e, portanto, nessa medida, como receptora e, até certo ponto, como obstrutora e deformadora da transmissão do poder e da luz que vêm do alto. Há uma disparidade entre a consciência supramental em que o Purusha agora se mantém, pensa e quer, e a consciência mental, vital e física através da qual ele deve manifestar sua luz e seu conhecimento. Ele vive e vê com uma consciência ideal, mas ainda precisa torná-la de todo prática e efetiva em seu self inferior. De outro modo, ele poderá agir com uma eficiência espiritual maior ou menor, por uma comunicação interior com outros no nível espiritual e no nível mental superior, que é tocado com mais facilidade pelo nível espiritual, mas os efeitos serão atenuados e retardados pela inferioridade ou pela ausência do funcionamento integral do ser. Isso só poderá ser remediado quando a supramente se apoderar da consciência mental, vital e física e as supramentalizar — isto é, quando as transformar em moldes de natureza supramental. Isso será muito mais fácil de ser feito se já houve a preparação ióguica dos instrumentos da natureza inferior, sobre os quais já falamos; caso contrário, teremos muitas dificuldades em nos desembaraçar da discórdia ou da disparidade entre a supramentalidade ideal e os instrumentos de transmissão mental: o canal da mente, o coração, os sentidos, o ser nervoso e o ser físico. A razão supramental pode fazer em grande parte um primeiro trabalho de transformação, mas não todo o trabalho.

A razão supramental é da natureza de uma vontade e de uma inteligência espirituais diretas, luminosas em si, que funcionam por si mesmas; ela não é mental, *mānasa buddhi*, mas supramental, *vijñāna buddhi*. Ela age pelos mesmos poderes que a mente intuitiva, mas aqui esses quatro poderes agem desde o início juntos, em certa completude, sem serem alterados pela substância mental da inteligência, nem preocupados sobretudo em iluminar a mente: operam à sua maneira própria e para seus propósitos nativos próprios. E em meio a esses quatro poderes o discernimento, aqui, é dificilmente reconhecível como um poder separado, mas está presente de maneira constante nos três outros e, neles, é aquilo que determina sua extensão e conecta seus conhecimentos respectivos. Existem três níveis nessa razão: um, em que a operação do que podemos chamar uma intuição supramental dá a forma e os traços predominantes; um outro, em que isso é feito por uma inspiração supramental rápida; e um terceiro, em que uma vasta revelação supramental lidera e imprime o caráter geral; cada um desses degraus nos aproxima de uma substância mais concentrada, de uma luz, eficácia e escopo mais altos da vontade e do conhecimento verdadeiros.

O trabalho da razão supramental abarca tudo o que a razão mental pode fazer e vai além, mas ela começa da outra extremidade e tem uma operação correspondente. As verdades essenciais do self e do espírito e o princípio das coisas não são, para a razão espiritual, ideias abstratas ou experiências sutis ou insubstanciais a que ela chega por uma espécie de salto por cima dos limites: essa é uma realidade constante, o fundo natural de toda sua ideação e de toda sua experiência. Ela não "alcança", como a mente, as verdades totais e gerais ou particulares do ser, da consciência, das sensações espirituais e outras, da Ananda, da força e da ação, ela as desvela de maneira direta — desvela a realidade, e o fenômeno e o símbolo, o que existe, a possibilidade e a consecução, aquilo que é determinado e aquilo que determina, e tudo isso com uma evidência autoluminosa. Essa razão supramental formula e põe em ordem as relações dos pensamentos entre si, das forças entre si, das ações entre si e de cada um com os outros, e depois os lança em uma harmonia convincente e luminosa. Ela inclui os dados dos sentidos, mas lhes dá um outro significado à luz daquilo que está por trás deles e os trata apenas como indicações externas: a verdade interior é conhecida por um sentido superior que ela já possui. E ela não depende apenas desses dados, mesmo no domínio próprio a eles — o domínio dos objetos sensoriais —, e tampouco é limitada pelo raio de ação deles. A razão espiritual possui um sentido e uma sensação espirituais próprios, aos quais relaciona também os dados que recolhe de um sexto sentido: o sentido mental interior. E toma também as iluminações, os símbolos vivos e as imagens familiares da experiência psíquica e os relaciona também com as verdades do self e do espírito.

A razão espiritual toma também as emoções e as sensações psíquicas, as relaciona com seus equivalentes espirituais, comunica-lhes os valores da consciência superior e da Ananda de onde se originam — e de que elas são modificações na natureza inferior — e corrige suas deformações. De modo similar, ela toma os movimentos do ser e da consciência vitais, reúne-os aos movimentos da vida espiritual do self e comunica-lhes seu sentido e seu poder, Tapas. Ela toma a consciência física, a libera da obscuridade, do tamas da inércia e faz dela um recipiente responsivo e um instrumento sensível à luz, ao poder e à Ananda supramentais. Ela lida com a vida, com a ação e com o conhecimento como o fazem a vontade e a razão mentais, mas não parte da matéria, da vida e dos sentidos, nem de seus dados, relacionando-os, pela ideia, à verdade das coisas superiores; mas, ao contrário, ela parte da verdade do self e do espírito e os reúne aos dados da mente, da alma, da vida, dos sentidos e da matéria, por uma experiência espiritual direta que assume todas as outras experiências como suas formas e instrumentos. Ela comanda uma extensão muito mais vasta que a da mente encarnada comum fechada na prisão dos sentidos físicos, e mais vasta também do que a mentalidade pura, mesmo quando essa está livre em sua própria esfera e opera com a ajuda da mente física e dos sentidos interiores. E ela tem aquele poder que a vontade e a razão mentais não possuem — porque deveras não se autodeterminam e não determinam as coisas na origem —, o poder de transformar o ser inteiro, em todas as suas partes, e de fazer dele um instrumento harmonioso e uma manifestação do espírito.

Contudo, a razão espiritual age sobretudo pela ideia e pela vontade representativas do espírito, embora tenha como fonte constante uma verdade mais vasta e mais essencial que é seu suporte e sua referência. Esse é, então, um poder de luz do Ishvara, mas não o poder essencial de sua presença imediata no ser; essa é *sūrya-śakti*[1] do Ishvara e não a totalidade de sua *ātma-śakti*[2] ou *parā svā prakṛti*[3] que age na razão espiritual. A ação direta desse poder imediato começa na supramente superior: ela pega tudo o que foi realizado até aqui, no corpo, na vida, na mente, no ser intuitivo e pela razão espiritual, e modela tudo o que foi criado, tudo o que foi reunido, mudado em substância de experiência pelo ser mental e se tornou parte da consciência, da personalidade e da natureza, e faz disso uma harmonia superior com o infinito supremo e com a vida universal do espírito. A mente pode receber o toque do infinito e do universal, pode refleti-los e mesmo perder-se neles, mas só a supramente permite ao indivíduo ser completamente uno em ação com o Espírito universal e transcendente.

Aqui, a única coisa que está sempre e a cada instante presente, aquilo para o qual crescemos e no qual vivemos sempre, é o ser infinito, e tudo o que é, é visto, é

---

1. *sūrya-śakti* – poder solar. (N. da T.)
2. *ātma-śakti* – poder do ser. (N. da T.)
3. *parā svā prakāsi* – a Natureza mais alta, própria do Ishvara. (N. da T.)

sentido, é conhecido e existe apenas enquanto substância do ser único; o fato único é a consciência infinita: tudo que é consciente e age e se move é visto, é sentido, é recebido, é vivido enquanto experiência e energia do ser único; o fato único é a Ananda infinita: tudo que sente e é sentido, é visto, é sentido, é conhecido, é recebido e é vivido como formas da Ananda única. Tudo o mais é apenas manifestação e circunstância dessa única verdade de nossa existência. Não é mais um mero "ver" e "conhecer": mas a própria condição do self em tudo e de tudo no self, Deus em tudo e tudo em Deus, e tudo visto como Deus; e essa condição agora não é mais uma experiência que se oferece à mente espiritualizada reflexiva, mas algo que é apreendido e vivido em uma realização integral da natureza supramental — uma realização sempre presente e sempre ativa. Há, aqui, pensamento, vontade, sensações e tudo o que faz parte de nossa natureza, mas transfigurado, alçado a uma consciência superior. Aqui, todo pensamento é visto e experienciado como um corpo de substância luminosa, um movimento de força luminoso, uma onda luminosa da Ananda do ser; essa não é uma ideia no ar vazio da mente, mas vivenciada na realidade do ser infinito e como uma luz dessa realidade. Do mesmo modo, a vontade e os impulsos são vivenciados como um poder real, como substância real do Sat, do Chit e da Ananda do Ishvara. Todas as sensações e todas as emoções espiritualizadas são vivenciadas como moldes puros da consciência e da Ananda. O próprio ser físico é vivenciado como uma forma consciente do espírito, e o ser vital como uma efusão de seu poder e como possuído pela vida do espírito.

A ação da supramente no desenvolvimento é manifestar e organizar essa consciência suprema, de maneira que, em lugar de agir e existir apenas no infinito acima, com algumas manifestações limitadas ou veladas na natureza e no ser individuais ou como manifestações inferiores e deformadas, ela possa existir e agir de maneira vasta e total no indivíduo enquanto ser espiritual consciente e conhecedor de si mesmo, como um poder vivo e atuante do espírito infinito e universal. O caráter desse modo de funcionar, tanto quanto possa ser expresso, poderá ser descrito com mais exatidão mais tarde, quando falarmos da consciência e da visão brâmicas[4]. Nos capítulos seguintes falaremos disso só na medida em que tratar do pensamento, da vontade, do psíquico e de outras experiências da natureza individual. No presente, tudo que é necessário notar é que, aqui também, no campo do pensamento e da vontade, o modo de funcionar é triplo. A razão espiritual é alçada e ampliada, transformada

---

4. Outros capítulos deveriam seguir, porém, Sri Aurobindo não retornou a esse trabalho e *A síntese do Ioga* ficou inacabada. (N. da T.)

em ação representativa superior que, para nós, formula sobretudo as realidades[5] da existência do self em nós e em torno de nós. Há, então uma ação interpretativa superior do conhecimento supramental, uma gradação superior que se apega menos às realidades presentes e abre potencialidades ainda maiores no tempo e no espaço, e além. E, por fim, há um conhecimento mais alto, por identidade, que é o portão de entrada para a percepção essencial, para a onisciência e a onipotência do Ishvara.

Contudo, não devemos supor que esses estágios superpostos estejam separados um do outro na experiência. Nós os colocamos no que poderia ser uma ordem regular de desenvolvimento ascendente para possibilitar uma melhor compreensão em uma exposição intelectual. Mas o infinito, mesmo na mente normal, rompe seus próprios véus, cruza suas linhas de demarcação de descida e de ascensão e, com frequência, dá sinais de si mesmo, de uma maneira ou de outra. Enquanto estivermos ainda na mentalidade intuitiva, os poderes do alto se abrirão a nós e virão em visitações irregulares, e então formarão, à medida que progredirmos, uma atividade mais frequente e regular acima dessa mentalidade. Essas antecipações são ainda mais numerosas e frequentes a partir do instante que entramos no nível supramental. A consciência infinita e universal pode sempre apoderar-se da mente e circundá-la, e é quando faz isso com certa continuidade, frequência ou persistência que a mente pode com mais facilidade transformar-se em mentalidade intuitiva, e essa, por sua vez, no movimento supramental. À medida que nos elevarmos, nos tornaremos, de maneira mais íntima e mais integral, a consciência infinita e ela se tornará, de modo mais completo, nosso self e nossa natureza. Também, do outro lado — do lado inferior da existência que, poderia parecer, estaria então não apenas abaixo de nós, mas nos seria de todo estranha — mesmo quando vivermos no ser supramental e mesmo quando toda a natureza se modelar conforme seu molde, não será necessário que sejamos cortados do conhecimento e do sentimento daqueles que vivem na natureza comum. O inferior ou mais limitado pode ter dificuldade em compreender e sentir o superior, mas o superior e o menos limitado pode sempre, se quiser, compreender a natureza inferior e identificar-se com ela. O supremo Ishvara também não está distante de nós, ele conhece tudo, vive em tudo, identifica-se com tudo sem ser subjugado pelas reações nem limitado em seu conhecimento, em seu poder e em sua Ananda pelas limitações da mente, da vida e do ser físico no universo.

---

5. Neste capítulo, e nos seguintes, Sri Aurobindo emprega os termos ingleses *actualities, potentialities* (ou possíveis) e *imperatives* em seu sentido filosófico. Aqui, os traduzimos por seus equivalentes em português: "realidades" ou "reais", "potencialidades" ou "possibilidades" e "imperativos". (N. da T.)

CAPÍTULO XXII

O PENSAMENTO E O CONHECIMENTO SUPRAMENTAIS

A transição da mente para a supramente não consiste apenas em substituir a mente por um instrumento superior de pensamento e de conhecimento, mas em uma mudança, uma conversão da consciência inteira. Não apenas um pensamento supramental deve se formar, mas uma vontade, um sentido, uma sensibilidade supramentais — um substituto supramental para todas as atividades que são agora executadas pela mente. Essas atividades superiores são, primeiro, manifestadas na própria mente, como descidas, irrupções, mensagens ou revelações de um poder superior. Em sua maioria elas se misturam com as ações mais comuns da mente e não é fácil distingui-las em nossa inexperiência do início, exceto por sua luz, força, alegria superiores, ainda mais que a mente, ampliada ou estimulada pela vinda frequente delas, apressa sua própria ação e imita as características externas da atividade supramental: suas operações tornam-se mais rápidas, mais luminosas, mais fortes e positivas, e chegam mesmo a uma espécie de imitação intuitiva, na maioria das vezes falsa, que busca ser a verdade luminosa e direta, autoexistente que, na verdade, ela não é. O próximo passo é a formação de uma mente luminosa, de experiência intuitiva, de pensamentos, de vontade, de sentimentos e de sensações intuitivos da qual as misturas da mente inferior e as intuições imitadoras são eliminadas de maneira progressiva; esse é um processo de purificação, *śuddhi*, necessário à formação nova e à perfeição, siddhi. Ao mesmo tempo, acima da mente, começa a desvelar-se a fonte das atividades intuitivas e um modo de funcionar cada vez mais organizado da consciência supramental verdadeira, que age não na mente, mas em seu próprio plano superior. No final, a consciência supramental atrai para si a mentalidade intuitiva que ela havia criado para representá-la, e assume todas as atividades da consciência. O processo é progressivo e, por muito tempo, com altibaixos, pela mistura e a necessidade de um retorno aos movimentos inferiores, a fim de corrigi-los e transformá-los. O poder superior e o poder inferior agem algumas vezes de maneira alternada — a consciência redescende das alturas que havia alcançado e retorna a seu antigo nível, mas sempre com alguma mudança — e algumas vezes juntos, em uma espécie de referência mútua. A mente, no final, "intuitiviza-se" por completo e existe apenas como um canal passivo da ação supramental; mas essa condição também não é ideal e, além do mais, apresenta ainda certos obstáculos, porque a ação superior deve passar ainda por uma sustância da consciência que retarda e diminui: a substância da consciência física. O estágio final da mudança virá quando a supramente ocupar e supramentalizar o ser inteiro e mudar mesmo os invólucros vital e físico em um modelo de si mesma, responsivo, sutil e impregnado de seus poderes. O ser humano tornar-se-á então, inteiramente, o supra-homem. Esse, ao menos, é o processo natural e integral.

Seria preciso sair por completo dos presentes limites para tentar descrever de maneira adequada todas as características da supramente; e não seria possível dar uma descrição completa, visto que a supramente contém em si mesma a unidade do infinito, mas também a imensidade e a multiplicidade do infinito. Tudo o que deve ser feito agora é indicar alguns traços proeminentes em relação ao processo prático da conversão no Ioga, sua relação com a ação da mente e o princípio que rege alguns fenômenos dessa mudança. A relação fundamental é que toda ação da mente é uma derivação da supramente secreta — embora não o saibamos até que cheguemos a conhecer nosso self superior —, e é dessa fonte supramental que a mente extrai tudo o que ela possui de verdade e de valor. Todos os nossos pensamentos, vontades, sentimentos, representações sensoriais contêm ou têm em sua fonte, um elemento de verdade que origina e sustenta sua existência, por mais desviados ou falsos que sejam em aparência; por trás deles encontra-se uma verdade maior não apreendida, mas que se eles pudessem apreender, os teria logo unificado, harmonizado e, ao menos de maneira relativa, tornado completos. Na prática, contudo, a verdade que eles conseguem apreender é diminuída em escopo, degradada em um movimento inferior, dividida e falsificada pela fragmentação, afligida pela incompletude e desfigurada pela distorção. O conhecimento mental não é integral, é sempre parcial. Ele acrescenta de maneira constante um detalhe a outro, mas tem dificuldade em relacioná-los da maneira certa; suas totalidades também não são totalidades reais, mas conjuntos incompletos que ele põe no lugar do conhecimento mais verdadeiro e integral. E mesmo se chegasse a um tipo de conhecimento integral, isso seria ainda uma espécie de montagem, um arranjo mental e intelectual, uma unidade artificial e não uma unicidade real e essencial. Se isso fosse tudo, poder-se-ia ainda conceber que a mente chegasse a uma espécie de reflexão parcial e a uma semitradução do conhecimento integral, mas a doença radical ainda permaneceria: esse não seria o conhecimento verdadeiro, mas, no melhor dos casos, apenas uma representação intelectual. No final, a verdade mental é e será sempre uma representação intelectual, emocional e sensorial, não a verdade direta, não a própria verdade, em seu corpo e em sua essência.

A supramente pode fazer tudo o que a mente faz, e apresentar, combinar detalhes ou o que poderia se chamar aspectos ou conjuntos subordinados, mas o faz de maneira diferente e em outra base. Ao contrário da mente, ela não introduz desvios, falsas expansões, não sobrepõe erros; mesmo quando fornece um conhecimento parcial ela o faz em uma luz firme e exata, e sempre há por trás, implícita ou aberta à consciência, a verdade essencial da qual os detalhes e os conjuntos ou os aspectos subordinados dependem. A supramente tem também um poder de representação, mas suas representações não são do tipo intelectual, elas estão impregnadas do corpo e da substância da luz da verdade em sua essência, elas são seus veículos, e não imagens de substituição. Há, de fato, um poder de representação infinito na supramente, e é desse poder divino que a ação mental é uma espécie de representante decaído. Essa supramente representativa tem uma ação inferior, naquilo que chamei a razão supramental — mais próxima ao mental e na qual o mental pode ser integrado com facilidade —, e uma ação superior na supramente integral que vê todas as coisas na unidade e na infinitude da consciência e da autoexistência divinas. Porém, em qualquer nível, seu modo de agir é diferente da ação mental correspondente: ele é direto, luminoso, seguro. Toda a inferioridade da mente vem do fato de que ela é a operação da alma após a sua queda na insciência e na ignorância, e que suas tentativas de retorno ao autoconhecimento têm sempre uma base de insciência e de ignorância. A mente é a ignorância que tenta conhecer ou a ignorância que recebe um conhecimento derivado: é a operação de Avidya. A supramente é sempre a revelação de um conhecimento inerente e autoexistente: essa é a operação de Vidya.

Uma segunda diferença que vivenciamos é uma harmonia e unidade maiores, espontâneas. Toda consciência é uma, mas na ação ela assume múltiplos movimentos e cada um desses movimentos basilares possui muitas formas e processos. As formas e os processos da consciência mental são marcados por uma divisão e separação, perturbadoras e desconcertantes, das energias e movimentos mentais, em que a unidade original da mente consciente não aparece ou aparece só por acaso. Em nossa mentalidade nos encontramos constantemente diante de um conflito, de uma confusão, de uma ausência de acordo entre pensamentos diferentes ou de um acordo remendado, e o mesmo fenômeno se repete nos vários movimentos de nossa vontade, de nossos desejos, de nossas emoções e de nossos sentimentos. Além do mais, nosso pensamento, vontade e sentimento não estão em um estado de harmonia natural e não agem em uníssono entre si, mas atuam conforme seu poder separado mesmo quando devem agir juntos e, com frequência, estão em conflito ou em algum grau de discrepância. Há também um desenvolvimento desigual, em que cada um cresce em detrimento do outro. A mente é uma coisa de discórdia em que se edifica algum tipo de organização prática para os propósitos da vida, em vez de uma concórdia satisfatória. A razão tenta chegar a uma organização melhor, visa a um controle maior, a uma harmonia racional ou ideal; nessa tentativa ela é uma delegada ou substituta da supramente e tenta fazer o que só a supramente pode fazer e é a única que pode fazer; mas, na verdade, a mente é incapaz de controlar inteiramente o resto do ser e, em geral, há uma diferença considerável entre a harmonia racional ou ideal que criamos em nosso pensamento e o movimento da vida. Mesmo no melhor dos casos, a organização feita pela razão tem sempre algo de artificial e imposto, pois, no final, existem apenas dois movimentos de harmonia espontânea: o da vida, inconsciente ou em grande parte subconsciente — a harmonia que encontramos na criação animal e na Natureza inferior — e a harmonia do espírito. A condição humana é um estágio de transição, de esforço e imperfeição entre uma e outra, entre a vida natural e a vida ideal ou espiritual, e está cheia de buscas incertas e desordens. Não que o ser mental não possa encontrar ou, antes, construir por si mesmo, algum tipo de harmonia relativa, mas não pode torná-la estável porque está sob a pressão do espírito. O ser humano é obrigado, por um Poder dentro de si, a ser um trabalhador mais ou menos consciente de sua própria evolução, que o conduzirá à mestria de si e ao autoconhecimento.

    A supramente em sua ação, ao contrário, tem como base a unidade, a harmonia e uma ordem inerente. No início, quando a pressão do alto age na mentalidade, essa harmonia não é percebida, e um fenômeno contrário pode aparecer por algum tempo. As causas são diversas. Primeiro, pode haver uma perturbação, mesmo uma desorganização, criada pelo impacto desse poder maior, de difícil mensuração, em uma consciência inferior incapaz de responder a isso de maneira orgânica ou, talvez, nem mesmo capaz de suportar a pressão. O próprio fato da atividade simultânea, e ainda não coordenada, de duas forças bem diferentes (sobretudo se a mente insistir em seus próprios métodos, se tentar, de maneira obstinada ou violenta, aproveitar-se da supramente em lugar de dar-se a ela, aos propósitos dela, se a mente não for passiva o suficiente e de todo obediente à guiança superior) pode provocar um grande estímulo ao poder, mas também um aumento de desordem. É por essa razão que uma preparação prévia e uma longa purificação — quanto mais completa, melhor —, uma tranquilização e, de maneira geral, a passividade de uma mente calma e fortemente aberta ao espírito, são indispensáveis ao Ioga.

Ademais, a mente — habituada a funcionar dentro de certos limites — pode tentar supramentalizar-se em uma outra linha de suas energias. Ela pode desenvolver um poder considerável de pensamento e conhecimento intuitivos semissupramentalizados, mas a vontade pode permanecer não transformada e fora de harmonia com esse desenvolvimento semissupramental e parcial da mente pensante; e as outras partes do ser também, o ser emocional e o ser nervoso não seriam regenerados, ou poderiam mesmo degradar-se. Ou pode ser que haja um desenvolvimento muito grande da vontade intuitiva ou de uma vontade fortemente inspirada, mas sem elevação correspondente da mente pensante ou do ser psíquico e emocional, ou apenas o tanto que seja indispensável para não obstruir por completo a ação da vontade. A mente emocional e psíquica pode tentar se tornar mais intuitiva e supramentalizar-se e, em grande medida, conseguir, mas, ainda assim, a mente pensante permanecer comum, pobre em substância e obscura em sua luz. Pode haver um desenvolvimento da capacidade intuitiva no ser ético ou no ser estético, mas o resto permanecer muito semelhante ao que era. Essa é a razão da desordem frequente ou da unilateralidade que observamos no indivíduo de gênio, no poeta, no artista, no pensador, no santo ou no místico. Uma mentalidade que é intuitivizada só de maneira parcial pode, fora de sua atividade especial, apresentar uma aparência de uma harmonia e de uma ordem muito menores que as de uma mente intelectual altamente desenvolvida. Um desenvolvimento integral é necessário, uma conversão total da mente, caso contrário, a ação será a de uma mente que usa o influxo supramental para seu próprio benefício e em seu próprio modelo, e isso é permitido para o propósito imediato do Divino no ser, e pode mesmo ser considerado como um estágio suficiente para um indivíduo no curso de uma única vida; mas é um estado de imperfeição e não a evolução completa e vitoriosa do ser. Contudo, se houver um desenvolvimento integral da mente intuitiva, perceberemos que uma vasta harmonia começa a pousar seus alicerces. Essa harmonia será de um outro tipo, diferente daquela criada pela mente intelectual e, de fato, é possível que não seja facilmente perceptível ou, se for, não será inteligível para o indivíduo lógico, porque ela não chegou ao processo mental dele, nem pode ser analisada por esse processo. Essa será uma harmonia da expressão espontânea do espírito.

Assim que nos elevamos da mente à supramente essa harmonia inicial é substituída por uma unidade mais vasta e mais integral. Os pensamentos da razão supramental encontram-se, compreendem-se e organizam-se em uma ordem natural, mesmo quando vêm de direções de todo opostas. Os movimentos da vontade, que estão em conflito na mente, encontram na supramente seu lugar certo e a relação justa entre eles. Os sentimentos supramentais também descobrem suas afinidades e organizam-se em um acordo e harmonia naturais. Em um estágio mais alto, essa harmonia intensifica-se e tende à unidade. O conhecimento, a vontade, os sentimentos e tudo o mais se tornam um único movimento. Essa unidade alcança sua completude maior no plano mais alto da supramente. A harmonia e a unidade são inevitáveis porque na supramente a base é o conhecimento, cuja característica é o autoconhecimento, isto é, o conhecimento do self em todos os seus aspectos. A vontade supramental é a expressão dinâmica desse autoconhecimento; os sentimentos supramentais são a expressão da alegria luminosa do self, e tudo o mais, na supramente, é parte desse único movimento. Em sua extensão mais alta esse conhecimento se torna algo mais vasto do que aquilo que chamamos conhecimento: aí, é o divino em nós quem percebe de maneira integral e essencial — é seu ser, sua consciência, seu Tapas, sua Ananda —, e tudo é o movimento harmonioso, unificado, luminoso dessa única existência.

Esse conhecimento supramental não é, em primeiro lugar ou em essência, um conhecimento pelo pensamento. O intelecto considera que ele não conhece as coisas enquanto não reduz sua percepção delas aos termos do pensamento, isto é, enquanto não as puser em um sistema de conceitos mentais representativos; esse tipo de conhecimento se torna mais decisivo em sua completude quando pode ser traduzido em palavras claras, precisas, definidoras. É verdade que a mente chega a seu conhecimento sobretudo pelos vários tipos de impressões, a começar pelas impressões vitais e sensoriais até se elevar às impressões intuitivas, mas essas são tomadas pela inteligência desenvolvida apenas como dados e, em si, elas lhe parecem incertas e vagas, até que ela as force a ceder todo o seu conteúdo ao pensamento e até que ocupem seu lugar em algum enunciado intelectual ou em uma sequência de pensamentos ordenados. Também é verdade que há um pensamento e uma fala que são mais sugestivos que definidores e, a seu modo, têm um poder e uma riqueza de conteúdo maiores, e esse tipo de pensamento ou de fala está no limiar da intuição; porém, há ainda no intelecto uma demanda para separar o conteúdo intelectual exato dessas sugestões e classificá-las em uma sequência e relação claras — e, até que isso seja feito, ele não se satisfaz e sente que seu conhecimento não é completo. O labor do pensamento no nível do intelecto lógico é isso que, em geral, lhe parece o melhor para organizar a ação mental e dar à mente uma sensação de definição clara, de segurança e de completude em seu conhecimento e em sua utilização do conhecimento. Nada disso é, de modo algum, a verdade do conhecimento supramental.

A supramente conhece da maneira mais completa e segura não pelo pensamento, mas por identidade, por uma percepção pura da verdade essencial das coisas no self e pelo self, *ātmani ātmānam ātmanā*. Adquirimos o conhecimento supramental no mais alto grau quando nos tornamos uno com a verdade, uno com o objeto do conhecimento; a satisfação supramental e a luz integral alcançam seu grau máximo quando não há mais divisão entre o conhecedor, o conhecimento e o conhecido, *jñātā, jñānam, jñeyam*. Vemos a coisa conhecida não como um objeto fora de nós, mas como nós mesmos ou como parte de nosso self universal, contida em nossa consciência mais direta. Essa identificação conduz ao conhecimento mais alto e mais completo; pensamento e fala, para a supramente, são formas inferiores, são representações e não essa posse direta no interior da consciência, e, de fato, se o pensamento não estiver impregnado da percepção espiritual, tornar-se-á uma diminuição do conhecimento. Pois, a supor que se trate de um pensamento supramental, ele seria ainda uma manifestação parcial de um conhecimento superior que existe no self, mas que, por agora, não está presente na consciência diretamente ativa. Nas regiões mais altas do infinito não há nenhuma necessidade de pensamento, porque tudo é experienciado espiritualmente, em continuidade, em uma posse eterna e com uma clareza e completude absolutas. Pensamento é apenas um meio de manifestar e apresentar de maneira parcial o que está escondido nesse conhecimento superior autoexistente. De fato, essa suprema maneira de conhecer não será possível para nós em sua extensão e medida completas até que passemos através de muitas gradações da supramente e nos elevemos àquele infinito. Porém, mesmo assim, à medida que o poder supramental emerge e amplia sua ação, algo dessa maneira superior de conhecimento aparece e cresce, e mesmo as partes do ser mental, à medida que se "intuitivizam" e supramentalizam, desenvolvem cada vez mais uma ação correspondente em seu próprio nível. Há um poder crescente de identificação com todas as coisas e com todos os seres que são objetos de nossa consciência — identificação vital, psíquica, emocional, dinâmica e outras — e essas transcendências da consciência separadora trazem com elas inumeráveis formas e meios de conhecimento direto.

O conhecimento supramental ou experiência por identidade carrega em si, como um resultado ou uma parte secundária de si mesmo, uma visão supramental que não necessita do apoio de uma imagem, que concretiza o que é abstrato para a mente e aparece à visão, embora seu objeto possa ser a verdade invisível daquilo que tem forma ou a verdade daquilo que é sem forma. Essa visão pode vir antes da identidade, como uma espécie de emanação prévia de sua luz, ou pode agir independente, como um poder distinto. A verdade, ou a coisa conhecida, não é então de todo una, ou não ainda, com nós mesmos: é um objeto de nosso conhecimento; e, contudo, é um objeto visto de maneira subjetiva no self ou, ao menos — mesmo que ainda esteja separado e objetivado para o conhecedor —, pelo self, isto é, visto sem processo intermediário, por uma percepção interior direta ou por um contato luminoso da consciência espiritual que penetra e envolve seu objeto. É essa tomada, esse contato luminoso que é a visão espiritual, *dṛṣṭi*, — *paśyati*, "ele vê", diz continuamente o Upanishad ao falar do conhecimento espiritual; e, ao falar do Self que concebe a ideia da criação, em que poderíamos esperar que "ele pensou", o Upanishad diz, antes, "ele viu". Essa percepção é para o espírito o que os olhos são para a mente física: temos a sensação de passar por um processo sutilmente análogo. Assim como a visão física pode nos apresentar o corpo real de uma coisa de que o pensamento teve apenas uma indicação ou uma descrição mental e essa coisa se torna de imediato real e evidente para nós, *pratyakṣa*, do mesmo modo a visão espiritual ultrapassa as indicações ou as representações do pensamento e pode tornar presentes e diretamente evidentes para nós, *pratyakṣa*, o self e a verdade de todas as coisas.

Os sentidos podem nos dar apenas a imagem superficial das coisas, e necessitam do pensamento para preencher e animar a imagem; mas a visão espiritual é capaz de nos apresentar a coisa em si e toda a verdade sobre ela. O vidente não necessita do pensamento e de seus processos como meio de conhecimento, mas apenas como meio de representação e expressão — embora, para ele, o pensamento seja um poder menor e usado para propósitos secundários. Se necessitar um conhecimento adicional, ele poderá obtê-lo por uma visão nova, sem recorrer à lentidão dos processos do pensamento, que são o bastão de ajuda do mental tateante em busca da verdade, assim como com nossos olhos tentamos descobrir o que escapou à nossa primeira observação. Essa experiência e esse conhecimento pela visão espiritual é o segundo dos poderes supramentais em grandeza e ação direta. É uma visão muito mais próxima, profunda e abrangente que a visão mental, porque deriva de maneira direta do conhecimento por identidade, e tem a virtude de fazer-nos passar de imediato da visão à identidade, assim como podemos passar da identidade à visão. Assim, quando a visão espiritual viu Deus, o Self ou o Brahman, a alma pode em seguida entrar no Self, Deus ou Brahman, e tornar-se una com Ele.

Isso só pode ser feito de modo integral no nível supramental ou acima; no entanto, a visão espiritual pode assumir formas mentais de si mesma que ajudam essa identificação, cada uma à sua maneira. Uma visão mental intuitiva, ou um olhar mental espiritualizado, uma visão psíquica, uma visão emocional do coração, uma visão da mente sensorial, são partes da experiênciaióguica. Se essas visões forem puramente mentais, elas poderão, ou não, ser verdadeiras, pois a mente é capaz tanto de verdade quanto de erro, de uma representação verdadeira e de uma representação falsa. Porém, à medida que a mente se intuitiviza e supramentaliza, esses poderes de visão se purificam e se corrigem pela ação mais luminosa da supramente e tornam-se formas da visão supramental, a visão verdadeira. Notemos que a visão supramental traz consigo uma outra experiência que a completa, que podemos chamar a audição e o toque espirituais da verdade — da essência da verdade e, por meio disso, de seu significado —, isto é, uma percepção do movimento dela, de sua vibração, de seu ritmo; uma percepção de sua presença próxima, de seu contato e substância. Todos esses poderes nos preparam para a unificação com aquilo que assim se tornou próximo de nós por meio do conhecimento.

O pensamento supramental é uma forma de conhecimento por identidade, e desenvolve na ideia a verdade que se apresenta à visão supramental. A identidade e a visão mostram-nos a verdade em sua essência, em seu corpo e em suas partes em uma única percepção: o pensamento traduz essa consciência direta e poder imediato da verdade em ideia-conhecimento e em vontade. Ele não acrescenta nada de novo — e, aliás, não necessita fazê-lo —, mas reproduz, articula, move-se em volta do corpo do conhecimento. Contudo, onde a identidade e a visão estão ainda incompletas, o pensamento supramental tem uma função mais ampla, e revela, interpreta ou, por assim dizer, relembra à memória da alma o que a identidade e a visão não estão prontas ainda a dar. E onde esses estados ou esses poderes maiores permanecem ainda velados, o pensamento vem para a frente, prepara e até certo ponto efetua um rasgo parcial do véu ou ajuda ativamente a removê-lo. Assim, no curso da passagem da ignorância mental ao conhecimento supramental, esse pensamento iluminado nos vem com frequência, mas nem sempre primeiro, para abrir o caminho da visão ou para dar um primeiro apoio à consciência por identidade que cresce e ao seu conhecimento superior. Esse pensamento é também um meio efetivo de comunicação e expressão e ajuda a deixar uma marca da verdade ou a fixá-la em nossa mente e em nosso ser inferiores ou nos de outros. O pensamento supramental difere do pensamento intelectual não apenas porque ele é a ideia direta da verdade e não uma representação da verdade para a ignorância (sempre, é a Consciência-Verdade do espírito que apresenta a si mesma suas formas verdadeiras próprias, o *satyam* e o *ṛtam* do Veda), mas por causa de sua forte realidade, de seu corpo de luz e de sua substância.

O pensamento intelectual refina-se e sublima-se até chegar a uma abstração rarefeita; o pensamento supramental, ao crescer em altura, torna-se cada vez mais concreto. O pensamento do intelecto apresenta-se a nós como uma abstração de algo apreendido pela mente sensorial, é como sustentado pela força impalpável da inteligência no vazio de um ar mental sutil. Se quiser fazer-se sentir de maneira mais concreta pelos sentidos da alma e tornar-se visível à visão da alma, ele deve recorrer ao poder da mente de criar imagens. O pensamento supramental, ao contrário, apresenta sempre a ideia como uma substância de ser e uma substância de consciência luminosas, que assumem formas de pensamento significativas; portanto, ele não cria a sensação de um abismo entre a ideia e o real, como somos levados a sentir na mente, mas ele é em si uma realidade, uma ideia-real e o corpo de uma realidade. Quando age segundo sua própria natureza, ele tem como resultado um fenômeno de luz espiritual que é diferente da clareza intelectual e, associado a ele, uma grande força realizadora e um êxtase luminoso. É uma vibração intensamente sensível de ser, de consciência e de Ananda.

O pensamento supramental, como já foi indicado, tem três níveis de intensidade: um, que é uma visão-pensamento direta; outro, de visão interpretativa que indica e prepara a visão-ideia superior, reveladora; o terceiro, de visão representativa que, por assim dizer, lembra ao conhecimento do espírito a verdade evocada de maneira mais direta pelos dois poderes superiores. Na mente, esses três níveis de visão tomam a forma dos três poderes comuns da mentalidade intuitiva: a intuição que sugere e discrimina, a inspiração, e o pensamento que é da natureza da revelação. Acima, eles correspondem às três elevações do ser e da consciência supramentais: à medida que nos elevamos o inferior faz, primeiro, descer o superior em si mesmo, e é, então, integrado no superior, de maneira que, em cada nível, as três elevações são reproduzidas, mas aí sempre predomina, na essência do pensamento, o caráter que pertence a essa forma de consciência e a essa substância espiritual próprias desse nível. É necessário não perder de vista essas gradações, caso contrário a mentalidade, que olha para o alto, para as extensões da supramente à medida que se revelam, pode pensar que conseguiu a visão das alturas supremas, quando é apenas a extensão mais alta da ascensão inferior que se apresenta à sua experiência. A cada altura, *sānoḥ sānum āruhat*, os poderes da supramente crescem em intensidade, extensão e completude.

Há também uma linguagem, um verbo supramental, cujo conhecimento, visão ou pensamento superiores podem envolver-se dentro de nós para expressar-se. No início, esse verbo pode descer como uma palavra, uma mensagem ou uma aspiração que vem do alto, ou pode mesmo nos parecer a voz do Self ou do Ishvara, *vāṇī*, *ādeśa*. Mais tarde, essa palavra perde esse aspecto separado e se torna a forma normal do pensamento, quando se expressa na forma de uma fala interior. O pensamento pode expressar-se sem ajuda de qualquer palavra sugestiva ou explicativa e somente na substância luminosa da percepção supramental — e, ainda assim, de maneira de todo completa, explícita e com todo seu conteúdo. Quando não é tão explícito, ele pode ajudar-se com uma palavra interior sugestiva que o acompanha e que traz para fora o significado completo do pensamento. Ou o pensamento pode vir, não como percepção silenciosa, mas como uma palavra que nasce de maneira espontânea da verdade, completo em si e contendo sua visão e conhecimento próprios. Então, esse é o verbo revelador, inspirado ou intuitivo, ou de um tipo muito superior, capaz de carregar consigo a intenção ou a sugestão infinita de um nível ainda mais elevado da supramente e do espírito. Ele pode adaptar-se à linguagem que utilizamos agora para expressar as ideias, as percepções, os impulsos do intelecto e da mente sensorial, mas serve-se disso de maneira diferente, e ressalta intensamente o significado intuitivo ou revelador de que a palavra é capaz. O verbo supramental manifesta-se dentro com uma luz, um poder, um ritmo de pensamento e um ritmo de som interior que fazem dele o corpo vivo e natural do pensamento e da visão supramentais, e verte na linguagem, embora a mesma da fala mental, um outro significado, que não é o significado intelectual, emocional e sensorial limitado. Ele se forma e é ouvido na mente intuitiva e na supramente e, no início, não se manifesta com facilidade em palavras ou em escritos, exceto em certas almas particularmente dotadas, mas isso também pode ser feito sem dificuldade, quando a consciência física e seus órgãos foram preparados, e isso faz parte da plenitude e do poder necessários à perfeição integral.

A extensão do conhecimento que o pensamento, a experiência e a visão supramentais alcançam abrangerá tudo que estiver aberto à consciência humana, não apenas no plano terrestre, mas em todos os planos. Contudo, cada vez mais o pensamento supramental agirá no sentido inverso do pensamento e experiência mentais. O centro do pensamento mental é o ego, a pessoa do pensador individual. O indivíduo supramental, ao contrário, pensará mais com a mente universal, ou poderá mesmo elevar-se acima dela, e sua individualidade, em lugar de um centro, será, antes, um recipiente para a irradiação e a comunicação, para o qual convergirão o pensamento e o conhecimento universais do Espírito. O indivíduo mental pensa e age em um raio determinado pela estreiteza ou amplidão de sua mentalidade e de sua experiência. A extensão do indivíduo supramental será a terra inteira e tudo o que se encontra por trás, em outros planos da existência. E, por fim, o indivíduo mental pensa e vê no nível da vida presente — embora possa ter uma aspiração em direção ao alto —, e sua visão está obstruída em todos os lados. Sua base principal de conhecimento e de ação é o presente, com algum vislumbre do passado e uma influência mal compreendida que vem da pressão do passado e um olhar cego em direção ao futuro. Ele se baseia nas realidades da existência terrestre, primeiro nos fatos do mundo externo (aos quais, em geral, ele tem o hábito de dedicar nove décimos, se não a totalidade, de seu pensamento e experiência internos) e, depois, nas realidades mutáveis da parte mais superficial de seu ser interior. À medida que sua mente se desenvolve, ele ultrapassa com mais liberdade essas realidades para chegar às potencialidades que surgem delas, e vai mais além: sua mente ocupa-se de um campo mais amplo de possibilidades, porém, na maioria das vezes, essas possibilidades só têm inteira realidade para ele na medida em que estão relacionadas com o real e possam se tornar reais aqui, agora ou mais tarde. Ele tende a ver a essência das coisas — se, de algum modo as vê — apenas como um resultado dessas realidades e em relação a elas e na dependência delas; portanto, ele as vê constantemente sob uma luz falsa ou em medida limitada. Em todos esses aspectos o indivíduo supramental procede, de maneira inevitável, do princípio oposto: ele parte da visão da verdade.

O ser supramental vê as coisas do alto, em uma imensidade, e em seu cume, as vê dos espaços do infinito. Sua visão não está limitada ao ponto de vista do presente, mas pode ver nas continuidades do tempo ou acima do tempo, nas indivisibilidades do Espírito. Ele vê a verdade em sua ordem própria: primeiro, na essência, depois, nas potencialidades que derivam da essência, e somente por último, nas realidades. Para seu olhar, as verdades essenciais são autoexistentes, evidentes para si mesmas, não dependem dessa ou daquela realidade para provarem a si mesmas; as verdades potenciais são verdades do poder de ser em si e nas coisas, verdades da infinitude da força, e elas são reais e à parte de sua realização passada ou presente, nessa ou naquela realidade, ou à parte das formas superficiais habituais que tomamos como se fossem o todo da Natureza; as realidades são apenas uma seleção em meio às verdades potenciais que ele vê, elas dependem dessas verdades, são limitadas e mutáveis. A tirania do presente, do real, o alcance imediato dos fatos, da pressão e das demandas imediatas da ação não têm poder sobre seu pensamento e sua vontade, e ele pode, portanto, ter um poder de vontade maior, assentado na base de um conhecimento maior. Ele não vê as coisas como se estivesse nos níveis cercados pela selva dos fatos e dos fenômenos do presente, mas do alto; ele não as vê de fora nem as julga por sua superfície, mas de dentro, e as vê a partir da verdade que está no centro delas; portanto, ele está mais próximo da onisciência divina. O ser supramental quer e age do alto de uma posição dominante e com um movimento mais extenso no tempo, com uma extensão de potência mais vasta; portanto, ele está mais próximo da onipotência divina. Seu ser não está encerrado na sucessão dos instantes, mas tem o pleno poder do passado e seus olhos percorrem o futuro: não está encerrado no ego limitador e na mente pessoal, mas vive na liberdade do universal, em Deus e em todos os seres e em todas as coisas; não está encerrado na densidade entorpecida da mente física, mas na luz do self e na infinitude do espírito. Ele vê a alma e a mente apenas como poderes e movimentos do espírito, e a matéria apenas como uma forma resultante do espírito. Todos os seus pensamentos serão de um tipo que procede do conhecimento. Ele percebe as coisas da vida fenomênica, atua nelas, à luz da realidade do ser espiritual e com o poder da essência espiritual dinâmica.

No início, no começo da conversão a esse estado mais vasto, o pensamento continuará durante certo tempo, mais ou menos longo e em medida maior ou menor, a mover-se nas linhas da mente, mas com uma luz maior, com voos, espaços e movimentos de liberdade e transcendência crescentes. Depois, a liberdade e a transcendência começarão a predominar; a inversão do modo de ver do pensamento e a conversão do método do pensamento acontecerão em diferentes movimentos da mente pensante, um após outro, sujeitos a todas e quaisquer dificuldades e recaídas, até que o pensamento tenha ganho no todo e efetuado uma transformação completa. Em geral, o conhecimento supramental se organizará primeiro, e com mais facilidade, no processo do pensamento e do conhecimento puros, *jñāna* (jnana), porque aí a mente humana já tem uma tendência à ascensão e é mais livre. Em seguida, e com menos facilidade, ele se organizará no processo do pensamento e do conhecimento aplicados, porque aí a mente do ser humano é, ao mesmo tempo, mais ativa e mais atada, presa aos seus métodos inferiores. A última conquista — e a mais difícil, porque no presente, para sua mente, isso é ainda um campo de conjecturas ou um vazio — será o conhecimento dos três tempos, *trikāladṛṣṭi*. Em todas essas etapas encontraremos as mesmas características de um espírito que vê e quer diretamente do alto e de todas as partes e não apenas no corpo que habita, e o mesmo modo de funcionar do conhecimento supramental por identidade, da visão supramental, do pensamento supramental e da palavra supramental, de maneira separada ou em um só movimento unido.

Esse, então, será o caráter geral do pensamento e do conhecimento supramentais, e esses serão seus poderes e ação principais. Há ainda a considerar suas instrumentações particulares, a mudança que a supramente fará nos diversos elementos da mentalidade humana atual e as atividades especiais, que dão ao pensamento seus elementos constitutivos, seus motivos e seus dados.

CAPÍTULO XXIII

OS INSTRUMENTOS DA SUPRAMENTE — O PROCESSO DO PENSAMENTO

A supramente, a gnose divina, não é algo de todo estranho à nossa consciência atual: ela é uma instrumentação superior do espírito, e todas as operações de nossa consciência normal são derivações limitadas e inferiores do supramental porque são tentativas e construções, e o supramental é a ação verdadeira, perfeita, a natureza espontânea e harmoniosa do espírito. Assim, quando nos elevamos da mente à supramente, o novo poder da consciência não rejeita as operações de nossa alma, de nossa mente e de nossa vida, mas as eleva, amplia e transfigura. Ele as exalta e dá uma realidade para sempre maior a seu poder e à sua atuação. Ele tampouco se limita à transformação dos poderes e da ação superficiais das partes mentais e psíquicas e da vida: ele manifesta e transforma também aqueles poderes mais raros e essa força e conhecimento mais vastos próprios ao nosso self subliminar, que nos aparecem agora como coisas ocultas, curiosamente psíquicas, anormais. Na natureza supramental essas coisas não são de modo algum anormais, mas perfeitamente naturais e normais, não são mais isoladamente psíquicas, mas espirituais, não ocultas e estranhas, mas operações diretas, simples, inerentes e espontâneas. O espírito não está limitado como está a consciência material do estado de vigília, e a supramente, quando toma posse da consciência de vigília a "desmaterializa", libera-a de seus limites, transforma o material e o psíquico na natureza do ser espiritual.

A atividade mental mais fácil de organizar é, como já indicamos, aquela do conhecimento puro, ideativo. No nível superior isso se transforma no verdadeiro jnana, no pensamento supramental, na visão supramental, no conhecimento supramental por identidade. A ação essencial desse conhecimento supramental foi descrita no capítulo precedente. Contudo, é necessário ver também como esse conhecimento funciona em suas aplicações externas e como ele lida com os dados da existência. Ele difere do modo de funcionar da mente, primeiro, porque efetua de maneira natural operações que para a mente são as mais elevadas e as mais difíceis, e age nelas ou sobre elas, do alto ao baixo e não com a tensão da mente contrariada em sua ascensão ou com sua sujeição ao seu próprio nível e aos níveis inferiores. As operações superiores não dependem da ajuda inferior; são as operações inferiores que dependem das superiores, não apenas para serem guiadas, mas também para suas existências. Por conseguinte, as operações do mental inferior não só mudam de caráter pela transformação, mas tornam-se inteiramente subordinadas. E as operações do mental superior também mudam seu caráter, porque, supramentalizadas, começam a receber sua luz diretamente do conhecimento mais alto: do conhecimento do self ou conhecimento infinito.

O pensamento-ação normal da mente, pode, para esse propósito, ser visto como constituído de uma moção tripla. Primeiro, mais baixo e mais necessário para o ser mental em um corpo, encontra-se a mente pensante habitual, que baseia suas ideias nos dados fornecidos pelos sentidos e pelas experiências de superfície do ser nervoso e do ser emocional e das noções costumeiras formadas pela educação e a vida e ambiente externos. Essa mente habitual tem dois movimentos: um, é um tipo de subcorrente constante do pensamento, que reaparece mecanicamente e sempre se repete no mesmo círculo de noções e de experiências físicas, vitais e emocionais, práticas e sumariamente intelectuais; o outro se aplica, de maneira mais ativa, a todas as experiências novas que a mente é obrigada a admitir, e as reduz a fórmulas de pensamento habitual. A mentalidade do ser humano médio é limitada por essa mente habitual e fora desse círculo ela se move muito imperfeitamente.

Um segundo nível da atividade pensante é a mente ideativa pragmática que se eleva acima da vida e age de maneira criadora enquanto mediadora entre a ideia e o poder de vida, entre a verdade da vida e a verdade da ideia ainda não manifestada na vida. Ela recolhe materiais da vida, e a partir deles e sobre eles constrói ideias criadoras que se tornam dinâmicas para o desenvolvimento posterior da vida; por outro lado, ela recebe os pensamentos e as experiências mentais novas que vêm do plano mental ou, de maneira mais essencial, do poder de ideia do Infinito e muda-os, de imediato, em ideias-forças mentais e em poder para nosso ser e nossa vida. Toda a tendência dessa mente ideativa pragmática é voltada para a ação e experiência interiores e exteriores, o interior que se projeta para fora para se satisfazer de modo mais completo na realidade; o exterior que é absorvido dentro e retorna para fora assimilado e mudado para recolher formações novas. Nesse nível mental, o pensamento é, para a alma, apenas, ou sobretudo, um meio para expandir sua ação e sua experiência.

Um terceiro nível de pensamento abre em nós a mente ideativa pura, aquela que vive de maneira desinteressada na verdade da ideia, à parte de qualquer dependência de seu valor para a ação e a experiência. Essa mente examina os dados dos sentidos e das experiências interiores superficiais, mas apenas para encontrar a ideia, a verdade que elas testemunham, e convertê-las em termos do conhecimento. Ela observa a ação criadora da mente na vida da mesma maneira e com o mesmo propósito. Sua preocupação é o conhecimento, seu único objetivo é o deleite da ideação, a busca da verdade, o esforço para conhecer-se e conhecer o mundo e tudo o que pode se esconder por trás de sua própria ação e por trás da ação no mundo. Essa mente ideativa é o alcance mais alto do intelecto quando ele age por si mesmo, conforme seu caráter e poder próprios e para seu propósito.

É difícil para a mente humana combinar de maneira correta esses três movimentos da inteligência e harmonizá-los. O ser humano comum vive sobretudo na mentalidade habitual; nele, a ação da mentalidade criativa é pragmática e relativamente fraca, e ele tem grande dificuldade em servir-se, mesmo se pouco, da mentalidade ideativa pura ou em entrar no seu movimento. A mente pragmática criativa está, em geral, demasiado ocupada com sua própria moção para mover-se de maneira livre e desinteressada na atmosfera da ordem ideativa pura; ademais, ela tem uma percepção insuficiente das realidades impostas pela mentalidade habitual e dos obstáculos que ela mesma impõe, bem como dos outros movimentos de pensamento e ação pragmáticos que não sejam aqueles que ela está interessada em construir. A mentalidade ideativa pura tende a construir sistemas de verdade abstratos e arbitrários, compartimentos intelectuais, edifícios ideativos e, seja lhe falta o movimento pragmático necessário à vida e ela vive apenas, ou sobretudo, nas ideias, seja não pode agir com um poder suficiente e de maneira direta no campo da vida e corre o perigo de ficar divorciada do mundo da mentalidade prática habitual ou de estar nele, sem força. Faz-se uma espécie de adaptação, mas a tirania da tendência predominante interfere na inteireza e na unidade do ser pensante. A mente não consegue ser o mestre seguro nem mesmo de sua própria totalidade, porque o segredo dessa totalidade situa-se além dela, na livre unidade do ser — livre e, portanto, capaz de uma multiplicidade e diversidade infinitas —, e no poder supramental, que, ele só, pode trazer para fora em uma perfeição natural, o movimento múltiplo, orgânico, da unidade do self.

A supramente em sua completude inverte toda a ordem do pensamento da mente. Ela não vive no fenomênico, mas no essencial, no self, e vê tudo como o ser do self, como seu poder, sua forma, seu movimento, e todo o pensamento e os seus processos na supramente devem, também, ser desse mesmo caráter. Em essência, toda a sua ideação é a transcrição do conhecimento espiritual — que age por identidade com todos os seres — e da visão supramental. Ela se move, portanto, antes de tudo em meio às verdades eternas, essenciais e universais do self, do ser, da consciência, do poder infinito e do deleite de ser (sem excluir tudo o que parece, para nossa consciência atual, um não ser), e todos os seus pensamentos particulares originam-se — e dependem — do poder dessas verdades eternas; mas, em segundo lugar, ela está também à vontade em meio aos aspectos infinitos e às aplicações, à continuidade e às harmonias das verdades de ser do Eterno. Portanto, tudo aquilo que a ação da mente ideativa pura se esforça para alcançar e descobrir, a supramente o vive e o eleva a seu cume, e mesmo em suas extensões inferiores essas coisas estão presentes para sua receptividade luminosa, próximas ou fáceis de alcançar e disponíveis.

Porém, as verdades supremas ou as ideias puras são abstrações para a mente ideativa, porque a mente vive em parte no fenomênico e em parte nas construções intelectuais, e deve usar o método da abstração para chegar às realidades superiores. A supramente, ao contrário, vive no espírito e, portanto, na própria substância daquilo que essas ideias e verdades representam ou, antes, daquilo que elas são em sua essência, uma concretização verdadeira: não apenas as pensa, mas no ato de pensar as sente e identifica-se com a substância delas; para a supramente, as ideias e as verdades estão entre as coisas mais substanciais que possam existir. As verdades da consciência e do ser essencial são, para a supramente, a própria substância da realidade, mais intimamente reais — mais densamente reais poder-se-ia quase dizer — do que movimentos exteriores e formas de ser, embora esses sejam também para ela um movimento e uma forma da realidade e não uma ilusão, como são para certas atividades da mente espiritualizada. Para a supramente, a ideia também é uma ideia-real, substância da realidade do ser consciente, cheia do poder para a tradução substancial da verdade e, por conseguinte, para criar.

Ademais, enquanto a mente ideativa pura tende a construir sistemas arbitrários que são construções mentais e parciais da verdade, a supramente não está ligada a nenhuma representação, nenhum sistema, embora seja perfeitamente capaz de representar, organizar e construir na substância viva da verdade para os propósitos pragmáticos do Infinito. Quando se libera de seu exclusivismo, de suas sistematizações, de seu apego às suas construções, a mente se sente perdida na infinitude do infinito, sente-o como um caos, mesmo se um caos luminoso, e não pode mais formular, nem pensar e agir de maneira decisiva, porque tudo nessa infinitude, mesmo as coisas mais diversas ou contraditórias, indica alguma verdade e, ainda assim, nada do que ela pode pensar é de todo verdadeiro, e todas as suas formulações rompem-se sob o teste de novas sugestões do Infinito. A mente começa a considerar o mundo como uma fantasmagoria e o pensamento como um caos de cintilações saído de um indefinido luminoso. Assaltada pela vastidão e liberdade da supramente, ela se perde e não consegue encontrar uma base firme na imensidade. A supramente, ao contrário, em sua liberdade pode construir harmonias de pensamento e de expressões de ser no terreno sólido da realidade e, ao mesmo tempo, manter sua liberdade infinita e ter a alegria da imensidade infinita de seu self. Tudo o que ela pensa, assim como tudo o que ela é, faz e vive pertence ao verdadeiro, ao justo, ao vasto, *satyam, ṛtam, bṛhat*.

O resultado dessa totalidade é que não há divisão nem incompatibilidade entre a livre ideação essencial da supramente — que corresponde à ideação pura da mente, livre, desinteressada, sem limites — e sua ideação criadora, pragmática, com um propósito e determinadora. A infinitude do ser resulta de modo natural em uma liberdade das harmonias do devenir. A supramente percebe sempre a ação como uma manifestação e expressão do Self, e a criação como uma revelação do Infinito. Todo o seu pensamento criador e pragmático é um instrumento do devenir do Self, um poder de iluminação para esse propósito, um intermediário entre a identidade eterna do Ser ilimitado e a novidade e variedade infinitas de sua expressão nos mundos e na vida. É isso que a supramente vê e encarna de maneira constante, porém, ao mesmo tempo que sua visão e pensamento ideativos lhe traduzem a unidade e a variedade ilimitadas do Infinito que ela é por uma identidade perpétua — e onde ela vive com todo seu poder de ser e de vir a ser —, há também, de maneira constante, um pensamento criador especial associado à ação da vontade infinita, Tapas, o poder de ser, que determina o que ela apresentará, manifestará ou criará a partir do Infinito no curso do Tempo e o que ela fará — aqui e agora ou em qualquer extensão do Tempo ou em qualquer mundo — do devenir perpétuo do self no universo.

A supramente não está limitada por esse movimento pragmático, e não confunde um movimento parcial ou mesmo todo o córrego com aquilo que ele se torna e cria em seus pensamentos e em sua vida, com a verdade inteira de seu self ou do Infinito. Ela não vive apenas no que ela é, pensa e escolhe fazer no presente ou em um único plano do ser; não alimenta sua existência apenas do presente ou dessa sucessão contínua de instantes, a cujas pulsações damos o nome de presente. Ela não se vê apenas como um movimento do Tempo ou da consciência no Tempo ou como uma criatura do perpétuo vir a ser. Ela é consciente de um ser atemporal, para além da manifestação e do qual tudo é uma manifestação; ela percebe aquilo que é eterno mesmo no Tempo; percebe numerosos planos de existência, percebe a verdade que se manifestou no passado e toda a verdade de ser que deve ainda se manifestar no futuro, mas que existe já na visão de si do Eterno. Ela não toma a realidade pragmática, que é a verdade da ação e da mutação, pela verdade única, mas a vê como uma realização constante daquilo que é eternamente real. Ela sabe que a criação, seja no plano da matéria, vida e mente, seja no plano da supramente, é, e só pode ser, uma representação autodeterminada da verdade eterna, uma revelação do Eterno, e percebe de maneira íntima a pré-existência da verdade de todas as coisas no Eterno. Essa maneira de ver condiciona todo o seu pensamento pragmático e sua ação resultante. Nela, aquilo que faz é o poder de seleção do vidente e do pensador; o construtor de si é o poder do vidente de si, a alma que se expressa, o poder do espírito infinito. A supramente cria, de maneira livre e ainda mais segura e decisiva porque ela é livre, a partir do self e espírito infinitos.

Portanto, ela não está aprisionada em seu vir a ser particular ou fechada no círculo ou no curso de sua ação. Ela está aberta — de um modo e em um grau que a mente não pode alcançar — à verdade de outras harmonias do devenir criador, ao mesmo tempo em que projeta em seu próprio devenir uma vontade, pensamento e ação decisivos. Quando está ocupada em uma ação que tem a natureza de um conflito, e substitui um pensamento, uma forma e um devenir, passados ou não, por aquilo que ela tem a missão de manifestar, ela conhece a verdade daquilo que desloca — e a cumpre, mesmo ao deslocá-lo — assim como a verdade daquilo que o substitui. Ela não está ligada pela ação pragmática, consciente, daquilo que ela manifesta e seleciona, mas, ao mesmo tempo, tem toda a alegria de um pensamento especialmente criador, da precisão de uma ação escolhida, a Ananda da verdade das formas e dos movimentos, quer sejam os de seu próprio devenir, quer os do devenir de outros. Todo o seu pensamento, toda a sua vontade de vida, de ação e de criação — ricos, multifacetados, que focam na verdade de numerosos planos —, são liberados e iluminados com a verdade sem limites do Eterno.

Esse movimento criador ou pragmático do pensamento e da consciência supramentais traz com ele uma ação que corresponde àquela da mentalidade habitual ou mecânica, mas, mesmo assim, tem um caráter muito diferente. Aquilo que é criado é a autodeterminação de uma harmonia, e toda harmonia segue certas linhas dadas ou vistas e contém uma pulsação e uma recorrência rítmica constantes. O pensamento supramental, ao organizar a harmonia da existência manifestada do ser supramental, cria seu alicerce em princípios eternos, molda-a nas linhas exatas da verdade que deve ser manifestada, mantém ressoando, como notas características, a recorrência dos elementos constantes na experiência e ação necessárias para constituir a harmonia. Há uma ordem do pensamento, um ciclo da vontade, uma estabilidade na moção. Ao mesmo tempo, a liberdade impede que essa recorrência o encerre na rotina de uma ação habitual que gira em círculo de maneira mecânica em torno de um estoque limitado de pensamentos. O pensamento supramental, ao contrário da mente habitual, não refere todos os pensamentos e as experiências novas a um molde de pensamento fixo, costumeiro, que ele toma como sua base e ao qual assimila tudo. Sua base, aquilo a que ele tudo refere está acima, *upari budhne*, na amplidão do self, na fundação suprema da verdade supramental, *budhne ṛtasya*. A ordem de seu pensamento, o ciclo de sua vontade, o movimento estável de sua ação não se cristalizam em um mecanismo ou em uma convenção, mas estão sempre vivos pelo espírito; eles não vivem de exclusivismo ou de hostilidade às outras ordens ou aos outros ciclos existentes e possíveis, mas absorvem o sustento de tudo que contatam e os assimilam a seus próprios princípios. A assimilação espiritual é praticável porque tudo se refere à amplidão do self e à sua livre visão acima. A ordem do pensamento e da vontade supramentais recebe de maneira constante novas luzes e novos poderes do alto e não tem dificuldade em integrá-los a seus movimentos; como é próprio a uma ordem do Infinito, ela é, de maneira indescritível, flexível e plástica mesmo na estabilidade de sua moção, e capaz de perceber e traduzir a relação de todas as coisas entre elas no Um, capaz de expressar sempre mais o Infinito e, em seu cume, de expressar, à sua maneira própria, tudo o que, de maneira efetiva, pode se expressar do Infinito.

Assim, não há discórdia, disparidade ou dificuldade de adaptação na moção complexa do *jnana* supramental, mas uma simplicidade na complexidade, uma facilidade segura em uma abundância multifacetada que vem da segurança espontânea e da totalidade do autoconhecimento do espírito. Obstáculos, conflitos internos, disparidades, dificuldades, discórdias entre as diversas partes e movimentos, continuam na transformação da mente em supramente só enquanto persistem a ação, a influência ou a pressão da mente que insiste em seus métodos próprios de construção, ou enquanto seus processos de construir o conhecimento, o pensamento e a vontade de ação na base de uma ignorância primal, resistem ao processo inverso da supramente, que organiza tudo como uma manifestação luminosa que brota do self e de seu conhecimento de si, inerente e eterno. É assim que a supramente — ao agir como um poder representativo, interpretativo, imperativo e revelador do conhecimento por identidade do espírito, ao transformar a luz da consciência infinita, de maneira livre e sem limite, em substância e forma da ideia-real, ao criar pelo poder do ser consciente e pelo poder da ideia-real e ao estabilizar um movimento que obedece à sua própria lei, mas é ainda um movimento plástico e flexível do infinito — usa seu pensamento, conhecimento e vontade, idênticos em substância e em luz ao conhecimento, para organizar em cada ser supramental sua própria manifestação do self e espírito, que é um.

Assim constituída, a ação da *jnana* supramental ultrapassa, é evidente, a ação da razão mental, e devemos ver o que substitui a razão no curso da transformação supramental. A mente pensante do ser humano encontra sua satisfação característica mais clara e seu princípio de organização mais preciso e mais eficaz na inteligência racional e lógica. É verdade que o indivíduo não é, e não pode ser inteiramente governado, seja em seu pensamento, seja em sua ação, apenas pela razão. Sua mentalidade está sujeita, de maneira inextricável, ao modo de funcionar combinado, misturado e intrincado da inteligência racional e de dois outros poderes: uma intuição que, na realidade, é apenas semiluminosa no nível da mentalidade humana e age por trás das operações mais visíveis da razão ou está velada e alterada pelas operações da inteligência comum, e a mente vital das sensações, instintos, impulsos que, em seu estado natural, é uma espécie de intuição submersa e obscura e que, de baixo, fornece à inteligência seus materiais e dados primeiros. E cada um desses dois poderes é, em seu próprio gênero, uma operação íntima do espírito que atua na mente e na vida e tem um caráter mais direto e mais espontâneo, e um poder de percepção e de ação mais imediato do que aqueles da inteligência racional. Mesmo assim, nenhum desses poderes é capaz de organizar para o indivíduo sua existência mental.

A mente-vida humana — seus instintos, seus impulsos — não é, e não pode ser, autossuficiente e predominante assim como é na criação inferior. A inteligência apropriou-se dela e a alterou de maneira profunda, mesmo onde o desenvolvimento da inteligência é imperfeito e onde a mente-vital é mais persistente em sua proeminência. Ela perdeu grande parte de seu caráter intuitivo; de fato, ela é agora infinitamente mais rica enquanto fornecedora de materiais e de dados, mas não é mais ela mesma, nem está à vontade em sua ação, porque está semirracionalizada ou, ao menos, dependente de alguns elementos de atividade inteligente ou racional que lhe foram infundidos, por mais vagos que sejam, e é incapaz de agir para um bom propósito sem a ajuda da inteligência. Suas raízes e o lugar de sua perfeição estão no subconsciente, de onde ela emerge, e a tarefa do ser humano é crescer em direção a um conhecimento e a uma ação cada vez mais conscientes. Se a mente-vital recomeçasse a governar seu ser, ele se tornaria irracional e incoerente ou embotado e imbecil, e perderia o caráter essencial de sua humanidade.

A intuição, ao contrário, tem suas raízes e seu lugar de perfeição no supramental, que é agora para nós um supraconsciente, e na mente sua ação não é pura nem organizada, mas é misturada de imediato com a ação da inteligência racional; ela não é bem ela mesma, mas está limitada, fragmentada, diluída e impura, e depende do auxílio da razão lógica para utilizar e organizar suas sugestões de maneira ordenada. A mente humana jamais está de todo segura de suas intuições até que tenham sido revistas e confirmadas pelo juízo da inteligência racional: é aí que a mente se sente mais fundamentada e em segurança. O indivíduo que fosse mais além da razão para organizar seu pensamento e sua vida pela mente intuitiva, ultrapassaria já sua humanidade característica e estaria a caminho da supra-humanidade. Isso só pode ser feito do alto; pois tentar isso a partir do baixo seria apenas para chegar a outro tipo de imperfeição — lá, a razão mental é um fator necessário.

A inteligência racional é um agente intermediário entre a mente vital e a intuição supramental, ainda não desenvolvida. Sua tarefa é a de um intermediário: de um lado, esclarecer a mente vital, torná-la consciente, governar e regular sua maneira de funcionar tanto quanto puder, até que a Natureza esteja pronta para fazer emergir a energia supramental, que assumirá a vida e iluminará e aperfeiçoará todos os seus movimentos pela conversão de seu mecanismo obscuramente intuitivo — seus desejos, emoções, sensações e ações — em uma manifestação espiritual e luminosamente espontânea do self e espírito na vida. Por outro lado, o superior, sua missão é tomar os raios de luz que vêm do alto e traduzi-los em termos da mentalidade inteligente, e aceitar, examinar, desenvolver e utilizar intelectualmente as intuições que conseguiram ultrapassar a barreira e descem da supraconsciência para a mente. Ela faz isso até que o indivíduo se torne cada vez mais inteligentemente consciente de si mesmo, de seu meio e de seu ser e perceba também que, na realidade, ele não pode conhecer essas coisas por sua razão, mas apenas fazer delas uma representação mental para sua inteligência.

Contudo, no indivíduo intelectual, a razão tende a ignorar as limitações de seu poder e de sua função e tenta ser não um instrumento e um agente, mas um substituto do self e do espírito. Tornando-se confiante pelo sucesso, pela predominância e pela grandeza relativa de sua luz, a razão se considera um elemento primordial e absoluto; está segura de sua própria verdade e de sua autossuficiência e se esforça para tornar-se a soberana absoluta da mente e da vida. Isso ela não pode conseguir, porque sua própria existência e substância reais dependem da intuição vital inferior e das mensagens intuitivas da supramente velada. A razão pode dar-se a impressão de ser bem-sucedida porque reduz toda a sua experiência a fórmulas racionais, e fecha os olhos à metade da verdadeira natureza do pensamento e da ação que estão por trás dessa experiência e da parte imensa que emerge de suas fórmulas. Os excessos da razão acabam por tornar a vida artificial e racionalmente mecânica, a privam de sua espontaneidade e vitalidade e impedem a liberdade e a expansão do espírito. A razão mental limitada e limitadora deve tornar-se plástica e flexível, abrir-se à sua fonte, receber a luz de cima, exceder-se e passar por uma eutanásia transformadora para entrar no corpo da razão supramental. Enquanto isso, lhe são dados o poder e a direção para organizar o pensamento e a ação em uma escala caracteristicamente humana, intermediária entre o poder subconsciente do espírito que organiza a vida do animal e o poder supraconsciente do espírito que, ao tornar-se consciente, poderá organizar a existência e a vida de uma supra-humanidade espiritual.

O poder característico da razão em sua completude é um movimento lógico que se assegura, primeiro, de todos os materiais e de todos os dados disponíveis, pela observação e pela organização, depois, age sobre eles para extrair deles um conhecimento que obtém, assegura e amplia por uma primeira utilização dos poderes de reflexão; por fim, assegura-se de que os resultados estejam corretos por meio de um trabalho mais cuidadoso e mais formal, mais vigilante, deliberado, rigoroso em sua lógica, que examina os resultados, os rejeita ou os confirma segundo certas normas e processos seguros desenvolvidos pela reflexão e experiência. A primeira tarefa da razão lógica é, portanto, uma observação correta, cuidadosa e completa dos materiais e dados disponíveis. O primeiro campo de dados aberto ao nosso conhecimento, e o mais fácil, é o mundo da Natureza, aquele dos objetos físicos, que se tornam externos ao nosso conhecimento — isto é, coisas que não são nós mesmos — pela ação separadora da mente e, portanto, apenas conhecíveis de maneira indireta por uma interpretação das percepções de nossos sentidos, pela observação, pela experiência acumulada, inferência e reflexão. Outro campo é nosso próprio ser interno e seus movimentos, que conhecemos de modo natural pela operação interna de um sentido mental, pela percepção intuitiva, pela experiência constante e pela reflexão do pensamento sobre os testemunhos de nossa natureza. Mesmo em relação a esses movimentos interiores, a razão age melhor e os conhece de maneira mais correta quando se desapega e os olha de modo absolutamente impessoal e objetivo — um movimento que no Ioga do Conhecimento acaba por nos fazer ver que nosso ser ativo também não é o self, mas um mecanismo da Natureza, como tudo o mais da existência universal. O conhecimento de outros seres pensantes e conscientes encontra-se entre esses dois campos, mas é obtido também de maneira indireta pela observação, pela experiência, pelos diferentes meios de comunicação e, a partir desses materiais, pela reflexão e inferência que se baseiam sobretudo em analogias com o conhecimento de nossa própria natureza. Outro campo de dados que a razão deve observar é sua própria ação e a ação de toda a inteligência humana, pois sem esse estudo ela não pode se assegurar da exatidão de seu conhecimento nem se o método e o processo estão corretos. Por fim, existem outros campos de conhecimento para os quais os dados não são acessíveis com tanta facilidade e que necessitam do desenvolvimento de faculdades anormais: a descoberta de coisas e de extensões da existência por trás das aparências do mundo físico, a descoberta do self secreto — ou princípio de ser — do ser humano e da Natureza. A razão lógica pode tentar ocupar-se da primeira dessas descobertas, e aceitar submeter a seu próprio exame minucioso todos os dados disponíveis, do mesmo modo como ela trata o mundo físico, mas, em geral, ela é pouco inclinada a lidar com esse tipo de dados, e acha mais fácil duvidar e negar; aqui, seu trabalho é raras vezes seguro ou eficaz. Quanto à segunda descoberta, em geral ela tenta descobri-la por uma lógica metafísica estrutural baseada em uma observação analítica e sintética dos fenômenos da vida, da mente e da matéria.

As operações da razão lógica são as mesmas em todos esses campos de dados. No começo, a inteligência acumula uma provisão de observações, associações, percepções, impressões, conceitos, cujas relações e objetos são postos em ordem e classificados de maneira mais ou menos óbvia, segundo suas semelhanças e diferenças e, depois, trabalha nesses materiais por uma provisão acumuladora e uma adição constante de ideias, memórias, imaginações, juízos; isso constitui, em essência, a natureza das atividades de nosso conhecimento. Há uma espécie de ampliação natural dessa atividade da inteligência da mente, que progride por seu próprio *momentum*, uma evolução ajudada cada vez mais por uma cultura deliberada; o aumento das faculdades adquirido pela cultura torna-se, por sua vez, uma parte da natureza, à medida que suas operações se instalam de maneira mais espontânea — o resultado é um progresso não do caráter nem do poder essencial da inteligência, mas do seu grau de poder, flexibilidade, variedade de capacidades e de sua sutileza. Os erros são corrigidos, as ideias e as avaliações seguras acumulam-se, conhecimentos novos são recebidos ou se formam. Ao mesmo tempo, surge a necessidade de uma ação mais precisa e mais segura do intelecto, que se liberará da superficialidade desse método comum da inteligência e fará o teste de cada passo, verificará com meticulosidade cada conclusão e reduzirá a ação da mente a um sistema e a uma ordem bem estabelecidos.

Esse movimento desenvolve a mente lógica completa e eleva a seu cume a agudeza e o poder da inteligência. A observação tosca e mais superficial é substituída ou completada por uma análise minuciosa de todo o processo, das propriedades, dos constituintes, das energias que formam o objeto ou se relacionam com ele e por uma construção sintética do objeto como um todo, que é acrescentada à concepção natural da mente ou em grande parte a substitui. O objeto distingue-se de maneira mais precisa de todos os outros e, ao mesmo tempo, há uma descoberta mais completa de suas relações com outros. A similaridade, a semelhança e a afinidade fixam-se, e também as divergências e as diferenças, o que resulta, de um lado, na percepção da unidade basilar do ser e da Natureza e da similaridade e continuidade de seus processos e, do outro lado, na precisão e classificação claras das diferentes energias e dos diferentes tipos de seres e objetos. A acumulação e a ordem dos materiais e dos dados do conhecimento são levadas à sua perfeição, o tanto quanto é possível para a inteligência lógica.

A memória é a ajuda indispensável à mente para preservar suas observações passadas — as memórias do indivíduo, mas também da espécie — seja sob a forma artificial de registros acumulados, seja na memória geral da espécie, que preserva seus ganhos com uma espécie de repetição e renovação constantes e, em elementos não apreciados o suficiente, uma memória latente, que sob a pressão de vários estimulantes repete, em novas condições, movimentos de conhecimento passados, a fim de examiná-los com uma inteligência e informação aumentadas. A mente lógica desenvolvida põe em ordem as operações e os recursos da memória humana e a treina para que possa fazer o maior uso possível de seus materiais. O julgamento humano opera nesses materiais de duas maneiras que lhe são naturais: por uma combinação sumária, mais ou menos rápida, de observações, inferências, conclusões criativas ou críticas, percepções, ideias imediatas (essa, em geral, é uma tentativa da mente para operar de maneira espontânea e direta, o que só pode ser obtido com segurança pela faculdade superior da intuição, pois na mente essa maneira direta produz falsas confianças e certezas duvidosas) e pela busca, exame e critério crítico mais lentos, mas, no final, mais seguros intelectualmente, que conduzem à ação lógica e cuidadosa.

A memória e o julgamento são ambos ajudados pela imaginação; enquanto função do conhecimento, a imaginação sugere possibilidades que, na realidade, não foram ainda apresentadas ou justificadas pelos outros poderes e abre as portas a outras perspectivas. A inteligência lógica desenvolvida usa a imaginação para sugerir descobertas e hipóteses novas, mas é cuidadosa e testa na íntegra suas sugestões, mediante a observação e um juízo crítico ou escrupuloso. Ela insiste também em testar todas as operações do próprio julgamento o mais que puder, rejeita conclusões apressadas em favor de um sistema ordenado de dedução e indução e assegura-se de todos os seus passos e da justiça, continuidade, compatibilidade, coesão de suas conclusões. Uma mente lógica demasiado formalizada é desencorajadora, mas um uso livre da ação integral da inteligência lógica pode, antes, intensificar certa capacidade de compreensão imediata — a capacidade mental mais próxima da intuição superior — embora a inteligência lógica não lhe dê uma confiança sem reserva. A razão lógica esforça-se sempre, por meio de um método desapegado, desinteressado e fundamentado de modo cuidadoso, para liberar-se do erro, dos preconceitos e das falsas seguranças da mente e chegar a certezas confiáveis.

Se esse método minucioso da mente fosse, na realidade, suficiente para alcançar a verdade, não haveria necessidade de nenhum grau superior na evolução do conhecimento. De fato, ele amplia a influência da mente sobre si mesma e sobre o mundo que a circunda e presta grandes e inegáveis serviços; mas ela nunca pode ter certeza se seus dados lhe fornecem o quadro de um conhecimento real ou apenas um quadro útil e necessário para a mente e a vontade humanas em seu presente modo de agir. Percebe-se cada vez mais que o conhecimento dos fenômenos aumenta, mas o conhecimento da realidade escapa a esse processo laborioso. Deve vir um tempo — que já está chegando — em que a mente sentirá a necessidade de chamar em seu auxílio a intuição e de desenvolvê-la de maneira plena, assim como a imensa gama de poderes que se encontram escondidos por trás dessa palavra que empregamos em um sentido vago e uma percepção incerta do que significa. No final, a mente descobrirá que esses poderes podem não só ajudar e completar sua própria atuação, mas mesmo substituí-la. Esse será o começo da descoberta da energia supramental do espírito.

A supramente, como vimos, eleva o modo de funcionar da consciência mental e a faz chegar à intuição; ela cria uma mentalidade intuitiva intermediária, insuficiente em si, mas superior em poder à inteligência lógica e, depois, eleva esta também e a transforma na ação supramental verdadeira. Na ordem ascendente, a primeira ação bem organizada da supramente é a razão supramental — não um intelecto lógico superior, mas a organização luminosa, direta, de um conhecimento intimamente subjetivo e intimamente objetivo: isso é o *buddhi* superior, a Lógica ou, antes, o logos, ou Vijnana. A razão supramental faz todo o trabalho da inteligência racional e muito mais ainda, mas com um poder maior e de maneira diferente. Depois, por sua vez, essa razão supramental é absorvida em uma extensão superior do poder de conhecimento, mas lá também nada se perde, tudo se intensifica, amplia-se em escopo, transforma-se em poder de ação.

A linguagem normal do intelecto não é suficiente para descrever esse processo, pois as mesmas palavras devem ser usadas, o que indica certa correspondência, mas, na realidade, elas designam de maneira inadequada uma coisa diferente. Assim, a supramente utiliza certa função sensorial que emprega os órgãos físicos, mas não é limitada por eles: uma coisa que, em sua natureza, é uma consciência-forma, uma consciência-contato; mas a ideia e experiência mentais dos sentidos não podem dar nenhuma noção do modo de funcionar essencial e característico dessa consciência sensorial supramentalizada. O pensamento também, na ação supramental, é algo diferente do pensamento da inteligência mental. Em sua base, o pensamento supramental é sentido como um contato, união ou identidade conscientes da substância do ser do conhecedor com a substância do ser da coisa conhecida, e a figuração de seu pensamento é sentida como o poder de percepção do self que, pelo encontro ou pela unidade, revela — porque a contém em si mesmo — certa forma-conhecimento do conteúdo do objeto, de sua ação e significado. Portanto, observação, memória, julgamento também significam, na supramente, cada um algo diferente daquilo que são no processo da inteligência mental.

A razão supramental observa tudo o que a inteligência observa, e muito mais; isto é, ela faz da coisa a ser conhecida o campo da ação perceptiva, ela a torna objetiva, em certo sentido, e essa ação faz emergir a natureza dessa coisa, seu caráter, sua qualidade, sua maneira de agir. Mas essa não é a objetividade artificial pela qual a razão, em sua observação, tenta expulsar o elemento de erro pessoal ou subjetivo. A supramente vê tudo no self e, por conseguinte, sua observação tem que ser subjetivamente objetiva e muito mais próxima da observação de nossos próprios movimentos internos vistos como objeto de conhecimento, embora não seja a mesma coisa. Não é no self pessoal separado, nem pelo poder desse self, que ela vê — portanto, ela não precisa estar em guarda contra o elemento de erro pessoal; o erro só interfere enquanto ainda permanecer um substrato mental ou uma atmosfera mental circundante que possa intrometer-se, ou enquanto a supramente deve ainda descer na mente para mudá-la. E o método supramental para remediar o erro é eliminá-lo, não por meio de qualquer outro artifício, mas por um discernimento supramental cada vez mais espontâneo e uma intensificação constante de sua própria energia. A consciência da supramente é uma consciência cósmica e é nesse self de consciência universal — no qual vive o conhecedor individual e com o qual ele é mais ou menos estreitamente unido — que ela mantém diante dele o objeto do conhecimento.

O conhecedor, em sua observação, é uma testemunha, e essa relação pareceria implicar que o objeto do conhecimento é uma outra coisa, porém, de fato, essa não é uma diferença de todo separadora e não traz uma ideia que exclui a coisa observada como algo de todo diferente de nós mesmos, assim como é na visão mental de um objeto externo. Sempre há, na base, uma sensação de unidade com a coisa conhecida, pois sem essa unidade não pode haver conhecimento supramental. O conhecedor traz o objeto em seu self, em sua consciência universalizada como algo que ele mantém diante de sua posição de visão-testemunha, e o inclui em seu ser mais vasto. A observação supramental relaciona-se com as coisas com as quais somos unidos no ser e na consciência, e somos capazes de conhecê-las como conhecemos a nós mesmos pela força dessa unidade: o ato de observar é um movimento que faz surgir o conhecimento latente.

Então há, primeiro, uma unidade basilar de consciência que é maior ou menor em seu poder e revela, de maneira mais ou menos completa e imediata, seu conteúdo de conhecimento segundo nosso progresso, nossa elevação e a intensidade de nossa vida, de nossas sensações e de nossa visão nas regiões supramentais. Como resultado dessa unidade basilar se estabelece entre o conhecedor e o objeto do conhecimento um fluxo ou uma ponte de conexão consciente (somos obrigados a usar imagens, mesmo se inadequadas) e, como consequência, um contato ou uma união ativa que permite ver, sentir e perceber de maneira supramental o que deve ser conhecido no objeto ou sobre o objeto. Algumas vezes esse fluxo ou essa ponte de conexão não é logo percebido pelos sentidos, apenas notamos os resultados do contato, mas, de fato, ele está sempre aí e uma espécie de memória de fundo pode sempre fazer-nos perceber que, na verdade, isso estava presente o tempo todo; à medida que crescemos em supramentalidade isso se torna permanente. A necessidade desse fluxo ou dessa ponte de conexão cessa quando a unidade basilar se torna completa e ativa. Esse processo constitui a base daquilo que Patanjali chama *samyama*: uma concentração, direção ou fixação da consciência pela qual, ele diz, podemos perceber tudo o que está no objeto. Mas a necessidade de concentrar-se torna-se mínima ou nenhuma quando a unidade ativa cresce; a consciência luminosa do objeto e de seu conteúdo torna-se mais espontânea, normal, fácil.

Existem três movimentos possíveis para esse tipo de observação supramental. Primeiro, o conhecedor pode projetar-se em consciência no objeto, sentir que sua cognição o toca, o envolve ou entra no objeto e, uma vez aí, no próprio objeto por assim dizer, percebe aquilo que deve conhecer. Ou pode, pelo contato, perceber que o que está no objeto ou faz parte dele — como percebemos, por exemplo, o pensamento ou o sentimento de um outro — entra nele ali onde ele se encontra, em sua posição de testemunha. Ou ele pode, simplesmente, conhecer a coisa em si mesmo por uma espécie de cognição supramental, em sua própria posição de testemunha, sem que haja nenhuma projeção ou entrada desse gênero. A presença do objeto para os sentidos físicos ou para os outros sentidos pode servir de ponto de partida ou de base aparente da observação, mas para a supramente isso não é indispensável. Uma imagem interior ou apenas a ideia do objeto pode bastar. A simples vontade de conhecer, ou talvez a vontade do objeto de querer ser conhecido ou de se comunicar, pode trazer para a consciência supramental o conhecimento necessário.

Os elaborados processos da observação analítica e da construção sintética adotados pela inteligência lógica não são o método da supramente e, ainda assim, existem operações correspondentes. A supramente diferencia as particularidades da coisa que ela vê — sua forma, energia, ação, qualidade, sua mente, sua alma — por uma visão direta e sem nenhum processo mental que desmonte em pequenos pedaços a coisa vista, e vê também, de maneira direta e sem nenhum processo de construção, a totalidade significativa de que essas particularidades são os incidentes. Ela vê também a essencialidade da coisa em si, *svabhāva*, da qual a totalidade e as particularidades são a manifestação. E mais, à parte a essencialidade ou *svabhāva*, ou através dela, ela vê o self único, a existência única, a consciência, o poder e a força únicos de que essa essencialidade é a expressão de base. Naquele momento, ela pode estar observando apenas as particularidades, mas o todo estará implícito, e vice-versa (por exemplo, o estado completo da mente, de onde brota um pensamento ou uma sensação), e a cognição pode partir, seja da particularidade, seja do todo, e chegar logo, por uma sugestão imediata, ao conhecimento implícito. Do mesmo modo, a essencialidade está implícita no todo e em cada uma das particularidades, ou em todas, e pode haver a mesma alternância rápida ou imediata, ou o mesmo processo alternado. A lógica da supramente é diferente daquela da mente: ela vê sempre o self como aquilo que é, a essencialidade da coisa como a expressão fundamental do ser ou do poder do self, e o todo e as particularidades como a manifestação resultante desse poder e sua expressão ativa. Na completude e cognição da consciência supramental essa é a ordem constante. Todas as percepções de unidade, similaridade, diferença, espécie, singularidade fornecidas pela razão supramental são consoantes com essa ordem e dependem dela.

O modo de observação da supramente aplica-se a todas as coisas. Sua visão dos objetos físicos não é, e não pode ser, apenas uma visão exterior ou de superfície, mesmo quando se concentra em exterioridades. Ela vê a forma, a ação, as propriedades, mas, ao mesmo tempo, percebe as qualidades ou as energias, guna, Shakti, das quais a forma é uma tradução, e as vê não como uma inferência ou dedução da forma ou da ação, mas as sente e vê de modo direto no ser do objeto, e de maneira tão vívida — poder-se-ia dizer com uma concretude sutil e uma fina substancialidade — quanto a forma e a ação percebida pelos sentidos. Ela percebe também a consciência que se manifesta enquanto energia, qualidade, forma. Ela pode sentir, conhecer, observar, ver as forças, as tendências, os impulsos — coisas abstratas para nós — de maneira tão direta e vívida como as coisas que chamamos agora visíveis e sensíveis. Ela observa as pessoas e os seres da mesma maneira. Pode tomar como ponto de partida ou como primeira indicação a palavra, a ação, os sinais externos, mas não é limitada por eles ou dependente deles. Pode conhecer, sentir e observar o self e a consciência de uma outra pessoa e aí entrar, seja de modo direto pelo sinal, seja por uma ação mais poderosa, e começar de imediato, em lugar de buscar conhecer o ser interior pelas evidências da expressão exterior, a compreender toda a expressão exterior à luz do ser interior. É desse mesmo modo, completo, que o ser supramental conhece seu próprio ser interior e sua natureza. A supramente pode, com o mesmo poder, também observar pela experiência direta o que está escondido detrás da ordem física; ela pode mover-se em outros planos que não são do universo material. Conhece o self e a realidade das coisas por identidade, pela experiência da unidade ou pelo contato com a unidade, e por uma visão, ideação e conhecimento que veem e realizam e dependem dessas coisas ou derivam delas; e sua representação das verdades do espírito por meio do pensamento é uma expressão desse tipo de visão e de experiência.

A memória supramental é diferente da mental; ela não é um depósito do conhecimentos e experiências passados, mas uma presença contínua do conhecimento, que pode ser trazido para fora ou, de maneira mais característica, oferecer-se quando necessário: não depende de atenção ou de uma recepção consciente, pois as coisas do passado — não conhecidas, de fato, ou não observadas — podem ser chamadas de sua latência por uma operação que ainda é, em essência, uma lembrança. Em certo nível sobretudo, todos os conhecimentos apresentam-se como uma lembrança, porque tudo está latente no self da supramente ou é inerente a ele. Na supramente o futuro, assim como o passado, apresentam-se ao conhecimento como uma memória do já conhecido. A imaginação, que na supramente se transforma, funciona, de um lado, como um poder da imagem e do símbolo verdadeiros, sempre uma imagem ou um indicador de certo valor de ser ou significado, ou outra verdade do ser; do outro lado, como uma inspiração ou uma visão interpretativa de possibilidades e potencialidades não menos verdadeiras que as coisas reais ou realizadas. Essas possibilidades e potencialidades são colocadas em seu lugar por um julgamento intuitivo e interpretativo concomitante, ou por um julgamento inerente à própria visão da imagem, do símbolo ou da potencialidade, ou por uma revelação preeminente daquilo que está por trás da imagem ou do símbolo, ou daquilo que determina o potencial e o real e suas relações, e pode dominá-los e ultrapassá-los, impondo verdades últimas e certezas supremas.

O julgamento supramental é inseparável da observação e da memória da supramente, é inerente a elas como uma visão ou uma cognição diretas dos valores, significados, antecedentes, consequências, relações, etc., ou vem em seguida à observação, como uma ideia ou sugestão luminosas, reveladoras; ou pode vir antes, independente de qualquer observação e, então, o objeto evocado e observado confirma de maneira visível a verdade da ideia. Porém, em cada caso o julgamento é suficiente em si mesmo e para seus propósitos: ele é sua própria evidência e, na realidade, não depende de ajuda nem de nenhuma confirmação para estabelecer sua verdade. A razão supramental tem uma lógica, mas sua função não é verificar nem escrutinar, sustentar e provar ou detectar e eliminar o erro. Sua função é apenas ligar um conhecimento a outro, descobrir e utilizar harmonias, combinações, relações, organizar o movimento do conhecimento supramental. Isso, a lógica supramental não faz conforme uma regra formal ou mediante uma construção de inferências, mas por uma visão direta, viva e imediata, que situa as conexões e as relações. Na supramente, todos os pensamentos são da natureza da intuição, da inspiração ou da revelação, e se o conhecimento se mostra insuficiente, esses poderes podem prover; o erro é evitado pela ação de um discernimento espontâneo e luminoso; o movimento é sempre de conhecimento a conhecimento. A razão supramental não é racional em nosso sentido, ela é suprarracional: ela faz, de maneira soberana, tudo o que a razão mental, de maneira tropeçante e imperfeita, esforça-se para fazer.

As regiões do conhecimento acima da razão supramental, que a abarcam e a excedem, não podem ser bem descritas — nem seria necessário, aqui, fazer o esforço — é suficiente dizer que, aqui, o processo é mais completo, intenso e vasto em sua luz; ele é imperativo, instantâneo; o escopo de seu conhecimento ativo é maior, o método é mais próximo do conhecimento por identidade, o pensamento mais carregado com a substância luminosa da autopercepção e da visão do todo, mais manifestadamente independente de qualquer outro suporte e assistência inferiores.

Essas características, devemos lembrar, não se aplicam por inteiro nem mesmo às operações da mentalidade intuitiva mais poderosas, mas podemos encontrar nelas um primeiro vislumbre. Tampouco elas podem ser de todo evidentes ou sem mistura enquanto a supramentalidade estiver ainda em formação, com uma subcorrente, uma mistura ou um ambiente de funcionamento mental. Só quando a mentalidade for ultrapassada e desaparecer em um silêncio passivo, é que poderá haver o desvelar completo e a ação soberana e integral da gnose supramental.

CAPÍTULO XXIV

OS SENTIDOS SUPRAMENTAIS

Todos os instrumentos, todas as atividades da mente têm seus poderes correspondentes nas operações da energia supramental, e lá são elevados a seu grau mais alto e transfigurados; mas sua ordem de prioridade, sua importância e necessidade seguem uma ordem inversa. Assim como há um pensamento supramental ou consciência essencial, há também um sentido supramental. Em essência, a faculdade de sentir não é a operação de certos órgãos físicos, mas o contato da consciência com seus objetos, *saṁjñāna*.

Quando a consciência do ser se retira por completo em si mesma, ela só percebe a si própria, seu ser, sua consciência, seu deleite de ser, sua força de ser concentrada — e não mais em suas formas, mas na essência delas. Quando sai dessa autoimersão, ela percebe — ou libera, ou desenvolve a partir dessa imersão — suas atividades e formas de ser, de consciência, de deleite e de força. Então, no plano supramental também, sua percepção primeira permanece ainda com o caráter nativo próprio à percepção espiritual e ao conhecimento do um e infinito; um conhecimento que conhece todos os seus objetos, suas formas e suas atividades: de maneira abrangente, por percebê-los em seu próprio self infinito; de maneira íntima, por perceber-se neles como seu próprio self; absoluta, por percebê-los como um único self com o próprio ser dela. Todos os outros meios de conhecimento são uma projeção desse conhecimento por identidade, são partes ou movimentos dele ou, no nível mais baixo, dependentes desse conhecimento para sua verdade e sua luz, e são tocados e sustentados por ele até mesmo em seu modo de operação separado, e se referem a ele, de maneira aberta ou implícita, como sua autoridade e sua origem.

A atividade mais próxima desse conhecimento essencial por identidade é a vasta consciência abrangedora, vijnana, que caracteriza de modo particular a energia supramental: uma consciência que recebe em si mesma todas as verdades, todas as ideias, todos os objetos de conhecimento e os vê ao mesmo tempo, em sua essência, em sua totalidade e em suas partes ou aspectos. É um movimento de visão e absorção totais; uma abrangência e uma posse no self de conhecimento: ela mantém o objeto da consciência como uma parte do self ou como algo uno com ele, a unidade sendo percebida de maneira direta e espontânea, no ato do conhecimento. Uma outra atividade do supramental põe o conhecimento por identidade em segundo plano e acentua mais a objetividade da coisa conhecida. Seu movimento característico quando desce na mente torna-se a fonte da natureza particular de nosso conhecimento mental — a inteligência, *prajñāna*. Na mente, a ação da inteligência implica, no início, separação, uma alteridade que leva à dissociação entre o conhecedor, o conhecimento e o conhecido; mas na supramente o movimento da inteligência acontece sempre na identidade infinita, ou, ao menos, na unidade cósmica. Só que o self de conhecimento se permite o deleite de pôr o objeto da consciência distante da intimidade imediata própria à unidade original e eterna, mas o objeto continua nele mesmo, e ele pode conhecê-lo também de outra maneira, afim de estabelecer com o objeto uma variedade de relações e interações que são numerosos acordes menores na harmonia do jogo da consciência. O movimento dessa inteligência supramental, *prajñāna*, torna-se uma ação subordinada, terciária, da supramente, e necessita do pensamento e da palavra para sua completude. A ação primeira, por ser da natureza do conhecimento por identidade ou de uma apreensão abrangedora na consciência, é completa em si e não necessita desses meios de formulação. A inteligência supramental é da natureza da visão da verdade, da audição da verdade e da memória da verdade e, embora possa ser suficiente a si mesma de certa maneira, sente-se ainda mais ricamente completa pelo pensamento e pela palavra, que dão corpo à sua expressão.

Por fim, um quarto modo de funcionar da consciência supramental completa as diversas possibilidades do conhecimento supramental. Esse modo de funcionar acentua ainda mais a objetividade da coisa conhecida, a distancia da posição da consciência que vivencia e a traz de volta à proximidade por um contato unificador que se efetua, seja por uma proximidade direta, um contato, uma união, seja de maneira menos íntima, pela ponte ou pela corrente de consciência conectora que já mencionamos. O que cria o sentido supramental, *saṁjñāna*, é um contato com existências, presenças, coisas, formas, forças, atividades, mas um contato na substância do ser e da energia supramentais e não na divisão da matéria e mediante instrumentos físicos.

É um pouco difícil tornar compreensível a natureza do sentido supramental para uma mentalidade que não está ainda familiarizada com ela por uma ampliação de sua experiência, porque nossa ideia do modo de funcionar dos sentidos é governada pela experiência limitadora da mente física. Supomos que a coisa essencial no ato de sentir é a impressão deixada no órgão físico da visão, da audição, do olfato, do tato, do paladar por um objeto externo, e que a tarefa da mente — o órgão central de nossa consciência atual — seja apenas receber a impressão física e sua tradução nervosa, e assim tornar-se consciente do objeto de maneira inteligente. Para compreender a mudança supramental é preciso, primeiro, saber que a mente é o único sentido verdadeiro, mesmo no processo físico: sua dependência das impressões físicas é o resultado das condições da evolução material, mas não é uma coisa essencial e indispensável. A mente é capaz de uma visão independente do olho físico, de uma audição independente do ouvido físico — e é a mesma coisa com a ação de todos os outros sentidos. Ela pode também, utilizando aquilo que nos parece impressões mentais, perceber coisas que não são transmitidas, nem mesmo sugeridas, por meio dos órgãos físicos: abrir-se a relações, a eventos, mesmo às formas e à ação de forças que os órgãos físicos teriam sido incapazes de testemunhar. Então, quando percebemos esses poderes mais raros, dizemos que a mente é um sexto sentido; porém, de fato, a mente é o único verdadeiro órgão dos sentidos, e os demais não são mais que seus utensílios externos e instrumentos secundários, embora, por sua dependência deles, eles tenham se tornado as limitações da mente, e transmissores demasiado imperativos e exclusivos. Mais uma vez devemos reconhecer — e isso é difícil para nossas ideias normais sobre o assunto — que a própria mente é apenas o instrumento característico do poder de sentir, mas que a própria coisa — o sentido em sua pureza, *saṁjñāna*, existe por trás e mais além da mente que ele usa, e ele é um movimento do self, uma atividade direta e original do poder infinito da consciência do self. A pura ação de sentir é uma ação espiritual e o próprio sentido puro é um poder do espírito.

O sentido espiritual, seu modo particular — diferente daquele do pensamento supramental ou da inteligência ou da abrangência espiritual, *vijnana*, ou conhecimento por identidade — tem o poder de conhecer todas as coisas, quaisquer que sejam, materiais e o que para nós é imaterial, todas as formas e tudo o que é sem forma. Pois tudo é substância espiritual do ser, substância da consciência e da força, substância do deleite; e o sentido espiritual, o *saṁjñāna* puro, é a percepção tátil, substancial, da própria substância expandida, de seu self e, nele, de tudo o que é da substância infinita ou universal. É possível para nós não apenas conhecer por uma identidade consciente, por uma abrangência espiritual do self, que abarca os princípios e os aspectos, a força, o jogo e a ação por um conhecimento-pensamento direto, espiritual, supramental e intuitivo, pelos sentimentos, o amor e o deleite de um coração iluminado de modo espiritual e supramental, mas também ter o sentido, em todo o significado literal do termo — o conhecimento sensorial ou a sensação — do espírito, do self, do Divino, do Infinito. O estado descrito pelo Upanishad, em que vemos, ouvimos, experienciamos, tocamos, sentimos o Brahman de todas as maneiras, e apenas ele — pois, para a consciência, todas as coisas tornaram-se Isto apenas, e não outra existência separada ou independente — não é apenas uma imagem literária, mas a descrição exata da ação basilar do sentido puro: é o objeto espiritual do *saṁjñāna* puro. E nesse modo de funcionar original — que para nossa experiência é uma ação transfigurada dos sentidos, uma ação glorificada, infinitamente beatífica, um sentimento direto em nós, em torno de nós, em toda parte, do self para abarcar, tocar e sentir tudo que está em seu ser universal — podemos perceber da maneira mais emocionante e mais encantadora o Infinito e tudo o que está nele, ter o conhecimento, pelo contato íntimo de nosso ser, de toda a existência, de tudo o que está no universo.

A ação do sentido supramental tem como base a verdade real do que ele é: uma organização desse *saṁjñāna* puro, espiritual, infinito, absoluto. A supramente, ao agir por meio dos sentidos, sente tudo como Deus e em Deus, tudo é o toque manifesto, a visão, a audição, o paladar, o perfume do Infinito, tudo é a experiência direta, sentida, vista, da substância e do poder, da energia e do movimento do Infinito, do jogo, da penetração, da vibração, da forma, da proximidade, da pressão do Infinito e das relações substanciais do Infinito. Nada existe independentemente de seu sentido, mas tudo é sentido como um só ser, um movimento único e cada coisa como indivisível do resto e contendo em si todo o Infinito, todo o Divino. Esse sentido supramental tem o sentimento e a experiência diretos, não apenas das formas, mas também das forças, da energia, da qualidade nas coisas e de uma substância, uma presença divina nelas e em torno delas e nas quais elas se abrem e se expandem, em seu self sutil e seus elementos secretos, expandindo-se, na unidade, para o interior do ilimitável. Nada, para o sentido supramental é, na realidade, finito: ele tem como alicerce a sensação do todo em cada coisa e de cada coisa no todo; a nitidez de seu sentido, embora mais precisa e completa que a da mente, não cria muros limitadores; este é um sentido oceânico e etéreo em que todo conhecimento sensível e toda sensação particulares são como ondas, movimentos, borrifos ou gotas que são, contudo, uma concentração do oceano inteiro e inseparáveis do oceano. Sua ação é o resultado da extensão e da vibração do ser e da consciência em um éter supraetéreo de luz, um éter de poder, um éter de beatitude, a Ananda-Akasha dos

Upanishads, que é a matriz e o continente da expressão universal do Self — aqui, no corpo e na mente, ela é experienciada apenas em extensões e vibrações limitadas — e é o meio de sua experiência verdadeira. Esse sentido, mesmo em seu grau de poder mais baixo, é luminoso, com uma luz reveladora que contém o segredo das coisas que ele experiencia; ele pode, portanto, ser um ponto de partida e uma base para o todo do conhecimento supramental: o pensamento supramental, a inteligência e a compreensão espirituais, a identidade consciente — e, em seu plano mais alto ou na intensidade mais completa de sua ação, ele se abre ao conhecimento supramental e à identidade consciente, ou os contém e os libera de imediato. Ele é imbuído de um poder luminoso que traz em si a força da autorrealização, uma eficácia intensa ou infinita; a experiência desse sentido pode, portanto, ser o ponto de partida do impulso para uma ação criadora e realizadora do conhecimento e da vontade espirituais e supramentais. Ele tem o êxtase de um deleite poderoso e luminoso, que faz dele, e de todos os sentidos e de todas as sensações, uma chave ou um receptáculo para a Ananda divina e infinita.

O sentido supramental pode agir de maneira autônoma e é independente do corpo, da vida física e da mente exterior e está também acima da mente interior e de suas experiências. Ele pode perceber todas as coisas, em todos os mundos, em todos os planos, em todas as formações que a consciência universal assume. Ele pode perceber os fenômenos do universo material mesmo no transe do samádi, percebê-los como são ou como aparecem aos sentidos físicos, assim como pode perceber os outros estados de experiência: do vital puro, do mental, do psíquico ou da representação supramental das coisas. Ele pode, no estado desperto da consciência física, apresentar-nos aquilo que está escondido à receptividade limitada dos órgãos físicos ou fora do alcance deles: formas, cenas e eventos distantes, coisas que deixaram a existência física ou ainda não estão na existência física, cenas, formas, eventos, símbolos do mundo vital, do mundo psíquico, do mundo mental, do mundo supramental, do mundo espiritual, e tudo isso em sua verdade e em seu sentido reais, assim como em suas aparências. Ele pode usar todos os outros estados da consciência sensorial e de seus sentidos ou de seus órgãos correspondentes e acrescentar-lhes o que eles não têm, corrigir seus erros e suprir suas deficiências, pois ele é a força de todas as outras faculdades sensoriais, que são apenas derivações inferiores desse sentido superior, esse *saṁjñāna* verdadeiro e sem limites.

*

* *

A elevação do nível de consciência da mente à supramente e, em consequência, a transformação que nos faz passar do estado do Purusha mental àquele do Purusha supramental deve, para ser completa, trazer com ela a transformação da natureza em todas as suas partes e em todas as suas atividades. A mente inteira não apenas muda em canal passivo das atividades supramentais, canal que faz descer o fluxo dessas atividades na vida e no corpo e derramar-se na comunicação com o mundo exterior, a existência material (essa é apenas a primeira etapa do processo), mas é, ela mesma, supramentalizada, assim como todos os seus instrumentos. Em consequência, há uma mudança, uma transformação profunda nos sentidos físicos: uma supramentalização da visão física, da audição, do toque, etc. que cria em nós ou nos revela uma visão de todo diferente, não apenas da vida e seu significado, mas mesmo do mundo material e de todas as suas formas e aspectos. A supramente usa os órgãos físicos e confirma seu modo de ação, mas por trás deles ela faz aparecer sentidos internos mais profundos, que veem o que está escondido dos órgãos físicos e transforma ainda mais essa visão nova, essa audição nova, etc. que se criam assim, e as modela em seu próprio molde e em sua própria maneira de sentir. Essa mudança não toma nada da verdade física do objeto, mas acrescenta a ela sua verdade suprafísica e, ao remover as limitações físicas, ela suprime o elemento de falsidade da maneira material de vivenciar.

A supramentalização dos sentidos físicos traz consigo um resultado similar, no campo sensorial, àquele que experienciamos na transmutação do pensamento e da consciência. Por exemplo, logo que a faculdade visual se modifica sob a influência da visão supramental, o olhar adquire uma percepção visual nova, transfigurada, das coisas e do mundo em torno de nós. Sua faculdade visual adquire uma totalidade extraordinária e uma precisão imediata, abrangente, em que o todo e cada detalhe se destacam de imediato na harmonia e vividez completas do significado que a Natureza tencionou no objeto e como se a ideia se realizasse na forma, executada no concreto esplendor do ser. É como se o olho do poeta, do artista, tivesse substituído a visão vaga, normal, trivial, que vê sem ver; mas é um olhar singularmente espiritualizado e iluminado — como se na verdade participássemos da própria visão do supremo, divino Poeta e Artista, e nos fosse dada a plena visão de sua verdade e de sua intenção em seu desígnio do universo e de cada coisa no universo. Há uma intensidade ilimitada que faz de tudo o que se vê uma glória, uma revelação de qualidades, de ideias, de formas, de cores. O olho físico parece, então, conter um espírito, uma consciência que vê não apenas o aspecto físico do objeto, mas a alma da qualidade que está no objeto, a vibração de sua energia, a luz, a força e a substância espiritual de que ele é feito. Assim, mediante o sentido físico, vem à consciência sensorial total

— contida na visão e por trás dela —, a revelação da alma da coisa vista e do Espírito universal que se expressa nessa forma objetiva de seu próprio ser consciente.

Ao mesmo tempo, há uma mudança sutil que faz o olhar ver em uma espécie de quarta dimensão, caracterizada por certa internalização; não só vemos as superfícies e a forma externa, mas aquilo que as anima e se estende de modo sutil em torno delas. Para essa visão, o objeto material torna-se algo diferente daquilo que vemos agora; não é mais um objeto separado que se destaca contra o fundo, nem algo em meio ao resto da Natureza, mas uma parte indivisível da unidade e, mesmo, de modo sutil, uma expressão da unidade de tudo que vemos. E essa unidade que vemos torna-se não apenas para a consciência mais sutil, mas para os sentidos comuns, para a própria vista física iluminada, a identidade do Eterno, a unidade do Brahman. Pois, para a visão supramentalizada, o mundo material, o espaço e os objetos materiais cessam de ser materiais no sentido em que são agora, na força da única evidência de nossos órgãos físicos limitados e da consciência física que olha através deles, quer dizer, eles não são mais como os recebe nossa percepção grosseira e como os entende nossa concepção da matéria. O mundo material, o espaço e os objetos materiais, aparecem e são vistos como o próprio espírito em uma forma dele mesmo e em uma extensão consciente. O todo é uma unidade — a unidade não afetada por nenhuma multiplicidade de objetos e de detalhes — uma unidade mantida na consciência e por ela em um espaço espiritual, e aí, toda substância é substância consciente. Essa mudança e essa totalidade na maneira de ver vêm da superação dos limites de nosso sentido físico atual, porque o poder do olho sutil ou psíquico foi infundido no físico e, lá, mais uma vez, foi infundido nesse poder de visão psicofísica, a visão espiritual, o sentido puro, o *saṁjñāna* supramental.

Todos os outros sentidos passam por uma transformação similar. Tudo aquilo que o ouvido ouve revela a totalidade de seu corpo sonoro, de seu significado sonoro e de todas as nuances de sua vibração, e revela também, a essa escuta única e completa, a qualidade, a energia rítmica, a alma do som e sua expressão do espírito universal único. Há aqui a mesma internalização: o sentido entra nas profundezas do som, descobre aí aquilo que o anima e o expande, que o une à harmonia de todos os sons — tanto quanto à harmonia de todo silêncio — de modo que o ouvido está sempre a ouvir o Infinito em sua expressão audível e na voz de seu silêncio. Para o ouvido supramental, todos os sons se tornam a voz do Divino, ele mesmo nascido em forma de som; tudo se torna um ritmo da concórdia da sinfonia universal. Aqui também há a mesma completude, vividez, intensidade, a revelação do self daquilo que ouvimos e a satisfação espiritual do self no ouvir. O toque supramentalizado, também, roça de leve ou toca o Divino em todas as coisas e, por meio do self consciente do contato, conhece todas as coisas como o Divino e, para a consciência que experiencia, há também a mesma totalidade, intensidade, revelação de tudo que está no toque e por trás dele. Uma transformação similar opera-se em todos os outros sentidos.

Ao mesmo tempo, há uma abertura de poderes novos em todos os sentidos, o alcance expande-se, a consciência física prolonga-se e alcança uma capacidade jamais sonhada antes. A transformação supramental alarga também a consciência física muito além dos limites do corpo, e permite-lhe ter um contato físico com coisas a distância com uma concretude perfeita. E os órgãos físicos tornam-se capazes de servir como canais para os sentidos psíquicos e outros, de modo que com o olho físico desperto podemos ver o que, em geral, só é revelado em estados anormais e a uma visão psíquica, a um ouvir psíquico ou a outro conhecimento sensorial. É o espírito ou a alma interior que vê e sente, mas o próprio corpo e seus poderes foram espiritualizados e participam de maneira direta da experiência. Todas as sensações materiais são supramentalizadas, e percebem de maneira direta — por uma participação física e, por fim, em uma unidade com os instrumentos mais sutis — as forças, movimentos, vibrações físicas, vitais, emocionais e mentais das coisas e dos seres, e as sentem todas não só de maneira espiritual e mental, mas fisicamente, no self e como movimentos do self único nesses inúmeros corpos. O muro que as limitações do corpo e dos sentidos corporais haviam construído em torno de nós é abolido, mesmo no corpo e nos sentidos; em seu lugar, há a comunicação livre da unidade eterna. Todos os sentidos e todas as sensações enchem-se da luz divina, do poder divino, da intensidade divina da experiência, de uma alegria divina, do deleite do Brahman. E mesmo aquilo que agora é discordante para nós e choca os sentidos, encontra seu lugar na concórdia universal do movimento universal, revela sua *rasa*, significado, propósito e, pelo deleite da sua intenção na consciência divina e pelo deleite da manifestação de sua lei e de seu darma, por sua harmonia com o self total, por seu lugar na manifestação do ser divino, torna-se belo e feliz para a experiência da alma. Todas as sensações tornam-se Ananda.

Em geral, a mente encarnada em nós só percebe por meio dos órgãos físicos, e percebe apenas os objetos e as experiências subjetivas deles, que parecem provir da experiência física, e os toma, mesmo se remotamente, como sua base e modelo formador. Tudo o mais, tudo que não for compatível com dados físicos, que não fizer parte deles e não for verificado por eles, lhe parece mais uma imaginação que realidade; é apenas em estados anormais que ela se abre a outros tipos de experiências conscientes. Porém, na verdade, existem imensas extensões por trás, que poderíamos perceber se abríssemos as portas de nosso ser interior. Essas extensões estão aí, já em atividade, e são conhecidas por um self subliminar em nós; grande parte de nossa consciência de superfície é mesmo a projeção direta delas e influenciam, sem que saibamos, nossa experiência subjetiva das coisas. Há, por trás, uma extensão de experiências vitais ou prânicas, independentes, subliminares para a consciência física vitalizada e diferente das operações de superfície. Quando essa extensão se abre ou age de alguma maneira, a mente desperta toma consciência dos fenômenos da consciência vital, da intuição vital, do sentido vital, e estes não dependem do corpo e de seus instrumentos, embora possa usá-los como meio secundário e registrador. É possível abrir por completo essa extensão e, uma vez aberta, percebermos que suas operações são aquelas da força vital consciente individualizada em nós, que entra em contato com a força vital universal e com suas operações nas coisas, nos eventos e nas pessoas. A mente percebe a consciência vital em todas as coisas, responde a ela por meio de nossa consciência vital e de maneira direta, imediata, não limitada pelas comunicações comuns que passam através do corpo e de seus órgãos; a mente registra as intuições dessa consciência vital e torna-se capaz de experienciar a existência como uma tradução da Vida universal ou do Prana universal. O campo que a consciência vital e o sentido vital percebem antes de tudo não é o das formas, mas, de maneira direta, o das forças: é o mundo do jogo das energias — as formas e os eventos são percebidos apenas de maneira secundária, como resultado e encarnação das energias. A mente, que trabalha por meio dos sentidos físicos, pode apenas construir alguma ideia e algum conhecimento da natureza dessas forças como uma concepção na inteligência, mas não pode ir mais além da tradução física das energias e, portanto, não tem a experiência real e direta da verdadeira natureza da vida, não tem a percepção real da força da vida e do espírito da vida. É pela abertura a esse outro nível, a essa outra profundidade de experiência interior e pela aceitação da consciência vital e dos sentidos vitais, que a mente poderá obter a experiência direta e verdadeira. Porém, mesmo assim, enquanto acontecer no nível mental, a experiência estará limitada pelas condições vitais e sua tradução mental, e haverá uma obscuridade, mesmo nesse conhecimento e nesses sentidos ampliados. A transformação supramental supravitaliza o vital, revela-o como uma dinâmica do espírito e provoca uma abertura completa e uma revelação verdadeira de toda a realidade espiritual por trás e no interior da força vital e do espírito de vida e de toda sua verdade e seu sentido espirituais, assim como de sua verdade e de seu significado mental e puramente vital.

Em sua descida no ser físico, a supramente desperta a consciência — velada ou obscurecida na maioria de nós —, se ela ainda não foi despertada por uma sadhana ióguica prévia; essa consciência sustenta e constitui aqui o invólucro vital, o *prāṇa-*

koṣa. Uma vez despertada, não vivemos mais apenas no corpo físico, mas também em um corpo vital que entra no corpo físico e o envolve, e que é sensível a um outro tipo de impacto, ao jogo das forças vitais em torno de nós que nos chegam do universo ou de certas pessoas ou comunidades de seres, ou de coisas ou de planos e mundos vitais por trás do universo material. Já podemos sentir esses impactos agora, por seus efeitos ou por certos contatos, certas impressões, mas de nenhum modo, ou bem pouco, em sua origem e em sua chegada. Uma consciência desperta no corpo prânico os sente logo, percebe uma força vital que permeia tudo, diferente da energia física, e pode aí abastecer-se para aumentar a força vital e sustentar as energias físicas; ela pode tratar diretamente com os fenômenos e as causas da saúde e da doença mediante esse influxo vital ou dirigindo as correntes prânicas; ela pode perceber a atmosfera vital e vital-emocional de outros e lidar com seus intercâmbios, e também com um grande número de outros fenômenos imperceptíveis para a nossa consciência exterior ou obscuros para ela, mas que então se tornam perceptíveis e sensíveis. Ela percebe de maneira aguçada a alma vital e o corpo vital, em nós e nos outros. A supramente toma em mãos essa consciência vital e esse sentido vital, coloca-os em sua base correta e os transforma, ao revelar-lhes que a força vital aqui é o próprio poder do espírito, dinamizado para operações imediatas e diretas sobre, e na, matéria grosseira e matéria sutil, para modelar o universo material e agir nele.

O primeiro resultado é que as limitações de nosso ser vital individual desmoronam; não vivemos mais por meio de uma força vital pessoal — ou não de maneira geral — mas na, e pela, energia vital universal. É todo o Prana universal que, de maneira consciente, vem e derrama-se em nós e através de nós, mantém aí uma espécie de redemoinho dinâmico, constante, um centro não separado de seu poder, uma posição vibrante de acumulação e comunicação e o preenche constantemente com suas forças, ao mesmo tempo que as derrama fora, em sua atividade no mundo em torno de nós. Ademais, sentimos que essa energia vital não é apenas como um oceano vital com suas correntes, mas é como a via, a forma, o corpo vital e a correnteza vital de uma Shakti universal consciente, e esta Shakti consciente nos aparece como a Chit--Shakti do Divino, a Energia do Self ou Purusha transcendente e universal do qual — ou, antes, de quem — nossa individualidade universalizada se tornou um instrumento e um canal. Como resultado, sentimos que nossa vida é una com a de todos os outros seres, que somos uno com a vida de toda a Natureza e de todas as coisas no universo. Há uma comunicação livre e consciente entre a energia vital que age em nós e a mesma energia que age nos outros. Percebemos a vida deles como nossa própria vida ou, ao menos, sentimos o toque, a pressão e os movimentos emanados de nosso ser vital a agirem sobre eles e os deles a agirem sobre nós. O sentido vital em nós torna-se poderoso, intenso, capaz de suportar todas as vibrações — pequenas ou grandes, diminutas ou imensas — desse mundo vital em todos os seus planos: físico e suprafísico, vital e supravital; ele vibra a todos os seus movimentos, vibra à sua Ananda, percebe todas as suas forças, e abre-se a elas. A supramente toma posse dessa imensa extensão de experiência e a torna inteiramente luminosa, harmoniosa: ela não é mais sentida de maneira obscura e fragmentada, nem é submetida, em seu uso, às limitações e aos erros da ignorância mental: desvela-se e, ao mesmo tempo, desvela cada um de seus movimentos em sua verdade e na totalidade de seu poder e de seu deleite; a supramente, então, envia os poderes e as capacidades imensas do dinamismo vital, agora praticamente ilimitáveis, a todas essas extensões, segundo a vontade do Divino em nossa vida — uma vontade simples e contudo complexa, pura e espontânea e, contudo, infalível em sua complexidade. Ela faz do sentido vital um meio perfeito para conhecer as forças vitais que nos circundam — assim como faz do sentido físico um meio perfeito para conhecer as formas e as sensações do universo físico — e um canal perfeito também das reações da força vital ativa através de nós, que age como um instrumento da manifestação do self.

*
* *

Os fenômenos dessa consciência e sentido vitais, essa sensação e percepção diretas do jogo de forças mais sutis que as forças físicas e a resposta ao jogo delas, são com frequência incluídos sem distinção sob o título "fenômenos psíquicos". Em certo sentido, é um despertar da psique — a alma interior agora escondida, obstruída ou em parte coberta pela atividade superficial da mente física e dos sentidos físicos — que traz para a superfície a consciência vital interna ou subliminar submersa e também uma consciência mental e um sentido mental internos ou subliminares capazes de perceber e experienciar de modo direto, não apenas as forças vitais e seu jogo, seus resultados e seus fenômenos, mas também os mundos da mente e do psíquico com tudo o que eles contêm, assim como as atividades, as vibrações, os fenômenos, as formas, as imagens mentais de nosso mundo, e de estabelecer uma comunicação direta entre mente e mente sem a ajuda dos órgãos físicos e sem as limitações que eles impõem à nossa consciência. Há, contudo, dois tipos diferentes de ação dessas expansões interiores de consciência. O primeiro, é a atividade mais exterior e confusa da mente e da vida subliminares que começam a despertar; essa é uma atividade atravancada pelas ilusões e pelos desejos grosseiros da mente e do ser vital, sujeita a eles e corrompida — apesar da expansão mais vasta de sua experiência, poderes e capacidades — por uma massa enorme de erros e deformações da vontade e do conhecimento, cheia de sugestões e imagens falsas, de intuições falsas, inspirações falsas e distorcidas e de impulsos muitas vezes depravados e com desvios; ela é corrompida também pela interferência da mente física e de suas obscuridades. Essa é uma atividade inferior para a qual são atraídos clarividentes, adivinhos, espíritas, ocultistas, aqueles que procuram poderes e *siddhis*. É a essa atividade que se aplicam de modo mais específico todas as advertências contra os perigos e os erros desse tipo de busca. O buscador da perfeição espiritual deve atravessar o mais rápido possível essa zona de perigos, se não puder evitá-la por completo; aí, a regra segura é não se apegar a nenhuma dessas coisas, mas fazer do progresso espiritual seu único objetivo real e não dar confiança assegurada a outras coisas até que a mente e a alma da vida sejam purificadas, e a luz do espírito ou da supramente ou, ao menos, a da mente e da alma espiritualmente iluminadas, se derramem nessas extensões de experiências interiores. Pois quando a mente está tranquilizada, purificada e o puro psíquico liberou-se das insistências da alma de desejo, essas experiências não oferecem mais perigos sérios — exceto, de fato, o da limitação e de certo elemento de erro, que não podem ser eliminados por completo enquanto a alma agir no nível mental e situar aí suas experiências. Pois haverá, então, a ação pura da verdadeira consciência psíquica e de seus poderes, uma recepção da experiência psíquica pura em si mesma, isenta das piores deformações — embora sujeita às limitações da mente representativa — e capaz de uma alta espiritualização, de uma luz mais alta. Contudo, o poder e a verdade completos dependerão da abertura à supramente e da supramentalização da experiência mental e psíquica.

A extensão da consciência psíquica e de suas experiências é quase ilimitada, e a variedade, a complexidade de seus fenômenos é quase infinita. Aqui, podemos apenas observar algumas das grandes linhas e os aspectos principais. O primeiro aspecto e o mais proeminente é a atividade dos sentidos psíquicos, dos quais a visão é, em geral, o mais desenvolvido e o primeiro a manifestar-se com alguma amplidão, quando não estamos mais absorvidos na consciência de superfície e o véu que impedia a visão interior é rompido. Mas todos os sentidos físicos têm seus poderes correspondentes no ser psíquico: há uma audição psíquica, um toque, um olfato, um paladar psíquicos; de fato, os sentidos físicos em si são apenas uma projeção do sentido interno para certas operações limitadas e exteriores nos fenômenos da matéria densa — neles, sobre eles ou através deles. A visão psíquica recebe, caracteristicamente, as imagens que se formam na matéria sutil do éter mental e psíquico, *cittākāśa*. Essas imagens podem ser a transcrição ou a marca deixada nessa matéria sutil por coisas, pessoas, cenas, eventos físicos: tudo o que é, foi, será ou poderia ser no universo físico. Essas imagens podem ser vistas de diferentes maneiras e em todo tipo de condições — em samádi ou em estado desperto, e, nesse estado, com os olhos do corpo fechados ou abertos —, projetadas sobre, ou em, um meio ou um objeto físico, ou como materializadas na atmosfera física ou apenas em um éter psíquico, que se revela através dessa atmosfera física mais densa; podem ser vistas mesmo pelos olhos físicos, que seriam como instrumentos secundários, e nas mesmas condições da visão física, ou apenas pela visão psíquica e independentemente das relações de nossa visão comum com o espaço. O real agente é sempre a visão psíquica; o aparecimento desse poder indica que a consciência está mais ou menos desperta no corpo psíquico, de maneira intermitente ou normal e mais ou menos perfeitamente. Desse modo, é possível ver a transcrição ou os sinais de coisas a qualquer distância, fora do alcance da visão física ou imagens do passado e do futuro.

Além dessas transcrições ou sinais, a visão psíquica recebe imagens do pensamento e outras formas criadas pela atividade incessante da consciência, seja em nós, seja em outros seres humanos e, conforme a natureza dessa atividade, essas imagens podem ser da verdade ou da falsidade, ou então coisas misturadas, em parte verdadeiras, em parte falsas e podem ser também meros simulacros e representações ou imagens animadas de uma vida e consciência temporárias que, é possível, trazem em si mesmas, de um modo ou de outro, algum tipo de ação benéfica ou maléfica que tem certo efeito, voluntário ou involuntário sobre nossa mente ou sobre nosso ser vital e, por meio deles, mesmo em nosso corpo. Essas transcrições, sinais, imagens do pensamento, imagens da vida, projeções da consciência podem ser também representações ou criações não do mundo físico, mas de mundos além — vital, psíquico e mental —, vistas em nossa mente ou projetadas por seres não humanos. E assim como há uma visão psíquica, da qual algumas das manifestações mais externas e mais comuns são bastante conhecidas sob o nome de clarividência, há também uma audição psíquica, um toque, um paladar, um olfato psíquicos (a audição e a sensação sutil são as manifestações mais exteriores), cujos fenômenos têm precisamente a mesma extensão, cada um em seu gênero, o mesmo campo de ação, o mesmo modo de agir, as mesmas condições e a mesma diversidade.

Esses fenômenos, e outros, criam uma zona de experiência psíquica indireta ou representativa; mas o sentido psíquico tem também o poder de pôr-nos em comunicação mais direta com seres terrestres ou supraterrestres mediante seus seres psíquicos ou seus corpos psíquicos, ou mesmo com coisas, pois coisas também têm uma realidade psíquica e almas ou presenças que as sustentam, e podem comunicar-se com nossa consciência psíquica. Os mais notáveis desses fenômenos, mais poderosos, porém mais raros, são aqueles que acompanham o poder de exteriorização de nossa consciência quando ela sai para agir de uma ou outra maneira, fora do corpo físico, ou além: fenômenos de comunicação no corpo psíquico, de alguma emanação ou de desdobramento do corpo psíquico (com mais frequência durante o sono ou em transe, embora isso não seja de modo algum necessário) e a possibilidade de estabelecer relações ou comunicações por meios variados com os habitantes de outro plano de existência.

Pois há uma escala contínua de planos de consciência, que começa na zona psíquica e outras zonas adjacentes ao plano terrestre e dependentes dele, e atravessa os mundos do vital e do psíquico verdadeiros, independentes, para elevar-se ao mundo dos deuses e aos planos de existência supremos, supramentais e espirituais. E esses planos, de fato, agem de modo contínuo em nosso self subliminar sem que nossa mente de vigília o saiba, e com um efeito considerável sobre nossa vida e natureza. A mente física é apenas uma pequena parte de nós, e há uma extensão muito mais importante de nosso ser em que a presença, influência e poderes dos outros planos agem sobre nós e ajudam a dar forma a nosso ser externo e suas atividades. O despertar da consciência psíquica permite-nos perceber esses poderes, presenças e influências em nós e em torno de nós; enquanto a mente for impura ou ainda ignorante e imperfeita, esse contato desvelado terá seus perigos, mas se for utilizado e dirigido da maneira certa, nos permitirá também ser mestres desses poderes e não mais seus sujeitos, e chegar à posse consciente dos segredos interiores de nossa natureza e controlá-los. A consciência psíquica revela essa interação entre os planos interiores e exteriores, entre esse mundo e outros, seja por uma percepção que pode ser muito constante, vasta e vívida, do impacto desses planos, suas sugestões, suas comunicações a nosso pensamento interior e a nosso ser consciente e, portanto, a capacidade de reagir a eles, seja também por muitos tipos de imagens simbólicas, transcritoras ou representativas, que se apresentam aos diferentes sentidos psíquicos. Mas há também a possibilidade de uma comunicação mais direta, mais concretamente sensível, quase material, algumas vezes ativamente material — uma materialização física completa, embora temporária, parece ser possível —, com os poderes, as forças e os seres de outros mundos e de outros planos. Pode mesmo acontecer uma ruptura completa dos limites da consciência física e da existência material.

O despertar da consciência psíquica libera em nós o uso direto da mente enquanto sexto sentido, e podemos tornar esse poder constante e normal. A consciência física só pode se comunicar com a mente de outros — ou conhecer os eventos do mundo em torno de nós — por sinais, indicações, meios externos, e fora dessa ação limitada ela tem apenas um vago uso fortuito das capacidades mentais mais diretas, um alcance insuficiente de pressentimentos, intuições e mensagens ocasionais. Na verdade, nossas mentes agem constantemente sobre as mentes de outros, e essas agem constantemente sobre nós mediante correntes escondidas que não percebemos; mas não temos nem o conhecimento dessas operações, nem o controle sobre elas. À medida que se desenvolve, a consciência psíquica nos faz perceber a enorme massa de pensamentos, sensações, sugestões, vontades, os impactos e as influências de todo tipo que recebemos dos outros ou enviamos aos outros, que absorvemos e lançamos na atmosfera mental geral circundante. À medida que seu poder, sua precisão e sua clareza crescem, podemos identificar a fonte dos movimentos ou sentir de imediato sua origem e seu trajeto até nós, e dirigir de maneira consciente e com uma vontade inteligente, nossas próprias mensagens. Torna-se possível perceber, com mais ou menos exatidão e discernimento, as atividades mentais dos outros, perto de nós fisicamente ou a distância, compreendê-las, senti-las ou identificarmo-nos com seu temperamento, caráter, pensamentos, sentimentos, reações, quer por um sentido psíquico, uma percepção mental direta, quer recebendo-os de maneira muito sensível e muitas vezes intensamente concreta em nossa mente ou em sua superfície registradora. Ao mesmo tempo podemos, de maneira consciente, ao menos fazer perceber ao self interior de outras pessoas e mesmo à sua mente de superfície, se eles forem sensíveis o bastante, nossa própria mente interior ou nosso próprio self psíquico e tornar os outros maleáveis às suas sugestões, pensamentos, influências, ou mesmo projetar nosso ser psíquico ou sua imagem ativa sob forma de influência, em seu ser subjetivo e até mesmo em seu ser vital e físico, a fim de que ele aja aí como um poder e uma presença que os ajude, os modele ou os guie.

Todos esses poderes da consciência psíquica nem sempre são necessários e, na maioria das vezes, não têm utilidade e significado que não sejam mentais, mas podem também ser usados em um sentido espiritual, com uma luz, uma intenção espirituais e para um propósito espiritual. Isso pode ser feito quando damos um significado e uma utilidade espirituais a nossos intercâmbios psíquicos com outros, e, em geral, é por um intercâmbio psíquico-espiritual desse tipo que um mestre do Ioga ajuda seus discípulos. O conhecimento de nossa natureza interior subliminar e psíquica, dos poderes, presenças e influências que aí se encontram e a capacidade de comunicar com outros planos, com seus poderes e seres, podem também ser utilizados em um objetivo mais elevado do que todos os objetivos mentais ou mundanos, e servir para dominar, controlar, nossa natureza inteira e ultrapassar os planos intermediários para nos conduzir às alturas espirituais supremas do ser. Mas o uso espiritual mais imediato da consciência psíquica é servir como instrumento de contato, de comunicação e união com o Divino. Um mundo de símbolos psíquico-espirituais abre-se sem dificuldade: formas e instrumentos de iluminação, poderosos e vivos, que podem se tornar reveladores de significados espirituais, um apoio ao nosso crescimento espiritual e à evolução da capacidade e experiência espirituais, e um meio para chegar ao poder e ao conhecimento ou à Ananda espirituais. O mantra é um desses meios psíquico-espirituais; ao mesmo tempo um símbolo, um instrumento e um corpo sonoro que evoca a manifestação divina — assim como o são as imagens da Divindade e de suas personalidades ou poderes usados no Ioga para a meditação e a adoração. As grandes formas ou os corpos do Divino revelam-se e, através deles, Ele manifesta sua presença viva; por esse meio é mais fácil conhecê-lo de modo íntimo, adorá-lo, darmo-nos a ele, acercarmo-nos dos diversos *lokas* ou mundos de sua morada e de sua presença, e aí viver na luz de seu ser. Sua palavra, seu comando, *ādeśa*, sua presença, seu toque, sua guiança podem vir a nós por nossa consciência psíquica espiritualizada e, como um meio sutilmente concreto de transmissão do espírito, nos permitir comunicar do interior com ele e torná-lo próximo, mediante todos os nossos sentidos psíquicos. Essas, e muitas mais, são as utilizações espirituais da consciência e dos sentidos psíquicos; embora eles estejam sujeitos à limitação e deformação — pois todos os instrumentos secundários podem ser também, devido à nossa capacidade mental de impor-se limites exclusivos, meios de realização parcial, mas, ao mesmo tempo, um obstáculo a uma realização mais integral — eles são da maior utilidade no caminho da perfeição espiritual e, mais tarde, liberados da limitação de nossas mentes, transformados e supramentalizados, serão também um elemento na riqueza de detalhe na Ananda espiritual.

Assim como a consciência física e vital, a consciência e os sentidos psíquicos também são capazes de uma transformação supramental, e receber por meio dela sua própria completude e significado integrais. A supramente apodera-se do ser psíquico, desce nele, modela-o à imagem de sua natureza própria e o eleva, a fim de integrá-lo à ação e ao estado supramentais, ao ser suprapsíquico do Vijnana Purusha. O primeiro resultado dessa mudança é poder basear os fenômenos da consciência psíquica em seus alicerces verdadeiros, infundindo neles o sentido permanente, a realização completa, a posse segura da unidade de nossa mente e de nossa alma com a mente e a alma dos outros, assim como com a mente e a alma da Natureza universal, pois, sempre, o efeito do crescimento supramental é a universalização da consciência individual. Assim como ela nos faz viver a vida universal até mesmo em nosso movimento vital individual e em suas relações com tudo em torno de nós, do mesmo modo ela nos faz pensar, experienciar e sentir — embora através de um centro individual ou instrumento — com a mente universal e o ser psíquico. Isso tem dois resultados de grande importância.

Primeiro, os fenômenos que são ligados ao sentido psíquico e à mente psíquica perdem seu caráter fragmentário, incoerente, essa regulação difícil e essa ordem muitas vezes bastante artificial que os perseguem mais ainda do que perseguem as nossas atividades mentais comuns de superfície, e se tornam o jogo harmonioso da alma e da mente interiores universais em nós; eles assumem sua lei verdadeira, suas formas e relações justas, revelam seu significado correto. Mesmo no plano mental é possível chegar à certa realização da unidade da alma pela espiritualização da mente, mas ela jamais será realmente completa, ao menos em sua aplicação prática, e não obterá essa lei, essa forma, essa relação, reais e inteiras, essa verdade completa e infalível, nem a exatidão de seu significado. Em seguida, a atividade da consciência psíquica perde todo o caráter de anormalidade, de atividade supranormal, excepcional, irregular e mesmo perigosa, trazendo muitas vezes uma perda de contato com a vida e perturbações ou lesões em outras partes do ser. Ela obtém não apenas sua ordem justa no interior de si, mas também sua relação justa com a vida física, de um lado e, do outro, com a verdade espiritual do ser — e o todo se torna uma manifestação harmoniosa do espírito encarnado. É sempre a supramente originadora que contém dentro de si os valores, significados e relações verdadeiros das outras partes de nosso ser e seu desdobramento é a condição da posse integral de nosso self e de nossa natureza.

A transformação completa traduz-se em nós por certa mudança, não apenas na posição ou no nível de nosso self consciente que observa, ou mesmo em sua lei, em seu caráter, mas também na inteira substância de nosso ser consciente. Até que isso seja feito, a consciência supramental manifesta-se acima da atmosfera mental e psíquica do ser (nessa atmosfera, o físico tornou-se já um meio de expressão subordinado e, em grande medida dependente, de nosso self) e nela faz descer seu poder, sua luz, sua influência, para iluminá-la e transfigurá-la. Mas só quando a substância da consciência inferior mudar, poderosamente cheia, maravilhosamente transformada, absorvida, por assim dizer, pela energia superior e pelo sentido superior do ser, *mahān*, *br̥hat*, do qual ela é um derivado e uma projeção, é que teremos a consciência supramental aperfeiçoada, completa e constante. A substância do ser, o éter consciente em que a consciência e o sentido do mental ou do psíquico vivem, veem, sentem e experienciam, é algo mais sutil, mais livre, mais plástico do que a substância da mente física e dos sentidos físicos. Enquanto formos dominados pela mente e pelos sentidos físicos, os fenômenos psíquicos poderão nos parecer menos reais, mesmo alucinatórios, mas quanto mais nos aclimatarmos ao psíquico e ao éter de ser no qual ele habita, mais começaremos a ver a verdade superior e a sentir a substância espiritualmente mais concreta de tudo aquilo de que esse modo de experiência mais amplo e mais livre é testemunha. Mesmo o físico pode vir a se sentir irreal e como uma alucinação — mas isso é um exagero e um outro tipo de exclusivismo enganador devido à alteração do centro e à mudança do modo de funcionar da mente e dos sentidos — ou em todo caso, ele pode parecer menos poderosamente real. Contudo, quando as experiências psíquicas e físicas são bem combinadas em seu equilíbrio verdadeiro, nós vivemos ao mesmo tempo em dois mundos complementares de nosso ser, cada um com sua realidade própria, mas o psíquico revelando tudo o que está por trás do físico; a visão e a experiência da alma tomam precedência, iluminam e explicam a maneira de ver e a experiência físicas. De novo, a transformação supramental muda a inteira substância de nossa consciência — introduz nela o éter de um ser, de uma consciência, de uma vida e de um sentido superiores, que convence o psíquico também de sua insuficiência e mostra que mesmo ele é uma realidade incompleta e apenas uma verdade parcial de tudo o que somos, nos tornamos e observamos.

Na verdade, todas as experiências do psíquico são aceitas e sustentadas pela consciência supramental e sua energia, mas estão cheias da luz de uma verdade maior, da substância de um espírito maior. A consciência psíquica é, primeiro, sustentada e iluminada, depois preenchida e ocupada pela luz e poder supramentais e pela intensidade reveladora de suas vibrações. Todo exagero, todo erro nascido de incidentes isolados, de impressões iluminadas de modo insuficiente, de sugestões pessoais, de influências ou intenções enganadoras ou toda outra causa de limitação e deformação que interferem na verdade da experiência e do conhecimento mentais e psíquicos revelam-se, e são curados ou desvanecem, incapazes de manter-se na luz da pura verdade — *satyam, ṛtam* — verdade das coisas, das pessoas, dos eventos, das indicações, das representações próprias a essa amplidão mais vasta. Todas as comunicações, transcrições, marcas, símbolos, imagens psíquicas encontram seu valor verdadeiro, seu lugar justo, suas relações próprias. A inteligência e as sensações psíquicas são aclaradas pelo sentido e conhecimento supramentais; seus fenômenos — intermediários entre o mundo espiritual e o mundo material — começam a revelar de maneira automática sua verdade e significado próprios e também as limitações de sua verdade e de seu significado. As imagens que se apresentam à visão e à audição interiores, as sensações de todos os tipos, são preenchidas por uma massa vibratória mais luminosa e mais vasta, por uma substância de luz e uma intensidade maiores que as tomam e trazem a elas a mesma mudança ocorrida nas coisas do sentido físico, uma totalidade, uma precisão maiores e a força reveladora do conhecimento sensorial contido na imagem. E, por fim, tudo é elevado, absorvido na supramente, e torna-se parte integrante da consciência, do conhecimento e da experiência infinitamente luminosos do ser supramental, do Vijnana Purusha.

O estado do ser, depois dessa transformação supramental em todas as partes de sua consciência e de seu conhecimento, será o de uma consciência infinita e cósmica, que age através do Purusha individual universalizado. O poder fundamental será a percepção da identidade, o conhecimento por identidade — uma identidade de ser, de consciência, de força de ser e de força de consciência, de deleite de ser; uma identidade com o Infinito, o Divino, e com tudo que está no Infinito, tudo que é a expressão e a manifestação do Divino. Essa percepção e esse conhecimento usarão como meios e instrumentos uma visão espiritual de tudo o que o conhecimento por identidade pode estabelecer: uma ideia e um pensamento reais, supramentais — visão de pensamento, audição de pensamento, memória de pensamento diretas, que revelarão, interpretarão ou representarão para nossa percepção a verdade de todas as coisas e uma linguagem de verdade interior que expressará essa verdade e, por fim, um sentido supramental que proporcionará uma relação, um contato em substância de ser com todas as coisas, todas as pessoas, poderes e forças em todos os planos da existência.

O supramental não dependerá de instrumentos — por exemplo, dos sentidos, como a mente física é dependente do testemunho dos sentidos —, embora poderá fazer deles um ponto de partida para as formas superiores de conhecimento, assim como poderá também apoiar-se diretamente nessas formas mais altas e fazer dos sentidos apenas um meio de formação e de expressão objetiva. Ao mesmo tempo, o ser supramental transformará e integrará o modo atual de pensar da mente, o transfigurará em um conhecimento imensamente mais vasto, por identidade — um conhecimento pela abrangência total, pela percepção íntima do detalhe e das relações — de maneira direta, imediata, espontânea, tudo como expressão do eterno conhecimento do self já existente. Ele integrará, transformará, supramentalizará o sentido físico, as capacidades do sexto sentido da mente assim como a consciência psíquica, os sentidos psíquicos, e os usará como um meio supremo de objetivação interior da experiência. Nada lhe será verdadeiramente exterior, pois ele experienciará tudo na unidade da consciência cósmica, que é a sua própria, na unidade de ser do infinito, que é seu próprio ser. Ele experienciará a matéria — não apenas a matéria bruta, mas a matéria sutil, e mesmo a mais sutil — como substância e forma do espírito; experienciará a vida e todos os tipos de energia como as dinâmicas do espírito, a mente supramentalizada como um meio ou um canal de conhecimento do espírito, a supramente como o self de conhecimento infinito, como o poder de conhecimento infinito, a Ananda infinita do conhecimento do espírito.

CAPÍTULO XXV

EM DIREÇÃO À VISÃO SUPRAMENTAL DO TEMPO

Todo ser, toda consciência, todo conhecimento, se movem — de modo secreto para nossa percepção atual de superfície, de modo manifesto quando nos elevamos acima, às regiões espirituais e supramentais — entre dois estados e dois poderes de existência: aquele do Infinito atemporal e aquele do Infinito que desdobra todas as coisas em si mesmo e as organiza no tempo. Esses dois estados são contrários e incompatíveis apenas para nossa lógica mental, que tropeça constantemente no estorvo de uma falsa concepção das contradições e os lança um contra o outro, como opostos eternos. Na realidade, quando vemos as coisas com um conhecimento fundado na identidade e visão supramentais e pensamos com a grande lógica profunda e flexível própria a esse conhecimento, percebemos que os dois são apenas posições e movimentos coexistentes e simultâneos da mesma verdade do Infinito. O Infinito atemporal contém nele mesmo, na verdade eterna de seu ser, mais além da manifestação, tudo o que ele manifesta no Tempo. Sua consciência temporal é ela mesma infinita, e mantém em si mesma, ao mesmo tempo, em uma visão das totalidades e das particularidades, da sucessão móvel (ou olhar momentâneo) e da totalidade estável (ou olhar total permanente), o que nos aparece como o passado das coisas, seu presente e seu futuro.

A consciência do Infinito atemporal pode aproximar-se de nós de várias maneiras, mas na maioria das vezes ela se impõe à nossa mentalidade por um reflexo e uma impressão poderosa, ou então faz-se presente como algo acima da mente, algo que a mente percebe e em direção ao qual se eleva, mas no qual não pode entrar, porque ela mesma vive apenas na percepção do tempo e na sucessão dos instantes. Se nossa mente atual não transformada pela influência supramental tentar entrar no atemporal, deverá desaparecer e perder-se no transe do samádi ou, se permanecer desperta, sentir-se-á desfazer-se em um Infinito, onde haverá, talvez, a percepção de um espaço suprafísico, uma vastidão, uma extensão de consciência ilimitada, mas não um self temporal, não um movimento e ordem temporais. Se, então, o ser mental ainda perceber de maneira mecânica as coisas temporais, ele será, no entanto, incapaz de lidar com elas à sua maneira mental, incapaz de estabelecer uma relação verdadeira entre o atemporal e o temporal, incapaz de agir e querer a partir de seu Infinito indefinido. A ação que restaria ainda possível ao Purusha mental seria a ação mecânica dos instrumentos da Prakriti, que continuaria pela força do impulso e hábito antigos ou pela renovação contínua de energias passadas, *prārabdha*, ou, então, por uma ação caótica, desregulada, descoordenada: a precipitação confusa de uma energia que não teria mais um centro consciente.

A consciência supramental, ao contrário, tem seu alicerce na consciência suprema do Infinito atemporal, mas possui também o segredo do desdobramento da Energia temporal infinita. Ela pode posicionar-se na consciência temporal e manter o infinito atemporal como um segundo plano, a presença do Ser supremo e original do qual ela recebe todo seu conhecimento, toda sua vontade e toda sua ação organizadores; ou pode viver no atemporal, centrada em seu ser essencial, mas viver também na manifestação temporal — que ela sente e vê como infinita, como o mesmo Infinito — e expressar, sustentar e desenvolver em um de seus estados aquilo que ela contém supremamente no outro. Portanto, sua consciência do tempo será diferente daquela do ser mental; ela não será varrida, indefesa, pela correnteza dos momentos, não se agarrará a cada instante como a um esteio e ponto de apoio que logo desaparece, mas ela se estabelece, primeiro, em sua identidade eterna para além das mudanças do tempo; a seguir, em uma eternidade de Tempo simultânea em que passado, presente e futuro coexistem para sempre no conhecimento de si e no poder essencial do Eterno; em terceiro lugar, em uma visão total dos três tempos percebidos como um único movimento, e vistos também em separado, mas indivisíveis, mesmo na sucessão de suas etapas, de seus períodos e de seus ciclos; por último — mas apenas no nível da consciência instrumental — na evolução passo a passo dos instantes. Ela terá, portanto, o conhecimento dos três tempos, *trikāladṛṣṭi*, considerado no passado como o sinal supremo do vidente e do Rishi, não como um poder anormal, mas como sua maneira normal de conhecer o tempo.

Essa consciência do tempo unificada e infinita, e essa visão, esse conhecimento, são a posse do ser supramental na suprema região de luz que lhe é própria; elas só são completas nos níveis mais altos da natureza supramental. Mas na ascensão da consciência humana mediante o processo evolutivo do Ioga com suas elevações e suas transmutações — isto é, o desvelar-se, desenvolver-se e aperfeiçoar-se progressivamente —, temos que levar em consideração três condições sucessivas que deverão ser ultrapassadas antes que possamos passar para os níveis supremos. O primeiro estado de nossa consciência, no qual nos movemos agora, é essa mente de ignorância surgida da inconsciência e insciência da Natureza material — ignorante, mas capaz de buscar o conhecimento e de encontrá-lo, ao menos em uma série de representações mentais que podem servir como pistas para a verdadeira verdade e, à medida que se refinam e iluminam, tornam-se transparentes pela influência, infiltração e descida da luz do alto; essas representações podem preparar a inteligência para abrir-se à capacidade do conhecimento verdadeiro. Para essa mente, toda verdade é algo que ela não possuía na origem e teve que adquirir, ou deve ainda adquirir, algo externo a ela e a ser obtido pela experiência ou seguindo certos métodos e normas estabelecidos de investigação, de cálculo, de aplicação de leis já descobertas e de interpretações de sinais e índices. Seu próprio conhecimento implica uma insciência anterior; ela é um instrumento de Avidya.

O segundo estado de consciência existe apenas em potencial para o ser humano e será adquirido por uma iluminação e transformação interiores da mente de ignorância; esse é o estado em que a mente busca sua fonte de conhecimento dentro, mais que fora, e em que, por todos os meios, ela se torna, para seu próprio sentimento e experiência de si, uma mente não de ignorância original, mas de um conhecimento que esqueceu de si mesmo. Essa mente é consciente de que o conhecimento de todas as coisas está escondido nela ou, ao menos, em algum lugar em seu ser, mas como se velado e esquecido: o conhecimento chega-lhe não como algo adquirido do exterior, mas como algo que está sempre aí, secretamente, mas agora lembrado e logo reconhecido como verdadeiro — cada coisa em seu lugar próprio, em seu nível, do seu modo e à sua medida. Essa é a atitude da mente em relação ao conhecimento, mesmo quando a ocasião de conhecer for alguma experiência, indicação ou sinal exteriores, porque esses são, para ela, apenas um pretexto e, para a verdade do conhecimento, ela se apoia não nas indicações e evidências externas, mas na confirmação da testemunha interior. A verdadeira mente em nós é a mente universal; a mente individual é apenas uma projeção na superfície e, portanto, esse segundo estado de consciência revela-se em nós de duas maneiras: quando a mente individual entra de modo mais profundo no interior e permanece, de maneira consciente ou subconsciente, próxima e sensível aos contatos da mentalidade universal onde tudo está contido, tudo é recebido e é suscetível de manifestação, ou quando, de maneira ainda mais poderosa, vivemos na consciência da mente universal e, na superfície, nossa mentalidade pessoal é apenas como uma projeção, um quadro para fixar anúncios ou um painel de dispositivos.

O terceiro estado da consciência é aquele da mente de conhecimento, uma mente em que todas as coisas e todas as verdades são percebidas e experienciadas como já presentes, conhecidas e logo disponíveis, pelo simples fato de voltar em direção a elas a luz interior, como quando, em um aposento, voltamos o olhar para as coisas já conhecidas e familiares — embora nem sempre presentes para a vista, porque o olhar não está atento —, e as notamos como objetos de um conhecimento preexistente. A diferença em relação ao segundo estado, em que a consciência está esquecida de si mesma, é que aqui nem esforço nem busca são necessários; basta apenas girar a luz interior ou abri-la para qualquer campo de conhecimento; isso não é, então, uma recordação de coisas esquecidas e que se escondem da mente, mas a apresentação luminosa de coisas já presentes, prontas e disponíveis. Essa última condição só é possível com a supramentalização parcial da mentalidade intuitiva e sua abertura completa a toda e qualquer comunicação das regiões supramentais. Essa mente de conhecimento é, em sua essência, um poder de onipotência potencial, mas em suas operações práticas no nível da mente ela é limitada em seu alcance e em sua província. Esse gênero de limitação aplica-se à própria supramente, quando ela desce no nível mental e atua na substância inferior da mentalidade, embora trabalhe de sua maneira própria e com seu corpo de poder e de luz, e persiste mesmo na ação da razão supramental. Somente a vontade e o conhecimento da Shakti supramental superior, agindo em suas próprias regiões, podem agir sempre em uma luz sem limites ou com a livre capacidade de uma expansão ilimitada de conhecimento — a menos que o espírito imponha a si mesmo essas limitações para seus propósitos e por sua própria vontade.

A mente humana, quando se supramentaliza, deve percorrer todas essas etapas e, em sua ascensão e expansão, ela pode experienciar muitas mudanças e disposições variadas dos poderes e disponibilidades de sua consciência de tempo e de seu conhecimento do tempo. No início, o indivíduo na mente de ignorância não pode viver na consciência do tempo infinito, nem dispor de um poder direto e verdadeiro sobre o conhecimento do tempo triplo. A mente de ignorância não vive na continuidade indivisível do tempo, mas de maneira sucessiva, em cada instante. Ela tem uma vaga sensação de continuidade do self e de uma essencial continuidade de experiência — sensação cuja fonte é o self mais profundo em nós —, mas, assim como não vive nesse self, ela tampouco vive na verdadeira continuidade do tempo: ela apenas se serve dessa percepção vaga, e contudo insistente, como um segundo plano, apoio e segurança para aquilo que, de outro modo, seria para ela um fluxo constante, e sem base, de seu ser. Em sua ação prática, seu único apoio, além de sua posição no presente, é o fio que o passado deixa atrás de si e é preservado na memória, a massa de impressões depositadas pelas experiências anteriores e, para o futuro, uma segurança da regularidade das experiências e um poder de previsão incerto, baseado em parte na repetição das experiências e nas deduções bem fundamentadas, em parte em conjeturas e construções imaginárias. A mente de ignorância apoia-se em certas bases ou em certos elementos de certezas relativas ou morais, mas, para o resto, seu recurso principal é lidar com probabilidades e possibilidades.

Isso ocorre porque a mente na Ignorância vive no instante e se move de hora em hora, como um viajante que vê apenas o que está perto e em torno de sua posição imediata e é visível a partir dela, e lembra imperfeitamente aquilo por onde já passou; tudo o que se encontra na frente e além de sua visão imediata é o invisível e o desconhecido, que ele deve ainda vivenciar. Portanto, em sua autoignorância, o ser humano ao mover-se no tempo existe, como viam os budistas, apenas na sucessão de pensamentos e de sensações e naquela de formas externas presentes para seu pensamento e para seus sentidos. Seu self presente e momentâneo é o único real para ele; seu self passado está morto ou a esvanecer, ou conservado apenas na memória, nos resultados e nas impressões; seu self futuro é de todo não existente ou apenas em processo de criação ou em gestação. E o mundo em torno dele está sujeito às mesmas regras de percepção: apenas sua forma e soma atuais de eventos e fenômenos estão presentes e são de todo reais para ele; o passado do mundo não existe mais, ou permanece apenas na memória e nos anais — ou naquilo que seus monumentos defuntos deixaram ou no que ainda sobrevive no presente; o futuro não existe ainda.

Deve-se notar, porém, que se nosso conhecimento do presente não fosse limitado por nossa dependência da mente física e dos sentidos físicos, esse resultado não seria completamente inevitável. Se pudéssemos perceber todo o presente, toda a ação das energias físicas, vitais e mentais em ação no instante, seria concebível que pudéssemos ver também o passado que está aí envolvido e seu futuro latente ou, ao menos, proceder do conhecimento presente ao conhecimento passado e futuro. E, sob certas condições, isso poderia criar a sensação de uma continuidade de tempo real e sempre presente, de uma existência naquilo que está por trás e naquilo que está adiante, assim como no que é imediato; um passo a mais e poderíamos ter sempre presente a sensação de nossa existência no tempo infinito e em nosso self atemporal, e a manifestação desse self no tempo eterno poderia então tornar-se real para nós, e também poderíamos sentir o Self atemporal por trás dos mundos e a realidade de sua eterna manifestação cósmica. De qualquer modo, para tornar possível um outro gênero de consciência do tempo que não essa que temos no presente, e adquirir um conhecimento do tempo triplo, é preciso desenvolver uma outra consciência diferente desta, que é própria à mente física e aos sentidos físicos, e romper nosso aprisionamento ao instante e à mente de ignorância limitada às sensações, à memória, às inferências e às conjeturas.

De fato, o ser humano não se satisfaz em viver apenas no presente — embora isso seja o que ele faz com mais vigor e insistência; ele é levado a olhar para trás e para a frente, a conhecer o passado o mais que puder, e a sondar o futuro o mais longe possível, mesmo se de maneira obscura. Para esse empenho ele dispõe de certas ajudas: algumas dependem de sua mente de superfície, e outras abrem-se às sugestões de um outro self, subliminar ou supraconsciente, que possui um conhecimento mais vasto, mais sutil e mais seguro. Sua primeira ajuda é a razão; ela avança da causa ao efeito e retrocede do efeito à causa, descobre a lei das energias e o processo delas, mecânico e bem estabelecido, e assume a uniformidade perpétua dos movimentos da Natureza, fixa suas medidas de tempo e calcula assim o passado e o futuro com base em uma ciência de princípios gerais e de resultados assegurados. Certa medida de sucesso, limitado, mas suficientemente surpreendente, foi ganho por esse método no domínio da Natureza física, e poderia parecer que o mesmo processo possa, afinal, ser aplicado aos movimentos da mente e da vida ou que, de todo modo, este seja o único meio confiável que o ser humano dispõe, em qualquer campo, se quiser explorar com precisão o passado e o futuro. Porém, na prática, esses eventos da natureza vital e, ainda mais, aqueles da natureza mental, escapam em grande parte aos meios de inferência e aos cálculos baseados nas leis estabelecidas, tais como são aplicadas no domínio do conhecimento físico; no domínio mental e vital eles podem ser aplicados apenas a uma região limitada de eventos e fenômenos que adquiriram certa regularidade e, quanto ao resto, eles nos deixam aí onde estamos, em meio a uma massa misturada de certezas relativas, probabilidades incertas e possibilidades incalculáveis.

Isso é assim porque a mente e a vida introduzem uma grande sutileza e complexidade de movimento; cada movimento realizado contém um conjunto de forças e, mesmo se pudéssemos desprendê-las todas, isto é, todas aquelas que estão simplesmente vigentes e na superfície, ou perto dela, estaríamos ainda confusos por tudo o mais que é obscuro ou latente — todas as causas escondidas e que, ainda assim, são potentes contribuintes, os movimentos e motivos dissimulados, as possibilidades não desenvolvidas, as chances de variações não calculadas ou incalculáveis. Isso deixa de ser praticável aqui, pois nossa inteligência limitada não pode mais calcular com exatidão e certeza como no campo físico, não pode mais ligar uma causa precisa a um efeito preciso, isto é, um conjunto dado de condições aparentes a um inevitável resultante de circunstâncias subsequentes ou a uma necessária precedência de condições anteriores. Por essa razão, as predições e previsões da inteligência humana são constantemente enganadoras e contraditas pelos acontecimentos, mesmo quando a visão dos dados é das mais amplas e o exame das consequências possíveis é dos mais cuidadosos. A vida e a mente são um fluir constante de possíveis, que se interpõem entre o espírito e a matéria; a cada passo elas introduzem, se não uma infinitude, ao menos um número indefinido de possíveis, e isso seria bastante para tornar todo cálculo lógico incerto e relativo. Além do mais, por trás da mente e da vida reina um fator supremo incalculável para a mente humana: a vontade da alma e do espírito secreto; a primeira, indefinidamente variável, fluida e elusiva; o segundo, um espírito infinito, insondavelmente imperativo, ligado apenas — caso esteja — por si mesmo e pela Vontade no Infinito. Portanto, é preciso ir de volta, da mente física de superfície à consciência psíquica e espiritual, para ter uma visão e um conhecimento do tempo triplo e transcender nossa limitação na posição do momento e nos limites da visão do momento.

Enquanto isso, existem certas portas que se abrem de dentro para a consciência exterior e fazem com que um poder ocasional, mas insuficiente, de retro-visão direta do passado, de circum-visão do presente e de previsão do futuro, se torne possível mesmo na mente física, ao menos em potencial. Primeiro, há certos movimentos do sentido mental e da consciência vital que são desse caráter — um deles, aquele que mais impressiona nossas percepções, chama-se pressentimento. Esses movimentos são percepções instintivas, intuições obscuras da mente sensorial e do ser vital e, como tudo o que é instintivo no ser humano, foram reprimidos, desacreditados, tornaram-se raros e julgados indignos de confiança pela atividade absorvedora da atividade mental. Se lhes fosse permitido um campo livre, essas faculdades poderiam desenvolver-se e fornecer dados que não são disponíveis para a razão e os sentidos comuns. Mas ainda assim, em si mesmas, elas não seriam perfeitamente úteis nem teriam índices seguros, a menos que sua obscuridade fosse iluminada por uma interpretação e uma guiança que a inteligência comum não pode dar, mas que uma intuição superior poderia fornecer. A intuição, então, é o segundo e o mais importante meio possível e disponível para nós; na realidade, a intuição pode nos dar, e algumas vezes nos dá, nesse campo difícil, uma luz e guiança ocasionais. Porém, ao agir em nossa presente mentalidade, ela é sujeita à desvantagem da incerteza em suas operações, é imperfeita em seu modo de funcionar, é obscurecida pelos falsos movimentos imitativos da imaginação e pelo julgamento mental falível; ela é continuamente pega, alterada e desfigurada pela ação normal da mente e sua propensão constante ao erro. A formação de uma mentalidade intuitiva organizada e purificada dessas deficiências é necessária para ampliar e assegurar essa possibilidade de funcionamento de uma inteligência superior luminosa.

Confrontado com essa incapacidade da inteligência e, contudo, ávido por conhecer o futuro, o ser humano recaiu em outros meios, mais exteriores — presságios, adivinhações, sonhos, astrologia e muitos outros pretensos dados — para conhecer o passado e o futuro, e esses meios, em épocas de menos ceticismo, foram tratados como ciências verídicas. Questionados e desacreditados pela razão cética, eles persistem ainda em atrair nossa mente e se mantêm firmes, sustentados pelo desejo, pela credulidade e superstição, mas também pela evidência frequente, embora imperfeita, de certa medida de verdade em suas pretensões. Um conhecimento psíquico superior mostra-nos que, de fato, o mundo está cheio de inumeráveis sistemas de correspondências e índices, e que essas coisas, embora muito mal utilizadas pela inteligência humana, podem, em seu lugar e em condições corretas, nos fornecer dados reais de um conhecimento suprafísico. É evidente, contudo, que só um conhecimento intuitivo pode descobrir esses sinais e formulá-los — como, de fato, foi a mente psíquica e intuitiva que, na origem, formulou esses meios de conhecimento verídico — e se perceberá, na prática, que só um conhecimento intuitivo, não o mero uso de interpretações tradicionais, aleatórias ou de regras e fórmulas mecânicas, pode assegurar um emprego correto desses índices. De outro modo, manipulados pela inteligência de superfície, é possível que se convertam em uma densa floresta de erros.

O conhecimento e a visão verdadeiros, diretos, do passado, presente e futuro começam com a abertura da consciência psíquica e das faculdades psíquicas. A consciência psíquica é aquela que vem do que muitas vezes é chamado self subliminar — o self sutil ou "self de sonho" da psicologia indiana — e a extensão de seu conhecimento potencial, quase infinito, como já indicamos no capítulo precedente, inclui um vasto poder e muitas formas de percepção interior das possibilidades e das realidades precisas do passado, do presente e do futuro. Sua faculdade primeira, aquela que mais facilmente chama a atenção, é o poder de ver, pelo sentido psíquico, imagens de todas as coisas no tempo e no espaço. Como exercida por clarividentes, médiuns e outros, essa é muitas vezes e, de fato, geralmente, uma faculdade especializada e limitada, embora muitas vezes precisa e exata em sua ação, e não necessita desenvolvimento algum da alma interior, do ser espiritual ou da inteligência superior. É uma porta aberta por acaso ou por um dom inato, ou por algum tipo de pressão entre a mente de vigília e a mente subliminar e dá acesso apenas à superfície do subliminar ou às suas periferias. Em certo poder e ação da mente universal secreta todas as coisas são representadas por imagens — não apenas imagens visuais, mas, se podemos dizer, imagens auditivas e outras; um certo desenvolvimento dos sentidos sutis ou psíquicos torna possível —, se não houver interferência da mente construtora e suas imaginações, isto é, se imagens mentais artificiais ou falsificações não interferirem, se o sentido psíquico for livre, sincero e passivo — receber essas representações ou transcrições com uma exatidão perfeita, não tanto predizer mas ver imagens corretas do presente, mais além do alcance dos sentidos físicos, assim como imagens do passado e do futuro. Para ser exato, esse tipo de visão deve limitar--se ao enunciado da coisa vista; deduzir, interpretar ou ir além do conhecimento visual pode levar a erros numerosos, a menos que haja, ao mesmo tempo, uma forte intuição psíquica, fina, sutil e pura, ou um alto desenvolvimento da inteligência intuitiva luminosa.

Uma abertura mais completa da consciência física nos conduz muito além dessa faculdade de visão por imagens e nos dá acesso não a uma nova consciência do tempo, mas a muitas maneiras de conhecer o tempo triplo. O self subliminar ou psíquico pode trazer de volta experiências e estados de consciência passados ou projetar-se neles, e pode antecipar experiências e estados de consciência futuros ou neles projetar-se com força, embora isso seja menos comum. Ele consegue isso entrando de maneira temporária nas "permanências", isto é, representações do passado e do futuro, ou identificando seu ser ou seu poder de conhecer por experiência com essas representações, que são conservadas em uma consciência de tempo eterna por trás de nossa mentalidade, ou são projetadas pela eternidade da supramente, em uma continuidade indivisível da visão do tempo. Ou o self subliminar pode receber a marca dessas permanências e construir nelas uma experiência que se transcreve no éter sutil do ser psíquico. Ou pode chamar o passado, tirá-lo da memória subconsciente em que ele está sempre latente e dar-lhe uma forma viva em si mesmo e uma espécie de existência renovada rememorada; do mesmo modo em relação ao futuro: ele pode evocá-lo das profundezas da latência em que ele já está formado no ser, e ter a experiência do futuro ou dar-lhe uma forma em si mesmo de modo similar. O self subliminar, por uma espécie de visão de pensamento psíquica ou de intuição da alma — diferente da visão de pensamento mais sutil e menos concreta da inteligência intuitiva luminosa —, pode prever e saber por antecipação o futuro, ou projetar o raio dessa intuição da alma no passado desaparecido por trás do véu e reconduzi-lo ao conhecimento presente. Ele pode desenvolver uma visão simbólica que transmite o passado e o futuro pela visão dos poderes e dos significados próprios aos planos suprafísicos, mas que são poderosos para a criação do universo material. Ele pode sentir a intenção do Divino, a mente dos deuses, todas as coisas e seus sinais e seus índices, que se apoderam da alma e determinam o movimento complexo das forças.

Pode sentir também o movimento de forças que representam a pressão — ou respondem a ela — de seres do mental, do vital e de outros mundos que se interessam por nossa vida, assim como pode perceber sua presença e sua ação. Pode recolher de todo lugar todo tipo de indicações sobre os eventos dos tempos passados, presentes e futuros. Ele pode ver diante dos olhos a escritura etérica, *ākāśa lipi*, que guarda o registro de todas as coisas passadas, transcreve tudo que está em processo no presente e escreve o futuro.

Todos esses poderes, e uma profusão de outros, escondem-se em nosso ser subliminar e podem ser trazidos à superfície com o despertar da consciência psíquica. Essa consciência nos traz o conhecimento de nossas vidas passadas — quer de estados de alma passados, de personalidades, cenas, ocorrências, relações com outros, quer o conhecimento de vidas passadas de outros, do passado do mundo, do futuro, de coisas presentes que estão mais além de nossos sentidos físicos ou fora do alcance de todo e qualquer meio de conhecimento acessível à inteligência de superfície; podemos ter a intuição e as impressões não apenas de coisas físicas, mas das atividades passadas, presentes e futuras da mente, da vida e da alma, nossas e de outros, o conhecimento não apenas desse mundo, mas de outros mundos e de outros planos de consciência e de suas manifestações no tempo, de sua intervenção, suas ações e seus efeitos sobre a terra e sobre as almas nela encarnadas e sobre seus destinos. Tudo isso se oferece ao nosso ser psíquico, porque ele está próximo das mensagens do universal, ele não está apenas, ou sobretudo, absorvido pelo imediato, nem encerrado no círculo estreito de uma experiência puramente pessoal e física.

Ao mesmo tempo, esses poderes estão sujeitos à desvantagem de não serem, de nenhum modo, livres da possibilidade de confusão e erro; sobretudo as regiões inferiores da consciência psíquica e suas operações mais exteriores estão sujeitas a influências perigosas, ilusões fortes, sugestões e imagens enganadoras, que desviam e deformam. Uma mente e um coração purificados e uma forte e fina intuição psíquica, podem fazer muito para proteger dos desvios e dos erros, porém, mesmo a consciência psíquica mais altamente desenvolvida não pode estar a salvo de modo absoluto, a menos que o psíquico seja iluminado e elevado por uma força superior à sua, tocado e fortificado pela luz da mente intuitiva e que ela, por sua vez, seja elevada até a energia supramental do espírito. A consciência psíquica não adquire seu conhecimento do tempo diretamente de uma existência vivida na continuidade indivisível do espírito, e, para guiar-se, ela não tem o discernimento intuitivo perfeito ou a luz absoluta da Consciência-Verdade superior. Ela recebe sua percepção do tempo, assim como a mente, apenas em parte e em pormenores, está aberta a todo tipo de sugestões e, como sua gama de verdade é mais ampla, suas fontes de erro são também mais variadas. Pois não é apenas o que foi, mas também aquilo que poderia ter sido, aquilo que tentou ser e falhou, que vem a ela do passado; não é apenas o que é, mas também o que poderia ser ou deseja ser, que se precipita sobre ela do presente; não são apenas as coisas que serão, mas sugestões, intuições, visões e imagens de muitos tipos de possibilidades, que, do futuro, a visitam. E há também, sempre, a possibilidade de que construções e imagens mentais interfiram com a verdadeira verdade das coisas nas representações da experiência psíquica.

O emergir de sugestões do self subliminar e a atividade da consciência psíquica contribuem para transformar de maneira crescente, mas não perfeita, a mente de ignorância com que começamos, em uma mente de um conhecimento esquecido de si, iluminado sem cessar pelas sugestões e os jorros do ser interior, *antarātman*, raios da percepção ainda escondida de seu self total e de seu conteúdo infinito e da percepção (que aqui se representa como uma espécie de memória, uma recordação ou um emergir) de um conhecimento inerente e permanente, porém escondido, do passado, do presente e do futuro que o espírito eterno leva sempre dentro de si. Porém, como somos encarnados e alicerçados na consciência física, a mente de ignorância subsiste ainda como um meio que condiciona, como um poder que intervém e uma força de hábito que limita, obstrui a formação nova e se mistura a ela, ou que, mesmo em momentos de vasta iluminação, persiste, ao mesmo tempo, como um muro-fronteira e um poderoso substrato, e impõe suas incapacidades e seus erros. Para remediar essa persistência, a primeira necessidade pareceria ser desenvolver o poder de uma inteligência intuitiva luminosa que visse pelo pensamento, sentido e visão intuitivos a verdade do tempo e de seus eventos, assim como todas as outras verdades, e detectasse e expelisse, pela luz nativa de seu discernimento, as intrusões das interpretações falsas e dos erros.

Todo conhecimento intuitivo provém, de maneira mais ou menos direta, da luz do espírito autoconsciente que entra na mente — o espírito escondido atrás da mente, que é consciente de tudo em si mesmo e em todos os seus selfs, que é onisciente e capaz de iluminar a mente ignorante ou a mente esquecida de si, por meio de clarões raros ou contínuos ou por um fluxo regular de luz, a partir de sua onisciência. Tudo isso engloba tudo o que foi, é ou será no tempo, e essa onisciência não é limitada, entravada nem iludida por nossa divisão mental dos três tempos nem pela ideia e a experiência, tão imperiosa para a mente na ignorância, de um passado morto que não existe mais e de que mal nos lembramos ou foi esquecido, e de um futuro que não existe ainda e é, então, desconhecido. Portanto, o crescimento da mente intuitiva pode trazer uma capacidade de conhecimento do tempo que não provém de índices externos, mas de dentro da alma universal das coisas, de sua memória eterna do passado, de seu acúmulo ilimitado de coisas presentes e de sua previsão ou, como foi dito de maneira paradoxal, mas sugestiva, de sua memória do futuro. Porém, no início, essa capacidade opera de maneira esporádica e incerta, não organizada. À medida que a força do conhecimento intuitivo cresce, torna-se mais possível ter certo controle dessa capacidade e regularizar, até certo ponto, seu modo de funcionar e seus vários movimentos. Um poder adquirido pode estabelecer-se e dispor, como mestre, dos materiais e do conhecimento — geral ou detalhado — das coisas no tempo triplo, mas, em geral, é um poder especial ou anormal que se forma, e a ação normal da mentalidade, ou de grande parte da mentalidade, permanece ainda o da mente de ignorância. É evidente que isso é uma imperfeição e limitação; somente quando o poder assume seu lugar como o modo normal e natural de funcionar de uma mente de todo "intuitivizada", é que se poderá falar de uma capacidade perfeita de conhecer o tempo triplo, tanto quanto seja possível para o ser mental.

É pela expulsão progressiva das operações normais da inteligência, pela consecução de uma confiança total e completa no self intuitivo — e uma consequente "intuitivização" de todas as partes do ser mental — que a mente de ignorância pode, com mais sucesso, ser substituída, mesmo se ainda não de modo completo, pela mente, que contém o conhecimento em si mesma. Porém, o que é necessário sobretudo para esse tipo de conhecimento, é a cessação de construções mentais edificadas nos alicerces da mente de ignorância. A diferença entre a mente comum e a mente intuitiva é que a mente comum busca na obscuridade ou, no máximo, com sua própria tocha vacilante que vê, primeiro, apenas como as coisas se apresentam nessa luz e, em seguida, quando ela não sabe, constrói pela imaginação, inferência incerta e outras ajudas ou arremedos, coisas que ela toma logo como verdade, mas que são projeções de sombras, edifícios nebulosos, extrapolações irreais, antecipações, possibilidades e probabilidades enganadoras, que substituem as certezas. A mente intuitiva não constrói nada dessa maneira artificial; ela faz de si mesma um receptor da luz e deixa a verdade manifestar-se nela e organizar suas próprias construções. Mas enquanto houver um modo de funcionar misturado e as construções e imaginações mentais forem toleradas, essa passividade da mente intuitiva em relação à luz superior — a luz-verdade — não poderá ser completa ou dominar com segurança e, por conseguinte, não poderá haver aí uma organização firme do conhecimento do tempo triplo. É devido a essa obstrução e a essa mistura que o poder de visão do tempo — retro-visão, circum-visão e previsão —, que algumas vezes é a marca da mente iluminada, é não apenas um poder anormal em meio a outros (em lugar de fazer parte da própria textura do modo de funcionar mental), mas é também ocasional, muito parcial e, muitas vezes, danificado por misturas não detectadas ou pela intervenção de um erro que se substitui a ele espontaneamente.

As construções mentais que interferem são, sobretudo, de dois tipos: o primeiro tipo, e mais poderosamente deformador, é o que procede da pressão da vontade, que exige ver e determinar, interfere com o conhecimento e não permite que a intuição fique passiva à luz da verdade e seja seu canal imparcial e puro. A vontade pessoal, qualquer que seja a forma — emoções e anseios do coração ou desejos vitais, fortes volições dinâmicas ou preferências obstinadas da inteligência —, é uma fonte evidente de distorções, quando essas formas tentam, como elas o fazem, (em geral com sucesso), impor-se ao conhecimento e fazer-nos considerar os nossos desejos e as nossas vontades como aquilo que foi, é ou deve ser. Pois elas impedem o conhecimento verdadeiro de agir ou apoderam-se dele (caso ele se apresente de algum modo), o desfiguram e o tornam irreconhecível; e fazem da deformação resultante uma base para justificar uma massa de falsidades criadas pela vontade. A vontade pessoal deve ser posta de lado, ou então suas sugestões devem ser mantidas em seu lugar, até que uma referência suprema seja feita à luz impessoal superior; então, elas serão sancionadas ou rejeitadas conforme a verdade que vem do mais profundo que a mente ou do mais alto. Porém, mesmo se a vontade pessoal for mantida em inatividade temporária e a mente permanecer passiva para receber, ela poderá ser assaltada, enganada por sugestões de todo tipo de forças e de possibilidades que lutam no mundo para realizar-se e vêm apresentar como a verdade do passado, do presente e do futuro as coisas que elas mesmas lançaram na torrente de sua vontade de ser. E se a mente se prestar a essas sugestões impostoras, se aceitar o valor que elas se outorgam, se não se afastar ou não as referir à luz da verdade, o resultado será o mesmo: um inevitável obstáculo e uma deformação da verdade. Há uma possibilidade de excluir de modo completo o elemento da vontade e fazer da mente um registrador silencioso e passivo de um conhecimento luminoso superior e, nesse caso, torna-se possível uma recepção muito mais exata das intuições do tempo. A integralidade do ser exige, no entanto, uma ação da vontade e não apenas um conhecimento inativo; portanto, o remédio mais vasto e mais perfeito é substituir, de maneira progressiva, a vontade pessoal por uma vontade universalizada, que não insiste em nada que não seja sentido por ela com toda segurança, como uma intuição, inspiração ou revelação daquilo que deve ser, proveniente dessa luz superior em que a vontade é una com o conhecimento.

O segundo tipo de construção mental pertence à própria natureza de nossa mente e inteligência e ao seu modo de lidar com as coisas no tempo. Aqui, tudo é visto pela mente como a soma de circunstâncias realizadas, com seus antecedentes e consequências naturais, como um indeterminado de possibilidades e, talvez, embora ela não possa ter certeza disso, "algo" por trás que determina, uma vontade, um destino ou um Poder que rejeita alguns possíveis e sanciona ou impõe outros, em meio a muitos possíveis. Portanto, suas construções são feitas em parte de inferências tiradas das realidades passadas e presentes, em parte de uma seleção e de uma combinação volitiva e imaginativa e conjectural de possibilidades, e em parte de um raciocínio decisivo ou de um julgamento preferencial, ou de uma vontade-inteligência criadora que se impõe e tenta fixar, em meio à massa de realidades e de possíveis, a verdade definitiva que ela se esforça para descobrir ou determinar. Todo esse processo — indispensável para nosso pensamento e ação mentais — deve ser excluído ou transformado, para que o conhecimento intuitivo possa ter alguma chance de organizar-se em uma base sólida. Uma transformação é possível porque a mente intuitiva deve fazer o mesmo trabalho e cobrir o mesmo terreno, mas com um manuseio diferente dos materiais e com uma outra luz sobre o significado deles. Uma exclusão é possível porque tudo está, de fato, contido na Consciência-Verdade acima, e não está fora de nosso alcance silenciar a mente de ignorância e obter uma receptividade fecunda, em que as intuições que descem da Consciência-Verdade podem ser recebidas com uma exatidão sutil ou poderosa e em que todos os materiais do conhecimento são vistos em seu lugar exato e em suas proporções verdadeiras. Na prática, percebemos que os dois métodos são usados de maneira alternada ou juntos, para efetuar a transição de um tipo de mentalidade a outro.

Em suas relações com o movimento do tempo triplo, a mente intuitiva deve, na sensação e na visão do pensamento, ver de modo correto três coisas: as realidades, os possíveis e os imperativos. Primeiro, desenvolve-se um modo de funcionar intuitivo primário, que vê sobretudo o fluxo das realidades sucessivas no tempo, como a mente comum, mas com uma verdade imediata e direta e uma exatidão espontânea de que a mente comum não é capaz. A mente intuitiva as vê, primeiro, por uma percepção: um pensamento-ação, um pensamento-sensação, um pensamento-visão, que detecta de imediato as forças que agem sobre as pessoas e sobre as coisas, assim como os pensamentos, as intenções, os impulsos, as energias e influências que agem nelas e em torno delas: aquelas já formuladas nelas e aquelas que estão em processo de formação, e também aquelas que vêm ou que estão por vir a elas, ou nelas, do ambiente ou de fontes secretas invisíveis para a mente normal; depois, ela pode diferenciar o conjunto dessas forças por uma rápida análise intuitiva livre da busca ou esforço, ou por uma visão sintética global; ela pode discernir o eficaz do ineficaz ou o eficaz apenas em parte, e vê também o resultado que deve emergir. Esse é o processo integral da visão intuitiva das realidades, mas há outros, de natureza menos completa. Pois o poder de ver o resultado pode ser desenvolvido sem que haja percepção alguma, prévia ou simultânea, das forças que agem, ou estas podem ser vistas apenas mais tarde e somente o resultado surgir no conhecimento, de maneira repentina e imediata. Por outro lado, é possível haver uma percepção parcial ou completa do conjunto de forças, mas uma incerteza quanto ao resultado definitivo, ou uma certeza que chega com lentidão ou é apenas relativa. Esses são os estágios no desenvolvimento da capacidade de visão total e unificada das realidades.

Esse tipo de conhecimento intuitivo não é um instrumento perfeito e completo do conhecimento do tempo. Em geral, ele se move na corrente do presente e vê com exatidão apenas o presente, o passado imediato e o futuro imediato, de momento a momento. É verdade que ele pode projetar-se para trás e reconstituir de maneira correta — pelo mesmo poder e mesmo processo — uma ação passada ou projetar-se adiante e reconstituir de maneira correta algo em um futuro mais distante. Porém, para o poder normal do pensamento-visão, esse é um esforço mais raro e mais difícil e, em geral, se quisermos nos servir com mais liberdade dessa autoprojeção, a ajuda e o apoio da visão psíquica são necessários. Ademais, esse tipo de conhecimento intuitivo pode ver apenas o que acontecerá no processo das realidades se esse processo não for perturbado, e sua visão não se aplicará mais, se forças inesperadas se precipitarem ou se um poder, vindos de regiões de possibilidades mais vastas, alterarem o conjunto das condições; esse é um fenômeno que acontece constantemente na ação das forças no movimento do tempo. O conhecimento intuitivo pode ajudar a si mesmo recebendo inspirações que iluminem para ele essas potencialidades, revelações imperiosas que lhe indiquem o que é decisivo nessas potencialidades e suas sequências e, com a ajuda desses dois poderes, ele pode corrigir as limitações da mente intuitiva que se ocupa das realidades. Mas a capacidade desse primeiro modo de funcionar intuitivo para lidar com essas fontes de visão maiores nunca é de todo perfeita, como sempre acontece quando um poder inferior trata de materiais que lhe são fornecidos por uma consciência superior. Devido à sua concentração no fluxo das realidades imediatas, uma considerável limitação de visão deve ser sempre seu caráter.

Contudo, é possível desenvolver uma mente de inspiração luminosa, que estará mais à vontade entre as potencialidades maiores do movimento do tempo, que verá com mais facilidade as coisas distantes e, ao mesmo tempo, apreenderá em sua luz mais brilhante, mais vasta e mais poderosa, o conhecimento intuitivo das realidades. Essa mente inspirada verá as coisas à luz das potencialidades mundiais mais vastas e considerará a corrente da realidade como uma seleção em meio à massa de poderosas possibilidades e como seu resultado. Ela estará sujeita, contudo — se não for acompanhada de um conhecimento suficientemente revelador dos imperativos —, à hesitação ou à suspensão da escolha entre várias linhas potenciais do movimento, ou mesmo a afastar-se da linha de sequência possível da realidade e seguir uma outra, ainda não aplicável. As revelações imperativas do alto ajudarão a diminuir essa limitação, mas aqui, de novo, haverá a dificuldade de um poder inferior que lida com materiais que lhe foram dados pelo tesouro de uma luz e força superiores. Porém, é possível desenvolver também uma mente de revelação luminosa que abrangerá os dois movimentos inferiores, perceberá o que está determinado por trás do jogo das potencialidades e realidades e verá que as realidades são um meio para desdobrar suas decisões imperativas. Uma mente intuitiva assim constituída, e ajudada por uma consciência psíquica ativa, pode ter à sua disposição um poder notável de conhecimento do tempo.

No entanto, perceberemos que ela é ainda um instrumento limitado. Em primeiro lugar, ela representa um conhecimento superior que opera na substância da mente, moldada nas formas mentais e ainda sujeita às condições e limitações mentais. Ela se apoiará sempre, e sobretudo, na sucessão dos instantes presentes como base para seus passos e conhecimentos sucessivos — por mais longe que possa alcançar, para trás ou para adiante; mesmo em seu modo de funcionar revelador superior, ela se moverá na corrente do Tempo, e não verá o movimento a partir de cima, nem na estabilidade do tempo eterno com suas vastas extensões de visão; por conseguinte, ela estará sempre ligada a uma ação secundária e limitada e a certa diluição, restrição e relatividade em suas atividades. Ademais, seu saber não será sua posse, mas uma recepção do conhecimento. Ela criará, em lugar da mente de ignorância, no máximo uma mente de conhecimento esquecido de si, que, sem cessar, terá que ser trazido à sua memória e iluminado por uma percepção latente de si e de tudo. O âmbito, a extensão, as linhas de ação normais do conhecimento variarão segundo o desenvolvimento, mas o conhecimento não estará jamais livre de fortes limitações. E essas limitações levarão a mente de ignorância — que ainda subsiste ao redor, ou no subconsciente — a reafirmar-se, precipitar-se ou voltar à superfície e agir, quando o conhecimento intuitivo se recusar a isso ou for incapaz de fazê-lo, e ela trará consigo, mais uma vez, sua confusão, misturas e erros. A única segurança será recusar-se a tentar saber, ou, ao menos, deixar em suspenso o esforço de conhecimento até que, ou a menos que, a luz superior desça e estenda sua ação. Esse autodomínio é difícil para a mente e, se for exercido com demasiada satisfação, poderá limitar o progresso do buscador. Se, por outro lado, deixarmos a mente de ignorância reemergir e avançar com suas próprias forças trôpegas e imperfeitas, poderá haver uma oscilação constante entre os dois estados ou uma ação misturada dos dois poderes, em vez de uma perfeição precisa, embora relativa.

A saída para esse dilema encontra-se em uma perfeição superior, para a qual a formação da mente, primeiro, intuitiva, depois inspirada e, depois, reveladora, é apenas um estágio preparatório; essa perfeição é obtida pelo influxo e a descida constantes de uma luz e energia supramentais cada vez mais abundantes no ser mental inteiro e uma elevação constante da intuição e de seus poderes em direção à sua fonte, nas glórias sem fronteiras da natureza supramental. Há, então, uma ação dupla: a mente intuitiva percebe a luz acima e abre-se a ela e, de maneira constante, refere a ela seu conhecimento para receber dela apoio e confirmação, e a ação dessa mesma luz, que cria uma mente de conhecimento suprema — na verdade, essa é a própria ação supramental em uma substância mental cada vez mais transformada e em um estado cada vez menos sujeito às insistentes condições mentais. Assim se forma uma ação supramental menor, uma mente de conhecimento que tende sempre a mudar em verdadeira supramente de conhecimento. A mente de ignorância é cada vez mais decididamente excluída, seu lugar é tomado pela mente de conhecimento esquecida de si mesma, iluminada pela intuição, e a própria intuição se organiza de maneira mais perfeita e torna-se capaz de responder a apelos cada vez mais vastos. A mente de conhecimento crescente age como um poder intermediário: à medida que se forma, ela trabalha na mente de ignorância, a transforma ou a substitui e impõe a mudança ulterior que efetua a transição da mente à supramente. É aqui que começa a acontecer uma mudança na consciência do tempo e no conhecimento do tempo, mudança que só encontra sua base, seu significado e realidade completos nos níveis supramentais. É, portanto, em relação à verdade da supramente que as operações da mente de conhecimento podem ser elucidadas de maneira mais efetiva, pois a mente de conhecimento é apenas uma projeção e um último passo na ascensão para a natureza supramental.

CAPÍTULO XXVI

A CONSCIÊNCIA SUPRAMENTAL DO TEMPO[1]

[Versão A]

A supramente, em seu nível mais alto, é a Consciência-Verdade do Infinito, a luz e o poder inerentes do conhecimento de si e do conhecimento de tudo do Supremo, que é o self de todas as coisas, a verdade eterna viva de tudo o que é, e de que todos os objetos e todos os seres, todo o universo e a moção das coisas e os eventos no tempo são uma manifestação parcial e um progresso contínuo. Pelo poder de autorrealização e de automanifestação inerente a esse conhecimento de si e conhecimento de tudo, o Supremo organiza a inteira verdade de seu ser que ele quer manifestar e fruir em sua existência universal: que ele quer criar, como diríamos a partir de nosso ponto de vista. Mas essa criação não é fabricar ou trazer para a existência aquilo que era uma não existência, tampouco seria a construção de fenômenos ilusórios em um self de sonho, mas uma revelação — em certas condições próprias ao ser, à substância da consciência, ao movimento da força, aos nomes e às formas, às ideias e ao significado de todas as coisas — das verdades do ser do Eterno. Tudo que se manifesta no tempo é o jogo, o desvelar efetivo, o resultado, a forma, o poder, a evolução, o movimento de alguma verdade do ser, uma verdade de *Sat*, da eterna existência do Supremo e Eterno.

O poder que a põe em ação é a consciência infinita do Supremo consciente dele mesmo e de tudo o que está nele, não uma consciência mental limitada como a nossa, mas supramental e ilimitável, não amarrada por essa ou aquela condição: ela determina suas próprias condições a partir de uma verdade infinita de autoexistên-

---

1. Os textos seguintes são dois esboços para a abertura de um novo capítulo do Ioga da Perfeição de Si, que Sri Aurobindo tinha a intenção de escrever, mas que deixou incompleto.

cia, não por essa ou aquela relação, etapa ou sequência, mas ela é capaz de todas as relações e etapas e sequências possíveis. Esse é um poder ou uma força inerente a essa consciência, que de maneira espontânea, soberana, imperativa, compele a verdade que ela vê, a manifestar-se; ela se concentra em sua ação e a faz evoluir, em seu jogo, em suas combinações, em suas sequências — não como nossa vontade ou nosso poder mental limitados podem fazer, mas como uma força consciente supramental ilimitável: Tapas, Chit-Shakti. Ela não está amarrada por esse ou aquele movimento, por nenhum resultante da energia; ela organiza, a partir da verdade infinita da autoexistência, o movimento e o resultado de todas as energias possíveis. Por fim, essa é uma Ananda do ser que se desdobra, que percorre à vontade as infinitudes da consciência e de seu poder de manifestação; essa não é uma alegria mental ou um prazer mental limitados, como as delícias que fruímos, com seus altos e baixos, em nosso ser, em nossas ações e em nossos sentimentos. Esse é um deleite supramental e ilimitável, que não depende de determinada série de reações, mas abarca e frui de maneira livre, soberana e irresistível todas as possibilidades que existem na verdade da consciência e da existência infinitas.

[Versão B]

Para entender os fenômenos da consciência supramental do tempo, é preciso tomar consciência com muita firmeza, de certas verdades que parecem estranhas à nossa mentalidade comum ou se apresentam a ela apenas como construções do intelecto metafísico, abstrações inteligíveis mas sem substância, como todo mero enunciado filosófico deve ser; mas para a supramente essas são experiências reais, concretas, a verdade normal e natural da consciência na qual ela vive, se move, age e manifesta seu ser. É somente em sua luz que podemos apreender a verdade, a realidade e a manifestação das coisas temporais — que de outro modo seriam apenas uma ilusão ou, então, o fluxo de realidades transientes, inexplicáveis e incalculáveis —, apreender a lei, a fonte e a ordem de sua manifestação, que, de outro modo, seriam apenas um processo da Lei inescrutável, ou então um jogo do acaso, de probabilidades e possibilidades. As verdades que revelam o sentido secreto da marcha do universo são de ordem espiritual e supramental. É difícil, portanto, expressá-las em uma linguagem adaptada ao intelecto mental, e podemos, no máximo, dar certas indicações.

A primeira dessas verdades a tornar-se real para nossa consciência é a verdade do ser infinito, verdade que é abstrata para nossa percepção e inteligência atuais (para as quais apenas o fenomênico é concreto e real), mas que para o ser supramental é sempre absoluta e intimamente presente e real. De fato, por seu conhecimento, sua percepção, sua visão, suas concepções, suas sensações, essa verdade é a mais concretamente real, e os fenômenos que agora são próximos e tão importantes para nós são, para ela, menos concretos; não são autoexistentes, mas dependem do suporte da consciência infinita e da sua força de representação: há, assim uma completa inversão na maneira de conceber as realidades. Não é que os fenômenos, por sua vez, se tornem abstratos, irreais, criações insubstânciais de nossa consciência — isso é apenas o resultado de certa realização exclusiva, quando há uma identificação com a essência do ser absoluto com a exclusão de seu aspecto de poder —, mas eles são percebidos como se existissem apenas em certo movimento do infinito, reais apenas na medida em que são feitos, por assim dizer, da substância do ser infinito. Aquilo que os determina, a verdade de sua essência e de sua natureza, *svarūpa, svabhāva*, aquilo que lhes dá o poder de ser, não está presente originalmente, mas está acima, no ser e na consciência supremos do infinito. Toda sua verdadeira verdade, toda sua real realidade, se encontram nessa consciência suprema; aqui, elas estão tão somente escondidas no coração mais profundo de sua existência, *guhāyām*, elas não estão plenamente expressas, manifestadas, exteriorizadas em sua realidade fenomênica. Portanto, conhecê-las apenas por meio de sua exterioridade ou pelos movimentos interiores superficiais, que é tudo o que nossa mente é capaz de fazer no momento, é deixar de lado sua verdade e sua realidade verdadeiras e conhecê-las apenas por um conhecimento parcial e errôneo, sujeito às limitações, aos erros e às incapacidades da ignorância mental. Tudo o que determina sua manifestação em nosso tempo e em nosso espaço situa-se igualmente mais além, e só está presente aqui em sua interioridade secreta; portanto, a mente, ao tentar seguir sua linha de manifestação, deixa de lado aquilo que as determina e só pode ver uma parte do jogo real das forças que se manifestam exteriormente e que lhes dá seu caráter e direção imediatas. Somente a consciência que reina acima, a do supremo Ishvara, e está presente nas profundezas do coração, *hṛddeśe tiṣṭhati*, conhece e determina toda sua verdadeira verdade e sua manifestação no tempo eterno.

Esse supremo de infinita existência, é supremo no sentido de estar acima da manifestação temporal — sua eterna origem, sustento, controle, ele mesmo além do tempo e do espaço. É d'Isto que a supramente, ela mesma um poder luminoso desse supremo de infinita existência, é sempre e fundamentalmente, consciente.

NOTA SOBRE O TEXTO

A síntese do Ioga apareceu pela primeira vez na revista mensal *Arya*, a partir do primeiro número da revista, em agosto de 1914, até o último número, em janeiro de 1921. Cada fascículo era escrito imediatamente antes da publicação. O trabalho foi deixado incompleto quando a revista *Arya* deixou de ser publicada. Sri Aurobindo nunca tentou completar a *Síntese*; contudo, ele fez revisões menores na Introdução, reviu inteiramente toda a Parte I, "O Ioga das Obras Divinas", e reviu de modo significativo vários capítulos da Parte II, "O Ioga do Conhecimento Integral".

Passaram-se mais de trinta anos entre a primeira publicação da *Síntese* na revista *Arya* e os finais estágios de sua revisão incompleta. Como resultado, existem algumas diferenças de terminologia entre as partes revisadas e as não revisadas.

Em 1948 os capítulos que compõem "O Ioga das Obras Divinas" foram publicados em forma de livro pela Sri Aurobindo Library, Chennai. Nenhuma outra parte de *A Síntese do Ioga* apareceu em forma de livro durante a vida de Sri Aurobindo. Em 1955 uma edição incluindo a Introdução e quatro partes foi publicada pelo Sri Aurobindo International University Centre.

A presente edição foi verificada em relação a todos os manuscritos e textos impressos relacionados. A edição inclui, pela primeira vez, as revisões do autor para a Introdução e para os capítulos XV a XVII da Parte II. É também a primeira edição do livro a incluir a continuação incompleta da Parte IV, intitulada "A Consciência Supramental do Tempo".

Impresso por :

gráfica e editora
Tel.:11 2769-9056